Complet En un Vol.

Donné par Monsieur Charrante
Conseiller et ancient avocat le 14 mars
1850 Le Bâtonnier de l'Ordre
Charbonnel [illegible]

Inventaire N° 394

Inventaire N° 394

TRAITÉ DE LA MORT CIVILE,

Tant celle qui résulte des condamnations pour cause de crime, que celle qui résulte des vœux en religion.

Par Maître FRANÇOIS RICHER, *Avocat au Parlement.*

Pascal

A PARIS,

Chez DURAND, Libraire, rue du Foin.

M. DCC. LV.

Avec Approbation & Privilege du Roi.

AVERTISSEMENT.

LA matiere que je traite, eſt une des plus importantes de notre juriſprudence. Il y eſt queſtion des liens reſpectifs de la ſociété avec ſes membres, & des membres avec la ſociété. J'ai tâché de rendre mon ouvrage utile pour toutes les provinces du roïaume. J'ai examiné, relativement à mon objet, le droit écrit & chacune des coutumes, dans leſquelles j'ai trouvé quelque relation directe ou indirecte avec la mort civile. Je n'ai épargné ni ſoins ni peines pour réuſſir : c'eſt la ſeule choſe dont je peux répondre. Le dégré de talens néceſſaires n'eſt pas en ma diſpoſition.

Je ne dois pas laiſſer ignorer que j'ai tiré de grands ſecours des conférences tenues par maîtres Renaudiere, Angelême, Tronchet, avocats au parlement, & Bailly avocat ès conſeils, dont ils m'ont communiqué la rédaction.

Pour ne rien laiſſer à déſirer ſur les ſuites des

jugemens rendus en matiere criminelle, mon projet étoit de joindre ici un traité de l'infamie & des interdictions, résultant des décrets : mais celui-ci formant déja un volume assez considérable, je me suis déterminé à donner l'autre séparément.

TABLE DES TITRES.

PARTIE PREMIERE.

PARTIE II.

LIVRE I.

LIVRE II.

LIVRE III.

De

LIVRE IV.

PARTIE III.

LIVRE I.

LIVRE II.

LIVRE III.

Fin de la Table des Titres.

TRAITÉ
DE LA
MORT CIVILE,

Tant celle qui résulte des condamnations pour cause de crime, que celle qui résulte des vœux en religion.

POUR traiter avec ordre la matiere annoncée dans ce titre, nous avons crû devoir examiner séparément la mort civile qui provient des condamnations, & celle qui provient des vœux en religion. Les principes de l'une & de l'autre différent en bien des points ; & les conséquences de ceux qui sont communs à toutes les deux ne sont pas toujours les mêmes.

Pour renfermer dans un ordre méthodique tout ce qui concerne l'un & l'autre objet, nous avons examiné quelles sont les causes de la mort civile dans les deux cas ; quels en sont les effets, tant par rapport à celui qui en est frappé, que par rapport à la société en général, & à chacun de ceux qui peuvent avoir quelques interêts à discuter soit avec le coupable ou le religieux, soit au sujet des biens qu'il possédoit pendant qu'il étoit compté au nombre des citoïens. Nous parlons enfin des moïens qui peuvent faire cesser la mort civile, de quelque cause qu'elle provienne.

Tel est le plan général de cet ouvrage, dont le lecteur va trouver un détail plus raisonné & plus circonstancié dans les chapitres de la premiere partie.

PARTIE

PARTIE PREMIERE.

MOTIFS QUI ONT INTRODUIT LA MORT CIVILE.

Si elle étoit en usage chez les Romains;

Ce que c'est parmi nous, & quelles en sont les causes.

CHAPITRE PREMIER.

Des Motifs qui ont introduit la Mort Civile.

TOUT le monde reconnoît comme le premier principe de la morale, que les hommes sont nés pour vivre en société. L'arrangement de nos organes est une preuve évidente de cette destination. Cette facilité de communiquer nos pensées, par le moïen de la parole, seroit absolument inutile, si nous étions faits pour vivre dans la solitude. Cet état de foiblesse, dans lequel nous a mis la nature, qui ne nous a donné aucune arme, oblige les hommes de s'assembler, & de vivre réünis, pour se défendre des bêtes féroces, dont ils seroient la proïe, s'ils ne se prêtoient pas des secours mutuels contre les attaques de ces redoutables ennemis.

Les facultés de notre esprit & de notre entendement sont distribuées de façon, que nous avons tous besoin les uns des autres.

Certaines perſonnes exécutent, avec une facilité ſurprenante, ce qui eſt comme impoſſible à d'autres qui, en récompenſe, ont des talens que la nature a refuſés abſolument aux premiers.

Il faut donc que les hommes, pour être en état de jouïr de tous les avantages dont leur vie eſt ſuſceptible, s'aſſemblent, pour ſe faire part mutuellement des fruits de l'induſtrie que chacun d'eux tient de la nature. Ils ne peuvent ſe paſſer les uns des autres. Ce n'eſt que par des ſecours réciproques qu'ils peuvent ſe procurer une vie ſûre, tranquille & agréable.

Il ſeroit trop long, & hors de place, de vouloir alléguer ici toutes les preuves ſur leſquelles eſt fondée une vérité dont nous ſommes intimement perſuadés, & que nous ſuivons dans la pratique.

Tous les hommes forment différentes ſociétés, que l'on nomme peuples, ou nations. Les Sauvages, ceux même qui paroiſſent n'avoir d'humain que la figure, vivent en ſociété dans leurs déſerts. Ils ſe communiquent leurs penſées, par les différens langages qui ſont en uſage chez eux. Ils ſe donnent mutuellement tous les ſecours dont ils ont beſoin, ſoit pour repouſſer les attaques des peuples voiſins, avec leſquels ils ſont en guerre; ſoit pour ſe défendre des bêtes féroces, dont ils ſont environnés. Si le hazard a fait trouver quelquefois, dans les forêts, & dans les lieux déſerts, des hommes ſeuls, & qui n'avoient aucune communication avec d'autres hommes, cela a paru ſi extraordinaire, qu'on en a conſervé la mémoire, comme d'un fait remarquable, & contraire à ce que la nature nous inſpire.

Pour tirer, de ces différentes aſſociations, tous les avantages qu'elles pouvoient procurer, les hommes, qui les compoſent, ont crû devoir s'impoſer certaines régles, pour fixer ce que chaque membre doit à la ſociété, dont il fait partie; &, en même tems, ce que la ſociété doit à chacun des particuliers qui la compoſent. Cet eſprit d'ordre ſe fait remarquer même dans la conduite des Sauvages. Ils ſe ſont donné des rois, qu'ils ont chargés du ſoin de maintenir la diſcipline dont ils ſont capables; de réprimer les attentats que chaque particulier pourroit commettre, ſoit contre d'autres particuliers, ſoit contre le corps de la nation en général; en un mot, de régler tout ce qui concerne l'intérêt, le bien-être, & la défenſe du public. Leur férocité, & leur inconſtance naturelle ne les empêchent point d'être toujours ſoumis à celui qu'ils ont une fois choiſi; tant que, dans ſon gouvernement, il ne s'écarte point de l'eſprit d'ordre qu'ils ſe ſont fait, ni des régles, ſuivant lesquelles ils croient devoir être gouvernés. Ils se soumettent aux punitions qu'il leur impose. Ils regardent comme une loi inviolable de se secourir, & de se défendre mutuellement. Il suffit d'en insulter un seul d'entr'eux, pour se rendre ennemi de toute la nation, qui emploïe toutes les ressources qui lui sont connuës, pour venger l'insulte qu'elle a reçuë dans la personne d'un de ses membres. En un mot, toute la nation concourt à maintenir les régles qu'elle a établies pour sa sûreté, pour sa tranquillité, & pour ses commodités ; à protéger chacun de ses membres, quand il le mérite d'ailleurs, par son exactitude à remplir les devoirs auxquels il est obligé, par sa naissance. Chaque particulier, de son côté, contribuë, de tout son pouvoir, au bien commun, & général.

Cet ordre, établi chez les peuples barbares & sauvages, se maintient, avec bien plus d'harmonie, chez les nations civilisées. On peut donc définir la société, *l'union de plusieurs personnes, pour leur avantage commun.*

De ces réflexions, il suit nécessairement que tout homme, en naissant, contracte tacitement avec la société. Dès l'instant qu'il voit le jour, il se trouve chargé de l'obligation, non-seulement de ne pas nuire au public, ni à aucun des particuliers, avec lesquels il sera en communication ; mais même de leur faire tout le bien dont il sera capable.

Mais ce contrat n'est pas gratuit de sa part. Cette obligation ne lui est imposée, que parcequ'il est en droit d'exiger, de la société, tous les secours, & tous les avantages qu'elle pourra lui procurer, sans troubler l'ordre qui la maintient.

C'est elle qui remplit d'abord l'obligation qu'elle a contractée ; & elle la remplit assez long-tems, sans aucune récompense. L'état de foiblesse, & d'imbécillité, dans lequel nous nous trouvons, pendant notre enfance, nous met dans le cas d'avoir besoin des secours de tous ceux qui nous environnent, & de ne pouvoir leur être d'aucune utilité. Nous sommes à charge à l'état, qui ne retire nul avantage de nous, & que nous ne pouvons dédommager, en rien, des soins & des embarras que nous lui causons. La reconnoissance, dont nous sommes tenus envers lui, rend donc nos devoirs bien plus indispensables, à son égard, que ne le sont ceux dont il est tenu envers nous ; puisqu'il nous a païés d'avance, & sans retour de notre part.

Quand nous commençons à lui être utiles, nous ne faisons que lui rendre ce que nous lui devions, par reconnoissance : mais nous ne laissons pas d'être toujours en reste vis-à-vis de lui ; puisqu'il ne cesse jamais, tant que nous vivons, de nous rendre des services continuels, en veillant à notre sûreté, & en nous procurant tous les avantages, toutes les commodités, & même tous les agrémens qui sont compatibles avec le bon-ordre. Ainsi, tout particulier, qui trouble cet ordre, auquel il doit sa propre sûreté, qui nuit à la société, de laquelle il a retiré, & retire tous les jours tant d'avantages, est un monstre d'ingratitude, qu'on ne peut trop se hâter de priver des biens qu'il ne mérite pas, & dont il ne se sert, que pour nuire à ceux de qui il les reçoit. C'est cette privation, qui se nomme *Mort civile.*

CHAPITRE II.

En quoi consiste la Mort Civile.

TOUTES les nations policées, outre les régles & les loix qu'elles ont puisées dans la nature, & qui sont communes à tous les peuples du monde, en ont établi, chacune dans leur territoire, de particuliéres, tant pour se défendre de leurs ennemis, & pour conserver la tranquillité & la sûreté publique, dans leur sein, que pour l'utilité & l'avantage de chacun de leurs membres.

Il y a donc un droit commun à toutes les nations de l'univers, que l'on nomme le droit des gens. *Quod naturalis ratio inter omnes homines constituit, id apud omnes populos peræquè custoditur, vocaturque jus gentium, quasi quo jure omnes gentes utantur. Institut. de jure nat. Gent. & Civ.* §. 1. Ce droit n'est ni François, ni Allemand, ni Turc. En un mot, il n'est d'aucune nation en particulier : mais il est de toutes les nations, en général.

C'est de ce droit que dérivent presque tous les contrats ; comme la vente, le loüage, le dépôt, le prêt & une infinité d'autres. *Et ex hoc jure gentium omnes penè contractus introducti sunt, ut emptio & venditio, locatio & conductio, societas, depositum, mutuum & alii innumerabiles. Ibid.* §. 2. C'est lui qui a présidé à la séparation des peuples, à l'établissement des souverainetés, & à la division des biens, entre les particuliers. C'est lui qui fait encore le principal fondement de tout le commerce & de toutes les obligations. *Ex hoc jure gentium introducta bella, discretæ gentes, regna condita, dominia distincta, agris termini positi, ædificia collata, commercium, emptiones, venditiones, locationes, conductiones, obligationes institutæ ; exceptis quibusdam, quæ à jure civili introducta sunt. l. 5. ff. de just. & jur.*

Il est un autre droit, que chaque nation s'est formé en particulier, & qui ne régit que les personnes & les biens qui appartiennent à cette nation. Il se nomme droit civil. Ainsi il différe du droit des gens, en ce que tous les peuples, qui reconnoissent quelques loix, sont soumis au droit des gens, & que chacun d'eux est soumis, en outre, à un droit qui lui est particulier, & qui est composé des loix qu'il a crû les plus propres pour sa sûreté, & pour la commodité & l'avantage de chacun de ses membres. *Jus autem civile à jure gentium distinguitur, quòd omnes populi, qui legibus & moribus reguntur, partim suo proprio, partim communi omnium hominum jure utuntur. Nam quod quisque populus sibi jus constituit, id ipsius proprium civitatis est, vocaturque jus civile, quasi jus proprium ipsius civitatis. Institut. de jur. nat. gent. & civ. §. 1.*

On doit donc distinguer, chez chaque peuple, deux sortes de droit qui y sont en usage : sçavoir le droit des gens & le droit civil. *Et populus itaque Romanus partim suo proprio, partim communi omnium hominum jure utitur.* Ibid.

Cependant, à proprement parler, le droit civil seul a force de loi dans chaque païs. C'est lui qui régle les dispositions du droit des gens, qui doivent être observées par les particuliers, & celles qui ne le doivent pas être ; ensorte que rien n'a force de loi, qu'autant qu'il est autorisé par le droit civil. Ainsi, en qualité de citoïens, c'est-à-dire, en qualité de membres de tel ou tel état, nous ne sommes tenus à aucune des régles du droit des gens, comme provenant du droit des gens : mais seulement, comme étant adoptée par le droit civil. Par exemple, suivant le droit des gens, tout débiteur est obligé de païer ses dettes. Suivant le droit civil, un créancier ne peut pas contraindre son débiteur, quand il n'a point de titre contre lui. Le débiteur peut donc, en ce cas, s'exempter de païer, quand on ne peut prouver la dette.

Il faut donc distinguer, dans le droit civil, deux sortes de dispositions. Les unes sont tirées du droit des gens, & adoptées par la nation. Tel est le pouvoir d'acquérir & de posséder des biens, de les aliéner, &c. Les autres ont été établies par le droit civil même, & ne proviennent, en aucune façon, du droit des gens. Tel est le pouvoir de tester, d'exercer le retrait lignager, &c.

Pour participer aux dispositions tirées du droit des gens, il n'est pas nécessaire d'être membre de la société qui les a admises. Tous les étrangers en peuvent profiter. C'est pourquoi ils sont capables, en France, de tous les actes entre-vifs, qui résultent du droit des gens. Ils peuvent acquérir & posséder des biens comme les François, s'ils veulent courir risque du droit d'aubaine. C'est même sur cette faculté, dont les aubains jouïssent en France, que porte le droit d'aubaine, en entier. Le roi n'auroit rien à recueillir, après leur mort, s'ils étoient incapables d'acquérir & de posséder, pendant leur vie.

A l'égard des facultés établies par le droit civil, les seuls naturels du roïaume sont en droit d'en jouïr. Ce sont ces facultés que l'on peut proprement appeller le droit de cité, lequel se borne, par sa nature, à des personnes & à des objets régis par les seules loix Françoises. Les François seuls jouïssent, par exemple, de la faculté de tester; & ils n'ont cette faculté qu'à la charge de l'exercer, au profit d'autres François, parcequ'elle dérive de la loi seule. *Testamur jure legis, non jure dominii.* D'où il résulte que ceux, à qui la loi d'un païs ne l'a point accordée, n'en peuvent jouïr, dans ce païs.

De ces principes, se tire une conséquence qu'il est bien essentiel de ne pas perdre de vuë; c'est que la vie civile & les droits de cité sont essentiellement différens. On ne peut jouïr des droits de cité, sans avoir la vie civile : mais on peut jouïr de la vie civile, sans avoir les droits de cité. Il suffit, pour avoir la vie civile, d'être membre de quelque nation. Cette qualité donne la faculté de jouïr, dans toutes les sociétés policées, de l'effet des dispositions qui sont tirées du droit des gens. Ainsi, lorsque, par l'abdication de sa patrie, on se constituë étranger, on ne fait qu'abdiquer les droits de cité, dont les étrangers sont exclus : mais on conserve toujours la vie civile, à laquelle ils participent, ainsi que les régnicoles. Nous aurons occasion de développer cette matiére, avec étenduë, dans la suite.

Mais, lorsqu'un homme a commis quelque crime qui mérite que la société le retranche de son sein, la condamnation prononcée contre lui le prive non-seulement des droits de cité; mais même de la vie civile. En un mot, il est mort civilement; parcequ'il ne participe pas plus aux droits des François, que s'il étoit véritablement mort. La société regarde ceux qui se trouvent dans ce cas, comme n'étant pas des êtres vivants, auxquels elle ne doit aucuns secours, aucune commodité, & desquels elle n'en attend aucune.

On mérite d'être réduit à ce triste état, quand, loin d'exécuter le contrat par lequel on est lié avec la société, on en trouble l'ordre & l'harmonie, par des crimes contraires au bien des citoïens.

Cependant la société, quelqu'outragée qu'elle puisse être, quand elle n'a pas crû devoir ôter la vie naturelle, & qu'elle s'est contentée de retrancher de son sein le citoïen rebelle, ne laisse pas de veiller à la conservation de son être. Elle ne lui refuse rien de tout ce qu'il peut attendre de l'humanité. On verra, dans la suite de cet ouvrage, ce qu'il perd, & ce qu'il conserve.

CHAPITRE III.

De ce qui tenoit lieu de Mort Civile chez les Romains.

TOUTES les nations, qui ne sont pas policées jusqu'à un certain point, sont extrêmes en tout. Elles ne connoissent point de dégrés dans le mérite & dans le démérite. Tous les crimes sont égaux à leurs yeux. Les châtimens sont aussi les mêmes, pour toutes les fautes. Tout homme coupable est puni d'une mort accompagnée de tourmens cruels.

Cette sévérité produit, dans l'état qui l'exerce, de très-grands inconvéniens. Comme les supplices sont les mêmes pour les petits & pour les grands crimes, ceux, dont les inclinations sont vicieuses, ne mettent aucunes bornes à leurs attentats. S'ils sont arrêtés dans une entreprise qui les auroit placés sur le trône, en cas qu'elle eût réüssi, ils ne seront pas punis avec plus de rigueur, que s'ils n'avoient attenté qu'à la vie d'un particulier. C'est-là, sans doute, la source de ces fréquentes révolutions, qui affligent sans cesse la plupart des états de l'Orient.

Les peuples policés ont prévenu ces inconvéniens, en proportionnant les supplices aux crimes, dont ils sont la suite. Aux uns, ils ont attaché, pour punition, la mort naturelle; aux autres, ils n'ont attaché que certaines peines, qui laissent la vie naturelle: mais qui privent de la vie civile. D'autres enfin ne sont punis que par une peine légére, sans aucun changement dans l'état du coupable. Telles étoient les proportions observées chez les Romains.

Comme les loix de ce peuple sage sont la baze de la plupart des nôtres, nous croïons devoir nous arrêter ici un moment, pour examiner sa jurisprudence & ses usages, à cet égard.

D'ailleurs les principes, qui se trouvent dans les livres où ces loix sont recueillies, serviront beaucoup à éclaircir la matiére que nous entreprenons de traiter.

Avant que d'entrer dans ce détail, il paroît essentiel de fixer l'idée que nous attachons au mot *état de l'homme*. Ces termes ne signifient ici autre chose que le rapport civil d'un homme avec les autres hommes, qui composent le peuple, dont il est membre ; c'est-à-dire, l'état d'un homme, tel qu'il est reconnu par les loix civiles; soit que les distinctions qu'elles ont établies soient puisées dans la nature, soit qu'elles tirent leur fondement d'ailleurs; ensorte que nous n'entendons point parler ici des distinctions établies par la nature seulement.

Le droit Romain considéroit principalement trois choses, dans chaque personne ; sçavoir la liberté, le droit de cité, & la famille. *Tria sunt quæ habemus, libertatem, civitatem & familiam. l. 11. ff. de cap. min.*

Les Jurisconsultes Romains disent que la liberté est le pouvoir, que nous avons reçû de la nature, de faire tout ce qu'il nous plaît, quand la violence, ou la loi n'y forment point obstacle. *Libertas est naturalis facultas ejus quod cuique facere libet, nisi si quid vi, aut jure prohibetur. l. 4. ff. de statu hominum.*

Le droit de cité est la faculté de jouïr de tous les avantages attachés à la qualité de citoïen Romain.

Le mot famille, *familia*, avoit plusieurs significations chez les Romains. Il étoit relatif ou aux choses, ou aux personnes. Quand la loi des douze tables, par exemple, ordonne que le plus prochain agnat du défunt devienne propriétaire de sa famille, il est clair que, par famille, on doit entendre ici les biens. *Familiæ appellatio qualiter accipiatur videamus. Et quidem variè accepta est. Nam, & in res, & in personas deducitur. In res, utputà in lege duodecim tabularum, his verbis :* Agnatus proximus familiam habeto. *l. 195. ff. de verbor. signific. §. 1.*

Ce mot est relatif aux personnes, comme quand la loi dit que le patron & l'affranchi sont de la même famille. *Ad personas autem refertur familiæ significatio ità, cùm de patrono & liberto loquitur lex ;* ex eâ familiâ, *inquit*, in eam familiam. *Et hìc de singularibus personis legem loqui constat.* Ibid.

Par famille, on entend encore plusieurs personnes unies par les liens du sang. On en distingue de deux espéces; l'une est du droit propre, ou particulier; & l'autre du droit commun. *Familiæ appellatio refertur & ad corporis cujusdam significationem, quod aut jure proprio ipsorum, aut communi universæ cognationis continetur.* Ibid. §. 2.

Par famille, suivant le droit particulier, on entend plusieurs personnes, que la nature ou la loi ont soumises à la puissance d'un seul. Ainsi le pere de famille, la mere de famille, le fils de famille, la fille de famille, & tous ceux qui les représentent, comme le petit-fils, la petite-fille, & ainsi de suite, forment une famille.

Or

Or on appelle pere de famille, celui qui ne dépend de personne dans sa maison, quand même il n'auroit pas d'enfans ; ensorte que le mot, *pere de famille*, est moins relatif à la personne même qu'aux droits dont elle jouït. Cela est si vrai, qu'on appelle un pupille même, pere de famille. Quand un pere de famille meurt, tous ceux, de ses propres enfans, qui étoient sous sa puissance, deviennent leurs maîtres ; & sont, par conséquent, peres de famille. Il en est de même d'un fils que son pere émancipe : il cesse d'être soumis à la puissance paternelle ; il devient, par conséquent, pere de famille. *Jure proprio familiam dicimus, plures personas quæ sunt sub unius potestate, aut naturâ, aut jure subjectæ : ut putà patrem familias, matrem familias, filium familias, filiam familias, quique deinceps vicem eorum sequuntur ; ut putà nepotes & neptes, & deinceps. Pater autem familias appellatur, qui in domo dominium habet. Rectèque hoc nomine appellatur, quamvis filium non habeat. Non enim solam personam ejus, sed & jus demonstramus. Denique & pupillum patrem familias appellamus ; & cùm pater familias moritur, quotquot capita ei subjecta fuerint, singulas familias incipiunt habere. Singuli enim patrum familiarum nomen subeunt. Idemque eveniet & in eo qui emancipatus est : nam & hic, sui juris effectus, propriam familiam habet. Ibid.*

Nous avons dit, plus haut, qu'il n'y avoit que les propres enfans de celui qui mouroit, qui pûssent devenir peres de famille, parceque ses petits enfans, qui étoient sous sa puissance, pendant sa vie, passent sous celle de leur pere, qui devient pere de famille. *Hi verò qui in potestate parentis sunt, mortuo eo, sui juris fiunt. Sed hoc distinctionem recipit. Nam, mortuo patre, sanè omnimodò filii filiæve sui juris efficiuntur : mortuo verò avo, non omnimodò nepotes, neptesve sui juris fiunt, sed ita si, post mortem avi, in potestatem patris recasuri non sunt. Itaque si, moriente avo, pater eorum vivit, & in potestate patris sui est, tunc, post obitum avi, in potestate patris sui fiunt. Si verò is, quo tempore avus moritur, aut jam mortuus est, aut per emancipationem exiit de potestate patris ; tunc ii qui in potestatem ejus cadere non possunt, sui juris fiunt. Instit. Quib. mod. patr. potest. solv. in princip.*

La famille, suivant le droit commun, signifie la totalité de ceux, qui sont agnats entr'eux. Car quoique par la mort du pere de famille, chacun de ceux qui étoient sous sa puissance, devienne pere de famille, & forme une famille particuliére ; cependant, comme ils sortent tous de la même tige, il est naturel qu'on les regarde comme étant de la même famille. *Communi jure familiam dicimus omnium agnatorum. Nam, etsi patre familias mortuo, singuli singulas familias habent, tamen omnes, qui sub unius potestate fuerunt, rectè ejusdem familiæ appellabuntur, qui ex eâdem domo & gente proditi sunt. Ibid.*

Le mot famille peut avoir encore d'autres significations : mais, comme elles sont étrangéres à notre sujet, nous nous contentons de renvoïer ceux qui seront curieux de les connoître, à la loi citée plus haut, §. 3. & suiv.

Relativement à la matiére qui fait le sujet de ce Chapitre ; on ne doit considérer le mot *famille*, que suivant le droit particulier ; c'est-à-dire, dans le sens qu'elle exprime la relation du pere à ses enfans, & à tous ses descendans en ligne directe. Il étoit pere de famille ; & ceux, qui étoient sous sa puissance, étoient fils de famille.

Ces deux qualités ne pouvoient être possédées que par des citoïens Romains. *Jus autem potestatis, quod in liberos habemus, proprium est Civium Romanorum. Nulli enim alii sunt homines, qui talem, in liberos, habeant potestatem, qualem nos habemus. Instit. de patriâ potest.* §. 2. En perdant le droit de cité, on perdoit en même tems la qualité de pere, ou de fils de famille ; ensorte qu'il ne restoit, entre le pere & ses enfans, que la relation naturelle.

Chacun des trois objets que nous venons d'examiner, renferme deux qualités contraires ; car on est libre, ou esclave ; citoïen, ou étranger ; pere, ou fils de famille.

Les deux premiers objets regardent tous les hommes en général. Tout homme est nécessairement ou libre, ou esclave, ou citoïen, ou étranger. Quant au troisiéme, il étoit particulier aux citoïens, qui étoient tous ou pere, ou fils de famille : ensorte que la liberté & la cité constituoient le citoïen, indépendamment de la famille, qui n'étoit qu'un accessoire & une suite de la qualité de citoïen : mais elle étoit nécessairement accessoire.

Ainsi il y avoit cette différence entre ces trois qualités, que la premiére ne supposoit point les deux autres. On pouvoit être libre, sans être citoïen, & sans être ni pere, ni fils de famille. Mais on ne pouvoit posséder aucune des deux autres, sans les posséder toutes trois à la fois. Tout citoïen étoit nécessairement libre, & possédoit les droits de famille ; & l'on ne pouvoit posséder les droits de famille, sans être citoïen ; &, par conséquent, sans être libre.

Quand un homme réünissoit ces trois qualités, on l'appelloit

Caput, parcequ'il étoit compté, dans les assemblées du peuple, comme une tête, comme un citoïen, qui avoit part aux délibérations, & dont la voix influoit dans les décisions. On appella aussi *caput*, l'état du citoïen, la réunion des qualités qui constituoient le citoïen, & qui lui donnoient droit de voix délibérative, dans les assemblées; & quand il perdoit quelqu'une de ces qualités, comme cette perte diminuoit nécessairement ses facultés, & retranchoit quelque chose de la totalité de son état, on appelloit ce changement, *Capitis diminutio*, ou *minutio ;* ensorte que ces termes, dans les loix Romaines, annoncent une altération survenuë dans l'état d'un citoïen, & signifient changement d'état. *Capitis minutio est statûs permutatio. l. 1, ff. de Cap. min.* Mais cela n'étoit pas relatif; car on n'exprimoit pas, par les mots *capitis diminutio*, tous les changemens qui arrivoient dans l'état d'un citoïen. Quand, par exemple, de fils de famille, il devenoit pere de famille, par la mort de celui, sous la puissance de qui il étoit, ce changement n'étoit point compté au nombre de ceux qui étoient nommés *capitis diminutio.*

La raison est que ces mots n'étoient emploïés que pour exprimer l'altération que le citoïen souffroit dans son état : mais, dans le cas dont il est ici question, loin que son état fût altéré, par ce changement, il devenoit, au contraire, plus complet, plus entier, si l'on peut ainsi parler. En un mot, il jouïssoit de la plénitude de son état ; il étoit affranchi de la puissance paternelle. Il devenoit, par-là, propriétaire de tout ce qu'il acquéroit, à quelque titre que ce fût. Il devenoit maître de toutes ses actions, & ne connoissoit plus de supérieur que la Loi; au lieu qu'auparavant, il n'avoit la jouïssance de rien, & ne pouvoit contracter le moindre engagement, sans l'autorité de celui en qui résidoit la puissance paternelle.

La perte d'une dignité ne se comptoit pas non plus au nombre des changemens qu'on nommoit, *capitis diminutio. Quibus autem dignitas magis quàm status permutatur, capite non minuuntur ; & ideò à Senatu motos, capite non minui constat. Instit. de cap. domin.* §. 5. La raison est qu'en perdant la qualité de Sénateur, il n'y avoit que la réputation qui souffrît quelque atteinte. Le droit de cité, en un mot, ce qui se nommoit *caput*, demeuroit dans tout son entier. *l.* 3. *ff. de Senat. l.* 5. §. 2. *Ibid. de extraord. cognit.*

Ainsi *capitis minutio* ne s'emploïoit, que pour exprimer un changement qui alloit au détriment de l'état de celui qui le souffroit. Par conséquent, toutes les fois qu'il y avoit *capitis minutio*, il y avoit changement dans l'état du citoïen : mais toutes les fois qu'il arrivoit quelque changement dans l'état d'un citoïen, il n'y avoit pas, pour cela, *capitis diminutio*. Cependant, comme nous n'avons point de terme en françois, pour exprimer cette différence, toutes les fois que nous emploïerons, dans la suite, les mots *changement d'état*, nous y attacherons la même idée que les Romains attachoient aux mots *capitis diminutio*.

On distinguoit, à Rome, trois sortes de changement d'état.

Le premier arrivoit par la perte des trois choses qui constituoient le Citoïen Romain; sçavoir la liberté, le droit de cité, & le droit de famille; & ce changement se nommoit, *maxima capitis diminutio*. Comme la perte de la liberté entraînoit nécessairement la perte des deux autres droits, il suffisoit de tomber dans l'esclavage, pour éprouver cette premiere espéce de changement d'état.

Le second arrivoit, par la perte du droit de cité seulement, laquelle entraînoit toujours, avec elle, celle du droit de famille: mais, comme on ne perdoit pas toujours, pour cela, la liberté, puisqu'on pouvoit être libre, sans être Citoïen Romain; ce changement d'état, n'étoit pas, à beaucoup près, aussi préjudiciable que le premier; c'est pourquoi, il se nommoit, *media capitis diminutio*.

Le troisiéme changement d'état, ne faisoit perdre ni la liberté, ni, par conséquent, le droit de cité. Il arrivoit à ceux qui, après avoir été affranchis de la puissance paternelle, y devenoient soumis de nouveau; ce qui se faisoit par le moïen de l'adoption; quand un pere de famille se faisoit adopter pour fils par un autre pere de famille. La même chose avoit aussi lieu, quand un fils de famille étoit émancipé par son pere. Ce changement d'état n'ôtoit ni la qualité, ni les droits de citoïen. Il les supposoit, au contraire, nécessairement. Aussi n'emportoit-il, avec lui, aucune note d'infamie. Il n'avoit d'autre principe, que certains arrangemens de famille dictés par l'intérêt, ou par la bienveillance paternelle. C'est pourquoi il se nommoit, *minima capitis diminutio*. Ensorte que ces termes ne signifient autre chose que le changement, qui arrivoit dans la personne du citoïen, relativement à la famille; quand, de fils de famille, il devenoit pere de famille; *& vice versâ. Capitis diminutionis tria genera sunt: maxima, media, minima. Tria enim sunt quæ habemus, libertatem, civitatem, & familiam. Igitur, cùm omnia hæc amittimus, hoc est libertatem, & civitatem, & familiam, maximam esse capitis diminutio-*

nem, cùm verò amittimus civitatem, libertatem retinemus, mediam esse capitis diminutionem. Cùm & libertas, & civitas retinetur, familia tantùm mutatur, minimam esse capitis diminutionem constat. l. 11. ff. de Cap. min.

Minima capitis diminutio est, cum civitas retinetur & libertas, sed status hominis commutatur : quod accidit his qui, cùm sui juris fuerint, cœperunt alieno juri subjecti esse ; vel contrà : veluti, si filius familias à patre emancipatus fuerit, est capite diminutus. Inst. de Cap. demin. §. 3.

Il sembleroit qu'on ne devroit pas regarder l'émancipation comme un changement d'état, en tant qu'il signifie *capitis diminutio.* En effet, elle produit les mêmes effets que la mort du pere de famille. Loin de rien diminuer des droits de celui qui l'a obtenûe, elle lui procure, au contraire, la plénitude de son état. Il étoit fils de famille, & soumis, par conséquent, à la puissance paternelle. Il devient, au contraire, pere de famille, *& fit sui juris.*

Cet établissement vient de la maniére dont se faisoit l'émancipation, dans l'ancien droit Romain. Celui qui l'obtenoit, devenoit esclave, au moins fictivement. Un pere, qui vouloit émanciper son fils, le livroit à un autre, qui se nommoit *pater fiduciarius*, & qui donnoit un, ou deux écus, au pere dont il recevoit le fils, comme s'il eût acheté ce fils. Cet acquéreur supposé rendoit ensuite l'enfant à son pere naturel, moïennant le prix qu'il lui avoit coûté. La même chose se faisoit trois fois, &, après la troisiéme, l'enfant étoit émancipé, par l'affranchissement qu'il recevoit de son pere, dont il étoit devenu l'esclave, au moïen de ces différentes ventes ; ensorte que cette façon d'émanciper, étoit plutôt un affranchissement, qu'une émancipation. Ce qui est si vrai, que le pere, qui avoit ainsi affranchi son fils, conservoit sur lui les droits qu'a un patron sur ses affranchis. Voyez Caïus, *Institut. lib.* 1. *tit.* 6. §. 4.

Néanmoins, comme cet esclavage n'étoit qu'une fiction, il n'entraînoit pas la perte de la liberté, & n'ôtoit pas le droit de cité : mais on ne laissoit pas de le mettre au nombre des changemens d'état. Quoique Justinien, par la Loi 6. *Cod. de emancip. lib.* eût aboli toutes ces formalités, & que, depuis cette loi, l'émancipation ne produisît aucun autre effet, que de délivrer de la puissance paternelle, on continua toujours de la regarder sur le même pied.

L'explication des effets de cette troisiéme sorte de changement d'état n'entre nullement dans notre plan. Nous n'avons pas eu intention d'examiner quels étoient les droits des citoïens Romains : mais seulement, comment on cessoit de l'être. Ainsi nous ne parlerons, dans la suite, que des deux premiéres espéces, dont nous examinerons les causes & les suites, à mesure que le plan, que nous nous sommes formé, nous en fournira l'occasion.

La seconde espéce de changement d'état, *media capitis diminutio*, répondoit, à peu-près, à ce que nous appellons, en France, mort civile; comme on en jugera facilement, par la suite. Il nous échapera même, assez souvent, d'emploïer le mot mort civile, au lieu de celui de changement d'état.

CHAPITRE IV.

Ce que c'est que la Mort Civile en France.

Quelles en sont les Causes, & quelles étoient les causes du Changement d'Etat, chez les Romains.

LA distinction des trois choses qui composoient l'état d'un homme, à Rome, est inconnuë parmi nous. On ne connoît point l'esclavage, en France; tout le monde y est nécessairement libre, dans le sens même de la définition, que les Jurisconsultes Romains ont donnée de la liberté. Il suffit d'être né en France, & d'y avoir son domicile, pour être citoïen. On ne peut donc jamais perdre la liberté parmi nous. Ainsi, nous n'avons rien qui réponde à ce qui s'appelloit, à Rome, *maxima capitis diminutio.*

A l'égard de la famille, ce droit n'est plus en usage, que dans quelques provinces de France, qui sont régies par le droit écrit, qui est le même que celui des Romains, à quelques changemens près, qu'on y a introduits, pour le raprocher de nos mœurs, & des usages généraux de la nation. Le droit de famille, dans ces provinces, est attaché à la qualité de citoïen. Tout le monde est, ou pere, ou fils de famille; & ces qualités se perdent, avec celle de citoïen.

L'adoption nous est inconnuë. On n'attache plus aucune idée de servitude à l'émancipation; ainsi le petit changement d'état, *minima capitis diminutio*, est totalement inconnu, dans notre droit.

Il ſuit, de-là, que tout le changement, qui puiſſe arriver, en France, dans l'état des hommes, ſe réduit à la perte de la qualité de citoïen. Cette perte, ſi elle provient du paſſage en païs étranger, entraîne celle des droits de cité, ſans ôter la vie civile. Si elle provient d'une condamnation, elle ôte la vie civile, & produit, par conſéquent, la mort civile.

Chez les Romains, la mort civile provenoit de trois cauſes différentes; ſçavoir, la ſervitude, la condamnation à certaines peines, qui flétriſſoient tellement celui, auquel on les infligeoit, qu'il n'étoit plus citoïen, & enfin la fuite en païs étranger.

La ſervitude, comme nous venons de l'obſerver, n'eſt point admiſe en France. Cette maxime y eſt obſervée avec un tel ſcrupule, que les étrangers même, que l'on prend à la guerre, ne deviennent point eſclaves. On ſe contente de les tenir priſonniers, juſqu'à ce qu'on juge à propos de leur rendre leur liberté.

A l'égard des François qui ſont pris par les Infidéles, quoiqu'ils perdent la liberté de fait, en ce qu'ils deviennent eſclaves de ceux qui les ont pris, ils conſervent toujours celle de droit, qui n'eſt que liée par une force majeure. Ils ſont dans le cas d'un homme qui ſeroit retenu de force par des voleurs, leſquels le contraindroient d'exécuter tout ce que leur caprice leur dicteroit. Ainſi un François captif conſerve tous ſes droits. Ils ne ſont que ſuſpendus; il eſt conſidéré ſimplement comme un abſent.

Il en étoit de même chez les Romains. La captivité d'un citoïen, pris par les ennemis, ne produiſoit aucun changement dans ſon état. A ſon retour, il le recouvroit tout entier. Il étoit même réputé n'avoir jamais ceſſé d'en jouïr. *Hi, qui ab hoſtibus capti ſunt, ſi reverſi fuerint, omnia priſtina jura recipiunt: idcircò reverſus etiam liberos habebit in poteſtate; quia poſtliminium fingit eum, qui captus eſt, in civitate ſemper fuiſſe. Inſtitut. Quibus modis jus patriæ poteſt. ſolv.* §. 5.

Il ne faut donc pas confondre, comme il ſemble que quelques auteurs l'ont fait, la captivité avec la ſervitude. On étoit captif, quand on avoit été pris, en guerre, par les ennemis. On devenoit, à la vérité, leur eſclave, dans le fait: mais on étoit toujours réputé libre à Rome, & l'on n'y perdoit aucun de ſes droits. On étoit eſclave, au contraire, quand on devenoit ſoumis à un citoïen Romain; & qu'il avoit acquis, ſur celui qui étoit tombé dans l'eſclavage, les mêmes droits que les vainqueurs s'attribuoient ſur les captifs.

Il suit, de ce qui vient d'être dit, que la servitude n'est, & ne peut être, chez nous, une cause de la mort civile, puisque nous ne connoissons point d'esclaves.

Il suit encore que, des trois sources d'où provenoit la mort civile, chez les Romains, il ne nous en reste qu'une à examiner, ici; c'est la condamnation à certaines peines. Nous allons donc examiner, dans la seconde partie de cet ouvrage, quelles sont ces peines, & quelles en sont les suites.

Nous reconnoissons encore, dans notre droit, une autre source de la mort civile: mais qui, loin d'être infamante & forcée, comme la premiére, est au contraire honorable & volontaire; c'est celle qui résulte de la profession en religion.

Ceux, que le desir du salut porte à contracter cette sorte d'engagement, renoncent à tous les avantages de la vie civile. Ils renoncent à la propriété, & à la jouïssance même de tous les biens temporels, dont ils se dépouillent, au moment même qu'ils prononcent leurs vœux; & cette renonciation est sans retour. Ils deviennent donc incapables de tous les effets de la vie civile; ils sont, par conséquent, regardés comme morts civilement. Cette matiére sera le sujet de la troisiéme partie de cet ouvrage.

Dumoulin, *De infirm. resignant. n.* 351. *de publicand. resignat. n.* 47. *& seqq. &* 111, admet une troisiéme cause de mort civile, qui n'est pas générale; mais seulement relative à certains objets. Par exemple, un bénéficier qui se marie, ou qui accepte un autre bénéfice incompatible avec celui qu'il posséde, est mort civilement, par rapport au bénéfice auquel il est obligé de renoncer.

En suivant cette idée, on pourroit admettre une infinité de morts civiles relatives. On pourroit dire, par exemple, qu'une personne mariée est morte civilement, relativement à tous les autres mariages possibles, tant que son conjoint est vivant. On pourroit dire qu'un clerc engagé dans les ordres sacrés est mort civilement, quant au Sacrement de mariage. Notre intention n'est pas d'entrer dans le détail de toutes ces prétenduës morts civiles, qui ne sont, dans le fonds, que des incapacités particuliéres & relatives. C'est très-improprement que Dumoulin les a nommées autrement, puisque ceux qui en sont affectés, sont citoïens, & jouïssent, par conséquent de la vie civile. Pour que l'expression de cet auteur pût être adoptée, il faudroit qu'un homme pût, tout à la fois vivre civilement, & être mort civilement. Or cela est impossible, & contraire au bon sens, comme on le verra dans la suite de ce Traité.

PARTIE

PARTIE II.

Des Condamnations qui operent la Mort Civile. Quand elle commence quels ſont ſes effets, & quand elle finit.

CETTE ſeconde Partie préſente, comme on le voit, quatre objets à conſidérer. Le premier renferme les ſources de la mort civile. Le ſecond concerne le tems auquel en ſont frapés ceux qui l'ont méritée. Le troiſiéme expoſe les différens effets qu'elle produit, tant par rapport à ceux qui l'ont encourûë, que relativement à la ſociété qui les a retranchés de ſon ſein. Le quatriéme enfin découvrira les moïens de rentrer dans les droits perdus par la mort civile.

Tel eſt le plan, ſuivant lequel on a crû devoir préſenter tout ce qui ſe peut dire ſur cette importante matiére.

Nous diviſerons donc cette partie en quatre Livres. Dans le premier, on traitera des condamnations qui opérent la mort civile, & l'on entrera dans le détail de ces différentes condamnations.

Dans le ſecond, on examinera dans quel tems commence la mort civile.

Dans le troiſiéme, on traitera de ſes effets.

Dans le quatriéme enfin, on expliquera quand & comment elle peut ceſſer.

LIVRE I.

Des Condamnations qui opérent la Mort Civile.

SUIVANT le plan que nous nous ſommes propoſé, les loix des Romains, & leurs uſages, ſur chacune des matiéres que nous traiterons, fixeront toujours notre attention. Ainſi, nous ferons un Chapitre exprès, pour examiner quelles étoient les peines qu'ils emploïoient contre les coupables, & qui cauſoient le changement d'état.

Nous examinerons ensuite celles qui sont en usage parmi nous.

CHAPITRE I.

Des Peines qui étoient en usage chez les Romains.

NOUS avons observé, plus haut, que les Romains avoient soin, autant qu'il étoit possible, de proportionner les peines à la grandeur des crimes; & afin que les coupables n'eussent rien à reprocher à leurs juges, aucune peine n'étoit arbitraire : la loi en avoit déterminé une pour chacun des délits qu'elle avoit pû prévoir, & les juges étoient obligés de condamner à la peine prononcée par la loi. Ensorte que leur fonction ne consistoit nullement dans l'arbitrage de la peine méritée. Elle se bornoit uniquement à examiner si l'accusé étoit véritablement coupable du crime qu'on lui imputoit; & quand ils l'avoient déclaré convaincu d'un tel crime, le genre de supplice étoit certain. *Quamvis nihil de pœnâ subjecerit, tamen legis potestas adversùs eum exercebitur. Nam, ut Papinianus respondit, facti quidem quæstio in arbitrio est judicantis : pœnæ verò persecutio non ejus voluntati mandatur, sed legis auctoritati reservatur. l. 1. §. 4. ff. ad S. C. Turpillianum.*

Cet usage se soutint quelque tems, même après que les jugemens publics eurent été abrogés : *Ordo exercendorum publicorum capitalium in usu esse desiit, durante tamen pœnâ legum, cum extrà ordinem crimina probantur. l. 8. ff. de public. judic.*

Mais les peines devinrent insensiblement arbitraires; c'est-à-dire, que les juges s'attribuoient la liberté d'ordonner, suivant les cas particuliers, des peines plus graves, ou plus légéres. Ensorte que l'on commença à voir le même crime puni différemment, dans différentes circonstances. *Voïez* Cujas, *lib. 8. Observ. Cap.* 33.

Ce changement, dans la puissance des juges, ne produisit, ou ne dut produire aucune injustice ; au contraire, les punitions devoient se trouver dans une proportion plus juste avec les crimes, dont l'énormité dépend toujours des circonstances qui varient à l'infini. Au lieu que, si l'on considéroit toujours tous les crimes en eux-mêmes, & dépouillés des circonstances qui les ont accompagnés, il arriveroit souvent que l'on puniroit du dernier supplice des gens qui, dans le fond, ne mériteroient aucune peine. Il y a tel homicide, par exemple, dont l'auteur mérite toute l'indulgence de ses juges; & tel autre qui ne peut être puni avec trop de sévérité.

Au reste, les juges n'étoient pas les maîtres de faire subir de nouveaux genres de peines. Ils étoient tenus de ne mettre en usage que celles qui avoient été établies par les loix; avec la liberté, seulement, de les appliquer suivant que leur prudence, & l'équité le leur dictoient.

Il y avoit plusieurs genres de peines en usage chez les Romains: mais on peut les réduire à huit; sçavoir, la perte de la vie, celle de la liberté, celle des droits de cité, la relégation, la punition corporelle, comme le foüet, les coups de bâton, &c; la condamnation pécuniaire avec infamie, la perte de la dignité, ou enfin la privation de quelque faculté. *L. 6. §. 2. ff. de pœnis. & l. 7. & 8. Ibid.*

Chacune de ces peines en contenoit plusieurs espéces; c'est-à dire, qu'il y avoit plusieurs maniéres de faire subir la même punition; ce qui la rendoit plus ou moins grave. Il y avoit, par exemple, plusieurs façons d'ôter la vie, soit par le glaive, soit par le feu, ou autrement. On en trouve le détail dans la loi 8. *ff. de pœnis*, dans laquelle on voit que les unes étoient réservées aux hommes libres, les autres aux esclaves. Il n'étoit point au pouvoir des magistrats de les changer. Il falloit condamner les hommes libres aux peines qui leur étoient destinées, quand ils étoient coupables; & de même des esclaves. Lorsqu'un homme, dans le tems intermédiaire au crime & à sa condamnation, avoit changé d'état, si d'esclave il étoit devenu libre, ou si de libre il étoit tombé dans l'esclavage; on devoit, lors de la prononciation du jugement, avoir égard à la condition & à l'état dont il jouïssoit lors du crime commis. *Quotiens de delicto quæritur, placuit non eam pœnam subire quem debere quam conditio ejus admittit, eo tempore quo sententia ab eo fertur: sed eam quam sustineret, si eo tempore esset sententiam passus, cum deliquisset.*

Proindè, si servus crimen commiserit, deindè libertatem consecutus dicetur, eam pœnam sustinere debet quam sustineret, si tunc sententiam passus fuisset, cùm deliquisset.

Per contrarium quoque, si in deteriorem conditionem fuerit redactus, eam pœnam subire eum oportebit quam sustineret, si in conditione priore durasset. l. 1. ff. de pœnis.

Il n'étoit pas permis aux magistrats de déférer aux condamnés le choix du genre de leur supplice, ni de les faire mourir par le poison, ou à coups de fouët, ou à coups de bâton. *Proindè nec liberam mortis facultatem concedendi jus præsides habent. Multò magis vel veneno necandi. l. 8. §. 1. Ibid.*

Nec eâ quidem pœnâ damnari quem oportet, ut verberibus necetur, vel virgis interimatur, nec tormentis; quamvis plerique, dum torquentur, deficere solent. Ibid. §. 3.

Il est bon de remarquer que cette loi n'ôte qu'aux juges le pouvoir de donner aux coupables le choix de leur supplice. Les historiens sont pleins d'exemples qui prouvent que les empereurs le pratiquoient fort souvent. C'est pourquoi la même loi ajoute: *Divi tamen fratres rescripserunt, permittentes liberam mortis facultatem.*

Dès qu'on étoit condamné au dernier supplice, on perdoit en même tems & le droit de cité, & la liberté même; on devenoit esclave de la peine. Ensorte que, pendant le tems intermédiaire à la condamnation & à l'exécution, on étoit mort civilement. *Qui ultimo supplicio damnantur, statim & civitatem & libertatem perdunt. Itaque præoccupat hic casus mortem, & nonnunquam longum tempus occupat. Quod accidit in personis eorum qui ad bestias damnantur: sæpè etiam ideò servari solent post damnationem, ut ex his in alios quæstio habeatur. l. 29. ff. de pœnis.*

La liberté se perdoit aussi de plusieurs façons. Quelquefois les condamnés devenoient esclaves des particuliers; souvent ils étoient faits esclaves du public & du fisc: mais ils devenoient le plus souvent serfs de la peine; ce qui arrivoit, quand ils étoient condamnés à travailler aux mines, c'est-à-dire, à tirer les métaux des mines.

Il y avoit deux sortes de condamnations aux métaux, ou aux mines, & qui s'exprimoient différemment; *in metallum damnatio*, & *in opus metalli damnatio.* Quand on étoit condamné aux métaux, *in metallum*, la peine étoit plus grave, que quand on étoit condamné à travailler aux métaux, *in opus metalli.* Cette différence consistoit dans le nombre & dans la pesanteur des chaînes, & en ce que, quand ceux, qui étoient simplement condamnés à travailler aux métaux, prenoient la fuite, on les réduisoit au sort de ceux qui étoient condamnés aux métaux, lesquels, en cas qu'ils s'échapassent, étoient punis de mort. *Inter eos autem, qui in metallum, & eos qui in opus metalli damnantur, differentia in vinculis tantùm est, quòd qui in metallum damnantur, gravioribus vinculis premuntur, qui in opus metalli, levioribus; quòdque refugæ ex opere metalli in metallum dantur, ex metallo graviùs coercentur. l. 8. §. 6. ff. de pœnis. Qui in metallum damnati, id admiserint, (ut evaderent) summo supplicio afficerentur. l. 28. §. 14. Ibid.*

Les femmes pouvoient aussi être condamnées aux métaux, ou à travailler aux salines. Lorsqu'elles y étoient condamnées à perpétuité, elles perdoient le droit de cité, & devenoient esclaves de la peine. Quand elles n'y étoient condamnées que pour un tems, elles conservoient le droit de cité. *In ministerium metallicorum fœminæ in perpetuum, vel ad tempus damnari solent. Simili modo & in salinas. Et si quidem in perpetuum fuerint damnatæ, quasi servæ pœnæ constituuntur. Si verò ad tempus damnantur, retinent civitatem. l. 8. §. 8. Ibid.* Cette disposition avoit également lieu pour les hommes. *l. 28. §. 6. Ibid.*

Il y avoit encore plusieurs autres sortes de condamnations, qui se comptoient dans la même classe que la condamnation aux métaux, & qui produisoient les mêmes effets ; comme quand on étoit condamné à travailler à la chaux & au souffre. *In calcarium quoque, vel sulphurarium damnari solent : sed hæ pœnæ metalli magis sunt. l. 8. §. 10. Ibid.*

La liberté se perdoit encore, quand on étoit condamné à combattre contre les bêtes dans les amphithéatres, ce qu'on appelloit *damnari*, ou *dari ad bestias. Itaque hi, in quos animadverti jubetur, quive ad bestias dantur, confestim servi pœnæ fiunt. l. 12. Ibid.*

Il en étoit de même de tous ceux qui étoient condamnés à servir de spectacle au peuple, dans quelque genre que ce fût. Ils étoient esclaves de la peine. La différence qu'il y avoit entre ceux-ci & ceux qui étoient condamnés à combattre contre les bêtes, c'est que ces derniers devoient périr dans l'an de leur condamnation ; les autres, au contraire, étoient conservés, & même instruits dans le genre d'exercice auquel on les destinoit, pour l'amusement du peuple. *l. 8. §. 11. ff. de pœnis. Voïez* les notes de Godefroy sur ce §.

Il arrivoit quelquefois que le peuple remarquoit tant d'adresse, ou tant de force dans ceux qui étoient condamnés à combattre contre les bêtes, qu'il demandoit qu'on les conservât, pour les emploïer dans les jeux, & dans les spectacles : mais cela ne se pouvoit faire sans le consentement de l'empereur. *Ad bestias damnatos, favore populi præses dimittere non debet. Sed si ejus roboris, vel artificii sint, ut dignè populo Romano exhiberi possint, principem consulere debet. l. 31. Ibid.* Quand le prince avoit accordé cette grace, ceux qui en profitoient continuoient toujours d'être esclaves de la peine, puisqu'ils se trouvoient au rang de ceux qui étoient simplement condamnés à servir de spectacle & de divertissement au peuple.

On perdoit les droits de cité par le bannissement à perpétuité. Car quoique celui à qui l'on imposoit cette peine ne devînt l'esclave de personne, & qu'il conservât la liberté naturelle, néanmoins il étoit ôté du nombre des citoïens, & tenu pour mort civilement, comme s'il eût été réduit en servitude.

On distinguoit plusieurs sortes de bannissement. Le premier se nommoit déportation. On transportoit celui qui y étoit condamné, dans quelque isle de la dépendance de l'empire, hors de laquelle il n'étoit pas permis au coupable de sortir. Cette peine emportoit la perte des droits de cité. *Inter pœnas est etiam insulæ deportatio, quæ pœna adimit civitatem Romanam. l. 6. ff. de interdict. & relegat. & deportat.*

Elle succéda à une autre qui étoit fort en usage du tems de la république, & qui est connuë sous le nom de l'interdiction du feu & de l'eau; *aquæ & ignis interdictio.* Il étoit défendu à tous les citoïens d'assister ceux qui avoient mérité cette punition, non pas même d'eau ni de feu, qui ne se refusent à personne. Cet usage fut introduit, parceque, suivant les anciennes loix de la république, il étoit défendu d'ôter la vie à un citoïen Romain. Pour éluder cette loi, on imagina de priver ceux qui se trouvoient coupables d'un crime digne de mort, de tout ce qui étoit nécessaire pour le soutien de la vie. Ensorte qu'ils étoient obligés de sortir des terres soumises à la domination de la république. Auguste abolit, par une loi, cet usage de prononcer l'interdiction du feu & de l'eau; à laquelle on substitua la déportation: mais il n'y avoit que le prince qui pût condamner à cette peine, & l'on ne perdoit le droit de cité, que quand il avoit ordonné lui-même que le coupable fût déporté. *Constat, postquàm deportatio in locum aquæ & ignis interdictionis successit, non priùs amittere quem civitatem, quàm princeps deportatum in insulam statuerit. Præsidem enim deportare non posse nulla dubitatio est: l. 2. §. 1. ff. de pœnis.*

Mais le préfet de la ville pouvoit condamner à la déportation; &, quand il l'avoit prononcée, elle produisoit le même effet, que si c'eût été l'empereur lui-même. *Deportandi autem in insulam jus præsidibus provinciæ non est datum, licèt præfecto urbi detur. Hoc enim epistola divi Severi, ad Fabium Cilonem præfectum urbi expressum est. l. 6. §. 1. ff. de interdict. & releg. & deportat. Sed præfectus urbi jus habet deportandi, statimque, post sententiam præfecti, amisisse civitatem videtur. l. 2. §. 1. ff. de pœnis.*

La seconde espéce de bannissement, qu'il faut bien se donner de garde de confondre avec la déportation, se nommoit relégation. *Magna differentia est inter deportationem & relegationem. l. 14. §. 1. ff. de interdict. & relegat. & deportat.* La principale différence qui caractérisoit ces deux peines, c'est que cette derniere n'étoit point odieuse, & ne faisoit point perdre les droits de cité ; au lieu que l'autre les enlevoit au coupable qui y étoit condamné. *Nam deportatio civitatem & bona adimit. Relegatio neutrum tollit, nisi specialiter bona publicentur. Ibid.*

On voit, par les derniers mots de la loi, que le juge, qui condamnoit à la relégation, pouvoit faire perdre les biens au condamné, lorsque, dans son jugement, il inséroit une disposition expresse à cet égard : mais il n'étoit pas en son pouvoir d'ôter les droits de cité, quelque disposition que contînt son jugement. *Bona relegati non publicantur, nisi ex sententiâ specialiter : sed jura libertorum nec speciali sententiâ adimi possunt, quia solus princeps relegato ea adimere potest. l. 8. §. 3. ff. de bonis damnat.*

On distinguoit trois sortes de relégations, que l'on comprenoit sous le mot générique exil. En effet, ou on se contentoit de défendre à un citoïen d'habiter dans certains lieux qu'on lui désignoit, comme dans une certaine province ; ce qui se nommoit, *certorum locorum interdictio.* Ou on lui interdisoit l'entrée de tous les lieux de l'empire, excepté d'un seul, où il étoit obligé de se tenir. Cet exil se nommoit *lata fuga.* Ou enfin, on le reléguoit dans une isle, dans laquelle il étoit obligé de faire sa résidence ; ce qui s'appelloit *Insulæ vinculum. Exilium triplex est, aut certorum locorum interdictio, aut lata fuga, ut omnium locorum interdicatur, præter certum locum, aut in insulæ vinculum, id est relegatio in insulam. l. 5. ff. de interdict. & relegat. & deport.*

De quelque façon que la relégation fût prononcée, soit pour un tems, soit à perpétuité, & de quelque nature qu'elle fût, elle n'ôtoit jamais le droit de cité. *Sive ad tempus, sive in perpetuum quis fuerit relegatus, & civitatem Romanam retinet, & testamenti factionem non amittit. l. 7. §. 3. Ibid. Relegatus integrum suum statum retinet, & dominium rerum suarum, & patriam potestatem, sive ad tempus, sive in perpetuum relegatus sit. l. 18. Ibid.*

Comme cette peine n'étoit pas, à beaucoup près, d'une aussi grande conséquence, que la déportation, il étoit permis aux présidens, ou intendans des provinces de la prononcer, quoiqu'ils ne pussent pas, comme on l'a fait voir, condamner à la déportation, à laquelle on ne pouvoit être condamné que par le prince en personne, ou par le préfet de la ville. *Relegatur quis à principe, Senatu, præfectis, & præsidibus provinciarum, non à consulibus. l. 14. §. 2. Ibid.*

Enfin, cette peine attaquoit si peu l'état du condamné, qu'on pouvoit lui ériger des statuës, quand il l'avoit mérité. *Relegatus statuis & imaginibus honorari non prohibetur. l. 17. Ibid.* Cet honneur ne lui étoit ôté, que quand le motif de sa relégation étoit un crime de leze-majesté. *Eorum qui relegati, vel deportati sunt ex causâ majestatis, statuas detrahendas scire debemus. l. 24. ff. de pœnis.*

La raison de toutes ces dispositions est que la relégation n'étoit, à proprement parler, qu'un exil. Or on ne peut pas regarder l'exil comme un supplice; mais comme une punition qui met à l'abri du supplice. *Exilium non supplicium est*, dit Ciceron, *pro Cecinnâ, sed perfugium portusque supplicii.*

On ne doit donc pas regarder la relégation, de quelque espéce qu'elle fût, comme une cause de la mort civile. Nous avons crû néanmoins devoir en faire ici mention, à cause des équivoques qui pourroient résulter de sa ressemblance avec la déportation. Il semble en effet, que ce qu'ils appelloient *relegatio in insulam*, ou, *insulæ vinculum* ne différoit, que quant à l'expression, de ce qu'ils appelloient *deportatio in insulam*. Quoi qu'il en soit, il est constant, comme on vient de le voir, que, si ces deux peines produisoient le même effet, relativement à l'éloignement de la patrie, & à l'obligation dans laquelle étoit le condamné, de ne pas sortir de l'isle qui lui étoit assignée, elles étoient fort différentes, quant aux effets civils; puisque la déportation enlevoit tous les droits de cité, & que la relégation, au contraire, les laissoit subsister dans toute leur intégrité.

Nous avons fait voir qu'entre les peines qui attaquoient l'état du citoïen, les unes lui ôtoient la liberté, &, par conséquent, les droits de cité, les autres lui laissoient la liberté naturelle, & lui faisoient seulement perdre la qualité de citoïen, & les droits qui y étoient attachés : mais l'empereur Justinien, *Nov. 22. cap.* 8. retrancha, dans la suite, la servitude de la peine : ensorte que, depuis ce prince, on ne perdit plus la liberté, par quelque condamnation que ce fût. Ce législateur, après avoir exposé comment, suivant les anciennes loix, il y avoit des peines, dont celui qui les subissoit devenoit esclave, continuë ainsi :

ainsi : *Nos autem hoc remittimus ; & nullum ab initio benè natorum ex supplicio permittimus fieri servum. Neque enim mutamus nos formam liberam in servilem statum, qui etiam dudùm servientium manumissores esse festinavimus. Maneat igitur matrimonium hoc nihil ex tali decreto læsum, ut potè inter personas liberas consistens.* C'est de cette Novelle qu'on a tiré la fameuse autentique *sed hodiè. Cod. de donat. inter vir. & ux. Sed hodiè nemo benè natus à principio, ex supplicio fit servus : & ideò matrimonium non dissolvitur.* Ainsi toutes ces espéces de condamnations ne produisoient plus que la perte des droits de cité, & opéroient toujours, par conséquent, la mort civile, quoiqu'elles laissassent la liberté naturelle.

Telles étoient, chez les Romains, les peines qu'ils appelloient capitales. Parmi nous, il semble que l'usage a consacré cette expression, pour ne signifier que celles qui enlévent la vie naturelle : mais à Rome, comme on appelloit l'état d'un citoïen *caput*, on regardoit comme capital tout ce qui enlevoit, ou altéroit cet état, au point de ne laisser que la liberté naturelle. *Rei capitalis damnatum sic accipere debemus, ex quâ causâ damnato vel mors, vel etiam civitatis amissio, vel servitus contingit. l. 2. ff. de pœnis.*

Les peines capitales, outre celles qui ôtoient la vie naturelle, étoient donc de trois sortes.

1°. La condamnation aux métaux & aux travaux publics.

2°. La condamnation à combattre contre les bêtes, dans les jeux publics, ou à servir de spectacle & d'amusement au peuple.

3°. La déportation.

Comme les autres genres de peine, dont on a parlé plus haut, n'emportoient point mort civile, nous croïons qu'il seroit étranger à notre sujet d'en donner ici l'explication. Notre but n'est pas de donner au public, un Traité des peines ; mais seulement de parler de celles qui produisent la mort civile, qui fait l'objet de cet ouvrage.

CHAPITRE II.

Des peines qui sont en usage en France.

ON a tâché, dans notre usage, de proportionner, autant qu'il a été possible, la grandeur de la peine à l'énormité du crime que l'on veut punir. Chaque faute a sa punition assignée. Néanmoins les juges, sur-tout ceux des cours souveraines, ne suivent pas, à cet égard, les loix ni l'usage à la lettre. Les circonstances les déterminent souvent sur le genre de peine, suivant qu'elles aggravent plus ou moins le délit. On ne voit pas cependant qu'ils ordonnent jamais d'autres punitions que celles qui sont en usage en France : ils ont seulement la liberté de les appliquer suivant les cas, & suivant ce que leur prudence leur dicte à cet égard.

Nous n'avons conservé qu'un très-petit nombre des peines qui étoient en usage chez les Romains. On ne condamne plus aux bêtes féroces, ni aux mines, ni à servir de spectacle au peuple.

Il y avoit aussi autrefois plusieurs peines en usage, parmi nos ancêtres, que l'on n'ordonne plus ; comme d'écrire sur le visage, ou sur le front du condamné, la peine qu'on lui avoit fait subir ; d'appliquer, sur le visage, un fer chaud à la marque du roi ; de couper, ou fendre les deux oreilles, ou le nez, ou les deux pieds, ou les deux mains ; de précipiter du haut d'une tour, ou d'un rocher ; de jetter dans la mer, ou dans un fleuve ; de fustiger jusqu'à la mort.

Les peines qui sont en usage, parmi nous, peuvent se réduire à deux espéces : elles sont pécuniaires, ou corporelles.

Les peines pécuniaires sont celles qui consistent à païer quelque somme d'argent à la partie lézée, par forme de dommages & intérêts, pour réparation de quelque tort ou injure. L'amende envers le Roi & l'aumône applicable au pain des pauvres, ou des prisonniers, sont aussi des peines pécuniaires. Comme ces peines ne produisent jamais la mort civile, on n'en parlera point ici.

Les peines corporelles sont celles qui affligent le corps ; c'est pourquoi on les appelle aussi peines afflictives. Elles sont ou capitales, ou non capitales.

On appelle capitales celles qui font perdre la vie naturelle, ou la vie civile au criminel.

Nous ne connoissons, en France, que cinq peines qui ôtent la vie naturelle, qui sont la potence, la décolation, la rouë, le feu, & le déchirement des membres par quatre chevaux, ce qui s'appelle tirer à quatre chevaux. Nous examinerons ailleurs l'effet que produisent ces peines, relativement à la mort civile.

Il y a plusieurs sortes de peines qui font perdre la vie civile, sans donner la mort naturelle. Nous allons les examiner toutes séparément. Nous en examinerons aussi qui n'ôtent pas la vie civile : mais ſur leſquelles il peut y avoir quelque difficulté. Quant à celles qui n'ont point de rapport à notre objet, nous n'en ferons aucune mention.

SECTION I.

Des Galéres.

Par galéres, on entend ici la peine à laquelle ſont condamnés les criminels, laquelle conſiſte à ramer & à ſervir de forçât ſur les galéres du Roi.

On ne trouve, dans le droit écrit, aucun veſtige de cette peine. On ne peut pas dire cependant qu'elle fût inconnuë aux Romains. Valere Maxime, livre 9. chapitre 15. n. 3. rapporte, qu'Auguſte y condamna un homme qui ſe diſoit fils d'Octavie, ſœur de cet empereur. *Imperio Auguſti remo publicæ triremis affixus eſt.*

On ignore en quel tems elle a commencé en France : mais il eſt certain qu'il y a fort long-tems qu'elle y eſt en uſage. Nos plus anciens auteurs en font mention. Avant la découverte de l'Amérique, & avant qu'on eût appris le chemin aux Indes Orientales par le Cap de Bonne-Eſpérance, on ſe ſervoit beaucoup plus de galéres, ſur mer, que d'autres bâtimens. Comme il eſt peu d'exercice auſſi pénible & auſſi dur, que celui de ramer, on imagina d'y condamner les coupables ; enſorte qu'on peut regarder cette peine comme aïant ſuccédé à celle des mines, qui étoit en uſage chez les Romains : l'une & l'autre oblige les coupables de travailler à des ouvrages très-pénibles, mais utiles au public.

Quoi qu'il en ſoit, la condamnation aux galéres eſt ou perpétuelle, ou pour un tems. Dans le premier cas, elle emporte mort civile. Il ne paroît pas que cette déciſion ſoit fondée ſur aucune loi préciſe : mais l'uſage eſt ſi conſtant à cet égard, & le ſentiment de tous les auteurs eſt tellement unanime, qu'on peut la regarder comme une des maximes les plus conſtantes de notre droit. On trouve même, dans nos ordonnances, pluſieurs diſpoſitions qui en ſont une ſuite, & qui la regardent comme un principe certain.

La raiſon eſt que cette condamnation ôte entiérement, & pour toujours, la liberté naturelle, ſans laquelle on ne peut pas jouïr des droits de cité : elle en eſt la baze & le fondement. Un homme condamné aux galéres à perpétuité eſt eſclave de la peine.

Il est forcé de rester toute sa vie sur les galéres du Roi, & de ramer toutes les fois & aussi long-tems qu'on l'exige de lui. Ainsi la société ne le connoît plus; elle ne peut plus avoir aucune relation avec lui.

Il n'en est pas de même, lorsque la condamnation n'est que pour un tems : celui contre qui elle est prononcée n'est point mort civilement. La mort civile est une fiction, par laquelle on regarde celui qui l'a encouruë comme mort naturellement, relativement au droit civil, auquel il ne participe en aucune façon. Or c'est une maxime certaine, en matiére de fiction, qu'elle doit tellement imiter la vérité, & en prendre tellement les apparences, que la fiction disparoisse. C'est pourquoi, comme on ne peut pas être mort naturellement pour un tems, de même, quand on est une fois mort civilement, on l'est pour toujours. Ce qui n'arriveroit pas, si la condamnation aux galéres à tems emportoit mort civile. Elle auroit lieu pendant que le condamné seroit détenu sur les galéres, & cesseroit aussitôt qu'il recouvreroit sa liberté, ce qui seroit absurde & contraire à la nature. Ou il faudroit dire que la mort civile continueroit, quoique le condamné cessât d'être galérien : mais cela ne seroit pas juste; ce seroit étendre l'effet plus loin que la cause. D'ailleurs le coupable, après son élargissement, recouvre le droit de vivre avec les citoïens. Il faut donc qu'il puisse contracter avec eux ; ce qu'il ne peut faire qu'autant qu'il a la vie civile.

SECTION II.

Du Bannissement.

Le bannissement est la défense faite à un criminel d'habiter dans le ressort de la justice du juge qui l'a condamné, ou dans la province entiére, ou même dans tout le roïaume.

Les auteurs font dériver ce mot de *Ban*, qui signifie proclamation; parcequ'on publioit autrefois les bannissemens prononcés en jugement. *Voïez* Coquille, sur l'art. 1. du chap. 2. de la coutume de Nivernois. Cette peine a succédé à la déportation des Romains.

On bannit ou à perpétuïté, ou pour un tems. Le bannissement pour un tems, ne peut pas opérer la mort civile, non plus que le bannissement d'une jurisdiction ou d'une province, quand il seroit à perpétuité ; parcequ'il est contraire à l'ordre naturel, qu'un homme puisse être réputé mort pour un tems seulement, ou pour un lieu du roïaume; tandis qu'il seroit regardé comme vivant par-tout ailleurs.

A l'égard du bannissement à perpétuité hors du roïaume, il opére la mort civile. La raison est que celui qui y est condamné, ne pouvant plus vivre avec les citoïens, dont on le force d'abandonner la compagnie, il ne peut pas contracter avec eux, il ne peut pas jouïr des priviléges réservés à ceux-là seulement qui vivent en France, & que la patrie regarde comme ses enfans. Il n'est pas mis non plus au rang des étrangers, puisque, s'il conservoit cette qualité, il jouïroit encore de la vie civile. Son crime ne méritoit pas qu'il perdît la vie naturelle; on la lui a conservée: mais il méritoit que la société le bannît de son sein. C'est ce qu'elle a fait, en le condamnant à abandonner les terres qui lui sont soumises. Ainsi elle ne le connoît plus. Il est mort pour elle. Par conséquent elle a renoncé à faire jamais aucun contrat avec lui.

SECTION III.

De la mutilation des membres, par condamnation.

L'empereur Justinien, par la Novelle 134. chap. 13. a défendu de faire couper aux coupables ni une main, ni un pied, ni même de leur faire souffrir aucun supplice qui pût endommager les jointures des membres; parceque, dit-il, il y a plus de cruauté à laisser des membres qu'on a disloqués, qu'à les retrancher tout-à-fait. C'est pourquoi, il veut que, quand un coupable a mérité la mort, on la lui fasse subir. Quand il ne l'a pas méritée, qu'on le châtie, sans l'estropier, ou qu'on l'exile. *Interdicimus alterutras manus, aut pedes abscindi, aut hujusmodi quadam inferri supplicia, per quæ articuli dissolvuntur; quia membrorum dissolutio gravior est utriusque manûs abscissione. Propter quod jubemus, si quidem tale aliquid delinquatur, undè leges mortem delinquentibus inferunt, secundùm legum virtutem sustinere eum pœnas. Si verò tale fuerit crimen quod morte dignum non sit, ipse aut castigetur, aut in exilium transmittatur.*

Cette loi est fondée sur l'humanité. En effet, en otant à un criminel les membres dont il ne peut se passer, pour les usages nécessaires à la vie, c'est le réduire à un état plus cruel, que ne seroit la mort même. C'est pourquoi elle a été adoptée dans nos mœurs, & Me. du Rousseaud de la Combe, en son Traité des matiéres criminelles, part. 1. chap. 1. n. 5. dit qu'on ne doit plus condamner un criminel à avoir les deux mains, ou les deux pieds, ou les deux oreilles, ou le nez coupés & fendus, ni les deux yeux crevés.

Il y a cependant des crimes, dont la nature femble demander que le membre, avec lequel ils ont été commis, foit coupé; comme le facrilége, le parricide, le blafphême, pour lefquels on ordonne que le coupable aura une des deux mains, ou la langue coupée, fuivant le cas. C'eft pourquoi la Novelle, qui vient d'être citée, ajoute : *Si verò criminis qualitas membri abfciffionem exigat fieri, unam folam manum abfcindi.*

Cette derniére partie de la loi eft encore en ufage parmi nous. Elle fe pratique fort fouvent.

Defpeiffes, en fon Traité des fucceffions, part. 1. fect. 1. n. 34. dit que, par la coutume générale de France, celui qui eft condamné à la mutilation des membres ne peut pas tefter, vû que telle peine emporte mort civile. Il cite, pour appuïer fon opinion, Benedicti & Duranti.

Il eft certain que le fentiment de ces auteurs ne peut pas être admis; & que, quand la mutilation n'eft point accompagnée d'une autre peine qui emporte la mort civile, elle ne produit, par elle-même, que l'infamie. En effet, fi on fouffre que celui, à qui on a retranché un de fes membres, continuë, après cette punition, de refter dans le roïaume, on veut, en même tems, lui laiffer la faculté d'y vivre avec le refte des citoïens : autrement il y auroit contradiction. Si l'on veut qu'il vive avec le refte des citoïens, il faut néceffairement qu'il ait auffi la faculté de contracter avec eux. Il eft impoffible de pouvoir vivre dans la fociété, fans cette faculté : mais, comme elle eft une fuite néceffaire de la vie civile, elle la fuppofe, par conféquent. En un mot, la fociété ne peut pas regarder comme mort civilement un homme qui eft autorifé à refter dans fon fein.

SECTION IV.

De la prifon perpétuelle.

C'étoit une maxime, chez les Romains, que les prifons ne font établies que pour garder les criminels, & non pour les punir. *Solent præfides in carcere continendos damnare, aut ut in vinculis contineantur. Sed id eos facere non oportet. Nam hujufmodi pœnæ interdictæ funt. Carcer enim ad continendos homines, non ad puniendos haberi folet. l. 8. §. 9. ff. de pœnis. Incredibile eft quod allegas, liberum hominem, ut perpetuis vinculis contineretur, esse damnatum. Hoc enim vix in solâ servili conditione procedere potest. l. 6. Cod. eod.*

Il ne paroît pas néanmoins que les Romains aïent toujours pensé de même. *Vincula verò, & ea sempiterna, certè ad singularem pœnam nefarii sceleris inventa sunt*, disoit Ciceron, dans son quatriéme discours contre Catilina, n. 7. Mais Cujas dit que, si cette peine étoit quelquefois ordonnée, c'étoit *extrà ordinem, non jure ordinario & legitimo*. Pour expliquer les mots de Ciceron, qui viennent d'être cités, il dit : *verbum illud* singularem, *idem significare quod* extraordinariam ; *cùm ordinaria pœna* communis *dicatur, & extraordinaria*, singularis.

Quoi qu'il en soit, nous allons examiner si nous avons adopté, dans notre Jurisprudence, la disposition du code & du digeste, à cet égard.

Un grand nombre de nos auteurs, quelques-unes même de nos coutumes, reconnoissent formellement la prison perpétuelle comme une peine en usage parmi nous. Le Grand, sur l'article 133. de la coutume de Troies, glose unique, n. 47. dit que l'on condamne souvent à la prison perpétuelle, pour raison de crimes qui feroient perdre le droit de cité, si l'accusé étoit condamné à d'autres peines. C'est pourquoi, dit-il, la condamnation à prison perpétuelle, prononcée pour ces sortes de crimes, ôte le pouvoir de faire testament ; ce qui doit avoir lieu, tant pour les ecclésiastiques, que pour les laïques. Cet auteur, comme on voit, regarde la prison perpétuelle, non-seulement comme une peine, mais encore comme produisant la mort civile. Coquille, question 19. est de même avis.

La coutume de Nivernois, chapitre 2. des confiscations, art. 8. porte que le clerc banni à pérpétuité, ou condamné à chartre perpétuelle, confisque ses meubles au prélat duquel il est sujet, & ses immeubles au seigneur haut-justicier en la justice duquel ses biens sont assis. Quoique cet article ne parle que des clercs, Coquille, dans une note marginale, observe que le condamné à une prison perpétuelle est comparé à celui qui est condamné *in metallum*. Le même auteur, sur l'article 1. du même chapitre de cette coutume, dit que le condamné à perpétuelle prison est réputé mort civilement ; parcequ'il perd la liberté, & par conséquent le droit de cité. Il tient le même langage en plusieurs autres endroits.

Fevret, en son traité de l'abus, liv. 8. chap. 4. n. 9. regarde cette peine comme usitée en France. Il rapporte même un arrêt de la chambre de l'édit de Paris du 6 Septembre 1584. qui condamna une femme adultére à tenir prison perpétuelle en tel lieu que le procureur général aviseroit ; ce qui fut exécuté : & elle fut confinée en la tour de Loches.

Malgré toutes ces autorités, Me. du Rousseaud de la Combe, en son traité des matiéres criminelles, part. 1. chap. 1. n, 5. & 31. dit qu'il n'est point d'usage en France de condamner un coupable à une prison perpétuelle. Il dit encore, *Ibid.* part. 2. chap. 6. sect. 5. que la prison perpétuelle est une peine canonique, à laquelle les ecclésiastiques peuvent être condamnés pour des crimes graves, suivant les décrétales d'Innocent III. *in cap.* 25. *Ex. de sentent. excommunicat. & in cap.* 27. §. 1. *Ex. de verbor. significat.* Boniface VIII. *in cap.* 3. *de pœnis. in* 6. décide la même chose ; quoique ce pape reconnoisse que, suivant le droit civil, la prison n'est pas destinée pour punir les criminels, mais pour les garder.

Chopin, *de sacr. polit. lib.* 2. *tit.* 3. *num.* 12. dit que les juges d'église sont dans l'usage de prononcer cette espéce de peine contre les ecclésiastiques : mais cet usage a cessé, du moins par rapport à la prison perpétuelle. Par arrêt du 26 Juin 1629. M. le procureur général fut reçu appellant comme d'abus d'une sentence de l'official de Maillezais, qui avoit condamné à une prison perpétuelle un religieux sorti de son couvent, pour se marier. Cet arrêt est rapporté par Bardet, to. 1. liv. 7. chap. 53.

Tels sont les propres termes de Me. de la Combe, qu'il répéte mot pour mot, dans son recueil de Jurisprudence canonique, *verbo* peines : mais cet arrêt ne prouve nullement que la prison perpétuelle n'est plus en usage en France. Il décide seulement que les juges d'église ne sont pas compétens pour la prononcer.

C'est, en effet, une de nos maximes les plus précieuses, que les juges d'église ne peuvent avoir aucun pouvoir sur le corps, ni sur les biens des sujets du Roi. Cette maxime souffre, à la vérité, quelques légéres exceptions : mais elles sont en si petit nombre, & de si peu d'importance, qu'elles n'empêchent point que la régle ne doive être regardée comme très-générale.

Pour décider la question que nous examinons ici, nous croïons devoir observer que Me. de la Combe a prononcé trop légérement. Cet auteur auroit dû distinguer entre les prisons ordinaires, & les maisons de force. Les prisons ordinaires ne sont, à la vérité, établies que pour garder les criminels, & ne sont point considérées comme un lieu de peines : mais les maisons de force sont

ſont regardées comme des lieux deſtinés à la punition des coupables.

Cela poſé, il eſt conſtant, & nous en avons ſous les yeux des exemples fréquens, que les juges, pour des conſidérations particuliéres, condamnent quelquefois à une priſon perpétuelle : mais cette condamnation ne s'exécute jamais dans les priſons ordinaires des juriſdictions. Le coupable eſt toujours renfermé dans une maiſon de force.

Cette peine, ſuivant le ſentiment des auteurs que nous avons cités plus haut, & de pluſieurs autres, fait perdre la vie civile.

Celui qui y eſt condamné eſt banni pour jamais de la ſociété. Il eſt deſtiné à être perpétuellement dans les fers. Il ne peut donc plus avoir de commerce avec les citoïens. Il eſt donc mort civilement. En un mot, il a perdu ſa liberté, ſans laquelle on ne peut jouïr de la vie civile.

SECTION V.

De l'exil par lettre de cachet.

C'eſt une maxime certaine parmi nous, & reconnuë de tous les auteurs, qu'un citoïen ne peut perdre la vie civile, que par une condamnation juridique, & conforme aux loix de la juſtice contentieuſe.

Nous aurons occaſion, dans la ſuite, d'établir cette importante vérité,

Or l'exil par lettre de cachet n'a aucun de ces caractéres. C'eſt un ordre émané du prince, il eſt vrai : mais cet ordre eſt donné ſans aucune des formalités requiſes pour le rendre public. S'il n'eſt pas public, la ſociété l'ignore ; elle eſt donc toujours en droit de regarder comme ſon membre celui ſur lequel cet ordre a frappé. Nous voïons en effet que, quand le Roi veut qu'un coupable ſoit retranché de la ſociété, il le livre au cours ordinaire de la juſtice, ſoit en le laiſſant entre les mains des juges ordinaires ; ſoit en lui nommant des commiſſaires qui inſtruiſent le procès ſuivant les formes preſcrites par les loix du roïaume. Enfin le Roi a ſi peu intention de faire mourir civilement ceux qu'il exile ainſi, que, par une déclaration du 25 Juillet 1705. il eſt dit, que l'édit & la déclaration des mois d'Août 1669. & 14 Juillet 1682. ſeront exécutées ; & défenſes ſont faites à ceux qui ſont relégués par ordre du Roi, de ſortir du lieu où ils ſont relégués, à peine de confiſcation de corps & de biens. S'ils ſont dans le cas d'encourir la confiscation de corps, par leur desobéissance; la lettre de cachet ne les avoit donc pas fait mourir civilement.

Une autre raison, qui n'est pas moins décisive, c'est qu'une lettre de cachet n'est pas de nature à pouvoir imprimer la mort civile. Cette lettre n'est autre chose qu'un signe de la volonté actuelle du souverain, qui, pour des raisons qu'il n'explique pas ordinairement, veut que la personne à qui cette lettre est adressée, cesse d'habiter le lieu ordinaire de sa résidence, pour se retirer par-tout ailleurs, ou pour rester dans le lieu qui lui est indiqué: mais cette volonté peut changer, suivant que les circonstances, & les causes qui l'ont fait naître varient. Et ces événemens se passent tous les jours sous nos yeux. Or l'exil finissant, la mort civile finiroit aussi; ce qui est incompatible avec sa nature, puisqu'elle doit imiter la mort naturelle, dont elle est une fiction. En un mot, nous voïons que ceux qui sont ainsi exilés ne cessent point de jouïr de leurs biens, & de les administrer.

SECTION VI.

*Des condamnations par contumace * prononcées par le conseil de guerre.*

Quoique les condamnations par contumace ne fussent point en usage chez les Romains, comme nous le ferons voir, liv. 2. chap. 1. nous ne laisserons pas d'examiner ici quels effets produisoient chez eux les condamnations militaires, relativement à la vie civile, quand elles laissoient au condamné la vie naturelle.

Un soldat pouvoit commettre deux sortes de crimes. Les uns qu'ils appelloient *delictum commune*, qui pouvoit être commis par toutes sortes de personnes; comme le vol, la calomnie, &c. Les autres qu'ils appelloient *delictum militare*, dont les seuls gens de guerre pouvoient être coupables, & qui se commettoient contre la discipline militaire.

Lorsque la condamnation avoit pour motif un délit militaire, le coupable pouvoit disposer par testament des biens castrenses, c'est-à-dire, des biens qu'il avoit gagnés dans la profession des armes; & s'il mouroit sans avoir fait de testament, la totalité de sa succession, de quelque espéce de biens qu'elle fût composée, retournoit au fisc. *Et militibus nostris, centurionibus quoque,*

* On expliquera dans la suite, liv. 2. chap. 1. ce que c'est que contumace.

ob flagitium militare damnatis, non aliarum quàm castrensium rerum testamentum facere permittitur : & intestatis jure proprio succeditur à fisco. l. 13. Cod. de testam. milit. Ex militari delicto capite damnatis testamentum facere licet, super bonis duntaxat castrensibus. l. 11. ff. eod.

Ce pouvoir de tester des biens castrenses n'appartenoit pas de droit au soldat condamné; il falloit qu'on lui en accordât la permission. *Nisi fortè miles fuit ex militari delicto damnatus. Nam huic permitti solet testari, ut divus Hadrianus rescripsit. l. 6. §. 6. ff. de injust. rumpt. irrit. facto testam. Miles, in eum ex militari delicto capitali dictâ sententiâ, permittente eo in ipsâ sententiâ, qui damnavit, sicut testamenti faciendi, ita fideicommissi relinquendi potestatem consequitur. l. 22. §. 1. ff. de legat. 3. Si miles uxori donaverit de castrensibus bonis, & fuerit damnatus; quia permissum est ei de his testari, si modò impetravit ut testetur, cùm damnaretur, donatio valebit. Nam & mortis causâ donare poterit, cui testari permissum. l. 32. §. 8. ff. de donat. inter vir. & uxor.*

Quand la condamnation étoit fondée sur un crime ordinaire, le fisc ne succédoit point : les biens appartenoient aux héritiers du sang. *Militi qui capite puniri meruit testamentum facere concedendum Paulus & Menander scribunt, ejusque bona intestati, si punitus sit, ad cognatos ejus pertinere. Tamen ex militari delicto, non ex communi punitus est. l. 1. ff. de veteran. & milit. success.*

On ne mettoit cependant pas tous les crimes militaires dans la même classe. Un soldat qui desertoit, pour passer chez les ennemis, étoit regardé lui-même comme ennemi de l'état. On le privoit, par conséquent, de tous les droits de cité; sans même lui conserver le privilege appellé *jus postliminii. Transfugæ nullum postliminium est. Nam qui malo consilio & proditoris animo patriam reliquit, hostium numero habendus est. Sed hoc in libero transfugâ juris est, sive fœmina, sive masculus sit. l. 19. §. 4. ff. de captiv. & postlim.*

Quant à ce qui concerne notre usage à cet égard, nous n'avons point de loi qui décide sur cette matiére. Il faut donc avoir recours aux autorités & au raisonnement.

Coquille, question 16. traite cette matiére *ex professo*. Il observe qu'il y a plusieurs personnes qui soutiennent que les jugemens militaires n'emportent point confiscation, & par conséquent n'opérent pas la mort civile. Il dit même que c'étoit l'opinion commune de son tems; fondée sur ce que ces jugemens ne sont pas donnés en forme judiciaire : mais il combat cet avis, & soutient au contraire que ces condamnations produisent le même effet, que celles qui sont prononcées par les juges ordinaires. Ceux de qui elles émanent, ont droit de les prononcer, suivant les loix militaires. D'ailleurs, quand un homme embrasse la profession des armes, il se soumet à toute la rigueur des loix particuliéres à cette profession. Il l'a embrassée volontairement. Il n'est donc pas en droit de se plaindre de la rigueur qu'il peut y trouver. Ce sentiment est adopté par Basnage, sur l'article 143. de la coutume de Normandie.

Me de la Combe, dans son recueil de Jurisprudence civile, au mot *Confiscation*, n. 15. & au mot *Testament*, sect. 2. n. 7. paroît être d'avis contraire. Il se fonde sur les loix Romaines : mais elles ne peuvent avoir aucune autorité parmi nous, dans une matiére sur laquelle nos principes sont si différens de ceux qui étoient adoptés par les Romains.

Cet auteur convient néammoins que la condamnation prononcée contre les deserteurs, quoique par le conseil militaire, emporte mort civile. Ce sentiment est fondé sur l'article 6. de l'ordonnance du 17 Janvier 1730. qui y est précis. Néammoins la condamnation dans ce cas, ne se fait pas avec plus de formalités, que dans tous les autres. Il faut donc de deux choses l'une, ou que les formalités judiciaires ne soient pas requises dans les jugemens militaires, pour qu'ils puissent produire les mêmes effets que les jugemens ordinaires; ou que le législateur ait voulu que le crime de desertion emportât la mort civile *ipso facto*. Mais c'est une maxime parmi nous, laquelle est fondée sur l'humanité, qu'un citoïen ne peut souffrir aucune atteinte dans son état, sans une condamnation juridique. Par conséquent, lorsque le législateur a voulu que la condamnation prononcée contre un deserteur emportât mort civile, c'est qu'il a sans doute regardé les jugemens militaires comme juridiques. S'ils sont juridiques, ils produisent les mêmes effets que ceux qui émanent des juges ordinaires. Il y a donc tout lieu de penser que les condamnations par contumace prononcées par le conseil de guerre opérent la mort civile, dans quelque cas que ce soit.

SECTION VII.

De la commutation de peine.

La commutation de peine est le changement d'une peine prononcée contre un criminel, en une autre plus légere, comme de la mort naturelle en mort civile ſimplement, ſoit par les galéres, ſoit par le banniſſement, la priſon perpétuelle, &c.

Cette grace eſt un acte de clémence, qui ne peut émaner que de l'autorité & de la bonté du ſouverain. Elle eſt contenuë dans des lettres de la grande chancellerie.

Comme la grace n'eſt pas entiere, & que le Roi, par des conſidérations particuliéres, ne fait que diminuer ce qu'il y a d'afflictif dans la peine; ces lettres ne rendent point la vie civile à celui qui l'avoit perduë par la condamnation contre lui prononcée. En un mot, la commutation de peine ne porte que ſur l'exécution du jugement, & nullement ſur l'état du condamné. M. Louet, lettre E. ſomm. 8. rapporte un arrêt du 14 Août 1585. qui l'a jugé *in terminis.* Il paroît aſſez intéreſſant pour devoir trouver place ici. Une femme convaincuë d'avoir empoiſonné ſon mari eſt condamnée, par ſentence confirmée par arrêt, à être brûlée vive. Comme elle ſe trouva groſſe, on fut obligé de différer l'exécution du jugement : elle profita de ce délai pour obtenir des lettres de commutation de peine en priſon perpétuelle. La Cour ne les entèrina qu'après des juſſions réitérées quatre fois. Elle fut enfermée aux filles de l'*Ave Maria*, avec clauſe expreſſe, dans l'arrêt d'enregiſtrement, qu'elle ne pourroit obtenir d'autres lettres de commutation de peine, & que, ſi elle étoit trouvée hors du lieu deſtiné à lui ſervir de priſon, l'arrêt de mort ſeroit exécuté. Elle fut dans la ſuite transférée, par arrêt, aux Filles Pénitentes. Elle obtint de nouvelles lettres, par leſquelles la peine de priſon lui étoit remiſe. Le parlement refuſa conſtamment de les vérifier. Elle en obtint d'autres adreſſées au grand-prevôt de l'hôtel, qui les entèrina par ſentence. On lui accorda encore d'autres lettres qui déclaroient que cette ſentence auroit force d'arrêt. Elle ſe remaria enſuite, & eut deux enfans. Ceux du premier lit prétendirent, après ſa mort, que leur mere étant morte civilement du jour de la ſentence de condamnation qui avoit été prononcée contre elle, le mariage qu'elle avoit contracté depuis ne pouvoit produire d'effets civils; attendu que les lettres de commutation de peine, qui avoient précédé ce mariage, ne lui avoient point rendu l'état que la condamnation lui avoit enlevé. Et par l'arrêt, les enfans du ſecond lit furent exclus de la ſucceſſion de leur mere.

SECTION VIII.

Des peines prononcées contre un François *en païs étranger.*

Les juges ne tiennent leur autorité que du prince, dans les états duquel ils exercent la justice. Le pouvoir de chaque prince ne s'étend point au-delà des bornes du païs soumis à sa domination ; d'où il suit nécessairement qu'un jugement de mort prononcé en païs étranger contre un François sujet du Roi, pour un crime par lui commis dans le païs où il a été condamné, ne lui ôte point les droits de citoïen en France.

Cependant quelques auteurs, comme Chopin & la Roche-Flavin, soutiennent que la confiscation ordonnée par un monarque s'étend aux biens que le condamné peut posséder dans une autre monarchie. Le dernier rapporte même un arrêt du parlement de Toulouse, par lequel les biens d'un François condamné en Espagne ont été adjugés au fisc, au préjudice des héritiers, quoique le juge d'Espagne eût accordé au condamné le pouvoir de tester : mais, comme remarque Basnage, sur l'art. 235. de la coutume de Normandie, d'après Ricard, la jurisprudence du parlement de Paris est contraire à celle de Toulouse ; & elle est plus équitable. On peut voir cet auteur à l'endroit cité, & sur l'art. 143. de la même coutume. Ensorte que, suivant son avis, qui doit être suivi, & qui est conforme à celui de presque tous ceux qui ont eu occasion de parler de cette matiére, un François exécuté hors du roïaume, est considéré parmi nous, comme un criminel, qui seroit mort naturellement avant sa condamnation ; c'est-à-dire, jouïssant de tous ses droits.

LIVRE II.

Quand commence la Mort Civile.

ON a vu, dans le premier Livre de cette seconde Partie, qu'entre les condamnations qui ne vont point à la mort naturelle, il n'y en a que trois qui emportent la mort civile ; sçavoir, les galéres à perpétuité, le bannissement hors du roïaume à perpétuité, & la prison perpétuelle.

Ces condamnations, aussi-bien que celles qui tendent à la

mort naturelle, quand elles ne ſont pas exécutées ſur la perſonne contre qui elles ont été prononcées, privent auſſi de la vie civile, pourvû qu'elles ſoient accompagnées des formalités preſcrites à cet effet.

Il arrive qu'elles ne ſont pas exécutées ſur la perſonne du condamné, lorſqu'il a pris la fuite avant que la juſtice ait eu le tems de ſe ſaiſir de lui. On le condamne alors, quoiqu'abſent : c'eſt ce qu'on appelle condamnation par contumace.

A l'égard de celles qui ont été prononcées contradictoirement, c'eſt-à-dire au coupable lui-même ; pour ſçavoir de quel inſtant elles opérent la mort civile, il eſt néceſſaire de ſuivre le coupable dans toutes les ſituations dans leſquelles il peut ſe trouver depuis l'inſtant de l'accuſation, & même du crime commis, juſqu'au moment de l'exécution de ſon jugement ; ſoit que ce jugement ſoit en dernier reſſort, comme quand il a été prononcé prevotalement ; ſoit qu'il ait beſoin d'être confirmé par un juge ſupérieur.

Ainſi, après avoir examiné ce que c'eſt que les condamnations par contumace, & ſi elles étoient en uſage chez les Romains, nous ſuivrons le coupable dans toutes les circonſtances où il peut ſe trouver juſqu'à l'exécution du jugement, quand il eſt contradictoire. Enſuite, nous examinerons quels ſont les effets de la contumace, & de quelles formalités elle doit être accompagnée pour produire ces effets.

CHAPITRE I.

Ce que c'eſt que condamnation contradictoire, & condamnation par contumace ; & quelle étoit la juriſprudence Romaine ſur cette matiére.

CONTUMACE vient du mot latin *contumacia*, qui ſignifie deſobéiſſance. Ce mot ſignifie proprement, en terme de palais, le refus que fait de comparoir en juſtice, celui qui eſt ajourné ou décrété pour raiſon de quelque délit dont il eſt accuſé. On exprime ce refus par le mot de contumace, qui dérive du latin *contumacia* deſobéiſſance ; parceque celui qui ſe trouve dans ce cas, deſobéit aux ordres de la juſtice, à laquelle tout membre de la ſociété eſt ſoumis, & doit rendre compte de ſa conduite, quand elle croit devoir l'exiger. Ainſi, par contumace en matiére criminelle, on entend précisément la même chose, que par-défaut en matiére civile ; ensorte qu'un jugement par contumace est la même chose qu'un jugement par défaut.

Le jugement contradictoire, au contraire, est celui qui est prononcé après que toute l'instruction a été faite avec le coupable qui étoit présent, & qui a emploïé tous les moïens légitimes de défense.

Les jugemens par contumace, non-seulement n'étoient point en usage parmi les Romains ; mais ils étoient prohibés par les loix. Ils regardoient comme contraire à l'équité naturelle de condamner un homme sans l'avoir entendu, & sans qu'il pût répondre aux accusations qu'on lui imputoit. *Divi Severi & Antonini Magni rescriptum est, ne quis absens puniatur. Et hoc jure utimur, ne absentes damnentur. Neque enim, inauditâ causâ, quemquam damnari æquitatis ratio patitur. l. 1. ff. de requir. vel absent. damnand. Absentem in criminibus damnari non debere divus Trajanus Julio Frontoni rescripsit. l. 5. Ibid. de pœnis*

Lorsqu'un accusé étoit absent, on annotoit ses biens, & on en saisissoit les revenus. Le mobilier, qui étoit en danger d'être perdu, se vendoit, & on en mettoit le prix en dépôt. On faisoit ensuite publier l'annotation, afin que celui à qui les biens appartenoient pût en avoir connoissance, & fut averti par-là, de se rendre devant le juge, pour se justifier de l'accusation qui étoit intentée contre lui. Le président de la province le faisoit chercher, & écrivoit aux magistrats des lieux où il pouvoit être, d'en faire faire la perquisition. Si, dans l'espace d'un an, à compter du jour de l'annotation, il ne paroissoit pas, ses biens étoient confisqués au profit du fisc ; & cette confiscation étoit sans retour, quand même il seroit revenu après l'an expiré, & quand il se seroit lavé de l'accusation : mais s'il revenoit dans l'an, & s'il se purgeoit, on lui restituoit tous ses biens. Et si après s'être présenté il venoit à mourir, quoiqu'il ne se fût pas encore purgé, ses biens passoient à ses héritiers. *Absens requirendus adnotatus est, ut copiam sui præstet. l. 1. §. 1. ff. de requir. vel absent. damnand. Mandatis cavetur, intrà annum requirendorum bona obsignari, ut, si redierint, & se purgaverint, integram rem suam habeant. Si neque responderint, neque qui se defendant, habuerint; tunc post annum bona in fiscum coguntur. Et intrà annum medio tempore moventia, si qua sunt, ne aut morâ deteriora fiant, aut aliquo modo intereant, venire debere, pretiumque eorum in deposito esse divi Severus & Antoninus sanxerunt. l. 5. Ibid.*

Cum

Cum absenti reo gravia crimina intentantur, sententia festinari non solet, sed annotari, ut requiratur, non utique ad pœnam, sed ut potestas ei sit purgandi se, si potuerit. Postquam verò requirendus factus intrà annum redierit, si se crimine purgaverit, res arbitrio judicis signatas recipiat. Sin verò intrà id tempus reversus, post intimationem suam fuerit defunctus; etsi necdum se purgaverit, ad hæredes proprios res transmittat. l. 1. Cod. de requir. reis.

Quicumque ex eo die, quo reus fuerit judicio petitus, intrà anni spatium noluerit adesse judicio; res ejus fisco vindicentur. Et si posteà repertus, nocens fuerit deprehensus, severiori sententiæ subjugetur. Sed si argumentis evidentibus, & probatione dilucidâ innocentiam suam purgaverit, nihilominùs facultates ejus penès fiscum remaneant. l. 2. eod.

Annus exindè computandus est, ex quo ea adnotatio, quæ vel edicto, vel litteris ad magistratus factis publicè innotuit. l. 4. ff. de requir. vel absent. damn.

Mais on demande quel étoit l'état de l'accusé pendant cette année que les loix lui accordoient pour pouvoir recouvrer ses biens en se représentant; & même après cette année écoulée, quand il ne s'étoit pas représenté?

Quoique les loix ne disent rien de positif à ce sujet, il semble qu'il est aisé de comprendre qu'il conservoit la qualité & les droits de citoïen, quand il ne se retiroit pas en païs étranger, & qu'il ne devenoit pas transfuge. En effet, il n'avoit contre lui qu'une simple accusation qui pouvoit être fausse, & dont on ne pouvoit découvrir la vérité, puisqu'on ne faisoit aucune poursuite pour s'en instruire. Or peut-on raisonnablement présumer qu'un peuple aussi sage & aussi éclairé que les Romains, fît perdre l'état à un citoïen sur un prétexte aussi léger? C'étoit bien assez qu'on punît son obstination à s'absenter, par la perte de ses biens.

D'ailleurs, les loix n'ont pas été si muettes sur cette matiére, qu'on pourroit bien se l'imaginer. Lorsque le fisc laissoit passer vingt ans sans se mettre en possession des biens de l'accusé absent, la propriété lui en revenoit à lui, ou à ses héritiers. *Sed si per viginti annos fiscus bona non occupaverit, posteà præscriptione vel ab ipso reo, vel ab hæredibus ejus submovebitur. l. 2. §. 1. eod.*

Les prescriptions proviennent certainement du droit civil. *Instit. de usucap. & longi temp. præscript.* Il n'y avoit donc que les seuls citoïens Romains qui pussent en profiter. D'où il suit nécessairement que l'accusé, qui ne s'étoit pas représenté dans l'an, étoit toujours citoïen, puiſqu'il pouvoit oppoſer la preſcription au fiſc, pour rentrer dans ſes biens.

D'ailleurs, comme on le verra dans la ſuite, il n'y avoit que les ſeuls citoïens qui puſſent tranſmettre leurs droits à leurs héritiers. Cependant la loi qui vient d'être citée, donne aux héritiers de l'accuſé abſent le droit d'oppoſer au fiſc la preſcription. Il étoit donc citoïen.

Quelques auteurs ont penſé que le droit des novelles avoit introduit les condamnations par contumace en matiére criminelle. Nous allons examiner leur ſentiment, en diſcutant, le plus ſuccinctement qu'il ſera poſſible, les paſſages ſur leſquels ils ſe fondent.

Il y en a qui, pour ſoutenir leur opinion, argumentent de la novelle 112. ch. 3. Mais 1°. ils n'ont pas fait attention qu'il n'eſt aucunement queſtion de matiéres criminelles dans cette novelle. 2°. Elle n'a pour objet que d'obliger ceux qui commençoient des procès, en ſe conſtituant demandeurs, de les terminer en continuant leurs pourſuites. *Sancimus actorem cœptum negotium uſque ad finem litis exercere.* Tout le monde ſçait qu'en termes de procédure, *actor* n'a jamais ſignifié, & n'a jamais pu ſignifier autre choſe qu'un demandeur. Lorſqu'il ne pourſuivoit pas le procès qu'il avoit intenté, le défendeur s'adreſſoit au juge devant lequel il avoit été aſſigné, afin qu'il fît avertir le demandeur de comparoître par lui en perſonne, ou par un autre fondé de ſa procuration. S'il ne ſe rendoit pas à cet avertiſſement, on le faiſoit citer trois fois de trente jours en trente jours. Si un an après la derniére citation il ne ſe préſentoit pas, alors le juge, à la diligence du défendeur, rendoit ſon jugement définitif, après avoir emploïé tous les moïens poſſibles pour découvrir la vérité. *Si verò cauſam proſequi diſtulerit, damus pulſato licentiam judicem, apud quem lis cœpta eſt, poſtulandi, ut ab eodem judice actor ad judicium aut per ſe, aut per legitimum procuratorem venire moneatur: et ſi hoc minimè fecerit, propoſitis tribus vocetur edictis: unâ quâque cautione non minùs quàm triginta dierum ſpatio concludendâ. . . Si verò propoſitis edictis vocatus ad judicium venire, & ſuas intentiones, aut per ſe, aut per legitimum, ſicut dictum eſt, procuratorem proponere noluerit; tunc & aliud unius anni ſpatium ei concedimus: intrà quod, niſi ſuam intentionem fuerit proſecutus, damus licentiam judici, & abſente adverſario, partis permanentis allegationes, ſecundùm noſtras leges, examinare; & veritate ſubtiliùs requiſitâ, legitimam proferre ſententiam.* Il eſt manifeſte qu'il n'eſt queſtion dans tout cela que du civil, & de mettre fin aux procès que la malice des demandeurs rendoit quelquefois éternels. C'eſt ainſi que le légiſlateur lui-même explique le motif de ſa loi, au commencement de ce chapitre. *Omnem verò cauſarum finem volentes celeriter pervenire, illorum malignitatibus obviamus, qui tantummodò proponunt actiones, nolunt autem uſque ad finem exercere judicium, dicentes legem eſſe, quæ decernit neminem actiones ſuas exercere nolentem compelli. Et hanc igitur pravitatem extinguere feſtinantes, jubemus memoratæ legis auxilio non eos uti, qui contrà aliquem ſuas propoſuerint actiones, ſive per judiciariam conventionem, ſive per preces principi oblatas, & judici inſinuatas, & per eum ad ſcientiam adverſarii deductas, vel ſub legitimi judicis cœptas examine. Injuſtè enim agere recuſat, qui paratus adverſarium ſuum ad judicium vocavit : cum excuſatio hæc pulſato magis quàm actori conveniat.*

Il doit donc demeurer pour conſtant, que cette novelle n'a aucun rapport à la contumace telle que celle dont nous traitons ici.

D'autres auteurs ſe fondent ſur le chapitre 3. de la novelle 69. pour ſoutenir que la contumace en matiére criminelle fut introduite à Rome par l'empereur Juſtinien. Pour pouvoir en juger avec quelque certitude, il eſt néceſſaire d'avoir cette loi ſous les yeux. La voici : *Si verò neque ipſe apparuerit, qui dominum litis præſentare juſſus eſt, aut qui pro eo legitimè cogatur ; tunc vocetur quidem legitimâ voce, non autem obediens condemnetur & abſens, ſecundùm ſchema quod appellatur eremodicium, id eſt deſertæ cauſæ. Nam qui per contumaciam deſerit, in nullo minor præſente putabitur. Si verò ille quidem forsàn advenerit, aut miſerit quempiam, accuſator autem deſit ; tunc & abſolvere eum, & damna ejus mederi calumniatorem cogat. Sic erunt temperatiores : ſic peccare ceſſabunt : ſic non putabunt potentiam divitiarum juſtitiæ prævalere.*

Boërius, ſur la coutume de Berry, tit. 2. art. 20. & quelques autres auteurs, regardent cette novelle comme la ſource des déciſions en matiéres de contumace.

Afin de pouvoir prendre à cet égard un parti certain, & qui paroiſſe fondé, nous allons examiner 1°. la force & la ſignification des termes de cette loi qui peuvent faire croire qu'elle établit les jugemens par contumace, tels que nous les pratiquons aujourd'hui. 2°. Nous examinerons quel a été l'eſprit du légiſlateur, quels ſont les motifs qui l'ont fait agir, & quelle eſt la fin qu'il s'eſt propoſée par cette loi. Nous trouverons à cet égard des motifs ſatisfaiſans, & même certains de décision. 3°. Enfin nous examinerons la novelle 108. de l'empereur Leon, qui a renouvellé celle dont il est ici question; parcequ'il paroît qu'elle n'avoit point été exécutée.

On trouve dans cette novelle des termes qui ne laissent pas lieu de douter qu'il n'y soit question de délits & procès faits en conséquence. Le mot *accusator* est souvent répété dans les quatre chapitres dont elle est composée. Or il est constant que le mot *accusator* n'a jamais signifié autre chose que ce que nous entendons en françois par accusateur. On y trouve aussi le mot *reus* répété plusieurs fois. Il est vrai que ce terme en général signifie ce que nous appellons défendeur. Nous en avons la preuve dans ce brocard de droit : *actor sequitur forum rei :* mais quand il est opposé au mot *accusator*, on ne peut pas y attacher d'autre idée que celle d'accusé. Un accusateur ne peut avoir d'autre partie adverse, que celui qu'il a accusé. Il doit donc demeurer pour constant qu'il s'agit dans cette novelle de procès criminels : mais y est-il question de ceux intentés pour crimes qui vont à priver un citoïen de son état ? C'est ce que nous allons découvrir aisément, en examinant quel a été l'esprit du législateur, quels sont les motifs qui l'ont fait agir, & quelle est la fin qu'il s'est proposée.

Plusieurs personnes avoient porté leurs plaintes à l'empereur, de ce que les riches, quand ils avoient fait quelque tort à un pauvre, se mettoient à l'abri de ses poursuites, en se retirant dans une autre province que celle où le mal avoit été commis. L'éloignement rendoit la poursuite presqu'impossible, soit à cause des frais du voïage que le pauvre ne pouvoit pas soutenir, soit par l'impossibilité de trouver des preuves de l'accusation dans un païs éloigné du lieu où le délit s'étoit commis. *Quid enim durius, quàm læsum circà sublationem bovis, aut equi, aut jumentorum alicujus, aut pecudum, aut (ut exiguum dicamus) domesticæ gallinæ, hunc cogi, non in quâ aufertur provinciâ litigare, sed alibi currere, & ibi probationes horum quæ pertulit exigi : &, aut plures expensas pati, quàm rei æstimatio est, aut inopiam ingemiscentem ferre ? Hinc nobis multitudo plurima est interpellantium quotidiè ; & crebrò in talibus causis inquietamur parvarum gratiâ occasionum, & ipsi multas sustinentes importunitates, & videntes plurimam quidem multitudinem virorum, plurimamque mulierum ex propriis locis agitatas, & ad hanc venientes felicissimam civitatem, quorum plurimi etiam mendicantes & afflicti hîc agunt : interdùm quoque hîc moriuntur. Ibid. cap.* 1. §. 1.

C'est pour remédier à ces desordres que l'empereur, dans les trois chapitres ſuivans, preſcrit les meſures qu'il faut prendre pour que ces ſortes de procès ſoient jugés dans le lieu même où le délit a été commis. Il prévoit les cas où l'une ou l'autre des deux parties s'abſenteroit, & trace les précautions qu'il faut prendre pour parvenir à faire juger la choſe ſur les lieux, ſans qu'il ſoit néceſſaire de pourſuivre l'abſent dans le lieu de ſa retraite. On peut, en liſant la novelle entiére, s'aſſurer qu'elle n'a point d'autre but. Il eſt donc évident qu'elle n'a point pour objet les crimes capitaux, & dont la pourſuite peut produire une condamnation qui prive le coupable de ſon état. Il n'y eſt abſolument queſtion que de faciliter les moïens à ceux qui avoient été lèzés de ſe faire rendre aiſément juſtice, & d'obtenir les dommages & intérêts qu'ils étoient en droit de ſe faire adjuger.

Enfin la novelle 108. de l'empereur Leon, qui ſemble n'avoir pour objet que de renouveller celle dont nous venons de parler, qui n'avoit point eu d'exécution, ne parle uniquement que d'actions civiles. Car on ne pourſuivoit criminellement à Rome que les délits publics.

Nous finirons cette diſſertation en obſervant qu'il paroît que Juſtinien, en permettant de condamner un abſent à de ſimples dommages & intérêts, n'a point introduit un droit nouveau. Les loix du digeſte ne défendent de prononcer contre les abſens, que des peines capitales ou afflictives; *Si autem graviùs quis puniatur; putà in opus metalli vel ſimilem pœnam, ſive capitalem, hoc caſu non eſt irroganda in abſentem pœna. l. 1. §. 1. ff. de requirend. vel abſent. damn.* Il ſemble que, puiſque cette loi n'interdit que les peines afflictives & capitales, contre les abſens, on pouvoit les condamner à toute autre peine.

Il paroît, par les Capitulaires de Charlemagne, *lib. 7. cap. 146.* que les condamnations par contumace à des peines capitales n'avoient point lieu anciennement en France. *In causâ capitali abſens nemo damnetur, neque abſens per alium accuſatorem accuſari poteſt.*

On a remarqué dans la ſuite, que, quoiqu'il ne fût pas juſte de condamner à des peines capitales un homme que ſon abſence met hors d'état de pouvoir ſe juſtifier, il étoit néanmoins de l'intérêt public que les crimes ne demeuraſſent pas impunis; & que, quand un crime étoit connu, il falloit en faire un exemple, pour réprimer ceux qui pourroient y tomber dans la ſuite. C'eſt pourquoi, quand un corps de délit eſt certain, on procéde contre celui qui eſt accuſé de l'avoir commis; & ſuivant les preuves qui réſultent de l'information, on le condamne, en ſon abſence, comme s'il étoit présent, à la peine que mérite le crime qu'on lui impute, même à la mort naturelle; & l'on fait exécuter le jugement en public, pour l'exemple.

Cette procédure est autorisée par une foule d'ordonnances. Sans nous arrêter à les parcourir ici, nous remarquerons qu'il s'en trouve dès avant l'an 1270.

Nous aurons occasion d'examiner fort au long au chapitre 3. quelles sont les suites de la contumace, & quelles formalités sont requises pour qu'elle produise son effet.

CHAPITRE II.

Quand commence la Mort Civile, lorsque le jugement est contradictoire.

POUR pouvoir fixer avec certitude le tems auquel commence la mort civile, il est nécessaire de suivre le coupable dans toutes les situations où il peut se trouver, avant l'exécution du jugement qui le condamne.

Un coupable peut se trouver en quatre circonstances successivement. 1°. Il est accusé, sans avoir encore été condamné. 2°. Après avoir été condamné, il a interjetté appel de sa condamnation. Quel est son état pendant l'instruction de cet appel? 3°. Il arrive assez souvent que le jugement en dernier ressort, quoiqu'arrêté par les juges, est quelque tems sans être prononcé & sans être exécuté. Quel est l'état du condamné pendant ce tems? 4°. Enfin, il peut arriver qu'après le jugement en dernier ressort prononcé, le condamné trouve le moïen de s'évader avant qu'il ait été mis à exécution. Quel est son état pendant son évasion?

Ce chapitre se divise donc naturellement en quatre sections, dans chacune desquelles on examinera chacune des circonstances, qui viennent d'être remarquées.

SECTION I.

De l'état du criminel avant sa condamnation.

C'est un principe constant parmi nous, qu'un criminel conserve son état de citoïen, avec les prérogatives qui y sont attachées, jusqu'au moment de la condamnation. Ce principe est une ſuite néceſſaire d'un autre qui n'eſt pas moins certain, & qui nous apprend qu'aucune peine n'eſt encouruë *ipſo facto*. Il faut qu'elle ſoit prononcée par les magiſtrats dépoſitaires de la juſtice du ſouverain.

La mort civile n'eſt point une peine par elle-même : elle n'eſt que l'acceſſoire, la ſuite d'une peine ; ou, pour mieux dire, c'eſt l'état d'un homme condamné ſoit à la mort naturelle, ſoit à une peine dont il doit porter le joug juſqu'à la fin de ſa vie. Jamais on n'a condamné perſonne à la mort civile ſeulement, on n'a même jamais prononcé la peine de mort civile, parce-qu'encore une fois, ce n'eſt point une peine ; mais la ſuite d'une peine. N'étant donc que la condition d'un homme condamné, il eſt impoſſible qu'elle puiſſe avoir lieu ſans condamnation ; & puiſqu'elle eſt l'acceſſoire d'une peine, comme perſonne n'eſt expoſé à ſubir une peine, s'il n'a été pourſuivi & convaincu de crime par l'office du juge, il faut de même un jugement pour opérer la mort civile. Le juge eſt comme placé entre la loi & le coupable ; c'eſt à lui ſeul qu'il appartient de les raprocher, pour ainſi dire, en appliquant la loi qui prononce la peine au coupable qui la mérite. La loi a été appellée un magiſtrat muet, & le magiſtrat une loi parlante : c'eſt à cette loi parlante qu'il appartient ſeule de prononcer la condamnation du coupable : la loi écrite demeure muette juſqu'à ce que le juge lui ait prêté ſon organe ; & c'eſt par cette raiſon que la mort civile, même après une condamnation confirmée par arrêt, n'eſt réputée encouruë que du jour de la ſentence qui a prononcé la condamnation, & non du jour du délit qui y a donné lieu.

En un mot, c'eſt une régle du droit naturel, qu'un accuſé ne ſoit point réputé coupable juſqu'à ce qu'il ſoit convaincu du crime dont on l'accuſe, & comme tel condamné. Si l'accuſation ſeule ſuffiſoit pour ravir l'état d'un homme, combien d'innocens ſouffriroient l'infamie de la mort civile ! Ce ſeroit ouvrir un champ libre à la calomnie, & favoriſer la noirceur de ces hommes monſtrueux, qui n'épargnent ni les moïens, ni les ſuites funeſtes de leur vengeance, pourvû qu'ils ſe vengent.

Les maximes du droit poſitif ſe réuniſſent en ce point avec celles du droit naturel. Elles nous apprennent que perſonne n'eſt expoſé à ſubir une peine, s'il n'a été convaincu par l'office du juge. Nous n'avons aucune loi qui apporte des exceptions à cette régle par rapport à la mort civile, même en la conſidérant comme une peine, & qui la prononce encouruë ſans pourſuite, ni jugement. Enfin, c'eſt une régle générale, adoptée par nos meilleurs auteurs, que la mort civile n'a lieu qu'au moment de la condamnation. *Voïez* M le Preſtre, cent. 1. chap. 84. le Brun, en ſon traité des Succeſſions. De la Combe, traité des Matiéres Criminelles, part. 1. chap. 1. n. 24.

Cette régle eſt auſſi autoriſée par la juriſprudence des arrêts. Le Brun, en ſon traité des Succeſſions, liv. 1. chap. 2. ſect. 3. en rapporte un, d'après Servin, du 24 Mars 1603. par lequel il a été jugé qu'un homme accuſé d'inceſte avoit recueilli la ſucceſſion de ſon frere, laquelle étoit échuë dans le tems intermédiaire au crime commis & à la condamnation à mort naturelle, qui fut prononcée dans la ſuite. Cet auteur ajoute, qu'il ne ſeroit pas néceſſaire, pour que cela eût lieu, que l'accuſé ſe fût mis en poſſeſſion avant ſa condamnation; & que, quand il ne ſe ſeroit point immiſcé avant le jugement, il n'en auroit pas moins été ſaiſi.

On pourroit peut-être prétendre que ce principe eſt détruit par la diſpoſition de l'article 11. du titre 10. de l'ordonnance de 1670. qui porte que le decret d'ajournement perſonnel ou de priſe de corps emporte de droit interdiction : mais on doit bien prendre garde que le mot *interdiction*, dans cet endroit, ne doit pas s'appliquer à l'adminiſtration des biens de celui contre lequel le decret a été prononcé. Il s'agit uniquement des fonctions de judicature, dont l'exercice eſt interdit à ceux qui ſont revêtus des offices de juſtice, quand ils ſont décrétés, ſoit d'ajournement perſonnel, ſoit de priſe de corps.

Cette interprétation ſe tire naturellement de l'article précédent du même titre, qui eſt conçu en ces termes : *L'ordonnance d'aſſigné pour être oüi, contre un juge ou officier de juſtice, n'emportera point d'interdiction.* Il eſt bien clair que cette interdiction ne peut être relative qu'aux fonctions du juge, ou de l'officier de juſtice. L'article ſuivant, dont il s'agit ici, continuë en ces termes : *Le decret d'ajournement perſonnel, ou de priſe de corps, emportera de droit interdiction.* Il eſt certain que l'interdiction dont il eſt parlé dans ce dernier article, eſt la même que celle dont il a été fait mention dans le précédent.

Cette explication eſt ſi naturelle, qu'il ſemble qu'elle ne demande aucune preuve. On obſervera cependant encore qu'elle eſt fondée ſur le procès-verbal des conférences tenuës, par ordre du Roi, pour l'examen des articles de l'ordonnance de 1670. On voit que l'article 10. du titre 10. ſuivant l'ordre dans lequel cette ordonnance

ordonnance avoit été rédigée avant les conférences, portoit que l'ordonnance d'assigné pour être ouï, ou le decret d'ajournement personnel contre un juge, ou officier de justice n'emporteroit point d'interdiction, si elle n'y étoit nommément exprimée. Surquoi M. Talon, avocat général, remarqua que, quoique l'on ait douté si un ajournement personnel décerné contre un officier emportoit interdiction des fonctions de sa charge, & qu'il y ait eu sur cela diversité d'opinions, il sembloit néanmoins que le meilleur parti qu'on pût prendre, étoit celui de la sévérité, & qu'il y avoit quelqu'indécence qu'un officier prévenu de crime continuât de rendre la justice aux sujets du Roi avant que d'avoir justifié son innocence. Cette réflexion, jointe à quelques autres, que ce magistrat ajouta, occasionnerent le changement de cet article, tel qu'il est aujourd'hui dans l'ordonnance. Ce qui démontre sans replique, qu'il n'est question que de l'interdiction des fonctions de la judicature. L'officier n'est pas même obligé de se défaire de son office.

Cet article de l'ordonnance n'a donc aucun rapport aux capacités qui composent la vie civile. Enfin, on voit tous les jours que, quand l'officier a obéi au decret & répondu aux charges & informations, il reprend l'exercice de ses fonctions.

C'est donc un principe constant, qu'un accusé jouït de la vie civile tant qu'il n'a point été condamné. Cependant cette régle ne doit pas être prise dans toute son étenduë. Si elle étoit sans restriction, les conséquences qui en résultent naturellement pourroient être dans certains cas fort dangereuses. Ainsi, pour bien connoître les capacités d'un coupable, il est nécessaire de le suivre dans les différentes circonstances dans lesquelles il peut se trouver depuis le crime commis jusqu'à l'exécution du jugement. Pour bien connoître son état dans toutes ces différentes circonstances, il paroît nécessaire d'examiner d'abord s'il y a des crimes qui fassent perdre la vie civile *ipso facto*, & si les condamnations emportant mort civile ont un effet rétroactif au jour du crime commis, ou au jour de l'accusation. Ces deux questions étant discutées, il sera facile de connoître si le coupable peut, avant sa condamnation, administrer son bien & recevoir ses revenus, s'il est capable d'aliéner, s'il peut enfin résigner son bénéfice ou son office.

DISTINCTION I.

S'il y a des crimes qui fassent perdre la vie civile ipso facto.

Il est certain, en France, qu'il y a des délits, dont on dit que la peine est encouruë par le seul fait.

Dans les délits ordinaires, la mort civile du coupable n'a lieu, comme on vient de le faire voir, que du jour de sa condamnation : mais il y a des crimes dont l'énormité a fait introduire une exception à cette régle. De ce nombre sont, par exemple, le crime de leze-majesté divine ou humaine, le duel, le parricide, &c. Mais cependant il ne faut pas se persuader que le coupable soit mort civilement, parcequ'il a commis le crime : il ne l'est que quand il a été déclaré convaincu, &, comme tel, condamné à une peine qui emporte mort civile.

La différence qui se trouve entre ces délits & les délits ordinaires, c'est que quand la condamnation est prononcée pour raison des crimes dont il est ici question, son effet remonte au jour du délit ; & de ce jour le coupable est réputé mort civilement. De même la mort du coupable, avant sa condamnation, ou pendant l'appel d'une sentence qui l'avoit condamné, n'éteint point son délit. Ici le crime survit au criminel, & l'on peut faire des poursuites contre le cadavre, ou la mémoire d'un homme prévenu d'un de ces crimes. Si le crime se trouve prouvé, l'effet de la condamnation qu'on prononce, remonte au jour où il a été commis : mais toujours faut-il une condamnation ; & c'est par cette raison que l'ordonnance de 1670. contient un titre exprès sur la maniére de faire le procès au cadavre, ou à la mémoire d'un défunt. C'est le titre 22.

En un mot, on ne connoît point parmi nous les peines encouruës sans condamnation. Il faut avoir recours aux voïes juridiques, pour constater le crime, le rendre vraiement notoire, & le punir, sur-tout quand il est question d'une peine aussi grave que celles qui emportent mort civile. S'il en étoit autrement, la notoriété publique suffiroit donc pour enlever à un homme son état : mais on sçait trop combien cette notoriété est un témoignage suspect & équivoque. D'ailleurs, comment constater cette notoriété ? Il faudroit donc, dans les cas où il s'éleveroit des contestations sur les suites d'une mort civile ainsi encouruë, faire passer le public en témoignage, afin de s'assurer s'il est vraiement notoire que l'accusé soit coupable. Il n'y auroit certainement pas d'autre moïen. Il faudroit donc faire un procès en forme : & cela ne reviendroit-il pas au même ?

En un mot, ce n'est point au public que l'instruction des crimes est confiée. Nos loix veulent que pour la faire, on ait le caractére de juge, & qu'on procéde avec toute l'exactitude possible; qu'il y ait un accusateur ; que l'on informe par audition de témoins à charge & décharge ; que celui qui est prévenu d'un délit, ou le curateur à sa mémoire, si c'est à un mort qu'on fait le procès, soient interrogés & entendus dans leurs défenses comme dans leurs aveux ; que les témoins soient récolés dans leurs dépositions & confrontés à l'accusé, ou à celui qui en tient la place ; enfin que l'on suive toutes les régles qui s'observent dans l'exercice de la justice, pour prononcer des jugemens qui puissent fixer celui du public, & qui ne le laissent pas douter de l'existence d'un crime dont il verroit la punition.

La France, qui s'éleve avec tant de force & de justice contre les censures & les excommunications *ipso facto* de la cour de Rome, n'a garde de lui donner elle-même l'exemple de peines infligées & subies sans jugement ni instruction. De-là cette maxime établie par Loyseau, traité des offices, liv. 1. chap. 13. nomb. 50. *En France, nul n'est infâme* ipso jure : *mais c'est une régle générale que tout ce qui avoit lieu* ipso facto, vel ipso jure, *au droit Romain, requiert à nous sentence déclaratoire.*

Il n'y a personne qui n'ait entendu parler dans sa vie de quelques duels. Néanmoins jamais personne n'a soutenu que le duelliste fût mort civilement du jour de son duel, quelque notoire que fût le crime, lorsqu'il n'avoit été ni condamné, ni poursuivi.

De toutes ces réflexions, il résulte que nul délit ne produit la mort civile, s'il n'a été suivi d'une condamnation à quelque peine qui prive de la vie civile ; & que, quand on dit qu'il y a des crimes dont la peine est encouruë par le seul fait, cela ne signifie autre chose, sinon que la condamnation qui suit ces crimes a un effet rétroactif jusqu'au jour qu'ils ont été commis ; ensorte que celui contre qui elle est prononcée est censé être mort civilement dès l'instant même qu'il s'est rendu coupable.

Cependant on a fort agité la question de sçavoir si la retraite en païs étranger n'opére pas la mort civile *ipso facto*, sans même qu'il soit besoin de condamnation ? Comme cette matiére nous paroît fort importante, nous croïons devoir la traiter ici avec une certaine étenduë.

Pour procéder avec ordre dans l'examen de cette question,

nous examinerons trois cas. Le premier, ſi c'eſt un crime de quitter ſa patrie pour s'aller établir dans un païs ſoumis à une domination étrangére, quel eſt l'effet de cette tranſmigration, & ſi, en ſuppoſant qu'elle pût être regardée comme un crime, elle pourroit opérer la mort civile, ſans autre formalité.

Le ſecond, ſi la fuite en païs étranger fait mourir civilement *ipſo facto* ceux qui prennent ce parti pour être en état de profeſſer librement la religion prétenduë réformée. Cette queſtion nous conduira naturellement à examiner quelles ſont les facultés dont les étrangers joüiſſent en France, & s'ils y ſont morts civilement ?

Le troiſiéme, ſi, quand on s'eſt retiré chez les infidéles, l'abdication de la religion chrétienne eſt une cauſe de mort civile encouruë *ipſo facto* ?

Ces queſtions fourniront la matiére de cinq paragraphes.

§. I.

De la retraite en païs étranger, pour y prendre un établiſſement.

Pour nous décider avec certitude ſur cet objet, nous examinerons ce que nous dictent à cet égard la raiſon & le droit naturel. Nous paſſerons à l'examen des loix Romaines ; & enfin nous diſcuterons les uſages & les loix de la France.

Grotius, dans ſon traité du droit de la guerre & de la paix ; Puffendorf, du droit de la nature & des gens, Barbeyrac, ſur ces deux auteurs, ſont ſans contredit les meilleurs guides qu'on puiſſe prendre dans cette matiére. C'eſt chez eux que nous puiſerons tout ce que nous dirons à cet égard touchant la raiſon & le droit naturel.

En examinant la queſtion dans la thèſe générale, ces auteurs nous diſent que tout homme libre, en entrant dans une ſociété civile, s'eſt tacitement réſervé la permiſſion d'en ſortir quand il lui plairoit ; & qu'il n'a point prétendu s'aſſujettir à demeurer toute ſa vie dans un certain païs : mais plutôt ſe regarder comme un citoïen du monde.

En effet, ajoutent-ils, on ne renonce pas entiérement à ſoi-même & au ſoin de ſes propres affaires, pour cela ſeul qu'on entre dans un état. Au contraire, on cherche par-là une protection puiſſante, à l'abri de laquelle on puiſſe vivre & travailler en ſureté à ſe procurer les néceſſités & les commodités de la vie.

S'il arrive donc que quelque particulier ne s'accommode pas

de la forme du gouvernement ſous lequel il vit; comme il n'eſt pas juſte qu'on réforme les loix pour lui ſeul, il faut qu'il en choiſiſſe un plus aſſorti à ſon inclination. Les auteurs, d'après leſquels nous parlons ici, citent à cette occaſion l'exemple d'Athènes, où il étoit permis à chaque citoïen, après avoir examiné les loix & les coutumes de la république, non-ſeulement de ſe retirer ailleurs, ſi la conſtitution de l'état ne lui convenoit pas, mais même d'emporter tout ſon bien.

Il peut auſſi arriver, diſent les mêmes auteurs, qu'un citoïen ait lieu de croire qu'il réuſſira mieux dans le païs étranger que dans celui qui lui a donné la naiſſance. Il arrive ſouvent qu'on ſe ſent des talens ou inutiles, ou trop communs pour ſa patrie; de nature cependant à devenir précieux pour l'étranger auquel on les portera. Dans tous ces cas, & dans beaucoup d'autres, ces auteurs décident qu'il eſt permis à un citoïen d'abdiquer ſa patrie; & ils obſervent que cette liberté peut devenir très-avantageuſe à pluſieurs états, auxquels elle procure le moïen d'attirer chez eux des étrangers d'un grand mérite, & capables de faire honneur au peuple dans lequel ils s'incorporeront.

Ces maximes ne ſont nullement contraires à celles que nous avons établies au commencement de cet ouvrage, part. 1. ch. 1. Il eſt fort aiſé de les concilier.

Tout homme en naiſſant contracte avec la ſociété. Il lui eſt redevable de tout le bien & de tous les avantages qu'il peut lui procurer : mais cette obligation eſt la ſuite d'un contrat ſynallagmatique. La ſociété, de ſon côté, doit procurer à chacun de ſes membres tous les avantages poſſibles, ſuivant la place qu'ils occupent dans cette ſociété : mais ſi elle eſt conſtituée de façon que ſa conſtitution rende quelques-uns de ſes membres malheureux, ou les empêche de ſe procurer, par leur induſtrie, tous les avantages qu'ils ont lieu d'attendre du rang dans lequel leur naiſſance les a placés; alors, comme il ne ſeroit pas juſte qu'en faveur de quelques particuliers, on intervertît un ordre qui convient à la ſociété en général, elle ceſſe de remplir ſes obligations envers ces particuliers; ou, pour en parler mieux, les obligations de la ſociété ceſſent envers eux, attendu qu'elles deviennent impoſſibles.

D'un autre côté, comme il eſt de l'eſſence d'un contrat, pour qu'il puiſſe ſubſiſter, qu'il ſoit exécuté de part & d'autre; la ſociété ne l'exécutant point, & ne pouvant être forcée à l'exéter, il devient nul de plein droit, & n'oblige plus par conſéquent les particuliers vis-à-vis desquels il ne s'exécute pas. Ils peuvent donc, sans qu'on puisse les taxer d'ingratitude, aller offrir leurs services à une autre société, de laquelle ils puissent retirer les avantages qu'ils ne trouvent pas dans celle qu'ils abandonnent.

Il y a plus : les hommes ne se sont assemblés en société, que pour se rendre mutuellement heureux. Il est contraire à l'esprit qui a présidé à cette association, qu'aucun particulier soit malheureux, lorsqu'il ne mérite pas de l'être par ses crimes. Loin donc qu'il soit tenu de se fixer dans une société, qui ne peut, par l'ordre qu'elle s'est donné, lui faire son bonheur, il est autorisé à se retirer par-tout où il croira le pouvoir trouver.

Mais, dira-t-on, la discession d'un citoïen est, à la fois, l'infraction des devoirs de la religion, de la nature & de la société. Ce n'est point dans les livres, ni dans les loix des différentes nations qu'il faut chercher la preuve de l'énormité d'un tel crime, c'est dans le cœur de tous les peuples que cette vérité est écrite. Tous lui rendent hommage; & c'est une de ces vérités primitives dont le sort est de ne pouvoir trouver de preuves plus claires qu'elles-même.

Cette objection tombe d'elle-même, quand on veut se donner la peine de la rapprocher de la décision des auteurs qui ont examiné la question. En effet, que veut-on dire, lorsqu'on reclame sur ce point les sentimens du cœur? Sans doute, il est des devoirs du sujet envers son souverain. Il en est d'une autre nature, du citoïen envers ses concitoïens : mais ces devoirs ne se forment pas des ruines de ceux qui nous lient à toute la nature humaine. Ils ne nous obligent point à faire schisme avec le reste de l'univers, ni à regarder comme un monde de rivaux, tous les peuples qui ne sont pas celui dans lequel nous sommes nés. Il faudroit pour cela détruire en nous ce sentiment naturel, qui nous fait regarder tous les humains comme nos freres; qui nous présente, dans toutes les parties du monde habitable, des amis & des proches; qui nous appelle à cette filiation commune, dont la religion nous instruit, & dont Dieu même a pris soin de graver les titres dans nos cœurs en caractéres ineffaçables. *Homo sum; humani nihil à me alienum puto.*

Tous les hommes ne composent ensemble qu'une même famille dispersée sur la surface de la terre. Tous les états sont comme autant de branches de cette famille. De-là cette avidité avec laquelle nous nous informons de leurs mœurs, de leurs opinions, de leur gouvernement, de leur religion. De-là, en un mot, ces queſtions ſans fin, par leſquelles nous fatiguons tous ceux qui peuvent nous informer de ce qui ſe paſſe chez eux. C'eſt la ſource de tant de travaux, qui n'ont pour objet que de ſatisfaire une ſi juſte curioſité. Les uns entreprennent les voïages les plus pénibles, pour nous inſtruire au juſte de l'état des nations qu'un ſi grand éloignement ſépare de nous. Les autres ſe conſument ſur les livres, pour nous faire part de leurs découvertes, ſur la ſituation, les coutumes, la maniére de vivre, & juſqu'aux plus petits détails, ſur le compte des peuples qui nous ont précédés de pluſieurs milliers d'années; & qui, ne nous préſentant plus rien à craindre, ni à eſpérer de leur part, nous ſont bien plus étrangers, que tous ceux qui couvrent, avec nous aujourd'hui, la ſurface de la terre. En un mot, dès qu'on veut parler des hommes, on eſt sûr d'être écouté avec plaiſir, quelque diſtance de tems, ou de lieux qui ſoit entr'eux & nous.

Pour prendre donc ſur cette matiére des idées plus ſaines & plus dignes de l'humanité, il ne faut point perdre de vûë cette eſpéce de communion naturelle que le Créateur a voulu établir entre tous les hommes. Ce qu'eſt le citoïen à l'égard de ſa patrie, lui-même & ſa patrie le ſont à l'égard du genre humain. Comme l'homme n'a point été créé pour lui ſeul, & pour vivre ſans relation avec le reſte de l'eſpéce humaine, aucune portion des hommes n'a été deſtinée par l'Auteur de la nature, à vivre étrangére à l'égard du tout. Toutes les liaiſons humaines proviennent de l'amour du genre humain, dont nous ne pouvons nous écarter, ſans violer le plus capital de tous nos devoirs.

Mais la matiére eſt délicate. Démêlons ici les idées. Nous en ſommes encore au droit naturel; & nous ſoutenons, d'après les auteurs cités plus haut, & d'après pluſieurs autres, qu'il eſt de la liberté naturelle des hommes, de pouvoir choiſir ſur cette terre, qui leur a été donnée en entier pour l'habiter, la portion où ils voudront ſe fixer; & que la nature ne leur a point fait une loi de demeurer attachés à un coin du monde plutôt qu'à l'autre: mais cela n'empêche pas que nous n'aïons une inclination auſſi forte, que la loi la plus impérieuſe, qui attache invariablement la totalité morale des hommes à leur patrie. Nous y ſommes retenus par le cœur. C'eſt-là que nous trouvons nos peres & nos aïeuls, nos femmes, nos enfans & tous ceux à qui nous tenons par les liens du ſang. C'eſt-là que nous trouvons le ſiége de notre fortune, le plus de facilités & le plus de ſecours pour former, ou pour maintenir nos établissemens ; la ressource la plus facile dans nos besoins ; les cœurs les plus prompts à nous secourir ; mêmes goûts, mêmes habitudes, mêmes sentimens, mêmes opinions, mêmes vérités, mêmes préjugés ; & c'est dans son païs que chaque peuple trouve la religion qu'il juge digne de captiver sa croïance.

Ce n'est donc point une loi qui nous y retient. Nous n'avons d'autres chaînes que l'amour. On éprouve avec un plaisir infini, combien cet amour est grand, combien il a d'empire sur nous : mais on n'en est que plus autorisé à conclure qu'il est le seul agent qui nous pousse vers notre patrie, & le seul lien qui nous y retienne. En un mot, tout ce qu'on peut dire de plus fort, pour établir la prétenduë loi, ne prouve que la force de l'amour qui nous domine ; amour que nous tenons, si l'on veut, de la nature : mais, si l'on veut parler exactement, elle l'inspire à la plupart des hommes, plutôt qu'elle ne l'ordonne à tous.

Tels sont les sentimens que la nature nous inspire sur cette matiére ; tels sont les principes du droit des gens. Voïons s'ils ont été rejettés par le droit positif ; & commençons par les loix Romaines.

Tout le monde sçait combien, du tems de la république, chaque citoïen étoit attaché à la patrie. Elle étoit regardée comme la divinité à laquelle on devoit tout sacrifier, ses biens, ses passions, sa famille, son honneur même, quand le bien de l'état l'exigeoit. L'Histoire Romaine est pleine d'exemples de héros qui ont prouvé que ces sentimens étoient la baze du gouvernement.

Personne n'ignore le zèle infatigable dont Ciceron étoit enflammé pour le bien de la patrie. On sçait avec quelle force & avec quelle véhémence il s'élevoit contre ceux qui paroissoient vouloir lui nuire ; & avec quel acharnement il les poursuivoit. Cependant, loin de regarder comme un crime la transmigration d'un païs dans un autre, il mettoit au nombre des plus beaux droits de l'humanité, & regardoit comme le premier appanage de la liberté, le droit qui appartient à chaque particulier de passer dans un autre état que celui qui l'avoit vû naître. O *jura præclara*, s'écrie-t-il dans l'oraison *pro Balbo*, n°. 31. *O jura præclara, atque divinitùs jam indè à principio Romani nominis à majoribus nostris comparata. . . . . ne quis invitus civitate mutetur ; neve in civitate maneat invitus. Hæc sunt enim fundamenta firmissima nostræ libertatis, sui quemque juris & retinendi, & dimittendi esse dominum.*

Tel étoit le langage de ce grand homme, à qui l'attachement

à ses devoirs de citoïen a mérité le glorieux nom de pere de la patrie. Telles étoient les maximes de Rome république. Voïons ce qu'on pensoit sur cette matiére, quand elle fut soumise à la domination des empereurs. Ouvrons les loix.

Sans nous plonger dans des recherches bien érudites, il suffit de rappeller, en peu de mots, ce qui a été dit plus haut, chap. 3. part. 1. p. 8. & suiv. sur le changement d'état des Romains. On a vu que l'état de citoïen Romain, ce que le droit appelle *caput civis Romani*, consistoit en trois choses ; la liberté, le droit de cité, &, pour ainsi dire, la situation domestique de chaque particulier, suivant qu'il étoit chef de famille, *& sui juris*, ou qu'il étoit soumis à la puissance paternelle. C'est ce qu'on exprimoit en trois mots, *libertas*, *civitas*, *& familia*. Comme ces trois choses formoient ensemble ce qu'on nommoit *caput civis Romani*, tout changement qui frapoit sur l'une, ou sur plusieurs d'entr'elles, se nommoit *capitis diminutio*. Il y en avoit de trois sortes : *maxima*, qui faisoit perdre *libertatem*, *civitatem*, *& familiam*. *Media*, qui ne faisoit perdre que *civitatem & familiam*. *Minima*, qui consistoit uniquement à sortir de dessous la puissance paternelle, quand on y étoit encore soumis, ou, lorsqu'on en étoit sorti, à y retomber ; ce qui pouvoit arriver par l'espéce d'adoption qu'ils appelloient adrogation.

Le second de ces trois changemens est celui qui doit singuliérement nous occuper ici. Ce qui s'appelloit *media capitis diminutio* faisoit donc perdre *civitatem & familiam* ; &, s'il faisoit perdre *familiam* en même tems que *civitatem*, c'est parceque la puissance paternelle étoit une chose particuliére au droit civil municipal des Romains ; en un mot un droit de cité, soit actif dans la personne du pere, soit passif dans celle de l'enfant de famille.

Cela posé, il est évident que la discession du citoïen Romain, en lui faisant encourir *mediam capitis diminutionem*, ne lui faisoit perdre autre chose que les droits de cité ; & cette perte n'étoit pas une peine que les loix lui infligeassent. Nous venons de le voir par Ciceron. *O jura præclara .... ne quis invitus civitate mutetur* : mais elle étoit l'effet naturel de l'abdication qu'il avoit volontairement faite de sa patrie, & par conséquent, des droits attachés à la qualité de citoïen. Il y avoit encore une autre raison ; c'est le principe du droit Romain développé par Ciceron, dans l'oraison *pro Balbo*. *Nemo duarum civitatum civis esse potest.* Celui qui abandonnoit Rome, pour s'aller établir dans une ville étrangére, devenoit citoïen de la ville qu'il avoit adoptée pour ſon nouveau domicile. Il ceſſoit, par conſéquent, d'être citoïen Romain.

C'eſt donc en vain qu'on objecteroit que le changement d'état avoit lieu dans le droit Romain, *per captivitatem*, *per damnationem*, *& per fugam*. Il avoit encore lieu par bien d'autres voïes : mais, pour nous fixer ici à ces trois, il n'eſt pas exactement vrai que la captivité opérât aucun changement dans l'état du citoïen. Il eſt bien vrai que, pendant qu'il étoit en la puiſſance des ennemis, comme il étoit leur eſclave, & qu'il étoit en même tems abſent de Rome, il ne pouvoit pas uſer des droits de cité : mais ils n'étoient pas éteints. Ils étoient comme en ſuſpens. Il les recouvroit tous dès qu'il étoit de retour dans ſa patrie, & il les recouvroit dans tout leur entier ; tellement qu'on feignoit qu'il n'avoit jamais été abſent. C'eſt cette fiction qui ſe nommoit *jus poſtliminii. Ab hoſtibus captus, ut putà à Germanis & Parthis, & ſervus eſt hoſtium, & poſtliminio ſtatum priſtinum recuperat. l. 24. ff. de captiv. & poſtlimin.* Voïez ce qui a été dit plus haut à ce ſujet, part. 1. chap. 3.

Par la condamnation, on encouroit ou *maximam capitis diminutionem*, ſi l'on étoit condamné à une de ces peines auxquelles l'eſclavage étoit attaché, & dont on a parlé plus haut, part. 2. liv. 1. ch. 1. p. 18 & ſuiv. où l'on encouroit ſimplement *mediam capitis diminutionem*, ſi la peine étoit de nature à ne faire perdre que la qualité de citoïen, & ce qui étoit attaché à cette qualité ; ſçavoir *civitatem & familiam*. Telle étoit la déportation, tel étoit encore le genre de condamnation auquel la déportation avoit ſuccédé, dans le dernier âge du droit Romain ; c'eſt celui qui s'appelloit *aquæ & ignis interdictio*.

Par la tranſmigration, *per fugam*, on encouroit *mediam capitis diminutionem*, c'eſt-à-dire, la perte des droits de cité, *amiſſionem civitatis & familiæ* : mais on ne les perdoit que parcequ'on les vouloit perdre, & qu'on y renonçoit volontairement.

Il ſuffit, pour rendre cette vérité ſenſible, de mettre ſous les yeux du lecteur la loi 5. *ff. de cap. minut.* Voici les termes de cette loi. *Amiſſione civitatis fit capitis minutio, ut in aquâ & igni interdictione* : mais nous voïons dans les inſtitutes, *de capit. dimin.* §. 3. que *aquæ & ignis interdictio* produiſoit ſeulement, ainſi que la déportation, *mediam capitis diminutionem*. Voici les termes de ce §. *Minor, ſive media capitis diminutio eſt, cum civitas quidem amittitur, libertas verò retinetur. Quod accidit ei cui aquâ & igni interdictum fuerit, vel ei qui in inſulam deportatus eſt.*

On peut assimiler l'état du fugitif à celui du condamné au genre de peine qui s'appelloit *aquæ & ignis interdictio.* L'un & l'autre conservoient leur liberté : mais ils perdoient les droits de cité ; parcequ'il étoit défendu à l'un de vivre à Rome, ni dans aucune autre ville où l'on pût jouïr de ces droits ; & que l'autre s'en étoit exilé de lui-même & volontairement. Ces deux exils, quoique l'un fut forcé & l'autre volontaire, ne laissoient pas néanmoins de produire les mêmes effets, relativement à la qualité de citoïen.

La loi, d'un autre côté, assimile, comme on vient de le voir, la déportation au genre de peine connu sous le nom de *aquæ & ignis interdictio.* Voilà donc trois états semblables, suivant l'axiôme, qui dit : *Quæ sunt eadem uni tertio sunt eadem inter se ;* & ce qu'on pourra dire de l'un des trois, on le pourra dire de l'autre.

Voïons maintenant si les loix ne nous fourniroient pas quelques lumiéres sur la condition de l'homme qui se trouvoit dans l'un de ces trois états. Ce qui doit sur-tout animer nos recherches, c'est que, si les loix parlent d'un seul, elles nous instruiront sur trois.

La loi la plus claire qu'il soit possible de desirer sur cette matiére est la loi 15. *ff. de interdict. & relegat.* En voici les termes : *Deportatus civitatem amittit, non libertatem ; & speciali quidem jure civitatis non fruitur, jure tamen gentium utitur. Emit enim & vendit, locat, conducit, permutat, fœnus exercet, & cætera similia.*

Nous avons fait voir plus haut, part. 1. chap. 2. qu'un homme qui peut acheter, vendre, donner & prendre à loïer ou en échange, prêter à intérêt, comme cela étoit permis dans le droit Romain ; en un mot, qui est capable de tous les contrats qui dérivent du droit des gens, & qui n'est privé que des facultés qui ont leur source dans le droit civil & particulier d'un païs, n'est point mort civilement. D'un autre côté, il est constant que celui qui s'étoit expatrié, & celui qui étoit condamné à la peine appellée *aquæ & ignis interdictio*, jouïssoient, dans le droit Romain, ainsi que le déporté, de toutes les facultés du premier genre.

Ce qu'on pourroit objecter de plus fort en apparence contre le systême que nous établissons ici, c'est le chapitre 9. du quatriéme livre des observations de Cujas, qui roule tout entier sur les transfuges. Parcourons donc ce chapitre. En voici les premiers mots : *Transfuga est proditor qui, fide mutatâ, ad hostes transit.* Cujas appuïe sa définition principalement sur la loi 19. §. 4. *ff. de capt. & postlimin.* Cette loi n'envisage comme transfuge, que celui ou celle qui passe chez les ennemis à mauvais dessein, & animé d'un esprit de trahison. *Transfugæ nullum postliminium est. Nam, qui malo consilio, & proditoris animo, patriam relinquit, hostium numero habendus est. Sed hoc in libero transfugâ juris est, sive fœmina, sive masculus sit.*

Notre auteur cite, dans la suite de ce chapitre, un grand nombre de loix qui prononcent les peines que doivent subir les transfuges pris dans le sens de la définition qu'il a d'abord donnée à ce mot. *Transfugis nullum credendum est beneficium tribui, quibus negatum est postliminium. L. 14. ff. ex quib. caus. major vig. quinq. ann. in integr. restit. Transfugæ ad hostes, vel consiliorum nostrorum renunciatores, aut vivi exuruntur, aut furcâ suspenduntur. l. 38. §. 1. de pœnis. Transfugas licet, ubicumque inventi fuerint, quasi hostes interficere. l. 3. §. 6. ff. ad leg. Cornel. de sicar. Hostes autem, item transfugæ, eâ pœnâ adficiuntur, ut vivi exurantur. l. 8. §. 2. ff. de pœnis.*

Il observe sur cette derniere loi, qu'elle est défigurée, puisque les Romains, bien loin de brûler vifs leurs ennemis, étoient, de tous les peuples du monde, ceux qui en usoient avec le plus d'humanité à l'égard des vaincus; qu'ainsi, au lieu de *hostes autem, item transfugæ*, il faut lire, *ad hostes autem transfugæ, &c.* Il dit encore au sujet de cette même loi, dans le chapitre 26. du sixiéme livre de ses observations, qu'on peut lire : *hostes autem, id est, transfugæ*; ensorte que *hostis* & *transfuga*, selon lui, peuvent signifier la même chose.

Telles étoient les peines afflictives & corporelles auxquelles le transfuge étoit exposé : mais il ne faut pas perdre de vûe que l'on entend toujours ici par transfuge, celui ou celle qui s'est retiré chez les ennemis de l'état, *malo consilio, & proditoris animo*; au lieu que la question principale, que l'on examine ici, ne roule que sur ceux qui quittent l'état pour s'aller établir en païs étranger, sans autre dessein que celui d'y trouver plus d'avantages & plus de commodités.

A l'égard de la condition du transfuge pris dans le sens le plus défavorable, si on le considere par rapport à la vie civile, Cujas va nous instruire, dans le même chapitre, de son état, considéré sous ce point de vûe.

Mais pour ne rien laisser à desirer sur cette matiére, il paroît nécessaire de fixer quel étoit, dans le droit Romain, le véritable sens du mot *hostis*, & du mot *transfuga*. Ciceron, dans ses offices, liv. 1. n. 37. nous apprend que, dans l'enfance de la langue latine, *hostis* ne signifioit autre chose qu'un étranger : mais que pour diminuer, autant qu'il étoit possible, la dureté attachée au mot *ennemi*, on y avoit substitué celui d'*étranger*, pour signifier la même chose ; ensorte que le mot *hostis* avoit perdu, par l'usage, la signification qui lui étoit propre, & n'avoit conservé que celle qu'on lui avoit attribuée. *Equidem illud etiam animadverto, quòd qui proprio nomine perduellis esset, is hostis vocaretur, lenitate verbi tristitiam rei mitigante. Hostis enim, apud majores nostros, is dicebatur quem nunc peregrinum dicimus. Indicant enim duodecim tabulæ:* aut status dies cum hoste. *Itemque:* adversùs hostem æterna auctoritas. *Quid ad hanc mansuetudinem addi potest, eum, quîcum bella geras, tam molli nomine appellari? Quanquam id nomen durius jam affecit vetustas. A peregrino enim jam recessit, & propriè in eo, qui ferret arma contrà, remansit.*

On doit donc entendre par *hostis*, celui contre lequel on est en guerre ouverte. *Hostes sunt quibus bellum publicè populus Romanus decrevit, vel ipsi populo Romano. l. 24. ff. de cap. & postlimin. Hostes hi sunt qui nobis, aut quibus nos publicè bellum decrevimus. l. 118. ff. de verb. signific.*

A l'égard de la signification du mot *transfuga*, on a vu, par les loix citées plus haut, qu'on doit entendre dans le droit par cette expression, celui qui quittoit les terres soumises à l'empire, pour se retirer chez les ennemis, dans le dessein de nuire à sa patrie. Ce mot présentoit aussi quelquefois l'idée d'un homme qui passoit chez un peuple ennemi, dans un tems de tréve, avec dessein de s'y engager ; & celui qui se retiroit, dans le même dessein, chez des peuples avec lesquels l'empire Romain n'avoit aucune sorte de liaison, ni d'alliance. *Transfuga autem non is solus accipiendus est qui aut ad hostes, aut in bello transfugit; sed & qui, per induciarum tempus, aut ad eos cum quibus nulla amicitia est, fide susceptâ, transfugit. l. 19. §. 8. ff. de capt. & postlimin.*

Revenons maintenant à Cujas, sur la condition du transfuge par rapport à la vie civile. *Hic*, dit-il, (*transfuga*) *suo facto, mediam capitis diminutionem patitur .... nec, si redeat ad suos, postliminium habet; maximam verò non patitur, nec enim fit servus hostium. Quidam dicunt eum, si revertatur ad suos, servum fieri. Quod falsum puto; namque reversis, aut ex justâ causâ venia datur, aut vivi exuruntur, aut capite puniuntur, aut . . furcâ, vel arboribus suspenduntur ... Nusquàm verò invenies transfugas servos effici, posteàquàm ad suos redierunt.*

La premiere partie de la décision de Cujas est fondée sur le texte précis des loix. *Qui deficiunt, capite minuuntur. Deficere autem dicuntur, qui ab his, quorum sub imperio sunt, desistunt, & in hostium numerum se conferunt. Sed & hi quos Senatus hostes judicavit; vel lege latâ : utique usque eò, ut civitatem amittant.*

Nunc respiciendum est quâ capitis diminutione pereant : & primò de eâ capitis diminutione quæ, salvâ civitate accidit, per quam publica jura non inverti constat; nam manere magistratum, vel senatorem, vel judicem certum est. l. 5. §. 1. & 2. ff. de cap. min.

Peut-on rien voir de plus positif que cette loi ? Non-seulement elle n'ôte pas la vie civile aux transfuges qui prennent le parti des ennemis contre la patrie ; mais elle ne leur fait subir qu'un changement d'état qui ne leur ôte pas le droit de cité, *quæ, salvâ civitate, accidit*; & leur conserve leurs places, même dans le Sénat.

Cujas appuie lui-même son sentiment sur deux loix qui sont aussi décisives que celle que nous venons de rapporter. Il en cite une qui décide, non-seulement que le transfuge n'est pas esclave ; mais même qu'il conserve à Rome sa qualité de tuteur ; & ce sçavant jurisconsulte nous indique le motif de cette décision. Il est tiré d'une autre loi qui porte qu'on peut donner un étranger pour tuteur, pourvû que le pupille soit citoïen Romain ; ensorte que Cujas, d'après la premiere de ces deux loix, ne regarde le transfuge que comme devenu étranger. C'est le seul changement qui soit arrivé dans sa condition civile. Ces deux loix sont assez importantes, pour que nous croïons devoir en rapporter les termes. *Si quis tutor non sit captus ab hostibus, sed missus ad eos quasi legatus, aut etiam perceptus ab eis, aut transfugerit; quia servus non efficitur, tutor manet : sed interìm à præsidibus alius tutor datur. l. 15. ff. de tutelis. Etiam non municeps tutor dari potest, dummodò municipi detur. l. 10. eod.*

De toute cette discussion du droit Romain, il résulte que, pour être regardé comme transfuge, il faut, suivant les maximes de ce droit, passer chez les ennemis de sa patrie, *malo consilio, & proditoris animo*; & que ceux même qui étoient coupables de ce crime n'encouroient tout au plus que *mediam capitis diminutionem*; c'est-à-dire, la perte des droits de cité. A plus forte raison, ceux qui n'avoient pour but, dans leur transmigration, que de se procurer un établissement plus commode & plus tranquille, ne pouvoient être punis plus rigoureusement; n'étant coupables d'aucun crime envers la patrie.

Il est donc incontestable qu'ils n'encouroient d'autre peine, que celle d'être privés des droits de cité ; où, ce qui eſt la même choſe, des facultés qui dérivoient du droit civil & particulier des Romains : mais non de celles qui prenoient leur ſource de plus haut ; c'eſt-à-dire, du droit des gens. Par conſéquent ils pouvoient vendre, acheter, donner ou prendre à loïer, faire des contrats d'échange, & tous les autres contrats qui ſont du droit des gens. Ils pouvoient même retenir dans leur patrie la qualité de tuteur, de magiſtrat, de juge, de ſénateur, ſi elle leur avoit été déférée avant leur retraite. En un mot, ils jouïſſoient de tous les mêmes droits que les étrangers auxquels ils étoient aſſimilés.

Quant à nos mœurs, & à l'uſage reçu chez tous les peuples qui exiſtent aujourd'hui, pour peu qu'on y veuille faire attention, on trouvera que les maximes puiſées à cet égard dans le droit des gens, & adoptées par les Romains, ſont encore dans toute leur vigueur.

S'il étoit vrai que ce fût un des premiers préceptes de la loi naturelle, de ne point quitter ſa patrie ; comme cette loi eſt la même pour tous les peuples, tous les états devroient être fermés à un citoïen qui quitte celui dans lequel il eſt né, pour s'établir ailleurs. Il ſeroit regardé comme un perfide, qui auroit rompu les engagemens les plus forts & les plus ſacrés, auquel on ne témoigneroit nulle part que de l'horreur & de l'exécration. Toute la nature humaine s'armeroit à la fois pour venger ſur lui la tranſgreſſion d'une de ſes loix les plus précieuſes.

Comment toutes les nations regardent-elles néanmoins la tranſmigration d'un citoïen? De quel œil la regardons-nous nous-mêmes? Pluſieurs exemples fameux prouvent que, loin de regarder comme coupables du plus grand de tous les crimes qui puiſſent ſe commettre contre la nature, ceux qui abandonnent la France pour s'aller établir dans les païs étrangers, on ne laiſſe pas, quand ils ſe ſont diſtingués par quelque talent, d'avoir leur nom en vénération, de leur conſerver l'eſtime qu'ils s'étoient acquiſe parmi nous ; & même de laiſſer ſubſiſter leurs noms dans les liſtes honorables où ils avoient mérité d'être inſcrits avant leur tranſmigration.

Le ſiécle dernier nous en fournit une preuve dans la perſonne du grand Deſcartes. Né dans le ſein de la France, d'un Doïen du parlement de Bretagne, ſes premieres inclinations ſe tournérent du côté des armes. Il alla ſervir ſucceſſivement dans les Païs-Bas pour les Provinces-Unies, en Bohême pour le duc de Baviére, & en Moravie pour l'empereur. Retiré du service pour se livrer tout entier à ses méditations, il choisit sa retraite en Hollande, où il passa près de trente ans, & alla ensuite mourir en Suéde, où la reine Christine prenoit, avec lui, des arrangemens pour l'y fixer. Son corps étoit demeuré à Stokolm pendant seize ans : mais en 1666. le feu Roi crut devoir revendiquer, pour son roïaume, les précieux restes d'un si grand homme. Ses os furent apportés en France l'année suivante, & on les enterra de nouveau avec la plus grande pompe. Son buste & son épitaphe sont à la vûe de tout le monde dans l'église de sainte Geneviéve de Paris.

Telle est la maniére dont Louis XIV. si justement jaloux d'ailleurs de l'obéïssance qui lui étoit dûë par ses sujets, envisageoit un François sorti de son roïaume depuis si long-tems.

Le cardinal de Retz coadjuteur & depuis archevêque de Paris, accusé d'avoir fomenté & même d'avoir excité les troubles qui désolérent la minorité du feu Roi, trouva le moïen de s'évader de la prison dans laquelle il étoit détenu par ordre du Roi. Il se retire à Rome ; &, pendant sa retraite, l'archevêque de Paris son oncle vient à mourir. Le cardinal de Retz, en qualité de coadjuteur, devient, par cette mort, archevêque de droit. Du lieu de sa retraite, il nomme des vicaires généraux, qui gouvernent sous son nom & par les ordres qu'il leur envoïe. Le Prince ne consent à lui accorder son pardon qu'à la charge qu'il se démette de l'archevêché. Il résista long-tems à la volonté du Roi ; & ne donna sa démission que quand il le jugea à propos. Si sa désertion eût été regardée comme un crime contraire à la nature, lui auroit-on laissé le gouvernement du diocèse de la capitale du roïaume ? S'il eût été regardé comme mort civilement, l'auroit-on sollicité de se démettre de son bénéfice ? Ne l'auroit-on pas regardé comme vacant *ipso facto* ? Cette désertion étoit accompagnée de circonstances bien aggravantes. Ce cardinal passoit, dans l'esprit du Roi, au moins, pour perturbateur du repos public. Il étoit en outre rebelle aux ordres de son souverain, qui l'avoit fait enfermer dans une prison dont il étoit sorti par adresse.

On peut aussi prouver par des exemples, que les étrangers qui viennent chez nous ne sont point reçus avec cette détestation qu'ils éprouveroient si leur transmigration blessoit la premiere loi de la nature. Toutes les barriéres du roïaume leur sont ouvertes pour les y recevoir. A peine sont-ils venus s'établir parmi nous,

&

& témoignent-ils quelque inclination pour y rester, que le prince les adopte & les aggrége au nombre de ses sujets par le moïen des lettres de naturalité qu'il leur accorde. Nous les voïons de notre part, avec plaisir, partager tous nos avantages. Nous en voïons dans nos armées, dans nos tribunaux, dans nos académies, dans nos universités. On en a vu occuper les premieres places de l'église de France; on en a vu dépositaires de l'autorité de nos Rois, étant revêtus de la qualité de premier ministre. Nous avions, il n'y a pas long-tems, sous les yeux, deux héros qu'un ciel étranger avoit vu naître, & auxquels le Roi n'a pas laissé de confier, dans la derniere guerre, l'exécution de ses desseins, la conduite des plus graves & des plus délicates entreprises; en un mot, le commandement de ses armées; c'est-à-dire, le salut & la gloire de la nation. Leurs triomphes, leur attachement pour le Roi & pour la nation, leur ont mérité tous les honneurs dont la vertu militaire peut être récompensée parmi nous. Ils ont été élevés aux plus hauts rangs & aux premieres dignités de l'état. On entend assez que nous parlons ici de Messieurs les maréchaux de Saxe & de Lowendal. Le Roi auroit-il fait un tel choix, & ce choix auroit-il été tellement applaudi, si la transmigration d'un citoïen étoit contraire à la loi naturelle, ou même aux loix du roïaume & à nos idées nationales?

Joignons à ces exemples l'autorité des auteurs les plus accrédités, & des magistrats les plus attachés, par état & par inclination, au maintien de la société & aux véritables intérêts du prince.

Bacquet, dans son traité du droit d'aubeine, chap. 40. n. 4. dit qu'*il n'y a en France aucune peine statuée ou indicte à ceux qui se retirent volontairement du roïaume & vont demeurer en païs étranger.* Papon, auteur plus ancien, notaire 3. liv. 6. titre des lettres de naturalité, avoit déja dit la même chose en termes beaucoup plus forts; & il s'étoit fondé principalement sur ce que nous sommes *libres, francs & sans servitude personnelle.* C'est le principe établi par Bodin, dans sa république, liv. 2. chap. 2. & 3. & développé avec beaucoup de lumieres par Loyseau, dans son traité des seigneuries, chap. 2. L'un & l'autre font voir combien notre condition est différente de celle des peuples de ces états orientaux, & de plusieurs autres, où les sujets sont esclaves, & les souverains propriétaires de leurs personnes & de leurs biens; au lieu que nous avons la propriété de nos biens, sur lesquels le prince n'a qu'un domaine éminent. Ils font voir que nous jouïssons, sous l'autorité du souverain, de notre liberté naturelle.

M. le Bret, à qui sa qualité d'avocat général imposoit la nécessité de soutenir les droits du Roi & son autorité dans la stricte rigueur, met lui-même en maxime dans l'un de ses plaidoïers, liv. 3. décis. 7. qu'*il est permis aux François, quand bon leur semble, d'aller chercher une meilleure fortune*, (ce sont ses termes) *en quoi consiste principalement*, ajoute-t-il, *la liberté naturelle des hommes; & de-là vient*, dit encore ce magistrat, *que les anciennes formules des concessions qui se faisoient de la liberté*, contenoient ces paroles expresses : EAM DENIQUE PERGAT PARTEM, QUAMCUMQUE VOLENS ELEGERIT. Cela résulte encore des principes posés par Chopin, du domaine de France, liv. 2. tit. 2. n. 29. & suiv.

Voilà assurément les plus grands hommes que la France ait produits dans la science du droit public. Leur zèle pour le service du Roi ne les a point empêchés de reconnoître, sur le point dont il s'agit, notre liberté naturelle, & d'attester qu'elle nous est conservée par les loix du roïaume.

Joignons à ces autorités celle des déclarations du Roi & des arrêts du parlement. Nous les trouverons réunis dans l'histoire du cardinal de Bouillon.

Ce cardinal étant à Rome en 1700. où il avoit même fait l'ouverture du Jubilé en qualité de doïen du sacré collége, au lieu du pape, qu'une maladie empêcha de faire cette cérémonie, reçut, au mois de Juin, des ordres du Roi pour se rendre en France & se retirer dans une de ses abbaïes. Il prit possession de la place de doïen du sacré collége, & demanda à rester à Rome, où les fonctions de sa nouvelle dignité l'attachoient : mais le Roi voulut être obéi; &, sur le refus du cardinal, il lui fit demander, par le prince de Monaco, son ambassadeur à Rome, sa démission de la charge de grand aumônier de France avec le cordon bleu; & lui fit ordonner d'ôter les armes de France qui étoient sur son palais. Le conseil d'état rendit quelques jours après un arrêt qui le privoit de sa charge de grand aumônier, & qui mettoit le revenu de ses bénéfices en régie. On ignore quel étoit le motif de cette disgrace. Le Roi ne s'en est jamais expliqué; & dans l'arrêt du conseil, qui est du 11 Septembre 1700. il est dit seulement, que sa majesté » pour de bonnes & justes considéra» tions, avoit ordonné au cardinal de Bouillon de revenir dans » le roïaume, & de remettre entre les mains de son ambassa» deur à Rome, la démission de sa charge de grand aumônier. »

Pour prévenir les justes pertes dont ce cardinal étoit menacé, il se détermina à obéir. Il revint en France : mais il fut obligé de ſe tenir en exil. Toute la grace qu'il put obtenir fut de pouvoir changer le lieu de ſon exil, lorſque ſes affaires ou ſa ſanté le demandoient, & de paſſer d'une abbaïe à une autre. La cour lui avoit même impoſé la condition de ne pas approcher de Paris plus près que de trente lieues. Ce fut ce qui lui fournit l'occaſion de ſortir du roïaume. Il feignit de ſe rendre à Rouen, & prit ſa route par Arras, ſous prétexte d'aller à ſon abbaïe de Vigoigne. Il trouva en chemin ſon neveu le prince d'Auvergne, marquis de Berg-op-zoom, qui l'attendoit avec une eſcorte, & le conduiſit à l'armée des alliés le 22 Mai 1710. Il y fut reçu du prince Eugêne & des autres généraux avec de grandes marques de diſtinction. Il écrivit enſuite une lettre au Roi, par laquelle il lui envoïoit la démiſſion de ſa charge de grand aumônier de France & de la dignité d'un des neuf prélats commandeurs de l'Ordre du ſaint Eſprit, avec le cordon & la croix de cet Ordre. » En conſéquence » de ces démiſſions, je reprens, diſoit-il, la liberté que me » donnoient ma naiſſance de prince étranger, fils d'un ſouverain, » qui ne dépend que de Dieu, ainſi que ma dignité de cardinal » évêque, & celle de doïen du ſacré collége, évêque d'Oſtie, » premier ſuffragant de l'égliſe Romaine. »

Le Roi ne fut pas plutôt informé de cette retraite, qu'il fit expédier les ordres néceſſaires pour faire le procès au cardinal, comme à un criminel d'état. M. le procureur général rendit plainte contre lui, comme coupable de déſobéïſſance & de félonie; &, par arrêt du 20 Juin 1710. il fut décrété de priſe de corps.

Le cardinal de Bouillon, un an avant ſa retraite, avoit aliéné ſes biens; & ces aliénations furent déclarées nulles. On comprend aſſez qu'elles étoient notoirement frauduleuſes; ce qui ſuffiſoit, comme on le verra par les principes que nous établirons dans la ſuite, pour en opérer la nullité. Ainſi ce jugement ne décide en aucune façon qu'il fût regardé comme mort civilement : autrement cette mort civile auroit eu lieu, non-ſeulement ſans pourſuites, mais un an avant le crime commis; ce qui eſt abſurde.

On rendit un autre arrêt en 1711. contre ce cardinal, par lequel on le déclara déchu du privilége qu'ont les cardinaux de ne pouvoir être prévenus en cour de Rome pour les bénéfices qui ſont à leur collation; & on maintint un préventionaire au préjudice de celui qui avoit été pourvu par le cardinal de Bouillon comme abbé de Cluni.

Cet arrêt ne prouve point encore que ce cardinal fût regardé comme mort civilement. Il étoit dès 1710. dans les liens d'un decret de prise de corps. Il ne pouvoit donc pas en France exercer une fonction publique & ecclésiastique ; telle que celle de conférer des bénéfices dépendans d'une abbaïe située dans ce roïaume, ni à plus forte raison jouïr en France du privilége attribué aux cardinaux de n'être point sujets à la prévention. Nos maximes, sur l'interdiction civile & ecclésiastique qui résulte du decret de prise de corps, suffisent pour écarter toutes les inductions qu'on pourroit tirer de cet arrêt contre notre sistême.

Mais il y a plus. Il y avoit eu dès le 7. Juillet 1710. une déclaration du Roi registrée au parlement de Paris, & rendue uniquement sur la disposition des bénéfices qui étoient à la nomination du cardinal de Bouillon. Par cette déclaration, le Roi, après avoir exposé que le cardinal de Bouillon est actuellement poursuivi au parlement & décrété de prise de corps pour crimes de désobéïssance, félonie & lèze-majesté, ordonne qu'en cas de vacance des bénéfices à la nomination de ce cardinal, il y soit pourvu, à l'égard de ceux dépendans de l'abbaïe de Cluni, par l'ordre de Cluni ; & à l'égard des autres, par les évêques des lieux. Est-il bien surprenant qu'on ait débouté en 1711. un pourvu par le cardinal de Bouillon ; tandis que dès 1710. ce cardinal étoit dépouillé de la disposition des bénéfices à sa nomination ?

Loin donc que l'exemple de ce cardinal détruise notre sistême, il y est au contraire très-favorable, & ne sert qu'à le fortifier. Il étoit exilé ; il quitte le lieu de son exil, se rend au camp des ennemis favorisé par un détachement de leurs troupes, & se retire de-là à Tournai, dont ils étoient maîtres alors (car il ne passa à Rome que dans la suite.) Il écrit au Roi la lettre la plus outrageante qu'un sujet puisse écrire à son souverain ; lui mande, entr'autres choses, qu'il est *prince étranger, fils d'un souverain, ne dépendant que de Dieu.* Enfin il lui renvoïe son cordon-bleu avec la démission de sa charge de grand aumônier de France. Ainsi voilà un homme qui cumule, avec la retraite en païs ennemi, la désobéïssance, en ce qu'il quitte le lieu où les ordres du Roi le fixoient ; la félonie, en ce qu'il désavoue son souverain, prétendant ne dépendre que de Dieu ; & le crime de lèze-majesté au premier chef, en ce qu'il traite avec les ennemis de l'état, & se livre à eux.

Personne n'ignore la juste indignation qu'excita dans l'esprit du feu Roi la conduite du cardinal de Bouillon. Comment l'a-t-on néanmoins considéré ? L'a-t-on réputé mort civilement par le seul fait de ses crimes & sans condamnation? Non sans doute ; & cela est bien démontré par la déclaration dont on vient de parler. La mort civile du bénéficier fait constamment vaquer ses bénéfices. C'est une vérité que nous établirons ailleurs. Or a-t-on regardé les bénéfices de ce cardinal comme vacans? Les a-t-on conférés? Loin de cela. On a été si convaincu que le cardinal de Bouillon demeuroit titulaire de ses bénéfices, qu'en le privant de l'exercice des nominations qui en dépendoient, on a réglé qui exerceroit ses droits à sa place.

Cela se voit encore plus clairement, s'il est possible, par un arrêt du conseil du 7. Juillet 1710. registré au parlement sur lettres patentes du 15 du même mois, & rapporté dans les loix ecclésiastiques de feu Me. de Héricourt, part. 1. chap. 19. Il est dit dans cet arrêt, qu'un autre du 26 Mai précédent avoit ordonné *la saisie des revenus des biens, ensemble des fruits & revenus des bénéfices du cardinal de Bouillon :* mais ce cardinal aïant depuis été décrété de prise de corps, & étant actuellement en contumace, pour raison de quoi ses biens & revenus doivent être saisis & annotés; le Roi leve la premiére saisie, pour que le tout retombe dans l'état de saisie-annotation, en vertu du decret de prise de corps.

C'étoit sans doute décider que le cardinal de Bouillon étoit toujours revêtu de ses bénéfices, & propriétaire de ses biens patrimoniaux, d'en faire saisir sur lui les revenus pour punir sa fuite, & de les saisir & annoter pour punir sa contumace : mais puisque la mort civile opére indubitablement la vacance des bénéfices, qu'elle rend incapable de toute propriété ou possession, & emporte la confiscation de biens ; décider que les bénéfices du cardinal n'étoient point vacans, c'étoit décider qu'il n'étoit pas mort civilement.

Voilà l'exemple le plus signalé de la pratique des principes que nous soutenons ici. C'est un homme coupable de fuite en païs étranger, & même chez les ennemis de l'état; coupable de plusieurs autres crimes beaucoup plus graves, singuliérement du crime de lèze-majesté, qui est du nombre de ceux dont on dit chez nous que la peine est encouruë par le seul fait, & qu'ils font vaquer les bénéfices de plein droit. Le coupable est déja décrété de prise de corps : mais puisqu'il n'est pas jugé criminel, il ne peut être jugé puni. On le suppose donc encore joüissant de la vie civile, encore revêtu de ses bénéfices, encore propriétaire de ses biens sujets à confiscation. A la bonne-heure, la condamnation, ſi elle eſt prononcée, aura un effet rétroactif au jour du délit : mais juſqu'à ce qu'elle le ſoit, l'accuſé des plus grands crimes eſt réputé innocent, & ne peut par conſéquent ſubir une peine. Tout cela eſt décidé dans l'eſpéce la plus forte, par une déclaration du Roi, par des lettres patentes, par des arrêts d'enregiſtrement géminés, & enfin par la ſaiſie-annotation faite en conſéquence.

De ces raiſonnemens, auxquels on ne voit point de réponſe ſolide, il ſuit qu'un François, en abdiquant ſa patrie, n'abdique que les droits de cité ; non la vie civile, qu'il ne tenoit point du droit particulier de la France. Ainſi il n'abdique point la faculté de poſſéder des biens légitimement acquis avant ſa tranſmigration. Il n'abdique point la faculté de s'engager en France, par le moïen des contrats qui dérivent du droit des gens ; puiſque ces facultés nous viennent de ce même droit des gens, & que nous en jouïſſons comme hommes, & non comme citoïens.

Voilà des principes de tous les tems & de tous les lieux. Nous les avons vus conſacrés par les loix Romaines, aux termes deſquelles le transfuge ne ſouffroit d'autre changement dans ſa condition civile que la pérégrinité, & ne perdoit d'autres effets civils que ceux que forment les droits de cité ; conſervant du reſte la vie civile dans le ſens que nous venons d'expliquer ces termes, & toutes les facultés qui ſont des ſuites de la vie civile.

§. II.

Si la fuite en païs étranger, en ſuppoſant que ce ſoit un crime, peut opérer la mort civile ſans qu'il y ait de pourſuites ?

En nous prêtant à une ſuppoſition dont nous venons de démontrer la fauſſeté, nous établirons encore que la fuite en païs étranger ne peut pas, par elle-même, opérer la mort civile. Nous avons vu au commencement de cette ſection, que la mort civile n'eſt point une peine, qu'elle eſt ſeulement la ſuite & comme l'acceſſoire d'une peine ; d'où il ſuit qu'on ne peut pas réputer mort civilement un homme qui n'a point été pourſuivi, quelqu'énorme que ſoit le crime dont on le ſuppoſe coupable ; parceque n'aïant point été pourſuivi, on n'a point prononcé de peine contre lui. Il n'a donc pas encouru la mort civile, par la raiſon que l'effet ne peut exiſter ſans la cauſe qui le produit.

Veut-on que la peine ſoit encouruë de droit par la retraite en païs étranger, & que, par conséquent la mort civile le soit aussi? Mais quelle est cette peine, qui est encouruë de droit? Nous avons vu que, loin que les loix en aïent prononcé une, elles ne regardent pas même l'action dont il s'agit ici, comme un crime. Il est donc impossible, puisque les loix sont muettes sur cette matiére, que l'on puisse indiquer quelle est cette peine qui pourroit être encouruë de droit.

D'ailleurs, supposons encore qu'il y ait une peine prononcée contre ceux qui se rendent coupables de ce prétendu crime : mais nous avons déja fait voir que nous ne connoissons point en France de peine encouruë par le seul fait. C'est une maxime púisée dans l'équité naturelle, & dont la pratique est de tout tems. Suivant la Jurisprudence constante de tous les tribunaux du roïaume, le délit n'est censé existant, que lorsque l'accusé en est convaincu juridiquement, ou lorsqu'il l'a reconnu lui-même en jugement. Ainsi il n'est pas permis de reprocher un témoin sous prétexte de crime, qu'il n'y ait une sentence qui l'en ait déclaré atteint & convaincu, ou une transaction qui en contienne l'aveu. Ainsi nous n'adoptons pas la disposition des loix Romaines qui déclaroient en plusieurs cas l'infamie encouruë par le seul fait. Nous voulons un jugement qui prononce cette peine. Ainsi nous ne connoissons point d'office vacant par forfaiture, à moins qu'elle n'ait été jugée contradictoirement avec le titulaire. Toutes les coutumes du roïaume, & tous les auteurs qui ont eu occasion de parler de cette matiére, ont adopté ces régles, & en ont fait un axiome. Voïez la coutume de Bourbonnois, article 42. Loüet, lett. *R.* somm. 4. Loysel, instit. coutum. liv. 6. tit. 2. n. 5.

Cette régle s'étend aux peines que le droit canonique déclare encouruës par le seul fait. Le pape Innocent III. prononce la vacance de plein droit des bénéfices des ecclésiastiques qui ont falsifié les lettres & expéditions de cour de Rome. Nos ordonnances au contraire veulent que cette peine soit prononcée par un jugement. C'est la disposition de l'édit de Henri II. du mois de Juillet 1550. art. 16. » Tous aïant commis fausseté au fait des » bénéfices, soit en baillant collation, impétration, &c. s'ils sont » clercs seront *déclarés* déchus du droit possessoire prétendu aux- » dits bénéfices & punis de telle peine que les juges verront pour » le cas privilégié, & renvoïés à leurs prélats & juges ordinaires, » pour *procéder contre eux par déclaration d'inhabileté perpétuelle à* » *posséder bénéfices en ce roïaume.*

Aux termes de droit, la simonie fait vaquer de plein droit les bénéfices ; & l'édit de 1610 porte que » si quelqu'un est désor- » mais convaincu d'avoir commis simonie, ou de tenir bénéfices » en confidence, il soit pourvu auxdits bénéfices comme vacans, » incontinent après le jugement donné. »

Nous avons tant de répugnance à admettre ces sortes de peines, encourues par le seul fait, que l'ordonnance d'Orleans, art. 4. permettant l'usage du dévolu, avoit en même tems défendu » à » tous prélats, patrons & collateurs ordinaires, de bailler aucun » dévolu avant que le pourvu par l'ordinaire eût été déclaré » incapable, & avoit enjoint à tous juges de n'avoir égard aux- » dites provisions de dévolu avant la déclaration d'incapacité. »

Si l'ordonnance de Blois a modifié cette disposition, c'est qu'il en résultoit un inconvénient trop considérable, pour la laisser subsister. Le dévolutaire étoit obligé par cette loi, de soutenir deux procès. Il devoit d'abord faire juger l'incapacité du pourvu ; &, après ce jugement, il avoit encore une contestation à essuïer sur la validité de ses provisions par dévolu. L'ordonnance de Blois a réuni les deux contestations, en autorisant les dévolutaires à poursuivre le dévolu en même tems que la déclaration de l'incapacité du pourvu, pour faire statuer sur l'un & l'autre objet par un même jugement : mais cette ordonnance leur a interdit expressément, article 46. » de s'immiscer dans la jouïssance des » bénéfices auparavant qu'ils aïent obtenu sentence de provision, » ou définitive à leur profit, donnée avec légitime contradicteur, » qui est celui qui jouït & qui posséde, & sur lequel le dévolu » est impetré. D'où il résulte toujours que les bénéficiers ne perdent point leur bénéfice *ipso facto*, & qu'ils ne peuvent en être privés que lorsque leur incapacité est constatée contradictoirement avec eux.

Une peine emportant mort civile est beaucoup plus grande sans doute, que la simple privation d'un bénéfice. Cependant la premiére sera encouruë par le seul fait ; tandis que l'autre ne peut être infligée qu'après les plus grandes précautions ! C'est ce qui révolte le sens commun.

On pourroit cependant faire une objection, qui consiste à dire : il est vrai que, dans tous les crimes, il faut une instruction préalable & une condamnation, parcequ'il est du droit naturel que le crime soit prouvé avant que d'être puni : mais il en est autrement de la fuite en païs étranger. Il ne faut point d'autre preuve que l'absence même. Comme le défaut de représentation fait tout le crime, il fait aussi toute la preuve du crime. Le délit est prouvé aussi-tôt auſſitôt que commis, & puni auſſitôt que prouvé; c'eſt-à-dire, en même tems que commis.

Il y a peu d'argumens ſuſceptibles d'un plus grand nombre de réponſes ſolides. D'abord, quand le crime ſeroit prouvé, ce ne ſeroit point par la voïe criminelle, comme il doit l'être. Quand il le ſeroit même par la voïe criminelle, il n'en réſulteroit pas qu'il pût être puni ſans l'office du juge. L'exemple du criminel qui meurt auſſitôt après l'interrogatoire ſur la ſellette, ſuffit pour en convaincre.

On pourroit faire, ſur un vol de grand chemin, ſur un aſſaſſinat, le même raiſonnement que celui qu'on vient de voir ſur l'abſence; & ce raiſonnement, ſans être plus ſolide, ſeroit au moins plus ſpécieux. Car, après tout, un vol & un aſſaſſinat ſont des faits poſitifs, qui ſe prouvent par eux-même aux yeux de ceux qui en ſont témoins, & qui les mettent en état de dépoſer; au lieu que l'abſence d'un homme, que l'on prétend être ſorti du roïaume, eſt, par rapport à chacun de ceux qui s'y trouvent, un fait négatif, de telle nature qu'aucun d'eux n'en peut dépoſer *de viſu*. De quoi dépoſeroient-ils en effet? De ce qu'ils ne le voïent pas actuellement dans le roïaume? Mais il peut y être ſans ſe montrer à eux. De ce qu'ils l'ont vu en païs étranger? Mais il peut être revenu depuis en France, ainſi qu'eux.

Pour que le défaut de repréſentation fit une preuve de l'abſence, il faudroit au moins que l'accuſé eût été cité. Car, de ce qu'on ne trouve pas dans une province du roïaume un homme qu'on n'y cherche point, il ne réſulte pas qu'il ſoit ſorti, non-ſeulement de cette province, mais même du roïaume.

Allons plus loin. Il eſt conſtant, & perſonne ne le révoque, ou ne doit le révoquer en doute, que s'il y a un délit à s'abſenter du roïaume, ce délit ne peut conſiſter que dans le défaut d'eſprit de retour; car on ne fera pas un crime à un homme qui s'abſente pour quelque tems, & qui parcourt les païs étrangers, ſoit pour ſes affaires, ſoit pour voïager & pour s'inſtruire. Or le défaut d'eſprit de retour ne peut être prouvé par l'abſence; &, de ce qu'on ne voit pas un homme en France, il ne s'enſuit pas qu'on ne l'y reverra plus; & s'il en eſt ſorti, il ne s'enſuit pas qu'il n'y reviendra point. L'affection commune à tous les hommes, & ſpécialement à tous les François, pour leur patrie, forme, au contraire, une préſomption légale de l'eſprit de retour.

Comment donc peut-on prouver la perte de l'eſprit de retour? Ce n'eſt pas ſeulement par un mariage contracté, ni par quelques établissemens formés en païs étranger. Un François, qui compte revenir dans sa patrie, peut se proposer en même tems de rester encore en païs étranger dix, vingt ans, ou plus; en un mot, tout le tems qu'il juge nécessaire pour achever l'ouvrage de sa fortune. En attendant son retour, il se marie, forme des établissemens en païs étranger, veut y vivre comme il feroit en France; peut-être même cela est-il nécessaire pour les desseins de fortune qui le retiennent hors de sa patrie. Tout cela, s'il n'y a point d'autres circonstances, ne prouve point que ce François ait renoncé au lieu de sa naissance. Nous voïons tous les jours revenir en France, après trente & quarante ans, des gens qui ont passé tout ce tems en Amérique, ou dans les Indes Orientales, qui s'y sont établis & s'y sont mariés dans les terres de la domination de l'Espagne, du Portugal, de la Hollande; qui ont servi dans les armées navales du roi d'Espagne, ou de celui de Portugal, parceque c'est le plus sûr moyen dans ces païs de faire un commerce avantageux; qui sont entrés dans des compagnies de marchands Hollandois, & qui se sont établis dans les comptoirs de ces différentes nations. Ils ont quitté la France pour chercher leur fortune. L'ont-ils trouvée? Ils y reviennent. Ils en sont sortis nuds; ils y rentrent chargés des richesses qu'ils ont acquises chez l'étranger.

La mort même, en païs étranger, ne prouve pas mieux la perte de l'esprit de retour; parcequ'elle peut surprendre un homme actuellement occupé du dessein de revenir dans sa patrie.

Ce n'est donc qu'en rapprochant & en combinant toutes les parties de la conduite d'un François en païs étranger, qu'on peut prouver, contre la présomption de droit, qu'il a perdu cet esprit: & des faits qui se passent aussi loin de nous, au lieu de se prouver par eux-même, sont, au contraire, ceux qui demandent le plus d'être prouvés. C'est au juge seul qu'il appartient d'assurer, comme de discuter, tant de circonstances équivoques en elles-même, & de les peser toutes au poids du sanctuaire.

On pourroit encore objecter que, généralement parlant, il faut faire le procès à un criminel pour lui faire subir la mort civile: mais qu'il en est autrement d'un François qui abdique sa patrie; parcequ'il abdique par là-même la vie civile. Si on le regarde comme mort civilement, ce n'est pas que cette mort civile soit la suite d'aucun crime; c'est la perte des droits de citoïen auxquels il a renoncé volontairement.

Il ne faut, pour rendre sensible toute l'illusion de ce raisonnement, que bien distinguer la vie civile d'avec les droits de cité. On ne peut jouïr des droits de cité sans avoir la vie civile : mais on peut jouïr de la vie civile sans avoir le droit de cité ; &c, en se constituant étranger, par l'abdication de sa patrie, on ne pourroit, tout au plus, qu'abdiquer les droits de cité, dont les étrangers sont exclus ; non la vie civile, à laquelle ils participent, ainsi que les regnicoles. Si l'on perd même les droits de cité en France quand on renonce tout-à-fait à y revenir, c'est uniquement, parceque l'abdication de la patrie est en même tems l'abdication de la qualité de citoïen & des droits attachés a cette qualité. Cette perte est donc l'effet naturel, & non la peine de l'abdication de la patrie ; car, encore une fois, il n'y a d'autres liens qui retiennent le François en France, que son affection pour son prince & pour sa patrie.

Pour ne rien laisser à desirer sur une matiére de cette importance, & qui peut tous les jours être agitée dans les tribunaux, il paroît nécessaire de fixer ici l'état des étrangers par rapport aux facultés civiles, dont ils peuvent avoir la jouïssance dans les états autres que les leurs ; & d'examiner si la qualité d'étranger emporte avec elle la mort civile ?

§. III.

Quelles sont les facultés dont les étrangers jouïssent en France, & s'ils y sont morts civilement ?

Il est aisé de fixer l'état des étrangers, & de connoître quelles sont leurs facultés parmi nous, en remontant à la distinction du droit des gens & du droit civil proprement dit.

Le droit des gens, suivant la définition qu'en donnent les institutes, §. 2. *de jure naturali, gentium & civili*, est celui que la raison naturelle a établi entre tous les hommes, & que tous observent également. Ce droit n'appartient à aucun païs en particulier : mais il appartient à tous les païs en général.

Le droit civil, proprement dit, est celui qui est particulier à chaque nation, & qui prend le nom de la nation à qui il est propre. C'est ainsi qu'on dit le droit François, le droit Anglois, &c.

C'est du droit des gens, qui n'est autre chose que le droit naturel, que dérivent presque tous les contrats. Nous avons établi au commencement de cet ouvrage, part. 1. chap. 2. la différence qui est entre ces deux droits ; & il suit de cette différence, que le droit des gens eſt le plus fort & le plus univerſel lien de la ſociété. Il oblige les citoïens d'un état, ſoit les uns à l'égard des autres, ſoit envers ceux d'un autre état. Il oblige même les ſouverains entr'eux. Que ſont en effet les traités qui ſe font entre différentes puiſſances, ſi ce ne ſont pas des contrats? Et quel eſt le droit qui maintient ces contrats, ſi ce n'eſt le droit des gens?

A l'égard des particuliers, il eſt conſtant qu'ils ſont obligés entr'eux, & dans le même état, & d'un état à l'autre, par toutes les conventions licites qu'ils font réciproquement; & ces conventions, quoique dérivées du ſeul droit des gens, produiſent des obligations civiles, ſi elles ne ſont point contraires aux loix particuliéres du païs; parceque, c'eſt une regle générale, que tout ce qui eſt fondé ſur le droit des gens, & qui n'eſt pas changé ou modifié dans un état, y doit être inviolablement obſervé.

Ainſi un étranger peut faire aſſigner au Châtelet un homme domicilié à Paris, pour le païement d'un billet fait par celui-ci à Rome, à Vienne, à Londres, à Madrid, à Conſtantinople, ou dans quelque lieu du monde que ce puiſſe être. D'où il réſulte que le François pouvoit contracter une action civile en païs étranger, & que l'étranger jouït en France d'une action civile, qu'il eſt autoriſé à pourſuivre. Car une obligation naturelle, permiſe, ou plutôt qui n'eſt point interdite par les loix civiles, eſt une obligation civile, qui dès-là produit une action civile, que les loix ne peuvent plus méconnoître; & cette action forme conſtamment un droit civil actif dans la perſonne de celui en qui elle réſide; comme, d'une autre part, l'obligation forme un droit civil paſſif dans la perſonne de celui qui l'a contractée.

On peut, il eſt vrai, entendre par droit civil les droits de cité. Ce nom leur convient même à double titre. Il leur convient dans un ſens général; parceque ce ſont des droits reconnus par nos loix civiles. Il leur convient dans un ſens plus reſtreint; parceque ce ſont des droits ſpécialement affectés aux citoïens par notre droit particulier, celui que Juſtinien, dans ſes inſtitutes, *de jure naturali, gentium & civili.* §, 2. appelle *jus proprium ipſius civitatis.* Mais cela n'empêche pas qu'on ne puiſſe qualifier auſſi droit civil, en le prenant dans le premier ſens, tous les droits dont les étrangers jouïſſent en France, ſous les yeux, & même de l'aveu de nos loix: car c'eſt avoüer qu'ils ont tous ces droits, que de ne pas les leur interdire; & même de les y maintenir, & de les protéger, quand ils en font uſage. Car enfin ces droits dérivent du droit des gens; & le droit des gens conſerve toujours son empire, tant qu'il n'est point traversé par le droit civil & particulier d'un païs.

Remarquons encore que toutes les facultés qui forment ce que nous appellons proprement nos droits de cité, se bornent, par leur nature, à des objets & à des personnes régies par les seules loix Françoises. Ce sont des offices & des bénéfices de France, que nous avons seuls droit de posséder en qualité de François. Ce sont des fermes du Roi, & des fermes des biens que l'église posséde en France, qui ne peuvent être tenuës que par des François. C'est par rapport à des biens de France que les François jouïssent, à l'exclusion des étrangers, de la faculté de tester; & c'est encore par rapport à ces biens, & au profit des François seuls, que les François peuvent tester.

En est-il de même de la faculté de contracter? Faut-il l'attendre dans chaque païs de la loi particuliére & du droit civil du païs? Les contrats ne sont-ils pas du droit des gens, ainsi que la faculté de les faire? Ne peut-on pas contracter dans le roïaume & pour les biens de France, & pour ceux qui sont situés en païs étranger, soit avec des François, soit avec des étrangers?

La seule différence qu'il y a entre un François & un étranger qui poursuit en justice l'exécution d'un contrat, c'est que l'étranger est obligé de donner la caution *judicatum solvi*, s'il est demandeur, & qu'on l'exige: mais il n'y est point obligé, s'il n'est que défendeur.

Le bien de l'état demande même que la faculté de s'obliger en France & d'y acquérir soit conservée aux étrangers; parceque en acquérant ici des immeubles, ils en verseront le prix dans notre commerce; au moïen de quoi, l'état, en conservant la chose, gagnera encore son prix; & le Roi recueillera personnellement cette chose même, à leur mort, par droit d'aubaine. M. le Bret en donne encore une autre raison, dans un de ses plaidoïers, liv. 5. décis. 15. » De tout tems, dit-il, on a permis aux étrangers d'ac-» quérir du bien dans ce roïaume, pour avoir autant d'ôtages de » leur affection, & pour les engager à le défendre & à lui donner » du secours lorsqu'il en a besoin. »

Mais jettons nos regards sur des objets plus généraux & qui concernent l'intérêt réel du genre humain tout entier. Où en seroit le commerce de l'univers, si la vie civile étoit désormais confonduë dans les facultés qui dérivent du droit civil de chaque païs; & si, dans chaque païs, il n'y avoit que les citoïens qui en jouïssent, & qui en pussent faire les actes?

Comment les François & tous les autres peuples feroient-ils le moindre commerce avec des nations différentes de la leur, s'ils perdoient chez ces nations la vie civile, & par conséquent la faculté de contracter ; ou si ces nations la perdoient chez eux ? Rendons cela sensible. Supposons que la vie civile soit un droit de cité : il est impossible qu'un François & un Allemand contractent jamais ensemble. Comment le feroient-ils ? Par eux-même, ou par procureur ? Par eux-même ? Ce ne pourroit être qu'en Allemagne, où le François seroit hors d'état de s'obliger ; sa vie civile ne le suivant pas dans ce païs : ou en France, où l'Allemand ne pourroit pas s'obliger non plus, aïant laissé sa vie civile en Allemagne : ou enfin dans quelqu'autre endroit, où ni l'un ni l'autre ne seroit en état de s'obliger, l'un & l'autre n'y aïant plus la vie civile. Ainsi, en quelque lieu qu'ils contractent, il s'en trouvera toujours un des deux qui ne pourra s'obliger ; quelquefois même ils ne pourront s'obliger ni l'un ni l'autre. Tous les contrats qu'ils pourroient faire seroient donc nuls : ainsi point de contrats entr'eux.

Traiteront-ils ensemble par procureur ? Le même obstacle va se produire. Il faudroit pour cela trois contrats au lieu d'un. Les deux premiers entre les mandans & les mandataires ; & le troisiéme entre les mandataires, comme aïant charge de leurs mandans. Pour former les deux premiers contrats entre les mandans & les mandataires, il faut que chacun des deux mandans trouve son mandataire parmi ses concitoïens : sans cela, ils seroient arrêtés dès le premier pas, chacun d'eux ne pouvant contracter hors de chez lui : mais, quand cela se trouveroit, tous les obstacles ne seroient pas encore levés. Où les mandataires iront-ils pour faire usage de leurs mandats ? En Allemagne ? Le François ne pourra y contracter. En France ? L'Allemand ne pourra s'y lier par aucune obligation. Dans quelqu'autre lieu ? Ils y seroient l'un & l'autre incapables de toutes fonctions. Ajoutons, & cela mettra la difficulté dans tout son jour, que, quand même les deux mandataires conserveroient la vie civile en France & en Allemagne, chacun d'eux n'agissant que *procuratorio nomine*, le mandataire Allemand ne pourroit obliger en France son mandant ; puisque ce mandant n'y auroit pas la vie civile, ni par conséquent la faculté d'y former des obligations civiles ; & le mandataire François ne pourroit d'autre part acquérir en France, pour son mandant, une action civile sur un homme incapable de former en France une obligation civile. Il en seroit de même, *vice versâ*, en Allemagne.

Il n'eſt donc pas poſſible, ſans détruire en même tems toute l'harmonie qui regne entre les différens états de l'univers & entre les particuliers d'un état à l'autre, de ſoutenir qu'un homme eſt mort civilement dans tous les états qui ne ſont pas celui dont il eſt citoïen.

On ne peut cependant pas conteſter que les droits de cité ne peuvent s'exercer par chaque citoïen, que dans la patrie de qui il les tient; & qu'ainſi, en regardant la vie civile comme un ſimple droit de cité, celle de chaque particulier viendroit expirer aux frontiéres de ſon païs.

En voilà plus qu'il n'en faut pour montrer la diſtinction des droits de cité & de la vie civile. Les citoïens ſeuls jouïſſent dans leur patrie des droits de cité : mais ils y partagent la vie civile avec l'univers entier ; parceque la vie civile, ou, ce qui eſt abſolument la même choſe, l'être civil n'eſt autre choſe que notre être naturel reconnu par les loix civiles. Or tous les peuples de la terre reconnoiſſent dans les étrangers l'exiſtence naturelle, les facultés qui ſont la ſuite de cette exiſtence, & les engagemens qui ſont la ſuite de ces facultés.

Quoique ces mêmes facultés ſoient plus ou moins limitées à l'égard des étrangers par les loix particuliéres de chaque païs, il n'eſt point de loi dans aucun païs, qui les raviſſent toutes à tous les étrangers ; & dès-là, il n'en eſt point qui ne ſuppoſe & ne reconnoiſſe en eux l'exiſtence civile, ou, ce qui eſt la même choſe, la vie civile.

La faculté dont les étrangers jouïſſent en France, d'acquérir & de poſſéder des biens, de ſtipuler, de s'obliger & de faire toutes ſortes d'actes entre vifs, ſuppoſe néceſſairement en eux cet être civil dont nos droits actifs ou paſſifs, nos biens & nos poſſeſſions ſont autant de parties intégrantes. Il eſt donc inconteſtable que les étrangers jouïſſent en France de l'être & de la vie civile, comme nous en jouïſſons chez eux ; car, encore une fois, toutes les facultés qui compoſent la vie civile ſont du droit des gens, non du droit civil & particulier de chaque nation.

De tout ce qui vient d'être dit, il ſuit qu'un François qui s'expatrie lui-même pour ſe lier à un autre état, perdra, avec ſa qualité de regnicole, les droits de cité qui y ſont attachés. Il ne pourra plus poſſéder d'offices ni de bénéfices en France ; il n'y pourra plus tenir de fermes du Roi ni de l'égliſe. Il y ſera incapable de teſter & de recueillir des diſpoſitions teſtamentaires, parceque ces différentes facultés forment les droits de cité. Il y sera même, si l'on veut, sujet au droit d'aubaine. C'est une question qui n'est pas du ressort de cet ouvrage; ainsi on ne l'examinera point ici. Mais il ne perdra pas pour cela la faculté de posséder des biens dont il étoit propriétaire avant sa transmigration; il pourra même en acquérir d'autres. Il pourra ester en jugement; en un mot, il jouïra de toutes les facultés qui dérivent du droit des gens. Il ne sera donc pas mort civilement.

Qu'on n'objecte point que les étrangers ne jouïssent en France qu'imparfaitement & en partie de la vie civile; puisqu'ils n'y ont pas les droits de cité. Il faut raisonner de la fiction comme de la vérité. La mort civile est une fiction qui doit, comme nous l'établirons ailleurs, imiter la nature. Ainsi il en doit être de la vie & de la mort civile comme de la vie & de la mort naturelle. Un homme qui n'est pas tout-à-fait mort, est un homme tout-à-fait vivant. Ce n'est point d'une partie de la vie civile que les étrangers sont privés en France; c'est de certaines prérogatives extrinséques à la vie civile, & attachées à la qualité de citoïen. C'est, si l'on veut, de quelques commodités de la vie: mais non pas de la vie même. Tout ce qui est intrinséque à la vie civile, tout ce qui la constituë, ils en jouïssent aussi pleinement & aussi réellement que les regnicoles.

§. IV.

De ceux qui se retirent en païs étranger pour professer librement la religion prétenduë réformée.

Quoique suivant le droit naturel, le droit Romain, l'usage & les loix de tous les peuples policés qui habitent aujourd'hui cet univers, il soit permis à tout homme de quitter l'état où il a pris naissance pour s'aller établir ailleurs, il faut néanmoins convenir qu'il y a un cas où les défenses d'abandonner le roïaume deviennent nécessaires: c'est le péril d'une désertion de sujets capable d'énerver l'état.

Ce danger a menacé la France dans le siécle dernier. L'édit de Nantes n'a été révoqué qu'au mois d'Octobre 1685. mais l'édit qui l'a révoqué nous apprend que le dessein de la révocation avoit été formé long-tems auparavant, par Louis XIV. & l'on en avoit disposé de loin l'exécution. On ne pouvoit trop multiplier les précautions pour l'accomplissement d'un projet capable d'ébranler l'état, si la profonde sagesse du feu Roi n'avoit guidé son zèle.

Le coup qu'il vouloit porter fut donc préparé par plusieurs édits & déclarations qui supprimérent peu-à-peu la plupart des priviléges accordés à la religion prétenduë réformée : mais ces précautions même faisant appercevoir à beaucoup de protestans l'orage qui se formoit sur leur tête, ils transportoient leurs familles & leurs biens dans les païs où l'erreur pouvoit se montrer tête levée. Plusieurs provinces du roïaume alloient se changer en solitudes, si l'autorité du prince n'avoit apporté un prompt reméde à un mal si pressant. C'est dans cette circonstance que fut donné l'édit du mois d'Août 1669.

Il est vrai que les termes de cet édit présentent des défenses générales à tous les sujets du Roi d'aller s'établir en païs étrangers : mais personne n'y fut trompé. Le Roi lui-même annonce dans le préambule, que *pendant la licence des derniers tems*, plusieurs François se sont établis en païs étranger sans dessein de retour, & qu'il veut prévenir la suite de ces mauvais exemples. On sent bien que la généralité des termes de l'édit étoit l'ouvrage de cette sagesse qui vouloit réduire les protestans sans les soulever, & les disposer à une grande révolution sans la leur annoncer par une prohibition littéralement bornée à eux seuls ; & s'exposer ainsi à multiplier les seules évasions que la loi avoit en vuë de prévenir.

Il est encore vrai qu'au premier coup d'œil le même édit paroît prononcer la mort civile *ipso facto*, contre ceux qui abandonnent leur patrie sans la permission du Roi. En voici les termes : » quoique les liens de la naissance, qui attachent les sujets » naturels à leurs souverains & à leur patrie, soient les plus » étroits & les plus indissolubles de la société civile ; que l'obli- » gation du service que chacun leur doit, soit profondément » gravée dans le cœur des nations les moins policées, & uni- » versellement reconnuë comme le premier devoir & le plus » indispensable des hommes ; néanmoins, nous aurions été in- » formé que, pendant la licence des derniers tems, plusieurs de » nos sujets, oubliant ce qu'ils doivent à leur naissance, ont » passé dans les païs étrangers, y travaillent à tous les exercices » dont ils sont capables, même à la construction des vaisseaux, » s'engagent dans les équipages maritimes, s'y habituent sans » dessein de retour, y prennent leurs établissemens par mariages » & par acquisition de biens de toute nature, & les servent » utilement, contre ce qu'ils nous doivent & à leur patrie. Ce » qui nous oblige, pour les ramener à leur devoir & prévenir les

» ſuites que ces mauvais exemples pourroient cauſer, de renou-
» veller les anciennes ordonnances faites ſur ce ſujet, & de tenir
» la main à l'entiére & perpétuelle obſervation d'icelles. A CES
» CAUSES.... Nous avons fait, & faiſons, par ces préſentes
» ſignées de notre main, très-expreſſes inhibitions & défenſes à
» tous nos ſujets, de quelque qualité & condition qu'ils ſoient, de
» ſe retirer de notre roïaume pour s'aller établir, ſans notre per-
» miſſion, dans les païs étrangers, par mariages, acquiſitions
» d'immeubles & tranſports de leurs familles & biens, pour y
» prendre leurs établiſſemens ſtables & ſans retour, *à peine de*
» *confiſcation de corps & de biens, & d'être cenſés & reputés étrangers,*
» *ſans qu'ils puiſſent être ci-après rétablis ni réhabilités*, ni leurs enfans
» naturaliſés, pour quelque cauſe que ce ſoit, &c.

Cet édit eſt le premier, du moins que l'on connoiſſe, qui contienne de pareilles défenſes; & quelques recherches que nous aïons pû faire pour découvrir ces anciennes ordonnances, dont il y eſt fait mention, nous n'en avons pû trouver aucune trace: mais il eſt aiſé de faire voir que l'édit ne peut avoir d'application à la thèſe générale que nous avons ſeule diſcutée juſqu'à préſent.

1°. Tout annonce, dans cette loi, que le Roi n'avoit que les proteſtans en vûë. Perſonne n'ignore que le projet de bannir l'erreur du roïaume occupa le prince long-tems avant qu'il y portât le dernier coup, en révoquant totalement l'édit de Nantes. La conduite du gouvernement ne pouvoit laiſſer ignorer ſes vûës à cet égard. Ceux qui étoient déterminés à ne jamais ouvrir les yeux ſur leur aveuglement crurent, pour ſe mettre à l'abri de la foudre qui commençoit à gronder ſur leur tête, devoir ſe retirer dans les états voiſins, pour y trouver un azile sûr contre les armes avec leſquelles la vérité étoit prête de les pourſuivre: mais, comme une très-grande partie des ſujets du Roi étoient livrés à l'erreur, il y avoit tout lieu de craindre que, s'ils abandonnoient le roïaume, les forces de l'état ne ſe trouvaſſent énervées: il fallut prévenir un tel accident. La politique d'ailleurs ne permettoit pas encore de porter des coups éclatans. C'eſt pourquoi, pour donner aux proteſtans le moins d'allarmes qu'il étoit poſſible, le Roi crut devoir cacher ſes véritables vûës en rendant générale la défenſe de ſortir du roïaume: mais les circonſtances dans leſquelles cet édit parut, faiſoient aſſez connoître les motifs de cette loi, & ceux qu'elle avoit pour objet.

Nos hiſtoires ſont pleines des noms des proteſtans qui vendoient leurs biens & en emportoient le prix avec leurs autres effets dans les païs étrangers. L'édit lui-même annonce assez qu'un grand nombre de François avoient déja quitté le roïaume, pour passer dans d'autres états qu'ils avoient enrichis de leurs biens & de leurs talens. Or, quel pouvoit être le motif d'une désertion si générale, si ce n'étoit la religion ? Quand on avoit des talens pouvoit-on craindre que Louis XIV. le protecteur & le pere des sciences & des beaux-arts, forçât ceux qui les possédoient de les aller mettre en usage chez les étrangers ? On sçait trop avec quelle libéralité, avec quelle grandeur il récompensoit les personnes utiles ; & combien il a même attiré d'étrangers dans ses états, par le bon accueil qu'il faisoit aux personnes distinguées dans quelqu'art que ce fût, & par les bienfaits dont il les combloit.

2°. On est tellement accoutumé à regarder cet édit comme une loi qui n'a été faite que pour ceux qui cherchoient ailleurs la faculté de professer librement la religion protestante, qu'on le trouve dans tous les recueils des édits & réglemens concernant la religion prétenduë réformée. Et l'on peut dire que le législateur lui-même a donné lieu à cette interprétation, qui se tire naturellement des loix émanées de lui dans la suite sur le même sujet. La déclaration du 18 Mai 1682. si l'on n'en regarde que le dispositif, est encore générale pour les sujets du Roi, sans distinction de religion. Elle fait défenses à tous gens de mer & de métier domiciliés dans le roïaume d'en sortir avec leurs familles pour aller s'établir dans les païs étrangers, à peine des galéres à perpétuité contre les chefs desdites familles & d'amende arbitraire, qui ne pourra toutes-fois être moindre de trois mille livres contre ceux qui seront convaincus d'avoir contribué à leur sortie par persuasion ou autrement, & de punition corporelle en cas de récidive.

On ne sçauroit disconvenir que, si l'on ne veut considérer que ce dispositif en lui-même, il paroît général pour tous les sujets du Roi : mais si l'on jette les yeux sur le préambule, dans lequel on doit toujours chercher l'esprit d'une loi, on reconnoîtra aisément que cet édit n'a d'autre objet que les protestans, dont on voïoit tous les jours des esseins sortir du roïaume. Le Roi, dans ce préambule, se félicite sur la bénédiction que Dieu à donnée à son zèle pour la Religion Catholique, Apostolique & Romaine, sur le nombre des conversions qui se font tous les jours, & sur les soins qu'il a pris pour ramener ses sujets de l'erreur. Cependant, continuë le législateur, il a été informé qu'il y en a qui s'opiniâtrent dans leur aveuglement, & qui, en communiquant aux autres plus dociles qu'eux leur malignité contagieuse, empêchent qu'ils n'ouvrent les yeux & ne se rendent aux vérités qui leur sont annoncées ; & même que, par un esprit de cabale, ils leur inspirent de se retirer, avec leurs familles, du roïaume, par des résolutions contraires à leur salut, à leurs propres intérêts, & à la fidélité qu'ils doivent au Roi. Tels sont les motifs de cette loi. Elle n'est donc faite, quoiqu'elle paroisse générale dans son dispositif, que pour les protestans. Il faut donc dire la même chose de l'édit de 1669. rendu dans les mêmes circonstances.

Dans une autre déclaration du 14 Juillet de la même année, où le Roi réitère les défenses portées par l'édit de 1669. il dit qu'il a été instruit que plusieurs chefs de famille de la religion prétenduë réformée vendent leurs biens pour se retirer dans les païs étrangers ; & *pour empêcher*, dit-il, *les résolutions que nos sujets de la religion prétenduë réformée* pourroient prendre de se retirer dans les païs étrangers, nous avons déclaré nuls tous les contrats & autres dispositions qu'ils pourroient faire de leurs immeubles un an avant leur retraite hors de notre roïaume. Voulons qu'en cas de retraite des vendeurs, lesdits biens immeubles *soient sujets à la confiscation portée par l'édit de 1669*.

A l'égard des édits postérieurs à la révocation de celui de Nantes, il y en a un très-grand nombre qui tous redoublent les précautions pour empêcher l'évasion des protestans & le transport de leurs effets hors du roïaume. Les réglemens les plus sévéres sur tous les ports de France, des charges de gardes établies le long des côtes, l'application des effets saisis lors des captures au profit des gardes, les recherches des effets autorisées par-tout, les dénonciateurs intéressés par la plus grande partie de la confiscation qui leur est adjugée, les complices de l'évasion enveloppés dans la même peine que les fugitifs ; tout cela fut étendu aux nouveaux convertis : mais toujours borné à eux & aux protestans ; &, comme ce sont des loix pénales, les inductions, les conjectures, les argumens de similitude ne peuvent rien pour étendre ces loix aux cas qu'elles n'ont point expressément dénommés.

C'est une maxime connuë de tout le monde & que nous ne croïons pas devoir nous arrêter à prouver, que les loix pénales ne s'étendent point d'un cas à un autre. Elles ne peuvent être appliquées qu'aux crimes qu'elles ont nommément & expressément prévus & dénommés, sans qu'on puisse être autorisé à les appliquer à d'autres, sous prétexte de similitude, ni même de l'argument *à fortiori*. Ainsi on ne pourroit pas appliquer les peines que ces édits & déclarations prononcent contre les religionaires réfugiés à tout autre qui se retire en païs étranger ; quand il auroit pour objet, dans sa retraite, de se livrer aux erreurs de Mahomet ou à l'idolatrie. Ces cas ne sont point prévus par nos loix ; ainsi elles ne peuvent y être appliquées sous quelque prétexte que ce soit.

Voïons néanmoins ce que contient l'édit de 1669. & si, aux termes de ce réglement, ceux contre qui il est prononcé, en supposant même qu'il enveloppe tous ceux qui passent en païs étranger pour quelque motif que ce puisse être, peuvent être regardés comme morts civilement, sans avoir été ni poursuivis ni condamnés.

Il se présente d'abord, sur cet édit, deux observations importantes.

La premiére est qu'il ne prononce pas la peine de mort civile, & que les termes de mort civile ne s'y trouvent même pas.

La seconde, qu'il n'y a, dans cet édit, aucune disposition qui porte que les peines qu'il prononce seront encouruës par le seul fait.

L'édit défend les établissemens sans retour en païs étranger, *à peine de confiscation de corps & de biens, & d'être* les contrevenans, *censés & réputés étrangers, sans qu'ils puissent être ci-après rétablis ni réhabilités, ni leurs enfans naturalisés pour quelque cause que ce soit.*

La confiscation de corps & de biens prononcée par cet édit étoit la peine de mort naturelle & la confiscation de biens qui en est la suite. C'est ce qu'explique bien clairement une déclaration du 31 Mai 1685. qui voulant, dit-elle, *commuer la peine de mort établie par édit en une moins sévére*, ordonne que *les François qui seront pris sur les vaisseaux étrangers, ou autres, &* CONVAINCUS *de s'être établis, sans permission, en païs étrangers, soient constitués prisonniers dans les prisons ordinaires des lieux*, A LA REQUESTE DU PROCUREUR DU ROI *aux siéges de l'amirauté, &* CONDAMNÉS *aux galéres perpétuelles, &* ENSUITE MIS ET ATTACHÉS A LA CHAISNE.

Il est est visible que ce n'auroit point été commuer la peine en une moins sévére, si l'édit de 1669. n'avoit prononcé que celle de mort civile, que de la commuer en celle des galéres perpétuelles, qui emportent la mort civile. C'eût été, pour adoucir la peine, commuer celle de mort civile simplement en mort civile & galéres perpétuelles ; ce qui seroit absurde. La peine de mort que cette déclaration dit avoir été établie par l'édit de 1669. étoit donc celle de mort naturelle, & cet édit ne prononçoit pas la peine de mort contre les fugitifs, autrement que les ordonnances ne la prononcent contre les homicides & les voleurs de grand chemin ; c'est-à-dire, pour avoir lieu après leur condamnation.

Auroit-on donc pû en vertu de l'édit de 1669. & avant la déclaration de 1685. envoïer à l'échaffaut ou à la potence un fugitif arrêté sur les frontiéres, ou pris sur quelque vaisseau, sans lui avoir auparavant fait son procès & sans l'avoir judiciairement convaincu de sa fuite ? Et qui auroit eu ce monstrueux pouvoir ? Les ministres de la justice ? Mais ils ne peuvent prononcer aucun jugement sans avoir mûrement examiné les motifs sur lesquels il est fondé : autrement ils auroient un pouvoir arbitraire & despotique sur les sujets du Roi, duquel seul ils tiennent leur autorité, & qui ne leur a confié que l'exercice de la justice qu'il doit à ses sujets ; & non une puissance tirannique qu'il n'exerce pas lui-même. En un mot, un tel réglement seroit contraire à l'essence, à la sagesse & à la douceur du gouvernement auquel les François sont soumis depuis l'établissement de la monarchie. Seroit-ce les particuliers qui auroient ce pouvoir ? Tout le monde sent combien il seroit absurde & dangereux que chaque citoïen pût décider de la vie de ses concitoïens, & quel bouleversement cela causeroit dans l'état. Qui a pû encore depuis la déclaration du 3 Mai 1685. attacher ou faire attacher un fugitif à la chaîne sans forme de procès ? Rien de plus contraire aux termes de cette déclaration, qui veut que le fugitif *soit constitué prisonnier* à la requête du procureur du Roi, qu'il soit *condamné* aux galéres perpétuelles, & qu'il ne soit attaché à la chaîne qu'ensuite de cette condamnation.

A l'égard de l'autre disposition de l'édit de 1669. que les fugitifs seront réputés étrangers, &c. On concevroit plus facilement que cela pût avoir lieu sans jugement, par l'effet de l'abdication : mais nous avons fait voir que la qualité d'étranger n'a rien de commun avec l'état de mort civile ; & de plus, les édits postérieurs ont révoqué cette seconde disposition ; au moins en ce qu'elle fermoit tout retour à la qualité de citoïen.

Mais, en comparant ces deux dispositions, il y a tout lieu de penser qu'elles ont pour objet des personnes différentes. La premiére prononce la peine de mort naturelle, & la seconde, celle d'être réputé étranger. Comment appliquer à la même personne ces deux peines à la fois ? Comment réputer étranger un homme mort ? Si l'on y réfléchit, tout conduit à penser que la seconde de ces deux dispositions est comme le supplément de la premiére ; & qu'elle n'est faite que pour avoir lieu au défaut d'exécution de celle qui la précéde. Expliquons-nous. La peine de mort ne pouvoit être subie sans poursuite & sans condamnation ; & il étoit fort possible qu'un grand nombre de fugitifs, que l'édit avoit en vûë, trouvât le moïen d'éviter cette condamnation en dérobant aux magistrats la connoissance de sa fuite. L'édit a voulu que ceux qui auroient échapé à la vigilance des magistrats fussent du moins réputés étrangers.

Voilà, ce semble, le commentaire le plus naturel & le plus raisonnable des deux dispositions de l'édit de 1669. Mais, quelque plausible que soit cette interprétation, on ne la donne point comme certaine. Il suffit que la peine prononcée par la premiére disposition n'ait pû avoir lieu sans jugement, & que la qualité d'étranger, à laquelle la seconde disposition réduit le fugitif, ne le mette point dans un état de mort civile. La proposition que nous soutenons ici réunit en sa faveur assez d'argumens invincibles, pour qu'on n'ait pas besoin de l'appuïer par des conjectures ; & c'est plutôt pour éclaircir une difficulté, que pour soutenir un point démontré en mille autres maniéres, qu'on a cru devoir faire cette observation.

Au reste, s'il pouvoit rester quelques nuages sur la véritable condition des fugitifs jusqu'à leur condamnation, ces nuages seroient dissipés par la déclaration du 13 Septembre 1699.

Le législateur, après avoir annoncé dans le préambule qu'aux termes de l'édit de 1669. & des suivans, il falloit faire le procès aux fugitifs, & les *condamner* aux peines portées par les édits, ajoute qu'on a mal-à-propos douté si l'on devoit faire le procès à ceux qui étoient déja sortis, & qu'il croit devoir expliquer de nouveau sa volonté pour ôter tout sujet de doute. Voici les termes du dispositif de cette déclaration. Il n'est pas inutile de prévenir par occasion, qu'on y va voir l'édit de 1669. confondu avec les autres réglemens particuliers aux protestans & aux nouveaux convertis.

» Voulons & nous plaît que nos édits & déclarations *des mois* » *d'Août* 1669. 18 *Mai &* 14 *Juillet* 1682. *Octobre* 1685. 7 *Mai* » 1686. *&* 11 *Février dernier soient exécutées selon leur forme & te-* » *neur, & en conséquence, que le procès soit fait & parfait*, par nos » baillifs, sénéchaux, ou leurs lieutenans-criminels aux nobles ; » & par nos juges ordinaires à nos sujets non privilégiés, encore » engagés dans la religion prétenduë réformée, ou réunis à l'é-

» glise, qui sortiront à l'avenir de notre roïaume sans notre » permission, signée par un de nos secrétaires d'état & de nos » commandemens ; ainsi qu'à ceux qui seront arrêtés sur les » frontiéres en état de sortir du roïaume ; *sçavoir à ceux qui seront* » *sortis*, s'ils peuvent être appréhendés, *sinon par contumace, par* » *nos baillifs & sénéchaux, ou leurs lieutenans criminels, ou par nos* » *juges ordinaires des lieux où ils avoient leur dernier domicile & fai-* » *soient leur demeure ordinaire avant leur sortie ; & à ceux qui seront* » *arrêtés en sortant, par nos baillifs & nos juges des siéges dans l'éten-* » *duë desquels ils auront été pris ; & que les uns & les autres soient* » *condamnés* les hommes aux galéres à perpétuité, & les femmes » à être recluses dans les lieux qui seront ordonnés par nos juges, » avec confiscation de biens tant des hommes que des femmes.

Quand une loi, destinée à lever des doutes qu'on avoit fait naître sur cette matiére, ordonne expressément que le procès sera fait & parfait par contumace, peut-on penser qu'elle n'a ordonné par-là qu'une vaine & inutile procédure, sans laquelle les peines étoient déja encouruës & subies, & devoient l'être de même par la suite ? C'est une régle dictée par les lumiéres naturelles, que toutes les fois qu'on cherche le sens d'une disposition de loi, de contrat ou de testament, il faut préférer l'interprétation qui donne à la disposition un sens utile & raisonnable, à celle qui ne lui donne aucun sens, & à celle qui ne lui en donne qu'un inutile & absurde ; parcequ'on ne présume pas que la loi ni les hommes aïent parlé pour ne rien dire, ou pour ne dire que des choses inutiles & contraires à la raison. Mais quand l'usage de cette regle est-il plus nécessaire, que lorsque ce n'est pas sur une disposition, entre mille, que l'on est embarrassé ; mais sur une loi entiére, & sur une ou plusieurs dispositions qui composent toute cette loi ?

Au reste, avions-nous besoin de preuves tirées des édits même pour prouver que leur intention n'a jamais été que la mort civile fût encouruë sans jugement ? Nous avons établi plus haut, & nous ne sçaurions trop le répéter, que la mort civile n'est point une peine par elle-même, & qu'elle n'est autre chose que l'état d'un homme condamné soit à la mort naturelle, soit à une peine dont il doive porter le joug jusqu'à la fin de sa vie. N'étant donc que l'accessoire d'une peine, comme personne n'est exposé à subir une peine s'il n'a été poursuivi & convaincu par l'office du juge ; il faut de même un jugement pour opérer la mort civile.

Comment encore ce jugement si nécessaire se rend-t-il, & avec quelle

quelle circonspection nos loix exigent-elles qu'on se conduise dans cette matiére ? Elles veulent qu'il soit l'ouvrage de sept juges au moins, quand il se rend en dernier ressort ; qu'aucun des juges n'ait été offensé par l'accusé, de peur que le ressentiment ne se mêle dans la décision ; que le jugement passe à l'avis le plus doux, si le plus sévére ne prévaut d'une voix dans les procès qui se jugent à la charge de l'appel, & de deux dans celles qui se jugent en dernier ressort. Enfin dans les procès où il écheoit peine de mort naturelle, ou civile, de galéres, ou de bannissement, même à tems, l'ordonnance veut (à la vérité sans rien innover à l'usage observé dans les cours souveraines) que les juges ne donnent à cette importante fonction que les heures du matin ; parceque c'est le tems de la journée où les sens sont le plus rassis, & où toutes les forces de l'esprit se trouvent recueillies. Le parlement de Paris l'observe ainsi, quoique l'ordonnance ne lui en fasse pas une loi ; & nous voïons que presque tous les tribunaux du roïaume se sont imposé la loi de n'admettre à ces sortes de jugemens que des juges qui soient à jeun, afin que rien ne puisse troubler les opérations de l'esprit.

Telles sont les régles pour tous crimes, & même pour ceux de lèze-majesté divine & humaine ; car nos Rois ne se font pas justice eux-même. Ils veulent que ceux qui ont eu le malheur de les offenser soient, ainsi que les autres coupables, convaincus & condamnés par les juges, avant que de subir la peine de leur crime.

A l'égard de l'absent, la condamnation même ne suffit pas. Nous ferons voir dans la suite que la mort civile n'est encouruë en vertu de cette condamnation, que quand elle a été exécutée par effigie, ou par apposition de tableau : mais cette mort civile est elle-même si peu certaine, que, si le condamné est arrêté, ou s'il se représente dans un certain tems, l'ordonnance anéantit de plein droit les défauts & contumaces, sans qu'il soit besoin de jugement.

En un mot, c'est une régle du droit naturel, qu'un accusé ne soit point réputé coupable jusqu'à ce qu'il soit condamné ; & à plus forte raison, qu'un homme qui n'est pas accusé ne subisse point de peine. Une nullité dans la procédure suffira pour rendre inutiles toutes les condamnations ; & le défaut absolu de procédures n'empêchera pas qu'un homme ne soit regardé comme condamné, & traité comme tel !

Qu'il demeure donc pour constant que les loix publiées pendant le ſiécle dernier & au commencement de celui-ci, pour défendre aux ſujets du Roi de ſortir du roïaume, ne concernent que ceux qui ſont profeſſion de la religion prétenduë réformée, & que tous les autres citoïens jouïſſent encore à cet égard de la liberté qu'ils tiennent du droit naturel ; ſauf à être regardés comme des étrangers, qui ne ſont rien moins que morts civilement.

A l'égard des proteſtans qui abandonnent le roïaume, pour avoir la facilité de ſe livrer ſans contrainte à la profeſſion publique de leurs erreurs, toutes les peines prononcées contre eux, par les différentes loix publiées ſur cette matiére, ne ſont point encouruës *ipſo facto*. Qu'on les liſe ces loix, & l'on reconnoîtra qu'elles exigent toujours une condamnation : d'où il ſuit que, tant qu'ils n'ont été ni pourſuivis ni condamnés, ils ſont ſeulement mis dans la claſſe des étrangers.

On trouve cependant dans le recueil de Me. Augeard deux arrêts qui au premier coup d'œil pourroient paroître contraires à ce ſiſtême. Le premier eſt du onze mai 1705. & déclare nul le teſtament de madame le Cocq retirée en Angleterre dès 1688. & morte en 1702. On prétendoit, lors de la plaidoirie, qu'elle étoit ſortie avec permiſſion du Roi : mais M. l'avocat général obſerva que la permiſſion étoit au moins incertaine, n'étant pas rapportée ; & que d'ailleurs cette permiſſion, au cas qu'elle eût exiſté, avoit tacitement été révoquée, ſoit par la déclaration de guerre qui ne permettoit pas aux ſujets du Roi de reſter chez les ennemis de leur patrie, ſoit par une déclaration du Roi de 1698. qui avoit enjoint de nouveau à tous les proteſtans ſortis du roïaume d'y rentrer. Il inſiſta ſur l'inconvénient de laiſſer à des François réfugiés chez l'ennemi la faculté de dépouiller leurs héritiers légitimes par des diſpoſitions teſtamentaires. Enfin un édit du mois de Janvier 1686. avoit interdit toutes diſpoſitions entre-vifs, ou à cauſe de mort, aux femmes des nouveaux convertis qui n'auroient pas voulu imiter leurs maris dans leur abjuration ; & en général, à toutes les veuves proteſtantes, quoique les unes & les autres fuſſent demeurées dans le roïaume. M. l'avocat général fit ſentir que la faculté qu'on enlevoit à ces femmes ne devoit pas à plus forte raiſon être laiſſée à la femme d'un fugitif morte dans le païs ennemi.

Ajoutons à ces motifs que, par ſa retraite, elle s'étoit dépouillée de la qualité de citoïenne, pour prendre celle d'étrangére. Par cette abdication, elle avoit perdu en France toutes les facultés qui dérivent purement du droit civil, pour n'y conserver que celles qui tirent leur source directement du droit des gens, entre lesquelles on ne compte pas le pouvoir de tester. Il étoit donc impossible de juger qu'un testament fait par une femme qui étoit dans ce cas eût pu fraper sur les biens situés en France.

Le second arrêt rapporté par Augeard n'est pas plus contraire à notre opinion que le précédent. Grignon & sa femme, tous deux protestans, s'étoient retirés en Angleterre vers 1681. ne laissant pour tout bien en France qu'une rente de cent livres propre à la femme. On demanda en 1703. contre les héritiers de la femme, comme commune, le païement de deux billets sous signature privée de son mari, datés de 1680 & de 1681. l'un de deux cens dix-sept livres, l'autre de vingt-une livres douze sols. Le silence qu'on avoit gardé pendant vingt-trois ans, qui s'étoient écoulés depuis la date de ces billets, donnoit tout lieu de croire qu'ils avoient été faits & antidatés par Grignon depuis sa retraite en Angleterre, pour tirer de la France le seul bien qu'il y eût laissé. M. l'avocat général fit valoir cette circonstance comme *décisive*, & l'arrêt du 26 Février 1706. mit hors de cour sur la demande afin de païement de ces billets.

Cet arrêt n'a donc point prononcé la mort civile encouruë par la retraite en Angleterre, ni la communauté dissoute par cette mort civile.

§. V.

De ceux qui s'étant retirés chez les Infidéles ont abjuré la Religion Chrétienne.

La religion chrétienne porte avec elle des lumiéres si éclatantes, qu'il n'est pas possible de présumer que quelqu'un l'abandonne de gaïeté de cœur pour embrasser aucune de celles qui lui sont opposées, dans lesquelles on n'apperçoit qu'absurdités soit dans la morale, soit dans le dogme. Il s'est cependant rencontré quelquefois des gens qui se sont livrés à ce changement, soit qu'ils y aïent été poussés par des raisons de fortune, soit qu'ils aïent été animés par d'autres motifs : mais tout homme raisonnable ne se persuadera jamais que de pareilles apostasies aïent été occasionnées par l'examen & par la comparaison des deux religions, & par conséquent qu'elles aïent été sincéres.

Le fameux comte de Bonneval a été mis au nombre de ces apostats; & sa succession a donné lieu à une célébre contestation, terminée par un arrêt de la cinquiéme chambre des enquêtes. Nous allons rendre compte de l'espéce de cet arrêt, & tâcher de découvrir les motifs sur lesquels il est fondé.

Pierre de Monceaux avoit marié sa fille unique à Jean-François marquis de Bonneval. De ce mariage il vint trois enfans, Cesar-Phebus marquis de Bonneval, Marc-Antoine comte de Bonneval, & Claude-Alexandre chevalier de Bonneval.

Le 9 Septembre 1679. Pierre de Monceaux fit un testament, par lequel il légua à la dame marquise de Bonneval sa fille unique, une pension viagére de trois mille livres par an; & à Cesar-Phebus, l'aîné de ses trois petits-enfans, un préciput de trente mille livres. Pour le surplus de tous ses biens, il institua ses trois petits-enfans, ses légataires universels; pour être le tout partagé également entr'eux, & les substitua réciproquement en ces termes: *lesquels petits-enfans ledit testateur a substitués réciproquement les uns aux autres, au cas qu'ils, ou l'un d'eux, décédent sans enfans.*

De ces trois enfans, Marc-Antoine comte de Bonneval décéda en 1705. Son tiers dans les biens substitués passa par ce moïen à ses deux freres; c'est-à-dire, au marquis & au chevalier, dont le dernier prit alors le nom de comte de Bonneval. C'est celui qui est connu de tout le monde par son établissement en Turquie.

Il passa de bonne heure chez l'empereur, & servit même dans les armées de ce prince avec tant de distinction, qu'il fut d'abord nommé général de bataille. Il obtint ensuite un régiment de son nom. Il parvint au grade de lieutenant-felt-maréchal des armées de l'empereur, & fut élu conseiller du conseil aulique de guerre.

En 1717. il revint en France, où il épousa demoiselle Judith de Gontaut de Biron, fille de M. le maréchal de Biron. Dans son contrat de mariage il prit toutes les qualités dont il étoit décoré dans l'Empire. Le Roi, M. le régent, toute la cour signérent ce contrat.

Peu de jours après son mariage, le comte de Bonneval retourna en Allemagne, où il reprit les fonctions des dignités dont l'empereur l'avoit décoré. Le 16 Juin 1723. intervint au parlement de Paris arrêt contradictoire, dans lequel il étoit partie, & où il est désigné par les dignités qu'il occupoit dans l'Empire. Ainsi, pendant son séjour en Allemagne, il a esté en jugement. Il n'étoit donc pas mort civilement.

Il eut un démêlé à essuïer avec le marquis de Prié sous-gouverneur des Païs-Bas, & avec le prince Eugêne qui protégeoit le marquis de Prié. La part que le prince Eugêne avoit prise dans ce démêlé fut une source d'autres démêlés encore plus vifs entre lui personnellement & le comte de Bonneval. On en vint même jusqu'à ces défis sur lesquels les loix d'Allemagne ne sont pas moins sévéres que celles de France. Le comte de Bonneval fut déféré au conseil aulique ; & pour se dérober aux poursuites qu'on faisoit contre lui, il se réfugia à Venise.

Peu de tems après sa retraite en cette ville, il apprit qu'il y avoit un parti formé pour l'enlever & le conduire à Trieste ville de la domination de la maison d'Autriche, & située vis-à-vis de Venise, de l'autre côté du golfe. On devoit le conduire de-là à Vienne, où il auroit eu pour partie devant le conseil aulique le prince Eugêne, dont le crédit étoit aussi grand que le ressentiment opiniâtre dont il étoit animé.

Ce fut encore pour se dérober à ce nouveau péril, que le comte de Bonneval trouvant un vaisseau qui faisoit voile vers la Bosnie, province de l'empire Ottoman, s'y réfugia.

Un an après sa retraite dans ce païs, il fut réclamé comme déserteur par un des officiers de l'empereur. Pour parer le coup dont il étoit encore menacé, il se détermina à prendre le turban, qui est une marque extérieure de la profession que l'on fait de la religion mahométane. Devenant par-là sujet du grand-seigneur, il se mit à l'abri des poursuites de ses ennemis. Il fut revêtu des plus grands emplois. On le nomma bacha de Karamanie ; & il mourut le 22 Mars 1747. décoré de la dignité de général des bombardiers & de bacha à trois queuës.

Pour revenir à la substitution qui faisoit la matiére de la contestation terminée par l'arrêt dont il s'agit ici, elle n'étoit point graduelle ; elle étoit disertement limitée à la personne des institués : mais comme, au moïen de la mort de l'aîné des grévés, cette substitution n'avoit plus lieu qu'entre le marquis & le comte de Bonneval, le prédécès de l'un des deux sans enfans avoit seul pu donner ouverture au fidéicommis. Le marquis de Bonneval étoit décédé le 27 Juin 1746. & la mort du comte n'arriva que le 2 Mars 1747. Au moïen de quoi cet institué aïant survécu à tous les appellés à la substitution, sans la circonstance de sa retraite en Turquie, il est évident qu'elle seroit devenuë caduque dans sa personne, & qu'au moment de la mort de son frere le marquis de Bonneval, il auroit commencé à posséder librement sa part dans le legs universel, sans pouvoir à cet égard essuïer aucune contestation couverte du plus petit prétexte.

Mais les enfans du marquis de Bonneval, qui étoient en même tems ſes héritiers, prétendoient que le comte de Bonneval leur oncle étoit mort civilement avant le décès de leur pere ; & que cette mort civile, dépouillant le comte de Bonneval de tous ſes biens & de tous ſes droits, avoit opéré l'ouverture de la ſubſtitution au profit du marquis de Bonneval leur pere, qui, diſoient-ils, les leur avoit tranſmis librement à titre de ſucceſſion.

Ces héritiers, pour appuïer leur prétention, ſoutenoient que le comte de Bonneval, en quittant ſa patrie pour aller ſervir dans les armées d'une puiſſance étrangére, s'étoit rendu coupable d'un crime énorme ; que d'ailleurs, en renonçant à la qualité de citoïen en France, il s'étoit au moins rangé dans la claſſe des étrangers, qui, diſoient-ils, ſont regardés comme morts civilement en France : mais il avoit encore aggravé, s'il eſt poſſible, ſa mort civile en ſe retirant en Turquie, & abjurant la foi de ſes peres, renonçant même au nom de Chrétien, pour ſe livrer aux erreurs de Mahomet. Si les proteſtans, diſoient-ils, qui ſe retirent en païs étranger pour ſe procurer la facilité d'exercer librement & publiquement leur religion, ſont déclarés morts civilement par les loix du roïaume, à plus forte raiſon, celui qui ſe fait mahométan doit-il être frappé de cette peine ; puiſque les premiers conſervent du moins le nom de Chrétiens, & font profeſſion d'une partie de notre foi & d'une partie de nos miſtéres ; l'autre au contraire renonce à tout ce qui a la plus petite apparence de Chriſtianiſme, & devient même par état ennemi du nom Chrétien.

Pour prouver le fait de cette abjuration, dont ils chargeoient la mémoire de leur oncle, ils atteſtoient la notoriété publique & les gazettes. Ils rapportoient un certificat de M. de Puyzieux, ambaſſadeur du Roi à la Porte, & enfin des extraits du dépôt des affaires étrangères.

Les créanciers du comte de Bonneval ſoutenoient au contraire, que la retraite de ce comte, ſoit en Allemagne, ſoit en Turquie, n'avoit point opéré la mort civile ; & que d'ailleurs, quand il auroit encouru cette peine, il n'y auroit point eu ouverture à la ſubſtitution ; parcequ'avant la derniere ordonnance, la mort naturelle ſeule donnoit ouverture aux fidéicommis : d'où ils concluoient que les biens qu'il avoit recueillis dans le legs univerſel s'étoient trouvés libres ſur ſa tête ; & qu'ils pouvoient en conſéquence exercer ſur ces biens les créances que le comte de Bonneval avoit contractées avec eux, pendant ſon ſéjour en France.

Maître Dorigny, qui plaidoit pour les créanciers, écarta avec toute la ſolidité poſſible les prétentions & les moïens des héritiers. Pour prouver que la retraite en pays étranger n'eſt point un crime, qu'elle eſt même autoriſée par la loi naturelle, & qu'elle n'eſt point défendue par les loix du roïaume ; que ceux qui ſont étrangers, ſoit par leur tranſmigration, ſoit par leur naiſſance, ne ſont point morts civilement, & qu'ils jouïſſent de toutes les facultés qui dérivent du droit des gens : pour établir enfin que les Proteſtans réfugiés ne ſont & ne peuvent être morts civilement *ipſo facto*, il fit valoir les moïens que nous avons détaillés plus haut, ſur ces queſtions, & que nous avons puiſés dans les deux mémoires qu'il fit imprimer alors.

Il prouva auſſi, & une partie des preuves que nous avons emploïées à cet égard ſont encore tirées de ſes mémoires, qu'une loi pénale ne s'étend point d'un cas à un autre ; qu'ainſi, quand il ſeroit vrai que les loix du roïaume regardaſſent les Proteſtans réfugiés comme morts civilement, cette diſpoſition ne pourroit s'appliquer au comte de Bonneval, en vertu de ſon apoſtaſie, puiſque ce cas n'étoit point prévû par la loi.

Mais ſuppoſons encore que ce crime ſoit de nature à produire la mort civile : il faudroit au moins des pourſuites. Il faudroit que le coupable eût été déféré à la juſtice, & qu'il eût été déclaré convaincu. Or le comte de Bonneval n'avoit eſſuïé aucune pourſuite à cet égard. Il étoit donc mort jouïſſant de tous ſes droits.

D'ailleurs qu'elles ſont les preuves que l'on adminiſtroit de l'apoſtaſie du comte de Bonneval ? La notoriété publique ? Mais cette prétenduë notoriété fut-elle jamais une preuve juridique ? Condamna-t-on jamais perſonne ſur un pareil témoignage ? Quel eſt l'innocent qui ſeroit à l'abri des ſupplices, ſi la renommée ſuffiſoit pour appuïer une condamnation ? En un mot, il ne peut y en avoir aucune qui ne ſoit la ſuite d'une procédure criminelle, & qui ne porte ſur une information préalable. Or de quels témoins auroit-on pû compoſer l'information qu'on auroit voulu faire contre le comte de Bonneval ? Il auroit falu entendre le public tout entier ; & quand cela auroit pû ſe faire, il ne ſe ſeroit pas trouvé un ſeul témoin qui eût pû dépoſer *de viſu*. Eſt-ce donc ſur des ouï-dire que l'on condamne un homme à une peine ?

On vouloit encore prouver l'apoſtaſie du comte de Bonneval par l'autorité des gazettes. Mais qui ignore combien ces ſortes de mémoires sont sujets à erreur ? N'arrive-t-il pas très-souvent que l'on apprend par des voïes sûres le contraire de ce qui s'y lit ? N'arrive-t-il pas que les lecteurs y voïent tout défigurés des faits dont ils ont été témoins oculaires ? Celui qui les compose ne fait que rédiger les mémoires qui lui sont fournis par des gens qui ont très-souvent intérêt de déguiser la vérité, ou qui l'ignorent. D'ailleurs, comme le remarque l'auteur du mémoire que nous venons de citer, les héritiers du comte de Bonneval auroient dû commencer par concilier les gazettes entr'elles, & la notoriété avec elle-même ; car les variations des gazettes au sujet de cet homme célébre, & la contradiction de tout ce qui a été publié sous son nom sont telles, qu'on n'y voit qu'incertitude sur ses véritables avantures.

En un mot, quand toutes les gazettes & la notoriété seroient parfaitement d'accord à l'égard du comte de Bonneval, a-t-on jamais proposé dans aucun tribunal d'asseoir un jugement sur le rapport d'un Gazetier, ni sur les bruits populaires, ou sur ce qui se dit dans les cercles ? Il est constant qu'un juge ne pourroit pas déterminer sa décision par un fait dont il auroit été personnellement témoin, si ce fait n'étoit prouvé d'ailleurs : à plus forte raison ne peut-il la fonder sur un fait qu'il a oüi raconter, sans s'en être assuré lui-même. Et si la notoriété sur des faits passés sous nos yeux, & au milieu de Paris, ne peut faire de preuve en justice, à plus forte raison la notoriété de France n'en fera-t-elle point sur des faits qui se sont passés en Turquie.

Les extraits du dépôt des affaires étrangeres ne peuvent pas être d'un plus grand poids. Jamais les piéces qui y sont conservées n'ont été destinées à faire preuve en justice des faits qui pourroient concerner l'intérêt des particuliers. Mais du moins, pour faire de ce dépôt un usage si peu conforme à l'objet de son institution, il faudroit qu'il servît tout entier à cet usage, & qu'on y examinât toutes les piéces qui s'y trouvent ; & ce ne seroit qu'après avoir constaté que les faits établis par les unes ne sont pas contredits ou changés par les autres, qu'on pourroit déférer à quelques-unes de ces piéces. Or, dans l'espéce présente, les héritiers seuls avoient eu le crédit de se faire ouvrir ce dépôt. Ils n'y avoient pris que les piéces favorables au fait qu'ils vouloient prouver, & avoient laissé celles qui leur étoient contraires, & qui auroient dû être communiquées à leurs parties adverses.

A l'égard du certificat de M. de Puizieulx, il portoit en termes formels, que » le comte de Bonneval fut *forcé* de prendre le » turban quatorze mois après son arrivée en Bosnie «. S'il fut forcé, il n'étoit pas civilement criminel. Le casuiste décidera sans doute, & avec raison, que le comte de Bonneval devoit résister jusqu'à la mort inclusivement, plutôt que de consentir à déguiser sa foi : mais les tribunaux ne reconnoissent d'engagemens, que ceux qui sont le fruit d'une volonté libre. Nous connoissons des loix qui anéantissent les engagemens contractés par l'effet de la violence, ou d'une crainte grave, telle que la produit le péril imminent de la mort : c'est le cas où étoit le comte de Bonneval. Il y a même des loix qui vont jusqu'à punir celui qui a subjugué le consentement par de telles voïes : mais il ne s'en trouve point qui décerne des peines contre la personne dont le consentement a été ainsi arraché. Or le comte de Bonneval aïant été forcé à commettre le crime qu'on lui imputoit, ce n'étoit pas la décision d'une cause, mais celle d'un cas de conscience qu'on demandoit aux juges. Il est très-certain que ce comte avoit péché très-griévement, s'il s'étoit laissé forcer de prendre le turban : mais il n'en est pas moins certain qu'il n'avoit point commis de délit ; parcequ'on ne conserve point, sous l'impression de la violence, cette volonté libre, sans laquelle il ne peut y avoir de délit.

Considérons même ce changement comme un délit. C'est le premier principe en fait de matieres criminelles, que le juge du lieu du délit est le seul compétent à l'effet d'en connoître ; &, pour remonter à la source même de l'autorité des juges, c'est la premiere des maximes qui réglent le pouvoir respectif des souverains, que chacun d'eux n'a la puissance législative, & le droit de décerner des peines, que pour raison des délits commis dans ses états. Les loix ni les tribunaux de France ne pouvoient donc pas atteindre à un changement de religion qui n'avoit été ni consommé, ni commencé, ni même projetté en France.

Mais, encore une fois ce délit, si c'en est un, n'étoit rien moins que constaté. Un des directeurs des créanciers attestoit avoir vû entre les mains du marquis de Bonneval, pere des héritiers, une lettre du comte son frere, dans laquelle il badinoit de l'opinion publique. Il ajoûtoit, qu'il ne vivoit en aucune façon suivant la loi musulmane, & qu'il ne faisoit point mistere en Turquie de s'écarter de cette loi. En un mot, il a toujours fait douter s'il ne romproit pas un jour tous les liens qui l'attachoient à la Porte, pour se rendre à sa patrie & à sa famille. C'est l'espérance que le marquis de Bonneval avoit conçue de son frere, & il l'avoit, suivant ses enfans même, conservée jusqu'à la mort, quelqu'intéressé qu'il fût à présumer le contraire.

Enfin, par Arrêt rendu sur délibéré, après plusieurs audiences, en la cinquiéme chambre des Enquêtes, le Jeudi 29 Août 1749, la Cour déclara libres, en la personne de Claude-Alexandre comte de Bonneval, les biens à lui échus par le partage de ceux de Pierre de Monceaux; permit aux créanciers dudit comte de Bonneval de les vendre, pour le prix être distribué entr'eux, suivant l'ordre des hipothéques. Les héritiers condamnés en tous les dépens.

Il est bien essentiel d'observer que M. Titon, Rapporteur du délibéré, avertit Me Dorigny, que la Cour avoit jugé les deux questions qui divisoient les parties. Il y eut onze voix contre six, pour décider que le comte de Bonneval n'étoit pas mort civilement; & neuf contre huit déciderent que, quand il auroit été mort civilement, il n'y auroit pas eu pour cela ouverture à la substitution. Nous aurons occasion d'examiner cette question dans la suite.

De tout ce qui a été dit dans cette distinction, il doit demeurer pour constant qu'il n'y a point, & qu'il ne peut y avoir de crime qui fasse mourir civilement, *ipso facto*. Il faut que le coupable soit convaincu & condamné.

DISTINCTION II.

Si la condamnation emportant mort civile a un effet rétroactif au jour du crime, commis ou au jour de l'accusation?

De ce qui a été dit dans la distinction précédente, il suit que ce n'est pas le crime qui fait impression sur l'état du coupable: c'est le jugement seul par lequel il est déclaré coupable, & comme tel, digne du supplice. Or, comme l'effet ne peut pas exister avant la cause qui le produit, il suit nécessairement que la condamnation n'a d'effet que pour l'avenir, & nullement pour le passé. Le criminel conserve donc son état de citoïen pendant l'instruction de son procès. Nous allons établir cette maxime par rapport au droit Romain, & par rapport à notre usage.

C'étoit une maxime conſtante chez les Romains, que la condamnation ſeule prononcée par un juge compétent, raviſſoit les droits de cité au coupable.

Nous avons obſervé plus haut que tous les magiſtrats n'avoient pas droit de prononcer toutes ſortes de peines contre les citoïens. Le préfet de la ville & le préfet du prétoire ſeuls pouvoient condamner à la déportation; les magiſtrats des provinces n'avoient pas ce pouvoir; & s'ils ſe trouvoient dans le cas de condamner quelqu'un qui eût mérité cette peine, ils ne faiſoient que donner leur avis, qu'ils envoïoient au prince, dont l'autorité étoit néceſſaire pour rendre la condamnation valable. *Præſides itaque provinciæ, quotiens aliquem in inſulam deportandum putent, hoc ipſum adnonotare debent. Nomen ejus ſcribendum principi, ut in inſulam deportetur. Sic deindè principi ſcribere, miſſâ plenâ opinione, ut princeps æſtimet, an ſequenda ſit ejus ſententia, deportarique in inſulam debeat. Medio autem tempore, dum ſcribitur, jubere eum debet in carcere eſſe. l. 6. §. 1. ff. de interdict. & releg.*

Ainſi, pour ſçavoir à quel inſtant commençoit la mort civile du condamné, il falloit ſçavoir ſi le juge avoit pu prononcer la peine, ou s'il ne l'avoit pas pu. Dans le premier cas, le condamné étoit réputé mort civilement dès l'inſtant même de la prononciation du jugement, ſoit que la peine fût la déportation, ou le travail aux métaux, ou toute autre qui opéroit le changement d'état; ſoit que ce fût la peine de mort naturelle. Si au contraire le juge n'avoit pas eu ce pouvoir, la mort civile n'étoit encouruë que du moment de la ratification par le prince. *Deportatos autem eos accipere debemus, quibus princeps inſulas adnotavit, vel de quibus deportandis ſcripſit. Cæterùm priùs quàm factum præſidis comprobet, nondum amiſiſſe quis civitatem videtur. l. 1. §. 3. ff. de legat. & fideicom. 3°. Conſtat, poſtquam deportatio in locum aquæ & ignis interdictionis ſucceſſit, non priùs amittere quem civitatem, quàm princeps deportatum in inſulam ſtatuerit. l. 2. §. 1. ff. de pœnis.*

Ces deux loix démontrent ſans replique, que la mort civile ne pouvoit être encouruë qu'en conſéquence du jugement prononcé par un juge compétent. Ainſi quand le juge n'avoit pas le pouvoir de condamner à la peine que méritoit le crime, ſon jugement n'étoit alors regardé que comme un ſimple avis qui ne produiſoit aucun effet ſur l'état de celui contre qui il étoit donné. Il continuoit d'en joüir juſqu'à ce que l'empereur eût ratifié cet avis, & lui eût donné, par ſa ratification, force de jugement: mais il n'acquéroit cette force que du moment même de la ratification, qui ne lui donnoit aucun effet rétroactif.

Mais si le juge étoit de qualité à n'avoir pas besoin que ses jugemens fussent ratifiés par le prince, ils produisoient leur effet dans l'instant même qu'ils étoient prononcés. *A præfectis verò prætorio, vel eo qui vice præfecti ex mandatis principis cognoscet, item à præfecto urbis deportatos (quia ei quoque epistolâ divi Severi & imperatoris nostri jus deportandi datum est) statim amittere civitatem, & ideò nec testamenti faciendi jus, nec fideicommittendi constat habere. l. 1. §. 4. ff. de legat. & fideicomm. 3.*

Voici encore une loi qui décide la question *in terminis. Si is de cujus pœnâ imperatori scriptum est, veluti quòd decurio fuerit, vel quòd in insulam deportari debuerit, antequàm rescriberetur, decesserit, potest quæri nùm antè sententiam decessisse videatur. Argumento est Senatus-consultum, quod factum est de his qui Romam transmissi, antè sententiam decessissent; cujus verba hæc sunt: Cum damnatus nemo videri possit in hunc annum, antequàm de eo fortè judicium Romæ redditum & pronunciatum esset, neque cujusquam mortui bona, antequàm de eo Romæ pronunciatum sit, publicata sunt, eaque bona hæredes possidere debent. l. 2. §. 1. ff. de bonis eorum qui antè sentent. mort. sib. consciv.*

Il est donc constant que chez les Romains l'accusé demeuroit citoïen, & jouïssoit de tous les droits attachés à cette qualité, jusqu'au moment de la condamnation légitimement prononcée; & que cette condamnation n'avoit point d'effet rétroactif. C'est ce qu'on ne peut révoquer en doute, après les textes de loix qui viennent d'être rapportés. Nous aurons encore occasion dans la suite d'en citer d'autres, qui établissent la même vérité

Cette maxime, que la condamnation qui emporte mort civile n'a point d'effet rétroactif, est aussi admise dans nos mœurs; & elle est fondée sur la raison, sur l'opinion de nos meilleurs auteurs, & sur la jurisprudence des arrêts.

La mort civile n'étant que l'état d'un homme condamné à un supplice avec lequel la qualité de citoïen est incompatible, il suit nécessairement qu'elle ne peut avoir lieu tant que la peine d'où elle tire son existence n'a pas été infligée. Il répugne que l'effet existe avant la cause qui le produit. Le crime ne bannit point de la société; il rend seulement celui qui l'a commis digne d'en être banni: mais il faut que ce bannissement soit prononcé en connoissance de cause par les magistrats préposés à cet effet. Tant qu'il ne l'est point, l'accusé est citoïen, & ne cesse de l'être qu'au moment qu'on le retranche de la vie civile par la condamnation qu'il a méritée.

Tous nos meilleurs auteurs ont admis ce principe comme une régle générale dans la jurisprudence françoise. Voïez M. le Prestre, cent. 1. chap. 84. le Brun, en son traité des successions, liv. 1. chap. 1. sect. 2. & chap. 2. sect 3. de la Combe, traité des matiéres criminelles, part. 1. chap. 1.

Il a aussi été adopté par la jurisprudence des arrêts. le Brun, traité des successions, liv. 1. chap. 2. sect. 3. en rapporte un d'après Servin, du 24 Mars 1603. qui a jugé qu'un homme accusé d'inceste avoit succédé à son frere, quoique par l'événement du procès il ait été convaincu & puni de mort. Et cet auteur ajoûte qu'on auroit jugé la même chose, quand même cet homme ne se seroit pas mis en possession de la succession avant sa condamnation, & que la sentence auroit prévenu l'immixtion.

Il semble néanmoins qu'on pourroit objecter, contre le principe que nous soutenons ici, l'article 11. du titre 10. de l'ordonnance de 1670 qui porte que le decret d'ajournement personnel ou de prise de corps emporte interdiction. D'où l'on pourroit conclure que la simple accusation avec quelqu'apparence de fondement suffit pour priver un homme du pouvoir d'exercer des fonctions dans la société civile. En effet il est constant que le décret ne prouve pas que l'accusé est convaincu; il prouve seulement que le juge le soupçonne violemment d'être coupable du crime dont on l'accuse.

Mais cette interdiction ne tombe que sur les fonctions des officiers de judicature, & autres semblables, qui demeurent suspenduës dans la personne du coupable jusqu'à ce que le décret soit purgé; parceque, comme remarqua M. Talon, lors des conférences tenuës pour la rédaction de cette ordonnance, il est indécent qu'un officier prévenu de crime continuë de rendre la justice aux sujets du Roi avant que d'avoir justifié son innocence. Cette interdiction n'oblige pas même celui qui en est frappé de se défaire de son office. Elle ne produit aucun effet sur les capacités qui composent la vie civile. Voïez liv. 3. art. 1. chap. 2. sect. 1. où nous traitons plusieurs questions qui ont beaucoup de rapport à la matiére qui fait l'objet de cette distinction.

Il est vrai, comme nous allons le voir par la suite, que la condamnation, quand elle est prononcée, annulle certains actes faits par le coupable pendant le tems intermédiaire au crime commis & au jugement : mais ce n'est pas que l'accusé fût incapable de ces actes. Rien ne lui avoit encore ravi sa qualité de citoïen : mais on présume qu'il les avoit faits en fraude. Ainsi quand on les annulle, c'est comme frauduleux, & non comme faits par une personne incapable.

Nous allons entrer dans le détail de ces différens actes.

DISTINCTION III.

Si le coupable peut administrer son bien & recevoir ses revenus.

Si nous consultons les loix Romaines, nous trouverons qu'elles accordent expressément au coupable la faculté d'administrer son bien & de recevoir ses revenus, tant qu'il n'est ni convaincu ni condamné. *In reatu constitutus bona sua administrare potest; eique debitor rectè bonâ fide solvit. l. 46. §. 6. ff. de jure fisci. Reo criminis postulato interim nihil prohibet rectè pecuniam à debitoribus solvi. Alioquin plerique innocentium necessario sumptu egebunt. l. 41. ff. de solut. & liberat. Sed nec illud prohibitum videtur, ne à reo creditori solvatur. l. 42. ff. eod.*

Ces loix sont une suite nécessaire du principe que nous avons établi dans la distinction précédente, qu'un citoïen conservoit cette qualité jusqu'au moment de la condamnation. Ainsi l'administration de son bien devoit toujours lui appartenir jusqu'à ce que la faculté lui en fût ravie par un jugement.

Cependant, comme un coupable qui sent qu'il ne peut éviter d'être condamné, & que son bien va par conséquent lui être ravi, pourroit abuser de la faculté que les loix lui laissent, pour le dissiper, & en priver ceux à qui il doit retourner après sa condamnation, lorsqu'il y a fraude dans son administration, les actes frauduleux qu'il peut avoir faits sont déclarés nuls. Il faut en un mot qu'il y ait de la bonne foi. *Eique debitor rectè* BONA FIDE *solvit.* On déclareroit nul, par exemple, le païement anticipé d'une dette.

L'usage a adopté parmi nous ces loix, que nous voïons exécuter journellement sous nos yeux.

En effet, on voit tous les jours des innocens détenus en prison, sur de fausses accusations, ou sur des soupçons fondés seulement sur une probabilité apparente, & que l'instruction de la procédure dissipe entiérement. Or il seroit injuste & même contraire à l'humanité de réduire à la nourriture fournie par le fisc un homme qui est innocent, & qui peut se procurer, par ses propres facultés, une subsistance plus commode. *Alioquin plerique innocentium necessario sumptu egebunt.*

Mais d'un autre côté, comme il arrive le plus souvent que ceux qui sont accusés se trouvent coupables ; la plûpart des actes d'administration, sur-tout ceux qui tendent à la diminution du bien, dépendent, quant à la validité, de l'évenement du procès, comme on va le voir dans les distinctions suivantes.

On éleve sur cette matiere une question, qui consiste à sçavoir, si celui qui est en fuite, & dont les biens sont annotés, a également le privilége d'administrer son bien, & de recevoir ce qui lui est dû jusqu'à sa condamnation ?

On peut dire en sa faveur, qu'il arrive souvent qu'un innocent prend la fuite, pour éviter d'être victime de la malice de ses ennemis, ou de la rencontre malheureuse de certaines circonstances qui pourroient tromper les yeux de la justice ; & il semble effectivement que cette considération devroit empêcher de poser comme un principe certain & général, que l'accusé en fuite est privé de droit de l'administration de son bien.

Cependant le Prestre, cent. 1. chap. 84. ne fait point difficulté de se décider pour l'interdiction. Son avis est fondé sur la loi 5. *ff. de Requirend. vel absent. damnand.* Cette loi ordonne que les biens des accusés fugitifs seront mis sous le sçeau, *obsignari.* Elle ajoûte que les biens meubles seront vendus, de peur qu'ils ne périssent, & le prix mis en séquestre. Elle met les fruits au nombre des meubles. Enfin elle ordonne qu'on aura grand soin d'empêcher que les débiteurs des accusés fugitifs ne les païent ; *ne per hoc fuga instruatur.*

Comme l'annotation des biens, qui a lieu parmi nous, représente l'appolition du sçeau ordonnée par la loi, il y a lieu de croire qu'elle doit aussi priver l'accusé fugitif de l'administration de ses biens meubles, & des fruits de ses immeubles.

A l'égard du païement des dettes qu'il peut recevoir, il y a lieu de croire qu'il est valable, si le débiteur a ignoré l'état de son créancier : mais qu'il est nul, s'il y a eu connivence entr'eux. Il semble même qu'on peut dire que la loi ne s'oppose point à un tel païement. Elle se sert seulement du mot *curandum est*, qui marque qu'il faut tâcher d'empêcher le païement. D'où l'on peut conclure que ce païement une fois fait peut être valable.

Des contumax

DISTINCTION IV.

Si le coupable peut avant la condamnation aliéner son bien ; soit à titre gratuit, soit à titre onéreux.

Cette question est fort controversée entre les auteurs. Chaque parti invoque en sa faveur des loix & des autorités. Nous allons discuter ces différens sentimens, & tâcher de nous fixer à celui qui paroît le plus naturel.

Il y en a qui prétendent qu'un homme prévenu d'un crime qui mérite la mort, soit naturelle, soit civile, ne peut plus faire aucune aliénation ; & la plûpart de ceux qui embrassent ce parti font remonter cette espéce d'interdiction jusqu'au jour du crime commis. Ils fondent leur opinion sur deux loix Romaines.

La premiere est la loi 1. *ff. de pœnis.* Elle porte que, si un criminel, pendant l'instruction du procès, change de condition, si, par exemple, d'esclave il devient libre, ou s'il perd la liberté pour tomber dans l'esclavage, il doit être puni suivant la condition dans laquelle il étoit lors du crime commis ; & non pas suivant celle dans laquelle il se trouve lors du jugement. *Quotiens de delicto quæritur, placuit non eam pœnam subire quem debere, quam conditio ejus admittit eo tempore quo sententia de eo fertur : sed eam quam sustineret, si eo tempore esset sententiam passus, cùm deliquisset. Proindè si servus crimen commiserit, deindè libertatem consecutus dicetur, eam pœnam sustinere debet, quam sustineret, si tunc sententiam passus fuisset, cum deliquisset. Per contrarium quoque, si in deteriorem conditionem fuerit redactus, eam pœnam subire eum oportebit, quam sustineret, si in conditione priore durasset.*

On conclud de cette loi que, puisqu'un homme coupable ne change point de qualité ni d'état aux yeux de la justice, depuis le crime commis, jusqu'au moment de sa condamnation, il doit être regardé dès-lors comme condamné ; qualité qui emporte, sans contredit, l'incapacité d'aliéner.

La seconde loi sur laquelle on appuie ce sentiment est la loi 15. *ff. Qui & à quib. manumiss.* Dans cette loi on demande si un homme coupable de leze-majesté peut, dans le tems intermédiaire au crime commis & à la condamnation, affranchir ses esclaves. La raison de douter est, qu'il est toujours leur maître jusqu'à l'instant du jugement. Or la faculté d'affranchir paroît inséparable de la qualité de maître. Cependant le Jurisconsulte répond

répond d'après un rescrit de l'empereur Antonin, qu'un homme coupable d'un tel crime n'est plus capable de donner la liberté à personne; & que cette capacité lui est ôtée dès l'instant du crime commis, sans qu'il soit besoin de condamnation. *Quæsitum est an is qui majestatis crimine reus factus sit manumittere possit, quoniam antè damnationem dominus est: & Imperator Antoninus Calpurnio Critoni rescripsit, ex eo tempore quo quis, propter facinorum suorum cogitationem, jam de pœnâ suâ certus esse poterat, multò priùs conscientiâ delictorum, quàm damnatione, jus datæ libertatis eum amisisse.*

Ceux qui soutiennent ce sentiment ajoutent, que le coupable, dès le moment qu'il a commis le crime, est devenu sujet à la peine; en sorte que le jugement n'apporte aucun changement dans sa situation: il n'est que déclaratoire; parceque, dès que le juge prononce que le crime a été commis par celui à qui on l'impute, la peine est de droit, & la sentence a un effet rétroactif jusqu'au moment du délit commis. *A tempore delicti orta est obligatio ad pœnam; undè sententia, quæ posteà sequitur, potiùs declarat, quàm aliquid novi inducit; quia ex eo ipso quòd judex pronunciat maleficium commissum, statim ipso jure succedit pœna juris; & ideò sententia retrò trahitur ad tempus delicti.*

On pourroit encore citer, en faveur de cette opinion, la loi 20. *ff. de Accusat.* Cette loi établit que le crime de leze-majesté & celui de concussion se poursuivent, même après la mort du coupable, & que ses biens sont confisqués; en sorte que, suivant un rescrit des empereurs Sévére & Antonin, dès l'instant qu'on est coupable de l'un de ces crimes, on ne peut plus ni aliéner son bien, ni affranchir ses esclaves. *Ex judiciorum publicorum admissis, non aliàs transeunt adversùs heredes pœnæ bonorum ademptionis, quàm si lis contestata & condemnatio fuerit secuta: excepto repetundarum & majestatis judicio, quæ, etiam mortuis reis, cum quibus nihil actum est, adhuc exerceri placuit, ut bona eorum fisco vindicentur. Adeò ut divus Severus & Antoninus rescripserint, ex quo quis aliquod ex his causis crimen contraxit, nihil ex bonis suis alienare, aut manumittere eum posse.*

D'autres auteurs prétendent que la faculté d'aliéner n'est interdite à un coupable, que du jour de la condamnation; & ils citent aussi des loix en leur faveur.

La premiere est la loi 46. §. 6. *ff. de jure fisci,* que nous avons rapportée dans la distinction précédente, & qui dit que, *in reatu constitutus bona sua administrare potest, eique debitor rectè bonâ fide solvit.* Si l'accusé peut, disent-ils, administrer, il peut vendre. S'il peut recevoir ce qui lui eſt dû, il peut aliéner; car recevoir le païement d'une dette, c'eſt aliéner l'action qui naiſſoit de cette créance.

La ſeconde loi, ſur laquelle ils ſe fondent, eſt la loi *Ex judiciorum*, qui vient d'être rapportée. Suivant cette loi, il faut, pour que les héritiers d'un coupable ſoient privés de ſa ſucceſſion, que le jugement ait été prononcé contre lui, de ſon vivant; excepté dans les cas de crime de leze-majeſté, ou de concuſſion, à l'égard deſquels la loi veut que la pourſuite puiſſe être commencée, même après la mort du coupable, & qu'il ne puiſſe aliéner ſon bien qui appartient au fiſc. Il n'eſt donc pas vrai, diſent ces auteurs, que *ex ſolo delicto obligatio nata ſit ad pœnam*, puiſque, pour acquérir la confiſcation dans le cas de tout autre crime que ceux de leze-majeſté & de concuſſion, il faut que *vivo reo, accuſatio mota ſit.*

Loin que la peine ſoit encouruë du jour du crime, ſi le condamné appelle, l'infamie n'eſt encouruë que du jour que la ſentence eſt confirmée par le juge ſupérieur. *Si furti, vel aliis famoſis actionibus quis condemnatus provocavit; pendente judicio, nondùm inter famoſos habetur: ſi autem omnia tempora provocationis lapſa ſunt, retrò infamis eſt; quamvis, ſi injuſta ejus appellatio viſa ſit, hodiè notari puto, non retrò notatur. l. 6. §. 1. ff. de his qui notant. infam.*

A l'égard des loix rapportées plus haut, & qui paroiſſent oppoſées à ce dernier ſentiment, il ne paroît pas que la loi *Quotiens* ait aucun rapport à la queſtion préſente. En effet cette loi veut qu'on juge le coupable, eu égard à la condition dans laquelle il ſe trouvoit, lorſqu'il a commis le crime. Or il faut bien prendre garde de confondre la perſonne du coupable avec un acquéreur qui traite de bonne foi. Il eſt vrai que, relativement au coupable, on proportionne la peine à l'état dans lequel il ſe trouvoit, lorſqu'il a commis le délit; & cette juriſprudence s'obſerve encore aujourd'hui. Il y a des vols qui ne méritent qu'une peine infamante, quand celui qui s'en trouve coupable n'eſt pas domeſtique de la perſonne volée, & qui, au contraire, méritent la mort, quand celui qui les a commis eſt domeſtique dans la maiſon. Si, dans le tems intermédiaire au vol & à l'accuſation, le coupable ceſſe d'être domeſtique, on ne laiſſera pas de le juger relativement à la qualité qu'il avoit lors de ſon crime commis. Mais ces conſidérations ne tombent que ſur le coupable ſeul, & ne doivent influer en rien ſur un acquéreur de bonne foi, qui a traité avec un homme qu'il croïoit maître de son bien, & qu'il ne croïoit peut-être pas même dans le cas de pouvoir être accusé. C'est le sentiment d'Alciat, au commencement de son commentaire sur la loi *Post contractum* 15. *ff. de donat. Quamvis*, dit cet auteur, *delinquentis respectu, ad tempus delicti respiciamus, quod tamen ad id quod pecunialiter tertio attinet, tempus sententiæ solum respicimus.*

Il y a plus: la loi *Quotiens* ne doit s'entendre que du cas où le crime est capital. La loi 5. *ff. si ex noxali caus. agat.* y est formelle. *Si servum in eâdem causâ sistere quidam promiserit, & liber factus sistatur: si de ipso controversia est capitalium actionum, injuriarumque nomine, non rectè sistitur: quia aliter de servo supplicium, & verberibus de injuriâ satisfit, aliter de libero vindicta sumitur, vel condemnatio pecuniaria. Quod autem ad cæteras noxales causas pertinet, etiam in meliorem causam videtur pervenisse.* Suivant cette loi, la loi *Quotiens* n'avoit lieu que dans le cas d'injures, ou de crimes capitaux. Or les crimes capitaux étoient en assez petit nombre chez les Romains, puisque le vol même n'y étoit pas compris.

Il n'est donc pas vrai de dire en général, que la loi vouloit que les jugemens eussent un effet rétroactif jusqu'au jour du crime commis, même en ce qui concernoit la qualité du coupable; puisque cela n'avoit lieu que rélativement aux crimes capitaux & aux injures.

La loi *Quæsitum* & la loi *Ex judiciorum* ne déclarent pas nuls tous les affranchissemens & toutes les aliénations faites par un accusé; elles n'étendent leurs dispositions que dans le cas où il s'agit de concussion, où de crime de leze-majesté.

On peut objecter que les biens d'un homme mort civilement appartiennent au fisc, dans la plûpart des provinces du roïaume. Or c'est une maxime, même dans le droit Romain, que le fisc a toujours son hypothéque. *Fiscus semper habet jus pignoris. l.* 46 §. 3. *ff. de jure fisci.* D'où il suit que les biens du coupable étant hypothéqués au fisc, il n'est plus en son pouvoir de les aliéner.

Mais Godefroi & les autres commentateurs de cette loi disent, qu'elle n'a lieu que pour raison des tributs & des contrats faits par le fisc. Il n'est privilégié que dans ces cas seulement, & non pour d'autres causes. *Ex causâ tributorum & suorum contractuum, non ex aliis causis.* La raison est que la confiscation des biens du coupable n'est qu'une suite de la peine prononcée contre lui. Elle ne peut donc avoir lieu qu'après la condamnation qui ordonne cette peine. C'est pourquoi tous nos auteurs décident que l'hypothéque pour la confiscation, pour les amendes, & pour les intérêts civils ne commence que du jour de la sentence, & non du jour du crime commis. Dumoulin, en ses notes sur les conseils d'Alexandre, *Consil.* 7. dit que les fruits appartiennent à celui qui se trouve fermier du domaine lorsque le jugement est prononcé, & non à celui qui l'étoit lorsque le crime a été commis. *Quia pœna non priùs debetur.* Nous examinerons cette question plus au long, en traitant des confiscations, liv. 3. art. 2. ch. 1. sect. 1. Enfin le fisc ne pouvoit avoir hypothéque chez les Romains, pour la confiscation, que dans le cas des crimes où elle avoit lieu. Or, suivant la novelle 134. ch. 13. elle n'avoit lieu que dans le cas du crime de lèze-majesté.

Ce qui a le plus contribué à partager les auteurs sur la question que nous examinons ici, ce sont les différentes maniéres de lire la loi 15. *ff. de donationibus.*

Avant que d'entrer dans le détail des différentes maniéres dont on la lit, il est bon de remarquer qu'en général elle ne défend les aliénations qu'à celui qui a commis un crime capital. Par crime capital, les Romains entendoient tout délit qui mérite une punition qui fasse perdre la vie, ou le droit de cité. *Licèt capitalis Latinè loquentibus omnis causa existimationis videatur, tamen appellatio capitalis, mortis, vel amissionis civitatis intelligenda est. l.* 103. *ff. de verb. signif.*

Cela posé, toute la difficulté roule sur le tems où, suivant la loi 15. *ff. de donat.* l'aliénation peut être valablement faite. Voici les termes de cette loi : *Post contractum capitale crimen, donationes factæ non valent, ex constitutione divorum Severi & Antonini, nisi condemnatio secuta sit.* Telle est la leçon de l'édition de Florence.

L'édition qu'on nomme ordinairement la vulgate présente cette loi en ces termes. *Post contractum capitale crimen, donationes factæ valent, nisi condemnatio secuta sit.* Ainsi elle retranche la négation qui, dans l'édition de Florence, précéde le mot *valent.*

Dans l'édition connuë sous le nom de *Editio Hæloandri*, le *nisi*, qui se trouve dans les deux précédentes est changé en *si*, & la négation, retranchée dans la vulgate, y est rétablie ; en sorte que la loi est conçuë en ces termes : *Post contractum capitale crimen, donationes factæ non valent, ex constitutione divorum Severi & Antonini, si condemnatio secuta sit.*

Quant à la premiére leçon, nous ne voïons pas qu'il soit possible de lui donner un sens raisonnable, ni même de l'entendre. En effet, comment peut-il arriver qu'une donation faite par un coupable ne puisse produire son effet, que lorsqu'il a été condamné. Il semble au contraire que, si la condamnation devoit produire quelque chose sur la donation, & avoir un effet rétroactif à cet égard, ce seroit pour l'annuller. C'est cependant l'unique sens dont les termes, dans lesquels elle est conçuë, soient susceptibles. *Donationes non valent, nisi condemnatio secuta sit.*

La seconde leçon, qui est celle de la vulgate, est adoptée par la glose & par les anciens interprétes; à l'exception d'un seul, qui est *Odofredus:* mais ils lui donnent un sens qu'il est bien difficile de trouver dans les termes. Ils disent que ces mots, *post contractum capitale crimen, donationes factæ valent, nisi condemnatio secuta sit,* signifient qu'une donation faite après le crime commis est valable, pourvû qu'elle ne soit pas faite après la condamnation.

Alciat, en son comentaire sur cette loi, soutient cette opinion, par une raison de grammaire qui ne paroît pas d'un grand poids. Il dit que le mot *secuta*, étant un participe, ne pourroit convenir au tems passé, si ces donations n'étoient pas valables dès l'instant qu'elles sont faites, & si elles restoient en suspens. La sentence de condamnation ne peut avoir un effet rétroactif au préjudice du donataire, à qui le droit est acquis, parceque la peine n'est duë que du tems & en conséquence de la sentence.

Mais la grammmaire même détruit la raison de cet auteur. Il est vrai que le mot *secuta*, se trouvant isolé, est participe: mais dans le lieu où il est ici, c'est un véritable prétérit d'un verbe qu'on nomme *déponent*. Or ces verbes, suivant le sistême des plus habiles grammairiens, avoient les deux significations, l'active & la passive: il y en a même encore quelques-uns qui les ont conservées. D'autres, & c'est le plus grand nombre, n'ont conservé que la signification active, avec la terminaison & la conjugaison passive. Ainsi, quoique le participe entre dans la composition des tems qui marquent le passé, ils ne doivent point être considérés comme participes, mais comme formant un tems qui a les mêmes qualités que s'il avoit la terminaison active, puisqu'il produit les mêmes effets, par rapport au sens, & par rapport à la grammaire. Tel est le *secuta* dont il est ici question. Il est joint au mot *sit*, avec lequel il forme le prétérit du subjonctif du verbe *sequor*. Il a la même force & la même signification, que s'il provenoit d'un verbe parfaitement actif. Il ne doit donc pas être regardé comme participe, mais comme un véritable prétérit.

On appuie encore cette explication sur un argument tiré de

la loi 7. *ff. de mortis causâ donat.* dont voici les termes : *Si aliquis mortis causâ donaverit, & pœnâ fuerit capitis affectus, removetur donatio ut imperfecta, quamvis cæteræ donationes sine suspicione pœnæ factæ valeant.* Par ces mots *cæteræ donationes*, il faut entendre ici les donations entre-vifs.

Voici l'argument qu'on tire de cette loi. *Ergo*, dit-on, *si fiant donationes ab eo qui pœnæ erat obnoxius, revocantur, secutâ condemnatione. Vix enim potest à suspicione pœnæ abesse qui crimen admisit. In eo tamen diligenter inquirendum arbitramur si quæ suspicio præcesserit, sine quâ fraus nulla esse potest. Revocari autem donationem bonâ fide factam perquàm durum est.*

Cujas soutient la troisiéme leçon, qui porte ; *donationes non valent, si condemnatio secuta sit*, & qui tient, par conséquent, l'effet des donations en suspens jusqu'au moment du jugement. Voici les termes de cet auteur, *in comment. ad lib.* 1. *Respons. Pap. l.* 31. *§. ult.* Ils sont remarquables. *Certissimum est*, dit-il, *malè legi in Pandectis Florentinis, post contractum capitale crimen donationes non valere*, nisi condemnatio secuta sit ; *cum sit legendum*, si condemnatio secuta sit. *Certissima est illa definitio, donationes inter vivos factas non valere post contractum capitale crimen, sed revocari à fisco, si condemnatio secuta sit. Et si, etiam cum nondùm reus postulatus sit is qui crimen admisit, donationem fecerit, donatio non valet, si posteà reus postulatus, reus factus, & reus condemnatus sit; quia præsumitur donasse suspicione criminis futuri.* Cet auteur prétend donc que la validité des actes faits depuis le crime commis, même avant que le coupable soit accusé, dépend de l'événement du jugement, qui les annulle tous, s'il porte condamnation, & qui, au contraire, les laisse subsister quand il porte absolution.

Pour soutenir l'opinion de Cujas, il faut remarquer que ceux qui sont d'un sentiment contraire prétendent qu'il n'y a que les aliénations faites depuis la condamnation qui soient nulles ; mais que celles faites dans le tems intermédiaire au crime commis & à la condamnation subsistent.

Les partisans de Cujas répondent, que la loi dont il est ici question est un droit nouveau, qui a voulu introduire une chose qui n'étoit pas permise auparavant. Suivant l'ancien droit, les actes passés entre la condamnation & l'exécution étoient nuls. Ce que cette loi a ajoûté regarde ce qui s'est fait avant la sentence de condamnation. Elle déclare nuls tous les actes faits depuis l'accusation, quand l'accusé est condamné par le jugement. Si cette loi étoit entendue autrement, elle n'auroit rien ordonné de nouveau. Il y a donc deux tems à distinguer; le premier, depuis le crime commis jusqu'à ce que le coupable soit déféré à la justice, c'est-à-dire, jusqu'à la plainte, information & décret; & le second, depuis ces actes jusqu'à la sentence; & cette distinction de tems est fort nécessaire pour l'intelligence de cette loi.

Godefroi, en ses notes sur cette loi, suit aussi à peu près le sentiment de Cujas. Voici comme il raisonne : il est certain qu'un homme coupable d'un crime peut valablement, & au préjudice du fisc, aliéner à titre onéreux, & non à titre lucratif, à un tiers qui ignore que le vendeur soit coupable, pourvû qu'il n'ait pas encore été déféré à la justice : après l'accusation, même après l'emprisonnement, il peut administrer son bien, afin qu'il puisse se procurer sa subsistance & travailler à sa justification. *l. 46. §. 6. ff. de jure fisci.* Il peut aussi recevoir le paiement de ses dettes actives. *l. 41. ff. de solut.* Mais, continue Godefroi, peut-il aliéner, peut-il donner? Pour nous décider, supposons, dit-il, que l'accusé ne posséde aucuns revenus, aucuns immeubles; que toute sa fortune consiste dans un mobilier de très-peu de valeur, ou dans quelques immeubles d'un très-petit revenu : alors, suivant le sentiment de Papon, on ne peut lui refuser la faculté d'aliéner, afin qu'il puisse se procurer sa subsistance, & fournir aux dépenses nécessaires pour prouver son innocence. *Papon, Notair. 1. tit. 5. des donations.* Supposons, continue Godefoi, que, hors ce cas, il ait aliéné après l'accusation intentée : cette alienation sera-t-elle valable? Elle le sera si, par le jugement, il est déclaré absous : mais si la sentence porte condamnation, elle a un effet rétroactif jusqu'au jour du crime commis, & l'aliénation devient nulle.

Telles sont les opinions des différens auteurs.

Pour décider cette question, par rapport au droit Romain, nous croïons qu'il y a deux distinctions à faire; l'une sur la qualité des crimes, & l'autre sur la nature des contrats faits depuis le crime commis.

A l'égard des crimes, il y en a de deux sortes; les uns sont atroces, les autres sont moins grands.

Quant aux premiers, la faculté d'aliéner cesse à l'instant qu'ils sont commis : quant aux seconds, cette interdiction n'est pas absolue; mais la validité de l'aliénation dépend de l'événement du jugement, & quelquefois de la qualité des aliénations, comme nous l'allons voir dans un moment.

Mais il faut remarquer que les loix Romaines ne regardoient

comme crime atroce & emportant de plein droit interdiction d'aliéner, que le crime de leze-majesté. *Is qui in reatu decedit, integri status decedit. Extinguitur enim crimen mortalitate; nisi fortè quis majestatis reus fuit. Nam hoc crimine, nisi à successoribus purgetur, hereditas fisco vindicatur. l. ult. ff. Ad leg. jul. majest.*

Il paroît que cette disposition est fondée sur ce qu'il n'y avoit que le crime de leze-majesté qui déférât au fisc les biens du coupable; comme on le peut voir par la loi qui vient d'être rapportée, & par la novelle 134. ch. 13. qui adjuge la succession des coupables, de ceux même qui sont condamnés à mort, aux héritiers du sang; si ce n'est dans le cas du crime de leze-majesté, où ils appartiennent au fisc.

Cette interdiction absolue n'étoit donc prononcée qu'en faveur du fisc. Aussi voïons-nous des crimes atroces, dans le cas desquels elle n'a point lieu. Tel est le parricide. Un homme prévenu de ce crime pouvoit tester, & son testament étoit valable s'il mouroit avant la condamnation. *Parricidii postulatus, si interìm decesserit, si quidem sibi mortem consciverit, successorem fiscum habere debebit; si minùs, eum quem voluit, si modò testamentum fecit. Si intestatus decessit, eos hæredes habebit qui lege vocantur. l. 8. ff. de leg. Pomp. de Parricid.*

Il y a plus : les loix connoissoient plusieurs dégrés dans le crime de leze-majesté, & ne les punissoient pas tous de la même façon. *Planè non quisquis legis Juliæ majestatis reus est in eâdem conditione est : sed qui perduellionis reus est, hostili animo adversùs rempublicam, vel principem animatus. Cæterùm, si quis ex aliâ causâ Juliæ majestatis reus sit, morte crimine liberatur. l. ult. ff. Ad leg. Jul. majest.*

Il suit de cette loi, que la faculté d'aliéner n'étoit interdite que dans le cas du crime qui y est appellé *perduellio*, qui est le crime de leze-majesté au premier chef. Car si, dans le cas de tout autre crime de leze-majesté, le coupable mouroit *integri status*, en un mot, si *morte crimine liberaretur*, son testament & tous les autres actes emportant aliénation, qu'il pouvoit avoir faits, étoient valables; ce qui seroit incompatible avec la nullité précédente de ces actes. *Quod initio vitiosum est, non potest tractu temporis convalescere. l. 29 ff. de divers. reg. jur.*

Il semble qu'il devroit résulter, de ce qui vient d'être dit, que cette distinction entre les crimes atroces & ceux qui ne le sont pas ne peut avoir lieu parmi nous. En effet, dans les provinces où la confiscation a lieu, les biens de tous ceux qui sont condamnés pour crimes capitaux appartiennent au fisc. Cependant tous

tous nos auteurs l'ont unanimement adoptée. Tels sont le Prêtre, cent. 1. ch. 84. le Bret, en ses décis. liv. des matiéres criminelles, décis. 4. Ce qu'il y a de singulier, c'est que ces auteurs prennent même les loix Romaines pour appuïer leur avis. Il semble néanmoins, par les raisons que nous avons établies, qu'elles ne devroient y influer en rien.

Il y a plus : suivant les principes du droit Romain, l'incapacité n'avoit lieu que dans les cas où le fisc devenoit propriétaire des biens du condamné. Parmi nous cette propriété lui appartient dans tous les cas où il y a mort naturelle ou civile, au moins dans les provinces où la confiscation a lieu. Il semble donc que, dans ces provinces, tout homme accusé de crime capital devroit être incapable d'aliéner, & que cette capacité lui devroit être conservée dans celles où la confiscation n'a point lieu.

Mais, d'un autre côté, le fisc n'ayant hipothéque que du jour de la condamnation, ainsi que nous l'établirons dans la suite, il semble que l'accusé devroit, par tout le royaume, conserver la liberté d'aliéner jusqu'au moment de la condamnation. Comme ce parti nous paroît le plus conforme aux principes, c'est celui que nous embrassons.

Neanmoins, comme il pourroit y avoir de la fraude dans ces aliénations, cette faculté ne doit pas être sans restriction. Cette réflexion nous conduit naturellement à la seconde des deux distinctions dont nous avons parlé plus haut, qui consiste à distinguer la nature des différens contrats d'aliénation qui peuvent être faits par un accusé.

Ces contrats sont à titre lucratif, ou à titre onéreux.

A l'égard des premiers, la disposition des loix présente d'abord une difficulté. La loi *Post contractum* 15. *ff. de donationibus*, dont nous avons parlé plus haut, annulle les donations suivies de la condamnation du donateur, sans entrer dans la considération si elle a été faite *suspicione pœnæ*, ou non. Et la loi 7. *ff. de mortis caus. donat.* semble au contraire autoriser cet examen pour les donations entre-vifs : car, après avoir proscrit les donations à cause de mort suivies de la condamnation du donateur, elle ajoute : *Quamvis cæteræ donationes sine suspicione pœnæ factæ, valeant.* Ces derniers mots, comme nous l'avons remarqué plus haut, ne peuvent s'appliquer qu'aux donations entre-vifs.

On peut cependant concilier cette contrariété apparente, en disant qu'en général toute donation entre-vifs, faite par un coupable, est censée faite *in suspicione pœnæ* ; & comme telle est annullée, en vertu de la loi *Post contractum* : mais s'il paroissoit clairement que le donateur n'eût point agi en vûe de la peine dont il est menacé, la donation par lui faite pourroit être confirmée. Il y en a un arrêt du premier Juillet 1631, rapporté au journal des audiences.

Cet avis n'est pas, à la vérité, celui du plus grand nombre des auteurs : sans nous arrêter à les parcourir tous ici, nous nous contenterons d'examiner les plus remarquables.

Guerin, sur l'article 272. de la coutume de Paris, prétend que toute donation faite par un accusé est nulle, quand même il seroit absous par le jugement ; parceque, dit-il, on doit présumer qu'il n'a donné que dans la crainte de la mort.

Ricard, traité des donations, dans une addition, p. 1. ch. 3. som. 4. n. 247. approuve cette opinion, & dit qu'il y auroit même de la justice d'annuller toutes les dispositions qui ont été faites depuis le crime, quoique l'accusé soit absous ; d'autant qu'il n'est pas censé avoir eu d'autre motif, que de mettre ses biens à couvert, ou de trouver du support, pour se procurer son absolution.

Le Maître, en son commentaire sur la coutume de Paris, tit. 13. part. 1. chap. 1. dit qu'à l'égard de la premiére raison alléguée par Ricard, le donateur ne peut avoir eu pour motif de mettre ses biens à couvert du fisc, puisque ces sortes de dispositions sont toujours nulles en cas de condamnation ; & contre la seconde, il semble qu'il y ait de l'ingratitude de la part du donateur, de vouloir révoquer la récompense d'une protection dont il a tiré son salut.

Cependant le Maître estime le sentiment de Ricard assez équitable : car, dit-il, quoique dans la rigueur du droit les donations faites par un coupable de crime capital soient nulles, s'il est condamné, & que ses biens soient confisqués, nonobstant les donations, le criminel peut avoir ignoré cette jurisprudence, ou n'y avoir pas fait réfléxion, lors de la donation ; & la libéralité peut excéder les bornes d'une juste reconnoissance. Il se peut même faire que le donataire lui aura représenté le péril plus grand qu'il n'étoit en effet, afin de l'engager à disposer en sa faveur.

Notre auteur ajoute que, si le donateur vivoit long-tems après son absolution, & qu'il ne révoquât point la donation, elle devroit subsister ; parcequ'alors on ne devroit pas présumer que la crainte de la condamnation en eût été le motif.

Pour discuter le sentiment de ces auteurs, il faut, comme on voit, distinguer deux cas; le premier est celui où l'accusé est condamné par le jugement qui suit la donation ; & le second est celui où il est renvoïé absous.

A l'égard du premier cas, nous persistons à soutenir qu'une donation faite par un accusé, & suivie de condamnation, est valable, lorsqu'il y a preuve que cette donation n'a point été suggérée par la crainte de la mort, & par le désir de frauder le fisc. Il est bien vrai, comme le dit Guerin, qu'on doit présumer qu'un tel donateur ne s'est déterminé que *suspicione pœnæ:* mais les présomptions les plus probables sont souvent détruites par des preuves claires & évidentes. Les tribunaux nous en fournissent des exemples tous les jours. En un mot, un accusé, tant qu'il n'est point condamné, jouït, comme nous l'avons dit plus haut, de tous les droits de cité, qu'il ne perd que par la condamnation. Il doit donc être mis au rang des autres citoïens, auxquels les donations entre-vifs sont permises, quand il n'y a point de fraude. Ainsi, lorsqu'on déclare nulle une donation faite par un accusé, c'est par rapport à la fraude dont l'acte est infecté ; & nullement par rapport à la situation du donateur, qui conserve sa capacité dans tout sont entier. La validité de ces sortes d'actes dépend donc totalement des circonstances.

Quant au second cas, qui est celui où l'accusé est absous, il paroît que les auteurs qui viennent d'être cités ne soutiennent la nullité des donations faites entre l'accusation & le jugement d'absolution, que relativement au donateur même, qui peut rentrer dans les choses par lui données. Mais cette opinion ne paroît pas soutenable, même dans leur sistême, qui consiste à annuller toute disposition gratuite, suivie de condamnation.

En effet, le jugement d'absolution remet l'accusé dans le même état que s'il n'avoit jamais été atteint de l'accusation dont on l'a déclaré absous. Ses facultés n'ont donc souffert aucune altération : ainsi, tous les actes qu'il a faits en conséquence doivent produire leur effet, & les donations qu'il a pû faire ne peuvent être anullées que pour des raisons & sur des moïens communs a toutes les autres donations faites dans les cas ordinaires.

Quant aux motifs dont le Maître appuïe son sentiment, il est étonnant qu'un auteur aussi judicieux se soit déterminé sur des raisons aussi évidemment fausses. C'est une maxime certaine, qui est de tous les tems & tous les tribunaux, que l'ignorance de droit ne s'excuse point, & ne peut par conséquent servir de moïen contre un acte qu'on veut faire déclarer nul. *Regula est, juris quidem ignorantiam cuique nocere. l. 9. ff. de jur. & facti ignor.* Il est donc contraire à tous les principes de dire qu'une donation peut être annullée, parceque le donateur ignoroit la jurisprudence en matiére de donations. Il en est de même du défaut de réflexion. Si l'on écoutoit tous ceux qui ont fait quelqu'acte dont l'exécution est contraire à leurs intérêts, & qu'on regardât le défaut de réflexion comme un moïen admissible, il y a très-peu d'actes qui subsistassent.

Quant au second moïen, qui consiste à dire que la libéralité peut excéder les bornes d'une juste reconnoissance, ou que le donataire aura pû représenter le péril plus grand qu'il n'étoit; il est contre les bonnes mœurs. Il suppose en effet que les jugemens d'absolution ne sont autre chose que le fruit des sollicitations d'une personne de crédit, qui s'est fait païer d'avance, par une donation, des peines qu'elle s'est donné pour corrompre les juges. Sans faire plus de réflexions sur cette matiére, il suffit de demander si un tel moïen proposé en justice par un donateur seroit admis ; & s'il n'exciteroit pas, au contraire, l'indignation des juges ?

A l'égard des dispositions testamentaires, elles ne peuvent avoir lieu qu'au cas que l'accusé meure avant la condamnation, ou qu'il soit absous par le jugement. C'est le sentiment de tous nos auteurs le plus accrédités, entr'autres de Ricard, en son traité des donations, p. 1. ch. 3. s. 4. n. 240. & il est appuïé sur la disposition des loix Romaines. *Si quis, post accusationem, in custodiâ fuerit defunctus indemnatus, testamentum ejus valebit. l. 9. ff. Qui testam. fac. poss. Si quis, in capitali crimine damnatus, appellaverit, & medio tempore, pendente appellatione, fecerit testamentum, & ita decesserit, valet ejus testamentum. l. 13. §. 2. ibid.* Puisque, suivant ces loix, il faut que le testateur décéde avant la condamnation, pour que son testament puisse avoir son effet, il s'ensuit qu'il est annullé par la condamnation. La raison est qu'il est impossible qu'un homme accusé d'un crime capital, & qui est condamné ensuite comme coupable de ce crime, ait eu d'autres vûës, en faisant son testament, que d'éviter les suites d'une condamnation qu'il prévoïoit être infaillible. Et ce qui met cette présomption à l'abri de toute preuve contraire, c'est qu'un testament ne se fait jamais qu'en vûë d'une mort dont on se croit menacé.

Il n'en est pas de même de la donation entre-vifs. Le donateur, ordinairement n'a point la mort en vûë. Il n'est guidé que par la libéralité, ou par la reconnoissance, dont il veut voir les effets dès son vivant.

A l'égard des aliénations à titre onereux faites par un accusé, comme les ventes, les échanges & autres semblables, elles sont valables; pourvû qu'il ne paroisse pas qu'il y ait concert de mauvaise foi entre les deux contractans.

Or il peut arriver deux choses. 1°. Que l'aliénation soit forcée & nécessaire. En ce cas, on ne peut pas présumer de mauvaise foi, & l'aliénation doit être confirmée. C'est ce qui est établi par le Prestre, cent. 1. ch. 84. & fondé sur la loi 41. *ff. de solut. & liberat.* rapportée plus haut, distinct. 3.

En second lieu, il peut arriver que l'acquéreur ignore que le vendeur est coupable d'un crime capital. Ce n'est que le décret de prise de corps rendu public qui forme l'accusation en régle. Jusques-là, quoique le coupable contracte dans la seule vûë de détourner son bien, & pour éluder les rigueurs de la justice, il n'est cependant pas juste que l'acquéreur, qui est dans la bonne foi, perde le prix de son acquisition. Or, pour constituer l'acquéreur en mauvaise foi, il ne suffit pas que l'aliénation ait été faite sans nécessité, & sans emploi du prix, parceque l'acquéreur étant dans la bonne foi n'étoit tenu d'aucune précaution vis-à-vis d'un homme dont il ignoroit l'état. *Post scelus admissum, antequam reus sit constitutus, venditiones, permutationes & cæteræ id genus non gratuitæ alienationes valent, si modò fraude caret is quîcum est contractum.* Connan, *l.* 4. *comm. cap.* 11.

Pour prouver l'intelligence de l'acquéreur avec le vendeur criminel, & sa mauvaise foi, Bartole dit qu'il faut que l'aliénation soit universelle de tous les biens, ou qu'elle soit faite au profit d'un proche parent, ou que le vendeur demeure en possession après l'aliénation; ou qu'on ait pratiqué des moïens pour rendre l'aliénation secrete & cachée.

Cujas, sur la loi *Post cantractum. n.* 8. soutient le sistême que nous venons d'établir, au sujet des aliénations. Nous avons aussi dans notre sentiment Bartole & Alciat, sur la même loi, d'Argentré, sur l'art. 188. de la coutume de Bretagne, Basnage, sur l'art. 143. de la cout. de Normandie, le Bret, en ses décisions, liv. des mat. crim. decis. 4, & en son traité de la souveraineté du Roi, liv. 3. chap. 15. Mornac, *in præfat. ad tit. de pign.* Ricard, traité des donations, p. 1. ch. 3. s. 4. n. 244. le Prestre, cent. 1. q. 85. Henrys, tit. 2. liv. 4. quest. 36. Enfin Papon, en ses not. tit. 1. l. 5. des donat.

On éleve une question à ce sujet, qui consiste à sçavoir si un acquéreur de bonne foi, attaqué par le fisc, ou par les héritiers du condamné, après dix ou vingt ans de possession, pourroit leur opposer la prescription, dans le cas où la condamnation auroit été exécutée avant l'expiration des dix ou vingt ans.

La raison de douter est, qu'il ne suffit pas, pour prescrire par dix & vingt ans, d'avoir un titre, & d'avoir été dans la bonne foi au commencement de la possession. Il faut que la bonne foi ait continué pendant tout le tems requis pour la prescription. C'est la disposition du droit canon, que l'on suit en France à cet égard. Or, dit-on, il n'est pas douteux que la condamnation & l'exécution constituent les acquéreurs en mauvaise foi. Elle leur annonce qu'ils ont traité avec un homme qui étoit coupable d'un crime capital, & qui, par conséquent, ne s'est défait de son bien, que pour éviter les suites d'une condamnation qu'il ne pouvoit fuir. D'où l'on conclut qu'il faut, en ce cas, une prescription de trente ans.

Cette question fut agitée en 1619. dans une cause où M. le Bret portoit la parole comme avocat général. Il nous a transmis lui-même un extrait de son plaidoïer, dans ses décisions, liv. des matiéres criminelles, décision 4. Il pose comme un principe certain que la prescription trentenaire est absolument requise en ce cas; & nous ne voïons point de raisons qui puissent détruire ce principe, lequel est fondé, d'ailleurs, sur la disposition du droit canon, qui fait notre régle à ce sujet. Et l'arrêt, rendu sur les conclusious de M. le Bret, condamna les acquéreurs à se désister.

De tout ce que nous venons de dire, il résulte que les circonstances seules décident en cette matiére. En général, un homme qui n'est simplement que dans les liens de l'accusation conserve la vie civile, avec tous les droits qui y sont attachés : mais comme sa situation peut lui faire chercher, plus qu'à un autre, les moïens de frauder, pour se mettre à l'abri de la peine dont il est menacé; cette circonstance fait qu'on examine de plus près les actes qui sont émanés de lui : mais on ne les annulle point, pour raison d'incapacité de sa part; mais pour raison de la fraude, qu'on présume toujours, lorsqu'il n'y a point de preuves au contraire.

DISTINCTION V.

Si l'accusé peut résigner son bénéfice in favorem.

Le droit canon fournit peu de questions aussi débattuës par les auteurs, que celle-ci, laquelle sembleroit cependant n'en devoir pas faire une. Dumoulin est celui qui l'a traitée avec le plus d'étenduë, dans son commentaire sur la régle *de infirmis resignantibus n. 368. & suiv.* & sur la régle *de publicandis resignationibus.*

Quoiqu'il ait établi son opinion avec cette solidité qui lui est ordinaire, il a eu grand nombre de contradicteurs, parmi lesquels il s'en trouve d'un grand poids. Nous allons exposer le sentiment de ce pere du droit François, & les raisons sur lesquelles il l'a appuïé. Ensuite, nous tâcherons de le défendre contre ses adversaires, par raisons & par autorités.

Cet auteur soutient que toute résignation *in favorem* faite par un accusé, entre les mains du pape, ou du légat, & la collation, qui a suivi, sont nulles, comme étant subreptices, & n'aïant pour objet que d'éviter les suites du jugement qui doit intervenir; lesquelles sont de rendre le bénéfice vacant, & par conséquent de mettre le collateur ordinaire dans le pouvoir de conférer librement.

En effet, si le résignant, dans sa procuration *ad resignandum*, avoit déclaré son état, le pape n'auroit pas admis la résignation, ou n'auroit pas dû l'admettre; ou du moins, il ne l'auroit certainement pas admise aussi facilement. La grace que le pape accorderoit, dans un pareil cas, seroit donc subreptice; ce qui suffit pour la rendre nulle.

Il y a plus. Si le pape, ou le légat étant instruits de l'accusation qui se poursuit contre le résignant, sous prétexte de lever tous les doutes à cet égard, en faisoient mention dans les lettres qu'ils accorderoient, ou faisoient même mention du crime sur lequel l'accusation seroit fondée, la nullité seroit encore plus notoire; & on pourroit interjetter appel comme d'abus de l'exécution des bulles.

La raison est, qu'en admettant une telle résignation en connoissance de cause, le pape & le légat troubleroient la jurisdiction de l'evêque, & en arrêteroient les effets: ce qui est contraire à la disposition du décret *de causis*, tit. 10. du concordat, qui ordonne que tout procès soit décidé par le juge ordinaire, qui a droit d'en connoître. Or, dans ce cas-ci, de deux choses l'une : ou le pape & le légat n'ont point intention de déroger au droit commun, ni d'interrompre le cours de la jurisdiction ordinaire ; pour lors, l'acte en question est nul, puisqu'il est subreptice, en ce qu'il est contraire à leurs intentions. Ou ils ont intention de déroger au droit commun, & de troubler la jurisdiction de l'ordinaire ; auquel cas l'acte est encore nul & abusif, étant contre la disposition du décret *de causis*. Ce qui auroit lieu, dans le cas même où la résignation seroit pure & simple ; & à plus forte raison, quand elle est *in favorem*, comme c'est l'usage le plus ordinaire ; ou avec rétention d'usufruit. *Et adhuc major fraus & nullitas, & tetrior abusus.*

On peut encore aller plus loin. Si le pape, avant que d'admettre la résignation, prenoit la précaution d'ordonner une enquête pour s'instruire du véritable état de l'accusé, & le déclaroit, en cas de conviction, privé de son bénéfice, avec ordre de le conférer à l'impétrant, il y auroit abus ; de tels rescrits ne pouvant avoir lieu parmi nous. Car, si le pape commet des délégués pour procéder à cette enquête & à ce jugement, il y a doublement abus. 1°. Contre le decret *de causis*, puisque en commettant des délégués, il enleveroit la jurisdiction de l'ordinaire. 2°. Contre le decret *de reservationibus sublatis*, au concordat, tit. 4. qui abroge toutes graces expectatives, soit générales, soit spéciales, au sujet des bénéfices dont la vacance n'est pas ouverte. Or dans ce cas-ci, de quelque façon que le pape s'énonce, soit qu'il réserve le bénéfice en général, soit qu'il le réserve en particulier, soit qu'il ordonne de le conférer, quand il vaquera, à une personne désignée ou non désignée, c'est toujours une grace expectative, c'est une réserve qui est prohibée & abolie par les conciles & par les concordats.

Si le pape ne commet pas de délégués, & qu'il adresse son rescrit à l'ordinaire, il y a un abus de moins ; pourvû cependant que l'ordinaire procéde de sa propre autorité & de son propre mouvement, & non comme délégué du pape ou du légat : mais l'autre abus subsiste toujours ; & quoiqu'il ne vicie pas le procès instruit de l'autorité de l'ordinaire, il ne laisse pas de vicier les bulles, & de les rendre abusives relativement à la clause de réserve, ou de grace expectative.

Quelques auteurs, cités par Dumoulin, prétendent à la vérité, moïennant certaines distinctions, qu'il n'y a point d'abus dans les cas dont il vient d'être fait mention ; mais ces auteurs n'ont à

cet

cet égard aucune connoiſſance de nos vraies maximes; & Louet, qui, dans toute cette matiére eſt du ſentiment oppoſé à celui de Dumoulin, avouë dans ſes notes ſur la régle *de infirm. reſignant. n.* 381. que l'opinion de Dumoulin eſt vraie à cet égard; mais qu'aujourd'hui on n'accorde plus à Rome de tels reſcrits; & qu'ils ne ſeroient point reçûs parmi nous; en ce qu'ils ſeroient contraires au droit du concordat.

Ainſi de quelque façon que le pape ou le légat admettent une réſignation faite entre leurs mains par un accuſé, elle eſt toujours nulle.

En effet, ou la privation du bénéfice eſt toute la peine que mérite le délit qui fait la matiére du procès; ou cette privation n'eſt qu'une partie de la peine; mais elle entre toujours pour quelque choſe dans la punition que mérite le coupable.

S'il réſigne pour éviter l'infamie de cette privation & prévenir l'effet de la ſentence, il fraude la loi, trompe le juge, & fait une eſpéce d'aliénation frauduleuſe, qui doit être annullée; & les choſes doivent être remiſes dans leur premier état. Ce qui eſt fondé ſur pluſieurs loix; entr'autres ſur la loi 7. *ff. de mortis causâ donat.* qui annulle une donation à cauſe de mort faite par un coupable condamné au dernier ſupplice. La loi 45. *ff. de jure fiſci* déclare nulle toute aliénation faite en fraude. *In fraudem non ſolùm per donationem, ſed quocumque modo res alienatæ revocantur. Idemque juris eſt, etſi non quæratur. Æquè in omnibus fraus punitur.* La loi 46. §. 1. *Ibid.* condamne celui qui a reçû en fraude à reſtituer le double de ce qu'il a reçû.

C'eſt ſur ce fondement qu'un officier, accuſé d'un crime qui emporte privation de ſon office, n'eſt point admis parmi nous à s'en défaire en faveur d'un autre; & quand même la réſignation ſeroit admiſe par le Roi, & les proviſions délivrées, le miniſtére public pourroit s'oppoſer à leur exécution & empêcher l'effet de la réſignation, juſqu'à ce que le procès fût inſtruit; & ſi le cédant étoit condamné, l'office vaqueroit par privation, & non en vertu de la ceſſion; nonobſtant les proviſions du Roi, qui ſeroient ſubreptices.

Ainſi deux raiſons empêchent la validité d'une réſignation *in favorem*, par un accuſé. D'un côté la nullité des proviſions du pape ou du légat, puiſqu'elles ſont ſubreptices, s'il a ignoré l'état du réſignant, & qu'elles ſont contraires au droit du roïaume, s'il a connu cet état. De l'autre côté elles ſont nulles, parceque l'intention du réſignant eſt de frauder la loi; ce qui vicie tellement ſon acte, qu'il eſt impoſſible qu'il puiſſe ſubſiſter.

Mais il faut bien prendre garde que cette nullité ne provient pas de l'incapacité du résignant ; ni de ce qu'on le regarde comme mort civilement : au contraire, il jouït tellement de la vie civile, qu'il ne perd pas la possession de son bénéfice ; il demeure même titulaire jusqu'au moment de la condamnation, qui l'en dépouille. Nous en avons un exemple fameux dans le procès fait au cardinal de Bouillon, pour raison de crime de lèze-majesté. Nous en avons parlé plus haut, Distinction I.

Outre les raisons qui viennent d'être alléguées pour prouver qu'une telle résignation est subreptice & frauduleuse, il peut encore y avoir confidence ; & il y a tout lieu de la présumer, surtout lorsque le résignataire ne fait aucuns mouvemens pour se mettre en possession du bénéfice, & qu'il laisse jouïr le résignant jusqu'à l'événement du procès, afin de le lui laisser si le jugement lui est favorable ; ou de s'en mettre en possession, si la condamnation s'ensuit, en vertu des provisions de cour de Rome obtenuës long-tems avant la condamnation.

Si cependant l'accusé étoit innocent, & que par la sentence il fût renvoïé absous, alors la résignation faite entre les mains du pape auroit lieu ; pourvû qu'elle fût réguliére d'ailleurs. Elle ne seroit point dans ce cas soupçonnée de fraude. L'accusé connoissant intérieurement son innocence ne craignoit point que son bénéfice lui fût enlevé par une injuste condamnation ; ainsi sa résignation étoit libre.

Il en est de même, si aïant été condamné injustement, il interjette appel, & que le juge supérieur infirme la sentence. Autrement, toute fausse accusation lieroit les mains d'un homme innocent, & dont l'innocence seroit justifiée dans la suite ; ce qui est absurde.

En un mot l'innocence de l'accusé fait cesser la subreption ; parcequ'il est certain que le pape connoissant que le résignant est à la vérité accusé, mais qu'il l'est injustement, n'auroit pas moins admis la résignation, pour ne pas donner un nouveau sujet d'affliction à un homme qui souffre déja injustement.

Mais si l'accusé vient à être absous, non parcequ'il est innocent, mais par indulgence, mais parcequ'il obtient l'abolition de son crime, les provisions accordées par le pape, ou par le légat, pendant l'instruction du procès, sur une résignation *in favorem*, sont nulles, étant subreptices ; puisque l'accusé étoit véritablement coupable lorsqu'il a résigné. Or la résignation, étant nulle dans son principe, ne peut, quelque chose qui puisse arriver, devenir valable.

Par la même raison, si l'accusé étant coupable venoit à mourir après la résignation admise, & avant le jugement, elle seroit également nulle, comme étant subreptice dans son principe.

De tout ce qui vient d'être dit, il suit nécessairement que l'effet d'une telle résignation est en suspens pendant l'instruction du procès, dont l'événement décide la validité ou la nullité des provisions de cour de Rome.

Tel est le sentiment de Dumoulin sur cette matiére. Il convient que la glose sur le decret de Gratien & plusieurs autres auteurs sont contraires à son opinion. Il y en a même quelques-uns qui soutiennent que cette résignation seroit valable quand même il y auroit un mandat du pape pour conférer le bénéfice à un autre, pourvû que le résignant ignorât ce mandat ; parceque, s'il en avoit connoissance, la résignation seroit en fraude du mandat. Mais, dit Dumoulin, ces auteurs se sont décidés trop légérement ; & néanmoins comme leur décision paroît plausible au premier coup d'œil, presque tout le monde l'adopte sans examen ; & on se laisse aller dans des erreurs grossiéres, en se livrant ainsi sans réflexion aux lumiéres des autres.

Notre auteur examine ensuite les passages du droit canon dont on se sert pour appuïer le sentiment contraire au sien. Ces passages sont au nombre de trois, ou de quatre tout au plus : sçavoir, le chapitre *Dudùm in fin. de elect.* le chap. *Per tuas in fin. de simon.* le chap. *Ex litteris*, & le chap. dernier *de excess. prælat.*

A l'égard du chapitre *Dudùm*, c'est à tort que quelques-uns le citent pour appuïer le sentiment contraire à celui de Dumoulin. 1°. Il n'y est fait aucune mention d'un accusé qui résigne. Il n'y est point question de délit poursuivi ni civilement, ni criminellement. 2°. Il n'y est point question d'une véritable résignation ; mais seulement d'un homme qui plaide au civil pour se maintenir dans le titre de son bénéfice, & qui, après avoir examiné l'affaire, s'apperçoit qu'il soutient une mauvaise cause & se désiste du procès. Il est bien clair que ce n'est point une résignation du bénéfice, ni même du droit que le cédant y avoit. C'est un abandon pur & simple ; ou plutôt, c'est une reconnoissance de bonne foi qu'on n'a point de droit au bénéfice. Elle se peut faire devant tout juge compétent, devant qui le procès est pendant ; quoique d'ailleurs ce juge ne puisse ni donner ni conférer le bénéfice vacant. Or la résignation ne peut se faire qu'entre les mains de celui qui peut y pourvoir en cas de vacance : *Cap. Cum ex invicto. in fin. de hæret.*

Quant au chapitre *Per tuas*, ſuivant le texte, on pourſuivoit non criminellement, mais civilement, un abbé ſimoniaque, pour le dépoſſéder; & cette pourſuite ſe faiſoit devant un juge compétent & qui avoit pouvoir de le deſtituer; c'étoit devant le pape Innocent III. Il n'y avoit aucun impétrant. On n'étoit pas encore alors dans l'uſage d'obtenir des bénéfices avant qu'ils fuſſent vacans. Cet abbé ſe démit avant le jugement entre les mains du pape. Ce n'étoit donc qu'une véritable démiſſion faite entre les mains de l'ordinaire, qui étoit le pape, & qui avoit ſeul le pouvoir de conférer cette abbaïe. Par cette démiſſion, le procès, dont l'unique objet étoit de priver ce ſimoniaque de ſon bénéfice, fut terminé ſans qu'il intervint de jugement. Ce chapitre n'a donc encore aucun trait à la queſtion que nous examinons ici.

Suivant le chapitre *Ex litteris*, on pourſuivoit civilement un évêque qui avoit appuïé de ſon autorité & de ſa préſence l'exécution d'une ſentence de mort prononcée par le juge ſéculier d'une juſtice temporelle dont cet évêque étoit ſeigneur. Cette action le fit regarder comme indigne de l'épiſcopat, & on vouloit l'en priver par un jugement. Il ne réſigna point; il ne ſe déſiſta point du procès: mais après l'inſtruction il fut condamné à ſe démettre. Ce chapitre, comme trop rigoureux, n'eſt point en uſage parmi nous. Quoi qu'il en ſoit, il ne regarde nullement, comme on voit, notre matiére.

Quant au chapitre dernier *de exceſſ. prælat.* le texte ne dit point qu'on procédât criminellement contre l'évêque dont il y eſt parlé. On le pourſuivoit civilement pour le priver de ſon évêché, parcequ'il n'avoit pas gardé l'interdit que le pape Grégoire IX. avoit lancé contre le Portugal. Pour prévenir le jugement du pape, qu'il prévoïoit bien ne pouvoir pas lui être favorable, il ſe démit volontairement. Ce ne fut donc point une réſignation faite par un accuſé, mais une démiſſion pure & ſimple entre les mains de l'ordinaire; le pape aïant cette qualité relativement à la collation des évêchés.

Il n'y a donc, comme on voit, aucun texte dans le droit canon qui ſoit contraire à l'opinion de Dumoulin. Il n'y en a même pas qui faſſe mention de la queſtion dont il s'agit ici.

Reſte maintenant à examiner les auteurs dont le ſentiment eſt contraire au ſien.

M. Louet, *de infirmis reſignant. n.* 366. 367. 372. 376. 378 *&* 397. convient que les raiſons de Dumoulin ſont ſolides & preſſantes: mais il dit que ſon opinion eſt combattuë par des auteurs d'un très-grand poids; & il cite en même tems ceux que Dumoulin étoit convenu lui être contraires, auxquels il ajoute Probus, n. 12. sur la glose de la pragmatique sanction, *in §. item insuper*, verbo *disponere*, *versicul. poterunt ergò in permut. de collat.* lequel rapporte un arrêt du parlement qui décide contre Dumoulin, au sujet d'une certaine place de vicaire dans l'église de Meaux. Il cite encore Rebuffe & plusieurs autres; & dit ensuite que le sentiment de ces auteurs est suivi dans le parlement de Paris, où l'on juge que toute résignation faite avant, & même après la sentence, s'il y a appel, est bonne & valable; parceque cet appel suspend l'exécution du jugement. Il ajoute ensuite que quoi que dise Dumoulin, il ne voudroit pas suivre son sentiment. Voici les raisons sur lesquelles il se fonde.

Il ne peut, dit-il, y avoir de fraude dans la résignation, si ce n'est contre les droits de l'ordinaire, qui se trouve privé par cette résignation du droit de conférer; lequel droit lui seroit échu si l'accusé n'avoit pas prévenu la sentence. Or cela ne se peut pas dire du pape, qui est l'ordinaire des ordinaires, & auquel par conséquent appartient la collation de tous les bénéfices. La résignation ne lui a rien fait perdre. Mais, comme Dumoulin lui a toujours refusé cette qualité, il regarde les provisions que le pape accorde en ce cas comme nulles.

Louet convient néanmoins qu'il sera plus prudent au résignataire d'exprimer dans la supplique l'état du résignant, & de déclarer de quel crime il est accusé; parcequ'alors on prévient l'objection tirée de la subreption.

Cet auteur va plus loin. Il prétend que pour éviter toute question, il vaut mieux en ce cas avoir recours au pape qu'à tout autre collateur, en faisant mention de l'accusation; parceque le pape étant l'ordinaire des ordinaires peut admettre toutes sortes de résignations, sans que les collateurs ordinaires *in partibus* puissent s'en plaindre. Ainsi personne n'aïant plus aucun intérêt, il ne reste plus matiére à aucun doute.

C'est à tort, continue-t-il, que Dumoulin regarde la provision du pape comme abusive, à cause du decret *de causis*. Car il y a deux choses à considérer; l'accusation qui regarde la peine du délit, & la résignation qui peut être admise par l'ordinaire, même pendant l'accusation. Ces deux choses sont si différentes, que nonobstant la résignation le juge peut continuer l'instruction du procès jusqu'à sentence définitive, & condamner l'accusé.

Il s'objecte cependant que la privation du bénéfice faisant partie de la condamnation, la résignation empêche l'effet du jugement : mais il prétend réfuter cette objection, en disant que cela est vrai avant la résignation ; mais que, quand elle est admise, il faut juger l'accusation sans faire attention au bénéfice. Car les accusations, provenant d'un délit, regardent plutôt la personne que le bénéfice. Elles regardent le bénéfice en tant qu'il est possédé par l'accusé, & non autrement.

Sans entrer ici dans l'examen de la question de sçavoir si Dumoulin a eu tort ou raison de refuser au pape la qualité d'ordinaire des ordinaires, il est toujours constant que les droits du collateur sont lézés. Il est bien vrai qu'on souffre en France que le pape use du droit de prévention qu'il s'est arrogé : mais les ordinaires, quand ils usent de diligence, conservent leur droit ; & même quand leur collation se trouve en concurrence de date avec celle du pape, elle est préférée. Or dans le cas dont il s'agit ici, le pape, en admettant la résignation de l'accusé, ôte à l'ordinaire la faculté de le prévenir, & même de se trouver en concurrence avec lui, puisque le bénéfice se trouve rempli par un résignataire dans le tems où le jugement auroit dû le faire vaquer.

D'ailleurs, il est de l'intérêt & du bon ordre public que les délits soient punis. Or, si ces sortes de résignations entre les mains du Pape avoient lieu, il est constant que ce seroit un moïen sûr d'éviter les punitions que pourroient mériter les bénéficiers. Il peut arriver, & il arrive souvent que la privation du bénéfice soit la seule punition que l'on puisse légitimement infliger à un accusé. Alors, par la résignation *in favorem*, il évite la punition, il prévient la honte de la privation judiciaire de son bénéfice, & a même l'avantage d'en pouvoir gratifier celui qu'il juge à propos. Ainsi un homme innocent, & qui ne se trouve dans les liens d'aucune accusation, n'a pas plus de prérogative qu'un coupable qu'on poursuit criminellement ; puisqu'ils ont l'un & l'autre l'avantage de pouvoir se démettre de leur bénéfice en faveur de qui ils jugent à propos.

On ne comprend pas ce que M. Loüet à voulu dire, par sa réponse à l'objection tirée de l'impunité qui suivroit de la faculté de résigner en faveur d'un autre. Cela n'est vrai, dit-il, qu'avant la résignation. Au contraire. Il y a, avant la résignation, matiére pour appuïer le jugement. Il y a avec quoi punir le coupable, puisqu'il est encore en possession d'un bénéfice dont on peut le priver. S'il n'en a plus, comme il n'y a plus de moïen pour le punir, le crime reste nécessairement impuni, puiſque la privation eſt la ſeule peine qu'on puiſſe infliger au coupable.

Si cette privation n'eſt qu'une partie de la punition, le jugement devient également illuſoire. Il eſt vrai que l'accuſé eſt toujours puni, en ſubiſſant les peines qu'il mérite au-de-là de la privation de ſon bénéfice : mais la punition n'eſt pas entiére, puiſqu'on lui a laiſſé la faculté d'en éviter une partie, en faiſant un acte qui le met, en quelque ſorte, au rang des bénéficiers innocens.

D'ailleurs, ſi les réſignations *in favorem* étoient tolérées en pareil cas, à combien d'abus, à combien de ſimonies ne donneroient-elles pas lieu? Un accuſé qui prévoiroit que la preuve de ſon crime ſeroit difficile à trouver, mais qui auroit néanmoins lieu de craindre de ſe voir convaincu, dans l'incertitude, réſigneroit en faveur d'un homme de confiance, qui conviendroit avec lui de ne point faire uſage de la réſignation, tant que l'événement du procès ſeroit incertain. S'il ne ſe trouvoit point de preuve, & que l'accuſé fût renvoïé abſous, la réſignation ſeroit ſupprimée. S'il s'en trouvoit, au contraire, & qu'il intervînt une ſentence de condamnation, le réſignataire feroit uſage de la réſignation.

Ne pourroit-il pas encore arriver qu'un homme accuſé d'un crime, dont il verroit que la conviction ſeroit infaillible, s'arrangeât, moïennant une certaine récompenſe, avec un autre, auquel il réſigneroit; aimant mieux tirer quelqu'avantage d'un bénéfice qu'il eſt ſur le point de perdre infailliblement, que de le laiſſer aller entre les mains d'un collateur ordinaire, lequel le confereroit à tout autre que celui de qui l'accuſé tire une récompenſe.

Il eſt vrai qu'en général la fraude & les crimes ne ſe préſument point. Mais on a tout lieu de craindre qu'un homme qui a été capable de commettre un crime aſſez grand, pour mériter de perdre ſon bénéfice, n'en commette encore d'autres. D'ailleurs les loix & la juriſprudence ont également pour but & de prévenir les abus & les crimes, & de les punir. Or c'eſt en prévenir de très-grands, que de regarder toutes ces ſortes de réſignations comme nulles.

La réponſe de Loüet à la raiſon de Dumoulin, tirée du décret *de cauſis*, n'eſt pas plus ſolide. Il eſt vrai que la réſignation & l'accuſation ne ſont pas la même choſe, & que le juge peut, après la réſignation, continuer le procès, & condamner l'accusé : mais il ne s'ensuit pas de-là que le pape, en admettant la résignation, ne péche contre ce décret, puisque, si la résignation avoit lieu, le jugement deviendroit illusoire, n'y ayant plus matiére à la punition.

Maître Guy du Rousseau de la Combe, en son traité des matiéres criminelles, part. 1. chap. 1 n. 33. s'est aussi mis au nombre des adversaires de Dumoulin, & cite plusieurs arrêts qui ont jugé conformément à son opinion : mais si cette jurisprudence existoit en effet, elle seroit tellement contraire au bon ordre & aux bonnes mœurs, qu'il faudroit la changer ; & je ne sçaurois me persuader qu'il n'y eût point, dans l'espéce de ces arrêts, quelque circonstance particuliére qui a déterminé la cour, & qui a échappé aux arrêtistes.

Au reste, Dumoulin n'est pas le seul auteur qui suive ce sentiment. Bouchel, dans sa bibliothéque canonique, tom. 1. pag. 28. est exactement du même avis, & il se fonde sur les mêmes raisons que Dumoulin.

Loyseau, traité des offices, liv. 1. ch. 13. dit que la loi devroit être commune pour les offices & pour les bénéfices ; & que toute résignation faite après l'accusation, devroit demeurer en suspens jusqu'à la sentence définitive. Il est vrai, dit cet auteur, que la rélaxation de la discipline a gagné ce point, à l'égard des bénéfices, contre l'opinion de Dumoulin, & peut-être contre la droite raison. Car si le pape, auquel on s'adresse pour ces sortes de résignations, ignore l'état du résignant, comment peut-on nier qu'il n'y ait de la subreption & de la fraude ?

Van-Espen, *de jure Ecclesiastico universali, part. 2. tit. 27. cap. 4. n. 7. & seqq.* rapporte le sentiment de plusieurs auteurs qui soutiennent la validité de la résignation *in favorem* faite par un accusé. Entr'autres celui de Chokier, qui raisonne ainsi : celui qui renonce à ce qu'il posséde, ne fait autre chose que se servir de son droit, & ne commet aucune fraude. Ce n'est que pour son propre avantage, pour celui d'un ami ou d'un parent qu'il renonce à ce qui lui appartient.

Il est inutile, dit Van-Espen, de faire voir combien une pareille idée & un pareil raisonnement sont indignes du ministére ecclésiastique. *Imprimis quàm parùm ministerio ecclesiastico dignam ideam hæc ratiocinatio imprimat, probare non opus est.* D'ailleurs, continue-t-il, il n'est pas vrai que cette démission ne soit point frauduleuse. Car, quoiqu'elle ne fasse pas de tort à un tiers, cependant le jugement devient illusoire ; & c'est tromper la

justice ;

justice ; puisque cette résignation empêche manifestement l'effet de la jurisdiction, & énerve entiérement l'autorité judiciaire, en fournissant un moïen sûr, pour se mettre à l'abri de la punition des crimes, & pour éluder les peines portées par les canons. C'est pourquoi il n'est pas douteux qu'on doit quelquefois rejetter & annuller de telles résignations, comme frauduleuses & subreptices ; ainsi que le prouve Dumoulin.

Tel est le sentiment du célébre Van-Espen, lequel doit, sans doute, servir de régle parmi nous.

DISTINCTION VI.

Si l'accusé peut permuter son Bénéfice ?

Pour décider cette question, Dumoulin, à l'endroit que nous avons cité dans la distinction précédente, distingue : où la permutation est frauduleuse, où elle ne l'est pas. S'il y a de la fraude de la part de l'accusé, elle est nulle, quoique l'autre copermutant soit dans la bonne foi : mais ce dernier ne perd rien, puisque la nullité de la permutation le maintient dans son premier état, & dans la possession du bénéfice dont il jouïssoit auparavant. S'il n'est pas content de ce bénéfice, ce n'est alors que la cupidité qui le fait agir. Il se fonde sur un acte nul en soi, pour se maintenir dans la joüissance d'un bénéfice plus lucratif que celui qu'il veut quitter. Ainsi il ne doit pas être écouté.

Si les deux bénéfices sont d'un revenu à peu près égal, & qu'il n'y ait point de fraude, en ce cas, la permutation est valable, & la sentence de condamnation qui interviendra ne rendra pas vacant le bénéfice que l'accusé possédoit avant cette permutation ; mais celui dont elle l'a rendu titulaire.

Au reste, on peut dire en général, que la fraude est plus difficile & plus rare dans le cas de la permutation, que dans le cas de la résignation *in favorem.*

DISTINCTION VII.

Si l'accusé peut se démettre purement & simplement de son bénéfice ?

On peut dire en général, que la démission pure & simple, entre les mains de l'ordinaire, est licite & valable. Néanmoins il y a des cas où elle ne l'est pas. Pour les indiquer, nous allons examiner, avec Dumoulin, les différentes circonstances qui peuvent se rencontrer.

Cet auteur, *de infirm. resignant. n.* 173. dit que, quand un ecclésiastique, accusé d'un crime qui emporte privation du bénéfice, est traduit devant l'ordinaire même, lequel a en même tems la jurisdiction contentieuse, & la collation des bénéfices, & qu'il lui remet son bénéfice purement & simplement, la démission est valable ; l'evêque la peut admettre, & conférer en conséquence.

En effet, il n'y a point dans ce cas de fraude à craindre. L'evêque connoît l'état de celui qui se démet entre ses mains, puisque c'est lui-même qui instruit le procès. Il ne peut pas non plus y avoir de simonie, puisque la collation est absolument libre, & que l'accusé ne peut pas prévoir sur qui l'evêque jettera les yeux, pour la collation du bénéfice en question. L'accusé n'a donc pas été à portée de faire aucune convention avec son successeur.

L'evêque peut aussi ne pas admettre la démission, mais poursuivre le jugement & l'exécution de ce jugement, & conférer ensuite le bénéfice vacant, en vertu de la sentence privative ; pourvû cependant qu'elle ait passé en force de chose jugée, soit parceque le condamné y a acquiescé ; soit parcequ'il n'en a point interjetté appel dans le tems prescrit par les loix ; soit parcequ'il s'est désisté de cet appel, soit parcequ'il est demeuré désert ; soit enfin, parceque la sentence a été confirmée par le juge supérieur.

Si le jugement se poursuit devant l'official, & qu'il ait un pouvoir général de conférer les bénéfices, & d'admettre les résignations, c'est la même chose que dans le cas précédent.

Si l'official n'a que la jurisdiction contentieuse, & n'a pas le pouvoir de conférer les bénéfices, ce qui arrive ordinairement, le cas est fort différent. Si l'accusé, qui se voit convaincu, & qui reconnoît sa faute, se démet, l'official ne peut pas admettre cette démission, n'en aïant pas le pouvoir : mais il doit la regarder comme un désistement du procès, & une reconnoissance de bonne foi. Il la doit enregistrer, & la notifier ensuite à l'evêque, ou au grand-vicaire, afin qu'il admette la résignation, s'il le juge à propos, & qu'il confére en conséquence, ou qu'il attende l'événement de la sentence, s'il l'aime mieux. L'official doit cependant procéder au jugement, & déclarer l'accusé privé de ses bénéfices, s'il en a. Cette continuation de poursuites est même d'autant plus nécessaire, que l'official doit examiner si l'accusé ne mérite pas, non seulement d'être privé des bénéfices qu'il posséde actuellement ; mais s'il ne doit pas, en même tems, être déclaré incapable d'en posséder jamais d'autres.

Mais si l'accusé, au lieu de se démettre entre les mains de l'official, donnoit sa démission à l'evêque lui-même, l'evêque pourroit valablement l'admettre, & conférer en conséquence ; pourvû cependant qu'il eût connoissance de toutes les circonstances. Car s'il ignoroit l'état de celui qui se démet ainsi entre ses mains, & que le but de cette démission fût d'éluder l'effet de la sentence qui doit intervenir, la démission & la collation faite en conséquence seroient nulles.

Il peut encore arriver que l'accusé ait des bénéfices dans un autre diocèse que celui dans lequel on instruit son procès ; ou que ceux qu'il a dans le même diocèse soient à la collation d'un autre que de l'evêque, ou que l'evêque ne soit pas collateur libre des bénéfices dont l'accusé est titulaire, & qu'il soit obligé de les conférer sur la présentation ou la nomination d'un autre. Alors, si pour prévenir le jugement & exciter la miséricorde de son juge, l'accusé se démet, c'est la même chose que ce que nous avons dit au sujet de la démission faite entre les mains de l'official qui n'a pas la collation des bénéfices.

Il en est de même si le procès ne s'instruit pas devant le juge ordinaire, mais devant un juge délégué, ou tout autre juge compétent, qui n'a pas la disposition du bénéfice.

DISTINCTION VIII.

Si l'Accusé peut se défaire de son office ?

Nous avons vu plus haut, distinction 5. que l'opinion de Dumoulin est que la résignation d'un office faite par un accusé ne peut pas être admise. Il ne paroît pas que cet auteur ait essuïé de contradiction à cet égard. Loyseau, en son traité des offices liv. 1. ch. 13. n. 17. & suiv. admet entiérement le sentiment de Dumoulin, & dit que le sort de la résignation dépend du jugement. S'il porte condamnation, elle est nulle. S'il porte absolution, ou même si le procès étant parfait l'accusé est élargi, avec ordre de se représenter quand il en sera requis, la résignation est bonne, & le résignataire peut se faire installer tant qu'il n'y a point d'appel. Et s'il se trouve installé avant l'appel, il ne peut être dépossédé, quand l'arrêt prononceroit condamnation ; parceque le résignataire ne pourroit plus perdre, par la faute d'autrui, un office dont il auroit dûëment reçû le caractère par la réception, l'installation, & la possession qu'il auroit publiquement & paisiblement exercée.

De ce que l'effet de la résignation demeure en suspens pendant l'instruction du procès, il s'ensuit que si le résignant meurt avant le jugement, comme il meurt *integri status*, la résignation est valable.

SECTION II.

De l'état du Condamné pendant l'appel.

Nous avons examiné jusqu'ici quel est l'état d'un homme coupable d'un crime dont la punition emporte la mort civile, jusqu'au moment du jugement qui le déclare convaincu, & qui, en conséquence, le condamne à la peine qu'il mérite. Mais comme, dans un gouvernement bien policé, on ne connoît rien de plus précieux que l'état & la vie des hommes, on ne s'en rapporte pas à un premier juge sur un point aussi important. Une sentence de condamnation n'est jamais exécutée qu'elle n'ait été confirmée par le juge supérieur ; ensorte que l'on interjette toujours appel de ces sortes de jugemens, à moins qu'ils n'aïent été prononcés par les prevôts des maréchaux de France. Alors ces jugemens sont souverains, & s'exécutent sans avoir besoin d'être confirmés.

Or on demande quel est l'état de l'homme condamné par sentence, pendant l'instruction de l'appel.

Pour parvenir à une décision sûre, il paroît nécessaire d'examiner la nature de l'appel en général.

L'appel n'est autre chose que la plainte portée au juge supérieur de l'injustice que renferme la sentence du juge subalterne. *Appellatio iniquitatis sententiæ querelam continet. l. 17. ff. de minorib. vig. quinque annis.* Il résulte de cette définition, qu'il doit suspendre l'exécution de la sentence dont l'appel est interjetté. Le but de celui qui a recours à cette voïe de droit n'est pas uniquement d'annoncer au juge supérieur que le juge inférieur a commis une injustice. Ce seroit pour lui une consolation bien infructueuse. Son intention est de recourir à la protection de celui auquel le premier juge est soumis, & d'empêcher par cette voïe l'exécution du jugement dont il croit avoir droit de se plaindre.

A quelle extrémité les citoïens seroient-ils réduits, s'il n'y avoit aucune ressource contre un tribunal subalterne ? Le sort des hommes seroit bien malheureux, si une sentence, quelqu'injuste qu'elle pût être, devoit toujours être exécutée provisionnellement.

Aussi, dans les états policés, y a-t-il toujours eu différens dégrés de jurisdiction, afin que les fautes des premiers juges ne fussent pas sans remède. Ceux qui sont grévés par la sentence d'un tribunal se pourvoient à la justice supérieure, & cette provocation lie les mains du juge dont est appel, & suspend l'exécution de la sentence. Tant que l'appel est pendant, elle est censée non renduë. Il n'y a que la confirmation, faite par le juge supérieur, qui donne droit à celui qui l'a prononcée de la mettre à exécution ; & avant la décision de la cause d'appel, il n'est pas plus compétent pour punir ceux qui refusent d'obéïr à son jugement, qu'il ne le seroit après qu'il a été infirmé.

Il seroit aisé de prouver, par les loix de toutes les nations, que la maxime qui donne à l'appel un effet suspensif est regardée partout comme un principe du droit des gens : mais, sans entrer dans ce détail, il suffira de faire voir qu'elle est en vigueur parmi nous en toute matiére, soit civile, soit ecclésiastique, soit criminelle.

Si on remonte jusqu'aux loix Romaines, on trouve dans le digeste un titre entier destiné à établir cette vérité : *nihil innovari, appellatione interpositâ.* Le commencement de la loi qui compose ce titre, décide que tout est en suspens après l'appel interjetté, quand même il ne seroit pas encore reçû ; & que, par la seule signification de l'acte d'appel, le juge qui a rendu la sentence est dépouillé de toute son autorité : car ou l'appel est admis, & alors en vertu de cet appel tout doit demeurer en suspens ; ou il n'est pas reçû, & en ce cas, l'appellant doit être à couvert de toute procédure jusqu'à ce que l'appel ait été formellement accepté, ou rejetté. *Appellatione interpositâ, sive ea recepta sit, sive non, medio tempore nihil novari oportet, siquidem fuerit recepta appellatio, quia recepta est ; si verò non est recepta, ne præjudicium fiat, quoad deliberetur utrùm recipienda sit appellatio, an non sit. Receptâ autem appellatione, tandiù nihil est innovandum, quandiù de appellatione fuerit pronunciatum. l. unicâ. ff. nihil innov. appell. interposit.* En conséquence de ce principe, la loi décide qu'un homme condamné à la rélégation, ou à l'interdiction de ses fonctions, ne peut pas être forcé à se soumettre à ce jugement, tant que l'appel subsiste ; & la raison qu'elle en rend est, que l'accusé conserve tous ses droits par le moïen de l'appel interjetté. *Si quis ergò fortè relegatus fuit &*

appellaverit, non arcebitur, neque in Italiâ, neque in provinciâ, quâ relegatus est. Ibid. §. 2. Propter eamdem rationem, & si quis deportatus fuit, ab eo cui deportandi jus est, vel adnotatus, neque vincula patietur, neque ullam aliam injuriam, quam patitur qui sententiæ non adquieverat. Integer enim status esse videtur, provocatione interpositâ. Ibid. §. 3. Ergò, & si abstinere ordine jussus sit, & provocaverit, eâdem ratione potest cœtum participare, cùm hoc sit constitutum, & sit juris, ne quid, pendente appellatione, novetur. Ibid. §. 4. Il y a des loix qui vont encore plus loin, & qui décident que le testament fait par l'accusé pendant l'appel étoit valable, s'il venoit à décéder avant qu'on eût jugé cet appel. *Condemnatus, si appellaverit, & decesserit pendente appellatione, bona ejus non publicantur. Nam & ejus secundum testamentum valet. l. ult. ff. de bonis damnat. Si quis in capitali crimine damnatus appellaverit, & medio tempore, pendente appellatione, fecerit testamentum, & ità decesserit, valet ejus testamentum. l. 13. §. 2. ff. Qui testam. fac. poss.* En un mot l'appel anéantissoit le jugement, contre lequel on s'étoit pourvû. *Provocationis remedio, condemnationis extinguitur pronunciatio. l. 1. §. 1. Ad senatusconsult. Turpill.* Et cela étoit si vrai, que lors même que le premier jugement étoit cônfirmé, si la peine qu'il avoit prononcée étoit infamante, l'infamie n'avoit lieu que du jour du jugement confirmatif. *Sed si furti, vel aliis famosis actionibus quis damnatus provocavit, pendente judicio, nondum inter famosos habetur; si autem omnia tempora provocationis lapsa sunt, retrò infamis est; quamvis, si injusta appellatio ejus visa sit, hodiè notari puto, non retrò notatur. l. 6. §. 1. de his qui notant. infam.*

Quelque précise que soit la décision de ces loix, sur la question présente, on en oppose cependant deux, qui ordonnent que la procédure soit continuée après la mort de l'accusé. La premiére est la loi unique. *ff. Si pendente appellat. mors interven.* qui s'exprime en ces termes : *Appellatore defuncto, si quidem sine hærede, cujuscumque generis appellatio fuit, evanescit. Quòd si appellatori hæres extiterit, siquidem nullius alterius interest causas appellationis reddi, cogendus non est peragere appellationem. Si verò fisci, vel alterius contra quem appellatum est, interest, hæres causas appellationis reddere necesse habet. Nullius autem interest, veluti cum sine ademptione bonorum relegatus est. Nam si ademptis bonis relegatus, vel in insulam deportatus, vel in metallum datus, provocatione interpositâ decesserit, imperator noster Alexander Pletorio militi ita rescripsit: Quamvis, pendente appellatione, morte rei crimen extinctum sit, data tamen, etiam de parte bonorum ejus, sententia proponitur, adversùs quam non aliter is qui emolumentum ſucceſſionis habet, obtinere poteſt, quàm ſi in reddendis cauſis appellationis iniquitatem ſententiæ detexerit.* Cette loi veut donc que, quoique le crime ſoit éteint par la mort du condamné, cependant quand il meurt avant que ſon jugement ſoit confirmé, ſi quelqu'autre que ſes héritiers prétend avoir des droits à exercer ſur ſa ſucceſſion, ſoit à titre de confiſcataire, ſoit pour d'autres motifs, comme pour dommages & intérêts, les héritiers ſont tenus dans ce cas de ſoutenir l'appel, & par conſéquent l'injuſtice du premier jugement; ſans quoi la ſucceſſion ne leur ſeroit pas déférée.

Ce que cette loi décide au ſujet du jugement ſur l'appel, ſe trouve décidé pour le jugement en premiére inſtance, par la loi 20. *ff. de accuſat. Ex cæteris verò delictis pœna incipere ab hærede ità demùm poteſt, ſi, vivo reo, accuſatio mota eſt, licèt non fuit condemnatio ſecuta.* Ces mots ne ſignifient pas que l'héritier doit être puni comme l'auroit été le coupable, mais ſeulement que ſi l'accuſé n'eſt mort qu'après conteſtation en cauſe, & que l'héritier veuille recueillir la ſucceſſion, il faut, pour empêcher la confiſcation des biens, qu'il prouve l'innocence de l'accuſé.

Il paroît qu'il y a une ſorte de contradiction entre les deux derniéres loix & les deux précédentes. En effet, puiſque le crime eſt éteint par la mort de l'accuſé, puiſqu'il meurt *integri ſtatûs*, qu'il peut même teſter pendant l'inſtruction de l'appel, & que ſon teſtament eſt valable s'il meurt avant que l'appel ſoit jugé; il ſemble qu'il eſt inutile d'examiner s'il a été bien ou mal condamné par la ſentence. Elle eſt cenſée non avenuë. Il ſemble auſſi qu'il eſt inutile de mettre en queſtion ſi ſes biens doivent aller au fiſc; parcequ'un homme qui meurt *integri ſtatûs* doit tranſmettre ſa ſucceſſion à ſes héritiers, & peut même diſpoſer de ſes biens, comme il eſt décidé par les loix précédentes.

Nous croïons pouvoir concilier ces loix en diſant, qu'il eſt vrai que l'accuſé n'eſt point mort civilement avant la ſentence, ni même après la ſentence, & pendant l'inſtruction de l'appel; & que, ſi la mort le ſurprend dans cette circonſtance, on regarde l'accuſation & même le jugement comme non avenus, & il meurt comme s'il étoit innocent: mais comme c'eſt une faveur introduite par les loix, lorſque des tiers ſont intéreſſés à avoir des dommages & intérêts, ou prétendent à la ſucceſſion de l'accuſé, ou du condamné, la faveur qu'on lui accorde d'oublier ſon crime, & d'effacer la tache qui auroit rejailli ſur ſa famille, n'empêche pas qu'on ne rende juſtice à ces tiers. C'eſt pourquoi les loix Romaines veulent que l'on continuë l'examen du procès, afin qu'on puiſſe ſtatuer ſur la demande de ceux qui prétendent être intéreſſés.

Les loix du code ont mis dans la ſuite des bornes à cette régle. Elles ont retranché le fiſc du nombre des parties qui étoient intéreſſées à faire juger ſi l'accuſé mort pendant l'inſtruction de l'appel étoit coupable ; enſorte que la queſtion ne pouvoit plus avoir lieu qu'entre les héritiers de l'accuſé, & ceux qui auroient pû prétendre que le délit avoit donné lieu à des dommages & intérêts, ou à une réparation civile. *Horum patrimonia mortuorum qui vitæ ſuæ tempore diverſis conſcientiam ſuam dicuntur polluiſſe criminibus, fiſci rationibus nequaquam competere, vel ab eo alienari cenſemus, niſi poſt publicam accuſationem eos conſtiterit fuiſſe convictos. l. 10. cod. de jure fiſci.*

Nous croïons avoir démontré que ſuivant le droit Romain l'appel ſuſpendoit le premier jugement, & rendoit même l'état au citoïen, qui en jouïſſoit dans toute ſon étenduë, tant que le jugement n'étoit pas confirmé ; ce qui avoit lieu lors même que la mort du coupable arrêtoit la pourſuite de la procédure.

On pouſſoit autrefois les choſes bien plus loin en France. Dumoulin, *ſtil. parlam. part.* 1. *cap.* 21. nous apprend que quand l'appel étoit interjetté d'une juriſdiction ſituée en païs de droit écrit, l'appellant demeuroit toujours juſticiable du juge pour toute autre cauſe que celle dont l'appel étoit pendant, ſoit que ce juge fût juge roïal, ſoit qu'il fût juge de ſeigneur : mais dans les provinces ſoumiſes à l'empire des coutumes, ſi le juge *à quo* n'étoit pas juge roïal, l'appellant ceſſoit d'être ſon juſticiable pour quelque cauſe que ce fût, ſoit en demandant, ſoit en défendant, tant que l'appel n'étoit pas jugé.

Mais ſans nous arrêter ici à ces diſtinctions, dont l'uſage n'a plus d'application en cette matiére, il eſt toujours certain que par la force de l'appel le juge inférieur perd toute autorité ſur l'appellant dans la conteſtation qui fait le ſujet de l'appel ; & par conſéquent tout ce qu'il peut faire ſur cette affaire, depuis l'appel interjetté, eſt nul, comme émané d'un juge incompétent.

On pourroit oppoſer que dans certaines matiéres les jugemens s'exécutent par proviſion, & nonobſtant l'appel : mais c'eſt ce qui démontre clairement que l'appel, par ſa nature, ſuſpend l'exécution du jugement. Car ſi, de droit commun, toute ſentence étoit exécutoire malgré l'appel, il n'auroit pas été néceſſaire de publier des loix préciſes pour ordonner que dans certains cas il ſeroit paſſé outre à l'exécution. Si donc il falloit une conſtitution expreſſe pour donner à certains jugemens une exécution proviſoire,

soire, c'est parceque dans la régle ordinaire il est suspensif. C'est une exception qui confirme la régle dans tous les cas qui n'y sont pas formellement compris. On a cru que la faveur de certaines affaires privilégiées par leur nature, ou qui par leurs circonstances requiérent célérité, demandoit que les sentences des premiers juges fussent exécutées provisionnellement. Le préjudice que peut causer aux appellans cette exécution provisoire est d'autant moins considérable, qu'on n'a pas accordé ce privilége dans le cas où le grief causé par la sentence ne seroit pas réparable en définitive; & que, même pour les affaires qui sont comprises dans l'exception, on a la faculté d'obtenir des arrêts de défenses qui rendent à l'appel sa vertu suspensive, lorsque l'injustice de la sentence est manifeste.

En consultant les textes du droit canonique, on y découvre aisément quels sont les effets de l'appel. On les trouve clairement exprimés dans le titre *de appellationibus* aux décrétales. Alexandre III. y décide qu'on ne peut faire aucun reproche à un prêtre qui a célébré la Messe nonobstant l'excommunication prononcée contre lui depuis son appel. D'autres chapitres de ce même titre renferment des décisions aussi claires sur la vertu de l'appel. Et c'est de tous ces témoignages que les canonistes ont tiré la maxime générale, que toutes les censures fulminées contre un appellant sont non-seulement injustes, mais nulles, par le défaut de puissance dans celui qui les prononce.

Ce n'est pas seulement l'appel simple qui dépouille le juge inférieur de toute jurisdiction sur l'appellant dans la cause qui fait le sujet de l'appel. L'appel comme d'abus le met également hors d'état de faire exécuter son jugement. Il n'en faut pas d'autre preuve que les loix que le clergé a sollicitées pour faire ordonner que dans certains cas cet appel ne seroit que dévolutif; car il en résulte nécessairement que dans les autres cas il est suspensif, & qu'il l'auroit été dans les cas exceptés, si la loi n'y avoit pourvû. Encore est-il certain que cette exception cesse dans les cas où la décision de la cause d'appel ne pourroit pas réparer le dommage causé par l'exécution du premier jugement; & souvent on est obligé de faire rentrer les choses dans l'ordre commun, & de rendre à l'appel son effet ordinaire par les arrêts de défenses qu'on accorde, quand l'iniquité du jugement ecclésiastique est notoire.

Si l'appel n'avoit pas la force d'arrêter l'effet du premier jugement, il ne présenteroit qu'une ressource inutile & insuffisante,

& ne procureroit aucun secours à ceux qui sont lézés par une sentence inique. Or si cette vertu suspensive lui est essentielle, s'il ne peut jamais la perdre, sur-tout dans les cas où le grief causé par la sentence, si elle étoit exécutée, ne pourroit pas être réparé en définitive; y a-t-il une occasion où l'on puisse appliquer ces maximes avec plus de justice que dans les jugemens criminels, où il seroit impossible de réparer le tort fait au condamné, surtout s'il s'agissoit de lui faire subir une peine capitale, ou afflictive, ou même infamante ? Nos loix ont pris à cet égard toutes les précautions possibles, pour mettre les accusés à l'abri de l'ignorance ou de la passion des premiers juges. L'ordonnance de 1670. tit. 26. art. 6. ordonne que si la sentence renduë par le juge des lieux porte condamnation de peine corporelle, de galéres, de bannissement à perpétuité, ou d'amende honorable, soit qu'il y ait appel, ou non, l'accusé & son procès soient envoïés ensemble sûrement ès cours. Le parlement de Toulouse a fait un réglement le 25 mai 1596. qui ordonne que le procureur du Roi est tenu de se porter appellant d'un tel jugement, lorsque le condamné ne le fait pas, & quand même il s'opposeroit à l'appel. Ce réglement est inviolablement observé dans le ressort de ce parlement; & tous les autres l'ont adopté par un usage constant. Les loix Romaines prononcent la peine de mort contre tout juge qui refuse d'admettre l'appel d'une sentence qui condamne à quelque peine. *l. 19. cod. de appell.* & la loi *Julia* prononce la même peine contre tout juge qui fait exécuter un condamné qui a interjetté appel. *l. 7. ad leg. Jul. de vi publicâ.* Ces loix ne sont pas observées chez nous à la rigueur : les juges sont seulement condamnés en l'amende, ou suspension de leurs charges. Voïez Papon, en ses arrêts, liv. 19. tit. 1. des appellat. Arrêts 16. & 17. Boërius, décis. 153. La Roche, liv. 13. des parlemens chap. 59. art. 51.

On est si éloigné de laisser aux juges inférieurs le pouvoir de faire exécuter en matiére criminelle des jugemens définitifs, qu'on ne leur permet pas même de faire exécuter ceux qui sont purement préparatoires, lorsque le dommage qu'ils peuvent causer est irréparable. L'ordonnance criminelle, titre 19. art. 7. porte que les sentences de condamnation à la question ne pourront être exécutées qu'elles n'aïent été confirmées par arrêts des cours. La raison est qu'il n'est pas possible aux juges supérieurs de réparer les maux occasionnés par la question, qui, pour l'ordinaire, disloque tous les membres de celui qui l'a soufferte. On ne sçauroit donc trop prendre de précautions pour qu'un accusé n'y soit pas appliqué injustement.

Concluons de ces raisonnemens & de ces autorités, que l'appel, sur-tout en matiére criminelle, empêche toujours l'exécution du premier jugement: mais cela vient-il de ce que ce premier jugement est anéanti, suivant cet axiôme si fameux au barreau : *appellatio extinguit judicatum*, ou simplement, de ce qu'il est en suspens pendant l'instruction de l'appel ?

Si l'on examine les arrêts rapportés par les différens auteurs, ils semblent être en contradiction entr'eux. Le Brun, en son traité des successions, liv. 1. ch. 1. sect. 2. n. 5. en rapporte un du 10 Janvier 1630. qui a décidé que le premier jugement n'est qu'en suspens, & n'est point anéanti. Il s'agissoit de sçavoir si un homme condamné à mort avoit recueilli une succession échuë pendant l'instruction de l'appel, quoique son jugement eût été ensuite confirmé par arrêt. M. Bignon avocat général établit pour principe que l'appel éteint le jugé; d'où il conclut que la succession étoit échuë au condamné pendant l'appel ; & cette conséquence suit nécessairement du principe. Cependant l'arrêt jugea que le condamné avoit été incapable de recueillir la succession..

Basnage au contraire, sur l'article 143. de la coutume de Normandie, rapporte un arrêt du parlement de Rouen du 21 Juillet 1635. qui a jugé qu'un condamné à mort pouvoit, pendant l'instruction de l'appel, renoncer à une succession à lui échuë depuis cet appel interjetté, quoique l'arrêt eût confirmé le premier jugement. Voici l'espéce de cet arrêt. Il est remarquable.

Les nommés Barentin pere & fils furent accusés de vol sur le grand chemin. Ils furent condamnés à mort. Pendant qu'on instruisoit l'appel de ce jugement, ils s'évadérent de la prison, & se réfugiérent dans un moulin, où le pere en se défendant contre les émissaires de la justice, fut brûlé & le fils arrêté & réintégré dans les prisons. Ce fils, avant l'arrêt confirmatif du jugement de mort, renonça à la succession de son pere, qui fut acceptée par les filles du renonçant. Les seigneurs confiscataires, du nombre desquels étoient M. le duc de Longueville & un président du parlement de Rouen, prétendirent que cette renonciation étoit frauduleuse., comme faite *conscientiâ sceleris*. Les filles, de leur côté, soutenoient que leur aïeul, étant mort pendant l'appel, étoit décédé *integri statûs*; qu'ainsi sa succession avoit pû être recueillie librement par ses héritiers. Il n'en avoit point d'autre que son fils, qui n'étoit point tenu d'accepter une succession, pour la faire passer au fisc, au préjudice de ses enfans. En effet, s'il l'eût acceptée, comme elle auroit fait partie des biens dont il se seroit trouvé en possession lors de l'arrêt de condamnation, elle auroit été comprise dans la confiscation; au lieu que par le moïen de la renonciation, elle ne s'y trouvoit point, & passoit, de droit, à ceux qui étoient plus proches en dégré, après lui.

On argumentoit, en faveur des confiscataires, de l'article 278. de la coutume de Normandie, suivant lequel un débiteur ne peut renoncer en fraude de ses créanciers : mais l'arrêt jugea que cet article ne s'étend point aux confiscataires. La renonciation fut jugée bonne & valable, & la succession fut adjugée aux filles.

Le parlement de Rouën a depuis consacré la décision de cet arrêt, dans l'article 53. du réglement de 1666, connu sous le nom de *placités*. Voici les termes de cet article. » Le confiscataire » ne peut se faire subroger à appréhender la succession qui a été » répudiée par celui qui, depuis, a été confisqué. »

Ces deux arrêts, si l'on se tient à la lettre, paroissent se heurter de front : mais, si l'on veut chercher l'esprit qui animoit les juges qui les ont rendus, on les conciliera facilement. Ils ont eu pour objet, dans l'un & dans l'autre cas, d'éloigner le fisc des successions auxquelles il prétendoit; parce que, comme nous aurons occasion de l'établir dans la suite, le fisc est toujours très-défavorable, sur-tout quand il se trouve en compromis avec les héritiers du sang.

Le premier de ces arrêts nous paroît totalement conforme aux vrais principes. En effet, il est bien vrai que l'appel suspend l'effet du premier jugement : mais, quand il est confirmé, il reprend toute sa force & toute sa vigueur. C'est ce que nous allons établir dans un moment. Il est donc clair qu'un homme condamné à mort par sentence confirmée ne peut pas recueillir une succession échuë pendant l'appel; parceque la mort civile, qui étoit en suspens, reprend toute sa vigueur par l'arrêt confirmatif. Ainsi la succession en question n'aïant point résidé sur la tête du coupable, elle a passé, de plein sault, aux héritiers plus proches après lui; & le fisc, qui ne l'a point trouvée parmi les biens du condamné, en a été privé.

L'arrêt du parlement de Normandie, quoique produisant le même effet, n'est pas, à beaucoup près, aussi régulier. En déclarant valable la renonciation du coupable, c'est déclarer que la succession avoit résidé sur sa tête; parcequ'on ne renonce pas à une chose qui ne nous appartient pas. C'étoit, par conséquent, juger que la sentence n'avoit produit aucun effet, & que l'arrêt seul avoit opéré la mort civile; ce qui est contraire à tous les principes. Il est bien vrai que l'appel suspend l'effet du premier jugement, de façon que s'il est infirmé, il est regardé comme non avenu, & n'a, par conséquent, produit nul effet. Si au contraire il est confirmé, nul doute qu'il ne reprenne toute sa vigueur, & qu'il ne soit réputé être exécuté du jour de sa date. La fonction des cours souveraines ne consiste pas à rendre de nouveaux jugemens. Elle consiste à examiner ceux dont l'appel leur est déféré, & à déclarer qu'ils sont justes & légitimes, quand ils le sont; & à les anéantir, quand ils ne le sont pas; & pour lors, en faire de nouveaux.

Pour se convaincre de la vérité que nous établissons ici, il suffit de faire attention aux termes dans lesquels les arrêts sont conçus. Quand le premier jugement est confirmé, le parlement *met l'appellation au néant, & ordonne que ce dont est appel sortira son plein & entier effet.* Si l'appellation est anéantie, elle est censée n'avoir jamais existé. Et si le jugement dont est appel sortit son plein & entier effet, cet effet remonte jusqu'à la date, sans quoi il ne seroit pas plein & entier. D'ailleurs rien ne s'y oppose, puisque le seul obstacle qui s'y opposoit, & qui le tenoit en suspens, sçavoir l'appellation, est mis au néant. Le parlement de Rouën est donc tombé en contradiction avec lui-même; puisqu'après avoir confirmé une sentence qui emportoit mort civile, il a déclaré en même tems, que le condamné n'étoit pas mort civilement, en le regardant comme capable de recueillir une succession. Il pouvoit, en même tems, & prononcer un arrêt régulier, & arriver à son but, qui étoit d'écarter le fisc. Il suffisoit, non pas de dire que la rénonciation étoit valable; mais que la succession n'avoit jamais résidé sur la tête du coupable. Les héritiers plus proches en dégré, après lui, auroient également été appellés, au préjudice du fisc.

Quand, au contraire, le premier jugement est infirmé, le parlement *met l'appellation, & ce dont est appel, au néant, émendant,* &c. On forme un nouveau jugement. On met l'appellation au néant, parcequ'elle portoit sur un acte qui n'existe plus, étant mis au néant. On anéantit le premier jugement : il ne produit donc nul effet : ainsi, celui contre qui il a été prononcé n'a perdu aucun de ses droits, & n'a point cessé d'être citoïen.

De ces raisonnemens il faut tirer trois conséquences; la premiére est que, quand le juge supérieur, en infirmant une sentence qui condamnoit à la mort naturelle, ordonne une autre peine qui emporte mort civile, comme les galéres, ou le bannissement à perpétuité ; cette mort civile ne remonte pas à la date du premier jugement; elle ne commence que du jour de l'exécution de l'arrêt. La raison est que la sentence étant infirmée ne peut pas produire d'effet, puisqu'elle est anéantie. Les deux jugemens emportent également mort civile, il est vrai; mais les peines, qui en sont la source, sont différentes. La premiére n'est point exécutée, & ne peut l'être ; elle est donc au rang de celles qui n'ont jamais été prononcées.

La seconde conséquence est que cet axiôme si fameux en droit : *l'appel éteint le jugé*, ne doit pas être pris à la lettre. On doit entendre, non pas que le jugé est anéanti par l'appel; mais qu'il est en suspens. En effet il n'est pas naturel de faire revivre ce qui a été une fois éteint. Or, en soutenant que l'arrêt confirmatif feroit revivre le premier jugement anéanti par l'appel, c'est soutenir une maxime contradictoire avec le principe qu'on veut établir, qui est que l'appel éteint le jugé. Une chose une fois anéantie ne peut pas, dans l'ordre naturel, reprendre l'être. On ne voit pas que les loix Romaines, dans les cas où elles admettent la maxime dont il est ici question, donnent un effet rétroactif au second jugement. Au contraire, elles reconnoissent que ce qui a été une fois éteint ne peut plus revivre. *Si injusta appellatio ejus visa sit, hodie notari puto, non retrò notatur.* La raison est qu'ils regardoient le premier jugement comme vraiment éteint par l'appel.

D'ailleurs, pourquoi donner à l'appel, en matiére criminelle, un effet différent de celui qu'il a en matiére civile? Il ne fait, dans ce dernier cas, que suspendre & retarder la condamnation. Ces appellations sont appellées, en droit, *moratoriæ.*

La troisiéme conséquence est que le condamné, qui meurt pendant l'instruction de l'appel, meurt *integri statûs ;* parceque l'appel, aïant un effet suspensif a tenu comme en suspens la mort civile encouruë par le premier jugement ; & elle est demeurée suspenduë pour jamais, au moïen de la mort naturelle survenuë : & voilà la seule différence qu'il y ait entre l'appel en matiére criminelle, & ceux qu'on interjette en matiére civile. Dans le premier cas, il ne reste plus personne contre qui on puisse agir, pour faire lever l'obstacle apporté par la mort naturelle ; au lieu qu'en matiére civile, cet obstacle, qui empêche l'effet de la condamnation, peut être levé vis-à-vis des héritiers du défunt.

Ils sont tenus de tous ses faits civils, quand ils ont rapport à la succession qu'il laisse : mais ils ne sont nullement tenus de tout ce qui est criminel, qui ne peut par conséquent être poursuivi par personne.

Il faut observer à cet égard, que nous avons poussé l'indulgence beaucoup plus loin que les Romains. Nous avons vu que chez eux, quand quelqu'un prétendoit que le crime commis donnoit lieu à des dommages & intérêts à son profit, il pouvoit, pour se les faire adjuger, poursuivre la preuve du crime contre héritiers, quoique le coupable fût mort pendant l'appel, ou même avant. Chez nous, au contraire, le crime est tellement éteint par la mort du coupable, qu'il n'en reste plus aucune trace, & qu'on ne peut plus faire aucune poursuite en conséquence.

Il faut cependant remarquer avec Ricard, part. 1. chap. 3. sect. 4. n. 247. & suiv. qu'un homme coupable des grands crimes dont on poursuit la vengeance après la mort, en faisant le procès au cadavre, ne meurt point *integri statûs*, quoiqu'il décéde pendant l'instruction de l'appel. Tels sont le crime de lèze-majesté, le suicide & le duel.

Cette exception étoit déja établie par les loix Romaines pour le crime de lèze-majesté & pour le suicide. Nous avons rapporté ailleurs les loix qui l'établissent à l'égard du crime de lèze-majesté. Quand au suicide, cette disposition n'avoit lieu que contre ceux qui se tuoient eux-même pendant l'instruction, ou après la condamnation, & non contre ceux qui ne se donnoient la mort que pour se débarrasser d'une vie dont ils étoient ennuiés. C'est ce que prouvent la loi 1. §. 23. *ff. de senatusconsult. Syll.* & la loi 6. §. 7. *ff. de injust. rupt.* & plusieurs autres rapportées plus haut.

SECTION III.

De l'état du condamné après le jugement en dernier ressort, quand il n'a été ni prononcé ni exécuté.

On vient de voir que le jugement en dernier ressort, lorsqu'il confirme des condamnations prononcées par le juge inférieur, rend à ces condamnations tout leur effet, qui avoit été suspendu par l'appel. Cela est si vrai, que les peines sont exécutées de l'autorité du premier juge, & que le condamné est toujours renvoïé dans les prisons du siége inférieur. D'où il suit nécessairement que la mort civile eſt encouruë du jour du premier jugement confirmé.

Mais pour que le jugement confirmatif produiſe cet effet, & que le condamné ſoit réputé mort civilement du jour de la ſentence, il ne ſuffit pas que ce jugement ait été arrêté entre les juges : il faut qu'il ait été prononcé au condamné. Nous allons tâcher d'établir ce principe ; & nous examinerons en même tems s'il n'eſt pas même néceſſaire que ce jugement ait été exécuté pour pouvoir influer ſur la vie civile.

Ces deux queſtions furent agitées en 1632. au parlement de Rouen, & Baſnage, ſur l'article 143. de la coutume de Normandie, nous a conſervé l'eſpéce, les moïens & l'arrêt, que nous allons rapporter d'après cet auteur.

Une femme, convaincuë d'avoir fait périr ſon enfant, fut condamnée à mort par ſentence. Ce jugement fut confirmé par arrêt, qui ordonna en même tems qu'elle ſeroit renvoïée ſur les lieux pour être exécutée. Pendant la route elle mourut dans une hôtellerie, & par un procès-verbal de viſite de médecins & de chirurgiens, il fut conſtaté qu'elle étoit morte naturellement. On agita la queſtion de ſçavoir ſi le jugement ſeroit exécuté ſur le cadavre ; ou ſi au contraire ce cadavre ſeroit enterré. La déciſion de cette queſtion étoit fort importante, même pour les intérêts pécuniaires ; parcequ'il s'agiſſoit de ſçavoir ſi la confiſcation des biens de la défunte auroit ou n'auroit pas lieu.

Cette queſtion fut portée à la tournelle du parlement de Rouen, d'où étoit émané l'arrêt confirmatif de la ſentence de condamnation. M. de Soquence, qui avoit été rapporteur, étoit d'avis que le jugement devoit être exécuté, & le cadavre porté au lieu patibulaire Cet avis fut conteſté par M. du Moucel, qui entraîna beaucoup de ſuffrages dans ſon parti ; enſorte qu'il y eût partage. On voulut avoir le ſentiment de la grand'chambre ; & pour cet effet, on paſſa par deſſus la régle qui n'admet point de partage en matiére criminelle, attendu que le ſentiment le plus doux doit l'emporter. Le rapporteur & ceux de ſon parti diſoient cependant que cette régle n'avoit point d'application dans le cas préſent ; attendu qu'il s'agiſſoit de l'exécution de leur jugement.

Le rapporteur, pour ſoutenir ſon opinion, diſoit que les loix Romaines ne parlent pas préciſément du cas dont il s'agiſſoit. Elles décident ſeulement que le crime eſt éteint par la mort du coupable, quand elle arrive avant l'exécution, avant le jugement, & même pendant l'appel. Mais il ſoutenoit qu'après un arrêt, un un jugement ſouverain, tout eſt conſommé, & la confiſcation eſt acquiſe, puiſqu'elle eſt prononcée par l'arrêt. La coutume, en diſant que *tout homme condamné à mort confiſque*, ne parle point de l'exécution du jugement. Cette exécution avoit même été commencée, puiſque la condamnée avoit été miſe entre les mains du ſergent, pour être conduite au lieu de ſon ſupplice. Les biens d'un banni à perpétuité, qui viendroit à mourir avant ſon départ, ne laiſſeroient pas d'être confiſqués au profit du ſeigneur dont ils releveroient. Il y en a un arrêt du parlement de Bordeaux du 24 Avril 1534. rapporté par Papon, liv. 24. tit. 14. arrêt 1. qui a jugé que le corps d'un aſſaſſin & incendiaire condamné à être brûlé vif, aïant été mis au feu, s'étant échappé des mains du bourreau, & étant mort la nuit ſuivante, ſeroit conduit une ſeconde fois au lieu du ſupplice, brûlé & mis en cendres. Il ajouta que ſi l'on prenoit le parti de la douceur, il en pourroit réſulter beaucoup d'inconvéniens & d'abus : que les condamnés auroient recours au poiſon & aux armes pour prévenir leur exécution, & qu'il étoit fort aiſé d'avoir des certificats de médecins pour atteſter que la mort ſeroit naturelle. Il finit, en diſant que la confiſcation eſt formellement ordonnée par la coutume de Normandie ; & que les jugemens qui ordonnent des peines, doivent être exécutés pour l'exemple, & pour imprimer de la terreur aux méchans.

Le compartiteur, pour ſoutenir ſon opinion, diſoit qu'en France on conſidére deux choſes dans les crimes ; ſçavoir l'intérêt particulier & la ſatisfaction publique qui exige qu'ils ſoient punis. Il ne s'agiſſoit point de l'intérêt particulier ; qu'à l'égard de la peine, on doit ſuivre la diſpoſition des loix civiles, qui portent que *morte rei crimen extinguitur*. Sur quoi il citoit la loi 6. *ff. de publ. jud.* & la loi 20. *ff. de pœnis. Pœna in hominum emendationem ſtatuta deſinit mortuo eo in quem eſt conſtituta.* Le jugement ne peut être réputé parfait que quand il a été prononcé au condamné. Or, dans ce cas-ci, il ne lui avoit pas été prononcé ; & quand il l'auroit été, l'exécution ne pouvoit plus ſe faire comme elle avoit été ordonnée. Elle ne pourroit avoir lieu que ſur un cadavre, contre lequel on ne peut procéder, ſans lui faire créer un curateur. Le criminel, juſqu'à l'exécution, peut eſpérer ſa grace. Elle peut lui être accordée, ſoit par la miſéricorde du ſouverain, ſoit par quelque cas fortuit. Autrefois la rencontre d'une Veſtale ſauvoit la vie, & la venuë & l'entrée d'un Roi, ou des ſujets de rejouïſſance publique opérent quelquefois le même effet. Puis donc qu'un condamné eſt toujours en état de recevoir ſa grace, il ne peut être privé de cette attente, juſqu'au dernier ſoupir de ſa vie. La condamnée & ſes héritiers doivent profiter de cet heureux évenement.

Quant à l'exemple que l'on doit au public, cette conſidération ne doit point préjudicier à l'intérêt des particuliers.

A l'égard de la confiſcation, c'eſt l'exécution ſeule du jugement qui la produit. Les coutumes qui ordonnent la confiſcation diſent que *qui confiſque le corps confiſque auſſi les biens*. Ce qui ſignifie que, pour que les biens ſoient confiſqués, il faut que le corps le ſoit auſſi, & par conſéquent, que l'exécution ſoit faite. C'eſt ainſi que l'explique Chaſſanée, ſur la coutume de Bourgogne, titre des confiſcations, art. 1. au mot, *qui confiſque le corps*.

Par arrêt du 10 Février 1632. l'avis du compartiteur fut ſuivi.

Il eſt conſtant qu'il ne doit pas y avoir de difficulté à décider que le jugement ne produit ſon effet que quand il a été prononcé au condamné. Cette prononciation tient lieu de ſignification. Or il eſt certain qu'un jugement, en quelque matiére que ce ſoit, ne peut produire d'effet qu'après la ſignification faite à celui contre qui il a été obtenu. Et cette ſignification eſt ſi néceſſaire, que quand la condamnation eſt par contumace, on la ſignifie à la partie condamnée, à ſon domicile. En un mot cette prononciation eſt preſcrite par l'ordonnance de 1498. art. 106. & par celle de 1535. art. 44. Et Carondas, en ſes obſervations, au mot arrêt, dit qu'il a été jugé que ſi le priſonnier meurt devant l'arrêt, *integro ſtatu moritur, & ejus bona ad ipſius hæredes pertinebunt;* parceque, quoique l'arrêt ſoit conclu & ſigné du conſeiller & du préſident, & mis au greffe, il n'a aucun effet, tant qu'il n'eſt pas prononcé. Il en eſt de même d'une ſentence. Brodeau, lettre C. ſom. 47. nombre 10. rapporte un arrêt du 20 Décembre 1613. qui a jugé la queſtion d'une maniére bien préciſe. Un particulier nommé Julien Prevôt, pour réparation d'un meurtre par lui commis, eſt condamné à mort par ſentence du bailli de Vendomois. Cette ſentence eſt confirmée par arrêt du 11 Avril 1570. Le coupable eſt renvoïé ſur les lieux, pour y être exécuté. En route il corrompt le meſſager & les ſergens, & ſe retire à ſaint Malo, où il change de nom, ſe marie & a nombre d'enfans. On néglige de lui faire ſon procès pour raiſon de ſon évaſion. Enfin, quarante ans après l'arrêt il interjette appel de la ſaiſie de ſes biens & de l'emprisonnement de sa personne, & soutient que le crime & l'arrêt sont également prescrits. Grande question, si la condamnation contradictoire n'a point interrompu la prescription. Le crime étoit constaté, la condamnation étoit prononcée par un arrêt contradictoire, le coupable avoit été livré au supplice; que falloit-il de plus pour l'avoir couvert d'infamie, & pour lui avoir fait encourir la mort civile? Néanmoins toutes ces considérations furent impuissantes; parceque l'arrêt n'avoit pas été notifié au coupable; on ne le lui avoit pas prononcé.

Mais il y a beaucoup plus de difficulté à décider si l'exécution est aussi nécessaire que la prononciation, pour que le condamné soit réputé mort civilement : & l'on peut ajouter beaucoup de raisons à celles qui ont été alléguées par le rapporteur & par le compartiteur, lors de l'arrêt dont nous venons de parler d'après Basnage.

Quoi qu'en ait dit le compartiteur, il est constant que les loix Romaines regardent le condamné comme mort civilement dès l'instant de la condamnation. Elles ont à ce sujet des textes précis. La loi 10. §. 1. *ff. de pœnis*, s'exprime ainsi : *Qui ex causâ in metallum dati sunt, & post hoc deliquerunt, in eos, tanquam metallicos constitui debet, quamvis nondùm in eum locum perducti fuerint, in quo operari habent. Nam statim ut de his sententia dicta est, conditionem suam permutant.*

La loi 29. *ff. eod.* est aussi précise. *Qui ultimo supplicio damnantur, statim & civitatem & libertatem perdunt. Itaque præoccupat hic casus mortem, & nonnunquam longum tempus occupat. Quod accidit in personis eorum qui ad bestias damnantur : sæpè enim ideò servari solent post damnationem, ut ex his in alios quæstio habeatur.*

Enfin la loi *6. §. 6. ff. de injust. rupt. irrit. fact. testam.* est aussi précise que les précédentes. *Sed & si quis fuerit capite damnatus, vel ad bestias, vel ad gladium, vel aliâ pœnâ quæ vitam adimit, testamentum ejus irritum fiet; & non tunc, cum consumptus est, sed cùm sententiam passus est. Nam pœnæ servus efficitur.*

Après des textes aussi clairs, il n'est pas permis de douter que la mort civile étoit encouruë chez les Romains avant l'exécution; & les loix citées par le compartiteur ne contiennent rien de contraire à ces dispositions. 1°. L'axiome qu'il cita, *mortuo reo, crimen extinguitur*, s'entend de celui qui n'est encore qu'accusé, & non du condamné.

2°. La loi *6. ff. de public. jud.* n'est pas plus en sa faveur : en voici les termes : *Defuncto eo qui reus fuit criminis, & pœna extincta, in quâcumque causâ criminis extincti debet is cognoscere, cujus de pecuniariâ re cognitio est.* Cette loi ne parle encore que de l'accusé ; le mot *reo* n'a pas d'autre signification ; & c'est l'avis de Godefroi. La disposition même le prouve, puisqu'elle renvoïe, pour les peines pécuniaires, devant le juge qui en doit connoître ; ce qui seroit inutile, si l'accusé eût été jugé de son vivant ; puisque le jugement auroit décidé des peines pécuniaires.

3°. Enfin la loi 20. *ff. de pœnis*, qui est encore citée par le compartiteur, ne prouve point que le jugement, qui n'a point été prononcé, n'opére pas la mort civile. En voici les termes : *Si pœna alicui irrogatur, receptum est commenticio jure, ne ad hæredes transeat. Cujus rei illa ratio videtur, quòd pœna constituitur in emendationem hominum, quæ, mortuo eo in quem constitui videtur, desinit.* Cette loi ne parle certainement point de la mort civile, qui n'avoit point d'effet contre les héritiers. Elle leur étoit quelquefois même avantageuse, en les faisant rentrer dans des biens dont le condamné avoit disposé par testament. Elle défend seulement d'imposer des peines au cadavre qui puissent rejaillir sur les héritiers ; parcequ'il n'y a que le coupable qui doive au public l'exemple d'une punition proportionnée à son crime.

Enfin, quelque sens qu'on donne à cette loi, on ne parviendra jamais par son moïen à détruire ce que nous avons établi plus haut, sur le fondement de trois loix précises ; que la condamnation suffisoit pour priver un homme de l'état de citoïen.

Il est donc constant que parmi nous il est nécessaire, pour que le jugement produise quelqu'effet, qu'il ait été prononcé au condamné ; & que cela n'étoit pas nécessaire chez les Romains, qui le regardoient comme mort civilement dès qu'il étoit jugé : d'où il suit nécessairement qu'il n'étoit pas nécessaire que le jugement eût été exécuté, pour influer sur l'état du condamné.

Dans nos mœurs au contraire, la prononciation est nécessaire. Ainsi la question de sçavoir si l'exécution l'est aussi, demeure dans son entier. On peut même dire que nos loix ne fournissent point de raisons précises de décider ; & elles sont tellement en controverse à cet égard, qu'on peut prendre le parti qu'on croit le plus convenable, sans craindre d'en heurter les dispositions. Nous allons seulement rapporter les différens motifs sur lesquels on peut fonder l'une ou l'autre opinion.

Pour soutenir que l'exécution n'est pas nécessaire, on peut alléguer d'abord la disposition des loix que nous venons de rapporter. On peut dire que le condamné perd son état dès l'instant qu'on lui a prononcé son arrêt ; & que le défaut d'exécution, avant la mort naturelle, ne lui rend pas la vie civile. Que la raison alléguée par le compartiteur, lors de l'arrêt dont il a été question plus haut, ne suffit pas pour détruire ce sentiment. Cette raison consiste à dire que le condamné est en droit d'espérer sa grace jusqu'au moment où l'exécution lui ôte la vie : mais cette espérance n'est presque jamais suivie de l'événement. D'ailleurs l'espérance d'un bien n'a pas l'effet de la réalité. On peut ajouter, que ce n'est point l'exécution qui produit la confiscation ; mais le jugement qui la prononce en propres termes, L'inexécution d'une partie de la peine occasionnée par la mort naturelle du condamné n'empêche point qu'on n'exécute les autres parties. En effet, si un homme condamné aux galères, ou au bannissement à perpétuité hors du roïaume, n'exécute pas ces condamnations, cela n'empêche pas que ses biens ne soient confisqués. Enfin quand la coutume dit : *Qui confisque le corps confisque les biens*, elle entend que toute peine qui tend à la mort, soit naturelle, soit civile, entraîne la confiscation des biens. Ce n'est que par la prononciation de la peine que la justice confisque le corps ; parceque l'exécution réelle de cette confiscation dépend d'événemens qui ne sont pas subordonnés à la loi.

Carondas, dans ses observations, au mot arrêt, est de cet avis, & soutient que dès que l'arrêt a été prononcé au condamné, quoiqu'il n'ait pas été exécuté, *jus facit.* Et il cite la loi 55. *ff. de re judicatâ.*

Pour soutenir au contraire, que l'exécution est nécessaire, on peut dire que les biens du condamné, mort dans le tems intermédiaire à la prononciation & à l'exécution du jugement, ne sont point confisqués. Sur quoi on peut citer la Roche-Flavin, liv. 6. de ses arrêts, tit. 23. art. 5. au mot confiscation. On peut aussi citer un arrêt du parlement de Toulouse, rapporté par Maynard, liv. 4. chap. 52. qui l'a ainsi jugé. On peut ajouter, qu'en matiére de condamnation il y a deux parties principales à qui, quand on veut retrancher un citoïen de la vie civile, ce retranchement doit être signifié ; sçavoir le condamné lui-même, & la société. Un homme ne peut pas sçavoir qu'on le rend incapable de contracter avec la société, si on ne le lui apprend : c'est ce qui se fait par la prononciation de son jugement. La société, de son côté, ne peut connoître l'incapacité de cet homme, si on ne la lui notifie ; & tant qu'elle sera dans l'ignorance à cet égard, elle continuera de le regarder comme un de ses membres, avec qui elle peut valablement contracter. Or cette notification n'a lieu que par l'exécution du jugement, qui est publique, & se fait à la face de la société.

A l'égard de la loi citée par Carondas, il paroît par les termes même dans lesquels elle est conçuë, qu'elle a voulu seulement empêcher le juge de se réformer; mais non pas décider que son jugement fait loi aussitôt qu'il a été prononcé. *Judex*, dit cette loi, *posteaquàm semel sententiam dixit, posteà judex esse desinit. Et hoc jure utimur, ut judex qui semel, vel pluris, vel minoris condemnavit, ampliùs corrigere sententiam suam non possit. Semel enim malè, seu benè officio functus est.*

Enfin on peut argumenter de la disposition de l'article 29. du tit. 17. de l'ordonnance de 1670. qui ne fait remonter la mort civile, encouruë en conséquence d'un jugement prononcé par contumace, qu'au jour de l'exécution. En voici les termes : » celui qui aura été condamné par contumace à mort, aux galères perpétuelles, ou qui aura été banni à perpétuité du roïaume, qui décédera après les cinq années sans s'être représenté, » ou avoir été constitué prisonnier, sera réputé mort civilement » du jour de l'exécution de la sentence de contumace. »

La loi, comme on voit, ne fait remonter la mort civile qu'au jour de l'exécution, & non au jour de la prononciation; ce qui prouve qu'elle regarde cette exécution comme indispensable. Ce qui est sans doute fondé sur ce que ce jugement, rendu dans le secret d'une chambre, n'annonce pas à la société que le condamné est incapable de traiter avec elle. Or il en est de même dans le cas des jugemens contradictoires, qui, quand ils sont prononcés au coupable, ne le sont que dans le secret de la chambre, sans que la société en ait connoissance autrement que par l'exécution qui s'ensuit.

Mais cette derniere raison ne demeure pas sans réponse. En effet, si l'ordonnance ne fait remonter la mort civile qu'au jour de l'exécution du jugement rendu par contumace, c'est qu'elle regarde la prononciation de ce jugement, qui doit être faite au condamné, comme indispensable pour opérer la mort civile. Or comme, dans le cas de l'article dont il s'agit, le coupable est en fuite, la justice ne peut pas lui prononcer son jugement en face. Cependant, comme il est nécessaire qu'il en ait, ou qu'il soit censé en avoir connoissance, on prend tous les moïens possibles pour la lui procurer, & on exécute le jugement par effigie : en sorte que cette exécution est autant pour notifier la condamnation au coupable même, que pour la notifier à la société.

Cette objection se détruit, en disant que la condamnation est toujours manifestée tant au coupable qu'à la société. Quand le jugement est contradictoire, ou il tend à la mort naturelle, ou il tend simplement à la mort civile. Dans l'un & l'autre cas, le condamné connoît son état, par la prononciation qui lui est faite du jugement. S'il tend à la mort naturelle, l'exécution publique le manifeste à la société. S'il ne tend qu'à la mort civile, s'il ne condamne, par exemple, qu'aux galères ou au bannissement du Roïaume à perpétuité, l'exécution de ce jugement, quoique moins solemnelle que l'autre, ne laisse pas d'être connuë du public; au moins de ceux qui étoient dans le cas d'avoir quelque liaison avec le condamné.

D'ailleurs c'est tellement l'intention de la loi que ces sortes de jugemens soient connus du public, que voici les précautions qu'elle prend pour les notifier, quand ils sont par contumace, tant au condamné, qu'à la société. L'ordonnance de 1670. tit. 17. art. 16. prescrit que les condamnations par contumace, qui emportent mort naturelle, soient exécutées par effigie. A l'égard de celles qui ne tendent qu'aux galères, amende honorable, bannissement perpétuel, flétrissure, & au fouët, en un mot, toutes celles qui emportent mort civile ou infamie, elles doivent être écrites dans un tableau, sans effigie; & les effigies, aussi-bien que les tableaux, doivent être attachés dans la place publique. A l'égard de toutes les autres condamnations prononcées par contumace, & qui ne produisent ni mort civile, ni infamie, elles doivent seulement être signifiées au domicile ou résidence du condamné, s'il en a dans le lieu de la jurisdiction. S'il n'en a point, elles doivent être affichées à la porte de l'auditoire.

Cette distinction entre les peines qui produisent la mort civile, & celles qui ne la produisent pas, fait voir, comme nous l'établirons ailleurs, chap. 3. sect. 1. que le législateur a voulu que la société eût connoissance des jugemens qui retranchent quelque citoïen de son sein. Or, comme elle ne peut en avoir connoissance que par l'exécution, il s'ensuit qu'elle est nécessaire.

S'il en étoit autrement, & qu'il suffît, pour qu'un homme fût mort civilement, qu'il eût seul connoissance de son état, il en résulteroit des absurdités sans nombre. Les contrats, par exemple, qu'il pourroit faire, seroient tout à la fois nuls & valables. Ils feroient nuls relativement à lui, en conféquence de fon incapacité, dont il auroit une parfaite connoiffance : mais ils feroient valables relativement à fes contractans, auxquels on n'auroit point notifié cette incapacité, & qui feroient, par conféquent, dans la bonne foi.

Il eft vrai que ces inconvéniens peuvent avoir lieu quand ces fortes de condamnations font prononcées contradictoirement, l'exécution n'en étant pas affez manifefte. Il arrive tous les jours qu'un homme condamné au banniffement hors du Roïaume, au lieu d'exécuter fon ban, va s'établir dans une province éloignée de celle où il a été condamné, & y jouït, à l'abri de l'ignorance dans laquelle on eft de fon état, de tous les priviléges attachés à la qualité de citoïen, qu'il a néanmoins perduë. Combien s'en trouve-t-il de tels dans cette capitale, où le grand nombre des habitans confond tellement chaque perfonne, qu'on n'y eft connu que quand on y poffede quelque place éminente, ou quand on s'y procure, par fes talens, une certaine célébrité.

Ces inconveniens demanderoient fans doute une nouvelle loi, qui apportât de fages précautions pour y remédier : mais ils ne nous paroiffent pas fuffifans pour entraîner notre fuffrage contre ceux qui prétendent que l'exécution eft néceffaire pour opérer la mort civile, & que la prononciation ne fuffit pas. En effet, puifque la mort civile n'eft autre chofe que la fuite d'une peine, il eft néceffaire que cette peine exifte, pour que la mort civile puiffe exifter auffi ; à moins qu'on ne veuille confidérer le jugement qui ordonne cette peine comme étant la peine même ; ce qui eft abfurde. La mort civile ne peut donc être encouruë que par l'exécution du jugement ; puifqu'il répugne que l'effet puiffe exifter fans la caufe qui le produit.

On peut objecter qu'il eft fi peu néceffaire que la peine exifte pour produire des effets, qu'elle en produit, quoiqu'elle foit prononcée par contumace ; auquel cas on ne la peut pas exécuter, puifque celui fur qui elle devroit l'être eft en fuite.

On répond que, quoique dans ce cas elle ne foit pas réellement exécutée, elle l'eft par une fiction. Or perfonne n'ignore la maxime de droit qui dit, que la fiction produit les mêmes effets que la réalité. *Tantum operatur fictio in cafu fictitio, quantum veritas in cafu vero.* Or, quoique dans le cas de la contumace il n'y ait qu'une exécution feinte, il eft toujours conftant qu'il en faut une, fans quoi, comme nous le prouverons dans le chapitre fuivant, le jugement n'auroit aucun effet.

On

On peut encore insister, en disant que, quand le jugement par contumace ne prononce que le bannissement ou les galères à perpétuité, il n'y a, dans ce cas, ni d'exécution réelle, ni d'exécution feinte ; & que cependant la mort civile ne laisse pas de s'ensuivre.

On répond que, si ces sortes de jugemens par contumace ne s'exécutent pas publiquement, c'est par une suite de la fiction dont nous avons parlé. Comme les fictions n'ont été introduites que pour la facilité de la société civile, & qu'elles opérent les mêmes effets que la vérité, elles doivent l'imiter, & ne rien présenter à l'esprit qui soit contraire à la vraisemblance. Or les condamnations aux galères ou au bannissement à perpétuité, quoique contradictoires, ne s'exécutent point publiquement. Pour soutenir la fiction telle qu'elle doit être, il ne doit pas non plus y avoir de publicité dans l'exécution, lorsque le jugement est par contumace. On se contente, lorsqu'il est contradictoire, de l'annoncer au condamné, & de lui enjoindre de sortir du roïaume, pour n'y jamais rentrer. Voilà la seule exécution qui se fasse : on n'en peut pas faire d'autre, puisqu'elle dépend totalement d'un acte qui ne peut être exécuté que par celui qui y est condamné. De même, quand c'est par contumace, la seule exécution qui se puisse faire, c'est d'annoncer le jugement au condamné : mais, comme il est absent, & qu'on ne peut, par conséquent, le lui annoncer à lui-même ; on l'affiche dans un lieu public, afin quil en puisse avoir connoissance, par le canal de la renommée. S'il y avoit d'autre exécution, la fiction cesseroit, puisqu'elle n'auroit plus de conformité avec la réalité.

Dans le cas où le jugement contradictoire prononce les galères, on se contente pareillement de l'annoncer au condamné, sans autre formalité. Il est vrai qu'alors on se saisit de sa personne, pour le conduire sur les galères. Dans le cas de la contumace, on n'observe pas plus de formalités, quant à la publicité de l'exécution : mais on ne se saisit pas de la personne du condamné, par la raison qu'il est absent & en fuite. On lui notifie seulement son jugement, par une affiche publique.

Nous croïons donc qu'il est plus conforme aux régles & aux véritables principes, de dire que l'exécution du jugement est nécessaire en France, pour opérer la mort civile. Ainsi un homme qui viendroit à décéder après la prononciation, & avant l'exécution du jugement, mourroit *integri statûs*. Et ce sentiment ne nous paroît pas être purement d'opinion : il est fondé sur la jurisprudence. Rapportons l'arrêt de 1566. qui se trouve dans Maynard, liv. 4. chap. 52. dont nous avons parlé plus haut. Il mérite la plus grande attention. Jean Pomiez par sentence contradictoire du 26. Mai 1566. est condamné à mort, pour avoir tué sa femme. Cette sentence est confirmée peu de jours après, par arrêt du parlement de Toulouse. On sursoit à l'exécution du coupable, par des considérations particuliéres. Pendant cette surséance, Jean Pomiez décéde dans les prisons. Le seigneur demande la confiscation prononcée par la sentence & par l'arrêt. Les enfans de Jean Pomiez, au contraire, soutiennent que l'arrêt de condamnation n'a point été exécuté; mais que, par autre arrêt, l'exécution avoit été suspenduë, jusqu'à ce que la cour eût été plus amplement avertie que Jean Pomiez seroit revenu à son bon sens. Cependant le condamné étant décédé, le premier arrêt est demeuré comme non avenu, & n'aïant point été exécuté au principal, il ne pouvoit l'être quant aux accessoires, au nombre desquels est la confiscation, qui ne peut avoir lieu, que le corps ne soit confisqué par exécution réelle de la condamnation. Sur quoi la chambre de la tournelle aïant délibéré, il y eut partage, qui fut jugé à la grand'chambre, dont l'arrêt adjugea la succession aux enfans du condamné.

Ce coupable néanmoins étoit non-seulement condamné, mais il étoit décédé dans les fers. Le supplice étoit tout préparé; il ne pouvoit s'y soustraire. La mort naturelle l'en délivre: par là, la condamnation ne devient point notoire; elle n'est point annoncée au public, elle ne reçoit aucune exécution autentique; & cela suffit au parlement de Toulouse, si célébre par sa sévérité, pour décider que Pomiez est décédé dans l'intégrité de son état, & qu'il a eu la capacité de transmettre ses biens à ses enfans.

SECTION IV.

De l'état du condamné qui a pris la fuite après la prononciation & avant l'exécution du jugement en dernier ressort.

Nous avons établi, dans la section précédente, que la prononciation du jugement, faite au condamné, ne suffit pas pour opérer contre lui la mort civile. Il faut que cette prononciation soit suivie de l'exécution: mais nous avons supposé que le coupable étoit toujours entre les mains de la justice, dont le bras n'avoit été arrêté que par la mort naturelle.

Ici nous considérons un autre cas ; c'est celui où le coupable a trouvé le moïen de se soustraire à l'exécution de son jugement, en prenant la fuite après qu'il lui a été prononcé. Comme il peut choisir, pour sa retraite, quelqu'endroit du roïaume, & y vivre, à la faveur de l'obscurité, sans être poursuivi par la justice, qui ignore le lieu où il s'est réfugié ; il est fort intéressant de connoître quel est son état, pendant le reste de sa vie naturelle ; afin de pouvoir juger de la validité ou invalidité des actes qu'il pourroit faire.

En partant des principes que nous venons d'établir, il est constant qu'un homme dans la situation dont il s'agit ici ne doit pas être regardé comme mort civilement, puisque le jugement n'a pas été exécuté.

Mais nous avons bien de la peine à croire que ces principes doivent avoir leur application dans l'espèce dont il s'agit ici. Il y a sans doute des cas où l'on doit franchir les régles, qui, quoique sages en elles-même, étant prises dans un point de vuë général, ne laisseroient pas néanmoins de produire de grands inconvéniens, si dans tous les cas elles étoient observées à la lettre.

Dans l'espèce que nous avons considérée dans la section précédente, il n'étoit question que de décider de l'état d'un homme convaincu, à la vérité, d'un crime qui le rendoit indigne de la vie civile, même de la vie naturelle, & sur lequel la justice avoit déja le bras levé, pour le frapper, lorsque la nature a paré le coup, en prévenant l'effet du jugement qui l'avoit ordonné. Cet homme étant mort, la vie civile, qui lui a été conservée, ne produit aucun effet contraire au bien de la société. La seule chose qui en résulte est de priver le fisc de ses biens, pour les conserver à des héritiers déja fort à plaindre d'ailleurs, pour le deshonneur qui rejaillit sur eux de la condamnation prononcée contre leur parent.

Ici au contraire, il s'agit de décider du sort d'un homme coupable d'un crime qui doit le bannir & de la société & de la vie même. La justice use envers lui de toute l'équité & de toute la rigueur de ses jugemens. Elle en confie l'exécution à des ministres peu adroits & peu attentifs. Ce défaut, de la part de ces ministres, doit-il conserver dans la société un homme qu'elle en avoit banni ? En un mot, la loi l'a jugé digne de mort, en connoissance de cause : elle ne peut plus le connoître pour un homme vivant. S'il en étoit autrement, ce seroit faire dépendre de la négligence d'un bourreau, ou d'autres motifs encore plus criminels, le *merum imperium*, ce droit de glaive que le souverain a remis à la justice, pour la punition, la proscription & la mort civile des coupables.

L'opinion que nous soutenons ici est si vraie, que si le condamné étoit repris, il seroit fait mourir sans autre forme de procès.

Il en doit être de même, à plus forte raison, d'un condamné qui a été exécuté, & qui, par hazard ou autrement, a survêcu après l'exécution. Il est réputé mort, & le jugement est censé consommé; & même s'il est repris, la régle est qu'il soit exécuté de nouveau, nonobstant la maxime qui dit : *non bis in idem*. On ne peut pas dire qu'on lui impose une nouvelle peine, pour le même crime; puisqu'on ne lui fait alors subir que celle à laquelle il avoit été condamné, & qui n'avoit pas été suivie de son entiére exécution. Et pour ne plus laisser aucun doute sur cette matiére, il a été enjoint aux juges d'insérer, dans les jugemens de condamnation à mort, la clause, *tant que mort s'ensuive*.

CHAPITRE III.

Quand commence la mort civile, lorsque le jugement a été prononcé par contumace.

NOUS avons vû plus haut, part. 2. liv. 2. chap. 1. que les Romains ne connoissoient point les condamnations par contumace; qu'elles étoient également inconnues en France du temps de Charlemagne; mais qu'elles y ont enfin été admises, par un usage fort ancien, & fondé sur un grand nombre d'ordonnances, tant anciennes que nouvelles : ainsi il ne nous reste ici aucunes recherches à faire à cet égard.

Nous nous bornerons donc à examiner si ces sortes de condamnations produisent la mort civile, comme celles qui sont prononcées contradictoirement, & quand commence cette mort civile.

A l'égard de la première question, après ce que nous avons dit jusqu'ici, & sur-tout dans le chapitre précédent, section 3. elle ne peut pas faire de difficulté, & il doit demeurer pour constant que les condamnations par contumace opérent la mort civile,

Il ne nous reste donc plus qu'à sçavoir si la prononciation de ces jugemens suffit pour produire cet effet, & s'il faut qu'ils soient exécutés; comment cette exécution peut se prouver; quand commence la mort civile, lorsque l'exécution est constante, & quel est l'effet que produit, relativement à la mort civile, la représentation du condamné par contumace? C'est ce qui fera la matiére de cinq sections différentes.

SECTION I.

Si le jugement par contumace doit être suivi de l'exécution pour opérer la mort civile?

Nous avons vu que tout jugement tendant à la mort naturelle emporte mort civile, lorsqu'il est accompagné de toutes les formalités dont nous avons donné le détail. Il en est de même de ceux qui prononcent la peine des galères, ou le bannissement hors du roïaume à perpétuité.

Il est fort aisé de comprendre comment ces jugemens peuvent être mis à exécution lorsqu'ils sont contradictoires. La justice est pour lors saisie du condamné : ainsi il lui est fort aisé de lui faire subir les peines dont elle l'a jugé digne.

Il n'en est pas de même lorsque le procès s'est instruit par contumace. Le coupable est en fuite. On ignore ordinairement le lieu de sa retraite. Et quand on le connoîtroit, il est presque toujours dans un païs étranger, soumis à une autre domination; où, par conséquent, on ne peut pas se saisir de sa personne. Il est donc impossible que le jugement soit réellement exécuté; & l'exécution qui s'en fait ne peut être que fictive. Ainsi il nous faut expliquer ici quelle est cette exécution. Nos loix ont des dispositions précises à ce sujet.

Après l'année 1379. qui paroît être l'époque de l'usage des condamnations à mort par contumace, on exécutoit ces condamnations de différentes maniéres. Dans une province c'étoit par effigie; dans une autre, c'étoit par un tableau apposé sur la maison du condamné; dans d'autres enfin, c'étoit seulement par cri public. Il étoit en outre d'un usage général de donner copie du jugement au dernier domicile du condamné.

Pour faire cesser cette diversité, & pour prescrire en même tems la nécessité de l'exécution par effigie dans les provinces où elle n'avoit pas encore lieu, François I. rendit une ordonnance au mois d'Août 1536. où, après avoir réglé la maniére d'instruire les contumaces, il s'explique ainsi dans l'article 29. » Et la condamnation faite par contumace, & le forban donné, » l'on fera attacher aux portes & entrées des lieux les tableaux » & cordeaux au desir de la coutume, & l'on fera bannir l'ef- » fet de la sentence donnée.

François II. en sa déclaration de 1559. article 7. s'exprime en ces termes : » les noms des appellés & adjournés à ban, & » poursuivis & condamnés par contumace, seront inscrits en » tableaux, qui seront affichés aux portes des villes & des siéges » & auditoires des lieux dont les decrets seront émanés, à ce » qu'aucun n'en prétende cause d'ignorance.

L'ordonnance de 1566. s'exprime à peu près dans les mêmes termes.

Enfin l'ordonnance de 1670. tit. 17. art. 16. a totalement fixé la jurisprudence à cet égard. Nous en avons déja rapporté la disposition dans le chapitre précédent, section 4. En voici les termes : » les seules condamnations de mort naturelle seront » exécutées par effigie ; & celles des galères, amende honorable, » bannissement perpétuel, flétrissure & du fouet, écrites seule- » ment dans un tableau sans aucune effigie. Et seront les effi- » gies, comme aussi les tableaux, attachés dans la place publi- » que : & toutes les autres condamnations par contumace seront » seulement signifiées, & baillé copie au domicile ou résidence du » condamné, si aucune il a dans le lieu de la jurisdiction ; sinon » affichée à la porte de l'auditoire. »

L'effigie est donc l'exécution d'un criminel condamné à mort par contumace, laquelle se fait dans la place publique par la suspension d'un tableau où est dépeint le criminel attaché à la potence, ou sur une roue, suivant le genre du supplice qui a été prononcé ; & le jugement qui le condamne est écrit au bas.

A l'égard des tableaux dont l'usage est ordonné pour l'exécution des condamnations qui ne tendent pas à la mort naturelle ; ce n'est autre chose qu'un morceau de papier sur lequel le jugement doit être inscrit.

Après avoir expliqué ce que c'est que l'exécution des jugemens par contumace, nous allons examiner si elle est nécessaire pour opérer la mort civile.

Nous avons établi plus haut, en parlant des condamnations contradictoires, que la mort civile n'est point encouruë lors de ces condamnations, par la seule prononciation du jugement faite au condamné, & qu'il faut que l'exécution s'ensuive, pour qu'il soit réputé mort civilement du jour de cette condamnation. La même question se présente dans le cas de la contumace. Quoique nous aïons déja parlé de ce cas dans la derniére section du chapitre précédent, comme elle ne s'est présentée que par hazard, nous n'avons fait que l'effleurer. Ainsi nous ne nous croïons pas dispensés de la traiter ici à fond.

Pour y parvenir & la mettre dans tout son jour, il faut l'examiner relativement aux lumiéres de la raison, aux usages qui se sont perpétués jusqu'à nous, & aux décisions de la jurisprudence & des ordonnances du roïaume.

Pour se convaincre que la mort civile n'est point opérée par la seule condamnation par contumace, il ne faut que se rappeller ce que c'est que la mort civile. C'est la proscription absoluë d'un citoïen ; c'est le retranchement qu'on en fait de la société civile ; c'est un membre qu'on lui arrache ; c'est l'état d'un homme sur le front duquel on imprime une infamie publique ; c'est l'état d'un citoïen avec lequel on défend tout commerce, tout engagement, toute alliance ; c'est l'état d'un homme qu'on retranche du catalogue des vivans ; enfin c'est l'état d'un homme que la société est avertie de ne point connoître pour tel, de le regarder comme étant déja dans la classe des morts, & qu'on réduit à n'avoir ni patrie ni famille.

Comment la société pourroit-elle souffrir un pareil retranchement, abhorrer un de ses citoïens, le juger indigne de toute participation aux effets civils, si elle n'en est instruite d'une maniére autentique, si la proscription ne lui a pas été notifiée, si elle n'a pas été avertie de ne plus considérer cet homme comme faisant partie d'elle-même ? Tandis qu'elle ne reçoit point cette notification, elle continuë de garder dans son sein le citoïen condamné, elle n'apperçoit en lui aucune marque d'ignominie & d'indignité, & elle lui fait part nécessairement de tous les droits attachés à la qualité d'un de ses membres.

Il ne peut donc y avoir, suivant les lumiéres de la raison, de mort civile, tandis que la société n'est point instruite de cette proscription. Le crime est bien digne de l'infamie publique : mais ce n'est pas l'action seule qui imprime cette infamie ; il faut que le crime soit avéré en justice, & que cette infamie soit imprimée publiquement sur le front du coupable.

Toutes les nations policées ont exigé cette notification autentique, si conforme au bon sens. A Athênes, on avoit soin, quand on prononçoit une condamnation de mort contre un absent, d'ériger dans les places publiques des colonnes sur lesquelles on inscrivoit la condamnation, afin que toute la république fût avertie de regarder le condamné comme rejetté & proscrit de la société.

Quoi qu'à Rome on ne condamnât jamais les absens à mort, il étoit néanmoins permis de les condamner à des peines infamantes. Voïez plus haut le chapitre premier de ce livre. *Et la forme qu'ils avoient*, dit Ayrault dans son instruction judiciaire, liv. 4. n. 36. *de notifier leurs sentences par contumace, étoit qu'on les affichoit par les carrefours, qu'on les publioit à son de trompe*, voce legis, *à ce qu'elles vinssent à la connoissance de tout le peuple.*

Les Grecs & les Romains, de qui nous avons emprunté la plupart de nos loix, étoient persuadés que la société ne peut perdre aucun de ses membres que par une condamnation publique, autentique, & tellement notoire, qu'il ne soit permis à personne de l'ignorer.

Si l'intérêt de la société exige cette notification publique, celui de l'accusé la rend encore plus nécessaire. Il étoit défendu parmi les Romains de condamner les absens à mort. Ils fondoient cet usage sur ce que tous les hommes devant être présumés innocens, il étoit juste de croire que l'absent, s'il étoit ouï, seroit en état de se justifier. *Et hoc jure utimur, ne absentes damnentur. Neque enim inauditâ causâ quemquam damnari æquitatis ratio patitur. l. 1. ff. de requirend. reis, vel absent. damnand.*

Nous avons long-tems suivi cette maxime en France. Les condamnations à mort par contumace semblent ne s'y être introduites que vers la fin du quatorziéme siécle. Le premier exemple que nous en aïons pû trouver est la condamnation de Jean de Montfort, duc de Bretagne, dont le corps & les biens furent confisqués par contumace en 1379. par Charles V. séant en son parlement.

Elles sont ensuite devenuës fort communes: mais on a apporté la plus grande attention à ce que l'absent fût instruit de toute la procédure qu'on faisoit contre lui. C'est de-là que nos anciennes ordonnances avoient introduit l'usage des citations publiques & réitérées, que l'ordonnance de 1670. tit. 17. art. 8 & 9. a réduites à une, afin que le coupable ait connoissance de l'accusation dont il est chargé. Or cette publicité ne doit pas être moins nécessaire pour la condamnation, que pour un simple acte de procédure.

Le

Le bon sens suffit pour faire sentir que c'est principalement la condamnation qui doit être renduë publique. En vain l'absent est-il instruit qu'on l'accuse & qu'on le poursuit ; cela ne suffit pas pour le forcer à se représenter. Il peut encore se rassurer sur son innocence. Il peut se flater qu'on cessera de le poursuivre. Il peut espérer qu'on ne trouvera pas des preuves suffisantes pour le condamner. Ce n'est que la publicité de la condamnation qui le met dans la nécessité de se représenter & de venir proposer sa justification. Il ne peut plus compter sur son innocence. Il a été trouvé coupable. Il faut qu'il vienne lui-même administrer les preuves de sa justification. Il n'est donc pas permis de lui laisser ignorer cette condamnation.

C'est aussi à l'en faire instruire que les ordonnances se sont principalement attachées. Nous avons rapporté plus haut les différentes maniéres qui étoient en usage dans les différentes provinces du roïaume, pour notifier ces condamnations, & les ordonnances qui furent faites pour introduire par-tout un usage uniforme. Or on voit par les termes de ces ordonnances, que l'intention des législateurs n'étoit autre que de rendre ces jugemens publics. Celle de François I. par exemple, du mois d'Août 1536. ordonne de bannir l'effet de la sentence. Rien n'est plus positif que ces termes *bannir la sentence ;* c'est-à-dire la publier, la rendre notoire, en instruire toute la société. *Bannir* est un terme Breton qui signifie proclamer. Celle de François II. de 1559. n'a pas moins formellement prescrit la nécessité de la publicité de la condamnation. Après avoir réglé la maniére dont se doivent faire les exécutions par contumace, elle finit, en disant : *à ce qu'aucun n'en prenne cause d'ignorance.* L'ordonnance de 1566. connuë sous le nom d'ordonnance de Moulins, article 25. prescrit la même chose que les deux dont nous venons de parler, & finit aussi par ces mots : *à ce qu'aucun n'en prenne cause d'ignorance.* Ces loix exigent donc que ces sortes de jugemens soient connus de tout le monde, & que personne n'ait de prétexte pour excuser son ignorance.

Il est donc bien certain que, soit que l'on consulte les lumiéres de la raison, soit qu'on examine les usages des nations, & en particulier ceux de la France, il a toujours fallu que la condamnation, pour avoir effet, fût renduë publique ; parceque d'un côté, ce n'est que par cette publicité que la société civile est instruite de la proscription d'un citoïen, & d'un autre, que ce n'est que par cette même publicité que l'accusé est rendu véritablement contumax, & forcé, pour la conſervation de ſon honneur & de ſa vie même, de ſe juſtifier aux yeux de la juſtice.

Tels étoient les principes & les uſages, lorſqu'eſt intervenu l'ordonnance de Moulins qui les a ſi formellement reconnus par l'article 25. Dans l'article 28. elle prononce la mort civile, faute par le condamné de s'être repréſenté dans les cinq ans. Comme il ſemble au premier coup d'œil, que cet article peut ſouffrir quelque difficulté, nous allons en rapporter les termes, & les diſcuter en peu de mots.

» En ajoutant & déclarant nos précédentes ordonnances, voulons & ordonnons que les condamnés par défaut & contumace, » pour crime emportant confiſcation ou amende au lieu d'icelle, » outre la réparation civile, aïant été cinq ans, à compter du jour » de la condamnation contre eux faite, pour eſter à droit, perdront non-ſeulement les fruits de leurs héritages, ſuivant nos » ordonnances ; mais auſſi la propriété de leurs biens adjugés » par juſtice.... Nous réſervant néanmoins, ſelon les cauſes, » perſonnes, tems & autres conſidérations, de les pouvoir recevoir à eſter à droit & ſe purger, après ledit tems ; & leur » remettre la rigueur de cette notre ordonnance. »

Il eſt vrai que l'interprétation littérale de cette ordonnance tendroit à faire croire que la mort civile eſt acquiſe par l'expiration des cinq années, à compter du jour de la ſeule condamnation, ſoit qu'il y ait eu exécution, ſoit qu'il n'y en ait pas eu : mais il s'en faut bien que ce ſoit là le ſens & l'eſprit de cette loi. Quand elle a parlé de condamnation, elle a parlé de condamnation exécutée, notifiée & renduë publique. C'eſt ce qui eſt évident, lorſqu'on voit que dans un des articles précédens elle renouvelle les diſpoſitions des anciennes ordonnances concernant la néceſſité de l'attache des tableaux aux portes des villes & des auditoires. C'eſt ce dont on ne peut douter, quand on ſe rappelle que ce n'eſt que par cette notification que le public & l'accuſé ſont inſtruits de la condamnation. En un mot, c'eſt ce qui eſt indubitable, quand on obſerve que dans l'ordre judiciaire il n'eſt point d'acte ni de jugement qui puiſſe avoir effet avant qu'il ait été ſignifié à la partie intéreſſée. Un arrêt même, inſcrit ſur les regiſtres dans la meilleure forme, ne produit des effets qu'autant qu'il a été ſignifié ; parcequ'il eſt du droit naturel de ne pouvoir acquérir aucun droit contre une perſonne ſans qu'elle en ait connoiſſance. Ainſi l'ordonnance de 1566. en parlant de condamnation, a entendu néceſſairement une véritable & réelle condamnation, capable de produire des effets, & bien & dûement notifiée à toutes les parties intéreſſées, qui ſont la ſociété d'un côté, & le condamné de l'autre.

Donner une autre interprétation à l'ordonnance, ce ſeroit lui faire prononcer la plus cruelle injuſtice ; puiſque ce ſeroit lui faire décider que la mort civile pourroit être acquiſe & à l'inſçu de la ſociété, & à l'inſçu de l'accuſé. Mais on a toujours été bien éloigné de lui ſuppoſer une intention ſi abſurde & ſi injuſte ; & dans tous les tems, on a perpétuellement jugé que l'ordonnance ne parle que d'une condamnation notifiée par l'exécution. Il y en a pluſieurs arrêts. Pour entendre ceux que nous allons rapporter, & être en état d'en tirer les conſéquences qui en réſultent en faveur du ſiſtême que nous ſoutenons ici, il eſt néceſſaire de poſer comme certains deux principes que nous aurons occaſion de diſcuter ailleurs, liv. 4. chap. 2. ſect. 2. diſt. 3.

Le premier de ces deux principes eſt que tout crime, qui n'a point été pourſuivi pendant vingt ans, ne peut plus l'être après ce laps de tems. Il eſt aſſoupi, il eſt éteint, & il n'eſt plus permis à perſonne, pas même au miniſtère public, de le déférer à la juſtice. Si donc on commet un crime, & qu'on ne ſoit pas pourſuivi par l'eſpace de vingt années, on acquiert non-ſeulement l'exemption de la peine ; mais même l'exemption de l'imputation. On ne peut plus être accuſé, on eſt lavé aux yeux de la juſtice, on eſt innocenté.

L'autre principe eſt que quand un homme coupable d'un crime a été condamné par contumace, que le jugement de condamnation a été exécuté publiquement, & que le condamné a ſurvécu trente ans à cette exécution ſans s'être repréſenté, ou ſans avoir été arrêté, il preſcrit contre la peine ; en ſorte que s'il eſt arrêté avant les trente ans, on lui fait ſon procès, & il eſt livré au ſupplice, s'il y a des preuves ſuffiſantes de ſon crime. Si au contraire il n'eſt point arrêté pendant les trente ans, il acquiert l'exemption de la peine. Nous examinerons ailleurs ſi en preſcrivant contre la peine il preſcrit auſſi contre la mort civile.

Après avoir ainſi diſtingué les effets de ces deux preſcriptions, nous allons paſſer aux principales queſtions qui ont été agitées ſur la preſcription de vingt ans ; & leur déciſion nous conduira à établir la juriſprudence touchant la queſtion qui fait la matiére de cette ſection.

La premiere queſtion qu'on a agitée a été de ſçavoir, ſi l'action civile naiſſant du délit étoit preſcrite par vingt ans, auſſi-bien que l'action criminelle. On prétendoit que trente ans eſt le terme ordinaire des actions civiles, & que loin de devoir être reſtraintes, parcequelles ſe trouvent provenir d'un délit, c'eſt une raiſon de plus pour leur laiſſer leur étenduë ordinaire. Mais tous les auteurs, entr'autres Louet & Brodeau, lett. C. nom. 47. Expilly, plaidoïer 22. Imbert, liv. 3. chap. 10. Papon, liv. 24. tit. 1. Chenu, queſt. 83. atteſtent que ce ſiſtême a été généralement proſcrit par tous les parlemens du roïaume; & cela, pour deux raiſons également déciſives, que Dupleſſis, ſur la coutume de Paris, tit. des preſcriptions, liv. 2. a fort bien expliquées.

La premiere, parcequ'on ne peut pas condamner un homme aux intérêts civils réſultans d'un crime, ſans lui faire ſon procès, & ſans le convaincre du crime, afin de venir à la condamnation des dommages & intérêts & de la reſtitution. Or il y auroit une abſurdité très-grande qu'un homme fût entre les mains de la juſtice, qu'il fût convaincu d'un crime, & que cependant le crime demeurât impuni. Cela ſeroit contre les bonnes mœurs, contre l'honnêteté & la diſcipline publique. C'eſt pourquoi, comme le crime & la peine ſont éteints, il ne faut plus entrer dans aucun détail, il ne faut plus s'éclaircir de ce qui s'eſt paſſé, ni rechercher la vérité, de crainte de la découvrir & d'en être convaincu.

La ſeconde raiſon eſt que, puiſque le crime & la peine ſont éteints, tout ce qui ſuit le crime, comme l'infamie, eſt pareillement effacé. Or ſi l'on admettoit la preuve d'un crime après vingt ans, cela noteroit une perſonne d'une infamie irréparable, lorſqu'il en ſeroit convaincu; car ce n'eſt pas la peine qui cauſe l'infamie, mais le crime qui donne lieu à la peine. *Ictus fuſtium infamiam non importat, ſed cauſa propter quam id pati meruit, ſi ea fuit quæ infamiam damnato irrogat. In cæteris quoque generibus pœnarum eadem forma ſtatuta eſt. l. 22. ff. de his qui notant. infam.*

Enfin, il faut que la preſcription opére autant en matiére criminelle, qu'en matiére civile. Dans celle-ci, la preſcription fait préſumer de la bonne foi, & un juſte titre, de la part du poſſeſſeur, *habet vim conſtituti.* De même la preſcription, en matiére criminelle, doit faire préſumer l'innocence dans celui que l'on accuſe. D'où il ſuit que l'action civile, tendante à révéler le crime, ne doit pas être admiſe après vingt ans.

Cette maxime, appuïée ſur une foule d'arrêts de différens parlemens du roïaume, prouve juſqu'à l'évidence, que l'effet de la prescription de vingt ans est de laver & d'innocenter pleinement l'accusé ; & c'est ce qu'il ne faut pas perdre ici de vuë. Tout ceci va avoir son application.

On a ensuite agité la question de sçavoir, si l'instruction de la contumace interrompt la prescription de vingt ans. Depuis l'ordonnance de Moulins, on n'a cessé de juger que la contumace la plus complette n'interrompt point cette prescription, lorsqu'elle n'a point reçu d'exécution publique.

Chenu, centurie 1. quest. 83. rapporte un arrêt du 18. Décembre 1598. qui a jugé que le crime de parricide est éteint, quoique dans le temps intermédiaire il y ait eu des informations. Les plaidoïers sont rapportés par l'arrétiste. On y voit que le parricide avoit été commis en 1578, qu'il y avoit eu des informations en 1588, lesquelles avoient été suspenduës par les troubles qui déchiroient le roïaume. Elles furent décrétées en 1599. & le coupable fut emprisonné environ un an après les vingt années. Fondé sur la prescription de vingt ans, qui devoit le faire réputer innocent, il soutint qu'on n'étoit pas recevable à le rechercher, pour ce crime ; & c'est ce qui fut jugé. L'arrétiste rapporte le dispositif de l'arrêt, & on y voit que *la cour a déclaré la partie de Navarrot non-recevable en la poursuite du parricide dont est question.* Il fut jugé bien précisément qu'on n'est pas recevable, après vingt ans, à imputer un crime, par la raison que ce long espace de temps avoit mis l'accusé dans l'impossibilité de pouvoir vérifier son *alibi*, & autres faits justificatifs de son innocence. C'est le moïen dont se servoit le défenseur de l'accusé.

Le même auteur rapporte trois autres arrêts des 3. Mars & 4. Décembre 1601. & 11. Février 1604. qui déclarérent également que l'accusation n'est point recevable, après les vingt années, du jour du crime commis, quoiqu'il y ait eu des poursuites & des procédures.

Imbert, dans sa pratique, liv. 3. chap. 10. aux notes, sur le nombre 8. rapporte un arrêt du 16. janvier 1585. qui n'est pas moins remarquable que les précédens. Cet arrêt déchargea Antoine Rigaut d'une condamnation d'amende prononcée pour crime, depuis plus de vingt ans, parcequ'elle n'avoit point été signifiée. Il fut donc jugé que la seule signification du jugement peut mettre obstacle à la prescription de vingt ans.

Brodeau sur Louet, lett. 6. som. 47. nomb. 6. rapporte un arrêt qui est encore plus précis. Il déchargea des personnes d'un crime par elles commis depuis plus de vingt ans. » Et ce qu'il » y a de remarquable dans l'arrêt, dit Brodeau, c'est que » la cour passa par dessus le fait mis en avant par la veuve, » que dès l'an 1586. il y avoit eu sentence de mort renduë contre » les appellans, par défaut & contumace, exécutée par effigie, » laquelle sentence, elle offroit de rapporter dans six semaines, » & à faute de ce, se soumettoit à telle amende qu'il plairoit à » la cour arbitrer. »

Il est vrai qu'il y avoit, suivant Brodeau, de grandes présomptions qu'il n'y avoit point eu de sentence exécutée par effigie : mais on sent bien que ce n'est pas par ces présomptions que la cour se détermina ; puisqu'elles devoient nécessairement céder au fait articulé par la veuve, & aux offres qu'elle faisoit de rapporter la sentence exécutée, dans le délai qui lui seroit donné, sous peine d'amende. Quelle est donc la raison qui détermina les suffrages des juges? C'est qu'en cette matiére, celui qui veut enlever l'état d'une personne doit se présenter armé de toutes ses preuves, & ne doit laisser à la justice aucun moïen de sauver le citoïen troublé dans son état. La réflexion de Brodeau sur cet arrêt mérite encore d'être rapportée. » Si on eût » fait, dit-il, apparoir sur le champ de cette sentence de mort, » il semble que cela eût empêché la prescription de vingt ans ; » la loi *Quercla* ne parlant que d'une simple plainte & accusa- » tion, & non pas quand il y a sentence, soit contradictoire, » soit par contumace, exécutée par effigie, ou autrement, par » le moïen de laquelle la prescription est interrompuë. Si la sen- » tence de condamnation de mort, ajoute-t-il plus bas, donnée » par défaut & contumace, n'est point prononcée & exécutée » par effigie, ni en vertu d'icelle les biens de l'accusé & con- » damné saisis & annotés, elle n'empêche point le cours de la » prescription de vingt ans : car il en va des sentences de con- » damnation de mort comme du foudre, qui ne frappe jamais » en cachette ; mais avec éclairs & grand bruit. »

Le même auteur rapporte un autre arrêt qui a encore été plus loin que le précédent. Voici ses termes : » La cour a encore passé » plus outre, & jugé (par arrêt du 20 Décembre 1613.) qu'un » meurtre demeuroit prescrit par vingt ans, nonobstant qu'il y » eût sentence par laquelle l'accusé avoit été condamné à la » question ; cette sentence n'aïant point été exécutée, d'autant » que l'accusé avoit, au même temps, brisé les prisons ; la ques- » tion n'allant qu'à l'instruction & préparation ; nonobstant que

» l'on remontrât, que dans les vingt ans le fils de l'homicidé » mineur avoit fait diverſes pourſuites contre le greffier, pour » apporter les charges & informations, la ſentence de queſtion » & autres procédures ; ce qui interrompoit la preſcription. »

Après une telle déciſion, on ne peut pas douter que l'exécution publique, la notification à la ſociété & à l'accuſé, ne ſoient abſolument néceſſaires, pour opérer la mort civile.

Brodeau rapporte encore un autre arrêt du 4. Mars 1623. qui mérite encore plus d'attention. Un particulier commet un meurtre en 1594. Il y eut dèſlors information, décret en 1601. non exécuté; ſentence de condamnation de mort en 1604. non prononcée, ni exécutée. Il eſt arrêté vingt-huit ans après. Il excipe de la fin de non recevoir tirée de la preſcription de vingt ans. On lui oppoſe le décret & la ſentence de contumace. Il remarque que la ſentence n'a été ni prononcée, ni exécutée. Il ſoutient que par ce défaut de formalité elle n'a pû interrompre la preſcription de vingt ans. Arrêt qui, en conſéquence, déclare le crime éteint & preſcrit; arrêt viſiblement fondé ſur cette raiſon, que tout jugement ne peut avoir effet, lorſqu'il n'a point été notifié aux parties intéreſſées.

Deux arrêts rapportés par Auzanet, en ſes arrêts, liv. 1. chap. 71. & liv. 2. chap. 32. confirment cette maxime d'une maniére encore plus éclatante. Dans l'eſpéce du premier, qui eſt du 4. Juin 1613. il y avoit eu ſentence de condamnation à mort. Elle étoit de 1603. Le condamné étoit mort en 1610. ſans s'être repréſenté. Cette ſentence pouvoit-elle avoir quelqu'effet ? La veuve & les enfans du condamné prétendoient qu'elle ne devoit en produire aucun, parcequ'elle n'avoit point reçu d'exécution publique. Leur adverſaire ſoutenoit qu'elle avoit paſſé en force de choſe jugée ; que la contumace ne pouvoit plus être purgée; que les cinq ans de l'ordonnance de Moulins doivent ſe compter du jour de la condamnation ; que l'exécution n'eſt point néceſſaire, pour faire courir ce délai de cinq années.

M. Servin remontra, que la ſignification étoit néceſſaire, pour alléguer la preſcription des cinq ans, leſquels ne pouvoient courir ; que la ſentence n'eût été dûëment ſignifiée, ſinon à domicile, du moins par cri public, & qu'autrement il ſe commettroit pluſieurs abus & ſurpriſes en telles ſentences. Que cela avoit été déja jugé ſur ſes concluſions, pour de la Jouſſiliniére ; & à cauſe de ce, adhéra à l'appellante. Arrêt conforme, qui jugea que les cinq ans de l'ordonnance n'avoient point couru, la ſentence n'aïant point reçu de notification. On n'écouta pas même les offres que faiſoit l'intimé, de rapporter le procès-verbal de l'exécution.

Le ſecond arrêt rapporté par Auzanet n'eſt pas moins déciſif. Un notaire eſt condamné en 1582. aux galères perpétuelles. Il appelle de cette ſentence, ſans relever ſon appel. Les pourſuites furent diſcontinuées juſqu'en 1609. qu'il tranſigea ſur l'accuſation & ſur l'intérêt civil : il n'avoit point ceſſé d'exercer ſa charge. En 1614. trente-un ans après la ſentence, le procureur fiſcal requiert qu'attendu la condamnation aux galères de 1582. défenſes lui fuſſent faites d'exercer ſa charge de notaire. Sentence qui prononce ces défenſes. Il en appelle en la cour ; & pour conſerver ſon état, il ſe fonde ſur ce que l'appel avoit ſuſpendu l'effet de la condamnation, & que l'infamie ne pouvoit être acquiſe que par la confirmation de la ſentence. Sur ce, arrêt le 5 Mai 1616. par lequel l'appellation & ce au néant, le principal évoqué, & y faiſant droit, le crime déclaré éteint & aboli, ſilence impoſé au procureur fiſcal, & permis à l'appellant d'exercer ſa charge de notaire comme auparavant. Si la ſentence de condamnation eût été exécutée, le notaire auroit été dans les liens de la mort civile. N'y aïant point eu d'exécution, il fut jugé non-ſeulement exempt du ſupplice, mais même innocent, & capable des fonctions publiques les plus délicates & les plus intéreſſantes ; parceque la preſcription de vingt ans efface toute ignominie & innocente pleinement.

On trouve dans le journal des audiences, to. 2. liv. 2. ch. 38. un arrêt du 12 Août 1659. qui a jugé également que la ſentence de condamnation à mort par contumace, non exécutée, n'interrompoit point la preſcription de vingt ans ; & l'arrêtiſte a grand ſoin de remarquer qu'il n'y a que l'exécution qui puiſſe lui faire obſtacle.

On pourroit encore invoquer ici deux arrêts que nous avons rapportés dans le chapitre précédent, ſection 3. dont l'un ſe trouve dans Brodeau, lett. *C.* ſomm. 47. nomb. 10. & eſt du 20 Décembre 1613. L'autre de 1566. rapporté par Maynard, liv. 4. chap. 52. A l'égard de ce dernier, on peut encore faire une obſervation, qui eſt que cet arrêt fut rendu au parlement de Toulouſe cinq ou ſix mois après l'enregiſtrement de l'ordonnance de Moulins, dont l'article 28. comme nous l'avons remarqué plus haut, pourroit jetter quelques nuages ſur le ſiſtême que nous ſoutenons ici. Cette ordonnance eſt du mois de Février

1566.

1566. Elle fut enregistrée le 28 Mars suivant au parlement de Toulouse; & c'est après cet enregistrement que ce parlement décide que la condamnation, même contradictoire & en dernier ressort, n'opére de mort civile qu'autant qu'elle a reçu d'exécution publique. On ne peut donc pas douter de l'interprétation qu'on a toujours donnée à l'article 28. de l'ordonnance de Moulins, & il est évident que les parlemens aïant pénétré son esprit, ont perpétuellement été convaincus que la seule exécution publique pouvoit donner quelqu'effet à la condamnation, soit contradictoire, soit par contumace.

C'est à la suite & au milieu, pour ainsi dire, de cette jurisprudence universelle, qu'a été faite l'ordonnance de 1670. Et tous ses articles portent l'empreinte de la vérité que nous avons établie jusqu'ici. Ils parlent tous du jour de l'exécution publique de la sentence de condamnation. Tit. 17. art. 26. *Si le condamné se représente, ou est mis prisonnier dans l'année de l'exécution du jugement de contumace.* Art. 28. *Si les condamnés ne se représentent, ou ne sont constitués prisonniers dans les cinq années de l'exécution de la sentence de contumace, les condamnations pécuniaires, amendes & confiscations seront réputées contradictoires, &c.* Art. 29. *Le condamné qui décédera après les cinq années .... sera réputé mort civilement du jour de l'exécution de la sentence de contumace.* L'article 16. prescrit l'exécution publique pour toutes les condamnations infamantes, & la signification au domicile, ou à la porte de l'auditoire, pour les plus simples condamnations pécuniaires. Enfin l'article 17. régle la preuve de l'exécution.

Mais ce qui met l'esprit du législateur dans tout son jour, c'est la différence qu'il fait entre les condamnations qui emportent mort civile, ou infamie, & celles qui ne tendent qu'à des peines pécuniaires, ou autres qui ne touchent point à l'état du condamné. Il veut que les premieres, quand elles emportent mort civile, soient exécutées par effigie en place publique; & quand elles ne vont qu'à l'infamie, qu'elles soient inscrites sur un tableau qui doit être aussi exposé en place publique. A l'égard des autres, il suffit de les signifier au condamné, à son domicile, quand il en a un, sans autre solemnité.

Quel peut être le motif de cette différence? Il est bien sensible. Comme les premieres frapent l'état du condamné, qui devient mort civilement, ou infâme, il est nécessaire que la société soit informée de ce changement qui arrive dans l'état d'un de ses membres, afin qu'elle puisse régler ses démarches avec lui sur la ſituation dans laquelle il ſe trouve, par l'effet de ce jugement que l'on publie ainſi. A l'égard des autres condamnations qui ne touchent point à l'état, il eſt fort peu important pour la ſociété, qu'elle ſçache qu'un de ſes membres a été condamné à païer une ſomme, ou à faire une réparation d'honneur. Ces condamnations n'empêchent point que celui contre qui elles ont été prononcées ne demeure toujours citoïen, & qu'il ne conſerve cette qualité dans tout ſon entier. Il eſt donc le ſeul pour qui il ſoit intéreſſant de connoître la condamnation qu'il a encouruë. C'eſt pourquoi on ſe contente de la lui ſignifier à ſon domicile; & ſi l'ordonnance veut, en cas qu'il n'ait point de domicile, qu'on l'affiche à la porte de l'auditoire, ce n'eſt pas dans l'intention qu'elle ſoit notifiée au public: c'eſt ſeulement afin que le condamné, à qui on ne peut la faire connoître autrement, en puiſſe être informé par la voïe de la renommée.

L'eſprit général de cette ordonnance eſt donc viſiblement de ne donner quelqu'effet aux jugemens de contumace, que du jour de leur exécution. C'eſt-là le terme qu'elle fixe à leur force & à leurs effets: elle ne parle que des ſentences exécutées, elle n'en connoît point d'autres.

On ne trouve que deux exemples où il ait été beſoin de rappeller cette maxime, conſtamment maintenuë depuis l'ordonnance de 1566. juſqu'à celle de 1670. qui l'a ſi clairement adoptée. Le premier de ces exemples eſt dans l'eſpèce de l'arrêt du 6 Juillet 1703. rapporté au journal des audiences, & rendu ſur les concluſions de M. l'avocat général Joſeph-Omer Joly de Fleury. Il paſſa pour conſtant, lors de l'arrêt, que la preſcription de vingt ans ſe compte *à die perpetrati criminis*, nonobſtant les informations, decrets, même une ſentence par contumace, pourvu qu'elle ne ſoit exécutée. Et l'arrêt confirma ces maximes.

Le ſecond exemple eſt dans l'eſpèce d'un arrêt du 12 Juillet 1746. que nous avons entendu prononcer en l'audience de la grand'chambre, après avoir aſſiſté à tous les plaidoïers. Le nommé Deſvernaïes fut condamné par contumace au commencement du mois d'Avril de l'année à être pendu. Cette ſentence ne fut exécutée qu'au mois d'Octobre ſuivant. Huit jours après qu'elle eut été prononcée, Deſvernaïes ſe marie avec une fille chez laquelle il s'étoit réfugié dès le commencement de l'inſtruction de ſon procès, pour éviter les pourſuites de la juſtice. Comme il étoit mineur, il eut beſoin, pour la validité de ce mariage, que ſa mere, qui étoit mariée en ſecondes nôces, lui donnât son consentement ; ce qu'elle fit par acte sous signature privée. L'archevêque de Lyon, pasteur des parties, donna dispense de la publication des trois bans dans la paroisse de Desvernaïes. De ce mariage, contracté entre la prononciation & l'exécution du jugement par contumace, naquit un enfant au mois d'Octobre, huit jours après l'exécution de la sentence. Cet enfant mourut en bas âge, & sa mort fit naître la question de sçavoir si la femme de Desvernaïes pouvoit recueillir la succession de cet enfant comme héritiere légitime, en païs de droit écrit.

Les héritiers collatéraux attaquoient le mariage, 1°. comme contracté après la prononciation d'un jugement qui emportoit mort civile, sans qu'il fût besoin d'exécution : 2°. comme contracté par un mineur, sans consentement valable : 3°. comme aïant été célébré sans publication de bans préalable. Sous ces trois prétextes, ils en interjettérent appel comme d'abus. M. Gilbert de Voisins, lors avocat général, aujourd'hui président à mortier, qui portoit la parole, prouva que les moïens tirés du défaut de consentement & de bans ne faisoient rien dans cette espèce. Ses raisonnemens à cet égard seroient déplacés ici. Quant à la mort civile qu'on prétendoit être opérée par la seule condamnation, il dit que pour décider il falloit établir ce que c'est que la mort civile. C'est, dit-il, l'état d'un homme qui est retranché de la société, & qui ne peut plus contracter avec elle. Cela posé, continuoit ce magistrat, comment veut-on qu'un jugement prononcé dans le secret d'une chambre criminelle fasse connoître à la société qu'elle ne peut plus contracter avec le condamné ? Il faut donc, pour qu'elle en soit instruite, que le jugement ait été rendu public. Or il ne peut l'être que par l'exécution. D'où il s'ensuit que la mort civile ne doit commencer que du jour de l'exécution du jugement, soit par contumace, soit autrement. Il finit en disant que le tit. 17. de l'ordonnance de 1670. doit régler la matiére en question. Enfin, conformément à ses conclusions, il intervint arrêt, qui déclara qu'il n'y avoit abus dans le mariage, & condamna les appellans en l'amende & aux dépens.

La maxime que nous soutenons ici est donc adoptée par la jurisprudence de tous les tems & de tous les parlemens, & par le ministère public. Les auteurs la regardent aussi comme un principe certain. Voici comment s'expliquent les annotateurs de Duplessis, traité des matiéres criminelles, aux notes sur le dernier mot du chapitre 2. » C'est du jour de l'exécution de la sen-

» tence, disent-ils, que les cinq ans de la sentence de contumace » commencent à courir; ainsi, si cette sentence par contumace » n'étoit point exécutée, le condamné, en quelque tems qu'il vint » à décéder depuis la condamnation, mourroit *integri statûs*; au » lieu que s'il meurt sans s'être représenté dans les cinq ans, après » l'exécution de la sentence de contumace, il sera réputé mort » civilement du jour de l'exécution de la sentence, si la peine » prononcée est telle qu'elle emporte mort civile ou naturelle. » L'exécution de la sentence par contumace produit encore un » autre effet; c'est que depuis ce tems le crime ne peut s'effacer » par une prescription moindre de trente ans; au lieu que si la » sentence n'étoit point exécutée, quoiqu'il y eût eu décret dé- » cerné, & toutes les autres poursuites faites jusqu'à la sentence » difinitive inclusivement, le crime se purgeroit par la pres- » cription de vingt ans. »

Basnage, sur l'article 143. de la coutume de Normandie, Boucheul, sur l'article 200. de celle de Poitou, établissent que la confiscation n'est acquise que par condamnation exécutée, & qu'après vingt ans, sans exécution, elle est prescrite.

SECTION II.

Comment l'exécution d'un jugement par contumace doit être constatée.

Puisque l'état d'un homme condamné par contumace dépend de l'exécution du jugement, il est essentiel que cette exécution puisse être constatée juridiquement. C'est pourquoi l'ordonnance de 1670. tit. 17. art. 17. ordonne que *le procès-verbal d'exécution sera mis au pié du jugement, signé du greffier seulement.*

Il faut donc, aux termes de la loi, pour que cette exécution demeure constante, & qu'on puisse, en cas de besoin, la prouver aux yeux de la justice, qu'il y ait un procès-verbal dressé & signé par le greffier; & afin qu'il ne reste aucune incertitude à cet égard, & que d'un coup d'œil on puisse décider du sort du condamné, ce procès-verbal doit être inscrit au pié du jugement même.

Quoique le texte de l'ordonnance soit précis à ce sujet, on agita cependant en 1745. la question de sçavoir si une simple note, écrite à la vérité de la main du greffier, mais sans date & sans signature, peut suppléer au procès-verbal requis par l'ordonnance. Voici l'espèce qui donna lieu à cette contestation.

Un particulier nommé de Bourbonne fut condamné, par sentence renduë par contumace, par le prévôt général de l'isle de France, au dernier supplice. Nonobstant l'ordonnance de 1670. il s'est introduit au châtelet de Paris un usage, suivant lequel le greffier se contente de mettre au pié du jugement, par forme de note, ces mots : *prononcé, & exécuté par effigie*, sans se donner la peine ni de dater, ni de signer. Suivant cet usage, on se contenta d'apposer cette note au pié de la sentence dont il est ici question, sans aucune autre formalité : mais le tableau de l'effigie fut porté & écroué à la geole, & mis ès mains de l'exécuteur, pour être attaché au bout du pont-neuf. Toutes ces mentions se sont trouvé portées sur le registre de la geole, en forme de procès-verbal, & signées du greffier de la même geole.

Le coupable ne sortit point de France, & vêcut cinquante ans après sa condamnation. Il remplit publiquement, pendant trente ans, un emploi à Sisteron, en Provence. Trente ans après sa condamnation, il se maria. Toute la famille reconnut les enfans procrées de ce mariage. Les plus proches parens les tinrent sur les fonts de baptême. Il eut des contestations avec ses sœurs, qui furent portées en justice, sans que personne lui disputât la faculté d'ester en jugement. Après sa mort, ses enfans ont joui tranquillement de toutes les capacités civiles & naturelles. Ils ont partagé avec leurs oncles toutes les successions échuës en commun, comme représentant leur pere. Ils ont même été reconnus héritiers en collatérale, par arrêt de 1742. Ce ne fut qu'en 1744. que l'on attaqua leur état, pour la premiére fois. Ils se présentérent pour recueillir leur part dans la succession d'un de leurs cousins paternels. Un autre cousin, aussi paternel, les fit assigner au châtelet de Paris, pour se voir déclarer incapables de participer à la succession ouverte.

Pour prouver cette incapacité, il ne craignit pas de révéler au public la honte de sa propre famille, & de soutenir que son oncle paternel avoit été retranché de la société civile, qu'il avoit été fait esclave de la peine & de l'infamie publique, que la justice l'avoit privé de tous les droits de cité & de famille, & que ses enfans étoient sous le joug de cette proscription.

Cette contestation donna lieu à l'examen de trois questions. 1°. Si la seule prononciation du jugement par contumace suffit pour opérer la mort civile, sans qu'il soit besoin d'exécution.

2°. Si la note du greffier suffit pour prouver l'exécution. 3°. Enfin, si l'instruction de la contumace interrompt la prescription de vingt ans, par laquelle le crime est éteint.

Nous avons examiné la premiére & la troisiéme de ces questions, & nous aurons encore occasion, dans la suite, de parler de la troisiéme. Il ne s'agit donc ici que de la seconde.

Pour soutenir que la mention du greffier suffisoit pour prouver l'exécution, on disoit que l'exécution par effigie se fait en vertu du jugement de condamnation, par les ministres de la justice, à qui l'exécution de ses ordres est confiée ; & on ne peut jamais présumer qu'ils aïent manqué à s'y conformer.

L'ordonnance de 1670. veut que le procès-verbal d'exécution soit mis au pié du jugement, signé du greffier seulement, sans exiger de date particuliére pour cet article, parceque l'exécution par contumace se fait toujours presqu'en même tems que le jugement de condamnation est rendu : ainsi la date ne doit pas être regardée comme une formalité essentielle, puisqu'elle n'est point prescrite par la loi, & que d'ailleurs celle du jugement peut servir pour la note qui est au pié.

A l'égard de la signature, l'ordonnance la prescrit, il est vrai ; mais elle ne prononce pas la peine de nullité, quand la mention faite par le greffier n'est pas signée de lui : & elle a encore moins décidé que la condamnation du coupable deviendroit illusoire, & seroit sans force & sans effet, dans ce cas ; en sorte que tout l'effet du jugement, & la peine de mort civile encouruë par le coupable fût attachée à la signature d'un greffier, & non au jugement émané de la justice.

Dans l'espèce dont il s'agit ici, la condamnation étoit constante, la justice l'avoit sous les yeux, & la minute de ce jugement étoit même chargée de la mention écrite par le greffier, qui certifioit que la sentence avoit été prononcée & exécutée par effigie. Or tout ce qui porte le caractère de la justice, tout ce qui sort des greffes, ne peut qu'être exempt de reproches. Quel désordre n'arriveroit-il pas dans la société, si l'on admettoit à critiquer les minutes des jugemens, & à les attaquer sous prétexte de quelques paraphes qui pourroient manquer, & de quelques omissions que mille événemens peuvent produire, & qui ne diminuent en rien la foi des minutes qui reposent dans le sein de la justice même, & qui sont l'ouvrage des ministres à qui elle a confié la rédaction, le dépôt & l'exécution de ses jugemens ! Un sanctuaire si sacré est impénétrable à la fraude

& à la fausseté. D'un côté l'écriture des greffiers est trop connuë pour pouvoir être altérée ; de l'autre côté, ils sont trop attentifs à répondre à la confiance que les juges ont dans leur vigilance & dans leur exactitude, pour qu'ils puissent être trompés.

Dans l'espèce présente, l'écriture du greffier du châtelet étoit bien connuë, & n'étoit révoquée en doute par aucune des parties. C'est lui qui avoit mis sur la minute de la sentence ces termes, dans lesquels consistoit tout le procès-verbal, *prononcée & exécutée par effigie.* S'il a oublié de signer, combien d'événemens, qui surviennent à un greffier, peuvent l'obliger d'interrompre sur le champ ce qu'il fait, & lui faire ensuite oublier de mettre sa signature. Tous les greffes, tant du châtelet que de la cour, sont pleins de pareilles omissions, qui échappent à la vigilance des officiers. Il y a une multitude de procès-verbaux d'exécutions par effigie, sur lesquels les greffiers ont omis de signer. Rendra-t-on tous ces proscrits à la société ? La cour a rejetté une inscription de faux intentée contre la minute d'un de ses arrêts, où il se trouvoit quelques mots ajoutés à la marge, sans paraphe. Déclarera-t-elle nulle une mention qu'on est forcé de reconnoître pour être écrite de la main du greffier, & dont la vérité est démontrée ?

Il y a une grande différence entre le jugement de condamnation à peine capitale, & l'exécution par effigie. Le jugement ne peut se prouver que par lui-même ; il faut le rapporter. Mais pour ce qui est de l'exécution par effigie, c'est un fait sur lequel rien n'empêche d'écouter toutes les preuves que la justice a elle-même introduites, & qui naissent de l'exécution même.

Pour parvenir à l'exécution par effigie, il faut écrouer le tableau du coupable dans les prisons, à défaut de sa personne. C'est ce qui est prescrit par l'ordonnance, & ce qui doit être fait, après que la condamnation est prononcée, pour parvenir à l'exécution du jugement.

Quand le tableau est écroué, l'exécuteur se transporte à la prison avec tout l'appareil du supplice, & avec l'escorte qui doit accompagner & conduire le criminel. Au lieu du criminel fugitif, on lui remet le tableau, qu'il transporte, au sortir de la prison, au lieu préparé pour le supplice, de la même maniére que le criminel l'auroit été ; c'est-à-dire, avec toute l'ignominie du supplice ; & le tout est constaté dans un registre en bonne forme, qui est le registre du greffier des prisons. C'est ce qui avoit été fait dans l'eſpèce dont nous rendons compte ici : l'extrait en étoit repréſenté.

Après une piéce auſſi déciſive & auſſi autentique, comment pouvoir douter de la vérité de la note du greffier ? C'eſt vouloir fermer les yeux à la vérité même.

A ces faits, on en joignoit un dernier qu'on regardoit comme devant être auſſi déciſif. De Bourbonne n'avoit pas plutôt été condamné par contumace, qu'il avoit diſparu d'un procès dans lequel il étoit partie avec toute ſa famille, par la raiſon qu'il ne pouvoit plus eſter en jugement, & qu'il étoit retranché de la ſociété & de ſa famille. Un curateur à ſes biens confiſqués étoit devenu partie à ſa place. D'où il ſuit que la confiſcation de ſes biens avoit eu lieu.

En vain diroit-on que l'écrouë du tableau du condamné à mort, qui ſe trouve ſur le regiſtre du greffe de la priſon, & la remiſe du tableau à l'exécuteur, pour le conduire au lieu du ſupplice, ne prouvent qu'une diſpoſition fort prochaine au ſupplice figuratif, & non le ſupplice même. Il faudroit, pour douter de l'exécution, ſuppoſer une rébellion à juſtice, qui ſeule auroit pû traverſer cette exécution, depuis le grand châtelet juſqu'au pont-neuf, où elle ſe devoit faire. Mais cette rébellion auroit excité des pourſuites qui la conſtateroient. D'ailleurs, elle n'auroit pas pû anéantir le jugement, & rendre la vie civile à celui dont la juſtice auroit prononcé la mort.

On répondoit à ces raiſons, de la part des enfans de François de Bourbonne, que, pour donner aux preuves qu'on apporte de l'exécution du jugement la force de leur enlever l'état dont ils étoient en poſſeſſion, il falloit que les magiſtrats ne puſſent pas s'y refuſer, & qu'ils fuſſent forcés de ſacrifier leurs ſentimens, leur équité, leur amour pour le maintien de la poſſeſſion publique, à l'autorité de ces preuves : mais ſont-elles donc d'une nature à produire de ſi grands effets ? Elles n'ont aucun caractère d'autenticité ; elles ſont contraires à l'ordonnance ; elles ne prouvent rien avec certitude.

L'ordonnance a fixé la maniére dont les exécutions publiques doivent être prouvées : c'eſt par un procès-verbal mis au pié de la ſentence, *& ſigné du greffier.* Voilà la preuve que la loi exige ; c'eſt à cette ſeule preuve qu'elle donne ſa confiance. Elle a établi un officier public, pour préſider à l'exécution, & pour la certifier. C'eſt donc là la ſeule & unique preuve qui ſoit capable de ſubjuguer le magiſtrat, & d'arracher ſon ſuffrage. Toutes

les

les fois qu'il ne voit point ce procès-verbal, il n'est point obligé de croire l'exécution ; & n'étant point obligé de la croire, rien ne peut l'empêcher, ou pour mieux dire, rien ne peut le dispenser de conserver le citoïen dans l'état qu'on veut lui enlever, sur le prétexte d'une pareille exécution publique. Dans cette espèce, il n'y a certainement pas de procès-verbal, tel qu'il est requis par l'ordonnance. On ne trouve nulle part l'attestation & la signature du greffier. Il est donc bien certain que la justice pouvoit, sans craindre de violer l'ordonnance, rejetter deux piéces dont on vouloit se servir, pour prouver l'exécution du jugement ; sçavoir la note du greffier, & l'extrait des registres de la geole : elle ne feroit même que se conformer, en cela, à la disposition textuelle & littérale de cette loi.

Examine-t-on ces piéces en elles-même, on les trouve encore plus méprisables. La note ne porte aucun caractère qui puisse lui faire ajouter foi. Elle n'est ni datée, ni signée, & par là, ne présente à la justice aucune marque de vérité, parceque c'est la signature seule qui atteste la vérité de ce qui est écrit. Tandis qu'il n'y a point de signature, l'écrit n'est qu'un projet, n'est qu'une préparation à un acte, & l'acte ne se trouve formé que par l'apposition de la signature. La raison pour laquelle le défaut de signature ôte toute autorité à ce qui est écrit, est bien simple. Il prouve deux choses. La premiére, qu'on s'est mis en disposition d'attester un fait, ou de former une convention. La seconde, qu'on n'a point achevé, qu'on a changé de sentiment, que le fait n'est point arrivé, que la convention n'a point été formée ; en un mot, qu'on n'a pas été en état de perfectionner l'acte. C'est pourquoi de semblables notes ont toujours été insuffisantes dans toute sorte de matiére. Le fait est certain en matiére civile, & l'on pourroit d'ailleurs le prouver par une foule d'arrêts. A combien plus forte raison, de pareils écrits doivent-ils être rejettés en matiére criminelle, où il n'est rien qui ne soit de rigueur, parceque tout y est de la derniére importance.

L'extrait des registres de la geole n'est pas plus considérable. En effet, il n'est pas le procès-verbal signé par le greffier, que la loi exige pour la preuve de l'exécution. Ce n'est point aux registres de la geole qu'elle a donné sa confiance ; c'est à la seule attestation du greffier. Rien ne peut donc la suppléer : mais d'ailleurs ce registre ne prouve point l'exécution. Il prouve seulement qu'on s'est disposé à la faire : mais de la disposition à l'acte, il y a une grande différence.

Il peut être vrai que le tableau ait été remis, que l'exécuteur ait reçu des ordres, qu'il se soit disposé à les exécuter: mais il peut également être vrai que l'exécution n'ait point été faite; que, par des raisons particuliéres, elle ait été suspendue, & ensuite oubliée. En un mot, il est clair que la remise du tableau peut avoir été faite, sans que l'exécution s'en soit ensuivie; & cela suffit pour qu'on soit en droit de nier cette exécution, puisque rien ne la prouve d'une maniére légale & autentique.

Mais il y a plus: c'est que le registre de la geole sert à faire entendre la note mise au pié de la sentence. En réunissant ces deux piéces, on voit qu'il y a eu des ordres donnés pour l'exécution; qu'on s'est préparé à la faire; que, dans la persuasion qu'elle seroit faite, le greffier a commencé son procès-verbal: mais on voit en même tems, par le défaut de signature & de date, que l'exécution n'a point été faite, qu'elle a été suspendue; & en conséquence, que le greffier ne s'est pas trouvé en état de la dater & de la certifier.

On a bien voulu supposer jusqu'ici, que cette note étoit de la main du greffier: mais où en est la preuve? L'écriture qui n'est point signée peut être donnée indifféremment à tout le monde: c'est la signature seule qui désigne son auteur. Il n'y auroit, tout au plus, qu'une vérification par experts, qui pourroit faire croire qu'elle est de la main du greffier: mais cette vérification seroit-elle recevable dans cette espèce? Quand on attaque l'état d'une personne, il faut avoir toutes ses preuves prêtes; il faut les administrer sur le champ. La justice ne donne aucun délai, parcequ'elle s'estime heureuse de trouver le moïen de maintenir le citoïen dans son état. Nous en avons vû des preuves dans la section précédente.

Enfin, quand les deux piéces dont il s'agit éleveroient des soupçons, des présomptions, des vraisemblances, tout cela seroit insuffisant pour enlever un état dont on est en possession. Il y a trop de distance entre les apparences & la réalité, pour se contenter des apparences dans une matiére aussi importante & aussi rigoureuse que celle dont il est ici question. Ce n'est que sur des preuves légales qu'on peut se porter à priver des citoïens de leur état. Or il n'y en a ici aucune. Il est donc impossible de ravir aux enfans de de Bourbonne celui dont ils n'ont jamais cessé de jouïr.

Mais, dit-on, jamais on n'a suivi à la rigueur l'article de l'ordonnance concernant le procès-verbal d'exécution. Il a toujours été d'usage d'énoncer simplement, au pié de la sentence, qu'il a été prononcé & exécuté; c'est cette note qui a toujours tenu lieu de procès-verbal. Tous les jugemens de contumace, qui sont au greffe du Châtelet, sont dans cette forme. Ce seroit les anéantir, que de ne pas se contenter aujourd'hui de la mention dont il s'agit; & si on la rejettoit, quel désordre ne porteroit-on pas dans les familles; puisque ce seroit autoriser tous les enfans des condamnés par contumace à revenir sur le même prétexte?

Deux choses à distinguer dans ce raisonnement; l'usage allégué, & la crainte de troubler les familles. L'usage n'est point constaté juridiquement; nul acte de notoriété ne l'atteste. Il doit donc être fort permis de le révoquer en doute. Mais supposons qu'il soit tel qu'on l'a dit, il faut d'abord convenir qu'il est abusif, qu'il est directement contraire à l'ordonnance, qu'il ne sçauroit, en un mot, être autorisé par la cour.

Il n'est donc question que de sçavoir quel peut être l'effet d'un usage abusif. Un pareil usage peut bien être de quelque considération, lorsqu'il tend à maintenir une personne dans son état; parcequ'alors la possession publique rectifie cet abus, & supplée à l'inobservation des régles: mais il est absurde de prétendre qu'il doive avoir l'effet de détruire l'état dont on est en possession. Par exemple, un enfant qui n'aura qu'un extrait baptistaire informe, par l'effet de l'usage abusif d'une paroisse, pourra s'en servir, & s'autoriser même de l'usage, pour se faire maintenir dans son état, s'il a été reconnu par la famille, & qu'il ait acquis une possession publique de son état: mais au contraire, pour le déplacer, pour le dégrader, on ne pourra se servir contre lui d'un extrait baptistaire informe, qui le donneroit à une autre famille; parcequ'alors sa possession d'état ne peut être détruite que par un titre légal, & tel qu'il ne puisse souffrir aucune espèce de difficulté. Il doit en être de même dans l'espèce présente. Les enfans de de Bourbonne pourroient s'autoriser d'un usage abusif, pour se conserver l'état dont ils jouïssent: mais pour les priver de cet état, ce n'est pas d'un usage abusif que l'on peut s'autoriser; ce ne peut être que de titres parfaits & véritablement autentiques. La vérité de cette distinction est si claire, qu'il est plus aisé de la sentir que de l'exprimer.

On n'est pas mieux fondé à craindre les suites d'un arrêt rendu en faveur des héritiers de de Bourbonne. Quel trouble peut porter dans les familles un arrêt qui ne feroit que maintenir toutes les parties dans l'état dont elles ont toujours joui ? Ce n'est pas comme s'il s'agissoit de donner un état nouveau à ces héritiers ; l'exemple pourroit être dangereux : mais il s'agit, au contraire, de leur laisser celui qu'ils ont, de les laisser cohéritiers avec leur cousin, comme ils l'ont déja été deux fois.

Il y a plus ; c'est qu'il est impossible que l'arrêt puisse avoir aucune suite funeste à la tranquillité publique. En effet tous les enfans des condamnés par sentences, au pié desquelles est une simple mention, sont nécessairement dans une de ces deux situations. Ou ils sont par eux-même, & par leur pere en possession de l'état civil, ou bien ils sont en possession de l'état de mort civile.

A l'égard de ceux qui sont en possession de l'état civil par eux & par leur pere, il est sensible qu'il importe à la tranquillité publique qu'ils soient maintenus dans leur état ; puisqu'autrement ce seroit porter le trouble dans une infinité de familles, déshonorer une partie des citoïens, & renverser mille engagemens contractés sur la foi publique.

A l'égard de ceux qui ont vécu dans la privation des effets civils, leur possession sera toujours contr'eux un titre qu'ils ne pourront détruire que par les preuves les plus victorieuses. Ce sera à eux à prouver leur droit & leur capacité ; ce sera alors qu'il sera permis d'exciper contr'eux de l'usage, quoiqu'abusif ; parcequ'il ne s'agira que de les faire rester dans l'état dans lequel ils ont toujours été.

Loin même que les vûës du bien public soient contraires aux héritiers de de Bourbonne, elles sont en leur faveur. S'ils étoient condamnés, cet arrêt pourroit avoir des suites funestes. Il peut en effet se trouver un grand nombre de familles dans lesquelles il y ait eu des coupables condamnés de la maniére dont l'a été de Bourbonne, & dont les enfans soient reconnus dans ces familles, & en possession de toute la capacité civile. On ne manqueroit pas de se servir de l'arrêt pour les troubler dans leur état ; & dès-là, quel renversement n'y auroit-il pas à craindre dans une infinité de familles ?

L'arrêt qui intervint dans cette cause ne peut être regardé comme une décision. Il fut prononcé le 23 Février 1745. mais sur une transaction faite entre les parties. Ce qui est cause que le ministère public ne s'expliqua point non plus sur cette question.

Il nous paroît que pour la décider, il faut distinguer. Ou l'abus qu'on reproche aux greffiers du Châtelet existe, ou il n'existe pas. S'il n'existe pas, & qu'il ne se trouve dans leurs registres que quelques notes semblables à celles dont il a été question dans cette affaire, & que le plus grand nombre des sentences de condamnation soient accompagnées d'un procès-verbal en forme, & tel que l'ordonnance l'exige ; il est certain que celles auxquelles on n'a apposé qu'une simple note doivent être regardées comme non exécutées, & par conséquent comme n'aïant porté aucune atteinte à l'état de ceux contre qui elles ont été prononcées.

Si au contraire c'est un usage constant de n'apposer que des notes, on devroit d'abord corriger cet usage. On ne doit point tolérer de négligence dans une matiére de cette importance. A l'égard de l'état de ceux qui se trouvent dans ce cas, le bon ordre semble exiger qu'ils soient conservés dans l'état dont ils ont toujours joui depuis leur condamnation. S'ils ont été en possession de la vie civile, on doit la leur conserver. S'ils ont été en état de mort civile, on doit les condamner à y rester.

Mais on peut dire en général que puisque l'exécution de ces sortes de jugemens est nécessaire, pour qu'ils puissent produire quelqu'effet, cette exécution doit être constante, & doit en même tems être constatée suivant la forme légale prescrite par l'ordonnance de 1670.

SECTION III.

Quand commence la mort civile lorsque l'exécution du jugement par contumace est constante ?

La décision de cette question doit se trouver dans les articles 18, 28 & 29. du titre 17 de l'ordonnance de 1670. Mais avant que d'examiner ces articles, il est nécessaire, pour en fixer le véritable sens, de remonter jusqu'aux loix Romaines & aux anciennes ordonnances du roïaume.

A l'égard des loix Romaines, nous avons vu qu'elles n'admettoient point les condamnations par contumace ; mais qu'on annotoit les biens de l'accusé absent, & qu'on les scelloit. *Voïez* plus haut page 40 & suiv. & page 50. où nous avons rapporté les loix qui autorisoient cet usage.

Nous avons aussi fait voir, *ibid.* que l'accusé avoit une année pour se représenter, & que cette année couroit du jour que l'annotation étoit publique.

On mettoit donc sous le sçeau les meubles & les immeubles, & on vendoit même ce qui étoit périssable. Si l'accusé se représentoit dans l'année & se purgeoit du crime, il recouvroit ses biens : mais si dans ce délai il ne répondoit point à l'accusation, ni personne pour lui, ses biens étoient confisqués.

On voit même que cette année de délai étoit tellement en faveur de l'accusé, que s'il se représentoit & donnoit caution, la confiscation n'avoit point lieu ; & s'il mouroit pendant cette année, ses biens passoient à ses héritiers. *Sed & Papinianus, libro 16. responsorum scripsit requirendum adnotatum, si provinciæ præsidem intrà annum adierit, & satis obtulerit, non esse locum mandatis, ut bona fisco vindicentur. Nam & si intrà annum mortuus sit, criminis causa expirat & perit, & bona ejus ad successores transmittuntur. l. 1. §. 4. ff. de requirend. vel absent. damn.*

Il faut remarquer que dans le droit Romain l'accusation criminelle devoit être terminée dans l'an. *Causa autem intrà annum terminatur. l. 6. §. 2. C. de cust. reor.* Et quoique Justinien, dans la loi derniere au code, *ut intrà certum tempus crimin. act. termin.* accorde deux ans pour conduire à fin une action criminelle ; on a persévéré à obliger l'accusé à se représenter dans l'année, & à lui remettre ses biens lorsqu'il se représentoit dans ce tems.

Mais aussi celui qui avoit été cité en jugement, & qui n'avoit pas comparu dans l'année, exposoit ses biens à être confisqués sans retour, quand même il auroit dans la suite prouvé son innocence. Il ne faut cependant jamais perdre de vûë que nul laps de tems n'ôtoit à l'accusé le droit de prouver son innocence. *In summâ sciendum est, nullâ temporis præscriptione, causæ defensione summoveri eum qui requirendus adnotatus est. l. 4. §. 2. ff. de requir. vel absent. damn.*

Nous avons cru devoir rappeller ces dispositions du droit Romain ; parcequ'elles semblent être la source de plusieurs de nos ordonnances, sur la question que nous traitons ici.

Les loix d'où ces détails sont puisés se trouvent rapportées aux endroits cités plus haut.

Il faut donc distinguer dans les loix Romaines deux sortes de dispositions ; les unes concernant les biens de l'accusé, les autres concernant le pouvoir qu'il avoit de se représenter pour se laver de l'accusation.

A l'égard de ses biens, il falloit, s'il les vouloit conserver, qu'il se représentât dans l'an, du jour qu'ils avoient été annotés, pour propoſer ſa juſtification. Ce terme une fois expiré, ils étoient irrévocablement perdus pour lui, quoique dans la ſuite il prouvât ſon innocence. Ce qui avoit été introduit ſans doute pour le punir de ſa contumace.

Quant à la faculté de ſe repréſenter pour purger l'accuſation, il n'y avoit point de tems limité. L'accuſé en jouïſſoit toute ſa vie.

Nous avons auſſi fait voir, page 41 & ſuiv. que ces procédures ne portoient aucune atteinte à l'état du citoïen, qui n'étoit jamais altéré que par une condamnation contradictoire.

Nous allons maintenant paſſer à l'examen de nos ordonnances, & rapporter les diſpoſitions de celles dont nos recherches ont pû nous procurer la connoiſſance.

Pour faire ce détail avec quelque ordre, nous diſtinguerons ces ordonnances en deux époques. La premiere contiendra celles qui ont précédé l'ordonnance de Moulins. La ſeconde contiendra celle de Moulins, & les autres qui l'ont ſuivie juſqu'à nos jours.

Nos antiquités ne nous ont point préſenté ſur cette matiére de diſpoſition d'un tems plus reculé qu'un article des capitulaires de Charlemagne, qui déclare les biens de l'accuſé fugitif confiſqués, s'il ne ſe repréſente dans l'année. C'eſt au chapitre 24. du livre 4. Voici les termes : *Cujuſcumque hominis proprietas, ob crimen aliquod, quod idem habet commiſſum, in bannum fuerit miſſa, & ille, re cognitâ, ne juſtitiam faciat, venire diſtulerit, annumque ac diem in eo banno illam eſſe permiſerit, ulteriùs eam non acquirat; ſed ipſa fiſco noſtro ſocietur.*

Nous n'avons rien trouvé de plus ancien après ce capitulaire, que l'ordonnance de 1270. renduë par Louis IX. Voici ſes termes, ch. 26. » Et ſe aucun tel mauſeteur s'enfuïoit, qu'il ne peuſt eſtre » trouvez, li Bers les doit faere ſemondre par jugement el lieu où » ils eſteront, ſelon droit eſcrit el code *de juriſd. & foro competenti.* » *l. juris ordinarii*, & en décrétales, *de dolo & contumaciâ :* en » un chapitre qui commence *cauſam*, où il eſt eſcrit de cette ma- » tiére, & au monſtier de la paroiſſe dont il feroit, que il vienge » ez droiz, dedans les ſept jors & les ſept nuits, pour cognoiſtre, » ou pour defendre. Et ſi le fera len apeler en plein mar- » chié. Et ſe il ne venoit dedans les ſept jors & les ſept nuits, ſi » le feroit len ſemondre derechief par jugement, que il veniſt » dedans les quinze jors & les quinze nuits, ſi len le feroit ſe- » mondre derechief que il veniſt dedans les quarante jors & » les quarante nuits; & ſe il ne venoit lors, ſi le feroit len bannir

» en plein marchié. Et se il venoit puis, & il ne peust monstrer » resonnable essoigne, qu'il eust esté hors en pelerinage, ou en au- » tre resonable lieu, parcoi il n'eust oï le ban ne les semonces, » li Bers feroit reagier (ravagier) sur la terre, & seroient li mue- » ble sien. Et se aucuns est souspeçonneus de tel meffet, ou d'autre » semblable dont il deust perdre vie, ou membre, & il s'en feust » allés hors du païs, & venist après quand les sept jors & les sept » nuits, & les quinze jors & les quinze nuits, & les quarante jors » & les quarante nuits fussent passez, & il venist à la justice, & » il li deist que aussitost comme il sot que len l'ot appellé à droit, » il estoit venu pour soi défendre, a donc en devroit la justice pren- » dre son serement, que il diroit voir, & atant auroit sa défense » qui le vodroit apeler, & se il ne treuvoit qui l'apelast, la justice » le porroit bien retenir pour le souspeçon ..... Et feront se- » mondre le lignage du mort pour savoir se eulx le voudroient » appeller & dire au monstier, & crier au marchié, & se nus » ne venoient avant pour lui appeller, la justice le devroit » lessier aller par pleges, se il les püet avoir, & se il ne les püet » avoir, si li face fiancier que il ne s'enfuira dedans l'an, ne se » destornera, & qu'il rendroit adroit qui len voudroit ap- » peller. »

Il y a tout lieu de croire que les termes *bannir en plein marchié* désignent l'exécution par effigie, & supposent par conséquent, qu'il y a eu condamnation; & l'on doit présumer que cette condamnation emportoit mort civile; parceque la confiscation des meubles, au profit du Bers, & le droit de ravagier la terre étoient, comme on le voit par un autre chapitre de cette ordonnance, la suite de la condamnation capitale.

Quant à l'effet de la condamnation par contumace, 1°. l'ordonnance ne s'explique pas sur la question de sçavoir si elle étoit encourue du jour de l'exécution: mais il y a lieu de le présumer, parcequ'il faudroit une disposition précise pour établir le contraire; vû que dèslors qu'on trouve une condamnation qui emporte mort civile, la conséquence la plus naturelle est qu'elle commence aussitôt que cette condamnation est prononcée, s'il n'en est ordonné autrement.

2°. Il y a apparence que le contumax avoit la liberté de se présenter en tout tems, pour se purger. L'ordonnance ne fixe aucun terme, & se contente de dire, *se il venoit puis*. Elle le reçoit donc toujours, pourvû qu'il justifie d'une juste cause d'absence: mais elle ne distingue pas si, dans le cas où on ne justifie pas

pas de cause d'absence raisonnable, la condamnation est irrévocable quant à la peine capitale, comme elle l'est quant à la confiscation. Cependant l'humanité semble donner le droit de présumer cette distinction, quoique l'ordonnance n'ait parlé que de l'irrévocabilité de la confiscation.

Enfin l'ordonnance ne fait mention que du cas où le contumax se représente volontairement, & non de celui où il seroit arrêté. Mais il est constant que c'étoit un usage d'exécuter les condamnations sur la personne du contumax, quand il étoit arrêté, sans autre forme de procès. Cet usage nous est attesté par plusieurs auteurs, & entr'autres par Aufrerius, dans ses notes sur l'ancien stile du parlement, chap. 8. Il est même expressément autorisé par un article de l'ordonnance de 1536. que nous avons rapporté plus haut; mais qu'il ne sera pas inutile de mettre une seconde fois sous les yeux du lecteur; d'autant plus que nous n'en avons pas rapporté ce qui est essentiel ici: c'est l'article 29. Il porte: » La condamnation faite par contumace, & le » forban donné, on fera attacher aux portes & entrées des lieux » les tableaux & cordeaux, au desir de la coutume, & fera-» t-on bannir l'effet de la sentence donnée, & qui prendra le » malfaiteur, le rendra à justice; & si après il est pris, les sen-» tences contre lui données, tant corporelles que pécuniaires, » seront exécutées tout promptement, & sans délai, sans autre » nouvelle procédure. »

C'est en conséquence de cet usage & de cette loi, qu'on inséroit autrefois, dans les jugemens de condamnation, par contumace, que la peine sera exécutée, *si pris & appréhendé peut être.* Ce qui indique que, quand un tel homme, condamné par contumace, étoit arrêté, on lui faisoit subir la peine à laquelle il avoit été condamné, sans autre forme de procès. Cette clause a été abrogée par l'ordonnance de 1670. tit. 17. art. 15.

Lors donc qu'un contumax vouloit être reçu à se justifier, il étoit obligé d'obtenir des lettres en chancellerie, sans quoi on ne pouvoit l'écouter, & les parties civiles gardoient toujours, par provision, ce qui leur avoit été adjugé par le jugement de contumace. Cela est prouvé par l'ordonnance de 1493. art 57. dont voici les termes: » Souventes fois advient que ceux qui ont » délinqué s'absentent, & est nécessité de procéder contr'eux » par adjournement personnel, & les appeller à ban & à jour » à eux assigné, & laissant donner la sentence, & après en ap-» pellant en icelle cour, où ils ne comparent point; mais se lais-

» sent mettre en défaut, & après que la sentence est confirmée » par arrest, ils se tirent en la chancellerie, & obtiennent des » lettres, pour être reçus en leur justification, en refondant les » dépens des défauts : Nous avons statué & ordonné que tel » arrêt sera exécuté réaument & de fait, & selon sa forme & te- » neur, en tant que touche l'intérêt des parties, nonobstant lesdites » lettres, en baillant caution, par icelle partie de le rendre en » fin de cause, après qu'on aura connu lesdites lettres, & si » elles sont entérinées. »

Ces dispositions ont été renouvellées par l'article 39. de l'ordonnance de 1535. & on en trouve encore de semblables dans l'article 30. de l'ordonnance de 1536. dont voici les termes : » Et si, après lesdits jugemens ainsi donnés, se vouloient » présenter, pour eux justifier, par vertu du reliévement, con- » tre les forbans, ils ne seront reçus, sinon en consignant préa- » lablement les sommes de déniers èsquels ils auroient été con- » damnés, tant envers cour, que partie. »

Ces ordonnances n'ont donc apporté aucun changement à la jurisprudence précédente. Il n'y a point de disposition précise qui porte que la mort civile fût encouruë du jour de l'exécution. Il n'y a point de tems fixé, pour se représenter.

L'ordonnance de 1539. laisse encore subsister les dispositions contenuës dans celles qui l'avoient précédée, si ce n'est en ce qui concerne l'exécution subite du condamné. Elle semble faire entendre que l'usage s'étoit introduit de l'écouter dans ses défenses. Voici comment elle s'explique, art. 165. » Contre les » délinquans & contumax fugitifs, qui n'auront voulu obéir » en justice, sera foi ajoutée aux dépositions des témoins con- » tenus ès informations faites à l'encontre d'eux, & recolés par » autorité de justice, tout ainsi que s'ils avoient été confrontés, » & sans préjudice de leurs reproches ; & ce, quant aux té- » moins qui seroient décédés, ou autres qui n'auroient pû être » confrontés, lorsque les délinquans se présenteront à la justice. »

On ne trouve point encore là de disposition qui donne à entendre si le condamné, par sa représentation, faisoit révoquer l'effet des condamnations pécuniaires, comme il faisoit révoquer la mort civile : mais Dumoulin & Aufrerius, l'un dans l'ancien stile du parlement, chap. 8. l'autre dans ses notes sur ce chapitre, nous apprennent que le contumax, en ne se représentant pas dans l'année de la saisie & annotation de ses biens, les perdoit sans retour. *Bona quæ fuerunt annotata non recuperabit, nisi compareat infrà annum, à die annotationis & notificationis.* Aufrer. *Bona, post contumaciam annotata, post annum non recuperabit.* Molineus. Or Dumoulin écrivoit dans le tems de l'époque que nous examinons ici; depuis 1500. jusqu'en 1563.

C'est sans doute par une dérogation à cet usage, que l'ordonnance de Roussillon prescrit, art. 20. que, dans ce cas, les fruits seroient perdus pour le contumax, quand même il se représenteroit. Voici les termes de cet article. » Si les accusés, » contre lesquels il y aura décret de justice, pour crime, saisie » & annotation de biens, à faute de pouvoir être appréhendés, » ou se représenter, ne comparent dans l'an, après la saisie, » les fruits de leurs héritages, annotés & saisis, seront acquis en » pure perte à qui ils appartiendront, & sera ordonné par le » juge, sans que, par le moïen de la comparution, il y ait lieu » de répétition desdits fruits. »

Rien n'annonce si l'usage attesté par Aufrerius & par Dumoulin avoit commencé avec l'usage des condamnations par contumace: mais quoi qu'il en soit, & ce qu'il est important de remarquer, c'est que la perte, soit des fonds, soit des fruits seulement, n'étoit pas un effet de la condamnation; mais une peine particuliére encouruë par le contumax, pour raison de sa désobéïssance à justice. C'est pourquoi la représentation ne faisoit point révoquer cette peine, quoiqu'elle fît révoquer la condamnation capitale.

La preuve que cette perte du fonds & des fruits n'étoit point une suite de la condamnation, mais une peine de la contumace, se tire 1°. des passages d'Aufrerius & de Dumoulin, que nous venons de citer. 2°. de l'article de l'ordonnance de Roussillon, qui vient d'être rapporté. Cet article ne parle en effet que de la répétition des fruits qu'on auroit pû prétendre du jour de la saisie, & de la perte de ces fruits, pour ceux qui ne comparoîtront pas dans l'année. On y trouve les mots: *accusés, contre lesquels il y a décret.* Il n'étoit donc pas besoin d'une condamnation, pour opérer cette confiscation; il ne falloit que l'accusation accompagnée de la contumace. Cet article parle d'*annotation* de biens, & non pas de *confiscation.* La raison est que la confiscation ne peut être prononcée que par le jugement de condamnation. Et comme l'annotation suffisoit pour justifier de la contumace, elle opéroit la perte des biens, quand elle n'étoit pas levée dans l'an. L'article dit, *dans l'an de la saisie*, & non pas, *dans l'an du jugement.* Ce jugement n'étoit donc pas nécessaire, pour opérer cette perte. Enfin, ſuivant cet article, la perte des biens a lieu, ſi les accuſés ne *comparent pas*, & non pas *s'ils ne ſe repréſentent*. Ce qui eſt fort différent, en ce que ces termes ſuppoſent qu'il n'y a encore que des citations, & non pas un jugement. On *comparoît* après une citation, & on ſe *repréſente* après un jugement.

Tel étoit l'état de la juriſprudence, dans la premiére époque. 1°. On en peut conclure que la mort civile étoit encouruë du moment de l'exécution. Il eſt vrai que cela ne ſe trouve expreſſément énoncé dans aucun texte : mais c'eſt un effet néceſſaire de toute condamnation capitale exécutée, de produire la mort civile, dès l'inſtant de l'exécution, s'il n'y a une loi préciſe, qui décide que l'effet ne doit pas commencer avec la cauſe.

2°. Cette mort civile n'étoit point irrévocable. L'accuſé pouvoit, en tout tems, ſe repréſenter, & faire anéantir ſa condamnation : mais en punition de ſa contumace, il perdoit ſes biens, même les fonds, ſuivant les premiéres ordonnances, & dans la ſuite, les fruits ſeulement des biens ſaiſis & annotés, & confiſqués enſuite, en conſéquence de la condamnation.

3°. Enfin, s'il ne ſe repréſentoit pas volontairement, & qu'il fût arrêté, la condamnation étoit exécutée, même quant à la peine capitale, ſans qu'on recommençât le procès contradictoirement avec lui. Mais ce dernier uſage, qui ſubſiſtoit encore dans le ſeiziéme ſiécle, a été abandonné, comme contraire à l'humanité, qui ne permet pas que l'on conduiſe un homme au ſupplice, ſans l'avoir entendu.

Quoi qu'il en ſoit, il fournit encore une preuve que l'eſprit des ordonnances, dans leſquelles il eſt contenu, étoit que la mort civile fût encouruë dès le moment de l'exécution du jugement. En effet, ſi ce jugement n'avoit été regardé que comme comminatoire, on ne l'auroit pas exécuté, ſans l'examiner de nouveau. Il étoit donc définitif, & produiſoit ſon effet ſur la vie civile, puiſqu'il ſuffiſoit pour faire ôter la vie naturelle même.

Paſſons à la ſeconde époque, qui commence à l'ordonnance de Moulins. Voici comment elle s'explique, article 28.

» En ajoutant, & déclarant nos précédentes ordonnances, » voulons & ordonnons que les condamnés par défauts & contu- » maces pour crimes emportant confiſcation, ou amendes au lieu » de confiſcation, & outre la réparation civile, aïant été en » contumace de ſoi repréſenter en juſtice par le tems & eſpace » de cinq ans, à compter du jour de la condamnation contre

» eux faite, pour ester à droit, perdront non-seulement les fruits
» de leurs héritages, suivant nosdites ordonnances, mais aussi la
» propriété de tous leurs biens adjugés par justice; & demeure-
» ront aux parties civiles leurs adjudications, sans pouvoir être
» répétées; & à Nous, & aux sieurs haut-justiciers, ce qui aura
» été adjugé poura mende, ou confiscation: nous réservant néam-
» moins selon les causes, personnes & tems, & autres considé-
» rations, de les pouvoir recevoir à ester à droit, & se purger
» après ledit tems, & leur remettre la rigueur de cette ordon-
» nance. Déclarons en outre que pendant le tems de cinq ans,
» ne pourront les parties, ou seigneurs, ou nous, faire dons
» desdites adjudications, pour quelque cause que ce soit: ains
» seront nulles les impétrations & concessions qui seront faites
» avant ledit tems, & ceux qui les impétreront, avant ledit tems
» expiré, seront déclarés indignes de nos faveurs & bienfaits. »

Cette ordonnance a apporté quelques changemens dans la jurisprudence établie par celles qui l'avoient précédée. Il est question d'examiner quels sont ces changemens.

Au lieu du terme d'un an, dont il est fait mention dans les autres, elle parle de cinq ans: mais elle n'a point prolongé le tems dans lequel on pouvoit se représenter; puisqu'il n'y en avoit point de fixe. Il y avoit seulement un tems limité dans lequel la contumace devoit produire la perte des biens; & ce tems étoit d'une année. C'est cette année qu'elle a étenduë jusqu'à cinq. Elle n'a point conservé aux condamnés la propriété de leurs biens pendant les cinq ans; elle la fait passer sur la tête des confiscataires; avec défenses de s'en dessaisir pendant cinq ans, du jour de la condamnation; au bout desquels, si la contumace n'est pas purgée, ils en peuvent disposer librement, ensorte que la confiscation paroît alors irrévocable. Le souverain se réserve néanmoins le droit de faire cesser la rigueur de toutes ces dispositions, quand il le juge à propos, moïennant des lettres pour ester à droit.

Il est évident que cette loi regarde le condamné par contumace, comme mort civilement dès l'instant de l'exécution du jugement par contumace. La preuve en résulte de la façon dont elle dispose des biens confisqués. Il est vrai que si l'on considéroit ces termes: *Aïant été en contumace de soi représenter pendant cinq ans .... perdront, &c.* séparément, & sans faire attention à la suite, il sembleroit que la propriété de ces biens continueroit toujours de résider sur la tête du condamné pendant les cinq ans, & qu'il ne la *perdroit* qu'après l'expiration de ce terme accordé pour se représenter : mais ces termes doivent s'expliquer par ceux-ci qui suivent immédiatement : *& demeureront aux parties civiles leurs adjudications, sans pouvoir être répétées ; & à Nous & aux sieurs haut-justiciers, ce qui leur aura été adjugé pour amende, ou confiscation.* Ces termes supposent la validité de la condamnation, & que les biens sujets aux adjudications ne sont plus entre les mains du condamné ; mais dans celles des parties civiles, du Roi & du seigneur haut-justicier. En effet l'article ne dit pas que le Roi & les haut-justiciers s'empareront des biens après les cinq ans. Il dit au contraire, que ces biens leur *demeureront.* Ils en étoient donc déja en possession. Le condamné étoit donc mort civilement, puisque leur possession n'étoit fondée que sur la confiscation prononcée à leur profit, & qui n'est jamais qu'une suite de la mort civile.

L'impuissance que le Roi s'est imposée volontairement, de disposer des biens du contumax pendant les cinq ans, n'est qu'une preuve de sa modération, pour éviter les inconvéniens qui pourroient résulter de ces donations, en cas que le condamné se représentât dans les cinq ans, & que par l'événement du procès, instruit contradictoirement avec lui, il fallût lui rendre ces biens, dont la privation ne devient irrévocable qu'après ce terme. Lors donc que cette loi dit que le contumax perdra après les cinq ans les fruits & la propriété des fonds, elle ne veut pas dire que cette propriété est demeurée sur sa tête pendant ces cinq années, puisqu'elle a été adjugée, suivant l'expression même de l'ordonnance. Or il n'est pas probable qu'une loi ait en vûë de rendre illusoire une adjudication faite par la justice, & conformément aux loix. Elle a seulement voulu dire que la propriété n'est pas incommutable sur la tête du confiscataire ; mais qu'elle le devient par la contumace de cinq ans, qui ôte au condamné tout espoir d'y rentrer. On voit même dans le stile de la chancellerie de 1666. page 139. que nonobstant cet article, il arrivoit quelquefois que pendant les cinq ans le Roi donnoit les biens du contumax.

De tout ceci on peut conclure, qu'à prendre l'ordonnance de Moulins dans son vrai sens, on y voit que l'effet de la condamnation par contumace est de dépouiller le condamné de ses biens du jour de la condamnation, & de lui enlever la vie civile : avec cette différence qu'après cinq ans, la confiscation est irrévocable ; au lieuque la mort civile peut être révoquée en tout tems.

On ne trouve aucune disposition nouvelle sur cette matiére dans l'édit d'Amboise. Il y a seulement dans l'article 10. une disposition, qui exige la consignation de l'amende & des frais de la contumace, de la part de celui qui se représente pour la faire purger.

Postérieurement à l'ordonnance de Moulins, il en est intervenu une, qui prouve que l'esprit de celle de Moulins n'étoit point de conserver la vie civile au contumax pendant les cinq ans. C'est celle de 1639. En voici les termes : *Déclarons les enfans qui naîtront de ces mariages, que les parties ont tenu jusqu'ici, ou tiendront cachés pendant leur vie .... incapables de toutes successions, aussi-bien que leur postérité.* Art. 5.

Nous voulons que la même peine ait lieu contre .... les enfans procréés par ceux qui se marient après avoir été condamnés à mort, même par les sentences de nos juges renduës par défaut ; si avant leur décès ils n'ont été remis au premier état, suivant les loix prescrites par nos ordonnances.

Il résulte du texte précis de cette loi que l'incapacité de recueillir toutes successions est produite par la seule condamnation capitale prononcée contre les parens des enfans nés de mariages contractés après cette condamnation. La loi ne fait aucune distinction entre les cinq premieres années & les subséquentes.

Le Brun, dans son traité des successions, liv. 1. ch. 2. sect. 3. prétend que l'intention du législateur a été de n'imposer cette incapacité que dans le cas où il se seroit écoulé cinq ans entre la condamnation & la célébration du mariage : mais que, s'il a été célébré dans les cinq ans, il produit tous les effets civils. On ne trouve nulle part, dans cette ordonnance, aucune trace de cette intention, ni aucune expression qui la puisse faire présumer.

Enfin l'ordonnance de 1670. contient des dispositions fort détaillées sur l'effet des condamnations par contumace, sans avoir rien changé d'essentiel à ce qui est contenu dans celle de Moulins.

On trouve d'abord, tit. 17. art. 15. qu'elle admet la condamnation par contumace, & que la forme de l'exécution est prescrite par l'article 16.

Les termes de l'article 18. prouvent que la mort civile peut être révoquée en tout tems par la représentation du contumax : en voici les termes : » Si le contumax est arrêté prisonnier, ou » se représente après le jugement, ou même après les cinq années,

» dans les prisons du juge qui l'aura condamné, les défauts & » contumaces seront mis au néant, en vertu de notre présente » ordonnance, sans qu'il soit besoin de jugement, ou d'interjetter » appel de la sentence de contumace. »

Pour ce qui est de la condamnation concernant les biens, l'article 26. établit que, » si le condamné se représente, ou est mis » prisonnier dans l'année de l'exécution du jugement de contu- » mace, main-levée lui sera donnée de ses meubles & immeu- » bles, & le prix provenant de la vente de ses meubles a lui » rendu, les frais déduits; en consignant l'amende en laquelle il » aura été condamné. »

L'article 28. s'exprime en ces termes : » Si ceux qui auront été » condamnés ne se représentent, ou ne sont constitués prisonniers » dans les cinq années de l'exécution de la sentence de contu- » mace, les condamnations pécuniaires, amendes & confisca- » tions seront réputées contradictoires, & vaudront comme or- » données par arrêt. Nous réservant néammoins de les recevoir » à ester à droit, & leur accorder nos lettres, pour se purger; » & si le jugement qui interviendra, porte absolution, ou n'em- » porte point de confiscation; les meubles & immeubles sur » eux confisqués leur seront rendus en l'état qu'ils se trouve- » ront; sans pouvoir néammoins prétendre aucune restitution » des amendes & intérêts civils, ni des fruits des immeubles. »

L'article 29. ordonne que » celui qui aura été condamné par » contumace à mort, aux galères perpétuelles, ou qui aura été » banni à perpétuité du roïaume, qui décédera après les cinq » années, sans s'être représenté, ou avoir été constitué prison- » nier, sera mort civilement du jour de l'exécution de la sen- » tence par contumace. »

Ce dernier article présente une grande difficulté contre le sistême que nous avons embrassé jusqu'ici. En effet il ne prononce la mort civile que contre ceux qui ont laissé passer les cinq années sans se représenter. D'où il suit que cette mort civile n'existoit pas pendant ces cinq premieres années. Si l'ordonnance eût voulu la prononcer contre le contumax qui est dans les cinq ans, elle l'eût fait, en l'ordonnant simplement, ou en déclarant mort civilement, du jour de l'exécution, celui qui seroit décédé sans s'être représenté. Elle n'auroit pas dit *celui qui sera décédé après les cinq années.*

On peut encore tirer avantage, contre notre opinion, des articles 30. 31. & 32. du même titre, par lesquels la disposition contenuë

contenuë à la fin de l'article 28. de l'ordonnance de Moulins, est renouvellée. Voici ces articles :

Art. 30. » Les receveurs de notre domaine, les seigneurs ou » autres, à qui la confiscation appartient, pourront, pendant » les cinq années, percevoir les fruits & revenus des biens des » condamnés, des mains des fermiers redevables & commissaires. » Leur défendons de s'en mettre en possession, ni d'en jouïr par » leurs mains ; à peine du quadruple applicable, moitié à nous, » moitié aux pauvres du lieu, & des dépens, dommages & » intérêts des parties. »

Art. 31. » Nous ne ferons aucun don des confiscations qui » nous appartiendront, pendant les cinq années de la contumace ; » ce que nous défendons pareillement aux seigneurs haut-justi- » ciers. Déclarons nuls tous ceux qui pourroient être obtenus de » nous, ou faits par les seigneurs, sinon pour les fruits des im- » meubles seulement. »

Art. 32, » Après les cinq années expirées, les receveurs de » notre domaine, les donataires & les seigneurs à qui la confis- » cation appartiendra, seront tenus de se pourvoir en justice, » pour avoir permission de s'en mettre en possession ; & avant » que d'y entrer, faire faire le procès-verbal de la qualité & valeur » des meubles & effets mobiliers, & de l'état des immeubles, » dont ils jouïront ensuite en pleine propriété, à peine &c. »

Les dispositions contenuës dans ces articles, qui n'accordent aux confiscataires que la jouïssance des biens des condamnés, pendant les cinq ans, & qui veulent même qu'après ce tems expiré, ils se présentent en justice pour y obtenir la permission d'en disposer comme propriétaires, prouvent évidemment que le contumax n'est pas mort civilement pendant ces cinq années ; puisque la loi laisse sur sa tête la propriété de ses biens. Il n'y a point encore alors de véritable confiscation. Ce n'est qu'une espèce de saisie & annotation. En effet, s'il étoit pendant les cinq années en état de mort civile, il perdroit nécessairement toute propriété, & son état seroit le même pendant ce tems, qu'il l'est après. Ses biens ne devroient donc pas plus lui appartenir dans un tems que dans un autre.

Car on ne peut pas dire que la propriété demeure en suspens. Il faut nécessairement que tout ce qui est dans le commerce appartienne à quelqu'un ; autrement il appartiendroit au premier occupant. *Quod nullius est, id naturali ratione occupanti conceditur. Institut. de rer. divis. §.* 12. Or on ne peut certainement pas dire que les biens des condamnés par contumace soient au premier occupant. Leur propriété réside donc sur la tête de quelqu'un. Ce ne peut être que sur celle ou des confiscataires, ou du condamné. Ce n'est point sur la tête des confiscataires ; puisque la loi ne leur accorde que la jouïssance ; & qu'elle ne leur accorde pas même la propriété *ipso jure*, quand le tems est échu ; il faut encore qu'ils la demandent en justice.

Si l'on objecte que ces précautions n'ont été prises que parceque le condamné peut se représenter dans les cinq ans, & se purger de l'accusation, & par conséquent rentrer dans tous ses droits ; on répond qu'il peut également se représenter après les cinq ans ; & que c'est pour prévenir ce cas que l'ordonnance veut que les confiscataires, en se mettant en possession, fassent faire inventaire des biens : précaution qu'ils pourroient prendre également en se mettant en possession dans les cinq ans.

Ces objections, quelque fondées qu'elles paroissent, ne nous font point impression. L'article 29. n'a pour objet que d'ôter tout prétexte à la prétention des confiscataires. Dumoulin nous apprend qu'ils se servoient de l'article 28. de l'ordonnance de Moulins pour soutenir que le contumax n'étoit mort civilement qu'après l'expiration des cinq années ; d'où ils concluoient que conservant la vie civile pendant ce tems, il étoit capable de recueillir les successions qui pouvoient lui écheoir, & que ces successions devoient par conséquent leur appartenir comme enveloppées dans la confiscation, qui n'avoit lieu que du jour du décès arrivé, après les cinq ans énoncés dans l'ordonnance. Les arrêts, il est vrai, avoient toujours proscrit cette prétention : mais il falloit confirmer & autoriser cette jurisprudence par une loi précise ; & c'est pour cela que l'article 29. de l'ordonnance de 1670. a décidé que le contumax est mort civilement du jour de l'exécution.

A l'égard des inductions tirées des articles 30. 31. & 32. nous les avons prévenuës plus haut, en expliquant le vrai sens que l'on doit donner à l'art. 28. de l'ordonnance de Moulins. Ces dispositions ont pour objet d'éviter les inconvéniens qui résulteroient des aliénations prématurées. On en a vu des exemples. Ainsi la propriété passe sur la tête des confiscataires à l'instant de l'exécution de la sentence de contumace : mais comme elle n'est point incommutable, puisque le condamné peut y rentrer, en se représentant dans les cinq ans, & en obtenant un jugement qui le déclare absous, la loi, pour éviter les embarras qui résulteroient de l'aliénation, en cas que la restitution eût lieu, a cru devoir défendre cette aliénation.

A l'égard des précautions prises par l'ordonnance, & des formalités qu'elle prescrit aux confiscataires avant qu'ils se mettent en possession après les cinq ans ; si elle a introduit la nécessité d'en faire la demande en justice, c'est que leur droit avoit été jusque-là comme variable & incertain ; & c'est pour le fixer, qu'elle veut qu'on ait recours à l'autorité du juge. Si elle veut, nonobstant ce jugement, qu'il y ait un inventaire fait de ces biens ; c'est que, quoique la propriété passe sur la tête des confiscataires d'une façon qui semble incommutable, elle peut cependant leur être encore ravie, en conséquence des lettres que le prince s'est réservé le pouvoir d'accorder, en cas que le condamné se représente, même après l'expiration des cinq ans ; & elle a pour but de faire constater la qualité & la quotité de ces biens, pour pouvoir être restitués, au cas où cette représentation auroit lieu.

Postérieurement à l'ordonnance de 1670. est intervenu, au mois d'Août 1679. un édit contre les duels, qui donne à la condamnation par contumace, pour raison de ce crime, un effet différent de celui qu'elle produit dans les autres cas. Voici comment il s'exprime, art. 27. » Nous déclarons les condamnés par » contumace incapables & indignes de toutes successions qui » pourroient leur écheoir depuis la condamnation, encore qu'ils » soient dans les cinq années, & qu'ils se fussent ensuite resti- » tués contre la contumace. Si les successions sont échuës avant » la restitution, la seigneurie & la justice des terres sera exercée » en notre nom, & les fruits attribués aux hôpitaux, sans espé- » rance de restitution, à compter du jour de la condamnation » par contumace. »

Il est certain que le législateur a voulu faire ici une exception à la règle générale, en imposant à ceux qui sont accusés de duel une peine plus grande qu'à ceux qui sont prévenus de tout autre crime. Quelle est cette peine ? Dans la règle générale, la restitution contre la contumace fait tomber toute la procédure, & remet le condamné dans tous ses droits, lorsque cette restitution se fait dans les cinq ans. Si elle se fait plus tard, ses droits ne lui sont rendus qu'en vertu des lettres pour ester à droit. Ainsi toutes les successions qui viennent à écheoir, sur-tout pendant les cinq premieres années & depuis la restitution, résident sur la tête de l'accusé. Dans le cas du duel au contraire, la restitution contre la contumace ne porte aucune atteinte à l'incapacité du coupable. La mort civile ne le quitte point ; & le seul avantage qui lui revient de s'être représenté, c'est de pouvoir être admis à ses faits justificatifs. Tel est l'unique sens raisonnable que l'on puisse donner à cet article. Il vient donc encore à l'appui de notre sistême ; puisqu'il prouve que, dans tout autre cas que le duel, la restitution contre la contumace rend au condamné la faculté de succéder. Il l'avoit donc perduë auparavant. Il étoit donc mort civilement.

Toutes les loix, tant anciennes que nouvelles, si l'on en veut prendre le vrai sens, concourent donc à rendre un condamné mort civilement dès l'instant de sa condamnation. En effet, quand une condamnation a été exécutée par effigie, le jugement a reçu toute son exécution & sur la personne & sur les biens du condamné. Il est vrai que son absence l'a mis hors d'état de se défendre, & de parer les coups que ses accusateurs ont portés contre lui : mais d'un autre côté, on ne condamne point un homme, même par contumace, s'il n'y a preuve. L'équité l'exige, tous les auteurs l'attestent, c'est l'usage de tous les tribunaux, & l'esprit de toutes les loix qui concernent cette matiére. L'ordonnance de 1670. entr'autres prescrit, pour instruire la contumace, des formalités qui sont aussi strictes, que dans le cas où la procédure est contradictoire ; & le jugement qui résulte de cette procédure, quoique par défaut, ne peut porter condamnation que quand il y a preuve que le crime a été commis par l'accusé ; c'est pourquoi on l'en déclare toujours *atteint* & *convaincu*, & le jugement porte toujours que c'est pour réparation de ce crime qu'il est condamné à la peine prononcée contre lui. Il doit donc être présumé coupable, & comme tel, être réputé avoir subi la peine que la justice lui a infligée, & qu'il n'a évitée que par la fuite.

Il est vrai que, s'il eût été présent, il auroit pû détruire la preuve juridique résultante de la procédure faite contre lui ; soit en prouvant que les témoins, sur la déposition desquels la justice n'a pu s'empêcher de se déterminer, étoient subornés ; soit par quelqu'autre moïen qu'il auroit été lui seul en état d'administrer s'il eût été présent. Mais quoi qu'il en soit, la justice, en se conformant aux précautions prescrites par l'ordonnance, l'a suffisamment averti, avant de le condamner, qu'il étoit accusé, & qu'elle alloit procéder contre lui. Il doit s'imputer de ne s'être pas présenté pour se défendre ; & son obstination à se tenir caché, jointe aux preuves juridiques qui résultent du procès, suffit pour le faire présumer coupable, & méritant par conséquent la peine prononcée contre lui. S'il en évite l'exécution réelle, il doit au moins être soumis aux suites qu'elle entraîne après elle; & par conséquent être censé mort civilement dès l'instant de l'exécution de son jugement.

Si l'ordonnance défend aux confiscataires de se mettre en possession des biens pendant les cinq premieres années, ce n'est pas, comme nous l'avons déja dit, que la propriété continuë de résider sur la tête du condamné. Il est incapable de la conserver; la mort civile la lui a ravie : mais la loi, qui tend toujours du côté de la douceur, lui a accordé ce tems pour se représenter, & a même voulu que sa représentation suffit pour anéantir les condamnations contre lui prononcées, & par conséquent que la mort civile fût éteinte; ce qui le fait incontestablement rentrer dans tous ses droits. Ainsi quoiqu'il ait perdu la propriété de ses biens par la condamnation, cependant, comme il ne tient qu'à lui d'y rentrer, en se représentant dans les cinq ans, cette propriété reste en quelque sorte en suspens; & si le fisc se mettoit en possession, il seroit contraint de restituer. Or la loi a voulu prévenir l'embarras de ces restitutions.

En un mot on peut comparer un condamné par contumace, pendant les cinq premieres années de sa condamnation, à un homme qui a fait des vœux en religion, contre lesquels il a droit de réclamer. Il est certain, comme nous l'établirons en son lieu, que la réclamation doit être faite dans les cinq ans, du jour de l'émission des vœux, ou au moins du jour que la violence a cessé, si la profession a été forcée. Or le religieux, pendant ces cinq ans, est réputé mort civilement en conséquence de sa profession, quoique ses vœux soient nuls au fond. Il est dépouillé de la propriété de ses biens. Mais il peut revenir contre cette mort civile, & rentrer dans cette propriété, qui étoit demeurée comme suspenduë, si la réclamation se fait dans les cinq ans, & si par l'événement elle est jugée avoir un fondement légitime. Il en est de même du condamné par contumace : en se représentant dans les cinq ans, il fait cesser la mort civile dans laquelle sa condamnation l'avoit enseveli : il recouvre la propriété de ses biens; & elle devient incommutable sur sa tête, s'il parvient à se justifier.

On peut encore le comparer à un héritier du sang qui, tant qu'il ne s'explique point sur la qualité qu'il veut prendre, est tenu de toutes les dettes de la succession ; mais qui s'en libère sitôt qu'il renonce. De même le condamné, tant qu'il reste dans le silence, & qu'il ne fait point connoître s'il est dans l'intention de se justifier, demeure toujours dans les liens de la condamnation prononcée contre lui : mais sitôt qu'il s'explique, il reprend sa liberté, rentre dans tous ses droits, & se débarrasse des entraves dans lesquelles il étoit resté par son silence.

Il est vrai que l'usage du parlement de Paris paroît directement opposé à notre opinion. Suivant cet usage, on juge que le contumax, qui meurt pendant les cinq ans, meurt *integri statûs*. C'est ce qui est attesté par le Brun, en son traité des successions, liv. 1. chap. 1. sect. 2. & 3. par Ricard, traité des donations, part. 1. chap. 3. sect. 4. n. 255. & suiv. & par plusieurs autres auteurs. Or, dira-t-on, cet usage étant constant & ne pouvant être révoqué en doute, il en faut nécessairement tirer la conséquence que, tant que les cinq années durent, le condamné n'a point perdu la vie civile ; autrement il faudroit dire que la mort naturelle produiroit l'effet de lui rendre, pour le tems qu'il a vécu depuis sa condamnation, des facultés dont il auroit été privé, s'il eût continué de vivre, même dans le tems pour lequel il les recouvre après son décès ; ce qui paroît absurde..

Pour répondre à cette objection, nous soutenons que l'article 29. du titre 17. de l'ordonnance de 1670. rapporté plus haut, donne à la mort naturelle du condamné, arrivée dans les cinq ans, le privilége de le faire déclarer mort *integri statûs*, quoiqu'il ait vécu, depuis sa condamnation, en état de mort civile ; ensorte que cet article ne suspend pas entiérement la mort civile, pendant les cinq ans ; car ce privilége n'est point accordé au laps des cinq années, mais seulement à la mort naturelle de l'accusé, survenuë pendant ce terme. Ce tempérament semble convenir à l'humanité, parcequ'il peut arriver qu'un innocent accusé & condamné pendant son absence, n'ait pas eu sitôt connoissance de son jugement, & que la mort ait prévenu la résolution où il étoit de venir se laver. Il peut encore arriver qu'il en ait eu connoissance aussitôt : mais que les circonstances ne lui aïent pas permis de se représenter, & qu'il ait été surpris de la mort dans le tems qu'il travailloit à lever les obstacles qui l'arrêtoient.

L'Edit des duels ne s'oppose point à cette interprétation de l'usage.

Il faut observer d'abord que les termes, *incapables & indignes*, qui se trouvent dans la premiére partie de l'article 27. n'ont ordinairement d'autre effet que d'exclure le condamné des successions qui pourroient lui-écheoir, & d'appeller en sa place, les héritiers du dégré suivant; ses enfans, par exemple, s'ils sont nés dans un tems où le crime de leur pere ne puisse influer en rien sur leur état: ou, s'il n'a point d'enfans qui soient dans ce cas, les autres héritiers qui doivent venir après lui, suivant l'ordre naturel des successions. Mais ici, les successions, dont les duellistes sont privés par cet article, ne passent point à leurs héritiers; elles passent au fisc. *Et si les successions sont échuës avant la restitution, la seigneurie & la justice des terres seront exercées en notre nom.* Ce qui prouve bien clairement que la propriété en passe au Roi, à titre de confiscation.

Il faut encore observer que ces termes, qui se trouvent dans l'article, *& qu'ils se fussent restitués*, ne signifient point l'absolution de la condamnation; mais seulement la représentation du condamné: ce qui résulte de la disposition contenuë en la seconde partie de l'article, qui ne prononce la perte irrévocable que des fruits seulement. Donc les fonds doivent être rendus, en cas d'absolution.

Cela posé, cet article signifie deux choses: la premiére, que le fisc ne rendra point aux condamnés pour duels les successions à eux échuës dans les cinq ans, quoiqu'ils se soient représentés, dans ce tems. La seconde, qu'il ne les rendra point non plus, quoiqu'ils se représentent après les cinq ans. Car le mot *ensuite*, qui se trouve à la fin de la premiére partie de l'article, doit s'interpréter *après les cinq ans.*

Or, dans l'un & l'autre cas, il n'y a rien qui détruise le principe qui consiste à dire, que les condamnés pour autre crime que le duel, quand ils meurent dans les cinq ans, meurent *integri statûs.* En effet, il est clair que le législateur a voulu, par cet article de l'édit des duels, faire contre les coupables de ce crime, une exception à la régle générale: or, pour découvrir quelle est la règle générale, il faut de cette exception tirer un argument *à contrario.* Les condamnés, par contumace, pour raison de duel, perdent leurs biens, sans qu'ils leur soient restitués, lors même qu'ils se représentent, encore que ce soit dans les cinq ans, & ne peuvent en prétendre la restitution, que dans le cas où ils obtiennent un jugement d'absolution. Ils perdent même les fruits, sans espoir de retour, quand même ils se représenteroient dans les cinq ans, & qu'ils seroient ensuite déclarés absous. Ceux, au contraire, qui sont condamnés pour raiſon de quelqu'autre crime, s'ils ſe repréſentent dans les cinq ans, rentrent dans la propriété de leurs biens, & on leur rend même les fruits perçûs juſqu'au moment de leur repréſentation, s'il obtiennent un jugement d'abſolution. S'ils paſſent les cinq ans ſans ſe repréſenter, ils peuvent eſpérer de rentrer dans la propriété de leurs biens. Il n'y a que les fruits & revenus dont la perte ſoit irrévocable.

L'exception contenuë dans l'édit des duels ne tombe donc que ſur les effets différens que produit la repréſentation en cas de condamnation pour duel, & ceux qu'elle produit lorſque cette condamnation a quelqu'autre crime pour motif. Et la raiſon de cette rigueur, contre ceux qui ſont accuſés de duel, eſt que le Roi, voulant couper la racine d'un crime ſi contraire à l'humanité, à la religion & au bien de l'état, a voulu en punir même le ſoupçon. Or tout homme qui étant abſent, ſe trouve accuſé de ce crime, & ne comparoît point aux citations qui lui ſont faites, donne lieu de le ſoupçonner coupable.

L'article dont on vient de parler peut encore être ſuſceptible d'un autre ſens. Ces termes *ſans eſpérance de reſtitution*, *à compter du jour de la condamnation par contumace*, peuvent frapper tout-à-la fois ſur les deux diſpoſitions qui concernent les fonds & les fruits & ces termes : *encore qu'ils ſe fuſſent reſtitués*, pourroient ſignifier ; encore qu'ils euſſent été abſous. Auquel cas le ſens de l'article ſeroit que l'abſolution même ne feroit point rendre au condamné pour duel les ſucceſſions échues pendant l'inſtruction de la contumace : mais qu'étant demeuré capable de les recueillir, au lieu de paſſer ſur ſa tête, elles ſeroient échuës au fiſc, qui les auroit recueillies au lieu de lui. Dans ce ſens, cet article ne ſera point encore contraire à notre opinion, puiſque l'argument qu'on pourra tirer, *à contrario*, de cet article pris dans ce point de vuë, ſera que l'abſolution, dans le cas des autres crimes, fera rendre aux accuſés les ſucceſſions qui leur ſeront échuës ; ce qui ne tombe point ſur la queſtion préſente.

Enfin cet article ne peut avoir pour objet l'accuſé qui ſeroit mort dans les cinq ans, puiſqu'il le ſuppoſe toujours vivant. Ainſi l'énonciation des cinq ans ne peut avoir trait qu'à l'échéance d'une ſucceſſion, ou à la repréſentation, ou à l'abſolution ; ce qui ne peut concerner qu'un homme vivant.

Ajoutons que l'équité naturelle vient à l'appui du parti que nous prenons ici. Dans les jugemens en matiére criminelle on doit toujours incliner vers la douceur & vers la liberté.

Quand

Quand il y a lieu de se prêter à des présomptions, on doit toujours s'abandonner à celles qui tendent à la justification de l'accusé. Ici on peut présumer, à la vérité, qu'il étoit coupable, & que, par conséquent, il ne se seroit pas représenté; qu'il ne seroit pas venu livrer sa tête entre les mains de la justice, qui n'auroit pas manqué de sévir contre lui, & de lui faire subir toute la rigueur des peines qu'il avoit méritées par son crime.

Mais d'un autre côté, on peut aussi présumer qu'il étoit innocent; que s'il a été condamné, c'est que, par son absence, il étoit hors d'état de repousser l'accusation, & de mettre son innocence au jour: que cette absence étoit causée par des obstacles qu'il ne pouvoit pas lever; ou même par la crainte de ne pouvoir pas prouver son innocence à des juges prévenus, & que leur qualité d'hommes rend faillibles; de ne pouvoir pas, en un mot, résister à la malice de ses ennemis, qu'il sçavoit ne rien ménager pour le perdre, puisqu'ils avoient eu la noirceur d'intenter & de poursuivre contre lui une accusation capitale.

Or, comme cette derniére présomption est favorable, qu'elle est plus conforme à l'humanité, c'est celle à laquelle la justice ne manque jamais de se livrer; ensorte que la mort naturelle, arrivée dans les cinq ans du jour de l'exécution du jugement par contumace, a un effet rétroactif au jour qui a précédé cette exécution. C'est une fiction de droit, par laquelle on suppose que l'accusé est mort avant sa condamnation; & que, par conséquent, il est mort *integri statûs.*

SECTION IV.

En quel état meurt le condamné par contumace, qui s'est représenté, & qui décède avant le second jugement?

Si la mort naturelle rend l'état à un condamné qu'elle surprend pendant sa fuite, elle doit, à plus forte raison, produire le même effet, lorsque ce condamné s'est livré lui-même à la justice. La présomption en faveur de son innocence est bien plus forte & plus fondée. Il est constant qu'il falloit qu'il y comptât beaucoup, puisqu'il s'est exposé à l'événement du jugement.

S'il a été arrêté forcément, la présomption n'est pas si fort en sa faveur: mais l'humanité y supplée; & l'on doit considérer un tel homme, comme étant dans le cas de celui dont on instruit le procès, pour la premiére fois, & qui décède pendant l'instruction.

SECTION V.

Quand commence la mort civile d'un homme qui avoit été condamné par contumace, & qui est ensuite condamné contradictoirement, après s'être représenté ?

En examinant cette question suivant les principes adoptés en matiére civile, il semble qu'il ne devroit pas y avoir de difficulté à juger que le condamné ne doit être réputé mort civilement, que du jour du jugement contradictoire, qui ne devroit point avoir d'effet rétroactif au jour de l'exécution de la condamnation par contumace. Les condamnations prononcées au civil n'ont d'effet que du jour du jugement contradictoire, lorsque la partie condamnée a été reçuë opposante au jugement prononcé par défaut. La raison est qu'on juge, comme dans le cas de la représentation, qu'une simple opposition suffit, pour anéantir un jugement par défaut.

Mais il n'en est pas de même dans le cas présent. La condamnation prononcée contradictoirement, après un jugement de contumace précédent, a un effet rétroactif au jour de l'exécution du premier jugement : ensorte que la mort civile, pendant l'instruction de la procédure qui se fait contradictoirement avec le coupable qui s'est représenté, demeure suspenduë, pour reprendre toute sa force, & produire tous les effets qui en sont une suite nécessaire, après la condamnation prononcée contradictoirement.

La raison est que les présomptions favorables n'ont plus lieu dans ce cas. L'accusé avoit été trouvé coupable, lors de l'instruction de la contumace. Il est encore trouvé coupable, quoiqu'il se soit représenté, quoiqu'on ait instruit le procès de nouveau avec lui, & qu'il eût, par conséquent, toutes les facilités de prouver son innocence, s'il avoit été possible. Il ne mérite donc autre chose, que toute l'indignation de la justice, qui ne peut se prêter à rien qui puisse être favorable à ce coupable. Or on présume, dans ce cas, que s'il s'est absenté, & s'il ne s'est pas représenté, c'étoit dans l'espérance d'affoiblir les preuves de son crime, soit parceque les témoins mourroient pendant ce tems, soit parcequ'on perdroit les traces & les vestiges tant du crime même, que de ce qui pourroit conduire à en connoître l'auteur avec certitude. Tels sont les motifs de cette jurisprudence, autorisée par plusieurs arrêts; entr'autres un du 23 juillet 1626. rapporté par Bruneau, traité des criées, partie 2. des criées sur les absens & condamnés à mort par contumace, p. 527. & par Bardet.

LIVRE III.

Des effets de la mort civile.

TOUT ce qui a été dit jusqu'à présent prouve qu'un homme mort civilement est regardé, par la société, comme s'il étoit mort naturellement. Ce n'est plus, à ses yeux, qu'un être sans vie, qui ne communique avec personne, & avec qui personne ne communique. Il tombe donc dans une incapacité totale de tous les actes qui constituent la vie civile. Ainsi il semble d'abord qu'il suffiroit, pour exprimer les effets de la mort civile, de dire en général, que celui qui l'a encouruë est incapable d'aucun contrat, & d'aucun des actes qui se font entre ceux qui jouissent de la vie civile : mais comme cette incapacité donne lieu à quelques questions, sur chacun de ces actes, il nous paroît nécessaire d'entrer dans un certain détail, à cet égard.

D'un autre côté, il est constant que les droits & les possessions qui lui sont ravis par la mort civile, doivent nécessairement passer à d'autres, soit à titre successif, soit par toute autre voïe.

Ce livre se divise donc naturellement en deux articles, qui renferment tous les effets de la mort civile. Dans le premier, nous examinerons les incapacités qui en résultent ; & dans le second, nous examinerons les droits des tiers, auxquels la mort civile donne ouverture.

ARTICLE PREMIER.

Des incapacités résultant de la mort civile.

CES incapacités, comme nous l'avons dit, ont pour objet tous les actes qui forment la vie civile.

Ces actes, en général, sont ou les contrats qui résultent de la convention des parties, ou le mariage, ou le droit de se présenter en jugement, soit pour y former des demandes, soit pour se défendre contre celles que l'on peut intenter contre nous, soit pour y porter témoignage de faits dont nous avons connoissance, ou enfin ceux qui résultent, dans le païs de droit écrit, de la qualité de pere, rélativement aux enfans qui sont sous la puissance paternelle.

Les contrats peuvent, par rapport à la matiére que nous traitons ici, se diviser en deux espèces; en contrats ou acquisitions à titre onéreux, & en contrats, ou acquisitions à titre gratuit.

Les acquisitions à titre onéreux sont celles par lesquelles on acquiert une chose en païant la valeur en argent, ou en autres choses, ou à de certaines charges & conditions, comme l'achat, l'échange, &c.

Les acquisitions à titre lucratif, au contraire, sont celles par lesquelles on acquiert une chose sans qu'il en coûte rien, & sans charge : telles sont celles qui procédent d'une donation, d'un legs, &c.

Nous diviserons donc cet article en six chapitres.

Dans le premier, nous considérerons les incapacités par rapport aux contrats onéreux.

Dans le second, les incapacités par rapport aux acquisitions à titre gratuit.

Dans le troisiéme, l'incapacité de se marier.

Dans le quatriéme, l'incapacité d'ester en jugement.

Dans le cinquiéme, l'incapacité de porter témoignage, soit en justice, soit dans un testament.

Dans le sixiéme, nous parlerons de la perte de la puissance paternelle, dans les païs de droit écrit.

Outre les actes dont nous venons de parler, on peut encore considérer trois circonstances, dans lesquelles un condamné peut se trouver, & sur lesquelles la mort civile produit des effets. Il peut être noble ; il peut posséder un bénéfice, ou un office. Ainsi aux six chapitres, dont nous venons de parler, nous en ajouterons trois autres, dans chacun desquels nous examinerons un de ces objets.

CHAPITRE I.

Des incapacités par rapport aux contrats onéreux.

SUIVANT les loix Romaines, les condamnés à une peine qui les dégradoit de la qualité de citoïen, pouvoient faire des acquisitions à titre onéreux, parcequ'ils avoient le pouvoir de faire tous les actes & contrats qui dérivent du droit des gens. *Deportatus civitatem amittit, non libertatem, & speciali quidem jure civitatis non fruitur, jure tamen gentium utitur. l. 15. ff. de interdict. & relegat. & deportat.* Cette loi, après cette décision générale, indique quels sont les contrats qui dérivent du droit des gens, & dont l'usage n'est point interdit à ceux qui sont en état de mort civile. *Emit enim & vendit, locat, conducit, permutat, fœnus exercet, & cætera similia. Ibid.*

Cependant les constitutions des Empereurs bornoient la faculté de commercer, que le droit des gens donnoit aux morts civilement. *Ex lege Augusti, deportatis non licet habere nisi naves actuarias duas, & onerariam unam, quæ non sit plus quàm amphorarum mille. Coercetur acquirendi & negotiandi libertas. Nam & servos & libertos, ex eâdem lege, plus quàm viginti, in bonis plus quàm viginti quinque millia sestertium habere non possunt. Itaque negotia juris gentium deportatus contrahere, nisi usque ad certum modum, non potest. Leges modum imponunt donationibus, testamentis, emptionibus.*

Il est donc certain que, suivant les loix Romaines, la mort civile n'empêchoit point d'acquérir à titre onéreux, & de vendre ce qu'on avoit acquis : en un mot, elle ne portoit aucune atteinte à la capacité active & passive, par rapport à ces sortes de contrats : mais ces biens ainsi acquis passoient au fisc, après la mort naturelle de l'acquéreur. *Et posteà quæsita pignori dare potest, nisi in fraudem fisci, qui ei mortuo successurus est, ea obliget. Priora enim bona, quæ publicata sunt, alienare non potest. l. 15. ff. de interd. & relegat. & deportat.*

Cujas, en ses observations, *lib. 6. cap.* 23. nous apprend la raison de cette disposition : c'est, dit-il, parcequ'un homme mort civilement ne peut pas avoir d'héritiers. *Post deportationem acquisita, mortuo deportato, ad fiscum pertinere, quia deportatus est capitis minor, & hæredem habere non potest.... Mortem deportati, nec restituti & revocati exigimus, ut posteà quæsita fisco obveniant. Vivus namque is utitur suo jure.*

Dans la suite, les Empereurs se relâchérent de cette rigueur, & abandonnérent aux héritiers du condamné les biens même qui avoient été confisqués, comme nous le dirons ailleurs, en parlant de l'ouverture de la succession d'un homme mort civilement. Nous remarquerons seulement ici, à cette occasion, que, comme les héritiers se trouvoient, par-là subrogés aux droits du fisc, cela ne changeoit rien à l'état du condamné, qui pouvoit également acquérir des biens & en jouïr ; ensorte qu'ils ne paſſoient à ſes héritiers qu'après ſa mort naturelle, de la même maniére que quand le fiſc y ſuccédoit.

Telle étoit la juriſprudence des Romains ſur cette matiére, & nos auteurs décident preſque tous unanimement, que la même choſe s'obſerve parmi nous, & que celui qui eſt mort civilement peut joüir des biens par lui acquis depuis ſa mort civile encouruë.

Carondas, en ſes obſervations, au mot *banni*, rapporte un arrêt du cinq juillet 1558. qui a jugé qu'un homme banni à perpétuité hors du roïaume pouvoit trafiquer en France par correſpondant, n'étant pas de pire condition qu'un étranger, & n'étant pas mort civilement à l'égard du païs où il demeure. Or cette permiſſion de trafiquer renferme néceſſairement les facultés qui conſtituent le trafic; c'eſt-à-dire, d'aliéner & d'acquérir.

Le Brun, en ſon traité des ſucceſſions, liv. 1. ch. 2. ſect. 2. n. 9. dit qu'on ſuccéde aux acquiſitions faites par un homme condamné au banniſſement perpétuel, depuis ſa condamnation exécutée. D'où il ſuit que cet auteur convient qu'un homme en cet état peut acquérir.

Nous croïons que, pour décider de la capacité de ceux qui ſont dans les liens de la mort civile, par rapport aux contrats dont il eſt ici queſtion, il faut diſtinguer les différentes cauſes qui opérent la mort civile.

Si elle provient d'une condamnation à mort naturelle prononcée par contumace, nous avons bien de la peine à croire qu'elle laiſſe à celui qui l'a encouruë la faculté de contracter, au moins dans le roïaume. En effet, en vertu du jugement contre lui prononcé, on doit le regarder non ſeulement comme n'exiſtant plus dans la ſociété; mais comme retranché du nombre des vivans. Il répugne que la juſtice autoriſe des actes émanés d'un homme qu'elle a cru digne du dernier ſupplice, qu'elle y a condamné, & qui eſt cenſé ne l'avoir évité que par la fuite. Elle a prononcé ſa mort, elle la lui a fait ſubir fictivement; & ſuivant les loix introduites par rapport aux fictions, il eſt impoſſible qu'elle puiſſe le compter au nombre des êtres vivans.

Il n'en eſt pas tout-à-fait de même à l'égard de ceux qui n'ont pas été condamnés à la mort naturelle; mais ſeulement à une peine qui, en leur laiſſant la vie, les retranche du nombre des citoïens, comme les galères, ou le banniſſement hors du roïaume à perpétuité. La justice a cru devoir leur laisser la faculté de vivre. Elle leur a enlevé l'être civil : mais elle leur a laissé l'être phisique, & même l'être moral. N'aïant pas voulu le leur enlever, elle tolére qu'ils usent des moïens qu'ils peuvent tirer de leur industrie, pour se le conserver. Elle ferme les yeux sur la stricte rigueur du droit, & leur laisse une faculté dont ils devroient être privés, si l'on ne croïoit pas devoir user d'indulgence envers eux. C'est pourquoi on leur laisse la liberté du commerce ; pourvu cependant qu'ils ne paroissent pas dans les lieux dont l'entrée leur est interdite. Le condamné aux galères, par exemple, ne peut pas, sous prétexte qu'il peut commercer, quitter le port de mer où sont les galères, & le banni ne peut pas entrer dans le roïaume.

Nous examinerons ailleurs ce que deviennent, après leur mort naturelle, les biens qu'ils ont pû acquérir depuis la mort civile encouruë.

Cette faculté de vendre & d'acquérir ne s'étend cependant pas à tous les actes translatifs de propriété à titre onéreux. Ils ne sont absolument capables que de ceux qui dérivent du droit des gens, & nullement de ceux qui ont été introduits par le droit civil. Ainsi ils ne pourroient pas exercer le retrait lignager sur un héritage aliéné par un de leurs parens. La raison est que cette faculté dérive d'un droit que la mort civile leur a ravi : c'est le droit d'agnation, auquel seul les loix civiles ont accordé ce privilége. Ils sont retranchés de la société, & par conséquent de la famille dont ils faisoient partie. C'est le sentiment de tous les commentateurs de la coutume de Paris, & celui de Basnage, sur l'article 452. de la coutume de Normandie : & il doit être suivi.

CHAPITRE II.

De l'incapacité active & passive par rapport aux acquisitions à titre gratuit.

LES acquisitions à titre gratuit peuvent être considérées ici sous deux points de vuë, rélativement à celui qui acquiert, & rélativement à celui qui transmet. Ainsi, sur chaque espèce d'acquisition de cette nature il s'éleve nécessairement deux queſtions : l'une de ſçavoir ſi un homme mort civilement peut recevoir, & l'autre, s'il peut tranſmettre.

Or tous les titres gratuits tranſlatifs de propriété ſe peuvent réduire à trois ; ſçavoir le droit de ſuccéder, les teſtamens & les donations entre-vifs.

Dans les teſtamens, on diſtingue deux ſortes de diſpoſitions, par rapport aux païs du droit écrit. On peut être inſtitué légataire, ou héritier.

Ainſi ce chapitre ſera diviſé en ſept ſections.

Dans la premiére, nous parlerons de l'incapacité de ſuccéder.

Dans la ſeconde, de l'incapacité de tranſmettre, par ſucceſſion, aux héritiers du ſang

Dans la troiſiéme, de l'incapacité de teſter.

Dans la quatriéme, de l'incapacité d'être inſtitué héritier.

Dans la cinquiéme, de l'incapacité de recevoir des legs.

Dans la ſixiéme, de l'incapacité de donner entre-vifs.

Et dans la ſeptiéme enfin, de l'incapacité de recevoir par donation entre-vifs.

SECTION I.

De l'incapacité de ſuccéder.

Il eſt aſſez aiſé de comprendre, par tout ce que nous avons dit juſqu'ici, & par les différentes queſtions que nous avons traitées, qu'un homme mort civilement eſt incapable de recueillir aucune ſucceſſion. Le droit de ſuccéder nous vient de la qualité de citoïen ; ainſi en perdant l'un on perd l'autre.

Nous avons vû plus haut que, tant qu'un homme n'eſt point dans les liens de la mort civile, en quelqu'état que ſoit le procès, il peut toujours recueillir les ſucceſſions qui lui tombent. Il ne perd cette capacité que par la mort civile encouruë dans toutes les formes.

Il ſe préſente cependant une queſtion, dont la déciſion pourroit faire une exception à cette règle. Elle conſiſte à ſçavoir ſi une perſonne qui a tué celui dont il eſt héritier préſomptif eſt capable de recueillir ſa ſucceſſion. La raiſon de douter eſt que, d'un côté le crime n'ôte point les facultés civiles ; en ſorte que dans ce cas l'homicide, le parricide même, ſurvivant à celui qu'il a tué, & ne pouvant être condamné dans l'inſtant même de ce meurtre, doit, ſuivant la règle générale, recueillir ſa ſucceſſion :

cession : mais d'un autre côté, si on l'autorise à recueillir cette succession, c'est l'autoriser à profiter de son crime ; ce qui est contraire aux bonnes mœurs & à l'esprit de toutes les loix.

Bardet, to. 1. liv. 1. chap. 63. rapporte un arrêt à ce sujet : mais il y a, dans l'espéce, une circonstance qui pourroit faire douter si la cour se détermina seulement par la qualité du crime à déclarer le coupable indigne de succéder du jour qu'il l'avoit commis. La voici. Un pere, en païs de droit écrit, institua son fils son héritier, & réduisit ses filles à leur légitime, en les substituant néammoins à leur frere, suivant l'ordre de leur naissance, en cas qu'il vînt à décéder sans enfans. Ce testament fut, dans la suite, confirmé dans tous ses points, par le contrat de mariage du fils. Quelque tems après, le pere se trouva assassiné, & le fils aliéna aussitôt tous les biens dont il avoit hérité en vertu du testament. Un des meurtriers déclara dans l'interrogatoire que le fils de celui dont on vouloit venger la mort étoit complice du crime. Il fut condamné par contumace en neuf cens livres d'amende envers le Roi. Le receveur des amendes fit saisir réellement tous ses biens. Les deux filles demanderent distraction, fondées sur la substitution faite à leur profit dans le testament de leur pere, & l'obtinrent. En conséquence de cette substitution, elles se pourvoient contre les acquéreurs des biens qui y étoient compris. Elles alléguent en outre pour moïens, que leur frere, par le parricide dans lequel il avoit trempé, s'étoit rendu indigne de la succession de son pere, & qu'il avoit même perdu l'administration de ses biens. Les acquéreurs se défendoient sur leur bonne foi. Ce moïen ne fut point écouté, & le présidial de Lyon les condamna à se désister de la possession des biens par eux acquis, d'en laisser la propriété libre aux demanderesses, & de leur restituer les fruits depuis la contestation en cause, avec dépens.

Cette sentence fut confirmée par arrêt du 25 Juin 1619. On ne peut sçavoir, comme il est aisé d'en juger, si cet arrêt est fondé sur la nature du crime, ou si ce fut la circonstance de la substitution qui détermina la cour à évincer les acquéreurs.

Mais la question a été décidée *in terminis*, par arrêt du 16 Juillet 1676. rendu contre la dame de Brainvilliers, qui la déclara indigne de recueillir les successions de ses pere, frere & sœurs, par elle empoisonnés.

Il y a encore d'autres crimes qui rendent incapable de succéder, même avant que la condamnation ait opéré la mort civile;

tel est celui de lèze-majesté. Servin, plaidoïé 66. prétend même que cela devroit avoir lieu pour tous les crimes énormes. Il rapporte un arrêt rendu dans le cas d'un inceste, dont il n'approuve pas la décision. Un homme accusé d'inceste commis avec sa sœur fut mis à la question, & avoua. Avant que son procès fût achevé d'instruire, il se sauva des prisons, & se maria. Pendant son mariage, & avant la condamnation prononcée, il lui échut une succession. Les collatéraux, après sa mort, la disputerent à ses enfans : mais la veuve, stipulant pour eux en qualité de tutrice, obtint en leur faveur un arrêt prononcé sur appointement en droit, le 24 Mars 1603.

Deux raisons, suivant l'arrêtiste, sembloient devoir porter la cour à juger au contraire. L'atrocité du crime qui, par lui-même, est des plus énormes ; & la tache qu'il imprimoit à toute la famille, étant commis *in familiam & in gentem*. Mais il paroît, par les plaidoïers qui sont rapportés avant le dispositif de cet arrêt, qu'il est fondé sur la bonne foi de la femme, qui s'étoit mariée sans connoître l'état de celui qu'elle épousoit, & qui d'ailleurs en pouvoit toujours prétendre cause d'ignorance, la condamnation n'étant pas prononcée.

Hors ces cas, & d'autres semblables, il n'y a point de difficulté que la faculté de succéder ne se perd qu'à l'instant que la mort civile est encouruë : d'où il résulte que les successions qui viennent à écheoir avant ce tems sont recueillies par le coupable, & sont par conséquent enveloppées dans la confiscation, au préjudice de ceux qui auroient succédé, si le condamné n'eût pas rempli son dégré.

Cependant Basnage, sur l'article 235. de la coutume de Normandie, fait une distinction fort ingénieuse, & très-favorable aux héritiers. Il prétend qu'il faut que l'accusé, dans le cas d'une succession à lui échuë, dans le tems de l'instruction de son procès, déclare expressément qu'il accepte. S'il demeure dans le silence, il est présumé avoir renoncé ; parceque prévoïant sa condamnation, il a voulu favoriser ses parens, en n'acceptant pas une succession qui, après sa mort, se seroit trouvée enveloppée dans la confiscation, & dont par conséquent ils auroient été privés. Pour appuïer son avis, il rapporte un arrêt du parlement de Rouen, dans cette espéce. Un nommé Hennequin, un an avant la mort de sa mere, avoit commis un homicide en la personne de sa servante : mais il ne fut décrété qu'après l'ouverture de la succession de sa mere. Il fut condamné par contumace,

& ses biens furent confisqués. Le receveur du domaine prétendit que les biens provenant de la succession de la mere faisoient partie de la confiscation. La sœur du condamné demanda main-levée de ces biens. Elle disoit pour moïens, que son frere étant coupable d'homicide, lorsque la succession étoit échuë, étoit incapable de succéder : mais qu'en tout cas, quand même il auroit pû succéder, il ne paroissoit par aucun acte qu'il eût accepté cette succession; & qu'ainsi on devoit présumer qu'il y avoit renoncé. Que la régle *le mort saisit le vif* n'avoit point lieu en faveur du fisc, dont la cause est toujours défavorable.

Le receveur du domaine, au contraire, soutenoit que non-seulement Hennequin avoit été capable de succéder, mais qu'en effet il avoit fait plusieurs actes d'héritier, avant que son crime eût été connu & qu'il eût été décrété de prise de corps; en sorte que se trouvant saisi de la succession lors de la condamnation, les biens y compris avoient été confisqués. Par arrêt de la grand' chambre du 26 Mars 1683. il fut dit, qu'avant faire droit, le receveur du domaine feroit preuve que Hennequin eût fait quelqu'acte d'héritier de sa mere.

Cet arrêt a jugé deux questions à la fois, sçavoir qu'un accusé non condamné est capable de succéder; mais que, pour que les successions qui lui arrivent soient acquises au fisc après sa mort, en cas de condamnation, il faut qu'il ait fait quelqu'acte, par lequel il paroisse s'être mis en possession.

Basnage se sert même de cette distinction pour concilier deux arrêts du parlement de Paris, qui semblent être en contradiction.

Cette opinion est fort ingénieuse, & tend à favoriser les héritiers du coupable, au préjudice du fisc, qui est à la vérité toujours fort défavorable : mais si on l'examine avec des yeux de jurisconsulte, il est bien difficile qu'elle puisse soutenir cet examen.

En effet c'est une règle par toute la France que *le mort saisit le vif*; c'est-à-dire, que dans l'instant du décès, la propriété de tous les biens passe sur la tête de l'hoir le plus proche habile à succéder. Cette saisine s'opére de droit, par la seule action de la loi, sans aucune appréhension de fait: c'est la disposition expresse d'un très-grand nombre de coutumes; & on n'en trouve aucune qui y soit contraire. Or cette saisine de droit forme la possession la plus parfaite qu'on puisse imaginer. On ne peut pas mieux la caractériser, qu'en disant, avec la plupart des coutumes du roïaume, qu'elle donne droit de former complainte. On sçait que, pour intenter complainte, il faut avoir la possession la plus complette : c'est un des principes les plus anciens de notre pratique, consacré d'ailleurs par une disposition expresse de l'ordonnance de 1667.

Puisque l'occasion s'est présentée de parler de cette règle si célébre dans notre droit, il ne sera pas tout-à-fait hors de place d'examiner ici les motifs qui l'ont introduite. Cet examen nous pourra même être de quelque utilité pour la décision de la question que nous traitons.

Le meilleur moïen de découvrir la raison de la règle *le mort saisit le vif*, est de comparer nos usages avec ceux des Romains sur cette matiére, & d'en rechercher la différence.

C'est par la voïe de la succession que les biens vont de la génération qui passe à celle qui la suit. Dans le droit François, comme dans le droit Romain, cette transmission passe pour une opération de la loi civile. C'est pourquoi l'étranger & le mort civilement, qui ne participent point aux effets de cette loi, ne pouvoient point succéder chez les Romains, & ne peuvent point non plus succéder parmi nous.

Il est vrai que le plus grand nombre des auteurs qui ont traité du droit naturel & des gens ont pensé que les successions sont de droit naturel : mais il est évident qu'elles ne peuvent être que du droit naturel sécondaire, ou du droit des gens, & non du pur & premier droit naturel.

En effet, suivant le droit de la nature, tout le droit qu'un possesseur avoit à ses biens périt avec lui, & ils pourroient, sans que le pur droit naturel fût violé, être laissés au premier occupant. Mais il faut convenir en même tems, que tous les peuples ont senti l'inconvénient qu'il y auroit à suivre, en ce point, la pure nature ; l'ardeur qu'on a de travailler pour sa postérité, & de survivre, pour ainsi dire, à soi-même, étant un des grands ressorts des choses humaines. C'est pourquoi les loix de tous les peuples & de tous les âges ont corrigé le droit naturel, & ont établi par-tout la transmission par voïe de succession.

Mais les loix ne se sont point accordées de même sur la maniére d'opérer cette transmission.

Les engagemens qui suivent la qualité d'héritier sont si importans, qu'avant de la prendre, on a toujours besoin d'un certain tems pour délibérer. Jusques au moment de l'option, la succession ne peut pas demeurer vacante, elle seroit dès-lors au premier occupant, suivant un principe puisé dans la nature, & que Justinien a inséré dans ses institutes §. 12. *de rer. divis. Quod nullius est, id naturali ratione occupanti conceditur.*

Si la succession reste vacante pendant que l'héritier délibére, il faut ou que l'état s'en empare, ou qu'on feigne que le défunt continuë de posséder, ou qu'on feigne que l'héritier présomptif a commencé à posséder dès l'instant de la mort. Il n'y a que le choix de l'une ou de l'autre de ces fictions qui puisse exclure le fisc; à moins qu'on ne laisse la chose au premier occupant.

C'est ce qu'on a reconnu en Bretagne. Suivant la coutume de cette province, la saisine n'a lieu qu'en directe; ce qui fait qu'on donne au fisc la saisine des successions collatérales pendant que l'héritier délibére. *En succession collatérale*, dit l'article 540. *la justice de celui qui a fief & obéissance est saisie de la succession.*

La coutume de Bretagne est la seule, dans tout le roïaume, qui contienne une semblable disposition. Le fisc est exclus par le droit François, comme il l'étoit par le droit Romain : mais le droit Romain avoit choisi une des deux fictions, & le droit François a choisi l'autre.

Suivant le droit Romain, on feignoit que le défunt continuoit de posséder; à l'effet de quoi on avoit, pour ainsi dire, personnifié l'hérédité. *Hereditas personæ defuncti qui eam reliquit vice fungitur. l. 116. §. 3. ff. de legat.* 1°. Ils l'avoient tellement personnifiée, qu'on la regardoit comme représentant véritablement le défunt, & aïant la proprieté des esclaves qu'il avoit laissés en mourant. *Hereditarium servum, antè aditam hereditatem, ideò placuit heredem institui posse, quia creditum est hereditatem dominum esse, defuncti locum obtinere. l. 31. §. 1. ff. de hered. instit.*

Il n'y avoit que le cas des héritiers siens, c'est-à-dire, des enfans en puissance paternelle, qui fût excepté. Comme ils étoient réputés, du vivant de leur pere, co-propriétaires & co-possesseurs, à cause de l'espéce de communauté qui résultoit de l'association de tous les membres d'une famille, c'étoit leur propre possession qu'ils continuoient : mais, à l'exception de ce cas, on allongeoit la possession du défunt, en donnant en quelque sorte un corps phantastique à l'hérédité même.

Suivant le droit François, l'héritier est saisi à l'instant même de la mort du défunt, sans attendre son adition. La possession se continuë, sans aucune interruption, du défunt à l'héritier.

Cette possession de l'héritier est à la vérité une fiction de la loi ; mais elle eſt bien moins contraire à la nature, que celle des loix Romaines, qui laiſſoient au défunt la poſſeſſion après ſa mort ; ou du moins qui créoient un être imaginaire, & faiſoient un perſonnage d'un vain nom, c'eſt-à-dire, l'hérédité. Ainſi la fiction que nous avons introduite a pour objet d'en faire ceſſer une qui étoit beaucoup plus outrée.

Auſſi le païs de droit écrit a-t-il applaudi à cette invention du droit coutumier ; de ſorte que la ſaiſine eſt devenuë le droit commun de tout le roïaume. Nos voiſins les plus attachés au droit Romain y ont applaudi de même, & ont embraſſé notre régle. C'eſt ce qu'a remarqué Tiraqueau. Il rapporte, dans ſa ſeconde déclaration, toutes les coutumes du roïaume qui ont introduit la régle, tous les ſtatuts d'Italie qui l'ont embraſſée, & tous les auteurs qui en ont parlé avec éloge. Il dit même, dans la troiſiéme déclaration, qu'il n'y a rien de plus ſage dans nos loix. *Ut non ſine magnâ quâdam ratione id ſtatutum à populis fuiſſe videri debeat.*

Quiconque veut faire attention au génie du droit François, voit pourquoi la fiction du droit Romain étant outrée, on a établi parmi nous la règle que nous ſuivons.

Le fiſc a droit de s'emparer, dans ce roïaume, de tout ce qui n'a point de maître. Nous ne connoiſſons point de propriété vacante, & jamais il n'y a lieu au droit du premier occupant. Les épaves, tant mobiliaires qu'immobiliaires, appartiennent au fiſc. Par une ſuite de ce principe, il eût fallu ſaiſir le fiſc de la ſucceſſion, pendant la délibération de l'héritier, comme on a fait en Bretagne, pour les ſucceſſions collatérales. Or nous n'avons point de régle plus précieuſe en France que celle-ci, *Fiſcus poſt omnes.* Tous les auteurs l'ont célébrée comme une maxime de notre droit, qui faiſoit honneur à la modération de nos princes. Il a donc fallu établir une fiction qui fît ceſſer le droit du fiſc. Les Romains en avoient établi une : mais elle étoit outrée, elle n'avoit aucune reſſemblance avec la réalité. On en a trouvé une plus raiſonnable & plus conforme à la vraiſemblance ; on s'y eſt attaché, & on en a fait une loi.

Telle eſt donc la raiſon fondamentale de la régle *le mort ſaiſit le vif.* Dans la néceſſité d'introduire une fiction pour faire ceſſer deux droits également dangereux & odieux, celui du premier occupant, ou celui du fiſc, on a préféré une fiction raiſonnable, qui n'entraîne aucun inconvénient, qui n'a rien de contraire à la nature, à celle que les loix Romaines avoient faite, & qui heurtoit également la raiſon & la vraiſemblance.

Le principal effet de cette régle consiste en ce que tous les droits concernant l'adition d'une hérédité se forment & se réalisent à l'instant de la mort.

Les Romains avoient déja bien senti la nécessité de cet effet rétroactif. *Omnis hæreditas, quamvis posteà adeatur, tamen cum tempore mortis continuatur. l. 138. de reg. jur.* Cet effet est bien plus plein parmi nous. Tout remonte jusqu'au moment même de l'ouverture de la succession, l'acceptation, la renonciation, le partage. C'est ce qui fait aussi que les dettes du défunt ne s'impriment pas sur les biens de l'héritier, ni celles de l'héritier sur les biens de l'hérédité, quand il y a renoncé : c'est ce qui fait que le partage résout les hipotéques des co-partageans; ce qui n'avoit pas lieu chez les Romains. C'est pourquoi tous ces actes n'opérent aucune mutation, & ne donnent lieu à aucuns droits seigneuriaux.

C'est donc un principe certain, & qu'on ne peut révoquer en doute dans aucun cas, sans heurter de front les notions les plus communes, & sans vouloir saper toutes nos maximes en matiére de succession, que la règle *le mort saisit le vif* est une fiction établie par les coutumes. Qu'en vertu de cette fiction, l'hoir plus proche vivant, appellé par la loi à la succession d'un défunt, & capable de la recueillir, est saisi par elle de cette succession, dans l'instant de son ouverture; en sorte que la possession dans laquelle le défunt étoit de ses biens, pendant sa vie, passe de plein droit, dans l'instant même de sa mort, en la personne de son hoir plus proche & habile à lui succéder. Cet hoir en est saisi par la loi; & cette possession continuë en sa personne sans aucune interruption; de façon qu'il est censé & réputé dans la possession des biens du défunt, quoiqu'il n'ait point encore accepté sa succession, & qu'il puisse y renoncer. Cela est si vrai que, quoiqu'il ne se soit point encore expliqué sur le parti qu'il doit prendre, on peut diriger contre lui toutes les actions qu'on auroit pû intenter contre le défunt; & il n'en peut arrêter la poursuite, que par une renonciation expresse.

Appliquons ces principes au sentiment de Basnage. Nous avons établi qu'un homme, quoique coupable, quoiqu'accusé d'un crime capital, quoique poursuivi en justice, & même condamné, par un premier jugement dont il y a appel, pour raison de ce crime, jouït de la plénitude de son état. Il continue toujours d'être compté au nombre des citoïens, jusqu'à ce qu'il en ait été retranché par un jugement exécuté. Il y a, il est vrai, certains crimes dont l'atrocité fait remonter les effets de la mort civile jusqu'au jour où ils ont été commis : mais nous n'examinons point ici ce cas. Il est donc certain qu'un homme dans l'état dont il est question doit recueillir toutes les successions qui lui arrivent. Comme citoïen, il est l'hoir le plus prochain habile à succéder, & cette qualité ne lui est ravie qu'à l'instant de la mort civile. La régle *le mort saisit le vif* doit donc avoir son effet en sa faveur, puisqu'il n'y a aucun obstacle qui arrête cet effet. Par conséquent il se trouve saisi par la seule force de la loi, sans qu'il soit besoin d'aucun acte de sa part. La loi agit pour lui, & lui imprime une qualité, dont il ne peut être dépoüillé que par une abdication expresse.

Le motif qui a déterminé Basnage ne paroît pas suffisant pour détruire une régle adoptée généralement par tout le roïaume. Une loi ne se détruit que par une autre loi, postérieure & précise. Cet auteur se fonde sur la faveur des héritiers, & sur la défaveur du fisc. Si l'accusé est capable d'hériter, les successions qui lui arrivent, s'il n'y renonce pas, font partie des biens dont il se trouve en possession, dans le moment où il est frappé de la mort civile ; par conséquent elles tombent dans la confiscation, & tournent au profit du fisc, au préjudice des héritiers : au lieu qu'en supposant que le silence du coupable équivaut à une renonciation expresse, les successions passent aux héritiers du dégré le plus prochain après lui ; ce qui prive le fisc.

Il est vrai qu'en général le fisc est défavorable : mais cette défaveur n'autorise pas à enfreindre des loix clairement établies, pour le priver de ses droits. S'il en étoit ainsi, jamais il ne pourroit avoir raison dans aucun tribunal, & tous ses droits se trouveroient anéantis. La défaveur qu'on lui attribue consiste seulement à suivre strictement les loix qui lui sont favorables, sans leur donner aucune étenduë, & en les renfermant exactement dans les cas dont elles font mention ; & à donner au contraire le plus d'étenduë qu'il est possible à celles qui lui sont défavorables, sans cependant les altérer, ni même en forcer le sens. Or, si l'on en veut croire Basnage, la régle *le mort saisit le vif* sera non-seulement restreinte ; mais elle se trouvera totalement détruite & supprimée : ce qui ne se peut sans une loi autentique. Il n'y en a point. Ainsi nous ne croïons pas que l'arrêt dont il autorise son sentiment doive être suivi, à moins qu'il n'y eût dans l'espéce quelque circonstance particuliére, qui l'aura mise hors de la régle générale, & qui aura déterminé les juges.

Le même auteur examine ensuite la question si un homme appellant

appellant d'une condamnation de mort confirmée par arrêt, est capable de recueillir une succession à lui échuë pendant l'appel; & il décide pour l'incapacité d'après un arrêt du 10 Janvier 1630. rapporté au journal des audiences. Cette décision est conforme aux principes que nous avons établis plus haut; qui sont que l'appel tient l'état du condamné en suspens. Si le jugement est infirmé, il n'a point encouru la mort civile; s'il est confirmé, l'arrêt a un effet rétroactif au jour de la sentence. Voïez liv. 2. chap. 2. sect. 2.

SECTION II.

De l'incapacité de transmettre par succession aux héritiers du sang.

Comme l'ouverture de la succession d'un homme mort civilement regarde les tiers dont les droits se trouvent ouverts par cette mort civile, nous croïons devoir renvoïer cette matiére à l'article second, où elle nous fournira un chapitre divisé en plusieurs sections.

SECTION III.

De l'incapacité de tester.

Le testament est un acte par lequel nous disposons, après notre mort, des biens dont nous jouïssions pendant notre vie. Nous en transférons la propriété à qui bon nous semble, comme si nous étions encore vivans. Notre empire s'étend sur des choses que nous ne pouvons plus posséder. Cette faculté semble être opposée à la nature, & nous ne la tenons que de la loi seulement, qui a cru devoir nous donner la satisfaction de procurer, après notre mort, un bien être à ceux à qui nous avons été attachés pendant notre vie, & de qui nous avons reçu des bienfaits.

Or cette faculté étant un présent de la loi civile seulement, elle ne l'a fait qu'à ceux qui vivent sous son empire & qui sont membres de la société qu'elle régit. Ainsi ceux qui sont morts civilement, étant retranchés du nombre des citoïens, sont incapables de tester.

Cette maxime nous a été dictée par le droit Romain. *Si cui aquâ & igni interdictum sit, ejus nec illud testamentum valet quod antè fecit, nec id quod posteà fecerit. l. 8. §. 1. ff. Qui testam. fac. poss. In insulam deportati in eâdem causâ sunt. §. 2. ibid. Hi verò qui ad ferrum, aut ad bestias, aut in metallum damnantur, libertatem perdunt, bonaque eorum publicantur : undè apparet amittere eos testamenti factionem. §. 4. ibid.*

Cujas, en ses observations, liv. 4. chap. 12. nous apprend la raison de cette disposition. *Suæ igitur*, dit-il, *patriæ & civitatis legibus aut moribus quisque testari debet; & deportati testamentum facere non possunt, quòd nullius sint certæ civitatis cives, ut secundùm leges suæ civitatis testentur.*

Cette explication est fondée sur le texte même des loix. *Hi quibus aquâ & igni interdictum est, item deportati fideicommissum relinquere non possunt, quia nec testamenti faciendi jus habent, cum sint ἀπόλιδες, id est extorres. l. 1. §. 2. ff. de leg. 3°.*

Il seroit inutile de s'étendre davantage pour prouver une chose que personne ne révoque en doute, qui est fondée sur le bon sens, sur les loix, sur la jurisprudence des arrêts, & sur le sentiment de tous les auteurs.

Il faut cependant remarquer que si le coupable mouroit avant son jugement, ou même pendant l'instruction de l'appel, son testament seroit valable. *Si quis, post accusationem, in custodiâ fuerit defunctus indemnatus, testamentum ejus valebit. l. 9. ff. Qui testam. fac. poss. Si quis, in capitali crimine damnatus, appellaverit, & medio tempore, pendente appellatione, fecerit testamentum, & ita decesserit, valet ejus testamentum. l. 13. §. 2. ibid.*

En un mot, il faut que la mort civile soit véritablement encouruë, pour que le testament devienne nul, & pour que le coupable perde la faculté de tester.

SECTION IV.

De l'incapacité d'être institué héritier.

Tout le monde sçait que l'institution d'héritier n'est point admise dans la France coutumiére; mais que les païs qui se régissent par le droit écrit ont conservé cette faculté, que les loix Romaines donnoient autrefois aux citoïens. C'est donc par ces loix qu'on doit examiner cette matiére.

C'est un principe constant dans le droit Romain, que, pour être capable d'une institution testamentaire, il faut être citoïen. Par conséquent tout homme qui est dans les liens de la mort civile, aïant perdu les droits de cité, il est sans difficulté qu'il ne peut être institué héritier.

Indépendamment de cette conséquence, on trouve dans le droit des loix qui décident expressément qu'un homme mort civilement est incapable de recueillir une succession en vertu d'une institution testamentaire. *Qui deportantur, si heredes scribantur, tanquam peregrini, capere non possunt; sed hereditas in eâ causâ est, in quâ esset, si scripti non fuissent. l. 1. cod. de hered. instit. Si in metallum damnato quid, extrà causam alimentorum, relictum fuerit, pro non scripto est, nec ad fiscum pertinet. Nam pœnæ servus est, non Cæsaris, & ita divus Pius rescripsit. l. 3. ff. de his qui pro non script. habent.*

Il est donc bien constant, & par les principes généraux du droit Romain, & par les loix particuliéres, qu'un homme mort civilement ne pouvoit recueillir une succession testamentaire, par la pétition d'hérédité, en vertu du testament.

Pour corriger la rigueur du droit en certains cas, le Préteur s'étoit attribué le pouvoir de secourir ceux qui, sans son autorité, n'auroient pas pû recueillir une succession. Il les en mettoit en possession; & cet acte s'appelloit *Bonorum possessio;* en sorte que ceux à qui elle étoit donnée se trouvoient dans le même cas que s'ils eussent eu un droit fondé sur les loix même. Mais cette faveur ne pouvoit jamais s'accorder à ceux qui étoient morts civilement. *Si filius in metallum damnatus, vel aliâ pœnâ quæ servum efficit, restitutus sit, nihilominus admittetur. Aliter, non. l. 1. §. 9. ff. de bonorum possessione.*

Il y a cependant des cas où les loix Romaines n'interdisent point aux personnes mortes civilement la faculté de recueillir une succession testamentaire. On trouve, entr'autres, deux loix qui fournissent des exceptions à la régle générale. L'une est la loi 5. au code, *de testam. milit.* & l'autre est la loi 1. *§. 6. ff. ad Senatusconsul. Tertull. & Orphit.*

La premiere de ces deux loix permet aux militaires de laisser leurs biens à telles personnes qu'ils jugeront à propos; ce qui renferme nécessairement la faculté de pouvoir tester en faveur de ceux qui sont morts civilement. Car, suivant le droit commun, tous les citoïens ont le pouvoir de tester en faveur des autres citoïens, tels qu'ils puissent être. Or il est clair que la loi a voulu accorder un privilége particulier aux testamens militaires. Son intention a donc été qu'ils pussent être faits en faveur de ceux qui ne peuvent pas être compris dans les testamens ordinaires, comme des étrangers, de ceux qui sont morts civilement, &c. En un mot la permission est indéfinie pour toutes sortes de perſonnes, & elle ne réſerve que les cas qu'elle a nommément & expreſſément exceptés. Voici ſes termes : *Ex teſtamento militis, ſive adhuc in militiâ, ſive intrà annum miſſus honeſtè deceſſit, hereditas & legata, quibus relicta ſunt, debentur. Quia, inter cætera quæ militibus conceſſa ſunt, liberum arbitrium quibus velint relinquendi, ſupremis judiciis ſuis conceſſum eſt, niſi lex ſpecialiter eos prohibuerit.*

Or nous n'avons pû trouver que trois cas expreſſément énoncés par la loi, où la liberté accordée aux militaires ſe trouve bornée. Le premier concerne les eſclaves que les militaires auront inſtitué héritiers, ſans leur laiſſer, en même tems, la liberté. L'inſtitution dans ce cas eſt nulle. *Si ſervum proprium, quem liberum eſſe credidiſſet, miles heredem ſine libertate inſtituit, in eâ conditione eſt, ut inſtitutio non valeat. l. 13. §. 3. ff. de teſt. milit.* La ſeconde exception concerne les femmes dont la conduite feroit ſoupçonner un mauvais commerce avec le teſtateur. *Mulier in quâ turpis ſuſpicio cadere poteſt, nec ex teſtamento militis aliquid capere poteſt, ut divus Hadrianus reſcripſit. l. 41. §. 1. ff. eod.* La troiſiéme exception enfin a pour objet les hérétiques, qui ne peuvent être inſtitués héritiers, pas même dans un teſtament militaire. *Divinam noſtram ſanctionem, per quam juſſimus neminem errore conſtrictum hæreticorum, hereditatem, vel legatum, vel fideicommiſſum accipere, etiam in ultimis militum voluntatibus locum habere præcipimus, ſive communi jure, ſive militari teſtentur. l. 22. cod. de hæret.*

Quelques recherches que nous aïons pû faire, nous n'avons découvert aucune loi qui contienne une défenſe expreſſe aux ſoldats, d'inſtituer, par teſtament militaire, les gens morts civilement. Il y a plus : on peut dire que cette faculté leur eſt expreſſément accordée. *Si miles deportato fideicommiſſum reliquerit, veriùs eſt, quod & Marcellus probat, capere eum poſſe. l. 7. §. 1. ff. de legat. 3°.* Cette loi ne fait mention que du fidéicommis ; & Cujas prétend que, dans l'ancien droit, les déportés étoient capables de fidéicommis indiſtinctement ; mais que le fidéicommis étant dérivé du droit civil, ils en ont été exclus dans la ſuite. C'eſt pourquoi Tribonien, pour mettre une exception à cette excluſion générale, a ajouté, dans cette loi, le mot *miles*.

Cette diſpoſition, rapprochée de celle qui donne aux militaires le privilége ſpécial de teſter en faveur de qui ils voudront, ne laiſſe plus lieu de douter qu'un homme mort civilement ne puiſſe être inſtitué héritier dans un teſtament militaire. C'eſt pourquoi Cujas rapporte cette loi, comme une difficulté pour l'intelligence de celles qui déclarent que les morts civilement sont incapables de toutes successions testamentaires. Et il ne trouve pas d'autre moïen de la résoudre, qu'en disant que c'est un privilége accordé aux soldats. *Sed hoc est singulare in milite.* Et la raison qu'il en donne, c'est que, dans les testamens militaires, on considére plutôt ce qui est du droit des gens, que ce qui est du droit civil. *In testamentis militum, non tàm spectatur jus civile, quàm gentium. At jure gentium deportati capiunt hæreditatem, legatum, fideicommissum.*

Nous ne connoissons point ce privilége, en France. Le seul que les militaires puissent prétendre, par rapport à leurs testamens, est écrit dans nos ordonnances, & consiste à n'être pas soumis, quand ils testent, à tant de formalités que le reste des citoïens : mais il ne leur est permis d'instituer aucune personne prohibée.

La seconde exception, en faveur de ceux qui sont morts civilement, se tire de la loi 1. §. 6. *ff. ad senatusconsult. Tertyl.* qui décide que celui qui s'est loué pour combattre contre les bêtes, dans les jeux publics, ou qui a été condamné à une peine capitale, doit être admis à la succession de sa mere, quoiqu'il en fût exclus par le senatusconsulte Orphitien. *Qui operas suas, ut cum bestiis pugnaret, locavit, quive rei capitalis damnatus, neque restitutus est, senatusconsulto Orphitiano, ad matris hæreditatem non admittebatur. Sed humanâ interpretatione placuit eum admitti.*

Cujas ne veut point reconnoître cette exception, & prétend que cette loi ne doit s'appliquer seulement qu'à celui qui s'est loué pour combattre avec les bêtes. *Sed respondendum id quod dicitur in dicto §. qui operas cum humanâ interpretatione admittit, pertinere tantùm ad eum qui operas suas locavit, ut cum bestiis pugnaret, non deportatum, ut accepit rectè Accursius.*

Cet Auteur ne léve pas la difficulté. Car pour pouvoir restreindre la loi au sens que lui donne Cujas, d'après Accurse, il en faudroit retrancher ces mots, qui sont précis, *quive rei capitalis damnatus.* Or ces auteurs ne disent point qu'ils ne fassent pas corps avec la loi, ni qu'ils y aïent été ajoutés par erreur. Il faut donc convenir que le Préteur pouvoit admettre les déportés même à la succession de leur mere, & cela par faveur & par un sentiment d'humanité, auquel on se prêtoit d'autant plus facilement, que les enfans & la mere ne sont point unis par les liens de l'agnation. Les loix civiles n'avoient pas exigé tant de formalités pour transmettre aux enfans la succession des meres, que pour leur faire passer celle des peres; ensorte qu'on regardoit celle de la mere comme des alimens nécessaires aux enfans morts civilement. Et ceci n'est point une pure conjecture. Cela est expressément énoncé dans la loi, qui dit que le Préteur leur accordoit cette succession par un sentiment d'humanité.

Ainsi on peut encore regarder cette derniére loi comme une exception à la régle générale, qui exclut les personnes mortes civilement de toutes successions, soit légitimes, soit testamentaires.

Dans nos mœurs, nous suivons, même dans les païs régis par le droit Romain, la régle générale, sans y apporter aucune exception; pas même celles dont nous venons de parler: & si nous nous sommes arrêtés à les discuter, ce n'a été que pour satisfaire à la loi que nous nous sommes imposée d'examiner tous les points du droit Romain qui ont rapport à la matiére qui fait l'objet de ce traité.

SECTION V.

De l'incapacité de recevoir des legs.

La question de sçavoir si ceux qui sont morts civilement sont capables de legs, se décide par le même principe, que celle que nous venons d'examiner. La faculté de recevoir un legs dérive du droit civil, dont ne jouïssent point ceux qui sont morts civilement. Les loix qui ont été rapportées dans la section précédente peuvent être appliquées à celle-ci, & on y en peut encore joindre d'autres. *Si deportati servo fideicommissum fuerit adscriptum, ad fiscum pertinere dicendum est. l. 1. ff. de legat. 3°. Sunt quidam servi pœnæ, ut sunt in metallum dati, & in opus metalli: & si quid eis testamento datum fuerit, pro non scriptis est, quasi non Cæsaris servo datum, sed pœnæ. l. 17. ff. de pœnis.*

La jurisprudence & tous nos auteurs ont adopté cette maxime, en général.

Cependant l'humanité y a apporté une exception, laquelle n'a cependant pas lieu généralement pour tous ceux qui sont morts civilement. Ainsi il nous faut rappeller ici une distinction, dont nous avons déja parlé ailleurs. La mort civile est encouruë, ou par une condamnation à la mort naturelle, ou par une condamnation aux galères, ou au bannissement hors du roïaume à perpétuité. Dans le premier cas, la capacité de recevoir aucun legs est totalement perduë. Ceux contre qui la justice a prononcé une telle condamnation sont regardés, par la société, comme étant morts naturellement.

A l'égard des autres, la loi leur aïant conservé la vie, il est juste & conforme à l'humanité de leur permettre de recevoir les choses nécessaires pour vivre. C'est pourquoi le droit Romain leur avoit laissé la faculté de recevoir des alimens, même par testament. *Cum Ulpianus Damascenus rogasset imperatorem ut sibi permitteret matri relinquere ad victum necessaria, & mater per libertum, ut quædam sibi liceret filio deportato relinquere, imperator Antoninus eis rescripsit in hunc modum : Neque hæreditas, neque legatum, neque fideicommissum contra mores & jus publicum hujusmodi personis relinqui potest, nec conditio harum personarum mutari debet. Quod verò piè rogastis, liceat vobis, ultimâ voluntate eis ad victum, & alios usus necessarios sufficientia relinquere, eisque ex hâc causâ relicta capere. l. 16. ff. de interdict. & relegat.*

Cette loi est suivie parmi nous, & nous regardons comme une maxime constante que ceux qui sont condamnés à une peine emportant mort civile sont capables de recevoir, par testament, une pension viagère ; pourvû néanmoins qu'elle n'excéde pas la somme nécessaire pour fournir les alimens, autrement, elle seroit réduite. C'est l'avis de tous les auteurs qui ont eu occasion de parler de cette matiére. On trouve même des arrêts qui l'ont ainsi jugé.

SECTION VI.

De l'incapacité de donner entre-vifs.

Pour décider cette question avec exactitude, il est nécessaire de distinguer deux sortes de biens ; sçavoir ceux que le condamné possédoit lors de sa condamnation, & ceux qu'il a acquis depuis.

A l'égard de la premiére espéce de biens, comme il en perd la propriété, dès l'instant qu'il est frappé de la mort civile, il est hors de doute qu'il n'en peut disposer ni par donation entre-vifs, ni autrement.

Quant aux seconds, il y a beaucoup plus de difficulté. Tous les auteurs, entr'autres les commentateurs de la coûtume de Paris, décident indistinctement qu'un homme mort civilement ne peut faire aucune disposition entre-vifs. Il est cependant certain qu'il peut commercer, comme nous l'avons vû plus haut, chap. 1. Or, il semble que, puisqu'il peut aliéner, à titre onéreux, les biens qu'il a acquis, il devroit auſſi avoir la faculté d'en diſpoſer à titre gratuit. D'ailleurs, ſi cette prohibition exiſte, n'eſt-il pas à craindre qu'il ne la rende illuſoire, en couvrant les donations qu'il voudroit faire du prétexte des contrats dont il eſt capable ?

A l'égard du droit Romain, il paroît qu'il interdit abſolument à ceux qui ſont dans les liens de la mort civile, le pouvoir de faire des donations entre-vifs. Nous avons vû plus haut qu'il leur accorde la faculté de faire certains actes dérivant du droit des gens : mais dans l'énumération qui en eſt faite, il n'eſt nullement parlé des donations entre-vifs ; d'où l'on peut conclure qu'elles leur étoient interdites. Dans une matiére de rigueur, comme celle-ci, une énonciation générale ne ſuffit pas ; il en faut une qui ſoit expreſſe ; ſur-tout, quand on trouve une loi qui, outre l'énonciation générale, entre dans un détail.

Ainſi, en conſultant le droit Romain & nos auteurs François, un homme mort civilement eſt incapable de faire aucune donation entre-vifs. Et cette déciſion paroît fondée en raiſon. Nous avons obſervé, dans le chapitre premier de ce livre, que ſi le droit & la juriſprudence ſe ſont relâchés à accorder aux morts civilement le pouvoir d'acquérir & de vendre, ce n'a été que dans la vûë de leur laiſſer les moïens de ſe conſerver une vie qu'on n'a pas voulu leur ôter. C'eſt la ſeule conſidération qui a introduit cette exception à la régle générale. Ainſi, comme cette faculté n'eſt que précaire, qu'elle eſt même totalement contraire aux principes de la matiére, elle doit être reſtreinte dans les bornes du motif qui l'a introduite. Or, comme la faculté de donner entre-vifs ne contribuë en rien au ſoutien de la vie animale, elle ne doit point être accordée à des gens qui, dans la régle, devroient être incapables de toutes ſortes d'actes. C'eſt une ſatisfaction de pouvoir exercer des libéralités ; & on n'en doit laiſſer que le moins qu'il eſt poſſible à des gens qui ont troublé, par leurs crimes, la ſociété dans laquelle ils vivoient.

A l'égard de la fraude qu'ils pourroient commettre, par des ventes ſimulées, elle ne doit être ici d'aucune conſidération. Il y a bien d'autres cas où les loix ne peuvent empêcher la fraude ; & même où elles ſervent de prétexte pour la commettre. Nous en pourrions citer cent exemples : mais ce n'eſt pas la faute de ces loix ; c'eſt le fruit de la dépravation du cœur & de l'eſprit humain. Ainſi ces loix exiſtent, les magiſtrats en maintiennent

l'exécution,

l'exécution, & apportent toute leur attention pour empêcher les fraudes dont nous parlons.

SECTION VII.

De l'incapacité de recevoir par donation entre-vifs.

Il ne peut pas être douteux que la faculté de recevoir entre-vifs doit être interdite aux morts civilement. Les loix l'ont ôtée à des personnes qui sont bien moins défavorables aux yeux de la justice, que ne l'est un homme qui, par ses crimes, a mérité d'être proscrit de la société. Un bâtard, par exemple, ne peut pas être donataire de ceux de qui il a reçu le jour. Il en est de même d'une concubine, rélativement à celui avec qui elle a vécu en mauvais commerce. Tous nos auteurs sont unanimement de cet avis.

Cependant la faveur des alimens doit faire une exception à cette régle générale; & nous sommes persuadés que, de même qu'un homme condamné aux galères, ou au bannissement perpétuel hors du roïaume, peut recevoir une pension viagére modique, par testament, il a aussi la faculté d'en recevoir autant par donation entre-vifs.

CHAPITRE III.

De l'incapacité de contracter mariage.

PERSONNE n'ignore que chez les Romains les seuls citoïens étoient capables de contracter mariage. *Justas autem nuptias inter se cives Romani contrahunt, qui secundùm præcepta legum coëunt. Institut. de nupt. in princip.* Par conséquent, ceux qui étoient en état de mort civile ne pouvoient pas contracter ce qu'ils appelloient *justum matrimonium*, ou *justas nuptias*.

Pour décider cette question suivant nos mœurs, il faut distinguer deux choses dans le mariage; sçavoir le sacrement, & le contrat.

A l'égard du sacrement, il est incontestable que la mort civile n'empêche point de le recevoir; parceque suivant tous les interprétes du droit canon, & suivant tous les Théologiens, en ce qui concerne les effets de la grace & des sacremens, *non est perſonarum acceptio apud Deum.* Les libres & les eſclaves ſont également capables de ce ſacrement : ainſi quand il eſt reçu par une ou deux perſonnes qui ſont dans les liens de la mort civile, ils ne ſont pas moins liés que ceux qui jouïſſent de toute la plénitude de leur état, & aucun d'eux n'en peut contracter un autre, tant que ſon conjoint n'eſt pas mort naturellement.

Mais ce ſacrement eſt toujours accompagné d'un contrat civil, lequel eſt néceſſaire pour régler les droits, tant des deux époux, que des enfans qui naîtront de ce mariage. Ce contrat eſt même regardé comme une choſe ſi eſſentielle, qu'il eſt une ſuite néceſſaire du mariage, & qu'il exiſte toujours, ſoit expreſſément, ſoit tacitement; c'eſt-à-dire, ſoit que les parties en aïent fait un, ſoit qu'elles n'en aïent point fait. Lorſqu'elles en ont fait un, il ſert de loi, & ils ſont tenus de s'y conformer, dans tous ſes points. S'il n'y en a pas, c'eſt la coutume ou la loi du païs qui en ſert. C'eſt elle qui régle leurs droits, ceux de leurs enfans, ou de leurs autres héritiers.

Mais ce contrat, ſoit tacite, ſoit exprès, n'a jamais lieu, & ne produit jamais aucuns effets, ni par rapport aux conjoints, lorſque l'un des deux s'eſt marié en état de mort civile, ni par rapport à leurs enfans, ni par rapport à leurs autres héritiers.

Toutes les clauſes qui ſe peuvent inſérer dans un contrat de mariage, & celles que la loi y ſupplée, dérivent uniquement du droit civil. Il eſt bien conforme au droit divin, au droit naturel & au droit des gens, qu'un homme & une femme s'uniſſent pour procréer des enfans, & qu'ils ſe promettent mutuellement la foi conjugale : mais toutes les conventions concernant les intérêts civils, qui accompagnent cette union, n'ont été introduites que par le droit civil. Pour s'en convaincre, il ſuffit de faire attention que chaque peuple a des loix particuliéres ſur cette matiére, qui ſont quelquefois diamétralement oppoſées à celles qui ſont reçuës chez le peuple voiſin. En France, quoique ce roïaume ſoit ſoumis tout entier aux loix d'un ſeul ſouverain, chaque province a ſes uſages & ſes coutumes particuliéres ſur cette matiére. Souvent même deux provinces voiſines ſont en contrariété. A Paris, la communauté entre mari & femme eſt formellement preſcrite par la coutume; & quand on ne veut pas qu'elle ait lieu, il faut néceſſairement que le contrat de mariage contienne une clauſe expreſſe, qui excluë la communauté. En Normandie au contraire, province limitrophe des païs régis par la coutume de Paris, cette communauté eſt tellement interdite, que, quand il y en auroit une ſtipulation expreſſe dans le contrat de mariage, elle ne pourroit pas avoir lieu. D'ailleurs, que l'on faſſe une ſérieuſe attention aux clauſes qui peuvent être inſérées dans un contrat de mariage, le bon ſens ſeul ſuffira pour faire comprendre qu'il n'y en a aucune, ou preſqu'aucune, qui puiſſe tirer ſon origine du droit des gens.

Puis donc que ce contrat n'a d'autre fondement que le droit civil, auquel ceux qui ſont morts civilement ne participent en aucune façon, il eſt impoſſible qu'il puiſſe avoir lieu pour eux; en ſorte qu'ils ſont bien liés dans le for intérieur, & *quoad fœdus:* mais ce mariage n'eſt reconnu que par l'égliſe ſeulement, & il n'eſt ſuſceptible que des effets qui concernent le droit divin. Il eſt, par exemple, indiſſoluble; parceque c'eſt le ſort de tout mariage contracté par gens en état de le faire; & que cette indiſſolubilité n'eſt autoriſée par les loix civiles qu'autant qu'elle a été preſcrite par les loix divines. A l'égard de la ſociété, en tant que ſociété, & abſtraction faite de la religion, elle ne connoît point de tels mariages; parcequ'ils ont été contractés par des perſonnes qui ne ſont point dans ſon ſein. Elle ne peut donc leur communiquer les effets qui ſont de ſon reſſort. Ainſi la femme, par exemple, après la diſſolution d'un tel mariage, ne peut demander ni ſon douaire, ni les droits réſultant de la communauté, ni aucune des autres conventions matrimoniales; enſorte qu'ils ſont l'un & l'autre, relativement à leurs intérêts civils, exactement dans le même état qu'ils étoient auparavant. Les biens qu'ils poſſédoient n'ont point été frappés non plus des clauſes qui ont pû être inſérées dans le contrat. Ce qui étoit meuble, par ſa nature, eſt reſté meuble; ce qui étoit propre a conſervé ſa nature de propre: en un mot l'ordre civil n'a reçû aucun changement.

A l'égard des enfans procréés de tels mariages, ils ne ſont pas à la vérité infectés de la tache de bâtardiſe. Elle ne tombe que ſur ceux qui ſont iſſus d'un concubinage. Or on ne peut pas regarder comme tel un mariage contracté par une perſonne morte civilement, puiſqu'il eſt autoriſé par l'égliſe. Mais ces enfans ſont privés de tous les effets civils. Nous tenons tous nos droits de nos peres. Ils nous les ont tranſmis par droit de ſucceſſion: ainſi nous ne pouvons poſſéder que ceux qu'ils poſſédoient eux-même; à moins que nous n'en acquérions de nouveaux par notre induſtrie, par nos talens, par nos ſervices envers l'état, ou par les bienfaits du prince, &c. Or les pere & mere des enfans dont il est ici question, n'aïant point les effets civils, n'ont pû les leur transmettre. On ne donne point ce qu'on n'a pas. Ainsi ces enfans sont réputés ne tenir à personne par les liens du sang. Ils ne sont d'aucune famille. Ils sont par conséquent exclus de toutes successions, soit ascendantes, soit collatérales. En un mot les loix les mettent au rang des bâtards, sans cependant leur en imprimer la honte.

Quoique ces conséquences soient nécessairement tirées des principes de la matiére, il paroît néammoins que la jurisprudence ne les adoptoit pas, au moins dans leur entier, avant 1639. Il y en a deux arrêts célébres que les auteurs nous ont transmis, & que nous allons rapporter ici.

Un nommé la Rocheboisseau, pour avoir tué sa seconde femme, fut condamné à mort par sentence du prevôt des maréchaux d'Angers en 1599. Cette sentence fut confirmée par arrêt du mois de Mai 1600. & ces jugemens furent exécutés par effigie. La Rocheboisseau se maria, nonobstant ces condamnations, en troisiémes nôces, avec la demoiselle de la Porte, dont il eut des enfans. On stipula par le contrat de mariage trois mille livres de douaire au profit de la femme. Après la mort de la Rocheboisseau, la veuve, tant en son nom, que comme mere & tutrice de ses enfans, demanda l'exécution du contrat de mariage, & que ses pupilles fussent admis à partager les biens de leur pere avec ceux du premier lit. Par arrêt du 13 Février 1625. les enfans du premier lit furent envoïés absous de la demande de la troisiéme femme pour la délivrance de son douaire & autres conventions matrimoniales, & du partage demandé par les enfans issus de ce troisiéme mariage; ceux du premier maintenus & gardés en possession de tous les biens de leur pere; à la charge néammoins de païer à la veuve & à chacun de ses enfans la somme de trois cens livres par an, leur vie durant, par forme d'alimens. Cet arrêt est rapporté par plusieurs auteurs, entr'autres par Brodeau sur Louet, lett. *E.* n. 8. Il y a dans l'espèce deux observations à faire. La premiere est par rapport à la qualité du crime pour lequel la Rocheboisseau avoit été condamné. Il est décidé par les conciles & par les saints canons, qu'un homme qui tue sa femme, & une femme qui tue son mari ne doivent point être admis à un second mariage. *Ipsa autem insidiatrix, pœnitentiæ subjecta, absque spe conjugii maneat. cap. 6. caus.* 31. *quest.* 1. La seconde observation est que la femme prétendoit être dans la bonne foi; c'est-à-dire, que quand elle avoit épousé son mari, elle ignoroit son état. Or, dans les cas ordinaires, la bonne foi donne la légitimité à des enfans issus d'un mariage nul, même suivant les loix de l'église. Nous allons examiner dans un moment, si la même chose doit avoir lieu dans ce cas-ci.

Cet arrêt donna lieu, peu de tems après, à une autre question. Charles de Souvigné, fils aîné de la Rocheboisseau, issu de son premier mariage, étant venu à décéder, le fils issu du mariage contracté après la mort civile du pere prétendit devoir succéder à son frere, & qu'il devoit même être préféré aux sœurs du premier lit, suivant l'avantage que la coutume d'Anjou accorde aux mâles. L'arrêt sur cette seconde question est rapporté par Henrys, liv. 6. quest. 6. Il nous a même transmis les raisons qui furent emploïées de part & d'autre. Comme elles contiennent les principes de la matiére, nous allons les rapporter le plus succinctement qu'il sera possible.

On disoit, pour l'enfant du dernier lit, que la condamnation prononcée contre son pere ne l'avoit point rendu incapable de se marier; qu'il ne se trouvoit aucune loi ni ecclésiastique, ni canonique, ni civile qui contînt une telle prohibition. Il y a bien des cas dans lesquels il est défendu de contracter mariage: mais ceux qui se trouvent contractés nonobstant cette défense, ne sont pas annullés. *Matrimonia contrahenda prohibentur, contracta non dissolvuntur.* C'est le sort de tous les empêchemens qui ne sont pas dirimans. Ce qui vient de la faveur des enfans, qui est toujours si grande, qu'elle suffiroit pour couvrir un plus grand défaut, sur-tout lorsqu'il y a de la bonne foi de la part de l'un des conjoints. Cette bonne foi valide un mariage nul en soi, & met l'état des enfans hors de toute atteinte.

Dans le premier arrêt, la cour avoit reconnu le dernier mariage du sieur de la Rocheboisseau bon & valable: ainsi la question de sçavoir si un homme condamné à mort pouvoit se marier, étoit jugée. Ce qui étoit conforme aux loix Romaines, suivant lesquelles la déportation & l'interdiction du feu & de l'eau ne formoient point un empêchement au mariage. *L. 1. cod. de repudiis. L. 24. cod. de donat. inter vir. & uxor.* Les condamnés avoient du moins *quæ sunt juris gentium.*

D'ailleurs, quand il y auroit nullité dans le mariage, la bonne foi de la femme suffiroit pour faire disparoître cette nullité. Or cette bonne foi étoit fondée sur l'ignorance dans laquelle étoit cette femme de la condamnation prononcée contre son mari, sur l'état de liberté dans lequel elle le voïoit, sur les biens dont il jouïssoit tranquillement. D'ailleurs, le mariage avoit été contracté à la face des autels & avec toutes les formalités requises. Il y avoit donc sacrement. Or le sacrement n'y peut être, que l'acte ne soit valable, & qu'il ne produise des effets légitimes. Car comment imaginer deux personnes qui vivent dans une conjonction légitime & approuvée par l'église, & qui produisent des enfans qui ne sont pas légitimes ? Cela est contradictoire. Si les enfans sont légitimes, ils sont capables de tous les effets que doit produire un mariage reconnu par la loi.

Il est inutile d'appliquer ici la distinction que l'on fait entre le sacrement & le contrat civil, pour dire qu'un tel mariage donne bien ce qui est du droit des gens ; mais non pas ce qui est du droit civil. Cette distinction ne peut tout au plus avoir lieu qu'à l'égard des deux conjoints. Parceque l'un d'eux a offensé la loi civile, elle l'a condamné : ainsi elle peut le priver de tous les avantages qu'elle a établis en faveur des citoïens qui se soumettent à ses dispositions. En effet il n'y a pas d'apparence qu'elle souffre qu'un homme qu'elle tient pour mort puisse disposer de ses biens, comme cela se fait par un contrat de mariage. Mais à l'égard des enfans, il n'y a aucune distinction à faire. Ils sont nés d'un mariage approuvé par l'église ; ils sont donc légitimes. S'ils sont enfans légitimes, ils sont freres légitimes des enfans des lits précédens. Ils doivent par conséquent leur succéder. Cette conséquence est fondée sur ce que le droit civil ne peut pas effacer le droit de nature. Il est impossible d'être frere naturel & légitime en même tems, sans être capable de recueillir la succession de celui avec lequel on est dans cette relation. La loi ne peut donner l'un sans l'autre.

Cela est expressément décidé en la loi 3. *ff de interdict. & releg.* Le jurisconsulte y fait mention d'un pere à qui la déportation avoit ôté les droits de cité ; & il dit que ce pere n'ôte à ses enfans que ce qu'ils auroient eu de lui s'il étoit mort citoïen. *Eum qui civitatem amitteret, nihil aliud juris adimere liberis, nisi quod ab ipso perventurum esset ad eos, si intestatus in civitate moreretur.* Or que leur auroit-il laissé ? Sa succession, les droits de patron sur les affranchis, & autres choses semblables. *Hoc est, hereditatem ejus, & libertos, & si quid aliud in hoc genere reperiri potest.* Mais tout ce qu'ils ne tiennent point de leur pere, & qu'ils tiennent au contraire de leurs ancêtres, du droit de cité, & de la nature des choses même, ils le conservent dans tout son entier. *Quæ verò non à patre, sed à genere, à civitate, à rerum naturâ tribuerentur; ea manere eis incolumia.* Ainsi ils sont héritiers légitimes de leurs freres, & ils peuvent prétendre à la tutelle & à la succession de tous leurs agnats. *Itaque & fratres fratribus fore legitimos heredes, & agnatorum tutelas, & hereditates habituros.* Quelle en est la raison? C'est que ces choses ne leur viennent pas de leur pere; mais de leurs ancêtres. *Non enim hæc patrem, sed majores ejus eis dedisse.* C'est la suite d'une naissance légitime & de la communication du sang.

De ce raisonnement il suit que l'arrêt rendu en 1625. contre les enfans du premier lit, ne devoit point influer dans la décision de la question présente, attendu la différence qui se trouve entre la succession du pere & celle du frere. Car si la loi, en haine de la condamnation & de ce qui s'est fait au mépris des ordres de la justice, ne veut pas que les biens d'un condamné passent à ses enfans, elle ne leur ôte que ce qui leur pourroit revenir de lui: mais ce qu'ils tiennent *à genere & rerum naturâ*, elle ne peut y toucher. C'est un droit de nature que la loi civile ne peut ôter.

En toute succession, il faut distinguer deux termes; *terminus à quo*, & *terminus ad quem*. Ainsi il y a deux capacités; celle qui réside dans la personne qui transmet la succession, & celle qui réside dans la personne qui la reçoit. Quand il est question de la succession d'un homme condamné à mort, la capacité des enfans demeure sans effet, parcequ'elle manque du côté du pere, qui, dans l'instant qu'il a été frappé de la mort civile par la condamnation exécutée en effigie, a été privé de tous ses biens, long-tems avant sa mort naturelle. Il n'a donc pas pû, depuis, les transmettre par la voïe de la succession. D'autant plus que la confiscation n'aïant point lieu dans la coutume d'Anjou; dès que le défunt a été condamné à mort, & qu'il a été réputé mort, ses biens sont échus aux enfans qu'il avoit alors, & ils leur ont été acquis dès cet instant. C'est pourquoi le pere, qui en est demeuré, ou qui est censé en être demeuré dépouillé, n'a pû obliger ni charger les mêmes biens des conventions & hipothéques d'un mariage postérieur, ni disposer de ce qui ne lui appartenoit plus. Car comme les successions ne peuvent demeurer en suspens, qu'elles sont acquises aussitôt qu'elles sont ouvertes, par la régle *le mort saisit le vif*, sans qu'on puisse imaginer un instant de vuide; c'est aussi une régle certaine qu'elles ne peuvent écheoir qu'à ceux qui existent lors du décès de celui de la succession duquel il s'agit. Il faut être né, ou du moins conçû. Il ne suffit même pas d'avoir été simplement conçû : il faut qu'il y ait assez de tems pour qu'on puisse supposer une parfaite formation du fœtus : autrement, *non fuit proximus cognatus ei, quo vivo nondum animal fuit. L. 1. §. 8. ff. undè cognati.* Par conséquent le pere étant présumé mort dès l'instant de la condamnation, & la loi aïant dès-lors disposé de sa succession, elle n'a pû, au défaut de la confiscation, la déférer qu'à ceux qui étoient capables de la recueillir ; c'est-à-dire, aux enfans qui existoient alors, & non à ceux qui ne sont venus que long-tems après. En sorte que si les enfans du dernier lit ont été exclus de la succession de leur pere, ce n'est pas qu'il y eût en eux aucune incapacité qui les en rendît indignes; mais c'est qu'ils étoient nés trop tard, & dans un tems où leur pere n'avoit plus de succession à transmettre.

Il n'en est pas de même de la succession dont il s'agit. Celui qui la demande, & qui a toutes les capacités requises pour la recueillir, comme frere légitime & né d'un mariage autorisé par l'église, existe.

On disoit, de la part des enfans du premier lit, que le mariage dont étoit provenu le sieur de Souvigné ne pouvoit être regardé comme valable. Un homme qui est mort au monde, qui est serf de la peine, ne peut valablement contracter un mariage après sa condamnation. Il n'importe que cette condamnation n'ait été exécutée que par effigie : c'est du jour de la sentence prononcée que la mort civile produit ses effets. C'est par cette prononciation, que le condamné reçoit la mort. Il est frappé *gladio linguæ.* * On citoit ensuite l'exemple d'Adam & Eve, auxquels Dieu avoit annoncé qu'ils mourroient aussitôt qu'ils auroient mangé du fruit défendu, quoique leur mort naturelle ne soit arrivée que long-tems après. On ajoutoit que parmi les Romains, le ministre de la justice se nommoit *Lictor*, comme qui diroit *Legis actor :* aussi le magistrat, pour lui ordonner d'exécuter le supplice, ne lui disoit que ces deux mots : *lege age ;* parcequ'en effet c'est la loi qui donne le premier coup ; c'est par la sentence, plutôt que par le bras de l'exécuteur, que le condamné est censé perdre la vie.

S'il se trouve quelques loix qui disent que la déportation & l'interdiction du feu & de l'eau n'empêchent point le mariage, elles ne parlent que de celui qui a précédé la condamnation ; parcequ'étant survenuë depuis, il n'est pas raisonnable qu'elle

* Nous avons fait voir la fausseté de ce raisonnement, part. 2. liv. 2. chap. 3. sect. 1.

sépare

sépare deux personnes qui doivent vivre ensemble jusqu'à la mort naturelle. Mais qu'il ait été permis à un condamné de contracter mariage après sa condamnation, après la mort civile encouruë, c'est ce qui ne se peut prouver par aucun texte de loi. Au contraire l'usage du feu & de l'eau étoit absolument nécessaire pour la solemnité du mariage parmi les anciens, comme on le voit en la loi 66. §. 1. *ff. de donat. inter vir. & uxor.* D'où il suit nécessairement que ceux, à qui l'usage de ces deux élémens étoit interdit, ne pouvoient pas contracter mariage.

Bien loin qu'un mariage contracté après la condamnation fût approuvé, & pût produire des enfans capables des effets civils, il y a des textes qui déclarent ceux-même qui naissent après la déportation, quoique d'un mariage précédent, incapables de succéder. Dans la loi 17. §. 5. *ff. ad senatusconsult. Trebell.* un héritier chargé de restituer l'hérédité à son frere, en cas qu'il vienne à décéder sans enfans, aïant été relégué dans une isle, le jurisconsulte demande si les enfans qu'il a eus depuis font tomber le fidéicommis. Pour résoudre la question, il distingue les enfans conçus avant la déportation, & ceux qui sont conçus après. A l'égard des premiers, ils annullent le fidéicommis; les autres au contraire sont regardés comme non avenus. *Rogaverat quædam mulier filium suum, ut, si sine liberis decessisset, restitueret hereditatem fratri suo. Is posteà deportatus in insulâ liberos susceperat. Quærebatur igitur, an fideicommissi conditio defecisset. Nos igitur hoc dicemus: conceptos quidem antè deportationem, licet posteà edantur, efficere ut conditio deficiat. Post deportationem verò susceptos, quasi ab alio, non prodesse, maximè cum etiam bona, cum suâ quodammodo causâ, fisco sint vindicanda.* Ces termes sont très-remarquables, puisqu'ils donnent à entendre que le rélégué n'est plus le même, & que les enfans qu'il a eus après la déportation sont censés provenus d'un autre que de celui auquel le fidéicommis avoit été imposé. En sorte que les enfans nés après la mort civile étant réputés d'un autre pere, il suit nécessairément qu'ils ne peuvent avoir aucune relation de consanguinité avec les enfans d'un autre lit, qui a précédé la peine de mort. Ainsi ils ne peuvent succéder à ceux dont ils ne sont point censés freres.

Cette distinction des enfans conçus avant ou après la condamnation se trouve encore dans la loi 1. §. 1. *ff. de bonis damnat. Etiam hi qui antè concepti, & post damnationem nati sunt, portiones ex bonis patrum damnatorum accipiunt.* Et c'est par cette loi que se doivent expliquer celles qui ont été citées en faveur des enfans du dernier lit. En effet la loi 3. *ff. de interdict. & relegat.* ne parle que des enfans conçus avant la déportation. Car le jurisconsulte, en disant qu'ils ne perdent point ce qu'ils tiennent *à civitate*, suppose qu'ils avoient les droits de cité, qu'ils étoient par conséquent nés dans la cité, & non pas dans l'exil du pere. Il ajoute même, *non hoc patrem, sed majores eis dedisse*, pour faire voir qu'ils sont citoïens Romains, & non pas nés d'un homme esclave de la peine, & qui ne peut produire que des serfs. Suivant la loi 2. *cod. de libertis, & eorum liber.* quand un affranchi, par son ingratitude, méritoit de retomber dans l'esclavage, la liberté ne demeuroit qu'à ceux de ses enfans qui étoient nés avant qu'il fût devenu esclave pour la seconde fois. *Si manumissus ingratus circà patronum suum extiterit, & quâdam jactantiâ, vel contumaciâ cervicem adversùs eum erexerit, aut levis offensæ contraxerit culpam, à patrono rursùs sub imperium ditionemque mittatur, si in judicio, vel apud pedaneos judices patroni querela exorta ingratum eum ostendat, filiis etiam qui posteà nati fuerint servitutis; quoniam illis delicta parentum non nocent, quos tunc esse ortos constiterit, dum libertate illi potirentur.* On rapporte encore l'exemple du premier homme, dont les descendans ont tous été faits serfs du péché & tributaires de la mort, aussitôt qu'il l'est devenu lui-même.

Si un homme condamné à mort, & par-là devenu serf de la peine, ne peut, suivant le droit civil, contracter mariage, la même faculté lui est interdite par les constitutions canoniques, sur-tout quand la condamnation procéde de l'homicide commis en la personne de l'un des conjoints, suivant les canons & conciles rapportés par Brodeau, lett. *E*. n. 8. Ce qui est fondé sur ce que le crime aïant été commis contre le mariage, celui des conjoints qui a violé ce lien, qui est le plus saint qui soit dans la société civile, s'en est rendu indigne, & ne mérite plus de participer à la grace d'un sacrement qu'il a souillé du sang de sa femme.

Quand même l'église pourroit souffrir de pareils mariages, sa tolérance ne pourroit influer sur les effets civils, qu'il faut toujours distinguer du sacrement. C'est assez que l'honneur de la femme soit à couvert, que sa conjonction soit autorisée, & que ses enfans passent pour légitimes : mais pour ce qui concerne les droits succéssifs, & autres qui dépendent des loix civiles ; elles les refusent à tout mariage qui choque leur autorité : *Quod est contrà legem, non habet legis beneficium.* Ainsi les enfans qui en proviennent ne peuvent prétendre à aucun autre avantage qu'à ce qui leur est nécessaire pour leurs alimens : autrement les loix seroient illusoires, si les enfans dont elles condamnent l'origine, ne pouvant succéder à leur pere, pouvoient prétendre à l'hérédité de leurs autres parens. C'est pourquoi les empereurs ont exclu les enfans d'un condamné non-seulement de la succession du pere, mais de toute autre. C'est même par une grace spéciale, disent-ils, qu'ils veulent bien leur laisser la vie, qui devroit leur être ôtée, comme à leur pere, parcequ'il y a tout lieu de craindre que les crimes de leur pere ne soient comme héréditaires chez eux. Mais, si on leur laisse la vie, il faut au moins qu'ils soient réduits à l'indigence ; que l'infamie de leur pere les accompagne par-tout ; qu'ils ne puissent parvenir à aucuns honneurs, ni participer à aucuns sacremens ; en un mot, qu'ils soient dans un tel état de misére qu'ils envisagent la mort comme leur unique consolation, & que la vie soit pour eux un supplice continuel. *Filii verò ejus, quibus vitam imperatoriâ specialiter lenitate concedimus (paterno enim deberent perire supplicio, in quibus paterni, hoc est, hereditarii criminis exempla metuuntur) à maternâ, vel avitâ, omnium etiam proximorum hereditate ac successione habeantur alieni, testamentis extraneorum nihil capiant, sint perpetuò egentes & pauperes, infamia eos paterna semper comitetur, ad nullos prorsùs honores, ad nulla sacramenta perveniant. Sint postremò tales ut his perpetuâ egestate sordentibus, sit & mors solatium, & vita supplicium. L. 5. §. 1. cod. Ad leg. Jul. Majest.* On ne peut pas dire que cette loi ne regarde que ceux qui sont coupables du crime de leze-majesté, puisqu'elle ne parle que de l'homicide de ceux qui sont du conseil du prince, * qui n'est pas un crime plus grand que l'assassinat d'une épouse, qui, dans un crime, en enveloppe plusieurs.

En un mot les enfans nés après la condamnation sont incapables de toutes successions en France, par une coutume générale ; ce qui fut soutenu devant le pape, au sujet du jugement donné par les pairs de France, contre le roi d'Angleterre, nommé

* Il est vrai que cette loi ne parle que de l'homicide de ceux qui sont du conseil du prince : mais cet homicide étoit compté parmi les crimes de leze majesté ; parceque ceux du conseil étoient réputés ne faire qu'un corps avec l'empereur. Voici les termes de la loi qui précédent ceux qui ont été rapportés dans le texte : *Quisquis cum militibus, vel privatis, vel barbaris, scelestam inierit factionem, aut factionis ipsius susceperit sacramentum, vel dederit, de nece etiam virorum illustrium qui consiliis & consistorio nostro intersunt, senatorum etiam (nam & ipsi pars corporis nostri sunt) vel cujuslibet postremò qui nobis militat, cogitaverit : (eâdem enim severitate voluntatem sceleris, quâ effectum, puniri jura voluerunt) ipse quidem, ut potè majestatis reus, gladio feriatur, bonis ejus omnibus fisco nostro addictis.* Il est évident que cette loi ne peut s'appliquer qu'aux criminels de leze-majesté, du nombre desquels sont ceux qui participent à la mort d'un membre du conseil du prince, ou d'un sénateur ; *ut potè majestatis reus.*

Jean sans Terre, comme le rapporte Matthieu Paris en son histoire.

M. Bignon, avocat général, convint que la cour, par l'arrêt de 1625. n'avoit point annulé le mariage, qu'elle avoit seulement jugé que les enfans ne pouvoient succéder au pere, ni prendre part aux biens dont il avoit été privé avant de contracter le dernier mariage, & il conclut à ce que le sieur de Souvigné fût déclaré capable de recueillir la succession de son frere, avec lequel il avoit *jus consanguinitatis*, quoiqu'il ne fût pas héritier de son pere, vis-à-vis duquel il étoit comme un enfant déshérité. *Nati post mortem patris, vel post captivitatem, sive deportationem; sed & hi, qui tempore quo capiebatur, vel deportabatur pater, in potestate fuerunt, jus inter se consanguinitatis habent, etsi heredes patri non extiterint, sicut exheredati. l. 6. ff. undè legitimi.* Ses conclusions furent suivies par arrêt du 6 Juillet 1637.

L'auteur observe que cet arrêt est d'autant plus remarquable, qu'on auroit pû prendre le premier pour un préjugé contre les enfans du dernier lit. Ce qu'il y a encore d'essentiel est que le sieur de Souvigné ne demandoit pas simplement sa part dans une succession commune, il prétendoit à tous les avantages que sa qualité de mâle lui donnoit, dans la coutume d'Anjou, sur ses sœurs. Il étoit le seul enfant mâle de la Rocheboisseau. Cette coutume, dans le ressort de laquelle les biens étoient situés, ordonne que le fils aîné, ou le frere aîné, & au défaut de l'aîné le puîné, prenne par préférence aux sœurs, outre son préciput, qui est le principal château ou manoir avec les dépendances, les deux tiers de tous les biens, l'autre tiers demeurant aux autres freres & sœurs; en sorte que, par cet arrêt, les filles du premier lit se trouvérent réduites à une fort légére portion.

Cet arrêt est fort célébre, & il en est fait mention dans plusieurs auteurs, qui le regardent comme aïant fixé la jurisprudence à cet égard. Ils disent qu'il est fondé sur ce que les enfans nés après la condamnation, quoiqu'incapables de succéder à leur pere, ne laissent pas d'avoir droit de consanguinité avec les enfans issus de mariages précédens; ensorte qu'ils peuvent se succéder mutuellement, même aux biens du pere échus par son décès à l'enfant du premier lit qui décéde sans enfans. Ce ne sont plus des biens paternels, ils ont changé de qualité en changeant de possesseur. L'incapacité qui les a exclus de la succession de leur pere ne procédoit point de lui; ainsi elle ne regardoit que le premier dégré de succession pour ses biens. Le public a été satisfait. La peine est consommée, & on ne peut l'étendre aux successions collatérales. *Neque enim exaggeranda sententia quæ modum interdictioni fecerat. l. 3. §. 1. ff. de decur.*

Il y a même, dans l'espéce de cet arrêt, une circonstance qui a échappé à Henrys, & qui nous a été conservée par Bardet, qui le rapporte aussi, to. 2. c'est que M. Talon, dans ses conclusions, dit que si on admettoit le sieur de Souvigné à la succession de son frere, ce seroit une grace qu'on lui feroit. Ainsi il n'étoit pas juste de lui donner sur ses sœurs toutes les prérogatives que la coutume d'Anjou accorde aux mâles; il falloit seulement l'admettre à partager par têtes; & il y conclut. Cependant la cour n'eut point égard à ce tempérament, & maintint le sieur de Souvigné dans tous les droits donnés par la coutume aux aînés mâles.

L'ancienne coutume de Normandie, chapitre d'Assise, portoit que » les enfans à ceux qui sont damnés n'auroient rien aux fiefs » & échelles qui à eux dussent venir; car aucun qui soit engen- » dré de sang damné ne peut avoir, comme hoir, aucune succes- » sion d'héritage. » On avoit étendu cette disposition même aux enfans nés avant le délit: mais cet usage fut trouvé injuste & trop rigoureux, & le parlement de Rouen l'abrogea par un arrêt solemnel du 26 Août 1558. donné, toutes les chambres assemblées, sur les conclusions du procureur général, & sur enquêtes faites par turbes. Cet arrêt, avec les moïens des parties, est inséré dans le coutumier général de France, après la coutume de Normandie, dans laquelle on a réformé l'article qui vient d'être cité, en cette maniére: » les enfans des condamnés & confisqués » ne laisseront de succéder à leurs parens, pourvu qu'ils soient » conçus lors de la succession. »

La déclaration de 1639. a dû nécessairement apporter un changement dans cette jurisprudence. Nous en avons rapporté la décision ailleurs: mais, comme elle doit décider la question, nous croïons que le lecteur ne trouvera pas mauvais que nous la lui remettions ici sous les yeux.

Art. V. » Désirant pourvoir à l'abus qui commence à s'intro- » duire dans notre roïaume par ceux qui tiennent leurs mariages » secrets & cachés pendant leur vie, contre le respect qui est » dû à un si grand sacrement, Nous ordonnons que les majeurs » contractent leurs mariages publiquement & en face d'église, » avec les solemnités prescrites par l'ordonnance de Blois; & » déclarons les enfans qui naîtront de ces mariages, que les parties

» ont tenus jusques ici, ou tiendront à l'avenir cachés pendant
» leur vie, qui ressentent plutôt la honte du concubinage, que
» la dignité d'un mariage, *incapables de* TOUTES *successions*, aussi-
» bien que leur postérité. »

Art. VI. » Nous voulons que la même peine ait lieu contre les
» enfans qui sont nés des femmes que les peres ont entretenuës,
» & qu'ils épousent lorsqu'ils sont à l'extrémité de la vie : comme
» aussi contre les enfans procréés par ceux qui se marient après
» avoir été condamnés à mort, même par les sentences de nos
» juges renduës par défaut, si avant leur décès ils n'ont été remis
» au premier état, suivant les loix prescrites par nos ordonnan-
» ces. »

Le texte de cette loi est clair. Il déclare incapables de toutes successions les enfans de ceux qui se marient après avoir été condamnés à mort, si avant leur décès, c'est-à-dire, avant leur mort naturelle, ils n'ont été restitués par les voïes prescrites par les ordonnances. La postérité de ces enfans est aussi comprise dans cette proscription.

Le Brun, en son traité des successions, liv. 1. chap. 2. sect. 3. dist. 2. n. 4. & suiv. éléve, à ce sujet, quatre questions. La premiére consiste à sçavoir si cette ordonnance doit s'appliquer aux mariages contractés par des bannis du roïaume à perpétuité. La seconde, si elle a lieu à l'égard des condamnés par contumace, qui s'étant mariés pendant leur contumace, se sont représentés, & sont morts pendant l'appel du jugement contradictoire qui les avoit condamnés. La troisiéme, si elle a lieu dans le même cas, lorsqu'ils meurent dans les cinq ans, sans avoir appellé. Et la quatriéme, si ces enfans sont exclus de la succession du conjoint qui n'a point sçû la condamnation & qui étoit dans la bonne foi, aussi-bien que des autres successions du même côté & ligne. Nous allons suivre cet auteur dans l'examen de chacune de ces quatre questions.

Sur la premiére question, il n'est pas douteux qu'un homme banni hors du roïaume à perpétuité, par un jugement contradictoire, perd tous les droits de cité ; il perd aussi les droits de cognation ; ainsi il n'est plus ni citoïen, ni parent d'aucun citoïen. Il suit nécessairement de ce principe que les enfans issus d'un mariage contracté par un homme banni hors du roïaume à perpétuité ne peuvent pas lui succéder. C'est en vertu de la loi civile que nous héritons, & nous n'héritons qu'en vertu d'une fiction. La loi, en nous transmettant la succession du defunt, feint que c'est la même personne qui existe toujours. Or cette fiction ne peut pas avoir lieu par rapport à une personne que la loi a bannie de la société. On ne peut pas supposer qu'un homme existe toujours dans le lieu d'où on l'a forcé de sortir. Ainsi, quoique le bannissement ne soit pas explicitement compris dans les articles 5. & 6. de l'ordonnance de 1639. il est certain qu'il y est implicitement. Brodeau, lett. *E.* n. 8. en rapporte un arrêt dans cette espéce. Un nommé Antoine Tillon, par arrêt du parlement de Rouen de 1599. fut banni à perpétuité du roïaume, & tous ses biens confisqués. Il se retire en Anjou, & en 1606. il épouse Jeanne Maynard fille d'un laboureur. De ce mariage naissent quatre enfans. Il décéde en 1613. Ses héritiers collatéraux disputent sa succession à ses quatre enfans. Par arrêt du 15 Juin 1618. les héritiers collatéraux furent maintenus en la possession de tous les biens meubles & immeubles, à la charge de païer à chacun des quatre enfans la somme de cent livres par an, par forme de rente viagére. Cet arrêt, suivant l'observation de Brodeau, est très-remarquable, en ce qu'il étoit question, non de la succession d'un homme condamné à mort, mais seulement à un bannissement perpétuel.

A l'égard de ceux qui ne sont bannis du roïaume que pour un tems, ou d'une province seulement, soit pour un tems, soit à perpétuité, la loi que nous examinons ne peut leur être appliquée; puisqu'ils ne sont pas morts civilement, & qu'un homme banni d'une province, même à perpétuité, peut succéder dans le lieu dont il est banni. Il y en a plusieurs arrêts. Il y en a un, entr'autres, rapporté par Brodeau, lett. *S.* n. 15. Ainsi il peut se marier, & ses enfans lui succédent en tous ses biens. Nous en avons dit la raison dès le commencement de cet ouvrage. La mort civile étant une fiction doit imiter la nature. On n'est point mort pour un tems seulement; on est mort pour toujours. On n'est point mort non plus pour un lieu, & vivant pour un autre.

Il en est de même, si le condamné, après s'être marié, se représente, & meurt pendant l'instruction contradictoire. S'il meurt après les cinq ans, sans s'être représenté, la mort civile, comme nous l'avons vû plus haut, commence, aux termes de l'ordonnance de 1670. du jour de l'exécution de la sentence. Ainsi les enfans issus d'un mariage contracté postérieurement ne peuvent hériter.

Tout ce qui a été dit au sujet de ceux qui sont bannis du roïaume à perpétuité doit s'appliquer à ceux qui sont condamnés aux galères perpétuelles. Leur ſort eſt abſolument le même, par rapport à la mort civile.

La ſeconde queſtion conſiſte à ſçavoir ſi les enfans nés d'un mariage contracté par un homme condamné à mort, & qui décéde pendant l'appel de ſon jugement, peuvent lui ſuccéder. Nous avons fait voir ailleurs qu'il meurt *integri ſtatûs*. Par conſéquent le mariage qu'il a contracté eſt valable, & quant aux effets du ſacrement, & quant aux effets civils.

On pourroit peut-être objecter que les termes de la déclaration de 1639. ſont contraires à cette déciſion. Ils portent que les enfans nés d'un mariage contracté par un homme condamné à mort ſont incapables de toutes ſortes de ſucceſſions, ſi, avant ſon décès, il n'a été remis au premier état. Or, dit-on, il n'a pas été remis au premier état avant ſon décès, puiſqu'il eſt mort après la condamnation.

Mais ou il eſt queſtion de la condamnation prononcée par contumace, ou il eſt queſtion d'un jugement contradictoire dont il y a appel. Dans le premier cas, il n'y a plus de jugement. La repréſentation ſeule l'a mis au néant. Dans le ſecond cas, l'appel ſuſpend l'effet du jugement, & l'anéantit même, lorſque la mort naturelle du condamné ſurvient avant le jugement de cet appel. Ainſi, ni dans l'un ni dans l'autre cas, l'article de la déclaration ne peut avoir lieu, puiſqu'il n'y a plus de condamnation.

Il ne reſte donc plus de difficulté que dans le cas où le condamné meurt dans les cinq ans, ſans s'être repréſenté. Mais nous avons vû ailleurs que dans ce cas il meurt encore *integri ſtatûs*; parceque l'ordonnance de 1670. veut que la mort civile ne ſoit encouruë que quand le décès arrive après les cinq ans expirés.

A l'égard de la quatriéme queſtion, elle ſouffre beaucoup plus de difficulté que les trois précédentes. Elle conſiſte à ſçavoir ſi les enfans nés d'un mariage contracté par une perſonne condamnée à mort, ou au banniſſement hors du roïaume, ou aux galères à perpétuité, & qui eſt décédée après les cinq ans ſans ſe repréſenter, ne ſuccédent pas au moins à celui de leur pere ou mere qui eſt dans la bonne foi, par exemple, s'ils ne ſuccédent point à leur mere, quand c'eſt leur pere qui a été condamné.

Avant d'entrer dans l'expoſition du ſentiment de l'auteur, que nous ſerons obligés de diſcuter, ne l'adoptant pas dans tous ſes chefs, nous croïons qu'il eſt néceſſaire d'expliquer ici ſommairement, quels ſont les effets de la bonne foi relativement au mariage.

Par

Par bonne foi, on doit entendre ici l'ignorance dans laquelle un des conjoints, ou tous les deux ensemble, se trouvent d'un empêchement, soit dirimant, soit autre, qui s'opposoit à leur mariage. Par exemple, si un homme engagé dans les ordres sacrés se retire dans un païs éloigné de celui où il est connu, déguise son état, & se marie suivant toutes les solemnités requises par les loix, avec une femme qui ignore les liens dans lesquels il est engagé, cette femme est dans la bonne foi. Elle étoit dans une impossibilité morale d'avoir connoissance de l'empêchement qui formoit obstacle au mariage de celui qu'elle a épousé. Il en est de même d'une femme qui seroit religieuse, & qui épouseroit un homme qui ignoreroit son état. Il est constant que, quoiqu'un tel mariage soit nul en soi, cependant les enfans qui naissent, & même qui sont conçus pendant la bonne foi du conjoint qui ignore l'état de l'autre, sont censés légitimes, & succédent à leurs pere & mere, comme s'ils étoient le fruit d'un mariage valide.

Or la question qu'il s'agit d'examiner ici consiste à sçavoir si les enfans issus d'un mariage, dont l'un des deux conjoints est dans les liens de la mort civile à l'insçû de l'autre, doivent profiter de la bonne foi de leur pere, ou de leur mere, pour jouïr de tous les effets civils, dont ils devroient, en tout autre cas, être privés.

Le Brun dit qu'il est difficile de croire que, quoique la déclaration de 1639. art. 5. & 6. porte qu'ils sont incapables de toutes successions, aussi bien que toute leur postérité, elle ait entendu les priver de la succession de celui des deux conjoints qui seroit dans la bonne foi : mais qu'elle a voulu dire qu'ils étoient principalement incapables de succéder à celui de leur pere, ou mere, qui s'est marié depuis la condamnation. Cependant, dit cet auteur, cela souffre difficulté. 1°. A cause de la généralité des termes de l'ordonnance. 2°. Parcequ'il est difficile qu'il y ait bonne foi, à cause de la publicité du jugement. 3°. Parceque c'est une maxime établie par les arrêts, que l'état des hommes ne se partage pas. Ainsi, ou la condamnation prononcée contre l'un des conjoints doit exclure les enfans de l'une & l'autre succession, ou la bonne foi de l'autre les doit faire admettre à toutes les deux; & c'est le sentiment de M. Le Prestre, cent. 1. chap. 1. Il y a donc de la difficulté de toutes parts. Car, supposé qu'on ne puisse diviser l'état d'un enfant, succédera-t-il au conjoint qui étoit condamné? Le texte de l'ordonnance s'y oppose formellement.

N'aura-t-on aucun égard à la bonne foi de l'autre conjoint? Cela est contraire à la disposition des arrêts.

Brodeau, continuë notre auteur, lett. *E*. somm. 8. est d'avis qu'il faut partager l'état, & dit que la bonne foi d'un des conjoints fait que le mariage est légitime, & que les enfans peuvent succéder au même conjoint : mais, comme il dit cela sans traiter la question expressément, on ne doit pas faire grand fonds sur son avis.

Après cette dissertation, le Brun dit que son avis est que, si la bonne foi d'un des conjoints est avérée, comme si le condamné à mort s'est allé marier sous un nom étranger dans une province fort éloignée, en ce cas elle rend les enfans capables de succéder à celui des conjoints qui est en bonne foi. La raison sur laquelle il se fonde est que le mariage d'un condamné à mort n'est pas plus odieux que celui d'un prêtre, ou d'un homme qui a déja contracté un autre mariage qui subsiste. Cependant on a jugé que la bonne foi de celle qui avoit épousé un prêtre suffisoit pour assurer aux enfans la succession de la mere. Il y en a un arrêt rapporté par M. le Prestre, cent. 1. chap. 1. & un autre rapporté par Anne Robert, liv. 2. chap. 18. en date du 28 Juillet 1598. On a aussi jugé, par arrêt du 16 Janvier 1610. rapporté dans les annotations sur le même auteur, que les enfans d'une femme qui avoit deux maris vivans étoient capables des successions collatérales, à cause de la bonne foi de leur pere. Ainsi la bonne foi du conjoint qui a épousé un condamné à mort étant bien avérée, il n'y a point de raison qui empêche que ses enfans ne soient capables de lui succéder.

Si les termes de la déclaration, par lesquels ces enfans sont exclus de toute succession, étoient observés à la lettre, même dans les coutumes qui n'admettent point la confiscation, il s'ensuivroit qu'ils seroient, dans tous les cas, soumis aux mêmes peines que les enfans des criminels de leze-majesté. Il est cependant certain que la peine qu'on impose aux enfans doit être proportionnée à la grandeur du crime de leur pere ; & il seroit contre l'humanité que la bonne foi de la mere ne pût pas sauver l'état des enfans dont le pere ne seroit coupable que d'un simple homicide. En un mot, cette vengeance sur la postérité doit être réservée pour les grands crimes, tels que celui de leze-majesté, suivant la loi 5. *cod. ad leg. jul. majest.* que nous avons rapportée plus haut.

Il n'en est pas de même à l'égard de la succession du banni, ou du condamné à mort. Les enfans en sont exclus, suivant l'arrêt de la Rocheboisseau, que nous avons rapporté plus haut, dont les enfans furent exclus de la succession de leur pere condamné à mort : mais ils furent admis aux successions collatérales.

Si les arrêts ont jugé que les enfans d'un prêtre ou d'un bigame sont capables de succéder également à leurs pere & mere, dans le cas de la bonne foi, cela ne doit point avoir d'application ici ; parcequ'un prêtre, quoique marié, & un bigame ont une succession qu'ils peuvent transmettre ; au lieu qu'un homme mort civilement n'en a point.

Dans les coutumes même où il n'y a point de confiscation, les enfans ne succéderont pas non-plus à leur pere ; parcequ'il n'a pû valablement contracter de mariage, étant interdit de tout commerce ; & la loi qui déclare ces enfans incapables de toutes successions doit s'observer principalement à l'égard de la succession du condamné. Ainsi cette succession doit appartenir aux collatéraux, à la charge d'une pension alimentaire pour les enfans.

Tel est le sentiment de le Brun : mais nous ne croïons pas qu'il doive être suivi, au moins dans tous ses points. Si l'on examine les termes de la déclaration de 1639. ils sont généraux, & semblent ne devoir admettre aucune exception. Elle déclare les enfans issus de mariages contractés par des personnes condamnées à mort, incapables de *toute* succession. Ce mot *toute* doit s'étendre à tous les cas ; il les enveloppe tous.

Le seul qui sembleroit pouvoir souffrir quelque difficulté est celui où l'un des deux conjoints est dans la bonne foi : mais il semble qu'elle ne peut pas se supposer ici. En effet, quand une condamnation a été exécutée, elle est censée être connuë de toute la société à laquelle elle a été annoncée par l'exécution, qui deviendroit inutile & illusoire, si quelqu'un en pouvoit prétendre cause d'ignorance. Ces sortes de jugemens ne peuvent être signifiés à tous les citoïens en particulier. On se contente de les leur signifier à tous en général, parcequ'il est impossible de faire autrement.

Il en est de ces jugemens, comme des loix nouvellement établies. Il est nécessaire, pour qu'elles puissent être exécutées, qu'elles soient connuës de tout le monde. Cependant on ne les annonce pas à chacun des sujets du Roi en particulier ; on se contente de les publier, soit en les faisant lire aux audiences, soit en les faisant afficher aux lieux publics, soit enfin en les faiſant lire dans les carrefours, par un huiſſier. Après cette formalité, perſonne n'eſt reçû, en juſtice, à dire qu'il ignoroit cette loi. Elle eſt cenſée être connuë de tout le monde, & quiconque péche contre l'obſervation qui lui eſt dûë eſt condamné. Il en eſt de même de tout ce qui doit être connu de la ſociété, en général.

Il faut cependant convenir que, dans le cas ſuppoſé par le Brun, c'eſt-à-dire, ſi le condamné changeoit de nom, & s'alloit marier dans une province éloignée de celle où la condamnation a été prononcée, il ſeroit bien difficile de ne pas regarder la bonne foi de l'autre conjoint comme un moïen favorable aux enfans. En effet, tout le monde eſt cenſé avoir connoiſſance d'un jugement de condamnation prononcé & exécuté contre un tel : mais s'il quitte le nom qui a été proſcrit, pour en prendre un autre qui n'a ſouffert aucune tache, & qu'il ſe préſente enſuite dans un lieu où ſa perſonne ne peut pas être connuë, il eſt impoſſible qu'on ne ſoit pas trompé ; parcequ'on ne peut pas lui appliquer le nom que l'on ſçait, ou que l'on eſt cenſé ſçavoir être noté d'infamie.

Mais cette exception doit être ſtrictement renfermée dans ſon eſpèce, & ne pas être étenduë, comme il ſemble que le Brun l'a voulu faire. La comparaiſon qu'il apporte du mariage d'un condamné avec celui d'un prêtre, ou d'un bigame, n'a point d'application ici. Il eſt très-poſſible que l'on ignore qu'un homme a été promû aux ordres ſacrés, ou qu'il eſt engagé dans les liens du mariage. On ne prend aucunes précautions pour en inſtruire la ſociété, en général. La publication des bans ne ſe fait que dans une ſeule paroiſſe, & n'a pour objet que d'apprendre le mariage qui doit être célébré à ceux qui connoiſſent déja la perſonne. Mais l'exécution d'une ſentence ſe fait à la face de tout le public, & dans l'intention d'en inſtruire toute la ſociété. Ainſi il n'eſt point queſtion de ſçavoir lequel des deux eſt le plus ou le moins odieux. Il ne s'agit que de ſçavoir lequel des deux empêchemens, ou de l'ordre, ou de la mort civile, eſt le plus notoire.

Au reſte, il ne peut être queſtion, dans tout ceci, que de la ſucceſſion de celui des deux conjoints qui jouït de la plénitude de ſon état. A l'égard de l'autre, il ne peut tranſmettre ſes biens aux enfans nés d'un mariage contracté après l'exécution de ſon jugement ; puiſque tout ce qu'il poſſédoit, lorſqu'il a encouru la mort civile, eſt paſſé, au même inſtant, ou au fiſc, ou aux héritiers qu'il avoit pour lors, ſuivant que la confiſcation a lieu, ou n'a pas lieu.

Mais le Brun a laiſſé indéciſe la queſtion de ſçavoir ſi la déclaration de 1639. a changé la juriſprudence à l'égard des ſucceſſions collatérales qui peuvent écheoir aux enfans des condamnés.

Deux raiſons principales nous portent à croire qu'elle a opéré ce changement. La premiére eſt tirée du texte même de la loi, & la ſeconde des circonſtances dans leſquelles elle eſt intervenuë.

A l'égard du texte, il eſt formel, & ne peut laiſſer aucun doute à l'eſprit. Il les exclut de *toutes* ſucceſſions. Ce mot renferme certainement tant les directes que les collatérales.

Si l'on fait attention aux circonſtances, elles déterminent entiérement à n'admettre aucune diſtinction à cet égard. Il eſt certain que les deux arrêts rendus au ſujet de la ſucceſſion de la Rocheboiſſeau ont dû être fort célébres, & faire beaucoup de bruit dans leur tems. L'atrocité du crime fixoit l'attention du public. La naiſſance du coupable, qui étoit noble d'extraction, intéreſſoit ſur le ſort de ſes enfans. Les deux queſtions qui ſe préſentérent ſucceſſivement étoient rares, ſur-tout à cauſe des deux ſucceſſions qu'il falloit régler. Ainſi on ne peut pas douter que ces arrêts ne fuſſent parvenus à la connoiſſance du Roi & de la perſonne qu'il avoit chargée de rédiger la déclaration. Le premier arrêt eſt du 13. Février 1625. Le ſecond eſt du 6 Juillet 1737. & la déclaration eſt du 29. Novembre 1739. Ainſi il eſt à préſumer que le légiſlateur avoit ces deux arrêts préſens à l'eſprit, lorſqu'il fit la loi dont il eſt ici queſtion, & qu'il voulut ôter la différence qu'ils avoient introduite entre les ſucceſſions directes & les ſucceſſions collatérales, en déclarant les enfans des condamnés incapables de *toute* ſucceſſion, indiſtinctement.

Cette conjecture acquérera encore un nouveau dégré de vraiſemblance, ſi l'on fait attention au préambule de cette déclaration. On y voit que le légiſlateur n'eſt occupé que du ſoin de maintenir les enfans dans l'honneur & la révérence qu'ils doivent à leurs parens, & d'empêcher les mariages clandeſtins. Il n'y eſt fait nulle mention de ceux qui ſont contractés par les condamnés, ils n'entrent même aucunement dans le plan du légiſlateur. Ce ne peut donc être que par occaſion qu'il en a parlé dans le texte, Il déclare incapables de toutes ſucceſſions les enfans iſſus de mariages clandeſtins. Ces ſucceſſions ont pû rappeller à ſa mémoire les conteſtations qui s'étoient élevées peu de tems auparavant, au ſujet de celle de la Rocheboiſſeau. Il a profité de l'occaſion, pour faire un réglement à cet égard, & il a enveloppé les enfans des condamnés dans la proſcription qu'il venoit de prononcer contre ceux qui ſont le fruit de mariages clandeſtins.

On trouve cependant, au journal des audiences, un arrêt poſtérieur à cette déclaration, qui ſemble contraire à l'avis que nous venons de ſoutenir. Il fut rendu ſur les concluſions de M. le Nain, avocat général, qui ſoûtint que la bonne foi de la femme devoit profiter aux enfans. Cet arrêt eſt du 25. Mars 1709.

Il s'agiſſoit d'une ſucceſſion collatérale dont on prétendoit qu'une fille devoit être déclarée incapable, parceque ſon pere avoit contracté le mariage dont elle étoit ſortie, après avoir été condamné à mort par contumace, la ſentence aïant été exécutée par effigie.

Cette conteſtation donna matiére à pluſieurs queſtions. La premiére conſiſtoit à ſçavoir ſi le mariage d'un homme condamné à mort, qui décéde après les cinq ans, ſans s'être purgé, produit des effets civils? s'il en produit, en cas que le condamné meure dans les cinq ans, ou qu'il ait purgé la contumace avant ſon décès?

La ſeconde queſtion conſiſtoit à ſçavoir ſi les enfans d'un condamné à mort par contumace, décédé après les cinq ans, ſans s'être purgé, ſont incapables de ſucceſſions, tant directes que collatérales?

La troiſiéme, ſi le crime ſeul & la peine peuvent être preſcrits, & ſi l'on peut être rétabli dans le droit de cité?

La quatriéme, ſi les enfans peuvent preſcrire le crime de leur pere, pour aſſûrer leur état?

Et la cinquiéme enfin, ſi la bonne foi d'un des contractans ſuffit pour procurer des effets civils à un mariage qui n'en produiroit pas lui-même?

Sur la premiére queſtion, M. l'avocat général dit que le mariage aïant été contracté dans les cinq années de la contumace, n'étoit pas *ab initio* incapable de produire des effets civils; parceque cela dépendoit de l'évenement. Si le condamné s'étoit repréſenté, ou étoit mort dans les cinq ans, nul doute que le mariage auroit produit des effets civils. Mais étant décédé après les cinq ans, ſans s'être repréſenté, la contumace a été acquiſe: ainſi le mariage ne pouvoit pas produire d'effets civils.

Sur la ſeconde queſtion, on fondoit la prétention de la fille ſur ce qu'il s'agiſſoit non de la ſucceſſion de ſon pere condamné à mort; mais d'une ſucceſſion collatérale, dont la fille d'un condamné n'étoit point incapable, ſuivant un arrêt du 6 Juillet 1647.

A cette prétention M. l'avocat général oppoſoit trois réponſes. 1°. Nulle différence dans le principe, entre les ſucceſſions collatérales & les ſucceſſions directes. On ne peut tenir ſon droit, à cet égard, que de ſon pere. Or, comme il n'en avoit aucun, il n'a pû en tranſmettre.

2°. L'arrêt eſt mal daté dans le journal des audiences. Il eſt de 1637. & non de 1647. ainſi que l'ont rapporté Henrys & Bardet. Or l'ordonnance de 1639. lui eſt poſtérieure, & elle dit *toutes ſucceſſions*, ſans diſtinction. Nous croïons devoir profiter de cette occaſion pour avertir qu'en effet il y a erreur dans le journal des audiences, où l'on a daté l'arrêt du ſieur de Souvigné, fils de la Rocheboiſſeau, de 1647. Il eſt conſtamment de 1637. C'eſt la date que lui donne Henrys, d'après lequel nous l'avons rapporté plus haut, & qui dit avoir aſſiſté aux plaidoïers & à la prononciation de l'arrêt. Bardet, qui le rapporte auſſi fort au long, & tous les auteurs qui ont eu occaſion d'en parler, comme Brodeau ſur Louet, Lett. E. n. 8. le datent de 1637.

3°. Quand même cet arrêt auroit la date qu'on veut lui donner, ce ſeroit un arrêt ſolitaire, qui ne devroit pas faire régle, étant contraire aux principes & à la loi.

A l'égard de la troiſiéme queſtion, concernant la preſcription que l'on prétendoit être acquiſe, M. l'avocat général dit qu'à la vérité, ſi la preſcription de trente ans avoit été acquiſe par le défunt, la queſtion ſeroit plus difficile; quoiqu'on pût dire que, ſi l'on preſcrit la peine du crime, on ne preſcrit point pour acquérir le droit de cité: mais qu'étant mort avant la preſcription acquiſe, ſon état, fixé par ſa mort, ne peut plus changer, & les héritiers ne peuvent preſcrire; autrement la loi ſeroit inutile, puiſqu'elle ceſſeroit après trente ans.

Mais il ajoûta que, ſi, dans la régle, ce mariage ne pouvoit avoir d'effets civils par rapport au pere, la bonne foi de la mere, qui étoit prouvée dans le fait, ſuffiſoit pour rendre les enfans capables des effets civils; que ſi les mariages non valablement contractés, quand il y avoit bonne foi, ne laissoient pas de produire des enfans légitimes; à plus forte raison un mariage qui, par lui-même, n'auroit point produit d'effets civils, quoique légitime d'ailleurs, devoit en produire par la bonne foi d'un des conjoints; quoique l'ordonnance ne porte point d'exception, parcequ'elle est de droit.

Ainsi il conclut à adjuger la succession à la fille; & l'arrêt fut rendu conformément à ses conclusions.

Nous ignorons si la cour se détermina sur les raisons qui paroissent servir de motif aux conclusions de M. le Nain. Comme l'arrêtiste n'a pas rapporté l'espéce de l'arrêt, nous sommes persuadés que, s'il est fondé sur la bonne foi de la femme, c'est qu'il y a quelque circonstance qui l'a mise dans l'impossibilité d'avoir connoissance de l'exécution par effigie de la sentence prononcée contre son mari : sans quoi, nous soûtenons que cet arrêt doit être regardé comme M. le Nain auroit regardé lui-même celui de Souvigné, s'il eût été postérieur à la déclaration de 1639. c'est-à-dire, comme contraire aux principes, &, par conséquent, ne devant pas servir de régle. En effet, si l'on excusoit l'ignorance d'une chose annoncée juridiquement à toute la société, les précautions prises par l'ordonnance, pour rendre ces sortes de jugemens publics & notoires, seroient inutiles; & tous ceux qui sont morts civilement jouïroient de tous les avantages de la vie civile. Il leur suffiroit de s'éloigner du lieu où ils auroient été condamnés; & sous prétexte de la bonne foi de ceux avec qui ils contracteroient, on seroit obligé de regarder comme bons & valables tous les actes qu'ils passeroient : ce qui rendroit les loix sans exécution. Il faut donc, pour que cette bonne foi puisse faire un moïen, que celui en qui on la suppose se soit trouvé dans des circonstances qui rendoient son ignorance invincible.

CHAPITRE IV.

De l'incapacité d'ester en jugement.

PLUSIEURS auteurs se fondent sur quelques loix Romaines, pour soûtenir qu'à Rome les personnes condamnées à une peine qui emportoit mort civile étoient incapables d'ester en jugement. Ces loix sont la loi 5. *ff. de public. judic.* & la loi 18. §. 2. 3. *&*

& 4. ff. de jure fisci, qui leur interdisent la faculté d'intenter des accusations. Mais il ne paroît pas que les conséquences qu'ils tirent de ces loix soient justes. Rapportons-en les termes :

Si qui reus factus est purgare se debet, nec antè potest accusare, quàm fuerit excusatus. Constitutionibus enim observatur, ut non relatione criminum, sed innocentiâ reus purgetur. §. 1. *Illud incertum est utrùm ita demùm accusare potest, si fuerit liberatus, an & si pœnam subierit. Est enim constitutum ab imperatore nostro & divo patre ejus, post damnationem accusationem quem incboare non posse ; sed hoc puto ad eos demùm pertinere, qui vel civitatem vel libertatem amiserunt.* §. 2. *Inchoatas planè delationes antè damnationem implere eis, & post damnationem permissum est. l. 5 ff. de public. judic.*

§. 2. *Item damnati deferre non possunt, ut divi fratres de eo rescripserunt qui fustibus cæsus, in opus publicum erat datus.* §. 3. *Item constitutionibus principum prohibentur deferre illi qui in metallum dati sunt. Hoc ideò, ne desperati ad delationem facilè possint sine causâ confugere.* §. 4. *Sed eas causas, quas antè damnationem cœperunt deferre, posse eos etiam post damnationem exequi, rescriptum est. l. 18. ff. de jure fisci.*

Cette derniere loi, qui interdit à ceux qui sont condamnés aux métaux la faculté d'intenter des accusations, ne donne point leur incapacité pour raison ; elle considére seulement le danger qu'il y auroit de laisser à des gens qui n'ont plus rien à risquer le pouvoir d'en accuser d'autres.

La même loi, aussi-bien que la précédente, leur permet de poursuivre les accusations qu'ils auroient intentées avant leur condamnation. C'est par une suite de la même raison ; parceque, comme ces accusations ont été intentées avant qu'ils fussent convaincus eux-même, & avant qu'ils eussent été condamnés, il n'y a pas lieu de penser qu'ils se fussent portés à les intenter, par un esprit de légéreté, ou par une mauvaise intention ; d'autant plus qu'étant encore pour lors *integri statûs*, ils auroient été sujets aux peines des calomniateurs.

D'ailleurs, ester en jugement pour intenter des actions civiles, & faire le personnage de délateur, ou d'accusateur, étoient des choses si distinctes, que l'on pouvoit avoir l'une sans l'autre. Il y avoit des peines qui emportoient infamie, & qui ôtoient au condamné le pouvoir de se porter accusateur, quoique cependant la voïe de l'accusation ne fût pas interdite à tous les infâmes. Et ces infâmes, qui ne pouvoient se porter accusateurs, conservoient la qualité de citoïen, jouïssant de leurs biens, & pouvant, par conséquent, intenter en justice les actions qui leur appartenoient, comme ils pouvoient défendre à celles qui étoient intentées contr'eux, pour raison de ces mêmes biens. *Sed & calumniâ notatis jus accusandi ademptum est. Item his qui cum bestiis depugnandi causâ in arenam intromissi sunt, quive artem ludicram, vel lenocinium fecerint, quive prævaricationis calumniæve causâ quid fecisse judicio publico pronunciatus erit, quive ob accusandum, negotiumve cui facessendum, pecuniam accepisse judicatus erit. L. 4. ff. de accusat. & inscript. Senatus censuit, ut si neque delator, neque possessor tribus edictis evocati adfuerunt, delatoris quidem fidejussores teneantur, & ei posteà publicam causam deferendi jus adimatur, possessoris autem jus idem esset quod si delatus omninò non esset. L. 2. §. 3. ff. de jure fisci.*

Il est donc certain que le pouvoir de se porter accusateur, & la faculté d'intenter des actions civiles ne provenoient point du même principe chez les Romains, & qu'on ne peut argumenter de l'un à l'autre.

Pour décider cette question dans notre usage, il faut observer qu'un homme mort civilement ne peut avoir pour objet, dans les actions civiles qu'il pourroit intenter, que les biens qu'il auroit acquis, & les obligations qu'il auroit contractées depuis sa condamnation. A l'égard de ce qu'il possédoit avant, il en a été dépouillé par la mort civile; ainsi il n'a plus aucun droit à y prétendre. Quant aux obligations qu'il auroit contractées auparavant, on ne peut non plus les exercer contre lui. Elles tombent à la charge de ceux à qui ses biens ont passé. Il ne s'agit donc précisément que de ce qui s'est fait depuis la mort civile encouruë.

Ce que nous avons à dire à ce sujet ne peut non plus concerner ceux qui ont été condamnés à la mort naturelle. Nous avons déja dit plusieurs fois qu'ils sont dans une incapacité absoluë de tout. La loi les regarde comme étant véritablement morts; ainsi il est impossible qu'elle leur accorde aucun droit. Il n'est donc question ici que de ceux qui ont été simplement condamnés à une peine qui, les faisant mourir civilement, leur laisse cependant la vie naturelle.

Nous avons vû ailleurs qu'ils sont capables de commercer; & par conséquent d'acquérir & d'aliéner. Nous avons vû qu'on peut même leur donner, soit entre-vifs, soit par testament, une pension viagère par forme d'alimens. Or il est certain que pour se maintenir dans la possession & dans la propriété de ce qu'ils peuvent avoir acquis, & pour exiger les arrérages de leur rente viagère, il faut qu'ils puissent se présenter en justice, soit pour demander, soit pour défendre : autrement la faculté qu'on leur laisse seroit illusoire & inutile, puisque le premier venu pourroit leur enlever tout ce qu'ils posséderoient, sans qu'ils pussent s'en plaindre.

Mais, d'un autre côté, il est certain qu'un homme mort civilement ne peut ester en jugement. C'est un privilége qui n'est accordé qu'à ceux qui ont la vie civile. Les juges ne sont établis que pour maintenir les loix de l'état, & les faire exécuter. Les loix de l'état sont les loix civiles. Elles ne sont point faites pour ceux qui sont dans les liens de la mort civile, puisqu'elles les ont banni de la société. Ils ne peuvent donc en implorer l'assistance. C'est le sentiment unanime de tous les auteurs qui ont traité de cette matiére.

Pour concilier cette contrariété qui semble résulter des principes de notre droit, nous croïons qu'un homme mort civilement ne peut paroître en justice qu'assisté d'un curateur créé à sa mort civile; que ce n'est qu'avec ce curateur que la procédure peut être faite en régle.

Il en est de même des actions criminelles qu'ils pourroient intenter. Ils ne le peuvent faire qu'avec l'assistance de ce curateur : mais on en peut intenter contr'eux, sans qu'il soit besoin de leur en faire créer un; parceque, si on leur a laissé la vie naturelle, ce n'est qu'à condition qu'ils n'abuseront pas de cette indulgence pour commettre des crimes. S'ils se rendent coupables de quelque nouveau délit, les loix reprennent toute leur vigueur pour sévir de nouveau contr'eux personnellement.

CHAPITRE V.

De l'incapacité de porter témoignage.

SI l'on examine le droit Romain sur la capacité de porter témoignage, on trouve des loix qui en privent ceux qui sont morts civilement. *Adhiberi quoque testes possunt, non solùm in criminalibus causis, sed etiam in pecuniariis litibus, sicubi res postulat, & hi quibus non interdicitur testimonium. l. 1. §. 1. ff. de testibus.* Il est donc clair qu'il y avoit des personnes à qui la faculté de rendre témoignage étoit interdite. Or nous trouvons dans les loix ſuivantes du même titre le détail de ceux ſur qui tomboit cette interdiction. *Teſtium fides diligenter examinanda eſt. Ideòque in perſonâ eorum examinanda erunt in primis conditio cujuſque ..... an honeſtæ & inculpatæ vitæ, an verò notatus quis & reprehenſibilis. l. 3. ibid.*

Cette loi, comme on voit, exige dans un témoin, qu'il ſoit d'une vie honnête & irréprochable. Or ces qualités ne ſe rencontrent certainement pas dans un homme condamné à une peine qui emporte la mort civile. Il y a plus : elle veut qu'on prenne garde qu'il ne ſoit ſouillé d'aucune tache, & qu'il ne ſoit repréhenſible en rien. Or ces caractéres ne ſe trouvent pas dans une perſonne à qui on a ravi la vie civile.

Mais elle s'explique d'une maniére encore plus préciſe au §. 5. *Lege Juliâ de vi cavetur ne hâc lege in reum teſtimonium dicere liceret .... qui judicio publico damnatus erit, qui eorum in integrum reſtitutus non erit.*

Cette déciſion paroît bien formelle contre ceux qui ont ſubi une condamnation emportant mort civile. Cependant Cujas paroît en borner la diſpoſition à la condamnation provenant *ex lege Corneliâ de falſis, ex lege Juliâ de ambitu, ex lege Juliâ de adulteriis, ex lege Juliâ repetundarum*; & il ajoute la condamnation provenant de la calomnie, ſuivant la loi 13. *eod.* qui dit que, quoique cette condamnation n'ait pas été miſe au nombre des condamnations publiques par la loi *Remmia*, elle doit cependant empêcher le juge d'admettre en témoignage celui contre qui elle a été prononcée, parceque le juge doit ſuppléer à la loi. *Quæſitum ſcio, an in publicis judiciis calumniæ damnati teſtimonium judicio publico perhibere poſſint. Sed neque lege Remmiâ prohibentur : & Julia lex de vi, & repetundarum, & peculatus, eos homines teſtimonium dicere non vetuerunt. Veruntamen quod legibus omiſſum eſt, non omittetur religione judicantium.*

Ainſi, quoiqu'il n'y ait point de loix qui excluent en termes exprès ceux qui ſont morts civilement, c'eſt-à-dire les déportés, & les condamnés aux métaux, il n'en eſt pas moins vrai qu'ils ſont incapables de porter témoignage. Si les loix ne les nomment point, c'eſt qu'elles n'ont point égard, pour régler cette incapacité, à la nature de la peine du condamné ; mais à la nature du jugement. Or les peines qui opéroient la mort civile ne pouvoient être infligées qu'en conſéquence d'un délit public, & par un jugement public.

Il eſt encore vrai que les loix qui viennent d'être rapportées

& l'avis de Cujas ne s'étendent pas à tous les jugemens publics : mais cette distinction ne peut s'appliquer qu'aux jugemens publics qui ne prononcent que des peines pécuniaires, ou qui ne tendent qu'à l'infamie en certain cas. Elle ne peut donc pas avoir lieu pour les jugemens publics, dont l'effet est d'opérer la mort civile ; car comme, par ces jugemens, les condamnés sont séparés des autres citoïens & de droit & de fait, on ne peut pas imaginer qu'ils puissent comparoître en justice pour rendre témoignage. Il est donc certain que la mort civile rendoit, chez les Romains, celui qui l'avoit encouruë incapable de porter témoignage.

Il est également certain qu'il en est exclus dans nos mœurs. L'usage est un garant de cette vérité, qui d'ailleurs est reconnuë par les auteurs.

Mais on peut élever la question de sçavoir si cette exclusion est tellement générale, qu'ils ne puissent pas être témoins dans un testament, dans les païs où cette formalité est requise, pour que cet acte puisse être valable.

Pour résoudre cette question, il ne s'agit que de se rappeller un principe certain, & qui est établi dans le droit Romain, que pour pouvoir servir de témoin dans un testament, il faut être en état de tester soi-même. *Testes autem adhiberi possunt ii cum quibus testamenti factio est. Instit. de test. ordin. §. 6.* Or il est certain, comme nous l'avons vû ailleurs, qu'un homme mort civilement ne peut pas faire de testament. Il ne peut donc pas être témoin.

Cette disposition du droit Romain a été admise parmi nous, tant pour les païs du droit écrit, que pour les païs coutumiers ; & l'ordonnance de 1735. a fait de cet usage une loi pour tout le roïaume. Voici comment elle s'explique sur cette matiére, art. 40. » Les témoins (qui assisteront à la confection d'un testa- » ment) seront mâles, regnicoles, & capables des effets civils ; » à l'exception seulement du testament militaire, dans lequel les » étrangers, non notés d'infamie, pourront servir de témoins. » Il est clair que, puisqu'il faut, aux termes de cette ordonnance, être capable des effets civils, ceux qui sont morts civilement ne peuvent pas être témoins dans un testament.

On peut encore élever plusieurs questions sur cette matiére, comme, s'ils peuvent assister comme témoins à un mariage, ou à un acte passé par devant un seul notaire. Mais toutes ces questions peuvent se résoudre par une réflexion qui s'applique à tous les cas.

Ou la mort civile a été encouruë par une condamnation contradictoire, & dont le coupable a évité l'exécution par la fuite: dans ce cas il ne peut assister à aucun acte juridique, sans s'exposer à être remis entre les mains de la justice, pour être exécuté. Ou la condamnation à mort est par contumace: alors il encourroit le danger d'être arrêté prisonnier, & de voir instruire son procès de nouveau. S'il a été condamné aux galères, ou au bannissement du roïaume à perpétuité, il seroit également arrêté, afin qu'on lui fît son procès, suivant la rigueur des ordonnances contre ceux qui n'exécutent pas les condamnations contr'eux prononcées.

CHAPITRE VI.

De la perte de la puissance paternelle.

AVANT que d'entrer dans l'explication de cette suite de la mort civile, il est nécessaire de dire en peu de mots en quoi consiste la puissance paternelle. C'est un droit accordé au pere, ou autre ascendant mâle, & du côté paternel, sur la personne des enfans, & sur les biens que ces enfans possédent, par les voïes que les loix autorisent.

Il n'y a, parmi nous, que les enfans nés en légitime mariage, ou qui ont été légitimés par les voïes de droit, qui soient sous la puissance de leur pere. Nous ne connoissons point les enfans adoptifs.

La puissance paternelle, dans les païs de droit écrit, produit presque les mêmes effets qu'elle produisoit chez les Romains au tems de la derniére jurisprudence; c'est-à-dire, au tems de l'empereur Justinien. Ainsi, dans ces païs, cette puissance donne aux peres le droit de joüir par usufruit de tous les biens qui appartiennent à leurs enfans à titre de pécule adventice, c'est-à-dire, qu'ils acquiérent autrement que par leur industrie, & qui ne proviennent pas directement de leurs peres. Tels sont les biens maternels qui adviennent à un fils qui est en puissance de son pere, les présens de la fortune, & les biens qui lui proviennent de la libéralité de ses amis. *Uno verbo quidquid filio familias advenit extrà rem patris, peculio adventitio annumeratur.*

A l'égard des biens qui s'appellent biens castrences ou quasicastrences, qui sont ceux que les fils de famille ont acquis à la guerre, au barreau, ou au service de l'église, ils leur appartiennent en pleine propriété.

Ainsi les fils de famille ne peuvent pas, dans ces païs, disposer par testament de leur pécule adventice ; mais seulement du pécule castrence, ou quasi-castrence, conformément à la disposition du droit Romain.

En païs de droit écrit, les enfans ne sont pas toujours sous la puissance de leur propre pere, parcequ'il est lui-même sous la puissance du sien : auquel cas ils sont sous la puissance de leur aïeul, selon la régle, *qui est in potestate alterius, non potest habere alium in suâ potestate*.

Nous passons sous silence plusieurs autres effets de cette puissance, qu'il seroit trop long & hors de place de rapporter ici. Nous observerons seulement qu'elle dure jusqu'à ce que les enfans soient émancipés; ensorte que le mariage ne les en affranchit pas. Un pere a tous ses descendans par mâles sous sa puissance, à moins qu'il ne les émancipe; & il ne peut réguliérement y être contraint.

Cette puissance n'est point en usage en païs coutumier, où les peres n'ont guéres plus de pouvoir sur leurs enfans que les tuteurs n'en ont sur leurs pupilles. Ils n'ont que le soin de leur éducation, & l'administration de leurs biens, jusqu'à ce qu'ils soient majeurs, ou émancipés d'âge par lettres du prince : ainsi, dans presque tout le païs coutumier, tout ce qui advient aux enfans par succession, ou autrement, leur appartient en pleine propriété.

Il y a cependant quelques coutumes où le pere gagne tous les meubles de ses enfans, & les fruits de leurs immeubles, jusqu'à ce qu'ils aïent acquis un certain âge, suivant les diverses coutumes, comme Auvergne, Bourbonnois, Reims, Berry, & quelques autres. Il y en a même quelques-unes, comme celle de Bourgogne, où la puissance paternelle finit dès que les enfans ne demeurent plus dans la maison de leur pere, & tiennent leur ménage à part.

Il y a encore une autre espéce de puissance paternelle qui a lieu par tout le roïaume, & qui appartient aux meres aussi-bien qu'aux peres; c'est le pouvoir qu'ils ont d'empêcher le mariage de leurs enfans mineurs de vingt-cinq ans.

A l'égard de la premiére espéce de puissance, comme elle ne provenoit que du droit civil, il falloit nécessairement être citoïen Romain pour en être revêtu; & elle ne pouvoit s'étendre que sur un citoïen Romain. Ainsi la mort civile, soit du pere, soit du fils de famille, la faisoit cesser. C'est la décision textuelle de plusieurs loix. *Cum autem is qui ob aliquod maleficium in insulam deportatur civitatem amittit, sequitur ut qui eo modo ex numero civium Romanorum tollitur, perindè quasi eo mortuo, desinant liberi in potestate ejus esse. Pari ratione, & si is qui in potestate parentis sit in insulam deportatus fuerit, desinit esse in potestate parentis. Institut. Quib. mod. jus patr. potest solv. §. 1. Si quâ pœnâ pater fuerit affectus, ut vel civitatem amittat, vel servus pœnæ efficiatur, sine dubio nepos filii loco succedit. l. 7. ff. de his qui sui, vel alieni jur. sunt.*

Ces loix sont en usage parmi nous, tant en païs de droit écrit, que dans les coutumes qui admettent cette espéce de puissance.

A l'égard de celle qui concerne les mariages, on demande si les enfans d'un homme mort civilement sont obligés de lui demander son consentement pour se marier, quand ils n'ont pas encore acquis l'âge compétent. Il est un principe dans le droit Romain, qui est que les enfans n'ont besoin du consentement que de ceux de leurs parens à la puissance desquels ils sont soumis. *Si filii familiarum sint, consensum habeant parentum quorum in potestate sunt; nam hoc fieri debere & civilis & naturalis ratio suadet: in tantum, ut jussus parentis præcedere debeat. Iustitut. de nuptiis in principio.* S'il n'est besoin que du consentement de ceux dans la puissance desquels se trouvent les enfans lors de leur mariage, il est constant qu'ils ne sont point obligés de demander celui de leur pere quand il est mort civilement, puisqu'ils ne sont pas sous sa puissance. La loi a le soin elle-même de tirer cette conséquence, en nous apportant l'exemple d'un pere qui est devenu fou, & dont le consentement n'est pas requis. *Undè quæsitum est an furiosi filia nubere, aut furiosi filius uxorem ducere possit. Cumque super filio variabatur, nostra processit decisio, quâ permissum est, ad exemplum filiæ furiosi, filium quoque furiosi posse, & sine patris interventu, matrimonium sibi copulare. Ibid.*

Il paroît néanmoins qu'il y a des parlemens en France qui n'admettent pas cette disposition du droit Romain. La Roche-Flavin rapporte un arrêt rendu au parlement de Toulouse, les chambres assemblées, le 14 Août 1673. qui a déclaré nul le mariage d'une fille contracté sans le consentement de son pere condamné à mort par contumace; & cet auteur, liv. 2. lett. *M*, tit. 4. arrêt 36. donne pour raison de cette décision, que la mort civile n'ôte rien aux parens du respect qui leur est dû par leurs enfans. Graverol, p. 196. rapporte aussi le même arrêt, & Catelan,

Catelan, *liv. 4. ch. 8. l. 16. de nupt.* soutient qu'un mariage seroit cassé par ce seul défaut, dans le cas même où la mere & les autres parens y auroient consenti.

Nous avons bien de la peine à admettre cette décision, & nous ne croïons même pas que les tribunaux s'y conformassent, s'il n'y avoit quelque circonstance particuliére. Il est bien vrai que la mort civile ne fait point perdre à un homme sa qualité de pere, & que ses enfans lui doivent toujours les respects qui lui sont dûs à ce titre : mais il est bien difficile de croire que les loix s'entremettent pour conserver ce droit à un homme qu'elles ne connoissent plus, qu'elles ont totalement banni de la société, qu'elles tiennent pour mort, & en qui, par conséquent, elles ne connoissent plus aucun titre relatif.

D'ailleurs il est un principe certain, & que nous avons vû juger plusieurs fois au parlement de Paris ; c'est qu'il n'y a que les peres ou les meres qui puissent se plaindre en justice des mariages contractés, sans leur consentement, par leurs enfans. Or, s'ils sont morts civilement, ils sont incapables d'ester à droit, & par conséquent d'intenter aucune action. Il est vrai que nous avons établi plus haut qu'ils peuvent, avec l'assistance d'un curateur à leur mort civile, intenter certaines actions : mais cette exception à la régle générale ne peut avoir lieu que dans le cas où les actions qu'ils intentent ainsi ont pour objet de défendre ce qu'on veut bien leur laisser, pour soutenir la vie naturelle qu'on n'a pas voulu leur ravir. Mais ici, il n'est question que d'un acte de respect qu'ils croïent devoir exiger : or, qu'on leur manque de respect, ou qu'on ne leur en manque pas, cela n'influe en rien sur leur vie. D'ailleurs la justice ne regarde nullement un homme condamné à une peine qui emporte la mort civile, comme un personnage respectable.

Il est encore une raison qui n'est pas moins décisive que celles dont nous venons de parler. Exiger le consentement d'un homme condamné à mort par contumace, comme la Rocheflavin prétend que le parlement de Toulouse l'a décidé, c'est vouloir empêcher le mariage de ses enfans. En effet un homme dans cet état ne cherche qu'à se cacher, & à s'éloigner du lieu où son supplice l'attend. Il n'est par conséquent plus à portée de donner son consentement ; & ses enfans sont toujours censés ignorer le lieu de sa retraite. En un mot, il ne nous paroît pas raisonnable que la loi regarde comme jouïssant de ses droits un homme qu'elle a condamné à la mort naturelle, & qu'elle cherche par-tout, pour lui faire ſubir cette peine. Nous croïons donc que l'arrêt rapporté par la Rocheflavin n'eſt d'aucune conſidération.

Nous parlerons de la perte de la puiſſance maritale dans l'article ſuivant.

CHAPITRE VII.

De la perte de la nobleſſe.

LA nobleſſe eſt une qualité qui donne à ceux qui en ſont revêtus pluſieurs droits, priviléges, prérogatives & exemptions, qui les diſtinguent du commun des hommes. Dans ſon origine, elle n'a d'autre fondement que le mérite & la vertu. *Nobilitas ſola eſt atque unica virtus.* C'eſt la récompenſe des ſervices qu'on a rendus au prince & à l'état. Et comme on a cru qu'il étoit juſte de récompenſer, dans la perſonne des deſcendans, la vertu de leurs ancêtres, on a établi en France & dans d'autres états, que ceux qui auroient, par leur mérite, acquis la nobleſſe, communiquaſſent ce glorieux titre à leur poſtérité, & la fiſſent joüir de toutes ſes prérogatives.

Ainſi on diſtingue deux ſortes de nobleſſe, celle qui vient d'extraction, & celle qui vient d'annobliſſement. Un homme eſt noble d'extraction, quand il deſcend d'ancêtres qui étoient nobles; & il eſt annobli quand il eſt revêtu de quelque charge ou office qui a le privilége d'annoblir celui qui le poſſéde; ou quand le prince l'a jugé digne, par les ſervices qu'il a rendus à l'état, de lui conférer la nobleſſe. Cette diſtinction aura ſon application dans un moment.

Il eſt aiſé de comprendre que les titres & les priviléges attachés à la nobleſſe ſont uniquement fondés ſur le droit civil. Suivant le droit naturel & le droit des gens, tous les hommes ſont égaux. Mais la ſociété, pour engager ſes membres à lui être utiles, a cru devoir établir des récompenſes pour ceux qui ſe diſtingueroient par les ſervices dont chacun d'eux ſeroit capable, ſuivant ſes talens. C'eſt pourquoi elle a attaché des marques de diſtinction & des prérogatives à l'exercice de certaines fonctions pénibles & utiles, & à certaines actions éclatantes. Ces marques de diſtinction & ces prérogatives ne ſont donc autoriſées que par les loix de la ſociété qui les a établies; en un mot elles n'ont d'autre fondement que le droit civil de chaque nation.

De ce principe, il ſuit néceſſairement que ceux qui, par leurs crimes, méritent d'être retranchés de la ſociété, perdent ces prérogatives. On ne peut pas imaginer qu'un homme que les loix ont retranché du corps des citoïens puiſſe continuer de jouïr des avantages qu'elle n'accorde qu'aux citoïens, & aux citoïens vertueux. Il eſt donc indubitable que la mort civile fait perdre la nobleſſe. Si le condamné la tient de ſon extraction, il eſt impoſſible qu'il conſerve des honneurs & des avantages que la vertu de ſes ancêtres lui ont tranſmis; puiſqu'il deshonore le nom qu'il tient d'eux, & que d'ailleurs il trouble le bon ordre du peuple, qui ne le maintient dans les honneurs de la nobleſſe que par reconnoiſſance pour les bienfaits qu'il a reçûs des ancêtres de ce criminel. Si le condamné a gagné lui-même ſa nobleſſe par ſes propres bienfaits, il doit également la perdre par ſes crimes. Un ſervice rendu n'autoriſe pas à outrager celui qui l'a reçû; ſur-tout, quand ce ſervice a été païé par les marques de reconnoiſſance les plus éclatantes.

Mais la difficulté conſiſte à ſçavoir, ſi un homme, en perdant ſa nobleſſe, par une condamnation qui emporte la mort civile, la fait auſſi perdre à ſes enfans & à toute ſa poſtérité.

Pour décider cette queſtion, il faut rappeller la diſtinction que nous avons établie au commencement de ce chapitre; ſçavoir la nobleſſe de race, & la nobleſſe acquiſe.

Par rapport à la nobleſſe d'extraction, il faut encore diſtinguer entre les enfans qui ſont nés avant la condamnation, & ceux dont la naiſſance eſt poſtérieure.

Quant aux premiers, comme leur pere étoit noble lors de leur naiſſance, ils ſont nés nobles. Leur droit étoit acquis, avant que leur pere fût dégradé. Ainſi le crime dont il s'eſt rendu coupable n'a pas pû leur ravir un droit qu'ils tiennent de leur naiſſance, & qu'ils ne peuvent plus perdre que par leur propre fait. Ce n'eſt pas, à proprement parler, de leur pere qu'ils tiennent leur nobleſſe. Elle leur eſt donnée par la loi, qui a voulu que tous ceux qui deſcendroient en ligne directe, par mâles, d'un homme qui auroit acquis la nobleſſe, l'euſſent auſſi. Il n'eſt donc plus au pouvoir de leur pere de la leur enlever, quand ils l'ont une fois acquiſe. Elle eſt ſous la protection de la loi, qui la conſerve, tant que ceux à qui elle l'a donnée ne méritent point qu'on les en prive, par des fautes perſonnelles.

Il n'en eſt pas de même de ceux qui ſont nés après la mort civile encouruë par leur pere. Il étoit pour lors retranché, non seulement de la société ; mais même de sa famille. Il ne tenoit plus à ses ancêtres que par les liens de la nature. Mais la loi civile ne le reconnoissoit plus comme membre d'aucune société, ni comme appartenant à aucune famille. Ce n'étoit plus qu'un homme purement & simplement; mais sans aucune relation civile, & sans aucun attribut. Or il n'a pas pû transmettre ce qu'il n'avoit pas lui-même. Les enfans auxquels il a donné la naissance sont à la vérité citoïens; mais ils ne sont d'aucune famille, puisque leur pere n'en a pas lui-même. La noblesse qu'il tenoit de ses ancêtres, avant son crime, a été éteinte par sa condamnation. Elle ne peut donc pas reprendre vigueur sur la tête de ses enfans.

Il faut cependant bien observer que cela ne doit avoir lieu que pour ceux qui sont nés depuis la mort civile encouruë irrévocablement. Car si leur pere, quoique condamné, meurt *integri statûs*, ils conservent tous leurs priviléges.

Il est encore une observation importante, qui est que tout ce que nous avons dit touchant la naissance doit aussi s'appliquer à la conception ; ensorte qu'un enfant conçû avant la mort civile de son pere conserveroit sa noblesse, quoiqu'il ne vînt au monde que postérieurement.

Cette décision souffre deux exceptions. La premiére concerne ceux qui sont coupables de leze-majesté ; la seconde ceux qui se sont battus en duel.

A l'égard des premiers, il perdent leur noblesse eux & leur postérité née & à naître. C'est le sentiment de tous les auteurs ; & il est consacré par la pratique.

Quant aux seconds, l'édit des duels de 1679. art. 15. ordonne aux successeurs de ceux qui sont coupables de ce crime de changer leurs armes, & d'en prendre de nouvelles, à l'effet de quoi ils doivent obtenir lettres roïaux à ce nécessaires; & en cas qu'ils reprissent les mêmes armes, elles doivent être de nouveau noircies & brisées par l'exécuteur de la haute-justice, & eux condamnés à l'amende de deux années de leurs revenus, applicable moitié à l'hôpital-général de la ville la plus proche, & l'autre moitié à la volonté des juges.

Outre les raisons sur lesquelles nous avons fondé notre décision, on peut encore l'appuïer sur le sentiment des auteurs. Voici comment elle est traitée par Loyseau, traité des ordres, chap. 5. n. 95. Il dit que la difficulté sur cette matiére provient de la façon dont on lit la loi 11. *cod. de question.* En voici les termes :

Divo Marco placuit, eminentissimorum quidem necnon etiam perfectissimorum virorum usque ad pronepotes liberos, plebeïorum pœnis & quæstionibus non subjici : si tamen propioris gradûs liberos, per quos id privilegium ad ulteriorem gradum transgreditur, nulla violati pudoris macula aspergit. In decurionibus autem & filiis eorum hoc observari vir prudentissimus Domitius Ulpianus, in publicarum disceptationum libris, ad perennem scientiam & memoriam refert.

Pour entendre cette loi & les inductions qu'on en peut tirer, il paroît nécessaire de dire en peu de mots ce que c'étoit que les décurions, & quelles étoient leurs prérogatives. Les décurions étoient des espéces de magistrats qui composoient le conseil dans les colonies & dans les villes municipales. *L. 23. §. 5. ff. de verbor. signific.* Ils étoient comme les sénateurs de leur curie. *L. 3. cod. de decurion.* C'étoit dans leur corps qu'on prenoit tous les magistrats qui la gouvernoient, comme les décemvirs, les édiles; & dans les villes municipales qui avoient des dictateurs & des préteurs, on les prenoit parmi les décurions, sans qu'on les pût prendre ailleurs. *L. 7. §. 2. ff. de decurion.* Ils étoient chargés du maniement des deniers publics, & d'en faire l'emploi. Ils devoient veiller à ce que les provisions publiques ne manquassent point : c'étoit eux qui établissoient, à leurs risques, des personnes pour avoir soin de tenir toujours les magasins garnis de bled & d'huile, pour entretenir les ouvrages publics. Et pour les affaires & les négotiations publiques, ils nommoient des envoïés & des sindics, dont ils répondoient. La levée des impôts & de tous les revenus de la république leur étoit confiée. Ils ne pouvoient être ni procureurs, ni fermiers de personne, ni servir de caution, ni même agir comme mandataires. Ils ne pouvoient non plus servir dans les armées.

Tant de charges & de fonctions onéreuses faisoient regarder la place de décurion comme une peine; & l'on voit même qu'on la donnoit à des coupables de certaines fautes, par forme de punition. *L. 38. cod. de decur.* Mais ils étoient dédommagés par de grands privilèges. Ils ne pouvoient être ni fustigés, ni appliqués à la question, ni condamnés aux métaux, ni à combattre contre les bêtes, ni à être attachés à la fourche, ni à être brûlés vifs; & si le juge prononçoit contr'eux quelqu'une de ces peines, le prince les en exemptoit. Enfin ils ne pouvoient être condamnés à mort. Mais s'ils se rendoient coupables de quelque crime qui en fût digne, on les mettoit en prison pendant que le prince examinoit le procès. Et ce qu'il y avoit de plus favorable, c'est que les mêmes prérogatives passoient à leurs enfans. Ils étoient encore exempts de toutes charges extraordinaires. Voïez le titre *de decurionibus*, au code, avec les notes de Godefroi.

Cela posé, la loi dont il est ici question décide que les priviléges de ceux qu'on appelloit à Rome *perfectissimos* & *eminentissimos viros* passoient à leurs enfans jusqu'à la troisiéme génération, si cela n'étoit interrompu par quelque crime commis par un de leurs descendans, qui, pour lors, ne les communiquoit point à ses enfans, quoiqu'ils fussent encore dans le dégré où ils auroient pû y prétendre. Et la même chose, suivant cette loi, telle que nous l'avons transcrite, avoit lieu à l'égard des décurions.

Mais Cujas, en ses observations, liv. 20. observation 29. dit qu'au lieu d'*observari*, il faut lire *non observari*. Le passage d'Ulpien, cité dans cette loi, est rapporté tout au long en la loi 2. §. 2. *ff. de decur.* où il dit, suivant l'opinion de Papinien, que *Filius, cujus avus fuit decurio, patris notâ non maculatur*. Ce qui est encore plus formellement décidé en la loi 7. §. 2. *ff. de senator.* en ces termes : *Si quis & patrem & avum habuerit senatorem, & quasi filius, & quasi nepos senatoris intelligitur. Sed si pater amiserit dignitatem antè conceptionem hujus, quæri poterit an, quamvis quasi senatoris filius non intelligatur, quasi nepos tamen intelligi debeat ; & magis est ut debeat : ut avi potiùs ei dignitas prosit, quàm obsit casus patris.*

Il y avoit donc, selon Cujas, de la différence entre les enfans de ceux qui étoient appellés *clarissimi* & *perfectissimi*, & les enfans des décurions, en ce que les premiers perdoient leurs prérogatives par le crime de leur pere ; au lieu que les autres ne les perdoient pas. Et la raison qu'il en apporte est qu'il falloit plus d'intégrité *in genere perfectissimorum*, que *in genere decurionum.*

Mais Loyseau ne peut approuver la raison de cette différence alléguée par Cujas, puisque la loi qui vient d'être rapportée met les enfans des sénateurs dans le même cas que ceux des décurions. Cependant les sénateurs étoient *clarissimi* ; & cette qualité étoit supérieure à celle de *perfectissimi*. Mais cette différence venoit, selon le même auteur, de ce que la qualité de *perfectissimi* étoit un titre de dignité attaché à quelqu'office supérieur ; & il est certain que les priviléges des offices ne passoient pas aux enfans de l'officier, si ce n'est celui de n'être point sujet aux peines populaires. Au contraire, les sénateurs & les décurions transféroient leur dignité à leurs enfans, qui la tenoient alors de race.

Cela décide notre question, suivant Loyseau. Car, comme la

noblesse passe plus naturellement aux enfans que l'ordre de sénateur ou de décurion, ceux à qui elle vient d'une source plus éloignée que leur pere ne la perdent point par sa faute. Ce qui est si vrai, qu'il y en a qui, pour justifier qu'ils sont nobles, rapportent l'arrêt par lequel leur pere a été condamné à être décapité. Mais cela doit toujours s'entendre, comme nous l'avons dit plus haut, des enfans conçus avant la condamnation.

A l'égard des enfans de ceux dont le pere a été annobli par la possession d'une charge qui a le privilége de conférer la noblesse à ceux qui en sont pourvûs, Loyseau prétend qu'il faut encore distinguer ceux qui sont conçus avant la condamnation, d'avec ceux dont la conception est postérieure. A l'égard des premiers, ils ne perdent point un titre qui leur a été acquis dès l'instant de leur conception. Pour les autres ils ne peuvent pas recevoir de leur pere ce qu'il ne possédoit plus lorsqu'il leur a donné l'être.

Il convient cependant qu'il y a plus de difficulté à l'égard de ceux dont les charges n'annoblissent qu'au second chef; parceque, suivant le réglement de 1600. elles ne transmettent la noblesse à la postérité des titulaires, que dans le cas où le pere & l'aïeul ont toujours vécu noblement.

Nous ne pouvons nous déterminer à suivre l'opinion de cet auteur à l'égard des annoblis. Si la charge qu'ils possédent a ce privilége de conférer la noblesse, c'est à cause des services qu'elle les met en état de rendre à la société : c'est une récompense de ces services. Et l'avantage de transmettre cette noblesse à leur postérité est une suite de cette récompense. Or, puisqu'ils se sont rendus indignes, par leurs crimes, de recevoir aucune gratification de la société, ils doivent perdre tout ce qu'ils pouvoient prétendre.

CHAPITRE VIII.

De la perte du bénéfice.

C'EST un des principes fondamentaux du droit canon, que tout crime qui emporte infamie rend celui qui l'a commis incapable de bénéfices. *Infames esse eas personas dicimus, quæ pro aliquâ culpâ notantur infamiâ ; id est omnes qui Christianæ legis normam abjiciunt, & statuta ecclesiastica contemnunt ; similiter fures sacrilegos ,*

& omnes capitalibus criminibus irretitos ; ſepulchrorum quoque violatores , & apoſtolorum atque ſucceſſorum eorum reliquorumque patrum ſtatuta libenter violantes , & omnes qui adversùs patres armantur , qui in omni mundo infamiâ notantur : ſimiliter & inceſtuoſos , homicidas , perjuros , raptores , maleficos , veneficos , adulteros , de bellis publicis fugientes , & qui indigna ſibi petunt loca tenere , aut facultates eccleſiæ abſtrahunt injuſtè , & qui fratres calumniantur , aut accuſant & non probant , vel qui contrà innocentes principum animos ad iracundiam provocant , & omnes anathematizatos , vel pro ſuis ſceleribus ab eccleſiâ pulſos , & omnes quos eccleſiaſticæ vel ſæculi leges infames pronuntiant. Hi nimirùm omnes , nec ſervi antè legitimam libertatem , nec pœnitentes , nec bigami , nec illi qui curiæ deſerviunt , vel non ſunt integri corpore , aut ſanam non habent mentem , vel intellectum , aut inobedientes ſanctorum decretis exiſtunt , aut furioſi manifeſtantur : hi omnes , inquam , nec ad ſacros gradus debent provehi : nec iſti , nec liberti , neque ſuſpecti , nec rectam fidem , vel dignam converſationem non habentes , ſummos ſacerdotes poſſunt accuſare. Can. 17. cauſ. 6. qu. 1.

Ce canon, comme on voit, n'exclud les infâmes que des ordres ſacrés : mais il a été étendu à la poſſeſſion des bénéfices. Dans les premiers ſiécles de l'égliſe , on regardoit toutes ſortes de crimes comme un obſtacle à la promotion aux ordres, lors même que le coupable en avoit fait pénitence. *Ex pœnitentibus , quantumvis ſit bonus , clericus non ordinetur* , dit le quatriéme concile de Carthage, *can.* 4. On ne diſtinguoit point alors entre les crimes cachés & les crimes publics. Il ſuffiſoit d'être coupable pour être privé des ordres, quand on y avoit été promû, ou pour empêcher de pouvoir y parvenir, quand on ne les avoit pas encore reçus.

Ce ne fut que dans le onziéme ſiécle que les papes Leon X. & Urbain II. commencérent à décider que les évêques, dans les occaſions extraordinaires où l'égliſe avoit beſoin de miniſtres, & où les pénitens promettoient une meilleure conduite, pouvoient rétablir les clercs dans leurs fonctions , pourvû que les crimes dont ils s'étoient rendu coupables n'euſſent pas produit en eux une note d'infamie. *Qui tamen infamiæ notâ non fuerint aſperſi.*

Ce fut à l'occaſion de la diſtinction de ces deux papes qu'on introduiſit dans le onziéme ſiécle la diſtinction des crimes publics & des crimes occultes ; de ceux qui ſont graves, & de ceux qui ſont légers ; de ceux qui emportoient infamie, & de ceux qui n'en emportoient point ; de ceux dont on avoit porté l'accuſation devant les tribunaux , & de ceux qui étoient reſtés ſans pourſuite ;

suite; enfin la distinction entre les bénéfices acquis & ceux qui ne l'étoient pas.

Ainsi le premier zèle qui avoit animé le christianisme s'étant refroidi, on se relâcha de la pureté qu'il avoit introduite; & on crut que, lorsque le crime étoit demeuré dans l'obscurité, & que la pénitence l'avoit réparé, on pouvoit conférer les ordres, & rétablir ceux qui en avoient été déchus : mais pour les crimes publics, comme ils ne manquent jamais de causer du scandale, ils impriment toujours une espéce d'infamie; ainsi ceux qui s'en trouvent coupables doivent être privés des ordres & des bénéfices, & déclarés incapables d'en obtenir de nouveaux. *Neque famosis & notatis, & quos scelus aut vitæ turpitudo inquinat, & quos infamia ab honestorum cœtu segregat, dignitatis portæ patebunt. L. 2. cod. de dignit.* Ce qui doit avoir lieu à plus forte raison à l'égard des bénéfices, qui exigent une si grande pureté de mœurs. *Illos autem pro diffamatis habere, quos publica fama clamat*, disent les conciles de Toulouse, tenu en 1229. chap. 18. & d'Albi, en 1254. chap. 16. C'est en conséquence de ce relâchement qu'on a introduit, que les crimes légers qui n'emportent point d'infamie, même après la condamnation, ne peuvent nuire, *nec in acquisitis, nec in acquirendis.* C'est pourquoi M. Joly de Fleury, avocat général, & depuis procureur général, en portant la parole lors d'un arrêt du 23 Mars 1708. rapporté au journal des audiences, fut d'avis qu'un ecclésiastique qui avoit été admonêté, n'étoit pas incapable d'être pourvu à l'avenir de bénéfices.

A l'égard des crimes graves & qui notent les coupables d'infamie, on a considéré quatre choses, le crime en lui-même, l'accusation, l'inculpation & la conviction.

Quoiqu'il n'y ait point eu d'accusation, les évêques sont en droit de refuser de conférer, étant juges, en cette partie, des mœurs & de la doctrine de ceux qui se présentent : mais pour les bénéfices acquis, la privation ne peut en être encouruë que par un jugement prononcé dans la forme judiciaire.

S'il y a une accusation, & même une inculpation, qui ne se peut présumer que par le décret, il faut alors recourir à la distinction des crimes qui sont infamans, & de ceux qui ne le sont pas.

Si l'on n'a prononcé qu'un décret d'assigné pour être ouï, la présomption de droit étant pour la légereté du crime, elle peut bien mettre un obstacle *in acquirendis*, du moins quant aux collations volontaires : mais elle ne peut pas priver des bénéfices acquis.

Si au contraire il y a un décret d'ajournement perſonnel, ou de priſe de corps, comme ces ſortes de décrets emportent l'interdiction de droit, ils mettent certainement l'accuſé hors d'état d'être promû aux ordres, & par conſéquent d'acquérir des bénéfices. Quant à la privation de ceux dont l'accuſé eſt en poſſeſſion, elle ne peut être encouruë que par la condamnation qui ſurvient enſuite. L'inculpation ne fait que ſuſpendre les fonctions : mais cette ſuſpenſe ne dure que juſqu'au jugement définitif.

Enfin quand le jugement eſt prononcé, il faut encore recourir à la même diſtinction. La condamnation qui déclare atteint & convaincu d'un crime emportant infamie, & celle qui prononce une peine infamante, doit priver de plein droit du bénéfice : mais ſi la condamnation ne porte point peine d'infamie, & que le crime ne ſoit point infamant par ſa nature, il n'y a ni incapacité pour l'avenir, ni privation, ſi le jugement ne la prononce.

Telles ſont les maximes importantes établies par M. Joly de Fleury lors de l'arrêt du 23 Mars 1708.

Il établit auſſi qu'on ne devoit point mettre de différence, à cet égard, entre les décrets prononcés par les juges d'égliſe, & ceux prononcés par les juges laïcs; que les loix de l'état engagent également tous les ſujets du Roi; que le décret d'ajournement perſonnel portant de lui-même interdiction, & tous ceux qui ſont prévenus de crimes étant préſumés infames par les canons, il eſt difficile de douter que pendant ce tems il n'y ait une note d'infamie ſur le décrété. *Et omnes quos Eccleſiæ leges, vel ſæculi infames pronuntiant*, dit le canon que nous avons rapporté au commencement de ce chapitre. *Qui de jure infamis eſt, idem & de jure canonico.* D'Argentré, ſur l'article 159. de la coutume de Bretagne.

D'après ces maximes, il eſt fort aiſé de décider la queſtion principale que nous nous ſommes propoſé d'examiner dans ce chapitre. Si l'infamie ſuffit pour priver un homme de ſes bénéfices, à plus forte raiſon la mort civile doit opérer le même effet. C'eſt auſſi l'avis de tous les auteurs, & la juriſprudence de tous les parlemens. Il n'eſt même pas beſoin que cette privation ſoit prononcée par le jugement. Elle eſt de droit; & le bénéfice peut être impétré ſans qu'il ſoit beſoin d'autre formalité.

Outre la tache qu'un tel jugement imprime à la perſonne, & qui la rend indigne, c'eſt qu'il eſt impoſſible qu'elle réſide, &

par conséquent qu'elle desserve le bénéfice. C'est sur ces motifs que le parlement de Toulouse rendit un arrêt, la veille de Noël 1539. rapporté par Papon en son recueil d'arrêts, liv. 2. tit. 6. article 1.

Mais il reste une difficulté, qui ne laisse pas d'être grande & importante en même tems. Elle consiste à sçavoir si une condamnation par contumace, à mort civile, emporte *ipso facto* la privation du bénéfice. D'un côté il semble qu'un tel jugement doit rendre le bénéfice vacant. Il n'a pû être prononcé, comme nous l'avons observé ailleurs, sans des preuves apparentes & très-vraisemblables que l'accusé est coupable du crime qui lui est imputé. Or s'il suffit d'un décret soit de prise de corps, soit même d'ajournement personnel, pour suspendre un homme de toute fonction ecclésiastique; si un jugement emportant simplement note d'infamie est capable de priver de son bénéfice celui qui l'a essuïé; à plus forte raison une condamnation, qui non-seulement flétrit l'honneur; mais qui dégrade de la qualité de citoïen.

Outre ce raisonnement, qui n'est, en quelque sorte, fondé que sur la bienséance, on peut appuïer l'opinion que nous exposons ici sur les principes fondamentaux de notre jurisprudence canonique. C'en est un incontestable que, pour posséder un bénéfice en France, il faut être citoïen. C'est par cette raison que les aubains en sont exclus, s'ils n'ont obtenu du Roi des lettres de naturalité, & si ces lettres n'ont été enregistrées dans les cours souveraines, auxquelles ce soin est confié. C'est une maxime de nos libertés, contenuë en l'article 39, & qui a été consacrée par les ordonnances de nos Rois, entr'autres par l'édit de Charles VII. du mois de Mars 1431. & par la déclaration de Louis XIV. du mois de Janvier 1681. Cette derniere enveloppe même dans sa défense ceux qui sont nés dans les païs qui ont été conquis & réunis à la France sous son régne, & cédés depuis par les traités de Munster, des Pyrenées, d'Aix & de Nimégue. Or ces loix ne peuvent avoir d'autre motif que celui d'exclure de la possession des bénéfices tout homme qui n'est pas citoïen. On ne peut pas dire que cette qualité réside sur la tête d'un homme mort civilement. La mort civile, comme nous l'avons établi ailleurs, est encouruë dès l'instant de l'exécution du jugement par contumace. Elle fait donc vaquer le bénéfice.

D'un autre côté, il est certain que, quoique la mort civile

ſoit encouruë dès cet inſtant, elle n'eſt cependant pas irrévocable, puiſque la ſeule repréſentation du condamné ſuffit pour la faire ceſſer. La raiſon d'une loi auſſi juſte eſt que cette condamnation n'eſt fondée que ſur des préſomptions. Il eſt vrai qu'elles ſont ſi fortes, & qu'elles approchent tellement de la vérité, qu'elles ont paru aux juges ſuffiſantes pour ravir l'état d'un homme, pour le retrancher du catalogue des citoïens, & pour couvrir toute ſa famille de la tache la plus honteuſe : mais enfin la loi n'a pas regardé cette conviction comme ſuffiſante, pour opérer une condamnation ſans retour. Elle a préſumé que, ſi l'accuſé avoit été préſent, il auroit diſſipé toutes les preuves ſur leſquelles on a bâti l'édifice de ſa condamnation, ſoit en démontrant la fauſſeté des témoignages, ſoit par d'autres circonſtances, qu'il étoit ſeul en état de faire connoître. En un mot, il eſt préſumé coupable, & comme tel condamné : mais il n'eſt pas regardé comme entiérement convaincu ; & il arrive quelquefois qu'un contumax, en ſe repréſentant, fait prononcer un jugement d'abſolution, quoique condamné par contumace. C'eſt pour cette raiſon que le Roi ſe regarde ſi peu comme propriétaire incommutable des biens d'un contumax, pendant les cinq ans, quoique la confiſcation ait été prononcée en ſa faveur, qu'il s'eſt interdit la faculté d'en diſpoſer, pendant ce tems. Or ſi une telle condamnation, emportoit, dans l'inſtant de l'exécution, la privation du bénéfice, il eſt hors de doute qu'il faudroit néceſſairement qu'il fût conféré dans les délais preſcrits par les canons & par les ordonnances. Si après cette collation le condamné ſe repréſentoit & ſe juſtifioit, ſeroit-il juſte qu'il perdît ſon bénéfice ſous prétexte d'une fauſſe accuſation, ſuivie d'une condamnation ſans fondement ?

Diſons donc, & c'eſt le ſentiment que nous croïons devoir adopter, que le titre du bénéfice réſide toujours ſur la tête du condamné pendant les cinq ans ; que s'il y a des fonctions indiſpenſables qui y ſoient attachées, on y doit mettre un deſſervant ; & ſi le contumax perſévére pendant cinq ans ſans ſe repréſenter, on peut alors le conférer comme vacant. Mais juſques-là, les fruits doivent être mis en ſéqueſtre, pour lui être reſtitués s'il juſtifie ſon innocence.

La même difficulté renaîtra cependant s'il laiſſe paſſer les cinq ans, qu'il ſe repréſente enſuite, & qu'il ſe juſtifie. Son bénéfice, qui aura été conféré à un autre, ſera-t-il perdu pour lui ? Nous croïons qu'il doit lui être rendu; avec cette différence qu'il doit perdre les fruits, lesquels doivent appartenir au nouveau pourvû : ce qui auroit lieu quand même on lui opposeroit la possession triennale. Il y en a un arrêt tout récent, qui, quoique rendu dans une espéce différente, doit néammoins tenir lieu de décision dans celle que nous examinons ici. Un curé du diocèse de Châlons possédoit, outre sa cure, un bénéfice simple. Il fut condamné, par arrêt du parlement de Dijon, au bannissement perpétuel hors du roïaume. L'évêque de Châlons pourvut aux deux bénéfices qu'il regarda comme vacans ; à cause de la mort civile encouruë. Cinq à six ans après, ce curé obtint des lettres de revision adressées au parlement de Paris. Il fut déchargé de l'accusation, & par conséquent de la peine contre lui prononcée. Il prétendit être en droit de rentrer dans son bénéfice simple. Celui qui en jouïssoit alléguoit la possession triennale. Par arrêt du 22 Août 1749. rendu en la grand'chambre du parlement de Paris, au rapport de M. l'abbé du Trousset d'Héricourt, il fut renvoïé en possession.

La possession triennale ne suffiroit donc pas, dans notre espéce, pour maintenir un homme qui auroit possédé pendant trois ans & plus, depuis les cinq ans écoulés après la condamnation par contumace exécutée. La raison est que, si le condamné est innocent, il n'a point mérité de perdre son bénéfice. Il y a toujours eu un droit réel : ainsi il doit être admis à rentrer en possession dès qu'il a mis son innocence au jour. D'ailleurs la possession triennale doit être fondée sur une espéce de bonne foi ; en sorte que celui qui veut s'en servir doit prouver qu'il n'avoit pas lieu de s'attendre à être troublé dans sa possession pendant les trois ans. Or il n'en est pas ainsi dans ce cas ; puisque celui dont il posséde le bénéfice n'étoit condamné que par contumace, & qu'il pouvoit arriver chaque jour qu'il se représentât, qu'il se justifiât, & qu'en conséquence, il vînt troubler la possession.

CHAPITRE IX.

De la perte de l'office.

IL eſt certain que la mort civile fait vaquer les offices poſſédés par ceux qui l'ont encouruë. Il n'eſt pas poſſible d'imaginer qu'un homme qui a été banni de la ſociété puiſſe poſſéder une charge qui lui donne droit d'y exercer des fonctions qui ſont ſouvent importantes. Mais, par rapport à ceux qui ſont condamnés par contumace, la même queſtion ſe préſente que pour les bénéfices. Nous croïons qu'elle doit ſe décider par les mêmes principes que ceux que nous avons établis dans le chapitre précédent ; & nous en avons Loyſeau pour garant. Nous allons rapporter ici ſon ſentiment, & les raiſons ſur leſquelles il le fonde. C'eſt le meilleur guide que nous puiſſions ſuivre en cette matiére. Voici comment il s'explique en ſon traité des offices, chapitre 13. n. 92. & ſuiv.

La confiſcation n'eſt irrévocablement acquiſe au fiſc qu'après cinq ans ; encore ne ſe comptent-ils que du jour de la condamnation ; & non pas du jour de la ſaiſie & annotation de biens : en ſorte que ſi le condamné par contumace ſe repréſente, ou meurt dans les cinq ans, ſes biens lui ſont rendus, ou à ſes héritiers, en cas qu'il ſoit purgé & trouvé innocent. Le Roi s'eſt même réſervé le pouvoir de diſpenſer de la rigueur de l'ordonnance après les cinq ans, en lui accordant des lettres pour eſter à droit, en cas qu'il veuille ſe repréſenter après ce laps de tems : & il s'eſt interdit au contraire le pouvoir de diſpoſer des confiſcations faites ſur les contumax avant que les cinq ans ſoient expirés.

D'où il ſuit que la condamnation prononcée par une ſentence de contumace n'eſt ni certaine ni aſſurée, puiſque le condamné, en ſe repréſentant & en ſe purgeant, rentre dans tous ſes biens, & par conſéquent dans ſon office. Le Roi ne peut pas même diſpoſer de cet office avant l'expiration des cinq ans.

Cependant comme les offices ne peuvent pas être auſſi facilement régis par un commiſſaire, que les autres biens, que d'ailleurs le bien public exige ordinairement qu'ils ſoient actuellement exercés, & qu'ils ne reſtent pas vacans, l'uſage dans ce cas eſt de les conférer par commiſſion ; & cette commiſſion ſe convertit volontiers en titre après les cinq ans expirés ; ſoit en vertu d'un brevet de don de l'office qui doit s'obtenir ſecrétement, pour ne pas être attaqué comme intrus ; attendu que les ordonnances défendent de briguer un office avant qu'il ſoit actuellement vacant : ſoit en païant la finance ; auquel cas on achete tout le droit que le Roi avoit en l'office ; étant certain qu'on n'acheteroit pas une ſimple commiſſion.

En effet, en vertu de cette commiſſion, on ſe fait recevoir avec les mêmes ſolemnités que ſi l'on étoit véritablement titulaire ; en ſorte que tant que la commiſſion dure, on peut ſe regarder comme véritablement officier : on jouït même du rang, honneur & autres prééminences qu'auroit le véritable titulaire. Il n'en eſt pas de même de ceux qui ſont commis pendant l'inſtruction du procès, ou pendant le tems d'une ſuſpenſion ordonnée : parceque cette commiſſion n'eſt pas deſtinée, en ce cas, à être convertie en titre.

Cependant lorſque les cinq ans ſont paſſés, le commiſſionnaire ne doit pas manquer de ſe faire délivrer des proviſions en titre d'office ; en vertu deſquelles il doit ſeulement prêter un nouveau ſerment ; ſans qu'il ſoit beſoin de nouvelle information, ni d'examen, ſuppoſé que cela ait déja été fait, comme il a dû l'être, lorſqu'il a reçû ſa commiſſion.

Il arrive quelquefois que le Roi ne garde pas à la rigueur la loi qu'il s'eſt impoſée de ne point diſpoſer des biens des contumax pendant les cinq ans. Il eſt des cas où ſa ſageſſe croit pouvoir ſe diſpenſer de cette régle.

Auſſi arrive-t-il ſouvent que l'on n'attend pas ce tems pour conférer l'office en titre. Quoique cette collation ſoit abuſive, cependant ni le condamné, ni aucun de ceux qui le repréſentent, non pas même ſes créanciers ne ſont recevables à s'y oppoſer ; parceque toute audience lui doit être déniée juſqu'à ce qu'il ſe ſoit mis en état. Tant qu'il ne le fait pas, il eſt regardé comme bien condamné, & ſon office comme vacant. C'eſt pourquoi ces proviſions ſont ordinairement tolérées, & les impétrans admis ; ſauf, après la repréſentation du contumax, s'il ſe purge, à les déclarer nulles.

Quoi qu'il en ſoit, il eſt certain qu'un condamné par contumace ne peut pas réſigner ſon office, tant que la contumace n'eſt pas purgée. Nous avons vû ailleurs que cette réſignation ne peut pas ſe faire, même pendant l'inſtruction du procès ; à plus forte raison lorsqu'ils y a une sentence de condamnation qui l'a mis dans les liens de la mort civile.

ARTICLE II.

Des droits des tiers, auxquels la mort civile donne ouverture.

RELATIVEMENT à l'objet qui fait la matiére de cet article, un homme, quand il est frappé de la mort civile, peut se trouver en différentes circonstances. Ou il possédoit des biens, ou il n'en possédoit pas. Ou ses biens étoient substitués, ou ils ne l'étoient pas. Enfin ou ces biens étoient nobles, ou ils ne l'étoient pas. Ou il ne joüissoit de ces biens que par usufruit, ou il les possédoit en pleine propriété. Ou il avoit reçu par donation entre-vifs, ou il avoit disposé de quelqu'un de ses biens par testament; ou il étoit marié, ou il ne l'étoit pas. Ou enfin il avoit contracté des sociétés, ou il ne l'avoit pas fait.

Ainsi nous diviserons cet article en huit chapitres. Dans le premier nous traiterons de la succession d'un homme mort civilement. Dans le second, nous parlerons de l'ouverture de la substitution dont il étoit grévé. Dans le troisiéme, de l'ouverture des droits féodaux. Dans le quatriéme, de la joüissance, de l'usufruit, des pensions viagères & du doüaire. Dans le cinquiéme, du droit de retour au profit des donateurs. Dans le sixiéme, de l'exécution du testament. Dans le septiéme, des effets de la mort civile, relativement aux conjoints par mariage. Et dans le huitiéme, nous parlerons de la dissolution des sociétés que le mort civilement avoit pû contracter avant sa condamnation.

CHAPITRE PREMIER.

De l'ouverture de la succession de celui qui est mort civilement.

LA mort civile, comme nous l'avons fait voir plusieurs fois, est une fiction qui doit par conséquent se conformer en tout à la nature. Quand un homme est frappé de la mort naturelle, sa succession est ouverte au profit de ceux à qui elle appartient soit par le sang, soit par la disposition de la loi, soit enfin par la la disposition testamentaire du défunt lui - même. Il en est ainsi de la mort civile. Elle dépouille celui qui l'a encouruë de tous les biens qu'il possédoit : mais il y a cette différence entre l'un & l'autre cas, que, quand le défunt n'est point aubain, & qu'il laisse des parens habiles à lui succéder, ses biens passent à ces parens, s'il n'en a disposé autrement par son testament, dans les païs où la loi donne ce privilége. Au lieu que la mort civile, au moins dans la plupart des provinces du roïaume, fait passer les biens du condamné au fisc, par droit de confiscation.

Cette jurisprudence nous offre donc deux objets à examiner, qui sont la confiscation, & la succession du mort civilement dans les païs où la confiscation n'a pas lieu.

Nous avons vû plus haut qu'un homme mort civilement peut, dans certains cas, acquérir des biens. Il nous faut donc encore examiner à qui passent ces biens ainsi acquis depuis la mort civile, quand il vient à mourir de mort naturelle.

Nous croïons donc devoir diviser ce chapitre en trois sections. Dans la premiere, nous traiterons de la confiscation. Dans la seconde, nous parlerons de la succession de celui qui est mort civilement dans les provinces où la confiscation n'a pas lieu. Dans la troisiéme enfin, nous verrons à qui passent, lors de sa mort naturelle, les biens qu'il a pû acquérir depuis la mort civile encouruë.

SECTION I.

De la confiscation.

La confiscation est l'adjudication qui se fait au profit du Roi, ou des seigneurs haut-justiciers, des biens d'un homme condamné à une peine qui emporte la mort civile. Ainsi confisquer, c'est adjuger au fisc, ou à ceux qui en ont les droits.

Confiscatio, dit Dumoulin, sur l'article 43. de la coutume de Paris, n. 169. *propriè & strictè est publicatio omnium, vel partis bonorum, vel certarum rerum, & devolutio ad fiscum, vel eum cui princeps jus confiscationis concessit. Soli enim principi superiorem non recognoscenti competit fiscus & jus confiscationis ; sed concessit rex dominis imperium merum habentibus.*

On se sert aussi du mot confisquer pour signifier la prise des marchandises qui se fait par les traitans, quand on a voulu faire passer ces marchandises en fraude, & sans païer les taxes établies. Il n'est pas ici question de cette confiscation.

Il eſt encore une autre confiſcation, qui a lieu en matiéres féodales, lorſque le vaſſal fait tomber ſon fief en commiſe. Celle-là eſt encore entiérement hors de propos ici. Nous ne parlerons préciſément que de celle qui a lieu dans le cas de la mort civile.

Il paroît que la confiſcation a été introduite comme une ſeconde punition qui retombe ſur les héritiers du criminel ; afin que ceux ſur qui la crainte des châtimens ne fait pas une impreſſion aſſez forte, pour les détourner du crime, ſoient au moins touchés du regret de voir enlever leurs biens à leur famille, qu'ils jettent par-là dans l'indigence.

Pendant que les Romains ont vécu ſous le gouvernement républicain, cette eſpéce de peine leur étoit inconnuë. On ne confiſquoit jamais les biens d'un citoïen, à quelque peine qu'il fût condamné. Nous l'apprenons de Cicéron, dans ſon diſcours intitulé *Pro domo ſuâ. Tam moderata judicia populi ſunt à majoribus conſtituta*, dit-il, *ut ne pœna capitis cum pecuniâ conjungatur.*

On ne commença à la mettre en uſage que ſous la tirannie de de Sylla, qui l'autoriſa par la loi *Cornelia de proſcriptis.* Cette loi déclaroit les biens des proſcrits confiſqués.

Les troubles qui ſuivirent le tems où cette loi fut établie en rendirent l'exécution néceſſaire à la politique des différens chefs de parti que l'on vit s'élever, pour affermir leur autorité uſurpée, en ôtant les biens aux familles qui auroient pû leur réſiſter. Elle ne fut donc introduite d'abord que pour affoiblir les citoïens ennemis de l'uſurpation. Mais on l'étendit dans la ſuite à ceux qui étoient condamnés pour des crimes publics.

Cette loi ſubſiſta ſous les empereurs pendant pluſieurs ſiécles, & fut pendant long-tems comme le droit commun de l'empire. *Damnatione bona publicantur, cùm aut vita adimitur, aut civitas, aut ſervilis conditio irrogatur. L. 1. ff. de bonis damnat.* On croiroit par cette loi même que la confiſcation n'enveloppoit pas tous les biens du condamné : car après les mots qu'on vient de lire, on trouve ceux-ci : *Etiam hi qui antè concepti, & poſt damnationem nati ſunt, portiones ex bonis patrum damnatorum accipiunt.* Mais il y a de fortes raiſons qui déterminent à croire le contraire.

En effet le juriſconſulte Calliſtrate, des ouvrages duquel cette loi eſt tirée, dit bien que les enfans prennent part dans les biens de leur pere condamné : mais il ne fixe point cette portion, & nous ne trouvons aucune loi qui la fixe. Le code, au contraire, fournit des loix qui prouvent que la confiſcation étoit en uſage après Calliſtrate, & que tous les biens des condamnés y étoient compris.

Nous croïons donc que ce jurisconsulte n'a pas voulu décider que les enfans des condamnés eussent droit d'exiger aucune portion dans les biens de leur pere condamné : il a eu en vûë seulement les remises gratuites que les empereurs faisoient ordinairement. Et comme la remise & la quotité de la remise dépendoit de leur volonté, il n'a rien pû fixer à cet égard. L'objet de cette partie de la loi est donc plutôt de décider si les enfans qui ne sont nés qu'après la condamnation ont part au bénéfice du prince, que de décider si les biens en entier étoient sujets à la confiscation.

Nous nous attachons d'autant plus volontiers à cette opinion, que nous ne trouvons rien qui puisse faire penser que depuis la loi *Cornelia*, jusqu'à celle que nous venons de rapporter, l'usage de la confiscation ait été interrompu.. On en trouve même de postérieures, qui prouvent le contraire ; joint à ce que l'histoire nous apprend que les empereurs remettoient souvent les biens confisqués aux héritiers du condamné, soit en partie, soit en totalité.

Les loix postérieures, que nous venons d'annoncer, se trouvent dans le code, au titre *de bonis proscriptorum*. Voici les termes de la loi 4. *In metallum damnatus, pœnæ servus efficitur : & ideò ejusmodi sententiam passi bona vindicantur rationibus fisci.* Cette loi est de l'empereur Gordien, qui regnoit vers le milieu du troisiéme siécle, c'est-à-dire entre l'an 240. & l'an 250. La loi 6. au même titre, décide formellement que les enfans ne peuvent rien prétendre sur les biens de leur mere condamnée. *De bonis matris deportatæ filiis nihil deberi juris absolutissimi est.* Cette loi est de Diocletien & de Maximien, qui vivoient vers la fin du troisiéme siécle.

Ce ne fut qu'en 426. que les empereurs Theodose & Valentinien modérerent la rigueur de la confiscation, par une loi précise, qui est la dixiéme du même titre, laquelle restreint la confiscation de l'universalité des biens du condamné au cas où il n'aura point de descendans ; & veut, dans le cas où il en a, que la moitié leur demeure, pour être partagée entr'eux. *Quando quis, quolibet crimine damnatus, capitalem pœnam deportationemve sustineat ; si quidem sine liberis mortuus sit, bona ejus ad fiscum perveniant. Si verò filii, vel filiæ, vel nepotes ex defunctis filiis relicti erunt, dimidiâ parte ærario vindicatâ, alia eis reservetur. Idem est & si posthumos dereliquerit.*

Enfin Justinien, touché de la dureté qu'il y a de priver des enfans du bien de leur pere coupable d'un crime auquel ils n'ont aucune part, abrogea totalement l'usage de la confiscation, dans sa novelle 17. *cap.* 12. *Oportet autem te & in hoc omnem ponere providentiam, cùm aliquis dignus apparuerit pœnâ, illum quidem punire, res autem ejus non contingere, sed sinere eas generi & legi, & secundùm illam ordini. Non enim res sunt quæ delinquunt, sed qui res possident: at illi reciprocant ordinem: eos quidem qui digni sunt pœnâ dimittunt; illorum autem auferunt res, alios pro illis punientes, quos lex fortè ad illorum vocavit successionem.* Le même empereur interpréte lui-même cette loi dans sa novelle 134. *cap. ult.* Il dit que la succession des condamnés sera déférée à leurs ascendans & descendans jusqu'au troisiéme dégré; ce qui est étendre la grace presqu'à l'infini, puisqu'il n'arrive presque jamais que les hommes voïent au-delà de leur troisiéme génération. *Ut autem non solùm corporales pœnæ, sed etiam pecuniariæ mediocres fiant, sancimus eos qui in criminibus accusantur in quibus leges mortem aut proscriptionem definiunt, si convincantur, aut condemnentur, eorum substantias non fieri lucrum judicibus, aut eorum officiis; sed neque secundùm veteres leges fisco eas applicari: sed si quidem habeant descendentes & ascendentes, usque ad tertium gradum, eos habere.*

Il ajoute cependant une exception à cette loi; c'est qu'il veut que l'ancien droit soit observé dans le cas du crime de leze-majesté. *In majestatis verò crimine condemnatis, veteres leges servari jubemus.*

C'est de cette novelle qu'est tirée l'authentique *Bona damnatorum cod. de bonis proscript.* dont voici les termes. *Bona damnatorum seu proscriptorum non fiunt lucro judicibus, aut eorum officiis: neque secundùm veteres leges fisco applicantur, sed ascendentibus & descendentibus, & ex latere usque ad tertium gradum, si supersint. Uxores verò eorum dotem & ante nuptias donationem accipiant. Si verò sine dote sint, de substantiâ mariti accipiant partem legibus definitam, sive filios habeant, sive non. Sed si neminem prædictorum habent qui deliquerunt, eorum bona fisco sociantur. In majestatis verò crimine condemnatis veteres leges servari jubemus.*

La même disposition contre les coupables du crime de leze-majesté est répétée dans la loi 5. *cod. ad leg. Jul. majestat. Quisquis cum militibus vel privatis vel barbaris scelestam inierit factionem, aut factionis ipsius susceperit sacramentum vel dederit, de nece etiam virorum illustrium qui consiliis & consistorio nostro intersunt, Senatorum etiam (nam & ipsi pars corporis nostri sunt) vel cujuslibet postremò qui nobis militat, cogitaverit (eâdem enim severitate voluntatem sceleris, *quâ effectum puniri jura voluerunt) ipse quidem, ut potè majestatis reus, gladio feriatur, bonis ejus omnibus fisco nostro addictis. Filii verò ejus, quibus vitam imperatoriâ specialiter lenitate concedimus (paterno enim deberent perire supplicio, in quibus paterni, hoc est hereditarii criminis exempla metuuntur) à maternâ, vel avitâ, omnium etiam proximorum hereditate habeantur alieni, &c.*

On continua encore d'obſerver l'ancien droit, par rapport à la confiſcation, contre ceux qui contractoient des mariages inceſtueux. *Sancimus igitur de cætero, ſi quis illicitas & contrarias naturæ (quas lex inceſtas & nefandas & damnatas vocat) contraxerit nuptias, ſi quidem non habuerit filios ex prioribus legitimis & inculpabilibus ſibi contractis nuptiis, mox ei ſuarum rerum caſum imminere; ſimul autem & eorum quæ nomine dotis data ſunt ei, in nullo potiri: ſed omnia ærario aſſignari. nov. 12. cap. 1.*

Cette exception avoit encore lieu contre ceux qui, après avoir rompu leur mariage, ſous prétexte de vouloir vivre dans la continence, en contractoient de nouveaux, ou vivoient dans le déſordre. *Si quis autem horum, aut maritus forſan, aut uxor, poſtquam propter caſtitatem ex conſenſu ſolverit matrimonium, inveniatur alias contrahens nuptias, aut luxuriosè vivens; jubemus, ſi quidem, ſicuti dictum eſt, filii fuerint ex memorato conjugio, ſuper dotem & propter nuptias donationem, eis tradi & proprietatem penè ſubſtantiæ illius quæ convincitur deliquiſſe perſonæ. Si verò filii minoris ſint ætatis, gubernari eos & paſci ab illo parente præcipimus, qui nihil preſenti legi contrarium egerit. Si autem ambo parentes in hujuſmodi vitium incidant, tunc utriuſque parentis ſubſtantiam filiis applicari. Diſpenſatorem autem eis qui in minori ſunt ætate conſtituti ordinari providentiâ competentis judicis, & aliorum quibus hæc, ex noſtris legibus, ſunt commiſſa. Si autem filii non ſint, utriuſqueperſonæ ſubſtantiam fiſci rationibus applicari, & eos qui talia deliquerunt legitimis ſubdi ſuppliciis. nov. 117. cap. 10*

Tel étoit le dernier état du droit Romain, au ſujet de la confiſcation : mais ces diſpoſitions n'ont pas été adoptées dans notre uſage.

Les anciens Germains, & tous les peuples qui en ſont deſcendus, avoient une extrême indulgence pour les criminels. Aucun, chez eux, n'étoit puni du dernier ſupplice, ſi ce n'eſt ceux qui étoient convaincus du crime de leze-majeſté. On trouve dans les loix Bajoares, *cap. 1. tit. 7. 3.* un texte précis qui défend de faire mourir perſonne, pour quelque crime que ce ſoit. *Nulla ſit culpa tam gravis, ut vita non concedatur.* Mais les criminels de leze-majeſté ſont formellement exceptés, dans le chap. 11. *tit.* 14. *Ut nullus Bajoarius alodem, aut vitam ſine capitali crimine perdat, id eſt ſi in necem ducis conſiliatus fuerit, aut inimicos in provinciam invitaverit. &c. Cœtera verò quæcumque commiſerit peccata, quouſque habet ſubſtantiam componat.*

On ne faiſoit donc perdre aux criminels, ni la vie, ni leurs biens. Tous les crimes, hors celui de leze-majeſté, pouvoient ſe racheter moïennant une certaine taxe, qui s'appelloit *compoſitio.* Tacite, dans ſes mœurs des Germains, nous apprend que cela étoit en uſage dès ſon tems. *Suſcipere tam inimicitias ſeu patris ſeu propinqui, quàm amicitias neceſſe eſt. Nec implacabiles durant. Luitur enim homicidium certo armentorum ac pecorum numero, recipitque ſatisfactionem univerſa domus.* Ils appelloient *Wirgildus* la ſomme qui ſe donnoit en réparation d'un homicide, ou d'un autre crime. Ce mot ſe trouve dans toutes les anciennes loix tant des Francs, que des nations voiſines. Il eſt auſſi emploïé dans les formules de Marculfe, en ce ſens, *lib.* 1. *cap.* 18. *Si quis fortaſſè eum interficere præſumpſerit, noverit ſe Wirgildo ſuo ſol. DC. eſſe culpabilem, judicetur.*

Il y avoit même un tarif réglé, pour chaque crime. Ce tarif ſe trouve entr'autres dans les quarante-cinq premiers titres de la loi ſalique. On y voit, par exemple, qu'on en étoit quite pour vingt-quatre deniers, qui faiſoient 600. ſols, pour avoir aſſailli & tué un homme dans ſa maiſon. *Si quis, collecto contubernio, hominem ingenuum in domo ſuâ adſallierit, & ibidem eum occiderit, XXIIII. denariis, qui faciunt ſolidos DC. culpabilis judicetur. tit.* 45. §. 1. Enſuite on entre dans le détail des circonſtances & de la qualité des perſonnes qui peuvent être tuées; & la loi y proportionne le prix : mais tout cela n'eſt point de notre ſujet.

Cet uſage ſe conſerva juſqu'au tems même des capitulaires. *Si quis convictus fuerit perjurii, perdat manum, aut redimat. lib.* 2. *cap.* 10. *Si quis aut ex levi cauſâ, aut ſine cauſâ hominem in eccleſiâ interfecerit, de vitâ componat. Si verò foris rixati fuerint, & unus alterum in eccleſiâ fugerit, & ibi ſe deffendendo eum interfecerit, & ſi hujus facti teſtes non habuerit, cum duodecim conjuratoribus legitimis per ſacramentum affirmet ſe deffendendo eum interfeciſſe, & poſt hæc DC. ſolidos ad partem eccleſiæ quam illo homicidio polluerat, & inſuper bannum noſtrum ſolvere cogatur. Lib.* 4. *cap.* 13. *Presbyteri interfecti epiſcopo, ad cujus parochiam pertinent, ſolvantur ſecundùm capitulare glorioſi Caroli genitoris noſtri, ita videlicet ut medietatem*

Wirgildi ejus episcopus utilitatibus ecclesiæ, cui præfuit, tribuat : & alteram medietatem in eleemosinâ illius justè dispertiat. Quia nullus nobis ejus heres proximior videtur, quàm ille qui ipsum domino sociavit. Ibid. cap. 15. *Qui hominem publicam pœnitentiam agentem interfecerit, bannum nostrum in triplo componat, & Wirgildus ejus proximis ejus persolvatur. Ibid. cap.* 18.

Moïennant ces taxes, qui rachetoient de toutes sortes de crimes, les personnes puissantes & riches pouvoient aisément se défaire de leurs ennemis, & commettre toutes sortes d'attentats impunément : ils en étoient quites pour une somme légére d'argent ; & ce qu'il y a encore de plus étrange dans ces loix barbares, c'est qu'il étoit permis aux héritiers & aux parens de celui qui avoit été tué, de venger sa mort, par le meurtre de celui qui en étoit l'auteur, sans qu'on pût les inquiéter. Et même celui qui manquoit à poursuivre, ou à exercer cette vengeance, étoit privé de la succession du défunt, & déclaré infâme. Ils appelloient cette action *Faida*, & ceux contre qui elle s'exerçoit étoient appellés *Faidosi.*

Cette action, tolerée par les loix, s'exerçoit avec une telle fureur, que tous les parens & amis du mort prenoient les armes & s'assembloient pour combattre le meurtrier, qui de son côté formoit comme une espéce d'armée composée de ceux qui lui étoient attachés soit par les liens du sang, soit par les liens de l'amitié ; & les deux partis se livroient bataille & répandoient beaucoup de sang. Quelquefois cependant les amis communs des deux partis les raprochoient, & l'on faisoit une transaction. On trouve plusieurs exemples de ces combats & de ces transactions dans Grégoire de Tours.

Ces usages sont réprouvés dans les capitulaires : mais il y en est parlé de façon que l'on voit aisément que l'abus étoit tellement enraciné, que la puissance des Rois, & toute leur autorité ne suffisoit pas pour le réprimer. *Volumus atque præcipimus nostrâ autoritate annuntiari omnibus, immò & à sacerdotibus prædicari, ne tam temeraria christianorum sanguinis effusio in regno nostro fieri sinatur. Semper illud attendentes quòd dominus post diluvium dixit famulo suo Noë : de manu hominis & de manu viri, & fratris ejus requiram animam ejus. Quicumque effuderit humanum sanguinem, fundetur sanguis illius. Ad imaginem quippè Dei factus est homo. Et in lege, qui occiderit hominem, morte moriatur. Et Apostolus : nam principes non sunt timori boni operis, sed mali. Vis autem non timere potestatem ? Bonum fac, & habebis laudem ex illâ. Dei enim minister est tibi in bono. Si autem malum feceris, time; non enim sine causâ gladium portat. Dei enim minister est, vindex in iram ei qui malum agit. De illo enim specialiter divina autoritas dicit: gladium Dei portat ad vindictam malorum, non de quolibet alio. E contrà verò, nescimus quâ pernoxiâ inventione, à nonnullis usurpatum est, ut hi qui nullo publico ministerio fulciuntur, propter sua odia & diversissimas voluntates pessimas indebitum sibi usurpant in vindicandis proximis & interficiendis hominibus vindictæ ministerium: & quod Rex saltem in uno exercere debuerat, propter terrorem multorum, ipsi impudenter in multis perpetrare non metuunt, propter odium. Et putant sibi licere ob inimicitiarum vindictas, quod nolunt ut Rex faciat propter Dei vindictam. Lib. 5. cap. 180.*

Nonobstant la prohibition contenuë dans ce capitulaire, le mal ne fit qu'augmenter, & la licence à cet égard fut poussée à un tel point, que vers la fin de la seconde race de nos Rois, & au commencement de la troisiéme, il se forma un droit de guerre entre les particuliers: *jus belli privati.*

Ces desordres n'étoient occasionnés que par l'impunité des crimes. Une légére somme d'argent n'étoit pas capable de réprimer l'humeur féroce de ces peuples. C'est pourquoi on introduisit, outre les peines corporelles, la confiscation des biens. On crut que, pour retenir les hommes dans leur devoir, il ne suffisoit pas de les punir personnellement; & qu'il falloit étendre la punition jusque sur leurs enfans; afin que si les punitions qu'ils avoient à craindre pour eux-même ne suffisoient pas pour réprimer leurs inclinations dépravées, du moins l'amour de leur sang pût les contenir. Ensorte que la confiscation est de droit commun en France, selon Loyseau, en son traité des seigneuries, chap. 12. n. 77. Cet auteur soutient même que s'il y a des provinces où elle n'a point lieu, c'est par un privilége spécial, qui leur a été accordé.

En effet on a conservé, dans les païs qui se régissent suivant le droit écrit, les dispositions des loix Romaines, à cet égard, telles que nous les avons rapportées au commencement de ce chapitre: & les coutumes d'Anjou, du Maine, du Perche & quelques autres n'ont point admis l'usage de la confiscation. Cependant Bacquet, en son traité des droits de justice, chap. 15. n. 92. dit qu'il y a des auteurs qui soutiennent que quand le crime est énorme, le juge peut, même dans ces provinces, déclarer les biens du coupable acquis au fisc. Il en apporte pour exemple un jugement rendu en dernier ressort par le bailli d'Alençon,

lençon, en vertu de lettres patentes, lequel déclara les biens d'une fille condamnée pour fausse monnoïe confisqués au Roi, quoique ces biens fussent situés au Perche, où la confiscation, dit-il, n'est point admise. Mais cet auteur se trompe. Il est vrai que la confiscation, dans cette coutume, n'est pas généralement de tous les biens: mais elle y a toujours lieu pour les meubles & les acquêts. » Qui confisque le corps, dit cette coutume, ar» ticle 19. confisque les biens meubles, conquêts & acquêts » immeubles, & non les propres. »

A l'égard des coutumes qui n'admettent point la confiscation, il paroît qu'elles ont pris le droit Romain pour modéle, à cet égard: celle d'Anjou, par exemple, art. 143. dit que la confiscation d'immeubles n'a point lieu, si ce n'est pour crime d'hérésie, ou de leze-majesté.

Au reste, elle est tellement de droit, dans les païs où elle a lieu, qu'elle est encouruë par le seul jugement de condamnation, quand même le juge ne l'y auroit pas énoncée.

Comme la matiére de la confiscation est une des plus importantes de celles qui ont rapport à la mort civile, nous croïons devoir la traiter avec une certaine étenduë; & pour le faire avec ordre, nous allons diviser ce qui nous reste à en dire en huit distinctions.

Dans la premiére, nous examinerons à qui appartient la confiscation.

Dans la seconde, nous exposerons quels sont les cas où elle a lieu.

Dans la troisiéme, on verra par quel juge elle peut être prononcée.

Dans la quatriéme, nous traiterons des biens qui y sont enveloppés.

Dans la cinquiéme, nous verrons quels sont ses effets.

Dans la sixiéme, il sera question des charges auxquelles sont tenus les confiscataires.

Dans la septiéme, nous parlerons du jour auquel les biens du coupable sont hipothéqués au fisc.

Dans la huitiéme enfin nous examinerons comment elle peut finir.

DISTINCTION I.

A qui appartient la confiscation ?

Nous avons vû, au commencement de ce chapitre, que la confiscation est l'adjudication qui se fait, au profit du fisc, des biens d'un homme condamné à une peine qui emporte la mort civile. Pour sçavoir donc à qui appartient la confiscation, il faut sçavoir ce que c'est que le fisc.

Ce mot vient du Latin *fiscus*, qui signifie un panier d'ozier; & comme on étoit dans l'usage de se servir de ces paniers pour mettre de l'argent, les Romains, du tems des empereurs, appellerent fisc le trésor du prince, pour le distinguer du trésor public, qui se nommoit *ærarium*. Car le trésor des empereurs ne se confondoit pas avec les deniers qui étoient destinés pour l'entretien & pour subvenir aux charges de l'état.

Mais, depuis que ces deux sortes de trésors ont été confondus, comme ils le sont en France, sous le mot de fisc on a compris tous les deniers publics qui appartiennent au prince.

Du tems que le trésor du prince, appellé fisc, étoit distingué du trésor public, appellé *ærarium*, le fisc des empereurs Romains étoit composé des biens des criminels, des successions caduques, de celles qui étoient laissées à des personnes indignes, des trésors trouvés, des amendes, & autres choses semblables, détaillées dans les titres du digeste & du code *de jure fisci*.

En France, sous le mot de fisc, on comprend tout ce qui est dû au Roi à cause de sa souveraineté, sous quelques noms & titres que ce puisse être. Ainsi confisquer, c'est mettre dans le fisc, dans les trésors du prince.

Le souverain seul a le droit d'avoir un fisc : c'est une des principales prérogatives de sa qualité. Et Dumoulin, sur l'article 43. de la coutume de Paris, n. 169. soutient que *jus illud est meri imperii*. C'est pourquoi les procureurs du Roi, dans leurs conclusions, requiérent toujours que les biens des criminels soient confisqués au Roi, ne reconnoissant personne, en France, qui ait ce droit de confiscation, que lui seul.

Boërius, dans sa décision 264. assure que le souverain a seul le droit de confisquer, à l'exclusion même des haut-justiciers. *Adverte quod*, dit-il, *de consuetudine & stylo curiarum Franciæ, domini temporales, etiam alti justiciarii, non confiscant : sed solùm dominus noster supremus, & judices & officiarii sui.*

Quelques auteurs prétendent que les Rois de la premiére & de la seconde race connoiſſoient toute l'étenduë de leur droit, à cet égard, & qu'ils en uſoient rigoureuſement, ſans en communiquer aucune partie à qui que ce ſoit. Ils prétendent que ce fut Hugues-Capet qui le premier le céda aux haut-juſticiers, dans leur territoire. Ce prince, pour gagner la bienveillance des grands du roïaume, & pour ſe maintenir ſur un trône qu'il ne tenoit que du choix libre de la nation, rendit leurs fiefs & leurs juſtices héréditaires, & leur accorda le droit de confiſquer les biens des condamnés.

Mais cette opinion ne peut pas être vraïe ; puiſque, comme nous l'avons fait voir plus haut, la confiſcation, & même les peines capitales étoient inconnuës ſous la premiére & la ſeconde race. D'ailleurs, nous voïons qu'elle appartient aux ſeigneurs, dans des provinces qui n'ont jamais été ſous la domination de Hugues-Capet, & qui ne furent réunies à la couronne que longtems après le régne de ce prince. Telle eſt entr'autres la Normandie.

Il eſt bien plus vrai-ſemblable que ce droit n'eſt, dans ſon origine, qu'une uſurpation de la part des ſeigneurs. Ils profitérent des troubles qui déchirérent le roïaume, & de la foibleſſe des princes, pour s'attribuer le pouvoir de rendre la juſtice aux ſujets du Roi, qui ſeul eſt en droit de la leur diſpenſer ; & nos Rois ont jugé à propos, depuis qu'ils ont repris leur autorité légitime dans toute ſon étenduë, de fermer les yeux ſur cette uſurpation, & même de l'autoriſer. C'eſt pourquoi on a cru devoir leur laiſſer une eſpèce de fiſc, lequel eſt composé de tous les émolumens qui proviennent de leur juſtice ; au nombre deſquels on compte les biens des criminels condamnés à une peine emportant mort civile ; enſorte que la confiſcation a auſſi lieu, au profit des ſeigneurs haut-juſticiers, quant aux biens qui ſont dans l'étenduë du territoire ſoumis à leur juſtice.

La raiſon pour laquelle le Roi a bien voulu ne pas leur conteſter ce droit de confiſcation, c'eſt qu'il a cru qu'il étoit naturel de les dédommager des frais auxquels cette juſtice les oblige. Ils ſont tenus de faire rendre gratuitement la juſtice aux pauvres, de faire punir à leurs dépens les crimes commis dans leur territoire ; & pour cet effet, d'y avoir des officiers capables, qui réſident ſur les lieux, & qui ſoient ſuffiſamment gagés : en ſorte que, quand il y a lieu de prononcer la confiſcation, les ſentences & arrêts portent ordinairement ces mots : *tous & chacuns ſes biens acquis & confisqués à qui il appartiendra.* Ce qui prouve que les juges, même des parlemens, reconnoissent que le Roi n'a pas seul le droit de confiscation. Et en vertu de ce jugement, chaque haut-justicier s'empare des biens qui se trouvent appartenir au condamné, dans l'étenduë de sa justice.

Comme ce droit n'a été concédé par le Roi que comme une espéce de dédommagement des frais qui sont occasionnés par la justice, il appartient uniquement aux seigneurs haut-justiciers, & non pas au seigneur féodal. En un mot *confiscatio est fructus jurisdictionis ;* en sorte que le fief servant, quand il est confisqué, n'appartient pas au seigneur du fief dominant : mais au haut-justicier, qui est tenu d'en acquitter les droits envers le seigneur dominant, quoique le fief de ce dernier soit dans la haute-justice.

Cependant la coutume de Normandie, qui abonde en dispositions bizarres & contraires au droit commun, attribue, art. 144. la confiscation aux seigneurs féodaux, à l'exclusion des haut-justiciers. Basnage convient que cet article est contraire à l'esprit du droit coutumier général de la France : mais que les seigneurs de fief, en cette province, l'ont emporté sur les haut-justiciers ; & l'on a trouvé, dit-il, qu'il étoit plus naturel de réunir la seigneurie utile à la directe, comme l'usufruit à la propriété. Cette raison est fort ingénieuse : mais elle ne fait pas disparoître l'irrégularité de cette loi, qui est contraire à tous les principes. Car de quel droit un simple seigneur de fief qui, en cette qualité, ne rend aucun service au public, prive-t-il de leur bien les héritiers du coupable, qui n'ont point participé à son crime ? Le haut-justicier a du moins, comme nous l'avons vû, un prétexte. Ce sont les frais que sa justice lui occasionne.

Au reste la confiscation n'appartient pas toujours aux seigneurs. Il y a des biens qui, par leur nature, ne peuvent être confisqués à leur profit ; & ils en sont aussi quelquefois privés par la nature du crime qui a donné lieu à la confiscation.

Tous les biens, de quelque nature qu'ils soient, étant, comme nous le dirons ailleurs, sujets à la confiscation, il est constant que ceux qui sont tenus en franc-alleu y sont sujets comme les autres : mais on peut demander au profit de qui cette confiscation doit tourner? Est-ce au profit du Roi, est-ce au profit des haut-justiciers ? Basnage, sur l'article 102. de la coutume de Normandie, propose cette question, & la décide en faveur du Roi : parceque, dit-il, le haut-justicier ne doit avoir que ce qui est de sa mouvance. Il n'importe que ces terres-là soient dans l'enclave de sa haute-justice, puisque le possesseur ne le reconnoissoit point pour supérieur. Il en est comme des rentes constituées ; soit que le condamné eût son domicile dans la haute-justice, ou dans le fief d'un seigneur, elles appartiennent au Roi, aussi-bien que les meubles, quoiqu'ils suivent la loi du domicile.

Nous ne croïons pas qu'on doive se conformer à l'avis de cet auteur. Le motif qui l'a déterminé ne nous paroît pas juste. D'ailleurs, il nous semble qu'il s'est laissé aller au préjugé de sa coutume, qui préfére le seigneur féodal au haut-justicier.

Il est vrai que le franc-alleu est un héritage entiérement libre, qui ne reléve & ne dépend d'aucun seigneur ; en sorte que celui qui en devient acquéreur, à quelque titre que ce soit, n'est tenu de rendre foi & hommage à personne, ni de païer aucuns droits ni rentes annuelles pour marque de directe seigneurie, ni autres droits, en conséquence de son acquisition : mais il est toujours certain que, quelqu'indépendante que soit une terre, relativement à la féodalité, elle est toujours soumise à une justice ; soit que cette justice appartienne au Roi, soit qu'elle appartienne à un seigneur haut-justicier ; soit enfin qu'elle soit attachée à la terre même tenuë en franc-alleu. *Nulla est terra quæ non subsit dominationi & jurisdictioni Regis, aut domini subalterni sub eo*, dit Dumoulin.

Ainsi il peut arriver trois cas. Ou le franc-alleu est enclavé dans le territoire d'une justice roïale, ou il est enclavé dans celui d'une haute-justice seigneuriale, ou enfin le droit de justice est attaché à la terre allodiale ; auquel cas il faut encore distinguer, ou l'appel des jugemens rendus en la justice du franc-alleu ressortit à une justice roïale, ou il ressortit à une justice seigneuriale.

Chacun de tous ces cas est fort aisé à décider, si l'on se rappelle le principe que nous avons établi ; qui est que la confiscation est un droit attaché au droit de justice, comme une récompense & une indemnité des frais qu'elle entraîne.

Cela posé, il est incontestable que, quand le franc-alleu est situé dans l'étenduë d'une justice roïale, la confiscation en appartient au Roi, comme justicier simplement : ce n'est ni comme souverain, ni comme seigneur. Et c'est une attention qui a échappé à Basnage ; parcequ'il a suivi l'esprit de sa coutume, qui préfére, en matiére de confiscation, le seigneur féodal au haut-justicier. Et comme un franc-alleu ne reconnoît point de seigneur féodal, & que le Roi est cependant seigneur de tout ſon roïaume, il n'a pas cru devoir balancer à lui adjuger indiſtinctement la confiſcation des franc-alleus.

Lorſque le franc-alleu eſt enclavé dans une haute-juſtice ſeigneuriale, il eſt hors de doute, en ſuivant les principes de la matiére, que la confiſcation en doit appartenir au ſeigneur haut-juſticier ; & nous ne voïons point de raiſon qui puiſſe faire ici une exception.

Si la juſtice eſt attachée au franc-alleu-même, il ſemble qu'il y a plus de difficulté, puiſque ni le Roi, ni aucun ſeigneur n'y ont droit de juſtice, ni par conſéquent de confiſcation. Mais il eſt encore un principe qui doit ſervir ici à décider cette difficulté ; c'eſt que nul autre que le Roi n'a la juſtice en dernier reſſort dans ſon roïaume. Ainſi, de quelque juſtice ſeigneuriale que ce ſoit, il y a appel, ſoit à une juſtice roïale ordinaire, ſoit au parlement.

Lors donc que la juſtice eſt attachée au franc-alleu, ou les appels reſſortiſſent à une juſtice roïale, auquel cas la confiſcation appartient au Roi, comme juſticier : il en doit être de même ſi elle reſſortit nuëment à un parlement ; puiſque c'eſt au nom du Roi que les cours ſouveraines adminiſtrent la juſtice. Si les appels reſſortiſſent à une juſtice ſeigneuriale, la confiſcation doit appartenir au ſeigneur qui a le droit de reſſort.

De ces obſervations, il réſulte deux conſéquences. 1°. Les biens tenus en franc-alleu ſont confiſcables, comme les autres. 2°. La confiſcation en appartient aux ſeigneurs dans la juſtice deſquels ils ſont enclavés, ſoit directement, ſoit par voïe de reſſort.

Mais la difficulté eſt bien plus grande au ſujet des offices. Afin de pouvoir l'éclaircir, nous croïons devoir rappeller ici au lecteur, en peu de mots, les eſpéces d'offices qu'on diſtingue en France.

On a toujours diſtingué trois ſortes d'offices ; ſçavoir ceux du gouvernement, qui avoient autrefois pour chef un connétable ; ceux de juſtice, ou de judicature, qui ſont tous ſubordonnés à M. le chancelier ; & ceux de finance, qui ont pour chef un ſurintendant, ou un contrôleur général des finances.

Dans les premiers tems, les dignités & les offices étoient la récompenſe du mérite & de la vertu. Enſuite la faveur contribua beaucoup à les faire obtenir. Enfin l'argent eſt devenu le plus grand mobile pour y parvenir.

Louis XI. aïant déclaré que les officiers ne ſeroient révocables que pour forfaitures ; c'eſt-à-dire pour crime & pour malverſation, donna lieu aux particuliers, par cette aſſurance, de faire entrer les offices dans le commerce, par le moïen des démiſſions qui s'en faiſoient, avec l'agrément du Roi, pour un certain prix que le réſignant recevoit du réſignataire.

Louis XII. commença d'abord à taxer les offices de finance. François I. en établit ouvertement la vénalité, par l'établiſſement du bureau des parties caſuelles ; & les offices de juſtice eurent bientôt un pareil ſort, moïennant une taxe annuelle qu'on impoſa à ceux qui veulent les conſerver à leurs héritiers : c'eſt ce qu'on appelle la *paulette*, *annuel*, ou *prêt*. Ce droit ne s'exige pas à la vérité : mais ſi le titulaire de l'office mouroit dans une année où il n'auroit pas païé ce droit, ſon office tomberoit aux parties caſuelles, & retourneroit au Roi, qui en diſpoſeroit en faveur de qui il jugeroit à propos, au préjudice des héritiers.

En 1567. les greffes & autres offices domaniaux, c'eſt-à-dire les offices qui appartenoient au domaine du Roi, qui les faiſoit exercer par des commis ſeulement, furent vendus à faculté perpétuelle de rachat. Et c'eſt de-là que vient la différence que l'on remarque aujourd'hui dans les offices.

On en diſtingue de deux ſortes ; ſçavoir les offices vénaux, & les offices non vénaux.

Les offices vénaux ſont ceux qui ont été vendus & aliénés par le Roi, moïennant certaine finance. Car il faut remarquer que c'eſt le ſouverain ſeul qui eſt originairement propriétaire de tous les offices, puiſque c'eſt lui qui les crée. Leur exiſtence dépend uniquement de ſa volonté. Il ſuffit qu'il diſe qu'il veut qu'un tel office exiſte, & qu'il manifeſte cette volonté d'une maniére authentique : l'office reçoit ſon exiſtence dans l'inſtant même. Il en eſt de même quand il veut le ſupprimer. Sa ſeule volonté l'anéantit. Puiſqu'il en eſt le créateur par le ſeul effet de ſa puiſſance ſouveraine, il peut ſeul en diſpoſer en faveur de qui, & ſous telles conditions qu'il juge à propos.

Les offices non vénaux ſont ceux qui n'ont point de finance, & qui ne tombent point dans les parties caſuelles, comme les offices militaires, au moins pour la plus grande partie ; & ceux de la maiſon du Roi, qui ne ſont proprement que de ſimples commiſſions.

Ainſi les charges militaires, ou de gouvernement, & celles de la maiſon du Roi, n'étant point vénales, en ce qu'elles n'ont point de finance, rentrent en la poſſeſſion du Roi, par la mort des officiers ; à moins que sa majesté n'en ait accordé des survivances, ou des brevets de retenuë. C'est pour cette raison qu'il n'est pas permis à ceux qui les possédent, de les vendre de leur vivant, sans l'agrément du Roi.

Ces charges ne sont sujettes ni à être saisies, ni à aucun privilége, ni à aucune hipothéque, ni à entrer en partage. Ceux qui en sont pourvûs jouïssent des émolumens qui y sont attachés, sans pouvoir être inquiétés par aucuns créanciers, héritiers ou autres prétendant droit sur les titres, prix & valeur d'icelles : à la charge néammoins d'entretenir les contrats, conventions & obligations qui peuvent être faites, avec l'agrément de sa majesté, pour le prix & récompense des mêmes offices.

Or, comme ces charges ne sont point, en quelque sorte, dans le commerce, il est hors de doute que les seigneurs n'y peuvent rien prétendre par la voïe de la confiscation. Lorsqu'elles vaquent par le crime de l'officier, elles retournent de droit au Roi.

Les offices vénaux sont de deux sortes. Les uns sont domaniaux, & les autres sont casuels.

Les domaniaux sont ceux qui ont été démembrés du domaine, & qui ne se vendent & ne s'aliénent par le Roi, qu'en vertu de contrats à faculté de rachat perpétuel ; sans être sujets aux parties casuelles, mais seulement à la revente, de même que les biens aliénés du domaine ; & par ce moïen, ils deviennent héréditaires, comme les autres biens qui sont dans le commerce, sans païer finance, & sans prendre de provisions du Roi. Tels sont les greffes & les tabellionages.

Ces offices domaniaux ne sont point de simples commissions attachées à la personne. Ce sont au contraire de véritables domaines aliénés ; comme est une terre aliénée par le Roi, toujours à faculté de rachat perpétuel. On les posséde en propriété, comme un domaine solide & fixe, & le Roi n'y a plus rien tant que dure l'engagement.

Toutes personnes sont capables de les posséder, les femmes, les filles, les enfans, nobles, ou roturiers. On en fait des baux à ferme, on les vend par décret, & on en transfére la propriété à qui l'on veut, sans le consentement du Roi, & même sans sa participation.

Dans la vente de ces sortes d'offices, on ne prend point de provisions du Roi, parcequ'elles seroient inutiles. Le Roi n'y a plus de droit au moment de l'adjudication. Les commissaires qu'il députe pour faire l'engagement ont consommé leur pou-

voir

voir par une vente & aliénation de la propriété à un particulier. Celui qui voudroit obtenir des provisions de ces sortes d'offices, dans la vûë de purger les hipothéques, s'abuseroit lui-même. S'il y en avoit, elles ne seroient point purgées.

Les offices vénaux casuels sont ceux dont les officiers ne sont pourvus qu'à vie par le Roi, & dont ils ne peuvent être dépossédés qu'en trois cas, par mort, par résignation, & par forfaiture.

Ces offices sont attachés à la personne du titulaire, qui en a obtenu du Roi des provisions en chancellerie. C'est pourquoi, si on a quelque droit à prétendre sur ces offices, il faut s'opposer au sceau ; & une simple saisie faite entre les mains de l'acquéreur ne suffit pas pour empêcher que les opposans au sceau ne soient préférés. Tout ce que peut espérer le saisissant, c'est d'être païé sur les deniers qui restent, après que les opposans auront été satisfaits ; si ce n'est que la charge, n'étant pas de judicature, eût été saisie réellement, parceque la saisie réelle, faite avant que le résignataire soit pourvû, conserve l'hipothéque du créancier saisissant.

Comme ces offices sont attachés à la personne à qui le Roi en a accordé des provisions, ils ne sont pas d'un commerce entiérement libre, & ne peuvent, comme les domaniaux, être transférés directement & immédiatement d'une personne à une autre, par vente, ou transport suivi de tradition. Il faut prendre, pour les transférer, les mêmes voïes, que pour transférer un bénéfice ; c'est-à-dire, il faut les résigner. Pour cet effet, le titulaire passe à quelqu'un une procuration *ad resignandum*, par laquelle il lui donne pouvoir spécial de résigner & remettre entre les mains du Roi son office, pour être, par sa majesté, conféré en faveur de la personne avec qui on en a traité ; & à cette fin, on donne pouvoir au procureur de consentir que toutes lettres de provision, & autres nécessaires soient expédiées en faveur de celui à qui la résignation est faite.

Ces Offices ne sont donc, à proprement parler, que des commissions à vie, que le Roi confie, par les provisions qu'il en donne, à ceux qu'il lui plaît. Ainsi, comme les commissions dépendent uniquement du Roi, & non du titulaire, qui n'en a que la simple fonction attachée à sa personne, le contrat de vente d'un tel office ne sert de rien à l'acquéreur sans la procuration *ad resignandum* ; & la résignation lui est aussi inutile, sans les provisions qu'il faut obtenir du Roi, qui en est seul le maître & le propriétaire.

Quand le titulaire vient à décéder, son héritier présomptif, quoique saisi par la coutume, n'est point pour cela titulaire de l'office : au contraire, l'office est vacant & ne fait point partie de la succession. Il n'y a uniquement que le prix de l'office, & le droit de donner une procuration *ad resignandum*, qui se trouvent conservés, si le droit annuel a été acquité par le défunt.

Le contrat de vente d'un office & la procuration *ad resignandum* ne transférent donc rien, pour ainsi dire, au résignataire, de la part de son résignant. Le Roi n'entrant point dans les contrats & les actes passés par les particuliers, tout ce qu'opére la vente de l'office & la procuration *ad resignandum* est que le titulaire abdique la fonction dont l'exercice lui avoit été confié, & se trouve dépouillé de l'office, qui, par ce moïen, est remis entre les mains du Roi.

La raison est que le Roi, à la création de chacun de ces offices, les a conférés aux premiers titulaires qui en ont été revêtus, moïennant une certaine finance qu'il en a reçûë ; ensorte qu'il a aliéné le prix de l'office : mais non pas le titre, c'est-à-dire le pouvoir de l'exercer. Ce prix est à la vérité passé dans le commerce : mais le Roi est toujours demeuré véritablement le maître de conférer l'office. Il s'est cependant engagé à le conférer à ceux qui lui seroient présentés par les titulaires qui voudroient abdiquer, pourvû d'ailleurs qu'il les trouvât capables des fonctions attachées à l'office pour lequel ils se présentent : ce qui est si vrai que, quand on se présente pour être admis aux fonctions d'une charge de judicature, le parlement examine celui qui se présente, sur ses mœurs & sur sa capacité, & quelquefois refuse de l'admettre, s'il n'en est pas trouvé digne, quoiqu'il ait traité avec le titulaire, & qu'il ait même obtenu des provisions, qu'on regarde alors comme subreptices.

De tout ceci, il résulte que le Roi est toujours collateur des occffices vénaux casuels.

Les seigneurs haut-justiciers sont obligés d'avoir des officiers pour administrer la justice dans leur territoire ; & ceux dont la justice est de quelqu'étenduë ont cru, pour tirer une sorte de dédommagement des frais auxquels elle les engage, devoir créer des offices casuels, à l'instar de ceux du Roi, & se sont à cet effet créé des parties casuelles. Ainsi ces offices sont de la même nature que ceux qui sont Roïaux. Le seigneur à qui appartient la justice en est le collateur ; & ils ne peuvent être résignés sans sa participation & sans sa collation.

Cela posé, nous avons à examiner à qui appartient la confiscation des offices casuels. Car, pour les autres, ils ne peuvent y être enveloppés. Les offices militaires, & ceux de la maison du Roi n'appartenant ni pour le titre, ni pour la finance, à celui qui les posséde, retournent à leur source, lorsque le titulaire en est dépouillé par la mort civile.

A l'égard des offices domaniaux, c'est une grande question de sçavoir à qui, du Roi, ou du seigneur haut-justicier, ils appartiennent, quand le lieu de l'exercice des fonctions de ces offices est situé dans l'étenduë d'une haute-justice ; par exemple, le greffe d'une élection établie dans la ville d'un seigneur.

D'un côté, on tient que la confiscation des fiefs mouvant du Roi, & situés dans l'étenduë d'une justice seigneuriale, appartient au seigneur, & non au Roi ; parceque, suivant le droit commun de la France, la confiscation suit la justice ordinaire du territoire.

Mais d'un autre côté, ce droit même est contraire aux seigneurs. En effet, suivant cette maxime, la chose confisquée doit appartenir au seigneur qui a la justice & la seigneurie publique sur cette chose. Or un seigneur subalterne n'a jamais la justice ou seigneurie publique sur un office roïal, ni sur une chose qui est du domaine de la couronne. Ce domaine est inaliénable. Rien ne peut en être démembré, que par engagement, à la charge du rachat. Tout ce qui est ainsi engagé ne cesse jamais d'être roïal ; par conséquent sujet à la justice du Roi seul ; & par une suite nécessaire, confiscable à son profit uniquement. Telle est la décision que nous croïons devoir être suivie dans les cas ordinaires ; & elle nous paroît plus conforme aux principes. C'est aussi celle de Loyseau, en son traité des offices, livre 2. chap. 7. n. 21- & 22.

Mais, suivant cet auteur, la difficulté reste toujours, lorsqu'un duché ou un comté du domaine de la couronne a été engagé, avec la justice roïale qui y est attachée. Ce qui forme sur-tout cette difficulté, c'est que les juges de ces justices connoissent des cas roïaux, comme des autres cas. La justice se rend au nom du Roi seul, ou sous le nom du Roi & de l'engagiste conjointement, suivant les clauses portées au contrat d'engagement. Notre auteur, dans ce cas, est d'avis que quand le greffier d'une telle justice a été condamné à une peine emportant mort civile, son greffe appartient, par droit de confiscation, à l'engagiste, & non au Roi ; parceque la confiscation n'opére pas une réunion de la ſeigneurie utile à la directe. C'eſt un uſufruit & un émolument de la juſtice comme nous l'avons fait voir plus haut.

A l'égard des offices caſuels, il eſt certain que, quand ils tombent dans la confiſcation, ils retournent au collateur, quel qu'il ſoit; & même ſans aucune charge des dettes du condamné, ſans être ſujets aux intérêts civils, ni aux frais du procès, ni à l'amende adjugée contre le condamné. Tronçon, ſur l'article 95. de la coutume de Paris, rapporte un arrêt du 9 Janvier 1620. qui l'a ainſi jugé, au ſujet d'une charge de notaire roïal à Courville, près Chartres, dont le titulaire avoit été condamné au banniſſement perpétuel. Et cet auteur dit que l'arrêt eſt fondé ſur ce que les officiers en France ne jouïſſent que précairement de leurs offices, & qu'ils n'en ſont que comme uſufruitiers. Ceux qui en ſont pourvûs ne les peuvent engager ni hipothéquer au préjudice du Roi, lorſqu'il y a réverſion par le délit de celui qui en a été pourvû. En effet, quoique l'office ſoit en quelque ſorte dans le commerce, & que l'officier en puiſſe diſpoſer, & même qu'il le tranſmette à ſes héritiers; cependant la véritable propriété demeure au collateur. Il n'accorde à l'officier, par ſes proviſions, que la faculté de l'exercer, avec pouvoir, tant à lui qu'à ſes héritiers, de ſe démettre de cette faculté au profit d'un tiers : mais dès que l'officier commet un crime capital, il ſe rend indigne de cette grace : ſon droit s'éteint, comme un uſufruit, & ſe réunit à la propriété.

Il s'éléve à ce ſujet une queſtion, qui conſiſte à ſçavoir ſi, quand le collateur rend l'office à la veuve, ou aux héritiers, cet office eſt ſujet aux dettes de l'officier? Il y en a un arrêt du 17 Février 1651. rapporté au journal des audiences.

L'affaire fut d'abord plaidée & appointée au conſeil, & l'arrêt définitif fut rendu en faveur de la veuve & des héritiers. Monſieur Talon, avocat général, qui parla dans la cauſe, établit qu'il falloit diſtinguer entre les offices héréditaires par le bénéfice du droit annuel, & les offices de la maiſon du Roi. A l'égard des premiers, créés en titre d'office formé, s'ils tombent aux parties caſuelles, faute de païement du droit annuel, & que, par une gratification particuliére, ils ſoient taxés à une modique finance en faveur de la veuve & des enfans, la cour les a toujours réputés de la ſucceſſion du défunt, & ſujets au païement de ſes dettes, parceque la vénalité publique des offices, & le crédit des officiers, qu'il eſt important de conſerver, ſemblent le requérir. En effet, cela a été jugé de la ſorte par un arrêt du 13 Mars

1648. donné pour l'office d'un lieutenant en la prevôté d'Auxerre. Mais pour les offices de la maison du Roi & de la Reine, qui ne sont point en titre d'office formé, ni créés par édit, s'ils viennent à être perdus par la mort des propriétaires, & qu'ils soient remis à la veuve & aux enfans, pour en tirer récompense, il n'y a pas d'apparence de les considérer comme des biens du défunt; parceque la foi publique n'y est point intéressée, & que les créanciers qui lui ont prêté leur argent n'ont pû faire aucun fondement sur un office de cette qualité.

Quoique cette distinction de M. Talon paroisse avoir quelque fondement, elle n'est pas suivie dans la jurisprudence. On juge que les offices qui sont perdus par la mort de l'officier, & rendus à la veuve & aux enfans, ne sont point sujets aux dettes. C'est ce qui a été jugé par deux arrêts du conseil d'état des 23 Décembre 1676. & 27 Juillet 1680. rapportés au journal du palais.

Ainsi, lorsque le Roi rend un office tombé aux parties casuelles, ou qu'il le taxe à une finance modique, il est certain qu'il n'envisage point l'intérêt des créanciers; il n'a que la faveur de la veuve & des enfans en vûe. Il ne seroit pas juste de les frustrer de sa libéralité, contre son intention; & quoique ces offices soient héréditaires, néammoins, comme ce n'est que le païement de la paulette qui les rend tels, & que ce païement dépend de la volonté de l'officier; les créanciers qui lui ont prêté leur argent ont dû prévoir ce cas, & n'ont pas sujet de se plaindre de la perte de leurs deniers; puisqu'ils ont bien voulu les prêter sur l'assurance d'un effet dont ils connoissoient la caducité. D'ailleurs ils étoient en droit de veiller à ce que cette redevance fût acquitée. Si elle ne l'est pas, ils doivent l'imputer à leur négligence.

Cependant il faut beaucoup examiner la volonté du Roi en ces occasions; parceque, comme la charge lui appartient incontestablement par la confiscation, il est le maître de la laisser dans la succession, ou d'en favoriser seulement la veuve & les héritiers.

De tout ce qui a été dit jusqu'ici, il résulte que les seigneurs haut-justiciers confisquent tous les biens qui sont dans l'étendue de leur territoire, pourvû d'ailleurs que ces biens soient soumis à leur jurisdiction.

Cette régle souffre néammoins des exceptions, par rapport à la nature des crimes qui opérent la confiscation. C'est ce que nous allons examiner.

Tout le monde ſçait qu'en matiére de crimes, on en diſtingue de deux ſortes, relativement aux juges qui en doivent connoître. Les uns ſont connus ſous le nom de cas roïaux, & les autres ſous le nom de cas ordinaires.

Les cas roïaux ſont des crimes dont la connoiſſance eſt interdite aux premiers juges, ou juges ordinaires, c'eſt-à-dire aux châtelains, préfets, ou vicomtes roïaux, & aux juges des ſeigneurs. Les uns ſont appellés cas roïaux ſimplement, & les autres cas prévôtaux.

Les cas roïaux ſont les crimes qui donnent directement atteinte à l'autorité du Roi, & qui offenſent la perſonne du Roi, comme Roi. Ils ſont donc appellés roïaux, à cauſe de l'intérêt qu'il a de les faire punir, tant pour la conſervation de ſes droits & la manutention de ſon autorité roïale, que pour la ſûreté publique.

La connoiſſance de ces crimes, quand ils ſont ſimplement roïaux & non prévôtaux, eſt attribuée aux baillifs, ſénéchaux & juges préſidiaux, privativement aux autres juges roïaux, & à ceux des ſeigneurs.

Le dénombrement des cas roïaux ſe trouve en l'article 11. du titre 1. de l'ordonnance criminelle de 1670.

Le premier eſt le crime de leze-majeſté, en tous ſes chefs. Sur quoi il faut remarquer que cela ne doit s'entendre que du crime de leze-majeſté humaine, & non pas divine, comme l'héréſie, le blaſphême, l'idolatrie; parceque le Roi n'y eſt point offenſé, mais ſeulement le public & la juſtice. C'eſt pour cette raiſon que les haut-juſticiers en connoiſſent.

Quoique cet article porte que les baillifs, ſénéchaux & juges préſidiaux connoîtront, privativement aux autres juges roïaux & à ceux des ſeigneurs, du crime de leze-majeſté, en tous ſes chefs, il faut néammoins excepter ce crime, au premier chef; car l'uſage eſt que la connoiſſance en appartient au parlement, privativement à tous autres juges: ou aux commiſſaires députés par le Roi, pour en connoître ſouverainement.

Comme nous allons avoir occaſion de parler, dans la ſuite, de la différence qui ſe trouve entre le crime de leze-majeſté au premier chef, & le même crime aux autres chefs, nous croïons devoir expliquer ici ſuccinctement combien ce crime a de chefs, & en quoi ils conſiſtent.

On en compte ordinairement huit.

Le premier eſt la conſpiration, ou conjuration contre l'état, ou contre la personne du prince, pour le faire mourir, soit par force & violence d'armes, soit par poison, ou autrement.

Ce crime est regardé comme le plus énorme qui se puisse commettre dans la société civile, & qui soit soumis à la justice temporelle. Aussi a-t-il quelque chose de particulier, que les autres n'ont pas. 1°. A l'égard des accusateurs & des accusés. 2°. A l'égard de la maniére dont il peut être commis. 3°. A l'égard de la maniére dont il peut être prouvé. 4°. Par rapport à la peine, qu'on inflige à ceux qui sont coupables de ce crime. 5°. En ce qu'il ne s'éteint point par la mort de ceux qui en sont coupables, quoiqu'ils meurent avant qu'il y ait eu contr'eux aucun jugement de condamnation, ni même aucunes poursuites. 6°. En ce que ce crime ne se prescrit point.

A l'égard des accusateurs, ceux qui ne seroient pas admis à accuser qui que ce soit sont néammoins admis à se porter accusateurs, quand il s'agit du crime de leze-majesté. Ainsi ce crime peut être dénoncé & poursuivi par ceux qui sont notés d'infamie; même par ceux qui sont morts civilement. Quoique cette accusation soit capitale, le fils peut accuser son pere, & le pere peut accuser son fils; parceque toute personne qui a connoissance d'une conspiration contre son souverain, ou contre l'état, est punie comme complice, lorsqu'elle vient à être découverte.

Toutes personnes sont également admises à porter témoignage contre ceux qui sont accusés de ce crime. Il faut seulement excepter ceux qui sont connus pour être ennemis irréconciliables de celui à qui on l'impute. Les juges ne doivent point admettre leur témoignage; ou du moins, s'ils l'admettent, il est de leur prudence de n'y avoir égard qu'autant que la raison & la justice le requiérent; ce qui dépend des circonstances.

On punit non-seulement ceux qui ont commis le crime de leze-majesté; mais encore tous ceux qui ont trempé dans la conspiration, qui y ont prêté les mains. Tous ceux même qui ont connoissance des projets & des conspirations qui se font contre le souverain & contre l'état, sont coupables du crime de leze-majesté, lorsqu'au lieu d'en faire leur déclaration, comme ils le doivent, ils demeurent dans le silence. Dans ce qui regarde le prince & l'état, il n'y a aucune raison qui nous puisse dispenser de revéler ce que nous en sçavons, pour prévenir les fâcheuses suites de tels projets, qui intéressent toute la patrie. Ainsi, par arrêt rendu au mois d'Octobre 1603. un potagier du Roi Henri IV. auquel un gentilhomme de Dauphiné avoit offert une somme d'argent, pour empoisonner le Roi, fut pendu, pour ne l'avoir pas revélé.

Le seul dessein de faire quelque chose contre le prince, ou contre l'état, rend coupable du crime de leze-majesté, lorsqu'il y en a preuve ; c'est-à-dire que, quoique l'effet n'ait pas suivi la volonté de celui qui a formé un tel projet, il ne laisse pas d'être puni de mort, quand sa détermination est prouvée. Bouchel, dans sa bibliothéque du droit François, *verbo* leze-majesté, cite un arrêt du 11 Janvier 1595. confirmatif d'une sentence du prévôt de Paris, par lequel un vicaire de saint Nicolas des Champs, à Paris, fut condamné à être pendu, pour avoir dit qu'il se trouveroit encore quelqu'homme de bien, comme frere Jacques Clement, pour tuer le Roi Henri IV. ne fût-ce que lui.

Un gentilhomme, étant malade à l'extrémité, se confessa d'avoir eu la pensée de tuer le Roi, qui étoit Henri II. Le confesseur en donna avis au procureur général. Ce gentilhomme étant revenu de cette maladie fut, sur cette confession, condamné à être décapité aux halles. Ce qui prouve que, quelque sacré que soit le secret qui doit être gardé au tribunal de la pénitence, il peut, il doit même être violé, quand il est question du crime de leze-majesté.

Pour ce qui est des preuves qui peuvent convaincre l'accusé de ce crime, nous remarquerons que l'aveu d'un accusé, en matiére criminelle, n'est pas une conviction suffisante pour le faire condamner. Cependant, en crime de leze-majesté, cet aveu peut emporter condamnation.

Le crime de leze-majesté au premier chef est puni de la mort la plus rigoureuse, qui est d'être tiré & démembré à quatre chevaux. L'arrêt rendu contre Ravaillac, meurtrier de Henri IV. le 27 Mai 1610. les grand'chambre, tournelle & de l'édit assemblées, est ainsi conçû : Pour réparation dudit crime, ledit Ravaillac condamné à faire amende honorable devant la principale porte de l'église de Paris, nud en chemise, tenant une torche ardente du poids de deux livres ; de-là conduit à la place de Grève, & sur un échaffaut ténaillé aux mammelles, bras, cuisses & gras de jambes ; sa main droite y tenant le couteau duquel il a commis ledit parricide, brûlée de feu de souffre ; & sur les endroits où il sera ténaillé, jetté du plomb fondu ; de l'huile bouillante, de la poix-raisine bouillante, de la cire & souffre fondus ensemble. Ce fait, son corps tiré & démembré à à quatre chevaux, ses membres & corps consommés au feu, réduits en cendres, jettés au vent : tous ses biens confisqués au Roi; la maison où il étoit né démolie, celui à qui elle appartient préalablement indemnisé, sans que, sur le fonds, puisse à l'avenir être fait aucun autre bâtiment; que dans quinzaine, après la publication de l'arrêt à son de trompe & cri public, en la ville d'Angoulême, son pere & sa mere vuideront le roïaume, avec défenses d'y revenir jamais, à peine d'être pendus & étranglés, sans autre forme ni figure de procès : défenses à ses freres & sœurs, oncles & autres, de porter ci-après le nom de Ravaillac, & enjoint à eux de le changer, sous les mêmes peines; & au substitut du procureur général du Roi de faire publier & exécuter le présent arrêt, à peine de s'en prendre à lui; & avant l'exécution de Ravaillac, il sera derechef appliqué à la question, pour la révélation de ses complices.

Tout crime s'éteint par la mort du coupable, quand elle survient avant le jugement de condamnation : mais à l'égard du crime de lèze-majesté au premier chef, la mort du criminel n'empêche point que son procès ne lui soit fait, ou ne soit continué; & s'il est convaincu, quoiqu'après son décès, sa mémoire est condamnée, avec confiscation de ses biens & application de son cadavre au supplice. Nicolas l'Hoste natif d'Orléans, commis de M. de Villeroy secrétaire d'état, trahit le Roi, en ce qu'il donnoit avis à l'Espagne de toutes les délibérations qui se faisoient au conseil de Henri IV. La chose aïant été découverte, & l'Hoste se voïant poursuivi par le prevôt de Meaux, se jetta dans la Marne, & se noïa. Son corps fut tiré de l'eau, & amené au châtelet de Paris, où il fut vû pendant deux jours. Il fut ensuite embaumé, & mis dans le cimetiére des Innocens. On créa un curateur à son cadavre, & on lui fit son procès; &, sur les preuves résultant des informations, il fut atteint & convaincu du crime de leze-majesté au premier chef. Pour réparation de quoi, par arrêt du 15 Mai 1604. il fut ordonné que son corps seroit traîné sur une claïe, en place de Grêve; de-là, tiré à quatre chevaux, & les quartiers mis sur quatre rouës aux quatre principales avenues de la ville de Paris : ce qui fut exécuté.

Enfin, quoique les crimes se prescrivent par vingt ans, néanmoins l'action criminelle, la peine & la punition du crime de lèze-majesté, ne tombent point en prescription; ensorte que ceux qui en sont coupables peuvent être poursuivis, quelque tems qu'il y ait que ce crime ait été par eux commis.

Le second chef du crime de lèze-majesté consiste à avoir écrit, composé & semé des libelles & placars diffamatoires contre l'honneur du Roi ; ou pour exciter le peuple à sédition & rébellion. Il consiste encore dans la conspiration contre ceux qui assistent le prince en son conseil privé, en choses qui concernent le prince & l'état.

Le troisiéme est la conjuration faite contre un chef d'armée, gouverneur d'une province, ou autre aïant semblable charge du prince, lorsque la conjuration regarde leurs fonctions & leur ministére. On y peut joindre encore une conjuration faite contre un parlement, ou tout autre corps de justice, quand il est question des fonctions de ce corps.

Le quatriéme est l'infraction du sauf-conduit accordé par le prince à l'ennemi, à ses ambassadeurs ou ôtages.

Le cinquiéme est le traité qui se fait par un sujet du Roi avec ses ennemis, pour trahir sa personne sacrée, son état, son armée, ou ses villes.

Le sixiéme est la sédition.

Le septiéme est la fabrication de monnoïe, sans la permission du prince.

Le huitiéme est le duel.

Le second cas roïal énoncé dans l'ordonnance est le sacrilége avec effraction.

Le troisiéme est la rébellion aux mandemens émanés de sa majesté, ou de ses officiers. Il faut aussi y joindre la rébellion à un jugement, qui se fait lors de la signification qui en est faite par un huissier ou sergent ; laquelle rébellion est aussi un cas roïal, suivant tous nos auteurs.

Le quatriéme est la police pour le port d'armes ; c'est-à-dire, la contravention aux réglemens de police qui regardent la faculté, ou la défense de porter les armes. Comme il n'y a que le Roi qui ait droit de défendre ou de permettre le port d'armes, il n'y a aussi que ses officiers qui aïent droit de connoître des délits qui sont accompagnés de port d'armes. Quiconque les porte, contre la prohibition des ordonnances, est dès-lors justiciable des baillifs & sénéchaux ; & tous les délits que l'on commet avec des armes défendues sont considérés comme une faute de port d'armes, & doivent être jugés par ces mêmes juges ; quoique, sans le port d'armes, ils n'eussent point été de leur compétence.

Le cinquiéme est le crime d'assemblées illicites, c'est-à-dire, faites contre les réglemens, ou à dessein de faire insulte & outrage à autrui. On tient que trois personnes suffisent, pour faire une assemblée illicite ; que s'il y en a plus, ou si elle se fait avec port d'armes, c'est un cas prévôtal.

Le sixiéme est le crime de sédition, ou émotion populaire ; c'est-à-dire, le soulevement de plusieurs personnes que l'on excite à faire sédition.

Le septiéme est la force publique ; c'est-à-dire, une résistance faite avec armes,

Le huitiéme est la fabrication, l'altération, ou l'exposition de fausses monnoïes.

Le neuviéme est la correction des officiers roïaux, en ce qui regarde le devoir de leurs charges, comme la malversation, la concussion & la fausseté. Mais, en tous les autres cas, les officiers roïaux, demeurant dans les terres des seigneurs haut-justiciers, en sont justiciables, comme les autres habitans.

Le dixiéme est le crime d'hérésie. Ce crime est un cas roïal, parcequ'il tend à la destruction de la religion, dont le Roi est protecteur, & entraîne toujours avec lui la ruine de l'état : mais cela se doit entendre, lorsque l'hérétique, par son opiniâtreté, mérite la mort, ou quelqu'autre peine corporelle. Car, quand il s'agit de juger s'il y a hérésie, ou non, le juge d'eglise est compétent d'en connoître : mais quand, pour raison de ce crime, il y a lieu de punir le coupable de peine afflictive, la connoissance en appartient aux juges roïaux, à l'exclusion de ceux des haut-justiciers.

L'onziéme consiste à troubler publiquement le service divin.

Le douziéme est le rapt & enlevement des personnes, par force & violence. Ainsi l'enlevement qui se fait de concert avec la personne enlevée n'est pas un cas roïal.

L'ordonnance, après avoir rapporté ces douze cas roïaux, ajoûte à la fin, *& autres cas expliqués par nos ordonnances.* Ces cas sont, suivant l'ordonnance de Blois, art. 42. toutes sortes de rapt, même celui qui est fait par subornation & séduction ; le rapt par force & violence, sans enlevement ; l'incendie, le viol, le péculat, les exactions & oppressions publiques, des levées de deniers sans lettres patentes, l'usure, la banqueroute frauduleuse, la monopole, les excès commis sur les grands chemins & autres lieux publics, les mariages clandestins, ou autres faits contre la disposition des ordonnances, le crime de faux, les contraventions aux ordonnances & aux édits de pacification, l'adultère, l'inceste & le parricide.

Les cas prévôtaux sont aussi ceux qui offensent la personne du Roi, comme Roi, & dont la connoissance est attribuée aux prevôts des maréchaux de France, aux lieutenans criminels de robe-courte, aux vice-baillifs & vice-sénéchaux, soit à cause de la qualité des délinquans, soit à cause de la nature du délit ; & ils en connoissent en dernier ressort. Les juges présidiaux en peuvent aussi connoître en dernier ressort, & même préférablement aux prevôts des maréchaux, lieutenans criminels de robe-courte, vice-baillifs & vice-sénéchaux, s'ils ont decrété avant eux, ou le même jour.

L'article 12. du titre 1. de l'ordonnance de 1670. fait aussi l'énumération des cas prévôtaux. Les prevôts connoissent en dernier ressort de tous crimes commis par vagabonds, gens sans aveu & sans domicile, ou qui auront été condamnés à peines corporelles, bannissement, ou amende honorable. Ils connoissent aussi des oppressions, excès ou autres crimes commis par gens de guerre, tant dans leur marche, lieu d'étape, que d'assemblées, & de séjour, pendant leur marche ; des déserteurs d'armées, assemblées illicites avec port d'armes, levées de gens de guerre sans commission du Roi, & des vols faits sur les grands chemins ; des vols faits avec effraction, port d'armes & violence publique dans les villes qui ne sont point celles de leur résidence ; des sacrilèges avec effraction, assassinats prémédités, séditions, émotions populaires, fabrication, altération ou exposition de monnoïe contre toutes personnes ; en cas toutefois que les crimes aïent été commis hors la ville de leur résidence.

On voit, par ce détail, que les cas roïaux sont partagés entre les prévôts des maréchaux & les juges ordinaires, suivant les circonstances. Les premiers ne peuvent connoître que des crimes commis hors les villes de leur résidence. Les autres sont attribués aux juges ordinaires, qui connoissent aussi, privativement à tout autre, des crimes qui ne sont point énoncés dans l'article 12. Par exemple le crime de leze-majesté, les malversations commises par les officiers royaux, en leurs charges, le crime d'hérésie, le trouble public fait au service divin, & le rapt & enlevement des personnes.

Il y a donc cette différence entre les uns & les autres, que tous cas prévôtaux sont cas roïaux ; mais tous cas roïaux ne sont pas prévôtaux.

Les cas ordinaires sont ceux dont les ordonnances n'ont attribué la connoissance à aucun juge privativement à d'autres, & dont, par conséquent, les juges des seigneurs haut-justiciers peuvent connoître, quand ils ont été commis dans l'étendue de leur ressort.

D'après ces distinctions, nous allons examiner à qui du Roi, ou des haut-justiciers, appartiennent les biens confisqués pour cause des cas roïaux.

On n'a jamais douté, depuis que les seigneurs sont en possession de la confiscation, que les biens des coupables condamnés par leurs juges ne leur appartiennent, pourvû néammoins que ces biens soient situés dans leur territoire. Quant à ceux qui sont situés ailleurs, nous verrons, dans la suite, à qui ils appartiennent.

Toute la difficulté ne pourroit donc consister qu'à sçavoir au profit de qui doit tourner une confiscation de biens situés dans l'étenduë d'une justice seigneuriale, quand elle est prononcée par un juge roïal, & sur-tout dans les cas roïaux.

Plusieurs anciens auteurs on prétendu que la confiscation adjugée pour cas roïal, de quelque nature qu'il soit, doit entiérement appartenir au Roi; quoique les biens confisqués, soit meubles, soit immeubles, soient situés dans une haute-justice seigneuriale. La connoissance du crime qui a occasionné la confiscation appartenoit au Roi seul. C'est un de ses juges qui l'a prononcée; le procès a été fait & parfait aux dépens du Roi; c'est aussi à ses dépens que le jugement a été exécuté. Or le droit des haut-justiciers cessant, quant à la justice, le droit de confiscation doit aussi cesser, à cet égard, d'autant plus qu'il n'est pas juste qu'ils tirent tout l'émolument d'un procès dont le Roi a fait tous les frais.

Ces raisons, quelque justes qu'elles soient, n'ont point prévalu contre la possession des seigneurs. Il est une maxime, en cette matiére, qui est que la confiscation ne suit pas la justice, mais le territoire; c'est-à-dire, que la confiscation n'appartient pas au propriétaire de la justice où elle a été prononcée; mais à celui dans l'étendue de la justice de qui les biens confisqués se trouvent situés. Ainsi, quoique ce soit un juge roïal qui l'ait prononcée, elle n'appartient point pour cela au Roi, si les biens ne sont pas dans l'étendue d'une de ses justices. Elle appartient aux seigneurs justiciers du lieu de la situation. C'est une des différences essentielles qui se trouvent entre l'amende & la confiscation. L'amende suit la justice où elle a été prononcée. Ensorte que celui qui fait les frais du procès est souvent celui qui profite le moins dans la confiscation ; quelquefois même il n'y profite point du tout : mais il peut être dédommagé par l'amende. Le juge la peut taxer aussi haut qu'il le trouve à propos ; ensorte que s'il voit que la confiscation appartienne à un autre qu'à celui qui a fait le procès, il absorbe tous les biens du condamné, dans l'amende qu'il prononce.

Cette régle générale souffre cependant des exceptions, tant par rapport à certaines coutumes, que par rapport à certains crimes.

Suivant la coûtume de Normandie, article 145. les fruits des immeubles de celui qui est condamné par justice roïale, appartiennent au Roi pour la premiére année, exempts de toutes dettes, autres que les rentes seigneuriales & fonciéres dûës pour ladite année : & outre, il a les meubles du condamné, les dettes préalablement païées.

Cette disposition donne, comme on voit, deux prérogatives au Roi ; sçavoir, le fruit des immeubles, pour la premiére année, & les meubles du condamné, après les dettes païées : mais cela n'a lieu que quand la condamnation a été prononcée par un juge roïal.

Ce privilége n'a point lieu en faveur des haut-justiciers ; ensorte que, quand c'est un de leurs juges qui a condamné le coupable, tout rentre dans le droit commun ; excepté quant aux meubles, qui appartiennent toujours au Roi, dans quelque justice que la condamnation ait été prononcée. En effet, ces mots de l'article, *condamnés par justice roïale*, doivent, suivant Basnage, être restreints à la premiére disposition ; c'est-à-dire, aux fruits de la premiére année ; & ils ne s'étendent point à la derniére disposition, concernant les meubles, où il est dit simplement qu'ils appartiennent au Roi, sans que ces mots *justice roïale* soient répétés.

On demande si, en cas que les fruits de cette premiére année fussent péris par cas fortuit, le Roi pourroit exiger les fruits de l'année suivante ? Le même auteur décide pour la négative ; & appuïe son sentiment sur les paroles de l'article, qui sont limitatives, & qui restreignent le privilége du Roi à la premiére année seulement. S'il étoit dit qu'il auroit les fruits d'une année, en général, alors il auroit ceux de la seconde, s'il n'y en avoit point eu pendant la premiére.

Suivant le même auteur, il paroît que cet article de sa coutume a pour objet de dédommager le Roi des frais qu'il est obligé de faire pour l'instruction des procès criminels. De-là s'est élevé la question de sçavoir si la partie civile, qui a fait les frais du procès, peut en être remboursée sur les fruits de la premiére année, quand il n'y'a point de meubles. Un homme aïant été condamné à mort, pour homicide par lui commis, & ses biens confisqués, le marquis de Balagni, engagiste du domaine d'Orbec, demandoit les fruits de la premiére année, sous prétexte que ce droit étoit compris dans son contrat d'engagement; quoique, dans le fait, cette clause n'y fût pas énoncée fort clairement. M. le procureur général au parlement de Roüen soutenoit qu'ils devoient être adjugés au Roi; parcequ'il prétendoit que c'est un droit inséparable de la couronne, qui ne peut être ni engagé ni aliéné. Le receveur des amendes vouloit être païé, par privilége; & la veuve de celui qui avoit été tué, laquelle avoit fait tous les frais du procès, soutenoit être préférable au Roi & au receveur des amendes; & elle fondoit sa prétention sur cet article; disant que ce droit n'appartenoit point au Roi comme souverain, puisqu'il ne pouvoit le prendre que sur les immeubles de ceux qui avoient été condamnés en justice roïale, & qu'il ne l'avoit point, quand le jugement avoit été rendu par un juge de seigneur haut-justicier; ce qui prouve que ce n'est autre chose qu'une indemnité des frais du procès qu'il a avancés, quand il n'y a point de partie civile. Or, comme elle avoit soutenu tous les frais du procès, il étoit juste qu'elle s'en dédommageât sur les fruits de la premiére année. Il fut ordonné qu'il en seroit délibéré; &, par arrêt rendu en la tournelle du parlement de Roüen, après avoir consulté les chambres, le 8 juin 1646. les fruits furent adjugés au Roi, au préjudice de l'engagiste, du receveur des amendes, & des intérêts civils; à la charge, néanmoins, que les frais seroient remboursés à la partie civile.

Il est bien certain que ce droit n'appartient pas au Roi, comme Roi; ce n'est que pour le récompenser des frais auxquels l'engagent les procès criminels qu'il est obligé de poursuivre: c'est pourquoi, si ce droit eût été compris dans le bail de l'engagiste, il n'auroit pas été juste de l'en exclure.

Il est encore une observation à faire au sujet de cette disposition de la coûtume de Normandie; c'est que le Roi n'est tenu de païer, sur cette année-là, que les arrerages des rentes seigneuriales, & des rentes fonciéres seulement. Quant aux rentes constituées, il n'en est aucunement tenu; & il a même été jugé au parlement de Roüen, par arrêt prononcé en l'audience de la tournelle le 30 janvier 1635. que cette année étoit acquise au Roi, quoique la condamnation ne fût que par contumace, au préjudice de la dot, qui fut réputée & mise au nombre des rentes constituées, sans aucun privilége.

A l'égard des exceptions qui peuvent résulter de la nature des crimes, c'est une maxime certaine, & qui paroît n'avoir jamais essuyé aucune contestation, que, dans le cas du crime de lèze-majesté au premier chef, la confiscation appartient au Roi, quelque part que les biens soient situés. Ce crime est une espéce de félonie qui opére réunion à la souveraineté. Cette maxime a été adoptée par la jurisprudence universelle du roïaume, & consacrée par un grand nombre de coûtumes, qui contiennent des dispositions précises à ce sujet. Lors de la réformation de l'ancienne coûtume de Paris, & de la rédaction de la nouvelle, on dressa plusieurs articles, touchant les droits des justices seigneuriales, qui furent présentés aux commissaires, pour être insérés dans la nouvelle rédaction: mais comme, dans l'ancienne coûtume, il n'étoit fait aucune mention de ces droits, on jugea à propos de ne point faire usage de ces articles; quoiqu'après un mûr examen ils eussent été trouvés bons, justes & raisonnables, & fort propres à terminer & prévenir beaucoup de procès. Bacquet nous les a conservés, en son traité des droits de justice, chapitre 2. Ils n'ont pas, à la vérité, force de loi : mais, comme ils ont eu l'approbation de gens fort éclairés, & choisis par le Roi pour la réformation de la coûtume qui régit la capitale du roïaume, les décisions qui y sont contenues doivent être d'un grand poids. Or l'article quatre porte que le haut-justicier a droit de confiscation de biens, meubles & héritages étant en sa justice; sinon pour crime de lèze-majesté divine & humaine, & fausse monnoïe. Esquels cas, les biens confisqués appartiennent au Roi seul. La coutume de Normandie, art. 144. & plusieurs autres coutumes ont des textes précis à ce sujet. L'ordonnance de François I. de l'an 1534. porte que » ceux qui auront conspiré ou entrepris contre la per» sonne du Roi, de ses enfans & de sa postérité, doivent être » exemplairement punis, tant en leur personne qu'en leurs biens, » sans que leurs parens, héritiers mâles ou femelles, en ligne di» recte, ou collatérale, ou autres personnes puissent prétendre » aucun droit de succession, substitution, ou de retour auxdits » biens: mais lesdits biens, soit meubles ou immeubles, féodaux, » allodiaux, ou roturiers, avec tous les droits, raisons & actions » qui peuvent compéter, sont acquis au domaine. »

Quelques

Quelques auteurs ont prétendu que cette loi devoit être prise à la lettre, & renfermée dans le cas nommément prévû par l'article qui vient d'être rapporté ; c'est-à-dire, quand il y a entreprise ou machination contre la personne du prince, de ses enfans, ou de sa postérité, ou contre l'état ; & non dans les autres chefs de lèze-majesté, qui ne doivent point priver les haut-justiciers de la confiscation qui leur appartient de droit commun. Ceux-ci n'ont pas manqué de saisir avec empressement l'autorité de ces auteurs, pour entreprendre de s'attribuer un droit qu'ils auroient voulu ravir à la couronne. Et ils se fondoient sur plusieurs arrêts rapportés par Bacquet, traité des droits de justice, chap. 11. n. 13. & suiv. Ils disoient, en outre, que pour avoir droit dans les confiscations adjugées, il suffit d'avoir droit de haute-justice dans le lieu où sont situés les héritages & les meubles qui appartenoient au condamné, quoique la connoissance du crime n'appartienne pas au juge de la haute-justice. Cette connoissance n'est autre chose qu'une procédure judiciaire, qui ne peut ôter aux haut-justiciers les profits & émolumens attachés à leurs hautes-justices, qui consistent principalement dans le revenu des confiscations.

D'ailleurs, disoient-ils, quoique le Roi se soit réservé, ou à ses juges, la connoissance de l'incendie, du rapt, &c. il ne s'est cependant pas réservé les confiscations adjugées pour raison de ces crimes ; parceque l'instruction du procès n'a rien de commun avec la confiscation.

Nonobstant ces arrêts, rendus en faveur des haut-justiciers, & les raisons qu'ils alléguoient pour leur défense, tous les auteurs se sont déclarés contr'eux, l'usage a prévalu ; & il semble que la raison parle en faveur de cet usage.

En effet, la personne du Roi se trouve offensée par tout crime de lèze-majesté, à quelque chef qu'il soit. Il ne suffit donc pas, pour que le crime soit vengé, que le coupable soit mis à mort, & que ses héritiers soient privés de sa succession. Cette vengeance suffit bien pour le public, pour la société : mais elle ne répare pas le tort qui a été fait à la personne du Roi. Lorsqu'un particulier a souffert quelque dommage par le crime qui occasionne la confiscation, on ne manque jamais de lui adjuger des réparations civiles, qu'on lui donne à prendre sur les biens du condamné. A plus forte raison doit-on adjuger au Roi une réparation. Il ne seroit pas décent pour la majesté roïale qu'on lui adjugeât une somme par forme de dommages & intérêts. Il faut donc lui adjuger la confiscation de tous les biens.

Ainsi, lorsque la confiscation est encouruë pour crime de fausse monnoïe, elle appartient au Roi, exclusivement à tout autre, parceque le Roi est personnellement offensé par cette fabrication. Le droit qui marque le plus incontestablement la souveraineté est, sans contredit, celui de faire battre monnoïe. Or quiconque entreprend de la battre, sans la permission du souverain, entreprend sur un privilége uniquement attaché à la couronne. Il est donc nécessaire que cette insulte faite à la majesté souveraine soit réparée, autant qu'il est possible de le faire, par la confiscation des biens du coupable, au profit de l'offensé. Mais cela doit s'entendre, suivant Loyseau, traité des seigneuries, chap. 12. n. 78. de ceux qui fabriquent la fausse monnoïe, & non pas de ceux qui la font passer dans le commerce; parceque ceux-ci sont plûtôt des voleurs, que des faux-monnoïeurs. Par la même raison, on ne doit pas non plus comprendre ici ceux qui altérent la monnoïe, en grattant, ou en rognant les piéces. Ce sont des voleurs publics, qui sont dans le cas des peines ordinaires.

La rigueur avec laquelle nos Rois poursuivent le crime de duel fait qu'on pourroit le mettre au nombre de ceux qu'on regarde comme étant de lèze-majesté. Cette fureur est si monstrueuse & si pernicieuse à l'état, que le prince se regarde comme personnellement offensé; ensorte qu'il semble qu'il y a lieu de douter si la confiscation, prononcée pour raison de ce crime, ne doit pas appartenir au Roi privativement à tout autre. Ce qui augmente encore ce soupçon, c'est l'article 13 de l'édit du mois d'août 1679. dont voici les termes : » Voulons & ordonnons » qu'encore qu'il n'y ait aucun de blessé, ou de tué, le procès » criminel extraordinaire soit fait contr'eux, qu'ils soient punis » de mort, sans rémission, que tous leurs biens meubles & im- » meubles nous soient confisqués, le tiers applicable à l'hô- » pital de la ville où est le parlement dans le ressort duquel le cri- » me aura été commis, & conjointement à l'hôpital du siége » roïal le plus proche du lieu du délit : les deux autres tiers tant » aux frais de capture & de justice, qu'en ce que les juges trou- » veront équitable d'adjuger aux femmes & aux enfans, pour » leur nourriture & entretenement, seulement leur vie durant. » Que si le crime se trouve commis dans les provinces où la con- » fiscation n'a point de lieu, nous voulons & entendons qu'au

» lieu de la confiſcation, il ſoit pris ſur les biens des criminels,
» au profit deſdits hôpitaux, une amende, dont la valeur ne
» pourra être moindre que de la valeur des biens.

Comme ces termes, *nous ſoient confiſqués*, ſont relatifs à ces autres mots : *voulons & ordonnons*, qui ne peuvent s'appliquer qu'au prince auteur de cet édit, il ſemble que c'eſt à lui qu'il veut que la confiſcation appartienne ; d'autant plus que, dans la ſuite, il en diſpoſe ſans en rien réſerver au haut-juſticier.

Cependant les ſeigneurs prétendent la confiſcation dans le cas de duel. Ils ſoutiennent que, comme elle leur appartient de droit commun, ils ne peuvent la perdre, ſans une dérogation expreſſe à ce droit. L'édit n'a d'autre motif que de détourner la nobleſſe de ce crime, par la rigueur du châtiment. Or il eſt indifférent, pour cette ſévérité, que la confiſcation ſoit adjugée au Roi, ou au ſeigneur haut-juſticier. Les biens ſont également perdus pour la famille. Enfin, ils ont obtenu un arrêt du conſeil en leur faveur, rendu ſur productions reſpectives des parties le 3 juin 1699.

Il doit donc demeurer pour conſtant que la confiſcation prononcée pour crime de lèze-majeſté, à quelque chef que ce ſoit, doit appartenir au Roi privativement à tout autre ; & que celle encourue pour duel ne doit point être miſe dans la même claſſe, en conſéquence de l'arrêt du conſeil qui vient d'être cité ; d'autant plus même que ce crime, quelqu'atroce qu'il ſoit d'ailleurs, n'attaque en rien la perſonne du Roi. Ceux qui y tombent contreviennent à la vérité aux ordonnances & autres loix du roïaume : mais ils ont cela de commun avec tous les autres criminels ; n'y aïant aucun délit qui ne ſoit prohibé, ſoit expreſſément, ſoit tacitement, par les ordonnances de nos Rois.

On peut, à ce ſujet, élever la queſtion de ſçavoir, ſi la confiſcation, prononcée pour crime de lèze-majeſté divine, appartient auſſi au Roi. Bacquet, traité des droits de juſtice, chapitre 11. n°. 19. ſoutient que la confiſcation, dans ce cas, appartient au Roi ; & il ſe fonde ſur le quatriéme des articles dont nous avons parlé plus haut, qui furent préſentés aux commiſſaires nommés pour la réformation de la coutume de Paris, & qui furent approuvés ſans être adoptés. Cet article porte, comme nous l'avons dit il n'y a qu'un moment, que la confiſcation appartient au haut-juſticier ; ſinon pour crime de lèze-majeſté *divine* & humaine. Il eſt vrai que l'autorité de ces articles eſt d'un grand poids : mais, comme ils n'ont point force de loi, ils ne ſont pas ſuffiſans pour introduire un nouvel uſage, ſur-tout quand cet usage est contraire à l'ancien, aux principes de la matiére ; & à l'esprit des autres coutumes. Or il en est ainsi dans le cas présent, & Loyseau en son traité des seigneuries, n. 81. dit qu'en crime de lèze-majesté divine, comme hérésie, blasphême, idolâtrie, la confiscation ne doit point appartenir au Roi, quoi qu'en disent les articles secrets de la coutume de Paris ; parceque le Roi n'y est point offensé personnellement. Il n'y a que le public & la justice qui le soient, comme dans les cas roïaux ordinaires.

Plusieurs coutumes ont même des dispositions expresses à ce sujet. Celle du Perche, par exemple, dit, article 19. que la confiscation appartient aux haut-justiciers, excepté en crime de lèze-majesté *humaine*, où la confiscation appartient au Roi seul. Cet article, en spécifiant le crime de lèze-majesté humaine, exclud nécessairement celui de lèze-majesté divine. La coutume de Berry, titre 2. art 1. dit que la confiscation n'a lieu, en aucun cas, pour les biens situés dans le duché de Berry : & dans l'article second, elle excepte le crime de lèze-majesté *humaine*, *au premier chef*, comme de conspiration contre la personne du prince, ou son roïaume seulement : alors la confiscation a & doit avoir lieu. Dumoulin, dans sa note sur cet article, dit que c'est M. le président Lizet qui l'a ajoûté, contre l'ancien usage : mais, dit-il, il n'a rien innové, au sujet de l'hérésie. *Hic § per ipsum Lisetum, contrà veterem usum, additus fuit; & sic in hæresi remanet vetus consuetudo.*

Bacquet, au même endroit, examine, à cette occasion, si la confiscation pour crime de magie, sorcellerie, &c. appartient au Roi, ou au seigneur haut-justicier ; & il se décide pour ce dernier, quoique ce soit un crime de lèze-majesté divine : mais cependant il n'est pas cas roïal ; & on a vu des sorciers condamnés par des juges de seigneurs, dont les sentences ont été confirmées par arrêt de la cour.

Tous nos auteurs, comme Brodeau, sur la coutume de Paris, article 193. n. 27. Duplessis, titre des fiefs, liv. 8. chap. 1. & le Maître, en son commentaire sur la coutume de Paris, tit. 8. chap. 5. disent que les seigneurs sont encore privés de la confiscation pour crime de fausseté commise au sceau des lettres de chancellerie, & qu'elle appartient à M. le chancelier.

Tels sont les droits respectifs du Roi & des seigneurs haut-justiciers relativement à la confiscation. Ainsi on peut regarder comme une régle générale, que les biens adjugés par confiscation appartiennent à celui dans la justice duquel ils sont situés. Si c'est dans une justice roïale, ils sont au Roi. Si c'est dans une justice seigneuriale, ils sont au seigneur haut-justicier. A l'égard des autres seigneurs, c'est-à-dire, de ceux qui ont seulement moïenne ou basse-justice, ils ne peuvent jamais rien prétendre aux confiscations.

Il nous reste maintenant trois choses à examiner. La premiere, à quel titre il faut posséder la haute-justice pour profiter de la confiscation; s'il faut être propriétaire, ou s'il suffit d'être usufruitier. La seconde, quelle régle on doit suivre quand le condamné a des biens, soit meubles, soit immeubles, situés en différentes justices. Et la troisiéme, au profit de qui tourne la confiscation, quand elle est prononcée pour crime commis par le seigneur haut-justicier lui-même.

Dumoulin, dans son commentaire sur la coutume de Paris, tit. 1. §. 1. glos. 1. n. 68. examine la question de sçavoir à qui du propriétaire ou de l'usufruitier doit appartenir la confiscation. Il pose d'abord comme un principe certain : *citrà controversiam est*, que les amendes & les confiscations doivent être mises au nombre des fruits & des revenus de la justice; & qu'ainsi elles doivent tourner au profit de celui qui a l'usufruit du château & de la jurisdiction, ou même de la jurisdiction seulement, lors de la prononciation du jugement.

Mais la question n'est sans difficulté que par rapport au mobilier, dont la propriété tourne toujours au profit de l'usufruitier. Quant aux biens fonds, elle ne se décide pas si facilement. Plusieurs auteurs prétendent que l'usufruit des immeubles confisqués appartient à la vérité à l'usufruitier de la justice, tant que son droit existe : mais que la propriété de ces immeubles suit celle de la justice; parceque, s'il en étoit autrement, on violeroit une des principales règles touchant la matiére des usufruits, qui est que, quand ils sont expirés, le territoire qui y étoit sujet doit retourner en tout son entier à celui qui est revêtu de la propriété. Mais le plus grand nombre soutient que toute confiscation acquise à une justice, de quelque nature que soient les biens qui y sont enveloppés, appartient en propriété à l'usufruitier. Et la régle, dont ceux qui tiennent l'opinion contraire argumentent, n'est en aucune façon violée, puisque le territoire qui avoit été cédé en usufruit retourne au propriétaire dans tout son entier. Ce qui est venu par la voie de la confiscation n'en fait point partie. Le sujet de l'usufruit n'est autre chose que la jurisdiction. Or elle demeure dans toute son intégrité, quoique les biens qui y sont soumis appartiennent à d'autres personnes qu'à celui qui eſt propriétaire de cette juſtice. Enſorte qu'il n'y a aucun inconvénient que ces ſortes de confiſcations, qui ſe font en vertu de la juriſdiction, ſoient regardées ſimplement comme étant des fruits de la juſtice.

Mais on peut objecter qu'il s'enſuit de-là que l'uſufruitier deviendra propriétaire, non-ſeulement des biens confiſqués qui ne dépendoient point du ſeigneur de fief à titre de féodalité, ou de domaine direct, & ſeulement à titre de juriſdiction; mais encore des fiefs même & des cenſives qui relévent du château à titre de propriété & de domaine direct. Il n'y a aucun inconvénient. La juriſdiction & le domaine direct du fief n'ont rien de commun. Il ne réſulteroit rien autre choſe, ſinon que quand l'uſufruit ſeroit expiré, les héritiers de l'uſufruitier tiendroient les biens confiſqués au profit de leur prédéceſſeur, à titre de vaſſaux, comme les tenoit celui ſur qui ils ont été confiſqués.

Tel eſt le ſentiment de Dumoulin, qui a été adopté par tous les auteurs qui ont écrit après lui, comme Brodeau, ſur l'article 183. de la coutume de Paris, n. 24. Dupleſſis, des fiefs, liv. 8. chap. 1. dit que la confiſcation va en pleine propriété au profit de l'uſufruitier de la haute-juſtice; parceque c'eſt un fruit & une échange de la juſtice, & cela, quoique la ſentence de condamnation ne ſoit pas rendue du tems de l'uſufruit: parcequ'il ſuffit que le crime ait été commis pendant que cet uſufruit exiſtoit; la ſentence ne faiſant que déclarer le droit acquis.

Il ſuit de cette maxime qu'une doüairiere acquiert en propriété, & au préjudice de ſes enfans & des autres héritiers de ſon mari, tous les biens confiſqués au profit de la haute-juſtice qui fait partie de ſon doüaire.

Par la même raiſon, la confiſcation appartient au mari, dont la femme s'eſt conſtituée en dot une terre à laquelle eſt attachée une haute-juſtice; ſans que ni le mari, ni aucun de ceux qui ſont à ſes droits ſoient tenus, après la diſſolution du mariage, de rendre ni reſtituer les biens qu'ils ont acquis par la voie de la confiſcation. La raiſon eſt que la confiſcation, comme nous venons de le dire, eſt miſe au nombre des fruits de la juſtice. Or le mari, pendant le mariage, fait ſiens les fruits & revenus de la dot de ſa femme; ce qui a lieu dans toute la France, tant coutumiere, que de droit écrit.

Il n'en eſt pas de même des confiſcations qui tournent au profit des juſtices faiſant partie des biens paraphernaux des femmes, en païs de droit écrit, & dans les coutumes qui admettent ces ſortes de biens. Comme la propriété & l'uſufruit demeurent toujours conſolidés au profit de la femme, le mari n'y a aucun droit, ſi ce n'eſt celui d'adminiſtrateur, ſuivant qu'il eſt convenu par le contrat de mariage.

A l'égard de la règle qu'on doit ſuivre, quand le condamné a des biens ſitués en différentes juſtices, il faut diſtinguer les meubles & les immeubles. Nous avons déja dit pluſieurs fois que les immeubles confiſqués appartiennent au propriétaire de la juſtice dans laquelle ils ſont aſſis; enſorte que le Roi & chaque ſeigneur juſticier prend ce qu'il trouve des biens du condamné en ſon territoire. Cela n'a jamais fait de difficulté, quant aux immeubles; parcequ'ils ſuivent toujours la loi du territoire de leur aſſiette.

Il n'en eſt pas de même des meubles, dans leſquels on doit comprendre les dettes actives. Ce qui fait la difficulté, c'eſt que les meubles ſuivent le domicile de la perſonne à qui ils appartiennent. Suivant ce principe, il ſemble qu'ils devroient être confiſqués au profit de celui dans la juſtice duquel étoit le domicile du condamné; au Roi, s'il étoit dans une juſtice roïale; ou au ſeigneur, s'il étoit dans une juſtice ſeigneuriale; & ce, dans quelque lieu que ces meubles ſe trouvent, dans le tems de la confiſcation, ſoit qu'ils ſoient en un ſeul endroit, ſoit qu'ils ſoient diſperſés dans différentes juſtices.

Cette opinion a été adoptée par un aſſez grand nombre d'auteurs fort graves. Voici comment s'exprime Balde à ce ſujet, ſur la loi *Mercatores Cod. de comm. & mercat. In confiſcatione bonorum non veniunt ad utilitatem confiſcantis bona immobilia ſita extrà territorium publicantis, quia illa cohærent territorio. Sed mobilia ſita extrà territorium confiſcantis, veniunt in confiſcatione ad utilitatem publicantis, quia perſonam concernunt.* D'Argentré, ſur la coutume de Bretagne, article 447. gloſ. 3. eſt du même avis. *In rebus ſoli ſpectandus eſt locus ad omnes diſpoſitiones, in mobilibus, locus domicilii ſpectandus, & bona de ſitu pluribus territoriis ſubjiciuntur; mobilia ſemper ſequuntur perſonam, etiam in confiſcatione.*

Quoique cette opinion ſemble être conforme aux véritables principes, elle n'a cependant point été admiſe. Loyſeau, en ſon traité des ſeigneuries, chapitre 12. n. 88, dit que la confiſcation n'eſt autre choſe qu'une réunion de la propriété, qu'il appelle la ſeigneurie privée, à la ſeigneurie publique, & non pas une réunion de l'utile à la directe. Ce n'eſt point à titre d'héritiers que les ſeigneurs ſe mettent en poſſeſſion des biens confiſqués. Ces biens deviennent vacans par la mort civile ; & ce n'eſt que comme tels qu'ils retournent au fiſc de la juſtice dans laquelle ils ſe trouvent, ſans que celui du domicile du défunt puiſſe aller rien chercher dans les autres juſtices que la ſienne ; d'où il conclud que chaque ſeigneur eſt en droit de prendre les meubles qui ſe trouvent dans ſon territoire lors de la confiſcation prononcée. Bacquet, des droits de juſtice, chap. 13, eſt du même avis, & rapporte un arrêt du 20 mars 1343. rendu au profit des religieux de l'abbaïe de ſaint Germain des Près, auxquels on adjugea les meubles qui étoient en une maiſon ſituée au village d'Iſſy, dont ils ſont ſeigneurs. Ces meubles appartenoient à un nommé Cruciaco, condamné & exécuté à mort, & étoient revendiqués par M. le procureur général, pour le Roi, parceque le défunt étoit demeurant en la ville de Paris, officier du Roi, & avoit été condamné pour pluſieurs fautes commiſes dans les fonctions de ſa charge. Cette juriſprudence a été adoptée par les articles ſecrets de la coutume de Paris. L'article 4. porte que le haut-juſticier a droit de confiſcation de biens *meubles* & héritages *étant en ſa juſtice*. Ce texte eſt clair. Il attribue, ſans diſtinction de cas, les biens meubles à chaque ſeigneur, dans la juſtice duquel ils ſe trouvent. La coutume de Rheims, article 346. porte que » s'il y a des biens vacans en divers lieux, chacun ſeigneur » haut-juſticier doit avoir ceux qui ſont en ſa ſeigneurie & » haute-juſtice, tant meubles qu'immeubles, & en ce cas, les » meubles ne ſuivent le domicile. » Or, comme nous l'avons déja dit, la mort civile rend vacans les biens de celui contre qui elle eſt prononcée : il n'y a donc point de domicile à obſerver alors.

A l'égard des dettes actives, c'eſt-à-dire, des ſommes mobiliaires qui étoient dûës au condamné, comme ce ſont des droits incorporels, qui n'ont point de ſituation, elles doivent, en cas de confiſcation, ſuivre le domicile du créancier, & non le lieu où les obligations & papiers juſtificatifs ſont trouvés ; parceque ces papiers ne ſont pas la dette ; ils n'en ſont que la preuve. D'ailleurs il y a des dettes, pour leſquelles il n'y a point de papiers. Il y en a dont les papiers ſe peuvent trouver répandus en différens endroits & en différentes juſtices. Enfin ces dettes ſont une action perſonnelle, qui eſt attachée à la perſonne du créancier, & qui ne peut exiſter où il n'eſt pas.

Nous obſerverons, en paſſant, que cette queſtion ne peut avoir lieu en Normandie ; parceque, comme nous l'avons obſervé plus haut, les meubles ſont toujours confiſqués au profit du Roi dans cette province.

A

A l'égard des rentes constituées, dont la situation doit suivre le domicile du créancier, & non le lieu de la situation des biens sur lesquels elles sont hipotéquées, ni la demeure du débiteur, la confiscation en doit aussi appartenir au seigneur du domicile du condamné. C'est l'avis de Loyseau, au même endroit, où il cite un arrêt de 1597. rendu en la cinquiéme chambre des enquêtes, après en avoir demandé l'avis des autres chambres. Le Maître, sur la coutume de Paris, titre 8. chap. 5. est aussi du même avis, tant pour les dettes actives que pour les rentes constituées; & nous croïons que le sentiment de ces auteurs doit être suivi, comme conforme aux véritables régles.

Cette décision, à l'égard des rentes, souffre cependant une exception. Il faut observer qu'il y a une grande différence entre les rentes constituées sur particuliers, & celles qui sont constituées par le Roi sur l'hôtel de ville de Paris, & hipothéquées sur ses revenus. Il est constant, comme nous l'avons dit, que les premiéres n'ont point d'assiette, & doivent par conséquent suivre le domicile de celui à qui elles appartiennent. Il n'en est pas de même de celles qui sont constituées par le Roi. Elles ont une assiette certaine à l'hôtel de ville. C'est-là qu'est établi le bureau des fonds destinés à en acquitter les arrérages. Elles sont réelles, fixes & permanentes. C'est une chose si universellement reconnuë, que nous croïons qu'il seroit inutile de nous arrêter ici à le prouver. Tous nos livres sont pleins d'arrêts qui l'ont ainsi décidé. Ainsi, quelque part que soit le domicile des propriétaires de ces rentes, leur assiette est toujours fixe à Paris; & elles se réglent suivant la coutume de Paris, soit relativement aux successions, soit relativement aux partages; en un mot, dans tous les cas où il y a quelqu'opération à faire au sujet de ces sortes de biens.

Leur assiette étant donc censée être à l'hôtel de ville, il est sans contredit que, quand elles sont confisquées, la confiscation en appartient au Roi, puisque le lieu de leur assiette est dans sa jurisdiction. Tous les parlemens du roïaume se sont pliés à cette régle. Bérault, sur l'article 329. de la coutume de Normandie, sur le mot *en Bourgage*, dit que, suivant la jurisprudence du parlement de Rouen, les rentes acquises sur le Roi suivent la régle du lieu où se fait la recette.

Il en doit être de même des rentes sur le clergé & sur les états des provinces du roïaume. En cas de confiscation, elles doivent appartenir à celui qui a la justice dans le lieu où le bureau du païement est établi.

La régle générale, établie plus haut, souffre encore une exception par rapport à la Normandie. C'est un usage constamment établi dans cette province, de régler les rentes constituées suivant la loi du domicile des lieux où les biens du débiteur se trouvent assis. Voïez Basnage, sur l'article 329. de cette coutume; ensorte que, quand ces rentes sont confisquées, la confiscation tourne au profit du seigneur du lieu où sont les biens sur lesquels elles sont hipotéquées : mais si le coupable avoit son domicile ailleurs qu'en Normandie, la confiscation de ces rentes, quoique hipotéquées sur des biens situés dans cette province, appartiendroit au seigneur du domicile, nonobstant la jurisprudence du parlement de Rouen. La raison est que, quand il s'éleve quelque contestation au parlement de Paris au sujet de ces rentes, la cour suit toujours, à cet égard, la jurisprudence établie dans son ressort. Il y en a un arrêt du 30 Mai 1625. rapporté au journal des audiences dans cette espéce. Il s'agissoit de la validité d'un legs de deux rentes constituées, l'une de 50 l. l'autre de 200 liv. qui étoient hipotéquées sur des héritages situés en Normandie. Le testateur étoit chapelain de la chapelle du Roi, & boursier au collége de Maître Gervais. Son domicile étoit à Paris, où il avoit fait son testament. On soutenoit que ce legs se devoit régler suivant la coutume de Normandie, selon laquelle on ne peut disposer par testament que du tiers de ses acquêts; & la disposition est même nulle, si le testateur ne survit quarante jours à la confection de son testament. Le légataire soutenoit au contraire que ces rentes devoient être réglées suivant la coutume de Paris, où le testateur étoit domicilié. Or, suivant cette coutume, on peut disposer de tous ses acquêts, sans aucune distinction. L'arrêt condamna les héritiers à faire délivrance du legs.

Il se trouve dans les livres plusieurs autres questions pareilles, & qui ont été jugées de la même façon. Ainsi la jurisprudence du parlement de Rouen se trouve à cet égard strictement renfermée dans les tribunaux de Normandie. Et cette jurisprudence, pour le dire en passant, est sujette à de grands inconvéniens. Car il pourroit arriver qu'une rente fût en même tems meuble & immeuble, suivant que les biens auxquels elle seroit affectée seroient situés en différentes coutumes. Il pourroit encore arriver qu'un legs fait d'une rente feroit en même tems réductible & non réductible.

Quelques auteurs ont élevé la queftion de fçavoir fi les biens des eccléfiaftiques condamnés à une peine emportant mort civile, font confifqués au profit des feigneurs dans le territoire defquels ils fe trouvent. Il y en a, comme Graverol, fur la Roche, liv. 1. tit. 37. art. 3. qui ont voulu foutenir que leurs meubles appartenoient à l'évêque, à l'exclufion du Roi & des feigneurs.

Il eft vrai qu'il y a quelques coutumes, comme celle de Nivernois, tit. des confifcations, art. 8, qui adjugent ces meubles à l'évêque : mais comme une telle difpofition eft contraire au droit commun, elle doit être ftrictement renfermée dans le reffort de la coutume qui la contient. Cela provient d'une ancienne ordonnance de Philippe le Bel, qui déclare les meubles des eccléfiaftiques exempts des jurifdictions féculieres, comme leurs perfonnes en font exemptes. En conféquence de cette ordonnance, qui eft de 1302. on n'exécutoit les clercs en leurs meubles que dans les cas où ils pouvoient être mis en prifon, comme pour délit, ou s'ils s'étoient expreffément foumis à la contrainte par corps. Mais cette ordonnance a été abrogée par l'article 28. de celle d'Orléans, qui a permis d'exécuter les clercs en leurs meubles, comme le refte des citoïens, excepté leurs habits ordinaires, livres & ornemens d'églife : & les ordonnances poftérieures ont encore excepté les meubles pour leur ufage néceffaire.

Quoi qu'il en foit, la difpofition de ces coutumes eft contraire au droit commun & aux vrais principes. Les évêques, quoiqu'ils aïent une jurifdiction eccléfiaftique, n'ont aucun territoire, par conféquent aucun droit de confifcation réelle. On peut objecter que les meubles fuivent la perfonne, que la perfonne étant privilégiée, les meubles le doivent être auffi.

Il eft vrai que les meubles en général fuivent la perfonne : mais cette fuite n'eft relative qu'au domicile, & non aux priviléges attachés à la perfonne. D'ailleurs ce privilége de la perfonne ceffe par la condamnation. Et enfin les meubles du condamné deviennent vacans ; ils n'appartiennent par conféquent à perfonne. Ainfi ils ne font à l'abri par aucun privilége.

Auffi Coquille, fur cet article de la coutume de Nivernois, dit que » la loi eft telle, & il faut la tenir : mais fi elle étoit à » refaire, ou la coutume à revoir ou corriger, fembleroit rai» fonnable de dire autrement.

Il ne nous refte, fur cette matiére, qu'une queftion à examiner. Elle consiste à sçavoir à qui appartient la confiscation d'une terre qui a haute-justice, quand elle est confisquée pour le crime du seigneur qui en est propriétaire. Est-ce au seigneur du ressort de la justice? Est-ce au seigneur féodal dont relève la terre à laquelle la justice est attachée?

Cette question se présenta au parlement de Paris en 1683. L'espéce & les raisons de part & d'autre sont rapportées fort au long dans le journal des Audiences; & comme la question est nouvelle, & n'a été traitée par aucun auteur, nous croïons devoir nous y étendre ici.

Le sieur Benoist, commissaire provincial des guerres en Picardie, Flandres & Artois, fut accusé d'avoir eu intelligence avec les trois trésoriers provinciaux de ces provinces, lesquels furent convaincus, dans la suite, de malversations dans leurs charges, & d'avoir détourné les deniers du Roi. Le Roi nomma des commissaires pour procéder au jugement de cette affaire, conjointement avec le présidial d'Abbeville; &, par jugement en dernier ressort, le sieur Benoist fut condamné à la restitution des deniers qu'il avoit divertis, suivant la liquidation qui en seroit faite, au bannissement perpétuel hors du roïaume; & ses biens furent déclarés confisqués. Les créanciers du condamné firent créer un curateur à ces biens. La veuve obtint du Roi le don de la confiscation, pour elle & pour ses enfans. Parmi ces biens se trouva le fief d'Elincourt sainte Marguerite, sis près Compiégne; dans lequel il y a haute, moïenne & basse justice. Ce fief est dans la mouvance féodale de la terre de Coudun, qui appartenoit alors à M. le maréchal d'Humieres; & les appellations de la justice d'Elincourt ressortissent au bailliage de Compiegne justice roïale.

Le 26 Septembre 1682. le procureur fiscal de Coudun requit le juge de ce lieu qu'il lui fût permis de se mettre en possession de la terre d'Elincourt, pour & au nom de M. le maréchal d'Humieres, *attendu la condamnation du sieur Benoist pour crime par lui commis, & que la terre d'Elincourt étoit acquise à M. le maréchal d'Humieres par droit de commise & de confiscation, comme seigneur suzerain & féodal de ce fief.*

Sur ce réquisitoire, le juge de Coudun se transporta sur la terre d'Elincourt, en vertu de son ordonnance. Il fit inventaire de tous les meubles & effets qui se trouverent dans le château. Il fit assembler, au son de la cloche, tous les habitans du lieu, devant la principale porte de l'église paroissiale, & leur déclara qu'il avoit mis le procureur fiscal de Coudun en possession de la terre d'Elincourt, avec défenses de reconnoître aucun autre seigneur que M. le maréchal d'Humieres.

Le curateur créé aux biens vacans obtint un arrêt le 21 octobre 1682. qui le recevoit appellant de toute cette procédure, avec défenses au procureur fiscal de Coudun de s'immiscer en la possession de la terre d'Elincourt. La dame Benoist demanda à être reçuë partie intervenante, & acte de ce qu'elle prenoit le fait & cause du curateur. Elle demanda, en outre, à être maintenuë & gardée en la possession & jouïssance de la terre d'Elincourt; sçavoir, dans la moitié comme commune en biens avec le sieur Benoist son mari, & dans l'autre moitié, tant pour elle, que pour ses enfans, comme donataires du Roi des biens confisqués du sieur Benoist.

Cette contestation présentoit donc deux questions à juger. La premiere, sçavoir si la confiscation des biens du mari condamné entraîne avec elle la part de la femme dans la communauté. La seconde, si la confiscation d'une terre qui a haute-justice est dévoluë au seigneur du ressort.

A l'égard de la premiere question, nous nous réservons à la traiter ailleurs. Nous allons nous arrêter ici à la seconde, comme étant l'objet qui fixe maintenant notre attention.

M. le maréchal d'Humieres prétendoit que la moitié de la terre d'Elincourt, qui se trouvoit dans la part de la communauté du sieur Benoist, lui appartenoit comme seigneur de Coudun; cette qualité produisant deux titres dans sa personne. Il étoit seigneur dominant d'Elincourt, & en outre seigneur d'où mouvoit la haute, moïenne & basse-justice qui s'exerçoit à Elincourt.

La veuve au contraire qui, comme donataire du Roi, étoit obligée de faire valoir les droits de sa couronne, soutenoit que la confiscation de la moitié de la terre d'Elincourt appartenoit au Roi à double titre. Le premier, comme seigneur du ressort immédiat de la justice d'Elincourt; & l'autre comme Roi, à cause de la puissance publique & de la souveraineté qu'il a sur tout son roïaume.

La terre d'Elincourt, comme fief, est mouvante de Coudun: mais les appellations de la justice qui y est attachée ne ressortissent point par-devant le juge de Coudun: ils ressortissent à une justice roïale.

Ces faits étant constans entre les parties, la question se trouvoit réduite, dans le droit à sçavoir, si la confiscation d'une terre où il y a haute, moïenne & basse-justice appartient au seigneur féodal de la terre, ou au seigneur du ressort immédiat de la justice. La décision de cette question dépend de quelques principes incontestables qu'il est nécessaire d'établir.

Nos anciens auteurs ont admis deux sortes de confiscations, la confiscation criminelle, & la confiscation féodale.

La confiscation féodale, plus connuë sous le nom de commise, est une réunion du fief servant au fief dominant.

Elle arrive ou par le fait du vassal, ou par la nature de la chose.

Par le fait du vassal, quand il commet quelque délit féodal, comme félonie, desaveu, injure atroce & qualifiée du vassal envers son seigneur.

Par la nature de la chose, la réunion se fait en vertu de la loi du fief & du domaine direct, sans la volonté ni le fait de celui qui perd son fief; comme quand il a été concédé dans son origine pour un certain tems, ou à un certain nombre de générations, lesquelles étant éteintes, le fief servant retourne naturellement au seigneur dominant, *per modum meræ privationis, negationis & annihilationis feudi & vassalli.*

Cette sorte de confiscation, quelque cause qu'elle puisse avoir, opére la réunion de la seigneurie utile à la seigneurie directe, & appartient toujours au seigneur féodal, & jamais au haut-justicier.

La confiscation criminelle se fait en vertu de la jurisdiction & du droit commun, en punition de quelque crime : mais elle n'opére pas la réunion de la seigneurie utile à la directe, comme la confiscation féodale. Elle réunit la seigneurie privée à la publique. C'est pourquoi cette confiscation n'appartient qu'aux haut-justiciers, dans lesquels réside la seigneurie publique attachée à leur justice. Cette maxime est confirmée par plus de trente coutumes, & par l'opinion de tous nos auteurs qu'il est inutile de rapporter ; puisque la coutume de Senlis, qui régit la terre sur laquelle rouloit la contestation, en contient une disposition formelle & précise. L'article 97. de cette coutume porte que » le haut-justicier a connoissance des épaves, confiscations & » trésors trouvés dans sa justice, & viennent à son profit. Sur » lequel droit de confiscation le moïen-justicier a droit de pren- » dre soixante sols parisis d'amende sur les justiciables, quand il » en fait diligence. »

L'article 199. dit » Quand aucuns héritages ou rentes situés

» & affis en la haute-juftice d'aucun feigneur, font dits & déclarés confifqués, le haut-jufticier, qui, en vertu de la confifcation, appréhendera les meubles, fera tenu de païer les dettes perfonnelles, & pour une fois, du confifcant.

M. le maréchal d'Humieres objectoit que la coutume de Senlis confond le feigneur féodal & le feigneur haut-jufticier, & qu'elle attribuë à l'un & à l'autre le même droit pour les confifcations. Cette prétention étoit fondée fur l'article 199, qui, après les termes rapportés ci-deffus ajoûte. » Ledit haut-jufticier qui appréhendera les héritages ou rentes du confifcant, autrement » que par félonie, ou à faute d'hommes, droits & devoirs non » faits, fera tenu de païer, &c. » Et plus bas : » auffi le haut-» jufticier qui appréhendera les meubles, païera les rentes con-» ftituées par le confifcant, non enfaïfinées ni inféodées, &c. Ces termes : *autrement que par félonie*, & ceux-ci, *de païer les rentes non inféodées*, prouvent, difoit-on de la part du feigneur féodal, que, dans cette coutume, le feigneur féodal ne prend le droit de confifcation que comme feigneur de fief. Donc il peut prendre les confifcations comme haut-jufticier. Ricard, dans fon commentaire fur cet article, convient que c'eft l'efprit de la coutume, & fait voir que c'eft une erreur, en ce que nous confidérons, dit-il, le haut-jufticier & le feigneur féodal en deux qualités différentes, & qui n'ont rien de commun l'un avec l'autre : mais à bien prendre le fens de cet article, nonobftant le fentiment de Ricard, la coutume de Senlis n'a jamais eu deffein d'accorder la confifcation au feigneur haut-jufticier par un droit de fief, & de le confondre avec le feigneur féodal ; ce qui paroîtra fort clair en faifant les deux réflexions fuivantes.

La premiere eft que cette coutume, dans les articles 97 & 199, ne parle, en aucune maniere, du feigneur féodal ; mais feulement du haut-jufticier. Si elle avoit voulu leur accorder la confifcation criminelle à l'un & à l'autre également, elle auroit dit : *le feigneur haut-jufticier, ou le feigneur féodal, qui appréhendera les meubles du confifcant*. Cependant elle ne nomme que le haut-jufticier. Par conféquent l'efprit de cette coutume eft conforme au droit commun, & attribue la confifcation criminelle au feul feigneur haut-jufticier.

La feconde réflexion eft qu'il eft vrai que par ces mots : *le haut-jufticier qui appréhendera les héritages ou rentes du confifcant autrement que par félonie*, il femble que la coutume attribue la confifcation féodale au haut-jufticier : mais fon motif eft qu'elle ſuppoſe que le haut-juſticier eſt en même tems ſeigneur féodal, & que les deux qualités ſont réunies en ſa perſonne. La félonie ne ſe commet que par le vaſſal envers ſon ſeigneur féodal, & non point envers le haut-juſticier. Il ſeroit abſurde que le haut-juſticier, non ſeigneur féodal, eût la commiſe pour félonie commiſe envers le ſeigneur féodal. L'un ſouffriroit l'injure, & la réparation tourneroit au profit de l'autre. Ce ſeroit un monſtre en fait de juriſprudence.

Mais, en ſuppoſant qu'il y auroit confuſion à cet égard, dans la coutume de Senlis, elle confondroit, non pas le ſeigneur féodal avec le juſticier, mais le juſticier avec le féodal; en quoi il y a une grande différence; parcequ'elle ne préſume pas que le ſeigneur féodal eſt toujours haut-juſticier, puiſque le fief peut exiſter ſans la juſtice; mais que le haut-juſticier eſt toujours ſeigneur féodal; à moins qu'il n'y ait preuve au contraire; parceque la juſtice eſt ordinairement annexée au fief.

Cette différence eſt très-bien obſervée par Loyſeau, en ſon traité des ſeigneuries, chapitre 12, n. 47. Il dit que » les coutumes ne diſent pas que juſtice & fief, mais que fief & juſtice » n'ont rien de commun; c'eſt-à-dire, que la féodalité ou ſei» gneurie ne porte nulle conſéquence à la juſtice, la juſtice, qui » eſt la plus noble, ne pouvant être attirée par la directe; & » il ne s'enſuit pas que celui qui eſt reconnu pour ſeigneur ou » cenſier, ou féodal d'un héritage, en ſoit pourtant ſeigneur » haut-juſticier. Car tel a le fief qui n'a pas la juſtice. Mais la » juſtice étant plus digne que la directe, il n'eſt point inconvé» nient qu'elle l'attire. » Et il conclud que, ſi celui qui prétend la directe d'un héritage, c'eſt-à-dire, la féodalité contre le juſticier du territoire, ne fait apparoir d'aucuns titres juſtificatifs de ſon droit & de ſa poſſeſſion, le haut-juſticier doit l'emporter, & eſt préſumé le ſeigneur féodal; de ſorte que jamais le ſeigneur féodal n'eſt confondu avec le haut-juſticier; parceque le féodal n'eſt jamais préſumé haut-juſticier; & le haut-juſticier, au contraire, eſt toujours préſumé féodal, s'il n'y a titres & preuves au contraire. Ainſi, à bien prendre l'article 199. de la coutume de Senlis, en ſuppoſant qu'il attribue la confiſcation criminelle au ſeigneur féodal, & qu'il déroge à l'article 97. qui dit : *le haut-juſticier a connoiſſance des épaves, confiſcations & tréſors trouvés en ſa juſtice, & viennent à ſon profit*; cela ne peut jamais être interprété du ſeigneur féodal, quand il n'eſt pas juſticier.

Ainſi, quoi qu'on en puiſſe dire, la coutume de Senlis ſuit, en en ce point, le droit commun de la France, & attribue la confiscation au seigneur haut-justicier, privativement au seigneur féodal, par forme de réunion de la seigneurie privée vacante à la publique; parceque, suivant Loyseau, traité des seigneuries, chap. 12, n. 85, la confiscation se fait par la réunion de la seigneurie privée à la publique, & non pas à la directe. La raison est qu'en France les fiefs & cens sont perpétuels & patrimoniaux; & que les biens vacans sont attribués à la justice.

Cette disposition est encore fondée sur deux autres motifs. Le premier est que le droit de confiscation est tellement attaché & inhérant à la haute-justice, qu'il n'est accordé aux haut-justiciers qu'à cause des charges de la justice; comme de faire le procès aux criminels à leurs frais, de faire élever les enfans trouvés, de faire transférer les prisonniers, & de gager des officiers pour rendre la justice.

Le second est que le droit de confiscation est encore inhérant à la justice, comme haute-justice, à cause du pouvoir, en vertu du droit de glaive, de disposer de la vie & de la liberté des hommes, & de priver légitimement les particuliers de leur bien, pour les transmettre au fisc; & cela est si vrai, que le droit de moïenne & basse justice ne suffit pas, pour avoir le droit de confiscation, sur lequel le moïen-justicier, par l'article 97 de la coutume de Senlis, ne prend que soixante sols parisis d'amende, quand elle est prononcée contre un de ses justiciables, & qu'il a fait les diligences que la coutume l'autorise à faire contre les coupables: parceque la puissance des moïens & des bas-justiciers est trop bornée. Ils ne peuvent pas imposer des peines capitales qui emportent la confiscation. D'où il résulte que la confiscation est un soulagement, un fruit & un attribut de la jurisdiction; ensorte qu'il ne peut y avoir de confiscation que dans le territoire d'une haute-justice.

Un autre principe, c'est que, quand parmi les biens confisqués il se trouve un fief, il ne retourne pas au seigneur féodal dont il reléve; mais au haut-justicier, à cause de sa justice. D'après ces principes, rien ne pouvoit être plus mal fondé que la prétention de M. le maréchal d'Humieres. Son procureur fiscal s'étoit mis en possession de la terre en question, à cause du crime commis par le sieur Benoist. C'étoit donc une confiscation criminelle: mais n'étant, de son propre aveu, que seigneur féodal, il ne pouvoit pas confisquer.

On objectoit de la part de M. d'Humieres, qu'à la vérité, lorsq que la justice est séparée du fief, & appartient à un seigneur particulier, la confiscation du fief est attribuée au seigneur de la justice : mais quand la justice est annexée au fief, & qu'elle est, par conséquent, confisquée avec le fief, le haut-justicier seigneur du fief étant lui-même le confiscant, la confiscation appartient au seigneur féodal & dominant du fief.

Cette prétendue maxime ne peut être autorisée que sur l'article 206, de la coutume de Sens, dont voici les termes : » Si » l'homme noble, ou non noble, qui a un fief, auquel il y a » haute, moyenne & basse justice, va de vie à trépas, sans » hoirs, soit de son corps, ou autres, ou est exécuté par justice, » ledit fief adviendra au seigneur féodal ; & si audit fief n'y a » haute-justice ; mais est assis à la justice d'autre, ledit fief appar- » tiendra audit haut-justicier. »

Voilà la seule autorité apparente que M. le maréchal d'Humieres implorât en sa faveur : mais, 1°. la terre d'Elincourt, dont il étoit question, n'est point située dans la coutume de Sens, elle est dans celle de Senlis ; & cette disposition, qui est unique & contraire au droit commun, ne doit point s'étendre d'une coutume à l'autre.

2°. La coutume de Nivernois, art. 2, titre des confiscations, est diamétralement opposée à la coutume de Sens. Voici ses termes : » Et si la haute-justice de chose confisquée appartient au » criminel, la confiscation appartient au seigneur du ressort » immédiat. »

Cette disposition est entiérement conforme à l'esprit de la coutume de Senlis, qui attribue la confiscation au seigneur haut-justicier, & non point au seigneur féodal. Quelle est, suivant Coquille, la raison de la disposition de la coutume de Nivernois ? C'est que la confiscation est un fruit de la haute-justice, & que le seigneur supérieur, par ressort, est seigneur justicier de son inférieur ; qu'il a droit de le corriger, non-seulement en cas d'appel, pour réformer la sentence de ses juges ; mais aussi en sa personne.

On objectoit qu'il est vrai que ces deux coutumes sont contraires l'une à l'autre : mais que celle de Sens étant la plus voisine du lieu qui faisoit la matiére de la contestation, c'étoit celle qu'il falloit suivre.

Cette proximité ne fait rien dans l'espéce en question. Quand les auteurs disent qu'il faut suivre la coutume la plus proche, cela se doit entendre de la plus voisine du lieu relativement à toutes les autres coutumes en général : mais non pas à deux coutumes qui se trouvent l'une & l'autre fort éloignées ; parcequ'on suppose que, quand de deux coutumes limitrophes, l'une contient une disposition, sur laquelle l'autre garde un profond silence, celle qui a parlé a mis au jour le droit commun de la province, dans laquelle se trouvent ces deux coutumes : mais quand deux coutumes, contraires dans une disposition, se trouvent fort éloignées d'une autre qui ne dit rien sur la même matiére ; il n'y a pas plus de raison de suivre celle qui est la moins éloignée, que celle qui l'est le plus ; parceque ni l'une ni l'autre ne forme le droit du païs où est celle qui garde le silence. Or les coutumes de Sens & de Nivernois sont toutes les deux fort éloignées de la coutume de Senlis, & quoique celle de Nivernois soit plus loin que celle de Sens, cette distance ne doit point déterminer à suivre plûtôt celle de Sens.

Au contraire, c'est à celle de Nivernois qu'on doit s'attacher préférablement à l'autre ; parceque l'article 206. de la coutume de Sens est une exception dérogatoire au droit commun. C'est une disposition qui ne peut avoir lieu que dans l'étendue de son ressort, parceque la coutume qui déroge au droit commun est semblable au juge, qui n'a plus de pouvoir hors de son territoire ; & la coutume de Nivernois étant conforme au droit commun, sa disposition doit être suivie comme une disposition générale.

Il est constant que, par l'article 97 de la coutume de Senlis, la confiscation criminelle est attribuée purement & simplement au haut-justicier. Le Seigneur féodal en est, par conséquent, exclus, & n'y a pas plus de droit qu'un seigneur censier, ou autre étranger ; parcequ'il faut nécessairement avoir justice, pour avoir droit de confiscation criminelle. Or, quand la confiscation arrive pour le délit du haut-justicier lui-même, & sa justice étant confisquée avec la terre à laquelle elle est annexée, qui du simple seigneur féodal, ou du seigneur du ressort a le plus de droit sur la justice ? Le seigneur du ressort n'est-il pas le haut-justicier supérieur de la justice confisquée, & ne peut-on pas dire même qu'il est seigneur haut-justicier de cette même justice ? Il a droit, en cas d'appel, quoiqu'il ne soit que juge seigneurial, de faire exécuter ses jugemens dans tout le territoire de la justice confisquée. Il a le pouvoir d'en réformer les jugemens, & d'y faire tenir ses assises ; & si ce juge de ressort est un juge roïal, il fait exécuter ses jugemens, tant ceux qu'il a rendus sur les appels, que ceux qu'il a prononcés en premier reſſort, pour les cas roïaux, dans l'étendue de la juſtice confiſquée : au lieu que le ſeigneur féodal n'y peut prétendre aucun droit, ni aucune autorité. Il n'y a aucune puiſſance publique. En un mot, il y eſt comme un étranger.

Ces principes ſont fondés ſur la raiſon, & ſur le bon ſens. Les coutumes qui les ont ſuivis ont donc ſuivi le droit commun, & celles qui les ont rejettés y ont dérogé. Or le Roi étant le ſeigneur du reſſort de la juſtice confiſquée d'Elincourt, & en cette qualité, aïant la puiſſance publique ſur le territoire de cette terre, la confiſcation lui en appartient privativement au ſeigneur dominant du fief.

On objectoit, de la part du ſeigneur de fief, que c'eſt un principe certain que les confiſcations appartiennent au ſeigneur du territoire où les biens du condamné ſont ſitués. Or les ſeigneurs de fief ſont ſeigneurs du territoire, & quand nos commentateurs, ſur l'article 183 de la coutume de Paris, qui porte que qui confiſque le corps, confiſque les biens, ont établi que le droit de confiſcation appartient au ſeigneur du territoire, ils n'ont point examiné le droit de juſtice; mais ſeulement la puiſſance féodale ſur le territoire.

Pour répondre à cette objection, & prouver que, quand les auteurs parlent du ſeigneur du territoire, ils entendent toujours parler du ſeigneur haut-juſticier, & non du féodal, il faut chercher l'étimologie du mot territoire.

Il eſt vrai que, ſuivant les loix Romaines, on entendoit, par territoire, une certaine étendue de campagne, qui confinoit à chaque ville. *Territorium eſt univerſitas agrorum intrà fines cujuſque civitatis. l. 239. §. 8. ff. de verbor. ſignific.* Mais ce mot dérive de *terrendo. Territorium ab eo dictum quòd magiſtratus jus ibi terrendi habent. ibid.* Siculus Flaccus eſt auſſi de cette opinion, dans ſon livre *de condit. agr.* où il dit : *victores terras omnes, è quibus victos ejecerunt publicè atque univerſaliter, territorium dixêre, in quibus juris dicendi jus eſſet.* Et dans l'indice des droits roïaux de Ragueau, lett. T. le territoire eſt *diſtrictus juriſdictionis, vel imperii.* Et il eſt ſi vrai, que quand Dumoulin parle du ſeigneur du territoire, il entend le haut-juſticier, & non point le féodal, que ſur l'article 169 de la coutume de Paris, qui porte que le haut-juſticier peut occuper, ſaiſir & mettre en ſa main les héritages vacans dans ſa juſtice, il dit formellement, *ſic non ad Regem, ſed ad dominum territorii loci ſpectat confiſcatio bonorum* : il cite beaucoup d'autorités. Or le texte de la coutume ne parlant que du ſeigneur haut-juſticier, il eſt ſans difficulté que ce que dit Dumoulin du ſeigneur du territoire, doit s'appliquer au haut-juſticier.

Il faut donc regarder comme une choſe conſtante, que le mot territoire ſignifie proprement, & dans le ſens que lui donnent tous les auteurs, l'enclave de la juſtice, ou de la ſeigneurie publique; & c'eſt ſa plus forte ſignification, dit Loyſeau, dans ſon traité des ſeigneuries, ch. 12, n. 4. Auſſi eſt-il conforme à notre uſage, que c'eſt le haut-juſticier qui prend la qualité de ſeigneur du lieu, à l'excluſion du ſeigneur féodal, à cauſe de la puiſſance publique & du commandement qu'il a dans le territoire.

On objectoit enſuite, de la part de M. le maréchal d'Humieres, que quand cette maxime du droit François fut introduite: *qui confiſque le corps confiſque les biens*, on n'a pas prétendu regarder la confiſcation criminelle comme un fruit de la juſtice. Et l'on appuïoit cette objection ſur deux raiſons.

La premiere, que les biens du condamné n'appartiennent point au ſeigneur de la juſtice qui lui a fait ſon procès; & qu'ainſi l'on ne peut pas dire que, parceque la juſtice emploïe ſon pouvoir à la punition d'un coupable, il faille qu'elle profite de ſes biens, comme par une eſpéce de récompenſe du droit de glaive.

La ſeconde raiſon eſt que, comme les juſtices ſont bornées dans un certain reſſort, il n'y auroit que les biens aſſis dans le reſſort qui ſeroient confiſqués. Ainſi le confiſqué, ou ſes héritiers auroient raiſon de vouloir conſerver tous les biens ſitués hors de ce reſſort.

Il eſt vrai que la confiſcation ne ſuit pas la juſtice où elle a été prononcée, comme l'amende; mais elle ſuit le territoire où les biens ſont ſitués; enſorte que celui qui fait le procès eſt ſouvent celui qui prend le moins dans la confiſcation; parcequ'il arrive ſouvent que le lieu où le coupable eſt pris, jugé & exécuté, n'eſt pas celui où ſes biens ſont ſitués: mais cette raiſon ne ſuffit pas pour détruire une maxime établie par tous les bons auteurs.

Ce qu'il y a de plus certain dans nos principes, eſt qu'il n'y a que le Roi & les haut-juſticiers qui aïent droit de fiſc, dans le roïaume. Nos auteurs appellent le fiſc, *bourſe publique*, qui, à Rome, n'appartenoit qu'à l'empereur; parcequ'il étoit le ſeul qui eût la ſeigneurie publique, c'eſt-à-dire, la propriété de la juſtice dans tous les païs, terres & ſeigneuries de ſon obéiſſance: mais en France, cette ſeigneurie publique aïant été communiquée aux particuliers, le fisc, qui en dépend, leur a pareillement été attribué; parceque le fisc consiste, à proprement parler, dans la perception de tous les émolumens provenant de la justice; ensorte que jamais le fisc n'est sans justice, & la justice, tant roïale, que seigneuriale, n'est jamais sans le fisc.

Ce principe posé, nous reconnoissons trois sortes de biens, que l'on appelle au palais biens fiscaux; sçavoir, les confiscations, les déshérences, & les biens vacans. Ces trois sortes de biens, soit meubles, soit immeubles, tombent dans le fisc de celui qui a justice dans le territoire où ils sont situés.

Il est vrai qu'à l'égard des biens vacans immeubles, les seigneurs de fief les ont long-tems contestés, & les ont gagnés en quelques coutumes, comme en Normandie & en Bretagne, sous prétexte de réunir la seigneurie utile, quand elle est vacante, à la directe, comme l'usufruit à la propriété, plûtôt que la privée à la publique. Par-tout ailleurs les seigneurs haut-justiciers l'ont obtenuë, comme une récompense des frais de leur justice. Mais à l'égard de la confiscation, les seigneurs de fief ne l'ont jamais prétenduë, si ce n'est en Normandie, où ils l'ont encore obtenuë. Ils ont compris, par-tout ailleurs, que la confiscation est le premier fruit de la jurisdiction. *Citrà controversiam est mulctas & confiscationes bonorum esse fructus & reditus jurisdictionis*, dit Dumoulin, dans son commentaire sur la coutume de Paris, art. 1, glos. 1, num. 68. Et quoiqu'il arrive souvent que celui, dans la justice duquel se fait le procès du coupable, profite le moins dans la confiscation, cela n'empêche pas qu'elle ne soit un fruit de la justice; parceque ces mots, *fruits de la justice*, ne s'entendent pas seulement à l'égard de la justice en laquelle le coupable est condamné; mais de toutes les justices, dans le territoire desquelles les biens confisqués sont situés; parceque chaque justice est bornée dans l'enclave de son territoire, & que l'une ne peut entreprendre sur l'autre: mais enfin on sera toujours forcé de convenir d'un principe certain, qui est que la confiscation de biens ne se fait jamais qu'après la confiscation de corps, qui emporte mort civile ou naturelle. Or confisquer le corps est un cas de haute-justice. La confiscation de biens étant une suite de la confiscation de corps, il s'ensuit que c'est un fruit de la justice, & non pas des grandes terres. Or, si la confiscation est un fruit de la justice, les seigneurs féodaux, qui n'ont point de fisc, n'y peuvent rien prétendre.

On objectoit encore, de la part du seigneur féodal, que dans la nature & dans l'origine des fiefs & des justices des seigneurs, les justices ne sont autre chose que des dépendances des fiefs ; ensorte que tout ce qui est regardé aujourd'hui comme un droit de la justice, est, dans son origine, un droit de fief.

Mais, cette proposition n'est pas vraie ; & , quand elle le seroit, elle n'est pas concluante.

On sçait qu'en France nous reconnoissons trois sortes de justices, la haute, la moïenne & la basse. Quelques auteurs en ont voulu admettre une quatriéme, qui est la justice fonciére : mais leur opinion, suivant Loyseau, a été réprouvée. Ils prétendoient que tout fief aïant vassaux & censives emportoit, de sa nature, droit de justice sur ses vassaux & censiers, qui en dépendoient. Plusieurs coutumes l'ont rejettée, comme Meaux, Valois, Xaintonge, Saint-Paul, & Paris, dans les articles secrets rapportés par Bacquet. D'autres coutumes en ont fait effectivement un quatriéme dégré au dessous de la basse justice, comme Sens & Auxerre ; d'autres, enfin, la confondent avec la basse justice, comme les coutumes d'Anjou, de Touraine, du Maine & de Lodunois.

Mais, quoi qu'il en soit, cette justice fonciére n'avoit lieu, dans son origine, que pour raison des droits du seigneur, comme il est dit expressément en la coutume du Grand-Perche, tit. 1, art. 24, & en celle de Salle, tit. 12, art. 1. Bouteiller, au titre du droit du bas-justicier, s'exprime ainsi : » si sçachez que le » justicier, qui tient en basse-justice, si est d'avoir tant seulement » justice de se faire païer de ses rentes. » D'où il résulte une conséquence bien remarquable, dit Loyseau, chap. 10, des seigneuries, n. 52. » qui est que les concessions faites à un seigneur » de fief sur ses censiers & vassaux seulement, comme il y en » a plus de cette sorte, que d'autres, n'emportent proprement » que cette justice fonciére ; la justice n'étant concédée indéfiniment en l'université du territoire : mais seulement sur les censiers & vassaux, qui est à dire, en tant qu'ils sont poursuivis » comme tels, & non quand ils sont appellés en autre qualité. » Voilà la justice qu'on a cru qui dépendoit originairement du fief, supposé que cela soit véritable ; quoique Loyseau, & quantité d'auteurs n'en conviennent point. Ainsi, cette prétenduë justice fonciére n'est pas une seigneurie publique ; c'est une simple seigneurie privée, & dont les actes ne sont pas des actes de justice qui se fassent avec connoissance de cause : mais ce sont de simples exploits domaniaux, c'est-à-dire, *factum domini re suâ utentis*. Et c'eſt de cette ſorte de juſtice fonciére dont parle Dumoulin, dans ſa préface : car la confiſcation ne fut jamais un fruit de cette juſtice fonciére, non plus que de la moïenne & baſſe-juſtice ; mais de la haute-juſtice, qui a ſon enclave certain & entier. Ainſi, ſuppoſé même que la maxime rapportée en faveur des ſeigneurs de fief fût véritable, que les juſtices ſont des dépendances des fiefs, cela ne pourroit, tout au plus, s'entendre que de la juſtice fonciére, & non pas de la haute-juſtice perſonnelle, qui emporte le droit de glaive, & par conſéquent le droit de confiſcation.

Suppoſons néanmoins que, dès l'origine des fiefs, ou lorſqu'ils ont été rendus héréditaires, la haute-juſtice y ait été annexée. Comme la juſtice, dans ſa ſource primitive, ne procédé que de l'autorité de nos Rois, il faut qu'elle provienne d'une conceſſion de leur part, tacite ou expreſſe. Cela n'empêcheroit pas que la juſtice & le fief ne fuſſent deux choſes diſtinctes, enſorte que ce qui appartient à la haute-juſtice, ce qui en forme les dépendances & les fruits, n'a rien de commun avec les fruits du fief. En effet Loyſeau, en ſon traité des ſeigneuries, chap. 4, n. 32, en parlant de l'union du fief & de la juſtice, dit que » c'eſt bien une » vraïe union des deux enſemble en un ſeul corps & titre de » ſeigneurie ; mais que néanmoins les deux parties retiennent à » part leur diverſe nature. »

Il n'eſt donc pas vrai de dire que ce qui eſt regardé aujourd'hui comme un droit de juſtice, eſt dans ſon origine un droit de fief ; car la confiſcation criminelle, qui eſt un droit de juſtice, & non pas un droit de fief, ne peut jamais être perçue, ſuivant d'Argentré, que *vi juriſdictionis per ſe ſumptæ, non feudalis poteſtatis aut juris.*

Il eſt donc encore contraire à la vérité, que la juſtice ſoit une émanation du fief ; puiſque, ſi cela étoit, dès le moment qu'on prouveroit la féodalité, on prouveroit en même tems la juſtice ; ce qui eſt totalement contraire au ſentiment de tous les auteurs. *Et ſic nihil commune habet proprietas feudi cum proprietate juriſdictionis : & conceſſo feudo, non cenſetur data juriſdictio, quia eſt qualitas extrinſeca accedens feudo*, dit Balde, ſur la loi 13, *cod. mandati vel contrà*. Et la diſpoſition textuelle de pluſieurs de nos coutumes, comme Tours, Blois, Berry, Bourbonnois, Auvergne, la Marche & quantité d'autres, s'oppoſe à cette prétendue maxime. Elles portent que le fief & la juſtice n'ont rien de commun enſemble ; parceque, dit Pontanus, ſur la coutume de Blois, art.

art. 65. *jurisdictio est quædam accidentalis qualitas, quæ feudo adesse, & à feudo abesse potest.* Ainsi il est absurde de vouloir établir, comme un principe, que la justice est une émanation du fief; à moins que ce ne soit la justice fonciére, dont il vient d'être fait mention, & qui ne peut avoir le droit de confiscation.

De tout ce qui vient d'être dit, il résulte qu'il est faux que les seigneurs féodaux soient capables de recevoir & appréhender les confiscations criminelles; que cela n'est prouvé par aucune autorité apparente, & doit être regardé comme un véritable paradoxe; puisque le droit de fisc, qui est la bourse de la justice, ne peut jamais appartenir à un seigneur féodal, qui n'a point de justice.

Le second titre, auquel M. le maréchal d'Humieres prétendoit s'attribuer la confiscation de la terre d'Elincourt, étoit celui de seigneur féodal de la justice d'Elincourt. Il étoit constamment seigneur féodal de la terre, d'où il concluoit qu'il étoit aussi seigneur féodal de la justice, qui fait partie de la terre.

Cette proposition répugne au droit commun, puisqu'en France il n'y a aucune jurisdiction qui ne reléve du Roi. C'est un principe incontestable, suivant Chopin, dans son traité du domaine, tit. 20, n. 2.

La coutume de Blois, art. 65, porte que *fief & justice n'ont rien de commun ensemble.* Pontanus, expliquant cet article, dit que tous nos auteurs l'entendent en deux maniéres; la premiére que celui qui a le fief n'a pas la justice: *Eo quòd nihil commune habeat proprietas feudi cum proprietate jurisdictionis: & ita hodiè, si reperiatur jurisdictio annexa feudo, non istud ex naturâ feudi esse censebimus, nec ut pars feudi illa habebitur, sed ut qualitas quædam accedens quæ inest territorio.*

La seconde maniére dont cet article est entendu, dit Pontanus, est que, si un vassal a une justice dans son château, ou dans son territoire féodal, il ne sera pas censé tenir cette justice du seigneur, comme le château & le territoire du fief auquel la jurisdiction est inhérente. *Secundus item intellectus peræquè est notatu dignus atque primus. Si quidem vassallus in castro, vel territorio feudali jurisdictionem habeat, non posteà censetur jurisdictionem suam à patrono suo, ut domino feudi tenere, sicut castrum, vel territorium ipsum cui inhæret jurisdictio. Et ita solent hunc §. intelligere practici nostri.*

Un autre auteur aussi digne de foi est Dumoulin. Il dit, sur l'article 1 de la coutume de Paris, glos. 5, n. 44, que, quoique le territoire féodal soit mouvant d'un seigneur, ce n'est pas une conséquence que la justice soit mouvante & reléve du même seigneur; parceque la jurisdiction est une certaine qualité séparable du territoire, ensorte que la jurisdiction peut être sans territoire, & le territoire peut être sans jurisdiction. *Et sic*, ajoûte-t-il, *licet addita feudo, tamen augmentum dicitur extrinsecum, imò omninò alterius naturæ & qualitatis.* Et au nombre 46. *Plus dico, quòd in dubio jurisdictio non præsumitur esse feudalis, nec de pertinentiis castri, in quantum est feudum; & sic dominus feudalis, excepto Rege, non habet intentionem fundatam in jurisdictione feudi, ut feudalis sit, & à se moveatur, nisi probet.*

La raison de cette décision se tire du droit commun. La justice est un droit purement roïal, & qui appartient à la souveraineté : ainsi toutes les justices sont autant de raïons qui proviennent de la justice universelle, laquelle réside en la personne du souverain. *Omne imperium omnisque potestas ad eum translata est.*

La plupart de nos auteurs tiennent que le Roi seul, suivant le droit commun, a de droit toute justice, haute, moïenne & basse, par-tout son roïaume. *In eo, tanquam principe summo, omnes thesauri dignitatum reconditi sunt, & ab eo, velut à fonte, omnes jurisdictiones procedunt, sicut omnia flumina, per meatus terræ, fluunt à mari, & ad mare refluunt*, dit Azo, *in summ. de jurisdict. omn. jud.* Ainsi la présomption, pour la mouvance, est toujours en faveur des droits du Roi, sur-tout quand il est en possession du ressort.

D'ailleurs la justice, qui n'est que de pure concession des Rois, est accordée à la personne, ou au territoire : ou, pour mieux dire, la justice s'accorde au territoire, en faveur de la personne : c'est pourquoi, lorsqu'il n'y a point de preuves bien claires qu'elle est accordée au territoire, elle est censée accordée à la personne. *In dubio jurisdictio censetur concessa personæ, non territorio.* Or, comme la justice d'Elincourt ressortit à une justice roïale, il est à présumer qu'elle a été accordée à un seigneur d'Elincourt, depuis que cette terre a été démembrée de celle de Coudun. Ensorte que, quoique M. le maréchal d'Humiéres soit le seigneur féodal de la terre, il ne peut être présumé seigneur féodal de la justice, s'il ne le justifie par actes & titres autentiques, & en bonne forme.

Or il est impossible que le seigneur de Coudun soit le seigneur féodal de la justice d'Elincourt. Cette proposition est très-facile à établir. Un seigneur de fief ne peut être seigneur féodal de la justice du fief servant, qu'elle n'ait fait autrefois partie de la justice du fief dominant, & qu'elle n'en ait été démembrée. Or cela ne peut jamais se faire légitimement ; parcequ'en France, d'une justice on ne peut pas en faire deux. Brodeau, sur l'article 51 de la coutume de Paris, dit qu'il en a vû plus de vingt arrêts. *Non est admittenda multiplicatio tribunalium*, dit Dumoulin ; & la raison qu'en rend Loyseau, dans son traité de l'abus des justices de village, est que l'on ne peut, en France, démembrer une justice, sans la permission du Roi, qui l'a concédée une fois, pour être exercée toute entiere, dans un seul siége, sur tout un territoire ; auquel cas, *jurisdictio non cohæret agris privatis, sed universo territorio.* On peut bien concéder une portion de son fief en arriére-fief, continuë Loyseau : mais on ne peut pas ériger une arriére-justice, par deux raisons. La premiére est qu'il n'y a que le Roi qui puisse créer une justice, & donner à un particulier la propriété du commandement, & le pouvoir perpétuel d'établir des magistrats ; *potestas constituendorum magistratuum ad justitiam expediendum, de regalibus est.* La seconde raison est que cette multiplication de justices est un éloignement & une diminution du pouvoir du prince. Ainsi, quand on prouveroit qu'une justice dériveroit d'une autre, le titre seroit vicieux dans sa source, & ne pourroit pas attribuer le droit de confiscation au préjudice du Roi, dont on auroit usurpé les droits.

Mais il y a plus : quand on seroit véritablement, & à juste titre, seigneur féodal d'une justice, ce ne seroit pas une raison, pour en prétendre la confiscation. Cette vérité s'établit, en réfutant quelques objections qui étoient proposées de la part de M. le maréchal d'Humieres.

Si, pour profiter de la confiscation criminelle, il faut avoir le titre de haut-justicier, on ne peut avoir un meilleur moïen, pour prendre cette qualité, dans une terre, que d'être seigneur dominant de la justice. C'étoit une des propositions de M. d'Humieres.

Mais on confondoit, dans cette proposition, les seigneurs féodaux des justices, & les seigneurs haut-justiciers. Cependant il y a entr'eux une grande différence.

On peut, dans la justice, considérer deux choses. On peut la considérer en elle-même, par rapport à son origine & à ses effets, qui consistent dans les fonctions publiques ; & on peut la considérer comme faisant partie de notre patrimoine & de notre domaine, & comme un droit qui produit des émolumens.

Au premier cas, elle n'est ni domaniale, ni patrimoniale ; elle ne tombe point dans le commerce. Elle ne peut être ni venduë, ni partagée. Elle est aussi différente & aussi éloignée de nos autres biens, que les choses sacrées le sont des choses prophanes; & les choses publiques, des particuliéres. Ainsi, en considérant une justice dans ce sens, il seroit, dit Dumoulin, très-absurde, & même très-pernicieux qu'elle fût vénale, *tanquam vile aliquod mancipium*. Ce n'est point aussi en ce sens qu'il faut la considérer.

Dans le second cas, étant regardée comme un droit utile, quoiqu'elle soit incorporelle, elle ne laisse pas de faire partie de notre domaine. Elle tombe dans le commerce; on en peut disposer comme d'une chose corporelle & patrimoniale; elle peut être inféodée & tomber dans le domaine direct & utile. *Prout jurisdictio consideratur esse in patrimonio & dominio nostro, isto respectu potest infeudari & subfeudari, & cadere sub dominio directo, vel utili*, dit Dumoulin, sur l'art. 1 de la coutume de Paris, glos. 5, n. 62.

Ce principe posé, que la justice doit être regardée comme un domaine féodal, qui produit des fruits, il faut y distinguer deux sortes de seigneuries; la seigneurie publique, & la seigneurie privée. La seigneurie publique est le pouvoir qu'a le magistrat qui exerce la justice dans l'étenduë de son territoire. La seigneurie privée comprend deux autres dégrés de seigneuries, sçavoir, la directe & l'utile, qui sont deux seigneuries très-distinctes & très-séparées.

La directe est celle qui regarde la féodalité & la mouvance de la justice, & qui n'appartient jamais qu'au Roi; parceque, suivant Loyseau, il n'y a que le Roi qui puisse inféoder des justices en France : & c'est cette seigneurie directe que M. d'Humieres prétendoit sur la justice d'Elincourt.

La seigneurie utile est celle qui appartient aux seigneurs haut-justiciers. Or le seigneur féodal de la justice n'est proprement qu'un seigneur direct, qui n'a plus rien dans la chose féodale, que la rétention de quelques droits domaniaux & honoraires, comme la foi & hommage, qui ne sont dûs qu'aux mutations, & qui ne concernent & ne comprennent point les droits utiles de la justice. Ainsi le seigneur féodal & direct de la justice ne peut point dire qu'il en a la propriété; car s'il l'a concédée autrefois, il n'y peut plus rien prétendre, vû qu'il s'est dépouillé de tous les droits utiles, pour les transmettre à un autre.

Le seigneur haut-justicier est proprement celui qui jouït de la justice. Il en a la pleine propriété, il la fait exercer, il en nomme les officiers, il fait faire les commandemens & les publications, quand il s'en trouve à faire. Tout cela s'exerce sous le nom du haut-justicier lui-même, & non sous le nom du seigneur féodal.

Il faut donc raisonner de la justice comme des fiefs. Les fruits d'un fief appartiennent au seigneur utile, qui en est le véritable propriétaire, & non point au seigneur féodal, direct & dominant, si ce n'est en cas d'ouverture du fief, & de main-mise, faute de foi & hommage. De même, en cas de justice, les fruits & émolumens, comme les amendes, confiscations, deshérences, biens vacans, revenus des greffes, notariats, profits de la vente des charges, appartiennent au haut-justicier, qui est le seigneur utile, & non point au seigneur féodal, direct & dominant de la justice. Par conséquent, celui qui n'est que seigneur féodal ne peut pas avoir la confiscation, qui ne peut appartenir qu'au haut-justicier.

Pour que M. d'Humieres eût pû prétendre à la justice d'Elincourt, il auroit fallu que la justice eût été détachée du fief, lorsqu'il a été confisqué, qu'elle eût appartenu à M. d'Humieres, avant la condamnation du sieur Benoist, ou qu'il l'eût saisie féodalement, faute de foi & hommage; & que, pendant qu'il en auroit joui & fait les fruits siens, la confiscation du fief eût été adjugée: en ce cas, comme il auroit été propriétaire de la justice du territoire dans lequel est le fief, il lui auroit été adjugé par la voïe de la confiscation: mais il n'en étoit pas ainsi. Le sieur Benoist, lors de sa condamnation, jouïssoit & du fief & de la justice: ainsi, par la même raison que M. d'Humieres ne pouvoit rien prétendre dans le fief, qui n'étoit pas dans sa justice, il ne pouvoit rien prétendre non plus dans la justice, dont il n'avoit que la directe: & ne pouvant rien prétendre dans la justice, il ne pouvoit jamais rien prétendre dans la confiscation du fief.

En accordant même que M. le maréchal d'Humieres fût rentré, comme il le prétendoit, dans la justice d'Elincourt, ce ne pouvoit être qu'au moment & en vertu de la condamnation du sieur Benoist. Par la condamnation, la justice étoit confisquée comme le fief: ainsi, M. le maréchal d'Humieres rentroit dans une justice confisquée. Or, en vertu de cette justice confisquée, il ne pouvoit pas prétendre le fief confisqué. Il auroit fallu qu'il eût eu, sur le fief, une justice qui lui eût appartenu de son chef, & qui n'eût point été confisquée. Celle de Coudun ne s'étend point sur Elincourt. Il n'en a aucune autre qui s'y étende : par conséquent n'étant simplement que seigneur féodal de la justice d'Elincourt, il ne peut rien prétendre dans la confiscation du fief de la justice.

Il est donc clair que, dans le cas que nous examinons ici, ni la justice, ni le fief, ne peuvent être confisqués au profit du seigneur féodal. Il est question maintenant d'examiner à qui cette confiscation doit appartenir.

Les appellations de la justice d'Elincourt ressortissent au bailliage de Compiégne, qui est un siége roïal. Le Roi est donc seigneur immédiat du ressort de la justice d'Elincourt ; & en cette premiére qualité, la confiscation lui appartient, aïant été prononcée pour le délit du haut-justicier lui-même. C'est la disposition précise de la coutume de Nivernois, titre des confiscations, article 2. » Et si la haute-justice de choses confisquées appartient » au criminel, la confiscation appartient au seigneur du ressort » immédiat. » D'où il résulte, suivant Coquille, » que la con- » fiscation est faite de jurisdiction ; car le seigneur par ressort est » seigneur justicier de son inférieur, & a droit de le corriger, » non-seulement en cas d'appel, pour réformer les sentences de » ses juges ; mais aussi en sa personne ; & le territoire de la justice » inférieure est censé être du territoire de la justice supérieure, » par son ressort. » Dans le fait, le sieur Benoist étoit seigneur d'Elincourt, lors de sa condamnation. Il étoit haut-justicier dans sa terre. Il n'étoit pas justiciable du juge de Coudun, qui est le juge du fief dominant d'Elincourt, puisque la justice de Coudun ne s'étend point dans Elincourt, & qu'il y a une justice particuliére qui ne reléve point à Coudun. D'un autre côté, le sieur Benoist ne pouvoit pas être justiciable de son juge ; parceque c'est une maxime que le haut-justicier ne peut être jugé par son juge même, & principalement quand il s'agit de quelque recherche criminelle, suivant Loyseau, dans son traité des seigneuries, chap. 1, n. 77 ; & Coquille, en son institution, chapitre du droit de roïauté. Le sieur Benoist étoit donc justiciable du bailli de Compiégne où sa justice ressortissoit. C'est le sentiment de Coquille, qui dit que le haut-justicier inférieur est justiciable de son supérieur. Quoique le Roi ait fait faire le procès au sieur Benoist, par des commissaires qui n'étoient point ses juges naturels, il n'a pas prétendu déroger à ses droits. Il a changé les juges pour ce fait seulement. Le bailli de Compiégne n'a pas cessé, pour cela, d'être son juge naturel, relativement au territoire d'Elincourt. Or le ſieur Benoiſt étoit, dans ſa terre d'Elincourt, juſticiable du Roi, & nullement de M. d'Humieres. Il ſuit donc néceſſairement que la confiſcation appartient au Roi, comme ſeigneur haut-juſticier.

Cette maxime, que la confiſcation d'une terre où il y a haute-juſtice appartient au ſeigneur de la juſtice ſupérieure, eſt encore confirmée par Dufreſne, ſur l'article 225 de la coutume d'Amiens.

Mais il y a plus: la confiſcation du fief d'Elincourt appartenoit au Roi, non ſeulement comme haut-juſticier ſupérieur de la terre d'Elincourt, à cauſe de ſon droit de reſſort: mais elle lui appartenoit comme Roi; ne ſe trouvant aucun haut-juſticier dans Elincourt pour l'exclure de ce droit.

Le droit de confiſcation, dans ſon origine, appartient au Roi, à l'excluſion de tous autres, en qualité de ſeigneur haut-juſticier univerſel, dans ſon roïaume. Ce droit, qui n'étoit qu'une ſuite & une continuation du droit des Romains, qui n'ont jamais reconnu l'uſage des hautes-juſtices en la perſonne des particuliers, s'eſt obſervé en France, juſque dans le dixiéme ſiécle. Ce n'a été, comme nous l'avons remarqué plus haut, que du tems de Hugues Capet, que les particuliers ont commencé à partager le droit de confiſcation; parceque, comme l'hiſtoire le rapporte, ce prince voulant ſe concilier la bienveillance des grands du roïaume, rendit les fiefs héréditaires, & concéda, en même tems, aux particuliers le droit de haute-juſtice: ainſi, en partageant ce droit avec ſes ſujets, il leur abandonna, par une ſuite néceſſaire, le droit de confiſcation, comme étant un droit dépendant de la juſtice.

Quantité de nos auteurs prétendent même que c'eſt une uſurpation de la part des ſeigneurs; & la queſtion de ſçavoir ſi la confiſcation appartient au Roi ſeul, à l'excluſion des ſeigneurs haut-juſticiers, a long-tems été agitée au parquet. Quoi qu'il en ſoit, Dumoulin, après avoir poſé pour principe que le Roi a ſeul le droit de confiſcation dans ſon roïaume, ajoûte; *princeps tamen, in hoc regno conceſſit jus bonorum publicatorum, ſeu propter crimen confiſcatorum, dominis quibus conceſſit & infeodavit merum imperium, & altam juſtitiam in regno ſuo.*

Il eſt donc conſtant que le droit de confiſcation, qui appartient aux haut-juſticiers, n'eſt qu'une portion du droit purement roïal & de la ſouveraineté; & que les particuliers n'en joüiſſent que par une conceſſion ſpéciale, & par une exception au droit commun. Ce principe posé, si, dans le droit de confiscation, il se trouve un haut-justicier, il offusque, en quelque sorte, la puissance roïale, & retranche une portion du droit primitif & universel du Roi, pour les biens qui sont situés dans sa justice : mais s'il ne se trouve point de haut-justicier, qui arrête l'effet des droits du Roi, ils agissent dans toute leur étenduë ; & en vertu de sa qualité de Roi, il prend tous les biens confisqués. Il faut donc, pour qu'ils ne lui appartiennent pas, qu'ils se trouvent dans l'étenduë d'une de ces justices qu'il a bien voulu démembrer de la sienne.

Cette question a été jugée par deux arrêts du parlement de Bourgogne, rapportés par Despringle, en son commentaire sur la coutume de la même province, titre des confiscations, art. 1. Voici ses termes : » si le haut-justicier confisque son corps & » ensuite ses biens, la seigneurie de haute-justice appartient au » Roi, soit qu'il la tienne en fief immédiatement du Roi, ou » d'un autre, en arriére-fief du Roi. Ainsi jugé par arrêt, au » profit du Roi, pour la seigneurie du Barrois, acquise par » confiscation du corps du sieur de Barrois, contre le roi d'Es» pagne, comte de Charolois, en 1574, & depuis, pour la sei» gneurie de Porlan, contre le seigneur de Gasté, seigneur de » Longny sur le Doux en l'an 1584. Nonobstant que lesdits » sieurs de Charolois & de Longny prétendissent lesdites sei» gneuries de Barrois être du fief du comté de Charolois, ce » qui est vrai ; & le sieur de Gasté celle de Porlan être de la » mouvance de son fief & seigneurie de Longny, ce qui ne lui » fut pas accordé ; & néanmoins, sans préjudice de cette ques» tion féodale, la cour adjugea au Roi la confiscation de Porlan, » qui montre bien que cette question féodale n'étoit pas préjudi» ciable ; car autrement la cour eût différé le jugement de la con» fiscation, jusqu'à ce qu'il eût été décidé à qui la mouvance du » fief de Porlan appartiendroit.

» La raison de cette adjudication, continuë ce commenta» teur, est qu'en la coutume de Bourgogne, la confiscation des » biens n'appartient qu'au seigneur haut-justicier, ou à celui de » la taille, ou à celui de la main-morte, & ne parle point » qu'elle appartienne au seigneur féodal, *ex delicto com*» *muni.* »

La question, par ces arrêts, est jugée *in terminis*, au profit du Roi. 1°. La coutume de Senlis, dans l'étenduë de laquelle est située la terre d'Elincourt, est entiérement conforme à la disposition

tion de la coutume de Bourgogne, en ce qu'elle ne donne la confiſcation qu'au ſeigneur haut-juſticier, & non au ſeigneur féodal. 2°. Dans les terres de Barrois & de Porlan il y avoit haute, moïenne & baſſe-juſtice ; & cependant l'une étoit dans la mouvance du roi d'Eſpagne, & l'autre dans celle du ſieur de Gaſté. Néanmoins elles ont été adjugées au Roi, par confiſcation.

M. de Lamoignon, avocat général, qui porta la parole, lors de la plaidoirie, conclut à ce que la moitié de la terre fût adjugée à M. le maréchal d'Humieres à titre de confiſcation. Les parties furent appointées au conſeil, le 30 décembre 1683. Les concluſions de M. le procureur général, ſur le procès par écrit, furent conformes à celles que M. de Lamoignon avoit données, lors de la plaidoirie. M. Petit, raporteur, fut auſſi de même avis au mois d'avril 1685. Mais la grand'chambre fut partagée ſur cette queſtion. La premiére des enquêtes fut choiſie, pour départir ; & nous ignorons quel a été le jugement définitif.

Quoi qu'il en ſoit, nous croïons que, dans la régle générale, le fief doit être confiſqué au profit de celui à qui appartient la juſtice à laquelle reſſortit celle qui eſt dans le cas de la confiſcation, ſoit le Roi, ſoit tout autre ſeigneur haut-juſticier ; & nous ſommes perſuadés que les principes que nous venons de rapporter, & qui furent établis de le part de la veuve du ſieur Benoiſt, comme donataire du Roi, dont elle ſoutenoit les droits, ſont les véritables.

DISTINCTION II.

Dans quels cas la confiſcation a lieu ?

La confiſcation des biens, quand elle procéde d'un crime commis par celui à qui ils appartiennent, ne peut jamais avoir lieu qu'en conſéquence d'une condamnation ; & il faut que cette condamnation emporte mort civile. Si elle ne tendoit même qu'à l'infamie ; ſi, par exemple, le coupable étoit banni, ou condamné aux galéres, pour un tems, il n'y auroit pas de confiſcation. En un mot, les biens ne peuvent être confiſqués, que le corps ne le ſoit auſſi. C'eſt une maxime générale dans tous les païs où la confiſcation eſt admiſe : mais ces deux confiſcations ſont inſéparables l'une de l'autre. Enſorte que, ſi un homme eſt condamné au banniſſement perpétuel ; ſi ce n'eſt que d'une province, comme il n'eſt pas mort civilement, ſes biens ne ſont point confiſqués. Cependant Basnage, sur l'article 143 de la coutume de Normandie, pense que, dans ce dernier cas, une cour souveraine peut prononcer la confiscation, quoique le bannissement à perpétuité ne soit que d'une province : mais il faut qu'elle soit prononcée expressément dans l'arrêt. Hors ce cas, tout jugement prononçant une peine, qui emporte la mort civile, emporte confiscation, sans qu'il soit nécessaire de l'énoncer. La coutume de Nivernois, titre des confiscations, art. 1, contient une disposition formelle à ce sujet : » Qui confisque le corps, il confis» que les biens : qui est-à-dire, qui est jugé & exécuté à mort » par justice, ou banni à perpétuel, il confisque les biens, » sans autre déclaration de la confiscation. » La même chose doit avoir lieu dans les autres coutumes. Il n'est pas besoin que le juge prononce. C'est une suite nécessaire de la condamnation : mais il faut bien observer qu'elle n'a lieu que dans les cas & dans les tems précisément où la mort civile est encourue.

Comme les biens ne peuvent être confisqués, que le corps ne le soit aussi, il y a des crimes, même atroces, qui semblent ne pas emporter la confiscation. Tel est l'homicide de soi-même ; tel est encore le duel ; sur-tout relativement à ceux qui sont tués dans le combat. La raison de douter est que le crime n'étant consommé que par la mort du coupable, il semble que son corps ne peut pas être confisqué. On ne peut plus lui infliger aucune peine.

A l'égard de l'homicide de soi-même, les loix romaines avoient établi plusieurs distinctions, dont nous allons rendre compte. C'étoit une régle générale que quiconque s'étoit donné la mort, pour prévenir la rigueur des peines dont il étoit menacé, pour quelque crime par lui commis, confisquoit ses biens. *Qui rei postulati, vel qui in scelere deprehensi, metu criminis imminentis mortem sibi constituerunt, heredem non habent. l. 3 ff. de bonis eorum qui antè sentent.* Si cependant le coupable s'étoit tué avant l'accusation intentée, ses biens n'étoient point confisqués ; parcequ'onp résumoit alors que c'étoit moins l'atrocité du crime en lui-même, que les remords de la conscience du coupable, qui l'avoient engagé à se défaire lui-même : ensorte que, pour que la confiscation eût lieu dans ce cas, il falloit ou que le coupable eût été pris en flagrant délit, ou que l'accusation fût intentée. *Papinianus tamen, libro sexto decimo responsorum, ita rescripsit, ut qui rei criminis non postulati manus sibi intulerint, bona eorum fisco non vindicentur. Non enim facti sceleritatem esse obnoxiam, sed conscientiæ metum in reo velut confesso teneri placuit. Ergò aut postulati esse debent, aut in scelere deprehensi, ut, si se interficerint, bona eorum confiscentur. Ibid.* En un mot, les biens d'un coupable qui se donnoit la mort lui-même, n'étoient confisqués que dans le cas où il auroit dû être condamné à la mort, ou à la déportation. *Ut autem divus Pius rescripsit, ita demùm bona ejus qui in reatu mortem sibi conscivit fisco vindicanda sunt, si ejus criminis reus fuit, ut si damnaretur, morte aut deportatione adficiendus esset. ibid. §. 1.* C'est pourquoi, s'il n'étoit coupable, par exemple, que d'un vol assez léger, on conservoit ses biens à ses héritiers; parcequ'on ne les lui auroit pas ôtés à lui-même, s'il avoit été condamné pour ce crime. *Idem rescripsit, eum qui modici furti reus fuisset, licet vitam suspendio finierit, non videri in eâdem causâ esse, ut bona hæredibus adimenda essent, sicut neque ipsi adimerentur, si compertum in eo furtum esset. ibid. §. 2.* Ensorte que la confiscation n'avoit lieu, après le suicide, que dans le cas où celui qui l'avoit commis étoit accusé d'un crime qui auroit emporté confiscation, si la condamnation s'étoit ensuivie. *Ergò ita demùm dicendum est, bona ejus qui manus sibi intulit fisco vindicari, si eo crimine nexus fuit, ut, si convinceretur, bonis careat. ibid. §. 3.* Telle étoit la jurisprudence, par rapport aux coupables qui se donnoient la mort.

Mais, quand on se portoit à cette extrémité, soit par ennui de la vie, ou pour mettre fin à quelque douleur cuisante & insupportable, il n'y avoit point lieu à la confiscation. *Si quis autem tædio vitæ, vel impatientiâ doloris alicujus, vel alio modo vitam finierit, successorem habere divus Antoninus rescripsit. ibid. §. 4.*

Lorsqu'un pere se tuoit lui-même, parcequ'on l'accusoit d'avoir donné la mort à son fils, on supposoit qu'il ne s'étoit défait qu'à cause du chagrin qu'il ressentoit de la perte de son enfant; & ses biens n'étoient point confisqués. *Videri autem & patrem, qui sibi manus intulisset, quòd diceretur filium suum occidisse, magis dolore filii amissi mortem sibi irrogasse, & ideò bona ejus non esse publicanda divus Hadrianus rescripsit. ibid. §. 5.*

Il falloit donc examiner quelle étoit la cause du suicide; & il étoit toujours puni, quand il partoit de tout autre motif que de l'ennui de la vie. On punissoit même ceux qui avoient eu intention de le commettre, quand même ils n'auroient pas pû venir à bout d'exécuter leur dessein; sur-tout quand ils n'avoient eu aucun motif raisonnable pour se porter à une telle extrémité; parcequ'il y a tout lieu de craindre qu'un homme, qui ne s'épargne pas lui-même, n'épargne pas les autres non-plus. *Sic autem hoc distinguitur interesse quâ ex causâ quis sibi mortem conscivit, sicuti cum quæritur an is qui sibi manus intulit, & non perpetravit, debeat puniri, quasi de se sententiam detulit. Non omnimodo puniendus est, nisi tædio vitæ, vel impatientiâ alicujus doloris coactus est hoc facere. Et meritò, si sine causâ sibi manus intulit, puniendus est: qui enim sibi non pepercit, multò minùs alii parcet. ibid.* §. 6.

Lorsqu'un homme se donnoit la mort dans la prison, & que ses héritiers se présentoient pour purger sa mémoire, & le justifier du crime dont il étoit accusé, on les écoutoit; & la confiscation n'avoit lieu que quand ils ne pouvoient prouver l'innocence du défunt. *De illo videamus, si quis conscitâ morte, nullâ justâ causâ præcedente, in reatu decesserit, an si parati fuerint heredes causam suscipere, & innocentem defunctum ostendere, audiendi sint, nec priùs bona in fiscum cogenda sint, quàm si de crimine fuerit probatum, an verò omnimodò publicanda sunt? Sed divus Pius Modesto Taurino rescripsit, si parati sint heredes deffensiones suscipere, non esse bona publicanda, nisi de crimine fuerit probatum. ibid.* §. 8.

Telle étoit la jurisprudence des Romains, sur le suicide. Plongés qu'ils étoient dans les ténébres du paganisme, ils ne regardoient point cette action en elle-même, comme un crime; elle ne le devenoit que par les circonstances: c'étoit même une action héroïque de s'ôter la vie soi-même, lorsqu'on ne pouvoit plus la conserver avec le même honneur dont on avoit joui jusqu'alors. Caton d'Utique en est un exemple célébre: mais les lumiéres du christianisme nous ont déssillé les yeux sur cette matiére. Tout homme qui se tue volontairement, de quelque maniere que ce soit, quoiqu'il n'eût auparavant commis aucun crime, & qu'il ne fût point entre les mains de la justice, se rend coupable d'un homicide, *est verus homicida & reus homicidii: cùm se ipsum interficiendo, innocentem hominem interfecerit. Nemini liceat se ipsum occidere, nec spontaneam mortem sibi inferre; homo enim non est vitæ suæ dominus: & vetat Pythagoras decedere de præsidio & statione vitæ, injussu imperatoris, hoc est Dei. can. si non licet 23. qu. 3.* Les canons défendent de faire mémoire, dans le sacrifice de la messe, de ceux qui se sont rendus coupables de ce crime, & de leur donner la sépulture ecclésiastique. *Placuit ut iis qui sibi ipsis voluntariè per ferrum, aut per venenum, aut per præcipitium, aut per suspendium, vel quolibet modo inferunt mortem, nulla prorsùs pro illis in oblatione commemoratio fiat, neque cum psalmis ad sepulturam eorum cadavera deducantur. Can. placuit, eod.*

L'ordonnance de 1670, tit. 22, art. 1, porte que procès sera fait au cadavre de celui qui s'est tué lui-même ; & la peine que l'on prononce ordinairement est que le cadavre sera traîné sur une claïe au lieu du supplice, pour y être attaché par les pieds, à une potence, & ensuite jetté à la voirie, & ses biens confisqués, lorsque le lieu de leur assiette est dans une coutume où la confiscation a lieu.

Il faut cependant excepter le cas où celui qui se seroit rendu coupable de ce crime auroit été furieux & insensé. Ne sçachant pas ce qu'il faisoit, il ne peut pas être réputé coupable. *Secùs dicendum de his qui per furorem, vel insaniam mortem sibi consciverunt. Hi enim, cum nesciant quid agant, & satis furore puniantur, culpâ vacant. Can. si quis insaniêns.* 15, *qu.* 1. C'est pourquoi, quand on fait le procès à un cadavre, pour raison de ce crime, on ne manque jamais de faire, à la requête du procureur du Roi, ou du procureur fiscal, une enquête des vie & mœurs du défunt, & de l'état où étoit son esprit & sa raison, lorsque le malheur lui est arrivé.

Il en est de même du crime de duel, & de ceux qui se sont trouvé tués dans une rébellion publique. L'ordonnance, au même endroit, veut que le procès soit fait à leur cadavre. La confiscation, par conséquent, est prononcée contr'eux, lorsqu'ils sont convaincus.

DISTINCTION III.

Quels juges peuvent prononcer la confiscation ?

Quelques auteurs ont prétendu que la confiscation des biens, ordonnée par une puissance étrangére, s'étend sur tous les biens du condamné, dans quelques païs qu'ils soient situés : mais nous avons fait voir plus haut, que les sujets du Roi ne sont justiciables que de ses officiers. Ainsi toute condamnation prononcée contr'eux par d'autres juges que par les siens, ou ceux des seigneurs qu'il veut bien autoriser à cet effet, est regardée en France comme non avenuë. C'est pourquoi, quand un François est exécuté à mort dans un païs étranger, on le regarde ici comme s'il étoit mort naturellement, & sa succession est réglée en conséquence de cette fiction. C'est donc un principe certain, qu'il n'y a que les juges de France uniquement qui puissent prononcer la confiscation. Mais on demande si tous ceux qui ont cette qualité peuvent la prononcer.

Nous avons encore vû que, suivant les véritables principes, le Roi seul devroit avoir part aux confiscations. Par une suite des mêmes principes, les juges des seigneurs ne devroient pas avoir le droit de les prononcer : mais ils ont usurpé l'un & l'autre, & nos Rois ont bien voulu ne point les troubler dans cette usurpation; ensorte que c'est aujourd'hui un principe du droit public de la France, que les juges des haut-justiciers peuvent prononcer la confiscation, dans les provinces où elle a lieu, comme les juges roïaux.

On a encore agité la question de sçavoir si le jugement à mort, prononcé par le conseil de guerre, emporte confiscation? Nous avons déja fait voir que ces sortes de jugemens emportent la mort civile; d'où il suit nécessairement qu'ils confisquent les biens du condamné; puisque le corps étant confisqué, les biens le sont aussi dans les provinces qui admettent la confiscation. La guerre a ses loix & sa justice, qui produit les mêmes effets que la justice sédentaire. Coquille, sur la coutume de Nivernois, titre des confiscations, article 1, va même plus loin. Il dit qu'anciennement, quand un soldat étoit pris en flagrant délit, les prevôts des maréchaux le faisoient pendre sur le champ, sans autre forme de procès; & qu'une telle exécution, quoique contraire aux régles, en apparence, ne laissoit pas de produire la confiscation; parcequ'une telle condamnation étoit légitime. Elle étoit autorisée par les loix.

On peut encore examiner ici deux questions. La premiére consiste à sçavoir si la condamnation de mort, prononcée dans une province où la confiscation n'a point lieu, confisque les biens du condamné situés dans une autre province, où elle a lieu? La seconde, si la confiscation prononcée dans une province où elle est autorisée, a lieu sur les biens du condamné situés dans le district d'une coutume qui ne l'admet point.

Basnage, sur l'article 143 de la coutume de Normandie, examine ces deux questions, & décide la premiére pour la négative. Il fonde cette décision sur un arrêt qu'il rapporte, & sur quelques raisonnemens. Nous allons tâcher de les réfuter.

En 1597, un soldat, normand d'origine, mais domicilié en Bretagne, avoit été condamné à mort par le prevôt de Dinan. Ses meubles seulement furent confisqués; parceque, suivant l'article 658 de la nouvelle coutume de Bretagne, la confiscation d'héritages n'a point lieu. Ce soldat possédoit des immeubles en Normandie. Ses enfans s'en mirent en possession, & en jouïrent pendant vingt & un ans, depuis la condamnation. Au bout de ce tems le seigneur féodal demanda à être renvoïé en possession de ces biens, sous prétexte qu'ils avoient été confisqués à son profit, par le jugement de condamnation. Sa demande lui fut accordée, par sentence des requêtes du palais: mais elle fut infirmée par arrêt, & les enfans maintenus & gardés en la possession des héritages de leur pere. Tel est l'arrêt sur lequel Basnage appuïe son opinion: mais on peut dire que cet arrêt ne juge point la question. En effet, il est certain, & c'est une maxime que personne n'ignore, que tout crime est éteint par vingt ans. Si le crime est éteint, la peine l'est aussi. *Cessante causâ, cessat & effectus.* La confiscation est une peine; elle ne peut donc pas être demandée, après les vingt ans expirés, depuis le crime commis, comme dans l'espéce présente, où le seigneur avoit laissé écouler vingt & un ans.

Notre auteur ajoûte, qu'on pouvoit dire en faveur des enfans, que la sentence n'avoit point jugé la confiscation des immeubles, & qu'ainsi elle ne pouvoit s'étendre par interprétation. Cette maxime, continuë-t-il, *qui confisque le corps, confisque les biens*, n'a lieu que quand les biens sont situés dans une coutume qui contient une pareille disposition. Mais quand un magistrat a sa puissance limitée, & que, selon les loix de son territoire, il ne peut confisquer les immeubles, il peut bien moins confisquer ce qui est dans une autre province, quoique la confiscation y ait lieu.

Il est étonnant qu'un auteur aussi judicieux & aussi éclairé que l'étoit Basnage ait laissé échaper un raisonnement aussi peu solide. Quelques lignes au-dessus de l'endroit que nous venons de rapporter, il est convenu que la confiscation, étant ordonnée par la coutume, est de plein droit, quoiqu'elle ait été omise dans l'arrêt ou dans la sentence de condamnation. Elle a donc toujours lieu sur les biens, en vertu de la coutume, quand elle est prononcée contre la personne du propriétaire de ces biens. *Qui confisque le corps, confisque les biens.* Il suffit que le corps ait été légitimement confisqué, pour que les biens le soient au même instant. Dans le cas que nous examinons ici, la confiſcation du corps a été prononcée par un juge compétent. Elle eſt donc légitime. Ainſi elle doit produire tous ſes effets. Dans la coutume de Normandie, dans celle de Paris, & dans toutes celles qui ont une pareille diſpoſition, un des effets les plus néceſſaires de la confiſcation du corps eſt de produire celle des biens. Elle va donc de droit. La puiſſance du magiſtrat eſt limitée à la vérité : mais elle ne l'eſt que pour ſon territoire : c'eſt-à-dire, qu'il ne peut pas ordonner une confiſcation qui eſt défendue par ſa coutume : mais ce défaut de pouvoir ne s'étend que ſur les biens régis par la loi qui porte cette prohibition. Il y a plus. Ce n'eſt point le magiſtrat qui confiſque les biens dans les païs où la confiſcation de biens eſt ordonnée. C'eſt la loi, qui veut que le corps étant confiſqué, les biens le ſoient auſſi.

Baſnage ajoûte que les ſtatuts, pour les confiſcations, ſont réels. Il eſt vrai qu'ils ſont réels, & cette maxime même détruit ſon opinion ; puiſqu'en conſéquence de cette réalité, les biens doivent ſuivre la diſpoſition de la coutume qui les régit.

Sur la ſeconde queſtion, qui conſiſte à ſçavoir ſi la confiſcation, jugée dans un païs où elle eſt en uſage, peut s'étendre en un autre lieu où elle n'eſt point admiſe, Baſnage décide, contre le ſentiment de pluſieurs auteurs, qu'elle n'a point lieu, dans ce cas, pour les païs où elle n'eſt point admiſe, parcequ'il ne ſe fait point d'extenſion de coutume à coutume. Il eſt étonnant que ce principe, qu'il invoque ici, ne lui ait pas fait ouvrir les yeux ſur la queſtion précédente. En effet, ſi le ſentiment qu'il a voulu ſoutenir ſur la premiere queſtion étoit vrai, le principe que nous venons de poſer, d'après lui, ſeroit faux, puiſqu'une coutume où la confiſcation n'a point lieu s'étendroit ſur les biens d'une autre où elle auroit lieu, pour les en ſouſtraire. Ainſi, en partant des principes même de cet auteur, nous croïons qu'on doit rejetter la premiere de ſes déciſions, & admettre la ſeconde.

De tout ce qui vient d'être dit, il ſuit que tout juge aïant juriſdiction en France, & compétence pour connoître des crimes qui emportent mort civile, peut confiſquer. Il nous reſte maintenant à examiner le pouvoir des juges eccléſiaſtiques, à cet égard.

Si l'on en croïoit les docteurs ultramontains, le juge d'égliſe pourroit non-ſeulement condamner au fouet, mais confiſquer les biens, de quelque nature qu'ils fuſſent, & les adjuger à la chambre apoſtolique, ou à l'évêque du lieu. Ils établiſſent pour maxime que l'égliſe a un fiſc ; d'où ils tirent cette conſéquence, que

que les biens des eccléſiaſtiques ſuivant la condition de la perſonne, & la perſonne devant être jugée par l'égliſe, ces biens doivent être appliqués au fiſc de l'égliſe. *Bona clericorum, cum conſequantur conditionem perſonæ, ut perſonæ ipſæ judicantur ab eccleſiâ, ita bona eorum fiſco eccleſiæ confiſcantur.* Ils ajoûtent que *eccleſia gaudet omnibus privilegiis, quibus imperium*; d'où ils concluent que la confiſcation doit avoir lieu *in utroque foro.*

Mais ces maximes ont été réprouvées, comme contraires à nos libertés. Nous tenons en France, comme un principe certain, que l'égliſe n'a point de territoire, & qu'elle n'a point, par conſéquent, droit de confiſquer. Les biens des eccléſiaſtiques ſont ſous la ſouveraineté du Roi, qui ſeul eſt le maître de tout le temporel de ſon roïaume, ſans que perſonne ſoit en droit de prétendre même la plus petite apparence de concurrence à ce ſujet. Lors donc qu'il y a lieu de confiſquer le patrimoine d'un eccléſiaſtique, cette confiſcation ne ſe peut faire que de l'autorité du magiſtrat ſéculier, qui agit en conſéquence du pouvoir que le Roi lui a confié. Ces biens ſont profanes, & ne ſuivent point la qualité de la perſonne. Cela ne pourroit, tout-au-plus, avoir lieu que *quoad utilitatem perſonæ*, & non pas *quoad utilitatem alterius.* Or il importe peu à un clerc, dont les biens ſont confiſqués, que cette confiſcation tourne au profit du Roi, ou au profit du pape ou de l'évêque. Ils n'en ſont pas moins perdus pour lui & pour ſa famille. Ce prétendu privilége de ſes biens ne lui ſeroit donc d'aucune utilité. Il ne ſerviroit qu'à priver le Roi & les haut-juſticiers d'un droit qui leur appartient eſſentiellement.

Enfin il ne faut point comparer l'égliſe, quant au droit de juriſdiction, avec l'empire; parceque le territoire du roïaume eſt au Roi, & l'égliſe n'en a point. Les juges établis par le Roi prononcent ſur les différends que l'on porte à leur tribunal, & font mettre leurs jugemens à exécution, par toutes les voïes dûes & raiſonnables; au lieu que le juge d'égliſe ne le peut faire ſans implorer l'aſſiſtance du bras ſéculier. D'où il ſuit que le pouvoir de confiſquer les biens d'un coupable excéde les facultés du juge eccléſiaſtique; parceque, quoiqu'il ſoit juge ordinaire, quant au délit eccléſiaſtique, qu'on appelle délit commun, il n'eſt pas juge ordinaire quant au territoire; l'égliſe n'en ayant point. Le juge laïc peut donc ſeul, comme ſeul juge du territoire, ordonner la confiſcation des biens ſitués dans l'étendue de ſa juriſdiction.

Oldrade, quoiqu'ultramontain, a regardé nos maximes ſur

cette matiére comme si sages, qu'elles devroient, selon lui, être suivies par-tout. *Ubi bona clericorum immobilia publicantur*, dit-il, consil. 17, en parlant de la France, *& applicantur dominis temporalibus, de more curiæ Gallicanæ, & sic se habet consuetudo generalis Franciæ.*

L'église voïant qu'elle ne pourroit pas s'arroger le droit de confisquer, a voulu le réduire aux meubles, parcequ'ils suivent la qualité de la personne, & aux biens, tant mobiliers qu'immobiliers, de ceux qui seroient condamnés pour hérésie : mais cette prétention n'a pas mieux réussi. Il est faux que les meubles suivent la qualité de la personne, comme nous l'avons dit ailleurs. Ils suivent seulement le domicile. A l'égard des biens meubles & immeubles des hérétiques, les papes ne les ont jamais prétendus sérieusement. Ils ne s'en sont attribué la confiscation que dans l'étenduë de leur domination temporelle. *Cap. urgentis de hæret. in 6°.* Alors ce n'est point comme ecclésiastiques qu'elle leur appartient; c'est comme princes temporels.

La confiscation excéde donc le pouvoir de l'église, & elle ne pourroit l'entreprendre sans abus. Le pape Clément V, par sa bulle contre les templiers, ordonnoit que leurs biens fussent confisqués au profit de l'église : mais Philippe le Bel ne voulut jamais souffrir qu'elle eût son exécution, à cet égard. Voïez Dumoulin, sur la question 75 de *Joannes Galli.* & le traité de l'abus de Févret, liv. 8, chap. 4, n. 12.

DISTINCTION IV.

Quels biens tombent dans la confiscation ?

Autrefois les acquêts seuls étoient sujets à la confiscation : mais aujourd'hui, tous les biens généralement, propres, acquêts, conquêts, meubles, rentes constituées, dettes actives, en un mot tout ce qui appartient aux condamnés y est enveloppé.

Il y a cependant des coutumes qui n'admettent la confiscation, que pour une espéce de biens seulement ; les unes pour les meubles, les autres pour les acquêts, &c. Il faut, à cet égard, suivre la disposition de chaque coutume, dans son territoire.

Au surplus, il n'y a précisément que ce qui appartient au condamné qui soit confisquable. C'est un principe, dans cette matiére, lequel donne lieu à plusieurs questions fort importantes, que nous allons examiner.

La premiére consiste à sçavoir quelle part des biens dans la communauté d'entre le mari & femme sont confisqués. Pour pouvoir la décider, il faut distinguer deux cas. Ou c'est le mari qui est condamné, ou c'est la femme.

Suivant l'ancienne jurisprudence, le crime du mari emportoit la confiscation de tous les biens dont la communauté étoit composée; même de la part que la femme y pouvoit prétendre. Cet usage étoit fondé sur ce que le mari est tellement le maître de la communauté, qu'il peut disposer, à son gré, de tous les biens qui la composent: il peut les jouer, il les peut perdre; en un mot la femme n'y peut rien prétendre, que ce qui reste après le décès de son mari. Or, disoit-on, si le mari les pouvoit perdre *per contractum*, il pouvoit aussi les perdre *per delictum*; d'autant plus que nous mettons les délits au nombre des quasi-contrats. La liberté du mari n'est gênée, que lorsqu'il donne, ou aliéne en fraude de sa femme. Or on ne peut pas dire qu'il commette un crime exprès pour priver sa femme de sa part des biens de la communauté. Il est contre le bon sens d'imaginer qu'un homme cherche à se faire pendre, dans cette intention. On trouve, dans le stile du parlement de Paris, par Dumoulin, *part. 3, tit. 20, de libell. oblat. §. 3 & 4*, une ordonnance de Philippe le Bel, de l'an 1303, qui porte que, quand quelqu'un confisque ses biens, pour crime par lui commis, sa femme doit être satisfaite de sa dot, après les dettes païées. *Si bona alicujus veniant in commissum, debita sua, & dos uxoris, si quam habeat, reddantur creditoribus & uxori sine libello, & alio strepitu judiciario, cum constiterit de prædictis, per testes, vel alia legitima documenta..... Si contingat bona alicujus venire in commissum, ratione alicujus maleficii, statim satisfiat uxori, de dote, & aliis creditoribus, si quos habet, quæ sibi debentur, prout fuerint priores tempore, & seneschalo videbitur scitiùs, & celeriùs, sine offensione justitiæ.*

Mais on reconnut, dans la suite, la dureté & l'injustice d'un tel usage. On comprit qu'il n'y a point de communauté de crime. *Criminum nulla societas, neque inita videtur inter maritum & uxorem, ideòque alieni criminis infortunio adstringi uxor non debet.* Le crime du mari ne préjudicie plus à la femme innocente, parceque les crimes sont personnels, & que *ob maritorum culpam uxores inquietari leges vetant. L. 2, cod. ne uxor pro marito.*

Cette rigoureuse jurisprudence commença à changer en 1431, en vertu des lettres patentes du Roi Charles VII, qui ordonnérent qu'à l'avenir les conquêts de la communauté, qui appartenoient à la femme, ne pourroient être confisqués pour le crime du mari. Pithou, sur l'article 134 de la coutume de Troyes, rapporte que ce privilége fut accordé par ce prince aux bourgeois de Paris, & nous a conservé les termes de ces lettres patentes: *si aucun homme marié demeurant en ladite ville, confisque pour crime, autre que lèze-majesté, dont la confiscation appartienne au Roi, la moitié des meubles, dettes & conquêts demeure à la femme, avec son doüaire.* Elles furent enregistrées au parlement, suivant le même auteur, le 23 décembre 1434.

Les confiscataires, auxquels ce changement de jurisprudence a fait un tort considérable, ont fait de grands efforts, pour détruire ces lettres patentes. Ils ont voulu les attribuer à Henri VI. roi d'Angleterre, pendant qu'il occupoit la ville de Paris. Ainsi, disoient-ils, elles ne peuvent être d'aucune considération, étant l'ouvrage d'un roi usurpateur, qui n'avoit pas le pouvoir de faire des loix en France.

Mais que ces lettres patentes soient de Charles VII. Roi de France, qu'elles soient de Henri VI. roi d'Angleterre, qu'il y en ait, qu'il n'y en ait point, il n'en est pas moins certain que la jurisprudence a changé. Plusieurs de nos coutumes en ont fait une loi expresse, en ordonnant qu'au cas de confiscation pour crime du mari, la femme conserve toujours sa part dans la communauté. Telles sont celles de Melun, article 10, de Sens, art. 26, d'Auxerre, art 28, de Bretagne, art. 446, de Vermandois, art. 12, de Bourgogne duché, tit. 2, art. 2, de Mondidier, art. 134, de Tours, art. 155, du Perche, art. 118. & plusieurs autres, comme Bar, Mantes, Troyes, Laon, Châlons, Rheims, Amiens, Péronne, Nivernois, Montargis, Normandie, Anjou, le Maine, Bourbonnois, & enfin la coutume d'Orléans réformée, après celle de Paris, par les mêmes commissaires, qui y ont ajoûté toutes les dispositions qui avoient été omises dans celle de Paris. C'est donc un droit commun & uniforme, qui ne permet pas de douter que ce ne soit aujourd'hui une loi universelle dans tout le roïaume.

Dumoulin nous apprend qu'il a beaucoup déclamé contre l'ancienne jurisprudence, qu'elle fut corrigée de son tems, & qu'il a beaucoup contribué à cette réformation. L'ancienne coutume d'Orléans, art. 176, portoit que le mari confisquoit tous les biens de la communauté, tant sa part, que celle de sa femme; & Dumoulin dit, en sa note sur cet article, *& sic præsupponit quòd omnes conquæstus & mobilia confiscentur, salvis pactis matrimonialibus, qui est vetus error, quem Parisiis & alibi correxi.* Sur l'article 2 du titre 2 de la coutume de Bourgogne duché, qui excepte de la confiscation les biens appartenant à la femme, dans la communauté, il dit: *& quamvis aliter practicaretur Parisiis, tamen morem illum corrigi feci, & contrà fiscales, etiam per arrestum judicari, anno* 1532. Sur celle de Vermandois, art. 12, qui contient la même disposition, il dit encore: *æquissima consuetudo, & secundùm sententiam quam semper à quadraginta annis, contrà veterem rigidum stilum, propugnavi Parisiis, in senatu.*

On a voulu opposer Dumoulin à lui-même, & le trouver en contradiction. Outre les passages que nous avons rapportés de cet auteur, voici comment il s'exprime dans sa note sur l'article 30 de l'ancienne coutume d'Auxerre. Cet article étoit conçu en ces termes: » l'homme marié, par son forfait, perd tous ses meu» bles, propres héritages & conquêts immeubles, & non pas » le propre héritage & douaire de sa femme, laquelle, en ce cas, ne paie nulle dette. Dumoulin, sur cet article, dit: *sed non est justum quòd perdat mediam mobilium & conquestuum, quam extraneus socius non perderet, & quam maritus alienare non potest universaliter.* En un mot, dans tous les endroits où la matiere s'est présentée, cet auteur a toujours été de cet avis, que la femme ne perd point, par le délit de son mari, la part qui lui est acquise dans la communauté. Cependant, dit-on, dans son commentaire sur la coutume de Paris, article 43, n. 88, il pense autrement. Ses termes sont remarquables: ainsi nous croyons devoir les rapporter ici: *solius mariti negatio aut felonia facit feudum in totum & perpetuò committi, & acquiri patrono etiam in perpetuum, etiam in præjudicium uxoris. Tum primò, quia maritus, constante matrimonio, est pleno jure dominus omnium bonorum conquæstuum, & non uxor, licet ipsa habeat dominium mediæ partis in habitu, sed infirmum & resolubile, & quod non exit in actum, nec habet vires, nisi in puncto dissolutionis, vel separationis matrimonii. Tùm secundò, quia maritus potest nomine suo proprio conquæstus alienare dando & disputando. Tùm tertiò, quia etiam, quod durius est, præter intentionem mariti, propter ejus delictum, in totum confiscantur, non reservatâ aliquâ parte uxori. Igitur multò fortius potest, statu personæ manente integro, ea confiscare patrono, ex causâ negationis vel feloniæ, cum hoc procedat magis ex naturâ & conditione rei huic oneri affectæ, quàm ex punitione delicti.*

Il eſt vrai que Dumoulin, dans ce paſſage, ſemble être d'un avis différent de celui qu'il a établi dans les paſſages que nous avons cités plus haut: mais nous allons tâcher de faire diſparoître cette différence.

Premiérement, le mot *confiſcation* ne ſe doit prendre, en bonne juriſprudence, que pour la confiſcation criminelle. *Verbum* confiſcatio *non uſurpatur, niſi pro publicatione quæ damnatis infligitur propter delictum*, dit le même Dumoulin, ibid. n. 182. Et en cas de délits féodaux, le mot *confiſcation* ne ſe prend qu'improprement, comme dans l'article 43 de l'ancienne coutume de Paris, qui ſe ſert du mot *confiſquer*; ſur quoi Dumoulin remarque, n. 170. *Et magis remotè & impropriè ſumitur verbum* confiſcare *in hoc textu, quoniam refertur ad jus commiſſi feudalis, propter noxam à vaſſallo commiſſam*. De cette différence il réſulte que, quand Dumoulin a parlé de la confiſcation criminelle, il n'a pas entendu parler de la commiſe du fief.

Secondement, la confiſcation des fiefs s'étend toujours ſur l'univerſalité des biens qui appartiennent au condamné, & la commiſe féodale ne comprend que le fief ſeul : les meubles qui s'y trouvent ne font pas même partie de cette prétenduë confiſcation. C'eſt pourquoi l'on n'argumente jamais de la confiſcation criminelle à la confiſcation féodale cauſée par déſaveu, qui eſt celle dont parle Dumoulin dans l'endroit cité.

Troiſiémement, la confiſcation criminelle ne ſe fait jamais qu'en conſéquence de la confiſcation du corps, & la ſimple commiſe du fief eſt la ſeule peine qui eſt infligée au vaſſal condamné, pour crime féodal, non accompagné d'autre délit.

De-là, il ſuit, 1°. que, quand il y a confiſcation, il y a toujours diſſolution de communauté, à cauſe de la mort civile ou naturelle qui donne lieu à la confiſcation. En ce cas, la confiſcation, ou la diſſolution de communauté marchent d'un pas égal, & la confiſcation ſe régle à la part & portion dont le mari auroit pû diſpoſer par teſtament; parceque le teſtament n'a lieu qu'après la mort naturelle; comme la confiſcation n'a lieu qu'après la mort civile. Or, comme le mari ne peut pas diſpoſer, par teſtament, de la portion qui appartient à ſa femme, dans la communauté, il n'en peut pas non-plus diſpoſer par ſon crime; puiſqu'au moment de la confiſcation adjugée il ceſſe d'être maître de la communauté, qui ſe diſſout au moment de la mort civile encourue, en vertu de la condamnation; enſorte qu'on peut appliquer dans ce cas-ci, comme dans le cas de la mort naturelle, la maxime: *vivit ut dominus, moritur ut socius.*

2°. Il suit du même principe que la confiscation féodale n'emporte point dissolution de communauté; ensorte que le mari, après l'avoir encouruë, demeure toujours le maître des biens de la communauté, qu'il peut administrer, qu'il peut aliéner, & dont il peut, en un mot, disposer comme auparavant; parceque ni cette confiscation, ni la condamnation qui l'a ordonnée, ne privent le mari des droits municipaux. Elle n'est proprement qu'un droit révocatoire, qui tire son origine de la premiére inféodation.

Ainsi, quoique Dumoulin ait posé pour maxime que le fief, quoique conquêt de la communauté, tombe en commise par le désaveu du mari, au préjudice de la femme, ce n'est pas une raison pour soutenir qu'il ait pensé qu'en cas de confiscation criminelle, qui emporte la mort civile, la moitié qui appartient à la femme, dans la communauté, tombe dans la confiscation des biens du mari.

Il est vrai, car il ne faut rien dissimuler dans une matiére de cette importance, que Dumoulin dit, dans le passage qui a donné occasion à cette dissertation, que le délit du mari emporte la confiscation de tous les biens de la communauté; même de la part qui appartient à la femme: *præter intentionem mariti, propter ejus delictum, in totum confiscantur, non reservatâ aliquâ parte uxori.* Mais ce n'est pas une preuve que ce soit son avis. Il déclare seulement que c'est un usage qui étoit établi. On ne voit point qu'il y applaudisse. Au contraire il le blâme: *quod durius est.* Et la preuve qu'il désapprouvoit cette jurisprudence, c'est qu'il s'est élevé contr'elle, toutes les fois qu'il en a eu l'occasion, dans ses autres ouvrages; tellement qu'il est venu à bout de la faire changer, & de faire même insérer, dans les coutumes réformées de son tems, des articles qui abrogent expressément cette jurisprudence.

Tous les auteurs qui ont écrit depuis lui nous attestent ce changement, comme Brodeau sur Louet, lett. C. somm. 35, Bacquet en son traité des droits de justice, ch. 15, n. 84, qui dit expressément que la femme, nonobstant la condamnation prononcée contre son mari, & la confiscation encouruë en vertu de cette condamnation, quand ce seroit pour crime de lèze-majesté, peut demander sa part dans tous les meubles, acquêts & conquêts-immeubles, & les partager également avec le

Roi, ou le haut-justicier auquel la confiscation appartient ; & elle doit être païée, tant sur l'autre moitié, que sur les propres de son mari, de son doüaire & autres conventions matrimoniales, sans que ladite confiscation lui porte aucun préjudice. Et ce qui prouve, sans replique, qu'on a reconnu l'abus de l'ancienne jurisprudence, c'est qu'outre les articles de coutumes dont nous avons parlé plus haut, qui en ont autorisé le changement, on en avoit inséré une disposition expresse dans le sixiéme des articles secrets de la coutume de Paris, en ces termes : » le » mari confisque seulement sa moitié des meubles & conquêts-» immeubles, & tous ses propres, à la charge du douaire » coutumier, ou préfix de la femme, & autres conventions » de ladite femme. » Bacquet, au même endroit, rapporte plusieurs arrêts qui ont jugé conformément au sentiment qu'il établit. En un mot tous les auteurs qui, depuis Dumoulin, ont eu occasion de parler de ce trait de jurisprudence, ont attesté que l'ancienne ne subsiste plus.

De tout ce que nous avons dit, il suit que, non-seulement la femme ne perd pas la moitié qui lui appartient dans la communauté ; mais qu'elle est en droit d'exiger toutes ses conventions matrimoniales ; ensorte que si, dans le contrat de mariage, il y a un préciput stipulé, en faveur du survivant, elle est en droit de le prélever sur la totalité des biens de la communauté, avant le partage qui se doit faire entre le confiscataire & elle ; ensorte qu'on ne partage que ce qui reste, après ce préciput ôté.

Mais il faut ici distinguer deux cas : ou la condamnation emporte en même tems mort civile & mort naturelle, ou elle emporte seulement mort civile. Dans le premier cas, il est constant que la femme entre tout à la fois en propriété & en jouïssance de son préciput, son droit est entiérement acquis. Il n'en est pas de même si la mort naturelle n'accompagne pas la mort civile.

Il est un principe certain, qui est que quand la loi ne parle simplement que de la mort, cette expression ne doit s'entendre que de la mort naturelle, & nullement de la mort civile. Il en est de même dans les contrats. Quand la mort y est prévûe, cette expression n'est relative qu'à la mort naturelle. C'est un principe constant, & qu'il n'est pas permis de révoquer en doute. Nous aurons occasion de l'établir ailleurs. Ainsi, lorsque, dans un contrat de mariage, on a stipulé que le survivant auroit un préciput à prendre sur les biens de la communauté, on a entendu que

que ce préciput n'auroit lieu qu'au cas de la mort naturelle de l'un des deux conjoints. Or, dans l'espéce que nous examinons, ni l'un ni l'autre n'est mort naturellement ; donc il ne peut pas y avoir de préciput. Il faut attendre que la nature décide, en faveur de qui il doit avoir lieu. Si le mari décéde le premier, alors la femme est en droit de l'exiger contre le confiscataire. Si au contraire c'est la femme qui décéde la premiére, le confiscataire, du chef du mari, a droit de l'exiger ; ensorte que, comme la totalité des biens de la communauté, qui devoit porter ce préciput, se trouve partagée, celui qui est chargé du préciput, au profit de l'autre, est tenu de restituer la moitié de la somme à laquelle le préciput avoit été estimé, par le contrat de mariage.

Duplessis, dans son commentaire sur la coutume de Paris, titre de la communauté, livre 2, chap. 1, §. 3, n'est pas tout-à-fait du sentiment que nous venons d'embrasser. Il dit que la mort civile de l'un des conjoints ne donne point ouverture au préciput, au profit de l'autre ; parceque ces stipulations, qui se font par contrat de mariage, au profit du survivant, ne doivent s'entendre que de la mort naturelle. On ne présume point que, dans un contrat de mariage, où tout doit être d'un bon augure, on prévoïe un cas aussi triste, que celui de la mort civile : ainsi, continuë-t-il, quand le mari est mort civilement, & que sa moitié en la communauté est confisquée, la femme ne peut prendre que sa moitié, & non pas le préciput, parceque la condition de survie n'est pas accomplie, & qu'il peut arriver qu'elle meure avant son mari ; auquel cas il n'y aura jamais lieu au préciput, pour elle : mais, continuë toujours notre auteur, si elle lui survit, elle répétera son préciput contre le confiscataire, qui ne peut prendre la confiscation qu'à cette condition, dont elle étoit chargée, non pas pour le total, à la vérité : mais pour une moitié ; l'autre moitié se trouvant confonduë dans la part que la femme a prise : mais si le mari mort civilement survit à la mort naturelle de sa femme, alors Duplessis estime qu'il n'y a plus de préciput à prendre, & que le confiscataire ne peut rien prétendre, à ce titre, contre les héritiers de la femme ; parceque, dit-il, il est échû dans un temps où le mari étant mort civilement étoit privé de tous les effets civils, & incapable de recueillir le préciput. Le fisc ne peut pas le recueillir non-plus pour lui : c'est une condition personnelle, qui n'a pas pû lui être transmise.

Nous ne pouvons nous déterminer à adopter la derniere partie du ſentiment de cet auteur. En effet la loi doit être réciproque. Il ne ſert de rien de dire que le condamné n'eſt plus en état de recueillir le préciput. La condition ſous laquelle il devoit en profiter étant arrivée, elle a un effet rétroactif au jour de la diſſolution de la communauté : ainſi tout ce qui devoit appartenir au mari, en cas de ſurvie, doit entrer dans ſa part, dont le confiſcataire profite. Ce n'eſt qu'en conſéquence de cet effet rétroactif que la femme eſt en droit d'exiger ce préciput. Pourquoi la diſſolution de la communauté n'auroit-elle pas les mêmes effets pour l'un que pour l'autre des deux conjoints ?

Il eſt un autre préciput légal, établi par l'article 238 de la coutume de Paris. Il n'a lieu qu'entre conjoints nobles. Quand l'un des deux ſurvit, il peut prendre, hors part, les meubles qui ſont hors la ville & fauxbourgs de Paris, pourvû qu'il n'y ait point d'enfans, en païant les dettes mobiliaires & les obſéques du défunt, ſelon ſa qualité : mais s'il y a des enfans, ils partagent, par moitié, avec le ſurvivant. Or on demande ſi ce préciput a lieu, en cas de mort civile ?

Quoiqu'il ſoit établi par la loi, il ne doit pas avoir plus lieu, que s'il n'étoit fondé que ſur une ſtipulation contractuelle ; parceque, comme nous l'avons obſervé, quand la loi ne prévoit que le cas de mort ſimplement, cela ne doit s'entendre que de la mort naturelle : mais lorſque l'un des deux ſurvit à ſa mort civile, que deviennent ces meubles, que la coutume deſtine à celui qui ſurvit l'autre ?

Nous croïons que, dans ce cas-ci, comme dans le précédent, ils doivent être réſervés à celui qui ſurvit l'autre. Pour cet effet, on en doit dreſſer un procès-verbal qui en contienne une eſtimation juſte & raiſonnable, enſuite les partager entre le confiſcataire & celui des conjoints qui n'eſt point condamné ; & attendre que la nature décide au profit de qui ils doivent tourner. Si le condamné meurt le premier, le confiſcataire rembourſera le ſurvivant de la moitié de l'eſtimation qui avoit été faite. Si au contraire le condamné ſurvit, ſes héritiers feront un pareil rembourſement au confiſcataire.

Nous avons crû pouvoir propoſer cet arrangement, qui nous paroît être le ſeul qu'on puiſſe prendre, pour que ces meubles ne reſtent pas inutiles, & ne dépériſſent pas, faute d'être mis en uſage. Ce qui arriveroit cependant néceſſairement, l'un n'aïant pas plus de droit que l'autre de s'en ſervir. D'ailleurs notre opinion nous paroît conforme à l'équité naturelle. Tant que les deux conjoints vivent, ils ont également droit de se servir de ces meubles. Le confiscataire est aux droits du condamné; il a donc, tant que le condamné vit, droit d'en user aussi-bien que l'autre conjoint. Pour terminer le débat, ils en prennent chacun la moitié, & se réservent le droit de se demander mutuellement compensation, suivant que le cas y écherra.

On pourroit former, contre l'opinion que nous embrassons ici, une difficulté qui ne laisse pas d'être considérable. Elle consiste à dire que ce préciput est une prérogative accordée par la loi, à la personne même du survivant. C'est un privilége personnel, qui ne peut passer à d'autres; pas même à ceux qui représentent celui à qui il est accordé: & la coutume a tellement voulu le rendre personnel, qu'elle a exigé que les conjoints fussent nobles.

Quoique cette objection soit d'un très-grand poids, elle ne nous empêche pas de persister dans notre sentiment. En effet, il est constant que des créanciers seroient en droit d'exercer ce droit, au nom de leur débiteur, qui leur auroit fait un abandon. Il n'est donc pas si personnel qu'il ne puisse appartenir à ceux qui sont aux droits de celui auquel la coutume l'a accordé. D'ailleurs ces meubles passent aux héritiers de celui qui les a eus par droit de survie. Le fisc est héritier de tous les droits qui ont passé sur la tête du condamné. Il doit donc aussi profiter de ces meubles.

Au reste, nous convenons qu'il y a beaucoup de difficulté, & qu'elle ne peut guére être levée que par un arrêt qui juge la question *in terminis*.

A l'égard du don mutuel, il faut distinguer: ou il est stipulé par contrat de mariage, ou il est porté dans un acte postérieur au mariage, dans les cas où la coutume de Paris, & celles qui contiennent la même disposition, l'autorisent.

S'il est stipulé par contrat de mariage, ou il est en propriété, en faveur du survivant, ou il n'est qu'en usufruit. S'il est en propriété, & que ce soit le condamné qui meure le premier, l'autre conjoint devient, à l'instant de la mort, propriétaire des biens contenus dans ce don. Si, au contraire, c'est le condamné qui survit, le confiscataire acquiert la propriété qui étoit réservée au survivant.

Si ce don mutuel n'est qu'en usufruit, & que le condamné survive, son usufruit n'a point lieu au profit du confiscataire; parcequ'il répugne de faire subsister un usufruit sur une tête qui n'existe plus dans la société : ainsi l'usufruit, qui lui auroit appartenu sans sa condamnation, se trouve consolidé à la propriété.

Si celui qui survit n'est pas le condamné, il joüit de ses droits, qu'il n'a pû perdre par le délit de l'autre; & l'usufruit n'est consolidé à la propriété, qu'après son décès.

Il faut dire la même chose du don mutuel porté par un acte passé depuis la célébration du mariage. Comme il ne peut jamais être que de l'usufruit, il doit se régler comme celui dont nous venons de parler.

Nous profitons de cette occasion pour examiner une question qui se présente ici assez naturellement. Il faut se rappeller que l'article de la coutume qui permet aux conjoints de se faire un don mutuel, après leur mariage, exige qu'il ne se trouve point d'enfans vivans, lors de la dissolution du mariage, pour que le survivant puisse profiter de ce don mutuel. Voici les termes de l'article; c'est l'article 280. » Homme & femme conjoints par » mariage, étant en santé, peuvent & leur loît faire donation » mutuelle l'un à l'autre également de tous leurs biens-meu- » bles, & conquêts-immeubles, faits durant & constant leur ma- » riage, & qui sont trouvés à eux appartenir, & être com- » muns entr'eux, à l'heure du trépas du premier mourant des- » dits conjoints, pour en jouïr par le survivant d'iceux con- » joints, sa vie durant seulement, en baillant par lui cau- » tion suffisante de restituer lesdits biens après son trépas; » pourvû qu'il n'y ait enfans, soit des deux conjoints, ou de » l'un d'eux, lors du décès du premier mourant. »

La question que nous voulons proposer ici consiste à sçavoir si des enfans qui seroient morts civilement, mais qui jouïroient encore de la vie naturelle, seroient capables d'empêcher l'effet d'un pareil don mutuel ?

Nous croïons qu'ils n'y font point obstacle. Lorsque la coutume a excepté le cas où il y a des enfans, elle n'a eu que leur avantage en vûe, & n'a pas voulu qu'ils fussent privés, sans leur consentement, de la jouïssance d'un bien qui leur est déféré par la loi, à titre d'héritiers. Lorsqu'ils sont morts civilement, ils ne peuvent plus profiter de cet avantage. Ils s'en sont rendus indignes par leurs crimes. L'intention de la coutume n'est donc point applicable dans ce cas. Les collatéraux, qui sont leurs héritiers, si c'est en païs où la confiscation n'a point lieu, ou le confiscataire, si c'est dans un païs où elle a lieu, ne sont point en droit d'empêcher l'effet de cet usufruit. Lors donc que la coutume dit que les conjoints peuvent se donner mutuellement, pourvû qu'il n'y ait point d'enfans, cela se doit entendre d'enfans habiles à succéder, lors de la dissolution du mariage.

Pour revenir à la question de sçavoir à qui appartient la part de la femme dans la communauté, lorsque les biens du mari sont confisqués, pour délit par lui commis; nous croïons avoir prouvé, sans replique, qu'elle appartient à la femme : mais, comme cette décision n'est que dans la thèse générale, nous croïons devoir examiner deux circonstances qui peuvent arriver assez communément. Elles se sont rencontrées dans l'espéce de l'arrêt du 30 décembre 1683, dont nous avons parlé assez au long, en examinant la question de sçavoir à qui appartient une haute-justice confisquée pour le délit du haut-justicier.

On disoit, de la part du confiscataire, que quand même le principe seroit constant, que la part de la femme, en la communauté, n'entreroit point dans la confiscation du mari, il y auroit deux exceptions à cette régle générale, dans l'espéce particuliére.

On faisoit résulter la premiére de la qualité du condamné, qui étoit commissaire des guerres; chargé de païer les troupes, & de distribuer la solde aux soldats & à la milice : or, disoit-on, il y a, à l'égard de ces officiers, une exception dans le droit, suivant laquelle, quand les biens du mari sont confisqués, ceux de la femme sont enveloppés dans la confiscation. Cette exception est contenue dans la loi 4, *cod. in quib. causis pignus tacitè contrahitur.* Dans cette loi, il est parlé des officiers qui se nommoient *primipili*, & elle ordonne que la dot de leur femme soit sujette à la restitution des deniers pris par le mari.

Il y a plusieurs réponses à cette objection.

La premiére est, que la loi citée n'enveloppe la dot de la femme avec les biens du mari, que quand ceux-ci ne sont pas suffisans pour restituer tous les deniers publics qu'il avoit dissipés. *Satis notum est*, dit cette loi, *& ratione constitutum, bona earum in dotem data quæ nuptæ sunt his qui primipili sarcinam subeunt, obnoxia necessitati ejus teneri : verùm certo ordine, ut scilicet tunc demùm ad hoc periculum mulieris patrimonium respiciat, si universis viri, ac nominatorum facultatibus exhaustis, nihil residuum inveniatur.*

On voit qu'il n'est ici nullement question de confiscation. Il ne s'agit que de la restitution dûe par un homme qui a abusé du maniement des deniers de l'armée, qui lui avoient été confiés; à laquelle on soumet la dot de la femme; mais dans le cas seulement où les biens du mari ne sont pas suffisans. Les biens dotaux sont donc, aux termes de cette loi, simplement garants des malversations du mari : mais ils ne sont pas confisqués pour cela. Car le mot *teneri* ne signifie pas *confiscari*, ni *publicari*: mais que la dot de la femme étoit tenue jusqu'à concurrence de ce qui manquoit dans les biens du mari, pour parfaire la somme qu'il avoit détournée. Brodeau s'est donc trompé, quand il a prétendu que les biens dotaux de la femme sont confisqués dans le cas de l'administration primipilaire, pour raison du délit du mari.

En second lieu, ceux que les Romains appelloient *primipili*, étoient des officiers préposés pour avoir le soin des vivres des armées. Or, dans l'espéce présente, le sieur Benoist n'étoit point chargé de ce soin, ni du païement des troupes. Tout le monde sçait que ce soin est confié, en France, à trois trésoriers généraux de l'extraordinaire des guerres, qui ont, sous eux, des trésoriers provinciaux, auxquels ils délivrent les fonds; & ces trésoriers provinciaux ont, dans toutes les places, des commis qui font la distribution. Quant au commissaire des guerres, sa fonction est bornée à faire sa revue tous les mois, pour compter les soldats de chaque compagnie, juger de leur force ou de leur foiblesse, s'ils sont bien armés, bien vêtus & bien entretenus : mais jamais un commissaire n'est chargé de païer les troupes, ni du soin des vivres. Les armées ont des commissaires des vivres, qui sont de simples commis du munitionnaire général; & ils n'ont rien de commun avec les commissaires des guerres.

Mais, pour ramener la chose à la question générale, quand l'accusé auroit eu le maniement des deniers publics, & qu'il en auroit abusé, l'exception opposée par les confiscataires n'a point lieu en France : elle n'a été admise ni par les ordonnances, ni par les arrêts. La raison est que ceux qui, parmi nous, sont convaincus du crime de concussion, ou de péculat, sont condamnés, outre la peine corporelle, à la restitution des deniers dont ils ont abusé; & ce qui reste de leurs biens, cette restitution prélevée, est confisqué en vertu de la condamnation.

Il faut donc distinguer la restitution des deniers induement pris, d'avec la confiscation. La restitution est une dette; la confiscation est une peine. A l'égard de la restitution, tous ceux qui profitent des biens du condamné en sont tenus ; parceque c'est une dette. Quand la femme accepte la communauté, elle y doit contribuer pour sa part & portion, au *proratâ* de ce dont elle amende. Il en est de même de l'héritier, qui est aussi sujet à la contribution : mais quant à la confiscation, comme les peines sont personnelles, elle ne peut s'étendre que sur les biens du condamné.

La seconde exception que l'on proposoit à la régle générale, de la part du confiscataire, consistoit à dire que la part & portion de la femme dans la communauté doit être confisquée, lorsque la communauté est augmentée par le délit même du mari, qui a opéré sa condamnation.

Il est vrai que, dans ce cas, la totalité de la communauté est chargée de restituer les biens dont elle a été injustement augmentée : mais lorsque la restitution a été faite, que le Roi ou ceux qui sont à ses droits ont été païés, la communauté se trouve alors dans son état naturel ; & ce que les malversations du mari y avoient mis étant retranché, par ce moyen, on ne peut pas dire que la femme profite du délit de son mari. N'étant point sa complice, n'étant ni accusée, ni convaincue d'avoir trempé dans ses déréglemens, il n'est pas juste qu'elle en porte la peine, & que l'on confisque la part qui lui revient dans la communauté.

Mais il y a une autre réponse sans réplique. Qui est-ce qui se trouve lèzé, dans le cas que nous examinons ici ? C'est le Roi seul, ou ceux qui sont à ses droits par les traités qu'ils ont faits avec lui. Il n'y a donc que lui seul qui soit capable de se plaindre de cette augmentation de communauté ; puisque c'est à ses dépens qu'elle s'est faite. Tout autre est non-recevable, n'y aïant aucun intérêt.

La faveur de la femme est devenue si grande, depuis le changement de jurisprudence qui lui a conservé sa part dans la communauté malgré la confiscation des biens de son mari, que les auteurs sont fort partagés sur la question de sçavoir si la moitié des propres de la femme, ameublis par le contrat de mariage, appartient au fisc ; ou si ces meubles fictifs ne rentrent pas à la femme dans leur entier. S'il y a une stipulation de reprise dans le contrat de mariage ; c'est-à-dire, s'il est stipulé que, lors de la dissolution de la communauté, la femme reprendra ce qu'elle y aura porté, il est hors de doute que, dans ce cas, ces sortes de meubles doivent lui rentrer dans leur entier, sans que le fisc y puisse rien prétendre.

Le plus grand nombre des auteurs eſt d'avis qu'elle doit même les reprendre en cas de confiſcation, quoique la clauſe de repriſe ne ſoit pas inſérée dans ſon contrat de mariage. Nous embraſſons d'autant plus volontiers ce parti, qu'il nous paroît fondé ſur des raiſons de convenance, & même ſur des principes.

En effet, c'eſt une maxime parmi nous, que le fiſc eſt toujours défavorable; enſorte qu'il faut que les confiſcataires ſoient fondés ſur des raiſons invincibles, pour être écoutés dans leurs prétentions. Cette défaveur du fiſc eſt un monument autentique de la modération de nos Rois, qui ont bien voulu ſe relâcher des droits les plus ſacrés de leur couronne, pour abandonner, en quelque ſorte, les profits de ces droits, à ceux de leurs ſujets qui y ont quelqu'apparence de prétention.

D'ailleurs l'ameubliſſement n'eſt fait qu'au profit du conjoint ſeulement, & non au profit du fiſc, à qui ſa défaveur interdit ſouvent la faculté de faire valoir tous les droits de celui dont les biens lui ſont acquis.

Enfin un propre ameubli n'eſt pas un véritable conquêt de communauté; ce n'eſt qu'un conquêt feint & ſimulé. Cela eſt ſi vrai, que la femme en peut diſpoſer, contre la prohibition de la coutume, qui défend à une veuve convolant en ſecondes nôces, de diſpoſer en faveur de ſon ſecond mari, ou de ſes enfans, de ſa part dans les conquêts de la premiére communauté, au préjudice de ce que les enfans du premier lit en doivent amender après ſa mort.

Nous convenons néanmoins que ces principes, tout vrais qu'ils ſont en eux-mêmes, n'ont pas ici tout le poids poſſible: mais ils acquiérent une certaine force, quand on les étaïe de la défaveur du fiſc, & de la faveur d'une femme, qui a le chagrin de ſe voir deshonorée, par les crimes de ſon mari, dans leſquels elle n'a point trempé; & qui reſte ſouvent chargée de pluſieurs enfans, dont le ſort eſt d'autant plus à plaindre, que la flétriſſure qui leur a été imprimée, par la honte de leur pere, les réduit à une eſpéce d'infamie, qui leur ferme preſque tous les chemins qui pourroient les conduire à leur avancement.

Il nous reſte maintenant à examiner le cas où la femme a été condamnée, & ſes biens confiſqués.

Il faut encore diſtinguer ici deux circonſtances. Ou il y a ſimplement

ment mort civile, ou il y a eu exécution à mort naturelle, sur la personne de la femme.

S'il y a simplement mort civile, le mari, suivant quelques auteurs, conserve la jouïssance des biens de la communauté, même l'usufruit des propres de sa femme, tant qu'elle conserve la vie naturelle.

S'il y a exécution, il y en a qui prétendent que le mari profite de la part de sa femme dans la communauté, *jure non decrescendi.*

Nous allons discuter ces deux opinions, en commençant par la derniére; &, pour cet effet, nous allons examiner d'abord les principes, & consulter les loix & les suffrages des auteurs.

Il est certain que le mari ne peut jamais profiter de la part de sa femme en la communauté, que quand personne n'est en droit de la réclamer. Ainsi il est ici question de sçavoir s'il n'y a personne dans ce cas.

Examinons les droits du fisc à cet égard, puisque c'est à lui que les biens de la femme appartiennent. Il y en a qui, pour l'en exclure, soutiennent que la part de la communauté qui devroit naturellement appartenir à la femme ne se trouve point dans ses biens au moment de la mort civile; & voici comme on le prouve.

Tant que la communauté subsiste, la femme n'y a aucune part. Le mari, aux termes de la coutume, en est le seigneur & le maître, &, en cette qualité, il en a l'administration & la propriété. La femme n'acquiert son droit dans cette communauté, qu'au moment de la dissolution; encore faut-il qu'elle réalise ce droit par une acceptation, sans quoi on ne peut pas dire que la part qu'elle peut demander se trouve dans ses biens. Jusqu'au moment de cette acceptation, il n'y a dans les biens de la femme qu'un droit à une portion de la communauté; droit qui ne peut être exercé que par elle, ou par ceux qui la représentent. Or le fisc ne représente point la personne dont les biens sont confisqués. On ne peut représenter qu'à titre d'héritier. C'est un titre que le fisc ne peut jamais s'attribuer. Cet avis est adopté par Dumoulin, en sa note sur l'article 3. au titre des confiscations, en la coutume de Montargis; & par Loysel, en ses instituts, liv. 6. tit. 2. pag. 27.

L'idée que l'on donne de la communauté, dans ce raisonnement, n'est pas juste. Elle résiste au nom même de communauté, qui ne peut signifier autre chose qu'une société de biens. Quand la loi dit que le mari est seul seigneur de la communauté, elle n'entend point qu'il en soit seul propriétaire. Elle a jugé qu'il étoit plus utile de n'en permettre l'administration qu'à un des conjoints, & elle a donné sa confiance à cet égard au mari. Nous voïons même qu'il y a plusieurs coutumes qui bornent son pouvoir aux simples actes d'administration. Telle est celle du Maine, article 304. & celle d'Anjou, art. 289. D'autres, à la vérité, & c'est le plus grand nombre, l'ont constitué chef de la communauté, & lui ont donné tout pouvoir d'en disposer : mais la femme, quoique privée de l'exercice de la propriété qui lui appartient, ne la conserve pas moins réellement. Tant que la communauté existe, sa propriété n'est qu'habituelle : mais son droit devient actuel lors de la dissolution.

Cependant M. d'Argentré, sur l'article 408 de la coutume de Bretagne, glose 3, compare les droits de la femme, pendant le mariage, aux droits des esclaves sur les biens de leurs maîtres. Ils n'en ont l'usage que par nécessité. Il ajoute qu'ils doivent être au moins comparés au droit qu'a le mari sur les biens paraphernaux en païs de droit écrit : mais le Brun, en son traité de la communauté, liv. 2. chap. 2. sect. 2. remarque que ces comparaisons ne sont point justes, & il s'appuïe sur le suffrage de Dumoulin, pour établir que la femme a un droit de propriété habituel dans les biens de la communauté, même pendant le mariage. Voici les termes de Dumoulin : *Ista communio, pendente matrimonio, propriè non est in actu; sed in credito & in habitu : sed soluto matrimonio, ipso jure exit in actum, & in veram & actualem dominii & possessionis communionem.*

Il ne faut donc pas dire que la femme n'a point de droit à la communauté pendant le mariage, & qu'elle n'y acquiert son droit que par l'acceptation. Elle est propriétaire, par indivis, pendant le mariage, & le mari n'a, au-dessus d'elle, que le droit d'administrer. C'est pour cela que la loi, qui a enlevé à la femme toute participation à cette administration, n'a pas voulu que le dérangement & la dissipation de son mari lui causât beaucoup de dommage, & elle lui a accordé le pouvoir de renoncer au droit qu'elle a dans la communauté; afin qu'elle se débarrasse par-là de l'obligation de contribuer à des dettes qu'elle n'a point contractées, & auxquelles elle n'a point participé. Ainsi la renonciation opere la même chose que si elle n'avoit jamais eu aucune part à la communauté : & cette formalité même prouve qu'elle y avoit un droit, & qu'il n'étoit pas nécessaire que ce droit fût réalisé par une acceptation. En effet il répugne que l'on soit obligé de renoncer à une chose que l'on n'a point. En un mot son droit est tellement réel, qu'il faut, quand elle ne veut point en user, qu'elle y renonce expressément par un acte; au lieu qu'il suffit, pour qu'elle soit censée avoir accepté, qu'elle s'immisce en la moindre chose de ce qui regarde l'administration, après la dissolution du mariage. Enfin la femme n'est point obligée de demander délivrance aux héritiers du mari, & la formalité de l'acceptation n'a point été imaginée pour réaliser son droit. Ce n'est pas même proprement une formalité. La femme, saisie de droit par la loi, peut prendre les biens sans aucune déclaration; & si elle fait une acceptation, ce n'est autre chose qu'une notification qu'elle ne veut pas renoncer.

Concluons donc que, lors de la dissolution de la communauté, il se trouve réellement & en pleine propriété, dans les biens de la femme, une moitié des biens de cette communauté, avec faculté d'y renoncer. Cette moitié doit donc appartenir au fisc, à cause de la confiscation, avec les autres biens de la femme. Il est vrai que, comme le fisc ne représente point la personne, il ne pourra pas jouïr du bénéfice de la renonciation, pour avoir les reprises qu'elle s'est réservé le droit de faire, en cas qu'elle n'acceptât pas la communauté. C'est de ces reprises qu'il est vrai de dire qu'elles ne sont point dans les biens de la femme *in actu*; & elles ne peuvent y venir que par l'exercice d'un droit qui n'appartient qu'à la femme, ou à ses représentans.

Tels sont, à ce qu'il nous semble, les principes que l'on peut établir en faveur du fisc. Cependant, comme son droit, suivant la jurisprudence & la disposition des coutumes, n'est rien moins que certain, ainsi que nous allons le voir dans un moment; nous allons supposer qu'il doit être exclus de la part de la femme en la communauté, afin d'examiner, en cas que cette exclusion doive avoir lieu, à qui, du mari, ou des héritiers de la femme, cette portion de la communauté doit appartenir.

Pour les coutumes qui n'admettent point la confiscation, il ne peut y avoir de difficulté que les héritiers doivent exclure le mari, quand même il seroit vrai que la moitié de la communauté n'est point comprise dans les biens de la femme, & que son droit a besoin d'être réalisé par une acceptation. Car il est certain que, dans ces coutumes, c'est à titre de succession que les biens passent aux héritiers; & qu'ainsi ils peuvent exercer tous les droits de celui qui est mort civilement. Ils peuvent donc réaliser ce droit, au moïen de l'acceptation qui leur est déférée.

Il semble que la même chose doit avoir lieu dans les coutumes où la confiscation est admise, en supposant que le fisc n'ait rien à prétendre dans cette part de la communauté. En effet rien n'empêche que celui qui meurt civilement n'ait des héritiers. La confiscation ne produit d'autre effet que de faire passer au fisc des biens qui devroient, suivant l'ordre naturel, passer aux héritiers. En un mot, ce n'est pas la mort civile qui fait que l'héritier ne prend rien en la succession, c'est la confiscation. Il conserve toujours sa qualité: mais elle demeure sans effet. Il est si vrai que la confiscation ne porte aucune atteinte à la qualité d'héritier considérée en elle-même, que la remise de la confiscation conserve, aux biens qui y sont compris, la qualité de propres, qu'ils avoient auparavant. C'est au moins le sentiment du plus grand nombre des auteurs: mais c'est une question que nous traiterons ailleurs. Or ils ne peuvent demeurer propres, que parcequ'ils passent aux héritiers; sans quoi, ils seroient réputés acquêts. Lors donc que, dans le fait, il n'y a point de confiscation, parceque le fisc est exclus, les héritiers rentrent dans l'exercice de leur droit, & rien ne paroît empêcher qu'ils ne prennent, du chef de la femme, les biens que le fisc ne peut prendre.

Cependant il faut avouer que le fisc & les héritiers, dans le cas que nous examinons, ont été exclus de la portion appartenant à la femme, en la communauté, au profit du mari, par un arrêt du mois de may 1703, rapporté au journal des audiences. M. l'avocat général posa pour principe que le fisc ne pouvoit y rien prétendre; parceque ne représentant point la femme, il ne pouvoit pas faire l'acceptation en son nom: que, d'un autre côté, la femme étant morte civilement, elle n'avoit point d'héritiers. Et l'arrêt, conformément aux conclusions, adjugea la communauté en entier au mari.

Mais il y a, sur cet arrêt, deux observations à faire. La premiére est que la défense du fisc ne fut pas poussée aussi loin qu'il semble qu'on l'auroit pû faire; la seconde est qu'il paroît que la contestation n'étoit qu'entre le mari & le fisc, sans que les héritiers se soient présentés. S'ils avoient eu un défenseur en cause, nous osons dire qu'il auroit pû fort facilement détruire le principe dont monsieur l'avocat général argumenta contr'eux.

Quoi qu'il en soit, il est constant que, dans le cas où le fisc & les héritiers sont exclus, ces biens doivent demeurer au mari, *jure non decrescendi*, comme dit Dumoulin. Il étoit maître & seigneur du total, à titre d'adminiſtrateur, & étoit en même tems propriétaire d'une moitié. Perſonne n'a droit de réclamer cette moitié. Elle doit donc lui reſter, en vertu du droit que nos auteurs appellent *jus non decreſcendi*, ou droit de non-décroiſſement.

Paſſons maintenant, ſur la queſtion que nous examinons, aux coutumes qui en ont parlé. Elles ſont de trois ſortes.

Les unes prononcent en faveur du fiſc, comme Bourbonnois, art. 266, en ces termes : » Si par délit échéoit confiſcation, » ſoit des biens du mari, ou de la femme, ladite confiſcation » n'a lieu que pour la portion des biens du délinquant. » On voit qu'il n'y a point, à cet égard, de différence entre le mari & la femme. Chacun des deux confiſque également ſa part, en cas de mort civile. Celle de Tours, article 255, contient la même diſpoſition, en ces termes : » Le mari ou femme, ſoit noble » ou roturier, ne confiſquent, ès cas où il y a confiſcation » par la coutume, que leur part & portion de leurs meubles & » acquêts. »

D'autres coutumes donnent la part de la femme en la communauté à ſes héritiers. Telle eſt celle d'Orléans, art. 209 : » Homme marié, s'il eſt condamné pour ſes démérites, en cas » de confiſcation, confiſque, avec ſes propres, la moitié des » meubles & conquêts-immeubles de la communauté. Mais la » femme condamnée, & exécutée pour ſes démérites, ne » confiſque les meubles & conquêts-immeubles qu'elle & » ſon mari ont, lors de la condamnation : ains demeurent aux » héritiers de ladite femme. » Celle de Laon, art. 13, contient la même diſpoſition, en ces termes : » Auſſi la femme » mariée, par ſon forfait, ne confiſque que ſon propre héri» tage. »

D'autres enfin veulent que tous les effets de la communauté ſoient réſervés au mari. Telles ſont celle de Nivernois, titre des confiſcations, art. 4 : » La femme mariée confiſque ſeulement » ſes héritages, & non les meubles & conquêts qui étoient » communs entre ſon mari & elle, par communauté ; & de» meurent leſdits meubles & conquêts à ſondit mari, comme » ſeigneur d'iceux. » Auxerre, article 29 : » La femme mariée, » pour ſon forfait, confiſque ſeulement ſes propres hérita» ges ; la totalité des meubles & conquêts demeurant au » mari, lequel les retenant demeure chargé de païer toutes les » dettes. »

Il y a d'autres coutumes qui décident qu'il n'y a que les propres de la femme enveloppés dans la confiscation, d'où l'on conclud que tout ce qui est en communauté n'est point confisqué : mais elles laissent indécise la question de sçavoir au profit de qui ces meubles & conquêts doivent tourner. Telle est la coutume de Sens, art. 27 : » La femme mariée, par son forfait, » confisque seulement ses propres héritages. » Celle de Troyes, article 135, s'exprime dans les mêmes termes.

Les Auteurs ne sont pas moins partagés sur cette question, que les coutumes. Bacquet, en son traité des droits de justice, chapitre 15, n. 90, dit que la confiscation pour le délit de la femme ne peut être exécutée que sur ses propres, & non sur les meubles, acquêts & conquêts-immeubles faits durant le mariage. La raison qu'il en apporte est que, pendant le mariage, le mari en est maître & seigneur. Il a la disposition pleine & entiére de cette sorte de biens. Il peut même en disposer suivant son plaisir, sans le consentement de sa femme, & sans qu'après le décès du mari elle en puisse demander récompense. La femme n'a donc pas pû, par son crime, porter préjudice à son mari, dans la propriété, ou possession de ces sortes des biens. Cet auteur, outre ce raisonnement, invoque l'autorité du sixiéme des articles secrets de la coutume de Paris, qui s'exprime ainsi : » La femme ne confisque, au préjudice du mari, sinon ses pro» pres seulement. »

Cet auteur examine ensuite la question de sçavoir à qui appartiendra cette moitié de la femme en la communauté : si elle doit appartenir aux héritiers de la femme, suivant la coutume d'Orléans, & s'ils doivent entrer en jouïssance dès le moment de la condamnation & exécution de mort de la femme ; parceque, le mariage se trouvant alors dissous, tous leurs droits sont ouverts : ou si cette jouïssance ne leur appartient qu'après la mort du mari seulement, parceque le mari étant le maître de la communauté, pendant le mariage, il ne doit pas perdre son droit par le délit de la femme, lequel porte si peu d'atteinte à la communauté, que la part qu'elle y a n'est pas confisquée : ou enfin, si cette moitié doit demeurer en propre au mari.

Cet auteur est d'avis que la moitié qui appartient à la femme, dans la communauté, doit demeurer dans la possession du mari, pour, après son décès, passer aux héritiers de la femme ; parceque, dit-il, le mari ne souffre aucun préjudice. En effet, la jouïssance qu'il pouvoit prétendre lui demeure ; & la propriété passe sur la tête des héritiers de sa femme, comme il seroit arrivé si elle étoit morte naturellement & en possession de ses droits. Et c'est ainsi, continuë-t-il, que se doit entendre la coutume d'Orléans; & on l'auroit pratiqué de même en la coutume de Paris, si les articles secrets, qui furent proposés lors de sa rédaction, avoient été homologués : mais, pour que les droits du mari ne souffrent aucune atteinte, il faut que l'administration lui demeure, en ce cas, avec autant d'étendue, que si le mariage & la communaute subsistoient encore. Car si l'on borne son droit à la simple jouïssance, il perd le plus beau de ses avantages.

Duplessis, sur la coutume, au titre de la communauté, livre 1, chapitre 6, section 2, est d'avis que, dans le cas dont il est ici question; c'est-à-dire, lorsque la condamnation tend à ôter à la femme la vie naturelle, en même tems que la vie civile, le mari ne conserve que la moitié des biens qui lui appartenoit dans la communauté; ensorte que, suivant cet auteur, le mari est évincé, par le méfait de sa femme, d'un bien qui pouvoit lui demeurer plus long-tems. Nous pourrions encore citer plusieurs autres auteurs, qui sont de même avis, comme le Brun, de la communauté, liv. 2, chap. 2, n. 11.

Il résulte de tout ce que nous avons dit, sur cette matiére, que le vœu le plus général, tant des coutumes, que des auteurs, est d'exclure le fisc; c'est aussi la décision de l'arrêt ci-dessus rapporté. Et cela est fondé sur ce que le fisc ne représente point la femme condamnée; car, s'il la représentoit, son droit seroit incontestable.

Il ne nous reste qu'à exposer, en peu de mots, le parti que nous croïons devoir embrasser.

Il est d'abord incontestable que la décision de chaque coutume doit faire loi dans son district.

A l'égard de celles qui gardent le silence, sur cette matiére, nous pensons que le fisc y doit être exclus, & qu'on doit, au reste, y suivre le sentiment de Bacquet, qui est de laisser jouïr le mari, sa vie durant, & avec la même autorité que si la communauté subsistoit encore, de la totalité des biens qui la composoient: & après sa mort, la moitié qui appartenoit à sa femme doit passer, en toute propriété, aux héritiers de cette femme. Et la même chose doit avoir lieu pour les coutumes qui, en excluant le fisc, ne décident point entre le mari & les héritiers de la femme.

Nous croïons d'autant plus que le parti que nous proposons doit être suivi, qu'il est appuïé de l'autorité d'un auteur fort judicieux, & fort respectable en même tems. D'ailleurs il est plus conforme à l'équité & aux principes. Il n'est pas juste que le crime d'une femme enléve à son mari un droit qu'il tient de la loi, & le prive en même tems de la jouïssance de biens qui, fort souvent, ne sont autre chose que le fruit de ses travaux. D'un autre côté, il n'est pas juste non-plus qu'il acquiére une propriété, qui est dévolue, par la loi, aux héritiers de sa femme. Il doit lui suffire de ne rien perdre de ses droits, sans l'autoriser à prétendre ceux des autres ; sur-tout, quand ils n'ont mérité cette perte par aucune action. C'est bien assez que le fisc leur enléve les propres de la femme, sans que le mari s'empare encore de la propriété des meubles.

Mais il se présente une difficulté. Au moïen de cette autorité que nous soutenons devoir être conservée au mari, il peut dissiper non-seulement sa part dans la communauté, mais même celle qui appartenoit à sa femme, & dont la propriété est passée sur la tête de ses héritiers ; ensorte qu'il est le maître de les en frustrer totalement, & même de prendre des arrangemens pour les faire passer à ses propres héritiers.

Nous répondons à cela, qu'à l'égard du pouvoir qu'il a de dissiper, on ne peut pas le lui ôter. Ce n'est point une faculté nouvelle qu'il a acquise ; c'est un droit qu'il avoit auparavant, & qu'il a conservé ; attendu encore une fois qu'il n'est pas juste que le crime de sa femme lui ôte un privilége qui lui est acquis. Si, d'ailleurs, il fait des aliénations frauduleuses, elles peuvent être révoquées, comme elles auroient pû l'être du vivant de la femme ; parceque la coutume n'a donné au mari un pouvoir si étendu sur les effets de la communauté, qu'à la charge qu'il n'en abusera pas pour priver sa femme & ses héritiers. Il peut bien dissiper : mais il ne peut rien faire tourner à son profit, ni au profit de ses héritiers. Les termes de la coutume de Paris, article 225. y sont formels. Voici le texte. » Le mari est seigneur » des meubles & conquêts immeubles par lui faits durant & » constant le mariage de lui & de la femme, en telle maniére » qu'il les peut vendre, aliéner, ou hipotéquer, & en faire & dis- » poser par donation, ou autre disposition faite entre-vifs, à son » plaisir & volonté, à personne capable, *& sans fraude.* » Toutes choses restent donc dans l'état où elles étoient avant la mort civile de la femme.

On

On peut encore, à cette occasion, élever une autre question. Cette jouïssance, & ce pouvoir absolu de disposer de tous les effets de la communauté, qui reste au mari, forme une espéce de continuation de communauté, pareille à celle qui subsiste entre les enfans & le conjoint survivant qui n'a point fait inventaire. Or, si le mari augmente cette communauté, au lieu de la dissiper, les héritiers de la femme doivent-ils profiter de ces augmentations, de même que les mineurs en profitent, dans le cas de la continuation dont nous venons de parler?

Nous croïons qu'il y a parité de raison. Le mari est le maître de dissiper tellement tous les biens dont on lui laisse la jouïssance, que ceux qui en ont la propriété sont en danger de tout perdre. De même, il semble qu'ils doivent aussi être en droit de participer aux augmentations qui ont pû se faire : moïennant quoi toutes choses se trouvent égales. S'ils risquent à perdre, ils risquent aussi à gagner. Et l'on ne peut pas dire que le mari soit en droit de se plaindre de la faculté que nous accordons ici aux héritiers de sa femme; puisque, pour empêcher que le crime de cette femme ne lui porte aucun préjudice, il ne s'agit que de le mettre dans la même position où il se trouveroit, si la justice ne lui avoit pas ôté la vie. Or, si ce malheur n'étoit point arrivé, comme il auroit eu le pouvoir de dissiper; de même sa femme, ou les héritiers de sa femme auroient eu aussi le pouvoir de participer aux augmentations qu'il auroit pû faire dans la communauté. En un mot, la continuation de communauté, que nous établissons ici, est une fiction, par laquelle on suppose que le mari & la femme vivent toujours en commun. Or cette fiction doit produire exactement les mêmes effets que produiroit la réalité.

Passons maintenant à l'autre question, qui consiste à sçavoir si, dans le cas où la femme survit à sa mort civile, le mari conserve la jouïssance des biens de la communauté, & même l'usufruit des propres, jusqu'à la mort naturelle de sa femme.

Il y a des auteurs qui le pensent ainsi. Il y en a même qui prétendent que le mari, gagnant la part de sa femme dans la communauté, doit encore conserver l'usufruit de ses propres, jusqu'à ce qu'elle meure naturellement.

Pour soutenir cette opinion, on dit, en premier lieu, que le mari, comme maître de la communauté, a droit de jouïr des biens qui la composent, & par conséquent des fruits provenant des propres de sa femme; parceque ces fruits entrent de droit dans la communauté. La femme ne peut pas lui faire perdre ce droit ; ne pouvant, ſuivant la maxime vulgaire, porter aucun préjudice à ſon mari, *nec in contrahendo, nec in delinquendo.* C'eſt cependant ce qui arriveroit, ſi elle lui faiſoit perdre ſa part, au moment de la mort civile qu'elle encourt ; puiſqu'elle feroit ceſſer ſon droit de jouïſſance.

D'ailleurs le droit du mari eſt antérieur à celui du fiſc. Ainſi, ſuivant le titre, au code, *pœnis fiſcalibus creditores anteferri*, la confiſcation ne peut lui porter aucun préjudice. C'eſt ainſi qu'on en uſoit chez les romains. Dans les cinq cas où la confiſcation avoit lieu, le mari conſervoit toutes ſes actions contre le fiſc. *Quinque legibus damnatæ mulieri dos publicatur : majeſtatis, vis publicæ, parricidii, veneficii, de ſicariis. Et omnes omninò maritus ſalvas actiones contrà fiſcum habet. L. 3 & 4, ff. de bonis damnatorum.* Et dans tous les cas où la confiſcation n'avoit point lieu, le mari gagnoit même la dot. *Sed ſi aliâ lege capitis punita ſit, quæ lex dotem non publicat, quia priùs ſerva pœnæ efficitur, verum eſt dotem mariti lucro cedere, quaſi mortua ſit. L. 5, eod. in princip.*

On peut répondre à ce raiſonnement qu'il eſt certain que, ſuivant la rigueur du droit, le titre de la jouïſſance du mari ne peut venir que de la communauté, & que cette cauſe étant ceſſée, l'effet doit ceſſer avec elle.

En convenant de ce principe, on peut toujours ſoutenir le premier raiſonnement, en diſant que le mari doit avoir, à titre d'indemnité, ce qu'il ne peut conſerver en conſéquence de la communauté ; parceque la femme ne peut faire ceſſer ſa jouïſſance ; attendu qu'il étoit le maître des biens de cette communauté.

Pour ſe décider, il faut donc examiner quelle eſt l'étendue de ce pouvoir du mari.

Nous avons fait voir plus haut que, s'il eſt le maître des biens de la communauté, ce n'eſt point à titre de propriétaire, mais à titre d'adminiſtrateur & de chef. D'où il faut conclure que ce droit n'eſt point inhérant à la perſonne du mari. C'eſt une ſuite & un effet de l'adminiſtration qui lui eſt confiée : par conſéquent la femme ne lui doit aucune indemnité, lorſqu'elle fait ceſſer ſon droit.

En effet, pour pouvoir dire que la femme fait préjudice à ſon mari, en faiſant ceſſer ſa jouïſſance, il faut ſuppoſer que la loi n'a donné cette jouïſſance au mari que pour ſon avantage particulier, & pour lui procurer une vie commode & aiſée, aux dépens du revenu de ſa femme, qu'il lui ſuffiroit d'entretenir honnêtement. Or ce ne sont pas là les idées qu'on doit se former du pouvoir du mari sur la communauté. Si la loi l'en a constitué le chef, ce n'a été que pour le bien commun. Les hommes aïant, pour l'ordinaire, plus de jugement que les femmes, elle a crû qu'il étoit de l'avantage des deux conjoints, & du bien de leurs enfans, de prendre l'homme pour administrateur. La femme ne lui fait donc aucun préjudice, dont il puisse raisonnablement se plaindre.

En un mot, il n'y a point de loi qui défende aux conjoints d'opérer la dissolution de la communauté ; & c'est abuser de la maxime qui ne veut pas que la femme porte préjudice à son mari, *contrahendo, aut delinquendo*, que de prétendre qu'elle ne peut dissoudre cette communauté au préjudice de son mari. En effet, la maxime dont nous venons de parler ne décide autre chose, sinon que la femme ne peut diminuer la communauté subsistante, ni par un contrat, ni par un délit ; & elle ne signifie point que, lorsque la communauté est dissoute par le fait de la femme, le mari peut feindre, pour son propre avantage, qu'elle existe toujours. Cette dissolution est un événement auquel la loi n'a pas pû remédier, & qu'elle n'a pas même dû prévoir ; parceque l'espérance d'une communauté opulente, considérée hors l'avantage particulier du mari, est un événement trop incertain, pour qu'on accorde un dédommagement, lorsqu'il n'arrive pas.

Il suit de ces raisonnemens que le titre du code, & les loix ci-dessus citées, n'ont point d'application à cette espéce.

Pour soutenir le premier sentiment, on ajoute que, quoique le mari ne puisse pas, dans la rigueur, conserver cette jouïssance ; cependant, de même qu'on adjuge aux enfans les biens de leur mere condamnée pour avoir fait mourir son mari, & que la confiscation n'a pas lieu, dans ce cas, au préjudice des enfans ; *à fortiori*, doit-on juger qu'elle n'a point lieu, pour dépouiller un mari de l'usufruit des propres de sa femme.

Mais on répond qu'il y a une grande différence entre ces deux espéces. Si les enfans prennent la succession de leur mere, qui a fait mourir leur pere, c'est à titre de dommages & intérêts ; parcequ'il leur en est dû, comme héritiers de leur pere, dont ils ont la mort à venger : car, quoiqu'on ne les admette pas à poursuivre cette vengeance en justice, attendu la qualité de la coupable ; cependant on ne laiſſe pas de leur donner des dommages & intérêts, comme s'ils l'avoient pourſuivie : mais, dans le cas que nous examinons ici, le mari n'a aucun prétexte pour demander des dommages & intérêts.

Les partiſans du premier ſentiment diſent encore que le mari eſt obligé de nourrir ſa femme, nonobſtant la mort civile, & qu'ainſi il faut lui conſerver ce qui lui étoit donné par la loi, pour ſoutenir les charges du ménage, & pour l'entretien de ſa femme.

Mais on répond que cette obligation du mari de nourrir ſa femme, quand la mort civile a diſſous la communauté qui étoit entr'eux, n'eſt plus qu'une obligation naturelle, & non pas une obligation civile. C'eſt une charge du mariage ; mais ce n'eſt pas une charge de la communauté : ainſi la loi n'eſt pas obligée d'y pourvoir. Au ſurplus, dans les coutumes où il gagne la propriété des meubles, acquets & conquêts, qui compoſoient la communauté, il eſt aſſez dédommagé, ſans qu'il ſoit encore beſoin de lui laiſſer l'uſufruit des propres.

Enfin, pour autoriſer le premier ſiſtême, on invoque le ſuffrage de Dumoulin, qui, en décidant que le mari doit profiter des biens de la communauté, *jure non decreſcendi*, a ſans doute entendu y comprendre l'uſufruit des propres de la femme ; puiſqu'il fait partie des biens de la communauté. On invoque encore le ſentiment de Coquille, qui dit, en propres termes, que ſi la femme eſt bannie perpétuellement, comme, ſelon la loi chrétienne, le mariage n'eſt pas diſſolu, il ſemble que le mari doit gagner les fruits & héritages de ſa femme, en qualité de mari, tant qu'il vivra : parceque le droit qu'il y a ne peut pas lui être ôté ſans ſa faute ; & il eſt tenu de nourrir & entretenir ſa femme, tant que le mariage durera. Sur quoi il cite la loi 1, *ff. de jure dotium. Dotis cauſa perpetua eſt ; & cum voto ejus qui dat, ita contrahitur, ut ſemper apud maritum ſit.* Le Brun, à l'endroit cité, eſt auſſi du même ſentiment.

A l'égard de l'opinion de Dumoulin, il n'y a nulle conſéquence à tirer du motif qui peut faire conſerver au mari la propriété de la part qu'a la femme dans la communauté à celui qui pourroit faire décider qu'il doit auſſi garder l'uſufruit des propres.

Quant à l'autorité des autres auteurs, outre qu'on prétend que leurs raiſons ne ſont nullement ſolides, on leur oppoſe l'arrêt de 1703, dont nous avons parlé plus haut, qui, en donnant au mari la part de la femme, l'exclut de l'uſufruit des propres, contre les conclusions de M. l'avocat général, qui s'étoit fondé sur ce principe, que le délit de la femme ne peut point faire de préjudice au mari.

Telles sont les raisons que l'on allégue de part & d'autre, pour faire valoir les deux sentimens.

Nous croïons, qu'en général, celui qui est en faveur du mari doit être préféré. Ce que nous fondons sur plusieurs raisons.

La premiére est la défaveur du fisc. Nous en avons parlé plus haut.

D'ailleurs, en suivant le sentiment que nous avons embrassé sur la premiere question, il est constant qu'on ne peut pas se dispenser d'accorder au mari les fruits provenant des propres de sa femme. Il faut tout lui accorder, ou lui refuser tout. Ces fruits sont aussi essentiellement partie de la communauté, que les meubles & les conquêts-immeubles. Il n'y a donc pas plus de raison pour les uns, que pour les autres.

D'ailleurs, quelque motif qu'ait eu la loi pour accorder au mari la jouïssance des biens de la communauté, il est certain qu'elle la lui a accordée, & il est certain, dans le fait, qu'elle lui est avantageuse. Si la confiscation des biens de sa femme la lui ôte, en tout, ou en partie, c'est un avantage qu'il perd par le délit de sa femme; ce qui est contraire à toutes les maximes les plus sacrées du droit coutumier.

Enfin, il est un principe certain: c'est que jamais la dissolution de la communauté n'arrive par la faute de la femme. C'est pourtant ce qui arriveroit ici. Il est bien vrai que la femme n'étant plus rien dans la société, au moïen de la mort civile, ne peut pas être réputée commune en biens avec son mari: mais la communauté en elle même, au moins quant aux effets avantageux qu'elle produit au mari, ne cesse point relativement à lui. Ce n'est plus une communauté, si l'on veut; c'est une administration semblable à celle qui existoit pendant que la communauté avoit lieu; parceque le mari ne peut être dépouillé de cette administration, que par sa propre faute. Tels sont, selon nous, les vrais principes.

Quant à l'arrêt de 1703, nous ignorons les motifs qui déterminerent la cour. Mais nous sommes persuadés qu'il y en avoit de particuliers, dans l'espéce, qui la mettoient hors des régles générales, & qui empêchoient de pouvoir se décider par les principes de la matiére.

Après avoir examiné les droits des conjoints ſur les biens confiſqués par chacun d'eux, nous allons paſſer aux droits des enfans ſur ces mêmes biens. Ces droits conſiſtent dans la légitime, & dans le doüaire.

A l'égard de la légitime, c'eſt une queſtion fort controverſée entre les auteurs, de ſçavoir ſi les enfans ſont en droit de ſe la faire adjuger.

Bacquet, en ſon traité des droits de juſtice, chap. 15, n. 2, eſt d'avis que les enfans de celui dont les biens ont été confiſqués ne peuvent demander leur légitime ſur ces biens ; qu'ils ne peuvent pas même demander leur nourriture & leurs alimens. La raiſon qu'il en apporte eſt, qu'on a voulu détourner les hommes de commettre des crimes, au moins ceux qui ſont aſſez énormes pour opérer la confiſcation de biens ; parceque, dit-il, nous avons ſouvent plus de ſoin de nos enfans, que de nous même.

Chopin, *de moribus Pariſiorum*, *lib.* 3, *tit.* 3, *n.* 24, Carondas, Tournet & Guérin, ſur l'article 183 de la coutume de Paris, ſont d'avis contraire.

Ricard, en ſon traité des donations, part. 3, chap. 8, ſomm. 9, n. 103, eſt du même ſentiment que ces derniers. Il dit que la légitime doit être diſtraite des biens confiſqués ; parcequ'il n'y a que les biens que le pere aliéne à titre onéreux qui en ſoient exempts ; & que le fiſc, qui ſuccéde à titre univerſel, étant tenu de toutes les dettes du défunt, il n'eſt pas juſte de le décharger de la plus favorable. Il ajoute que le public eſt intéreſſé à la diſtraction de cette légitime ; parcequ'en puniſſant un crime, on doit faire enſorte que la punition, dont on uſe, n'ouvre pas aux enfans le chemin de ſuivre les traces de leur pere, en les deſtituant de tous les moïens de ſubſiſter.

Le Maître, ſur la coutume de Paris, titre 8, chap. 5, eſt du ſentiment contraire à celui de Ricard. Il dit que la coutume ne diſtingue point, & confiſque également tous les biens avec le corps. C'eſt ſans fondement, dit-il, que Me Ricard prétend qu'il n'y a d'exempts de la légitime que les biens aliénés à titre onéreux. Quand le pére a joué, ou laiſſé preſcrire quelque bien, ce bien eſt libre de la légitime, quoiqu'il n'ait rien coûté au détenteur.

Si la légitime, continuë-t-il, étoit une véritable dette, & la plus favorable, le pere ne pourroit pas aliéner ſes biens, même à titre onéreux, au préjudice des légitimaires ; & ils ſeroient préférés à tous autres créanciers. Cependant les aliénations subsistent en leur entier, les légitimaires ne peuvent rien prétendre dans les biens, que toutes les dettes ne soient païées : & puisqu'un pere peut non-seulement vendre, mais jouer ses effets, sans que ses enfans aïent droit de s'en plaindre, il peut bien aussi les confisquer par son crime.

Enfin, continuë le même auteur, si la nécessité est capable d'engager les enfans dans le crime, la rigueur du châtiment de leur pere doit encore être plus efficace pour les en détourner ; & un pere peut même être retenu par la considération du déplorable état où il laisseroit ses enfans.

On voit que cette question est assez difficile à résoudre, & que les deux opinions se soutiennent par des raisons qui semblent également solides. Pour prendre un parti, il est nécessaire de rappeller ici les principes qui regardent la matiére des légitimes.

La légitime est une portion de l'hérédité. Cette portion est dûe aux enfans nés en légitime mariage, par le droit naturel, dans les biens de leurs pere & mere, ou autres ascendans ; & elle est fixée par la loi. Ainsi les pere & mere ne peuvent valablement disposer de leurs biens, au moins jusqu'à la concurrence de cette portion ; à moins que les enfans n'aïent mérité d'être exhérédés.

En effet, la nature oblige les ascendans à faire subsister ceux à qui ils ont donné l'être, & il n'y a point d'animaux qui ne soient d'eux-même portés à subir cette loi : autrement la nature seroit imparfaite en soi, de produire inutilement un être qui ne pourroit subsister de lui-même, si elle ne portoit ceux du ministére desquels elle s'est servie pour le produire, à lui procurer ce qui est nécessaire pour sa conservation.

La loi civile est venuë au secours de la loi naturelle. Comme celle-ci n'a d'autres armes, pour se faire obéïr, que les sentimens qu'elle inspire, elle a besoin de l'autorité de la loi civile, pour contraindre ceux qui sont sourds à sa voix. Ainsi l'une ordonne en général, que les enfans trouvent, dans la succession de leur pere, de quoi fournir à leur subsistance. L'autre prescrit la même chose, & fixe en même tems la quotité qui doit former cette légitime. C'est pourquoi elle s'estime suivant les différens lieux. Le droit romain a ses dispositions, chaque coutume a les siennes. Ce n'est pas ici le lieu de s'étendre sur cette matiére. Il suffit d'observer que la légitime est dûë aux enfans, ſuivant le droit naturel, & ſuivant le droit civil, en même tems.

On regarde la légitime comme une choſe ſi ſacrée, que, dans les païs où la ſubſtitution eſt le plus favorable, on ne peut ſubſtituer la portion d'hérédité qui compoſe la légitime. C'eſt ce qui a été jugé par un arrêt du 30 juin 1678, rapporté au journal du palais. La raiſon eſt qu'elle appartient aux enfans en pleine propriété, & ne peut être grévée d'aucun fidéicommis, d'aucune charge, d'aucune condition.

On ne peut pas non-plus diſpoſer, à titre gratuit, ſoit par teſtament, ſoit par donation entre-vifs, de la portion que la loi a deſtinée pour ſervir de légitime aux enfans. Toutes diſpoſitions faites de la ſorte ſont révocables juſqu'à la concurrence de cette légitime; & le droit de légitime eſt acquis aux enfans dès l'inſtant de leur naiſſance, même de leur conception. Ils ne peuvent perdre ce droit que dans les cas où la loi les en prive expreſſément: mais ces cas n'arrivent jamais que par la faute des enfans eux-même: perſonne ne peut le leur ravir.

D'un autre côté, comme la légitime eſt une portion de la ſucceſſion des pere & mere, les enfans ne peuvent la demander qu'après l'ouverture de cette ſucceſſion, & jamais du vivant de leurs pere & mere, quelque diſſipation qu'ils faſſent. Or, comme cette légitime fait partie des biens des pere & mere, ils ont droit d'en diſpoſer à titre onéreux, de vendre les biens qui la compoſent, & de l'aliéner, de quelque façon que ce ſoit, pourvû qu'ils en retirent un prix réel & effectif. La raiſon eſt, qu'il eſt naturel qu'ils puiſſent ſe ſervir de leurs fonds, pour vivre, ou même pour ſe procurer les commodités de la vie, ſi leurs revenus ne leur ſuffiſent pas. Tels ſont les principes généraux qui concernent la légitime.

On en peut conclure qu'elle eſt une dette néceſſaire de la ſucceſſion, telle qu'elle ſe trouve au moment de ſon ouverture; en y faiſant néanmoins entrer tous les biens qui en ont été aliénés à titre gratuit, pour les joindre avec ceux qui reſtent réellement, & meſurer, ſur le tout, la quotité de la légitime. Il eſt bien vrai, comme l'obſerve le Maître, que cette légitime n'eſt point privilégiée ſur les dettes contractées à titre onéreux, parceque ceux ſur les biens de qui elle doit être priſe ſont les maîtres d'en contracter, de cette eſpéce, tant qu'ils jugent à propos, ſans que rien puiſſe borner leur faculté à cet égard; ſans quoi le commerce des héritages ſe trouveroit trop gêné; ce qui

qui seroit préjudiciable à l'état, auquel il importe, pour la circulation des espéces, & pour d'autres raisons qu'il seroit hors de place de détailler ici, que les biens puissent changer de main.

Mais on ne peut pas nier que la légitime ne soit une dette privilégiée, au moins sur celles qui ont été contractées à titre gratuit. Le droit de la demander est une action qui réside sur la tête des enfans, à l'instant même de leur existence. Ils la tiennent du droit naturel appuïé de l'autorité du droit civil. Il n'est pas juste qu'ils en soient privés par des étrangers, au profit desquels il plaît à un homme, ou à une femme, de disposer gratuitement, au préjudice de ce qu'ils doivent à leurs enfans, à plusieurs titres.

Si la faculté de disposer à titre gratuit, & par des actes autorisés d'ailleurs par la loi, est interdite aux pere & mere, paroit-il naturel qu'ils puissent aliéner gratuitement, au préjudice de leurs enfans, par un crime; & que ces enfans, qui sont innocens, soient punis de la faute de leurs parens, & par l'infamie que leur châtiment fait rejaillir sur eux, & par la perte de la portion de leur hérédité que la loi leur réserve pour leur subsistance?

Mais, indépendamment de ces considérations, il est certain que l'acquisition que fait le fisc, au moïen de la confiscation, est une acquisition à titre purement gratuit. Pourquoi, & sur quel fondement, cette acquisition, étant aussi défavorable qu'elle l'est, aura-t-elle un privilége que n'ont pas les autres, quoique souvent fondées sur la reconnoissance, ou sur quelqu'autre motif aussi louable?

Il est vrai, comme dit le même auteur, que la coutume ne distingue point, & qu'elle confisque, avec le corps, tous les biens indéfiniment: mais on ne doit comprendre dans cette totalité des biens que ceux qui sont disponibles, & non pas ceux qui étoient acquis à d'autres, avant que la confiscation eût lieu.

Il nous paroît enfin que le même auteur réfute mal le moïen que Ricard tire de la considération qu'on doit avoir pour les enfans, qui sont en danger, si on leur ravit leur subsistance, de se mettre dans le cas de mériter le même sort que leur pere. Il répond que la rigueur du châtiment qu'on a fait subir au pere doit suffire pour les retenir. Il est vrai que cela devroit être suffisant: mais que font toutes les considérations & toutes les réflexions, contre la néceſſité ? Il n'eſt point vrai que la crainte de réduire ſes enfans dans l'état le plus déplorable puiſſe contenir le pere, & l'empêcher de commettre des crimes. Comment veut-on qu'une telle conſidération l'arrête, puiſqu'il n'eſt pas arrêté par la crainte des châtimens qu'il ſe prépare à lui-même, quelque cruels & quelqu'infames qu'ils puiſſent être ?

Pour que les enfans puiſſent demander leur légitime ſur les biens de leurs pere & mere, il faut, comme nous l'avons obſervé, qu'ils acceptent la ſucceſſion. La qualité de légitimaire ne marche jamais qu'avec celle d'héritier. Lorſqu'ils renoncent à la ſucceſſion, & qu'ils ſont d'ailleurs habiles à ſuccéder ; au lieu de leur légitime, ils ſont en droit de prétendre à la propriété du doüaire, tel qu'il a été accordé à leur mere, ſoit par le contrat de mariage, ſoit par la loi du païs où le mariage a été célébré. Cette portion du bien de leur pere eſt une choſe ſacrée, à laquelle il ne peut toucher, ſoit en la vendant, ſoit en l'hipotéquant, en un mot, par quelqu'aliénation que ce puiſſe être ; enſorte que, quand ce doüaire eſt ouvert, & que les enfans, par leur renonciation, ſe ſont acquis le droit de le demander, il doit leur être délivré dans toute ſon intégrité, & ſans aucunes charges, autres que celles qui étoient antérieures au mariage.

Ne pouvant donc être aliéné ni à titre gratuit, ni à titre onéreux, il eſt hors de doute qu'il ne peut être enveloppé dans la confiſcation des biens du pere. C'eſt le ſentiment unanime de tous les auteurs.

Telles ſont les portions qui ne ſe peuvent ôter aux enfans ſur les biens de leur pere confiſqués, en païs coutumier.

A l'égard des païs régis par le droit romain, nous avons vû plus haut que, ſuivant l'ancien droit, la confiſcation de tous les biens étoit une ſuite néceſſaire de la condamnation à une peine capitale. Les empereurs Valentinien & Theodoſe voulurent que, ſur les biens du condamné, il en fût diſtrait la moitié au profit des enfans ; & Juſtinien, dans la ſuite, ordonna que la confiſcation de tous les biens céderoit au profit des enfans du condamné, ou à ſes autres ſucceſſeurs *ab inteſtat*, tant en ligne directe que collatérale, juſqu'au troiſiéme dégré incluſivement. Mais on ne ſuit pas aujourd'hui la déciſion de ces loix, & l'on adjuge la troiſiéme partie des biens du condamné à ſa femme & à ſes enfans, qui ſont, à cet égard, regardés ſi favorablement, qu'on leur adjuge cette troiſiéme partie des biens ſur le total, ſans aucune contribution aux frais du procès, dommages & intérêts, & amende. Voïez Maynard, liv. 8. chap. 84.

Ce tiers, adjugé à la femme & aux enfans sur les biens confisqués, ne peut être diminué dans le cas même que les autres biens ne suffisent pas pour païer les dommages & intérêts adjugés par la sentence, ou par l'arrêt. Il se partage entre la veuve & les enfans par portions viriles ; mais la femme perd sa part si elle convole en secondes nôces.

On pourroit élever ici la question de sçavoir si les biens compris dans une substitution, dont le condamné est grévé, tombent en confiscation ? Mais tous les auteurs décident qu'ils n'y sont point compris ; & cette décision est conforme aux principes. Un homme grévé de substitution ne possede les biens que quant à l'usufruit seulement. Il ne peut, en aucune façon, disposer du fonds, dont il n'a qu'une propriété précaire & simulée, laquelle appartient, dans le vrai, à ceux qui sont appellés à la substitution.

Mais on pourroit encore demander si le fisc, étant aux droits du condamné, ne seroit pas au moins en droit de prétendre la jouïssance de ces biens pendant la vie naturelle du condamné, lorsque la condamnation ne tend qu'à la mort civile simplement ? La raison de douter est que, dans toutes les loix & dans toutes les dispositions humaines, lorsqu'il est parlé simplement de mort, ce terme se doit entendre de la mort naturelle, & jamais de la mort civile. Il faut, comme nous l'avons dit ailleurs, qu'elle soit nommément prévûe. Or quand un donateur, ou un testateur dispose d'un bien en faveur d'une personne, pour en jouïr sa vie durant, à la charge que ce bien sera substitué au profit d'une autre personne, cela donne droit au donataire ou au légataire de jouïr tant qu'il vivra. Or le fisc, étant à ses droits, lorsqu'il est mort civilement, il semble qu'il pourroit prétendre à cette jouïssance, au moins pendant la vie naturelle du condamné.

Cette question n'en est plus une depuis l'ordonnance de 1747. qui porte, titre 1. art. 24. que dans tous les cas où la condamnation pour crime emporte mort civile, elle donnera lieu à l'ouverture du fidéicommis comme la mort naturelle. D'où il suit que la jouïssance passe nécessairement à ceux qui sont appellés à la substitution.

Basnage, sur l'article 143. de la coutume de Normandie, éleve la question de sçavoir si des biens donnés par un pere à son fils retournent à ce pere par droit de réversion, dans le cas où il tue ce fils donataire ; & si, par le moïen de cette réversion, ces biens tombent dans la confiscation du pere condamné pour raison de ce crime ?

Pour mettre le lecteur en état de bien entendre cette question, il paroît nécessaire de rappeller ici quelques principes touchant le droit de retour, ou de réversion, qui appartient aux ascendans.

C'est un droit en vertu duquel les immeubles donnés par les ascendans à leurs descendans retournent aux donateurs, lorsque les enfans donataires décédent sans enfans.

Ce droit, qui s'exerce aujourd'hui tant en païs de droit coutumier qu'en païs de droit écrit, est fondé sur plusieurs motifs, dont l'exposition ne contribuera pas peu à la décision de la question que nous examinons ici.

Le premier de ces motifs a été de diminuer la douleur que cause à un pere ou à une mere la mort prématurée de leurs enfans. Ce motif est tiré de la loi 6, *ff. de jure dotium : Jure succursum est patri, ut filiâ amissâ, solatii loco cederet, si redderetur ei dos ab ipso profecta : ne & filiæ amissæ, & pecuniæ damnum sentiret.*

Le second a été d'exciter les peres & les meres à faire, dès leur vivant, des libéralités, à leurs enfans, en leur faisant espérer que, si leurs enfans viennent à mourir avant eux, les choses qu'ils leur auront données leur reviendront : *ne aliàs parentum circà liberos munificentia retardetur. L. 2, cod. de bonis quæ liber.*

Le troisiéme est qu'un pere, en établissant ses enfans, est présumé pourvoir à sa postérité, & avoir en vûe que les biens dont il se dépouille en leur faveur ne passent pas à des étrangers.

En effet, les donations faites par les ascendans à leurs descendans, leur sont censées faites en avancement d'hoirie : c'est-à-dire, qu'ils leur font avancement d'une succession qui leur est dûë par la loi naturelle, & par la loi civile, à l'effet d'être transmise à leurs descendans. C'est pourquoi, quand l'enfant donataire décéde sans enfans, il est juste, que le motif de la donation cessant, le donateur reprenne ce qu'il a donné. Et c'est principalement sur ce motif que le droit de retour est fondé, & sur ce qu'il est tacitement inhérant à la donation ; ensorte qu'elle est présumée faite sous cette condition, quoiqu'elle ne soit pas exprimée.

D'ailleurs, rien n'est plus conforme à l'équité naturelle, que ce droit de retour ; car il ne seroit pas juste qu'un pere, qui se seroit dépouillé pour avancer son fils, demeurât dans le besoin, pendant qu'il verroit son bien dans les mains des collatéraux, que la loi, ni le pere n'ont pas eu dessein d'enrichir, au préjudice des ascendans, qui, dans l'ordre naturel, doivent mourir les premiers.

Enfin, il y auroit de l'inhumanité de leur refuser ce secours, dans le tems qu'ils peuvent en avoir un plus grand besoin ; & ce seroit agir, en quelque maniere, contre l'ordre de la providence, qui a donné ces biens au pere, avant que de les donner au fils.

Il y a cependant quelques coutumes, qui exigent que la réversion soit expressément stipulée : autrement elle n'auroit pas lieu. Mais ce droit a paru si équitable, qu'il a été reçu dans toutes les coutumes qui n'en parlent point ; & cette réversion est une exception de la régle généralement observée en païs coutumier, qui est que propre ne remonte point.

L'article 313 de la coutume de Paris ne dit pas précisément que, quand le fils donataire de son pere meurt sans enfans, les choses données retournent au pere donateur : il dit seulement que *les ascendans succédent aux choses par eux données à leurs enfans, décédant sans enfans & descendans d'eux.* Mais les termes dans lesquels cet article est conçû sont plus que suffisans pour admettre ce droit, dans cette coutume.

Dans le païs coutumier, le droit de retour est reçû d'une maniere différente de celle qui se pratique, à cet égard, dans les parlemens de droit écrit.

Dans ces parlemens, conformément à la jurisprudence romaine, les choses données retournent au donateur franches de toutes dettes & hipotéques ; & les donataires n'en peuvent pas disposer au préjudice de la réversion. Ainsi, par arrêt du parlement de Toulouse, du 26 Juin 1582, il a été jugé que la dot constituée, par la mere, lui retournoit, la fille venant à mourir avant elle, sans enfans, quoique cette fille eût disposé de la totalité de ses biens par testament. Cet arrêt est rapporté par la Rocheflavin, liv. 3, tit. 9, art. 1.

Dans la France coutumiére, le droit de retour est mixte. Il participe tout à la fois du droit de réversion, & du droit de succession. Le donataire est propriétaire des biens donnés, & a par-conséquent la faculté de les aliéner, ou hipotéquer entre-vifs.

A l'égard des dispositions testamentaires, comme les biens sujets à ce droit sont propres en la personne du donataire, la disposition qu'il en pourroit faire, par acte de derniére volonté, ne seroit valable à Paris que jusqu'à la concurrence du quint;

& les quatre autres quints retourneroient au donateur ; & de même dans les autres coutumes, à proportion de la quantité des propres qu'elles permettent de donner par testament.

En païs coutumier, comme en païs de droit écrit, pour que le droit de retour ait lieu, il faut que le donataire décéde avant le donateur, sans enfans ; parceque la donation est censée faite tant pour le donataire, que pour ses descendans, qui le représentent.

Le retour n'a lieu qu'au profit du donateur : quand l'aïeul a donné un propre, après la mort du petit-fils donataire, arrivée sans enfans, ce propre appartient à l'aïeul, & non à d'autres. Ainsi, en matiére de retour, les propres remontent jusqu'à l'ascendant qui a fait la donation, quoiqu'il y ait un autre ascendant du donataire, & du même côté, qui se trouve entre lui & le donateur.

De même, lorsque le pere a donné un héritage à son fils, & que le pere donateur vient à décéder, & que le fils donataire décéde ensuite, sans enfans ; l'aïeul ne peut pas joüir du droit de retour ; parceque ce n'est pas lui qui a donné.

Les véritables immeubles, soit corporels, soit incorporels, même les immeubles fictifs, comme les offices & les rentes constituées, sont sujets à réversion.

Pour ce qui est des choses mobiliaires, comme sont des deniers, celles qui sont données en dot sont sujettes au droit de retour, dans les parlemens de droit écrit ; & c'est par elles que ce droit avoit commencé chez les Romains.

En pays coutumier, ce droit de retour n'est pas admis pour les meubles. La raison est que les deniers, ou autres meubles estimés, comme ils le sont, pour l'ordinaire, dans les donations faites par les ascendans à leurs enfans, sont censés n'être plus existans, dès qu'ils sont confondus avec d'autres. Or le retour suppose l'existance des choses qui retournent. Ainsi, la réversion cesse, au cas de la donation des meubles.

Mais lorsque les meubles se trouvent en nature, au tems du décès du donataire, comme, par exemple, des obligations ; le retour, en ce cas, peut avoir lieu ; parceque les raisons qui nous ont fait admettre ce droit, dans nos coutumes, subsistent. Ainsi les choses données existant encore, peuvent se reprendre.

Suivant les loix romaines, le droit de retour n'a lieu qu'en faveur du pere & de l'aïeul paternel, qui a fait la donation ; parceque ce droit tire son origine de la puissance paternelle. Ainsi, suivant la novelle 25 de l'empereur Léon, la mere, ou tout autre, ne peut prétendre ce droit, sans une stipulation expresse.

Mais parmi nous, suivant Maynard, liv. 9, chap. 90, tant en païs de droit écrit que dans les provinces coutumiéres, la mere jouït du droit de retour. Ce qui nous est assez marqué par l'article 313 de la coutume de Paris, qui porte, en général & sans distinction, que les ascendans succédent aux choses par eux données à leurs enfans. Or la mere & l'aïeule sont certainement comprises dans le mot ascendant.

Il n'est pas accordé aux collatéraux, si ce n'est dans la coutume d'Auxerre; art. 242, & dans le ressort du parlement de Toulouse, au rapport de Maynard, liv. 9, ch. 16, & d'Olive, liv. 4, ch. 7. Mais ce droit de retour, en faveur des collatéraux, ne va pas au-de-là des oncles & des tantes.

Au reste, quand on dit que le droit de retour a lieu en faveur des ascendans, cela ne s'entend que par rapport à leurs enfans légitimes; car le pere naturel ne pourroit pas exercer ce droit sur les choses par lui données à son bâtard.

La réversion a lieu, soit que la donation, faite par l'ascendant, soit contenûe dans un contrat de mariage, soit qu'elle soit portée dans un autre acte. Il y a, dans l'un & l'autre cas, parité de raison; attendu que la donation faite aux enfans, par leurs ascendans, est toujours réputée faite en avancement d'hoirie, & pour leur établissement.

Quand le donateur est héritier des meubles & acquêts, & que, par droit de réversion, il prend les choses par lui données à l'enfant donataire, ce sont deux droits successifs qui concourent en la même personne: mais quand l'aïeul a donné quelque chose à son petit-fils, & que ce petit-fils décéde sans enfans, le pere est héritier des meubles & acquêts, & l'aïeul donateur prend, par droit de réversion, les choses qu'il a données.

Cela fait voir que, quoique le droit de retour participe de la succession, & même qu'on ne puisse jouïr de ce droit que *titulo successionis*, néanmoins il ne suit pas toujours l'ordre de la succession. Il peut être séparé de la qualité d'héritier, puisqu'il peut appartenir à un autre qu'à celui qui est héritier du défunt.

Ceux qui voudront approfondir cette matiére, peuvent consulter le traité du droit de retour des dots, des donations, des institutions contractuelles, & des testamens mutuels, par Me Arnaud de la Rouviére, avocat au parlement de Provence, imprimé à Paris, en 1737.

Nous avons crû devoir donner ici les principes généraux de cette matiére, tant parcequ'on ne les trouve que dispersés en différens ouvrages, excepté dans le traité qui vient d'être cité; que parcequ'ils conduisent facilement à la décision de la question que nous avons à examiner ici.

Un pere a fait une donation à son fils. Ce pere donateur tue ensuite son fils qui n'a point d'enfans. On demande si la mort de ce fils donataire opere le droit de retour au profit du pere donateur, qui a lui-même donné la mort à son fils ?

Ce qui rend cette question importante ici, c'est que, si le droit de retour a lieu au profit du pere meurtrier de son fils, les biens dont la donation est composée, tourneront au profit du fisc, au moïen de la condamnation prononcée contre ce pere, laquelle emporte la confiscation de tous ses biens.

Tous les principes semblent s'opposer au droit de retour en cette occasion. Si l'on examine d'abord les motifs qui ont introduit ce droit, il est certain qu'ils cessent tous.

1°. On ne doit pas chercher à diminuer dans un pere qui a tué son fils la douleur qu'il ressent de cette perte. On ne peut pas supposer qu'elle lui en cause; & quand les remords de sa conscience lui en causeroient quelqu'une, loin de mériter aucune consolation, il s'est rendu digne, par un crime si atroce, des châtimens les plus rigoureux. Enfin, comme nous supposons ici qu'il est poursuivi pour raison de ce crime, il ne profiteroit pas de ce qu'on lui laisseroit pour le consoler; puisqu'on le feroit mourir dans les supplices, & que les biens compris dans la donation par lui faite tourneroient au profit du fisc.

2°. Le second motif n'a pas plus d'application ici que le troisiéme, puisqu'il peut arriver que le pere, en tuant son fils, n'ait eu d'autre but que de rentrer en possession des biens qu'il lui avoit donnés, & dont il a eu regret de se voir dépouillé.

3°. Enfin on ne doit point exécuter les intentions d'un homme qui se rend coupable d'un crime aussi énorme que l'est celui de tuer, son propre fils. Si, en lui donnant, il n'a pas eu intention que ce qu'il donnoit passât à des collatéraux, ce dessein ne peut & ne doit avoir son exécution. Dès que la réversion n'a pas lieu, il faut nécessairement que les biens qui y sont sujets passent aux héritiers

héritiers collatéraux du donataire. Ils ne peuvent pas passer en d'autres mains.

D'ailleurs toutes les raisons naturelles, dont nous avons parlé plus haut, cessent ici. La nature ne parle plus en faveur d'un homme qui l'a si violemment outragée.

Outre toutes ces considérations, si l'on examine les principes de la matiere, ils sont également contraires au droit de retour.

En effet, dans les païs régis par le droit écrit, il est fondé, comme nous avons vû, sur la puissance paternelle. Or nous avons établi ailleurs que la condamnation emportant mort civile ravit la puissance paternelle à celui qui en est revêtu. Elle doit donc en même tems faire cesser tous ses effets, du nombre desquels est le droit de retour.

Il en est de même en païs coutumier. Ce droit participe du droit de succession. Tout homme qui a encouru la mort civile ne peut succéder, à quelque titre que ce soit. Il ne peut donc, ni personne pour lui, exiger, en sa faveur, le droit de retour. On trouve dans la bibliothéque du droit françois, au mot confiscation, un arrêt rendu en faveur de deux freres d'un enfant tué par son pere, contre M. le procureur général: cet arrêt a jugé que les biens donnés par le pere à ce fils, auquel il avoit lui-même donné la mort, n'avoient jamais appartenu au fisc; mais aux deux freres héritiers collatéraux.

Cette question nous fournit ici l'occasion d'en examiner une autre, qui consiste à sçavoir si les biens donnés par un pere à son fils, en avancement d'hoirie, sont confisqués pour le crime du fils, au préjudice du droit de retour au pere.

Tous les auteurs qui ont travaillé sur le droit romain, décident en faveur du pere; sur-tout lorsque la donation est faite en considération du mariage de l'enfant donataire, quoique la clause de retour ne soit pas stipulée. Mais les raisons tirées du droit civil ne seroient pas concluantes pour les païs coutumiers; parcequ'elles naissent de la puissance paternelle, qui annule toute aliénation faite sans le consentement du pere.

Or, pour soutenir les droits du pere en païs coutumier, il faut considérer le but qu'il s'est proposé en faisant une donation à son fils. Il y a été porté par ce désir, que la nature inspire à tous les peres, d'avoir leurs enfans pour héritiers; ensorte que, dans la donation dont il s'agit ici, il ne faut considérer qu'une anticipation de succession, pour l'accroissement de la famille du donataire; & l'on doit présumer que le pere n'a donné qu'à la charge, par son fils, de conserver le bien à ses enfans; &, s'il n'en avoit point, que ce bien lui retourneroit. Ensorte qu'il seroit injuste que le fils se prévalût de la libéralité du pere, & que ce pere fût dépouillé de son bien pour une cause aussi funeste & aussi contraire à ses intentions. Ces considérations seules équivalent à une stipulation de retour. *Nam si de his cogitasset, non donasset.*

Le pere est si favorable à réclamer les biens qu'il a donnés à son fils en avancement d'hoirie, qu'il n'est pas chargé d'acquitter sur ces biens les dommages & intérêts résultant du crime. Lorsque la loi a permis à un homme de se dépouiller de son bien dès son vivant en faveur de son héritier présomptif, elle l'a fait dans l'intention qu'il seroit conservé à la postérité du donataire, qui est en même tems celle du donateur. Cette condition est inséparable de cette sorte de contrats. Le pere, en faisant cette donation, a voulu s'assurer que son bien resteroit dans sa famille & passeroit à sa postérité. Il a espéré que son fils en useroit utilement pour son avantage, & pour l'accroissement de sa famille. Si les biens ainsi donnés, & dans ces intentions, étoient perdus par le crime du fils, le pere souffriroit une double perte; celle de l'honneur & de la vie de son fils, & celle de ses biens: & quand la clause du retour ne seroit pas expressément énoncée, elle doit toujours être sous-entendue en faveur du pere. C'est le sentiment de Coquille, question 10; & Boniface, t. 1, liv. 3, tit. 8, chap. 3, rapporte un arrêt du parlement de Provence, par lequel il a été jugé que le pere recouvrant, par droit de retour, les biens qu'il avoit donnés, ils étoient exempts des dépens auxquels le fils avoit été condamné pour crime. Enfin le pere ne s'étant dessaisi de son bien que sous une condition que le fils n'exécute pas, il est juste qu'il rentre dans ses droits.

Cette question se présenta au parlement de Rouen en 1647, dans cette espéce. Un nommé Jean Lair, écuïer, fit avancement de succession à ses deux fils, à condition de lui païer une pension de 600 liv. par an, avec la dot de sa femme, qu'il retenoit, & d'acquitter, dans deux ans, toutes les rentes qu'il devoit: à faute de quoi, sans autre forme de procès, il rentreroit dans son bien. Nicolas, son second fils, n'aïant point rempli ces conditions, le pere le fit assigner, pour se voir condamner à y satisfaire, avec protestation de se remettre en possession de son bien.

Six mois après, ce fils fut condamné par contumace, pour avoir tué un sieur de la Cour. Le pere obtint des lettres de rescision contre l'avancement qu'il avoit fait à ce fils. Elles furent entérinées par sentence, dont le frere de l'homicidé interjetta appel, pour être autorisé à prendre, sur les biens donnés par le pere à son fils en avancement d'hoirie, les intérêts qui lui avoient été adjugés.

On disoit, pour soutenir cet appel, que les lettres de rescision n'avoient été obtenuës que depuis le crime commis, & l'accusation formée; qu'il n'y avoit aucun prétexte à révoquer l'avancement de succession; que l'on ne pouvoit se prévaloir du pécule castrense du fils de famille, qui demeuroit au pere, quoique les biens de son fils eussent été confisqués; parceque le pere avoit la propriété de ce pécule, & le fils n'en avoit que l'administration libre; de sorte que, quand il n'en disposoit point, *lex judicabat patrem retrò habuisse dominium.* La clause de reprendre le bien, disoit-on, n'est que comminatoire, & le pere n'avoit point pensé à s'en prévaloir, avant le crime de son fils. Le contrat d'avancement étoit un acte parfait, qui acquéroit irrévocablement la propriété au fils; &, comme il auroit pû l'hipotéquer à ses créanciers, il étoit pareillement affecté aux intérêts adjugés à cause du crime qu'il avoit commis. D'ailleurs celui qui demandoit ces intérêts étoit favorable, puisqu'il demandoit la vengeance du sang de son frere.

Ces raisons furent réprouvées par l'arrêt, qui est du 18 juin 1647. Voïez Basnage, sur l'article 244 de la coutume de Normandie.

Ce droit est si favorable, qu'il a lieu dans le cas même où les biens donnés par le pere ont passé, à titre successif, sur la tête d'un frere du donataire, lorsque ce frere héritier vient ensuite à mourir civilement. On fait distraction, dans ce cas, des biens qu'il avoit recueillis de la succession de son frere, & qui avoient été donnés à ce frere par le pere commun. Basnage, *loc. cit.* en rapporte un arrêt du parlement de Rouen du 17 juillet 1646. Il y a même, dans l'espéce de cet arrêt, une circonstance bien remarquable, & qui prouve à quel point le droit de retour est favorable; c'est qu'outre que la confiscation n'avoit pas été prononcée contre le fils donataire, mais contre son frere, qui avoit recueilli les biens donnés, à titre d'héritier, ce n'étoit pas le pere qui étoit demandeur; mais une sœur du confisqué.

Telles sont, relativement au droit des conjoints, & à ceux des peres & meres sur les biens de leurs enfans, les exceptions à la régle générale, qui veut que tous les biens d'un homme mort civilement soient confisqués. Il ne nous en reste plus qu'un fort petit nombre à indiquer.

La premiere regarde l'usufruit, qui ne tombe jamais dans la confiscation. Quand un usufruitier meurt civilement, son usufruit se consolide à la propriété, & ne tourne point au profit du confiscataire.

En effet, ou la mort civile est accompagnée de la mort naturelle, ou elle ne l'est pas. Dans le premier cas, il ne peut pas y avoir de doute : puisqu'un usufruit ne peut subsister qu'autant que vit la personne sur la tête de qui il réside. Au second cas, il est vrai que l'usufruitier vit encore : mais, comme il n'est plus compté pour rien, dans la société, on ne peut faire résider aucun droit sur sa tête.

Il est encore une espéce de biens qui ne tombe jamais en confiscation : ce sont les appanages. Si un appanagiste tomboit dans le cas de la confiscation, l'appanage retourneroit au Roi, non à titre de confiscation ; mais à titre de réunion au domaine. La raison est qu'un appanage est une portion du domaine de la couronne, accordée, par forme de provision, aux fils de roi, & à leurs descendans, de mâle en mâle. Lorsqu'il ne se trouve point de mâles, il ne passe point aux filles ; mais il est réuni de plein droit au domaine : & cette réunion, ou consolidation, se fait d'elle-même, & sans aucune formalité ; parceque à proprement parler, un appanage ne sort jamais du domaine, & n'en est jamais séparé.

Au reste, il faut observer que tous les biens d'un homme condamné pour crime de lèze-majesté appartiennent au Roi, sans aucune distraction. Ceux même qui sont sujets au droit de retour, ou qui sont substitués, sont enveloppés dans la confiscation. C'est la disposition textuelle de l'ordonnance de François I, du mois d'Août 1539.

DISTINCTION V.

Quels sont les effets de la confiscation ?

Nous allons d'abord examiner de quelle nature sont les biens confisqués, par rapport au confiscataire. Ainsi, lorsque la confiscation tourne au profit du Roi, nous verrons si elle fait partie du domaine de la couronne, ou s'ils sont regardés comme une acquisition personnelle, & dont il peut disposer à son gré, même par aliénation à perpétuité. Nous examinerons ensuite si, dans le cas où la confiscation passe à un seigneur particulier, les biens qui y sont compris sont propres, ou acquêts en sa personne.

Ces discussions nous conduiront naturellement à examiner quelle nature prennent ces biens sur la tête des héritiers du condamné, lorsque le Roi, ou tout autre seigneur confiscataire leur fait remise de la confiscation. Nous verrons ensuite si les mêmes biens, rendus au condamné lui-même, qui a été restitué par le prince, changent de nature ; c'est-à-dire, s'ils deviennent acquêts, dans le cas où ils étoient propres auparavant.

Il est un fait incontestable, & trop notoire pour qu'on s'arrête ici à le prouver, qui est que le domaine du Roi est inaliénable, & hors du commerce. Ainsi, le prince lui-même ne peut pas disposer à perpétuité d'aucuns des biens qui le composent. La raison est que ce domaine n'appartient point en propriété au prince qui est actuellement sur le trône : il n'en a que la jouïssance. Cette propriété appartient à la couronne. C'est le bien de l'état. Cependant, il peut disposer librement, & à perpétuité, des fiefs, arriére-fiefs, & autres immeubles relevant du domaine, & qui lui échéent à titre de confiscation. Et il n'est point besoin que ces aliénations soient homologuées au parlement de Paris, qui est conservateur des droits de la couronne, & du domaine du Roi. Il suffit qu'elles le soient en la chambre des comptes. La raison est que le Roi, comme nous l'avons dit, est, en quelque sorte, usufruitier de son domaine. Or nous avons établi ailleurs que les biens confisqués tournent, même quant à la propriété, au profit de celui qui a l'usufruit de la justice confiscante, lors de la confiscation : par conséquent ce n'est point le domaine, ce n'est point l'état qui profite des biens dont il est ici question ; c'est la personne du Roi, abstraction faite de toutes ses qualités. Aussi voïons-nous, comme nous le dirons bientôt, que nos Rois donnent tous les jours ces sortes de biens.

Il faut cependant remarquer que les biens confisqués peuvent être réunis au domaine ; auquel cas, ils deviennent inaliénables, comme les autres biens dont il est composé.

Cette réunion se fait en deux façons ; ou expressément, ou tacitement. Elle se fait expressément, lorsque le Roi l'ordonne, par lettres patentes enregiſtrées au parlement, & en la chambre des comptes.

Elle ſe fait tacitement, lorſque les receveurs & officiers du Roi les ont tenus & adminiſtrés par l'eſpace de dix ans, & qu'ils ont entré, pendant ce temps, dans les comptes du domaine. C'eſt la diſpoſition de l'article 2 de l'ordonnance faite à Moulins, en 1566, pour la réunion & conſervation du domaine.

Lorſque le Roi ne juge pas à propos de remettre ces biens aux héritiers du condamné; s'ils ſont mouvans de ſeigneurs particuliers, il faut qu'il en vuide ſes mains dans l'an & jour de la confiſcation prononcée. C'eſt la diſpoſition de l'ordonnance de 1304. Et pluſieurs coutumes y ſont textuellement formelles.

La raiſon eſt que d'un côté le Roi ne peut pas relever de ſes ſujets. La qualité de vaſſal eſt incompatible avec celle de ſouverain; du moins relativement aux ſujets de la ſouveraineté : mais d'un autre côté, il n'eſt pas juſte que le ſeigneur perde les droits attachés à ſon fief; ce qui arriveroit ſi le Roi conſervoit les arriere-fiefs qui lui échéent à titre de confiſcation, & qui relévent de ſeigneurs particuliers. Pour éviter ces inconvéniens, le Roi ſe défait dans l'an, qui eſt le tems où les droits ſeigneuriaux ſont dûs pour raiſon de mutations.

Cependant le Roi ne doit pas non plus être gêné au point de ne pouvoir pas, par conſidération pour un de ſes ſujets, conſerver un héritage qui lui plairoit, & où il voudroit, par exemple, faire bâtir. En ce cas, s'il juge à propos de conſerver cet héritage, il peut éteindre la mouvance, en donnant au ſeigneur une indemnité proportionnée à la valeur de cette mouvance, que le Roi lui achéte.

Si l'on regarde les biens confiſqués au profit du Roi comme des acquiſitions en ſa perſonne, il en eſt de même de ceux qui ſont confiſqués au profit des ſeigneurs particuliers. On les met au nombre des acquêts; enſorte que, quand un ſeigneur haut-juſticier meurt ſans enfans, le fief & la haute-juſtice qui y eſt attachée, s'ils lui viennent de ſucceſſion, paſſent aux héritiers de la ligne d'où cette juſtice eſt provenuë; au lieu que tous les biens immeubles, même féodaux, qui lui ſont échus à titre de confiſcation, comme acquêts, appartiennent indiſtinctement aux héritiers les plus proches, habiles à ſuccéder aux immeubles & acquêts : en obſervant néanmoins que, quant aux fiefs, les mâles excluent les femelles. Il ſuit encore de-là que le ſeigneur confiſcataire en peut diſpoſer en totalité par teſtament, dans les coutumes qui permettent de tester de tous les acquêts. Une autre conséquence encore à tirer est que la veuve n'a point de douaire coutumier à y prétendre. Enfin, lorsque ces confiscations tombent pendant la communauté d'entre mari & femme, elles sont comptées au nombre des conquêts de communauté. En un mot un immeuble échu à titre de confiscation se régle en tout point comme un véritable acquêt. Dumoulin, sur l'article 43 de la coutume de Paris, *glos.* 1, *n.* 183.

De ce que les biens provenant de confiscation sont regardés comme des acquêts, il suit que, s'ils relévent d'un autre seigneur que celui qui profite de la confiscation, ils doivent, quant à la mouvance féodale, tous les droits de mutation, suivant les coutumes dans le ressort desquels ils sont situés.

Cette qualité d'acquêts, que prennent sur la tête du confiscataire les biens confisqués, donne lieu à une autre question, qui consiste à sçavoir si les lignagers du condamné peuvent exercer le retrait lignager, sur l'héritage confisqué, contre le confiscataire.

Il est sans difficulté qu'ils ne le peuvent pas. La raison est que le retrait n'a jamais lieu, dans aucune coutume, que dans le cas d'une vente, ou d'un acte équipollant à la vente. En un mot, il faut que celui qui aliéne ait reçu un prix de la chose aliénée. Toute disposition à titre gratuit est à l'abri de cette action. Or, quoique la confiscation soit une véritable aliénation, on ne peut pas la mettre au nombre des ventes; puisqu'elle est absolument gratuite. Nous voïons toutes les coutumes occupées du soin de faire restituer à l'acquéreur, par le retraïant, le prix de la chose retirée, avec les loïaux-coûts. Dans le cas d'une confiscation, où est ce prix, où sont ces loïaux-coûts qu'il faut restituer? C'est pour cela que les donations, les transactions, & tous les autres actes translatifs de propriété, à titre gratuit, ne sont jamais sujets au retrait lignager.

Il est encore une autre raison. C'est que le retrait ne peut jamais s'exercer que par celui qui est habile, ou qui peut, suivant l'ordre des dégrés, devenir habile à succéder à celui qui aliéne. Or la confiscation empêche tous les parens & lignagers du condamné de se dire habiles à lui succéder.

Cette question a été décidée par plusieurs arrêts du parlement de Rouen, rapportés par Bérault, sur l'article 452. de la coutume de Normandie. Mais Basnage, sur le même article, observe qu'il faut que le seigneur se soit mis en possession de l'héritage confisqué; sans quoi il rentre dans le commerce de la famille du condamné ; & il en rapporte un arrêt du même parlement en cette espéce : le seigneur de Nonant, aïant négligé de se mettre en possession d'un bien confisqué sur un de ses vassaux qui avoit été condamné, reçut au contraire un aveu qui lui fut présenté par un des enfans du condamné. Ces héritages furent dans la suite décrétés. Le frere de celui sur qui le décret avoit été formé se pourvut en retrait. Le seigneur s'y opposa, sous prétexte de la confiscation qui avoit été prononcée à son profit. Le retraïant argumenta de la négligence du seigneur, qui non-seulement ne s'étoit pas mis en possession des biens confisqués ; mais qui avoit reçu les aveus des héritiers du condamné, & les avoit fait appeller à ses plaids comme ses vassaux, quoiqu'ils ne le fussent qu'à titre de possesseurs de ces mêmes héritages : &, par arrêt du 17 Mai 1657, le retrait fut adjugé.

Il est toujours vrai, nonobstant cet arrêt, que le retrait n'a point lieu contre la confiscation. Le seigneur ne l'avoit point exercée. Les biens n'étoient point sortis de la famille, & les lignagers, par la négligence du seigneur, avoient conservé tous leurs droits sur ces biens.

La question de sçavoir quelle est la nature des biens rendus par le confiscataire aux héritiers du confisqué, s'ils deviennent acquêts en leur personne, ou s'ils conservent la qualité qu'ils avoient auparavant, a été fort agitée en 1650, au parlement de Paris. L'arrêt & les plaidoïers sont rapportés dans le journal des audiences ; & comme cette question est d'une très-grande importance, nous croïons devoir exposer ici les moïens sur lesquels on se fondoit de part & d'autre, & les motifs qui déterminerent M. Talon avocat général dans ses conclusions.

Florimond Dupuy, seigneur de Vatan, fut condamné pour crime de rébellion contre le Roi, qui remit la confiscation à la sœur du condamné. Après la mort de cette sœur, il s'éleva une contestation entre les parens paternels & les parens maternels. Elle étoit fondée sur ce que, d'un côté les paternels prétendoient que la terre de Vatan étant un propre paternel sur la tête du sieur Dupuy, elle avoit conservé cette qualité au moïen de la remise que le Roi en avoit faite à la sœur du condamné, son héritiere, & qu'ainsi les parens maternels en devoient être exclus. Ceux-ci au contraire soutenoient que cette terre aïant été confisquée au profit du Roi, pour crime de lèze-majesté, étoit sortie de la famille, & n'y étoit rentrée que par une pure donation ; qu'ainsi c'étoit un un véritable acquêt, qui devoit être également partagé entre les parens paternels & les maternels.

Par sentence des requêtes du Palais, du 6 Mars 1640, les héritiers paternels furent maintenus en possession de la terre, à l'exclusion des maternels.

On disoit, de la part de l'appellant, que Florimond Dupuy, seigneur de Vatan, avoit confisqué sa terre, pour crime de lèze-majesté. Il avoit soutenu, dans son château, un espéce de siége. On avoit même été obligé de l'attaquer avec le canon. Ceux qui furent trouvés avec lui furent pendus. On l'amena prisonnier à la conciergerie du palais, &, par arrêt du 2 Janvier 1612, il fut déclaré criminel de lèze-majesté, condamné à avoir la tête tranchée, son corps brûlé, & sa tête fichée au bout d'une pique sur la principale porte de Vatan, ses biens acquis & confisqués au Roi. Il fut ordonné que le château de Vatan seroit rasé, les fossés comblés, & il fut condamné en 1400 liv. d'amende. La confiscation avoit été pleinement exécutée. La justice s'étoit exercée, pendant un an entier, au nom du Roi dans le bailliage de Vatan. Le Roi, dans la suite, faisant don à la dame de Vatan sœur du condamné, des biens confisqués, s'étoit réservé la vaisselle d'argent, & l'argent monnoïé. Le grand prevôt, en exécution de l'arrêt, avoit voulu démolir le château, & la donataire ne l'avoit empêché que moïennant une somme de 1400 liv. Pour faire enregistrer son don, elle avoit été obligée d'obtenir deux fois des lettres de jussion; & la chambre des comptes ne l'a enregistré qu'après avoir évalué & estimé les biens. Ce qui prouve que la confiscation avoit été exécutée, que le Roi étoit devenu propriétaire; & qu'ainsi le don fait à Marie Dupuy, sœur du condamné, étoit un acquêt en sa personne, & non un propre.

M. Talon, avocat général, dit que toutes les parties qui contestoient étoient cousins germains, &, en cette qualité héritiers paternels & maternels de dame Marie Dupuy dame de Vatan : mais que, comme en la coutume de Blois, ainsi qu'en la plupart des coutumes du roïaume, le mâle exclud la femelle dans les biens féodaux, en ligne collatérale, le baron de Mouchy, cousin maternel, représenté par la dame présidente Aubery, soutenoit que les biens qui avoient appartenu au défunt sieur de Vatan, qui avoient été confisqués sur lui, & donnés à sa sœur par le Roi, avoient perdu la qualité de propres, & étoient devenus acquêts sur la tête de la défunte, de la succession de laquelle il s'agissoit ; ensorte qu'ils lui appartenoient à lui seul, à cause de la masculinité. La dame de Cegy, au contraire, & la dame de Villenon prétendoient que la qualité des biens n'étoit point changée, qu'il n'y avoit de mutation ni dans la terre, ni dans la personne qui la possédoit; ensorte que leur défense étoit fondée dans les sentimens de la nature & dans les principes de la vérité, qui doit l'emporter sur toutes les fictions introduites par la loi. L'intention du Roi, en renonçant au droit qui lui étoit acquis, avoit été de faire du bien à la famille, & de terminer sa colere en la personne de celui qui l'avoit offensé, sans la faire passer jusqu'à des héritiers innocens.

Les changemens n'arrivent jamais, dans les corps physiques, que quand il y a de la matiére ajoutée, ou retranchée, ou par une nouvelle conformation, ou enfin par quelque nouvelle qualité qui y est ajoutée, & qui n'y étoit pas auparavant : de même, dans les êtres intellectuels, tels qu'une succession, il ne peut y arriver de changement que par le fait & la disposition des propriétaires, qui y ont ajouté quelque qualité qui n'y étoit pas; ou qui en ont retranché quelqu'une qui y étoit. Que si, par une suite naturelle & successive, les biens sont toujours demeurés dans la famille, & n'ont fait que passer de branche en branche, de ligne en ligne, d'héritier en héritier, nonobstant la confiscation arrivée, ils ont conservé la qualité de propres, comme ils l'avoient dans leur origine; parceque la confiscation, au moïen de la remise qui en a été faite par le Roi, n'aïant point eu d'effet, doit être regardée comme non avenue. Ainsi toutes choses reprennent leur nature & se rétablissent dans leur premiére forme.

Quelques exemples rendront cette vérité sensible. Si les dîmes, qui sont par leur nature ecclésiastiques, & que quelques auteurs même prétendent être de droit divin, passent, par le moïen d'une aliénation légitime, en main séculiére; la qualité du propriétaire les fait, à la vérité, changer de nature : mais, si elles retournent à l'église, elles reprennent leur premier état & leur premiére qualité.

Une donation, soit entre-vifs, soit testamentaire, est annulée par la survenance d'un enfant au donateur : mais, si cet enfant vient à décéder avant lui, les actes dépositaires de sa libéralité reprennent leur vigueur. Lorsqu'un fief a été partagé, & que les différentes parties se trouvent réunies, il reprend sa premiére qualité, & forme le même tout qu'auparavant.

Mais il se trouve, dans la coutume de Paris, article 131, une disposition qui doit ici servir de régle. Aux termes de cet article, si un héritage propre est vendu à un de la famille, quoique ce soit une aliénation, cependant, comme il ne sort pas de la ligne, il conserve sa qualité de propre, & les deniers provenant de la vente sont acquêt.

Appliquons ces exemples à l'espéce présente. La terre de Vatan avoit été acquise & confisquée au Roi. Or la confiscation est une aliénation. Si la sœur du condamné l'avoit rachetée du Roi, & que, par-là, elle eût remis dans la ligne l'héritage aliéné, il seroit propre, & appartiendroit, sans contestation, aux héritiers des propres; qui seroient seulement tenus de faire raison aux héritiers des meubles & acquêts de la somme qu'elle auroit déboursée pour racheter ce propre. Ici, cette sœur a bien acquis, par la générosité du Roi, cet héritage, qui étoit propre dans sa famille. Il est vrai que cette acquisition a été gratuite de sa part, & qu'elle l'a faite sans bourse délier : mais cela change-t-il rien à la nature de l'héritage? Que l'acquisition soit gratuite, qu'elle soit onéreuse, c'est la même chose.

Cela se fait en vertu d'une fiction, par laquelle on suppose que cet héritage propre n'a jamais sorti de la famille, & que, par conséquent, depuis qu'il a acquis la nature de propre, il n'a jamais été acquis par aucun étranger. Toute fiction qui tend à faire le bien d'une famille, à la favoriser, & à conserver aux héritiers du sang des biens auxquels leur naissance leur donnoit droit de prétendre, qui tend à écarter les confiscations, les commises & autres droits rigoureux de cette espéce, est toujours sûre d'avoir un accueil favorable aux yeux de la justice. Il est vrai que l'établissement & l'exécution de ces loix sont importans pour le bon ordre & pour la sûreté du public : mais ils sont odieux & défavorables dans l'application particuliére.

Un exemple prouvera combien ces fictions sont favorables. Nous allons l'insérer ici, d'autant plus volontiers qu'il décide une question touchant la matiére qui fixe ici notre attention. Un gentilhomme fut condamné à mort par contumace. Depuis sa condamnation, il lui échut une succession. Comme il étoit en état de mort civile, il ne put pas la recueillir. Elle le fut par un frere qu'il avoit. Quelque tems après, il se représenta, & fit tomber, par-là, la condamnation, & par conséquent la mort civile qui n'en étoit qu'une suite; ainsi la propriété de tous ses biens retourna sur sa tête : mais, sur le procès contradictoirement instruit avec lui, il fut condamné une seconde fois. Le confiscataire prétendit que la succession qui étoit échue à ce condamné, depuis la condamnation par contumace, devoit être enveloppée dans la confiscation ; parceque le coupable s'étant représenté, depuis l'ouverture de cette succession, il en étoit devenu propriétaire, comme de tous ses autres biens : mais ces biens aïant été confisqués une seconde fois par la condamnation contradictoire, la succession en question n'en devoit pas être plus exempte que le reste.

L'héritier soutenoit, au contraire, qu'on ne devoit point considérer ce rétablissement momentané : mais qu'il falloit, par une fiction, joindre les deux condamnations, & considérer le coupable comme aïant toujours été dans les liens de la mort civile ; ensorte que la succession dont il s'agissoit n'avoit jamais résidé sur sa tête. C'est ce qui fut jugé par arrêt. Ensorte que le rétablissement qui avoit été fait de sa personne, *non erat restitutio statûs, sed restitutio causæ*. Ce qui étoit fondé sur la faveur des familles, auxquelles on conserve les biens autant qu'il est possible.

A ces moïens, on ajoutoit l'opinion des auteurs, & l'autorité des arrêts. Chassanée, sur la coutume de Bourgogne, des droits appartenant à gens mariés, *§. 6, in verbo* femme mariée, *articulo* anciens, *§. præpositus*. Boërius, en sa décision 279. Chopin, en son traité du domaine, liv. 1, chap. 8. La glose sur la loi *Peculium §. si ex. ff. de peculio, in verbo manent*. La glose sur la loi *Quod dicitur, in verbo crevisse, ff. de impensis in res dotales factis*. La glose du chapitre *Imperialem, de prohibitâ alienatione feudi, per Federicum*. Balde, *l. ult. de revocandis donationibus*. Tiraqueau, *de retractu §. 32, n. 29*, & sur la loi *Si unquam, in verbo avertatur, n.* 12. Dumoulin, sur l'article 30 de l'ancienne coutume, glos. 14, n. 105.

A toutes ces autorités on ajoutoit un arrêt rendu en 1556, connu sous le nom d'arrêt de Spifame. Par cet arrêt, un pere aïant été condamné pour péculat, ses biens acquis & confisqués au Roi ; ses enfans traiterent avec sa majesté, qui leur fit remise de la confiscation : & il fut jugé qu'un de ces enfans étant venu à mourir, les biens qui lui avoient été ainsi remis par le Roi n'étoient point des acquêts, mais des propres dont la mere étoit excluse. Il en est comme de ceux qui, après avoir été faits prisonniers par les ennemis, reviennent dans leur famille. Ils ne souffrent aucun changement ni dans leurs biens, ni dans leur personne ; parceque l'on feint qu'ils n'ont jamais été prisonniers. De même, ceux qui reçoivent la remise d'une confiscation, la reçoivent pleinement & entiérement ; ensorte qu'ils sont considérés comme n'aïant jamais été dépossédés des biens qui leur ſont remis; parceque, comme dit Dumoulin, *momentanea feudi poſſeſſio non conſideratur.*

C'eſt ainſi que M. Talon expoſa les prétentions & les moïens des héritiers des propres. Il paſſa enſuite à ceux des autres héritiers, qui répondoient que toutes les fictions ſont inutiles contre la vérité des actes publics, contre l'autorité des arrêts, & la teneur des lettres patentes, qui juſtifie l'intention du Roi, & la façon dont elle a été exécutée. Le ſieur de Vatan avoit été condamné & exécuté à mort au mois de janvier 1612. Tous ſes biens avoient été acquis & confiſqués au Roi, & la confiſcation exécutée. Les biens n'avoient cependant pas été réunis au domaine. Le Roi en avoit fait don à la ſœur du défunt : mais, comme des diſpoſitions de cette nature, faites aux héritiers du condamné, ne ſont pas favorables dans le public, ces lettres n'ont été vérifiées en la chambre des comptes qu'après pluſieurs juſſions. On demande ſi la grace accordée par le Roi eſt une action de juſtice, ou une action de libéralité ; ſi c'eſt une reſtitution, ou un bienfait? Si, par cette donation, faite au profit de la ſœur d'un homme condamné à mort, il a eu le deſſein d'étouffer le ſouvenir du crime, & de faire croire qu'il étoit innocent, de juſtifier ſa mémoire par un rétabliſſement entier & parfait, qui efface la tache imprimée à la famille, & remette les choſes dans le même état que s'il n'y avoit jamais eu de confiſcation. Cela eſt contraire aux faits, à la notoriété publique, & au ſens commun.

Le Roi, par ſa juſtice, a fait condamner & exécuter à mort le ſieur de Vatan, qui, pendant la minorité du prince, lorſque le roïaume jouiſſoit de la paix la plus profonde, avoit entrepris de réſiſter & de faire violence aux officiers & aux ſujets du Roi. C'eſt pourquoi l'arrêt du parlement ordonne que ſa tête ſera portée ſur une des portes de ſon bourg, que le château ſera raſé, afin qu'il reſte des veſtiges & des monumens du châtiment de cette rébellion.

Lorſque la juſtice du Roi a été ſatisfaite, elle a fait place à ſa miſéricorde. Maître & dépoſitaire de tous les biens du condamné, pouvant en diſpoſer en faveur de qui il jugeoit à propos, il a voulu conſoler l'affliction d'une ſœur, en lui donnant les biens de ſon frere ; non pas par une reſtitution néceſſaire, ni par un rétabliſſement judiciaire : mais par une libéralité purement gratuite; en ſe défaiſant de biens qui lui étoient acquis à titre légitime.

Si, dans les principes les plus connus, les donations sont acquêts en la personne des donataires, celles même qui sont faites par les parens collatéraux ; à plus forte raison une grace & un don du Roi, qui remet des biens à lui acquis à titre de confiscation, ne doit pas conserver à ces biens la qualité de propres : puisque celle qui les reçoit, ne les tient point par droit de succession, mais par une libéralité.

C'est une régle générale parmi nous, que qui confisque le corps, confisque les biens. Ce qui souffre, à la vérité, une exception. Si un particulier, après avoir été condamné, est restitué contre son crime, soit par la tournure que prennent les affaires publiques, soit par le pardon que le Roi lui accorde ; son crime est effacé ; la restitution du prince a un effet rétroactif, en effaçant l'offense qu'elle pardonne, quoiqu'il y ait condamnation par contumace, ou contradictoire. Si la confiscation a été exécutée, soit au profit du Roi, soit au profit des particuliers ; le crime étant éteint jusque dans sa source, comme elle n'en est que l'effet, elle cesse aussi. Mais, quand la condamnation a été exécutée, que le criminel a été puni ; quoique le Roi ait fait grace dans la suite, elle ne peut tomber sur le coupable, puisqu'il a reçû sa punition : elle ne tombe que sur ses parens. Il ne pardonne pas le crime : il a seulement pitié des innocens. Ce sont deux actions distinctes & séparées, qui, procédant de principes différens, doivent produire différens effets. Il n'y a point de restitution, point de remise de la confiscation : il n'y a qu'une grace, une libéralité, une donation. Le Roi dispose de ce qui lui appartient. Au lieu de le donner à un étranger, comme il le pouvoit, il le donne aux parens du défunt ; & la considération de cette parenté, qui n'est pas une condition nécessaire pour le don, mais seulement une raison impulsive & excitative, ne change rien dans la nature de l'action du Roi, qui, aïant été une fois propriétaire, a interrompu l'ordre successif.

En effet, si un particulier posséde une terre mouvante du Roi, & qu'il décéde sans enfans, la premiére année du revenu appartient au domaine, suivant la disposition de la coutume. Si la terre est acquise par droit de confiscation, & que le Roi la donne, il n'est point dû de droits seigneuriaux ; parcequ'aïant été une fois propriétaire, il y a confusion en la personne du Roi, qui, en donnant la terre, est censé donner en même tems tous les droits qu'il pourroit prétendre en vertu de la mutation. Ainsi, quoiqu'en la coutume de Blois il soit dû droit de relief, en succession collatérale, cependant la dame de Vatan n'en a point païé au Roi : parcequ'elle ne recueilloit pas les biens à titre de succession, mais à titre de donation. Et c'est de-là que se tire la réponse à l'autorité de tous les auteurs qui ont traité cette question, en cas de remise, de restitution, de pardon & d'abolition. En effet le fondement de leur décision est tiré de la loi 4, §. 5, *ff. de peculio* : mais, dans l'espéce de cette loi, il s'agit de la personne même à qui la grace est faite, & non pas d'une confiscation acquise, consommée, exécutée ; & d'une nouvelle libéralité faite, non pas au condamné, ni à ses enfans, mais à des héritiers collatéraux, qui sont regardés comme personnes étrangéres.

Ainsi il y a bien de la différence entre la remise faite à l'accusé, & la donation faite aux étrangers. Dans le premier cas, la restitution est entiére : dans le second cas, le Roi donne les biens tels qu'ils sont, sans honneur, sans dignité ; en un mot mutilés & déshonorés. Nous en avons la preuve dans la donation des biens du maréchal de Biron, dans lesquels la pairie a été éteinte. La raison est que les confiscations ne sont point arbitraires : elles dépendent nécessairement d'une condamnation précédente : comme il ne peut y avoir de condamnation qui confisque le corps, qu'elle ne confisque les biens en même tems ; ainsi le Roi ne peut pas séparer l'un d'avec l'autre. S'il remet la confiscation, il remet nécessairement le crime en même tems : mais lorsque le crime est puni, que la condamnation est exécutée, il peut donner les biens qui lui sont acquis ; mais il ne peut pas les remettre. Car, qui dit remettre, dit ne point user de son droit, ne point accepter la propriété des biens qui sont déférés, y renoncer. Mais ici c'est une donation, c'est une libéralité d'une chose acquise, d'une propriété entiére des biens qui appartiennent à celui qui donne.

Il est vrai que, dans les lettres qui contiennent ces sortes de donations, le Roi se sert toujours du terme *remettre* : mais l'usage nous apprend qu'il ne faut avoir aucun égard à cette expression. Elle ne signifie autre chose, sinon que l'intention du Roi a été de faire grace, & d'exercer une action de libéralité. Car ceux qui sont au fait de ces sortes d'actes, sçavent que le mot de remise a lieu seulement relativement aux accusés & aux condamnés, dans les lettres de pardon & d'abolition ; quelquefois relativement aux enfans, quand la condamnation n'est pas exécutée, quand le jugement est prononcé par contumace, quand l'accusé meurt pendant l'instruction du procès, & que la justification de sa mémoire est incertaine après sa mort : mais quand la confiscation est acquise au Roi, & qu'il donne les biens confisqués, le mot de remise est impropre.

On sçait avec quelle difficulté le Roi se détermine à accorder ces graces aux héritiers des condamnés, à cause de la conséquence & de l'exemple. On ne peut donc pas soutenir que cette grace efface absolument toutes les marques du crime, & qu'il faut feindre qu'il n'y a pas eu de confiscation. S'imaginer que les parens ont succédé à leur parent condamné & exécuté, c'est une fiction sans besoin, sans nécessité, contre l'utilité publique, laquelle exige qu'il demeure quelques vestiges de la justice & de la sévérité; qu'il demeure des preuves extérieures comme ces biens ont été autrefois confisqués.

Quant à l'arrêt de Spifame, le Roi n'avoit rien donné, il n'avoit rien remis, il avoit transigé. Les enfans demandoient la restitution des conventions de leur mere, le douaire coutumier, les conquêts d'une premiére & seconde communauté; &, en qualité de créanciers de leur pere, ils prétendoient absorber tous les biens qu'il avoit laissés. Les commissaires députés par le Roi traitérent avec les enfans, & reçurent, au nom de sa majesté, une somme de vingt mille livres d'une part, & quelques rentes que la mere & le tuteur abandonnerent au Roi, pour la confiscation; ensorte que le reste du bien demeura pour les conventions & le douaire de deux femmes : car il y avoit des enfans de deux lits.

C'est ainsi que M. Talon exposa les moïens des parties. Nous avons cru devoir entrer dans ce détail, comme nous avons déja fait à l'occasion de quelques arrêts; parceque les principes de la matiére y sont discutés avec soin; & nous nous proposons de suivre la même méthode, dans la suite, lorsque l'occasion s'en présentera. Par cette raison, nous allons rendre compte des motifs qui déterminerent les conclusions de ce sçavant magistrat.

Il dit qu'après avoir examiné cette cause dans toutes ses propositions, & dans toutes ses conséquences, sans entrer dans la question de politique, pour sçavoir s'il est avantageux au public & au particulier que les confiscations soient autorisées, qu'elles soient favorables, ou qu'elles ne le soient pas; il suffit de considérer

ſidérer qu'il eſt honorable pour l'autorité du prince que ſes bienfaits ſoient regardés comme des diſpenſes parfaites, comme des gratifications accomplies, qui non-ſeulement guériſſent le mal; mais remettent les choſes dans leur premier état. Elles ont, par une eſpéce de miracle, un effet rétroactif ſur les effets & ſur les conſéquences des choſes paſſées; non pas pour les anéantir dans leur origine, & faire que ce qui eſt arrivé ne le ſoit pas; puiſque nulle puiſſance, celle même de Dieu, ne peut agir ſur le paſſé: mais pour rétablir les changemens qu'elles ont faits, de maniére qu'il ne reſte plus aucune trace de la confiſcation, aucuns veſtiges de la propriété acquiſe au Roi, & de la donation qu'il en a faite.

Le Roi s'eſt abſtenu d'accepter les biens qui lui étoient déférés: & quoiqu'en les donnant il n'ait pas fait attention à la qualité qu'ils devoient avoir dans la ſuite; néanmoins la remiſe qu'il en fait, & ſa libéralité doivent être conſidérés antérieurement à la confiſcation, non pas pour faire qu'il n'y en ait point eu; puiſque cela eſt impoſſible; mais pour lui ôter tous ſes effets; & par une fiction favorable, donner à la remiſe & à la grace du prince un effet rétroactif, juſqu'à l'origine de la condamnation.

Il eſt vrai que, ſi on conſidére la grace du prince dans ſon origine, il eſt aiſé de voir que ſon intention & ſon intérêt n'ont point été de penſer à la qualité des biens qu'il donnoit. Ceux qui ſe ſont emploïés auprès de ſa Majeſté, pour obtenir cet acte de clémence, ne l'ont obtenu qu'en faveur de la ſœur du défunt. Le Roi n'a pas penſé aux héritiers de cette ſœur. Il n'a point examiné s'ils étoient mâles, ou femelles; s'ils étoient paternels, ou maternels; s'ils ſuccéderoient aux propres, ou aux acquêts. Le Roi n'a donc étendu ni ſa penſée, ni ſa volonté, au-delà du bien qu'il vouloit faire à cette ſœur, en lui reſtituant la ſucceſſion de ſon frere. Il n'a point ſongé au partage de ſes biens, après ſa mort. Il a laiſſé ce partage à la diſpoſition des loix & des coutumes de ſon roïaume, ſans faire aucune attention ſur la qualité des héritiers, qui étoit alors incertaine.

En conſidérant donc cette ſucceſſion telle qu'elle étoit lors de la conteſtation dont nous rendons compte ici, il faut chercher la qualité des biens dans la maniére dont ils ſont échus au dernier propriétaire.

D'un côté, la confiſcation eſt une aliénation parfaite, qui

dépouille entiérement le propriétaire. C'eſt même une aliénation néceſſaire & forcée, qui fait ſortir les biens de la famille.

D'un autre côté, la grace & la libéralité du Roi eſt un acte de clémence, qui ne détruit pas celui de ſa juſtice. Pour favoriſer l'héritier des propres, il faut admettre une de ces trois fictions, ou que le ſeigneur de Vatan n'a point été condamné, ou que la confiſcation n'a point rendu le Roi propriétaire, ou que la ſœur a ſuccédé à ſon frere ; car nous ne connoiſſons de propres, en France, que ceux qui proviennent de ſucceſſion. Or toutes ces fictions ne peuvent avoir lieu, ſi elles ne ſont autoriſées de quelque loi : car c'eſt une maxime en droit ; *nunquam fictio ſine lege*. Ainſi, dans toutes les fictions qui ſont admiſes, *in poſtliminio*, *in legitimatione*, *in eo qui in utero eſt*, *in aquilianâ ſtipulatione*, il y a toujours une loi qui eſt le fondement de la fiction. Or, tant s'en faut qu'il y ait aucune loi, ni aucune ordonnance qui établiſſe celles dont nous venons de parler ; qu'au contraire les confiſcations ont été introduites en France, non pas pour enrichir le fiſc, on pour augmenter le domaine du Roi ; mais en haine du crime, & pour punir le criminel. Le principal but de cet établiſſement a été d'ôter les biens aux héritiers du ſang, pour retenir les hommes, par la crainte de voir leurs enfans tomber dans la miſère, par le crime de leur pere.

Il eſt vrai que, ſelon l'uſage du roïaume, le Roi ne garde point les biens qui ſont confiſqués. Il ne veut pas qu'on puiſſe lui reprocher d'augmenter ſon épargne aux dépens du ſang de ſes ſujets : mais il ne s'enſuit pas de là que le don qu'il en fait, non-ſeulement rende ces biens aux héritiers ; mais même qu'il les rétabliſſe au même état, qualité & condition qu'ils étoient avant la confiſcation, comme s'il n'y en avoit point eu. Une telle prétention eſt contre la vérité, contre l'uſage & contre l'intention de la loi. De pareils biens doivent être réputés acquêts. C'eſt auſſi ce qui fut jugé par arrêt du 15 juin 1640, qui ordonna que toutes les choſes données par le Roi à la ſœur du ſieur de Vatan fuſſent partagées entre les héritiers des acquêts.

Cet arrêt décide la queſtion dans l'eſpéce particuliére, qui eſt celle de crime de lèze-majeſté au premier chef. Il eſt certain que dans ce cas, comme dans celui de la commiſe, les biens ſont acquis & confiqués au Roi *jure conſolidationis*, *& nihil aliud eſt, quàm conceſſionis feudalis extinctio*, *& utilis dominii reverſio & conſolidatio cum directo*, comme dit Dumoulin ſur l'article 1 de la coutume de Paris, gloſ. 1, num. 54 & 55.

Mais la question demeure entiére pour les autres crimes. D'ailleurs l'arrêt dont nous venons de parler n'est qu'en collatérale, & ne doit pas faire loi pour la directe. Il n'a même pas mis les auteurs d'accord pour la collatérale.

Tronçon & Labbé, sur l'article 183 de la coutume de Paris, prétendent que ces sortes de biens conservent leur qualité de propres.

Ricard, sans distinguer la ligne directe d'avec la ligne collatérale, dit qu'anciennement les biens du condamné, remis aux héritiers, étoient propres; mais qu'actuellement on les tient acquêts: & il rapporte, pour autoriser son avis, l'arrêt qui vient d'être rapporté.

Mais si l'on veut suivre les traces de l'ancienne jurisprudence à ce sujet, on trouvera que tous les arrêts qui ont déclaré les biens propres dans ce cas, ont été rendus en faveur d'enfans, auxquels on restituoit les biens de leur pere condamné; & on n'en trouve aucun en collatérale. Ainsi il paroît que, suivant l'ancienne jurisprudence, on distinguoit le cas où les biens avoient été restitués aux enfans, d'avec celui où cette restitution n'avoit lieu qu'en faveur de collatéraux.

Renusson, en son traité des propres, chap. 1, som. 9, admet cette distinction, & dit qu'ils sont propres en directe, & acquêts en collatérale; & il paroît que c'est l'avis le plus suivi.

Cependant il semble qu'il ne devroit point y avoir de distinction à faire; parceque, si les biens sont propres en directe, ce ne peut être que parceque, quand le Roi remet la confiscation aux héritiers, on présume qu'il ne veut point user de son droit; mais qu'il laisse les choses dans leur état naturel: & cette raison n'a pas moins lieu pour la collatérale, que pour la directe.

Cette distinction tire peut-être sa source de la faveur de la directe: mais il faudroit, pour cela, supposer qu'il est plus avantageux que les biens soient regardés comme propres, que comme acquêts ce qui ne se peut pas dire; parceque s'ils étoient acquêts, les enfans en auroient une disposition beaucoup plus libre, que s'ils étoient propres: ainsi il semble que tout devroit être égal, tant en collatérale qu'en directe. Les principes sont les mêmes de part & d'autre.

A les considérer du premier coup d'œil, ils semblent être contraires aux héritiers des propres; parcequ'il est certain que la confiſcation fait paſſer la propriété des biens ſur la tête du confiſcataire ; & lorſqu'il les rend aux héritiers, c'eſt un don qu'il leur fait : c'eſt, par conſéquent une acquiſition, de leur part. Mais, d'un autre côté, il eſt également certain que la confiſcation n'ôte point la qualité d'héritiers à ceux qui la tiennent de la nature & de la loi ; elle rend ſeulement cette qualité ſans objet, en faiſant paſſer à un étranger les biens ſur leſquels elle auroit pû être exercée. Le confiſcataire fait donc la fonction que devroit faire l'héritier, s'il n'y avoit point eu de condamnation. Mais les biens ne ſont pas plus acquis au confiſcataire, que chaque partie d'une ſucceſſion n'eſt acquiſe à chaque héritier, qui en eſt ſaiſi par la coutume. Dès l'inſtant de l'ouverture d'une ſucceſſion, quand il y a pluſieurs héritiers, chacun devient propriétaire de la part qu'il eſt en droit de prétendre. Cependant, ſi l'un des héritiers renonce à ſa part, & qu'elle accroiſſe aux autres, elle ne ſera pas un acquêt en leur perſonne, mais un propre, de même que les autres parts dont ils étoient déja ſaiſis.

De ce que les biens ainſi reſtitués aux héritiers ſont propres, il ſuit qu'il n'eſt dû aucuns droits ſeigneuriaux, pour raiſon de cette mutation. Tronçon, ſur l'article 33, rapporte un arrêt qui l'a ainſi jugé, le 23 janvier 1599.

C'eſt encore une queſtion de ſçavoir ſi les biens du condamné qui a obtenu ſa grace du Prince, & qui a été reſtitué dans tout ce qui lui appartenoit, ſont propres, ou deviennent acquêts ; en un mot, s'ils conſervent la qualité qu'ils avoient avant la condamnation ?

Si l'accuſé ſe juſtifie, après s'être repréſenté, il n'y a pas de doute que les choſes ne reſtent en leur premier état. Sa repréſentation ſeule anéantit tout ce qui avoit été fait. Il rentre même, *ipſo facto*, dans la propriété de tous ſes biens, qui ne peut lui être enlevée que par une condamnation contradictoire. S'il ſe juſtifie, & qu'il ſoit renvoïé abſous de l'accuſation contre lui intentée, il eſt réputé n'avoir jamais été condamné ; par conſéquent avoir toujours été propriétaire de ſes biens, qui, par cette raiſon, n'ont pas pû changer de nature.

Mais ſi ſon abſolution n'a d'autre ſource que la clémence du prince, la difficulté eſt beaucoup plus grande. Au moïen de la condamnation juſtement prononcée, puiſqu'il étoit coupable, le confiſcataire eſt devenu propriétaire de ſes biens ; & s'ils lui ſont rendus en vertu de l'abſolution qu'il a obtenuë du prince, cette nouvelle possession est fondée sur un nouveau titre : il semble que c'est un acquêt, puisque ce qui étoit perdu ne se rétablit que du jour & en vertu de la grace du prince.

Nous croïons cependant que ces biens conservent, dans ce cas, leur premiére nature : la grace du prince est une dispense entiére, qui non-seulement guérit le mal ; mais qui rétablit les choses dans leur premier état. Elle a l'effet de conserver la vie, & même l'honneur du condamné ; elle doit produire la même chose à l'égard de ses biens. L'incapacité dans laquelle le condamné étoit tombé, est éteinte. Elle n'a été que momentanée, & a duré si peu, qu'elle ne peut avoir changé la nature du bien de celui qui est pleinement rétabli.

La confiscation n'est qu'une suite & une peine du crime. Le Roi, par ses lettres de grace, veut que ce crime soit effacé, qu'il soit regardé comme non avenu, comme n'aïant jamais été commis. Il faut donc, pour qu'on puisse perdre la mémoire du crime, que toutes les traces qu'il pourroit laisser après lui ne subsistent plus. Si la confiscation opére un changement de nature dans les biens, il restera toujours un vestige de la peine que le crime avoit méritée : ce qui seroit contradictoire. La cause étant anéantie, l'effet doit l'être aussi. La restitution du prince a un effet rétroactif. Elle efface l'offense qu'elle pardonne. Quoiqu'il y ait condamnation par contumace, ou contradictoire, & que la confiscation soit exécutée, l'abolition survenante, par l'autorité du prince, est une restitution parfaite ; ensorte qu'il n'y a plus de confiscation ni au profit du Roi, ni au profit des seigneurs ; parceque le crime étant éteint dans sa racine, pardonné dans sa source, la confiscation cesse aussi, & il ne s'est fait aucune mutation ni dans la terre, ni dans la personne qui la posséde.

D'Argentré, sur la coutume de Bretagne, article 48, glos. 2, n. 18, soutient qu'il faut distinguer. Si le cas, pour lequel on est condamné étoit rémissible, les biens ne changent point de nature : mais s'il n'étoit point rémissible, les lettres d'abolition obtenues par le condamné n'empêchent point, selon cet auteur, que les biens ne changent de nature, & que de propres ils ne deviennent acquêts, n'étant recouvrés que par la pure grace du prince.

Choppin en son traité du domaine, liv. 1, tit. 8, n. 2, ne fait aucune distinction, & soutient que les biens ne changent point de nature. C'eſt auſſi l'opinion la plus commune, & celle qui paroît le mieux fondée.

Il ſuit delà, qu'après la mort du condamné ainſi reſtitué, ſes biens ſe partagent entre ſes héritiers, comme s'il n'étoit point ſurvenu de condamnation contre lui. Ce qui étoit propre appartient aux héritiers des propres; & ce qui étoit acquêt appartient aux héritiers des meubles & acquêts. Il ne ſe fait nul changement dans la communauté. Les propres conſervant leur qualité, & ne devenant point acquêts, n'y entrent point. En un mot, tout reſte dans ſon état primodial & naturel.

DISTINCTION VI.

De quelles charges ſont tenus les confiſcataires?

C'eſt une maxime certaine, & fondée ſur les principes les plus connus, que les confiſcataires ſont obligés d'acquitter les dettes paſſives, tant mobiliaires qu'immobiliaires, du condamné dont les biens ont été confiſqués; & ce *pro modo emolumenti*, & ſelon qu'ils amendent des biens confiſqués. *Et ſic qui plus capit, plus ſolvit : qui plus habet, plus ſolvere debet.*

En Normandie, où les meubles du condamné appartiennent au Roi, en quelque lieu qu'ils ſe trouvent, il ne peut les prendre que les dettes mobiliaires ne ſoient préalablement païées. L'article 145 de la coutume de cette province y eſt formel : mais ſur la premiere année du revenu de tous les immeubles, qui lui appartient auſſi dans cette province, en quelque lieu que ces immeubles ſoient ſitués, il n'eſt chargé que des rentes ſeigneuriales & fonciéres dûes pour la même année. Quant aux rentes conſtituées, il n'en eſt point chargé. La dot même de la femme ſe compte au nombre des rentes conſtituées, & ne tombe point à la charge du Roi. Ainſi jugé par un arrêt du 30 Janvier 1635. rapporté par Baſnage, ſur l'article 145, de ſa coutume.

Le même auteur agite la queſtion de ſçavoir ſi la partie civile, qui a fait les frais du procès, peut être rembourſée ſur les fruits de la premiere année au préjudice du Roi, quand il n'y a point de meubles. Il rapporte un arrêt du 8 Juin 1646, qui a jugé au profit de la partie civile.

Lorſqu'il y a pluſieurs ſeigneurs confiſcataires en même tems, ils contribuent tous aux dettes, chacun à proportion de ce qu'ils amendent; même dans les coutumes où les dettes paſſives ſuivent les meubles, & sont païables, en totalité, par celui qui prend l'universalité de la succession mobiliaire. La raison est que, le seigneur prenant les biens, par droit de confiscation, ne les prend pas à titre successif; mais en vertu de l'extinction du droit de l'ancien propriétaire, & par réunion à son domaine.

Mais on demande comment les créanciers chirographaires se pourvoiront, quand il y a plusieurs seigneurs qui participent à la confiscation? Ils en ignorent fort souvent le nombre, & combien chacun d'eux prend dans cette confiscation.

S'il falloit se conduire en cette occasion comme dans le cas où une succession échoit à plusieurs héritiers qui succédent différemment, il seroit assez aisé de se déterminer. Lorsqu'il se trouve, par exemple, tout à la fois un héritier des meubles & acquêts, un autre des propres paternels, & un autre des propres maternels, ils peuvent être attaqués par les créanciers chirographaires, chacun pour un tiers. Ou bien les mêmes créanciers peuvent s'adresser à l'héritier des meubles & acquêts seul, pour la totalité de leurs dettes, sauf son recours contre les autres. Et cette voïe est beaucoup plus courte & plus raisonnable. Car si, quand il y a de trois sortes d'héritiers, il falloit diviser une dette en trois; il faudroit encore la subdiviser, si chaque sorte étoit composée de plusieurs têtes; ce qui causeroit des embarras sans nombre.

Ces embarras seroient encore beaucoup plus grands dans le cas de la confiscation, lorsqu'elle se partage entre plusieurs seigneurs. En effet la part qu'on demanderoit à chaque héritier seroit toujours certaine & liquide; au lieu que celle que l'on demanderoit aux seigneurs seroit toujours incertaine & très-difficile à liquider. Du moins faudroit-il au préalable faire une ventilation, ce qui est ordinairement fort difficile & emporte de grands frais, sur-tout quand il y a dans la succession des actions incertaines, & qui ne peuvent être éclaircies qu'après avoir soutenu des procès fort longs & fort dispendieux.

D'ailleurs il y a bien de la différence entre les héritiers & le fisc. Les actions qui s'intentent contre les héritiers leur sont purement personnelles; ensorte que leurs propres biens sont affectés à ces actions, quoiqu'elles proviennent de la succession qu'ils ont acceptée: & leur portion héréditaire est toujours certaine. Mais le fisc n'étant ni héritier, ni même successeur universel, ne peut être tenu d'aucune action purement personnelle: par conséquent ses autres biens ne sont point sujets aux actions résultantes des biens confisqués. Et si cette confiscation se partage entre plusieurs, la portion de chacun est inégale & incertaine.

Nous croïons donc avec Loyseau, en son traité des seigneuries, chapitre 12, n. 99, que les créanciers, quoique purement chirographaires, peuvent s'adresser pour leurs dettes entiéres contre chaque partie du bien déféré au fisc, & actionner pour leur païement un seul confiscataire, sauf son recours contre les autres. La raison est que *Æs alienum patrimonium totum imminuit, non certi loci facultates. l. 50, §. 1, ff. de judiciis, & ubi quisque ager. vel conven. debeat.* Et le fisc ne profite jamais d'aucun bien, que les dettes ne soient païées. *Non possunt ulla bona ad fiscum pertinere, nisi quæ creditoribus superfutura sunt. Id enim bonorum cujusque esse intelligitur, quod æri alieno superest. l. 11, ff. de jure fisci.* Le païement des dettes est une charge fonciére & universelle, qui s'étend sur tout le bien. Elle est par conséquent solidaire, quoiqu'il n'y ait point d'hipotéque expresse; parcequ'il est essentiel à toutes les charges fonciéres d'être solidaires & individuelles. *Voïez* Loyseau, en son traité du déguerpissement, liv. 2, chapitre dernier.

Cette question en fait naturellement naître une autre. Il est certain que l'amende prononcée au profit du Roi & les réparations civiles au profit des particuliers qui ont souffert quelque dommage du crime puni par la mort civile, sont des dettes inhérentes aux biens confisqués. Nous aurons occasion dans la suite de prouver cette vérité. Or on demande si, dans le cas où le jugement de condamnation prononce une amende au profit du Roi, dans la justice duquel il ne se trouve aucune portion des biens confisqués, chaque haut-justicier peut être contraint solidairement pour le tout?

L'ordonnance de Moulins, article 53, porte que les sentences de condamnation emportent hipotéque sur les biens du condamné, du jour qu'elles ont été prononcées. Cependant plusieurs auteurs soutiennent que cette hipotéque, en ce qui concerne l'amende, qui est une dette pénale, se peut diviser, & qu'on ne peut demander à chaque haut-justicier confiscataire autre chose que sa part & portion de l'amende adjugée au Roi, au *pro ratâ* de l'émolument qu'il a retiré de la confiscation: mais qu'on ne peut pas s'adresser à un seul pour le tout.

Bacquet, en son traité des droits de justice, chap. 13, n. 9, rapporte un arrêt qui l'a jugé dans cette espéce. Un sieur de la Chesnaye fut condamné à mort par arrêt du 13 Juillet 1569,

Tous ses biens meubles & immeubles furent confisqués au profit de qui il appartiendroit ; & il fut ordonné que, tant sur ceux qui étoient sujets à confiscation, que sur ceux qui n'y étoient point sujets, il seroit pris la somme de cent mille livres parisis, dont vingt mille livres pour être emploïées au pain des pauvres prisonniers, & soixante-dix mille livres seroient mises aux mains du trésorier de l'extraordinaire des guerres, pour être emploïées au fait de sa charge, & non ailleurs. Pour le païement de cette somme, le procureur du Roi en la justice du trésor, fit saisir la moitié de la terre de Cramaille, qui avoit appartenu au sieur de la Chesnaye, & qui étoit échue, à titre de confiscation, à la reine mere du Roi, comme usufruitiére du duché de Valois. Par sentence du trésor, il fut ordonné que cette saisie tiendroit, jusqu'à ce que la somme de soixante-dix mille livres, adjugée au Roi, fût païée, sauf à la reine son recours sur les autres biens qui avoient appartenu au condamné.

Sur l'appel interjetté de cette sentence, par arrêt du 24 juillet 1574, elle fut infirmée, & il fut ordonné que l'amende adjugée au Roi, seroit poursuivie par M. le procureur général, sur tous les biens qui avoient appartenu au sieur de la Chesnaye, tant confisqués, qu'autres non sujets à confiscation, par contribution desdits biens. Mais il faut remarquer que cet arrêt étoit fondé sur des lettres patentes obtenues par la reine. Par ces lettres, le Roi déclaroit que son intention étoit que l'amende ordonnée à son profit ne fut point prise sur la terre de Cramaille.

Plusieurs auteurs, suivant Bacquet, pensent que cet arrêt n'eût d'autre fondement que ces lettres patentes, sans lesquelles la sentence du thrésor auroit été confirmée, comme fondée sur l'ordonnance de Moulins, qui donne aux condamnations droit d'hipotéque, lequel de sa nature est indivisible : mais notre auteur semble être d'un avis contraire. Il dit que cet arrêt est fondé en équité, parceque l'hipotéque accordée par l'ordonnance est légale & générale ; & si la sentence avoit lieu, le seigneur haut-justicier, dont l'héritage seroit saisi, se verroit contraint d'intenter différens procès, tant contre les autres seigneurs hauts-justiciers qui auroient participé à la confiscation, que contre les détenteurs & propriétaires des héritages non confisqués, pour avoir son recours : moïennant quoi, il auroit plus de perte que de profit.

Nous ne croïons pas qu'on doive suivre l'opinion de cet auteur. La raison sur laquelle il la fonde n'est qu'une pure considération pour l'avantage du seigneur confiscataire : mais il n'est pas assez favorable, pour qu'on puisse se déterminer à renverser les principes fondamentaux de la jurisprudence, en sa faveur. S'il y a dans tout notre droit quelque chose de certain, c'est que toute hipotéque est indivisible, & que chaque portion des biens, qui y est affectée, l'est solidairement pour le tout ; ensorte que celui qui a l'action hipotéquaire, est en droit d'intenter action contre un seul détenteur seulement, lequel a son recours contre les autres. *Qui possident tenentes, non pro modo singularum rerum substantiæ conveniuntur, sed in solidum ; ut vel totum debitum reddant, vel eo quod detinent cedant. l. 2, cod. si unus ex plurib. heredib.* C'est de-là qu'est venu cet axiome de droit si connu : *hypoteca individua est, tota in toto, & tota in quâlibet parte : & pignoris possessor integrum debitum solvere tenetur, aut fundo obligato cedere.* Voilà les véritables principes, & dont on ne s'est jamais écarté sans des raisons particuliéres, & aussi fortes que celles qui ont déterminé l'arrêt dont nous venons de parler.

D'ailleurs, s'il falloit avoir ici égard aux considérations : le Roi est beaucoup plus favorable pour l'amende qui lui est adjugée, que les seigneurs pour la confiscation. En effet, le droit de confiscation n'est, comme nous l'avons dit, qu'une tolérance du souverain, auquel ce droit devroit appartenir dans toute l'étendue de son roïaume. Il y a plus : le Roi ne profite pas entiérement de l'amende : ce n'est qu'un dédommagement des frais que son domaine a été obligé de supporter pour l'instruction du procès criminel qui a précédé la condamnation ; au lieu que le seigneur confiscataire profite de la confiscation, sans aucuns frais, & sans aucuns déboursés, quand le procès n'a pas été instruit dans sa justice. Il est donc beaucoup plus naturel de lui laisser supporter tous les frais & les embarras de la discussion, que d'en charger les officiers du Roi.

Il doit en être de même pour les réparations civiles. Le jugement qui les accorde leur donne hipotéque : ainsi ceux au profit desquelles elles sont adjugées sont en droit d'user de la solidité.

Mais on demande lequel de l'amende, ou des réparations civiles doit être préféré ? Nous traiterons cette question à fonds dans la distinction suivante, où il nous paroît qu'elle sera placée plus naturellement. Nous y examinerons de quel jour commence l'hipotéque du fisc. Or l'amende appartient au fisc du Roi.

Nous observons, en passant, que la mere & les enfans doivent participer, par moitié, aux deniers de la réparation adjugée pour l'homicide commis en la personne du mari. Cette moitié appartient même à la mere, quoiqu'elle se remarie après la réparation adjugée à sa poursuite. Cette réparation lui est dûë en considération de la perte qu'elle a faite de son mari, & pour la dédommager des peines qu'elle s'est donnée dans cette poursuite. D'ailleurs, il n'y a point de loi qui l'oblige de demeurer en viduité, pour être capable de participer aux deniers de cette réparation.

Cette part lui appartient encore quoiqu'elle renonce à la communauté. L'enfant qui renonce à la succession de son pere y participe aussi, nonobstant cette renonciation. La même chose auroit lieu, quand même la femme auroit été séparée de biens d'avec son mari. La raison est que ces circonstances ne portent aucune atteinte à l'union que le sacrement a mise entre le mari & la femme. Ils n'en sont pas moins une même chair. Ainsi nous ne suivons point en France le sentiment des auteurs cités par *Decius, consil.* 531, *n.* 6, *cap. in præsentiâ. n.* 57. *Extrà de probat.* & sur la loi 2, *n.* 62, *ff. de reg. jur.* ni Dumoulin en ses notes sur ces passages, qui disent que *jus vindictæ non competit fæminis, & ideò filia fæmina non facit compositionem de morte patris occisi; sed tantùm masculis.* Il y en a plusieurs arrêts. On en trouve un entr'autres dans Brodeau sur Louet, lett. D, somm. 1, du 11 mai 1646.

Il est vrai que, suivant l'ancien droit, les femmes n'avoient point de part à cette sorte de réparation, par la raison de la loi 2, *ff. de injur.* qui dit : *Si viro injuria facta sit, uxor non agit, quia deffendi uxores à viris, non viros ab uxore æquum est.* Mais l'empereur Constantin Porphirogénéte a voulu, par sa novelle, que les femmes fussent admises à la poursuite de la vengeance, & à demander part en la réparation, qui est, en quelque sorte, le prix du sang de leur mari; tant pour apporter quelque consolation à leur douleur, que pour récompenser la piété qu'elles exercent en poursuivant la vengeance de la mort de leur mari.

La part qui revient aux enfans, dans cette réparation civile, est constamment un effet mobilier. Ainsi, dans le cas où un des enfans d'un homme tué viendroit à mourir avant sa mere, il est hors de doute que cette part appartiendroit à la mere, à titre successif, à l'exclusion des autres enfans, freres & sœurs du défunt: mais on demande si, dans le cas où cet enfant viendroit à décéder après sa mere, cette part appartiendroit à l'aïeul maternel ? Il semble qu'il en devroit être exclus, nonobstant la régle générale qui, en païs coutumier, défere les successions mobiliaires aux ascendans, à l'exclusion des collatéraux; & que cette part devroit accroître aux freres & sœurs du défunt, à moins que l'aïeul paternel ne vécut encore; parceque l'aïeul maternel est réputé étranger à l'égard d'un bien de cette nature, qui est affecté aux enfans de l'homicidé. C'est le prix du sang de leur pere, qui leur a été adjugé comme enfans, & non comme héritiers.

Les bâtards sont aussi admis à poursuivre la vengeance de leurs pere, mere & autres parens, & on leur adjuge des réparations civiles. Cette réparation n'est point particuliérement affectée aux droits civils. C'est le sang qui donne le pouvoir de la poursuivre. Ainsi jugé par arrêt du 15 Décembre 1608, rapporté par M. Servin avocat général, plaidoïé 15, to. 1. Mais un enfant qui seroit mort civilement n'auroit pas droit de poursuivre cette vengeance; parcequ'il faut avoir la faculté d'ester en jugement. Il pourroit, tout au plus, être dénonciateur.

Quand le délit a été commis en la personne d'un fils qui n'a point d'enfans, la réparation doit appartenir au pere; & si le pere étoit prédécédé, elle appartiendroit à la mere, & au défaut de pere & mere, à ses freres & sœurs.

Pour avoir part à cette réparation, il faut en avoir fait la poursuite: mais si les enfans n'avoient pas le moïen de poursuivre la réparation de l'homicide commis en la personne de leur pere, ils n'en seroient pas privés; parceque leur pauvreté les excuseroit.

De tout ce qui vient d'être dit, il résulte que les confiscataires sont tenus d'acquitter toutes les dettes du mort civilement, tant mobiliaires, que fonciéres, pourvû qu'elles aïent été contractées sans fraude. Au nombre de ces dettes, on doit compter l'amende & les réparations civiles, lesquelles viennent par ordre d'hipotéque du jour du jugement, quand il a été exécuté.

Mais c'est une grande question de sçavoir si, en cas de confiscation pour crime de lèze-majesté, le Roi est obligé de païer les dettes du condamné, ou s'il ne prend pas tous les biens comme créancier privilégié?

Bacquet, en son traité des droits de justice, chap. 4, n. 11, dit que messieurs les gens du Roi soutiennent que les créanciers ne peuvent demander le païement de leurs dettes sur les biens confisqués au profit du Roi pour raison du crime de lèze-majesté; parceque, dans ce cas, la réunion se fait au domaine, pour crime de félonie commise par le vassal contre son seigneur. Or, disent-ils, en cas de félonie, le fief retourne au seigneur dominant purement & simplement, & dans l'état où il étoit lors de la concession originaire qui en a été faite, sans qu'il ait pû être chargé d'aucune dette, hipotéque, ou autre charge, par le vassal, au préjudice du seigneur féodal.

Brodeau, sur Loüet, lett. *C*, somm. 53, dit que la vengeance & la punition du crime de lèze-majesté, qui est le plus énorme, &, pour nous servir des termes de cet auteur, le solstice des crimes, emporte tout par un privilége spécial; parceque les sujets du Roi, en naissant, contractent l'obligation de lui garder fidélité; ensorte que le Roi est le premier créancier, & exclut tous les autres.

Nous pensons que l'avis de ces auteurs doit être suivi. Un crime aussi énorme, & aussi préjudiciable à la société, ne doit point être puni comme les crimes ordinaires. On doit passer par dessus toutes les régles, lorsqu'il s'agit de la punition d'un attentat dont les suites ne vont à rien moins, dans certaines circonstances, qu'à la ruine totale de la société.

Nous finirons cette Distinction par l'examen d'une question, qui consiste à sçavoir si la remise d'une confiscation faite aux enfans d'un condamné, a lieu au préjudice des dettes qu'il a contractées depuis sa condamnation?

Basnage, sur l'article 143 de la coutume de Normandie, rapporte l'espéce d'un arrêt qui l'a jugée *in terminis*. Un nommé Helie Laurens fut condamné en 1580. aux galères à perpétuité. Le cardinal de Lorraine, auquel appartenoit la confiscation, comme abbé de Fécamp, remit son droit aux enfans du condamné. Helie Laurens, nonobstant sa condamnation, continua de vivre comme une personne libre. Il parut en justice, tant en demandant, qu'en défendant, & contracta des dettes. Il se chargea entr'autres d'une rente constituée au profit d'un nommé Brument, qui, après la mort de Laurens arrivée en 1610, fit saisir réellement & adjuger tous ses héritages.

Un nommé Dujardin obtint en 1614. du cardinal de Joïeuse, successeur du cardinal de Lorraine, le don des héritages de Laurens, qui avoient été confisqués, & s'en fit envoïer en possession. Sur l'appel interjetté par Brument, la fille de Laurens intervint dans la cause, & demanda la propriété des biens de son pere, en vertu de la remise de la confiscation qui lui avoit été faite par le cardinal de Lorraine. Elle obtint, en tant que de besoin, des lettres de loi apparente, & interjetta incidemment appel du décret.

Le défenseur de Brument disoit que Laurens, depuis sa condamnation, avoit vécu plus de vingt ans comme personne libre, & qu'il avoit contracté en cette qualité. Qu'on ne pouvoit blâmer les contrats faits avec lui dans la bonne foi. *Error communis facit jus.* Il avoit vraisemblablement obtenu des lettres de rappel, sans quoi la cour ne l'auroit pas laissé sortir des prisons, après son jugement, sans le faire aller aux galères. On devoit donc penser qu'il avoit vécu librement & comme citoïen, & qu'en cette qualité il avoit joui de son bien.

Dujardin, donataire de la confiscation, disoit qu'un homme condamné aux galères est esclave de la peine, & incapable de contracter. Ainsi le décret étant fondé sur un contrat nul en soi, il ne pouvoit subsister, d'autant plus qu'il ne paroissoit aucune grace du Roi, aucune lettre de rappel. Qu'à l'égard de la fille, le don n'avoit été ni insinué, ni exécuté.

La fille disoit que ses deux parties adverses détruisoient mutuellement leur droit. Que le cardinal de Lorraine aïant eu qualité pour remettre la confiscation, la propriété en avoit été acquise aux enfans, sans que leur pere pût ni les hipotéquer, ni les engager, n'aïant point été rétabli contre la condamnation. Quoique le condamné eût vécu comme une personne libre, & qu'on eût fermé les yeux sur son état, il n'en étoit pas moins dans les liens de la mort civile. On trouve un exemple presque semblable dans une épître de Pline, liv. 10, adressée à l'empereur Trajan. Plusieurs personnes avoient été condamnées aux métaux. On les avoit emploïées à quelques offices publics. Pline consulta l'empereur sur ce qu'il en falloit faire. *Nam reddere pœnæ plerosque jam senes nimis severum, & in publicis officiis retinere damnatos non satis honestum, & ut decreta, quibus damnati erant, proferebantur, ita nulla monumenta erant, quibus liberati probarentur; quidam dicebant jussu proconsulum legatorumve dimissos.* L'empereur répondit: *Qui intrà decem annos damnati, nec ullo idoneo authore liberati, hos oportebit pœnæ suæ reddi: si qui vetustiores inveniantur, distribuantur in ea ministeria quæ non longè à pœnâ sint.* Ainsi, quoiqu'on diſſimule pendant long-tems la peine d'un homme condamné, & que la condamnation ne ſoit point exécutée, il n'acquiert pas pour cela ſa liberté. Lorſque ceux qui demandent les biens du condamné ſont ſes enfans, & qu'ils ſont d'ailleurs fondés en titre, ils ſont toujours favorables. Par arrêt du 15 Décembre 1616. Les biens de Laurens furent adjugés à ſes enfans, avec reſtitution de fruits.

DISTINCTION VII.

De quel jour les biens du coupable ſont hipotéqués & acquis au fiſc.

C'eſt une queſtion fort controverſée, de ſçavoir de quel jour les biens du coupable ſont hipotéqués au fiſc pour la confiſcation. Nous allons l'examiner d'après Baſnage, en ſon traité des hipotéques, ch. 13.

Mornac, en ſa préface ſur le titre *de pignor. & hypoth.* au digeſte, dit qu'il n'y a aucune loi qui détermine clairement de quel jour commence l'hipotéque provenante des crimes; ſi c'eſt au moment qu'ils ſont commis, ou au moment que le jugement ſe prononce. Il atteſte que, de ſon tems, c'étoit l'opinion commune du barreau, que, pour les crimes atroces, l'hipotéque devoit commencer du jour du délit, & pour les moindres crimes, du jour de la condamnation ſeulement.

Mais cette diſtinction ne peut pas avoir lieu. Elle eſt trop vague, ne décide rien, & porte à faux : car, outre qu'on ne s'accorderoit pas ſur la qualité des crimes, quoique les amendes & réparations civiles doivent être proportionnées à l'énormité du délit, l'obligation que le criminel contracte a toujours le même principe; par conſéquent l'hipotéque doit être la même.

Parmi les auteurs françois, les uns ne la font commencer que du jour du jugement; parceque la peine n'étant encourue que du jour de la condamnation, le fiſc, ou ceux qui ſont à ſes droits, ne peuvent rien demander auparavant. *Ex judiciorum publicorum admiſſis non aliàs tranſeunt adversùs hæredes, pœnæ bonorum ademptionis, quàm ſi lis conteſtata, & condemnatio fuerit ſecuta. l. 20. ff. de accuſat.*

On s'appuie encore ſur l'article 53. de l'ordonnance de Moulins, qui veut que l'hipothéque pour les choſes jugées n'ait lieu que du jour du jugement.

Merlin, *de pignor. & hypoth.* liv. 3, tit. 3, queſt. 88, n. 11, penſe auſſi que, comme le fiſc ne s'empare des biens du coupable, que par l'autorité du juge, & pour la vindicte publique, le crime, par lui-même, ne lui donne aucun droit. En un mot, le fiſc ne peut être créancier qu'après la condamnation.

La coutume de Troyes, art. 120, titre des juſtices, donne au ſeigneur haut-juſticier la confiſcation au tems & heure de la déclaration, ſi ce n'eſt pour crime de lèze-majeſté.

D'autres auteurs prétendent que tous les biens du coupable ſont hipotéqués au fiſc & à la partie offenſée, dès l'inſtant que le crime eſt commis. La plupart des anciens interprétes du droit prétendent qu'il contracte une obligation en devenant coupable; parcequ'il conſent tacitement à la peine. Or, quand il s'agit d'acquérir un droit à quelque choſe, on doit avoir égard au jour du contrat. L'ancienne coutume de Bretagne, art. 188, & la nouvelle, art. 178, le décide ainſi; & d'Argentré dit que cette queſtion partageant ſi fort les ſentimens, il ſeroit à ſouhaiter qu'il y eût une loi poſitive; & que, ſans doute, le criminel contracte hipotéque du jour du délit.

Tiraqueau, *de retractu conventionali*, §. 5, *gloſ.* 4, *n.* 2, *& ſeq.* Chopin, *de domanio*, *lib.* 2, *tit.* 5, *n.* 5. Grimaudet, liv. 4, ch. 32, du retrait lignager, ſont du même avis; & il y a un arrêt du parlement de Rouen du 30 Janvier 1619, qui ſemble l'avoir décidé. Un crime avoit été commis dans le territoire de la juſtice de Coutances, & par arrêt le procès fut renvoïé devant le juge de Bayeux, où intervint une condamnation d'amende, qui fut reçuë par le receveur du domaine de Bayeux. Celui de Coutances en demanda la reſtitution; & elle lui fut adjugée: mais cet arrêt ne décide pas abſolument la queſtion. Le crime avoit été commis dans le territoire de Coutances; le procès y avoit été commencé, & le juge de Bayeux n'en avoit connu qu'en vertu du renvoi qui lui en avoit été fait. Or la prétention de celui des deux receveurs qui a fait tous, ou preſque tous les frais du procès, eſt, ſans contredit, la mieux fondée.

Il y a des auteurs qui, pour concilier ces deux opinions, dont l'une fait remonter l'hipotéque juſqu'au jour du crime commis, & l'autre ne la fait remonter que juſqu'au jour de la condamnation ſeulement, diſent qu'il faut diſtinguer. Quand la loi impoſe une peine certaine & ordinaire, la peine eſt réputée contractée dès le moment du délit: *Quia nihil reſtat in officio judicis, niſi ut declaret an tale delictum commiſſum ſit, & an appellatio, vel*

litis

litis contestatio in jure fundata sit, & hoc casu, facti quæstio est in potestate judicantis. Juris auctoritas & potestas non est. L. 15, ff. ad Municipalem. Mais quand la peine est arbitraire, & qu'il est au pouvoir du juge d'ordonner une peine, ou de ne pas l'ordonner; comme elle n'a d'autre fondement que la sentence, l'hipotéque ne doit commencer que de ce tems-là.

Suivant cette distinction, il faudroit faire différence entre l'hipotéque de l'amende, & l'hipotéque des réparations civiles. Comme l'amende est toujours arbitraire, & dépend de la volonté du juge, elle n'est dûe qu'après la sentence, & par conséquent, l'hipotéque ne commence que du jour même de la sentence : mais pour les réparations civiles, quoique la quotité dépende de la volonté du juge, il est cependant obligé d'en accorder; ainsi l'obligation est nécessairement contractée par la seule perpétration du crime.

D'autres auteurs ont encore embrassé un autre parti. Ils soutiennent que l'hipotéque de l'amende & des réparations civiles ne doit commencer que du jour de la contestation en cause, *quia per eam quasi contrahitur. Glos. in l. 2. §. fin. de prætoriis stipul.* Et l'on peut dire qu'en matiere criminelle la contestation est censée se faire par les appeaux à ban, & par l'annotation des biens. *Tunc quasi contrahunt.*

Comme ce n'est pas assez pour établir une hipotéque, d'avoir une obligation, si elle n'est pas en forme; quoique celui qui commet un crime contracte une obligation tacite, & affecte par ce moyen, ses biens à l'amende & à la réparation civile de la partie offensée; cependant l'une & l'autre ne sont dûes que du jour que la demande en a été faite, & que le crime a été rendu notoire & public. En effet il est constant qu'on peut prêter à un homme coupable, & qu'on peut acheter de lui, lorsqu'on est dans la bonne foi.

Cela supposé, si les contrats faits avec le criminel sont autentiques, ils seront sans doute préférés aux droits du fisc & de la partie civile. Car, quoiqu'il soit vrai, comme on vient de le dire, que celui qui offense quelqu'un devient, dès ce moment, obligé envers lui pour les intérêts; que l'offensé ait un droit acquis sur les biens du coupable, & que la condamnation, qui intervient ensuite, n'ajoûte rien à l'obligation, *& déclaret potiùs quàm de novo inducat*; ce raisonnement ne conclut rien à l'égard d'un tiers, qui a pû contracter valablement avec un criminel, lorsque son crime étoit encore inconnu.

Ce n'est donc pas assez que le criminel se soit obligé par son délit : cette obligation seule, lorsqu'elle n'est pas notoire, ne produit point d'hipotéque. Il faut encore qu'elle soit rendue publique : mais on ne convient pas de ce qui rend le crime public. Est-ce la plainte ? Est-ce l'annotation des biens ? La plainte est secrette, & n'est connue que des plaignans. Ils en négligent souvent la poursuite ; ensorte que le crime demeure toujours caché ; & l'on est toujours dans la bonne foi, lorsque l'accusation n'est point publique.

L'annotation des biens, au contraire, semble être la véritable contestation en cause. Basnage rapporte, à ce sujet, deux arrêts du parlement de Rouen, qui semblent d'abord se contredire ; mais qui néanmoins n'ont rien d'opposé l'un à l'autre, & qui décident même la question. Un particulier ayant commis un homicide en 1646, il en fut informé à la requête du procureur du Roi. Après l'information, le coupable aliéna partie de ses biens. La sœur de celui qui avoit été tué se rendit partie, & obtint huit cens livres d'intérêts. Les biens du coupable furent saisis réellement. L'acquéreur prétendit que la sœur ne devoit être colloquée, dans l'ordre, que du jour de la condamnation, ou du jour qu'elle s'étoit rendue partie. Elle prétendoit, au contraire, que son hipotéque lui étoit acquise du jour du crime commis, ou, en tout cas, du jour de l'action intentée par le procureur du Roi. L'acquéreur étoit sans excuse, pour avoir contracté depuis l'information faite, d'autant plus que la coutume de Normandie, article 595, fixe l'hipotéque des dépens au jour de l'introduction du procès, & qu'à plus forte raison les intérêts sont dûs de ce tems-là, étant plus favorables. Ce qui fut ainsi jugé, par arrêt de la grand'chambre du 26 Aout 1657.

Dans l'espéce de l'autre arrêt, une femme fut étranglée par les enfans de son mari, & par plusieurs autres complices, & portée dans un étang, pour faire croire qu'elle s'y étoit précipitée. La justice s'y transporta dès le lendemain, & fit dresser un procès-verbal de l'état du corps. Le soupçon ne tomba point sur les coupables. Ils vivoient dans une sécurité parfaite, & comptoient sur l'impunité. Il y en eut même un qui, un an après ce crime commis, se maria publiquement & dans toutes les formes. Sa femme, voyant qu'il dissipoit tout son bien, obtint, un an après son mariage, des lettres de séparation, qui furent entérinées. On fit des lots, & elle fut envoyée en possession de celui qui lui échût.

Un an après cette séparation, le mari, sur quelques présomptions, fut décrété de prise de corps, & condamné à mort par contumace. Le procès fut fait, dans son entier, à la requête du procureur du Roi; & un des parens de celle dont on vengeoit la mort se rendit partie trois jours avant l'arrêt de condamnation. Enfin le coupable fut pris & exécuté. Le receveur des amendes fit saisir tous ses biens, & y comprit même les fruits du douaire de la veuve. Elle en obtint main levée, par ordonnance du conseiller-commissaire. Le parent de la défunte, qui s'étoit rendu partie, interjetta appel de l'entérinement des lettres de séparation, & de la sentence qui avoit envoïé la femme en possession de son lot à douaire. Par arrêt du 29 Mai 1664, il fut déclaré non-recevable dans son appel; & sur la choisie des lots, il fut ordonné qu'il seroit procédé à de nouveaux partages, pour être choisis deux lots par les créanciers, & cependant que la veuve auroit la jouïssance du second lot, jusqu'au jour de Noël suivant, & qu'on lui tiendroit compte des augmentations qu'elle y auroit faites.

Suivant cet arrêt, le crime commis par le mari, avant le mariage, mais dont il n'est point soupçonné, n'exclut point la femme, qui est dans la bonne foi, du douaire qui lui appartient sur les biens de son mari: par conséquent, l'hipotéque des intérêts ne commence point du jour du délit, au préjudice de ceux qui ont contracté de bonne foi avec le coupable.

Dans la suite, cette même femme se présenta à l'ordre du décret des biens de son mari, afin d'être colloquée pour sa dot. La partie civile soutint que les réparations civiles étoient préférables, & le juge en adjugea l'hipotéque du jour de la plainte. Appel de cette sentence, dans laquelle la veuve accusoit le juge d'avoir voulu couvrir son injustice par l'ambiguité des termes de sa prononciation; aïant ordonné que la partie civile seroit payée de ses intérêts, du jour de la plainte, quoiqu'il n'y en eût point eu, & que les informations eussent été faites d'office. Elle soutenoit en outre, que la partie civile n'ayant paru dans le procès que trois jours avant la condamnation, son hipotéque n'avoit pû commencer que de ce jour là seulement; & qu'on ne pouvoit se prévaloir des informations faites d'office, puisque son mari n'en avoit pas été l'objet, n'étant pas même soupçonné pour lors.

Elle ajoûtoit que l'arrêt pour le douaire avoit décidé cette question; & qu'en tout cas, la partie civile ne pouvoit avoir hipotéque que du jour où le coupable avoit été décrété de prise de corps; ce qui n'étoit arrivé que depuis son mariage. Par Arrêt du 9 Décembre 1666, la préférence fut adjugée à la veuve.

La différence qui paroît entre cet arrêt & le précédent provient sans doute de ce que dans l'espéce du premier l'information faite par le procureur du Roi, étoit directement contre le coupable; au moïen de quoi la chose étoit notoire; & ceux qui lui avoient prêté de l'argent n'étoient pas dans la bonne foi. Au lieu que, dans ce dernier arrêt, non seulement le coupable n'étoit point accusé, lors des premieres informations; mais il n'étoit pas même soupçonné. Le mariage avoit été contracté de bonne foi, de la part de la femme, & l'accusation & le décret de prise de corps étoient postérieurs.

Il est évident, par cette dissertation, que l'avis de Basnage est que l'hipotéque du fisc & des parties civiles, pour leurs droits sur les biens du coupable, ne commence que lorsque le crime est notoire; & qu'il l'est du jour que les informations sont faites contre le coupable nommément. Ainsi il peut aliéner, auparavant, en faveur de ceux qui sont dans la bonne foi, & contre qui on ne peut pas prouver qu'ils aient coopéré à la fraude

Cependant M. le Bret, liv. 6, décision 4, rapporte un arrêt qui semble avoir décidé le contraire. Cet arrêt est du 25 Juin 1619. Un fils donna un coup de pierre dans le front de son pere, qui mourut dix jours après; pendant lesquels le coupable vendit tout ce qu'il avoit eu de la succession de sa mere, & prit la fuite. Après la mort du pere, il fut condamné par contumace, & mourut au bout de neuf à dix ans. Ses freres devenus majeurs, attaquérent les acquéreurs, dix ans après sa mort, pour les évincer des biens qu'ils avoient acquis de leur frere. Le juge accorda aux demandeurs leurs fins & conclusions, & l'arrêt confirma la sentence, nonobstant la possession de vingt ans, opposée par les acquéreurs: mais on doit croire que cet arrêt est fondé sur quelques circonstances qui prouvoient que ces acquéreurs n'étoient pas dans la bonne foi. En effet, il est bien difficile de croire que le crime d'un fils qui blesse mortellement son pere ne soit pas aussitôt connu dans tout le païs; & dans l'espace de dix jours on ne peut pas trouver des acquéreurs éloignés, qui se chargent d'un bien qu'ils ne connoissent point, & qui ne fassent pas les perquisitions nécessaires pour leurs sûretés. On ne doit donc pas regarder cet arrêt comme aïant jugé le contraire de ceux qui sont rapportés par Basnage.

Ainſi il eſt hors de doute, qu'un coupable détenu dans les priſons, pour cauſe de crime capital, ne peut aliéner, parceque ſa détention ſuffit pour rendre le crime notoire; ſi ce n'eſt, peut-être, dans certains cas prévûs par le Prêtre, centurie 1. chap. 84. Si, par exemple, l'aliénation étoit forcée & néceſſaire, ſi c'étoit le rembourſement d'une ſomme par lui dûe; elle ſubſiſteroit après la condamnation, pourvû qu'il n'y eût ni fraude, ni colluſion. S'il aliénoit, pour acquiter ſes dettes, & pour faire ce que le fiſc ſeroit contraint de faire après la condamnation, ces aliénations ſeroient valables. *Argument. leg. 5, ff. de petitione hæreditat.* Parceque, dans tous les cas où l'aliénation eſt défendue, cela ne doit s'entendre que de celle qui eſt volontaire, & non de celles auxquelles les loix obligent. *L. 13, ff. famil. ercis.*

Il naît ici une queſtion. Quand la haute-juſtice au profit de laquelle tourne la confiſcation, change de propriétaire, pendant l'inſtruction du procès; les biens confiſqués appartiennent-ils à celui qui étoit ſeigneur lors du crime commis, ou à celui qui l'eſt lors de la condamnation? Il paroît que tous nos auteurs, unanimement, donnent la préférence à celui qui étoit propriétaire lors du crime commis, à l'excluſion de celui qui ſe trouve l'être lors du jugement de condamnation. La raiſon eſt, que le crime ſeul eſt cauſe de la confiſcation; le jugement en déclare ſeulement l'accuſé atteint & convaincu.

Il en eſt de même, lorſque c'eſt le Roi qui ſe trouve confiſcataire. Si le fermier du domaine change pendant l'inſtruction du procès, la confiſcation doit appartenir à celui qui l'étoit lors du crime commis.

Ces queſtions font naturellement naître celle de ſçavoir lequel du fiſc, pour l'amende, ou de la partie civile, pour les réparations civiles, doit être préféré, pour ſon hipotéque ſur les biens du coupable?

L'intérêt civil, & l'amende ont un même principe; l'un & l'autre ont pour objet de réparer le tort que le Roi, comme repréſentant toute la ſociété, a ſouffert du crime, & la perte que le crime a cauſée à la partie civile.

Pour réſoudre la difficulté que nous propoſons ici, il faut examiner ſi, dans le droit Romain, le fiſc avoit privilége ſur les biens du condamné.

Il y a pluſieurs loix qui déclarent préciſément que le fiſc n'a point de privilége, au préjudice des créanciers. *Non poſſunt ulla bona ad fiscum pertinere, nisi quæ creditoribus superfutura sunt. l. 11, ff. de jure fisci. In summâ sciendum est omnium fiscalium pœnarum petitionem creditoribus postponi. l. 17, eod. Quod placuit, fisco non esse pœnam petendam, nisi creditores suum recuperaverint, eò pertinet ut privilegium in pœnâ contra creditores non exerceatur. l. 37, eod.*

On répond en faveur de ceux qui perçoivent les amendes, que ces loix ne parlent que des créanciers antérieurs au crime, sur lesquels le fisc n'a point de privilége : mais quoiqu'il n'ait point de privilége, & que tous les créanciers antérieurs lui soient préférés, & quant à la peine, & quant à toutes les actions hipotéquaires, lorsqu'ils sont les premiers en date; cependant, lorsqu'il y a concurrence de pareil droit entre le Roi & les particuliers, quand les intérêts & l'amende sont jugés par un même arrêt, tous-deux doivent venir, par un même privilége, & avoir, par une concurrence égale, ce qui leur a été adjugé, sans aucune préférence ; d'autant que l'amende & les intérêts ont un même principe de leur hipotéque.

C'est la loi 10, *ff. de jure fisci*, qui a donné lieu aux interprétes du droit civil, d'examiner cette question. Voici les termes de cette loi. *Non puto delinquere eum, qui in dubiis quæstionibus contrà fiscum facilè responderit.* Or, suivant cette loi, comme la question dont il s'agit ici est douteuse, on ne risque rien de décider en faveur des particuliers.

Cependant les auteurs ont presque tous fait cette distinction : dans les causes onéreuses, le fisc doit être préféré aux particuliers ; mais les particuliers doivent marcher devant lui, dans les causes lucratives. Or les amendes étant une cause purement lucrative, & les intérêts tenant lieu de dommages ; suivant ce principe, la cause de la partie civile est plus favorable.

Quoique le criminel engage & hipotéque ses biens, par un même crime, au fisc & à la partie civile, il y a néanmoins lieu de donner la préférence aux réparations civiles ; parceque la condamnation qui les ordonne n'est pas fondée sur le crime : elle a pour cause & pour principe l'outrage fait au particulier, & le dommage qu'il a reçû : mais l'amende n'est infligée que pour avoir offensé le public. D'où il suit que l'injure étant la cause & le fondement de l'amende, la partie civile est plus favorable que le fisc, puisque l'amende n'est qu'une suite & un effet de l'injure : par conséquent, le criminel s'engage auparavant, & contracte une dette, avec celui qu'il offense. Ainsi le fisc n'ayant, en cette rencontre, aucun privilége, l'amende n'étant dûe qu'en vertu de la condamnation, il ne peut y avoir de concurrence. C'eſt le ſentiment de Chopin, *de domanio*, lib. 5. t. 29. & de Rébuffe, ſur les ordonnances roïaux, titre des droits du Roi & du fiſc.

L'amende adjugée au Roi eſt une réparation du crime dont le coupable eſt convaincu. Tout crime qui mérite une peine emportant mort civile eſt un attentat contre la ſociété, à laquelle il eſt dû une réparation. Comme le Roi repréſente la ſociété, on lui adjuge ordinairement une ſomme que l'on nomme amende, & qui tient lieu de cette réparation.

La réparation civile eſt une ſomme à laquelle un criminel eſt condamné envers un particulier, pour lui tenir lieu de dédommagement du tort qu'il lui a cauſé par ſon crime. Il eſt dû, par exemple, des réparations civiles à une femme dont on a tué le mari ; à un mari dont on a tué la femme ; à des enfans dont on a tué le pere ou la mere ; à un frere ou une ſœur dont on a tué le frere ou la ſœur, &c.

Or il eſt certain que, dans ces cas, la perte que ſouffre la partie civile eſt une perte réelle & effective. Elle ſe trouve privée d'un parent qu'on doit préſumer lui être cher, & qui, d'ailleurs, pouvoit lui être utile. L'état ſouffre, à la vérité, de la perte d'un citoïen : mais cette perte eſt bien moins conſidérable que celle que ſouffre une famille particuliere. Un ſimple citoïen de plus ou de moins dans un état n'eſt pas d'une grande conſidération : mais un homme de moins dans une famille y cauſe quelquefois de grands dérangemens. Ainſi la réparation civile eſt préférable à l'amende.

Cette opinion qui, comme on voit, eſt fondée ſur le ſentiment des auteurs, & ſur la raiſon, eſt encore appuyée ſur la juriſprudence des arrêts. On en trouve un dans le journal des audiences, par lequel, nonobſtant la concurrence demandée par M. l'avocat général, les intérêts adjugés à la veuve & aux héritiers d'un homme tué furent préférés à l'amende ; par cette conſidération que, quoique l'un & l'autre ſoient adjugés par le même arrêt, néanmoins la réparation civile eſt une dette de la ſucceſſion du condamné, que le fiſc doit acquiter, *tanquam ſucceſſor bonorum*.

Il n'en ſeroit pas de même, ſi le fiſc étoit demandeur pour des dommages & intérêts ; par exemple, ſi, en commettant un vol ou un homicide, le malfaiteur mettoit, en même tems, le feu à la maiſon du Roi. Comme en cette occaſion le fiſc auroit deux droits, l'un pour les dommages, & l'autre pour l'amende, il faudroit admettre la concurrence pour les intérêts adjugés à la partie civile; autrement le fisc seroit de pire condition que le particulier.

Cette décision est conforme à celle de Coquille, question 3, qui excepte le crime de péculat, tel que celui d'avoir été infidelle dans le maniment des deniers du Roi, d'avoir exercé des usures sur le peuple, d'avoir vendu à faux poids ou à fausse mesure, ou autres cas semblables. Alors l'amende pécuniaire n'est pas une simple punition; elle doit être regardée comme une réparation, & comme des intérêts civils. L'état, ou le Roi, qui est aux droits de l'état, tient lieu d'un créancier qui poursuit le payement de sa dette. *Mera pœna non est; sed magis respicit id quod interest; & videtur respublica, vel Rex, qui rempublicam representat, esse loco creditoris, qui id quod sibi abest persequitur.* Comme on condamne ordinairement ceux qui sont coupables de ce crime à la restitution du quadruple de ce qu'ils ont volé, le fisc est privilégié, même pour les trois parts excédantes la valeur du vol. *Nam interversio pecuniæ publicæ potuit multa damna & incommoda afferre negotiis & expeditionibus regiis. Quare potest dici quòd in ejusmodi adjudicationibus causa fisci non sit adeò postponenda.*

Cependant cela ne doit pas être admis indistinctement. Car il ne seroit pas juste que le fisc fût préféré pour ces trois parts, qui sont purement lucratives, à un créancier qui a prêté de bonne foi. *Quod ego tamen*, dit Coquille, *sine distinctione admittere nollem; nempè ut fiscus, etiam in quadruplo præferatur creditori, qui lucrativam causam habet; à quo, si totum, quod donatum est, extorqueatur, à lucro arcetur, damnum non patitur. Non autem creditori ex causâ, qui bonâ fide contraxit, cujus respectu solum simplum referatur ad datam suscepti officii & administrationis.*

Quoique la confiscation soit acquise, quant à la propriété, dès l'instant que la mort civile est encourue; cependant, comme cette propriété n'est pas incommutable, lorsque la condamnation est par contumace, les loix ont cru devoir prendre des précautions, pour mettre les condamnés en état de recouvrer leurs biens, lorsqu'ils se représentent.

Si le condamné par contumace se représente, ou est constitué prisonnier dans l'année que le jugement a été rendu, il a mainlevée de ses meubles & immeubles. Si ses meubles ont été vendus, le prix en provenant lui doit être restitué, en déduisant les frais de la vente. Il doit, en outre, consigner l'amende en laquelle il a il a été condamné. C'est la disposition de l'article 26 du titre 17 de l'ordonnance de 1670.

Dans le projet de cette ordonnance, à la suite de l'article dont on vient de parler, on en avoit mis un autre, conçû en ces termes : » ne pourra néanmoins prendre les fruits de ses immeu- » bles, s'il ne se présente, ou n'est arrêté prisonnier qu'après » l'année de l'exécution. «

Lors des conférences qui se tinrent chez M. le Chancelier Séguier, pour l'examen de cette ordonnance, M. de Lamoignon, premier président, après la lecture de l'article que nous venons de rapporter, dit que cet article étoit nouveau, & contraire à l'usage, en ce qu'il ordonnoit que les accusés qui ne se représenteront point dans l'année de l'exécution du jugement de contumace, perdront les fruits de leurs immeubles, dont, par les ordonnances, ils n'étoient privés qu'après les cinq années expirées. Que l'ordonnance de Moulins le porte expressément, & déclare que c'est en confirmant les précédentes ordonnances. Qu'il n'y en a aucune qui ait dérogé à cette disposition; & qu'elle est même confirmée par l'article 10 de l'édit d'Amboise.

M. Pussort, à qui le Roi, lorsqu'il conçut le dessein de mettre la réforme dans la procédure, avoit confié l'exécution de ce projet, répondit que l'article étoit conforme aux dispositions des ordonnances, sur le fait de la contumace. Que l'article 20 de l'ordonnance de Roussillon, porte que, *si les accusés ne se représentent, ou ne sont emprisonnés dans l'an, après la saisie, ils perdront les fruits de leurs héritages saisis & annotés*. Que l'ordonnance de Moulins a été plus avant, puisqu'elle a voulu que non seulement les condamnés par contumace perdissent les fruits de leurs immeubles, suivant les précédentes ordonnances; mais encore la propriété, après les cinq ans; & il n'y avoit que l'ordonnance de Roussillon qui en eût parlé. Et comme l'intention de celle de Moulins étoit d'en fortifier, & non pas d'en affoiblir la disposition, l'on peut dire que son esprit n'a pas été d'y déroger, ni conséquemment d'ordonner que les fruits, de même que les immeubles, ne seront acquis qu'après les cinq années. Car, pour ce qui est de l'édit d'Amboise, il ne fait aucune mention du tems auquel le condamné perdra les fruits : mais il régle seulement la forme de la consignation de l'amende, & la maniére de fournir aux frais du procès. Qu'ainsi il ne voyoit pas de raison à l'indulgence de l'usage, & que l'article paroissoit bon; parcequ'il ne faut point favoriser la contumace.

M. le premier président répartit, que l'ordonnance de Rouſſillon n'avoit pas été obſervée, & que l'uſage préſent étoit fondé ſur ce que l'on a cru que l'ordonnance de Moulins y avoit dérogé ; parceque, vû les termes dans leſquels elle eſt conçûe, elle ſemble n'ordonner la perte des fruits, qu'après les cinq ans de la condamnation, n'étant pas fait mention de la ſaiſie & annotation.

M. l'avocat général Talon dit, que l'article 20 de l'ordonnance de Rouſſillon avoit paru bon dans tous les tems ; puiſqu'il avoit été confirmé dans des déclarations données dans les grands jours de 1582, 1583, 1596 & 1634.

Ces difficultés firent prendre le parti de ſupprimer l'article qui en étoit l'objet; enſorte qu'il n'eſt point dans l'ordonnance, & qu'elle ne contient point de diſpoſition préciſe à cet égard : cependant, comme l'art. 20 de l'ordonnance de Rouſſillon n'a été révoqué par aucune loi poſtérieure, il eſt aujourd'hui en uſage; enſorte que, ſi le condamné par contumace ne ſe repréſente dans l'an, il perd les fruits de ſes immeubles ſaiſis & annotés.

Si le condamné ne ſe repréſente pas, ou n'eſt pas conſtitué priſonnier dans les cinq ans de l'exécution de la ſentence de contumace, les condamnations pécuniaires, amendes & confiſcations ſont réputées contradictoires, & valent comme ſi elles étoient prononcées par arrêt: mais le Roi lui peut accorder des lettres, pour ſe purger; & s'il eſt abſous, ou que le jugement n'emporte point de confiſcation, ſes biens lui ſont rendus, en l'état qu'ils ſe trouvent, ſans qu'il puiſſe cependant prétendre aucune reſtitution des amendes, intérêts civils, ni des fruits des immeubles. C'eſt la diſpoſition de l'article 28 du titre 17 de l'ordonnance de 1670, ſur l'interprétation duquel nous nous ſommes fort étendus plus haut, liv. 2, chap. 3, ſect. 3.

Si celui qui eſt condamné par contumace meurt après les cinq ans, ſans s'être repréſenté, & ſans avoir été conſtitué priſonnier; comme il eſt réputé mort civilement du jour de l'exécution du jugement, la confiſcation eſt acquiſe ſans retour. *Ibid*, art. 29.

Comme l'état du condamné eſt incertain, pendant les cinq premieres années de la contumace, attendu qu'il peut ſe repréſenter, & que ſa ſeule repréſentation fait tomber toutes les condamnations prononcées contre lui ; les confiſcataires ne peuvent pas, pendant ce tems, ſe mettre en poſſeſſion des biens confiſqués : ils peuvent ſeulement percevoir les fruits, par les mains des commiſſaires & des fermiers, article 30, *ibid.*

Par la même raiſon, les confiſcataires ne peuvent, pendant les cinq ans, aliéner la propriété des biens confiſqués. Ils peuvent, tout au plus, diſpoſer des fruits. *ibid.* art. 31.

Lorſque les cinq ans ſont expirés, les confiſcataires ſont tenus de ſe pourvoir en juſtice, pour être mis en poſſeſſion des biens; & avant d'y entrer, ils doivent faire un procès-verbal, tant de la qualité & valeur des effets mobiliers, que de l'état des immeubles, à peine d'être déchus de leur droit. *ibid*, art. 32.

DISTINCTION VIII.

Comment la confiſcation peut finir?

Un condamné peut être relevé de la confiſcation en deux maniéres; ou par la grace du prince, ou par le laps du tems. Nous allons examiner ces deux maniéres l'une après l'autre.

Il eſt certain, comme nous le ferons voir ailleurs, que le Roi peut, par ſon autorité ſouveraine, remettre la peine à un coupable condamné ſoit à une peine qui emporte la mort civile, ſoit à la mort naturelle. Il peut même le remettre au même état qu'il étoit avant d'avoir commis ſon crime. Dans ce cas, lorſque les biens du condamné étoient acquis à ſon domaine par la voïe de la confiſcation encourue par le jugement de condamnation, il eſt hors de doute que la confiſcation eſt remiſe, & que celui à qui le Roi fait grace de cette maniére rentre dans tous ſes biens. On ne préſume point que le Roi faſſe grace à moitié, & que remettant la liberté, l'honneur, la vie même à un homme à qui la juſtice les avoit ôtées, il veuille profiter de ſes biens. Une conduite auſſi intéreſſée ſeroit incompatible avec la libéralité & la magnificence qui accompagna toujours nos Rois.

Mais lorſque la confiſcation appartient à un ſeigneur haut-juſticier, on demande ſi le Roi peut rendre les biens au condamné au préjudice du droit du ſeigneur.

Les hauts-juſticiers ont voulu autrefois conteſter ce pouvoir au ſouverain. Pour y parvenir, ils formoient oppoſition à l'entérinement des lettres de pardon que le Roi accordoit à un ſujet qui avoit des biens dans l'étendue de leur juſtice: mais les arrêts les ont toujours déclarés non-recevables dans leur oppoſition. Le Roi s'eſt réſervé le droit de pardonner les crimes à ſes ſujets, quand il le juge à propos. Cette grace eſt toujours portée dans les lettres de chancellerie qui doivent être entérinées en justice : mais par les juges roïaux seulement. C'est toujours à eux qu'elles sont adressées. Si quelqu'un a droit d'en contester l'entérinement, ce ne peut jamais être que le procureur du Roi, pour le bon ordre. Il est intéressé par son ministére à veiller à ce que les coupables soient punis & bannis de la société, dont il est comme le censeur.

Ce n'est pas qu'il soit en droit de s'opposer à l'exécution des volontés du Roi : mais comme il peut arriver que la religion du souverain ait été surprise, & qu'il ait accordé la grace au coupable sur un faux exposé, soit parcequ'on lui a déguisé l'énormité du crime, soit parcequ'on lui a caché quelque circonstance grave, & dont la connoissance l'auroit empêché d'accorder le pardon ; le procureur du Roi est en droit, est même obligé d'examiner les lettres accordées par le Roi. Si l'exposé présenté à sa majesté par le coupable est sincere, & que le prince, malgré l'énormité du crime, se soit déterminé à accorder la grace, il est hors de doute que l'opposition du procureur du Roi seroit infructueuse; le juge ne pourroit pas se dispenser d'entériner les lettres de grace : mais si l'exposé sur lequel ces lettres ont été accordées se trouvoit faux, ou même s'il y avoit quelque circonstance essentielle qui eût été omise, il pourroit alors contester l'entérinement ; & le juge seroit obligé de le refuser, sans qu'on pût le taxer d'être désobéissant aux ordres du Roi. Au contraire c'est lui obeir que d'empêcher l'effet d'un mensonge par lequel on a surpris sa religion.

La partie civile peut aussi former opposition à l'entérinement de ces lettres. Lorsque le Roi accorde une grace à quelqu'un de ses sujets, son intention n'est jamais que cette grace puisse être préjudiciable à personne. Or si la peine du crime étoit totalement effacée par les lettres du prince, la partie qui a été lézée par ce crime ne pourroit pas être dédommagée. Elle peut donc s'opposer & conclure à ce que les lettres ne soient entérinées qu'à la charge du dédommagement qui lui est dû. Elle ne peut pas, à la vérité, s'opposer à la remise de la punition corporelle ; ce pouvoir n'appartient qu'au ministére public : mais elle peut toujours demander la réparation civile, pour la dédommager du tort que le crime lui a causé.

Excepté ces deux personnes, nul ne peut s'opposer à l'entérinement des lettres de grace accordées par le Roi. Le haut-justicier ne le pourroit faire que sous prétexte de la confiscation qui lui eſt enlevée par ces lettres. Mais ſon intérêt eſt purement lucratif; & ce n'eſt point un tel motif qui doit empêcher l'effet des graces qui proviennent de la clémence du ſouverain.

Mais on a douté ſi, après le jugement de mort & de confiſcation prononcé, le Roi peut, avant l'exécution, ou depuis la condamnation aux galères, ou au banniſſement à perpétuité, en accordant la grace au condamné, priver le haut-juſticier, ou celui qui a acquis de lui ou du Roi même, de la propriété des biens dont la confiſcation avoit été prononcée.

Bartole & Balde, ſur la loi 29, §. 5, *ff. de liber. & poſthum.* Chaſſanée, ſur la coutume de Bourgogne, titre des juſtices, article 5, diſent que la grace du prince, en ce cas, n'a point d'effet ſur les biens aliénés par le confiſcataire, qui en a tranſmis la propriété à un autre, ſoit à titre onéreux, ſoit à titre gratuit. *Quia princeps nunquam tollit jus quæſitum tertio.*

Pour décider cette queſtion nettement, il faut diſtinguer deux cas ; l'un où l'accuſé obtient des lettres qu'on appelle lettres de juſtice. Elles s'accordent à ceux qui ont été condamnés par contumace, & on les nomme lettres pour eſter à droit. Lorſqu'à l'abri de ces lettres un contumace ſe repréſente après les cinq ans, il fait, comme nous l'avons déja dit pluſieurs fois, tomber toutes les condamnations, & par conſéquent tout ce qui a ſuivi, même la confiſcation, contre laquelle il eſt reſtitué, de la maniére que nous l'avons dit dans la diſtinction précédente.

Ou ces lettres de juſtice contiennent le pardon & la rémiſſion du crime, comme aïant été commis par le coupable malgré lui & en ſon corps défendant, ou par malheur & ſans aucun deſſein de mal faire. Lorſque ces lettres ſont entérinées par le juge auquel elles ſont adreſſées, les biens confiſqués doivent être rendus à l'impétrant, ſoit qu'ils aïent été vendus ou donnés par le Roi, ou par le haut-juſticier.

Le ſecond cas arrive lorſque les lettres ſont purement des lettres de grace; c'eſt-à-dire, lorſque le prince, de ſon autorité ſouveraine & pleine puiſſance, donne abolition, pardon & rémiſſion à un homme convaincu d'un crime, & pour raiſon de ce délit condamné par arrêt ou jugement ſouverain emportant confiſcation.

Si par les lettres la peine eſt remiſe, & l'impétrant rétabli dans ſes biens; lorſque les lettres ſont entérinées par le juge, alors non-ſeulement le Roi eſt tenu de remettre les biens qui lui étoient acquis par la confiſcation ; mais le haut-juſticier, qui représente le Roi en cette partie, comme étant propriétaire du fisc, & qui ne peut avoir plus de droit que le Roi, est dans la même obligation. La possession de l'un & de l'autre étoit fondée sur la condamnation. Les lettres de grace éteignent cette condamnation, & la mettent au néant. La cause ne subsiste plus ; par conséquent l'effet doit aussi cesser. *Cessante causâ, cessat & effectus.*

Mais si le Roi, ou le haut-justicier ont disposé des biens confisqués ; s'ils les ont vendus, ou aliénés autrement, à titre onéreux, avant l'obtention des lettres de rémission ; les acquéreurs ne peuvent être troublés dans leur possession, ni tenus de rendre les biens confisqués, par eux acquis à titre onéreux. Ainsi, lorsque les hauts-justiciers veulent se conserver le fruit de la confiscation, il est de leur intérêt, lorsqu'on prévoit que le Roi pourra accorder la grace au condamné, de disposer promptement des biens confisqués ; & le plus sûr est d'en disposer à titre onéreux, plutôt que par donation. Voïez Dumoulin, sur l'article 22 de la coutume de Paris, n. 36 & suiv.

Mais il est bien essentiel de faire attention au tems auquel la grace a été accordée ; car si l'obtention & l'entérinement ont précédé la condamnation ; ou si l'un & l'autre ont été faits pendant l'instruction de l'appel, il n'y a pour lors aucune condamnation effectuelle ; il n'y a point eu par conséquent de confiscation. La propriété des biens a toujours résidé sur la tête du coupable, qui ne peut plus en être dépouillé au moïen de la grace qu'il a obtenue. Il en est autrement quand cette grace est postérieure au jugement en dernier ressort, & que le Roi ou le haut-justicier ont disposé des biens confisqués : presque tous les auteurs pensent que l'acquéreur ne peut être évincé, lorsque les lettres sont purement lettres de grace.

En effet il ne seroit pas raisonnable de troubler un acquéreur de bonne foi dans son acquisition, & que le seigneur confiscataire fût condamné aux intérêts de l'éviction. Or on ne peut jamais reprocher au vendeur la mauvaise foi dans ce cas-ci. La condamnation prononcée & exécutée est pour lui un titre légitime qui le rend propriétaire des biens confisqués. C'est sur ce titre qu'il aliéne. Les deux contractans sont nécessairement dans la bonne foi. Ainsi il est absolument contraire à l'équité qu'ils souffrent de leur bonne foi. La clémence du prince ne doit servir au confisqué que quand les choses sont entiéres, & que le seigneur confiscataire peut encore restituer, sans aucun dommage, ce qui lui est échu. Dans le cas contraire, le condamné doit se contenter de reprendre son bien en l'état qu'il se trouve lorsqu'il obtient sa grace.

Il faut encore prendre garde si le Roi, dans les lettres qu'il accorde, se contente de remettre la peine seulement : alors la confiscation a toujours lieu au profit de celui auquel elle appartient. Si, au contraire, il remet la peine & les biens, il faut suivre ce que nous avons dit : mais il est absolument nécessaire que la remise des biens soit nommément exprimée.

A l'égard des intérêts civils & de l'amende ; les lettres de grace, de quelque façon qu'elles soient conçûes, n'en opérent point la remise. L'un & l'autre sont une suite nécessaire du crime, qui, quoique remis par la clémence du prince, n'a pas laissé de causer des dommages, dont il est juste d'indemniser ceux qui les ont soufferts.

Le laps du tems, ou la prescription est encore un moïen qui ôte à la confiscation tout son effet. Lorsque la condamnation n'a point eté exécutée contre le coupable quand il est présent, ou par effigie quand il est absent, elle se prescrit par vingt ans, & la confiscation demeure sans aucun effet : mais si le procès a reçû toute l'instruction dont il étoit susceptible, & si la sentence ou l'arrêt ont été exécutés par effigie contre les absens, les intérêts & la confiscation ne se prescrivent que par trente ans. Ainsi jugé par arrêt du parlement de Rouen, du 27 Janvier 1645, rapporté par Basnage, sur l'article 143, de la coutume de Normandie.

SECTION II.

De la succession de celui qui est mort civilement dans les provinces où la confiscation n'a pas lieu.

Il y a, comme nous l'avons observé plus haut, des provinces où la confiscation n'a pas lieu. Telles sont celles de Guïenne, de Bretagne, d'Anjou, du Maine & du Berry.

Dans ces coutumes, les biens des condamnés passent à leurs héritiers dès l'instant de la mort civile, de la même maniére que leur succession auroit été ouverte en leur faveur par la mort naturelle : mais ils sont tenus des mêmes charges dont sont tenus les confiscataires dans les païs où ces biens sont confisqués. Ainsi, outre les dettes légitimes que le condamné avoit contractées lui-même, ils doivent acquitter l'amende & les réparations civiles, telles qu'elles ont été prononcées par le jugement.

Au reste, cette succession est sujette aux mêmes révolutions que la confiscation; ensorte que les héritiers sont tenus de restituer les biens qui la composent, dans le cas où le condamné se représente dans les délais de l'ordonnance, suivant les proportions que nous avons indiquées plus haut, touchant la confiscation, Distinction VII.

Les héritiers sont pareillement tenus de restituer la succession lorsque le condamné obtient du prince des lettres de grace qui le rétablissent dans tous ses droits & dans tous ses biens. En un mot, on peut appliquer ici tout ce que nous avons dit dans la section précédente, Distinction VII. touchant la restitution à laquelle les confiscataires peuvent être sujets. Voïez Dumoulin, sur l'article 33 de l'ancienne coutume de Paris, glos. 1, n. 37.

SECTION III.

Des biens acquis depuis la mort civile.

Lorsqu'un homme condamné par contumace s'est retiré dans un païs étranger, y est mort naturellement après y avoir acquis des biens, sa succession doit se régler suivant les loix du païs où ces biens sont situés. Il en est de même d'un homme qui auroit été condamné au bannissement perpétuel, & qui auroit gardé son ban & fait des acquisitions dans le lieu de sa retraite.

Il s'agit donc d'examiner ici à qui doivent appartenir les biens d'un homme condamné par contumace à une peine emportant mort civile, ou même contradictoirement au bannissement perpétuel, & qui a trouvé le secret de passer le reste de ses jours dans le roïaume sans être arrêté, & sans avoir exécuté son ban, qui y a même acquis des biens. A qui ces biens doivent-ils appartenir après sa mort naturelle?

Suivant le droit Romain, les biens acquis par un homme condamné à la déportation appartenoient au fisc. *Quòd si deportatus sit, quia civitatem amisit, heredem habere non potest, & acquisita fiscus accipit. l. 7, §. 5, ff. de bonis damnatorum.*

Deportati, nec earum quidem rerum quas post pœnam irrogatam habuerunt, heredem habere possunt: sed & hæ publicabuntur. l. 2, cod. de bonis proscript.

La même chose doit avoir lieu parmi nous. En effet, il est constant qu'un homme mort civilement ne tient plus à rien dans la société. Tous les liens civils qui l'attachoient aux autres hommes,

hommes, dont il est environné, sont rompus. Il est vrai que les liens du sang sont toujours les mêmes. Ceux qui lui étoient parens avant sa condamnation ne cessent point de l'être depuis. Cette parenté est l'ouvrage de la nature, sur laquelle les loix civiles ne peuvent étendre leurs droits : mais les effets de cette liaison du sang sont strictement restreints aux effets naturels. La loi ne la connoît plus. Celui qui est mort civilement n'est plus membre de la société ; par conséquent il n'est plus d'aucune famille. Ses biens ne peuvent donc appartenir à personne par le droit de consanguinité, puisque toutes les successions, de quelque nature qu'elles soient, sont l'ouvrage de la loi civile.

Le condamné ne peut pas non plus disposer de ses biens par testament, puisque, comme nous l'avons vû, la faculté de tester lui est interdite. Il faut donc absolument que les biens dont il est ici question restent vacans après sa mort naturelle. Or tout ce qui est vacant, & qui n'appartient à personne, appartient, comme nous l'avons déja observé ailleurs, au premier occupant : mais cette loi du premier occupant n'est admise ni en France, ni dans aucun état policé. Nul particulier n'a droit sur ces biens, à quelque titre que ce soit. Les droits que la loi avoit accordés aux liens du sang sont anéantis par la condamnation. Les parens sont donc exclus. Aucun autre citoïen ne peut avoir de titre pour aspirer à cette succession : elle ne peut donc appartenir qu'à l'état ; c'est-à-dire, au fisc, à titre de deshérence.

Cependant quelques auteurs, comme M. Louet & Brodeau, lett. *E*, n. 8, sont d'avis que le droit Romain ne doit point être observé parmi nous à cet égard ; & ils rapportent des arrêts, suivant lesquels ils prétendent que les biens dont il s'agit ici doivent passer aux héritiers du sang ; parcequ'en déboutant de la succession des condamnés les enfans issus de mariages contractés depuis la condamnation, ils l'ont adjugée aux enfans du premier lit, ou aux collatéraux : mais Brodeau se trompe dans l'interprétation qu'il donne à ces arrêts. Il n'y étoit question ni de biens acquis par les condamnés depuis la condamnation, ni de confiscation ; mais des biens que les condamnés avoient lors de leur jugement, & qui n'avoient pas été confisqués, par la raison qu'ils étoient situés en des païs où la confiscation n'a point lieu, comme Brodeau le témoigne lui-même ; car, après avoir rapporté l'arrêt du 13 Février 1625, il dit que dès l'instant de la condamnation les biens avoient appartenu aux enfans du premier lit, comme étant situés en Anjou, où la confiscation des immeubles n'a point lieu.

Toute la question se réduisoit à sçavoir si des enfans issus de mariages contractés depuis la condamnation étoient capables de succéder, & l'on jugea pour la négative, comme il se peut voir dans l'arrêt du 15 Juin 1618. rapporté aussi par M. le Bret, au premier livre de ses décisions, décision 6. Les biens du condamné étoient pareillement situés en la coutume d'Anjou. Des collatéraux du condamné s'en étoient mis en possession incontinent après la condamnation : un enfant issu d'un mariage contracté depuis vouloit les évincer : mais il fut débouté.

Nous n'avons donc aucun arrêt qui ait jugé contre les principes que nous avons établis, & nous sommes persuadés qu'il ne peut y en avoir. Il faut donc dire en général que les biens acquis par un homme mort civilement, depuis sa condamnation, appartiennent au fisc, à titre de deshérence.

Mais il se présente ici une question fort importante. Elle consiste à sçavoir si ce droit appartient au fisc des hauts-justiciers, comme au fisc du Roi.

Quand les biens ainsi tombés en deshérence sont situés dans l'étendue d'une justice roïale, il est sans difficulté qu'ils appartiennent au Roi. Ainsi il ne peut y avoir de question que quand la situation des biens est dans l'étendue d'une justice seigneuriale.

Pour décider cette question, & quelques autres qui peuvent naître sur la même matiére, il nous paroît nécessaire d'expliquer ici ce qu'on entend par deshérence, & à qui elle appartient.

Le droit de deshérence est le droit de succéder à un regnicole né en légitime mariage, décédé sans avoir testé & sans héritier apparent ; c'est-à-dire, sans aucun héritier procréé de lui ou de son lignage, habile par les loix de France & par les coutumes des lieux à être héritier du défunt.

Deshérence signifie donc une succession qui provient du défaut d'héritier. Or tous ces caractéres conviennent parfaitement à la succession d'un homme mort civilement. Il décéde nécessairement sans avoir testé, puisque la faculté lui en est ôtée par la mort civile. Il ne laisse aucun héritier, puisque sa condamnation a rompu tous les liens d'agnation qui étoient entre ses parens & lui. C'est donc par les principes du droit de deshérence que sa succession se doit régler.

Il est certain que ce droit ne devroit appartenir qu'au Roi. Il est aux droits de l'état, auquel seul, suivant les véritables principes, appartiennent les choses qui ne sont à personne.

Cependant les hauts-justiciers, sous prétexte des frais dans lesquels leurs justices les engagent, se sont aussi attribué le droit de recueillir les successions qui se trouvent vacantes dans l'étendue de leur justice ; & nos Rois ne se sont point opposés à cette usurpation ; ensorte que le droit de deshérence, suivant le droit commun de la France, appartient aux hauts-justiciers.

Guerin, sur l'article 167 de la coutume de Paris, prétend que dans le cas de deshérence, les meubles appartiennent au moïen & au bas-justicier, s'ils se trouvent dans leur territoire : mais cet auteur est seul de son opinion, qui est contraire à l'usage général de la France. C'est une maxime certaine parmi nous, qu'aucun autre seigneur que le haut-justicier ne prend les biens qui sont en deshérence. Le seigneur féodal même en est exclus, s'il n'y a dans la coutume du lieu une disposition formelle & textuelle qui les lui accorde.

Il arrive quelquefois que le Roi & le seigneur haut-justicier sont en débat au sujet de l'étendue de leur justice ; le procureur du Roi prétendant que les biens vacans sont dans le territoire du Roi, & le seigneur prétendant le contraire. Dans ce cas les officiers, tant roïaux que seigneuriaux, apposent leurs scellés de part & d'autre sur les effets mobiliers qui sont l'objet de la contestation. On demande dans ce cas, si c'est le juge roïal ou si c'est le juge du seigneur qui doit connoître de cette contestation ?

Il est certain que le seigneur est obligé de venir plaider devant le juge roïal. Le souverain ne peut en aucun cas plaider dans la jurisdiction de son sujet. Il veut bien remettre à la décision de la justice les contestations qu'il essuïe de la part de ses sujets : mais il n'est pas juste que cet acte d'équité le dégrade au point de plaider par-devant un juge qui ne tient pas sa qualité du Roi directement.

Lors même qu'il y a concurrence de scellés, les officiers du Roi doivent faire l'inventaire, lorsque le droit de justice est dénié au prétendu haut-justicier, & que le Roi a prévenu : mais si l'on ne conteste point au seigneur le droit de haute-justice, la confection de l'inventaire lui appartient, sur-tout quand il a prévenu. Telle est la jurisprudence des arrêts, fondée sur l'article 164 de l'ordonnance de Blois, qui porte que quand le seigneur haut-justicier ou ses officiers ont saisi & mis la main, le Roi n'entend que ses officiers s'y entremettent, si ce n'est pour la conſervation de ſes droits : mais quand le droit de juſtice eſt révoqué en doute, la poſſeſſion doit demeurer au Roi. Le droit de rendre juſtice eſt eſſentiellement attaché à la couronne. Les ſeigneurs n'en jouïſſent que par un privilége qui déroge au droit commun. Ainſi c'eſt à eux à juſtifier de ce privilége, & la proviſion demeure au Roi pendant l'inſtruction du procès.

Chaque haut-juſticier prend les héritages qui ſe trouvent ſitués dans l'étendue de ſa juſtice ; & ceux qui ſont dans le territoire d'une juſtice roïale appartiennent au Roi. Et cette régle a lieu pour toutes ſortes de biens indiſtinctement, ſoit fiefs, ſoit rotures ; enſorte que le ſeigneur haut-juſticier, quand il devient propriétaire d'un fief par le moïen de la deshérence, eſt tenu d'acquitter tous les devoirs dûs au fief dominant en cas de mutation : & quand c'eſt le Roi qui acquiert un fief ſervant, il faut obſerver les mêmes formalités que celles qui s'obſervent dans le cas de la confiſcation.

A l'égard des meubles & des dettes actives, il y a plus de difficulté, & les avis ſont même partagés. Il y a des auteurs qui prétendent que ces biens doivent appartenir au ſeigneur dans la juſtice duquel étoit la réſidence du défunt ; parceque le mobilier ſuit la perſonne & le domicile de celui qui en eſt propriétaire. Ils diſent qu'il faut conſidérer le ſeigneur du domicile comme héritier mobilier, & les autres hauts-juſticiers comme héritiers immobiliers.

Mais nous croïons que l'avis contraire doit l'emporter, & que chaque ſeigneur prend ce qui ſe trouve dans ſa juſtice appartenant au défunt, ſoit meubles, ſoit immeubles. La raiſon que nous en avons donnée, en parlant de la confiſcation, doit s'appliquer ici. Le Roi ni les hauts-juſticiers, dans le cas de la deshérence, ne ſuccédent point à titre d'héritiers. Ils prennent des biens qui ſe trouvent vacans chacun dans l'étendue de leur juſtice. Si les héritiers mobiliers prennent les meubles dans quelque lieu qu'ils ſoient ſitués, c'eſt qu'ils repréſentent le défunt : mais les juſticiers ne viennent point par droit de repréſentation. Leur droit n'eſt fondé que ſur l'inconvénient qu'il y auroit de laiſſer des biens vacans, pour être pris par le premier occupant. Le fiſc d'un ſeigneur ne s'étend point au-delà des limites de ſa juſtice. Ce qui ſe trouve vacant dans le détroit de ces limites lui appartient : mais il n'a aucun droit de réclamer ce qui ſe trouve vacant dans l'intérieur des autres juſtices.

D'ailleurs, quand il ſeroit vrai en général que le mobilier, dans le cas de la deshérence, devroit se régler suivant l'usage ordinaire des successions, nous ne croïons pas que cela dût avoir lieu dans le cas que nous examinons ici. En effet, il est question des biens délaissés par un homme qui étoit mort civilement. Il n'étoit plus au nombre des citoïens ; par conséquent les loix civiles ne peuvent avoir aucune force en ce qui le concerne. C'est en vertu de ces loix que les meubles, quelque part qu'ils se trouvent, se réglent suivant le domicile de celui auquel ils appartiennent : mais peut-on dire qu'un homme qui est retranché de la société a un domicile ? S'il est demeuré dans le roïaume, & s'il y a vécu tranquillement, c'est qu'il a pris un soin particulier de se cacher aux yeux de la justice, qui n'eût pas manqué de lui faire subir la peine que méritoit son crime, si le lieu de sa retraite étoit venu à sa connoissance. Le lieu qu'il habitoit n'étoit donc pas un domicile. Il ne devoit & ne pouvoit en avoir dans le roïaume. C'étoit simplement une retraite qui ne pouvoit influer en rien sur les biens qu'il avoit eu l'adresse de se procurer.

Au reste les seigneurs auxquels ces biens appartiennent, à titre de deshérence, sont tenus de païer les dettes du défunt. Il ne sert de rien de dire qu'un homme mort civilement ne peut pas avoir de dettes légitimes, puisqu'il est incapable de contracter. Outre que cela n'est pas vrai en général, puisque, comme nous l'avons vû, il est capable de commercer, il ne seroit pas juste que des créanciers, qui ont prêté leur bien de bonne foi, le perdissent, & que des hauts-justiciers, dont le droit est purement lucratif, en profitassent.

Il arrive presque toujours que le Roi donne à des tiers, ou à ceux qui auroient naturellement dû être héritiers, les biens qui lui échéent à titre de deshérence, ou autrement. Il arrive aussi quelquefois qu'il se trouve plusieurs donataires de ces biens ; le Roi étant toujours porté à accorder ces sortes de graces quand on les lui demande, & ne se souvenant pas quelquefois qu'il les a déja accordées. Or on demande lequel des donataires doit être préféré ? Si c'est celui qui est le premier en date & qui a obtenu le premier les lettres de don ; ou celui, qui étant le dernier en date, a fait vérifier le premier ses lettres en la chambre des comptes ; ou enfin celui qui, étant postérieur en date & en vérification, s'est le premier fait mettre en possession par autorité de justice.

On peut dire en faveur de celui qui a la possession, que, quand une même chose est donnée ou vendue à plusieurs, celui qui a la possession doit être préféré à tous les autres, quoique son titre soit postérieur. *Quotiens duobus in solidum prædium jure distrahitur, manifesti juris est, eum cui priori traditum est, in detinendo dominio esse potiorem. Si igitur, antecedente tempore, te possessionem emisse, ac pretium exolvisse apud præsidem provinciæ probaveris; obtentu non datorum instrumentorum expelli te possessione non patietur. Erit sanè in arbitrio tuo pretium quod dedisti cum usuris recipere : ita tamen ut perceptorum fructuum ac sumptuum ratio habeatur : cùm & si ex causâ donationis utrique dominium rei vindicetis, eum cui priori possessio soli tradita est, haberi potiorem conveniat. L. 15, cod. de rei vindicatione.*

Or cette loi paroît devoir s'appliquer aux donations faites par les princes, puisqu'elles se réglent suivant le droit commun. *Digna vox est majestate regnantis, legibus alligatum se principem profiteri. L. 4. cod. de legibus.*

C'est pourquoi, suivant les dispositions du droit canon, *si summus pontifex & legatus eâdem die idem beneficium contulerint, possidentis conditio potior est, isque præfertur qui possessionem prior nactus est. Cap. si à sede de præbend. in 6.*

Mais d'un autre côté, on peut dire que la loi *Quoties* n'a point d'application dans le cas des dons faits par le Roi. Ceux qui sont les premiers en date doivent être préférés à tous les autres, quelque vérification qu'ils aïent pû faire faire, & quelque possession qu'ils puissent alléguer en leur faveur. La grace est censée accomplie aussitôt que le Roi en a prononcé le don. La volonté du prince est toujours regardée comme immuable. *Solo verbo perficitur gratia, & voluntas principis firma & constans censetur, nec mutata præsumitur.* Ainsi tous les dons faits postérieurement au premier sont réputés obreptices, & accordés seulement à l'importunité des impétrans; sur-tout lorsqu'il n'est point expressément dérogé au premier. C'est par cette raison que dans les provisions du pape, quand il y en a plusieurs pour le même bénéfice, celle qui est la prmiere en date, toutes choses égales d'ailleurs, l'emporte sur les autres. *Ille potior est cui collatio priùs facta fuit. Cap. si à sede, de præb. & dign. in 6.*

D'ailleurs, si les loix déclarent irrévocable toute donation revêtue des formes requises, celles qui sont faites par les princes souverains doivent à plus forte raison être inviolables; puisque la seule parole du Roi a plus de poids que le serment d'un particulier,

Il est vrai que si le premier donataire laissoit passer six mois ſans faire vérifier ſon brevet en la chambre des comptes, il pourroit être regardé comme nul, ſuivant l'article 80 de l'ordonnance de Moulins; parceque, quoique la grace fût parfaite, la négligence de l'impétrant l'a rendue inutile.

En un mot, il eſt certain qu'en matiére de donation pure & & ſimple, elle eſt parfaite & irrévocable, au moins relativement au donateur, quand il a manifeſté ſon intention. *Perficiuntur autem donationes, cum donator ſuam voluntatem ſcriptis, aut ſine ſcriptis manifeſtaverit. Inſtitut. de donat.* §. 2. Le donateur à l'inſtant de la donation eſt dépouillé de la propriété. Ainſi, quand il donne une ſeconde fois la même choſe, il diſpoſe d'un bien qui ne lui appartient plus, & ſur lequel il n'a plus aucun droit.

Il eſt inutile de dire que le don fait par le Roi n'a de force & de vertu que du jour de l'enregiſtrement qui en eſt fait en la chambre des comptes. S'il en étoit ainſi, il dépendroit de ce tribunal de rendre illuſoires les graces du ſouverain, & de les appliquer à qui bon lui ſembleroit.

Il doit donc demeurer pour conſtant que c'eſt la date du brevet de donation qui en doit régler la valeur, & non pas celle de l'enregiſtrement; pourvû cependant qu'il ait été fait dans les ſix mois. Le droit du premier donataire lui étoit acquis, & il n'a pû le perdre ſans une cauſe légitime.

On peut encore élever ici une autre queſtion, qui conſiſte à ſçavoir ſi les biens acquis au Roi par droit de deshérence peuvent ſe preſcrire? Il peut arriver, par exemple, que les enfans ou autres héritiers d'un homme mort civilement ſe mettent en poſſeſſion, après ſa mort naturelle, des biens par lui acquis depuis ſa mort civile, & qu'ils en jouïſſent pendant dix, vingt, trente, quarante, cinquante ans & plus, ſans aucun trouble, & qu'au bout de ce tems, les procureurs du Roi les révendiquent au profit de ſa majeſté. On demande ſi, dans ce cas, ils ſeroient recevables, & ſi l'on ne pourroit pas leur oppoſer la preſcription?

Pour décider cette queſtion, il paroît néceſſaire d'examiner ici comment la preſcription peut courir contre le Roi. Cet examen va nous engager dans des diſcuſſions étrangéres en quelque ſorte à la matiére qui fait l'objet de ce traité; mais qui ne laiſſent pas d'être fort utiles en général, & qui d'ailleurs répandront beaucoup de lumiéres ſur l'objet qui fixe ici notre attention.

Il faut conſidérer quatre cas où la preſcription pourroit être alléguée contre le Roi.

Le premier eſt, quand il s'agit des droits qui appartiennent au ſouverain en qualité de ſouverain, & qui ſont comme les marques de ſa ſupériorité. Tels ſont l'obéiſſance qui lui eſt dûe par ſes ſujets, la foi & hommage qui lui eſt dûe par les pairs & autres ſeigneurs du roïaume, le ſerment de fidélité que lui doivent les évêques, le droit de reſſort en matiére de juriſdiction, les tailles, le droit de naturaliſer les étrangers, d'amortir les héritages tenus par gens de main-morte, d'accorder la grace aux criminels, de faire battre monnoïe, & autres ſemblables. Il eſt certain que ces droits ſont impreſcriptibles par quelque laps de tems que ce puiſſe être. Ils appartiennent à la couronne, & ſont tellement inhérens à la qualité de ſouverain, qu'elle ne peut exiſter ſans eux : & quiconque voudroit ſe les attribuer, ſe rendroit coupable du crime de lèze-majeſté. Ainſi nul ſeigneur ne peut, dans l'étendue de ſa juſtice, preſcrire le droit d'amortir, de naturaliſer les étrangers ; encore moins accorder des graces aux coupables, ni faire battre monnoïe.

Le ſecond cas eſt, lorſqu'il eſt queſtion des biens qui compoſent le domaine du Roi & de ſa couronne. Suivant le droit Romain, on ne peut jamais ſe rendre propriétaire d'aucune partie de ces biens par la voie de la preſcription. *Sæpenumerò præceptum eſt, ut ſervi atque liberti, colonique prætereà rei noſtræ, necnon etiam eorum ſoboles ac nepotes quicumque de noſtris poſſeſſionibus receſſiſſent, ac ſe ad diverſa militiæ genera contuliſſent, cingulo, in quod obrepſerant fraudulenter, exuti, ſi ad aliquas fortaſſè tranſcenderint dignitates, omni temporis definitione ſubmotâ, noſtro patrimonio reddantur. L. 1, cod. ne rei dominicæ, vel templorum vindicatio tempor. præſcript. ſubmov.*

Univerſas terras quæ à colonis ſive emphyteuticariis dominici juris, Reipublicæ, vel juris ſacrorum templorum, in quâlibet provinciâ venditæ, vel ullo alio pacto alienatæ ſunt, ab his qui perperàm atque contrà leges eas detinent, nullâ longi temporis præſcriptione officiente, jubemus reſtitui : ita ut, nec pretium quidem iniquis comparatoribus repoſcere liceat. L. 2. Ibid.

Adversùs fiſcum uſucapio non procedit. L. 18, ff. de uſucap. & uſurp.

Cependant Bacquet, en ſon traité du droit de deshérence, chapitre 7, n. 6, 7 & 8, ſoutient que la preſcription centénaire a lieu contre le domaine. Il fonde ſon opinion, 1°. Sur ce que cette preſcription fut admiſe contre le Roi par meſſieurs les députés en la chambre du tréſor, pour la réunion des halles de Paris, qui étoient notoirement du domaine.

2°.

2°. Sur ce que le 10 Décembre 1548, le parlement, en vérifiant l'édit par lequel il étoit enjoint à tous prétendans droit de péage sur la riviére de Loire, d'apporter leurs titres ; déclara qu'il n'entendoit déroger aux permissions de faire preuve d'une possession immémoriale, accordée par l'édit du roi Louis XII. pour les mêmes péages.

3°. Sur un arrêt rendu contre M. le procureur général, par lequel il fut permis au baron de Planci d'informer, tant par titres que par témoins, de la possession immémoriale dans laquelle il prétendoit être de percevoir par lui, ses receveurs ou fermiers, le droit de carpes & brochets sur la riviére.

Il ajoûte que cette prescription est reçue nonobstant l'édit publié en parlement le 3 Juillet 1539, de l'exprès commandement du Roi ; & prétend que cette loi, qui abolit toute sorte de prescription contre le domaine, n'est suivie ni dans les consultations, ni dans les jugemens.

Mais l'opinion de cet auteur n'est point reçue aujourd'hui. L'on n'admet contre le domaine aucune prescription, de quelque tems qu'elle puisse être.

S'il étoit question d'héritages & droits immobiliers appartenans au Roi par acquisition, ou par succession de princes ou princesses de son sang, dont la réunion n'auroit point été faite à la couronne par lettres patentes, ou dont les receveurs n'auroient point compté à la chambre des comptes pendant dix ans ; alors la prescription de trente ans seroit admise contre le Roi pour ces sortes de biens, attendu que ne faisant point partie du domaine de la couronne, le Roi les posséde comme particulier, & abstraction faite de sa dignité roïale ; comme nous avons déja observé ailleurs.

Ainsi le Roi de France a deux patrimoines, l'un appellé domaine, & qui est le véritable patrimoine de la maison & couronne de France. Celui-là ne peut jamais être aliéné, à quelque titre que ce puisse être. Le Roi, dans les besoins pressans de l'état, en fait quelquefois des espéces de vente, que l'on appelle des engagemens : mais ces aliénations ne sont, & ne peuvent être irrévocables. Il peut y rentrer toutes les fois qu'il le juge à propos.

L'autre est appellé le patrimoine du Roi, & est composé des biens qui lui sont échus par succession, acquisition, ou autrement. Tant que ces biens ne sont réunis au domaine ni expressément, ni tacitement ; sa majesté en peut disposer à son gré, par vendition, donation, ou autrement; & ces aliénations sont perpétuelles & irrévocables ; parceque ces biens sont dans le commerce, & sont de même nature que les autres biens du roïaume : ainsi ils peuvent être prescrits par des particuliers.

Il ne faut pas néanmoins confondre dans ces biens les appanages donnés aux fils de France, & qui retournent au Roi. Ce n'est point par droit de succession qu'il reprend la jouissance de ces biens. Ils n'étoient point aliénés. La propriété en appartenoit toujours à l'état. Ils n'avoient été donnés au prince & à ses descendans mâles que comme des alimens, & à la charge perpétuelle du droit de retour au profit de la couronne.

Le troisiéme cas est des biens qui proviennent au Roi par droit d'aubaine, de bâtardise, de deshérence, ou de confiscation, & qui n'ont point encore été unis & incorporés au domaine.

A l'égard de ces biens, dans le droit Romain on distinguoit deux cas. Ou ils avoient été dénoncés au fisc, & il négligeoit de s'en emparer : alors ceux qui les possédoient les prescrivoient par quatre ans. *In quatuor annos vacantium bonorum delator, factâ denunciatione, destitit. Post quatuor annos secundo delatori venienti, prior nunciatio, quò minùs præscriptione temporis summoveatur, non proderit, nisi prioris prævaricatio detegetur. Quo declarato, præscriptio, sed & negotii quæstio perimetur. L. 10, ff. de diversis temporalib. præscript.*

Notum est, à fisco quæstionem, post quadriennium continuum, super bonis vacantibus incohandam non esse. L. 1. cod. de quadrienn. præscript.

Ou il n'y avoit point eu de dénonciation. Alors, quand il y avoit titre & bonne foi de la part du possesseur, la prescription avoit lieu contre le fisc comme contre les particuliers, & elle s'acquéroit par dix ans, sans distinction d'absence ou de présence ; parceque le fisc ne peut jamais être réputé absent nulle part. *Quamvis adversùs fiscum usucapio non procedat, tamen ex bonis vacantibus, nondum tamen nuntiatis, emptor prædii ex iisdem bonis extiterit, rectè diutinâ possessione capiet. Idque constitutum est. L. 18, ff. de usurpat & usucap.* Si le possesseur n'avoit point de titre, il ne prescrivoit que par vingt ans *In omnibus fisci quæstionibus, exceptis causis in quibus minora tempora servari specialiter constitutum est, viginti annorum præscriptio custoditur. L. 13, ff. de diversis temp. præscript.*

La distinction des biens dénoncés & de ceux qui ne le sont pas n'a point lieu parmi nous. Le fisc n'a point de délateurs atitrés comme il en avoit chez les Romains. Les procureurs du Roi seuls sont chargés de ce soin : mais leurs fonctions ne se bornent pas à la dénonciation. Ils pourſuivent en juſtice la révendication de ces biens, juſqu'à ce qu'ils aïent fait juger la propriété ſoit en faveur du Roi, ſoit en faveur de ceux qui la lui conteſtent.

Pour prendre donc, dans le droit, ce qui peut être de notre uſage, on peut dire qu'après vingt ans, les procureurs du Roi ſont non-recevables à réclamer au nom du Roi les biens confiſqués au profit de ſa majeſté, ou qui lui ſont échus à titre de deshérence, ou de bâtardiſe.

Il y en a cependant qui prétendent que la preſcription ne peut avoir lieu contre le Roi & contre les hauts-juſticiers, pour ces ſortes de biens, qu'au bout de quarante ans, ſans que le poſſeſſeur ait beſoin d'aucun autre titre que de ſa poſſeſſion même. Ils ſe fondent ſur le *cap. final. paragraph. final. de præſcript. in 6.* où il eſt fait mention des biens d'un clerc échus au pape, pour cauſe du crime d'héréſie, pour lequel ce clerc avoit été condamné. D'ailleurs la coutume de Paris n'admet point de preſcription moindre que celle de quarante ans contre les privilégiés, au nombre deſquels le fiſc doit être compté. C'eſt ce qui fait dire à Gui-pape, *Deciſ.* 416. que *contrà fiſcum currit præſcriptio quadraginta annorum, eo caſu quo præſcriptio decem vel viginti annorum currit contrà privatum.*

Cette opinion ne laiſſe pas de paroître plauſible : mais celle à laquelle on doit s'attacher, & qui paroît être autoriſée par l'uſage & par l'autorité du plus grand nombre des auteurs, eſt que la preſcription de trente ans ſuffit pour exclure le Roi & les hauts-juſticiers des biens qui leur ſont dévolus à titre de confiſcation, de bâtardiſe, ou de deshérence. Ils n'ont pas plus d'action ſur ces biens que n'en auroient les héritiers, dont le droit ſe perd par trente ans. *Hereditatis petitionem, quæ adversùs pro herede vel pro poſſeſſore poſſidentes exerceri poteſt, præſcriptione longi temporis non ſubmoveri, nemini incognitum eſt ; cum mixtæ perſonalis actionis ratio hoc reſpondere compellat. L. 7, cod. de petit. heredit.*

Nous obſerverons ici en paſſant, que le titre au code *de quadriennii præſcriptione* n'eſt point obſervé en France. Suivant la diſpoſition des loix de ce titre, lorſque le fiſc avoit diſpoſé de quelque bien meuble ou immeuble au profit d'un particulier, ſoit à titre gratuit, ſoit à titre onéreux ; ce particulier ne pouvoit être inquiété pour raiſon de la choſe à lui donnée, quoiqu'elle n'appartînt pas au fiſc : mais le véritable propriétaire avoit ſon action contre le fiſc même, pour avoir la juſte valeur de la choſe ainsi donnée, ou vendue : mais cette action ne duroit que l'espace de quatre ans. La raison pour laquelle ce titre n'est point admis parmi nous, sur-tout en la coutume de Paris, c'est qu'elle ne connoît d'autre prescription que celle de dix, vingt, trente, ou quarante ans.

Si cependant ces aliénations étoient faites par les commissaires députés par le Roi pour l'aliénation à faculté de réméré des biens domaniaux, & qu'il y eût eu des proclamations & des affiches dans les lieux publics, il y a tout lieu de penser que les propriétaires seroient non-recevables à réclamer; attendu que la chose aïant été publiée autant qu'il étoit possible de la publier, les acquéreurs sont dans la bonne foi, & les véritables propriétaires doivent s'imputer leur négligence. Il ne tenoit qu'à eux de faire opposition à l'aliénation de leur bien, lors des affiches & des proclamations.

Le quatriéme cas enfin a lieu quand il est question de quints, lods & ventes, & autres droits seigneuriaux dûs au Roi, pour raison des mutations qui arrivent dans les biens relevans de sa majesté. Ces droits se prescrivent par trente ans, parceque ce sont de simples profits casuels & mobiliers.

Il faut observer néanmoins que le droit de percevoir ces droits est imprescriptible, & que la prescription ne peut avoir lieu qu'à l'égard de ceux qui sont échus, & dont on a négligé de demander le païement pendant trente ans. Ainsi, par exemple, un héritage situé dans la mouvance du Roi est toujours sujet aux lods & ventes dûs à sa majesté à chaque mutation; & quelque tems que l'on puisse être sans exiger ce droit, il est imprescriptible : mais la redevance dûë à chaque mutation se prescrit par trente ans, quand on laisse écouler ce tems sans la faire païer; sauf à exiger celles qui pourront être dûes par la suite.

CHAPITRE II.

De l'ouverture de la substitution dont le mort civilement étoit grevé.

Il est peu de questions dans notre droit sur lesquelles les auteurs aïent été plus partagés, & sur lesquelles la jurisprudence ait plus varié que sur celle qui fait la matiére de ce chapitre. L'ordonnance de 1747. touchant les ſubſtitutions a enfin terminé toutes les conteſtations que l'on voïoit s'élever tous les jours à cet égard.

Quoique la déciſion qu'elle contient ſoit auſſi claire & auſſi préciſe qu'on le peut déſirer, nous ne nous croïons pas diſpenſés d'entrer en diſcuſſion ſur un objet ſi important. Nous découvrirons quel étoit l'uſage des Romains, & nous ferons voir que la déciſion de l'ordonnance eſt conforme aux vrais principes.

Deux loix ſe préſentent d'abord à examiner : & cet examen exige un certain ſoin ; parceque ces deux loix mal entendues ont jetté autrefois nos plus célébres auteurs dans une erreur groſſiére, dans laquelle ils avoient entraîné les tribunaux même.

La premiere de ces deux loix eſt la loi 59, *ff. de condit. & demonſtr.* La ſeconde eſt la loi 17, *§. 6, ff. ad ſenatuſconſult. Trebell.* Dans l'eſpéce de la premiere, un homme eſt fait légataire ſous la condition, *ſi conſul fuerit.* Il eſt enſuite frappé de la mort civile. On demande ſi cet accident rend le legs caduc ? Le juriſconſulte diſtingue. Si le légataire eſt ſimplement déporté, le legs ne reçoit aucune atteinte ; *quia reſtitui in civitate poteſt.* Mais s'il eſt condamné aux mines, le legs eſt caduc ; *quia ſervitus morti aſſimilatur.* Voici les termes de la loi. *Intercidit legatum, ſi ea perſona deceſſerit cui legatum eſt ſub conditione. Quid ergò ſi non deceſſerit, ſed in civitate eſſe deſierit ? Putà alicui legatum,* ſi conſul fuerit, *& is in inſulam deportatus eſt ; numquid non interim extinguitur legatum, quia reſtitui in civitate poteſt ? Quod probabilius eſſe arbitror. Non idem erit dicendum, ſi ea pœna in eum ſtatuta fuerit, quæ irrogat ſervitutem ; quia ſervitus morti adſimilatur.*

Dans l'eſpéce de la ſeconde loi, on légue une ſucceſſion à un homme qui a pluſieurs enfans, à la charge de la rendre à celui de ſes enfans qu'il jugera à propos. Il encourt enſuite la peine de la déportation : il ne perd pas pour cela le droit d'élire ; mais il le perd s'il devient ſerf de la peine. *Si quis rogatus fuerit filiis ſuis, vel cui ex his voluerit reſtituere hereditatem, Papinianus, libro octavo reſponſorum, etiam deportato ei tribuit facultatem cui liber factus fideicommiſſum reſtitui velit. Sed ſi ſervus pœnæ fuerit conſtitutus, nullo antè concepto filio, jam parere conditioni non poterit, deceſſiſſeque ſine liberis videtur. Sed cùm deceſſit, electionem illam, quam Papinianus deportato dedit, huic dari non oportet.*

Ces deux loix, & quelques autres qu'on pourroit rapporter ici, mettent une grande différence entre les effets de la déportation & ceux de la condamnation aux mines. Celle-ci enléve au coupable plusieurs droits que l'autre laisse subsister, ou du moins qu'elle laisse en suspens.

Pour appliquer ces dispositions du droit civil à notre usage, on avoit imaginé de comparer l'état d'un homme condamné aux galères à perpétuité à celui d'un homme qui, chez les Romains, étoit condamné aux mines; & l'on avoit pareillement comparé la déportation au bannissement hors du roïaume : d'où l'on avoit conclu que la condamnation aux galères à perpétuité devoit donner lieu à l'ouverture de la substitution; au lieu que le bannissement perpétuel hors du roïaume ne devoit, disoit-on, produire aucun effet à cet égard; ensorte que, contre toutes les régles des fictions, on introduisoit deux sortes de mort civile relativement aux causes qui la produisent; quoiqu'il n'y ait qu'une seule espéce de mort naturelle, quelle qu'en puisse être la cause.

Plusieurs parlemens & autres tribunaux souverains avoient donné dans cette idée. Charondas, en ses réponses, livre 8, chap. 50, rapporte des arrêts du parlement de Paris conformes à cette distinction. Louet, lett. *S*. n. 15, en rapporte un de 1599, rendu à son rapport, sur un procès évoqué du parlement de Toulouse. Maynard, liv. 5, chap. 8, fait mention de ceux rendus au même parlement de Toulouse; & Anne Robert en rapporte un célébre rendu au grand-conseil le 17 Février 1582.

L'erreur qui avoit introduit une distinction si peu raisonnable provenoit de ce qu'on vouloit comparer les peines afflictives qui avoient lieu dans le droit Romain à celles qui sont en usage parmi nous; & l'on s'étoit principalement attaché à la qualité des peines corporelles. Ainsi, parceque la peine des galères & la peine des mines ont cela de commun qu'elles attachent le criminel à un ouvrage public, on les assimiloit l'une à l'autre; & l'on faisoit la même opération par rapport à la déportation & au bannissement perpétuel hors du roïaume; parceque l'une & l'autre éloignent également le coupable de sa patrie.

Cette maniére de procéder a jetté ceux qui s'y sont livrés dans une erreur grossiére, en ce qu'elle leur a fait attribuer différens effets à la mort civile pénale, qui n'est qu'une chez nous, & qui doit par conséquent toujours produire les mêmes effets : mais il y avoit cette différence entre la condamnation aux mines & la déportation, que la premiére, comme nous le ferons voir dans un moment, équipolloit totalement, dans l'idée des Romains, à la mort naturelle. Quand un homme étoit condamné aux mines, il étoit regardé comme absolument mort, même relativement aux effets du droit des gens ; & il ne pouvoit jamais se relever de cette mort : elle étoit irrévocable. Il devenoit esclave de la peine ; & cet esclavage le faisoit regarder comme mort. *Servitus morti adsimilatur*. Il n'en étoit pas de même de la déportation. Elle n'ôtoit point la liberté naturelle, & elle pouvoit être révoquée. *Deportatus restitui in civitate potest*. Ainsi l'état du déporté restoit toujours en suspens pendant sa vie naturelle.

Or ni l'une ni l'autre de ces deux peines ne peut être appliquée à nos mœurs. D'un côté, nous ne connoissons aucune espéce de servitude ; & de l'autre, l'état d'un homme condamné à une peine emportant mort civile ne reste point en suspens. Dès que le jugement est exécuté, le condamné est frappé de cette espéce de mort. Il est vrai que le souverain peut rétablir un banni dans ses droits : mais il peut également rétablir un condamné aux galères; & cette puissance dans le souverain ne jette aucune incertitude légale sur l'état de ces deux personnes. Comme l'exercice en est libre en sa personne, & contraire aux loix établies, on ne le présume point.

Ces raisons ont sans doute contribué au changement de la jurisprudence ; & d'Olive, en ses questions notables, livre 5, chap. 8, dit que c'est sur des motifs à peu près semblables que le parlement de Toulouse s'est réformé, & que les derniers arrêts de ce tribunal ont jugé que ni la condamnation aux galères, ni le bannissement ne donnoient ouverture aux substitutions.

Cette nouvelle erreur étoit vraisemblablement le fruit des raisonnemens de plusieurs auteurs postérieurs à ceux qui avoient introduit la premiére. On peut mettre Ricard à la tête de ces derniers, comme étant celui qui paroît avoir le plus travaillé sur cette matiére, & l'avoir le plus discutée.

Avant d'entrer dans l'examen des motifs qui ont déterminé cet auteur, fixons la nature de la condamnation aux mines & de la déportation, & voions si en général elles équipolloient à la mort naturelle ; & si en particulier elles y équipolloient par rapport aux substitutions.

Il est certain que les condamnés aux mines étoient réduits, relativement à la société, à un état absolument comparable à celui de la mort naturelle. C'est le langage de toutes les loix. Cette condamnation réduisoit à la servitude, que l'on comparoit à la mort même. *Quæ irrogat servitutem .... Quod servitus morti assimi-*

latur. Elle opéroit la dissolution du mariage ; & cette dissolution n'étoit point une suite de la perte des droits de cité ; puisqu'on les perdoit également par la déportation, sans cependant que cette peine portât atteinte au lien du mariage. De-là on avoit conclu que, quoique la donation à cause de nôces fût toujours révocable par le mari tant qu'il vivoit, la condamnation aux mines lui enlevoit cette faculté, & rendoit cette espéce de libéralité irrévocable, de même que la mort naturelle. Il n'en étoit pas de même de la déportation. Celui qui y avoit été condamné pouvoit toujours révoquer une donation à cause de nôces qu'il auroit faite. *Proindè & si mortis causâ uxori donaverit, & deportationem passus est, an donatio valeat videamus. Et aliàs placet in casum deportationis donationem factam valere, quemadmodùm in causam divortii. Cum igitur deportatione matrimonium minimè dissolvatur, & nihil vitium mulieris incurrit, humanum est donationem quæ mortis causâ ab initio facta est, tali exilio subsecuto, confirmari, tanquam si, mortuo marito, rata habebatur. Ita tamen ut non adimatur licentia marito eam revocare, quia & mors ejus expectanda est, ut tunc plenissimam habeat firmitatem, quando ab hâc luce fuerit subtractus, sive reversus, sive adhuc in pœnâ constitutus. L. 13, §. 1, ff. de donat. inter vir. & uxor.*

Enfin un déporté conservoit toujours la faculté d'élire, non comme un droit civil, mais comme un droit naturel ; *quia potiùs erat facti, quàm juris* : & cette faculté étoit totalement ravie à ceux qui étoient condamnés aux mines. *L. 17, §. 6, ff. ad senatusconsult. Trebell.*

On ne trouve aucune loi qui, dans aucun cas, détruise la distinction que nous établissons ici ; & sur toutes les loix qui n'attribuent point à la déportation des effets aussi rigoureux que ceux qui étoient produits par la condamnation aux mines, Cujas a toujours soin de rappeller la différence essentielle qui est entre ces deux peines ; sçavoir que, par la déportation, le condamné n'est réputé mort naturellement qu'en ce qui le concerne personnellement ; mais non pas en ce qui peut concerner les tiers ; au lieu que le condamné aux mines est censé mort, & par rapport à lui-même, & par rapport à tous les autres. *Quia deportatus sibi videtur mori, non alii, non stipulatori. Quid ergò, si non sit deportatus.... sed damnatus in metallum ; & hic sanè qui damnatur in metallum videtur mori sibi & aliis omnibus. Cujas, ad lib.* 11. *respons. Papin. in l.* 121, §. *insulam ff. de verbor. obligat.*

La raison pour laquelle on équipolloit la condamnation aux mines à la mort civile vient de ce que les Romains ne pouvoient se ſe déterminer, que dans des cas extraordinaires, à enlever la vie à un citoïen : mais, quoique la peine qu'ils ſe contentoient d'infliger, n'ôtât pas la vie naturelle, elle retranchoit le condamné de la ſociété & l'enſeveliſſoit dans un lieu ſouterrain, où il n'avoit plus de commerce qu'avec des criminels comme lui, & d'où il ne pouvoit plus jamais ſortir pour revoir la lumiére & rentrer dans le commerce des autres hommes. En un mot, l'état où il étoit réduit ne permettoit pas même d'imaginer qu'il exiſtât dans la nature.

D'après ces diſpoſitions, il n'eſt pas poſſible de croire que cette peine ne donnât pas ouverture au fidéicommis chez les Romains. Imaginera-t-on qu'une ſubſtitution puiſſe réſider ſur une tête qui n'exiſte plus, & qu'on regarde comme tellement anéantie, qu'elle ne le ſeroit pas davantage, ſi la nature même l'avoit détruite ? Ce ſeroit le comble de l'abſurdité.

C'eſt d'après ces obſervations que nous examinerons le ſentiment de Ricard.

Cet auteur, pour établir que la mort civile, de quelque peine qu'elle provienne, ne donne jamais ouverture à la ſubſtitution, tâche de prouver que ſon ſentiment eſt fondé ſur la diſpoſition textuelle des loix romaines. Il n'en trouve que deux dont il ait cru pouvoir tirer avantage. Toutes celles dont on appuïoit l'ancienne juriſprudence ſont, de ſon aveu, tout-à-fait étrangéres à l'eſpéce.

Les deux loix qu'il invoque ſont la loi 77, §. 4, *ff. de legat.* 2. & la loi 48, §. 1, *ff. de jure fiſci.* La premiere s'exprime en ces termes : *Hereditatem filius, cum moreretur, filiis ſuis, vel cui ex his voluiſſet reſtituere fuerat rogatus. Quo intereà in inſulam deportato, eligendi facultatem non eſſe pœnâ peremptam, placuit ; nec fideicommiſſi conditionem antè mortem filii heredis exiſtere ; viriles autem inter eos fieri qui eo tempore vixerint, cum de aliis eligendi poteſtas non fuerit.* La ſeconde eſt conçûe ainſi : *Cornelio Felici mater ſcripta heres rogata erat reſtituere hereditatem poſt mortem ſuam. Cum heres ſcripta condemnata eſſet, & à fiſco omnia bona mulieris occuparentur, dicebat Felix ſe antè pœnam eſſe ; hoc enim conſtitutum eſt. Sed ſi nondùm dies fideicommiſſi veniſſet, quia poſſet priùs ipſe mori, vel etiam mater alias res acquirere, repulſus eſt interim à petitione.*

Ricard convient que la premiere de ces deux loix eſt reſtreinte au cas de la déportation ; & qu'elle décide qu'il n'y a point alors ouverture au fidéicommis, puiſqu'elle veut que l'on attende la mort naturelle du condamné : mais il prétend que la ſeconde loi n'eſt bornée à aucune eſpéce particuliére de condamnation, & que le motif ſur lequel la déciſion de cette loi eſt fondé, le rend applicable à toutes ſortes de condamnations emportant mort civile. Ce motif eſt que l'appellé à la ſubſtitution peut mourir avant le grévé.

Il ajoûte qu'il faut bien diſtinguer entre la caducité d'un legs conditionel & l'exécution de ce legs. La caducité a lieu non-ſeulement par la mort du légataire arrivée avant la condition, mais par toutes les incapacités ſurvenues en ſa perſonne, de quelque cauſe qu'elles tirent leur ſource : mais quand il eſt queſtion de ſçavoir ſi un legs conditionel doit avoir ſon exécution, l'incapacité de poſſéder les biens compris dans ce legs, ſurvenue en la perſonne du fidéicommiſſaire, ne peut jamais empêcher l'accompliſſement de la condition; parceque l'objet principal du teſtateur doit toujours être rempli : or l'objet qu'il ſe propoſoit n'étoit pas que le fidéicommiſſaire ceſſât d'être capable de poſſéder; mais que la condition qu'il avoit appoſée dans ſon teſtament fût accomplie. Dans les loix dont l'interprétation avoit occaſionné l'ancienne juriſprudence, on cherche ſi le legs eſt caduc, & on décide qu'il l'eſt dans le cas de la condamnation aux mines, & qu'il ne l'eſt pas dans le cas de la déportation : mais cela ne vient pas, dit notre auteur, de ce que la condamnation aux mines équipolle à la mort naturelle; cela vient ſeulement de ce qu'elle produit une incapacité abſolue de recevoir. La loi 59, *ff. de condit. & demonſtrat.* qui eſt la premiere de celles ſur leſquelles on fondoit l'ancienne juriſprudence, n'eſt point dans l'eſpéce de la queſtion; au lieu que les deux qui viennent d'être rapportées en dernier lieu, prévoient préciſément le cas dont il s'agit ici; puiſqu'il y eſt queſtion de la mort civile encourue par le grévé.

Quant à la loi 17, *ff. ad ſenatuſconſult. Trebell.* Ricard l'écarte, en diſant qu'elle n'eſt pas dans l'eſpéce d'une condition appoſée à la mort naturelle; mais à l'élection dont le déporté conſerve la faculté. Cette loi n'influe donc point encore ſur notre queſtion. Il en eſt de même de la loi 121, *ff. de verborum obligat.* que l'on invoquoit encore autrefois. Elle eſt dans l'eſpéce d'une ſtipulation entre-vifs.

Le même auteur ſoutient que les loix 13 & 24, *de donat. inter vir. & uxor.* ne doivent point influer non plus ſur la déciſion de notre queſtion; parcequ'en matiére de donation entre conjoints une ſeule condition eſt requiſe pour les rendre valables; c'eſt que le mari perde le pouvoir de les révoquer : or il tombe dans cette impuissance par la condamnation aux mines : mais en matiére de legs conditionnel il ne suffit pas que le grévé ne puisse plus posséder, il faut que la condition soit remplie. Cette observation conduit Ricard à la seconde partie des moïens sur lesquels il fonde son sistême.

Il est hors de doute que quand un testateur, en parlant d'un légataire, dit : *lorsqu'il mourra, en cas qu'il décéde sans enfans*, il ne prévoit que la mort naturelle, & non la mort civile. Ainsi la seule condition requise par le testateur, pour que l'appellé puisse profiter du legs, est qu'il survive au grévé. Tout autre cas est étranger à la volonté du testateur & ne peut remplir la condition qu'il a jugé à propos d'apposer. Or, comme le legs peut toujours devenir caduc par la mort de l'appellé, tant que le grévé est vivant, la substitution ne peut pas être ouverte par la mort civile du grévé ; puisque la condition n'est pas arrivée.

Pour rendre son raisonnement plus sensible, Ricard compare entr'elles ces deux clauses : *au cas qu'il n'ait pas d'enfans*, & *au cas qu'il décéde sans enfans*. La premiere ne contient qu'une seule condition, qui peut être accomplie par la mort civile, laquelle met le grévé dans l'impossibilité d'avoir des enfans capables des effets civils : mais la seconde renferme deux conditions, sçavoir le décès, & qu'il n'y ait point d'enfans. La mort civile accomplit la seconde condition, s'il n'y a point d'enfans nés avant qu'elle soit arrivée : mais elle n'accomplit pas la premiere.

Enfin il forme deux hipothèses. Dans la premiere il suppose que le grévé a aliéné les biens substitués. Alors, dit-il, le substitué ne pourroit pas révendiquer les biens aliénés avant la mort naturelle de ce grévé, qui aïant la faculté d'aliéner au profit d'un tiers, peut confisquer au profit du fisc. Il suppose en second lieu, qu'il y a d'autres appellés à la substitution après celui qui réclame en vertu de la mort civile. Si sa demande étoit admise, ceux qui étoient appellés en son lieu & place, au cas où il prédécéderoit le grévé, se trouveroient exclus, quoique le cas prévû en leur faveur arrivât.

Telles sont les raisons sur lesquelles Ricard & ses adhérans fondent leur sistême. Nous allons tâcher d'y répondre suivant l'ordre dans lequel nous les avons présentées.

La premiere loi qu'ils invoquent est contre eux. Il n'y est fait mention que des déportés. Or les effets de la déportation & de la condamnation aux mines étoient si différens, qu'ils n'avoient presque rien de commun. Tellement que toutes les loix dans lesquelles il est fait mention de la condamnation aux mines donnent toujours lieu de présumer dans le cas de la déportation, le contraire de ce qui y est décidé. Si donc, dans cette loi, il n'est fait mention que de la déportation, c'est qu'on n'a pas voulu donner le même effet à la condamnation aux mines : autrement on en auroit fait une mention expresse. Cette interprétation est autorisée du sentiment de Cujas, en son commentaire sur les œuvres de Papinien. Voici comment cet auteur s'exprime à ce sujet : *Aliud tamen dicendum esset, ut docet Ulpianus suprà dicto loco, filio damnato in metallum, quæ maxima est capitis diminutio, quæ in omni jure morti comparatur semper... quæ servum & peregrinum facit. Minor autem non semper morti comparatur, &c. Ideòque jus eligendi deportatus non amittit, damnatus in metallum jus eligendi amittit, & statim fideicommissi persecutio filiis ejus competit, non expectatâ morte naturali patris, quæ jam contigisse intelligitur. Nec post damnationem editi liberi ad fideicommissum admittuntur.*

Cujas décide donc que la condamnation aux mines est assimilée, à tous égards, à la mort naturelle, & spécialement que cette peine opére l'ouverture du fidéicommis. Et cette décision n'est pas fondée sur ce que le condamné aux mines est incapable de legs, & parcequ'il n'a pas le droit d'agir; ce qui est cependant la seule induction qu'on puisse tirer des loix citées par Ricard : mais parceque cette peine est une espéce de mort naturelle. Ainsi, comme Cujas tire sa décision d'un principe vrai, & qui est le seul qui doive servir à la décision de la question, il la place sur une des loix que Ricard a choisies pour servir de baze à son sistême.

Cela posé, il faut entendre la seconde loi citée par Ricard, lequel suppose que cette loi ne spécifiant ni la condamnation aux mines, ni la déportation, doit s'appliquer à toute espéce de mort civile.

Mais nous croïons qu'après ce que nous avons vû de l'esprit & des maximes du droit Romain, il faudroit une loi bien précise pour faire admettre une disposition qui y portât atteinte ; ensorte que, si la loi que Ricard invoque ne décide pas clairement, mais contient quelqu'ambiguité ; il ne faut pas l'interpréter d'une maniére qui la mette dans une espéce de contrariété avec les autres. Il faut au contraire avoir recours aux autres, pour qu'elles servent à l'interprétation de celle qui est obscure. Or quel auteur plus propre à nous donner le sens d'une loi que Cujas, qui a fait une étude particuliere du droit Romain ? C'est sans doute un guide plus sûr que Ricard, qui n'aïant pris dans ce droit que ce qui avoit trait aux matiéres auxquelles il travailloit, ne l'a examiné que par occasion, sans se croire obligé d'en pénétrer les obscurités. Or Cujas nous donne une interprétation simple de cette loi, & il la concilie parfaitement avec les principes du droit sur l'espéce de mort civile opérée par la condamnation aux mines.

Cet auteur nous fait voir qu'il n'est nullement question de mort civile dans cette loi, mais seulement de certaines condamnations qui étoient en usage à Rome, par lesquelles on confisquoit les biens du condamné sans porter aucune atteinte à son état. Il n'est pas possible de se refuser à cette interprétation, pour peu qu'on lise la loi avec attention. Et ce qui la confirme d'une maniére bien sensible, c'est qu'une des principales raisons qui déterminent la loi à ne pas souffrir que l'appellé soit mis en possession des biens compris dans la substitution & occupés par le fisc, est que le grévé en peut acquérir d'autres qui soient suffisans pour remplir la valeur de ceux qui étoient substitués. D'où elle conclut qu'il est inutile d'obliger le fisc de vuider ses mains, tant qu'on peut espérer qu'à l'ouverture de la substitution, le fidéicommissaire trouvera de quoi se remplir d'ailleurs.

Or cette raison ne peut s'appliquer ni aux condamnés aux métaux, qui ne pouvoient acquérir, ni aux déportés, dont les nouvelles acquisitions devoient aussi retourner au fisc. Si donc tous les biens des déportés, tant ceux acquis avant la condamnation, que ceux acquis postérieurement, devoient appartenir au fisc, inutilement la loi auroit observé que celui dont les biens avoient été confisqués pouvoit acquérir d'autres biens; puisque la substitution n'avoit aucuns droits à exercer sur ces nouvelles acquisitions. Elle ne peut donc avoir pour objet que les personnes qui avoient encouru la peine de la confiscation, sans avoir été condamnées à une peine emportant mort civile.

Il est vrai que, comme le remarque Ricard, la loi emploïe une autre raison générale, & qui s'applique assez bien à toute espéce de mort civile; c'est que l'héritier peut mourir avant le substitué.

Mais 1°. il est évident que la loi ne parle d'aucune espéce de mort civile : ainsi, sans examiner l'effet qu'auroit produit la mort civile, la loi a pû dire que l'héritier pouvoit mourir avant le substitué, parcequ'elle parle d'un héritier qui jouït de la vie naturelle & de la vie civile en même tems.

2°. Quand elle auroit parlé de la mort civile, elle auroit fort bien pû emploïer les mêmes termes; parceque les déportés ne sont privés que des effets qui leur sont expressément retranchés par les loix. Elles ne les regardent point comme morts naturellement. Ainsi les supposant vivans, il seroit très-possible que la loi que nous examinons ici eût prévu la mort du déporté, sans que cela puisse tirer à conséquence pour ceux qui sont condamnés aux mines.

Enfin Ricard s'autorise de l'intention du testateur, qu'on ne peut pas présumer avoir eu la mort civile de son héritier en vûe.

Sans nous arrêter ici à examiner l'intention que l'on doit supposer au testateur, parceque cet examen nous conduiroit à anticiper sur les décisions qui nous restent à proposer, il suffit de sçavoir qu'il a substitué *Mævius* après la mort de *Titius*. Or Titius étant réduit à un état parfaitement semblable à la mort, il faut le considérer comme mort; par conséquent la condition est accomplie. Car tout ce que dit ici Ricard tend à prouver que la mort civile ne doit pas être comparée à la mort naturelle, & qu'elle ne peut, par conséquent, opérer l'ouverture du fidéicommis: mais ce n'est pas là précisément ce dont il s'agit ici. L'objet de cette dissertation est de sçavoir si, dans le droit Romain, la condamnation aux métaux donnoit ouverture au fidéicommis: & il suffit de jetter les yeux sur les différentes dispositions de ce droit pour tenir l'affirmative; parceque la condition dépend de la mort; & les loix aïant mis cette peine dans la classe des peines de mort, la condition se trouvoit accomplie. Il ne sera plus question que d'examiner si depuis le changement des dispositions du droit à cet égard, on doit considérer la mort civile ordinaire, & telle que nous la connoissons parmi nous, comme un état qui doive donner lieu à l'ouverture d'un fidéicommis.

Par rapport à l'intérêt du tiers, au profit de qui l'héritier auroit aliéné, nous ne voïons pas qu'il doive changer le cours des loix. Ricard tire avantage de ce que les auteurs d'un avis contraire au sien conviennent que le tiers doit exclure le substitué qui, dans ce cas, sera tenu d'attendre la mort naturelle du grévé.

Mais nous observerons que Ricard parle toujours ici comme d'une chose présente; c'est-à-dire, comme s'il falloit décider ce qui doit avoir lieu dans notre droit; & il semble oublier que sa décision ne doit rouler que sur l'état de l'ancien droit Romain;

ce qui fait une grande différence : mais au fond il ne peut tirer avantage de l'avis de ses adversaires, sinon pour prouver qu'ils ne raisonnent point conséquemment : car, puisque par la condamnation aux métaux, la condition apposée au fidéicommis étoit accomplie, nous ne voïons pas pourquoi l'intérêt des créanciers feroit différer la remise du fidéicommis jusqu'à la mort naturelle de l'héritier. Le droit des créanciers est postérieur à celui du substitué. Ils n'ont pû contracter avec le grévé qu'en se soumettant à la condition du fidéicommis; & s'il est bien constant que la condition est arrivée, le fidéicommis doit avoir son effet. Ainsi on peut imputer à ceux qui soutiennent l'opinion contraire à celle de Ricard, de préférer les créanciers au substitué : mais on n'en doit pas conclure que leur décision principale est mal fondée.

Nous croïons avoir établi que la condamnation aux métaux donnoit lieu à l'ouverture du fidéicommis dans l'ancien droit, & avoir démontré en même tems que l'opinion de Ricard & de ceux qui suivent son avis est fondée sur des loix qui, loin de les appuïer, leur sont absolument contraires.

Nous allons examiner maintenant si leurs réponses aux loix qu'on leur objecte peuvent altérer la vérité du sistême que nous proposons ; ce qui donnera lieu d'examiner la question dans le cas de la déportation.

La premiere est la loi 59, *ff. de condit. & demonstrat.* Elle décide que, dans le cas de la déportation, le legs fait sous condition n'est pas absolument nul ; parceque le déporté peut être rétabli dans les droits de cité ; & que, dans le cas de condamnation aux métaux, il devient caduc, parceque cette condamnation *irrogat servitutem, quæ servitus morti assimilatur.* Il s'en faut donc bien, disent Ricard & ceux qui ont embrassé son opinion, que la différence établie par cette loi entre la déportation & la condamnation aux métaux puisse décider la question ; car elle examine seulement si un legs devient caduc du chef du légataire avant l'événement de la condition apposée : & alors on ne considére pas la mort naturelle ; mais on regarde si le légataire a contracté quelque incapacité. Ensorte qu'il n'y a pas de doute que celui qui avoit été condamné aux métaux étant devenu esclave de la peine, & aïant absolument perdu sa liberté avec le droit de cité, sans espérance de les recouvrer, il devenoit totalement incapable de recueillir les legs faits à son profit ; au lieu que la condition étant attachée à une autre personne, & dépendant de sa mort naturelle, les incapacités dont le légataire peut se trouver frappé ne changent rien à la nécessité de la condition.

Nous répondons que cette loi ne décide pas à la vérité la question *in terminis*; mais qu'il s'en faut bien que la différence qu'elle met entre la déportation & la condamnation aux métaux la rende aussi étrangére à l'objet que nous examinons ici que Ricard le prétend.

Cette loi décide de l'incapacité des légataires : mais elle ne dit pas que le déporté soit capable du legs, comme Ricard semble le donner à entendre. Cet auteur convient que la loi prononce l'incapacité du condamné aux métaux; parcequ'il est effectivement incapable de toute disposition : mais il se borne à faire remarquer cette incapacité, comme s'il vouloit expliquer la différence établie par cette loi entre les déportés & les condamnés aux métaux, de maniére qu'elle prononce une incapacité absolue contre les derniers, & qu'elle reconnoisse dans les premiers la capacité de devenir légataires. Or ce n'est certainement pas le sens de la loi; car les déportés & ceux qui étoient condamnés aux métaux étoient également incapables de legs. Sur quoi tombe donc la différence que la loi met entr'eux ? Elle tombe seulement sur l'état de ceux qui ont encouru l'une ou l'autre condamnation. Comme il étoit question d'un legs fait sous condition, on demandoit s'il falloit attendre l'événement de la condition, en cas qu'on pût se flatter qu'elle arrivât. C'est pourquoi la loi dit que la condition peut avoir son accomplissement dans la personne du déporté; parcequ'il a espérance de pouvoir être rétabli dans ses droits : au lieu qu'elle prononce la nullité du legs dès l'instant que le légataire est condamné aux mines; parceque toute espérance de rétablissement lui étoit interdite.

Telle est la différence que la loi met entre ces deux peines. Or ce n'est pas l'incapacité du légataire que l'on doit examiner dans la question présente; mais, plutôt, la différence qui se trouve entre les deux condamnations dont nous avons parlé. Celle aux métaux réduisant celui contre qui elle a été prononcée à un état de mort, la condition du fidéicommis fait en cas de mort se trouve accomplie par ce jugement.

Il est donc bien sensible que cette loi a beaucoup de rapport à la question que nous traitons ici.

La seconde loi dont Ricard prétend réfuter l'application, décide que le déporté conserve le droit d'élire, qui lui a été déféré par le testament; quoique ce droit soit perdu par la condamnation aux mines.

mines. Il prétend que cette loi ne peut s'appliquer à la question présente; parceque, dans notre espéce, il ne s'agit ni de la capacité ni de l'incapacité de celui dont la mort opére l'accomplissement de la condition; & que le droit d'élire étant un acte de la vie civile, ou du moins de la liberté naturelle, la loi décide avec raison, qu'il ne peut être exercé par celui qui est condamné aux mines.

Il y a deux réponses à cette objection. La premiere est que Ricard ne peut rejetter cette loi comme indifférente à la question, puisque, pour établir son sistême, il a recours lui-même à la loi 77, *ff. de leg.* 2. laquelle donne au déporté le droit d'élire. Or si, de ce que le déporté conserve le droit d'élire, Ricard conclut que la déportation ne donne pas lieu à l'ouverture du fidéicommis; pourquoi ne pourra-t-on pas tirer la conséquence contraire, relativement à la condamnation aux mines, d'une loi qui dit que celui qui l'a encourue ne conserve pas le même droit?

La seconde réponse est que cette loi ne se borne pas à désigner l'incapacité qu'opérent ces deux espéces de mort civile, son objet précis n'est pas l'incapacité pour les effets civils, puisque le déporté en est privé de même que le condamné aux mines, mais il y s'agit d'un acte *qui potiùs est facti, quàm juris*, disent les jurisconsultes. Or un pareil acte ne peut être exercé par le condamné aux mines, non par la raison qu'il est incapable des effets civils; puisque cet acte est purement naturel: mais parcequ'on le regarde comme incapable des actes même naturels qui ont rapport à la société. D'où il suit nécessairement que la condamnation qui le réduit à cet état suffit pour accomplir la condition du fidéicommis. Par conséquent cette loi n'est point étrangére à la question, puisqu'elle est la source d'une suite de conséquences qui tendent à la décider.

Nous croïons qu'il est inutile de nous étendre sur la réponse que font les auteurs à la loi 13, *ff. de donat. inter vir. & uxor.* qui dit que la donation faite par le mari à sa femme est confirmée par la condamnation du mari aux mines, au lieu que la déportation lui laisse la liberté de la révoquer. Toutes ces donations, dit Ricard, sont considérées comme des donations à cause de mort; ensorte qu'elles ne peuvent être révoquées par le donateur qu'autant qu'il conserve la liberté de la vie. D'où il suit que cette liberté lui étant ravie par la condamnation aux mines, & cette peine ne lui laissant plus de voix qui puisse être écoutée, il ne put révoquer la donation à cause de mort par lui faite en faveur de sa femme.

Les termes dans lesquels Ricard s'exprime suffisent pour faire condamner son opinion. Il s'agit, dit-il, dans cette loi, de donation à cause de mort. Or une donation à cause de mort est bien une donation sous la condition que le donateur mourra le premier; & cette mort s'entend de la mort ordinaire, & non de la mort civile. Or, si la mort civile de celui qui est condamné aux mines, laquelle est bien différente de celle du déporté, n'étoit pas précisément assimilée à la mort naturelle, cette donation ne seroit pas confirmée. Ainsi la différence de la décision, pour ces deux cas, prouve que dans l'un la mort civile n'empêche pas que les loix ne considérent le condamné comme vivant naturellement; au lieu que dans l'autre elles le regardent comme mort de mort naturelle. Et n'est-ce pas un état comparable à la mort naturelle, que celui qui est dépeint par Ricard, dans lequel la liberté de la vie est éteinte, dans lequel il ne reste plus de voix qui puisse être écoutée, même pour les choses qui dépendent de la vie naturelle? C'est un état où l'on est censé n'être plus au nombre des vivans, & qui donne lieu par conséquent à tous les droits auxquels la mort donne ouverture.

Enfin nous ne nous servirons point de la loi *Si mater, cod. de instit. & subst.* parceque, comme nous l'avons observé, il s'agit, quant à présent, de décider si la condamnation aux mines donnoit ouverture au fidéicommis, ainsi que la déportation, dans l'ancien droit; & cette loi fourniroit des moïens de douter pour l'une & l'autre espéce de mort civile. Il faut donc la renvoïer à la question générale, si la mort civile donne ouverture au fidéicommis. C'est cette question qu'il s'agit maintenant d'examiner.

Ricard & les auteurs qui ont adopté son sentiment, supposant comme une chose certaine que, dans le droit Romain, aucune espéce de mort civile ne donnoit ouverture au fidéicommis, croïent établir suffisamment par-là, que la même chose doit avoir lieu parmi nous, qui n'admettons pas la même différence entre la peine des galères & celle du bannissement perpétuel, que le droit Romain avoit établie entre la déportation & la condamnation aux mines.

Ils fondent encore leur opinion sur le défaut d'accomplissement de la condition, par la mort civile; parceque le testateur n'a pensé qu'à la mort naturelle, & que les conditions sont de rigueur. Ricard dit que c'est la jurisprudence du parlement de

Paris : mais il n'en cite pas un arrêt. Tous ceux qu'il rapporte sont dans le cas de la profession en religion. Il cite M. d'Olive, liv. 5, chap. 8, qui atteste la jurisprudence du parlement de Toulouse conforme à son opinion. Il joint à cette autorité deux arrêts, l'un du 27 Juin 1636, & l'autre du 20 Juillet 1634. Les derniers arrêts, dit Ricard d'après M. d'Olive, ont jugé que la condamnation aux galères perpétuelles, non plus que le bannissement du roïaume à perpétuité, ne donnent pas ouverture au fidéicommis fait sous la condition de mort. L'annotateur de Ricard ajoûte un autre arrêt du même parlement, cité par Cambolas, liv. 1, chap. 41. Cet arrêt est du 29 Janvier 1628.

Par rapport au parlement de Grenoble, Basset, to. 1, liv. 5, tit. 9, chap. 6, rapporte deux arrêts qui ont jugé que la condamnation par contumace ne donne point ouverture à la substitution.

Pour remonter jusqu'au droit Romain, nous laisserons subsister ce que nous avons établi à l'égard de ceux qui étoient condamnés aux mines : mais nous ne voïons pas que, suivant les loix mêmes dont nous avons parlé, il soit bien nettement décidé que la déportation ne donnoit point lieu à l'ouverture d'un fidéicommis. Or, si d'un côté l'on ne trouve rien dans le droit Romain de positif à ce sujet, & si de l'autre côté la discussion des principes conduit à prouver la nécessité de l'ouverture du fidéicommis, on peut avec confiance soutenir deux propositions. La premiere, que chez les Romains même la déportation devoit donner lieu à l'ouverture du fidéicommis. La seconde que, quand cela n'auroit pas été un effet de cette peine, nous devons rejetter l'usage de ce droit, & donner cet effet dans nos mœurs à toute espéce de mort civile.

Nous disons 1°. qu'aucune loi ne décide que la déportation ne donne point lieu à l'ouverture du fidéicommis. Il suffit, pour s'en convaincre, de parcourir toutes les loix que nous avons recueillies sur cette matiére. La loi 59, *ff. de condit. & demonstr.* dit qu'un legs fait sous condition, à un déporté, n'étoit pas nul, parcequ'il pouvoit rentrer dans ses droits & accomplir la condition : mais cette loi ne décide point notre question.

En effet, il est certain qu'un déporté étoit incapable des effets civils. De-là on est en droit de conclure que tous les avantages qui provenoient du droit civil lui étoient interdits ; à la réserve de ceux que les loix ont bien voulu lui réserver expressément. Tel est celui spécifié dans celle dont il est ici question. Elle a bien voulu favoriser le déporté, en prévoïant le cas possible de sa restitution : mais cette faveur doit être bornée, & ne peut renverser les régles générales de la raison que la loi apporte pour motif de sa décision. On ne peut pas conclure que le fidéicommis ne doit pas être ouvert ; car il faudroit aussi en conclure que tous les droits qui auroient été acquis au déporté, s'il n'étoit pas devenu incapable, devroient rester en suspens jusqu'à sa mort naturelle. Si, par exemple, il lui tomboit une succession, il faudroit, avant que personne s'en emparât, attendre sa mort naturelle, sous prétexte que, tant qu'il vit, il peut être restitué ; ce qui seroit absurde. Il faut donc dire que la raison apportée par la loi doit être restreinte à l'espéce qu'elle a supposée. Donc elle ne tire point à conséquence pour l'ouverture du fidéicommis.

Les loix 17, *ff. ad senatusc. Trebell.* §. 6 & 77, *ff. de leg.* 2. §. 4, conservent au déporté la faculté qui lui est déférée par le testateur, d'élire celui de ses enfans qu'il jugera à propos pour recueillir le fidéicommis dont il étoit chargé. Il est bien vrai que le fidéicommis ne peut avoir lieu pendant le tems de la déportation, & que la condition dépend de la mort naturelle du déporté, comme le dit la derniere de ces loix : mais elle ne décide pas pour cela qu'en général, quand un héritier grévé de fidéicommis est déporté, le substitué ne peut pas se présenter, pour recueillir les biens substitués. L'espéce de la loi est tout-à-fait différente. Elle suppose un héritier grévé, mais qui a droit d'élire ; desorte que cette faculté fait obstacle à l'ouverture du fidéicommis ; attendu que le choix déféré au grévé n'est pas fait. On demande, dans cette supposition, si la condamnation de l'héritier donne droit à tous ceux entre lesquels il pouvoit en choisir un, de prendre la succession & de la partager par portions égales, au défaut de l'élection que le déporté n'avoit point faite avant sa condamnation ?

Quelle est la décision de la loi ? Elle dit que le déporté n'aïant pas fait l'élection qui lui étoit déférée par le testament, le fidéicommis ne pouvoit être remis aux substitués ; parceque la peine de la déportation n'ôtoit pas le droit d'élire à ceux qui y avoient été condamnés. Ainsi cette loi décide que la faculté d'élire n'étoit pas un effet civil, & que par conséquent il pouvoit être exercé par le condamné, qui, ne l'aïant pas fait, conservoit cette faculté jusqu'à son décès ; de sorte que, si avant sa mort naturelle il avoit fait l'élection, elle devoit avoir son effet ;

s'il mouroit ſans l'avoir faite, les fidéicommiſſaires devoient partager par portions égales.

Tel eſt le ſens de cette loi, qui décide que la faculté d'élire eſt compatible avec la privation des effets civils : mais elle n'exclut pas en général tout héritier ſubſtitué de demander à recueillir les biens ſubſtitués lors de la mort civile de l'héritier grévé.

La loi 48, *ff. de jure fiſci* §. *Cornelio*, n'eſt contraire en rien à notre ſiſtême ; comme on peut s'en convaincre par la judicieuſe explication que nous en avons donnée d'après Cujas. Elle ne regarde que les perſonnes dont les biens ont été confiſqués ſans qu'elles aïent encouru la mort civile.

Enfin, pour ce qui eſt de la loi 13, *ff. de donat. inter vir. & uxor.* & des autres qui diſent que la déportation ne confirme point la donation à cauſe de mort, nous ne croïons pas qu'elles doivent influer dans la déciſion de notre queſtion.

On ne peut pas nous objecter que nous nous en ſervons pour prouver que la condamnation aux mines opéroit l'ouverture du fidéicommis ; parceque nous n'avons beſoin contre Ricard que de prouver quelle étoit la nature de cette peine. Cet auteur ſoutient que la mort naturelle eſt le ſeul cas qui puiſſe accomplir la condition du fidéicommis ; & on allégue cette loi pour prouver que l'état des condamnés aux mines étoit, quant à la ſociété, abſolument ſemblable à la mort même ; en quoi il doit ſuffire pour remplir la condition : mais comme, ſuivant le ſiſtême que nous établiſſons ici, nous prétendons que la mort naturelle n'eſt pas néceſſaire pour que la condition du fidéicommis ſoit remplie, on ne peut y oppoſer les loix qui décident que la déportation ne peut confirmer les donations à cauſe de mort ; parcequ'il n'y a pas d'autre maniére de parfaire une telle donation que la mort même, ou un état ſemblable à celui de la mort, qui eſt la condition ſans laquelle elle ne peut avoir lieu ; au lieu que pour l'ouverture du fidéicommis, la mort naturelle n'eſt pas la ſeule condition, ou du moins la ſeule maniére dont la condition puiſſe être effectuée. C'eſt ce que nous allons tâcher de prouver.

Il eſt certain que la loi, en accordant aux citoïens la faculté de teſter, a eu pour objet de favoriſer leurs dernieres volontés. Elle s'impoſe, pour ainſi dire, ſilence à elle-même, afin que la voix du teſtateur puiſſe ſeule être entendue. Elle veut que les diſpoſitions qu'il a faites en mourant ſoient exécutées, par préférence à celles qu'elle a établies elle-même pour régler la ſucceſſion de chaque citoïen.

De ce principe on tire cette conséquence, qui est comme la base de toutes les décisions en matiére de testament : que, pour exécuter une disposition testamentaire, il faut connoître quelle a été la volonté du testateur.

Il est le maître de faire des dispositions qui soient pures & simples, ou d'y apposer des conditions.

Quand ses dispositions sont conditionnelles, elles ne doivent avoir lieu qu'après l'événement de la condition ; parceque c'est cet événement qui rend la volonté parfaite.

Nous n'entrerons point ici dans le détail des différentes conditions qui peuvent être apposées à une libéralité. Nous ne nous arrêterons point non plus à examiner quelle peut être leur nature. Il suffit de sçavoir que la condition qui fait l'objet de cette dissertation est autorisée par les loix : mais, comme elle peut être susceptible de différentes interprétations, il faut chercher pour l'interpréter la voïe la plus sûre.

Quand la volonté du testateur est exprimée clairement, de maniére qu'elle ne présente aucune ambiguité, il faut suivre les expressions à la lettre : mais lorsque les termes dont il s'est servi sont susceptibles de différens sens, le moïen le plus sûr de les entendre est de chercher quelle a pû & quelle a dû être la volonté du testateur ; parceque, si on peut s'assurer de son intention, il faut voir quel sens y est le plus conforme ; & c'est celui auquel on doit s'arrêter.

Or que fait un testateur qui institue Titius son héritier & qui lui substitue Mævius, au cas que Titius vienne à décéder sans enfans ? Si l'on s'arrête à la lettre, on dira qu'il faut attendre la mort naturelle de Titius pour donner lieu à la condition ; parceque le testateur s'est servi d'un terme qui, dans le langage ordinaire, ne signifie autre chose que la mort naturelle. Ainsi, dira-t-on, l'expression du testateur est claire. On ne peut se tromper en la suivant littéralement. Si Titius vient à mourir civilement, il faut dire que c'est un cas que le testateur n'a pas prévû, qui ne change rien à la condition qu'il a apposée. Car jamais on n'imaginera que, quand quelqu'un parle de décès ou de mort, il entend parler de la mort civile.

Il est facile de répondre à cette difficulté. Il est certain que, quoiqu'un terme présente en apparence un sens clair, si ce sens est visiblement contraire à l'intention du testateur, il faut voir s'il n'y auroit pas un autre sens conforme à cette intention ; & il n'est pas douteux que, s'il s'en trouve un, on le doit préférer : autrement ce feroit abufer des termes. Or il eft facile d'expliquer d'une maniére fimple, & qui rempliffe entiérement l'objet du teftateur, la condition dont il s'agit ici.

Quelle a été fa volonté en inférant cette difpofition dans fon teftament ? Il a voulu gratifier Titius & Mævius ; mais il a préféré Titius dans l'ordre de fa libéralité ; & il a voulu que Titius n'en profitât que lorfque Mævius feroit hors d'état d'en jouïr. Toute autre perfonne eft étrangére au teftateur ; & vouloir faire entrer ici les intérêts d'un tiers, c'eft aller contre fon intention.

Cependant qu'arrive-t-il par la mort civile de Titius ? Il devient incapable de jouïr de la libéralité du teftateur ; & à fa place, on veut faire fuccéder fes héritiers, ou le fifc, qui n'ont jamais été l'objet du teftateur. Car tel eft le fiftême de Ricard. On veut que Mævius, pour recueillir les biens qui lui ont été fubftitués, attende la mort naturelle de Titius. Il faut donc, en attendant cette mort, que ces biens paffent fur la tête d'un tiers, puifque Titius n'en peut pas profiter, étant mort civilement. Or c'eft faire une opération diamétralement oppofée à la volonté du teftateur ; & par conféquent détruire le teftament.

A l'égard de la difficulté tirée de ce que le teftateur n'a pas prévû la mort civile, parceque le terme *décès*, ou *mort*, en général, ne s'entend ordinairement que de la mort naturelle ; nous répondons que, quoique le teftateur n'ait emploïé que le terme de décès, la mort civile eft comprife dans fon expreffion. Elle n'y eft pas énoncée explicitement. Le teftateur n'a pas dû le faire. S'il a prévû que Titius pouvoit mourir civilement, il n'a pas dû faire mention d'une prévoïance auffi injurieufe pour celui fur qui elle feroit tombée, & qui d'ailleurs eft contre les bonnes mœurs, & un préfage indécent.

On ne peut donc pas faire un moïen de ce que la mort civile n'eft pas énoncée en propres termes : mais le teftateur aïant voulu que Titius profitât de fa libéralité tant qu'il feroit capable de le faire, a feulement exprimé le cas commun & inévitable à tous les hommes, & par lequel ils font néceffairement privés de la jouïffance de tous leurs biens.

Il a donc fuffifamment fait entendre qu'il vouloit que fon héritier inftitué fût préféré au fubftitué, tant que le premier feroit en état de jouïr. Ce qui fuffit pour faire connoître que fon intention étoit que, fi fon héritier venoit à mourir civilement, les biens paffaffent à fon fubftitué ; puifqu'il a ordonné que Titius recueilleroit les fruits de sa libéralité, tant qu'il seroit en pouvoir de le faire, & qu'il n'a appellé Mævius que lorsque Titius seroit exclus de cette jouïssance. Ce n'est donc point ici substituer une condition nouvelle à celle que le testateur avoit apposée à sa libéralité; mais seulement étendre la maniére dont la condition doit s'accomplir; ce qui est très-permis, & même souvent nécessaire, pour exécuter la volonté du testateur.

C'est une vérité dont Ricard convient lui-même. Il en cite un exemple tiré de la loi *Si mater* 3. *cod. de instit. & subst.* qui décide que, si un legs est fait à un fils de famille, en cas qu'il soit émancipé, le legs lui est dû, quoique le pere ne l'émancipe pas, & qu'il suffit que la mort naturelle ou civile de son pere le mette dans la jouïssance de ses droits. Quelle est la condition imposée au fils de famille? C'est l'émancipation. Or, si l'on veut suivre nos adversaires dans leur façon de conclure, il est certain que la loi auroit dû donner une décision contraire à celle qu'elle présente. En effet qu'entend-on ordinairement dans le droit Romain par le mot *émancipation?* C'est la forme prescrite par la loi, & qui devoit être observée par un pere qui vouloit mettre son fils en liberté & le délivrer de la puissance paternelle; & c'étoit un des moïens qui mettoit les fils de famille dans la jouïssance de tous leurs droits: mais ce mot *émancipation* n'a jamais signifié la mort naturelle ou civile d'un pere. C'étoit deux autres voïes par lesquelles les fils de famille parvenoient à la jouïssance de leurs droits: mais ces maniéres de secouer le joug de la puissance paternelle sont entiérement distinctes dans le droit, comme on le peut voir au titre *Quibus modis solvitur patria potestas*, aux institutes.

On auroit donc pû dire que la mort naturelle ou civile du pere n'avoit pas été prévûe par le testateur; qu'il n'avoit prévû que l'émancipation proprement dite; & que, comme ce n'est pas par cette voïe que le fils de famille a été mis dans ses droits, la condition n'est point arrivée.

Tels sont les raisonnemens que l'on auroit dû faire d'après Ricard & ceux qui suivent son opinion. Cependant la loi n'a adopté point des motifs qui tendroient à empêcher l'exécution de la volonté du testateur. Elle ne s'occupe que du soin de la faire exécuter. Or il est clair que le testateur n'a eu en vûe que l'affranchissement de la puissance paternelle. Il est vrai qu'il n'a exprimé qu'un des moïens par lesquels on y parvient: mais il suffit que l'institué y soit parvenu par quelque voïe que ce soit,

pour

pour que la volonté du testateur & la condition du legs soient accomplies ; parcequ'il faut admettre l'équipollence dans les maniéres d'accomplir les conditions ; sans quoi l'on courroit risque d'aller contre l'intention du testateur, en voulant s'attacher trop scrupuleusement à ses expressions. C'est pourquoi Ricard est forcé de dire au sujet de cette loi, que la condition est parfaitement accomplie dans sa fin principale & dans l'intention du testateur.

L'application de ces principes à notre espéce est facile. Si l'on veut suivre à la lettre les termes du testament, & attendre la mort naturelle de celui qui est dans les liens de la mort civile ; il faut nécessairement exclure de la libéralité du testateur ceux qui en étoient les objets, & la faire passer à d'autres auxquels il n'a jamais pensé, comme le fisc, ou les héritiers collatéraux du grévé, quand il n'en a point en directe, dans les coutumes où la confiscation n'a pas lieu ; en sorte qu'en prétendant accomplir la condition qu'il a apposée, on s'écarteroit de son intention.

Il faut donc voir si, par la mort civile, la condition est accomplie dans sa fin principale, & dans l'intention du testateur. Et quand même le sistême que nous embrassons ici n'auroit pas eu lieu chez les Romains à l'égard des déportés ; comme il est fondé sur la raison & sur les vrais principes, on ne doit point faire difficulté de s'écarter du droit Romain en ce point.

Mais on peut encore nous opposer une difficulté que nous allons mettre au jour, par cette espéce : un pere a trois fils qu'il substitue les uns aux autres, suivant l'ordre de leur naissance, au cas où le premier, auquel les biens substitués tomberoient, mourroit sans enfans. Après le décès du pere, l'aîné de ses enfans se met en possession de ses biens, & tombe ensuite dans les liens de la mort civile. Si cet accident donne ouverture au fidéicommis, il est ouvert en faveur du second frere qui, après s'en être mis en possession, se marie & a des enfans. Il meurt avant ses deux freres : ainsi, aux termes du testament de son pere, les biens substitués restent à ses enfans au préjudice du troisiéme frere ; ce qui ne seroit pas arrivé, si la mort civile n'avoit pas donné ouverture à la substitution ; parceque le second frere étant mort avant ses deux autres freres, le troisiéme auroit profité du fidéicommis après la mort de l'aîné décédé sans enfans : ainsi l'intention du testateur n'a point été accomplie ; puisqu'il vouloit que son troisiéme fils profitât de la substitution dans le cas où le décès de son aîné ne la feroit pas tomber directement sur la tête du second.

Nous avons répondu par avance à cette objection, en expliquant ce qu'on doit entendre ici par le mot décès. Le testateur est censé avoir compris dans cette expression tous les cas possibles qui ôtent au grévé la faculté de joüir des biens qu'il a laissés.

Il nous reste à examiner la jurisprudence. Il y a une chose certaine, c'est que Ricard ne cite aucun arrêt du parlement de Paris. Ceux qu'il rapporte sont pour le cas de la profession en religion. Ainsi nous n'avons rien à lui répondre à cet égard : mais on trouve un arrêt dans M. Louet, qui paroît avoir suivi l'opinion que nous embrassons ici. Du moins il y conduit indirectement ; car il n'a pas jugé la question *in terminis*. En voici l'espéce en peu de mots. Un héritier grévé de substitution s'étoit absenté du roïaume en 1557. Il s'étoit marié à Lisbonne, & étoit allé demeurer aux Indes, où il avoit eu deux enfans mâles. Il y avoit preuve au procès qu'il avoit perdu tout esprit de retour ; mais qu'il avoit dessein d'envoïer un de ses enfans en France. On demandoit s'il y avoit lieu à l'ouverture de la substitution faite en faveur du chapitre de la cathédrale de Toulouse, d'où le procès fut évoqué au parlement de Paris. Tous les moïens du chapitre avoient pour but d'établir que l'héritier grévé avoit perdu les effets civils, qu'il s'étoit expatrié, & qu'il étoit mort, *saltem quoad jura civilia*. M. Louet dit que la question demandée aux chambres, il fut jugé, à son rapport, en la cinquiéme chambre des enquêtes le 23 Décembre 1598, que la substitution étoit ouverte au profit du chapitre.

Ricard soutient que cet arrêt ne fait rien à la question ; parceque la cour s'arrêta sur-tout à la longueur de l'absence, qui étoit de plus de quarante ans ; lequel tems fait présumer la personne non-seulement morte civilement, mais même naturellement. D'ailleurs, dit-il, le substitué, en faveur duquel la cour prononça, étoit une communauté, qui devoit nécessairement survivre au grévé ; ensorte que la raison principale de sa résolution, *quod posset priùs ipse mori*, ne pouvoit pas recevoir d'application au cas de cet arrêt.

Ricard se trompe en alléguant pour motif de cet arrêt la longue absence, qui fait présumer la mort naturelle de l'absent ; car on ne juge jamais un droit ouvert par l'absence d'un citoïen ; que parceque, comme on ignore ce qu'il est devenu, on présume qu'il n'existe plus, lorsque l'absence a duré un certain nombre d'années. Ainsi, comme il étoit constant au procès que l'absent étoit vivant, on ne pouvoit pas supposer qu'il fût mort. La mort ne se suppose que par fiction, lorsqu'on n'est pas à portée de sçavoir la vérité : mais lorsqu'elle est évidente, on n'a jamais recours à la fiction.

Il n'étoit donc question que de sçavoir si la longue absence de l'héritier & la volonté certaine dans laquelle il étoit de ne point revenir, devoient le faire regarder comme expatrié, & le mettre au nombre des étrangers.

Quant à la raison qu'ajoûte Ricard, qu'on ne pouvoit lui appliquer le motif de son opinion, *quod priùs ipse mori posset*, parceque c'étoit une communauté qui lui étoit substituée ; elle n'est pas mieux fondée ; parceque, suivant Ricard, la condition du testateur, en pareil cas, pour faire passer les biens aux substitués, est la mort naurelle du grévé : de sorte que, quoique ce fût une communauté qui fût appellée à la substitution, il n'auroit pas moins fallu attendre la mort naturelle du grévé, qui étoit la condition sous laquelle cette communauté devoit recueillir,

Toute la différence qui se trouve à cet égard entre une communauté & un particulier, c'est qu'il est incertain si le particulier recueillera ; parcequ'il peut mourir avant le grévé : au lieu qu'il est sûr que la communauté doit recueillir, étant certain qu'elle survivra : mais il faut toujours qu'elle attende la mort du grévé pour entrer en jouïssance. Et comme il étoit constant, dans l'espéce de l'arrêt dont nous venons de parler, que l'héritier vivoit, on a jugé que l'événement de la condition ne dépendoit pas de la mort naturelle, mais de l'incapacité de jouïr dans laquelle se trouvoit l'héritier grévé ; parcequ'aïant rénoncé à sa patrie, il s'étoit privé des effets civils.

Les raisons que nous donnons pour réfuter Ricard feront encore plus d'impression, quand elles seront appuïées de l'autorité de M. Louet, qui étoit rapporteur du procès. » Jugé, dit-il » que ceux qui se sont absentés du roïaume, *perpetuæ moræ causâ*, » *pro mortuis habentur. Amiserunt jura civitatis & regni. De civibus*, » *facti sunt peregrini*, ne pouvant rien posséder en France ; & » que leurs enfans nés hors du roïaume *pro non natis habebantur*, » *ad instar filiorum post deportationem conceptorum, qui inter heredes* » *non annumerantur, & qui ex testamento capere non poterant.*

Cette observation de M. Louet nous apprend qu'on avoit regardé cet absent comme un homme qui avoit perdu les droits de cité : & comme, sur ce fondement, on a jugé la substitution ouverte, nous croïons être en droit de conclure que cet arrêt confirme notre opinion.

On pourroit opposer ici l'arrêt rendu à l'occasion du célébre comte de Bonneval en la cinquiéme chambre des enquêtes le 29 Août 1748, dont nous avons parlé ailleurs. On agita, lors de la plaidoirie, deux questions : la premiere étoit de sçavoir si le comte de Bonneval étoit mort civilement ; & la seconde si, en cas qu'il le fût, cette mort civile avoit donné lieu à l'ouverture de la substitution. Ainsi on ne peut sçavoir laquelle de ces deux questions a été décidée par l'arrêt. Il est vrai que M. Titon, rapporteur, assura M. Dorigny avocat, qui soutenoit la négative sur les deux questions, que la cour les avoit jugées toutes les deux en sa faveur : mais, comme elle avoit jugé d'abord que le comte de Bonneval n'étoit point mort civilement, & que cette décision suffisoit pour régler les droits des parties, il se peut faire qu'elle n'ait pas examiné l'autre question avec autant d'attention qu'elle l'auroit fait, si c'eût été le seul point sur lequel la décision devoit porter.

Après les motifs que nous venons d'exposer, c'est avec bien de la raison que l'ordonnance de 1747 décide, titre 1, art. 24, que la mort civile donne ouverture aux substitutions. Voici les termes de cet article : » Dans tous les cas où la condamnation » pour crime emporte mort civile, elle donnera lieu à l'ouver» ture du fidéicommis, comme la mort naturelle ; ce qui sera » pareillement observé à l'égard de ceux qui auront fait profes» sion solemnelle de la vie religieuse. »

CHAPITRE III.

De l'ouverture des droits féodaux par la mort civile.

LA question de sçavoir si la mort civile donne lieu à l'ouverture des droits féodaux, peut se présenter dans deux cas ; sçavoir, dans celui de la mort civile du véritable vassal, & dans celui de la mort civile de l'homme vivant & mourant, que les gens de main-morte sont obligés de fournir.

A l'égard de la mort civile du véritable vassal, il ne paroît pas qu'il doive y avoir de difficulté ; puisqu'il perd la propriété de ses biens, qui passe en d'autres mains. Ainsi il y a une véritable mutation. Le seigneur est donc en droit d'exiger les droits tant utiles qu'honorifiques, suivant les circonstances & les coutumes, de la même maniére que si le vassal étoit mort naturellement.

Cependant Pocquet de Livonniére, en son traité des fiefs, livre 4, chapitre 1, prétend que la mort civile ne donne point ouverture au rachat, soit que la condamnation soit contradictoire, soit qu'elle soit par contumace ; parceque, dans le premier cas, le condamné peut obtenir sa grace du prince ; & dans le second, il peut purger la contumace dans les cinq ans.

Ces raisons ne nous semblent pas suffisantes pour appuïer l'avis de cet auteur ; & pour le combattre par rapport aux condamnations contradictoires, il nous suffit du motif qu'il apporte pour établir que la profession en religion opére l'ouverture du fief.

Ce motif est que cette cause de la mort civile est irrévocable : or la condamnation prononcée contradictoirement est pareillement irrévocable de sa nature. La grace du prince, qui peut survenir, ne doit point être mise au rang des cas ordinaires qu'on doit prévoir. On doit, au contraire, toujours présumer que cette grace ne sera point accordée au coupable.

Enfin il n'y auroit jamais rien de certain, si une condamnation contradictoire, sur-tout étant prononcée par arrêt, n'étoit pas regardée comme irrévocable, sous prétexte qu'elle peut être détruite par l'autorité souveraine du prince, qui, dans ce cas, doit être mise au nombre des forces majeures, qui ne tirent jamais à conséquence.

Il pourroit même arriver, si l'on adoptoit le sentiment de cet auteur, que le seigneur en recevroit un dommage considérable, à cause du défaut d'aliénations pendant la vie naturelle du condamné. En effet, si ce condamné n'avoit pas perdu la vie civile, il auroit pû vendre son bien ; & ceux qui l'auroient acquis de lui, auroient pû le vendre encore ; ce qui auroit produit différens droits seigneuriaux : au lieu que si l'on juge qu'il n'en peut être dû qu'à la mort naturelle du condamné, quelque mutation qui arrive dans la propriété de ces biens, on pourra toujours opposer au seigneur la possibilité dans laquelle est le condamné de rentrer dans ses droits par la grace du prince, & en conséquence se dispenser de lui païer aucun droit ; ce qui peut durer l'espace de soixante ans, & plus.

Pocquet de Livonniére rapporte en cet endroit le ſentiment de Dupineau ſur l'article 84 de la coutume d'Anjou, lequel au mot *trépaſſement*, emploïé dans cette coutume pour fixer le tems auquel le fief eſt ouvert, dit que cette diſpoſition doit être étendue au cas de la mort civile. Pocquet prétend que le ſentiment de Dupineau doit être reſtreint au cas de la profeſſion en religion : mais, comme Dupineau n'avoit point fait cette reſtriction, nous pouvons en conclure qu'il a entendu parler de la mort civile en général, & nous prévaloir de ſon autorité contre Pocquet.

A l'égard des condamnations par contumace, il y auroit peut-être plus de difficulté à décider qu'elles opérent l'ouverture du fief avant l'échéance des cinq ans. Cependant, puiſqu'il eſt certain, comme nous l'avons prouvé ailleurs, & comme Pocquet lui-même ſemble l'admettre dans cet endroit, que le condamné eſt pendant le cours de ces cinq ans dans un état de mort civile, & que cette mort civile produit tous les effets qui ſont attachés à cet état, pourquoi ne produiroit-elle pas auſſi l'ouverture du fief; ſauf à prendre, dans ce cas, les précautions qui aſſurent la reſtitution dans les autres, lorſque le contumax s'eſt purgé & a été abſous.

Pour ce qui eſt de l'homme vivant & mourant, il nous paroît que, pour prendre un parti certain, il ſuffit de ſçavoir ce qu'on entend par ces termes. Les communautés, qui ſont ce qu'on appelle gens de main-morte, au moïen de la ſubrogation perpétuelle de perſonnes en perſonnes, ne s'éteignent jamais ; & par les loix du roïaume, les biens qu'elles poſſédent une fois ne ſortent point de leurs mains. Ainſi, quand une communauté acquiert un fief, le ſeigneur dont il releve perd toute eſpérance de recueillir jamais les quints & requints, & autres droits ſeigneuriaux dûs pour raiſon des ventes & autres mutations volontaires. Il perd l'eſpérance du retrait féodal, de la commiſe, &c. C'eſt pour le dédommager de ces pertes que les gens de main-morte lui doivent le droit d'indemnité. Mais, comme il perd en outre les droits, tant utiles qu'honorifiques, qui lui reviennent à chaque mutation arrivant par la mort du vaſſal, les gens de main-morte ſont tenus de lui préſenter un homme qui lui tient lieu de vaſſal, & qui ſert de régle & de meſure à la vie naturelle de l'homme que le ſeigneur doit toujours avoir.

Cet homme eſt le ſeul vaſſal que le ſeigneur connoiſſe ; & quand il meurt, la communauté eſt obligée d'en préſenter un autre, par lequel les droits de relief, de foi & hommage, &c.

ſont dûs. Voilà ce qu'on appelle l'homme vivant & mourant. Par ce moïen, non-ſeulement le ſeigneur ſe trouve païé de ſes droits; mais il empêche que les gens de main-morte ne puiſſent ſouſtraire leur héritage de la dépendance de ſa ſeigneurie, en ſoutenant, après une longue poſſeſſion, qu'ils le tiennent en francalleu.

Cela poſé, on demande ſi la mort civile de l'homme vivant & mourant donne ouverture au fief, & met le ſeigneur en droit d'exiger les mêmes droits qui lui appartiendroient ſi cet homme vivant & mourant étoit décédé? La raiſon de douter eſt que le ſeigneur, à proprement parler, ne connoît d'autre vaſſal que cet homme vivant & mourant. Quoiqu'il ne ſoit pas le véritable propriétaire du fief, il n'y en a cependant point d'autre relativement au ſeigneur, du moins en ce qui concerne le ſervice.

Malgré ces raiſons, tous nos auteurs décident unanimement que la mort civile de l'homme vivant & mourant ne donne point ouverture au fief : elle n'arrive que par ſa mort naturelle. Dumoulin, dans ſon commentaire ſur la coutume de Paris, art. 51, n. 63, le décide formellement; & la raiſon qu'il en apporte eſt que cette mort civile ne profiteroit pas au ſeigneur de fief à qui ſeul l'homme vivant & mourant eſt donné. Elle ne profiteroit qu'au ſeigneur haut-juſticier, auquel appartient la confiſcation : mais il a été dédommagé de la perte de la confiſcation, qu'il ne peut plus eſpérer, par le droit d'indemnité qui lui a été païé lors de l'acquiſition du fief, faite par les gens de main-morte. C'eſt auſſi le ſentiment de Bacquet, en ſon traité du droit de nouveaux acquêts, chap. 36, où il rapporte pluſieurs arrêts qui l'ont ainſi jugé.

Dupleſſis, en ſon traité des fiefs, liv. 4, chap. 4, décide préciſément la même choſe, ſoit que la mort civile de l'homme vivant & mourant arrive par condamnation, ſoit qu'elle arrive par la profeſſion en religion; & il atteſte que c'eſt la juriſprudence des arrêts.

En effet, c'eſt la vie naturelle qui a été donnée pour la meſure du tems pendant lequel le ſeigneur ne peut exiger aucuns droits de mutation. D'ailleurs on ne peut pas dire que ſa mort civile opére aucun changement dans la poſſeſſion, puiſqu'il ne poſſéde point le fief dont il eſt homme vivant & mourant.

Brodeau ſur Louet, lett. *C*, ſomm. 26, rapporte un arrêt du 6 Février 1642, qui l'a jugé, & qui fixe à cet égard la juriſprudence du parlement de Paris. Cet arrêt est aussi rapporté dans le premier volume du journal des audiences, liv. 3, & par Bardet, to. 2, liv. 9. chap. 20.

Il y a cependant des coutumes, comme celles de Montargis, chap. 1, art. 88, & d'Orleans, art. 42, qui veulent que quand l'homme vivant & mourant fait profession en religion, il n'y ait point ouverture au fief, tant qu'il n'y a point changement de seigneur : mais s'il y a mutation de seigneur avant la mort naturelle de l'homme vivant & mourant devenu religieux, le nouveau seigneur peut forcer les gens de main-morte à lui en fournir un autre dans les quarante jours ; faute de quoi, il peut mettre le fief dans sa main : mais ces coutumes sont restraintes dans leur territoire, & ne peuvent s'étendre à celles qui n'ont point de disposition pareille ; quand même elles garderoient le silence sur cette matiére.

D'autres, comme celles de Montfort l'Amaury, article 47, Laon, art. 209, Bar, art. 10, Peronne, art. 76, Bretagne, art. 368, & Normandie, art. 140, obligent les gens de main-morte de donner au seigneur, homme vivant mourant & confisquant; c'est-à-dire, dont la mort naturelle donne ouverture au fief, & la mort civile à la confiscation. Il y a des auteurs, & de ce nombre est Ferriére, en son commentaire sur la coutume de Paris, au §. 5. des préliminaires sur le titre des fiefs, qui soutiennent que, nonobstant la disposition expresse de ces coutumes, le fief n'est jamais sujet à la confiscation par le fait de l'homme vivant & mourant : mais nous sommes persuadés que ces auteurs sont dans l'erreur ; & quoique ces coutumes soient en ce point exorbitantes du droit commun, elles doivent être observées dans leur district. Nous en avons pour garant Basnage, sur la coutume de Normandie, art. 140, qui dit que toutes les raisons que l'on peut alléguer pour prouver que la mort civile de l'homme vivant & mourant ne peut donner ouverture au fief, ni en opérer la confiscation, ne sont pas bonnes dans sa province, où les gens de main-morte ne sont pas tenus de bailler seulement homme vivant & mourant, mais aussi confisquant ; en sorte que, quand la mort civile emporte la confiscation, elle a nécessairement le même effet que la naturelle.

Au reste, il faut observer que dans ces provinces, l'homme vivant & mourant se donne au seigneur féodal par rapport aux droits féodaux ; & l'homme confisquant se donne au haut-justicier, auquel seul appartient la confiscation ; si ce n'est en Normandie

Normandie, où la confiscation tourne au profit du seigneur féodal.

CHAPITRE IV.

De la jouïssance de l'usufruit, des pensions viagéres & du douaire.

SECTION I.

De l'usufruit.

SI l'on considére la nature de l'usufruit, il paroît qu'il est éteint par la mort civile de l'usufruitier, & consolidé à la propriété. En effet, l'usufruit accordé à une certaine personne ne peut appartenir qu'à elle; & si quelqu'un peut la représenter dans la jouïssance de ce droit, ce ne peut être que pendant le tems où elle en pourroit jouïr elle-même : d'où il résulte que l'usufruitier devenant incapable de posséder aucun bien en vertu de la mort civile, les héritiers ou créanciers ne peuvent le représenter dans l'exercice d'un droit qui ne réside plus sur sa tête. On trouve, dans les institutes de Justinien, un texte précis à cet égard, qui décide que l'usufruit finit par le grand & par le moïen changement d'état. *Finitur autem ususfructus morte usufructuarii, & duabus capitis diminutionibus, maximâ & mediâ. Institut. de usufructu* §. 3. La loi 16, §. 2, *cod. de usufructu*, contient la même disposition. *Neque per omnem capitis diminutionem hujusmodi detrimentum imminere nostris patimur subjectis. Quare enim si filiusfamilias fuerit is qui usumfructum habet, fortè ex castrensi peculio; uti nec patri ususfructus acquiritur, ei possessum, per emancipationem eum amittat? Sed secundùm quod definitum est, tunc eum tantummodò desinere, cum usufructuarius, vel res pereat, & tantummodò eum cum animâ, vel rei substantiâ expirare; nisi prædictæ exceptionis vigor reclamaverit, exceptâ videlicet tali capitis diminutione, quæ vel libertatem, vel civitatem Romanam possit adimere. Tunc etenim ususfructus, omnimodò ereptus, ad suam revertatur proprietatem.*

C'est aussi le sentiment de nos auteurs. Voïez Bornier, sur l'article 29, du titre 17, de l'ordonnance de 1670.

SECTION II.

Des pensions viagéres.

Le principe que nous avons établi plus haut, qui est que les condamnés à une peine emportant mort civile sont capables de recevoir des alimens, suffit pour décider qu'ils ne perdent pas ceux dont ils jouïssoient ; c'est-à-dire, les pensions viagéres qui leur avoient été faites avant leur condamnation. Cette décision d'ailleurs est textuellement énoncée dans les loix Romaines. *Legatum in annos singulos, vel menses singulos relictum, vel si habitatio legetur, morte quidem legatarii legatum intercidit : capitis diminutione tamen interveniente, perseverat ; videlicet, quia tale legatum in facto potiùs quàm in re consistit. L. 10, ff. de cap. minut.*

In singulos annos relictum legatum simile est usuifructui, cum morte finiatur. Sanè capitis diminutione non finitur, cum ususfructus finiatur. L. 8, ff. de ann legat.

Ces loix ont été adoptées par notre jurisprudence. Il y en a un arrêt rendu en la tournelle criminelle du parlement de Paris le 5 Septembre 1699, sur les conclusions de M. Joly de Fleury avocat général. Il est cité par la Combe, en son traité des matiéres criminelles, part. 1, chap. 1, n. 18.

SECTION III.

De la cessation du douaire.

Renusson, en son traité du douaire, chap. 12, n. 31 & suiv. soutient qu'une femme condamnée à une peine emportant mort civile, n'étant plus du nombre des citoïens, perd son douaire, & qu'il devient éteint & consolidé à la propriété. Il rapporte cependant un arrêt rendu en la grand'chambre le 29 Juillet 1695, qui a jugé qu'il n'étoit pas consolidé, & qui en conséquence en a accordé la jouïssance aux parens de la femme, sa vie durant : mais il résulte toujours de cet arrêt que la veuve a été jugée indigne de joüir de son douaire.

De la Combe, à l'endroit cité dans la distinction précédente, pense au contraire que la mort civile par condamnation n'éteint point le douaire. Il le regarde comme une pension viagére qui doit tenir lieu d'alimens.

Il y a lieu de croire que son avis doit être suivi lorsque le douaire est assez modique pour n'être regardé que comme une pension alimentaire : mais il faut observer que cette grace n'est point en faveur de celles qui ont été condamnées par contumace à la mort naturelle ; parceque la loi ne veille point à leurs besoins.

CHAPITRE V.

Du droit de retour au profit des donateurs.

NOUS avons vû plus haut, en parlant de la confiscation, que les biens donnés par un pere ou une mere à leur enfant leur retournent en cas de mort civile de cet enfant, par droit de retour ; & ne tombent point dans la confiscation : mais il est ici question de sçavoir si, dans le cas où la mort naturelle n'accompagne pas la mort civile, ce droit peut être exercé aussitôt après la condamnation, ou s'il faut attendre l'événement de la mort naturelle. Ce qui donne lieu de douter, c'est qu'on peut regarder ces biens comme étant en quelque sorte substitués, & devant retourner au donateur dans le cas prévû par la loi ou par l'acte de donation. Or nous avons vû que les biens substitués passent à ceux qui sont appellés à la substitution, dans l'instant de la mort civile du grévé.

Mais cette comparaison du droit de retour avec le fidéicommis porte absolument à faux. En effet, le grévé n'est propriétaire des biens substitués que d'une maniére imparfaite ; puisqu'il ne peut pas les aliéner, & que l'appellé ne les recueille point à titre successif, mais en vertu de l'acte de substitution ; au lieu que le donataire est véritable propriétaire des biens sujets au retour. Il peut, comme nous l'avons vû, les aliéner, même à titre gratuit, & par acte de derniere volonté ; sauf au donateur à revendiquer la portion dont les coutumes défendent de disposer dans les propres. C'est donc comme héritier des propres que le pere recueille ces biens. Il est vrai que cette succession est d'une espéce extraordinaire, & est fondée sur des motifs particuliers : mais ce n'en est pas moins une succession, qui doit, à bien des égards, suivre les régles communes aux successions. Or tous les biens qui composent la succession d'un condamné appartiennent au fisc au moment de la condamnation. Ceux dont il est ici question doivent donc y être enveloppés : mais les raisons qui ont donné occasion à l'établissement du droit de retour font qu'ils retournent au donateur après la mort naturelle du condamné ; en sorte que le fisc jouït pendant tout le tems intermédiaire.

Tous les écrivains qui ont eu occasion de parler de cette matiére attestent que la mort civile ne donne point ouverture à ce droit, & que le donateur, pour pouvoir l'exercer, doit attendre la mort naturelle du donataire. La raison qu'ils en donnent est que, soit qu'il soit stipulé, soit qu'il ne le soit pas, il tire toute sa force d'un contrat. Or toutes les fois qu'il est question de mort dans un contrat, cela ne doit jamais s'entendre que de la mort naturelle. *Vöiez* Bornier, sur l'article 29, du titre 17 de l'ordonnance de 1670. La Roche-Flavin, liv. 2, lett. *M*, tit. 4, art. 33, & Maynard, liv. 2, chap. 91.

CHAPITRE VI.

De l'exécution du testament fait avant la mort civile.

POUR déterminer si le testament d'un homme condamné à une peine emportant mort civile doit être exécuté, il faut distinguer deux cas. Ou le testament paroît avoir été fait depuis le crime commis ; ou il est constant qu'il a été fait avant le crime, & dans un tems non suspect. Ainsi nous allons diviser ce chapitre en deux sections, dans chacune desquelles nous allons examiner un de ces deux cas..

SECTION I.

Du testament fait depuis le crime commis.

Les loix Romaines & les sentimens des auteurs se réunissent pour dire que dans ce cas le testament est annullé par la condamnation. *Si cui aquâ & igni interdictum sit, ejus nec illud testamentum valet, quod antè fecit, nec id quod posteà fecerit. L. 8, §. 1, ff. qui testam. fac. poss.*

Irritum fit testamentum, quotiens ipsi testatori aliquid contigit, putà si civitatem amittat, per subitam servitutem, &c. L. 6, §. 5, ff. de injusto, rupto, irrito fact. testam.

Sed & si quis fuerit capite damnatus, vel ad bestias, vel ad gladium, vel aliâ pœnâ quæ vitam adimit, testamentum ejus irritum fiet; & non tunc, cum consumptus est, sed cùm sententiam passus est. Nam tunc pœnæ servus efficitur. Ibid. §. 6.

Enfin on lit ces mots dans les institutes, §. 4, *Quib. mod. testam. infirmentur. Alio autem modo testamenta jure facta infirmantur, veluti cum is qui facit testamentum capite diminutus sit.*

La raison est que, quoiqu'un homme qui n'est point condamné ne soit pas mort civilement, & qu'à la rigueur il soit capable de tester : il y a tout lieu de craindre que si le testament qu'il pourroit faire, après un crime qui doit le priver de tous ses biens, avoit lieu; les legs qu'il contiendroit ne fussent frauduleux, soit dans l'intention de priver le fisc, soit dans l'intention de continuer de jouïr des biens légués par des conventions secrettes entre lui & les légataires.

Au reste le soldat condamné pour délit militaire est excepté de la rigueur de ces loix. *Nisi fortè miles fuerit ex militari delicto condemnatus. Nam huic permitti solet testari, ut divus Hadrianus rescripsit; &, credo, jure militari testabitur. L. 6, §. 6, ff. de injust. rupto, irrito fact. testam.*

SECTION II.

Du testament fait avant le crime commis.

Tous les auteurs que nous avons consultés sont d'avis que la condamnation annulle le testament, même fait avant le crime commis; & il semble que c'est la conséquence qui se doit tirer de la comparaison que l'on peut faire des loix Romaines avec les nôtres.

La loi 8, §. 1, *ff. Qui testam. fac. poss.* après avoir décidé que la condamnation annulle le testament fait auparavant, ajoûte ces mots, qui peuvent être regardés comme des motifs de décision: *Bona quoque quæ tunc habuit, cum damnaretur, publicabuntur.* On peut dire que les loix Romaines, prononçant la confiscation comme une peine du crime, ont voulu y assujettir non-seulement les biens qui se trouveroient dans la succession *ab intestat* du condamné, mais encore ceux dont il auroit disposé par testament; & qu'elles n'ont pas cru devoir favoriser davantage les légataires & les héritiers testamentaires, que les héritiers du sang : ce qui tomberoit également & sur les testamens faits avant le crime, & ſur ceux faits depuis. Or la confiſcation étant reçue parmi nous, il y auroit lieu d'appliquer cette loi à toutes les coutumes de confiſcation.

Mais il y a d'autres loix qui, par un principe différent, peuvent faire étendre la maxime aux coutumes même qui n'admettent pas la confiſcation. En effet le droit civil, pour qu'un teſtament pût avoir lieu, requéroit la capacité de teſter dans trois tems différens. 1°. Lors du teſtament. 2°. Lors de la mort du teſtateur. 3°. Dans le tems intermédiaire. Le préteur pouvoit adoucir la rigueur de ces loix, en faiſant exécuter les teſtamens de ceux qui n'avoient pas eu la capacité dans le tems intermédiaire : mais les teſtamens de ceux qui étoient morts civilement, & qui n'étoient point reſtitués, ne pouvoient être valables, même ſuivant le droit du préteur; puiſque dès le moment de la mort civile ils avoient perdu les droits de cité.

Ce principe, que le teſtateur doit être capable au moment de ſa mort, s'applique ſans doute à la mort civile; puiſque les auteurs décident qu'elle annulle le teſtament du condamné, même celui qu'il a fait avant le crime commis. C'eſt en effet l'avis de l'auteur des loix civiles, tit. 1 des teſtamens, ſect. 2, n. 14. C'eſt auſſi celui de Ferriére ſur l'article 292 de la coutume de Paris, gloſ. 2, n. 64 & 65, & ſur l'article 189, gloſ. 3, n. 8. Enfin c'eſt celui de la Combe, traité des matiéres criminelles, part. 1, chap. 1. [illegible]

Mais il y a des juriſconſultes au palais qui attaquent cet avis; & il paroît même avoir été rejetté par un arrêt du parlement de Grenoble.

Ces juriſconſultes oppoſent d'abord que les loix citées ſont dans l'eſpéce d'un homme condamné, & de teſtamens faits avant ou depuis la condamnation; mais non avant le crime.

En effet, diſent-ils, les teſtamens des condamnés ne peuvent être annullés que pour deux motifs, ſçavoir l'incapacité & la fraude. Or ni l'un ni l'autre ne peut avoir lieu pour le teſtament fait avant le crime. Il ne peut être annullé ſur le fondement de l'incapacité; puiſque le condamné étoit conſtamment capable lors de la confection du teſtament. Il ne peut l'être ſur le fondement de la fraude contre le fiſc; puiſque le teſtateur ne pouvoit pas prévoir la condamnation pour raiſon d'un crime qu'il n'avoit pas commis.

Pour répondre à la maxime puiſée dans les loix Romaines, ſuivant laquelle le teſtateur doit être capable au tems de la confection du teſtament, & au tems de ſa mort, ils diſent 1°. Que cette objection tomberoit ſur le teſtament des religieux fait avant les vœux, comme ſur celui des condamnés. 2°. Qu'elle ne peut tomber ni ſur les uns ni ſur les autres; parcequ'elle eſt faite pour le cas où le teſtament eſt ouvert par la mort naturelle, & non pour celui où il eſt ouvert par la mort civile; car, dit-on, la queſtion n'eſt pas de ſçavoir ſi le teſtament ſera exécuté du jour de la mort civile, ou du jour de la mort naturelle. On convient que s'il doit s'exécuter, c'eſt du jour de la mort civile. Il ne s'agit donc que de ſçavoir ſi le teſtament eſt valable. Or la maxime miſe en objection ne peut rien ici; parcequ'elle eſt faite pour le cas où l'on veut bien faire exécuter le teſtament d'un homme en qui l'incapacité a réſidé pendant quelque tems; au lieu que, dans notre eſpéce, l'incapacité n'a pas encore réſidé ſur la tête du teſtateur. Il ne devient incapable des effets civils que par la condamnation exécutée. C'eſt donc l'incapacité même qui donne ouverture au droit du légataire. L'une & l'autre commencent *in eodem puncto temporis.*

Enfin, dit-on, Ricard eſt contraire à cette déciſion, puiſqu'il dit, part. 1, chap. 3, ſect. 18, 799, que ſi l'incapacité dans laquelle ſe trouve le teſtateur, au moment de ſa mort, procéde de quelqu'indignité qu'il ait contractée par ſon crime, & qu'il ſoit, lors de ſa mort, dans un état qui lui ôte la capacité de teſter, le teſtament ne ſubſiſte pas. Or on voit par ces termes, que l'auteur n'envisage l'exécution du teſtament qu'au moment de la mort naturelle.

Ces réponſes, dans leſquelles réſide toute la force du ſiſtême de ceux qui ſoutiennent valable le teſtament fait avant le crime commis, ſont fort ingénieuſes : mais il eſt aiſé d'y répondre. En effet, il faut faire attention que la capacité de teſter & la validité des teſtamens ſont des émanations de la loi civile, & ne peuvent appartenir qu'à ceux qu'elle favoriſe. Or peut-on dire qu'elle favoriſe un homme qu'elle condamne à la perte de tous ſes droits? Et n'eſt-il pas juſte d'appliquer ici la maxime, qu'il faut être capable de teſter au moment de ſa mort; puiſque le moment où le teſtament pourroit être exécutoire eſt en même tems celui où le teſtateur eſt proſcrit par la loi civile? Lorſqu'on dit que le teſtateur doit être capable au moment de ſa mort, cela ne ſignifie autre choſe, ſinon qu'au moment de ſa mort il doit être ſous la protection de la loi civile. Or peut-on dire qu'un homme qui meurt civilement eſt ſous la protection de la loi?

Par rapport à l'argument tiré de la comparaison du religieux, qui, au moment de sa profession, meurt civilement, aussi-bien que le condamné, nous répondons qu'il faut bien distinguer ces deux espéces de mort civile. Celle du condamné est une peine qui rend celui à qui elle est imposée indigne des avantages du citoïen. La loi, bien loin de donner quelque faveur aux actes dont l'exécution se rapporte au moment que cette peine est infligée, s'attache à les annuller.

Au contraire, celui qui fait profession en religion est digne de toutes sortes de faveurs. Si d'un côté la loi le prive des facultés civiles; d'un autre, elle favorise tous les actes qu'il a pû faire jusqu'à ce moment; & par cette raison, elle fait une exception pour son testament, & le déclare valable. Et ce n'est en effet, comme nous le verrons en son lieu, que par une véritable exception à la régle générale, que le testament du religieux est valable.

CHAPITRE VII.

Des effets de la mort civile par rapport aux conjoints par mariage.

C'EST un principe certain que, quoique la mort civile ne détruise pas le nœud du mariage, cependant elle en détruit les effets civils. Ces effets sont fondés sur la loi civile, qui ne peut plus agir en faveur d'une personne qu'elle a proscrite.

Cette destruction des effets civils produit trois effets différens, sçavoir, la dissolution de la communauté, l'ouverture des reprises matrimoniales & des gains de survie, & la fin de la puissance maritale.

SECTION I.

De la dissolution de la communauté.

Il est reconnu par tous les auteurs, que la communauté entre mari & femme cesse dès l'instant que l'un des deux conjoints est frappé de la mort civile. Voïez le Brun, en son traité de la communauté, livre 3, chapitre 1. Duplessis, sur Paris, traité de la communauté, livre 1, chapitre 5, section 3; & liv. 2, chap. 2. Pocquet de Livonniére, en ses régles du droit François,

François, liv. 4, chap. 1, régle 40. Augeard, en son recueil d'arrêts, to. 2, chap. 7, où il rapporte un arrêt du parlement de Paris du 26 Février 1706, qui l'a ainsi jugé.

La raison pour laquelle la mort civile opére la dissolution de la communauté, n'est pas le principe général suivant lequel la mort civile produit les mêmes effets que la mort naturelle. En effet on voit d'un côté que la communauté est souvent dissoute par la séparation de biens, quoique ni l'un ni l'autre des deux conjoints ne soit mort ni civilement, ni naturellement. D'un autre côté, la même communauté continue souvent, même après la mort naturelle de l'un des conjoints, par le défaut d'inventaire fait dans le tems & dans les formes prescrites par la loi.

C'est donc par un effet particulier à la mort civile que cette dissolution s'opére, & cet effet provient de ce que la communauté entre conjoints tire sa source de la loi civile, qui seule la maintient tant qu'elle existe. Or dès que cette loi cesse de protéger un des conjoints & de produire des effets en sa faveur, cette communauté doit nécessairement cesser.

L'effet ordinaire de la dissolution de la communauté est d'opérer un partage des effets qui la composent, dont moitié appartient au mari ou à ses héritiers, & l'autre à la femme ou à ses héritiers. Comme nous nous sommes fort étendus sur ce partage en cas de mort civile de l'un des conjoints, en parlant de la confiscation, nous y renvoïons le lecteur.

SECTION II.

De l'ouverture des reprises & des gains de survie.

Pour connoître quels sont les droits des conjoints auxquels la mort civile donne ouverture, il faut établir deux principes. Le premier est que tous les droits qui sont une suite de la dissolution de la communauté ont lieu en cas de mort civile; parcequ'elle dissout réellement la communauté. Le second est qu'à l'égard des droits qui doivent avoir lieu en cas de mort du mari, lorsque c'est la loi qui les régle, si cette loi prévoit le cas de la mort, cette expression s'entend de la mort civile, aussi-bien que de la mort naturelle : mais lorsque ces droits sont réglés par les conventions & les contrats faits entre les parties, si la mort y est prévue, cela ne doit s'entendre que de la mort naturelle, parcequ'il est de régle que le mot *mort*, apposé dans un contrat, s'entend toujours de la mort naturelle ; & non de la mort civile.

Le premier de ces deux principes est évidemment vrai, & n'a pas besoin d'être appuïé d'aucune preuve.

La premiere partie du second, qui est que la mort prévue par la loi s'entend également de la mort civile, comme de la mort naturelle, n'est pas moins certaine ; parceque, comme ce sont les loix elles-même qui ont établi la mort civile, elles sont toujours censées la prévoir. Ce principe d'ailleurs a été établi par M. l'avocat général Talon, dans son plaidoïer, lors d'un arrêt du 6 Mars 1642, rapporté par Bardet.

A l'égard de la seconde partie de ce principe, qui est que la mort prévue dans un contrat ne s'entend que de la mort civile, & jamais de la mort naturelle, elle a besoin d'être prouvée. Voici sur quoi elle est fondée.

La loi 121, §. 2, *de verborum obligationibus*, propose l'espéce où un homme a promis de donner une somme lors de sa mort, & elle décide que la condition n'est pas accomplie par la mort civile. *In insulam deportato reo promittendi, stipulatio ita concepta*, cum morieris dari, *non nisi moriente eo committitur*. Cujas, sur cette loi, s'exprime ainsi : *Casus ergò mortis non trahitur ad casum deportationis ; ac sive civitati restituatur promissor, & in eâ moriatur, committetur stipulatio adversùs hæredem ejus ; sive peregrinus moriatur, adversùs fiscum, qui in ejus locum successit : ex deportatione statim adversùs fiscum non committetur.*

Il y a des auteurs qui soutiennent le contraire. Ils se fondent sur la loi 29, *ff. de liber. & posth.* §. 5, où il s'agit d'institution d'héritier en cas de décès d'un autre. Cette loi semble décider que la mort civile du premier donne lieu à admettre le second héritier institué. *Et quid, si tantùm in mortis filii casum conciperet ? Quid enim, si aquæ & ignis interdictione peteretur ? Quid si nepos, ex quo pronepos institueretur, ut ostendimus, emancipatus esset ? Hi enim casus, & omnes, ex quibus suus hæres, post mortem scilicet avi, nascetur, non pertinent ad legem Velleam ; sed ex sententiâ legis Velleæ, & hæc omnia admittenda sunt, ut ad similitudinem mortis cæteri casus admittendi sint.*

Cujas, en proposant la conséquence que quelques auteurs tirent de ce paragraphe, dit qu'elle n'est pas juste. *Malè : nec enim is paragraphi sensus ; sed hic potiùs, nepotem posthumum non tantùm in casu mortis filii institui posse ; sed & in casu deportationis, vel simili nominato.*

On peut de-là donner facilement la solution de la difficulté que quelques auteurs tirent de la loi 43, *ff. de donat. inter vir. & uxor.* quoique Cujas n'en parle pas. *Inter virum & uxorem, exilii causâ, donatio fieri potest.* Suivant cette loi, la donation entre mari & femme a lieu, même en cas d'exil. Le véritable exil, suivant la définition des loix, est la déportation. Mais cela ne prouve pas la justesse de cette opinion; parceque cette loi décide, qu'en se faisant une donation, on peut prévoir le cas d'exil ou de mort civile : mais elle ne dit pas que la condition qui dépend de la mort naturelle soit censée être arrivée lorsque la mort civile la précede.

D'autres concluent que la mort civile doit opérer la même chose dans l'espéce proposée, que la mort naturelle; ce qu'ils fondent sur la décision de la loi 15, *ff. quando dies legat. cedat.* Elle est conçue en ces termes : *Si ita esset liberis fideicommissum relictum*, si morte patris sui juris essent effecti, *nec mortalitate patris, sed emancipatione patres familiarum constituti sint, deberi eis fideicommissum nemo dubitaverit, diemque ejus emancipatione cessisse, qui morte patris cederet.*

Quoique dans cette loi la condition proposée ne dépende que de la mort naturelle, cependant on regarde la condition comme arrivée si le fils est émancipé. Par conséquent la condition arriveroit aussi par la mort civile du pere. D'où il résulte que, quand on prévoit la mort naturelle dans un acte, la mort civile y est aussi sous-entendue.

Cujas réfute ce raisonnement, en disant que la conséquence n'est pas juste; parceque, si la condition dans l'espéce proposée est censée arriver par la mort civile du pere, ce n'est pas que le cas prévû de la mort naturelle renferme celui de la mort civile qui a été prévû : mais c'est parceque la condition tombe plutôt sur le changement d'état du fils, qui, de fils de famille, devient pere de famille, de quelque maniére que cela arrive; de sorte que, quoiqu'on n'ait prévû précisément que la mort du pere, cependant la loi décide que la condition est arrivée si le fils est émancipé. *Sed cum dixit, si morte patris sui juris fiat, pro eo habetur, ac si dixisset, si sui juris fiat. Nec enim tam videtur sollicitus esse de modo, quàm de fine.* Il est vrai qu'il y a plusieurs loix qui comparent la déportation à la mort naturelle. *L.* 1, §. *ult. de bon. poss. contrà tab. L.* 4, §. *penult. de bon. lib. Sed ex eo non efficitur casum mortis expressum in lege, vel contractu, vel testamento, fortè deduci ad casum deportationis*; parceque la loi civile a défini le cas où les déportés seroient censés morts ; & cette disposition doit être appliquée dans ces cas-là : mais quand on n'a prévû que la mort naturelle, la mort civile n'y est point comprise ; car la mort civile n'ôte point la vie naturelle, & le mort civilement reste encore capable, même pendant qu'il est mort civilement, des actes & contrats du droit des gens. Cujas, *ad legem* 121, §. *in insulâ, ff, de verbor. obligat.*

Tous nos auteurs pensent aussi que le mot *mort*, dans un contrat, s'entend toujours de la mort naturelle seulement, & jamais de la mort civile. On peut voir Dumoulin sur la régle *de infirmis resignantibus, n.* 30 *&* 351. Le Grand, sur l'art. 193 de la coutume de Troye, glos. uniq. n. 30. Louet & Brodeau, lettre *C*, somm. 26. Bouguier, lettre *M*, 4, où il rapporte un arrêt du 8 Juillet 1603, qui l'a ainsi jugé.

Cela posé, nous allons examiner d'abord quelle étoit la jurisprudence des Romains sur la matiére qui fait l'objet de cette section, & ensuite quelle est notre jurisprudence ; ce qui nous fournira matiére à deux Distinctions.

DISTINCTION I.

De l'usage des Romains sur l'ouverture des reprises & des gains de survie.

Lorsque l'un des deux conjoints mouroit civilement, celui qui conservoit son état pouvoit exercer contre le fisc tous les droits qu'il avoit à prétendre ; & cette action appartenoit tant au mari qu'à la femme. *Omnis omninò maritus salvas actiones contrà fiscum habet. L. 4, ff. de bon. damnat. Si marito, publico judicio damnato, pars aliqua bonorum ejus publicetur, fiscus creditoribus ejus satisfacere necesse habet, inter quos uxor quoque est. L.* 31, *ff. solut. matrimon.*

Après avoir établi cette régle générale, nous allons entrer dans le détail des droits que pouvoit exercer chaque conjoint au tems de la mort civile de l'autre. Pour le faire avec ordre, nous allons examiner séparément le cas de la mort civile de la femme, & celui de la mort civile du mari.

§. I.

Quelles étoient les loix Romaines au sujet des reprises & des gains nuptiaux, dans le cas où la femme encouroit la mort civile.

Lorsque c'étoit la femme qui étoit condamnée, on distinguoit les biens qui lui appartenoient, comme les paraphernaux, d'avec sa dot. On ne trouve aucune loi concernant les premiers : ainsi il y a tout lieu de penser qu'ils étoient soumis aux mêmes régles que les biens de tous les autres citoïens : mais par rapport à la dot, elle n'étoit confisquée que dans les cas précisément exprimés par la loi, qui se réduisoient à cinq ; sçavoir la loi *Julia majestatis*, la loi *Julia vis publicæ*, la loi *Pompeia de parricidiis*, la loi *Cornelia de venesiciis*, & la loi *Cornelia de sicariis. Quinque legibus damnatæ mulieris dos publicatur ; majestatis, vis publicæ, parricidii, veneficii, de sicariis. L. 3, ff. de bon. damnat.* Dans ces cinq cas, le fisc gagnoit la dot, & n'étoit obligé que de tenir compte au mari des impenses utiles & nécessaires qu'il pouvoit avoir faites pour conserver & augmenter les biens dotaux. Et c'est ici précisément qu'il faut appliquer la loi ci-dessus citée : *Omnis omninò maritus salvas actiones contrà fiscum habet.*

Si le crime pour lequel la femme étoit condamnée n'étoit point dans l'un des cinq cas dont nous venons de parler, dans l'ancien droit on distinguoit si la peine emportoit *maximam capitis diminutionem*, ou seulement *mediam.*

Si la peine emportoit *maximam capitis diminutionem*, comme la condamnation aux métaux, la femme perdoit sa liberté & devenoit esclave de la peine, & le mari gagnoit la dot. *Sed si aliâ lege capitis punita sit, quæ lex dotem non publicat, quia priùs serva pœnæ efficitur, verum est dotem mariti lucro cedere, quasi mortua sit.*

Si la peine n'emportoit que *mediam capitis diminutionem*, comme le mariage subsistoit toujours, il semble que le mari conservoit la dot, pour fournir à sa femme les alimens & l'entretien nécessaires. Cependant, quoique la peine ne rompît pas le mariage de plein droit, il paroît que les Romains en faisoient dépendre la dissolution, dans ce cas, des sentimens réciproques des conjoints. *Matrimonium quidem deportatione, vel aquæ & ignis interdictione non solvitur, si casus in quem maritus incidit non mutet uxoris affectionem. L. 1, cod. de repud.* De sorte que si la femme vouloit la dissolution du mariage, on distinguoit seulement si elle étoit sous la puissance de son pere ; & alors le pere pouvoit répéter la dot contre le mari. Si au contraire elle n'étoit point sous la puissance de son pere, elle n'avoit point dans l'ancien droit d'action pour répéter sa dot : mais on la lui donna dans la suite par faveur & par humanité. *Quòd si deportata sit filiafamilias, Marcellus ait, quæ sententia & vera est, non utique deportatione dissolvi matrimonium. Nam, cum libera mulier remaneat, nihil prohibet & virum mariti affectionem, & mulierem uxoris animum retinere. Si igitur eo animo mulier fuerit, ut discedere à marito velit, ait Marcellus, tunc patrem de dote acturum. Sed si materfamilias sit, & interim, constante matrimonio, fuerit deportata, dotem penè maritum remanere. Posteà verò, dissoluto matrimonio, posse eam agere, quasi humanitatis intuitu hodiè natâ actione. L. 5, §. 1, ff. de bon. damnat.*

Il faut observer que nous n'avons fait mention des distinctions que nous venons d'établir, soit par rapport à la nature des peines, soit par rapport à la dissolution du mariage, que pour observer les gradations de la jurisprudence des Romains, & pour ne pas nous écarter du texte des loix : mais ces distinctions ont été abolies par les novelles de Justinien, qui ont supprimé l'esclavage attaché à la peine des métaux, & qui ont ôté en même tems la dissolution du mariage, laquelle étoit une suite de cet esclavage.

§. II.

Quelles étoient les loix Romaines au sujet des reprises & des gains nuptiaux, dans le cas où le mari encouroit la mort civile.

Le second cas, qui est celui de la mort civile du mari, n'opéroit point la perte des droits de la femme. Elle pouvoit répéter tous ses biens, avec sa dot & les avantages que son mari lui avoit faits. Cette régle souffroit cependant quelques exceptions. Voici les textes des loix qui font le siége de la matiére. *Si quis posthâc stylum, quod absit, proscriptionis exceperit, uxor ejus res proprias, ex quocumque titulo sibi quæsitas, veluti manu injectâ mox vindicet, aut certè quoquo modo occupatas statim recipiat. Dos etiam, non quæ aliquoties inaniter dotalium instrumentorum tenore conscribitur, sed quam se corporaliter tradidisse docuerit, repræsentetur. Ea etiam quæ ab innoxio adhuc marito, antè nuptias, titulo donationis acceperit, vel, durante matrimonio, largitione viri ad eam antè proscriptionem pervenerint, apud eam firmiter permaneant. L. 9, cod. de bon. proscript.*

Cette loi donne à la femme le pouvoir de prendre tous ses

biens, de quelque façon qu'elle les ait acquis. Elle y joint la dot, & même la donation anténuptiale.

Par rapport à cette derniere partie, il pourroit y avoir quelque difficulté ; parceque la donation anténuptiale étoit une donation à cause de mort, qui ne pouvoit avoir lieu que dans le cas où le donataire survivoit au donateur. Ainsi il y a toute apparence que cette loi entend parler des femmes de ceux qui avoient subi la peine de mort, ou qui, aïant pris la fuite après avoir été proscrits, étoient regardés dans l'état comme morts naturellement.

Cette difficulté & la solution que nous en donnons ne sont point des conjectures hazardées. Nous croïons qu'on les trouvera fondées, si on lit la loi 24, *cod. de donat. inter vir. & uxor.* dont voici les termes : *Res uxoris, quæ successione quâlibet, vel emptione, vel etiam largitione viri in eam antè reatum jure pervenerant, damnato ac mortuo ex pœnâ marito, vel in servilem conditionem, ex pœnæ qualitate, deducto, illibatas esse præcipio, nec alieni criminis infortunio adstringi uxorem : cùm paternis, maternisve, ac propriis bonis frui eam integro legum statuto religiosum sit. Et donatio maritalis, antè tempus criminis ac reatûs collata in uxorem, quia pudicitiæ præmio cessit, observanda sit, tanquam si maritum ejus natura, non pœna subduxerit. Sin autem aquâ & igni ei interdictum erit, vel deportatio illata, non tamen mors ex pœnâ subsecuta ; donationes à viro in uxorem collatæ adhuc in pendenti maneant : quia nec matrimonium in hujusmodi casibus dissolvitur ; ita ut, si usque ad vitæ suæ tempus maritus eas non revocarit, ex morte ejus confirmentur ; fisco nostro ad easdem res nullam in posterum communionem habituro.*

Cette loi, comme on voit, établit une différence générale entre ceux qui ont été condamnés à mort, ou à une peine emportant *maximam capitis diminutionem*, & ceux qui sont seulement déportés. Elle décide que la mort ou la servitude du mari ne doivent point influer sur la femme innocente ; & qu'alors, le mariage étant dissous, elle peut se faire rendre tous les biens qu'elle avoit apportés, & exiger les avantages auxquels son mari s'étoit engagé vis-à-vis d'elle, même les donations anténuptiales ; parceque dans ce cas, ou le mari est mort effectivement, ou, s'il ne l'est pas suivant la nature, il l'est par rapport à l'état, & par rapport à sa femme. Mais quand il n'est que déporté, comme il conserve sa liberté, & que le mariage subsiste toujours, on ne peut pas dire que l'événement duquel dépendoit l'effet de la donation soit arrivé. Aussi cette loi veut, dans ce cas, que l'on attende la mort du mari, pour confirmer la donation : en quoi elle eſt conforme à la loi 13, §. 1, *ff. de donat. inter vir. & uxor. Proindè & ſi mortis causâ donaverit, & deportationem paſſus eſt, an donatio valeat videamus. Et aliàs placet in caſum deportationis donationem factam valere, quemadmodum in cauſam divortii. Cum igitur deportatione matrimonium minimè diſſolvatur, & nihil vitium mulieris incurrit, humanum eſt donationem, quæ mortis cauſâ ab initio facta eſt, tali exilio ſubſecuto confirmari, tanquam ſi, mortuo marito, rata habebatur; ita tamen ut non adimatur licentia marito eam revocare : quia & mors ejus expectanda eſt, ut tunc pleniſſimam habeat firmitatem quando ab hâc luce fuerit ſubtractus, ſive reverſus, ſive adhuc in pœnâ conſtitutus.*

C'eſt ſans doute dans le ſens de ces loix qu'il faut entendre ce qui eſt dit dans la novelle 134, *cap. ult. Uxores earum dotem & ante nuptias donationem accipiant.* C'eſt-à-dire, que la femme peut prendre les avantages qui lui ont été faits par ſon mari lorſqu'il a été condamné à mort : & nous nous bornons au ſeul cas de la mort naturelle; parceque, comme nous l'avons déja obſervé, l'eſclavage de la peine avoit été ſupprimé par le droit des novelles; enſorte que toute peine capitale, qui n'alloit pas à la mort, privoit ſeulement le condamné de la qualité de citoïen, & par conſéquent des effets civils, ſans lui ôter la liberté. Juſtinien porta ſi loin l'indulgence en faveur des femmes des condamnés, qu'il voulut qu'on fît diſtraction d'une partie des biens du mari, pour leur tenir lieu de dot, lorſqu'elles n'en avoient point apporté. *Si verò ſine dote ſint, de ſubſtantiâ mariti accipiant partem legibus definitam, ſive filios habeant, ſive non. Nov. eâdem, cap. eod.*

De cette diſſertation, il nous paroît réſulter clairement que la mort civile du mari donnoit lieu à la femme de reprendre tous ſes biens, à l'exception des avantages qui dépendoient de la mort naturelle du mari, ou qui exigeoient qu'il fût mort ſans les avoir révoqués.

Nous allons maintenant examiner quels ſont, dans nos mœurs, les droits des conjoints, lorſque l'un des deux eſt mort civilement.

DISTINCTION

DISTINCTION II.

Quelle eſt notre juriſprudence au ſujet de l'ouverture des repriſes & des gains de ſurvie, quand l'un des deux conjoints eſt mort civilement ?

La mort civile de l'un des conjoints peut donner ouverture, deux eſpéces de droits, dont l'un eſt celui de reprendre ce que chacun des conjoints a apporté ; comme la dot de la femme, ſes propres, le remploi, l'indemnité des dettes auſquelles la femme s'eſt engagée, & les récompenſes dans le cas où le mari, par exemple, a amélioré ſes propres aux dépens de la communauté. L'autre eſpéce de droits conſiſte dans l'ouverture des avantages que les deux conjoints ſe ſont promis, ou que la loi, à leur défaut, aſſure au ſurvivant, leſquels on peut comprendre en général ſous le nom de gains de ſurvie. Tels ſont en païs de droit écrit l'augment de dot, le contre-augment, &c. dans le droit coutumier, le douaire, le préciput, & le droit de viduité en Normandie. Nous allons traiter ces deux différens droits chacun dans un paragraphe ſéparé.

§. I.

Des repriſes des biens apportés par l'un des conjoints.

Nous avous vû plus haut que la mort civile diſſout néceſſairement la communauté qui eſt entre le mari & la femme. Or cette diſſolution de communauté opére l'ouverture de toutes les repriſes, ſoit qu'elles ſoient fondées ſur une ſtipulation expreſſe appoſée au contrat de mariage, ſoit qu'elles ſoient fondées ſur la loi ſeulement.

Cependant ce n'eſt ni la force de la ſtipulation, ni celle de la loi qui donne ouverture à ces droits ; c'eſt la diſſolution de la communauté. Ce n'eſt donc point à la ſtipulation, quand il y en a une, qu'il faut s'arrêter ; c'eſt à la nature même des choſes, & aux ſuites néceſſaires de la diſſolution de la communauté.

La raiſon pour laquelle la diſſolution de la communauté donne ouverture à ces repriſes, eſt que les biens qui en ſont l'objet n'entrent point dans cette communauté. Ils appartiennent toujours en propre à celui des deux conjoints qui les a apportés.

Les fruits & les revenus ſeuls qui en proviennent ſe fondent dans la communauté : mais dès qu'elle ceſſe d'exiſter, cette confuſion ne peut plus avoir lieu. Il eſt donc néceſſaire que chacun de ceux à qui ils appartiennent les reprenne pour en jouïr.

A l'égard des païs où la communauté n'a point lieu, comme dans les provinces régies par le droit écrit, & dans quelques coutumes, telles que celle de Normandie, ces repriſes y ſont pareillement ouvertes; non pas en conſéquence de la diſſolution de la communauté, puiſqu'il n'y en avoit point; mais par un autre principe. Dans ces païs les fruits de la dot appartiennent au mari; parcequ'il eſt chargé de ſoutenir les frais du ménage. La mort civile dont il eſt frappé lui ôte cette charge, puiſqu'il ne peut plus vivre chez lui, & que d'ailleurs il devient incapable de toute jouïſſance. Puiſqu'il n'a plus la charge, il n'eſt pas juſte qu'il continue d'avoir le bénéfice; & puiſqu'il eſt incapable de jouïr, & que perſonne n'a droit de le repréſenter dans cette jouïſſance, il eſt juſte, il eſt même néceſſaire qu'elle ſoit conſolidée à la propriété.

§. II.

De l'ouverture des gains de ſurvie.

Il y a plus de difficulté par rapport aux gains nuptiaux Nous allons les traiter ſéparément : mais nous croïons devoir obſerver qu'on trouve d'anciens arrêts qui ont décidé que la mort civile y donnoit ouverture. *Voïez* Coquille, ſur l'article 6, du titre du douaire, coutume de Nivernois; Papon, en ſon recueil d'arrêts, livre 24, titre 15, article 1. Examinons maintenant la juriſprudence actuelle.

De l'augment de dot.

Sous le nom d'augment de dot on comprend quelquefois tous les différens gains nuptiaux & de ſurvie qui ſont en uſage dans les païs de droit écrit; mais l'augment de dot, proprement dit, eſt un gain nuptial & de ſurvie, que la femme ſurvivante prend, en récompenſe & à proportion de ſa dot, ſur les biens de ſon mari prédécédé.

Ce gain de ſurvie a été établi tant en faveur des enfans que de la femme. La femme n'en a que l'uſufruit, & les enfans en ont la propriété : mais si la femme survit a ses enfans, & reste en viduité jusqu'à son décès, elle gagne en propriété une portion de l'augment, qu'on appelle virile, & qui est égale à une part d'enfant.

Ce droit a beaucoup de rapport avec le douaire, qui est en usage dans les païs coutumiers, & dont il tient en quelque sorte lieu dans les païs régis par le droit écrit.

On peut voir les différences & les rapports qui se trouvent entre ces deux gains de survie dans le traité des gains nuptiaux de Me Boucher d'Argis. Ils y sont détaillés avec beaucoup de justesse & de précision.

Il y a deux sortes d'augment de dot; sçavoir le coutumier ou légal, & le préfix ou conventionnel.

L'augment coutumier ou légal est un gain nuptial & de survie que la coutume & l'usage de certaines provinces accorde à la femme survivante, en récompense de sa dot, sur les biens de son mari.

Lorsque la femme a fixé ce droit d'augment coutumier, sans en fixer la qualité, elle ne laisse pas de le prendre tel qu'il est réglé par la coutume ou usage des lieux. Il n'y a dans ce cas aucune difficulté, puisque la volonté des contractans concourt avec la loi pour établir un augment en faveur de la femme survivante.

Mais on demande si, pour que la femme survivante puisse profiter de l'augment qui est réglé par la coutume ou l'usage, il est nécessaire qu'il y ait une stipulation d'augment, du moins en général, ou bien s'il lui est dû sans aucune stipulation, même dans le cas où il y a contrat de mariage, & lorsque le contrat n'en fait point mention ?

Pour répondre à cette question, il est nécessaire d'observer que ce gain nuptial, quoiqu'en usage dans les païs de droit écrit, ne tire point sa source des loix Romaines. Il ne provient ni de l'*augmentum dotis*, ni de la donation *antè nuptias*, ni même de la donation *propter nuptias*, qui ne sont plus d'aucun usage parmi nous.

Il y a bien quelque rapport entre cette derniére & l'augment de dot, en ce que l'augment est accordé à la femme en récompense de sa dot, comme les donations à cause de nôces : mais il y a entre ces donations & l'augment des différences si essentielles, que, pour peu qu'on y réfléchisse, cette ressemblance, qu'on avoit trouvée d'abord, disparoît totalement.

On ne peut même pas prétendre qu'il soit fondé sur les loix

qui régloient les donations à cause de nôces. Tous les auteurs modernes conviennent que l'augment est un droit nouveau, qui n'a jamais été établi par les loix qui traitent des donations à cause de nôces; que, comme ces donations ont cessé d'être usitées sous les derniers empereurs, toutes les loix qui étoient faites sur cette matiére sont devenues inutiles; & que, si on les cite encore quelquefois dans les questions d'augment, ce n'est que pour faire voir en quoi l'augment de dot ressemble aux donations à cause de nôces; ou parceque les loix faites sur cette matiére peuvent contenir de ces régles générales de la justice & de l'équité, qui sont de tous les tems & de tous les païs.

Ainsi, quelqu'usité que puisse être ce gain de survie dans les païs où il est admis, on peut dire en général qu'il n'y est établi par aucune loi, ni par aucun statut. Il ne s'y est introduit que par un long usage, qui y a insensiblement acquis force de loi.

Cet usage n'a été recueilli & rédigé par écrit que dans deux coutumes.

La premiere & la plus ancienne est celle de la ville de Toulouse, confirmée en 1289 par Philippe le Bel. Cette coutume, partie 3, *de dotibus*, article 1 & 3, porte que la femme survivante gagne l'augment, qui y est nommé *Augmentum, seu donatio propter nuptias dotalium*.

L'autre coutume est celle de Bourdeaux, sénéchaussée de Guïenne & païs Bordelois, rédigée en 1521. Cette coutume porte que la femme survivante, outre sa dot qu'elle reprend, gagne une certaine portion des biens du mari, à proportion de sa dot, laquelle portion, suivant l'article 47, est pour les filles le double de leur dot, & pour les veuves le tiers, suivant l'article 49.

Tous les autres païs où ce gain de survie est usité n'ont d'autre loi sur cette matiére qu'un usage immémorial, qui a passé en force de loi, & qui est autorisé par la jurisprudence constante des arrêts. Ces païs sont, outre les parlemens de Toulouse & de Bordeaux, dont nous venons de parler, ceux de Pau & de Grenoble, les provinces de Lyonnois, Forez, Beaujolois, Bugey, Gex & Valromey, quelques endroits de l'Auvergne, & la principauté souveraine de Dombes.

Il y a encore quelques provinces, comme la Bresse, le Maconnois & la Provence, où l'on voit quelquefois de ces sortes de stipulations: mais ce n'est pas l'usage ordinaire de ces provinces, & on y pratique, au lieu d'augment de dot, d'autres gains de survie, dont nous parlerons dans la suite.

Pour revenir à la question proposée, si l'augment de dot étoit fondé sur les loix qui établissent la donation à cause de nôces, il seroit dû dans tous les païs de droit écrit, sans aucune stipulation. La novelle 91 de Justinien, d'où est tirée l'autentique *dos, cod. de donationibus antè nuptias*, porte que toute dot mérite une donation. *Dos data donationem meretur, cap.* 2. Ensorte qu'aux termes de cette novelle, il suffisoit que la femme eût apporté une dot, pour qu'elle eût en récompense une donation à cause de nôces; & cela de plein droit, & sans aucune stipulation : mais, comme nous venons de le dire, l'augment de dot n'est pas fondé sur les loix Romaines; ainsi il ne faut consulter sur cette matiére que l'usage des païs de droit écrit; usage qui n'est pas conforme dans toutes les provinces.

Dans la coutume de la ville de Bourdeaux, sénéchaussée de Guïenne & païs Bourdelois, l'augment de dot coutumier ou légal est dû à la femme de plein droit, & sans stipulation, en vertu de la coutume qui l'établit expressément sous le nom de donation à cause de nôces, que l'on convient être la même chose que l'augment. La jurisprudence du parlement de Bourdeaux est conforme à la coutume, suivant le témoignage de la Peyrere, en ses décisions, de l'auteur des notes, lettre *A*, n. 39 & suiv. & lettre *B* & *V*, n. 76, & de Bretonnier, en ses questions alphabétiques, *verbo* augment.

Par les coutumes de la ville de Toulouse, l'augment de dot coutumier y est pareillement dû de plein droit, & sans stipulation; & ce en vertu de ces coutumes, qui l'établissent en termes exprès, à laquelle disposition l'usage est conforme, suivant ce qui nous est attesté par Despeisses, to. 1, partie 1, section 5, n. 15; par Bretonnier, *loco citato*, & par M. d'Olive, en ses arrêts du parlement de Toulouse, livre 3, chapitre 3.

Dans tout le reste du ressort de ce parlement, l'augment est aussi en usage : mais il n'est dû que lorsqu'il est expressément stipulé par le contrat de mariage.

La coutume générale d'Auvergne, païs coutumier, n'établit point d'augment, & il n'est pas dû de plein droit, même dans les endroits de cette province qui sont régis par le droit écrit : mais à la suite de la coutume générale, il y a plusieurs coutumes locales des païs coutumiers, qui établissent un gain de survie pour la femme, à proportion de sa dot, sous le nom d'augment.

Dans les provinces de Lyonnois, Forez, Beaujolois, quoiqu'il n'y ait aucune loi, coutume, ni statut, qui établisse l'augment de dot, il ne laisse pas d'y être dû de plein droit, & sans aucune stipulation, en vertu de l'usage seul, suivant le témoignage de Bretonnier, en ses observations sur Henris, tome 1, livre 4, chapitre 6, question 107; & tome 2, en ses observations sur le dix-huitiéme plaidoïer d'Henris, & en ses questions alphabétiques, *verbo* augment.

La même chose a lieu dans les provinces de Bugey, Valromey & Gex, suivant le témoignage de Faber, *cod. de donat. antè nuptias, defin.* 5; & de Revel, en ses remarques sur les usages de Bresse, remarque 58.

L'augment de dot est pareillement dû de plein droit, & sans aucune stipulation, dans la principauté souveraine de Dombes, quoiqu'il n'y ait aucune coutume qui en dispose, & qu'il n'y soit fondé que sur l'usage.

A l'égard des autres païs ou l'augment de dot est usité, mais sans être établi par la coutume ou par l'usage, il n'y est dû qu'en vertu d'une stipulation expresse portée dans le contrat de mariage. Tels sont les parlemens de Pau, de Grenoble & autres païs. Et à plus forte raison, dans les provinces d'Auvergne, de Provence, Bresse & Maconnois, où l'augment n'est pas d'un usage ordinaire, il n'est dû que quand il est expressément stipulé.

Quant à la quotité de l'augment légal, elle varie suivant les différens païs où il est en usage. Elle varie même dans chacun de ces païs, suivant les circonstances & la nature des biens qui composent la dot : ainsi, outre que ce détail seroit trop long, il se trouveroit déplacé ici, n'étant d'aucune utilité pour l'objet principal de cet ouvrage.

L'augment de dot préfix ou conventionnel est celui qui est stipulé, & dont la quotité est réglée par le contrat de mariage; à la différence de l'augment coutumier ou légal, qui est dû sans aucune convention, en vertu de la loi seule, ou du moins de l'usage de la province, qui l'établit de droit, & qui en régle la quotité.

Cet augment de dot préfix ou conventionnel est reçu non-seulement dans les païs où l'augment, quoique d'un usage ordinaire, a lieu en vertu d'une stipulation expresse, comme dans les parlemens de Pau & de Grenoble; mais il se pratique aussi dans les païs où il y a un augment coutumier dû sans stipulation, comme dans les provinces de Lyonnois, Forez, Beaujolois; parceque les contrats de mariage sont susceptibles de toutes sortes de clauses qui ne sont contraires ni aux bonnes mœurs, ni à aucun ſtatut réel, prohibitif, abſolu; & que dans les païs où l'uſage a établi l'augment coutumier, quoique cet augment ſoit dû en vertu de l'uſage ſeul, ſans aucune ſtipulation, & que la quotité & les conditions de ce droit ſoient auſſi réglées par l'uſage ou la coutume; cependant il n'y a aucun ſtatut qui défende de régler l'augment de dot autrement qu'il eſt établi par la coutume, ou par l'uſage de la province; en ſorte que les perſonnes qui contractent mariage peuvent faire ſur l'augment telles conventions qu'elles jugent à propos, même contraires à l'uſage ordinaire.

Si nous voulions traiter ici toutes les queſtions qui concernent l'augment de dot, cet objet nous fourniroit la matiére d'un traité ſéparé. Peut-être même trouvera-t-on que nous en avons trop dit : mais deux raiſons nous ont déterminé à nous étendre un peu ſur ce gain de ſurvie. La premiere eſt que, comme il n'eſt point fondé en loi, & qu'il ne tire ſon origine ſimplement que de l'uſage établi dans les provinces où il eſt pratiqué, il eſt fort peu connu de la plupart des juriſconſultes qui ſont établis ailleurs que dans ces païs. Ainſi nous avons cru, avant que de leur préſenter les déciſions qui ſont l'objet de cet ouvrage, & qui concernent cette matiére, devoir leur expoſer la nature de la choſe ſur laquelle roulent ces déciſions.

La ſeconde raiſon eſt que les principes que nous venons d'établir ne contribueront pas peu à nous déterminer, comme on va le voir.

Il eſt conſtant, entre tous nos auteurs, que ſi le mari eſt condamné à quelque peine qui emporte mort civile, ſans néanmoins que la mort naturelle s'en ſuive, la femme peut demander ſon augment de dot. Cet uſage nous eſt atteſté par Henris, tome 2, livre 4, queſtion 1; & par Argou.

La raiſon de cette juriſprudence eſt que le mari, devenant par la mort civile incapable de tous effets civils, eſt conſidéré dès-lors comme s'il étoit mort naturellement, & la femme eſt réputée lui avoir ſurvécu : & comme la mort civile du mari emporte la confiſcation de tous ſes biens, la femme eſt préférée au fiſc, parceque, ſi elle étoit obligée d'attendre la mort naturelle de ſon mari, elle ne pourroit plus eſpérer d'en être jamais païée, puiſque ſon mari, par la mort civile, eſt dépouillé de tous ſes biens, & n'en peut plus acquérir.

On trouve à la vérité une diſpoſition contraire dans les arrétés de M. le premier préſident de Lamoignon, titre des douaires, article 51, qui porte que » la mort civile du mari ne donne » point ouverture au douaire, ni à l'augment de dot, sauf à la » femme de demander en justice une pension qui ne pourra ex- » céder le mi-douaire : mais cet arrêté n'est qu'un projet de loi, qui n'est pas revêtu de l'autorité publique. Ainsi il ne détruit point l'usage contraire qu'on vient de rapporter.

Dans tous les cas où le mari est mort civilement, la femme peut demander son augment, soit que la condamnation ait été contradictoire, soit qu'elle ait été prononcée par contumace. Il faut seulement observer que, si le mari n'a été condamné que par contumace, on ne doit accorder à la femme, & après elle à ses enfans, l'augment, qu'en donnant caution de les rapporter ; parceque le mari peut, dans les cinq années, se représenter pour purger la contumace, & être absous du crime qui lui étoit imputé : auquel cas la femme, ou les enfans & leurs cautions seroient tenus de rendre ce qui auroit été accordé par provision pour l'augment. Le mari ne pourroit néanmoins prétendre aucune restitution des fruits, s'il avoit laissé passer la premiere année de sa condamnation sans se purger.

La caution doit être donnée par la femme, tant pour la sûreté du mari, que pour celle des enfans ; en sorte qu'après les cinq années du jugement par contumace, la caution donnée par la femme ou les enfans demeure déchargée de plein droit à l'égard du mari ; parceque le jugement de mort civile étant confirmé par le laps de tems, le mari est de plus en plus réputé mort civilement, & l'on ne présume pas qu'il puisse revivre : mais la caution donnée par la femme demeure toujours obligée envers les enfans, pour la restitution de l'augment après la mort de la mere.

Néanmoins, si le mari condamné par contumace étoit reçû à se purger après les cinq ans, & qu'il fût absous ; ou si, après avoir été condamné contradictoirement, il étoit rétabli dans tous ses droits par lettres du Prince, la femme ou les enfans, qui se trouveroient en possession de l'augment de dot, seroient tenus de lui rendre tout ce qu'ils en auroient reçû, en cas qu'ils n'en eussent point disposé à titre onéreux ; & au cas où ils auroient disposé à titre onéreux des biens qui leur auroient été donnés en paiement, ils seroient tenus de lui en rendre la valeur : mais le mari ne pourroit en aucun cas prétendre la restitution des fruits.

Si la femme, après avoir reçû son augment à cause de la mort

mort civile de son mari, venoit elle-même à décéder avant la mort naturelle de son mari, le fisc, ni les héritiers ou créanciers du mari ne pourroient pas les répéter contre sa succession, sous prétexte qu'ils ne lui avoient été accordés que dans la présupposition qu'elle survivroit à son mari. En ce cas, la mere transmet à ses enfans tout ce qu'elle a reçû, quoique leur pere jouïsse encore de la vie naturelle; parcequ'il ne peut être réputé comme vivant après avoir été censé mort en vertu de la condamnation; tellement qu'en cas de mort naturelle de la femme après la mort civile du mari, ni lui, ni ses héritiers & créanciers, ni le fisc ne peuvent demander les avantages qu'il auroit eus s'il eût survécu naturellement & civilement à sa femme. Il y en a un arrêt du parlement de Bourdeaux, rapporté par Automne, *ad legem si mors.*

La décision que nous venons d'établir souffre néanmoins quelques difficultés. Elles résultent de la maxime que nous avons établie au commencement de cette section, qui est que le mot *mort*, emploïé dans un contrat, ne s'entend jamais que de la mort naturelle, & non de la mort civile, & qu'il n'a cette double signification que dans les loix. Or nous avons fait voir que, dans plusieurs païs, ce gain de survie n'est fondé que sur l'usage : & dans d'autres, il faut de toute nécessité qu'il soit expressément stipulé dans le contrat de mariage, pour avoir lieu. D'où il suit, qu'au moins dans ces païs, l'augment ne peut être ouvert par la mort civile du mari, puisqu'il n'est fondé sur aucune loi positive, qui puisse donner au mot *mort* la signification de mort civile.

A cette objection deux réponses, dont l'une regarde les païs où l'augment est établi par l'usage, & l'autre concerne tous les païs où ce gain de survie a lieu, de quelque façon que ce soit.

1°. Lorsque nous avons dit qu'il y a des provinces où l'augment de dot n'est fondé que sur l'usage, nous avons ajoûté que cet usage est si ancien & si constant qu'il tient lieu de loi; & la jurisprudence des parlemens le regarde de même. Puis donc que cet usage veut que ce gain de survie soit ouvert par la mort en général, il faut interpréter ce langage comme si c'étoit une loi qui parlât, puisque c'en est une effectivement; & dire que cette disposition doit s'entendre de la mort civile comme de la mort naturelle.

2°. Nous avons établi que la femme, en cas de mort civile de son mari, ne peut demander son augment de dot qu'en donnant caution de le rapporter, au cas qu'elle décéde avant son mari ; & cette jurisprudence a lieu pour tous les païs & pour tous les cas où il y a augment de dot. La femme n'a donc proprement alors qu'une simple jouïssance & un simple usufruit, & non une véritable propriété ; de sorte qu'à parler exactement, on ne doit pas regarder cette jouïssance accordée à la femme comme l'ouverture de l'augment ; mais comme une simple provision, en attendant que la propriété lui soit acquise par la mort naturelle de son mari.

Du contre-augment, ou du droit de rétention.

Le contre-augment, ou droit de rétention est un gain de survie usité dans quelques-unes des provinces du droit écrit, que le mari survivant retient sur la dot de sa femme prédécédée, comme l'augment de dot accordé à la femme se retient sur les biens du mari.

On appelle ce gain de survie accordé au mari contre-augment, parcequ'il est opposé à l'augment, & qu'il n'est accordé qu'au cas où l'augment n'aura pas lieu.

On l'appelle aussi droit de rétention, parceque le mari est en droit de le retenir sur la dot de sa femme, dans les cas où il est obligé de la restituer.

Il paroît que ce gain nuptial tire son origine de l'ancien droit Romain. Les héritiers du mari prédécédé étoient tenus de restituer la dot sans aucune distinction, comme cela se pratique encore aujourd'hui. *L. 30, cod. de jure dot.* Mais il y avoit des cas où le mari gagnoit la dot entiére, ou du moins partie de la dot de sa femme, selon la nature de l'action qu'on avoit contre lui pour la répéter.

Or cette répétition s'exerçoit par le moïen de trois actions différentes ; sçavoir l'action *rei uxoriæ*, l'action *ex stipulatu*, & l'action *præscriptis verbis.*

La nature de ces différentes actions est fort bien expliquée dans le traité des gains nuptiaux, où le lecteur pourra s'en instruire.

Le gain de la dot, accordé au mari par cet ancien droit, étoit bien un gain de survie, & même une espéce de contre-augment; puisqu'il étoit opposé à la donation à cause de nôces, que la femme devoit gagner en cas de survie ; de même que le contre-augment, qui est aujourd'hui en usage dans les païs de droit écrit, est opposé à l'augment de dot.

Ce gain de la dot étoit même un droit plus étendu que notre contre-augment; puisqu'il étoit de la totalité de la dot; au lieu que notre contre-augment n'est ordinairement que d'une partie.

On pourroit donc induire de ces convenances, que le contre-augment des païs de droit écrit est fondé sur le gain de la dot accordé par l'ancien droit Romain: mais ce qui dérange cette origine & en interrompt la filiation, c'est que le nouveau droit Romain, observé dans les païs de droit écrit, ne donne au mari survivant aucun gain sur la dot de sa femme.

Le contre-augment, usité dans les païs de droit écrit, n'est cependant pas non plus émané du droit coutumier; car les coutumes, si favorables aux femmes, n'ont pas eu la même attention pour les maris. Il y a bien quelques coutumes qui accordent aux maris survivans certains droits sur les biens de leur femme prédécédée, comme la coutume de Metz, titre 6, article 10, qui donne au mari survivant tous les meubles & acquêts de gagerie; celle de Normandie, qui lui accorde le droit connu en cette province sous le nom de droit de viduité, dont nous parlerons dans la suite: mais ces coutumes sont singuliéres en cela, & exorbitantes du droit commun & général des païs coutumiers, qui ne donne au mari survivant aucun gain de survie sur la dot de sa femme prédécédée.

Il y a donc lieu de croire que le contre-augment des païs de droit écrit descend du gain de survie, que l'ancien droit Romain donnoit au mari, sur la dot de sa femme prédécédée.

En effet, lorsque le nouveau droit Romain, qui ne donne au mari aucun droit de survie sur la dot de sa femme, a abrogé l'ancien droit, on conserva toujours l'usage de stipuler quelqu'avantage en faveur du mari survivant, ainsi qu'il paroît par la loi unique, §. 6, *cod. de rei uxoriæ act.* Par la loi 19, *cod. de donat. antè nupt.* Par les loix 2, 12 & 26, *de pact. dot. L.* 1, *ff. de dot. prælег.* *L.* 9, *cod. de pact. convent.* & par la novelle 97, *cap.* 1. *de æqualit. dot.*

Cet usage observé par les Romains, de stipuler un gain de survie en faveur du mari survivant, s'est toujours perpétué depuis. Il a été transmis aux habitans des païs de droit écrit, avec le nouveau droit Romain; & de-là s'est insensiblement formé le contre-augment.

Dans quelques endroits, comme dans la ville & viguerie de Toulouse, dans la ville de Bourdeaux, sénéchaussée de Guïenne & païs Bordelois, l'usage de stipuler un contre-augment est devenu si commun & si général, que cette stipulation n'y est plus néceſſaire. Elle ſe préſume toujours & ſe ſupplée de droit. On en a même fait dans la ſuite une diſpoſition expreſſe dans les coutumes de ces païs, lorſqu'elles ont été rédigées. En vertu de cette diſpoſition, le mari ſurvivant a droit de prendre le contre-augment, aux termes de la coutume, ſans qu'il ait été ſtipulé.

Dans les autres provinces de droit écrit, comme Lyonnois, Forez, Beaujolois, dans les parlemens de Grenoble, de Pau & de Dombes, il n'y a aucun contre-augment dû de plein droit : mais il eſt d'uſage d'en ſtipuler un par le contrat de mariage; & cela ſe pratique communément, ſur-tout entre les gens de la campagne.

Il y a donc deux ſortes de contre-augment; ſçavoir le coutumier ou légal, qui eſt dû de plein droit & ſans ſtipulation, en vertu & aux termes de la coutume, comme à Toulouſe & à Bourdeaux; & le contre-augment conventionnel, qui n'eſt dû que lorſqu'il eſt expreſſément ſtipulé par le contrat de mariage, comme dans le Lyonnois & les autres provinces dont nous venons de parler.

C'eſt d'après cette diſtinction que l'on peut décider la queſtion que nous avons ici à examiner. Dans les païs où le contre-augment a lieu ſans ſtipulation, & en vertu de la diſpoſition de la loi, la mort civile de la femme y donne ouverture au profit du mari; parceque, comme nous l'avons obſervé, lorſque la loi prévoit la mort, elle conſidére en même tems tous les cas où la perſonne dont elle parle ceſſe d'être ſous ſa protection; ce qui arrive par la mort civile auſſi bien que par la mort naturelle : mais le mari doit donner caution pour la jouïſſance qui lui eſt accordée en ce cas, tant pour la ſûreté de la femme au cas qu'elle revienne à la vie civile, que pour la ſûreté des enfans qui, dans ce cas, ſont les vrais propriétaires du contre-augment; leur pere n'en aïant que l'uſufruit. Il doit encore cette caution quand même il y auroit dans le contrat de mariage une ſtipulation de propriété en ſa faveur; parceque la femme peut rentrer dans ſes droits, ſoit en purgeant la contumace, ſoit par la clémence du prince; & alors elle reprend la propriété du contre-augment. En un mot il faut ſe conformer dans ce cas aux régles que nous avons établies pour l'augment de dot. Elles doivent être appliquées ici.

Dans les païs où le contre-augment n'eſt fondé que ſur la ſtipulation des parties ſimplement, nous ne croïons pas qu'il ſoit ouvert par la mort civile de la femme; parceque le mot *mort*, emploïé dans les contrats, ne s'étend point à la mort civile. Il se restreint exactement dans les bornes de la mort naturelle.

Des Bagues & Joïaux.

Dans plusieurs provinces du droit écrit, outre l'augment de dot proprement dit, la femme a encore une autre gain de survie moins considérable, qu'on appelle bagues & joïaux. On ne doit point entendre ici par ces termes les bijoux que le futur ou les parens donnent à la future pour présent de nôces.

On voit même par l'histoire sacrée, que cette sorte de libéralité a été de tout tems en usage. Le goût que ceux qui l'exercent ont pour le luxe en est l'unique mesure : les loix n'ont point porté leur attention sur cet objet. Si le mariage ne s'accomplit pas; & qu'il s'éleve quelque difficulté pour la restitution de ces présens, la décision dépend purement des circonstances.

Ce qui fixe ici notre attention est un don de nôces & de survie au profit de la femme, & qui n'est en usage que dans les païs de droit écrit. Il se proportionne à la dot.

Ces bagues & joïaux, quoique fort différens des premiers, ne laissent pas d'en tirer leur origine. En effet l'ancien usage de donner des bagues & joïaux en nature a d'abord fait introduire que, pour prévénir toute contestation, on en régleroit la valeur par le contrat de mariage, lorsque le mari n'en auroit pas donné en nature avant le contrat.

Il n'y a aucune loi, ni aucune disposition de coutume qui établisse ce droit : mais, en quelques endroits, il est fondé sur un usage qui a acquis force de loi.

Les païs où le don de bagues & joïaux est le plus usité sont les provinces de Lyonnois, Forez, Beaujolois. Dans ces provinces, ils sont dûs de plein droit, & sans qu'il soit besoin d'aucune stipulation. *Voïez* les questions alphabétiques, *verbo* bagues & joïaux.

La même chose se pratique dans la principauté de Dombes.

Il y a encore quelques provinces où le don de bagues & joïaux est en usage, comme dans les parlemens de Bourdeaux, de Toulouse, de Grenoble, de Metz, dans la province du Maconnois, dans la province de Bresse, & dans celle du Bugey. On en stipule aussi quelquefois en Provence : mais, dans tous ces païs, ils ne sont exigibles qu'en vertu d'une stipulation expresse.

Il y a donc deux sortes de bagues & joïaux ; les uns coutumiers, qui sont dûs en vertu de l'usage seul, & les préfix ou conventionnels, qui ne sont dûs qu'en vertu & aux termes du contrat de mariage.

Pour que la femme recueille les bagues & joïaux coutumiers, il faut qu'elle survive à son mari : & après sa mort, ils sont de droit réversibles à ses enfans, à l'exception d'une virile dont elle a la propriété. On peut néanmoins stipuler par le contrat de mariage qu'ils ne seront point réversibles, quoiqu'ils soient coutumiers.

A l'égard des bagues & joïaux préfix ou conventionels, comme le droit n'en est fondé que sur la convention, ils en dépendent aussi pour la quotité, pour la propriété, & pour toutes les conditions qu'on y veut ajoûter.

Le droit de les demander, en cas de mort civile, appartient à la femme, quand ils sont fondés sur la coutume du lieu, en donnant caution de la même maniére & pour les mêmes raisons que nous avons expliquées en parlant de l'augment de dot ; avec cette différence que quand ils lui sont stipulés propres, elle ne doit la caution qu'à son mari simplement, & non à ses enfans.

Dans les païs où ce droit n'a lieu que dans le cas d'une stipulation expresse apposée au contrat de mariage, la mort civile du mari n'y donne point ouverture. Il faut que la femme attende, pour les exiger, qu'il soit mort naturellement.

De l'année, ou droit de viduité en païs de droit écrit.

Ce droit est établi en faveur de la femme survivante en païs de droit écrit, & consiste en une certaine somme d'argent qu'on lui adjuge, tant pour les intérêts de sa dot mobiliaire, que pour les alimens qui lui sont dûs aux dépens de la succession de son mari pendant l'année de deuil.

Comme cette somme tient lieu des intérêts de la dot pendant la premiere année du deuil, elle est regardée comme faisant partie de la dot même : ainsi ce n'est pas, à proprement parler, une libéralité du mari, mais une créance de la femme. Bretonnier, en ses observations sur Henris, tome 1, livre 4, chapitre 6, question 59, remarque même que ce droit est aussi favorable que la dot.

L'origine de ce droit vient de ce que, ſuivant les loix Romaines, les héritiers du mari n'étoient tenus de reſtituer la dot à la femme qu'en trois termes, *annuâ, bimâ, trimâ die*.

Juſtinien, par la loi unique au code *de rei uxoriæ actione*, §. 7, changea cette forme de païer la dot, & ordonna que la femme auroit la jouïſſance des immeubles auſſitôt après le décès de ſon mari. Quant à la dot mobiliaire, il accorda un an aux héritiers pour en faire le païement, à compter du jour du décès du mari.

Cette loi cauſa encore bien des embarras. Il arrive ſouvent que toute la dot d'une femme eſt en mobilier, & qu'elle n'a point d'autre bien; enſorte que la femme, n'en pouvant demander la reſtitution pendant cette année, étoit expoſée à manquer des choſes les plus néceſſaires, tant pour la vie que pour l'entretien; & les héritiers refuſoient de lui donner des alimens, ſous prétexte qu'ils n'y étoient obligés par aucune loi.

L'auteur de la gloſe ſur cette loi a ſenti tous ces inconvéniens, & a remarqué dans une note, que les héritiers étoient tenus de fournir des alimens à la femme. Cette interprétation a paru ſi naturelle & ſi équitable en même tems, qu'elle a été adoptée dans tous les païs de droit écrit, où elle eſt ſi exactement ſuivie, que l'on peut dire que l'uſage lui a donné force de loi.

Ce droit a même reçû une interprétation ſi favorable, qu'il eſt exigible, quoique la femme n'ait point apporté de dot, ou qu'elle ait été rembourſée auſſitôt après la mort de ſon mari. *Voïez* Bretonnier, en ſes obſervations ſur Henris, tome 1, livre 4, chapitre 6, queſtion 59 & 104; & Graverol, en ſes obſervations ſur la Roche-Flavin, livre 2, titre 6, article 5.

D'après ces principes, il nous paroît qu'il eſt fort aiſé de prendre un parti ſur la queſtion principale que nous avons à examiner ici, qui conſiſte à ſçavoir ſi la mort civile du mari donne ouverture à ce droit de viduité. Il eſt fondé ſur la loi: ce ſont des alimens dûs à la femme. Ainſi nous ne croïons pas qu'il y ait lieu de douter qu'elle peut exiger ce droit de viduité, lorſque le mari a encouru la mort civile, en donnant néanmoins caution pour le lui reſtituer, au cas qu'il vienne à rentrer dans ſes droits.

De la quarte qu'on accorde au ſurvivant pauvre, ſur les biens du prédécédé.

Lorſque les biens du ſurvivant, y compris toutes ſes repriſes & conventions matrimoniales, ne ſuffiſent pas pour le faire vivre ſuivant ſon rang & ſa condition, les loix Romaines lui accordent en ce cas une quarte; c'eſt-à-dire la quatriéme partie des biens du prédécédé, quand il n'a laiſſé que trois enfans, ou moins de trois; & une part afférante, quand il y a plus de trois enfans.

Quand il n'y a point d'enfans communs, cette part appartient en propriété à celui qui la prend; & quand il y a des enfans communs, il n'en a que l'uſufruit.

Ce droit a été établi par les novelles de Juſtinien 53 & 74, deſquelles a été tirée l'autentique *Prætereà*, au code *undè vir & uxor*. Suivant ces loix, ce droit appartient également au mari & à la femme, en cas de pauvreté.

Il eſt vrai que la novelle 117, chapitre 5, a ôté au mari la quarte que lui donnoit la novelle 53: & le Brun, en ſon traité des ſucceſſions, livre 1, chapitre 7, n. 4, prétend que cette novelle eſt ſuivie en nos provinces de droit écrit; ce qui lui paroît juſte, parceque, dit-il, la quarte n'a été accordée à la femme que par commiſération; au lieu que l'homme eſt moins à plaindre, aïant plus de force pour gagner ſa vie.

Mais cet auteur ſe trompe, & il paroît conſtant que la novelle 117 n'eſt point obſervée en France, où l'on accorde la quarte au mari auſſi-bien qu'à la femme. Tel eſt le ſentiment d'Accurſe, ſur l'autentique *Prætereà*; de Dumoulin, ſur le conſeil 24 de Decius; de Deſpeiſſes, tome 1, partie 1, du mariage, ſect. 5, n. 26; & de pluſieurs autres auteurs.

Ce droit de quarte n'a point lieu dans le païs coutumier; parceque la femme ſurvivante y a ordinairement, outre ſon douaire, la moitié en la communauté, & que le mari a auſſi la moitié en la communauté. Dans les coutumes où la communauté n'eſt point admiſe, comme en Normandie, la loi y a pourvû autrement, en donnant à la femme le tiers en uſufruit de certains acquêts, & la moitié en propriété, en d'autres; & en donnant au mari le droit de viduité, dont nous parlerons dans la ſuite.

Comme ce droit de quarte eſt fondé ſur les loix Romaines, qui

qui régissent les païs où il est en usage ; que, d'ailleurs, il a été puisé dans la justice & dans l'équité, il n'est pas douteux qu'il doit avoir lieu, en cas de mort civile de l'un des deux conjoints, au profit de l'autre, s'il est dans le cas, par sa pauvreté, de le demander.

Tels sont, à peu près, les gains nuptiaux & les droits de survie usités en païs de droit écrit. Il y en a cependant encore quelques autres : mais, outre qu'ils doivent tous se régler suivant les principes que nous avons établis concernant ceux dont nous venons de parler ; ils n'ont lieu, pour la plupart, que dans de petits cantons particuliers. Or il y a tant d'usages différens dans plusieurs païs de la France, sur toutes les matiéres de droit, qu'on n'auroit jamais fini, si l'on vouloit les parcourir tous.

Après avoir traité des gains nuptiaux, qui sont particuliers aux païs de droit écrit ; nous allons examiner ceux qui sont communs aux païs de droit écrit & aux païs coutumiers en même tems, & nous finirons par ceux qui sont propres aux païs coutumiers.

Du Deuil.

On entend par ce terme les habits & équipages de deuil que les héritiers du défunt mari sont obligés de donner à la veuve, suivant son état & sa condition.

Les loix du digeste imposoient à la femme qui survivoit à son mari l'obligation d'en porter le deuil pendant une année, comme un honneur & une marque du respect dû à sa mémoire ; à peine d'infamie quand elle y manquoit. C'est la disposition expresse de la loi 8, *ff. de his qui notant. infam.*

Mais dans la suite on relâcha beaucoup de ce cérémonial. Les femmes furent même dispensées de porter le deuil extérieur de leurs maris. C'est la disposition de la loi 15, *cod. ex quibus caus. infam. irrogatur.*

En France, on a adopté sur cette matiére les loix du digeste ; & la loi du code qui en dispense n'est point suivie ; pas même en païs de droit écrit. C'est une régle observée par toute la France, que la veuve est tenue *lugere maritum, & lugubria sumere. Voïez* Brodeau sur Louet, lettre *V*, somm. 11 ; & Loysel, en ses institutes coutumieres, livre 1, titre 2, régles 29 & 33.

Au reste, ce devoir n'est pas réciproque. Il n'oblige que la femme ; & le mari n'est point obligé de porter le deuil de son épouse : ce qui est fondé sur ce que la femme doit le respect à la mémoire de son mari comme elle le lui devoit à lui-même lorsqu'il étoit vivant ; au lieu que le mari n'est jamais tenu envers sa femme que de l'amour conjugal & de la complaisance qui doit régner dans le mariage.

Néanmoins dans le ressort du parlement de Dijon, par un usage particulier à cette province, l'obligation de porter le deuil est réciproque entre les conjoints. Taisand, sur la coutume de Bourgogne, titre 4, article 8, n. 5, rapporte plusieurs arrêts de ce parlement qui l'ont ainsi jugé.

Pour revenir au deuil qui est en usage dans toute la France, tant coutumiere que de païs de droit écrit ; c'est aux héritiers du mari à païer à la femme ce qui lui est dû pour ses ornemens de deuil, elle est en droit de l'exiger : & a même pour cet effet hipotéque du jour de son contrat de mariage.

La raison est que la veuve est assujettie à vivre pendant une année entiére dans la tristesse du deuil, ne pouvant se remarier pendant cette année-là, sans s'exposer, au moins dans plusieurs provinces, à perdre tous les avantages que son défunt mari lui avoit faits par contrat de mariage ; même son douaire. Or il seroit trop dur de l'obliger encore à porter le deuil à ses dépens. C'est pourquoi l'on a établi cette maxime, que *nemo debet lugere sumptibus suis.*

La somme que la femme peut exiger pour son deuil s'estime selon la condition du mari.

Il est incontestable que la mort civile du mari ne donne point ouverture à ce droit ; & qu'elle est même un obstacle à la demande qui en pourroit être faite lors de la mort naturelle, quelque long que fût l'intervalle de tems qui sépareroit ces deux événemens. Peut-on présumer qu'une femme regrette un mari que ses crimes ont retranché de la société, & qui a plongé sa famille dans un opprobre éternel ? Et les loix qui l'ont couvert d'une juste infamie exigeront-elles qu'on honore sa mémoire ?

Du Douaire.

Loysel, en ses institutes coutumieres, livre 1, titre 3, du douaire, n. 6, donne cette maxime, qui depuis a passé en proverbe : *jamais mari ne païa douaire.* Aussi est-il certain qu'il n'y a aucun cas où le douaire puisse être dû pendant la vie du mari ; & que la femme n'en peut jamais obtenir la jouissance provisionnelle. Ce principe est établi par Argou, livre 3, chapitre 10; par Renusson, traité du douaire, chapitre 5, n. 42; par Pocquet de Livonniere, en ses régles du droit François, livre 2, titre 7, chapitre 2, régle 33; par Louet, lettre *D*, somm. 36, lequel rapporte un arrêt qui a jugé la question précisément dans le cas de la mort civile du mari, enfin par Ferriere, sur l'article 229 de la coutume de Paris, §. 2, n. 9; par Auzannet, sur l'article 256; par Bouguier, lettre *M*, n. 4.

Cependant Coquille, dans ses institutes coutumieres, chapitre 14, rapporte un arrêt solemnel du 14 Août 1567, qui a adjugé dans ce cas le douaire à la femme. Cet arrêt est aussi cité par Bacquet, en ses droits de justice, chapitre 15, n. 61.

On pourroit d'abord répondre à cet arrêt, qu'il est en opposition avec le sentiment de tous les auteurs les plus accrédités, & que l'avis uniforme des modernes est que la jurisprudence actuelle y est contraire : mais il est une réponse plus satisfaisante. Il paroît que la jurisprudence est devenue à cet égard plus rigoureuse qu'elle ne l'étoit auparavant. En effet, Chenu, cent. 1, quest. 46, nous apprend que, dans l'ancienne jurisprudence, on adjugeoit à la femme son douaire même avant la mort de son mari, lorsque la communauté venoit à se dissoudre par une séparation de biens.

Brodeau sur Louet, lettre *C*, somm. 26, n. 14 & 15, rapporte deux arrêts, l'un de 1635, & l'autre de 1663, qui ont jugé que les donations de survie sont acquises à la femme par la mort civile du mari; d'où l'on peut conclure que c'étoit alors la maniére de penser dans les tribunaux.

Argou & Renusson, qui sont postérieurs à ce tems, nous attestent encore qu'on adjuge à la femme une pension sur les biens de son mari mort civilement, pour en jouïr jusqu'à ce que le douaire ait lieu, & que cette pension s'appelle mi-douaire; parcequ'elle va ordinairement à la moitié du douaire.

On peut voir aussi là-dessus le Brun, en son traité de la communauté, livre 3, chapitre 1, n. 42. Mais l'annotateur sur Argou observe que, depuis long-tems, on n'est plus dans l'usage d'en accorder; & son observation est vraïe, & conforme à la pratique actuelle.

Il semble donc qu'on peut réfuter l'arrêt rapporté par Coquille & ceux qui sont rapportés par Brodeau, en disant que la jurisprudence a changé, & qu'aujourd'hui non-seulement le douaire n'eſt point réputé ouvert par la mort civile ; mais qu'on n'accorde à la femme aucune penſion, ni aucune jouïſſance proviſionnelle pour en tenir lieu.

Il y a cependant encore des juriſconſultes qui s'appuïent ſur une conſidération, pour ſoutenir que la femme doit avoir la jouïſſance de ſon douaire, lors de la mort civile de ſon mari. Cette conſidération eſt l'indigence dans laquelle ſe trouve le mari, par la perte de tous ſes biens, qui paſſent au fiſc ou à ſes héritiers ; indigence qui met ſa femme dans la néceſſité de le nourrir.

Ils penſent que, même aujourd'hui, on ne refuſeroit pas à une femme ſéparée, chargée d'enfans, & dont le mari eſt ruïné, la jouïſſance de ſon douaire contre les créanciers du mari : mais qu'en tout cas, on ne devroit pas la lui refuſer dans le cas de la mort civile d'un mari non condamné à mort naturelle, & dans le cas de la renonciation de la femme à la communauté ; parceque le fiſc, qui jouïroit alors, eſt moins favorable encore que les créanciers, & qu'il n'y a pas d'inconvénient de le charger de païer à la femme, ſur les biens du mari, une eſpéce de penſion pour le nourrir.

Malgré toutes ces raiſons, la juriſprudence nous paroît ſi conſtante, & d'ailleurs la faveur d'un homme banni de la ſociété, pour raiſon de ſes crimes, eſt ſi petite ; que cet avis ne ſeroit pas ſuivi.

D'ailleurs, ſi l'on conſidére les raiſons pour leſquelles le douaire a été introduit en faveur de la femme, on ſera forcé de convenir qu'il ne peut être ouvert que par la mort naturelle.

Pluſieurs auteurs ont penſé que le douaire eſt *præmium deflorataæ virginitatis* : mais cette raiſon eſt trop frivole pour avoir été le motif d'un avantage auſſi grand & auſſi favoriſé par les coutumes & par les tribunaux. D'ailleurs l'uſage nous fait voir que ce n'eſt point le vrai motif ; puiſqu'il appartient en propre aux enfans, qui n'ont point de dédommagement à prétendre ſur les biens de leur pere, pour avoir uſé des droits que le mariage lui donnoit ſur leur mere. Et nous voïons qu'une femme acquiert autant de douaires, qu'elle tombe de fois en viduité pendant ſa vie. Une fille même dont la proſtitution aura été publique & notoire avant ſon mariage, ne ſera pas moins en droit de prétendre ſon douaire que la plus ſage, quoique ſon mari n'ait pas cueilli *Florem virginitatis*.

Le douaire n'eſt donc autre choſe qu'une eſpéce de penſion aſſignée à la femme ſur une partie des biens de ſon mari, pour la mettre en situation de soutenir avec honneur l'état qu'il lui a laissé en mourant ; & si la loi a accordé la propriété de ce douaire aux enfans, c'est pour leur laisser des alimens, & les préserver de la misére dans laquelle la dissipation de leur pere auroit pû les plonger.

Il suit de-là que la femme ne peut exiger de douaire qu'après la mort naturelle de son mari ; parceque, tant qu'il vit, elle n'a d'autre état à soutenir que celui qu'il tient lui-même. S'il est en état de mort civile, la femme est nécessairement dans une humiliation, qui fait que de simples alimens lui suffisent. A l'égard des enfans, leurs prétentions sur le douaire ne périclitent en aucune maniére. Ils ne peuvent en exercer aucune, tant que leurs pere & mere vivent. S'il y a lieu dans la suite pour eux à la revendication, ils sont toujours en droit de l'exercer, sauf la prescription, contre ceux qui se trouvent propriétaires lors de l'ouverture de leurs droits, du bien qui y est affecté.

Il faut observer cependant que les coutumes de Nivernois, art. 6, d'Anjou, article 319, & du Maine, article 331, contiennent une disposition contraire au principe que nous venons de poser. Elles veulent que la femme puisse avoir son douaire sur les biens de son mari vivant quand il est dissipateur, & lorsque ses biens sont vendus pour le paiement de ses dettes. D'où l'on peut conclure que, dans ces coutumes, la femme peut à plus forte raison obtenir son douaire dans le cas de la mort civile de son mari. La coutume de Melun, article 235, porte expressément que le douaire peut être demandé après la mort naturelle ou civile du mari : mais, comme ces dispositions sont particuliéres à ces coutumes, & contraires à l'usage des parlemens, elles doivent être restreintes dans leur territoire.

Renusson, en son traité du douaire, chapitre 5, n. 42, examine la question de sçavoir si les enfans héritiers de leur mere peuvent demander le douaire sur les biens de leur pere mort civilement ?

Indépendamment des raisons que nous venons de rapporter contre la femme, qui doivent militer en ce cas-ci contre les enfans, puisqu'ils ne viendroient que comme représentans leur mere, il en est encore une plus forte & qui regarde les enfans en particulier ; c'est que, s'ils décédent avant leur pere, le douaire ne leur a pas été acquis.

Renusson paroît d'abord décider que le douaire n'a pas été ouvert en leur faveur : mais, par rapport à la pension qui représente le douaire en partie, il décide que, si les enfans ont assez de bien pour vivre du chef de leur mere, ils ne peuvent en demander. S'ils n'ont pas assez de bien pour vivre, il dit qu'étant préférables au fisc, ils peuvent demander cette pension : mais il observe qu'ils ne sont pas préférables aux créanciers de leur pere.

Du Préciput.

Le préciput est un avantage accordé dans les païs coutumiers au survivant des conjoints. Il est fondé sur la loi, ou sur la convention. Il n'a lieu que dans les cas où il y a communauté, & consiste dans une certaine somme que le survivant a droit de prendre avant que l'on procéde au partage de la communauté.

Ce gain de survie est plus favorable qu'un autre ; parcequ'il ne se prend que sur la communauté, & que la femme ne peut l'exiger que dans le cas où elle accepte cette communauté. D'ailleurs, comme il se prend sur la totalité des biens dont elle est composée, la moitié se prend sur la portion de celui au profit de qui il est ouvert.

Cependant les auteurs décident que, quand l'un des deux conjoints meurt civilement, l'autre ne peut le demander qu'après la mort naturelle du condamné ; sur le fondement de ce principe, que le mot *mort*, dans les contrats de mariage, ne s'entend que de la mort naturelle, & non de la mort civile.

C'est l'avis de Duplessis, en son traité de la communauté, livre 2, chapitre 1, section 3, & de ses commentateurs, liv. 2, chapitre 2. C'est aussi celui de Louet, lettre *C*, somm. 26 ; de Brodeau sur Louet, lettre *L*, somm. 14, où il rapporre un arrêt du 12 Juin 1613, qui l'a ainsi jugé. Le Brun, en son traité de la communauté, livre 3, chapitre 2. Enfin c'est une jurisprudence aussi ancienne que certaine, comme on le voit dans Chenu, centurie 2, question 46 : mais il faut observer que, quand la mort naturelle du condamné donne lieu à la répétition du préciput, celui qui exerce ce droit contre le fisc n'en peut exiger que la moitié ; l'autre moitié étant confondue en sa personne par le partage égal qui a été fait de la totalité de la communauté, lors de la confiscation opérée par la mort civile.

Du droit de viduité en Normandie.

Le droit de viduité est un avantage accordé par la coutume

de Normandie aux maris, après le décès de leurs femmes. Il consiste dans le droit de jouïr, à titre d'usufruit, de tous les biens & de tous les droits qui appartenoient à la femme lors de son décès.

Deux conditions sont requises pour que le mari puisse jouïr de ce droit. Il faut qu'il ait eu enfant vivant de sa femme, & qu'il reste en viduité pendant sa vie. S'il n'a point eu d'enfant, il n'a rien à prétendre sur les biens de sa femme après sa mort. S'il se remarie, il ne conserve que la jouïssance du tiers de ces biens.

Pour sçavoir si la mort civile de la femme donne ouverture à ce droit, il ne faut que lire l'article 382 qui l'établit. En voici les termes : » Homme aïant eu enfant né vif de sa femme, jouït » par usufruit, tant qu'il se tient en viduité, de tout le revenu » appartenant à sadite femme lors de son décès, encore que » l'enfant soit mort avant la dissolution du mariage ; & s'il se » remarie, il ne jouïra que du tiers. »

Les termes de cet article suffisent pour faire comprendre que la mort civile de la femme ne donne point ouverture à ce droit. Il n'est ouvert que quand l'homme est en viduité, & tant qu'il y reste. Or on ne peut pas dire qu'il soit en viduité pendant que sa femme est vivante, quoiqu'elle soit en état de mort civile; puisqu'il n'y a point de dissolution dans le mariage. D'ailleurs la coutume n'emploïe pas simplement le mot *mort* : elle se sert du terme *décès*, qui ne laisse aucune équivoque, & qui ne peut s'entendre que de la mort naturelle, & non de la mort civile.

Au surplus, le mari est en droit d'exiger cet usufruit quand sa femme vient à mourir de mort naturelle, après avoir été condamnée à la mort civile. C'est la disposition de l'article 383 de la même coutume, qui dit que le droit de viduité appartient au mari, non-seulement au préjudice des enfans : mais encore du seigneur féodal, auquel pourroient appartenir les héritages de la femme, soit à titre de confiscation, de ligne éteinte, ou autre.

DISTINCTION III.

De la fin de la puissance maritale.

La puissance maritale est un droit & une autorité que le mari acquiert en païs coutumier sur sa femme & sur ses biens du jour de la célébration du mariage.

Cette puiſſance ne conſiſte pas dans un ſimple reſpect, auquel les femmes ſont obligées envers leurs maris; mais dans une étroite dépendance & dans une ſoumiſſion entiére; en ſorte que, tant qu'elles y ſont ſoumiſes, tout ce qu'elles font ſans être autoriſées eſt radicalement nul. La puiſſance maritale eſt ſi favorable en France que, quoiqu'une femme domiciliée en païs de droit écrit, ait la libre diſpoſition de ſes paraphernaux; elle la perd, ſi ſon domicile eſt dans un païs régi par le droit coutumier.

C'eſt auſſi en conſéquence de la puiſſance maritale, que la femme ne peut pas eſter en jugement, ſi elle n'eſt autoriſée, ou ſéparée par juſtice, & la ſéparation exécutée.

Par rapport à la fin de cette puiſſance maritale, opérée par la mort civile; nous n'avons trouvé aucune autorité ſur cette matiére: mais on peut poſer comme un principe certain qu'elle ne peut ſubſiſter après la mort civile encourue. Le ſimple raiſonnement ſuffit pour s'en convaincre. En effet, ſi nous conſidérons d'abord le pouvoir d'adminiſtrer, qui eſt le droit le plus étendu du mari, il eſt hors de doute que la mort civile le lui enleve. C'eſt de la loi ſeule qu'il tient cette qualité d'adminiſtrateur. Peut-elle lui conſerver un titre qu'elle ne lui donnoit qu'en qualité de citoïen, & de bon citoïen?

Si l'on conſidére, d'un autre côté, le droit d'autoriſer ſa femme, ſoit pour les obligations qu'elle peut contracter, ſoit pour eſter en jugement, il eſt ſans difficulté qu'il ne peut en jouïr; puiſque cette autoriſation, dans quelque cas qu'elle ſoit requiſe, eſt un acte de citoïen. D'ailleurs, comment pourroit-il donner à ſa femme un pouvoir qu'il n'a pas lui-même? Sa mort civile le rend abſolument incapable & de s'obliger & d'eſter en jugement. Il ſeroit biſarre qu'il pût communiquer à d'autres, une faculté qu'il a perdue lui-même.

Il faut donc conſidérer la femme d'un homme mort civilement comme une veuve qui eſt rentrée dans tous ſes droits, qui peut par elle-même s'obliger, aliéner, hipotéquer, eſter en jugement; en un mot faire tous les actes d'une citoïenne abſolument libre.

CHAPITRE

CHAPITRE VIII.

De la dissolution des sociétés.

TOUTE société, de quelque nature qu'elle puisse être, cesse par la mort civile de l'un des associés. Les loix Romaines contiennent sur cette matiére des loix expresses au digeste, *pro socio.*

Ces loix ont été adoptées dans nos mœurs. L'auteur des loix civiles, partie 1, livre 1, titre 8, n. 15, nous en est garant. Il dit que la mort civile opére le même effet à l'égard de la société que la mort naturelle; parceque la personne, étant hors d'état d'agir, est à l'égard de la société comme si elle étoit morte.

C'est aussi le sentiment d'Argou, livre 3, chapitre 32.

Il est certain que toute société qui est faite dans les régles, & qui a pour but un objet honnête, est sous la protection des loix, & ne peut subsister qu'à l'abri de cette protection. Or un homme mort civilement n'est plus protégé par les loix. Il ne peut donc plus être membre d'une société.

D'ailleurs il est constant que tout associé doit avoir la faculté d'ester en jugement, soit au nom de toute la société, contre ceux avec qui elle a des intérêts à discuter; soit contre ses propres associés, pour raison des intérêts qu'il a lui-même dans la société. La mort civile lui a ravi la faculté d'ester en jugement. Il ne peut donc être regardé comme associé.

LIVRE IV.

De quelle maniére la mort civile peut cesser?

NOUS allons, suivant le plan que nous nous sommes prescrit, examiner d'abord comment, chez les Romains, un citoïen, qui avoit perdu son état, pouvoit le recouvrer. Nous passerons ensuite au détail de nos usages sur cette matiére; ce qui fournit naturellement la matiére de deux chapitres,

Avant d'entrer en matiére, nous observerons que la mort civile étant l'effet d'une condamnation prononcée par le juge, en connoissance de cause, & suivant les formes prescrites par les loix; cette peine doit être irrévocable.

Le juge est soumis à la loi. Ce n'est pas lui, à proprement parler, qui condamne; c'est la loi elle-même, dont il n'est que l'interpréte. Ainsi, comme c'est la loi qui a dicté le jugement, le juge ne peut pas le révoquer. Si donc on ne consulte que les régles, il semble qu'un homme condamné à une peine emportant mort civile est à jamais perdu pour l'état & pour la société.

Cependant, comme la pleine pussance réside dans l'autorité du prince, qui est le seul législateur dans son roïaume, il est le maître de soustraire un coupable à la peine prescrite par la loi, ou de la remettre à celui qui y a été condamné, de le rétablir dans les droits de citoïen, & de lui restituer tous les biens dont le jugement de condamnation l'avoit dépouillé. C'est ce qui se pratiquoit à Rome. C'est ce qui s'exécute parmi nous.

CHAPITRE I.

Des loix Romaines sur la maniére de faire cesser la mort civile.

Les Romains distinguoient plusieurs dégrés dans les graces que les empereurs étoient dans l'usage d'accorder aux condamnés qu'ils vouloient traiter favorablement.

Il y avoit ce qu'ils appelloient la restitution simple, ou générale, qui remettoit la peine & rendoit les droits de cité : mais qui laissoit subsister la note d'infamie contractée par le crime. *Indulgentia, patres conscripti, quos liberat, notat; nec infamiam criminis tollit, sed pœnæ gratiam facit. L. 3. cod. de general. abolit.*

Generalis indulgentia nostra reditum exulibus, seu deportatis tribuit; non etiam loca militiæ pridem adempta concessit, neque integram, atque illibatam existimationem reservavit. L. 7, cod. de sentent. pass. & restitut.

Cette grace ne comprenoit donc que la restitution des biens. *Si ademptis bonis in insulam deportatus sis, quamvis ex indulgentiâ communi rediisti; actiones tamen, quascumque habuisti, remanent in causâ bonorum publicatorum : nec ex ordine est quod petis, ut contrà hæredes tutorum actiones tibi præstentur. L. 5, cod. eod.*

Il y avoit une autre sorte de restitution, qui, outre les droits de cité, rendoit les honneurs & les dignités dont le condamné étoit revêtu avant sa condamnation : mais elle laissoit subsister la perte des biens & la dissolution de la puissance paternelle. *Si deportatus restitutus dignitatem quidem indulgentiâ principis recuperaverit, in sua autem omnia bona non est restitutus L. 2, ff. de sentent. pass. & restitut.*

In insulam deportato filio, hâcque ratione vinculo paternæ potestatis exempto, si posteà ex indulgentiâ divi Alexandri, ut proponis, reditus in patrium solum, præcedensque dignitas restituta sit, potestas tamen patria repetita non videtur. L. 6, cod. eod.

Enfin la troisiéme sorte de restitution étoit celle qui avoit l'effet de rétablir non-seulement dans les dignités, mais même dans les biens ; qui rendoit toute la vigueur à la puissance paternelle, & tous les autres droits qui avoient pû appartenir à celui qui étoit l'objet de la grace du prince ; en sorte que la condamnation étoit regardée comme non avenue. Cette restitution s'appelloit restitution en entier. *Cum salutatus esset à Gentiano, & Advento, & Opilio Macrino præfectis prætorio, clarissimis viris ; item amicis & principalibus officiorum, & utriusque ordinis viris, & processisset ; oblatus est ei Julianus Licinianus, ab Opilio Ulpiano, tunc legato, in insulam deportatus : tunc Antoninus Augustus dixit : restituo te in integrum provinciæ tuæ ; & adjecit : ut autem scias quid sit in integrum restituere ; honoribus & ordini tuo, & omnibus cæteris te restituo. L. 1, cod. eod.*

Il faut encore observer que, comme la puissance du prince étoit absolue & sans bornes, il pouvoit faire grace pour toute sorte de peine ; en sorte qu'il pouvoit également effacer la mort civile encourue par la condamnation aux métaux, comme celle qui étoit l'effet de la déportation.

Toutes les loix que nous avons citées jusqu'à présent concernent les déportés : mais on en trouve aussi qui concernent ceux qui sont condamnés aux métaux. *Cum patrem tuum in metallum damnatum fuisse proponas, ejus quidem bona meritò à fisco occupata sunt : nec adeò quòd ex indulgentiâ meâ pœnâ tantùm metalli liberatus esset, etiam bonorum restitutionem impetravit, nisi speciale beneficium super hoc fuerit impetratum. L. 2, cod. eod.*

Si in metallum datus in integrum restitutus sit ; perindè ac si nec damnatus fuisset, ad munera & honores vocatur. Nec opponet fortunam & casus tristiores suos ad hoc solum, ne patriæ idoneus civis videatur. L. 3, §. 2, ff. de muneribus & honoribus.

Des différentes dispositions que nous venons de rappeller,

on peut conclure qu'il y avoit deux formes usitées dans les lettres de restitution; la restitution simple, & la restitution en entier.

La premiere ne rendoit que les droits de cité, & remettoit la peine en laissant subsister la note d'infamie.

L'autre remettoit le citoïen dans son premier état.

Les lettres n'avoient qu'un effet proportionné aux clauses qu'elles contenoient ; & cette conséquence suffit pour décider toutes les questions qui pourroient se présenter sur les restitutions dans le droit Romain.

CHAPITRE II.

Des moïens de faire cesser la mort civile en France.

LA mort civile peut cesser parmi nous de deux façons ; par la grace du prince, & par la loi ; ce qui donne lieu de diviser ce chapitre en deux sections.

SECTION I.

Des graces accordées par lettres du prince.

Toutes les graces que le prince accorde sont contenues dans des lettres du sçeau. Nous admettons, comme les Romains, différens dégrés dans les graces accordées par le souverain. Le dégré de la grace dépend de la nature des lettres qui la contiennent. Il faut examiner ici les différentes espéces de lettres qui sont en usage parmi nous. C'est ce que nous allons faire, en divisant cette section en autant de distinctions, qu'il peut y avoir de sortes de lettres qui remettent les peines prononcées contre un coupable.

Mais, avant d'entrer dans ce détail, il nous paroît nécessaire de faire quelques observations préliminaires sur les lettres de grace en matiére criminelle, en général.

Les lettres de grace en matiére criminelle sont des lettres par lesquelles sa majesté, préférant la clémence à la rigueur & à la sévérité des loix, remet la peine que l'impétrant pourroit avoir encourue.

Toutes ces lettres sont scellées en forme de charte, *ad perpetuam rei memoriam.*

Pour qu'elles puissent produire leur effet, il est nécessaire qu'elles soient entérinées dans une jurisdiction. C'est pourquoi elles sont toujours adressées à un juge, pour lui être présentées par l'impétrant à fin d'entérinement. Cette adresse doit être faite conformément à l'ordonnance de 1670, & à une déclaration du 27 Février 1703.

L'article 12 du titre 16 de l'ordonnance de 1670 porte : » Que » les lettres obtenues par les gentilshommes ne pourront être » adressées qu'à nos cours, chacune suivant sa jurisdiction & la » qualité de la matiére, qui pourront néanmoins, si la partie » civile le requiert & qu'elle le juge à propos, renvoïer l'instru- » ction sur les lieux. »

L'article suivant porte : » Que l'adresse des lettres obtenues » par des personnes de qualité roturiere se fera aux baillifs & » sénéchaux des lieux où il y a siége présidial : & dans les pro- » vinces où il n'y a point de siége présidial, l'adresse se fera aux » juges ressortissans nuement en nos cours, & non autres ; à » peine de nullité des jugemens. »

L'exécution de cet article 13 avoit fait naître des contestations entre les simples bailliages & sénéchaussées ressortissans nuement aux cours de parlement, & les bailliages & sénéchaussées auxquelles les siéges présidiaux sont assis. C'est ce qui a donné lieu à la déclaration du 27 Février 1703.

Cette déclaration porte : » Que l'article 35 de l'ordonnance de » Moulins, & l'article 185 de celle de Blois seront exécutés se- » lon leur forme & teneur ; & en conséquence que l'adresse des » lettres de rémission, pardon & autres de semblable qualité, » obtenues par des personnes de condition roturiere, seront faites » aux baillifs & sénéchaux ressortissans nuement aux cours de » parlement, dans le ressort desquels le crime aura été commis, » sans que les baillifs & sénéchaux des lieux où il y a siége pré- » sidial puissent prétendre que l'adresse leur en doive être faite, » si ce n'est lorsque le crime aura été commis dans le ressort de » leur bailliage ou sénéchaussée ; dérogeant à cet égard, en tant » que besoin seroit, à la disposition de l'article 13, du titre 16 » de l'ordonnance du mois d'Août 1670, & de tous autres édits » & déclarations contraires. »

» Voulons néanmoins que, dans le cas où le crédit des accu- » sés seroit à craindre dans le bailliage dans le ressort duquel le » crime aura été commis, les lettres de rémission & autres de » semblable nature puissent être adressées au bailliage ou à la

» sénéchaussée la plus prochaine non suspecte : ce que nous » n'entendons avoir lieu qu'à l'égard des lettres qui doivent être » scellées en notre grande chancellerie. »

Toutes lettres de grace en matiére criminelle doivent être expédiées en la grande chancellerie ; excepté celles qui sont accordées pour les homicides involontaires, ou qui sont commis dans la nécessité précise d'une légitime défense de la vie, lesquelles peuvent être expédiées dans les chancelleries qui sont près les cours.

Comme toutes les lettres de grace en matiére criminelle émanent de la pleine & souveraine puissance du Roi, il n'y a que sa majesté qui ait droit de les accorder. Voïez M. le Bret, en son traité de la souveraineté, liv. 4, chap. 6.

La déclaration du 22 Novembre 1683, ordonne que l'article 2 & l'article 27 du titre 16 de l'ordonnance de 1670, auront lieu seulement pour les chancelleries qui sont auprès des cours ; & défend aux maîtres des requêtes & aux garde-scels de ces chancelleries, de sceller aucune rémission, si ce n'est pour les homicides involontaires, ou pour ceux qui seront commis dans une légitime défense de la vie, quand l'impétrant aura couru risque de perdre la vie : & aux juges de procéder à l'entérinement des lettres de rémission expédiées aux chancelleries pour autres cas que ceux exprimés ci-dessus, quand même l'exposé seroit conforme aux charges.

Et quant aux rémissions accordées par sa majesté pour d'autres crimes, dont elle aura signé & fait contre-signer les lettres par un de ses secrétaires d'état, & sceller du grand sceau, sa majesté a ordonné que les cours & juges, auxquels l'adresse en sera faite, procéderont à l'entérinement d'icelles, quand l'exposé que l'impétrant aura fait au Roi se trouvera conforme aux charges & informations, ou que les circonstances ne seront pas tellement différentes, qu'elles changent la qualité de l'action, suivant l'article 1 du même titre, & nonobstant qu'auxdites lettres le mot d'abolition n'y soit pas emploïé ; sauf auxdites cours, après ledit entérinement fait, à faire remontrances à sa majesté ; & à ses autres juges, de représenter à M. le chancelier ce qu'ils trouveront à propos sur l'atrocité des crimes, pour y faire à l'avenir la considération convenable.

Il suit de ces dispositions que, quand l'exposé fait au Roi par l'impétrant ne se trouve pas conforme aux charges & informations, les cours & autres juges peuvent & doivent même refuser de procéder à l'entérinement des lettres qui leur sont présentées.

Suivant l'article 16 du titre 16 de l'ordonnance de 1670, il faut que les lettres de grace soient présentées dans les trois mois du jour de l'obtention; passé lequel tems, défenses sont faites à tous juges d'y avoir égard, sans que les impétrans soient reçus à en obtenir de nouvelles, ni qu'ils puissent être relevés du laps de tems.

Celui qui a obtenu des lettres de grace doit, avant de les présenter, refonder les dépens de contumace, & les amendes èsquelles il a été condamné.

Les lettres de grace doivent être présentées à l'audience par des avocats, & non par des procureurs. Il y en a un arrêt du parlement de Provence du 27 Septembre 1670, rapporté par Boniface, tome 5, livre 5, titre 1, chapitre 2.

La partie civile ne peut, trois mois après la présentation des lettres de grace, faire informer contre celui qui les avoit obtenues. Ainsi jugé au parlement de Bourdeaux par arrêt du 19 Janvier 1672, rapporté dans le journal du palais.

Nous remarquerons encore que les lettres de grace, quoique valablement entérinées, ne lavent point en général de l'infamie encourue par la condamnation; en sorte que nous admettons en France la maxime qui avoit lieu chez les Romains, & que nous avons rapportée dans le chapitre précédent. *Indulgentia principis quos liberat notat, nec infamiam criminis tollit, sed pœnæ gratiam facit.*

Cette loi est appliquée par Dumoulin, en son commentaire sur la régle *de infirmis, n.* 397, aux bénéficiers qui, quoiqu'ils aïent obtenu du prince des lettres de grace, ne laissent pas de demeurer infâmes, à l'effet d'encourir la perte de leurs bénéfices.

Nous allons présentement entrer dans le détail des différentes lettres qui s'accordent ordinairement aux coupables.

DISTINCTION I.

Des Lettres d'abolition.

Les lettres d'abolition sont des lettres du grand sceau, par lesquelles sa majesté, par la plénitude de sa puissance, abolissant le crime qui auroit été commis par l'impétrant, déclare être bien informé du fait dont il s'agit, sans même qu'il soit énoncé dans les lettres: elles portent que le Roi entend que le crime soit entiérement aboli & éteint, & pardonne le cas, de quelque maniére qu'il soit arrivé, sans que l'impétrant en puisse être poursuivi en aucune maniére à l'avenir.

Comme le Roi déclare par ces lettres qu'il est bien instruit du fait & de ses circonstances, les juges auxquels elles sont adressées sont obligés de les entériner sans autre examen ; sauf aux cours souveraines à faire des remontrances à sa majesté sur les suites que pourroient avoir de telles abolitions, qui semblent tolérer le crime, en le rendant impuni.

Par ces lettres, le Roi efface jusqu'à la note d'infamie que le crime a imprimée : mais il faut pour cela, qu'elles soient obtenues avant le jugement souverain, afin de lier les mains au juge. Si elles ne sont obtenues qu'après le jugement, elles ne lavent point de l'infamie.

La raison de cette différence est que, quand elles sont présentées au juge avant le jugement prononcé, il est obligé de suspendre la poursuite de la procédure, qui tendoit à éclaircir & à constater en même tems les faits mentionnés dans l'accusation ; en sorte qu'il est incertain alors si le crime a véritablement été commis ou non : & il ne paroît pas naturel de regarder comme infâme un homme dont le crime n'est pas avéré.

Si au contraire ces lettres ne sont présentées qu'après la condamnation, il est constant par le jugement, que l'impétrant étoit coupable du crime dont il étoit accusé. Or les lettres peuvent bien sauver de la peine du crime : mais elles ne peuvent pas sauver de l'infamie qu'il imprime nécessairement quand il est constant.

Ces lettres contiennent un pardon beaucoup plus général & plus étendu que les rémissions. Dans les lettres de rémission, le Roi insere toujours la clause : *S'il est ainsi qu'il est exposé.* Les juges sont donc obligés alors d'examiner la vérité de l'exposé fait au Roi pour l'obtention de ces lettres, & de les admettre ou de les rejetter, suivant que l'exposé est vrai ou faux : mais dans les lettres d'abolition, il est dit que le Roi pardonne le cas *en quelque maniére qu'il soit arrivé ;* en sorte que les juges sont obligés d'entériner sans aucun examen : mais il n'arrive presque jamais que le Roi accorde des graces aussi étendues. Le fréquent usage en seroit trop dangereux dans la société.

Au reste, comme elles abolissent le crime, elles en éteignent aussi toutes les suites ; en sorte que celui qui les a obtenues rentre dans tous ses droits, cesse d'être mort civilement, & redevient pleinement citoïen.

DISTINCTION

DISTINCTION II.

Des Lettres de commutation de peine.

Les lettres de commutation de peine ſont des lettres du grand ſceau, par leſquelles le Roi, pour des conſidérations particuliéres, remet à l'impétrant la peine à laquelle il a été condamné, à la charge de ſatisfaire aux autres condamnations portées par le jugement, & de ſe ſoumettre à une autre peine énoncée dans ces lettres, laquelle tient lieu de celle portée par le jugement.

Il faut, ſuivant l'article 6, du titre 16, de l'ordonnance de 1670, que l'arrêt ou le jugement de condamnation ſoit attaché ſous le contre-ſcel de ces lettres; à faute de quoi les impétrans ne peuvent s'en aider, & défenſes ſont faites aux juges d'y avoir égard.

Nous avons vû dès le commencement de cet ouvrage que ces lettres ne rendent point la vie civile.

DISTINCTION III.

Des lettres de pardon.

Les lettres de pardon ſont des lettres du petit ſceau qui s'obtiennent dans les cas èſquels il n'échet point peine de mort, & qui néanmoins ne peuvent point être excuſés. Par exemple, ſi quelqu'un s'eſt trouvé dans une querelle où il y a eu mort d'homme, quoiqu'il n'ait pas frappé, il eſt inexcuſable, & il eſt obligé d'avoir recours aux lettres de pardon, pour ne s'être pas mis en devoir d'empêcher le meurtre qui a été fait.

Suivant les articles 11, 12 & 13, du titre 16, de l'ordonnance de 1667, les gentilshommes doivent exprimer leur qualité dans les lettres, à peine de nullité; & l'adreſſe de leurs lettres ſe fait au parlement dans la chancellerie duquel elles ſont obtenues.

Pour ce qui eſt des lettres de pardon accordées aux roturiers, l'adreſſe s'en fait aux baillifs & ſénéchaux où il y a ſiége préſidial; & dans les provinces où il n'y a point de préſidial, aux juges qui reſſortiſſent nuement au parlement, & non autres, à peine de nullité.

On peut attaquer ces lettres par la voie de nullité, d'obreption, ou de ſubreption.

On les attaque de nullité, quand elles ne sont pas conformes aux charges, ou que le cas n'est point rémissible : alors les impétrans en sont déboutés, ainsi qu'il est porté en l'article 27 du même titre.

On les attaque d'obreption, quand un gentilhomme, par exemple, taît sa qualité, ou que l'impétrant dissimule une circonstance qui auroit fait refuser les lettres.

On les attaque de subreption, quand on allégue des faits contraires à ceux qui sont constatés par les informations.

C'est aux juges auxquels elles sont adressées, pour procéder à l'entérinement, à examiner tous les cas, & à les admettre ou les rejetter, selon qu'elles sont réguliéres & exactes, ou qu'elles ne le sont pas.

Par ces lettres, le Roi, sur l'exposé fait, quitte & pardonne au suppliant le fait & le cas tel qu'il lui a été exposé, avec toute peine, amende & offense corporelle, civile & criminelle, qu'il a pour raison de ce encourue. Il met au néant tous décrets, défauts, contumaces, sentences, jugemens & arrêts, si aucuns s'en sont ensuivis; le remet & restitue en sa bonne renommée, & en ses biens non d'ailleurs confisqués, satisfaction faite à la partie civile, si fait n'a été, & s'il y échet. Enfin sa majesté impose silence au procureur général, à ses substituts & à tous autres.

Les lettres de pardon se datent du jour de leur expédition : elles sont scellées en cire jaune ; & le maître des requêtes qui tient le sceau ne les vise point sur le repli, il se contente de les charger à la marge d'une légere aumône.

Au reste, quand ces lettres sont dûement & valablement entérinées, elles relévent de la mort civile, si elle a été encourue, & de tous ses effets.

DISTINCTION IV.

Des Lettres de rappel de ban.

Ce sont des lettres du grand sceau, par lesquelles le Roi rappelle & décharge celui qui avoit été condamné au bannissement à tems, ou perpétuel, soit absolument, soit pour le tems qui restoit à expirer, & remet l'impétrant en ses biens non confisqués d'ailleurs ; à la charge de satisfaire aux autres condamnations portées par le jugement.

Ces lettres doivent être entérinées par les juges à qui l'adresse en est faite, sans examiner si elles sont conformes aux charges & informations ; sauf à faire telles remontrances qu'ils jugeront à propos.

Elles rendent la vie civile à celui qui l'avoit perdue par la condamnation au bannissement perpétuel. Puisqu'elles font cesser la peine, elles doivent nécessairement faire cesser l'effet.

DISTINCTION V.

Des Lettres de rappel des galères.

Ce sont des lettres du grand sceau, par lesquelles le prince rappelle & décharge des galères celui qui y est, ou de la peine des galères à laquelle il avoit été condamné, s'il n'y est pas effectivement.

Elles doivent être entérinées de la même maniére que les précédentes, & produisent le même effet quant à la mort civile.

DISTINCTION VI.

Des Lettres de réhabilitation.

Les lettres de réhabilitation sont des lettres du grand sceau, par lesquelles le Roi rétablit le condamné qui a satisfait à la peine, & qui a païé les intérêts civils, dans l'état où il étoit avant sa condamnation. Ces lettres rendent par conséquent la vie civile.

DISTINCTION VII.

Des Lettres de rémission.

Ce sont des lettres de grace que le Roi accorde pour homicide commis involontairement, ou à son corps défendant, dans la nécessité d'une légitime défense de sa vie.

Pour l'adresse de ces lettres, il faut suivre ce que nous avons dit au sujet des lettres de pardon.

Les rémissions, de même que les lettres de pardon, peuvent être attaquées de nullité pour cause d'obreption ou de subreption.

Les rémissions se datent seulement du mois dans lequel elles sont accordées, & sont scellées en cire verte. Elles s'intitulent par ces mots : *A tous présens & à venir ;* & les lettres de pardon s'intitulent : *A tous ceux qui ces présentes lettres verront.*

Ces lettres, quand elles sont valablement entérinées, produisent le même effet que les lettres de pardon, & rendent la vie civile au coupable du crime qu'elles remettent.

Nous observerons en passant, que les lettres de rémission accordées par le prince ne regardent que le temporel, & par conséquent ne levent pas l'irrégularité qu'un ecclésiastique auroit encourue pour avoir commis un homicide. Ainsi un prêtre absous par des lettres de rémission entérinées doit obtenir des lettres de réhabilitation du pape, pour être relevé de son irrégularité. Voïez Bardet, tome 2, livre 2, chapitre 58.

DISTINCTION VIII.

Des Lettres de révision de procès.

Ce sont des lettres du grand sceau qui s'accordent à ceux qui sont condamnés par arrêt ou par jugement en dernier ressort ; à l'effet de pouvoir revenir contre cet arrêt ou contre ce jugement.

Ces lettres ne s'accordent, ou du moins ne doivent être entérinées que dans le cas où il se trouve dans le jugement quelque défaut, ou quelque nullité, en matiére civile, les moïens de rescision, ou restitution, de l'espéce de ceux qui fournissent & qui peuvent faire obtenir des lettres de requête civile.

Ainsi, quand un condamné par arrêt ou jugement en dernier ressort prétend avoir été condamné injustement, s'il a recouvré des piéces suffisantes pour justifier de son innocence, s'il articule des faits décisifs qui n'ont point été examinés lors du jugement, on lui accorde des lettres de révision.

Pour obtenir ces lettres, le condamné est tenu d'exposer le fait avec ses circonstances, par requête qui est rapportée au conseil du Roi, & renvoïée, s'il est jugé à propos, aux maîtres des requêtes de son hôtel, pour avoir leur avis, qui est ensuite rapporté au conseil du Roi. Et si les lettres sont justes, il est ordonné par arrêt qu'elles seront expédiées & scellées ; & pour cet effet, elles doivent être signées par un secrétaire des commandemens. C'est la disposition de l'article 8, du titre 16, de l'ordonnance de 1670.

La révision des procès jugés aux cours souveraines y est ordinairement renvoïée. Quelquefois aussi on la renvoïe à une autre cour : mais la révision des procès jugés en dernier ressort par les présidiaux, ou par les prevôts des maréchaux, est ordinairement renvoïée au parlement dans le ressort duquel est la jurisdiction du présidial ou du prevôt qui a jugé ; ou au grand-conseil, & jamais aux juges qui ont rendu le jugement. Sur quoi il faut remarquer que, dans ce cas, ce n'est pas tant révision, qu'une espéce d'appel des jugemens, quoique rendus en dernier ressort ; lequel appel est reçû par le Roi, qui renvoïe le procès & les parties au parlement, ou au grand-conseil pour en connoître.

Comme la révision de procès participe de la requête civile ; pour maintenir l'autorité de la chose jugée souverainement, ou en dernier ressort, & éviter que l'on n'en abuse, l'ordonnance a voulu que ces lettres passassent par l'avis des maîtres des requêtes, avant que d'en envoïer la connoissance aux cours où le procès avoit été jugé, & que les impétrans qui y seroient mal fondés encourussent la même peine qu'encourent ceux qui succombent dans les requêtes civiles.

Ainsi les impétrans des lettres de révision qui succombent sont condamnés aux dépens, & à l'amende de trois cens livres envers le Roi, & de cent cinquante livres envers la partie, comme il est porté en l'article 28, du titre 16, de l'ordonnance de 1670.

Au reste quand, sur la révision, le premier jugement est déclaré nul, & que le condamné est renvoïé de l'accusation, il reprend son état dans tout son entier, & est réputé n'en avoir jamais été privé : mais si le jugement est confirmé, ou si après la révision on prononce une peine qui emporte encore la mort civile, le condamné reste toujours dans l'état auquel son premier jugement l'avoit réduit.

SECTION II.

Des Restitutions légales.

L'ordonnance de 1670, titre 17, article 18, porte que, quand le contumax est arrêté prisonnier, ou quand il se représente, même après les cinq années, les défauts & jugemens sont mis au néant, sans qu'il soit besoin de jugement, ou d'interjetter appel de la sentence de contumace.

Cette disposition de l'ordonnance donne lieu à deux questions. La premiere est de sçavoir si la représentation du condamné dans les cinq ans lui rend la vie civile. La seconde consiste à sçavoir si la représentation, après les cinq ans, produit aussi cet effet ?

Ces deux questions nous fourniront la matiére de deux distinctions. Nous examinerons d'abord la seconde question, parceque cet examen nous fournira de grandes lumiéres pour traiter la premiere question, qui sera le sujet de la seconde distinction.

A ces deux distinctions, nous en joindrons une troisiéme, dans laquelle nous verrons quel est l'état du condamné par contumace lorsque trente ans se sont écoulés depuis l'exécution du jugement, sans qu'il ait été arrêté, & sans qu'il se soit constitué prisonnier.

DISTINCTION I.

De l'effet de la représentation du condamné par contumace après les cinq ans.

L'ordonnance de 1670 ne laisse pas de jetter quelques nuages sur cette question. Nous allons tâcher de les dissiper. Les articles 18 & 28, du titre 17, semblent au premier coup d'œil être en contradiction. Le premier porte que, si le contumax est arrêté prisonnier, ou se représente après le jugement, *ou même après les cinq années*, dans les prisons du juge qui l'aura condamné, les défauts & contumaces seront anéanties en vertu de l'ordonnance, sans qu'il soit besoin de jugement, ni d'interjetter appel de la sentence de contumace.

L'autre article porte que, si les condamnés par contumace ne se représentent, ou ne sont constitués prisonniers dans les cinq ans de l'obtention de la sentence de contumace, les condamnations pécuniaires, amendes & confiscation seront réputées contradictoires, & vaudront comme ordonnées par arrêt. Le Roi, par cet article, se réserve néanmoins la faculté de les recevoir à ester à droit, & de leur accorder des lettres pour se purger. Auquel cas, si le jugement qui interviendra porte absolution, ou du moins n'emporte point confiscation, tout ce qui étoit confisqué leur sera rendu, sans néanmoins qu'ils puissent prétendre la restitution des amendes, des intérêts civils, ni des fruits des immeubles.

Il semble, suivant ce dernier article, que la mort civile est irrévocable, quand le contumax a laissé passer cinq ans sans se représenter, ou quand il n'a point été constitué prisonnier pendant ce tems : & l'autre au contraire, dit que le seul emprisonnement, en quelque tems qu'il se fasse, soit devant, soit après les cinq ans, anéantit les défauts & contumaces, sans qu'il soit besoin ni de jugement, ni d'appel.

Nous convenons que la mort civile est irrévocable après les cinq ans, & que la représentation ne la fait point cesser, si le jugement contradictoire qui survient après ne porte absolution; & c'est la peine de la contumace : autrement la distinction des cinq ans seroit presqu'illusoire. Le législateur a tellement regardé la mort civile comme irrévocable après ce tems, qu'il n'a pas cru que les juges pussent écouter le condamné dans sa justification, si, en se présentant devant eux, il n'étoit armé des lettres du prince qui le relevassent du laps de tems qui l'avoit rendu incapable de se purger. Ce sont les lettres pour ester à droit.

Or nous soutenons que cette irrévocabilité ne met aucune contradiction entre les deux articles que nous examinons ici. Le premier, en disant que la représentation annulle les défauts & contumaces, sans qu'il soit besoin d'en interjetter appel, ne contient qu'un réglement de procédure, & ne signifie rien autre chose, sinon que quand on veut se mettre en état, après une condamnation par contumace, on doit se représenter devant le même juge qui a instruit la contumace, afin qu'il recommence la procédure; sans qu'on soit obligé pour cela d'avoir recours au juge supérieur.

Ainsi la représentation a différens effets, suivant le tems auquel elle se fait. Si elle précéde l'expiration des cinq premieres années, elle n'a besoin d'être accompagnée d'aucune formalité. L'accusé est reçû de droit aux faits justificatifs qu'il juge à propos de proposer; parcequ'il recouvre la faculté d'ester en jugement, laquelle lui avoit été enlevée par la condamnation, & dont il ne pouvoit jouïr tant qu'il étoit en fuite. Si au contraire la représentation ne se fait qu'après les cinq années expirées, les défauts & contumaces sont pareillement anéantis : mais la mort civile subsiste toujours ; ensorte que le condamné ne peut ester en jugement, ni par conséquent proposer aucuns de ses faits justificatifs. La procédure se recommenceroit à la vérité : mais tout seroit contre lui, parcequ'il ne pourroit proposer aucune défense. Telles sont les conséquences qui résultent des vrais principes : & nous avons vû ailleurs qu'on s'y prêtoit autrefois avec tant de rigueur, que si un condamné par contumace étoit arrêté, on le conduisoit au supplice sans autre formalité

C'est pour adoucir une pratique si peu conforme à l'humanité, que le souverain s'est réservé la faculté d'accorder aux condamnés qui ont laissé passer cinq ans sans se représenter, des lettres pour ester à droit, qui leur rendent la faculté de faire entendre leur justification dans les tribunaux : en sorte que le droit est toujours contre eux, mais la clémence du prince en tempére la rigueur.

Il y a des jurisconsultes qui ont prétendu que les lettres pour ester à droit ont un autre objet que celui que nous leur assignons ici ; & qu'elles ne peuvent servir qu'à détruire l'irrévocabilité des condamnations pécuniaires, qui est une suite de la contumace continuée pendant cinq ans.

Il est ridicule, disent-ils, de prétendre que l'article 18, anéantissant la condamnation, n'anéantisse pas aussi ses effets, & ne soit qu'un réglement de procédure.

Pour prouver que la représentation éteint la mort civile par elle-même, ils se fondent sur un arrêt du mois de Juin 1633, rapporté au journal des audiences. Cet arrêt est intervenu dans le tems intermédiaire entre l'ordonnance de Moulins, & celle de 1670. En voici l'espéce. Un homme accusé d'homicide fut condamné à mort par contumace, & exécuté par effigie. Après ce jugement, il transige avec les parties intéressées pour raison des intérêts civils. Il se représente ensuite, & se constitue prisonnier au Fort-l'évêque. Quelque tems après, il fut élargi à sa caution, sans qu'on eût travaillé de nouveau à son procès, sans qu'on eût purgé ni les défauts, ni la contumace. L'affaire demeura dans un oubli parfait. Avant sa mort naturelle, il avoit fait un testament. Le seigneur du domicile demanda la nullité de ce testament, & la confiscation qu'il prétendoit lui appartenir en conséquence de la mort civile encourue par la condamnation par contumace, qu'il soutenoit n'avoir point été purgée. Par arrêt prononcé ee l'audience de la grand'chambre, il fut débouté de sa demande.

Cet arrêt, dit l'auteur qui nous l'a transmis, est fondé sur ce que cet homme s'étant présenté à la justice & constitué prisonnier, il avoit éteint la contumace *ipso facto*, par la soumission volontaire qu'il avoit faite de sa personne à la justice ; en sorte que le seigneur qui avoit intérêt à la confiscation se devoit imputer

puter si, en conséquence de la représentation, il ne lui avoit pas fait faire & parfaire son procès : mais étant mort depuis, sans qu'il en ait été question, le crime étoit éteint par la mort.

Les mêmes jurisconsultes disent que, dans le sens que nous donnons à ces deux articles, le second ne pourroit être regardé que comme une exception du premier. Le premier donne à la représentation, de quelque façon & en quelque tems qu'elle se fasse, la vertu d'éteindre la contumace ; & l'autre priveroit de cet avantage ceux qui auroient laissé passer cinq ans & qui n'auroient pas obtenu des lettres pour ester à droit. Or, disent-ils, une telle disposition ne produiroit pas l'effet d'une exception, qui consiste seulement à limiter un principe : mais elle le détruiroit entiérement en lui enlevant tous ses effets. Le premier article porte expressément que la seule représentation suffit, soit qu'elle soit volontaire, soit qu'elle soit forcée, soit qu'elle arrive dans les cinq ans, soit qu'elle arrive après, pour anéantir la contumace, sans qu'il soit besoin d'autre formalité. L'article 28 au contraire signifieroit que la représentation faite après les cinq ans n'opére rien par rapport à la mort civile, qui devient irrévocable par la seule expiration de ce terme, sans qu'on puisse s'en relever que par lettres du prince. Cela est contradictoire. Il faut donc que ces deux articles aïent des objets différens : l'un regarde la mort civile, & l'autre les condamnations pécuniaires.

Ils prétendent mettre leur opinion à l'abri de toute contradiction raisonnable, en disant que dans l'article 28, qui établit la nécessité de ces lettres, il n'est fait aucune mention d'autres condamnations que de celles qui sont pécuniaires ; & que, si l'on veut se donner la peine d'examiner la construction de l'article, ces lettres ne peuvent avoir d'autre objet que les condamnations dont il y est fait mention. Il déclare que, si ceux qui auront été condamnés ne se représentent, ou ne sont constitués prisonniers dans les cinq années de l'exécution de la sentence de contumace, les condamnations pécuniaires, amendes & confiscation seront réputées contradictoires, & vaudront comme ordonnées par arrêt. Le législateur se réserve ensuite la faculté de les recevoir à ester à droit, & de leur accorder ses lettres pour se purger. Il ordonne après que, si le jugement qui interviendra porte absolution, ou n'emporte point de confiscation, les meubles & immeubles sur eux confisqués leur seront rendus en l'état qu'ils se trouveront.

On ne voit en tout cela rien qui concerne autre chose que les condamnations pécuniaires. Elles deviennent irrévocables par le laps de cinq ans, ſans que ni la repréſentation, ni même le jugement d'abſolution puiſſent opérer la reſtitution des biens : mais comme il ne ſeroit pas juſte qu'un homme qui prouveroit ſon innocence fût privé de ſes biens, dans ce cas, le Roi lui accorde des lettres qui réparent la rigueur de la loi.

Il eſt aiſé de faire voir que tous ces raiſonnemens portent à faux, & ſont contraires à l'eſprit de l'ordonnance.

1°. L'arrêt de 1633 ne prouve rien. On ignore ſi le condamné ſe repréſenta avant ou après les cinq ans.

2°. Aucun des deux articles que nous tâchons d'expliquer ici ne ſert d'exception à l'autre. L'un déclare que la ſeule repréſentation, en quelque tems qu'elle ſe faſſe, fait tomber les défauts & contumaces ; & l'autre porte que, quoique celle qui ſe fait après les cinq ans opére le même effet que celle qui ſe fait auparavant, néanmoins le condamné ne peut être écouté dans ſes faits juſtificatifs, ſi, quand il ſe repréſente, il n'eſt armé de lettres du prince, qui le relévent du laps de cinq ans ; parcequ'après ce terme, quoique la contumace ſoit anéantie, le coup porté par le jugement contre la vie civile ſubſiſte toujours.

Chacun de ces deux articles contient une régle différente. Suivant la premiere, la mort civile, quoiqu'encourue dès l'inſtant de l'exécution du jugement, eſt comme en ſuſpens pendant cinq ans ; parceque l'humanité veut qu'on accorde un certain tems à un accuſé, pour pouvoir ſe juſtifier ; & l'on a cru devoir fixer ce tems à cinq ans, au bout deſquels la mort civile eſt conſtante & irrévocable. Celui qui en eſt frappé ne peut donc plus faire aucun des actes qui ſont regardés comme fonctions de la vie civile. Or il eſt conſtant qu'un des principaux de ces actes eſt de pouvoir ſe préſenter à la juſtice, pour lui demander la reſtitution de quelque droit qui nous a été enlevé. Peut-elle entendre la voix d'un homme qu'elle a ſupprimé de la ſociété, & qu'elle regarde comme mort ? Il n'eſt plus rien à ſes yeux. Pour le mettre en état de ſe faire entendre, il faut néceſſairement que le prince, par ſa puiſſance ſouveraine, lui rende le droit de paroître en jugement, pour y propoſer ſa juſtification, ſuivant les régles de la procédure.

L'ordonnance de 1670 nous fournit elle-même une explication à laquelle il n'y a point de réplique. Cette explication ſe puiſe dans les deux premiers articles du titre 27. Le premier porte que la veuve, les enfans & les parens d'un condamné par ſentence de contumace, *qui ſera décédé avant les cinq ans*, à compter du jour de ſon exécution, pourront appeller de la ſentence; & que ſi la condamnation de contumace eſt par arrêt ou jugement en dernier reſſort, ils ſe pourvoiront par devant les mêmes juges qui l'auront rendu.

Le ſecond article porte qu'aucun ne ſera reçû à purger la mémoire d'un défunt *après les cinq années de la contumace expirées*, ſans obtenir des lettres en grande chancellerie.

D'où vient la différence de ces deux diſpoſitions, ſi ce n'eſt de ce que, pendant les cinq ans, le condamné avoit la faculté de ſe repréſenter & de ſe juſtifier, ſans qu'il eût beſoin d'obtenir aucune grace particuliére à cet effet? Au lieu que celui qui eſt décédé après les cinq ans, aïant laiſſé paſſer le tems favorable où ſa ſeule repréſentation pouvoit anéantir les condamnations, il ne lui reſtoit plus d'autre reſſource que de recourir à la clémence du prince, pour obtenir des lettres de relief de laps de tems, afin de pouvoir eſter à droit. Et c'eſt la raiſon pour laquelle on ne permet pas à ſes héritiers de ſe préſenter pour juſtifier ſon innocence, ſans avoir préalablement obtenu des lettres, ſans leſquelles il ne l'auroit pas pû faire lui-même.

Enfin, ſi l'on fait attention & à la dénomination & à la forme de ces lettres, il n'eſt pas poſſible qu'elles aïent d'autre objet que celui que nous leur attribuons. Ces termes *pour eſter à droit*, ne peuvent ſignifier autre choſe que *ſtare in judicio*. Or ſi les condamnés ont beſoin de lettres du prince *ad ſtandum in judicio*, c'eſt qu'ils en ſont incapables par eux-même; & cette incapacité ne peut avoir d'autre ſource que la condamnation. D'ailleurs toutes les fois que les ordonnances parlent de lettres pour eſter à droit, elles leur donnent toujours l'effet de *purger* le condamné; & cela parcequ'il eſt incapable de propoſer ſa juſtification.

Quant à la forme, ce ſont des lettres de grande chancellerie, ſcellées en cire jaune. Elles ſont adreſſées au tribunal duquel eſt émané le jugement dont l'impétrant veut ſe relever; ou au parlement, s'il prend le parti d'interjetter appel de toute la procédure. Le Roi rapporte le fait qui a donné occaſion à ce jugement, tel qu'on le lui a expoſé; enſuite il continue en ces termes: *Mais les cinq ans de la contumace étant à préſent expirés, il nous a très-humblement fait ſupplier de lui accorder nos lettres néceſſaires pour eſter à droit & prouver ſon innocence: & déſirant favorablement traiter ledit expoſant*, A CES CAUSES, *Nous vous mandons que notre procureur général, & autres qu'il appartiendra, appellés par devant vous ; s'il vous appert ce que dessus, que l'exposant* n'ait pû se présenter lors des défauts & contumaces, *vous aïez à* le recevoir à ester à droit, & à se justifier *des cas à lui imposés, tout ainsi qu'il auroit pû faire avant ledit arrêt définitif, que ne voulons lui nuire ni préjudicier, pour ne s'être présenté dans les cinq années portées par les ordonnances, dont nous l'avons, de notre grace spéciale, pleine puissance & autorité royale relevé & relevons par ces présentes, signées de notre main ; à la charge par l'exposant de se mettre en état lors de la présentation d'icelles, & de satisfaire à ce qui est porté par l'ordonnance de 1670. Mandons, &c.*

On voit qu'il n'est question dans cette formule, que de rendre au condamné le pouvoir de se représenter en justice; pouvoir qu'il avoit perdu pour ne s'être pas représenté dans les cinq ans: & le seul examen que le juge ait à faire pour l'entérinement de ces lettres, est de sçavoir si l'impétrant a eu des causes légitimes qui l'aïent empêché de purger la contumace dans le tems prescrit par l'ordonnance. On peut donc, s'il n'a pas d'excuse valable, rejetter les lettres, & refuser de l'admettre à ses faits justificatifs.

A l'égard des condamnations pécuniaires, ces lettres y ont si peu de rapport, que les parlemens n'en ordonnent jamais l'entérinement, qu'il ne leur apparoisse de la quittance tant des amendes adjugées au Roi, que des réparations & restitutions civiles. Nous avons actuellement sous les yeux plusieurs minutes d'arrêts qui, avant faire droit sur la demande en entérinement de lettres pour ester à droit, ordonnent le paîement des condamnations & réparations civiles : la quittance en est même visée dans les arrêts d'entérinement.

Ces lettres n'ont donc d'autre effet que de donner au condamné, malgré l'état de mort civile dans lequel il est, le pouvoir de se présenter en justice pour se laver du crime pour lequel il a été condamné : mais elles ne rendent aucune autre faculté civile, de quelqu'espéce qu'elle soit. Il y en a un arrêt du 26 Juillet 1626. Dans l'espéce, un contumax, qui s'étoit représenté après les cinq ans avec des lettres pour ester à droit, & qui, par le jugement intervenu sur sa représentation, avoit été condamné à mort, fut déclaré incapable de recueillir une succession échûe depuis la condamnation par contumace. L'auteur du journal des audiences, qui rapporte cet arrêt au tome premier, dit que ce jugement est fondé sur ce que la restitution contre les défauts & contumaces ne rend capable d'aucuns effets civils.

Il faut cependant convenir qu'à proprement parler, l'état d'un homme qui s'est représenté à la faveur des lettres pour ester à droit dépend de l'événement du procès. S'il est condamné derechef à une peine emportant mort civile, cette condamnation a un effet rétroactif au jour du premier jugement, comme dans l'espéce de l'arrêt de 1626 ; parcequ'il ne seroit pas juste que la contumace lui fût avantageuse ; ce qui arriveroit cependant s'il recouvroit la vie civile pendant l'instruction de son procès.

Mais s'il est absous, ou s'il meurt naturellement, avant son jugement, il est censé rétabli dans la vie civile, comme s'il n'en avoit jamais été privé : c'est pourquoi on trouve dans le même volume du journal des audiences un arrêt du mois de Juin 1633, qui a jugé qu'un homme condamné à mort par contumace, & exécuté en effigie, s'étant représenté, & aïant été élargi à sa caution juratoire, sans que le jugement mît au néant les défauts & contumaces, & étant mort en cet état, avoit valablement testé. Voïez ce que nous avons dit plus haut sur cette matiére, partie 2, livre 2, chapitre 3, section 5.

DISTINCTION II.

De l'effet de la représentation du condamné par contumace, pendant les cinq ans.

On a pû voir dans la distinction précédente, que la représentation dans les cinq ans rend par elle-même la vie civile au condamné, sans quoi il ne pourroit pas être admis à proposer ses faits justificatifs. La faculté d'ester en jugement est incompatible avec la mort civile. Mais rentre-t-il tellement dans ses droits que tous les actes qu'il pourroit faire pendant l'instruction contradictoire de son procès soïent valables ? Nous ne le croïons pas. Il faut distinguer. S'il est absous, il doit être réputé n'avoir jamais été privé de la vie civile. Le jugement par défaut, qui l'avoit condamné, est non-seulement anéanti par la représentation : mais il est déclaré injuste par le second qui déclare l'accusé innocent. Ce premier jugement est donc censé n'avoir jamais existé. Si au contraire il est condamné une seconde fois, soit à la même peine, soit à une autre peine emportant mort civile, cette condamnation doit avoir un effet rétroactif jusqu'au moment de la premiere. Il étoit vraiement coupable. Le premier jugement étoit juste. Il doit donc avoir son effet.

Cela eſt ſi vrai que, ſi, en ſe repréſentant, le coupable s'eſt pourvû par la voïe de l'appel, comme il en avoit la faculté, le parlement ordonne que la ſentence ſortira ſon plein & entier effet: s'il s'eſt repréſenté par devant les mêmes juges, ils ordonnent que leur premiere ſentence ſera exécutée ſuivant ſa forme & teneur.

DISTINCTION III.

De l'état du condamné par contumace lorſque trente ans ſe ſont écoulés depuis l'exécution du jugement, ſans qu'il ſe ſoit repréſenté.

Il faut admettre ici deux principes qui ſont également conſtans parmi nous. Le premier eſt que tout crime qui n'a point été pourſuivi pendant vingt ans eſt preſcrit, de maniére qu'on ne peut, après ce tems, inquiéter en aucune façon celui qui en eſt coupable. Nous avons puiſé cette maxime dans la juriſprudence Romaine.

Le ſecond, qui eſt purement du droit François, eſt que, quand le délit a été pourſuivi criminellement contre le coupable & qu'il a été condamné, s'il a évité la rigueur du châtiment qu'il méritoit, la peine eſt preſcrite par trente ans, de façon qu'il ne peut plus être pourſuivi.

Le crime mérite à la vérité toute la haine & toute la vengeance de la juſtice: mais l'innocence ne mérite pas moins toute ſa protection. Lorſque le crime lui eſt déféré dans un tems où les preuves ſont faciles à acquérir, & où l'accuſé peut également adminiſtrer ſes défenſes, la juſtice le pourſuit avec rigueur pour le condamner avec ſévérité.

Mais s'il s'écoule pluſieurs années ſans que le crime ſoit conſtaté juridiquement & publiquement, la juſtice favoriſe alors l'accuſé; parceque, comme la nature & l'humanité veulent que l'on préſume toujours pour l'innocence, elle ſuppoſe que la longueur du tems a fait périr les preuves que l'accuſé auroit pû adminiſtrer pour ſa juſtification. En un mot, les loix n'ont pas voulu que les hommes fuſſent recherchés pour des crimes après un eſpace de tems capable de leur enlever les moïens de ſe défendre, & elles ont fixé cet eſpace de tems à vingt ans. *Querela falſi temporalibus præſcriptionibus non excluditur, niſi viginti annorum exceptione, ſicut cætera quoque ferè crimina. L. 12, cod. ad leg. Corn. de falſ.*

Nous avons reçû cette maxime; & la prescription de vingt ans est, depuis trois ou quatre siécles, un des principes les plus certains du droit François. On n'en a excepté que le duel & le crime de lèze-majesté. Tous les autres crimes, de quelque nature qu'ils soient, sont éteints par la prescription de vingt ans: & cette prescription n'est pas une simple exemption de la peine; c'est une fin de non-recevoir contre l'imputation du crime, contre le reproche qu'on en veut faire, contre la révélation même du crime. C'est ce que dit Imbert, livre 3, chapitre 10, n. 8 & 9. *Nous avons*, dit-il, en parlant des crimes, *des fins de non-recevoir qui sont fort usitées: l'une quand vingt ans sont passés que le délit dont on est accusé a été commis; car, après vingt ans passés, on n'est pas recevable à faire poursuite de quelques crimes.* Le ministére public même ne peut pas élever sa voix.

Quiconque acquiert la prescription de vingt ans est donc pleinement lavé aux yeux de la justice. Personne n'est en droit de l'attaquer; il conserve tous ses droits naturels & civils.

La prescription de trente années a un effet tout différent. Elle ne reçoit d'application que lorsque la sentence de condamnation a été exécutée publiquement, & que le condamné a survécu trente ans à cette exécution, sans s'être représenté, ou sans avoir été arrêté. Comme l'exécution l'a proscrit de la société, qu'elle a imprimé sur sa tête une tache d'infamie, il est sujet à la peine & au supplice, jusqu'à ce qu'il ait acquis la prescription, non contre le crime; car il ne peut prescrire contre lui après la dénonciation qui en a été faite à la société; mais contre la peine attachée au crime, dont il a été jugé coupable à la face de l'univers. S'il se représente, ou s'il est arrêté avant les trente ans, on lui fait son procès, & il est livré au supplice, s'il y a des preuves suffisantes de son crime. Si, au contraire, il n'est point arrêté pendant les trente ans, il acquiert l'exemption de la peine. La justice ne daigne plus le faire mourir, parcequ'elle a acquis par trente ans le droit de le regarder comme mort. La société a acquis le droit de ne plus le compter au nombre des vivans.

Ainsi il y a dans ce cas une double prescription. La société civile a acquis, par la prescription, le droit de le rejetter de son sein; & le condamné, de son côté, a acquis, par la prescription, l'exemption du supplice auquel il avoit été exposé pendant trente ans.

Mais il est ici question de sçavoir quel est l'état d'un tel homme qui a prescrit contre la peine qu'il a méritée, & à laquelle il a été condamné. A-t-il auſſi preſcrit contre la mort civile? Après avoir vécu trente ans dans un état de mort, peut-on dire qu'il rentre dans ſes droits, & que la ſociété recouvre en lui un citoïen?

Pour décider cette queſtion, voici l'ordre que nous ſuivrons dans nos recherches. Nous examinerons 1°. Si les loix du roïaume peuvent nous fournir quelque lumiére.

2°. Si, à leur défaut, les loix Romaines ne pourroient pas nous procurer quelqu'éclairciſſement.

3°. Si cette queſtion peut ſe décider par les principes de la matiére, au défaut d'ordonnances & de loix Romaines.

4°. Nous rechercherons le ſentiment des auteurs ſur cette queſtion.

5°. Enfin, nous examinerons la juriſprudence des arrêts.

§. I.

Ordonnances du roïaume ſur cette matiére.

Il eſt inutile de reprendre ici l'hiſtoire & les progrès des diverſes ordonnances du roïaume ſur la contumace. Nous l'avons fait avec aſſez d'étendue, partie 2, livre 2, chapitre 3, ſection 3. Nous ne rentrerons point non plus dans la diſcuſſion des différentes interprétations que l'on donne à ces ordonnances. Nous nous contenterons d'en rappeller ici deux.

Ceux qui voudroient ſoutenir que la mort civile eſt preſcrite par trente ans, peuvent indifféremment prendre l'une ou l'autre de ces deux interprétations. Ils ſont toujours en état de tirer les mêmes argumens de ces ordonnances.

Il n'eſt pas beſoin de remonter plus haut que l'ordonnance de Moulins, ſur laquelle on peut faire deux obſervations.

La premiere eſt que, dans le ſens même de la loi, la mort civile du condamné par contumace n'eſt pas une mort définitive, puiſqu'elle eſt ſuſceptible de remédes.

La ſeconde eſt que l'ordonnance ne rejettant point l'exception légale de la preſcription, il s'enſuit néceſſairement qu'elle veut qu'elle ſubſiſte; parcequ'il eſt de principe que la preſcription en matiére criminelle eſt admiſe parmi nous.

Pour paſſer à l'ordonnance de 1639, nous remarquerons que l'article 6 indiquant, pour reprendre les effets civils, toutes les voïes qui ont été preſcrites par les ordonnances, doit comprendre toutes

toutes celles qui n'ont point été excluſes, du nombre deſquelles eſt la preſcription.

Enfin la preſcription n'étant rejettée ni par l'ordonnance de Moulins, ni par celle de 1670, on peut ſoutenir au par-deſſus que l'édit des duels de 1679 la ſuppoſe. On y voit que le crime de duel eſt déclaré crime de lèze-majeſté, & comme tel, ſujet à des peines qui n'ont lieu que pour ces ſortes de crimes. Or une de ces peines particuliéres eſt, ſuivant l'article 35, que *le crime de duel ne pourra être éteint, ni par la mort, ni par aucune preſcription de vingt, ni de trente ans, ni par aucune autre, à moins qu'il n'y ait ni exécution, ni condamnation, ni plainte : & pourra être pourſuivi après quelque laps de tems que ce ſoit.* D'où il ſemble qu'on peut conclure que tout autre crime eſt éteint par la preſcription de vingt ou trente ans ; même lorſqu'il y a eu plainte, exécution ou condamnation.

On peut encore ajoûter en faveur de cette opinion, que c'eſt un uſage conſtant de ne plus accorder au ſceau après les trente ans de lettres aux condamnés, même pour ſervir en tant que de beſoin. D'où il ſuit néceſſairement que l'intention du Roi, qui eſt le ſeul légiſlateur dans le roïaume, eſt que cette preſcription éteigne tout.

Autrefois on prenoit après ce tems des lettres, pour faire déclarer l'accuſation éteinte & preſcrite : mais depuis l'ordonnance de 1670 & l'édit de 1679, on n'en donne plus. La raiſon, ſuivant un certificat délivré en chancellerie & repréſenté en la cour, lors de la cauſe du chevalier d'Aſcheux & du ſieur de la Boiſſiére ſon frere, en 1737, ſur la queſtion que nous traitons ici, *eſt que ces lettres ne produiroient pas plus d'effet que la preſcription, qui a la vertu d'éteindre le crime & la condamnation, & d'anéantir l'incapacité du condamné.*

On peut, en faveur de l'opinion contraire, invoquer les mêmes ordonnances, & dire que leurs expreſſions conduiſent à faire entendre qu'elles ont rejetté la preſcription de la mort civile.

Dèſlors que l'ordonnance de Moulins & celle de 1679, ne veulent pas que le condamné ſoit reçû à ſe repréſenter pour ſe purger ſans lettres du prince, c'eſt une preuve qu'il n'y a que l'autorité du Roi qui puiſſe lui rendre la vie civile. Ainſi quand l'ordonnance de 1639 parle de la reſtitution *ſuivant les loix preſcrites par les ordonnances*, elle ne parle que des différentes lettres que le prince peut accorder. Et ce raiſonnement eſt favorable même pour ceux qui exigent des lettres pour eſter à droit, &

pour être en état de se représenter ; parcequ'il tombe en ce cas sur les lettres de grace & autres semblables.

On peut encore ajoûter que l'ordonnance de 1639, en disant: *Si avant leur décès, ils n'ont été remis au premier état*, embrasse nécessairement par ces mots, *si avant leur décès*, toute la vie des condamnés. L'ordonnance de 1670, titre 27, article 29, dit que *celui qui décédera après les cinq ans*, sans s'être représenté, sera mort civilement. Ces mots *qui décédera* embrassent également toute la vie des condamnés, & exclut la prescription.

A l'égard de l'article 35, de l'édit des duels, il ne dit autre chose, sinon que la peine capitale dûe à cause du crime, ne peut pas se prescrire : mais il ne dit point que la mort civile encourue par la condamnation ne peut pas se prescrire.

Il est vrai qu'en rapprochant cet article 35, de l'articl 27, qui porte incapacité de succéder ; & en supposant que l'incapacité de succéder portée par cet article dérive de l'incapacité portée par l'article 35, on pourroit avec quelqu'apparence lui prêter cette signification : mais c'est évidemment une opération forcée ; & la preuve que l'imprescriptibilité n'est pas la cause de l'incapacité portée par l'article 27, c'est qu'il y est dit que la restitution postérieure ne peut pas effacer l'incapacité de succéder ; ce qui ne peut avoir pour principe qu'une peine particuliére de la contumace, dans le crime de duel ; principe qui a dicté plusieurs autres articles, tels que le 23, qui veut que, même avant les cinq ans, le Roi soit mis en possession des biens des condamnés.

Quant à l'usage attesté par le certificat de la chancellerie, & à la raison qui y est donnée, on peut dire que ce certificat étoit rapporté au pié d'une consultation d'avocats au conseil, qui avoit pû déterminer le suffrage des secrétaires du Roi. D'ailleurs leur expérience peut bien les mettre en état de certifier un usage de chancellerie : mais non pas de décider un point de droit, comme ils ont fait dans le certificat dont il est ici question, en disant que la prescription a la vertu d'anéantir l'incapacité du condamné.

Au surplus cet usage de refuser aux condamnés des lettres de grace après les trente ans, peut venir d'une nouvelle rigueur dont on a cru devoir user, plutôt que de leur inutilité

Ces raisonnemens nous porteroient à croire que l'esprit des ordonnances du roïaume est contraire à la prescription de la mort civile : mais voïons si les loix Romaines ne nous fourniront pas plus de lumiéres.

§. II.

Loix Romaines.

Le corps de droit, qui contient un ſi grand nombre de loix au ſujet des preſcriptions civiles, n'en contient qu'une ſeule ſur la preſcription criminelle. C'eſt la fameuſe loi *Querela*, que nous avons rapportée en parlant de la preſcription de vingt ans, dont elle eſt la ſource.

Mais cette loi, comme il eſt aiſé de le voir par les termes dans leſquels elle eſt conçue, ne concerne que la preſcription des actions criminelles que l'on peut intenter, & non la preſcription de la condamnation. C'eſt le ſens du mot *Querela*, & du mot *Crimina*, qui y ſont emploïés.

A défaut de loix préciſes, on ſoutenoit dans la cauſe dont nous avons parlé plus haut, que, dans le droit Romain l'effet des condamnations étoit impreſcriptible, ce qu'on prétendoit prouver par la loi 1, §. 8 & 9, *ff. de bonorum poſſeſſ.* En voici les termes : *Filium habuit, & ex eo nepotem. Filius emancipatus, vel in poteſtate manens, deportatus eſt. Quæritur an nepoti noceat. Et verius eſt in utroque caſu nepotem admittendum : deportatos enim loco mortuorum habendos. Si pater & filius deportati ſint, & ambo reſtituti, dicemus ad bonorum poſſeſſionem admitti filium. Sed & ſi filius in metallum damnatus, vel aliâ pœnâ quæ ſervum efficit, reſtitutus ſit, nihilominùs admittetur ; aliter non.*

On imploroit encore le ſecours de la loi 3, *cod. de gener. abolit.* dont voici les termes : *Indulgentia, patres conſcripti, quos liberat notat ; nec infamiam criminis tollit, ſed pœnæ gratiam facit.*

On y ajoûtoit la loi 2, *cod. de ſentent. paſſ. & reſtitut. Cum patrem tuum in metallum damnatum fuiſſe proponas, ejus quidem bona meritò à fiſco occupata ſunt : nec ideò, quod ex indulgentiâ meâ, pœnâ tantummodò liberatus eſſet, etiam bonorum reſtitutionem impetravit ; niſi ſpeciale beneficium ſuper hoc fuerit impetratum.*

La loi 5, *cod. Si ademptis bonis in inſulam deportatus ſis, quamvis ex indulgentiâ communi rediiſti ; actiones tamen, quaſcumque habuiſti remanent in cauſâ bonorum publicatorum ; nec ex ordine eſt quod petis, ut contrà hæredes tutorum actiones tibi præſtentur.*

La loi 7, *cod. Generalis indulgentia noſtra reditum exulibus ſeu deportatis tribuit : non etiam loca militiæ pridem adempta conceſſit, neque integram, atque illibatam exiſtimationem reſervavit.*

La loi 13, §. 4, *cod. eod. Tantùm ad restitutionem indulgentia valeat, quantum ad correctionem sententia valuit, utque deportationis ipsum per se nomen, rerum omnium spoliatio est; ita indulgentiæ restitutio bonorum ac dignitatis, uno nomine amissorum omnium sit reparatio.*

On prétendoit qu'il étoit prouvé par ces loix, qu'il n'y avoit chez les Romains que la restitution du prince qui pût effacer la mort civile; même que cette restitution ne rendoit pas toujours la vie civile, & qu'elle n'avoit souvent d'autre effet que d'affranchir de la peine, d'où on concluoit qu'à plus forte raison la prescription ne devoit avoir d'autre effet que d'affranchir de la peine.

Mais ce raisonnement péche en toutes ses parties.

1°. Aucune des loix que nous venons de rapporter, ne dit qu'il n'y a d'autre moïen pour recouvrer la vie civile, que la restitution du prince. Elles disent bien que c'en est un : mais elles n'excluent pas ceux qui auroient pû exister en outre.

2°. Quand celle des restitutions par lettres du prince, qui avoit le moins d'étendue chez les Romains, n'auroit fait qu'affranchir de la peine, il n'en résulteroit pas que la prescription ne pourroit pas avoir un effet plus grand. Nous avons vû plus haut que les graces accordées par les empereurs aux condamnés étoient de différentes espéces. Il y en avoit de plus & de moins étendues.

3°. Il est faux, comme nous le verrons plus bas, que celle des restitutions par lettres du prince, qui étoit la plus limitée, & qu'on nommoit *Indulgentia*, n'eût d'autre effet que d'affranchir de la peine : elle rendoit aussi la vie civile.

Il faut donc convenir qu'il ne se trouve rien dans les loix Romaines qui puisse nous conduire à la décision de notre question.

§. III.

Principes de la matiére.

Il faut se rappeller d'abord qu'il ne s'agit point ici de la prescription d'une action : mais de celle d'un droit acquis par un jugement.

Or à cet égard il y a deux principes certains. Le premier est que les actions qui résultent d'un jugement ne se peuvent prescrire que par trente ans. Le second que l'on ne peut perdre par la prescription que ce qui n'a pas été exécuté.

Il suit du premier principe une conséquence certaine & nécessaire, qui est que la prescription criminelle, après une condamnation, ne peut avoir lieu qu'au bout de trente ans, à moins qu'il n'y eût une loi précise qui contint une disposition contraire; & qui dérogeroit dans ce cas au principe général. Or il n'y en a point, du moins il ne s'en trouve aucune.

Le second principe peut nous conduire facilement à découvrir quel doit être l'effet d'une condamnation emportant mort civile relativement à la prescription. Il ne faut que considérer ce qui a été exécuté du jugement de condamnation.

Quant à la peine qui emporte mort civile, dès qu'il y a eu exécution, soit par effigie, soit réellement, la mort civile est encourue; ainsi le jugement a eu son exécution en cette partie. Il n'y a donc plus de prescription à opposer.

C'est en vain que le criminel prétendroit prouver par des actes autentiques, qu'il n'a jamais cessé de faire les fonctions de citoïen; on lui répondroit que ce ne sont pas de véritables actes de citoïen: mais des usurpations; d'autant plus que son jugement aïant été exécuté publiquement, & l'exécution lui aïant été notifiée autant qu'il étoit possible de le faire, il a toujours été dans la mauvaise foi. Or il est impossible de prescrire par quelque laps de tems que ce puisse être, si celui qui veut se prévaloir de la prescription n'a pas été dans la bonne foi. C'est pourquoi les actes dont il voudroit se servir pour prouver sa possession d'état, seroient toujours déclarés nuls.

Si la peine corporelle & la peine pécuniaire sont prescrites après les trente ans; c'est que la partie civile & la partie publique aïant laissé écouler ce laps de tems sans user du droit qu'elles avoient de les exiger en ont laissé prescrire l'action: mais cette prescription ne tombe nullement sur la mort civile, qui a été encourue dès l'instant que le jugement a été exécuté.

En un mot la défaveur d'un scélérat, qui a été retranché de la société pour le bien public, fait entiérement cesser les avantages qu'il pourroit tirer des comparaisons entre la prescription qu'il réclame, & les autres cas où elle peut avoir lieu.

On peut objecter en sa faveur, que c'est sur un principe reçû, que dans le cas d'une condamnation exécutée, le crime se prescrit par trente ans.

Nous répondons qu'il ne faut pas abuser du mot crime; & que le principe ne décide autre chose, sinon que les parties publiques & les parties civiles ont perdu le droit de poursuivre la vengeance du crime ; ce qui n'a aucun rapport à la mort civile, qui subsiste en vertu de la seule exécution par effigie.

On peut insister, en disant que la partie publique, qui seule peut s'intéresser à la vie civile du coupable, est satisfaite, par l'horreur de la situation dans laquelle le condamné a vécu pendant trente ans. Son cœur & son esprit n'ont cessé d'être tourmentés par les remords les plus cuisans & par des fraïeurs continuelles. Il voïoit sans cesse autour de lui les satellites de la justice prêts à se saisir de sa personne pour le livrer aux supplices qu'il avoit mérité de subir, & auxquels il avoit été condamné. De toutes les peines, la plus grande est certainement la fraïeur ; sur-tout quand elle est continue, & que ni la raison ni aucune considération ne la peut faire cesser. Or tel est l'état d'un homme condamné à mort par contumace, & qui ne s'est épargné le supplice que par la fuite. Il sçait qu'il est coupable, qu'il a par conséquent mérité la condamnation qu'il a essuïée. Il sçait qu'il importe au public que cette condamnation soit exécutée, & qu'on se saisira de sa personne par-tout où l'on pourra le découvrir. Sa vie n'est donc qu'un tissu de crainte & de fraïeurs d'autant plus grandes qu'il ne s'agit de rien moins que d'éviter la potence, ou la roue. Et lorsqu'on a vécu pendant trente ans dans une pareille situation, on doit être réputé avoir suffisamment expié son crime.

Nous répondons que la justice n'est point satisfaite ; parce-qu'elle est intéressée à ce que le condamné ne rentre point dans la société, dont il a troublé le bon ordre.

D'ailleurs, quand elle fait périr un coupable, ce n'est pas la cruauté qui la fait agir. Elle ne cherche point à se rassasier de son sang. Quelques douleurs qu'elle lui fasse endurer, ce n'est point lui qu'elle considère ; elle n'a en vûe que la société & l'exemple. Si l'on proportionne la grandeur des tourmens à l'énormité du crime, ce n'est que pour exciter la fraïeur dans le cœur de ceux qui pourroient être capables de commettre les mêmes crimes ; c'est pourquoi ces supplices s'exécutent toujours en public, dans les lieux de chaque ville les plus fréquentés, & ordinairement dans les jours où l'on présume qu'il y a plus de monde dans la ville, comme les jours de marché. L'on voudroit que celui qu'on exécute ne souffrît aucun mal, & cependant que les spectateurs pûssent croire qu'il souffre les tourmens les plus inouïs.

Pour appuïer le sentiment que nous embrassons ici, on peut

encore rappeller deux autres principes. Le premier eſt que la mort civile n'eſt autre choſe qu'une fiction, qui doit imiter la nature. Or il eſt certain qu'un homme mort naturellement ne preſcrit point par trente ans contre la mort, on ne voit perſonne revenir à la vie au bout de ce tems. Il doit en être de même de la mort civile. Quand un homme a été dans ſes liens pendant trente ans, il ne peut en ſortir.

Le ſecond principe eſt qu'il s'agit ici des intérêts de la ſociété toute entiére; or on ne preſcrit point contre le public. La ſociété a été en droit de regarder le condamné pendant trente ans comme banni de ſon ſein; & il eſt de ſon intérêt qu-il le ſoit en effet. Il ne peut donc preſcrire contre elle un état qu'il a perdu contradictoirement avec elle.

Nous tenons donc pour maxime certaine que, dans les principes, quand il n'y a point eu de condamnation, tout eſt preſcrit par vingt ans. S'il y a eu une condamnation non exécutée, tout eſt preſcrit par trente ans: mais s'il y a eu exécution, la mort civile une fois imprimée ne peut ceſſer que par l'abſolution ou la rémiſſion.

Paſſons maintenant à l'examen des autorités que l'on peut citer pour ou contre.

§. IV.

Sentimens des Auteurs.

Dans l'affaire du ſieur d'Aſcheux, dont nous avons parlé plus haut, pour ſoutenir que la mort civile ſe preſcrit par trente ans, on invoquoit l'autorité de pluſieurs auteurs, comme celle de Baſnage ſur l'article 143 de la coutume de Normandie; Lange, tome 2, livre 2, chapitre 2; Dumoulin, dans ſes notes poſthumes, ſur la coutume de Paris, article 189; Loyſeau, en ſon traité des offices, chapitre 4, n. 15, & chapitre 13, n. 90; Dupleſſis & ſes annotateurs, livre 1, chapitre 2; Ricard, ſur l'article 114 de la coutume de Paris; Renuſſon, en ſon traité des propres, chapitre 2, ſection 5.

Mais on peut dire qu'aucun de ces auteurs ne donne une ſolution préciſe. Il ne paroît même pas qu'ils aïent eu notre objet en vûe.

Pour ſoutenir que la preſcription ne peut avoir lieu contre la mort civile, on invoquoit l'autorité de pluſieurs auteurs: entre autres, celle de d'Argentré, en ſa premiere conſultation. C'eſt la ſeule qui ſoit préciſe ; & elle eſt pour le parti que nous avons embraſſé.

§. V.

Juriſprudence des Arrêts.

Chenu, centurie 1, queſtion 36, rapporte un arrêt du parlement de Paris du 10 Avril 1615, qui a déclaré le crime éteint & preſcrit par trente ans : mais le condamné avoit obtenu des lettres du prince ; d'où il ſemble qu'on peut conclure que la preſcription ſeule ne ſuffit pas.

Bardet en rapporte un autre, du 11 Mars 1632, qui a jugé qu'un mort civilement par condamnation, n'a point preſcrit par trente ans contre la mort civile : mais il y a, dans l'eſpéce, une circonſtance qui empêche d'appliquer cet arrêt préciſément à la queſtion que nous examinons ici ; c'eſt que le condamné étoit mort civilement en vertu d'une condamnation précédente. D'ailleurs, il avoit fait profeſſion en religion depuis ſa condamnation.

On en trouve un autre au journal des audiences, du 15 Mars 1665, qui a déclaré une fille non-recevable dans la demande par elle intentée de la ſucceſſion de ſa mere, quoiqu'il y eût trente ans qu'elle avoit été condamnée : mais, comme le crime pour lequel elle avoit été condamnée étoit un parricide, cette circonſtance fait qu'on n'eſt pas certain ſi cet arrêt eſt fondé ſur les principes que nous avons établis ; attendu que le parricide eſt impreſcriptible vis-à-vis de la famille.

A l'égard de la cauſe du ſieur d'Aſcheux, il prétendoit avoir preſcrit contre la mort civile, réſultante d'une condamnation à mort prononcée par contumace & exécutée en effigie.

L'affaire étoit ſur le point d'être jugée au rapport de M. Severt, les mémoires étoient diſtribués, & l'inſtance vûe par les commiſſaires devant M. le premier préſident. Le ſieur d'Aſcheux prit tout d'un coup une autre route. Il ſe conſtitua priſonnier à la conciergerie du palais, à l'effet de purger la contumace. Le lendemain, il obtint un arrêt ſur requête, qui ordonna qu'il ſeroit transféré dans les priſons d'Amiens, pour être fait droit ſur la demande en purgation de contumace ; parcequ'il avoit été condamné par ſentence du juge de cette ville.

Les juges d'Amiens l'admirent à purger la contumace, & lui firent ſubir interrogatoire. Ils rendirent enſuite une ſentence qui déclara nulle l'information, & ordonna qu'il ſeroit informé de nouveau.

nouveau. Le sieur d'Ascheux appella de cette seconde partie de la sentence, & sur son appel intima M. le procureur général.

La cause plaidée à la tournelle, M. le procureur général forma opposition à l'arrêt qui avoit renvoïé le sieur d'Ascheux au bailliage d'Amiens, & interjetta appel de tout ce qui y avoit été fait.

Il soûtint que le sieur d'Ascheux ne devoit pas être reçû à se purger; & par l'arrêt du 7 Septembre 1737, rendu sur délibéré, le sieur d'Ascheux fut déclaré non-recevable dans sa demande afin de purger la contumace.

Enfin la question que nous traitons ici fut décidée contre le sieur d'Ascheux, par un arrêt du 6 Mars 1738, rendu en la grand'chambre au rapport de M. Severt, par lequel il fut jugé que la mort civile étoit irrévocable; même après les trente ans expirés.

Comme cet arrêt est tout récent, on peut le rgarder comme aïant fixé la jurisprudence au parlement de Paris.

Quant aux autres parlemens du roïaume, on en trouve trois du parlement de Toulouse.

Le premier est du 16 Juillet 1666, qui paroît d'abord avoir jugé contre notre sentiment: mais la condamnation n'avoit point été exécutée par effigie; ainsi il n'y avoit point de mort civile.

Le second, qui est du 28 Août 1669, a jugé précisément contre notre sentiment, puisqu'il a décidé que la prescription acquise par un condamné à mort, ne le rend pas, il est vrai, habile à se faire adjuger les successions échûes pendant trente ans: mais qu'après ce tems expiré, il acquiert la capacité de recueillir celles qui sont échûes depuis.

Le troisiéme, qui est du 23 Août 1731, est pareillement contre notre opinion. Ainsi il faut tenir pour constant que la jurisprudence du parlement de Toulouse est contre nous.

Mais nous ne croïons point que cela doive nous faire changer de sentiment. Au contraire, nous sommes persuadés que la jurisprudence du parlement de Paris est la seule qui doive être suivie. Elle est conforme aux véritables principes, comme nous croïons l'avoir établi dans le §. 3.

PARTIE III.

De la Mort civile encourue par la profession en religion.

NOUS avons parlé jusqu'ici de la mort civile encourue par condamnation pour cause de crimes commis contre l'état & contre la société. Nous avons établi au commencement de cet ouvrage, qu'il est juste & nécessaire en même tems, que les coupables soient punis, & que la société, dont l'unique soin est de travailler au bonheur & à la tranquillité de ses membres, retranche de son sein ceux qui, loin de coopérer à la félicité publique, dont ils sont participans; ne cherchent qu'à la troubler.

Nous avons maintenant un objet tout différent à considérer. La mort civile, dont nous avons parlé dans les deux premieres parties de ce traité, est le fruit du crime. Celle-ci est le fruit de la piété. L'avarice, la vengeance ou la jalousie sont, pour l'ordinaire, les chemins qui conduisent à la premiere. Celle-ci, au contraire, n'a d'autre source qu'un abandon général de tout ce qui peut flater le plus dans le monde. La premiére est infamante. Celle-ci est honorable. La premiére est forcée & involontaire. La seconde est toujours libre dans son principe, quoiqu'elle devienne irrévocable dans la suite.

Comme celui qui s'y dévoue, renonce à tous les avantages de la vie civile, il abdique en même tems la qualité de citoïen, & tous les avantages mondains, qui en sont une suite. Il est mort au monde; il est mort à la société. Il est donc, à peu près, dans le même état que celui qui a été condamné: mais, comme la cause de ce retranchement est tout-à-fait différente de l'autre, elle est aussi accompagnée de circonstances différentes, & produit quelques effets qui lui sont particuliers.

Nous diviserons donc cette partie en trois livres. Dans le premier, nous examinerons quelles sont les causes de cette mort civile. Dans le second, nous en verrons les effets; & dans le troisiéme, nous expliquerons quels sont les moïens de la faire cesser.

LIVRE I.

Des causes de la mort civile des Religieux.

POUR parvenir avec plus d'ordre à la connoissance des causes de la mort civile des religieux, il nous paroît nécessaire de remonter d'abord jusqu'à leur origine. Nous examinerons ensuite ce que c'est que la profession en religion, qui est la source de la mort civile de ceux qui embrassent la vie monastique. Nous chercherons enfin quelles sont les circonstances qui doivent accompagner cette profession pour la rendre valable dans son principe & irrévocable. Chacun de ces objets nous fournira la matiére d'un chapitre.

CHAPITRE PREMIER.

De l'origine des Moines & des Religieux.

QUOIQUE ce chapitre paroisse d'abord n'être que de pure curiosité, & ne présenter que des notions indifférentes à la matiére que nous avons à traiter ; cependant il ne laissera pas de contenir des choses utiles pour la suite, & desquelles nous pourrons tirer quelques principes.

Nous examinerons donc 1°. l'origine du monachisme en général.

2°. L'origine des principaux ordres religieux qui sont en France.

3°. Quelle est la forme du gouvernement de chacun de ces ordres ; ce qui nous donnera lieu de parler du gouvernement des anciens moines.

4°. Nous parlerons des formalités nécessaires pour l'établissement d'un nouvel ordre & d'un nouveau monastere en France.

5°. Enfin nous examinerons de quelle puissance les religieux dépendent ; ce qui nous procurera l'occasion de traiter des exemptions. Chacun de ces objets fournira la matiére d'une section.

SECTION I.

De l'origine du Monachisme en général.

Les persécutions que l'Eglise essuïa dans les commencemens de son établissement, sont la véritable source du monachisme. Plusieurs chrétiens, voulant éviter les tourmens dont ils étoient menacés, se retirérent dans les déserts de l'Egipte, pour s'y mettre à l'abri des recherches de leurs persécuteurs.

Ils s'y formérent un plan de vie conforme à la discipline prescrite dans l'Evangile. Ils renoncérent à toutes les prétentions mondaines qu'ils pouvoient avoir dans leur patrie, pour se livrer totalement à la priere, aux mortifications & aux autres bonnes œuvres. Réduits à la pauvreté par l'abandon de leur patrimoine, ils vivoient du travail de leurs mains, ou des racines qu'ils cultivoient dans leur désert.

A mesure que les persécutions augmentoient, ces retraites solitaires se remplissoient, & devenoient enfin aussi peuplées que certaines villes.

Le grand nombre de solitaires les rapprocha les uns des autres par bande. Chaque bande se choisit un supérieur pour conduire & gouverner tous les particuliers qui la composoient & qui vivoient en communauté de priéres & de travail.

Saint Jerôme, au commencement de la vie de saint Paul hermite, examine quel est le premier fondateur de la vie monastique; & dit que Paul fut le premier solitaire dont le nom soit connu : mais, comme il ne fit point de disciples & ne forma point de communauté, saint Antoine qui vint après lui, & qui eut des disciples, est regardé comme le premier instituteur & le pere de la vie monastique.

Il ne paroît pas que saint Antoine ait fondé des monasteres ailleurs que dans l'Egipte. Et cette fondation ne fut même que fortuite & sans aucune préparation de sa part.

Ceux qui avoient pris le parti de la solitude, pour éviter les poursuites de la persécution, vivoient dans les déserts chacun séparément & sans autre subordination qu'aux préceptes & aux conseils contenus dans l'Evangile. C'étoit l'unique régle à laquelle ils tâchoient de se conformer. Loin de chercher à s'assembler, ils ne cherchoient que la solitude, afin que l'on ignorât toujours le lieu de leur retraite.

Mais lorsque Constantin eut fait monter la Religion Chrétienne sur le trône, & qu'il fut permis à tout le monde de la professer hautement ; ces saints solitaires, sans quitter le lieu de leur retraite, qu'ils regardoient comme le seul azile contre la corruption du siécle ; ne prirent plus tant soin de se cacher. Ils communiquoient ensemble lorsque l'occasion s'en présentoit. Enfin ils comprirent, & ils avoient même appris dans l'Evangile, que la priere de plusieurs personnes réunies est celle qui est le plus agréable à Dieu ; ils crurent ne pouvoir mieux faire que de s'assembler pour vivre sous un chef qu'ils se choisiroient ; & leur choix tomba sur saint Antoine, comme le plus digne d'entre eux.

Ainsi quand on dit que saint Paul hermite & saint Antoine ont été les premiers moines, cela ne signifie pas qu'ils sont les premiers qui aïent embrassé la vie monastique, parcequ'il y en a eu avant eux, & pendant les trois premiers siécles de l'Eglise : mais ces solitaires des trois premiers siécles n'ont point fait de disciples, ils n'ont point ouvert d'écoles, ils n'ont établi aucune régle ; ils n'ont point formé de corps différent du clergé & des laïques : au lieu que saint Antoine, après qu'il eut été choisi chef de plusieurs solitaires assemblés, fit toutes ces opérations ; & c'est en ce sens seulement qu'il passe pour le premier moine.

Saint Hilarion, à l'imitation de saint Antoine, assembla aussi dans la Syrie plusieurs solitaires, auxquels il imposa une régle. C'est encore saint Jerôme qui nous l'apprend dans la vie de ce saint.

Saint Athanase composa la vie de saint Antoine, & lorsqu'il alla à Rome, il y fit connoître ce saint. La relation de sa vie retirée & austére excita la piété de plusieurs fidéles, qui embrassérent le même parti. C'est ce que saint Jerôme nous a transmis dans l'épitaphe de Marcelle, qui paroît avoir été la premiére femme, au moins dans l'Occident, qui ait embrassé cette profession.

Saint Jerôme vint lui-même à Rome quelque tems après, & sa présence y augmenta infiniment le nombre des reclus, comme on le peut voir dans sa lettre à sainte Principie.

Quand la Religion Chrétienne fut devenue dominante dans l'empire ; les solitaires, loin de se cacher, comme ils avoient fait auparavant, s'assembloient pour vivre en commun, & bâtissoient à cet effet des maisons que l'on nomma monastéres. Ils ne s'établissoient cependant pas encore dans les villes, comme on voit qu'ils y sont aujourd'hui : mais dans des lieux écartés.

Suburbanus ager pro monasterio fuit, & rus electum pro solitudine; dit saint Jerôme dans la lettre dont nous venons de parler.

Les filles & les veuves commencérent à embrasser la même vie, presqu'en même tems que les hommes.

Ces établissemens passérent ensemble de Rome dans tout le reste de l'Occident. Les isles de la Toscane devinrent comme autant de colonies de religieux. C'est ce que nous apprend encore saint Jerôme dans l'épitaphe de Fabiole.

Quelques-uns ont prétendu que le monastére de Lérins est le premier qui ait été établi en France : mais il est constant que ce monastére doit sa fondation à saint Honoré, qui fut depuis évêque d'Arles. Or saint Martin, qui a fondé aussi des monastéres dans ce roïaume, a vécu environ cinquante ans avant saint Honoré. C'est donc lui que l'on doit regarder comme l'instituteur de la vie monastique en France.

Il semble que saint Augustin ait été le premier qui établit des monastéres en Afrique, où ils se multipliérent prodigieusement dans la suite. Ce point de fait est cependant contesté par plusieurs auteurs : mais, outre que cette discussion nous meneroit trop loin, il nous paroît qu'elle seroit ici déplacée.

Telle est, à peu près la source & la propagation du monachisme dans les trois anciennes parties du monde. Comme l'Europe est celle qui nous touche de plus près, nous allons parcourir en peu de mots les différens établissemens qui s'y sont formés, tant sous le titre de moines, que sous le titre de religieux.

SECTION II.

De l'origine des principaux Ordres religieux qui sont en France.

Avant saint Benoît, tous les monastéres d'Occident avoient chacun une espéce de régle différente, comme nous le dirons dans la suite : mais ce saint aïant rassemblé un grand nombre de moines au Mont-Cassin, entre Rome & Naples, il leur prescrivit une régle, qui parut remplie de tant de sagesse & d'une si grande prudence, que l'on quitta toutes les autres pour embrasser la sienne. Tant qu'elle se conserva dans les différens monastéres avec la ferveur qui ne manque jamais d'accompagner les nouveaux établissemens, les moines furent l'édification des fidelles ; & de l'Eglise en général.

Mais les troubles qui affligérent le roïaume sur la fin de la premiere race de nos Rois, plongérent les moines dans un tel relâchement, qu'ils ne furent plus qu'un objet de ſcandale.

Saint Benoît d'Aniane travailla ſous Charlemagne & ſous Louis le Débonnaire à rétablir la vie monaſtique : mais quelques ſoins qu'il ſe donnât pour la réforme, il ne pût jamais réuſſir à rétablir l'obſervation exacte de la régle de ſaint Benoît, & les troubles qui ſurvinrent ſur la fin de la ſeconde race de nos Rois & au commencement de la troiſiéme, furent la ſource de nouveaux relâchemens dans les monaſtéres.

Saint Odon rendit à l'état monaſtique tout ſon ancien éclat, dans l'abbaïe de Clugni, qui avoit été fondée au commencement du ſixiéme ſiécle ; il y rétablit la régle de ſaint Benoît. Pour mieux réuſſir dans ſon entrepriſe & faire adopter ſa réforme avec plus de facilité, il modifia cette régle en quelques points.

On fonda pluſieurs monaſtéres, que l'on peupla de religieux de Clugni. Pluſieurs anciennes abbaïes embraſſérent la réforme qui y avoit été introduite, & s'unirent à Clugny, en reconnoiſſant l'abbé pour leur ſupérieur général ; ce qui forma une congrégation compoſée de pluſieurs monaſtéres.

On vit paroître enſuite les religieux de Cîteaux, qui eurent pour inſtituteur ſaint Robert abbé de Moleſme. Ils embraſſérent la regle de ſaint Benoît, ſans aucune mitigation, ſoit par rapport au ſilence, ſoit par rapport au travail des mains, ſoit pour la vie auſtére & pénitente. Ils renoncérent à tout ce qu'ils crurent avoir contribué au relâchement qui s'étoit déja gliſſé à Clugni, comme aux priviléges & exemptions.

Saint Bernard étoit religieux de cet ordre. Sa dévotion, les grandes affaires de l'égliſe & de l'état dans leſquelles il s'ingéra, & l'eſtime que l'on fit de ſes ouvrages, augmentérent celle qu'on avoit conçûe pour l'ordre de Cîteaux ; en ſorte qu'on parut oublier le premier fondateur de cette congrégation, pour donner le nom de Bernardins à ceux qui s'étoient engagés à ſuivre les conſtitutions de Cîteaux.

Les Chartreux inſtitués par ſaint Bruno, parurent preſque dans le même tems que les religieux de Cîteaux. L'obſervation exacte du ſilence, & la retraite qu'on s'eſt particuliérement attaché de ſuivre dans cet ordre, y ont maintenu la diſcipline réguliére ; de ſorte qu'il s'eſt ſoutenu depuis ſept ſiécles ſans avoir beſoin de réforme générale : ce qui ne ſe trouve pas dans les autres ordres.

Telles ſont les principales branches des différentes congrégations qui font profeſſion de ſuivre la régle de ſaint Benoît.

Les chanoines réguliers qui ont pris pour régle une lettre que saint Augustin écrivoit à des religieuses, & dans laquelle il leur donnoit des réglemens, prétendent tirer leur origine de la communauté que ce saint évêque établit à Hippone : mais il leur est impossible de prouver cette filiation.

Il paroît constant que cette communauté n'étoit autre chose qu'un séminaire de clercs avec lesquels il vivoit & qu'il instruisoit. C'étoit le clergé de sa ville épiscopale, & c'est de-là qu'il a tiré tous ces saints évêques & ces vertueux ecclésiastiques qu'il a distribués depuis dans les autres églises : la plupart des villes d'Occident imitérent un établissement aussi utile. Le relâchement aïant dans la suite fait négliger cet usage, on voulut le rétablir au concile d'Aix-la-Chapelle ; ce qui ne s'est exécuté que peu à peu ; en sorte que la communauté établie par saint Augustin est plutôt l'origine des séminaires, qui sont en usage parmi nous, que celle des chanoines réguliers, dont voici plus vraisemblablement le principe & le modéle.

Dans la primitive Église, du tems même des Apôtres, tous les fidelles vivoient en commun. Ceux qui étoient riches donnoient tout leur bien à l'Eglise, & ce bien étoit distribué également pour la subsistance & l'entretien de tous ceux qui avoient embrassé la foi dans chaque ville. Les diacres ne furent même établis que pour avoir soin d'en faire une dispensation exacte ; pendant que les Apôtres, & ceux qui après eux furent chargés de distribuer la parole de Dieu, étoient occupés à ce saint ministére.

Dans la suite, le nombre des fidelles devint si grand, qu'il fut impossible de perpétuer cet état de communauté entr'eux : mais les ecclésiastiques le conservérent toujours. Ils ne vivoient que des aumônes, dont on faisoit une masse, pour l'entretien du clergé ; & le surplus étoit distribué aux laïcs qui étoient dans le besoin. L'Eglise fut fort long-tems sans posséder aucuns immeubles, parceque les premiers chrétiens regardoient les choses du monde comme passageres & comme onéreuses à ceux qui veulent aller au Ciel ; & d'ailleurs, suivant les loix Romaines, aucun corps ou communauté ne pouvoit rien acquérir par quelque voïe que ce fût, sans le consentement du sénat ou du prince. Pendant la confusion qui agita long-tems l'empire, depuis l'emprisonnement de Valérien, les loix étant mal observées, surtout en Afrique, dans les Gaules & en Italie ; on ne laissa pas de donner des biens immeubles aux Eglises : en l'an 302, tous ces biens furent confisqués par Dioclétien & Maximien, excepté dans les

les Gaules, où Constance Chlore, qui en étoit gouverneur, ne fit point exécuter le décret des empereurs.

Lorsque l'exercice de la religion fut devenu libre, outre les dons des choses nécessaires, on donna aussi aux églises des biens fonds, dont les revenus étoient destinés & emploïés au même usage.

Tout demeura dans cet état, jusqu'à ce que la discipline venant à se relâcher, les ecclésiastiques cessérent de vivre en communauté, & partagérent entr'eux les biens qui devoient leur appartenir en commun. De-là l'origine des bénéfices tels que nous les voïons aujourd'hui.

Plusieurs personnes distinguées par leur piété, & en particulier saint Pierre Damien, se plaignirent de ce que les décrets & les canons qui ordonnoient que les clercs vivroient en commun n'étoient point exécutés, & de ce que l'église étoit toute défigurée par la simonie & par la vie scandaleuse de plusieurs ecclésiastiques.

Pour faire cesser de si justes plaintes, & couper la racine aux désordres qui les occasionnoient, les papes Nicolas II. & Alexandre II. assemblérent plusieurs conciles, dans lesquelles on renouvella les anciens canons & on ordonna que les clercs vivroient en communauté & renonceroient à rien posséder en propre.

Il s'en fallut de beaucoup que tous les ecclésiastiques se soumissent à ces décrets : mais les plus zélés les adoptérent & formérent différentes communautés, où ils vécurent ensemble, après avoir renoncé à toute propriété, à peu près comme les moines.

Le bienheureux Yves de Chartres doit être regardé comme le fondateur de ces communautés en France. L'étude profonde & suivie qu'il avoit faite des saints canons & de la théologie, lui avoit donné une grande connoissance de la véritable discipline ecclésiastique. Il fut touché du peu de régularité qu'observoient ceux qu'on nommoit chanoines. Il en témoigna sa douleur à Gui évêque de Beauvais, qui entra dans ses vûes, & lui donna un monastére dans le fauxbourg de la ville de Beauvais. Il y rassembla plusieurs ecclésiastiques, qui vécurent ensemble sous le titre de chanoines réguliers, & qui le choisirent pour leur abbé. Ils prirent pour régle la lettre de saint Augustin, dont nous avons parlé plus haut.

Il se forma, dans cette école, plusieurs excellens sujets, qu'on en tira ensuite, pour remplir les places distinguées dans l'église, ou pour établir d'autres maisons de cet ordre. Il y en eût plusieurs en France dès le tems d'Yves de Chartres.

On vit ensuite se former plusieurs congrégations de chanoines réguliers, dont une des plus illustres est celle des Prémontrés, qui doit son établissement à saint Norbert archevêque de Magdebourg.

Les chanoines réguliers ne furent pas les seuls qui firent profession de suivre la régle de saint Augustin. Les ordres hospitaliers, qui ont été établis, pour la plupart à l'occasion des Croisades, pour donner l'hospitalité aux pélerins qui alloient visiter les lieux saints, embrassérent la même régle. Le plus distingué de ces ordres, est celui de saint Jean de Jérusalem, dont on a nommé les religieux chevaliers de Malte, depuis qu'ils se sont retirés dans cette isle.

Parmi les quatre ordres mendians que nous connoissons, il y en a deux qui font aussi profession de suivre la régle de saint Augustin. Le premier a pour fondateur saint Dominique chanoine d'Osma en Castille. Son zéle pour la religion le fit venir en Languedoc au commencement du treiziéme siécle, pour travailler à la conversion des Albigeois. Il assembla plusieurs clercs pour vivre en communauté avec lui. On les nomma freres prêcheurs, parceque leur principale occupation étoit de prêcher & d'instruire les hérétiques. Ils sont aussi connus sous le nom de Dominicains, du nom de leur fondateur. On les appelle encore en France Jacobins, à cause du collége qu'ils ont à Paris dans la rue saint Jacques.

Les autres mendians, que nous connoissons sous le nom d'Augustins, ne sont que des hermites de différens instituts, que le pape Alexandre IV. réunit en une congrégation & ausquels il imposa la régle de saint Augustin.

Avant cette réunion, & dans le tems que saint Dominique commençoit à fleurir dans le Languedoc, saint François d'Assise assembla en Italie plusieurs compagnons, les uns clercs, les autres laïcs, avec lesquels il mena une vie très-pénitente & très-pauvre, & ausquels il prescrivit une nouvelle régle. Cet ordre s'est partagé en différentes branches, comme nous le dirons dans la suite : elles se sont répandues par toute la terre.

Les Carmes, qui peuvent être les imitateurs de la vertu des disciples d'Elie & d'Elisée, sans être leurs successeurs, comme ils le prétendent; ne sont autre chose que des hermites du Mont Carmel, ausquels Albert patriarche de Jérusalem, donna une régle fort austére.

Tels sont les quatre ordres que l'on appelle mendians; parceque, suivant leur institut, ils ne devroient rien posséder ni en particulier, ni en commun, & ne devroient vivre précisément que d'aumônes & de charités.

Après les moines, les chanoines réguliers & les mendians, on a vû se former dans le commencement du seiziéme siécle, plusieurs autres congrégations de clercs réguliers. Les Théatins sont les plus anciens : mais les Jésuites, dont les constitutions sont les plus singuliéres, se sont distingués plus que tous les autres, par les missions dans les Indes, par leur soin pour l'éducation de la jeunesse, & par l'érudition de plusieurs membres de leur société.

La plupart de ces communautés d'hommes ont servi de modéles à l'établissement de semblables communautés de femmes, qui suivent les mêmes régles en ce qui peut convenir à leur sexe. Et elles s'y conforment avec autant & plus d'austérité que les hommes. Nous avons des Bénédictines, des Augustines, des Dominicaines, &c.

Après avoir parlé de l'origine des moines & des principaux ordres de religieux établis en France, nous allons expliquer avec le plus de briéveté qu'il sera possible, quelle est la forme de leur gouvernement.

SECTION III.

De la forme du gouvernement des différens ordres établis en France.

Les premiers solitaires, quand ils se sont réunis en corps de communauté, ont donné le titre d'abbé à celui qui étoit chargé du soin de gouverner le monastére, afin de lui faire connoître qu'il doit avoir une tendresse de pere pour ceux dont la conduite lui est confiée ; & afin que les religieux qui lui sont soumis se souviennent toujours qu'ils lui doivent le respect & la soumission que les enfans ont pour leur pere.

Ce nom a toujours continué depuis de se donner dans les communautés dont la régle est ancienne, comme chez les Bénédictins, & chez les chanoines réguliers : mais lorsque les convents commencérent à s'enrichir au point de posséder de grands fiefs, le crédit que ces richesses donnoient aux abbés, leur procura un rang distingué dans le monde, & contribua beaucoup à diminuer en eux l'esprit de retraite & d'humilité que leur régle leur impose. C'est pourquoi les fondateurs d'ordres des siécles postérieurs, comme ceux des Chartreux, des Célestins, & surtout des mendians, ont donné aux supérieurs des noms moins distingués, comme celui de prieur, de gardien, &c.

Suivant les premieres régles monastiques, les supérieurs étoient perpétuels. Les nouvelles congrégations ont crû devoir les rendre amovibles, ou du moins fixer leur supériorité pour un tems déterminé seulement, après lequel ils rentrent de droit dans le rang des particuliers de la communauté, afin que le gouvernement fût plus tempéré, & que les supériorités ne fussent point sujettes aux réserves & aux nominations roïales, comme le sont les abbaïes qui sont des titres perpétuels.

Il est même arrivé que plusieurs communautés, dont les supérieurs étoient perpétuels dans l'origine, touchées des raisons qu'on vient d'alléguer, ont obtenu des indults de cour de Rome qu'ils ont fait revêtir de l'autorité du Roi; pour avoir des abbés électifs & triennaux. C'est ce qui est arrivé à l'abbaïe de sainte Geneviéve de Paris, quand on y a mis la réforme, & qu'on l'a choisie pour être le chef-lieu de la congrégation des chanoines réguliers.

Quelque soit le titre des supérieurs des communautés religieuses, ils sont les premiers pasteurs de leurs religieux. Ils sont chargés du soin de l'instruction & de la correction; & suivant la régle de saint Benoît, ils doivent reprendre avec douceur ceux qui font des fautes; & punir sévérement, même par des peines corporelles ceux qui y retombent plusieurs fois. L'abbé peut même procéder par la voïe de l'excommunication contre ceux qui méprisent ses ordres & ses punitions.

Suivant l'esprit de la régle de saint Benoît, cette excommunication ne retranchoit pas le religieux qui l'avoit encourue de la société des fidelles; elle le privoit seulement de toute communication avec les autres religieux de la communauté.

Dans la suite, les supérieurs se sont arrogés sur leur religieux une jurisdiction plus étendue, & qui passe même les bornes de l'autorité qu'ils devroient naturellement avoir: mais l'Eglise ne s'est point opposée à cette usurpation; en sorte qu'ils en sont aujourd'hui en possession, & les censures & excommunications qu'ils prononcent ont le même effet sur les réguliers qui leur sont soumis, que celles qui sont prononcées par les évêques & par les autres supérieurs ecclésiastiques.

Généralement parlant, le gouvernement dans la régle de saint Benoît est, en quelque sorte, monarchique; c'est-à-dire, que le supérieur gouverne seul; en se conformant néanmoins aux régles de l'ordre, & en les interprétant, si le cas y échet. S'il y a de nouveaux réglemens à faire, il les fait de sa propre autorité: mais ils doivent toujours être conformes à l'esprit de la régle. Il doit néanmoins, pour les affaires de peu d'importance, prendre l'avis des plus anciens; & pour les affaires de plus grande importance, assembler toute la communauté, recueillir les voix, & choisir l'avis qui lui paroît le meilleur, sans être tenu de s'attacher à la pluralité des opinions.

Il y a d'autres ordres, il y a même quelques congrégations de l'ordre de saint Benoît, où le supérieur est non-seulement obligé de consulter la communauté; mais encore de suivre l'avis de la plus grande partie.

Pendant les dix premiers siécles, tous les monastéres d'Occident, quoiqu'attachés à la même régle, étoient indépendans les uns des autres; & chaque couvent étoit gouverné par un abbé, qui ne dépendoit que de l'évêque diocésain.

En Orient, il y avoit des abbés qu'on appelloit archimandrites, & qui gouvernoient plusieurs monastéres, dans chacun desquels ils mettoient un supérieur particulier, qui leur étoit subordonné.

Dans le neuviéme siécle, il se forma en France une congrégation pareille; mais qui avoit beaucoup plus d'étendue. Louis le Débonnaire établit saint Benoît d'Aniane abbé général de plusieurs monastéres, dont il lui donna la conduite: mais ce nouvel établissement ne dura qu'autant qu'il vécut; & après sa mort, ces maisons se séparérent & rentrérent dans l'indépendance les unes des autres, comme elles y étoient auparavant.

Guillaume comte d'Auvergne fonda le monastére de Clugni dans le dixiéme siécle. Saint Odon, qui en fut le second abbé, voïant que l'ordre de saint Benoît étoit tombé dans un grand relâchement de la discipline, voulut le réformer. Dans cette vûe. il mit plusieurs monastéres sous la dépendance de celui de Clugni, & ne leur laissa d'autre abbé que celui de la maison de laquelle il les rendoit dépendans.

Plusieurs réformes du siécle suivant ont donné lieu à différentes congrégations, qui sont aujourd'hui des ordres séparés; comme les Camaldules établis par saint Romuald, les Chartreux par saint Bruno, les religieux de Cîteaux par saint Robert de Molesme.

Chacun des ordres mendians est formé de plusieurs maisons, qui sont gouvernées par un seul général.

Comme ces maisons se sont prodigieusement multipliées, il n'a pas été possible à un seul supérieur d'avoir la vûe sur toutes, d'y prévenir ou corriger les abus & de s'opposer au relâchement. D'ailleurs, comme ces ordres n'ont point été institués pour que ceux qui les embrasseroient vécussent dans la retraite, mais pour qu'ils travaillassent à l'instruction des peuples; cette occupation les a mis dans un trop grand commerce avec le monde, & souvent les a fait se relâcher de la premiere sévérité de leur institut. Pour les y faire rentrer & leur faire exécuter les régles qu'ils s'étoient solemnellement engagé d'observer, il a fallu plusieurs réformes.

Saint Bernardin de Sienne rejetta toutes les dispenses accordées aux Freres mineurs, connus sous le nom de Cordeliers, & établit une observance plus étroite; qui fit distinguer ses religieux, nommés observantins, des conventuels,

Vers la fin du quinziéme siécle, on vit paroître les Recollets.

Sous le pape Clément VII. Matthieu de Basci commença la réforme la plus exacte pour la pauvreté, de toutes celles qui ont été faites dans l'ordre de saint François. On nomma ses religieux Capucins, à cause de leur capuce long & pointu.

Chacune de ces réformes a introduit comme autant d'ordres différens, qui suivent tous la régle de saint François les uns plus les autres moins étroitement. Les maisons de chacun de ces ordres sont distribuées en France par provinces. Chaque maison est gouvernée par un gardien, lequel est soumis au provincial, qui est le supérieur de toutes celles qui composent sa province; & tous les provinciaux sont subordonnés à un général, qui est le supérieur de tout l'ordre.

Les deux réformes les plus considérables du dernier siécle, sont celles de la congrégation de saint Maur pour les Bénédictins, & de sainte Geneviéve pour les Chanoines réguliers.

La premiere est venue de celle de saint Vanne. Celle-ci commença en Lorraine en 1597. Elle fut introduite en France en 1613, par Jean Regnault abbé de saint Augustin de Limoges, & confirmée en 1621, par Grégoire XV. sous le titre de congrégation de saint Maur.

La seconde de ces réformes commença à Senlis, sous le pere Charles Faure, que le cardinal de la Rochefoucault appella à sainte Geneviéve, où il institua la congrégation autorisée par une bulle d'Urbain VIII.

Les abbés des différentes maisons qui composent l'ordre de Cîteaux, pour conserver l'union qui doit être entre les différens monastéres qui vivent sous la même régle, & pour maintenir la discipline monastique dans sa vigueur, ont arrêté entre eux de s'assembler tous les ans à Cîteaux : c'est ce qui fait le chapitre général.

Le quatriéme concile de Latran, tenu sous Innocent III. aïant reconnu l'avantage qu'on pouvoit tirer de ces différentes assemblées, a ordonné qu'on tiendroit, dans tous les ordres, ces chapitres généraux de trois ans en trois ans. Benoît XII. Clément V. & le concile de Trente ont renouvellé cette constitution.

C'est ordinairement dans ces assemblées qu'on élit les principaux supérieurs réguliers, & ceux qui doivent gouverner sous eux. On fait des réglemens pour le spirituel & pour le temporel; & on fait des visiteurs dont la fonction est d'aller, dans les tems qui leur sont marqués, dans toutes les maisons de leur département, examiner ce qui s'y fait, tant pour le spirituel que pour le temporel, réformer les abus, & faire observer la régle & les constitutions.

Quelques ordres tiennent des chapitres provinciaux, & les constitutions qui s'y font, doivent être gardées dans tous les couvens de la province : mais elles peuvent être réformées dans les chapitres généraux.

Il y a, comme nous l'avons dit, des réformes qui ont fait des corps particuliers & entiérement séparés du premier ordre. Tels sont les Capucins relativement aux Freres mineurs, & les Feuillans par rapport à Cîteaux. D'autres réformes sont restées réunies au premier ordre : mais à condition que les réformés auroient des supérieurs particuliers, & qu'ils suivroient librement leurs constitutions.

De tous les ordres, celui dont le gouvernement est le plus monarchique, c'est celui des Jésuites. Tout s'y fait par l'autorité du général, qui est électif & à vie. C'est lui qui donne toutes les charges; & il ne les donne ordinairement que pour trois ans : mais il peut toujours révoquer la commission, quoique le terme pour lequel il l'avoit donnée ne soit pas expiré. C'est lui qui fait les fondations & qui fait tous les contrats au profit de la société : mais il ne peut aliéner qu'avec le consentement de la congrégation générale, qui ne s'assemble que rarement.

Les ordres militaires sont encore plus singuliers. Celui de Malte n'est, à proprement parler, qu'une seule maison, dont il y a des membres répandus dans tous les païs Catholiques. C'est à Malte qu'est le corps de la communauté. Le grand-maître en eſt le premier ſupérieur. Il eſt électif & à vie. Son conſeil eſt compoſé des grands officiers de l'ordre, des baillis, ou prieurs conventuels, qui portent tous la grande Croix.

Pour faire valoir leurs revenus, ils ont ſur les lieux où leurs biens ſont ſitués des chevaliers à qui ils donnent l'uſufruit de certains biens, aux conditions marquées dans les ſtatuts.

Dans chaque province ils ont un grand-prieur, qui poſſéde la plus grande commanderie, & tient de tems en tems le chapitre provincial. Dans ce chapitre, on approuve ceux qui veulent être reçus dans l'ordre : mais ils ne font profeſſion qu'après lui avoir rendu certains ſervices.

Il y a pluſieurs congrégations de prêtres ſéculiers, qui ne ſont pas engagés par des vœux ſolemnels. La forme de leur gouvernement eſt à peu près la même que celle des religieux. Les peres de l'Oratoire, par exemple, ont un général à vie, qu'ils éliſent dans leur aſſemblée.

A l'égard des religieuſes, il y en a dont les monaſtéres ne ſont d'aucune congrégation réguliere, & celles-là ſont ſous la juriſdiction de l'évêque diocéſain. Il y en a d'autres qui ſont ſoumiſes à des ſupérieurs réguliers du même ordre. D'autres enfin qui ont pour les gouverner des commiſſaires particuliers. L'abbaïe de Fontevrault eſt chef-d'ordre. L'abbeſſe eſt ſupérieure générale de pluſieurs monaſtéres qui en dépendent. Elle a droit de les faire viſiter, & d'ordonner ce qu'elle croit devoir être plus utile pour le gouvernement du ſpirituel & du temporel. Ce qu'il y a de plus extraordinaire, c'eſt que cette abbeſſe exerce une juriſdiction ſur les religieux de ſon ordre, comme ſur les religieuſes ; qu'elle envoïe ſes religieux dans différens monaſtéres ; qu'elle leur donne des dimmiſſoires pour les ordres, & qu'elle a ſur eux la même autorité qu'un général ſur ſes religieux.

Il eſt aiſé de comprendre par tout ce que nous venons de dire, que les moines n'étoient point autrefois partagés en pluſieurs ordres, comme ils le ſont aujourd'hui.

Tous les moines, dit le pere Mabillon, dans ſa préface ſur la premiere partie de l'hiſtoire du quatriéme ſiécle de l'ordre de ſaint Benoît, n. 52, ne formoient qu'une ſociété, & paſſoient fort facilement d'un monaſtére à l'autre. Le conſentement reſpectif des ſupérieurs ſuffiſoit pour cela. Quoique les communautés fuſſent diſtinctes & ſéparées, elles ſe tenoient toutes par les liens de la charité. La régle fondamentale de la vie monaſtique n'étoit autre choſe qu'une abdication de toutes choſes, même de de ses propres inclinations, suivant le précepte de l'Evangile. On y joignoit l'éloignement du tumulte du siécle, la célébration du service divin à des heures marquées, une entiére soumission aux ordres des supérieurs, un silence continuel & profond, le travail des mains, beaucoup de tempérance dans le boire & dans le manger, jamais de mets délicats, les mortifications de la chair, des pénitences graves pour les moindres fautes. En un mot chacun n'étoit occupé que de son propre salut, & de prier continuellement & ardemment pour celui des autres. Lorsque la charité ou la nécessité l'exigoient, on entreprenoit toutes sortes de travaux pour le bien de l'Eglise. Toutes les régles tendoient à ce but, & les moines de chaque monastére embrassoient celle qui leur paroissoit y conduire plus sûrement; toujours cependant suivant la volonté de leurs supérieurs.

Telle est la description de la vie monastique des premiers siécles; elle subsista telle jusque vers le onziéme siécle.

Si l'on remonte au delà de six cens ans, on ne trouve aucun vestige de cette diversité d'ordres que l'on remarque aujourd'hui. Elle ne se faisoit point encore appercevoir du tems de Grégoire VII. qui vivoit vers la fin du onziéme siécle. C'est ce qui nous est attesté par tous les auteurs qui ont eu occasion d'examiner cette matiere.

Vers le dixiéme siécle, saint Odon abbé de Clugni, que Flodoard, dans sa chronique sur l'an 842, appelle le restaurateur de plusieurs monastéres & le réparateur des saintes régles; forma, comme nous l'avons dit, la congrégation de Clugni, qu'il soumit à l'étroite observance de la régle de saint Benoît. Alors les monastéres qui conservérent leurs anciens usages, furent regardés comme d'un autre ordre: quoiqu'au fond, ils suivissent toujours la même régle, en sorte que la différence extérieure n'étoit presque pas sensible.

Mais lorsque les Chartreux, les Camaldules, les Grammontins, l'ordre de Cîteaux parurent dans le onziéme siécle, les différens habits, les différentes régles, les différentes coutumes dont on se servoit dans ces différentes communautés, jettérent beaucoup de bigarures dans les ordres des moines. On appelloit les anciens Bénédictins les moines noirs. Ceux de Cîteaux furent appellés d'abord les moines gris; ensuite les moines blancs. C'est pourquoi saint Bernard, dans son apologie à l'abbé Guillaume, dit que la profession qu'il a faite s'attache à un seul ordre: mais que la charité s'attache à tous.

Les ordres religieux se multipliérent de telle sorte dans le siécle suivant, & l'on en vit paroître de tant d'espéces, que lon craignit enfin que cela ne jettât de la confusion dans l'Eglise, que la superstition & même l'hérésie & l'impiété ne la ravageassent, en s'y insinuant sous le manteau de la piété & de la religion.

C'est pourquoi l'Eglise, afin de prévenir ces malheurs, défendit dans le concile de Latran, tenu au commencement du treiziéme siécle sous Innocent III. d'établir de nouveaux ordres religieux.

Matthieu de Paris, à l'an 1246, fait mention de ce décret, & dit qu'après l'institution & l'autorisation des Freres Mineurs & des Prêcheurs, il défendit expressément de former à l'avenir aucun ordre nouveau, ou d'admettre ceux qui pourroient être inventés.

Mais ce décret ne mit point de frein aux instituteurs, & l'on voïoit tous les jours de nouveaux ordres se former. C'est pourquoi le concile de Lion, tenu sous Grégoire X. renouvella les défenses portées par celui de Latran. Ces deux décrets sont rapportés, le premier au chapitre 9, *fin ex. de religiosis domibus*, & l'autre au chapitre unique *de religiosis domibus in* 6°.

Fagnan, sur le chapitre, *cum sit ars, ex. de ætate & qualitate ordinum, n.* 15, remarque que ce décret réduisit un grand nombre d'ordres mendians : mais que cependant ils ont tellement multiplié depuis, qu'il seroit à souhaiter qu'on y apportât quelque reméde.

Le cardinal Bellarmin, *lib.* 2, *de monachis, cap.* 4, dit qu'avant le concile de Trente, tenu sous Innocent III. les nouveaux établissemens d'ordre n'avoient aucun besoin d'approbation ni de confirmation du saint siége ; & que ce sont les Dominicains & les Franciscains, qui l'ont demandée les premiers : mais aujourd'hui cette approbation est nécessaire pour servir, dit le même cardinal, de témoignage que la régle du nouvel ordre ne contient rien qui soit contraire à la doctrine de l'Eglise.

SECTION IV.

Des formalités nécessaires pour l'établissement d'un nouvel ordre & d'un nouveau monastére en France

Quelque soit le motif de l'approbation du pape, il est constant qu'elle est requise aujourd'hui, & le pouvoir d'admettre

& d'instituer de nouveaux ordres religieux est compté au nombre des causes réservées au pape : mais l'approbation du pape n'est pas suffisante pour autoriser l'établissement d'un nouvel ordre, ni même d'un seul monastére dans l'état ; & puisque l'occasion s'en présente, nous allons examiner les conditions dans lesquelles l'établissement de quelque communauté que ce soit dans le roïaume, ne peut être valable.

Quatre conditions sont nécessaires. Le consentement de l'évêque diocésain, celui de toutes les parties intéressées, l'agrément du Roi par lettres patentes, & l'enregistrement de ces lettres patentes au parlement dans le ressort duquel se fait le nouvel établissement.

Chacun de ces objets nous fournira la matiére d'une distinction.

DISTINCTION I.

Du consentement de l'évêque diocésain.

Tout esprit un peu attentif comprendra facilement qu'on ne peut se passer du consentement de l'évêque diocésain ; lorsqu'il est question de l'établissement d'une nouvelle communauté religieuse dans son diocèse. Tout concourt à prouver cette nécessité. La raison, l'autorité des saints canons, les loix civiles, nos ordonnances, le sentiment des jurisconsultes, & la jurisprudence des arrêts.

L'évêque est chargé, par institution divine, du soin des ames de tout son diocèse. C'est donc à lui de décider des avantages ou du dommage que peut causer parmi son troupeau, l'établissement d'une nouvelle communauté, d'un nouveau monastére.

Il est vrai que, dans les premiers siécles de l'Eglise, les moines ne se mêloient en aucune façon de l'administration des sacremens, ni du ministére sacré. *Monachus non doctoris, sed plangentis habeat officium*, disoit autrefois saint Jerôme, en parlant de lui & de Vincent, qui étoit aussi moine.

Mais il y a long tems que les religieux, & principalement les mendians, se sont immiscés dans les fonctions ecclésiastiques. Ils sont même regardés comme les troupes auxiliaires des évêques & des curés. Il est donc bien juste que ces ouvriers ne mettent pas la main à la vigne sans le consentement de celui qui préside à sa culture, & sans qu'il ait examiné s'ils lui sont utiles à lui & à ceux pour qui il doit travailler.

Il y a plus ; les religieux ſont, pour la plupart, exempts de la juriſdiction épiſcopale : ainſi quelque petit que ſoit le terrain qu'ils occupent dans ſon diocèſe, il diminuent d'autant l'étendue de ſa juriſdiction. C'eſt une portion de ſon bien qu'ils lui enlévent ; ce qu'ils ne peuvent faire ſans ſon conſentement.

Le concile de Calcédoine, convoqué en 451, par l'empereur Marcien, qui y aſſiſta en perſonne ; fit un réglement, qui défendoit de former aucun établiſſement religieux, ſans le conſentement de l'évêque diocéſain. Voici les termes de ce canon, qui eſt le quatriéme : ET JUBENTE DIVINISSIMO ET PIISSIMO PRINCIPE NOSTRO . . . . *placuit nullum quidem uſquam ædificare, aut conſtruere monaſterium, vel oratorii domum, præter conſcientiam civitatis epiſcopi.*

Charlemagne, dans ſon premier capitulaire de 789, a ordonné l'exécution de ce décret. *Capitul. to.* 1, *p.* 222.

Le concile d'Agde, canon 12, 18, qu. 2, fait la même défenſe. *Monaſterium novum, niſi epiſcopo permittente, aut probante, nullus incipere, aut fundare præſumat.* Et la gloſe ſur ce canon, que Dumoulin a fort approuvée dans ſes apoſtilles, porte : *Si ergò totum monaſterium ſit deſtructum ? requiritur conſenſus epiſcopi in conſtructione, ſed in reparatione non requiritur.*

L'exécution de ces canons avoit été négligée pendant longtems. Le concile de Trente ſentit combien ce relâchement dans la diſcipline pouvoit être préjudiciable à la religion ; c'eſt pourquoi il entreprit de la remettre en vigueur par le *Can.* 3, *ſeſſ.* 25, *de regular.* conçû en ces termes : *Ne de cætero ulla monaſteria ſeu virorum, ſeu mulierum erigantur, ſine epiſcopi, in cujus diœceſi erigenda ſunt, licentiâ priùs obtentâ.*

Cette défenſe a encore été renouvellée par le concile de Rouen, tenu en 1581, *tit. de Monaſt.* §. 31. Par celui de Reims, tenu en 1583, *tit. de Regular.* §. 17.

Enfin celui de Bourdeaux, tenu en 1584, *tit. de Monaſter. cap.* 17, dit : *Monaſteria autem, Eccleſiæ, conventus aut collegia ædificari non poſſunt, nec ulla congregatio ſecularis aut regularis, in quibuſcumque diœceſum locis inſtituatur & firmetur, ſine licentiâ & expreſſo conſenſu epiſcopi.*

Les papes ont joint leur déciſion à l'autorité des conciles, comme on peut le voir *in can. nemo* 9, *diſt.* 1, *de conſecrat. Et in cap.* 3, *ex. de relig. domib. & cap.* 1 & 2. *eod.*

Il eſt bon d'obſerver ici qu'il ſe trouve dans le corps du droit canon une déciſion ſur cette matiére, qui n'a point lieu parmi nous ; c'eſt celle qui eſt contenue au chap. *autoritate, de privileg. in 6°.* Ce chapitre confirme la maxime qu'aucun monaſtere ne peut être établi dans le territoire d'aucun diocèſe, ſans le conſentement de l'évêque ; mais il ajoûte que, quand cet établiſſement ſe fait dans un lieu exempt, ce n'eſt pas à l'évêque qu'il faut recourir pour avoir ce conſentement, c'eſt au pape.

Cette maxime n'eſt point admiſe en France, où l'on ne reconnoît point d'exemption de territoire. Tout ce qui eſt renfermé dans un diocèſe en fait partie. Nous ne connoiſſons que les exemptions perſonnelles ; encore ſont-elles contraires à l'eſprit de nos loix, par conſéquent abuſives, & fondées ſur une ſimple tolérance, comme nous le dirons dans la ſection ſuivante. Nous prenons pour régle la diſpoſition des conciles dont nous venons de parler, & les ordonnances de nos Rois, dont nous parlerons bientôt, & qui s'expliquent ſans diſtinction.

Les papes eux-même ont prêté les mains à cet uſage de l'Egliſe Gallicane. Urbain VIII. par ſa bulle du 28 Août 1624, révoque toutes les permiſſions données par ſes prédéceſſeurs d'établir des monaſtéres ſans l'agrément des ordinaires ; & veut que leur conſentement ſoit regardé comme une condition neceſſaire pour ces établiſſemens ; en un mot que l'on y obſerve les régles preſcrites par le concile de Trente.

Il eſt donc conſtant que la raiſon & l'autorité des ſaints canons concourent pour rendre le conſentement de l'évêque diocéſain néceſſaire, quand il eſt queſtion de former un nouvel établiſſement dans l'étendue de ſon territoire.

Nous allons faire voir que les loix civiles viennent encore au ſecours de ces autorités.

Lorſque les empereurs Romains ont été éclairés des lumiéres de la foi, ils ont ſenti combien ce conſentement du diocéſain étoit utile & néceſſaire dans cette circonſtance. Outre le décret que l'empereur Marcien fit faire au concile de Calcédoine, nous en avons deux textes bien précis & bien formels dans les novelles de Juſtinien. *Non aliter quempiam Eccleſiam ex novo ædificare* (*ſancimus*) *priùs quàm loquatur ad Deo amabilem epiſcopum, & definiat menſuram, &c. Nov. 67, cap. 2.* Et en parlant des Egliſes qui ſont tombées en ruine, ou qui ſont trop petites & que quelqu'un voudra faire rebâtir à ſes dépens, le même empereur, dans la même novelle, s'exprime ainſi : *Licebit ei unam talium Eccleſiarum accipienti, hanc ædificare ; & hîc voluntate Deo amabilis orthodoxorum epiſcopi res agenda eſt.*

Si quis autem voluerit fabricare venerabile oratorium aut monasterium, præcipimus haud aliter inchoandam fabricam, nisi locorum sanctissimus episcopus orationem ibi fecerit, & venerabilem fixerit Crucem. Nov. 131, *c.* 7.

Quant au suffrage des auteurs, voici comme s'explique Cabassutius, *lib.* 5, *cap.* 27, *n.* 1. *Ecclesiam ædificare neminem posse sine assensu episcopi, cujus est locum ædificationis assignare, dotationem ad ministerium, & ad reparationes necessarias præscribere, lapidem primarium collocare.* Zipæus, qui étoit official d'Anvers, adopte le même principe, *lib.* 1, *cap.* 75.

Fevret, en son traité de l'abus, liv. 2, chap. 1, n. 4 & suiv. est aussi de ce sentiment, qu'il appuïe de la plupart des autorités que nous venons de citer. Surquoi il rapporte que le métropolitain de Naupacte aïant érigé certaines églises dans le diocèse de l'évêque d'Arta son suffragant, celui-ci en porta ses plaintes à Germain patriarche de Constantinople, qui, dans son sinode, ordonna que les Croix élevées par le métropolitain dans le diocèse d'Arta seroient démolies, & que le diocésain feroit replanter en leur place celles qu'il jugeroit à propos; parceque c'est à lui seul qu'appartient ce droit.

C'est dans cet esprit, que le clergé de France en l'assemblée générale de 1645, dressa l'article 28 de son réglement. Il porte qu'aucun établissement de religieux ou religieuses ne pourra être fait sans le consentement par écrit de l'évêque; & que le siége vacant il ne se fera point de changement, ni d'établissement nouveau. Ce réglement se trouve dans les anciens mémoires du Clergé, tome 1, page 996.

Fevret, au lieu cité, examine la question de sçavoir si le consentement du chapitre de la cathédrale doit concourir avec celui de l'évêque; & il décide que, si on le demande, c'est par pure bienséance. En effet, comme nous le dirons dans un moment, ce consentement n'est autre chose qu'un acte de la jurisdiction volontaire & gracieuse, qui dépend de l'évêque seul.

Les loix du roïaume ont adopté à cet égard la discipline ecclésiastique. Nous en avons une disposition expresse dans l'édit du mois de Décembre 1666, registré au parlement le 31 Mars 1667, qui exige l'approbation de l'archevêque ou évêque diocésain. Nous aurons occasion dans la suite de parler plusieurs fois de cet édit. Au surplus, il y est ordonné que ce consentement sera donné par écrit, & attaché sous le contre-scel des lettres patentes accordées à l'effet de l'établissement des communautés ou maisons religieuses.

Cette précaution étoit en usage long-tems avant cette loi ; car Fevret, à l'endroit que nous avons cité plus haut, rapporte que l'arrêt obtenu par les religieuses Carmélites de la ville de Châlons sur Saone le 15 Novembre 1610, fait mention dans le vû, des lettres patentes de sa majesté, du consentement de l'évêque, de l'assemblée des habitans de Châlons qui avoient consenti à cet établissement ; & que le tout avoit été communiqué à M. le procureur général.

Au surplus, ce consentement est si personnel à l'évêque diocésain, qu'il est regardé comme dépendant de sa jurisdiction volontaire, dont il n'a de compte à rendre qu'à Dieu seul ; en sorte que, sur son refus, il n'y a pas moïen de se pourvoir par la voïe de l'appel au supérieur ecclésiastique.

Le procès-verbal de l'assemblée du Clergé de 1645 nous en fournit un exemple bien précis. Les habitans de Honfleur avoient donné la direction & la conduite d'un hôpital, qui étoit dans les fauxbourgs de cette ville, à une religieuse professe de l'Hôtel-Dieu de la ville de Rouen. Elle y alla s'établir, & y forma en même tems une communauté religieuse.

Le promoteur de l'officialité de Lizieux dans le diocèse duquel la ville de Honfleur est située, fit citer cette religieuse devant l'official, pour communiquer les piéces sur lesquelles cet établissement étoit fondé. Elle produisit une permission par écrit accordée par l'archevêque de Rouen métropolitain sur le procès-verbal d'un refus verbal fait par l'évêque de Lizieux.

Cette piéce aïant été trouvée plus qu'insuffisante, il intervint sentence en l'officialité, qui ordonna que les religieuses vuideroient les lieux & se retireroient en l'hôpital de Rouen ; à peine d'excommunication.

Il y eut appel, de la part des religieuses, en l'officialité de Rouen : mais l'évêque de Lizieux se pourvut à l'assemblée du Clergé, & par délibération des provinces du 27 Avril 1646, il fut jugé d'un commun avis que la permission ou consentement pour l'établissement d'une communauté religieuse dans un diocèse étant de pure grace, & dépendant de la propre & libre volonté de l'évêque, les religieuses hospitaliéres demeurant à Honfleur n'avoient pû, sur le refus de l'évêque de Lizieux de consentir à leur établissement, se pourvoir par devant le métropolitain, comme supérieur ; & M. l'évêque de Meaux fut prié de voir M. le chancelier, de lui donner connoissance des sentimens de l'assemblée, & de le supplier de vouloir autoriser par arrêt du conseil, l'exécution de la sentence de l'official de Lizieux.

Si cet évêque s'étoit pourvû au parlement de Rouen par la voïe de l'appel comme d'abus, on ne peut pas douter que cette cour n'eût déclaré l'ordonnance de l'archevêque abusive, comme attentatoire à la jurisdiction gratieuse & volontaire des évêques.

Enfin, nous verrons dans la distinction suivante, que la jurisprudence du parlement de Paris exige aussi que le consentement de l'évêque intervienne, quand il est question de former un nouvel établissement dans son diocèse.

DISTINCTION II.

Du consentement des personnes intéressées.

On peut compter quatre sortes de personnes qui ont intérêt à l'établissement des monastéres & autres communautés religieuses, qui sont les habitans, les curés, les monastéres déja établis & les patrons & intendans des pauvres.

Henrys, tome 2, liv. 2, quest. 6, fait voir par deux raisons, combien l'intérêt des habitans dans ces occasions est sensible.

La premiére raison est que, si ce sont des religieux rentés, ils peuvent acquérir des héritages, qui par la qualité des propriétaires, deviennent exempts d'impositions ; ce qui surcharge les habitans de tailles & autres subsides, dont la somme totale doit toujours être la même, quand elle entre dans les coffres du Roi ; parceque les besoins de l'état & l'entretien de la famille roïale sont toujours les mêmes. D'ailleurs, le terrein qu'ils occupent par leur église, leurs maisons, leurs jardins, est en mainmorte ; & par conséquent hors du commerce ; ce qui porte un préjudice notable tant aux seigneurs pour leurs droits, qu'aux autres habitans, auxquels il importe, pour la circulation des espéces, que les biens soient commerçables.

L'autre raison est que, si ce sont des mendians, les habitans qui les reçoivent forment une sorte de contrat avec eux pour leur entretien. Les uns s'engagent à vivre d'aumônes, & les autres à leur en fournir d'assez abondantes pour les faire vivre ; ce qui fait une espéce de surcroît de taxe & d'impôt.

D'ailleurs, comme remarque le même auteur, l'intérêt des habitans regarde plutôt l'avenir que le présent. Quand une communauté s'établit dans un lieu, il ne lui faut, pour ainsi dire,

dire, qu'un pouce de terre; mais elle s'étend insensiblement, & à la fin engloutit tout ce qui l'environne.

L'intérêt des curés, en leur qualité de pasteurs, n'est pas moins sensible que celui des habitans. L'office paroissial est celui auquel tout bon chrétien doit assister. C'est-là que se font les instructions qui sont nécessaires aux peuples. Or, plus il y a de maisons religieuses dans un lieu, plus le peuple a d'occasions de négliger sa paroisse. C'est pourquoi le pape Luce III. posoit pour principe que *Nulla Ecclesia in prejudicium alterius est construenda. Cap. Intelliximus. ex. de nov. oper. nuntiat.*

Celestin III. *Cap. tua nos, ex. de Eccles. ædific. vel reparand.* veut que l'on ne bâtisse aucune nouvelle église que dans le cas de nécessité; & même le concile de Latran, *in cap.* 2. *eod.* permettant de bâtir des églises pour les lépreux, lorsqu'ils étoient en grand nombre; craint cependant que cela ne nuise aux églises paroissiales.

On ne permettoit autrefois l'établissement des couvents qu'à la charge qu'ils ne communiqueroient point avec le dehors, & qu'ils n'auroient point de cloches qui pussent être entendues du peuple.

Les autres religieux déja établis, tant dans la ville, que dans le voisinage, sont aussi intéressés à s'opposer à ces nouveaux établissemens; sur-tout lorsque les anciens sont mendians, & que ceux qui se présentent le sont aussi. Plus les aumônes se partagent, moins il en revient à chacun des copartageans. Quand une fois la nouvelle communauté est agréée & reçue du peuple, c'est une nouvelle charge qu'il s'impose, & qui le met hors d'état de satisfaire aux premieres, ou du moins qui les lui rend beaucoup plus onéreuses, & par conséquent plus difficiles.

Il faut, dit Fevret dans l'endroit cité plus haut, n. 10, examiner si les religieux ou religieuses qui se présentent pour être admis à former un établissement sont rentés, si les villes sont assez grandes & assez florissantes pour suffire aux anciens & aux nouveaux. Car de loger dans les petites villes quantité de monastéres mendians, c'est arracher le pain de la main du pauvre, & étouffer l'ancienne piété par la nouveauté. Il faut proportionner la saignée aux forces du malade, & faire que la piété ne dégénére pas en une espéce de cruauté, en ôtant au mendiant son aumône pour la donner à un autre.

Les raisons que nous venons d'alléguer en faveur des monastéres déja établis, militent en faveur des intendans & patrons des pauvres. Il eſt conſtant que ſi les couvents de mendians établis dans un canton épuiſent les aumônes des fidelles, il ne reſte plus rien pour les pauvres originaires du lieu, qui doivent cependant être préférés à tous autres. Leur naiſſance leur acquiert un droit naturel ſur les biens dont leurs compatriotes peuvent ſe priver.

Si le conſentement des parties intéreſſées eſt fondé ſur l'équité, il l'eſt auſſi ſur les loix.

Le pape Clément VIII. en ſa bulle, *Quoniam ad inſtitutum*, n'a permis aux religieux de s'établir en un lieu, *niſi vocatis & auditis aliorum in eiſdem civitatibus & locis exiſtentium conventuum prioribus ſeu procuratoribus, & aliis intereſſe habentibus.* Un préalable eſt qu'on vérifie ſi les nouveaux couvents qu'on propoſe d'établir peuvent, *ſine aliorum detrimento ſuſtentari.* Voïez Henrys, tome 2, livre 6, queſt. 6; & Zipæus, *lib.* 2, *cap.* 53.

Grégoire XV. en ſa bulle, *cum aliàs* 31, veut que les religieux même qui demeurent aux environs y donnent auſſi leur conſentement, comme y étant intéreſſés. *Sed etiam in aliis per quatuor millia paſſuum circumvicinis locis, ad id vocati & auditi fuerint, ut tali erectioni conſenſerint.* Il veut de plus, qu'il y ait de quoi nourrir douze religieux au moins dans le nouvel établiſſement. Henrys. *Ibid.*

Enfin Urbain VIII. décide au par-deſſus, par ſa bulle de 1624, que l'établiſſement ſera nul, & comme tel révoqué & caſſé, au cas que *quicumque intereſſe habentes, ſeu habere prætendentes, ad hoc vocati & auditi non fuerint, ſeu conſenſerint.* Henrys. *Ibid.*

L'édit du mois de Décembre 1666 exige que les maires, échevins, conſuls, jurats, capitouls, curés des paroiſſes & ſupérieurs des maiſons religieuſes èſdits lieux, aſſemblés ſéparément, en préſence d'un ſubſtitut du procureur général; donnent leur avis ſur ces établiſſemens.

Tous ceux qui ſont intéreſſés à ces établiſſemens ſont donc en droit d'y former oppoſition, & leurs oppoſitions ſont de tel poids, qu'il eſt ordonné par ce même édit, de ſurſeoir à l'exécution des lettres patentes, quoiqu'enregiſtrées en la forme preſcrite; juſqu'à ce que les oppoſitions ſoient levées.

Or ces oppoſitions ſont de deux ſortes. Celles des anciennes communautés & des anciens monaſtéres ne ſont regardées que comme des remontrances excitatives, lorſqu'il s'agit d'empêcher l'obtention des lettres patentes ou d'en prévenir l'enregiſtrement. Cependant, quand elles ſont raiſonnables, elles produiſent leur effet. Par arrêt du parlement de Paris du 13 Fevrier 1492, il fut défendu d'établir un couvent de Cordeliers à Villemomble; sans néanmoins tirer à conséquence pour les autres lieux non voisins de Paris. Ces défenses intervinrent sur l'opposition des Cordeliers, Carmes, Jacobins & Augustins de Paris, & des procureurs de l'Université, qui s'étoient joints à eux, attendu la multitude des couvens de cette ville.

La seconde espéce d'opposition, à laquelle on fait ordinairement plus d'attention, est celle des curés & des habitans. Henrys, t. 2, liv. 1, quest. 2, rapporte plusieurs arrêts du conseil où l'opposition des habitans à l'établissement des Recollets a eu son effet. Voici l'espéce d'un de ces arrêts, où une telle opposition l'a emporté sur le consentement même des grands-vicaires de l'évêque.

Il s'agissoit d'un hospice à Bourbon-l'Archambault, diocèse de Bourges, où les Recollets vouloient s'établir, sous prétexte d'y tenir auberge pour les mendians qui alloient aux eaux. L'archevêque y avoit consenti : mais l'arrêt fit défenses aux Recollets d'y bâtir un couvent, ni autre chose innover dans la maison destinée aux religieux mendians qui vont aux bains pour leurs infirmités, ni en autre lieu de la ville; sans le consentement des habitans.

Personne n'ignore que la résistance des habitans de la ville de Troyes l'a emporté sur tout le crédit des Jésuites, quand ils ont voulu former un établissement dans cette ville, quoiqu'ils y fussent appellés par l'évêque même. Ils n'ont jamais pû s'y procurer une maison.

Ils eurent plus de succès contre l'opposition de l'évêque de Paris & de l'Université, lorsqu'il fut question d'admettre cette compagnie dans le roïaume.

Dans les anciens mémoires du Clergé, tome 1, page 1022, on trouve un arrêt du parlement de Paris de 1554, qui avoit ordonné que les bulles & lettres patentes obtenues sur icelles seroient communiquées à l'évêque de Paris & à la faculté de théologie. L'un & l'autre refusérent de donner leur approbation à ce nouvel institut; & le dernier Octobre 1560, les Jésuites obtinrent des lettres de jussion, qui enjoignoient au parlement d'enregistrer les lettres patentes.

Par un autre arrêt du 22 Fevrier 1561, le parlement renvoïa les Jésuites par devant le Clergé de France, qui pour lors étoit assemblé à Poissy. L'assemblée, sur le consentement de l'évêque de Paris, les reçût, sous les conditions & avec les restrictions que l'évêque de Paris avoit apposées à son consentement ; ce qui fut adopté par un autre arrêt du parlement du 13 Fevrier 1562.

Cet arrêt ordonne entr'autres choses que l'acte de réception & approbation faite à l'assemblée de Poissy, sera enregistré au greffe de la cour ; que les Jésuites ne seront admis que comme société & college, qui se nommera le college de Clermont, & aux conditions que les déclaration & lettres d'approbation susdites contiennent ; c'est à sçavoir que l'évêque diocésain aura toute superintendance, jurisdiction & correction sur ladite société & college ; que les peres dont elle sera composée ne feront aucune chose tant en ce qui regarde le spirituel, qu'en ce qui concerne le temporel, au préjudice des évêques, chapitres, curés, paroisses & universités, ni des autres religieux ; & qu'ils seront tenus de se conformer en tout à la disposition du droit Romain.

Les restrictions de l'évêque de Paris, adoptées par l'assemblée de Poissy, ajoûtoient qu'ils ne seroient point en forme de religion nouvellement instituée, & qu'ils seroient tenus de prendre un autre titre que celui de société de Jesus, ou de Jésuites.

DISTINCTION III.

Des Lettres patentes du Roi.

La troisiéme condition essentielle pour former de nouveaux établissemens, est d'obtenir des lettres patentes du Roi.

Personne n'ignore que toute assemblée faite dans le roïaume sans le consentement exprès de sa majesté est illicite & reprouvée par nos loix. *Videtur contrà senatusconsulta & mandata & constitutiones, celebrari collegium, nisi & senatusconsulti autoritate, vel Cæsaris coierit. L. 3, ff. de colleg. & corpor. Cum senatus temporibus divi Marci permiserit collegiis legari, nulla dubitatio est quod, si corpori cui-licet coire legatum sit, debeatur. L. 20, ff. de rebus dub.*

Ulpien applique ces maximes principalement à la matiére que nous traitons ici. *Sciendum est locum publicum tunc sacrum fieri posse, cum princeps eum dedicavit, vel dedicandi dedit potestatem. L. 9, §. 1, de rer. divis. & qualit.*

Bourdin, dans son commentaire sur l'article 185 de l'ordonnance de 1539, dit que le motif & la nécessité des lettres patentes vient de ce que l'esprit des hommes étant toujours enclin au mal; sous prétexte de religion, il pourroit se commettre plusieurs fraudes & plusieurs monopoles dans les confréries prohibées par cet article 185. Or la même raison a lieu pour toutes les communautés qui ne sont ni approuvées ni autorisées par lettres patentes.

Il est encore une raison particuliére aux moines; c'est qu'autrefois sous les Romains & sous les premieres races de nos Rois, il falloit non-seulement le consentement du prince pour établir un monastere; mais encore chaque particulier en avoit besoin pour y entrer; parceque c'étoit autant de sujets que l'état perdoit; ce qui ne doit se faire que du consentement de celui qui est chargé de veiller à la conservation de cet état. C'est la disposition du premier concile d'Orleans, *cap.* 6. Et cela avoit lieu, non-seulement pour les moines, mais encore pour ceux qui embrassoient l'état ecclésiastique en général. Voici les termes de ce canon. *De ordinationibus clericorum id observandum esse decrevimus, ut nullus sæcularium ad clericatûs officium præsumat accedere, nisi aut cum Regis jussione, aut cum judicis voluntate.*

Charlemagne, dans ses capitulaires, *lib.* 1, *cap.* 120, rend raison de la disposition de ce canon en ces termes: *De liberis hominibus qui ad servitium Dei se tradere volunt, ut priùs hoc non faciant, quàm à nobis licentiam postulent. Hoc adeò, quia audivimus aliquos ex illis non tam causâ devotionis hoc fecisse, quàm pro exercitu, seu aliâ functione regali fugiendâ. Quosdam verò cupiditatis causâ ab his qui res illorum concupiscunt, circumventos audivimus, & hoc adeò fieri prohibemus.*

Marculphe nous a conservé dans ses formules, *lib.* 1, *cap.* 19. La forme des lettres par lesquelles le Roi accordoit aux particuliers le pouvoir d'entrer dans l'état ecclésiastique, ou de se faire moine. La voici: *Si eis qui se ad onus clericatûs transferre deliberant, licentiam non negamus, retributorem Dominum exindè habere confidimus, quia scriptum est,* noli prohibere benefacere ei qui potest, si vales, & ipse benè fac. *Ille ad nostram veniens præsentiam, petiit serenitati nostræ, ut ei licentiam tribuere deberemus, qualiter comam capitis sui ad onus clericatûs deponere deberet, & ad basilicam illam, aut monasterium deservire deberet. Quod nos, propter nomen Domini hoc eidem, gratente animo, præstitisse cognoscite. Præcipientes ergò jubemus, ut si memoratus ille, de capite suo benè ingenuus esse videtur, & in puletico publico censitus non est; licentiam habeat comam capitis sui tonsurare, & ad suprà scriptam basilicam, vel mona-*

ſterium deſervire, vel pro nobis Domini miſericordiam adtentiùs exorare.

Or ſi l'interêt du Roi quant à chaque particulier qui prenoit les ordres ou qui entroit dans un monaſtere, étoit tel qu'il falloit une permiſſion expreſſe & particuliere; il doit certainement être bien plus conſidérable, quand il eſt queſtion de l'établiſſement d'un ordre entier ou d'un monaſtere, qui abſorbent un ſi grand nombre de ſujets, qui deviennent, par l'engagement qu'ils contractent, incapables de toute fonction civile.

Louis XIV. dans le preambule de l'édit du mois de Décembre 1666, nous expoſe encore des raiſons plus fortes & plus preſſantes pour exiger cette formalité. Ce ſage légiſlateur ſe plaint de ce que, pendant les dernieres guerres & les tems de ſa minorité, la négligence des officiers avoit laiſſé établir grand nombre de communautés, dont les unes poſſedoient la meilleure partie des terres & des revenus des lieux où elles étoient; d'autres n'étant point ſuffiſamment dotées, ſubſiſtoient à peine, contractoient des dettes & étoient obligées d'abandonner leurs maiſons à leurs créanciers au grand ſcandale de l'Egliſe & au préjudice des familles, qui ſe trouvoient chargées des religieux qui ſortoient de ces communautés.

Nos Rois ont de tout tems prévenu ces inconvéniens, en défendant de faire aucun nouvel établiſſement ſans leur conſentement. Nous avons une lettre de Pepin le Bref pere de Charlemagne, adreſſée à ſaint Boniface archevêque de Mayence, dans laquelle, parlant d'un monaſtere que Boniface avoit fait bâtir auprès de la riviere de Fulde, il dit: *Sicut ex autoritate ſancti Petri principis Apoſtolorum, pro quo legatione fungeris, privilegio Sedis Apoſtolicæ ſublimatum conſtat eſſe monaſterium à te noviter conſtructum, ita etiam noſtræ autoritatis præcepto, quod actum eſt roborari convenit.*

La déclaration du 29 Novembe 1629, regiſtrée au parlement le 13 Decembre ſuivant, fait défenſes de faire aucun établiſſement de monaſtere, maiſon & communauté réguliere & religieuſe de l'un ou l'autre ſexe, en quelque ville & lieu de ce roïaume que ce ſoit, même des ordres ci-devant établis, ſans une expreſſe permiſſion du Roi. Et l'arrêt d'enregiſtrement ajoûte cette clauſe: à la charge que ceux qui obtiendront ci-après lettres patentes d'établiſſement de monaſtere, ſeront tenus ayant leur inſtallation, les faire vérifier en la cour.

La déclaration du 7 Juin 1659, fait défenses à toutes personnes, de quelque qualité & condition qu'elles soient, d'entreprendre aucuns établissemens de communautés religieuses, séminaires & confréries sans la permission de sa majesté, l'approbation des évêques diocésains, & le consentement des villes auxquels il est enjoint ne souffrir aucun établissement, sans au préalable, avoir vû les lettres patentes enregistrées dans les cours souveraines. Et pour empêcher qu'il ne se trouve aucune communauté & aucun séminaire établi, sans avoir observé ces formalités; il est ordonné aux baillis, sénéchaux, leurs lieutenans, ou autres juges roïaux de se transporter aux communautés & maisons établies depuis dix ans, pour leur faire exhiber les lettres portant la permission du Roi; & dans le cas où il se trouveroit quelque communauté, séminaire, ou maison religieuse établies sans avoir observé les formes désirées par les ordonnances : les juges roïaux qui en feront la visite, doivent leur faire commandement de se séparer incessamment, & rompre leur communauté; à peine d'être procédé contre ceux qui la composent, comme désobeissans aux ordres du Roi

Le parlement, dans son arrêt d'enregistrement, fit une restriction en faveur des séminaires qui seroient établis par les évêques pour l'instruction des prêtres seulement, & cette modification a été adoptée par l'édit du mois de Décembre 1666, qui pourvoit en même tems à la subsistance des séminaires.

Par cet édit, le Roi veut qu'il ne puisse être fait à l'avenir aucun établissement de colleges, monasteres, communautés religieuses ou séculieres sans lettres patentes, l'édit ajoûte : *même sous prétexte d'auspice;* parceque l'expérience ne prouve que trop que les moines & autres religieux commencent d'abord par peu de chose, & qu'ils vont toujours en s'agrandissant; en sorte que leurs hospices deviennent toujours des monasteres complets & des maisons considérables.

Cet édit ordonne en outre que les lettres patentes soient données en grande connoissance de cause; c'est-à-dire, sur le vû de l'approbation & consentement du diocésain, & du procès-verbal du juge du lieu où devra être fait l'établissement, contenant les avis des maires, échevins, &c. des curés & supérieurs des maisons religieuses, comme nous l'avons dit plus haut, qu'elles soient registrées au parlement, dans le ressort duquel l'établissement se doit faire, nous parlerons plus au long, de cet enregistrement dans la distinction suivante; que les lettres patentes avec l'arrêt qui les enregiſtre, ſoient pareillement enregiſtrés au bailliage dans le reſſort duquel on veut former l'établiſſement, & à l'hôtel commun des villes dans l'enceinte fauxbourgs ou banlieue deſquelles l'établiſſement ſe doit faire. Et ſi, dans la ſuite, il y a oppoſition à l'exécution des lettres patentes revêtues de toutes les formes preſcrites, il eſt enjoint aux lieutenans généraux, ſubſtituts du procureur général & aux maires, échevins, jurats & capitouls deſdites villes d'en donner incontinent avis aux procureurs généraux, pour en être, par eux, rendu compte au Roi; & cependant il leur eſt défendu de laiſſer paſſer outre auxdits établiſſemens, juſqu'à ce que les oppoſitions aïent été levées.

Mais il faut obſerver que le parlement, par ſon arrêt d'enregiſtrement du 31 Mars 1667, a mis pour modification, que les oppoſitions ſeroient jugées en la cour.

Le même édit porte des peines très-rigoureuſes contre les établiſſemens qui ſeroient formés dorénavant ſans lettres patentes & ſans avoir ſatisfait à toutes les conditions qui y ſont portées. Il déclare telles aſſemblées illicites, faites au préjudice de l'autorité roïalle & des loix du roïaume, incapables d'eſter en jugement & de recevoir aucun legs ou dons.

On penſe cependant qu'une communauté, quoique deſtituée de lettres patentes, eſt capable, ſuivant le droit commun, de tous dons & legs deſtinés à la doter, pourvû qu'elle obtienne par la ſuite des lettres patentes. Souvent le défaut de dot & de fonds eſt le plus grand obſtacle à l'obtention de ces lettres patentes. Cela ne peut néanmoins avoir lieu que pour les communautés qui ne ſont pas encore formées; parceque ſi elles étoient déja formées en corps, le même édit les déclare incapables de pouvoir obtenir des lettres patentes par la ſuite, en punition d'avoir voulu s'établir ſans l'autoriſation du Roi, & pour empêcher que l'eſpérance d'obtenir ces lettres d'établiſſement ou de confirmation, ne ſerve de prétexte pour commencer l'érection ſans l'autorité du Roi.

Enfin il eſt défendu aux évêques de planter la Croix ſur la porte des monaſteres, de bénir l'oratoire ou chapelle, de donner l'habit de novice ou de recevoir à profeſſion aucuns religieux ou religieuſes, qu'il ne leur ait apparu deſdites lettres patentes bien & duement enregiſtrées, de l'ordonnance du lieutenant général, & de l'acte d'enregiſtrement fait à l'hôtel de ville.

Tels ſont les réglemens que la prudence de nos Rois a crû devoir

devoir opposer, comme une barriere, à l'indiscrétion de ceux qui, par une piété mal entendue, voudroient par la suite achever de remplir & de peupler les villes & le roïaume, de monasteres & autres communautés religieuses.

A l'égard de ceux qui sont déja établis, la possession dans laquelle ils sont de leur état, fait présumer que l'évêque & les habitans ont consenti à leur établissement. *An in fundatione Ecclesiæ consensus episcopi intervenerit, in constructione Ecclesiæ, nec id probari possit : præsumitur quod consensus intervenerit, dummodò sit in formâ Ecclesia, ita quod Missæ publicæ celebrentur.* Selve, *de benefic. quæst. 6, n. 25.*

Mais jamais on ne présume de lettres patentes, si l'établissement n'existe depuis un très-long-tems. C'est pourquoi le même édit ordonne que toutes communautés établies depuis trente ans seront tenues de justifier des lettres patentes en vertu desquelles elles ont été établies.

Lors donc qu'une Communauté existe sans lettres patentes en forme; elle est obligée, si elle veut se conserver, de recourir à l'autorité du Roi, pour en obtenir; & de prendre, au préalable, de nouveaux consentemens de l'évêque, & des habitans, sans lesquels on ne délivre point ces lettres.

La déclaration du 28 avril 1693, registrée au parlement le 7 mai suivant, veut que l'édit de 1666 soit incessamment exécuté, à l'égard des communautés qui ne sont point confirmées par lettres patentes: & à l'égard de celles qu'on ne jugera pas à propos de confirmer, ou de transférer; il déclare, dès-à-présent nulles toutes les acquisitions & donations d'immeubles faites pour elles, ou à leur profit, & dispose que ces biens, pour ce qui est des communautés de personnes religieuses, seront donnés aux monastéres dans lesquels les archevêques, ou évêques des lieux jugeront à-propos d'envoïer les religieuses qui se trouveront dans lesdites Communautés; &, pour ce qui est de celles des personnes séculiéres, que leurs biens seront réunis aux hôtels-dieu, ou hôpitaux-généraux des lieux où ces communautés étoient établies.

La même déclaration ordonne, au-surplus, que l'édit du mois de décembre 1666, contenant les formalités qui doivent être observées pour l'établissement des communautés séculiéres & réguliéres, soit ponctuellement exécuté, même à l'égard des translations de monastéres & communautés d'un lieu, ou d'une maison à une autre, lesquelles ne pourront être faites qu'après que toutes les formalités portées par ledit édit, pour les premiers établissemens, auront été observées : avec injonction aux juges & officiers roïaux d'y tenir ponctuellement la main, & de prononcer contre les communautés qui seront établies, ou transférées, sans avoir satisfait auxdites formalités, les peines portées par ledit édit.

L'édit du mois d'août 1749, registré au parlement le 2 septembre suivant, confirme toutes ces dispositions, & y en ajoûte même de nouvelles, qui tendent à faire exécuter à la lettre les précédentes.

DISTINCTION IV.

De l'enregistrement des lettres patentes.

La quatriéme condition essentiellement requise, pour l'établissement des monastéres & communautés, est l'enregistrement des lettres patentes, au parlement dans le ressort duquel se fait le nouvel établissement.

C'est la formalité de l'enregistrement, qui met le sçeau à toutes les autres. C'est aussi celle qui peut le plus prévenir les abus ; parce qu'elle est contradictoire, & qu'elle ne se fait, par conséquent, qu'en connoissance de cause. L'évêque a pû donner son consentement, sans de justes raisons, & gagné par les sollicitations de ceux qui sont intéressés à ces nouveaux établissemens. Les habitans ont pû n'être pas assez éclairés dans l'avis qu'ils ont donné. Prévenus par une piété indiscréte & mal entendue, ils ont pû regarder comme utile à leur dévotion, un établissement préjudiciable au bien commun. La religion du Prince a pû être surprise sur le consentement de l'évêque & des parties intéressées, qui lui est présenté, & sur un faux exposé.

Mais, quand il est question de l'enregistrement, tout se fait en grande connoissance de cause. Le procureur général du Roi, qui, par état, veille au bien public, & qui est la principale partie, dans ces sortes d'affaires, s'oppose à cet enregistrement ; ceux qui ont intérêt qu'il se fasse, tâchent de combattre les motifs de son opposition ; ensorte que la cour ne se détermine qu'après un mûr examen des raisons de part & d'autre.

Les parties, qui sont intéressées à ce que cet enregistrement n'ait pas lieu, forment aussi leurs oppositions. La contestation se lie & s'instruit ; & l'enregistrement ne se fait, ou n'est rejetté, que lorsqu'elle est bien éclaircie.

D'ailleurs les magiſtrats auxquels on demande cet enregiſtrement, veillent à ce que l'intérêt public, la conſervation de nos libertés, & l'ordre & la diſcipline eccléſiaſtique ne ſouffrent aucune atteinte. C'eſt pourquoi les cours, par de ſages modifications qu'elles appoſent aux lettres patentes; quand elles les enregiſtrent, préviennent toujours ce qui pourroit y avoir de dangereux dans les nouveaux établiſſemens.

Les parlemens ordonnent ordinairement, ſur-tout quand il eſt queſtion de l'établiſſement d'un nouvel ordre de religieux, que les ſtatuts, règles & bulles ſeront communiquées à meſſieurs les gens du Roi, & examinées par ceux qui ſeront députés pour reconnoître s'il y aura quelque choſe qui ſoit contre les loix, les libertés de l'Égliſe Gallicane, les droits des évêques & des curés; & on ajoûte ordinairement que les religieux venus nouvellement dans les villes, ne pourront exercer ni prétendre aucune juriſdiction épiſcopale, ni prêcher ſans la permiſſion du diocéſain; & que les promoteurs aux officialités tiendront exactement la main à faire ceſſer toutes entrepriſes & nouveautés à ce ſujet. C'eſt l'uſage de preſque tous les parlemens du roïaume.

C'eſt ainſi que lorſqu'il fut queſtion de l'établiſſement des Jéſuites, en France, le parlement ordonna que leurs ſtatuts ſeroient examinés par la Sorbonne, & qu'en enregiſtrant leurs lettres patentes, il veilla aux droits des évêques, univerſités, paroiſſes, & à la conſervation des libertés de l'Egliſe Gallicane.

Lorſque les religieuſes Urſulines de Châlons ſur Saône préſenterent leurs lettres patentes au parlement de Dijon, pour y être enregiſtrées; cette cour, par arrêt du 13 août 1626, en vérifiant leſdites lettres, obtenues au mois de mars 1621, ordonna que, conformément à icelles, il ſeroit établi une maiſon de ſainte Urſule, pour l'inſtruction perpétuelle des petites filles à la piété, bonnes mœurs & honnêtes exercices; à la charge que leſdites religieuſes ne ſe pourroient loger en l'enclos de l'ancienne ville, qu'elles ne pourroient mandier, qu'auparavant leur établiſſement, elles feroient voir aux maires & échevins qu'elles avoient du bien pour ving-cinq-mille livres en capital; qu'elles ne pourroient recevoir, en leur convent, les filles aïant pere & mere, ſans le conſentement d'iceux, ni pareillement celles qui n'auroient ni pere ni mere, ſans le conſentement de leurs tuteurs ou curateurs. Que ces filles, ou autres, jouiſſant de leurs droits, aïant douze mille livres de bien, & au-deſſus, ne pourroient donner au couvent plus de trois mille livres, &

que celles qui auroient moins de bien, n'en pourroient bailler que le quart ; que quand lesdites religieuses se trouveroient posséder quatre mille livres de rente, elles ne pourroient plus recevoir aucuns fonds desdites filles : mais seulement des pensions, qui seroient éteintes par mort. Enfin, qu'elles seroient tenues de faire insinuer au greffe de Châlons les contrats de leurs acquisitions, tant en fonds, qu'en rentes constituées.

Par autre arrêt du même parlement, du 15 novembre 1610, attendu les lettres patentes de Sa Majesté, & le consentement de l'évêque de Châlons, & des magistrats & habitans de la même ville, il fut permis aux religieuses Carmélites de s'y établir, à condition de ne pouvoir mandier. Ces arrêts sont rapportés par Févret, en son traité de l'abus, liv. 2, chap. 1, n. 12, avec plusieurs autres de la même nature, qui sont à la suite.

Madame la duchesse de Longueville avoit obtenu des lettres patentes, pour former un convent d'Augustins à Paris ; lorsqu'on les présenta au parlement, pour y être enregistrées, la cour y mit cette condition : aux charges & conditions portées par l'acte du consentement de l'archevêque de Paris, & sans que le nonce du Pape puisse exercer aucune jurisdiction, visitation ou correction audit monastére, conformément aux droits, libertés & priviléges de l'Eglise Gallicane.

Les mêmes loix doivent avoir lieu, pour les nouvelles réformes que l'on veut introduire dans les monastéres. C'est une espéce de nouvelle fondation, qui doit se faire de la même maniere, que si c'en étoit une effective. C'est pourquoi le consentement de l'évêque diocésain est requis, aussi-bien que celui des religieux auxquels on veut imposer le joug de la réforme. Personne n'est plus intéressé qu'eux à ce changement. Il est aussi besoin de lettres patentes enregistrées, & en vertu desquelles des commissaires nommés ou approuvés par le parlement, procédent à l'établissement de la réforme. C'est la disposition précises de tous les conciles, des réglemens faits dans les assemblées du clergé sur cette matiére, des ordonnances de nos rois, & des arrêts des cours souveraines. Il y en a un grand nombre rapportés dans les nouveaux mémoires du clergé, t. 4, pag. 719. On trouve aussi plusieurs monumens de l'autorité du Roi & des parlemens, sur la même matiére, dans les preuves des libertés de l'Eglise Gallicane, chapitre 34. Enfin le concile de Trente, *seff. 25, cap. ult. de reformat.* exhorte les princes à sécourir, de toute leur autorité, les évêques & autres prélats, pour la réforme des monastéres.

Ces sortes de changemens, dans les monastéres, ne manquent presque jamais d'occasionner des procès. Les anciens religieux refusent, pour l'ordinaire, de se soumettre à la réforme; ce qui oblige de pourvoir à leur subsistance, & fort souvent à leur demeure. Enfin il en résulte quantité d'autres inconvéniens, qui demandent l'attention du roi & des magistrats. C'est l'objet de la déclaration du Roi, du mois de juin 1671, registrée au parlement le 26 du même mois.

Par l'article 18 de l'édit de 1695, les archevêques & évêques sont chargés de veiller, dans l'étendue de leurs diocéses, à la conservation de la discipline réguliére, dans tous les monastéres exempts & non exempts, tant d'hommes que de femmes, où elle est observée; & à son rétablissement dans tous ceux où elle ne sera pas en vigueur.

Les bulles de Gregoire XV & d'Urbain VIII, pour le rétablissement de la réforme de saint Maur, aïant été fulminées *in partibus*, le Roi donna ses lettres patentes le 15 juin 1631, qui contenoient ces clauses: s'il apert que, dans lesdites bulles il n'y ait rien de contraire aux constitutions canoniques, ordonnances, concordats, libertés, &c. Moïennant quoi ces lettres furent enregistrées dans les parlemens, sans modification.

Il faut observer que les lettres patentes accordées en général, pour la réception en France, de la réforme dans un ordre, ne dispensent pas d'obtenir des lettres patentes particuliéres, pour chaque maison où on la veut introduire. C'est ce qui résulte des termes de la déclaration de 1671; de même que l'approbation & les lettres patentes accordées à un ordre, pour s'établir en France, ne dispensent pas d'en obtenir pour chaque établissement en particulier qu'on veut faire, dans chaque endroit.

SECTION V.

Du gouvernement extérieur des monasteres.

Tous les écrits des anciens peres, qui ont eu occasion de parler des moines, prouvent clairement que les moines étoient comptés autrefois dans l'ordre des laïcs, & qu'ils ne différoient du reste des fidelles, que par la régularité & l'austérité de leur vie; ensorte qu'ils n'étoient, alors, nullement soumis à la discipline cléricale. Quand un moine étoit tombé dans quelque faute, on ne le punissoit point par la suspension, ou par la déposition, qui sont les peines propres aux membres du clergé: mais on les excommunioit, comme les laïcs. C'est ce qui est manifestement prouvé par les canons 2 & 8 du concile de Calcédoine, par le canon 82 du concile de Constantinople, *in Trullo*, & plusieurs autres canons.

Suivant l'ancienne discipline de l'Eglise, les clercs n'étoient jamais condamnés à la pénitence publique, afin de ne pas scandaliser le peuple, & de ne pas avilir l'ordre clérical: mais les moines étoient soumis à cette punition, comme tous les autres particuliers. Nous en avons la preuve, dans une épître de saint Leon à Rustique évêque de Narbonne, cap. 12.

Tout le monde sçait, & ce fait est bien attesté, dans l'apologie que saint Athanase publia, pour justifier sa fuite; que tous les moines se rendoient à l'église avec le reste du peuple, pour y assister au service divin. On leur déféroit cependant la premiere place, comme faisant la partie la plus noble & la plus distinguée du troupeau du Seigneur.

Enfin Gratien, *cap. 16, quæst. 1, can. 6*, nous a conservé ces paroles de saint Jerôme, qui ne laissent aucun doute sur cette matiére. *Alia causa est monachorum, alia clericorum. Clerici pascunt oves, ego pascor. Illi de altare vivunt, mihi quasi infructuosæ arbori securis ponitur ad radicem, si minus ad altare non defero.*

Les moines n'étant donc point au rang des clercs, mais au rang des laïques; ils étoient soumis aux évêques, de la même maniere que les laïques, sans que ces prélats eussent sur eux une jurisdiction plus marquée & plus étendue que sur le reste des fidelles. Ainsi les évêques étoient les pasteurs & les peres des moines, qui étoient dans leurs diocéses, comme de tout le reste du peuple; & les moines, de leur côté, honoroient & respectoient les évêques comme leurs peres spirituels, & comme les dispensateurs des saints mystéres: d'ailleurs ils étoient soumis, comme le reste des laïques, aux loix & à l'autorité des Princes & des magistrats.

Mais lorsque le nombre des moines commença à s'augmenter, & qu'on vit des monasteres se bâtir de tous côtés, & dans tous les païs; lorsqu'ils commencerent à se distinguer du peuple, par leur vie extérieure, & même à s'immiscer dans les fonctions ecclésiastiques; on commença à les regarder comme particulierement consacrés à la religion: & les évêques s'attribuerent, pour lors, une autorité plus étendue sur les moines & sur les monasteres.

Ce fut le concile de Calcedoine qui le premier fit un réglement sur cette matiére, à l'instigation de l'empereur Marcien. On voit, dans le sixiéme acte de ce concile, que l'empereur parla en ces termes, aux peres qui le composoient : *Quædam capitula sunt quæ ad honorem vestræ reverentiæ vobis servavimus; decorum esse judicantes à vobis hæc regulariter potiùs formari per synodum, quàm nostrâ lege sanciri.* Or le premier de ces capitulaires que le Prince s'étoit réservé de proposer au concile, étoit ainsi conçû. *Eos qui verè & sincerè solitariam arripiunt vitam, debito honore dignos judicamus. Quoniam verò quidam, sub prætextu solitariæ vitæ, & ecclesias & communes perturbant causas; placuit nullum quidem ædificare monasterium, præter voluntatem episcopi civitatis, neque in possessione, præter domini possessionis. Eos verò monachos, qui per singulas civitates sunt, atque provincias, subjici episcopo, & quietem amplecti, & intendere solùm jejunio & orationi, & neque ecclesiasticis, neque publicis importunos rebus existere; nisi fortè jubeatur eis propter necessariam causam ab episcopo civitatis. Sed neque potestatem habere Monachos suscipiendi in monasteriis suis servos, aut inscriptitios præter voluntatem dominorum.*

Le concile adopta ce capitulaire proposé par l'empereur Marcien, l'Eglise, par ses canons, & les empereurs, par leurs loix, ont souvent autorisé cette disposition du concile de Calcédoine.

L'empereur Justinien, dans sa novelle 67, ne se contenta pas de défendre de bâtir aucun monastere sans le consentement de l'évêque, il ajoûta, par sa novelle 123, *cap*, 21, que ceux qui auroient quelque action à intenter contre un clerc, ou contre un moine, en préviendroient l'évêque, comme le supérieur de l'un & de l'autre.

L'autorité de évêques sur les moines, & la nécessité de leur obéir fut aussi généralement reçûe dans tout l'Occident. Le canon 21 du premier concile d'Orleans, tenu peu de tems après celui de Calcédoine, y est formel.

Il se tint un très-grand nombre de conciles dans le neuviéme siécle & dans les suivans, qui ont tous unanimement décidé que les moines étoient soumis à l'autorité de l'évêque, *secundùm canonicam autoritatem*. Par ces mots, qui se trouvent emploïés dans presque tous, ils ont voulu sans doute indiquer & renouveller les anciens canons, & sur-tout celui du concile de Calcédoine.

Les papes ont auſſi approuvé cette diſcipline. Boniface VIII. *in cap. 7, de privig. in 6°.* dit que l'autorité de l'évêque ſur tous les réguliers de ſon diocèſe eſt fondée ſur le droit commun, & que ſi ceux qui ſe prétendent exempts, ne juſtifient pas d'un privilége en bonne forme, ou d'une preſcription canonique; l'évêque doit toujours exercer ſa juriſdiction. Et ce pape donne pour raiſon de ſa déciſion: *Cum de jure communi ordinariorum intentio ſit fundata.*

Tous les canoniſtes ont, d'un conſentement unanime, admis cette maxime, qu'ils fondent, d'après l'auteur de la gloſe, ſur le canon 10, *cauſ.* 16, *quæſt.* 7, qui eſt tiré du canon 19 du concile d'Orleans, & qui s'exprime ainſi: *Omnes baſilicæ, quæ per diverſa loca conſtructæ ſunt, vel quotidiè conſtruuntur, placuit, ſecundùm priorum canonum regulam, ut in ejus epiſcopi poteſtate conſiſtant, in cujus territorio poſitæ ſunt.* Sur quoi la gloſe fait cette remarque, adoptée par tous les canoniſtes, *Ad epiſcopum pertinet omnis cura ſuæ diœceſis, tam in monaſteriis, quàm aliis Eccleſiis.* Ce qui doit s'entendre, ſuivant le droit commun.

Ce fut dans le ſixiéme ſiécle & dans les ſiécles ſuivans, que les fondateurs d'ordres & de monaſteres commencerent à demander & à obtenir des priviléges. Non pas qu'ils vouluſſent ſe ſouſtraire à l'autorité canonique des évêques ſur les moines: mais ils ſe propoſoient de procurer la tranquillité aux religieux, de maintenir la diſcipline réguliere, & de conſerver les biens temporels que les fidelles avoient donnés pour fournir aux beſoins des moines & des pauvres.

Perſonne n'ignore que dans ce tems-là, non-ſeulement les puiſſances ſéculieres, mais quelques évêques, ſuppoſoient différens prétextes pour troubler la tranquillité & la diſcipline réguliere, pour s'emparer des revenus, & s'approprier la meilleure partie du temporel des monaſteres.

Le quatriéme concile de Tolede, tenu dans le quatriéme ſiécle, ſe plaint amérement de ces abus & de ces déſordres, au canon 51.

Lorſqu'on eût fait des partages des revenus de chaque Egliſe, qui étoient auparavant communs à tous les eccléſiaſtiques; les évêques prétendirent qu'ils devoient auſſi avoir part dans les offrandes qui ſe faiſoient aux monaſteres de leurs diocèſes.

Il eſt vrai que Gratien, *cauſ.* 19, *quæſt.* 1, *can.* 34, nous a conſervé un canon du concile de Lerida, tenu vers le commencement du ſixiéme ſiécle, qui les y autoriſe: mais, outre qu'on ignore

ignore si ce canon a eu son exécution : il n'en a pû avoir tout au plus, que dans la province de Tarragone, sans avoir été adopté par aucune autre Eglise, aussi donne-t-il assez à entendre que c'est un droit particulier qu'il accorde aux évêques.

Dans le septiéme siécle & dans les siécles suivans, les moines commencerent à se présenter aux saints ordres ; & les évêques les contraignirent de leur faire des offrandes, soutenant que c'étoit un droit qui leur appartenoit. Ils se fondoient sur l'exemple des évêques d'Orient, qui disoient, *non esse mercedem ordinationis, quod alimentorum gratiâ pontifici datur.* Quoique l'Église n'ait jamais cessé de s'élever contre ces exactions, aussi bien que contre les prétendus droits que les archidiacres & les chanoines exigent de ceux qu'ils instalent ; jamais on n'a pû y remédier.

Les évêques & leurs ministres imposoient encore des droits sur les moines pour leur donner le saint Crême & les saintes Huiles. Ils se faisoient païer pour la bénédiction & l'installation des abbés. Ils exigeoient des sommes sous prétexte de droits, quand il étoit question de consacrer un autel, ou de faire la dédicace d'une Eglise ; & par tous ces moïens, ils s'approprioient presque tous les revenus des monasteres.

Quoique ces espéces de tributs aïent été proscrits par une infinité de conciles comme simoniaques ; cependant, comme l'usage les avoit fait regarder comme autant de droits, il fut impossible de les déraciner : mais les monasteres & les fondateurs obtinrent des priviléges pour s'en exempter.

Quand les évêques vont faire leurs visites, il est juste, si l'on veut, qu'on leur fournisse des alimens : mais il est notoire combien, sous ce prétexte, ils sont à charge, eux & leurs officiers, aux Eglises qu'ils visitent. Or, comme les canons les autorisoient à visiter les monasteres aussi-bien que les autres Eglises de leurs diocèses, il est incroïable dans quelles dépenses ils les jettoient.

Ils exigeoient, non-seulement des droits de visite, mais des droits sinodaux, qui sont ceux que l'on faisoit païer par les prêtres qui alloient au sinode. Ils exigeoient des droits *Catédriques*, en reconnoissance de la supériorité. Il y avoit encore plusieurs autres droits, dont il est fait mention au chapitre 16, *Ex. de officio ordinarii.*

Suivant les différentes régles monastiques, & sur-tout celle de saint Benoît ; l'abbé devoit être élû par les moines : mais, par succession de tems, les évêques abusant de l'autorité qu'ils avoient ſur les moines, leur ôterent ce droit pour ſe l'attribuer; & afin de faire tourner plus facilement à leur uſage les revenus des monaſteres, ou pour en diſpoſer à leur gré, quelques-uns d'entre eux donnoient les abbaïes à leurs parens. Nous en avons pour garant le concile de Tolede, qui déclare ces élections d'abbés nulles, & qui excommunie pendant un an les évêques qui en feront les auteurs. Les fondateurs obtenoient donc, comme un privilége pour leurs moines, le droit d'élire leurs abbés.

Les évêques étoient perſuadés qu'en conſéquence de leur autorité, il leur étoit libre d'aller, quand ils le jugeoient à propos, dans les égliſes ou dans les oratoires des moines, accompagnés d'un grand concours de peuple, pour y célébrer l'office divin. Or, comme ces aſſemblées nombreuſes troubloient la ſolitude à laquelle les moines ſont voués, & dérangeoient la diſcipline monaſtique; les fondateurs prirent des précautions pour empêcher ces déſordres, & pour que les moines euſſent ſeuls l'uſage de leurs Egliſes & de leurs oratoires.

Quiconque lira avec attention & ſans prévention les priviléges ou exemptions accordées aux monaſteres depuis le ſixiéme juſqu'au onziéme & douziéme ſiécle, trouvera qu'ils n'ont preſque point d'autre objet que l'affranchiſſement des prétendus droits dont nous venons de parler; pour être libres dans l'élection de leurs abbés, & dans tout ce qui pouvoit contribuer à maintenir la tranquillité, la ſolitude & la diſcipline monaſtique. C'eſt ce qui faiſoit dire à M. Talon avocat général, dans le ſçavant plaidoïé qui nous a été conſervé au journal des audiences, to. 2, liv.. 6, chapitre 10, que l'abus que les évêques eux-même ont fait de leur miniſtere, a beaucoup ſervi à introduire les exemptions dont ils ſe plaignent tant aujourd'hui, & qui occaſionnent en effet tant d'abus. Il diſoit que, dans les premiers ſiécles de l'Egliſe, où les évêques ſe tenoient reſſerés dans les bornes que les conciles leur avoient preſcrites, on ne connoiſſoit point le nom de franchiſe, de liberté & d'exemption qui ont commencé à s'introduire, lorſque les évêques ont voulu joindre la puiſſance temporelle à la juriſdiction ſpirituelle. Pour lors les moines furent les premiers à ſe plaindre. Ils ne demanderent pas alors d'être affranchis du pouvoir originaire ancien & primitif de leurs prélats; c'eût été contrevenir à la parole de Dieu, & à la tradition de l'Egliſe écrite dans les conciles. Ils demanderent ſeulement d'être affranchis des droits temporels, qui n'avoient d'autre fondement que l'avarice & l'ambition des évêques. Tous les priviléges d'exemption, continuoit ce magiſtrat, qui nous reſtent depuis les premiers ſiécles juſqu'au dixiéme, accordent ſeulement une immunité ou décharge des redevances temporelles qui ſe renferment dans cinq chefs principaux.

On décharge le monaſtere des rétributions pour les ordinations. On défend aux évêques de rien prendre pour la bénédiction des Autels & la conſécration des Huiles ſaintes, ni dans les oblations faites aux monaſteres par les fidelles. Enfin on leur interdit l'entrée dans les monaſteres ſans néceſſité; parcequ'en ce tems-là, ils avoient coutume de mener à leur ſuite un grand nombre d'officiers; & ſous un faux prétexte de viſite, ils exigeoient des droits extraordinaires; ce qui étoit fort onéreux aux communautés.

La preuve que les exemptions n'avoient dans ce tems-là d'autre objet, que de mettre le temporel des monaſteres à l'abri des uſurpations & de l'avidité des évêques, ſe trouve entr'autres dans les épîtres de ſaint Gregoire. Nous voïons dans ſon épître 12, livre 6, qu'à la priere des fondateurs d'un certain monaſtere, il a accordé quelques priviléges à ce monaſtere. Ils conſiſtent 1°. en ce que l'abbeſſe ſera élue par les religieuſes, qui ne pourront faire tomber leur choix que ſur une d'entre elles; laquelle ſera ordonnée par l'évêque; ſi néanmoins il la trouve digne d'occuper cette place. 2°. Ni l'évêque, ni aucun eccléſiaſtique n'aura l'adminiſtration du temporel, qui ſera à la diſpoſition de l'abbeſſe ſeule. 3°. L'évêque ne pourra célébrer la Meſſe dans le couvent que le jour de la Dédicace ſeulement, il ne pourra faire porter ſa chaire épiſcopale dans l'oratoire de ce couvent que ce jour-là ſeulement; il ſera tenu de l'en faire ôter auſſitôt après qu'il aura achevé la célébration de l'office. Et les autres jours, la Meſſe y ſera célébrée par un prêtre nommé par l'évêque.

Et pour que l'on ne crût pas que, ſous prétexte de ces priviléges, le pape vouloit porter atteinte à l'autorité de l'évêque en ce qui concerne le droit de correction ſur l'abbeſſe & ſur les religieuſes, il ajoûte ces termes : *Præterea ergà vitam actuſque ancillarum Dei; abbatiſſæ, quæ in ſuprà ſcripto fuerit monaſterio conſtituta, epiſcopum, ſecundùm Dei timorem, ſollicitudinem ſtatuimus adhibere; ut ſi aliquam de illic habitantibus oportuerit ultioni ſubmitti; ipſe, juxtà ſacrorum canonum vigorem, modis omnibus debeat vindicare.*

Gratien, *cauſ.* 18, *quæſt.* 2, *cap.* 5 & 6, rapporte, ſous le nom de ſaint Grégoire, certains priviléges accordés à des moines. Ces canons ſont compoſés en partie des épîtres de ſaint Grégoire, & en partie d'un certain concile qu'on dit avoir été tenu ſous ce pape : mais tous les ſçavans ſont perſuadés aujourd'hui que ce concile n'eſt autre choſe que l'ouvrage de quelque moine. Ainſi ce qui ſe trouve véritablement de ſaint Grégoire, dans les textes rapportés par Gratien eſt tiré des épîtres 18, 23 & 41 du livre 4 de ce ſaint pontife, & c'eſt à ces épîtres, comme l'ont remarqué les correcteurs, qu'il faut avoir recours, ſi l'on veut avoir le véritable ſens des canons.

Or ſi l'on veut lire ces épîtres avec attention, on verra quelles ne portent aucune atteinte à l'autorité canonique des évêques, & quelles n'ont d'autre objet que la conſervation du temporel, & la tranquillité des religieux. C'eſt pourquoi il eſt dit expreſſément dans l'épître 15 : *Viſitandi exhortandique gratiâ ad monaſterium, quoties placuerit, ab ejuſdem civitatis antiſtite accedatur : ſed ſic charitatis officium illic epiſcopus impleat, ut gravamen aliquod monaſterium non incurrat.*

Les formules des priviléges qui s'accordoient aux monaſteres de France dans le ſeptiéme ſiécle, & qui nous ont été conſervées par Marculphe, ſont une preuve que ces exemptions n'avoient point d'autre objet que celui dont nous avons parlé juſqu'à préſent. Il ſeroit trop long de rapporter ici ces formules. Le lecteur peut les lire dans l'ouvrage même, avec les ſçavantes notes que M. Bignon y a jointes.

On trouve à la vérité quelques priviléges des ſeptiéme, huitiéme & neuviéme ſiécles, qui contiennent une entiere indépendance ; tels que ceux accordés par le pape Jean, en faveur de ſaint Medard de Soiſſons, & celui d'Adeodat, en faveur de ſaint Martin de Tours : mais, comme le remarque l'auteur des loix eccléſiaſtiques, partie 4, chapitre 11 : dans la préface, le titre extraordinaire de celui de ſaint Medard de Soiſſons, qu'on prétend avoir été confirmé par ſaint Gregoire, & qui qualifie les évêques de *pierres très-précieuſes*, les expreſſions & les ſentimens, qui ne conviennent ni au tems, ni à l'eſprit de ſaint Gregoire, les ſouſcriptions de perſonnes imaginaires, & les anachroniſmes, en font aſſez ſentir la ſuppoſition. Les Bénédictins en ont été eux-même ſi convaincus, qu'ils ne l'ont pas mis dans leur édition de 1705 au nombre des œuvres qui ſont conſtamment de ſaint Gregoire. A l'égard du titre de ſaint Martin de Tours, qui eſt daté de l'an 670, quoiqu'il ne ſoit point entier, on ne laiſſe pas de remarquer des preuves de ſuppoſition dans ce qui nous reſte.

Il en eſt de même, ſelon les bons critiques, de tous les ouvrages de même nature qu'on nous donne comme des conceſſions faites par les papes dans le ſeptiéme, le huitiéme & le neuviéme ſiécles.

Quoique les priviléges que l'on accordoit alors n'altéraſſent en rien la juriſdiction des évêques, il falloit néanmoins de grandes formalités pour les obtenir. On demandoit le conſentement de l'évêque & celui du métropolitain aſſiſté du concile de la province. On y examinoit les raiſons de la néceſſité & de l'utilité. Il falloit auſſi faire intervenir l'autorité du prince qui, comme fondateur des monaſteres & protecteur des canons, a droit d'empêcher qu'on ne viole les decrets des pontifes & les fondations des Égliſes. Ces trois conditions ont toujours été obſervées dans toutes les exemptions qui ont précédé le dixiéme ſiécle

Les priviléges, dont nous avons parlé juſqu'ici, ne ſont pas, comme on voit, ce qu'on entend aujourd'hui par le mot exemption; puiſqu'ils conſervoient l'autorité épiſcopale dans toute ſon étendue.

C'eſt pourquoi les canoniſtes modernes en diſtinguent de deux ſortes dont les uns ſont pleins & entiers; les autres ne le ſont qu'en partie. Les exemptions en partie ſont celles qui ne libérent ceux à qui elles ont été accordés que de certains droits. Les exemptions pleines & entieres ſont celles qu'on nomme aujourd'hui proprement *exemptions*, c'eſt un affranchiſſement ſans bornes du pouvoir & de la juriſdiction épiſcopale, avec une ſoumiſſion immédiate au ſaint ſiége. Saint Bernard, dans ſon épître 42, veut qu'on l'appelle plutôt une émancipation qu'un privilége. *Spoliant Eccleſias, emancipentur, rediment ſe, ne obediant.* Ce mot émancipation convient parfaitement ici, par analogie à l'émancipation légale, qui exemptoit les fils de famille de l'autorité paternelle, qui leur donnoit une liberté entiere, & les mettoit dans la jouïſſance de tous leurs droits.

On n'eſt pas bien certain du tems où les moines commencérent à demander & à obtenir des exemptions totales de la juriſdiction canonique des évêques. Quelques-uns croïent que ſaint Gregoire eſt le premier qui en ait accordé : mais il eſt conſtant que toutes celles qu'on rapporte comme venant de ce pape ſont ſuppoſées.

Quoiqu'il en ſoit, il eſt indubitable qu'avant l'onziéme ou le douziéme ſiécle, on ne connoiſſoit point la diſtinction que l'on met aujourd'hui entre les monaſteres exempts & ceux qui ne le ſoint point. Tous les conciles & tous les ouvrages de ce tems qui ne ſont point ſuſpects, parlent toujours des monaſteres en général, comme ſoumis à la diſcipline ſpirituelle de l'évêque.

Il faut encore obſerver qu'avant ce tems, on ne voïoit point s'élever contre les exemptions des monaſteres & des abbés, ces plaintes fréquentes & vives qui parurent dans le onziéme ſiécle & les ſuivans; ce qui prouve ou qu'elles n'ont commencé que dans ce tems, ou qu'elles étoient rares. Saint Bernard eſt celui qui a crié le plus, & dans les termes les plus durs contre cet abus. Il dit, dans ſon ouvrage *de moribus epiſc. cap. 9*, qu'il eſt étonné de voir des abbés de ſon ordre enfreindre une des premieres régles de l'humilité; & que ſous un habit humble, ils pouſſent l'orgueil juſqu'à exiger une ſoumiſſion aveugle & ſans bornes de la part de ceux qui leur ſont ſoumis, tandis qu'ils refuſent eux-mêmes d'obéir aux évêques.

Saint Bernard n'étoit pas le ſeul qui s'élevât contre cet abus. Tous les ſaints perſonnages qui ont écrit de ſon tems & dans les ſiécles ſuivans, ont fait les mêmes plaintes que lui, & avec autant de force. Les conciles ont auſſi voulu proſcrire cet abus : mais rien ne pût arrêter ce torrent.

Les moines, ſous prétexte des immunités particuliéres qu'on leur avoit accordées juſqu'alors, auxquelles ils ont donné une interprétation trop étendue, ont commencé à uſurper la juriſdiction épiſcopale; & la connivence des évêques de ces tems, ou leur ignorance, ou leur avarice, ou enfin leur négligence à réſider, ont beaucoup contribué à maintenir ces uſurpations.

D'un autre côté, les papes, qui ont toujours cherché à augmenter leur autorité aux dépens de celle des évêques, trouvérent dans les exemptions un moïen sûr & facile d'arriver à leur but. En rendant un ordre de moines entier dépendant immédiatement d'eux, ils ſe ménageoient dans tous les états chrétiens des ſujets intéreſſés à ſoutenir & à défendre une puiſſance, à laquelle ſeule il ſont ſoumis, & dont l'éloignement leur donne une entiére liberté. L'expérience ne prouve que trop combien cette liberté eſt préjudiciable à la diſcipline eccléſiaſtique en général. On peut même dire à la religion, par les ſcandales qui en réſultent, & qui fourniſſent tant de ſujets de raillerie aux ennemis du Catholiciſme.

Les ſchiſmes des papes ont encore beaucoup favoriſé ces

exemptions. Les pontifes romains, ou ceux qui prétendoient l'être, pour se procurer la faveur des ordres entiers, des chapitres & des personnes puissantes, les combloient de nouveaux priviléges & de graces. Le schisme qui affligea l'Eglise pendant si long-tems depuis la mort de Gregoire XI. jusqu'après l'élection de Martin V. est la source d'une infinité de priviléges & d'exemptions. Ce pape témoigna lui-même la douleur qu'il en ressentoit dans sa bulle qui fut publiée au concile de Constance, session 43, *de Exemptionibus*. C'est pourquoi, du consentement du concile, il révoqua presque toutes les exemptions accordées depuis la mort de Gregoire XI. & ordonna que les Eglises & les monasteres rentreroient sous la jurisdiction des ordinaires : en ajoûtant cette clause, qui est bien remarquable : *Non intendimus exemptiones de cætero facere, nisi causâ cognitâ, & vocatis quorum interest.*

Voilà de quelle maniere cet abus s'est introduit peu-à-peu dans l'Eglise. Ce n'étoit originairement que des précautions prises pour la conservation du temporel; les moines, par des gradations insensibles, les ont étendues au spirituel. Quelquefois un abbé, par son grand mérite ou par sa naissance, s'acquéroit des priviléges particuliers. On les accordoit à sa personne; les moines les faisoient passer au monastere & les rendoient perpétuels & réels. Qu'une exemption fût accordée pour un tems à un monastere à cause de la tirannie ou de l'avarice d'un évêque qui opprimoit les moines, ils l'ont continuée & l'on changée en une liberté fixe & permanente; quoiqu'elle dût finir par la mort de l'oppresseur. Si la dévotion particuliere d'un fondateur le portoit à mettre une abbaïe sous la protection du saint siege, l'abbé & les religieux convertissoient ce droit de protection en un droit de jurisdiction, & abusoient ainsi d'un motif de piété pour se soustraire à l'autorité d'un supérieur établi de droit divin, pour les gouverner.

Les moines ne se sont pas contentés de s'approprier la jurisdiction sur eux-même, ils l'ont aussi usurpée sur leurs domestiques, sur les laïcs demeurant dans l'étendue de leur abbaïe, & sur les nouveaux habitans des terres qu'ils avoient défrichées, auxquels ils ont fait administrer les Sacremens par leurs religieux.

D'autres sont encore allé plus loin. Ils ont, en quelque sorte, démembré le diocèse de leur évêque, pour de ses débris, s'en composer un. Ils ont voulu s'ériger un tribunal, administrer la justice, avoir des officiaux, porter même une partie des habits épiscopaux. On les a vû vouloir conférer les ordres & bénir les peuples, quoique leur unique emploi consiste à pleurer dans leur retraite. *Monachus non docentis, sed plangentis habet officium*, disoit saint Jerôme.

L'établissement des religieux mendians a encore beaucoup contribué à augmenter ces désordres. Outre les vœux communs à tous les autres religieux, ils en font un particulier, qui est d'obéir au pape, qui, de son côté, les a pris spécialement sous sa protection. Ils tiennent tous pour maxime, qu'ils ne doivent point l'obéissance à l'évêque dans le diocèse duquel ils sont : mais ces maximes ont éte réprouvées dans les assemblées du clergé de 1655 & de 1656, dont les résultats se trouvent dans les mémoires du clergé, tome 1, page 660.

Quoique plusieurs constitutions des papes & plusieurs decrets des conciles eussent tâché d'apporter des remédes aux maux que les exemptions causoient à l'Église, elles ne laissoient pas cependant de faire beaucoup de ravage. Nous en avons la preuve dans plusieurs monumens; & sur-tout dans cette fameuse congrégation de prélats, que Paul III. assembla avant le concile de Trente pour recueillir les abus auxquels il falloit apporter remede, pour faire cesser les cris des protestans & rétablir la discipline ecclésiastique dans son état naturel. Les termes qu'emploïérent les prélats qui composoient cette assemblée, pour faire sentir au pape combien cet abus causoit de maux dans l'Eglise, méritent d'être remarqués. Les voici : *Alius abusus magnus & minimè tolerandus, quo universus populus Christianus scandalizatur, est ex impedimentis quæ inferuntur episcopis in gubernatione suarum ovium, maximè in puniendis scelestis, & corrigendis. Nam primò multis viis eximunt se mali homines, præsertim clerici, à jurisdictione sui ordinarii : deindè, si sunt exempti, confugiunt statim ad pœnitentiariam, vel datariam, ubi confestim inveniunt viam impunitati; &, quod pejus est, ob pecuniam præstitam. Hoc scandalum, beatissime pater, tantoperè conturbat Christianum populum, ut non queat verbis explicari. Tollantur, obtestamur sanctitatem tuam per sanguinem Christi, quo redemit Ecclesiam suam, eamque lavit eodem sanguine; tollantur hæ maculæ, quibus si daretur quispiam aditus in quâcumque hominum republicâ aut regno; confestim aut paulò post in præceps rueret, nulloque pacto diutiùs constare posset : & tamen putamus nobis licere ut, per nos, in Christianam Rempublicam inducantur hæc monstra?*

Au commencement du concile, quelques peres s'éleverent avec

avec beaucoup de force, contre les priviléges des réguliers, & sur-tout des mandians, qui s'attribuoient même les fonctions hiérarchiques. Brace Martel évêque de Fiésole, entr'autres, dans le discours qu'il prononça dans la congrégation du 10 mai 1546, fit sentir, avec toute la liberté que lui donnoit son caractère, les malheurs que cet abus causoit à l'Eglise. Tous les Princes chrétiens, qui avoient des ambassadeurs au concile, demanderent l'abolition, ou du moins une grande réforme des exemptions; & quoique les circonstances du tems ne permissent pas aux peres d'exécuter tout ce qui leur étoit proposé à ce sujet, on peut dire néanmoins que, si les différens décrets que contient le concile sur cette matiére, étoient exécutés, il y auroit lieu d'esperer de voir cesser les abus.

Dans la session 6, *cap.* 3 *de reformat.* il est dit qu'aucun clerc régulier, qui se trouvera hors de son couvent, ne sera exempt de la jurisdiction de l'ordinaire, quels que soient les priviléges de son ordre. Dans la session 25, *cap.* 4, *de regularib.* il est dit que tous les religieux qui seront envoïés dans les universités, pour y étudier, feront leur résidence dans un couvent, sans quoi ils y seront contraints par l'évêque.

Non-obstant le décret contenu dans le chapitre 3 de la session 6, dont nous venons de parler; il y en avoit qui prétendoient que les réguliers qui commettoient un délit hors du monastere, quoique dans un lieu non exempt, ne pouvoient être punis par l'ordinaire, s'ils faisoient leur résidence actuelle dans le cloître: mais le concile, session 7, chap. 14, *de reformat.* renouvella la constitution d'Innocent IV, approuvée par le concile de Lyon, & rapportée au chapitre 1 *de privil. in* 6°, qui ordonne que les réguliers, quels que soient leurs priviléges, quand ils commettront quelque crime dans un lieu non exempt, seront poursuivis par l'ordinaire.

Dans la session 25, chap. 14, *de regularib.* il est dit que, quand un régulier, quoiqu'exempt de la jurisdiction de l'évêque, commet quelque crime qui cause du scandale, le supérieur doit, dans un tems fixé par l'évêque, le punir rigoureusement, & instruire l'évêque de la punition qu'il a fait subir; sans quoi l'évêque peut punir lui-même.

Comme il se trouva quelques supérieurs réguliers qui, loin d'exécuter ce décret, renvoioïent les moines coupables dans un couvent du même ordre; mais situé dans un autre diocése, que celui où le crime avoit été commis, afin de les soustraire à la poursuite de l'évêque; Clement VIII, par la bulle *suscepti regiminis*, ordonne que le supérieur, dans ce cas, fera revenir le religieux coupable dans le lieu qui sera assigné par l'évêque; à peine, en cas de refus, d'être déclaré, *ipso facto*, déchû des offices & dignités qu'il peut posséder, & incapable d'en posséder à l'avenir. Et s'il refuse encore d'obéir, l'évêque, dans le diocèse duquel le coupable a été envoïé, doit sévir comme auroit fait celui chez qui le crime a été commis.

Nos Rois, par leurs ordonnances, ont aussi voulu réformer les abus des exemptions. L'ordonnance d'Orleans, du mois de janvier 1560, porte, article 2, que tous abbés, abbesses, prieurs & prieures non chefs d'ordre, ensemble tous chanoines & chapitres séculiers & des églises cathédrales, ou collégiales, seront indifféremment sujets à l'archevêque ou évêque diocésain, sans qu'ils puissent s'aider d'aucun privilége d'exemption, pour le regard de la visitation & punition des crimes, non-obstant oppositions, ou appellations quelconques, & sans préjudice d'icelles, desquelles nous avons évoqué la connoissance, & icelle retenue en notre conseil privé: demeureront toutes fois aux abbés, abbesses, prieurs & prieures la visitation & correction accoutumées sur leurs religieux & religieuses, par faute d'observance de leur régle.

Le raisonnement vient au secours de toutes ces autorités, pour prouver que les exemptions sont contraires au droit commun; on peut dire même au droit divin. En effet, ou les priviléges dérogent expressément au concile de Calcédoine, dont nous avons parlé plus haut, & aux autres conciles qui établissent le pouvoir de l'évêque sur tout le clergé tant régulier que séculier de son diocèse; ou ils n'y dérogent pas.

S'ils n'y dérogent pas expressément, ils sont nuls; parce que c'est une maxime certaine, dont les canonistes les plus relâchés, & les constitutions des papes ont été forcés de convenir, qu'aucun privilége contraire aux canons ne peut subsister sans une dérogation expresse.

Si le privilége contient une dérogation expresse, nos libertés s'y opposent. Nous tenons pour maxime que le pape ne peut déroger aux décisions d'un concile œcuménique. Il y est soumis lui-même. Il doit, par conséquent s'y conformer.

Quelque solide que soit ce raisonnement, les exemptions n'ont pas laissé de se soutenir en France, & l'article de l'ordonnance d'Orleans n'y est nullement observé.

A l'égard des religieuses, elles ne sont point, communément, présumées exemptes. Leurs besoins, la nécessité, la bienséance demandent plus de sujettion. Elles doivent être sous l'œil d'une puissance fort proche pour les conduire. Une plus éloignée n'y suffit pas, & donneroit lieu au rélâchement & à la licence. C'est ainsi que s'exprimoit M. Bignon avocat général, le 6 mars 1653, dans la cause d'entre les religieuses de Limoges & l'évêque. Ce plaidoïer nous a été conservé dans les anciens mémoires du clergé, tom. 1, p. 944.

Nous allons examiner maintenant, quelles sont les justes bornes des exemptions des réguliers, suivant la jurisprudence actuelle du royaume.

Il faut observer, en général, qu'il y a trois puissances dans l'évêque, celle de l'ordre, celle de l'administration, & celle de la jurisdiction.

L'exemption ne tombe jamais sur l'ordre. L'évêque seul peut conférer les ordres; si ce n'est peut-être la tonsure & les quatre mineurs, que quelques abbés sont dans l'usage de conférer à leurs moines seulement.

Quant à la puissance de l'administration, ou du régime, elle ne peut non-plus jamais être comprise dans les exemptions. L'évêque seul est en pouvoir de permettre de confesser & de prêcher, dans son diocèse.

L'exemption ne peut donc tomber que sur la jurisdiction; encore l'évêque est-il toujours en droit de réparer la négligence de l'abbé, lorsqu'après l'avoir averti, il ne met pas ordre aux excès scandaleux de ses religieux. C'est pourquoi l'ordinaire peut visiter les couvens exempts: mais il faut qu'il les visite en personne; à la différence de ceux qui sont soumis à sa jurisdiction, qu'il peut visiter tant par lui, que par ses grands-vicaires.

Ceux qui voudront avoir une connoissance plus particuliere des droits des évêques, peuvent consulter les réglemens qui ont été faits dans les assemblées du clergé de 1625, 1635 & 1645, au sujet des réguliers. Ils se trouvent dans les mémoires du clergé, tom. 1, page 990. Il faut y joindre les modifications qui y ont été apposées, par l'édit du mois d'avril 1695, & par la déclaration du 10 février 1742, registrée au grand-conseil le 2 mars suivant, & au parlement le 29 janvier 1745.

Tel est, en général, l'état actuel des religieux qui sont en France. Nous allons maintenant examiner comment chaque particulier embrasse cet état, & s'y lie.

CHAPITRE II.

Ce que c'est que la profession en religion.

PAR profession, on entend l'émission faite solemnellement, & suivant les loix de l'Eglise & de l'Etat, des vœux qui lient le religieux à l'ordre dans lequel il veut s'engager.

La bénédiction solemnelle & publique, & les autres cérémonies qui s'observent aujourd'hui dans la profession, étoient inconnues à saint Antoine & aux autres anciens moines. L'on ignore quand cet usage a commencé.

La régle de saint Benoît, *cap.* 58, prescrit la forme de profession qu'on observe ordinairement dans tous les monasteres, à l'exception de certaines prieres, qui ont été ajoûtées depuis. Suivant cette régle, on promet la stabilité, la correction des mœurs, & l'obéissance, & l'on doit signer soi-même.

Suivant le droit des décrétales, toutes les formalités qui s'observent à la profession religieuse, ne touchent point à l'essence de cette profession qui peut même se faire tacitement : mais nous verrons dans le chapitre suivant que nous n'admettons point, en France, de profession tacite.

Dans les premiers siécles du monachat, il n'y avoit aucune formule de profession, il n'y avoit aucun vœu particulier. On s'engageoit simplement à suivre la vie monastique. La profession étoit même tellement indéterminée & si générale, que les moines ne se lioient à aucune régle particuliere. Ils se soumettoient à l'observance de celle qui, au jugement de leurs supérieurs, étoit la plus parfaite & la plus conforme à l'esprit de l'état auquel ils se vouoient. De-là il arrivoit des changemens continuels dans les régles, & le pere Mabillon, dans son histoire des Bénédictins, préface siécle 4, part. 1, nous apprend qu'il y avoit même quelquefois plusieurs régles dans un seul monastere ; il ajoute que saint Benoît est le premier, ou un des premiers qui ait prescrit une forme de profession, & qui ait fait contracter l'engagement d'observer sa régle.

Suivant la formule prescrite par ce Saint, telle que nous l'avons aujourd'hui, & qu'elle est en usage chez les Bénédictins, on s'engage explicitement à trois choses ; sçavoir, à la stabilité dans le même lieu, *ſtabilitas loci*, à la pureté des mœurs, & à l'obéiſſance. Il ſe trouve cependant d'anciennes formules de cette régle, dans leſquelles il n'eſt fait aucune mention de la pureté des mœurs; parce qu'on la croioït contenue dans le vœu que l'on faiſoit de ſe ſoumettre à la régle. Il en étoit de même du vœu de pauvreté & du vœu de chaſteté; parce que la régle preſcrit l'obſervance de ces deux vertus, comme eſſentielles à la vie monaſtique.

C'eſt pourquoi l'on peut dire que la formule des Bénédictins ne différe point, dans le fonds, de celle des ordres réligieux modernes, qui prononcent ces trois vœux explicitement. Les Franciſcains, par exemple, s'engagent à obſerver, toute leur vie, la régle des freres mineurs confirmée par le pape Honoré, en vivant dans l'obéiſſance, ſans rien poſſéder en propre, & dans la chaſteté: ainſi ce qui eſt formellement expliqué, dans ces régles modernes, ſe trouve tacitement compris dans celle de ſaint Benoît. Il en eſt de même de la ſtabilité du lieu, qui eſt énoncée dans la profeſſion des Bénédictins, & qui eſt renfermée dans celle des ordres modernes; quoiqu'on n'y en faſſe pas une mention expreſſe.

En effet, la régle de ſaint Benoît nous apprend que cette ſtabilité de lieu n'eſt autre choſe que l'obligation que le moine contracte de ne jamais quitter la vie monaſtique, & de ne jamais ſortir du monaſtere, ſans la permiſſion des ſupérieurs. Or cette obligation eſt commune à tous les ordres religieux.

De ce que nous avons dit juſqu'ici, il réſulte que la profeſſion contient trois vœux, à l'obſervation deſquels le profès s'engage, ſoit tacitement, ſoit explicitement. Ces trois vœux ſont celui d'obéiſſance, celui de pauvreté, & celui de chaſteté. Nous allons les examiner, chacun dans une ſection.

SECTION I.

Du vœu d'obéiſſance.

Saint Jerôme, dans ſon épître 22 à Euſtochius, dit, en parlant des moines de ſon tems, que leur premier engagement conſiſte à obéir à leurs ſupérieurs, & à faire tout ce qui leur eſt ordonné. Suivant la régle de ſaint Benoît, le moine doit obéir à tous les ordres de ſon abbé, quand même cet abbé ne vivroit pas régulierement. Cette obéiſſance demande une pleine dépendance de la volonté du supérieur. Elle ne doit être accompagnée d'aucune délibération. Elle doit être exécutée avec ferveur, & même avec joie; ensorte qu'un religieux doit renoncer à sa propre volonté, & même à son propre jugement. En un mot l'obéissance d'un moine, suivant les saints peres, doit être aveugle.

Il ne s'ensuit pas de-là cependant qu'il doive obéir généralement & indifféremment à tous les ordres de ses supérieurs. Il doit refuser de se soumettre à ce qu'ils pourroient contenir de contraire aux préceptes de Dieu & aux bonnes mœurs. Ainsi cette obéissance aveugle ne regarde que ce que l'amour propre & la cupidité pourroient suggérer. Si l'ordre prescrit, par exemple, est dur, & même très-difficile & très-pénible dans l'exécution; s'il étoit plus à-propos de le faire exécuter par un autre, que par celui à qui il est prescrit; s'il vient dans un tems incommode; s'il est au-delà des devoirs prescrits par la régle; si l'on y remarque la mauvaise humeur & de l'animosité de la part de celui qui le donne; tout cela ne doit point en empêcher, ni même en retarder l'exécution.

Mais, quand il est question d'enfreindre la loi divine, l'obéissance ne doit pas alors être aveugle. Elle doit, au contraire être attentive & sur ses gardes. C'est ce que saint Bernard explique, avec tant de force, dans son épître 7, au moine Adam.

Ainsi, comme il ne suffit pas à un religieux de vouloir obéir à son supérieur, s'il n'obéit pas en même tems à Dieu; il ne doit non-plus obéir à son supérieur que conformément à la régle à laquelle il s'est soumis par sa profession. Il est tenu de l'observer, de façon que l'ordre de ses supérieurs ne doit point l'autoriser à la transgresser. C'est ce que saint Benoît fait entendre clairement, dans la formule de profession qu'il a prescrite. Il n'exige pas simplement l'obéissance: mais une obéissance conforme à la régle. L'abbé ou tout autre supérieur ne peut donc pas se faire obéir, si ses ordres sont contraires à la régle; parce qu'il ne peut pas la détruire ni la renverser, ni même y donner la moindre atteinte. *Hic qui profitetur*, dit saint Bernard, épît. 7, *spondet quidem obedientiam; sed non omnimodam, sed determinatè secundùm regulam.*

Mais on demande si le supérieur ne peut pas dispenser de la régle, & si ceux qu'il en dispense sont obligés de lui obéir?

Pour répondre à cette question, il faut remarquer que toute régle religieuse contient des choses que Dieu même a prescrites;

par exemple l'amour de Dieu & du prochain, l'humilité, la douceur & les autres vertus évangéliques. Il y en a d'autres qui ne sont pas à la vérité de précepte divin, mais dont l'observation est si essentielle à un religieux, que sans elle il ne peut pas exécuter ses vœux.

L'autorité du supérieur ne s'étend point jusqu'à pouvoir dispenser des devoirs; parceque, loin de pouvoir détruire la régle, il en est le protecteur & comme le vengeur. C'est pourquoi, entre les avis que saint Benoît donne aux abbés, celui-ci tient un des premiers rangs : *Ut præsentem regulam in omnibus conservet.* C'est ce qui faisoit dire à saint Bernard qu'un abbé n'est point au-dessus de la régle à laquelle il s'est soumis volontairement, en faisant profession. Si donc un religieux ne peut obéir à son abbé ou à tout autre supérieur, sans enfreindre la régle; il doit refuser l'obéissance.

Enfin les régles monastiques contiennent une troisiéme espéce de préceptes qui contribuent beaucoup à la vérité pour faciliter l'observance des préceptes divins & celle des vœux qui engagent chaque religieux : mais qui ne sont pas tellement nécessaires qu'on ne puisse s'abstenir quelquefois de les observer, sans pour cela violer en rien, ni la loi évangélique, ni les devoirs monastiques. Quelquefois même l'observance trop scrupuleuse de ces préceptes peut former obstacle à l'accomplissement des devoirs chrétiens & monastiques. Tels sont les jeûnes, les veilles, & autres semblables austérités de piété.

Cependant, comme ces préceptes font partie de la régle, le supérieur ne peut en dispenser sans de justes & de fortes raisons qui naissent de la circonstance du tems, de la santé des religieux & de plusieurs autres causes.

De même qu'un supérieur ne doit pas exiger l'obéissance lorsqu'il commande des choses qui sont contraires aux préceptes divins & qui tendent au relâchement; il ne peut pas non plus rendre la régle plus austére, ni exiger des mortifications qu'elle ne prescrit pas; si ce n'est dans le cas où un religieux s'est rendu coupable de quelque faute qui mérite punition. On peut alors lui imposer une pénitence, comme un jeûne plus long que celui qui est prescrit par la régle; ou autres mortifications semblables.

Mais on demande quelle conduite doit tenir un religieux qui croit devoir se dispenser d'obéir à son supérieur.

Saint Benoît, chapitre 68 de sa régle, dit que si le religieux sent que l'exécution de l'ordre de son supérieur est au-delà de ses forces, il doit faire ses remontrances avec modestie & avec humilité, que si après ces remontrances, le supérieur persiste dans sa volonté, il faut obéir.

Il est donc contraire à l'institut des religieux en général, de se pourvoir par la voie de l'appel contre les ordres des supérieurs; & la faveur de la régle & de la discipline monastique fait ordinairement rejetter ces sortes d'appels, sur-tout quand il est question de correction; parceque cette correction est tellement inhérente à la régle & aux statuts de l'ordre, qu'il semble que celui qui appelle de celle qui lui est ordonnée, appelle de son institut & des régles auxquelles il s'est soumis par sa profession.

D'ailleurs, comme remarque Fevret, livre 9, chap. 2, n. 8, l'appel étant un reméde inventé *juris publici tuendi, non infringendi gratiâ*, il ne seroit pas raisonnable de permettre que des moines rebelles, *remedio ad innocentiæ præsidium instituto, ad iniquitatis & inobedientiæ defensionem uterentur*. C'est pourquoi le concile de Trente, *sess.* 13, *cap.* 1, *de Reform.* décide *non esse appellationem à legitimâ correctione admittendam*.

Lorsque les religieux commencérent à se pourvoir par la voïe de l'appel contre les ordres de leurs supérieurs, cette licence fut réprouvée & regardée comme un moïen facile inventé pour secouer le joug de la discipline. Alexandre III. dans le onziéme siécle, écrivoit à l'abbé de saint Pierre en ces termes: *Ad nostram noveris audientiam pervenisse, quòd si quando subditos tuos vis, pro suis excessibus, secundùm regulam sancti Benedicti, & institutionem tui ordinis corrigere & castigare; ipsi, ut malitiam suam liberiùs valeant exercere, ad remedium appellationis confugiunt. Quia verò remedium appellationis non ideò est inventum, ut alicui à religionis & ordinis observantiâ exorbitanti, debeat in suâ nequitiâ patrocinium exhibere: mandamus, quatenùs, si quandò quilibet subditorum tuorum ad remedium appellationis convolaverit, non ideò minùs eum juxtà tenorem mandati, quod in prædictâ regulâ continetur & institutionem corrigas & castiges.*

Cette réponse d'Alexandre, qui se trouve au chapitre 3, *de appellat.* fait aujourd'hui le droit commun. Voici comment les libertés de l'Eglise Gallicane s'expriment sur cette matiere, article 34: » Encore que les religieux mendians ou autres, pour » ce qui concerne leur discipline, ne puissent s'adresser aux » juges séculiers, sans enfreindre l'obédience, qui est le nerf » principal de leur profession; toutefois, en cas de sédition ou » tumulte & grand scandale, ils y peuvent avoir recours par » réquisition

» réquisition de l'impartition de l'aide du bras séculier ; & pa-
» reillement à la cour de parlement, quand il y a abus clair &
» évident, par contravention aux ordonnances roïaux, arrêts
» & jugemens de ladite cour, ou statuts de leur réformation
» autorisés par le Roi & par ladite cour, & aux saints canons
» conciliaires & decrets, desquels le Roi est conservateur en
» son roïaume. »

Ces maximes ont été adoptées par la jurisprudence des arrêts. Entre un grand nombre qui se trouvent sur cette matiere dans les preuves des libertés de l'Eglise Gallicane, il y en a un entre autres, chapitre 33, n. 15, du 19 Octobre 1543, qui porte pour tous les couvens du ressort, un réglement conçû à peu près dans les mêmes termes.

Le pape Alexandre III. en 1169, accorda à l'ordre de Cîteaux le privilége de n'être sujet à aucun appel, en ce que les supérieurs auroient ordonné, soit à l'égard des abbés & prieurs, soit à l'égard des religieux & converts.

Ces priviléges furent confirmés en 1296 par Boniface VIII. & le pape Pie II. ordonna que dans la suite tous les différens qui naîtroient entre ceux du même ordre, seroient terminés dans l'ordre même & sans appel. Il y a plusieurs définitions des chapitres généraux de cet ordre, par lesquelles il est ordonné qu'aucun ne sera reçû appellant des choses qui y auroient été ordonnées & déterminées, & notamment au sujet de la correction & discipline réguliere.

Lors donc qu'il est question de discipline monastique, il n'y a point lieu à l'appel : & dans le cas où il est reçû, il doit se juger par les supérieurs de l'ordre. Or, comme toutes les bulles & définitions capitulaires tiennent lieu de statuts dans cet ordre ; il y a abus lorsqu'il s'y fait quelque chose de contraire.

Les mêmes priviléges ont été accordés par différens papes aux autres ordres religieux.

De tout ce que nous avons dit sur cette matiere, il suit qu'aucun supérieur ecclésiastique ne peut recevoir l'appel interjetté par un religieux, des ordonnances de ses supérieurs ; & que ces appels ne peuvent être portés que par devant les juges séculiers dans les cas marqués par l'article de nos libertés, rapporté plus haut.

SECTION II.

Du Vœu de pauvreté.

Quoiqu'il y ait certains monasteres où la formule de profession ne contient aucune mention expresse de la pauvreté ou abdication de toute propriété, ce vœu ne laisse pas d'y être toujours compris tacitement ; & personne ne doute que ce ne soit une des trois obligations essentielles à la vie monastique. L'abdication de toute propriété est même tellement de l'essence de toute régle religieuse, que le pape n'en peut pas dispenser. La profession en religion impose la nécessité de suivre particulierement les conseils évangéliques. Or un des principaux moïens que Jesus-Christ nous a enseignés pour arriver à la perfection évangélique, est conçû en ces termes : *Si vis perfectus esse, vade & vende omnia quæ habes, & da pauperibus. Matt.* 19, *v.* 21.

Saint Benoît, dans sa régle, chapitre 33, en fait un précepte. *Ne quis præsumat*, dit-il, *aliquid habere proprium, nullam omninò rem, neque codicem, neque tabulas, neque graphium, sed nihil omninò.*

Ainsi un religieux, en vertu de son vœu de pauvreté, ne peut avoir rien en propre, quand même ce seroit quelque chose qui concernât sa subsistance. Il ne peut disposer de rien sans le consentement de son supérieur. C'est ce qui fait dire à saint Isidore dans le chapitre 5 de sa régle : *Monachi, neque in suis cellulis, quidpiam, quod ad victum, vel ad quamlibet rem aliam pertineat, sine regulari dispensatione habere, vel possidere præsumant.*

Quoique chaque religieux ne puisse rien posséder en particulier, néanmoins ils peuvent posséder en commun, & chaque ordre, chaque communauté forme dans l'état, comme une espéce de citoïen, qui peut posséder des biens tant meubles qu'immeubles. On leur permet même d'acquérir, en se conformant aux régles prescrites par l'édit du mois d'Août 1749.

Il y a cependant quelques ordres qui observent le vœu de pauvreté si strictement ; que ni les particuliers, ni la communauté même ne possédent rien en propre. Ce sont ceux qu'on appelle mendians ; parcequ'ils ne vivent que des aumônes du peuple.

Suivant le droit commun, les religieux qu'on appelle mendians, ne doivent posséder aucun fonds, & ne doivent vivre, comme les pauvres, que des charités qu'ils ramaſſent de porte en porte.

Il y a deux ſortes de ces ordres mendians. Les uns ſont tels par leur inſtitut primordial & par leur régle; les autres ne le ſont que par des conſtitutions qui ont été depuis ajoûtées à leur inſtitut.

De la premiere eſpéce ſont les Franciſcains ſeuls, dont la régle a été dreſſée par ſaint François & approuvée par le pape Honoré III. Voici comment elle s'exprime ſur cette matiere: *Fratres nihil ſibi approprient, nec domum, nec locum, nec aliquam rem: ſed tanquam peregrini & advenæ in hoc ſæculo, in paupertate & humilitate Domino famulantes, vadant pro eleemoſinâ confidenter. Non oportet eos verecumdari, quia Dominus pro nobis ſe fecit pauperem in hoc mundo.*

Dans ſon teſtament, il s'exprime encore de cette maniere au ſujet du vœu de pauvreté: *Et ego manibus meis laborabam, & volo laborare, & omnes alii fratres mei firmiter volo, quod laborent de laboritio quod pertinet ad honeſtatem. Et qui neſciunt, diſcant, non propter cupiditatem accipiendi pretium laboris, ſed propter bonum exemplum, & ad repellendam otioſitatem. Et quando non daretur nobis pretium laboris, recurramus ad menſam Domini, petendo eleemoſinas oſtiatim.*

Nulle autre régle monaſtique ne fait mention de cette abdication de toute poſſeſſion en commun, ni de cet état de mendicité. En ſorte que ſaint François peut être regardé, à juſte titre, comme le fondateur des ordres mendians. Il y a cependant d'autres ordres antérieurs à celui de ce Saint, que l'on compte aujourd'hui au nombre des mendians: mais c'eſt en vertu d'une conſtitution particuliere qu'ils ont ajoûtée depuis, à leur régle, qui n'en faiſoit aucune mention.

Les Dominicains ont reçû, de leur fondateur, la régle de ſaint Auguſtin, & l'ont toujours conſervée depuis: or il n'y eſt fait aucune mention de cet état de mendicité: en ſorte que cet ordre, dans ſon origine, poſſédoit des fonds & des dixmes eccléſiaſtiques, en commun. Ce ne fut que quatre ans après qu'il eut été approuvé, que, dans une aſſemblée tenue à Boulogne, par ſaint Dominique, & les autres religieux de cet ordre; il fut réſolu qu'on ne poſſéderoit, dans la ſuite, aucuns biens en commun, & qu'on ne vivroit que d'aumônes.

Il en eſt de même des hermites de ſaint Auguſtin, qui, comme les Dominicains, ont toujours ſuivi la régle de ce ſaint pere de l'Egliſe, dans laquelle il n'eſt point fait mention de cet état de mendicité. Ce ſont les Auguſtins.

La régle de saint Basile, que les Carmes ont toujours suivie, depuis leur établissement, ne défend point de posséder des fonds en commun. On voit même, par la régle d'Albert, qui est conforme à celle de saint Basile, que les freres du Mont Carmel possédoient des fonds en commun.

On n'est pas bien certain du tems où les Augustins & les Carmes ont été mis au nombre des ordres mendians. Il y a apparence que cela s'est fait insensiblement, & sans aucune approbation particuliere des papes.

Il paroît que du tems de Boniface VIII, c'est-à-dire vers la fin du treiziéme, ou au commencement du quatorziéme siécle, les Augustins & les Carmes étoient constamment ordres mendians; & c'est depuis ce tems que l'on compte les quatre fameux ordres mendians; sçavoir, les Freres Prêcheurs, qui sont les Dominicains, ou Jacobins, les Freres Mineurs, ou Franciscains, les Augustins & les Carmes.

Outre ces quatre ordres mendians, il s'en est formé d'autres, par succession de tems. Tels sont les religieux institués par saint François de Paule, connus sous le nom de Minimes. Pie V le déclare expressément, dans la bulle *Apostolicæ sedis*.

Le même pape, dans sa bulle *Dum indefessæ*, veut que la société de Jesus soit aussi regardée comme ordre mendiant. *Tum quia*, dit-il, *ipsa societas mendicans existit, quippè quæ ex ejus instituto & constitutionibus à Sede Apostolicâ confirmatis, bona possibilia possidere nequit, sed incertis eleemosinis, fideliumque largitionibus & subventionibus vivit; tùm quia non minùs quàm cæteri mendicantes in excolendâ vineâ Domini assiduè laborat.*

Les motifs qui avoient porté ces religieux à renoncer à toute sorte de propriété, tant en particulier qu'en communauté, pouvoient sans doute être fort louables : mais, d'un côté le relâchement de la discipline qui s'est introduit dans les monasteres a beaucoup refroidi l'ardeur avec laquelle les fidelles faisoient leurs aumônes. D'un autre côté, les couvents de mendians se sont multipliés à un point qu'il n'étoit pas possible que les laïcs pussent fournir à leur subsistance, quand le mérite auroit continué d'être le même de la part des religieux. C'est pourquoi, avant le concile de Trente, on a vû beaucoup de plaintes portées au saint siége, sur la disette des vivres, dans laquelle se trouvoient la plupart des couvents mendians, & sur la nécessité d'y pourvoir.

C'est ce qui détermina ce concile *sess.* 25, *de Regularib. cap.* 3, à permettre à tous les monasteres mendians, tant d'hommes que de femmes, excepté aux Capucins & aux Freres Mineurs de l'étroite observance, de posséder dans la suite des immeubles, quoique cela leur fût défendu par leurs constitutions, ou qu'ils n'eussent point obtenu de privilége du saint siége à cet effet.

La raison pour laquelle les Capucins & les Freres Mineurs de l'étroite observance ne sont point compris dans la permission accordée par le concile aux autres ordres, est qu'ils font profession de suivre strictement la régle de saint François qui défend toute propriété, tant en commun qu'en particulier.

Quoique la plupart des communautés aïent profité de cette permission du concile, on n'a pas laissé de continuer de les mettre au nombre des ordres mendians; parcequ'ils ont continué de faire la quête pour fournir aux besoins, auxquels les fonds qu'ils ont acquis pourroient ne pas suffire.

Au surplus, il est bon d'observer que ce n'est point en conséquence du concile de Trente que les ordres mendians ont acquis le droit de posséder des immeubles en France. Ce n'est que par une concession tacite ou expresse du Roi. Nulle autre puissance dans son roïaume ne peut introduire aucun droit sans son consentement.

Cependant il est indubitable qu'aucun religieux de quelque ordre qu'il soit, soit mendiant, soit autre, ne peut rien posséder en particulier; & que tous les biens qui appartiennent à la communauté, soit qu'ils soient venus par le canal d'un seul, soit qu'ils aïent été acquis au nom de tous en général, doivent être emploïés aux besoins de tous. Ce principe nous fournira dans la suite matiere à plusieurs conséquences.

SECTION III.

Du Vœu de Chasteté.

On ne trouve dans aucune régle des anciens moines, pas même dans celle des Bénédictins, aucun engagement exprès de garder la chasteté ou la continence. Les Bénédictins n'en prononcent pas encore aujourd'hui le vœu dans leur profession. Il en est de même des Chartreux, des Camaldules, de l'ordre de Cîteaux & des Chanoines réguliers. Saint Albert, dans la régle qu'il prescrivit aux Carmes, n'en fait non plus aucune mention.

Il paroît que saint François est le premier qui ait introduit les vœux de pauvreté & de chasteté. Il dit, dans le chapitre 1 de sa régle, *Regula & vita Fratrum Minorum hæc est ; scilicet Domini nostri Jesu Christi sanctum Evangelium observare, vivendo in obedientiâ, sine proprio, & in castitate.*

Comme la formule de profession des Franciscains est celle qui fait une mention plus expresse des trois principales vertus du religieux, la plupart des autres ordres modernes l'ont adoptée. Les Augustins promettent expressément de vivre dans la pauvreté & dans la continence jusqu'à la mort. Les carmes ont ajoûté le même engagement dans leur formule de profession.

On peut élever ici la question de sçavoir si les religieux qui ne font pas vœu exprès de chasteté, sont tenus de l'observer.

Il est certain que toute personne qui se dévoue à Dieu en embrassant la vie monastique, s'oblige à tenir une conduite conforme à l'état qu'elle embrasse. Or la vie monastique renferme & a toujours essentiellement exigé le célibat ou l'obligation de vivre dans la chasteté ; de sorte qu'un moine qui ne garde pas le célibat, n'est pas moine.

Ainsi ceux qui faisoient autrefois profession en religion & ceux qui la font aujourd'hui, sont également tenus de vivre dans la chasteté, quoiqu'ils ne le promettent pas expressément dans l'émission de leurs vœux ; parceque la régle & le genre de vie qu'ils ont embrassé renferme essentiellement l'obligation de vivre chastement. *Abdicatio proprietatis & custodia castitatis adeò est annexa regulæ monachali, ut contrà eam nec summus pontifex possit dispensare.* Ce sont les termes du pape Innocent III. qui nous ont été conservés dans le chapitre *Cum ad monasterium, ext. de statu monach.*

Le vœu de chasteté engage donc ceux qui s'y soumettent soit expressément, soit tacitement, par la profession en religion à deux choses. La premiere est d'être chaste extérieurement & intérieurement hors du mariage. La seconde est de s'abstenir du mariage & de tout acte matrimonial. Nous aurons occasion de nous étendre dans la suite sur cette matiére.

CHAPITRE III.

Circonstances qui rendent la profession valable.

LA profession en religion est un joug qui dure autant que la vie de celui qui se l'est imposé, elle fait perdre pour toujours la qualité de citoyen. Celui qui s'y est engagé s'est dépouillé non-seulement de tous ses biens; mais de sa propre liberté. Il ne peut plus disposer de sa personne. Il n'est maître, pour ainsi dire, d'aucune de ses actions; puisqu'en conséquence de l'obéissance à laquelle il s'est livré envers ses supérieurs, ils peuvent disposer de tous les momens de sa vie, par les différentes occupations qu'ils peuvent lui prescrire.

Il est donc de la derniére importance que ceux qui se soumettent à un joug aussi rigoureux, ne le fassent qu'en connoissance de cause, après de mûres délibérations, après avoir éprouvé la rigueur de la régle qu'ils veulent embrasser : en un mot, cet engagement doit être parfaitement libre de leur part.

C'est pourquoi les loix canoniques & civiles se sont réunies pour apporter toutes les précautions possibles, afin d'empêcher qu'on ne soit surpris ou contraint, en se liant, par la profession de religion. Nous allons examiner, en différentes sections, chacune de ces précautions.

SECTION I.

De l'âge requis pour faire profession.

Selon la doctrine des anciens conciles, les enfans entroient dans les monasteres, ou de leur propre volonté, ou de l'autorité de leurs parens. *Monachum aut paterna devotio, aut propria professio facit*, dit le quatriéme concile de Toléde, can. 48. Mais les paroles qui suivent immédiatement celles-ci, paroissent étonnantes. *Quidquid horum fuerit alligatum, tenebit. Proindè his ad mundum revertendi interdudimus aditum, & omnes ad sæculum interdicimus regressus. Caus.* 20. *q.* 1. *c.* 3. Il semble que les peres étoient alors les souverains arbitres de la condition de leurs enfans, & que, lorsqu'ils les avoient voués à Dieu & présentés aux monasteres, il n'étoit plus au pouvoir des enfans de résister à cette destination.

Ce concile fut tenu au tems que les Visigots s'étoient rendus maîtres de l'Espagne, & d'une partie des Gaules; & il a beaucoup de conformité avec le dix-neuviéme canon du cinquiéme concile d'Orléans, qui fut tenu dans le siécle précédent, lorsque les Francs occupoient les Gaules, & une partie de l'Allemagne.

La barbarie des tems où ces réglemens ont été faits, les rend moins étonnans. Les parens se faisoient un mérite d'immoler à leur superstition, la liberté de leurs enfans. Les papes & les conciles particuliers ont de tems en tems autorisé cette pratique, qui paroît tirer son origine de la régle de saint Benoît, qui fut apportée en France par saint Maur en 544. Cette régle prescrit les cérémonies qui doivent être observées par les peres & meres en présentant leurs enfans, selon la différence des conditions. Les pauvres étoient traités d'une autre maniére que les riches; & les nobles autrement que les roturiers.

L'abus que l'on faisoit de cette pratique força d'y apporter des tempéramens. Le sixiéme concile de Constantinople crut faire un grand effort, en défendant de recevoir les enfans dans les couvens avant l'âge de dix ans; & les peres du concile observent que la complaisance seule leur arrache ce décret qui déroge à la rigueur de la régle de saint Basile, suivant laquelle les filles ne pouvoient se consacrer à Dieu avant dix-sept ans.

Saint Ambroise, *lib. 3. de Virginibus*, est moins complaisant que le concile. Il fixe l'âge auquel on peut faire profession, à celui auquel on peut contracter mariage; qui est douze ans pour les filles, & quatorze ans pour les garçons.

Saint Césaire, archevêque d'Arles, a fait une régle pour les religieux, & son nom est célébre dans l'antiquité parmi les réformateurs des monasteres. Cependant dans le concile d'Agde, où il présida, & où il se trouva un grand nombre d'évêques, il défendit de donner le voile aux filles avant l'âge de quarante ans achevés, quelques recommandables qu'elles fussent d'ailleurs par leur vertu, & par la pureté de leurs mœurs. *Sanctimoniales*, dit le canon 19, *quantumlibet vita earum & mores probati sint, antè annum ætatis suæ quadragesimum, non velentur.*

Quand le pape Leon établit un monastere dans l'église de saint Pierre de Rome, il défendit de voiler les filles avant l'âge de quarante ans.

Le concile de Fribourg rapporte l'usage d'Afrique, & en particulier celui de Carthage, dans le canon 24, par lequel il étoit expressément ordonné de ne point voiler les filles avant l'âge de vingt-

vingt-cinq ans. Burchard de Vormes & Yves de Chartres ont recueilli ces canons dans la compilation de leurs décrets. Il en est aussi fait mention dans les capitulaires, dont nous allons parler dans un moment.

Les canonistes ont cherché des moyens pour accorder ces pratiques différentes, & quoiqu'ils fussent convaincus que la discipline des Eglises n'a jamais été uniforme dans les premiers siécles, sur le tems des professions monastiques, ils ont tâché cependant de concilier la liberté des enfans avec la destination qu'en faisoient les peres à la condition religieuse. Ils ont dit que la puissance des parens à cet égard ne s'est jamais étendue sur eux, que jusqu'à l'âge de puberté; qu'après ce tems les enfans étoient libres ou d'embrasser la vie monastique, ou de s'engager dans l'état du mariage. Que les ordonnances des églises qui imposent aux enfans la dure nécessité de rester dans les monasteres, après la consécration faite par leurs parens, ne sont que des ordonnances conditionnelles. Elles supposoient dans les enfans une confirmation volontaire de cette destination paternelle, après qu'ils étoient parvenus à l'âge de discrétion.

Quoique Charlemagne ait fait recevoir dans le pays de sa domination la régle de saint Benoît, pour la faire prévaloir à toutes les autres régles, il y a cependant fait ajoûter quelques tempéramens, afin d'en modérer la rigueur. En effet, le concile de Mayence, tenu sous son regne par la plus grande partie des évêques d'Allemagne, fixa à dix ans l'âge où l'on pouvoit entrer en religion; & dans ses capitulaires, *lib.* 1. *cap.* 46 *&* 107, il rappelle les canons du concile de Carthage, qui défend de recevoir les filles dans les monasteres avant l'âge de vingt-cinq ans; & ce prince ordonne que la disposition de ce concile soit observée dans ses états.

Suivant le droit des décrétales, l'âge de puberté suffit pour faire profession en religion, *cap.* 8, 11 *&* 12. *ex. de regular.* excepté pour ceux qui font leur demeure dans les Isles, suivant l'exception de saint Grégoire, en son épître 48, *lib.* 1. *Quia dura est in Insulis congregatio monachorum, etiam pueros in iisdem monasteriis antè decimum-octavum annum suscipi prohibemus, cap.* 6 *ex. eod.*

Il paroît que ç'a été long-tems l'usage de l'Europe, si l'on en excepte la France, où l'ordonnance des états d'Orléans, qui paroît être la premiere où il soit question de cette matiere, fixe, art. 19. l'âge pour faire profession à vingt-cinq ans pour les hommes, & vingt ans pour les filles.

Le concile de Trente, postérieur à cette ordonnance, fixa l'âge à seize ans accomplis. Fra-Paolo & le cardinal Pallavicin rapportent dans leurs histoires de ce concile, qu'il y eut trois opinions sur cette matiere. Une partie des peres vouloit qu'on laissât subsister les choses comme elles étoient auparavant dans toute l'église latine, excepté en France, où l'ordonnance d'Orléans étoit observée; c'est-à-dire, qu'il fût permis de faire profession à l'âge où l'on peut se marier; & ils fondoient leurs avis sur la conformité qu'il doit y avoir entre le mariage spirituel & le mariage charnel. L'autre partie étoit d'avis qu'on reculât les vœux jusqu'à l'âge de dix-huit ans accomplis: mais l'opinion des archevêques de Grenade & de Prague prévalut, comme prenant un milieu entre l'usage & la nouvelle opinion proposée; ensorte qu'il fut arrêté qu'on pourroit valablement faire profession à l'âge de seize ans accomplis.

L'ordonnance d'Orléans fut exécutée en France jusqu'au tems de celle qui fut faite aux états de Blois, c'est-à-dire, pendant environ dix-neuf ans; la premiere étant du mois de janvier 1560, & l'autre du mois de mai 1579. Celle-ci, conformément au concile de Trente, fixa l'âge à seize ans accomplis.

Il est bon d'observer à cette occasion la différence qui se trouve dans les trois loix dont nous venons de parler. Voici comment s'exprime l'ordonnance d'Orléans, art. 19. »Défendons aux peres »& meres, tuteurs & parens, de permettre à leurs enfans ou »pupilles, faire profession de religieux ou religieuses, qu'ils »n'aïent, sçavoir, les mâles vingt-cinq ans, & les filles vingt »ans. Et où, avant ledit tems, lesdites professions se feroient, »pourront lesdits profès disposer de leur portion héréditaire »échuë, ou à écheoir, en ligne directe ou collatérale, au profit »de celui de leur parens que bon leurs semblera, & non du monas-»tere; & pour cet effet, les avons dès-à-présent déclarés capables »de succéder & tester, nonobstant ladite profession, toutes ri-»gueurs de droit ou coutumes à ce contraires.»

On voit ici combien nos rois, combien la nation entiére, sur les représentations de laquelle cette ordonnance a été faite, & combien les parlemens enfin, qui l'ont enregistrée sans modification, sont attentifs à respecter ce qui est purement spirituel. L'ordonnance ne dit pas que les vœux prononcés avant l'âge qu'elle prescrit seront nuls. Ceux qui l'ont rédigée, & ceux qui l'ont reçue sçavoient que l'Eglise seule peut prononcer sur la validité ou invalidité des vœux. Ils se contentent de déclarer ceux qui les auront prononcés, capables des effets civils, comme s'ils ne les avoient point prononcés ; en sorte qu'ils peuvent succéder & disposer de leurs biens ; pourvû que ce ne soit pas au profit du monastere, à cause des inconvéniens & des abus qui en pourroient résulter ; c'est-à-dire que ceux qui prononçoient des vœux à l'âge prescrit par l'église, mais avant celui que les loix exigeoient, étoient liés vis-à-vis de l'église, & quant au for intérieur ; mais ils ne l'étoient pas quant aux effets civils, qui dépendent du magistrat politique seulement.

A l'égard du concile de Trente, voici comment il s'exprime, *sess. 25. de regularibus & monialibus, cap. 15. In quâcumque religione, tam virorum, quàm mulierum, professio non fiat antè decimum-sextum annum expletum ; nec qui minore tempore quàm per annum, post susceptum habitum, in probatione steterit, ad professionem admittatur. Professio autem anteà facta, sit nulla, nullamque inducat obligationem ad alicujus regulæ, vel religionis, vel ordinis observationem, aut ad alios quoscumque effectus.*

On voit que la nullité est prononcée ici, parce que ce décret émane d'un concile œcuménique légitimement assemblé, qui est la premiere puissance ecclésiastique qu'il y ait sur la terre.

Voici comment s'exprime l'ordonnance de Blois sur la même matiére, art. 28. »La profession, tant des religieux que religieuses, ne sera faite auparavant l'âge de seize ans accomplis, ni »devant l'an de probation, après l'habit pris ; & où elle seroit » faite auparavant, nous avons déclaré & déclarons les contrats, » obligations, dispositions de biens faites à cause d'icelles, nulles »& de nul effet : & pourront ceux qui auront fait profession »avant ledit âge disposer de leurs biens & successions échus ou »à écheoir, en ligne directe ou collatérale, au profit de celui de »leurs parens, ou autre que bon leur semblera, non toutefois »d'aucun monastere directement ou indirectement, & ce, trois » mois après qu'ils auront atteint l'âge de seize ans. Et s'ils n'en » ont disposé dans ledit tems, viendront lesdits biens à leurs prochains héritiers *ab intestat.* »

Cette ordonnance, comme on voit, ne prononce pas non plus la nullité des vœux faits avant le tems qu'elle prescrit. Elle ne leur ôte même pas leurs effets civils, quand celui qui les a prononcés persiste dans la vie monastique jusqu'à l'âge de seize ans & trois mois au-delà. Jusqu'à ce tems il est capable des actes de citoïen : mais quand il l'a laissé écouler sans faire usage de sa liberté, il est lié *ipso facto*, & sans qu'il soit besoin de renouveller sa profession, qui est validée par sa seule persévérance.

Il ne paroît pas que cette partie de l'article soit exécutée dans la jurisprudence; & l'on suit le concile de Trente, qui prononce en ce cas la nullité absolue.

Il y a plus : comme c'est l'acte baptistaire seul qui fait la preuve de l'âge, & que l'heure de la naissance des enfans n'est point marquée dans les regîtres de baptême, les parlemens veulent qu'ils ne soient admis à la profession religieuse, qu'après que le dernier jour de leur seiziéme année s'est écoulé tout entier. C'est ce qui a été jugé par un arrêt du parlement d'Aix du 11 avril 1680, qui défend aux religieux, sous peine de saisie de leur temporel, de recevoir à la profession monastique avant que le profès ait seize ans accomplis. Cet arrêt a été rendu à l'occasion de François Pelicot, qui étoit né le 8 mars 1627, & qui avoit fait profession dans l'ordre de la sainte Trinité le 8 mars 1643. Il est rapporté par l'auteur des loix ecclésiastiques, part. 3. chap. 12. aux notes sur la maxime 8.

Au reste, quoique le concile de Trente ait fixé à seize ans l'âge où l'on peut être capable de faire profession en religion, cette disposition n'empêche pas qu'on ne doive exécuter les constitutions des ordres religieux qui demandent un âge plus avancé. La congrégation des cardinaux préposés par le saint siége à l'interprétation de ce concile en a fait une déclaration authentique en ces termes : *Quòd si religionis instituta plus temporis requirant, concilium non repugnat. Quippè quòd non disponit ut professio fiat anno decimo-sexto, sed ut non possit fieri antè, sed post.*

C'est pourquoi plusieurs ordres sont dans l'usage de n'admettre à la profession qu'après cet âge. Les Chartreux ne donnent l'habit qu'à ceux qui ont vingt ans accomplis. *Pueros, sive adolescentes*, est-il dit dans leurs statuts, *non recipimus, sed viros, qui, juxtà præceptum Domini per manum Moysi, viginti ad minùs annorum, ad bella sacra possint procedere.* Ce statut est encore en usage parmi eux.

Par les statuts de l'ordre de Cluni, recueillis par Pierre le Vénérable, dans le douziéme siécle, *statutum est ut nullus, etiam ex concessione futurus monachus, regularibus, usque ad viginti annos, vestibus induatur.*

Suivant les statuts des Capucins, ils ne doivent admettre au noviciat qu'à l'âge de dix-sept ans accomplis, s'il s'agit d'un clerc, & de dix-neuf, si c'est un laïque. D'où il suit que, comme le noviciat doit durer un an, les clercs ne peuvent être admis à la profeſſion avant dix-huit ans, & les laïques avant vingt ans : mais ils ſe ſont relâchés de cette régle, & admettent tout le monde indifféremment à la profeſſion à l'âge de dix-ſept ans accomplis. Les Minimes ne reçoivent point avant l'âge de dix-huit ans, & les Cordeliers conventuels de ſaint François ne donnoient point autrefois l'habit aux clercs avant l'âge de dix-neuf ans, ni aux laïques avant l'âge de vingt-cinq. Ils ſe ſont auſſi relâchés de cette régle.

Il ſeroit trop long de rapporter ici les différens ſtatuts des divers ordres ſur cette matiere : mais on peut former ici une queſtion qui conſiſte à ſçavoir, ſi la profeſſion faite à l'âge de ſeize ans accomplis eſt nulle dans les ordres dont les ſtatuts exigent un âge plus avancé ? Il ne paroît pas que cela doive emporter nullité ; parcequ'elle n'eſt pas ordinairement prononcée par les ſtatuts particuliers des ordres qui dérogent en cette partie au droit commun.

D'ailleurs, quand cette clauſe y ſeroit ajoûtée, elle ne pourroit pas opérer une dérogeance de droit aux loix canoniques & civiles qui ſont en uſage dans le roïaume. Ces loix veulent que toute profeſſion faite à l'âge de ſeize ans & dans laquelle les formalités néceſſaires ont été obſervées, lie celui qui l'a faite. Les ſupérieurs des différens ordres peuvent bien ne recevoir perſonne chez eux avant l'âge porté par leurs ſtatuts : mais s'ils le font, le ſujet qu'ils admettent eſt lié vis-à-vis de l'état.

SECTION II.

Du Noviciat.

Celui qui ſe deſtine à embraſſer la vie monaſtique, ſe diſpoſe à contracter un engagement qui doit durer toute ſa vie. Cet engagement conſiſte, entre autres, à obſerver étroitement la régle de l'ordre dans lequel il veut être admis. Or, comme cette régle peut être au-deſſus de ſes forces, tant par rapport à la foibleſſe de ſon tempérament, qu'à la diſpoſition de ſon humeur & de ſon caractére, il eſt juſte qu'il ait un certain tems pour s'éprouver ; & ce tems ne peut être moindre d'un an ; parcequ'il peut arriver que quelques jours, quelques mois même d'une vie extraordinaire ne ſuffiſent pas pour faire impreſſion ſur la ſanté de celui qui s'y eſt livré. Il peut arriver que la premiere ferveur de la dévotion cache & déguiſe pendant quelque tems la résistance du caractére à cette obéissance sans bornes & à cette profonde humilité, qui sont comme l'ame de la vie monastique; mais il est difficile que ces choses ne se développent pas dans l'espace d'une année.

D'ailleurs toutes les Fêtes que l'Eglise, & chaque ordre en particulier célébrent, arrivent successivement dans le cours d'une année. Chaque fête a ses cérémonies ou ses mortifications différentes. Il y a, dans la plupart des communautés, des jeûnes en certaines saisons. Il est juste que celui qui veut s'éprouver essaïe toutes les différentes situations qu'il sera obligé de soutenir pendant le reste de sa vie, en cas qu'il s'engage.

D'un autre côté, le contrat qu'il se dispose à former doit être synallagmatique entre la communauté à laquelle il se destine & lui. S'il s'engage envers l'ordre, l'ordre, comme nous le ferons voir dans la suite, s'engage envers lui. Il est donc juste que les religieux qui doivent passer le reste de leurs jours avec lui essaïent de leur côté s'il leur convient, s'il est d'une humeur sociable, s'il n'est pas capable de les corrompre par ses mauvais exemples, de les pervertir par ses mauvais discours, de troubler leur tranquillité par ses cabales & par son ambition.

Le noviciat est donc un tems pendant lequel celui qui se destine à la vie religieuse essaïe si elle lui convient, & s'il est en état de la soutenir; & pendant lequel les religieux examinent de leur côté s'ils pourront vivre en société avec celui qui veut s'aggréger parmi eux.

Comme un novice, quoiqu'il porte l'habit de l'ordre, n'a encore contracté aucun engagement, il conserve, quant à la vie civile, la même liberté que s'il étoit encore dans le monde.

Enfin, comme il pourroit arriver que l'on accordât trop précipitamment l'habit de novice, qui est le même que celui de l'ordre, & qu'un jeune homme qui n'auroit aucune vocation pour la vie religieuse la déshonorât par les scandales que pourroit causer sa vie licentieuse, il est d'usage d'examiner, & même d'éprouver ceux qui se présentent pour être admis au noviciat.

Nous avons donc ici trois objets à considérer. 1°. L'épreuve des postulans avant d'être admis au noviciat. 2°. Le noviciat en lui-même & sa durée. 3°. L'état des novices relativement à la société. Chacun de ces trois objets nous fournira la matiere d'une division.

DIVISION I.

De l'épreuve des postulans avant d'être admis au Noviciat.

Pour peu que l'on veuille faire attention aux causes du relâchement de la discipline monastique, on comprendra facilement qu'une des principales est la trop grande facilité avec laquelle on admet dans les monasteres ceux qui se présentent pour y être reçûs. On voit tous les jours quantité de gens qui n'ont aucune disposition pour une vie si sainte, qui sont même remplis de l'esprit du monde & imbus de ses maximes, entrer dans les monasteres, corrompre les moines qui y sont déja, énerver peu à peu & même détruire la discipline.

C'est pourquoi le premier soin des fondateurs & des législateurs d'ordre, a toujours été d'ordonner que l'on examinât scrupuleusement ceux qui se présentoient pour être admis, sur leurs mœurs, sur leur vocation & sur leurs facultés de l'esprit & du corps. Saint Benoît, dans le chapitre 58 de sa régle, veut que l'on reçoive difficilement ceux qui se présentent pour être admis.

Le pape Clement VIII. dans ses décrets pour la réception des novices, §. 23, ordonne aux supérieurs de s'informer de ceux qui se présentent, dans quel dessein, à quelle intention ils veulent embrasser la vie religieuse, si c'est pour se corriger, pour mener une vie plus réguliére & plus austére; ou s'ils ne sont point conduits par quelqu'intérêt humain, ou par légéreté.

A l'égard de la façon & du tems dont cet examen se doit faire, il y a eu de la variété, suivant les différens instituts & les différens siécles. Saint Benoît veut que, si celui qui se présente persévere pendant quatre à cinq jours à demander d'être admis, malgré les difficultés qu'on lui fait naître & les injures qu'on lui fait essuïer, il soit admis.

Après cet examen, on lui donne à la vérité l'entrée dans le monastere; mais on ne le met pas dans la chambre des novices: on le loge avec les hôtes pendant quelques jours.

C'est-là comme une espéce de second examen des postulans. Saint Benoît ne prescrit point ce qu'ils doivent faire pendant qu'ils sont dans cet appartement des hôtes: mais d'autres régles se sont expliquées sur cette matiere.

L'auteur de la régle de Ternei dit qu'il doit y servir les hôtes jusqu'à ce que sa patience ait prouvé sa vocation. Saint Fructueux evêque de Prague, dans le feptiéme fiécle, prefcrit la même chofe dans fa régle, chapitre 21. Saint Ifidore, dans le chapitre 4 de fa régle, dit qu'il faut examiner, pendant trois mois, comment le poftulant fe comporte dans l'appartement des hôtes, & pendant qu'il les fert; afin de l'admettre au bout de ce tems dans la congrégation. *Neque enim*, dit-il, *fufcipi intùs quemquam convenit, nifi priùs foris pofitus ejus humilitas, five patientia probetur.*

Au refte, tous ces examens & toutes ces épreuves dépendent de la prudence & de la volonté des fupérieurs; & leur défaut n'emporte point la nullité des vœux; puifque ni les loix eccléfiaftiques, ni les loix civiles ne les exigent.

La foibleffe du fexe a fait prendre des mefures pour empêcher que les filles & les veuves ne fiffent profeffion par contrainte. Le fixiéme concile de Paris, tenu en 829, porte qu'on ne peut donner le voile aux veuves fans le confentement de l'évêque; & le canon 42 de ce concile fe plaint de la légéreté des femmes qui prennent le voile d'elles-mêmes. Il veut qu'elles foient préalablement examinées par l'évêque. *Concil. to.* 7, *col.* 1625. Un capitulaire de Louis le Débonnaire, *lib.* 1, *addit.* 2, *cap.* 11, avoit ordonné la même chofe.

Le concile de Trente, *feff.* 25, *de Regular. cap.* 17, défend de donner l'habit régulier à aucune fille avant l'âge de douze ans, & veut que cette cérémonie foit précédée d'un examen fait par l'évêque, ou par fon grand-vicaire, ou autre perfonne par eux commife; lequel examen doit être réitéré avant l'émiffion des vœux. Ils doivent rechercher avec foin dans cet examen quelle eft l'intention de la fille, fi elle n'a point été féduite, & fi elle connoît bien l'engagement qu'elle veut contracter. Si fa volonté eft contrainte, ou fi elle eft libre, & déterminée feulement par la piété; fi elle a les difpofitions néceffaires pour obferver la régle de l'ordre & du monaftere en particulier; fi celui dans lequel elle veut s'engager lui eft propre; fi elle eft en liberté de faire des vœux. Et afin que l'évêque foit inftruit du tems de la profeffion, la fupérieure du monaftere eft obligée de l'en avertir un mois avant, à peine de fufpenfe quand & fi long-tems que l'évêque le jugera à propos.

Les termes du concile de Trente, qui expriment les difpofitions dont nous venons de rendre compte, font répétés dans le concile d'Aix, tenu en 1581, & dans celui de Rouen, tenu en 1585.

Le

Le concile de Tours, tenu en 1583, veut que l'examen qui précéde la prise d'habit soit fait hors du monastere, & que celui qui doit intervenir avant la profession soit fait dans l'intérieur du monastere, ou dans l'église extérieure, quand il y a des raisons qui empêchent qu'il ne se fasse dans l'intérieur.

Il doit donc, suivant la discipline du concile de Trente & celle des conciles postérieurs qui ont traité la même matiere, y avoir deux examens : mais c'est une question parmi les canonistes de sçavoir s'ils sont nécessaires tous les deux pour la validité de la profession.

Zipæus, *in jur. nov. tit. de Regular.* prétend que, suivant la coutume de ces derniers tems, il est à la vérité plus louable de les faire subir, afin de se conformer à la discipline prescrite par les saints canons : mais qu'à la rigueur un seul suffit.

Van-Espen est d'un sentiment contraire, & cite le concile de Cambrai, *tit.* 20, *cap.* 20.

Suivant l'article 34 du réglement général arrêté dans l'assemblée du Clergé de France en 1625, la supérieure d'un monastere, quoiqu'exempte, avant de donner l'habit de novice à une fille, ou de la recevoir à faire ses vœux, est tenue d'en avertir l'évêque diocésain, ou son grand-vicaire, un mois ou environ auparavant, afin qu'elle soit examinée.

Il faut cependant convenir que l'usage est de n'avertir l'évêque qu'une fois, & avant la profession; & que par conséquent il ne se fait qu'un seul examen. L'ordonnance de Blois, art. 28, porte que » les abbesses, ou prieures, auparavant que faire » bailler aux filles les habits de professes, pour les recevoir à la » profession, seront tenues, un mois devant, avertir l'évêque, » son vicaire, ou supérieur de l'ordre, pour s'enquérir par eux » & informer de la volonté desdites filles, & s'il y a eu con- » trainte ou induction, & leur faire entendre la qualité du vœu » auquel elles s'obligent. »

Cet article semble, comme on voit, laisser à la supérieure le choix de faire avertir l'évêque diocésain, ou le supérieur de l'ordre : mais il ne doit & ne peut être observé en ce point. En effet, comme le remarque Theveneau, en son commentaire sur les ordonnances, livre 1, titre 10, article 2, ce n'est pas l'intention du concile de Trente, duquel cette disposition a été tirée. Il a laissé les évêques, & non les supérieurs de l'ordre, directeurs en cette partie, quoique les monasteres soient exempts de la jurisdiction épiscopale; ce qui est fondé en raison.

En effet, il eſt conſtant que toute perſonne qui entre en religion eſt ſujette de l'évêque, juſqu'à ce qu'elle ait fait profeſſion. Il n'y a que les vœux qui la rendent dépendante des ſupérieurs de l'ordre. Juſqu'à ce moment elle eſt au rang des citoïens, qui ſont tous ſoumis à la juriſdiction ſpirituelle de l'évêque. Or c'eſt dans le moment où il eſt ſur le point de la perdre, & où elle eſt prête à faire une démarche qui doit décider de ſon ſalut, qu'il doit principalement veiller ſur elle, & lui donner par ſes conſeils les moïens néceſſaires, pour apporter toute la réflexion & toutes les précautions poſſibles dans un pas auſſi gliſſant.

C'eſt pourquoi le parlement de Paris, par une juriſprudence conſtante, a toujours jugé l'examen de l'évêque diocéſain néceſſaire, même pour les couvents exempts. Il y en a pluſieurs arrêts : on en trouve un, entre autres, dans les mémoires du Clergé, tome 7, col. 1730, rendu en faveur de l'évêque de Meaux le 8 Août 1678.

Pour rendre univerſelle, par tout le roïaume, une juriſprudence auſſi ſage & auſſi juſte, le Roi, par la déclaration du 10 Février 1742, ordonne, article 1, qu'aucunes filles, ou veuves ne pourront être admiſes à la profeſſion & à l'émiſſion des vœux ſolemnels, même dans les monaſteres exempts, ou qui ſe prétendront tels; ſans avoir été auparavant examinées par les archevêques, ou évêques diocéſains, ou par des perſonnes commiſes de leur part, ſur la vocation deſdites filles ou veuves, ſur la liberté & les motifs de l'engagement qu'elles ſont ſur le point de contracter : & fait de très-expreſſes inhibitions & défenſes à tous ſupérieurs & ſupérieures, de quelque monaſtere que ce puiſſe être, d'en admettre à la profeſſion, ſans quil ait été procédé audit examen.

Mais on demande ſi le défaut d'examen fait par l'évêque opéreroit la nullité des vœux d'une fille, ou d'une veuve qui ne l'auroit pas ſubi.

Le concile de Trente ne prononce point cette nullité. Il donne ſeulement pouvoir à l'évêque qui n'auroit pas été averti de la profeſſion un mois auparavant, de prononcer la ſuſpenſe contre la ſupérieure; & l'on voit que cette nullité n'eſt point non plus prononcée par les ordonnances qui ont admis la diſcipline du concile de Trente en cette partie. Il y a un arrêt du 3 Février 1733, rendu ſur les concluſions de M. Chauvelin avocat général, qui dit qu'il n'y a abus dans des ordonnances de l'évêque de ſaint Omer, par leſquelles il avoit déclaré ſuſpenſes les abbesses de Blandéques & de Buvensbergue, ordre de Cîteaux, pour avoir reçû à faire profession sans l'avoir averti pour examiner les filles : mais, par le même arrêt, il fut dit qu'il y avoit abus dans une autre ordonnance du même évêque, qui défendoit de recevoir à profession sans sa permission, à peine de nullité de la profession.

Au reste, il faut observer que, si le défaut d'examen n'opere pas la nullité de la profession, il fourniroit une forte présomption en faveur de la réclamation que la professe pourroit faire contre ses vœux.

DIVISION II.

Du Noviciat en lui-même & de sa durée.

Lorsque le postulant a été suffisamment examiné, & qu'il a donné des preuves suffisantes de sa vocation, saint Benoît & les autres instituteurs & réformateurs veulent qu'on l'admette dans la chambre des novices, *ut ibi meditetur, & manducet, & dormiat*, dit saint Benoît.

Saint Fructueux veut aussi que la chambre des novices soit séparée du monastere. *Neque interna fratrum diversoria accedet, sed delegatâ in exteriore curte cellâ perfruetur.*

Il est donc constant que, suivant les anciennes régles, les novices doivent être séparés des religieux. La raison qu'en apporte dom Nicolas-Hugues Menard, Bénédictin de la congrégation de saint Maur, *ad cap. 65, §. 1, Concord. regul.* est pour empêcher qu'ils ne sçachent ce qui se passe dans le monastere, & qu'ils ne le divulguent ensuite dans le monde, en cas qu'ils viennent à quitter sans faire profession. Ce réglement a encore pour objet, continue-t-il, de pourvoir à leur tranquillité ; afin qu'étant séparés de tout commerce, ils puissent vacquer plus utilement à la contemplation, & à l'extirpation de leurs vices.

Le pape Clement VIII. dans ses décrets pour la réception des novices, §. 26, veut qu'ils aïent non-seulement une chambre ou un dortoir séparé du monastere, mais une église, un jardin ; en un mot tout ce qui est nécessaire pour les exercices spirituels & temporels ; & que personne n'entre dans leur bâtiment, excepté le maître des novices & le supérieur du monastere, quand il est nécessaire. Il doit même se faire accompagner d'un ancien religieux.

Le maître des novices doit être, suivant la régle de saint

Benoît, un ancien profès, zélé & bien exercé dans la pratique de la régle. Clement VIII. *loco citato*, veut qu'il soit prêtre, âgé de plus de trente-cinq ans, & qu'il ait plus de dix ans de profession; que son compagnon ait plus de trente ans, qu'ils soient l'un & l'autre remplis de charité & de prudence, qu'ils aiment l'oraison & la mortification.

On doit faire souvent aux novices la lecture de la régle, & les avertir de bien examiner s'ils se sentent capables de la bien pratiquer. *Regulæ & statutorum monasterii, in quo juvenes cupiunt profiteri, lectio & explicatio novitiis fiat; ne imprudentiùs voveant, si ipsis minùs constet ad quid se per professionem obligent.* Synode de Cambrai, *part.* 1, *de monaster. cap.* 14. Clement VIII. dans la constitution que nous venons de citer, veut que l'on donne les mêmes instructions à ceux qui se destinent à être freres convers.

Au reste cet usage de tenir les novices séparés du couvent peut être sujet à des inconvéniens. En effet, ils ne sont point à portée d'être témoins du relâchement de la discipline dont on leur prêche l'austérité, & qu'on leur fait observer si rigoureusement. Ils ne peuvent être témoins du peu d'exactitude de la plupart des religieux à exécuter la régle; au lieu que, s'ils avoient ces objets sous les yeux, ils sentiroient combien il leur sera difficile dans la suite de remplir les devoirs de la vie monastique, & d'accomplir leurs vœux à la rigueur dans un monastere aussi relâché, & parmi des freres aussi peu réguliers.

A l'égard de la durée du noviciat, les régles des anciens moines, & sur-tout de ceux d'Egypte, l'avoient fixée à trois ans. Justinien fit une loi de cet usage, en ordonnant que, *in veste laïcâ per triennium maneant. Nov.* 5, *cap.* 2. Saint Benoît, dans sa régle, restreignit ce tems à l'espace d'un an: mais comme le noviciat, soit qu'il fût d'un an, soit qu'il fût de trois ans, n'étoit regardé que comme un tems destiné à instruire le novice de la régle qu'il vouloit embrasser, & en même tems à le faire connoître aux religieux avec qui il devoit passer sa vie, il n'étoit point regardé comme d'une nécessité indispensable, pour la validité de la profession. Pierre le vénérable, *lib.* 1, *epist.* 28, s'attache à le prouver par quantité d'exemples qu'il a recueillis; & Innocent III. *cap.* 16, *ex. de Regular.* le suppose manifestement, en disant que l'année du noviciat a été établie par les instituteurs d'ordre, tant en faveur du novice, qu'en faveur du monastere; & il ajoûte que le consentement de l'un

& de l'autre en peut dispenser, sans que cela porte atteinte à la validité de la profession; *quia*, dit-il, *multa fieri prohibentu, quæ, si facta fuerint, obtinent roboris firmitatem*. Et il ajoûte que l'on doit empêcher les abbés d'admettre tout le monde indifféremment à la profession, sans avoir fait de noviciat.

Cependant, comme les abbés s'étoient maintenus dans le pouvoir d'abréger le tems du noviciat, ils se laissoient souvent aller à accorder cette grace par les importunités des aspirans, ou par d'autres considérations humaines; ensorte qu'il se faisoit beaucoup de professions par gens qui ne connoissoient pas l'état qu'ils embrassoient. Ce relâchement occasionna beaucoup de canons qui tendoient à réprimer un tel abus: mais, comme ces canons sembloient n'avoir pour objet que l'ordre de saint Benoît, les freres Prêcheurs ou Jacobins, & les freres Mineurs ou Cordeliers, dont l'établissement étoit alors tout nouveau, continuerent de faire faire l'émission des vœux, sans exiger l'année de noviciat. Innocent IV. & Boniface VIII. firent plusieurs décrets pour empêcher ce désordre: mais comme ils n'eurent point leur exécution, les peres du concile de Trente crurent que ce point de discipline méritoit leur attention; c'est pourquoi ils firent défenses, *sess.* 25, *cap.* 15, *de Regular.* d'admettre personne à faire profession dans aucune religion, soit d'hommes, soit de filles, qu'après une année de noviciat; à peine de nullité des vœux.

L'ordonnance de Blois, article 28, en adoptant ce point de discipline du concile de Trente, lui a donné force de loi dans le roïaume; en sorte que toute profession qui n'a pas été précédée d'une année de noviciat, est nulle parmi nous.

Il y a des ordres, comme celui des Chartreux & quelques autres, dont l'institut prescrit un plus long-tems pour le noviciat. Or ni le concile de Trente, ni l'ordonnance de Blois n'ont eu pour objet d'annuller ces statuts, qui semblent au contraire plus conformes à leur intention; puisque l'un & l'autre ont voulû que le novice fût pleinement instruit de ses devoirs de religieux avant de s'engager; & que le monastere de son côté connût parfaitement la capacité & les mœurs de celui qui se présente.

Cependant, si quelqu'un, malgré ces statuts particuliers, étoit reçû dans ces ordres à faire profession au bout de l'an, il n'y auroit pas nullité; puisqu'il n'y auroit rien de contraire aux loix du roïaume, & que d'ailleurs les statuts même ne prononcent pas la nullité.

Au reste, suivant la jurisprudence des arrêts, l'année du noviciat doit être complette & révolue, pour qu'on puisse valablement être admis à faire profession. On en trouve un dans l'addition à l'Enchiridion d'Imbert, qui a déclaré nulle une profession faite le dernier jour de l'année du noviciat. Frain, p. 223, en rapporte un semblable du parlement de Bretagne. Il est du 11 Janvier 1622. Boniface, tome 1, livre 2, titre 31, chapitre 8, en rapporte un du parlement d'Aix, qui a annullé une profession faite *in articulo mortis*, le onziéme mois du noviciat.

Il est nécessaire en outre que cette année de noviciat se passe en austérités & dans l'exercice de la régle, à peine de nullité de la profession. Le sieur Clojoustre aïant réclamé contre ses vœux en 1736, apporta pour moïen principal que son année de noviciat n'avoit été pour lui qu'une année de plaisirs, & qu'il n'avoit pratiqué aucune austérité, ni aucune mortification. Il fut restitué au siécle.

Zipæus, *consult.* 18, *de Regular.* soutient d'après plusieurs autres auteurs qu'il cite, que, suivant l'esprit du concile de Trente, l'année du noviciat doit être continue & sans aucune interruption; en sorte que, si le novice quittoit l'habit seulement pendant un jour, il seroit tenu de recommencer son année toute entiere, à peine de nullité de la profession. Et la congrégation établie pour l'interprétation du concile a décidé, suivant Fagnan, *ad cap. ad nostram, de Regularib. n.* 27, que l'interruption de deux heures suffisoit pour rendre le noviciat nul.

Les constitutions des Hermites de saint Augustin, partie 2, chapitre 3, contiennent la même régle, mais elles permettent d'y déroger. Elles portent que si un novice s'absente un seul jour, & qu'il veuille rentrer, il ne doit être reçû qu'à la charge de recommencer son noviciat pendant un an & un jour; & elles ajoûtent: *Nisi ejus vita & conversatio talis fuerit, quòd videatur discretioni prioris provincialis misericorditer esse dispensandum.*

Ce pouvoir accordé au provincial de donner dispense semble donner à entendre, que les auteurs de ces statuts n'ont pas crû que l'intention du concile de Trente ait été que l'année de noviciat dût être tellement continue, qu'une légere interruption le rendit nul. Car en supposant que le concile eût ordonné la nullité dans ce cas, le provincial ne pourroit pas en dispenser: ils ont donc pensé qu'une interruption d'un jour ne devoit point être regardée comme une interruption, & ne devoit point empêcher de supposer qu'on avoit rempli l'objet du noviciat, qui est de faire connoître au novice par expérience toutes les austérités de la vie monastique. C'est pourquoi le même statut ajoûte : *Non tamen cum eo qui ultrà mensem extrà ordinem permanserit, ullo modo dispensare debet.*

La raison pour laquelle on ne veut pas permettre de longues interruptions est que le novice doit passer par l'épreuve de toutes les austérités de la régle. Or il y a des tems dans l'année où elles sont plus dures que dans un autre ; & celles-là pourroient arriver pendant son absence. D'ailleurs, il est nécessaire qu'il sente toute la rigueur de la régle ; & elle est beaucoup plus difficile à supporter pendant une année sans interruption, que quand on se repose par intervalles.

Cependant Fagnan, *ad cap. insinuante, ex. Qui clerici, vel voventes, &c.* rapporte qu'un général de l'ordre des Cordeliers aïant demandé si un novice qui étoit sorti du couvent pour embrasser une autre régle, & qui n'avoit passé que deux heures dans l'autre monastere, au bout desquelles il étoit revenu chez les Cordeliers, étoit obligé de recommencer son année de noviciat. On lui répondit qu'il devoit la recommencer, & qu'elle ne courroit que du jour de son retour.

Ainsi, à ne s'en rapporter qu'aux canonistes, il est assez difficile de fixer ce qui peut faire regarder un noviciat comme interrompu, & ce qui peut obliger à le recommencer à peine de nullité de la profession : mais nous croïons que les tribunaux se détermineroient difficilement à prononcer la nullité d'une profession sous prétexte que le noviciat auroit été interrompu pendant un fort court espace de tems, & qui n'auroit point empêché de passer par toutes les épreuves de la régle.

Il y a plus : si le novice avoit été absent du monastere un tems assez considérable, avec la permission de son supérieur, & pour une cause juste & légitime, il n'y auroit pas nullité dans la profession. Fagnan, *loco citato*, nous atteste que c'est la décision de la congrégation dont nous avons parlé plus haut. C'est aussi la jurisprudence du parlement de Paris. Augeard, tome 1 de la nouvelle édition *in folio*, rapporte un arrêt qui l'a jugé ainsi contre Cesar-François le Loyal, Augustin de Rheims, qui avoit réclamé contre ses vœux, sous prétexte que de quatorze mois qu'avoit duré son noviciat, il en avoit passé deux dans l'infirmerie, & cinq chez ses pere & mere, où il avoit été envoïé par ses supérieurs pour rétablir sa santé. L'arrêt, qui est de 1706, prononça qu'il n'y avoit abus dans la profession.

DIVISION III.

De l'état du Novice relativement à la société civile.

Tant que dure le noviciat, & que les vœux ne sont point prononcés, le novice a toujours la liberté de quitter le monastere & de rentrer dans le monde. *Cap.* 23, *ex. de Regular.* Et dans le chapitre 2, *eod. in* 6°. il est fait défenses, sous peine d'excommunication aux Cordeliers, & aux Jacobins d'empêcher personne avant l'année du noviciat expirée, & avant que les vœux soient prononcés, soit tacitement, soit expressément, de rentrer dans le siécle.

Les novices étoient autrefois habillés en laïques, & ne changeoient d'habit qu'après leur profession. On en trouve la preuve dans la régle de saint Benoît, chap. 58, qui porte qu'après le noviciat accompli & les vœux prononcés, *suscipiendus frater in oratorio, exuatur rebus propriis, quibus vestitus est, & induatur rebus monasterii.* Cette discipline nous est attestée par saint Gregoire dans le décret de Gratien, *dist.* 53, *can. Legem*, où il dit que *juxtà normam regularem debent in suo habitu per triennium probari, & tunc monachicum habitum, Deo auctore, suscipere.*

Saint Bernard nous fait entendre assez clairement que de son tems cela se pratiquoit encore dans l'ordre de Cîteaux. Dans la premiere épître à Robert, il le prie de se souvenir, qu'après son année de noviciat il a prononcé ses vœux librement; & qu'il n'a quitté les habits du siécle pour prendre l'habit religieux que dans ce tems-là.

C'est sans doute de cet usage que la profession tacite a pris son origine. Comme on ne prenoit l'habit qu'en faisant profession, on étoit censé la faire tacitement, quand on le prenoit, quoiqu'on ne prononçât pas ses vœux expressément.

Mais, comme dans le douziéme & dans le treiziéme siécle on négligeoit dans plusieurs ordres de faire faire l'année du noviciat, on faisoit aussi prendre l'habit religieux dès l'entrée dans le monastere, parceque, n'y aïant point de noviciat, on étoit censé au nombre des moines, sitôt qu'on étoit admis: & lorsque les papes & les conciles eurent rétabli l'usage du noviciat, on continua toujours de donner l'habit religieux à ceux que l'on admettoit dans le monastere. De-là est venue la coutume qui se pratique dans tous les ordres, de faire l'année de probation en habit

habit religieux : elle ne commence même que du jour qu'on l'a pris.

Comme la profession tacite avoit lieu dans ces tems-là par la seule prise d'habit ; pour ôter toute équivoque sur cette matiere, & afin que ceux qui n'entroient qu'en qualité de novices ne fussent point réputés profès, Gregoire IX. voulut établir une différence entre les habits des profès & ceux des novices, il ordonna de bénir les habits dans le tems de la profession.

Quoi qu'il en soit de la cause de ce changement de discipline, il paroît que l'intention de saint Benoît, en ordonnant que les novices fussent en habit laïque, étoit de favoriser leur liberté, afin que n'aïant jamais porté l'habit religieux, ils se fissent moins de peine de sortir du monastere quand ils ne se sentoient pas de vocation.

C'est dans cette vûe que le concile de Malines, tit. 24, ch. 7, voulant procurer une entiere liberté aux filles qui se destinent à faire des vœux en religion, abolissant tous les statuts & usages contraires à cette liberté, défend entr'autres de leur couper les cheveux avant leur profession.

C'est encore pour conserver cette liberté que le concile de Trente, *sess.* 25, *cap.* 16, *de Regular.* déclare nulle toute renonciation ou obligation faite avant la profession, quand on se seroit engagé par serment à l'effectuer, ou quand elle seroit faite pour quelque cause pie ; à moins qu'elle ne fut approuvée par l'évêque, ou par son grand-vicaire ; faite dans les deux mois qui précédent la profession ; même que la profession s'en fut ensuivie : ce décret prononce la nullité, quand même l'acte contiendroit une renonciation expresse à la disposition qu'il renferme. Le concile a sagement prévû qu'un homme qui se seroit dépouillé de tous ses biens, & par ce moïen privé de la faculté de vivre dans le monde, seroit en quelque sorte contraint de se faire moine.

La renonciation dont il est parlé dans ce décret regarde non-seulement celle que l'on pourroit faire des choses & des droits temporels ; mais aussi la résignation des bénéfices que l'on possédoit avant d'entrer dans le noviciat ; en sorte qu'elle seroit nulle, suivant le concile, si elle n'étoit accompagnée des formalités qu'il prescrit pour les renonciations en général,

En effet, les termes du décret sont généraux, & renferment toutes sortes de renonciations. D'ailleurs, c'est une suite nécessaire de l'esprit qui a déterminé le concile à prononcer cette nullité ; puiſqu'un bénéficier ſe prive des ſecours temporels en ſe démettant de ſon bénéfice, comme celui qui abandonne ſon patrimoine ; ce qui nuit également à la liberté, qui doit toujours accompagner le novice juſqu'au moment de ſa profeſſion. Auſſi Fagnan, *ad cap. ſtatuimus. ex. de Regular. n.* 19, nous apprend que la congrégation prépoſée pour l'interprétation du concile l'a ſouvent décidé ainſi ; d'où il conclut que les peres du concile de Trente ont dérogé au chapitre 4, *de Regular. in* 6°. qui ſemble permettre à l'évêque de conférer le bénéfice d'un homme qui eſt entré en religion ; même pendant l'année du noviciat, *ſi ad id ipſius novitii acceſſerit conſenſus.*

Comme cette diſpoſition du concile porte ſur le temporel, elle n'eſt point reçue en France, où nous ne connoiſſons d'autre légiſlateur concernant ces matieres que le Roi ſeul : mais nos loix ont pris à cet égard des précautions qui équivalent à celles dont nous venons de parler.

Tout novice peut, avant ſa profeſſion, faire un teſtament, par lequel il diſpoſe de ſon bien en faveur de ſes parens, ou d'autres perſonnes capables ; en conſervant cependant à ſes héritiers légitimes les parts qui leur ſont réſervées par les coutumes, comme ſont les quatre quints des propres dans la coutume de Paris. C'eſt la diſpoſition de l'article 28 de l'ordonnance de Blois, qui ajoûte que ces legs ne peuvent avoir lieu au profit d'aucun monaſtere, directement ou indirectement.

Mais on demande à ce ſujet, ſi l'ordonnance de Blois, en permettant aux novices de faire des teſtamens, a dérogé aux coutumes. En effet, elle permet de prononcer les vœux à l'âge de ſeize ans ; par conſéquent, diroit-on, on peut teſter à quinze, puiſqu'on peut être novice à cet âge. Or il y a beaucoup de coutumes, celle de Paris entr'autres, qui ne permettent de diſpoſer des meubles & acquêts qu'à l'âge de vingt ans, & d'aucune partie des propres qu'à l'âge de vingt-cinq ans, en cas qu'on ait des meubles & des acquêts. Il faut dire au contraire que cette ordonnance n'a dérogé en rien à ces coutumes. Elles ſont loi dans leur territoire. Or une loi ne s'abroge que par une autre loi poſtérieure, qui y contienne une dérogation expreſſe ; ce qui n'eſt pas dans l'article dont il s'agit ; en ſorte qu'on ne peut pas diſpoſer de ſes biens avant l'âge de vingt ans ; quoiqu'on puiſſe diſpoſer de ſa liberté.

Quoi qu'il en ſoit, cette loi, en permettant aux novices de teſter, ne porte aucune atteinte à leur liberté ; parceque, comme tout le monde sçait, un testateur n'est jamais lié par son testament, qu'il peut changer, & même annuller à sa fantaisie tant qu'il vit. Ainsi, quand un novice, qui a fait un testament, rentre dans le monde sans avoir fait profession, il peut le laisser subsister, ou le détruire. Voïez Soëfve, tome 2, cent. 1, ch. 63.

Mais on demande s'ils ne pourroient pas faire des donations entre-vifs? La jurisprudence a décidé que, comme ils ne disposent de leur bien que parcequ'ils sont persuadés qu'ils y vont renoncer, & qu'ils n'en pourront plus user, toutes les libéralités qu'ils font en cet état doivent être regardées comme des dispositions à cause de mort, qui sont par conséquent toujours révocables, quoiqu'elles soient qualifiées de donations entre-vifs; & qui pour être valables, doivent être revêtues des formalités des testamens. C'est une maxime solidement établie par Ricard, en son traité des donations, où il rapporte un arrêt de 1606, tiré des mémoires de M. le Clerc conseiller au parlement de Paris, qui a jugé ainsi la question, au sujet d'une donation faite par un Capucin pendant son année de noviciat.

Quant à la forme dans laquelle ces actes doivent être faits, il y a un arrêt du parlement de Paris du 6 Février 1673, rapporté au journal du palais, qui a jugé que le testament olographe qu'une religieuse n'avoit fait paroître que long-tems après sa profession ne devoit point être exécuté.

En effet, si l'on autorisoit en ce cas les testamens olographes, il seroit très-facile aux religieux & aux religieuses de se conserver la faculté de tester, même après qu'ils se seroient dépouillés de tout leur bien par le vœu solemnel de pauvreté. Ils n'auroient qu'à antidater leur testament; ou si le testament avoit été effectivement fait avant la profession, ils resteroient maîtres de le faire paroître, ou, de le supprimer, & par conséquent de faire partager leur succession *ab intestat*, ou suivant leur disposition testamentaire, quoiqu'ils aïent été dépouillés de plein droit, par leur profession, de tout leur bien, & de la faculté d'en disposer.

C'est pour prévenir ces abus que l'ordonnance de 1735 concernant les testamens, article 21, porte que ceux ou celles qui, aïant fait des testamens, codicilles, ou autres dernieres dispositions olographes, voudront faire des vœux solemnels de religion, seront tenus de reconnoître lesdits actes par devant notaires avant que de faire lesdits vœux; sinon que lesdits testamens, codicilles, ou autres dispositions demeureront nuls & de nul effet.

C'est encore en vûe de conserver la liberté aux novices que le concile de Trente, *seff.* 25, *cap.* 16, *de Regular.* défend aux monasteres de rien prendre des novices, si ce n'est la dépense de la nourriture & de l'habit. Comme les peres rendent eux-même raison de cette disposition, nous allons en rapporter les termes. Ils sont remarquables. *Neque antè professionem, excepto victu & vestitu novitii, vel novitiæ, illius temporis quo in probatione est, quocumque prætextu, à parentibus, vel propinquis, aut curatoribus ejus monasterio aliquid ex bonis ejusdem tribuatur, ne hâc occasione discedere nequeat, quòd totum, vel majorem partem substantiæ suæ monasterium possideat, nec facilè, si discesserit, id recuperare possit. Quin potiùs præcipit sancta synodus, sub anathematis pænâ, dantibus & recipientibus, ne hoc ullo modo fiat; & ut abeuntibus antè professionem omnia restituantur quæ sua erant. Quod ut rectè fiat, episcopus, etiam per censuras ecclesiasticas, si opus fuerit, compellat.*

Il est certain, suivant plusieurs canonistes & plusieurs auteurs ecclésiastiques, qu'il y a simonie à exiger de l'argent des novices, même pour le tems de leur noviciat. La profession en religion & tout ce qui la précede est purement spirituel. C'est donc faire commerce des choses spirituelles que de n'en accorder l'usage qu'à ceux qui paient. Peut-il y avoir de simonie plus marquée? Voïez Van-Espen, *Jur. Ecclesiast. univers. part.* 1, *toto titul.* 26, & son traité, *de peculiaritate in religione, & simoniâ circà ingressum religionis.*

Quoi qu'il en soit, quant à la simonie, il est certain qu'on ne peut approuver, que des monasteres fondés suffisamment pour entretenir leurs religieux exigent qu'on leur paie la nourriture & l'habillement de ceux qu'ils reçoivent; d'autant plus que les sommes qu'ils fixent gênent fort souvent les parens de ceux qui se présentent; parceque, comme remarque fort bien Zypæus, *Jure nov. tit. de Regular, num.* 26. Les fonds ont été donnés aux monasteres pour les novices, comme pour les profès.

Les loix de France ont tâché de remédier à cet abus par les dispositions les plus sages & les plus impérieuses. Il y a un arrêt de réglement du parlement de Paris du 11 Janvier 1635, qui fait défenses à toutes les communautés religieuses de prendre aucune somme de deniers pour la réception des novices, en tolérant les pensions viagéres, qui ne devoient point excéder pour les plus riches cinq cens livres, à peine de nullité & de restitution.

Il y en a un autre du même parlement, plus sévére que le précédent, qui défendoit expressément de recevoir des sommes d'argent, des présens, ou des pensions viagéres, en considération de la réception des novices à la profession religieuse, à peine de restitution du double au profit des hôpitaux. Le parlement de Rouen a suivi, par plusieurs arrêts particuliers, la jurisprudence de celui de Paris. Il y en a un entr'autres du 10 Janvier 1673.

Louis XIV. par sa déclaration du 28 Avril 1693, a consacré ces dispositions, & en a fait des loix générales pour tout le roïaume. Voici ce qu'elle porte : » LOUIS, &c. A tous ceux, » &c. Le zéle avec lequel nous emploïons l'autorité qu'il a plû » à Dieu de nous donner pour maintenir en toutes choses la disci- » pline ecclésiastique, & les ordres que nous donnâmes dans les » années 1666 & 1667, touchant l'établissement des monaste- » res & la réception des personnes qui embrassent la profession » religieuse, marquent assez le desir que nous aurions de voir » observer dans leur pureté les régles les plus étroites qui ont » été faites sur ce sujet : mais, comme quelques-uns des monaste- » res que l'on a laissé établir dans notre roïaume, & particulié- » rement depuis le commencement de ce siécle, n'ont eu aucuns » biens assurés lors de leur établissement, & que plusieurs n'ont » encore qu'une portion médiocre de ce qui leur est nécessaire » pour leur subsistance, les supérieures de ces maisons ont cher- » ché des secours à leur nécessité dans les dots qu'elles ont re- » çues des personnes qui y sont entrées ; & quelques monasteres, » qui ne se trouvoient pas dans le même besoin, n'ont pas laissé » d'augmenter encore par cette voïe les biens considérables qu'ils » avoient, même par les fondations qui en avoient été faites. » Nos parlemens ont réprimé ce désordre dans les occasions où » l'on avoit donné des sommes excessives pour l'entrée de quel- » ques personnes dans des monasteres ; & ils ont même tâché » d'en empêcher la continuation par les arrêts généraux qu'ils » ont rendus. Cependant, comme ces arrêts n'ont pas eu le suc- » cès que l'on devoit attendre de la justice de leurs dispositions, » & que les voïes dont on s'est servi pour en éluder l'exécution » se sont trouvées encore plus préjudiciables à nos sujets que ce » qui avoit été pratiqué auparavant ; Nous, voïant la nécessité » qu'il y a d'y apporter des remédes tels que l'ordre de l'Eglise » & le bien de notre état peuvent le désirer, & attendant que » la paix, que nous souhaitons avec tant d'ardeur, nous mette » en état de procurer un si grand bien, nous ne voulons pas » différer plus long tems à empêcher un abus que l'on ne sçau- » roit tolérer, & à pourvoir en même-tems par provision à la

» ſubſiſtance des monaſteres qui en ont un véritable beſoin ; » par une voïe qui a été approuvée & pratiquée par les plus » ſaints prélats, depuis & en exécution du dernier concile, & » qui ne ſera pas onéreuſe aux familles de nos ſujets. *A ces cau-* » *ſes*, &c. Nous ordonnons que les ſaints décrets, ordonnances » & réglemens, concernant la réception des perſonnes qui en- » trent dans les monaſteres pour y embraſſer la profeſſion reli- » gieuſe, ſeront exécutés. Ce faiſant, défendons à tous ſupérieurs » & ſupérieures d'iceux d'exiger aucune choſe, directement ou » indirectement, en vûe & conſidération de la réception, de la » priſe d'habit, ou de la profeſſion. Permettons néanmoins aux » monaſteres des Carmélites, des Filles de ſainte Marie, des » Urſulines, & autres qui ne ſont point fondées, & qui ſont » établies depuis l'an 1600, en vertu de lettres patentes bien & » dûement enregiſtrées en nos cours de parlement, de recevoir » des penſions viagéres pour la ſubſiſtance des perſonnes qui y » prennent l'habit & y font profeſſion : voulons qu'il en ſoit » paſſé des actes par devant notaires, avec leurs peres, meres, » tuteurs, ou curateurs ; à la charge que leſdites penſions ne » pourront, pour quelque cauſe & ſous quelque prétexte que » ce puiſſe être, excéder la ſomme de cinq cens livres par cha- » cun an dans notre bonne ville de Paris, & autres, dans leſ- » quelles nos cours de parlement ſont établies ; & celle de trois » cens cinquante livres dans toutes les autres villes & lieux de » notre roïaume ; & que, pour la ſûreté deſdites penſions, l'on » puiſſe aſſigner des fonds particuliers, dont les revenus ne » puiſſent être ſaiſis, juſqu'à concurrence deſdites penſions, pour » dettes créées depuis leur inſtitution ; faiſant dès-à-préſent main- » levée de toutes les ſaiſies qui pourroient en être faites ; & ce, » nonobſtant toutes ſurſéances & lettres d'état. Enjoignons à » nos cours & juges de les ordonner lorſqu'elles leur ſeront de- » mandées. Permettons pareillement auxdits monaſteres de rece- » voir pour les meubles, habits, & autres choſes abſolument » néceſſaires pour l'entrée des religieuſes, juſqu'à la ſomme de » deux mille livres une fois païées, dans les villes où noſdites » cours de parlement ſont établies, & juſqu'à celle de douze » cens livres dans les autres villes & lieux, dont il ſera paſſé » des actes par devant notaires. Et en cas que les parens & héri- » tiers des perſonnes qui entreront dans leſdits monaſteres ne » ſoient pas en volonté ou en état d'aſſurer leſdites penſions » viagéres en tout, ou en partie, permettons auxdites ſupérieu-

» res de recevoir de l'argent ou des biens immeubles, qui tiennent lieu desdites pensions, pourvû que lesdites sommes d'argent ou la valeur desdits biens immeubles n'excédent pas la somme de huit mille livres dans les villes où nos cours de parlement sont établies, & ailleurs celle de seize cens livres ; & qu'où l'on voudroit donner une partie en argent ou immeubles, & l'autre en pensions moindres & au-dessous desdites cinq cens livres & trois cens cinquante livres, lesdites sommes d'argent, ou biens immeubles, que l'on pourra donner pour suppléer auxdites pensions, soient réduites sur le même pied, & suivant la même proportion. Voulons que les héritages que l'on pourra donner à cet effet soient estimés préalablement par des experts, qui seront nommés d'office par les principaux juges des lieux, lesquels donneront ensuite permission auxdits monasteres de les recevoir par forme d'alimens, & au lieu de pensions viagéres, & qu'il soit passé des actes par devant notaires de la délivrance desdites sommes d'argent, ou des biens immeubles qui seront ainsi donnés. Voulons que les dots & pensions ci-devant promises & constituées, même pendant & depuis l'année 1667, par les parens ou tuteurs d'aucunes religieuses, aïent lieu, nonobstant tous jugemens & arrêts qui pourroient avoir été rendus au contraire ; à condition que, si lesdites dots ou pensions se trouvent excéder les sommes réglées ci-dessus, elles demeureront réduites suivant notre présente déclaration, en cas que les peres, meres, freres & sœurs desdites religieuses le demandent dans six mois après l'enregistrement & la publication qui en sera faite dans nos cours.

» Permettons aux autres monasteres, même aux abbaïes & prieurés qui ont des revenus par leurs fondations, & qui prétendront ne pouvoir entretenir le nombre de religieuses qui y sont, de représenter aux archevêques & évêques des états de leurs revenus & de leurs charges, sur lesquels ils nous donneront les avis qu'ils trouveront à propos touchant les monasteres de cette qualité, ou ils estimeront que l'on pourra permettre de recevoir des pensions, des sommes d'argent, ou des biens immeubles de la valeur exprimée ci-dessus, & sur le nombre des religieuses qui y seront reçues à l'avenir, au-delà de celui qu'ils croïent que lesdits monasteres pourront entretenir de leurs revenus ; pour, les avis desdits archevêques & évêques vus, y être pourvû ainsi qu'il appartiendra.

» Défendons aux femmes veuves, & filles qui s'engagent dans

» les communautés séculiéres dans lesquelles l'on conserve, » sous l'autorité de la supérieure, la jouïssance & la propriété » de ses biens, de donner plus de trois mille livres en fonds, » outre des pensions viagéres, telles qu'elles sont marquées ci- » dessus. Défendons pareillement aux peres, meres & à toutes » autres personnes, de donner directement ou indirectement » auxdits monasteres & communautés aucune chose autre que » celles qui sont expliquées par notre présente déclaration, en » considération des personnes qui y font profession & qui s'y » engagent, à peine de trois mille livres d'aumône contre les do- » nateurs, & de la perte, par lesdits monasteres ou communau- » tés qui les auront acceptées, des choses données, si elles sont » en nature, ou du païement de la valeur, si elles n'y sont pas; » le tout applicable au profit des Hôtels-Dieu & des hôpitaux » généraux des lieux.

» N'entendons néanmoins comprendre dans la présente décla- » ration les donations qui seront faites aux monasteres pour » rétribution juste & proportionnée des prieres qui y pourroient » être fondées; quand même les fondateurs y auroient des pa- » rentes, à quelque dégré que ce puisse être. »

Comme cette déclaration ne fait que renouveller ce qui étoit déja décidé par les conciles & par les anciens réglemens, sans introduire un droit nouveau, les dispositions qu'elle contient doivent avoir un effet rétroactif, & s'exécuter même par rapport aux actes passés pour les dots des religieuses avant 1693. La déclaration contient une disposition expresse à ce sujet, en ordonnant que les saints décrets, ordonnances & réglemens concernant la réception des personnes qui entrent dans les monasteres, pour y embrasser la profession religieuse, seront exécutés.

C'est sur ce principe que, par arrêt du parlement de Paris rendu le 20 Septembre 1711, on a confirmé une sentence du bailliage de Tours, par laquelle les religieuses de la Virginité, qui demandoient qu'un contrat passé pour la dot de sœur Suppligeau fût déclaré exécutoire contre les héritiers du constituant, furent déboutées de leur demande. Les héritiers du pere de la sœur Suppligeau avoient pris des lettres de rescision. Le parlement prononça, *sans qu'il soit besoin d'avoir égard aux lettres*, parcequ'il regarda ce contrat comme simoniaque, & par conséquent comme étant nul de plein droit.

Il semble qu'après tant de réglemens faits sur ce sujet par l'Eglise entiére assemblée en concile général, par plusieurs conciles

ciles particuliers, par les papes, par nos Rois, & par les cours souveraines: une simonie aussi honteuse que celle qui se pratique à l'entrée des religieuses, devroit être bannie des monasteres. Cependant on voit encore tous les jours refuser d'admettre des filles, en qui on ne reconnoît d'autre défaut que celui de n'avoir pas assez de bien, pour faire profession de pauvreté dans une abbaïe riche & bien rentée.

Au surplus, nous observerons que la déclaration dont nous venons de rapporter les dispositions n'est pas suivie à la rigueur au grand-conseil, à l'égard des religieuses d'ancienne fondation: on y juge qu'elles peuvent recevoir des sommes modiques pour la dot des religieuses qui s'y présentent. Il y en a un arrêt du 8 Juillet 1713 pour l'ordre de Fontevrault.

SECTION III.

Du consentement de celui qui fait profession.

L'engagement que l'on contracte par les vœux en religion doit être absolument libre. Celui qui consent de s'y soumettre sacrifie une chose dont il n'y a que Dieu & lui qui puissent disposer; c'est la liberté naturelle. Il ne peut la perdre qu'autant qu'il y consent. La plus légere apparence de contrainte dans ce consentement lui conserve tous ses droits. Tous les canons, toutes les ordonnances du roïaume, la jurisprudence de tous les parlemens, & tous les auteurs ne respirent que cette vérité, quand ils parlent de la profession religieuse. Des vœux ne sont regardés comme vœux, qu'autant qu'on est sûr que celui qui les prononce, ne s'y est déterminé qu'après une mûre réflexion; & sans y avoir été contraint par aucunes menaces, ni par aucune crainte.

De-là il suit que, si celui qui fait profession est furieux ou insensé, il n'est pas obligé de tenir son vœu, s'il ne le ratifie lorsqu'il est dans son bon sens. La raison est qu'un homme en cet état ne peut pas être regardé comme libre; puisqu'il est incapable de réfléchir, & que la liberté n'est autre chose que la faculté de se déterminer à une action plutôt qu'à une autre, après délibération sur le choix que l'on doit faire. *Cap. sicut tenore, ex. de Regular. & transf. ad relig.* Réfléchit-on à seize ans?

La crainte est encore un obstacle à la liberté, & par conséquent un moïen de nullité contre la profession. Or, pour connoître ſi la crainte a pû rendre un vœu nul, il faut conſidérer quel eſt l'objet de cette crainte, la qualité de la perſonne menacée, ſon âge, ſon ſexe, la foibleſſe ou la force de ſon eſprit & de ſon tempérament.

La crainte de la mort, de quelque traitement cruel, de la perte de l'honneur ou des biens, peut ébranler les perſonnes les plus conſtantes; & par conſéquent ne laiſſe plus la liberté d'eſprit néceſſaire, pour délibérer tranquillement ſur le choix entre la vie monaſtique & la vie ſéculiere. Alexandre III. déclare nulle la profeſſion d'une femme que ſon mari avoit livrée à des ſatellites, pour l'égorger au fond d'une forêt. Ces malheureux, touchés de ſes larmes, conſentirent à lui laiſſer la vie, pourvû qu'elle s'enſevelit dans un monaſtere. Après la mort de ſon tyran, elle réclama avec ſuccès. *Cap. 1, ex. de his quæ vi, metûſve causâ fiunt.*

Au reſte, il faut que le motif de crainte ſoit grave: on n'auroit pas égard à une crainte légere. Mais le dégré de la crainte doit ſe meſurer ſuivant l'âge, le ſexe & le caractére de la perſonne. Il eſt bien plus facile d'épouvanter un enfant de ſeize ans qu'un homme formé, & qui a une certaine expérience des choſes de la vie. Une fille eſt beaucoup plus timide qu'un garçon. Ce ſont donc les circonſtances qui doivent décider, plutôt que la choſe même. Si une mere répéte ſouvent à ſa fille qu'elle la deſtine pour le cloître; ſi elle lui fait des reproches & des menaces parcequ'elle n'embraſſe pas l'état religieux; ſi elle lui a donné des marques d'une indignation continuelle juſqu'à ce qu'elle entrât dans le monaſtere; ſi, dans le cours du noviciat, elle lui a fait ſentir qu'elle la rendra malheureuſe en cas qu'elle rentre dans le monde; il n'y a rien qu'une fille ne faſſe pour éviter des combats continuels qu'elle eſt obligée de ſoutenir contre ſa mere; pour ſe ſouſtraire à cette contrainte elle ſe déterminé à faire des vœux ſans la liberté néceſſaire pour le choix d'un état, ſur les obligations duquel on ne peut trop faire de réflexions, lors même qu'on l'embraſſe par un pur ſentiment de piété. Des menaces de cette nature ne ſeroient pas réputées faire autant d'impreſſion ſur l'eſprit d'un garçon, qui eſt cenſé avoir l'eſprit plus fort, & plus de reſſources pour en prévenir les effets.

On peut donc dire en général que le ſeul reſpect paternel & une révérence domeſtique ne ſeroient pas des cauſes ſuffiſantes pour annuller des vœux, s'ils n'étoient accompagnés de la crainte de mauvais traitemens, de reproches, de menaces, & de marques sensibles d'une forte indignation. Alors la profession est involontaire; & c'est le cas d'appliquer la régle de droit, *velle non creditur, qui obsequitur imperio patris, vel domini. L. 4, ff. de divers. Regul. juris.*

Il est cependant vrai de dire que des prieres & des remontrances pressantes & continuelles, quoiqu'elles ne soient accompagnées d'aucun mauvais traitement, blessent griévement la liberté qui doit toujours accompagner la profession en religion; parcequ'elles troublent la réflexion, & entraînent l'esprit du côté de la complaisance. Nous voïons même qu'une grande importunité & une sollicitation pressante passent pour une telle contrainte, que des souverains même protestent quelquefois qu'ils n'accordent que par force ce qu'on leur a demandé avec tant d'instance: *Plerùmque ita in nonnullis causis, inverecundâ petentium inhiatione constringimur, ut etiam non concedenda tribuamus. L. 1, cod. de petit. bon. sublat.* A plus forte raison un enfant en qui la nature a gravé des sentimens de respect & de complaisance pour son pere, qui d'ailleurs a tout à craindre de sa vengeance, s'il n'acquiesce pas à ce qu'il exige de lui; ne doit-il pas être regardé comme libre dans les actions qu'il fait en conséquence des demandes & des prieres d'une personne qui est en droit de lui donner des ordres.

Nos livres sont pleins d'arrêts qui ont déclaré nuls des vœux faits sans liberté de la part de celui qui les prononçoit. Voïez Papon, livre 1, titre 7, n. 1. Voïez aussi le sixiéme plaidoïer de le Maître.

SECTION IV.

Du consentement des pere & mere de celui qui fait profession.

Tout le monde sçait qu'un enfant ne peut pas se marier avant vingt-cinq ans sans le consentement de ses pere & mere. Le respect filial l'exige. D'ailleurs un jeune homme, aveuglé par la passion, peut se précipiter dans une mésalliance, soit relativement à la fortune, soit relativement à la naissance. Ce sont des malheurs qu'on ne peut prévenir avec trop de soin. Mais c'est une question de sçavoir si l'autorité paternelle, si respectable dans toute autre circonstance, conserve ses droits sur un enfant de seize ans qui veut se jetter dans un couvent.

Nous avons vû plus haut, en parlant de l'âge requis pour

faire profession ; que les peres & meres pouvoient autrefois mettre leurs enfans en religion, sous prétexte de les offrir à Dieu, avant même qu'ils eussent atteint l'âge de puberté ; & que cette destination des parens obligeoit les enfans aussi strictement & aussi irrévocablement que s'ils s'y étoient voués avec une pleine liberté. Nous avons rapporté le quarante-huitiéme canon du quatriéme concile de Toléde, qui nous a été conservé par Gratien, qui cite ensuite plusieurs canons qui autorisent cette discipline : & il en tire cette conséquence que, *paterna professio pueros tenet obligatos ; nec licebit eis à proposito discedere, quod paternâ devotione in puerilibus annis susceperunt.*

Le pape Celestin III. par un décret daté de 1191 & rapporté *in cap. 14, ex. de Regular.* abrogea cet usage, & voulut qu'un enfant, offert par ses parens dans son bas âge, eût le pouvoir de quitter la vie monastique, s'il le jugeoit à propos, étant parvenu à l'âge de puberté ou de discrétion. *Tunc liberum sibi erit eum (habitum monachalem) dimittere, & bona paterna, quæ ipsi ex successione proveniunt, postulare.*

La discipline de nos jours est conforme à une régle aussi sage & aussi juste ; en sorte que la volonté des parens n'oblige point les enfans malgré eux. Mais la question est de sçavoir si la volonté de celui qui fait profession & celle de ses parens doivent concourir ? Le droit canon n'exige que celle de l'enfant. *Si verò in fortiori ætate adolescentula, vel adolescens servire Deo elegerit, non est potestas parentibus prohibendi.* Caus. 20, qu. 2, can. 2. Par ces mots *fortior ætas*, il faut entendre ici l'âge qui est au-dessus de celui où l'on commence à atteindre la puberté.

Nous n'avons point admis dans nos mœurs cette régle du droit canon indistinctement. L'expérience a fait voir que les moines emploïent quelquefois toutes sortes d'artifices pour séduire les jeunes gens, & pour les faire entrer parmi eux. C'est pourquoi l'on a crû devoir prendre des mesures contre une pratique si dangereuse au bien de la société, & si pernicieuse au salut de ceux qui se laissent ainsi séduire.

Charlemagne, dans ses capitulaires, défend absolument de recevoir les jeunes gens dans les couvents sans le consentement de leurs peres & meres. *Ne pueri sine voluntate parentum tonsurentur, vel puellæ velentur, modis omnibus inhibitum est : & qui hoc facere tentaverit, mulctam, quæ in capitulis, legis mondanæ, à nobis constitutis continetur, persolvere cogatur. Lib. 1, cap. 101.*

On trouve, dans les preuves des libertés de l'Eglse Gallicane, plusieurs arrêts qui ont rendu à leurs parens des enfans qui vouloient s'engager en religion sans leur consentement, & parcequ'ils avoient été séduits par les religieux. Il y en a un, chap. 33, n. 25, qui ordonne que Honoré Seguiran sera rendu à son oncle en habit séculier, par le gardien des Capucins, pour être ensuite remis entre les mains de ses pere & mere jusqu'à l'âge requis par l'ordonnance, avec défenses aux Capucins de le recevoir en leur couvent, & injonction cependant aux parens de ne pas le détourner, si après cet âge il persiste dans sa volonté. Cet arrêt est du 24 Juillet 1583.

Il y en a un autre, n. 28, du premier Août 1601, qui mérite d'être rapporté en entier : » Ce jour, la requête présentée » à la cour par Jean Laurens procureur au bailliage & siége » présidial de Chartres, tendante afin que les religieux & prieur » du couvent des Feuillans fussent contraints lui rendre & mettre » ès mains Claude Laurens son fils unique, âgé de *dix-sept à dix-* » *huit ans*, naguéres écolier en l'université de Paris, demeurant » au collége du Plessis, qu'ils ont retiré à son desceu. Après » que l'un des notaires & sécrétaires de ladite cour s'est, de » l'ordonnance d'icelle, transporté audit couvent des Feuillans, » & rapporté avoir parlé à frere Jean de saint Malachie pro- » vincial de l'ordre de la congrégation desdits Feuillans, lui a » représenté ledit Claude Laurens fils, qu'il a amené avec lui, » & est venu accompagné de deux autres religieux; eux man- » dés, ensemble ledit Laurens pere, & ouï ledit saint Malachie » provincial, qui a reconnu en la présence desdits Laurens pere » & fils, qu'ils ont retiré en leur couvent ledit Claude Laurens » fils, & lui ont fait prendre l'habit sans en parler, ne s'enque- » rir de sa volonté & consentement; déclarant néanmoins qu'il » leur est indifférent qu'il sorte, ou qu'il demeure dans leur cou- » vent : ouï aussi Servin pour le procureur général du Roi, » qui a dit que, sous prétexte de piété, les religieux violent les » commandemens de Dieu, par lesquels les enfans qui sont sous » la puissance de pere, lui doivent l'obéissance, & que, par » plusieurs arrêts, conformes aux saints décrets, a été ordonné » ce qu'ils requiérent à présent, que le fils soit remis ès mains du » pere, pour y demeurer, & lui rendre ce que les enfans doi- » vent à leur pere, avec défenses auxdits provincial & religieux » de le recevoir en leur couvent sans le consentement dudit pere; » & outre que pareilles défenses seront faites à tous autres reli- » gieux. Ladite cour, ouï le procureur général du Roi, enjoint

» audit provincial des Feuillans aller présentement accompagné
» de l'un des quatre notaires & secrétaires d'icelle, délivrer &
» mettre ès mains dudit Laurens pere ledit Claude Laurens son
» fils, lui ôter l'habit de religieux, & le rendre en habit séculier;
» a fait & fait inhibitions auxdits provincial & religieux desdits
» Feuillans de le recevoir à l'avenir audit couvent sans le con-
» sentement dudit Laurens pere; & sur le surplus des conclu-
» sions dudit procureur général, la cour en délibérera au pre-
» mier jour. »

On trouve dans le même recueil, *ibid.* n. 30, un autre arrêt du 14 Mars 1602, qui condamne pareillement les Capucins de rendre un fils de famille à son pere, & qui leur fait défenses de recevoir à l'avenir des enfans sans le consentement des peres & meres, & de passer outre à leur profession.

Cet arrêt est suivi immédiatement d'un autre rendu contre les Recollets de Franconville, qui leur enjoint de rendre à son pere un enfant qu'ils avoient engagé par séduction à quitter le college de Boncour à Paris, où il étoit étudiant, pour se retirer dans leur monastere, après lui avoir fait vendre ses livres & ses habits.

On en trouve encore un autre, n. 36, du 29 Novembre 1605, rendu contre les Jésuites de Lyon, qui avoient attiré dans leur société un jeune homme âgé de quinze ans; que son pere avoit mis en pension dans leur college. Cet arrêt fait défenses aux Jésuites de Lyon & à tous autres colleges de la société, de retenir l'enfant chez eux.

Enfin il y en a un, n. 43, du 7 Avril 1629, rendu contre les religieuses du Val-de-Grace à Paris, qui avoient séduit une fille & lui avoient persuadé de quitter la maison paternelle pour se rendre chez elles & y prendre l'habit, & qui furent condamnées de la remettre entre les mains de sa mere.

Bouchel, dans sa somme, rapporte un arrêt du 20 Mai 1586, qui ordonne qu'il sera informé des pratiques & subornations que les Jésuites étoient accusés d'avoir emploïées pour engager dans leur société le fils du lieutenant-criminel d'Angers. On leur défendit sous peine d'amende arbitraire, ou même sous plus grande peine, si le cas y échéoit, de recevoir dans leur compagnie les enfans de famille sans le faire sçavoir aux parens; & il leur est enjoint d'avertir de cet arrêt les autres Jésuites du roïaume.

Chopin, dans son *Monasticon*, livre 1, titre 2, nombres 4 & 5, en rapporte un rendu dans des circonstances bien particuliéres & bien fortes. Un pere avoit mis sa fille en religion, & lui avoit fait donner le voile avec les cérémonies ordinaires. Pendant le noviciat de sa fille il apostasia & se fit luthérien.. Lorsqu'elle eût fait profession, il voulut la tirer du cloître & la marier. Pour cela, il interjetta appel comme d'abus de la profession, & apporta pour moïen qu'il n'y avoit pas donné son consentement. L'arrêt ordonna qu'avant faire droit sur l'appel comme d'abus, la fille seroit ouïe par le plus prochain juge roïal des lieux, & que, pour cet effet, elle seroit mise hors du couvent, & demeureroit pendant un certain tems, comme en sequestre, dans la maison d'une honnête bourgeoise.

Henrys, tome 2, livre 1, chapitre 33, rapporte aussi des arrêts qui ont jugé en faveur des peres & meres.

On en trouve cependant qui ont jugé le contraire. Il y en a un dans le second tome du journal du palais, du 23 Juillet 1686, par lequel la cour, sans s'arrêter à l'opposition du pere, ordonna qu'il seroit passé outre à la profession de la fille, en cas qu'elle en fût trouvée capable par l'archevêque de Lyon, ou son grand-vicaire.

Pour concilier ces arrêts, il faut poser pour maxime que le consentement des parens n'est pas requis indispensablemenr pour la validité des vœux en religion, comme il l'est pour la validité d'un mariage en fait de mineurs. Lors donc qu'on se rend à la réclamation d'un pere ou d'une mere, c'est quand il y a des preuves, ou du moins de fortes présomptions que les religieux ou les religieuses ont emploïé des artifices pour séduire de jeunes personnes; parceque la séduction est un obstacle à la liberté si essentielle pour une profession en religion.

C'est pourquoi, lorsqu'un jeune homme ou une jeune fille, qui sont parvenus à un âge mûr, comme de vingt ou de vingt-deux ans, veulent s'engager dans un monastere, & qu'il paroît d'ailleurs qu'il n'y a aucune séduction de la part des religieux ou des religieuses, on n'a point d'égard à l'opposition des parens, qui n'ont pas le droit d'empêcher leurs enfans de se consacrer librement au Seigneur. Ce sont-là les motifs de l'arrêt de 1686. La fille avoit vingt-deux ans, le pere étoit convenu dans le plaidoïer de l'avoir conduite lui-même au couvent. La mere l'y étoit venue voir, y étoit entrée deux fois, & ils lui avoient envoïé les meubles nécessaires pour sa chambre.

C'est en conséquence de ces principes que, quand un enfant,

qui a été restitué à ses parens, persiste dans sa volonté jusqu'à la maturité de son âge, on l'autorise à exécuter son dessein, malgré leur opposition.

Ce que nous venons de dire ne doit s'appliquer exactement qu'aux peres ou aux meres, & nullement aux tuteurs, curateurs, ou parens collatéraux, qui n'ont pas la même autorité sur les enfans. Ainsi, quand un mineur, ou une mineure n'a ni pere, ni mere ; son tuteur, ou curateur, ou ses parens collatéraux n'ont d'autre moïen pour empêcher les vœux qu'il veut prononcer en religion, que d'engager l'évêque diocésain d'examiner avec toute l'attention possible la vocation du mineur, ou de la mineure ; sauf à eux, après cet examen, à se pourvoir au parlement, pour faire statuer sur les moïens qui les portent à troubler la profession de ce mineur, ou de cette mineure.

C'est la disposition d'un arrêt du conseil du 9 Janvier 1696, rapporté dans les mémoires du Clergé, tome 4, titre 5, ch. 3, col. 1749 ; & par Augeard, tome 3, chap. 40, qui a cassé un arrêt du parlement de Rouen, qui avoit ordonné qu'une novice seroit tirée de son monastere, mise chez une personne de qualité dont les parties conviendroient par devant le conseiller-commissaire, à l'effet de quoi la supérieure seroit tenue de la remettre entre les mains de ladite dame, du jour qu'elle en seroit requise par le tuteur, pour y passer trois mois, voir ses parens, & passer en pleine liberté déclaration sur sa vocation par devant le conseiller-commissaire. L'arrêt du conseil porte que, quand il s'agira d'interroger une fille qui demandera d'être novice, ou de faire profession dans un couvent, & qu'à cet effet le parlement aura ordonné qu'elle en sera tirée, les parties intéressées s'adresseront à l'archevêque de Rouen, ou à son grand-vicaire, afin d'en avoir la permission, pour être ensuite interrogée par lui, ou par son grand-vicaire, & faire sa déclaration touchant sa vocation, pour le tout rapporté audit parlement, être ordonné ce qu'il appartiendra.

Il est important de remarquer que, dans l'espéce de cet arrêt du conseil, la fille n'avoit ni pere ni mere, qui ont bien plus d'autorité sur leurs enfans que des tuteurs & des parens collatéraux ; que le conseil condamne seulement la connoissance que le parlement vouloit prendre de la vocation de cette fille, qui est une chose purement spirituelle & réservée à l'évêque : mais, après que l'évêque a fait sa fonction spirituelle, le parlement doit examiner les raisons sur lesquelles le tuteur & les parens

parens collatéraux fondent leur opposition. C'est pourquoi cet arrêt ordonne que le tout sera porté au parlement, pour être ordonné ce qu'il appartiendra, en conséquence du rapport de l'évêque sur la vocation, & des motifs d'opposition allégués par ceux qui l'ont formée.

SECTION V.

Du consentement du supérieur & des religieux du couvent où se fait la profession.

Il se fait par l'émission des vœux un contrat synallagmatique entre celui qui les prononce & le monastere qui l'a admis à les prononcer. Le premier s'engage envers les religieux à vivre suivant la régle qu'il embrasse, & à travailler le reste de sa vie à leur édification. Les religieux, de leur côté, s'obligent à le nourrir & à le vêtir tant qu'il vivra, & même à lui fournir tous les besoins de la vie, autant que les revenus du monastere ou les charités qu'on lui fait le pourront comporter. Ils s'engagent en outre à le souffrir toujours parmi eux, sans pouvoir le chasser, comme nous le ferons voir dans la suite. Or, pour qu'un contrat synallagmatique puisse être valable, il faut nécessairement que les deux parties contractantes soient d'accord, & consentent volontairement à l'engagement qu'elles forment réciproquement.. Il ne suffit donc pas que celui qui se présente à la profession soit libre relativement à l'acte qu'il veut faire ; il faut que le consentement des religieux qui l'admettent à le faire, le soit aussi. C'est même une des raisons pour lesquelles le noviciat, qui doit précéder la profession, est si essentiel. Il est donc certain que de même qu'on ne peut obliger un homme ni par force, ni par ruses, à se faire religieux, on ne peut non plus contraindre un monastere à admettre personne à faire profession. La liberté doit être égale de part & d'autre.

Mais la question consiste à sçavoir si le consentement de tous les religieux qui composent le monastere est requis pour la validité d'une profession ; ou s'il suffit de la volonté & de l'agrément du supérieur.

On peut regarder comme une maxime générale que le consentement des religieux assemblés est nécessaire. Chacun d'eux est intéressé à l'admission de celui qui se présente. C'est pourquoi nos auteurs établissent comme un principe certain, qu'un prieur claustral ne peut recevoir aucun novice sans le consentement du chapitre ; & Fevret, livre 2, chapitre 3, n. 10, cite un arrêt du parlement de Dijon du 10 Décembre 1618, qui le jugea ainsi sur un appel comme d'abus interjetté par les religieux de l'abbaïe de saint Seyne, contre leur prieur qui avoit reçû un novice sans le consentement du chapitre.

Mais cette régle souffre deux exceptions. La premiere, lorsque l'usage du lieu où se fait la profession est contraire, & donne à l'abbé seul, ou autre supérieur, le pouvoir de recevoir les novices & de les admettre à la profession. Il y en a un arrêt du parlement de Paris du 14 Août 1546, rapporté par Expilly en ses arrêts, chapitre 27. Il y en a un autre du parlement de Bordeaux, rapporté par Boërius, décision 260.

La seconde exception est quand l'abbé est cardinal. Alors, quel que soit l'usage du lieu, il a seul le droit d'admettre au noviciat & à la profession. Ainsi jugé par arrêt du parlement de Paris, en faveur du cardinal de Gondi abbé de saint Jean des Vignes de Soissons, par arrêt du 5 Février 1598. Voïez Chopin, *de Doman. tit. 28, art. ult.*

Il faut observer que quand le droit d'admettre appartient à l'abbé, en sa qualité d'abbé, & non pas comme cardinal ; les religieux ne peuvent admettre un novice à la profession pendant la vacance du siége abbatial : mais, quand la réception appartient conjointement à l'abbé & aux religieux, ces derniers peuvent recevoir la profession du novice pendant la vacance de l'abbaïe. *Si ad solum abbatem pertineat creatio monachorum ; eo defuncto, nequibit novus monachus à conventu creari : aliàs poterit, si eorum creatio spectat insimul ad utrumque. Cap. si ad solum. de Regul. & transeuntib. ad Relig. in 6°.*

SECTION VI.

Du consentement de l'évêque diocésain.

Nous avons vû plus haut, que les supérieures des couvens de filles ne peuvent admettre aucune fille, ni veuve à la profession sans en avoir averti l'évêque un mois devant, pour qu'il examine la personne qui se présente sur sa vocation, sur sa liberté, & sur les motifs qui la déterminent à prendre l'engagement qu'elle est sur le point de contracter. Nous avons rapporté à ce sujet les loix canoniques & celles du roïaume. Nous y renvoïons le lecteur. Chap. 2, sect. 2, dist. 1.

SECTION VII.

De la solemnité & de la publicité de la profession.

Les décrétales admettent des professions sans aucune solemnité, & même sans qu'il soit besoin, pour qu'elles aïent lieu, de prononcer aucune parole. Il suffit, pour les rendre valables, que celui à qui on les impute ait fait quelque acte extérieur qui dénote en lui le désir d'être religieux. Les canonistes appellent ces professions des professions tacites. On en trouve des espéces, *cap.* 22, *ex. de Regular.* & *cap.* 1, *de Regular. in* 6°.

Cette distinction entre les professions tacites & les professions expresses étoit reconnue dans les premiers siécles de l'Eglise. Il suffisoit de prendre l'habit monachal pour être réputé moine. Cet usage qui, dans les commencemens, étoit fondé sur ce que la profession religieuse n'emportoit point un engagement irrévocable, comme nous le dirons dans la suite, continua toujours, lors même qu'on se fût avisé d'en faire un lien indissoluble.

Quoi qu'il en soit, il est certain que, du tems de Justinien, la profession n'étoit accompagnée d'aucune solemnité, ni d'aucune publicité. Nous en avons la preuve dans la novelle 5. M. le Bret, en ses décisions, partie 1, livre 1, rapporte la disposition d'un concile tenu à Orleans sous Childebert I. suivant laquelle, dès qu'on avoit porté l'habit religieux dans un monastere l'espace d'un an, c'étoit une preuve suffisante de la profession.

On trouve encore des vestiges de cette doctrine dans le seiziéme siécle. L'ordonnance de François I. de 1532, & plusieurs autres, citées par le Brun, en son traité des successions, ordonnent que les moines qui auront fait profession expresse, ou tacite ne pourront succéder. C'est aussi la disposition de la coutume de Blois, article 147, & de celle de Berry, articles 36, 37 & 39.

Enfin le concile de Trente n'a point abrogé la profession tacite. Il a seulement ordonné *seff.* 25, *de Regular. cap.* 16, que cette profession ne pourroit se présumer qu'après l'année de noviciat. Il est vrai que la profession tacite n'y est pas expressément autorisée : mais, comme elle étoit en usage alors, & qu'on ne voit point qu'elle soit défendue, on a tout lieu de croire qu'elle est au moins tolérée.

Cependant cette profession tacite n'a plus lieu dans nos mœurs.

L'ordonnance de Moulins, donnée en 1566, article 55, ordonne que les preuves de profession du vœu monastique seront reçûes par lettres, & non par témoins. Ainsi elle exige nécessairement que les professions soient expresses.

La disposition de cette ordonnance a été confirmée par une déclaration de Charles IX. du mois de Juillet de la même année 1566.

Aussi voïons-nous des auteurs fort anciens & fort accrédités, qui ont regardé l'usage des professions tacites comme aboli. Voici les termes de Dumoulin, en sa note sur l'article de la coutume de Blois qui les admet. *Hæc valuit sub regno monachorum : sed ætate nostrâ consenuit, & contrà tacitam sufficit allegare dissensum : contrà expressam, probandus est cum aliquibus minis : & sic exeunt & succedunt.* Il dit encore sur l'article 249 de la coutume d'Anjou, *non valet tacita dedicatio in hoc regno, nec recepta est.*

Tronçon, sur l'article 337 de la coutume de Paris, est d'avis que les dispositions des coutumes qui admettent ces professions tacites sont nulles à cet égard. Brodeau sur Louet, lettre *C*, somm. 8, n. 42, atteste que la cour, par plusieurs arrêts, a jugé que la profession tacite n'a plus lieu en France, & que les religieux & les religieuses qui avoient demeuré trente ans dans un monastere portant l'habit, & faisant tous les actes de religieux & religieuses, sans que l'on justifiât d'acte de profession par écrit, étoient capables de succéder, lorsqu'ils étoient sortis du monastere, & qu'ils avoient quitté l'habit religieux. Autrement, dit cet auteur, ce seroit introduire double fiction en un même sujet; l'une qu'une religieuse qui n'a point fait profession, seroit cependant regardée comme professe; l'autre, que cette profession tacite produiroit les mêmes effets que la profession expresse & la mort naturelle.

Il y a cependant quelques auteurs, même parmi les modernes, qui paroissent d'un sentiment contraire.

Le Maistre, en son commentaire sur la coutume de Paris, page 529 de l'édition de 1751, estime que cela dépend beaucoup des circonstances, & qu'on ne doit approuver les professions tacites, qu'autant qu'elles en font présumer une expresse, dont la preuve peut avoir été divertie, ou négligée.

Le Prestre, cent. 1, chap. 28, suppose qu'il est indifférent que les religieux *profiteantur, vel tacitè, vel expressè.*

Coquille, décision 247, dit que les professions tacites ne sont reçûes pour obliger précisément, s'il n'y a quelqu'autre marque qui soit imprimée davantage ; comme si le prétendu séculier jouït d'un bénéfice régulier, ou d'un office claustral, qui ne peut être tenu que par un religieux profès de même ordre, ou monastere.

On peut encore objecter un arrêt rapporté par Brodeau, *loco citato*, qui paroît avoir admis la profession tacite. Comme cet arrêt est très-remarquable dans ses circonstances, & qu'il est essentiel de réfuter l'application qu'on en veut faire ; nous croïons devoir le rapporter ici. Brodeau plaida lui-même lors de cet arrêt.

Claude Sain, fille majeure, par contrat du 25 Mars 1617, passé en présence & du consentement de Charlotte Hurault sa mere, donna par donation entre-vifs, aux religieuses Carmélites lors nouvellement établies à Orleans, tous les biens à elle échus par la succession de Claude Sain son pere, & autres par elle acquis, pour fonder, ou aïder à fonder lesdites religieuses ; à la charge d'être reçûe à demeurer en leur couvent pendant sa vie, en qualité de fondatrice, soit en habit de religieuse, ou autrement, & d'y être nourrie & entretenue de tous ses besoins, tant saine que malade ; s'obligeant néanmoins de garder la clôture comme les autres religieuses tant qu'elle demeureroit dans ledit couvent ; & en cas qu'elle en voulût sortir, qu'on lui feroit trois cens livres de pension viagére sa vie durant.

Par acte du 20 avril suivant, elle consent que les biens par elle donnés soient vendus, & les deniers en provenans emploïés aux affaires & nécessités du couvent ; ce qui fut exécuté ; & les deniers provenans de la vente furent emploïés au bâtiment. Depuis ce contrat elle demeura constamment avec les Carmélites, portant l'habit de religieuse, aïant changé son nom en celui de sœur Therese de saint Joseph. Elle assistoit aux assemblées capitulaires, faisoit les mêmes fonctions que les autres religieuses, & gardoit même la clôture si étroitement, qu'elle ne voulut pas sortir pour recevoir la bénédiction de sa mere, qui étoit à l'article de la mort, & qui, pendant sa maladie, fut obligée de se faire porter à la grille du couvent pour voir sa fille.

Charlotte Hurault fit son testament le 3 février 1622, par lequel elle partagea ses biens entre ses enfans ; & à l'égard de Claude Sain sa fille, comme elle s'étoit retirée du monde, & qu'elle avoit donné tout son bien aux Carmélites, elle lui laissa quelques fonds & quelques rentes, pour en jouïr sa vie durant seulement, en cas qu'elle demeurât dans le couvent ; & ou elle en sortiroit & quitteroit l'habit, elle devoit en jouïr en toute propriété, en cas qu'elle se mariât, & qu'elle eût des enfans.

Après le décès de sa mere, elle attaqua le testament, soutenant qu'elle étoit exhérédée sans cause, & même privée de sa légitime; elle demanda partage, ou du moins à être admise à prendre sa légitime en biens fonds, pour en jouïr en toute propriété. Elle apportoit pour moïens qu'elle ne pouvoit être regardée comme religieuse professe; que la loi générale du roïaume, même la coutume d'Orléans, art. 334, qui déclare les religieux & religieuses incapables de succéder, ne s'entend que de la profession qui se fait lors de l'émission des vœux solemnels, qui seuls font encourir la mort civile: mais qu'on ne peut attribuer cet effet à l'entrée dans un monastere, au changement d'habit, de nom, à la clôture & autres semblables actes & fonctions extérieures, qui ne sont que la préparation au vœu, & non le vœu même.

Le bailli d'Orléans avoit par sa sentence déclaré Claude Sain incapable de prendre la qualité d'héritiere de sa mere, & ordonné qu'elle se contenteroit du legs qui lui avoit été fait. Ce qui fut confirmé par arrêt du 27 juillet 1627, rendu sur les conclusions de M. l'avocat général Bignon.

Mais cet arrêt a été vraisemblablement rendu sur le fondement de la circonstance remarquable, que la demoiselle Sain avoit déja donné tous ses biens aux Carmélites, à condition qu'elle y demeureroit toute sa vie en qualité de fondatrice. Son goût pour cette qualité donnoit tout lieu d'appréhender qu'elle ne demandât sa part dans la succession de sa mere, que pour en frustrer sa famille, & en enrichir le couvent qu'elle avoit fondé. Cet arrêt n'avoit donc point pour motif l'incapacité de celle contre qui il a été rendu; puisque dans le fonds elle n'en avoit aucune: mais on craignoit les suites d'un zèle trop indiscret. Cela est si vrai, que si elle avoit voulu exécuter les conditions apposées au testament de sa mere, c'est-à-dire, quitter le couvent & l'habit religieux, & se marier, elle auroit joui de tous les avantages attachés à sa qualité d'héritiere.

A l'égard des auteurs dont l'avis paroît contraire à la vérité que nous soutenons, & que nous établissons ici; il est détruit par les dispositions des ordonnances dont nous venons de parler, qui exigent que les professions soient prouvées par écrit; par l'avis contraire de Dumoulin & des autres jurisconsultes qui l'ont suivi; enfin par la disposition des arrêts & des ordonnances dont nous allons parler.

Bouchel, en sa bibliothéque canonique, tom. 2, p. 269, col. 1, rapporte un arrêt du 28 mai 1603, qui juge que, pour qu'un homme soit regardé comme véritablement profès, une profession tacite ne suffit pas, quand même il auroit porté l'habit & fait tous les actes de vrai profès pendant an & jour; même pendant vingt-cinq, vingt-six & vingt-huit ans, dans un monastere enfermé.

Tournet, lett. p. chap. 205, en rapporte un du mois d'août 1606.

Le Brun, en son traité des successions, liv. 1, chap. 1, sect. 3, n. 5, en cite un semblable du 16 juillet 1657.

Boniface, to. 3, liv. 7, tit. 14, chap. 2, en rapporte un autre du parlement de Provence, du 16 mars 1674.

Enfin on en trouve un dans Brodeau sur Louet, lett. 6, som. 8. Mais il n'est pas permis de douter que les professions doivent être expresses, après les loix que nous allons rapporter dans la section suivante, en parlant de la preuve de la profession.

SECTION VIII.

De la preuve de la profession.

Il est intéressant pour l'état en général, & pour les particuliers, qu'il n'y ait point de doute sur l'existence d'une profession.

On verroit tous les jours des religieux & des religieuses, las de l'austérité de la vie qu'ils ont embrassée, rentrer dans le monde, sous prétexte qu'on ne pourroit les retenir par aucune preuve de la profession qu'ils auroient cependant réellement faite. Ils viendroient troubler des familles qui auroient disposé des biens qu'elles croïoient à leur disposition, en conséquence de la profession de leur parent ou de leur parente.

D'un autre côté, si la preuve testimoniale suffisoit pour constater une profession, combien d'abus, d'injustices, & même de violences n'en résulteroit-il pas? Ce seroit assez de retenir un garçon ou une fille, pendant quelque temps, par force dans un monastere, sous l'habit religieux, pour en faire un moine ou une religieuse.

C'est pour prévenir ces inconveniens que les ordonnances ont apporté les précautions les plus sages, pour rendre certaine, d'une façon qui ne laisse rien à désirer, l'émission des vœux.

Nous avons déja observé que l'ordonnance de Moulins, art. 55, décide que les preuves des professions du vœu monachal seront reçuës par lettres, & non par témoins.

Et la déclaration du 10 juillet de la même année porte, art. 12, que registre sera dorenavant fait de la profession monachale, qui sera envoïé au greffier du juge ordinaire, pour y avoir recours quand besoin sera.

L'ordonnance de 1667, tit. 20, est encore plus précise. Elle ordonne, art. 15, » qu'il sera tenu registre des vêtures, noviciats » profession de vœux; sçavoir.... aux communautés réguliéres » pour les vêtures, noviciats & professions: lesquels registres se» ront en bonne forme, reliés, & les feuillets paraphés par pre» mier & dernier.... par le supérieur ou la supérieure des mai» sons religieuses.... & seront approuvés par un acte capitulaire » inséré au commencement du registre. »

L'article 16 porte que » chacun acte de vêture, noviciat & pro» fession, sera écrit de suite & sans aucun blanc, & signé tant par » le supérieur ou la supérieure, que par celui qui aura pris l'habit » ou fait profession, & par deux des plus proches parens ou amis » qui y auront assisté, dont le supérieur ou la supérieure seront » tenus de délivrer extrait vingt-quatre heures après qu'ils en au» ront été requis. »

Article 17. » Les grands-prieurs de l'ordre de saint Jean de Jé» rusalem seront tenus, dans l'an & jour de la profession faite par » nos sujets dans l'ordre, de faire registrer l'acte de profession; » & à cette fin enjoignons au secrétaire de chacun grand-prieuré » d'avoir un registre relié, dont les feuillets seront pareillement » paraphés par premier & dernier par les grands-prieurs, pour » y être écrits la copie des actes de professions, & le jour auquel » elles auront été faites; & l'acte d'enregistrement signé par le » grand-prieur, pour être délivré à ceux qui le requereront; le » tout à peine de saisie du temporel. »

Art. 18. » Permettons à toutes personnes qui auront besoin des » actes.... de vêture, noviciats ou professions, de faire compul» ser tous les registres entre les mains des dépositaires, lesquels » seront tenus de les représenter, pour en être pris des extraits, » & à ce faire contraints, nonobstant tous priviléges & usages » contraires, à peine de saisie de leur temporel, & de privation » de leurs droits, exemptions & priviléges à eux accordés par » nous & nos prédécesseurs. »

On voit que la loi ne se contente pas de prendre des mesures pour constater l'émission des vœux, & la solemnité de la profession, elle veut que le jour de la prise d'habit & de l'entrée au noviciat soit également certain, & déposé dans des registres pu-

blics;

blics; afin que l'on puisse juger s'il y a eu une année d'intervalle entre l'un & l'autre; parceque la validité de la profession dépend de cette formalité.

Ces dispositions de l'ordonnance ont été quelque tems sans avoir leur exécution, par une négligence qui s'étoit étendue en général à tous les registres destinés à constater l'état des hommes: mais un abus si préjudiciable au bien & à la tranquillité de la société a été réformé par la déclaration du 9 avril 1736, qui en renouvellant les dispositions contenues dans l'ordonnance de 1667, y a ajoûté des formalités qui tendent à assurer davantage l'état des hommes. Art. 25, » Dans les maisons religeuses il y aura deux re- » gistres en papier commun, pour inscrire les actes de vêture, » noviciat & profession, lesquels registres seront cottés par premier » & dernier, & paraphés sur chaque feuillet par le supérieur ou » la supérieure, à quoi faire ils seront autorisés par un acte capi- » tulaire, qui sera inséré au commencement de chacun desdits » registres. »

Art. 26, » Tous les actes de vêture, noviciat & profession se- » ront écrits en françois sur chacun desdits deux registres, de suite » & sans aucun blanc, & lesdits actes seront signés sur lesdits deux » registres par ceux qui les doivent signer; le tout en même tems » qu'ils seront faits: & en aucun cas lesdits actes ne seront inscrits » sur des feuilles volantes. »

Art. 27, » Dans chacun desdits actes il sera fait mention du nom » & surnom, & de l'âge de celui ou de celle qui prendra l'habit, » ou qui fera profession; des noms, qualités & domiciles de ses » pere & mere; du lieu de son origine & du jour de l'acte, lequel » sera signé sur lesdits deux registres, tant par le supérieur ou » la supérieure, que par celui ou celle qui prendra l'habit ou fera » profession; ensemble par l'évêque ou autre personne ecclésias- » tique qui aura fait la cérémonie, & par deux des plus proches » parens ou amis qui y auront assisté. »

Art. 28, » Lesdits registres serviront pendant cinq années con- » sécutives; & l'apport aux greffes s'en fera, sçavoir, pour les » registres qui seront faits en exécution de la présente déclaration, » dans six semaines après l'année 1741; ensuite de cinq ans en » cinq ans: sera au surplus observé tout le contenu aux articles 17 » & 18 ci-dessus, sur l'apport des registres, & la décharge qui en » sera donnée au supérieur ou supérieure. »

Pour entendre ce que c'est que l'apport aux greffes, dont il est parlé dans cet article, il faut observer que l'article 1 de cette déclaration prescrit qu'il y aura deux registres pour inscrire tous les actes qui concernent l'état des hommes, comme les baptêmes, les mariages & les sépultures. Quoique les actes de noviciats, vêtures & professions n'y soient pas énoncés, on voit assez clairement par l'article 28 que nous venons de rapporter, que l'intention du législateur est qu'ils y soient également compris. Or ces deux registres seront réputés tous deux autentiques, & feront également foi en justice.

Suivant l'article 2, chacun de ces deux registres doit être cotté par premier & dernier, & paraphé sur chaque feuillet par ceux à qui ce soin est confié. A l'égard de ceux de vêtures, noviciats & professions, on voit par l'article 25 ci-dessus que c'est la fonction du supérieur, ou de la supérieure, en observant la formalité qui y est prescrite.

Suivant l'article 17, auquel l'article 28 renvoïe, six semaines au plus tard après l'expiration de chaque année, les dépositaires de ces registres sont tenus d'en porter ou d'en envoïer un sûrement au greffe du bailliage, sénéchaussée, ou siége roïal ressortissant nûement aux cours de parlement, qui auront la connoissance des cas roïaux dans le lieu où l'église sera située ; ce qui doit s'entendre aussi de la situation du monastere à l'égard des registres dont il est ici question.

Suivant l'article 18, lors de l'apport du registre au greffe, s'il y a des feuillets qui soient restés vuides, ou s'il s'y trouve d'autres blancs, ils seront barrés par le juge ; & sera fait mention par le greffier, sur ledit registre, du jour de l'apport, lequel greffier en doit donner ou envoïer une décharge sur papier commun à ceux de qui il les aura reçus.

Ce qui est prescrit ici pour les registres qui doivent être tenus dans les paroisses, dont on doit en envoïer un tous les ans, n'a lieu, comme on le voit par l'article 28 ci-dessus rapporté, à l'égard de ceux des prises d'habit, noviciats & professions, que de cinq ans en cinq ans.

Art. 29, » Il sera au choix des parties intéressées de lever des » extraits desdits actes sur le registre qui sera au greffe, en païant » au greffier le salaire porté par l'article 19. (dix sols dans les » villes où il y a parlement, évêché ou siége présidial, huit sols » dans les autres villes, & cinq sols dans les bourgs & villages) » ou sur le registre qui restera entre les mains du supérieur ou » supérieure, qui seront tenus de délivrer lesdits extraits vingt- » quatre heures après qu'ils en seront requis, sans aucun salaire » ni frais, à la réserve du papier timbré seulement. »

Art. 31, » Les grands-prieurs de l'ordre de saint Jean de Jérusalem seront tenus, dans l'an & jour de la profession faite par » nos sujets dans le dit ordre, de faire registrer l'acte de profession; &, à cette fin, enjoignons au secrétaire de chaque grand-» prieuré d'avoir un registre, dont les feuillets seront cottés par » premier & dernier, & paraphés sur chaque feuillet par le grand-» prieur, ou par celui qui en remplira les fonctions, en cas d'absence, ou autre empêchement légitime, pour y être écrit la » copie des actes de profession & leur date, & l'acte d'enregistrement signé par le grand-prieur, ou par celui qui en exercera les » fonctions, pour être délivrés à ceux qui les requéreront; le tout » à peine de saisie du temporel. »

Mais on peut demander ici, si le défaut de registres tenus en la forme prescrite par l'ordonnance de 1667, & par la déclaration de 1736, est toujours un moïen suffisant pour faire annuller des vœux? Nous allons rapporter, sur ce sujet, quelques arrêts, desquels nous tirerons la jurisprudence sur cette matiere.

On en trouve un dans Augeard du 7 Mars 1701 en cette espéce: l'acte de profession d'un religieux Feuillant avoit été inscrit sur une simple feuille volante, signé de lui seul, sans que sa signature fût accompagnée ni de celle du supérieur, ni de celle d'aucun témoin. Il se pourvut en l'officialité de Paris, pour faire déclarer sa profession nulle, attendu la contravention à l'ordonnance de 1667: mais ses vœux aïant été faits en pleine liberté, & après une épreuve de dix années, qui les avoient précédés, c'étoit un frere convers, l'official n'eut point d'égard à ce moïen. Il se pourvut par appel comme d'abus, tant contre sa profession, que contre la sentence de l'officialité. On observa, dans les plaidoiries, que les articles 15 & 16 du titre 20 de l'ordonnance de 1667, en ordonnant la signature du supérieur & de celui qui aura pris l'habit & fait profession, ne prononcent point la nullité pour raison du défaut de cette formalité. En conséquence, l'arrêt rendu sur les conclusions de M. le Nain dit qu'il n'y avoit point abus; enjoignit au religieux d'écrire & de signer sa profession sur le registre, & aux Feuillans d'avoir un registre conformément à l'ordonnance de 1667.

La question fut décidée de la même façon par arrêt du 11 Janvier 1706. Un religieux Augustin aïant fait ses vœux, on se contenta d'en faire mention fur le regiftre du couvent, fans y faire figner ni le profès, ni aucun religieux de la maifon. On fit venir un notaire & deux témoins pour dreffer un procès-verbal de cette profeffion, au bas duquel le notaire ne figna point; mais feulement le profès & un des témoins y dénommés. Ce religieux reclame enfuite contre fes vœux, qu'il avoit ratifiés par une poffeffion d'état de plus de dix ans, aïant reçû tous les ordres en qualité de religieux Auguftin, fous le titre de pauvreté. M. Portail, lors avocat général, s'éleva avec force contre cette tentative, dont il fit fentir tout le danger. Il établit que le défaut de formalités, dans les actes rapportés pour établir la profeffion, n'étoit d'aucune confidération, dès que la profeffion étoit devenue certaine par les reconnoiffances du religieux & de l'ordre; que fi on y portoit atteinte, ce feroit ouvrir les portes du cloître à une infinité de religieux. L'arrêt dit qu'il n'y avoit abus, & ordonna aux Auguftins de fe conformer à l'ordonnance de 1667.

Augeard, qui rapporte auffi cet arrêt, remarque qu'il n'eft point ordonné au religieux de rentrer dans fon couvent, quoique fon avocat adverfe le demandât avec inftance; & que M. de Harlay, premier préfident, dit que l'édit de 1695 bornoit l'autorité des juges laïques à ce qui concerne l'abus feulement, & qu'il falloit fe pourvoir pardevant le juge eccléfiaftique pour obliger le religieux de rentrer dans fon cloître. Mais on peut dire que cela n'eft pas de principe. Qu'un religieux vive dans le monde comme un féculier, ou comme un laïque, c'eft une affaire de difcipline extérieure & de grande police, dont la manutention appartient aux parlemens, fous l'autorité du Roi. Auffi la cour fe comporta-t-elle autrement lors de l'arrêt que nous allons rapporter.

Une religieufe de la Préfentation de la ville d'Aire avoit quitté fa maifon & apoftafié. Elle fe pourvut contre fon acte de profeffion, fous prétexte qu'il n'avoit été figné ni par elle, ni par les religieufes, ni par aucuns témoins. Elle propofoit encore un autre moïen étranger à la queftion préfente. Elle difoit que les religieufes de la Préfentation de la ville d'Aire ne rapportoient point les titres de leur établiffement. En conféquence de ce fecond moïen, il fut ordonné qu'avant faire droit, les religieufes rapporteroient leur bulle & les autres titres de leur établiffement : mais à l'égard de la premiere question concernant l'état de la religieuse, M. Joly de Fleury, lors avocat général, depuis procureur général, prouva que sa profession étoit légitime; & elle fut confirmée par arrêt du 7 février 1707, puisqu'il lui fut enjoint de se retirer dans huitaine dans une communauté religieuse; sinon permis à M. le procureur général de l'y faire conduire. Ce qui prouve le peu de fondement de la maxime supposée par M. de Harlay lors de l'arrêt précédent.

Voici un autre arrêt plus récent, qui a jugé la même chose. Frere Louis-Guillaume Langelot entra en 1702 chez les Augustins de Bourges, & fit profession en 1703. Il y avoit été mis par le sieur Legris son aïeul maternel, après la mort duquel, arrivée en 1708, frere Langelot sortit du couvent & entra dans les troupes. En 1711, sentence du prieur qui le condamne comme apostat.

Il passe ensuite un acte avec Catherine Langelost qui avoit recueilli tous les biens. Dans cet acte il prend la qualité de religieux, & s'oblige de remettre à sa sœur un double de sa profession; moïennant quoi sa sœur s'oblige de lui faire une pension viagére de trente livres par an.. En 1719 il obtient un rescrit de cour de Rome, dont il ne fait aucun usage: mais de concert avec les religieux, il présenta requête à l'official de Bourges, pour être relevé de ses vœux & renvoïé au siécle. Les religieux y aïant donné les mains, intervint sentence contradictoire entre eux, & par défaut contre la sœur, qui le releva de ses vœux, sans qu'il eût articulé aucun fait de violence, ni demandé à en faire preuves. Sur l'opposition de la sœur, autre sentence qui la reçoit opposante, & faisant droit sur son opposition, déboute frere Langelost de sa demande en restitution contre ses vœux.

Appel comme d'abus de cette sentence de la part de frere Langelost. Il fondoit son appel sur le défaut de registres en forme pour prouver sa prise d'habit & profession. La prise d'habit ne se trouvoit inscrite que sur un petit journal tenu par le souprieur du couvent de Bourges, qui étoit en même tems maître des novices, sans aucun blanc, contenant exactement le jour de la prise d'habit & de la profession de tous les religieux qui avoient été reçus & avoient fait profession pendant qu'il avoit été maître des novices.

A l'égard de la profession, on apportoit deux expéditions différentes d'un acte passé devant notaire & trois témoins. l'une délivrée par le notaire même, qui marquoit que le prieur, le profès & deux seulement des trois témoins avoient signé ; l'autre délivrée par le successeur de ce notaire, qui énonçoit que le prieur, le profès & les trois témoins avoient signé.

Catherine Langelost interjetta aussi appel comme d'abus de la premiere sentence par défaut.

Après plusieurs plaidoiries de part & d'autre, intervint arrêt le 19 Décembre 1727 sur les conclusions de M. Daguesseau avocat général, lequel faisant droit sur l'appel comme d'abus interjetté par la sœur, dit qu'il a été mal, nullement & abusivement procédé & ordonné ; & sur l'appel comme d'abus interjetté par frere Langelost, dit qu'il n'y a abus, condamne l'appellant en l'amende & aux dépens, & faisant droit sur le réquisitoire du procureur général du Roi, ordonne & enjoint aux Augustins de Bourges d'exécuter l'ordonnance de 1667, & d'avoir des registres conformes aux articles 15 & 16 du titre 20 de ladite ordonnance, pour écrire les vêtures & professions de leurs religieux, & que l'arrêt sera lû & publié dans ledit couvent au chapitre, & inscrit sur le registre des notables.

Il y avoit une fin de non-recevoir tirée du laps de tems depuis 1703 jusqu'en 1719, sans que ce profès eût réclamé ; & quoique sa vêture & sa profession ne fussent pas prouvées juridiquement en la forme prescrite par l'ordonnance, puisqu'il n'y avoit point eu de registres dans ce couvent ; néanmoins la foi de la profession de plusieurs autres religieux qui n'étoit appuïée que sur de semblables preuves particulieres, & l'intérêt public l'ont emporté par dessus les autres considérations.

D'ailleurs ce religieux étoit convenu indirectement, dans sa requête à l'official, d'avoir fait des vœux, puisqu'il demandoit d'en être relevé ; & il en étoit convenu positivement dans l'acte qu'il avoit passé avec sa sœur.

Voici cependant un autre arrêt, plus récent que ceux que nous venons de rapporter, & qui semble leur être contradictoirement opposé.

Pierre de Panneveyre, fils de Henry de Panneveyre de la Rochette, gentilhomme d'Auvergne, epousa à Paris en l'église de saint Sulpice le 28 Septembre 1727 la demoiselle Mansion. Dans le contrat, il ne prit d'autre qualité que celle d'écuïer sieur de la Rochette. Avant son mariage, il avoit été lieutenant d'infanterie au régiment d'Orléans. Il avoit ensuite rempli pendant long-tems la fonction d'interprête des langues étrangéres.

Il avoit enfin été pourvû en 1728, par M. le duc d'Orléans, de l'office d'interpréte dans les ordres de Mont-Carmel & de saint Lazare, dont ce prince étoit le grand-maître. Il fut depuis écuïer de M. le duc de la Force. Et dans tous ces postes, & dans tous les actes qu'il avoit faits sous ces différentes qualités, il avoit toujours pris le nom de Pierre de Panneveyre, écuïer, ou chevalier seigneur de la Rochette. Depuis son mariage il avoit toujours été en relation avec ses parens. Cela étoit justifié au procès par plusieurs lettres. Enfin il mourut au mois de Janvier 1743 sans laisser d'enfans.

Un an après sa mort, sa veuve fit assigner au châtelet le sieur de Panneveyre frere du défunt, pour voir ordonner l'exécution d'une donation réciproque en faveur du survivant de tous les biens du prédécédé, portée par le contrat de mariage.

Pour défenses, il soûtint que le mariage de sa belle-sœur ne pouvoit produire aucuns effets civils; parceque son mari s'étoit engagé par des vœux en religion dès l'année 1691.

Pour justifier ce fait on produisit deux actes, l'un de vêture du 3 Août 1690, & l'autre de profession du 6 Août 1691. L'acte de vêture énonce *Pierre de Panneveyre, fils d'honorable homme Henry de Panneveyre, écuïer, seigneur de la Rochette, & de dame Marie-Charlotte de Frétal son épouse.* Ce qui est conforme à l'extrait baptistaire.

L'extrait d'acte de profession étoit conçû ainsi : *Acte de la profession du frere Pierre de Panneveyre de la Rochette. Ego frater Petrus de la Rochette voveo & promitto Deo omnipotenti, beatæ Mariæ Virgini, beato Patri Francisco, omnibus Sanctis, & tibi, pater, toto tempore vitæ meæ servare regulam, vivendo in obedientiâ, sine proprio, & in castitate.* Signé, *frater Petrus de la Rochette.* Le certificat transcrit ensuite de cette émission de vœux, & sur le même papier, ne parloit que d'un Pierre de la Rochette.

La cause aïant été portée à l'audience du châtelet, les gens du Roi, sur le fondement de ces deux actes, se déclarérent contre la demande de la veuve.

Les juges, après les conclusions des gens du Roi rendirent une sentence par laquelle, en continuant la cause à un autre jour, ils enjoignirent aux gens du Roi de déclarer s'ils entendoient appeller comme d'abus du mariage.

Ils reconnurent que cette démarche n'étoit point de leur ministere. Ils remirent à M. le procureur général les piéces qui leur avoient été communiquées par les parties; & il interjetta appel comme d'abus du mariage. La cour aïant reçû cet appel ſe trouva ſaiſie de la conteſtation. Le frere du défunt adhéra à cet appel.

Nous n'entrerons point ici dans le détail des moïens de ceux qui ſoutenoient l'invalidité du mariage. Ils rouloient ſur les deux actes dont nous venons de parler, qui établiſſant que le défunt avoit fait des vœux en religion, prouvoient ſon incapacité en fait de mariage.

De la part de la veuve, on diſoit que ces deux actes n'étoient pas relatifs. C'étoit Pierre de Panneveyre qui avoit pris l'habit, & c'étoit Pierre de la Rochette qui avoit fait profeſſion. Ce défaut de conformité de nom dans des actes relatifs, qui devroient être entiérement ſemblables, autoriſoit à ſoutenir qu'il s'agiſſoit dans ces deux actes de deux individus différens ; & que, ſi l'on reconnoît dans le premier le mari de la veuve, on ne pouvoit le reconnoître dans le dernier.

Il eſt vrai que ſes pere & mere, qui poſſédoient la ſeigneurie de la Rochette, en prenoient le nom, qu'ils ajoûtoient comme un ſurnom à celui de Panneveyre, qui étoit leur nom de famille; au lieu que celui de la Rochette, qui étoit pour eux arbitraire & ſujet à variation, eſt le nom propre & immuable d'un grand nombre de familles de leur province.

Dans l'acte de vêture, on avoit eu ſoin de déſigner le ſieur de Panneveyre par ce nom propre de ſa famille. Auroit-on négligé de le déſigner de même dans l'acte de profeſſion ſeul capable de conſtater la mort civile; & qui par conſéquent demandoit une exactitude beaucoup plus ſcrupuleuſe que l'acte de priſe d'habit, dont il ne réſultoit aucun engagement ?

Les ſupérieurs du couvent de Riom n'avoient pas ſeulement déſigné Pierre de Panneveyre dans l'acte de priſe d'habit, ainſi qu'ils devoient le déſigner par le nom propre de ſa famille ; ſes pere & mere y ſont auſſi nommés. Ceux de Pierre de la Rochette ne le ſont pas dans l'acte de profeſſion, parcequ'apparemment, diſoit-on, en 1691, lors de cet acte, les pere & mere de Pierre de la Rochette, qui a fait profeſſion, étoient morts : mais ceux de Pierre de Panneveyre étoient encore vivans, & ne ſont morts que très-long-tems depuis.

A l'égard de l'inſcription miſe en tête de l'extrait de l'acte de profeſſion, elle ne devoit, diſoit-on, faire aucune impreſſion. C'eſt à l'acte & non pas à l'inſcription qu'on doit s'arrêter : elle ne fait pas corps avec l'acte. Elle peut avoir été ajoûtée après coup.

coup. Il se peut faire qu'elle ne soit pas sur les registres d'où l'acte a été extrait ; & le Cordelier qui aura délivré la copie de l'acte, a peut-être ajoûté d'office cet intitulé de faveur, dont on l'aura prié de la décorer.

D'ailleurs, tout ce qui a été prescrit par les ordonnances pour constater la validité des vœux en religion, avoit été omis dans les actes en question.

Suivant les ordonnances qui étoient en vigueur au tems de la vêture & de la profession dont il s'agit, ces sortes d'actes, qui décident de l'état des hommes & de celui des familles, doivent être signés 1°. de celui qui a reçû l'habit & fait des vœux religieux. 2°. Des supérieurs des monasteres. 3°. De deux des parens ou amis qui ont été présens à la vêture ou à la profession; d'où l'on peut conclure avec certitude qu'il faut que deux parens ou amis au moins du religieux aïent assisté à l'une & l'autre. Or les extraits communiqués constatoient qu'on avoit violé dans les points essentiels l'ordonnance de 1667, qui avoit été enregistrée & publiée dans tous les tribunaux, vingt-quatre ans avant l'époque de ces actes.

Premiérement l'acte de vêture n'étoit pas signé du novice à qui l'on disoit avoir donné l'habit de frere mineur. Si l'on applique à Pierre de Panneveyre l'acte d'émission de vœux, cet acte n'est signé qu'imparfaitement ; puisqu'il est simplement signé *Petrus* de la Rochette ; c'est-à-dire, qu'il n'est pas signé non plus, car une signature imparfaite ne vaut pas plus qu'un défaut absolu de signature.

L'ordonnance ne se contente pas de la simple apposition d'un surnom, elle veut principalement la signature d'un nom propre. Si elle ne s'en est pas expliquée, ce n'est pas moins son esprit ; & l'on en sent la conséquence sans qu'il soit besoin de la dire. Des actes de cette qualité sont des actes de rigueur, où l'on ne sçauroit trop constater les personnes qui se condamnent, par des vœux, à la perte de la vie civile, ni prévénir avec trop de soin les équivoques & les inconvéniens que produiroit l'incertitude. L'esprit qui animoit le législateur, lors de l'ordonnance de 1667, nous est très-clairement manifesté dans l'article 27 de la déclaration de 1736, qui porte en termes exprès, qu'il sera fait mention du nom & du surnom. Cette mention du nom & du surnom ne se trouvoit ni dans la signature de l'acte d'émission de vœux, ni dans l'énoncé de cet acte, ni dans le certificat de profession écrit ensuite par les supérieurs du monastere. On l'apperçoit dans le certificat de prise d'habit. Pourquoi donc l'a-t-on omis dans celui de profession, s'il est vrai que celui-ci concerne aussi Pierre de Panneveyre de la Rochette ? L'acte de profession étoit-il moins important que celui de vêture ? ou la loi étoit-elle plus expresse, plus rigide pour l'un que pour l'autre ?

Autres contraventions à l'ordonnance. Nulle signature de parent ni d'ami sur l'acte de profession, non plus que sur l'acte de vêture. Nulle mention même qu'aucun parent ou ami y ait été présent.

Tant de vices rassemblés dans ces actes, continuoit-on, forment autant de moïens d'abus ; parceque toute contravention aux loix, commise par les ecclésiastiques séculiers ou réguliers, dans les actes de leur jurisdiction volontaire ou contentieuse, est un abus. Il n'est pas nécessaire que la peine de nullité soit prononcée par les loix pour caractériser l'abus ; il suffit que ce qu'elles ont ordonné, de quelque maniere que ce soit, n'ait point été suivi & exécuté de la part des ecclésiastiques. Par exemple, les formalités prescrites par les ordonnances pour les solemnités des mariages ne sont point ordonnées à peine de nullité ; néanmoins les mariages qui péchent dans l'une ou dans plusieurs de ces formalités sont abusifs, & jugés tels journellement par les arrêts.

M. Gilbert de Voisins, avocat général, ensuite président à mortier, qui porta la parole dans cette cause, appuïa principalement sur ce que l'identité de la personne dont on produisoit les actes de vêture & de profession n'étoit pas prouvée, & ne pouvoit se prouver; puisque l'acte de vêture n'étant pas signé par celui auquel il étoit attribué, on ne pouvoit comparer la signature du novice avec celle du profès ; seul moïen néanmoins de découvrir la vérité dans cette occasion. D'ailleurs, ajoûta-t-il, l'acte de vêture n'étant signé d'aucun témoin, mais du supérieur de la maison seulement, il ne mérite aucune foi quant à sa date. Ainsi, en supposant l'identité de la personne, on peut croire que les vœux du sieur Panneveyre ont été forcés, & qu'aïant été traîné, comme malgré lui, au pié de l'autel, pour y prononcer ses vœux ; le supérieur, pour donner une apparence de forme légale à cet engagement forcé, aura inséré dans les registres un faux acte de vêture, daté d'une année avant les vœux, quoiqu'il n'ait peut-être été inscrit que la veille, auquel cas les vœux seroient nuls ; puisqu'ils doivent être précédés d'une année de probation.

Ce qui porte davantage à ce soupçon de fraude, ajoûta M. l'avocat général, c'est la suppression du nom de famille dans l'acte de profession; ce qui fut peut-être pratiqué de dessein prémédité par le prétendu religieux, pour se réserver un moïen sûr de nullité contre ses vœux forcés.

Sur ces conclusions intervint arrêt le lundi 16 mai 1746, par lequel la cour, faisant droit sur l'appel comme d'abus du mariage interjetté par le procureur général du Roi, a déclaré qu'il n'y avoit abus. Faisant droit sur l'appel comme d'abus, tant de l'acte de vêture, que de celui de profession interjetté par la veuve Panneveyre de la Rochette, a déclaré qu'il y a abus.

Ces arrêts, quoiqu'opposés entr'eux, sont tous conformes à l'esprit de nos ordonnances sur cette matiere. Pour s'en convaincre, il ne faut que chercher quel est cet esprit.

Dans une matiére aussi importante que celle que nous traitons ici, où il s'agit de l'état & de la liberté des citoïens, de la tranquillité des familles, & d'un point essentiel de la discipline ecclésiastique, on ne sçauroit trop prendre de mesures pour constater l'engagement en religion. Le moindre doute sur cet objet doit produire les mêmes effets, que la certitude la plus complette & la plus entiére, en faveur de la liberté: mais comme les doutes dans les matiéres juridiques ne doivent pas, autant qu'il est possible, servir de fondement aux jugemens, nos loix ont apporté toutes les précautions que la prudence humaine peut suggérer pour n'en laisser aucun; & il est certain que toutes les fois qu'elles seront observées dans les actes dont nous traitons ici, il ne pourra jamais y avoir lieu à aucune équivoque. Il doit donc demeurer pour constant que les législateurs n'ont point eu pour objet de prescrire des formalités vaines & embarrassantes. Ils ont voulu que la vérité des faits demeurât constatée. Tel est l'esprit qui les a conduits dans leurs démarches.

Ainsi toutes les fois que ces formalités n'ont point été observées, & qu'il n'y a point de circonstances particuliéres qui puissent suppléer à ces formalités, pour rendre la vérité du fait constante; il est certain que le défaut d'observation forme une nullité radicale.

Mais lorsque le concours d'autres circonstances établissent cette vérité que l'on cherche, quoique la loi n'ait pas été suivie à la lettre, l'objet qu'elle s'est proposé est rempli. On y supplée; & l'on s'attache à la vérité qui se manifeste par d'autres voies que par celles que le législateur avoit indiquées. Ce n'est donc point le défaut de formalités en lui-même qui fait déclarer des vœux nuls; c'est l'incertitude où l'on est de l'existence de ces vœux, & de l'engagement qui en est la conséquence.

Posons donc pour maxime, que toutes les fois que des actes de vêture ou de profession se trouvent n'avoir pas été signés par le religieux qui a pris l'habit, & qui a fait profession; lorsque son engagement a été constant & public, lorsqu'on ne peut répandre ni équivoque ni soupçon de fraude sur sa profession, comme il arrive lorsqu'elle a été suivie d'une possession qui assure l'état du religieux; on ne doit point l'admettre à réclamer, sous ce vain prétexte, contre son état, & à se dégager contre la foi de son engagement. Or toutes ces circonstances, qui se rencontroient dans les quatre premiers arrêts que nous avons rapportés, ne se trouvoient pas dans celui de 1746.

Il faut encore observer qu'une profession nulle en soi peut être validée par le fait même du profès. Si, par exemple, aïant fait profession à seize ans, il reste tranquillement dans la communauté, & qu'il y reçoive les ordres sacrés à l'âge compétent, sous le nom de religieux, c'est une espéce de ratification de sa part, faite dans un âge mûr, & avec réflexion.

Il en seroit de même, si étant sorti du cloître, il passoit quelque tems dans le siécle, vivant en séculier; & qu'ensuite il rentrât dans son monastere de lui-même, sans y être contraint par aucune puissance & par aucune autorité. Cette rentrée seroit un second engagement qui ratifieroit le premier, & le mettroit hors d'état de pouvoir être attaqué.

SECTION IX.

De la personne entre les mains de qui la profession doit être faite.

LA nécessité prescrite par l'ordonnance de 1667, de la signature du supérieur ou de la supérieure, donne assez à entendre qu'il n'y a que l'abbé ou le prieur, l'abbesse ou la prieure, ou tout autre supérieur ou supérieure, quel qu'en soit le nom & la désignation, qui puisse recevoir la profession, s'il n'y a une délégation de sa part, & spéciale à cet effet, en faveur de quelqu'autre religieux ou religieuse. *Cap. ad Apostolicam, de regular.* Voïez Expilly, chap. 26 de ses arrêts.

Cette régle générale souffre une exception: c'est l'usage introduit dans plusieurs monasteres, de faire recevoir les professions par un ſimple religieux. *Conſuetudo enim cujuſque loci ſervanda eſt. Speculat. tractatu de ſtatu Monach.* Voïez Expilly à l'endroit cité. Cet auteur rapporte un arrêt du parlement de Paris du 14 août 1546, qui a adopté cet uſage. Et Chorier, dans la juriſprudence de Gui-pape, en rapporte un du parlement de Grenoble qui a jugé la même choſe.

Au reſte, ſi la profeſſion étoit bien conſtante & réguliére d'ailleurs, ce défaut de formalité n'influeroit en rien ſur ſa validité. Le religieux ne ſeroit pas moins engagé; ſi ce n'eſt que celui qui auroit reçu les vœux, ne l'eût fait ſans la participation & contre le gré de la communauté; parcequ'alors le contrat ne ſeroit pas ſynallagmatique; ce qui ſuffiroit pour l'annuller.

SECTION X.

Dans quel ordre on peut faire profeſſion.

TOUTE profeſſion qui ſeroit faite dans un ordre non approuvé par l'égliſe ſeroit nulle de plein droit. Nous ne connoiſſons de communautés religieuſes que celles dont les ſtatuts ont été approuvés par le pape, en vertu des bulles reconnues & admiſes en France. Sans cette précaution, on verroit tous les jours ſe former des ſociétés dans leſquelles ſe gliſſeroient l'erreur, l'eſprit d'indépendance, & quantité d'autres abus eſſentiellement contraires à la foi, aux bonnes mœurs, au bien & à la tranquillité de l'état. Or des vœux par leſquels on ſe lie vis-à-vis d'un corps qui n'exiſte point, ou qui eſt cenſé ne point exiſter, ne peuvent pas produire d'effet; puiſqu'ils ne ſçauroient avoir leur exécution.

Il n'en eſt pas de même de ceux qui feroient faits dans un monaſtere qui n'auroit pas été fondé ſuivant les loix du roïaume; mais qui ſeroit compoſé de religieux d'un ordre approuvé par l'égliſe & par l'état. Ils ſeroient ſuſceptibles d'exécution dans une autre communauté du même ordre, & lieroient par conſéquent celui qui les auroit prononcés. C'eſt ce qui a été jugé par l'arrêt de 1707, rapporté ci-deſſus, au ſujet des religieuſes de la Viſitation établies en la ville d'Aire.

SECTION XI.

De l'état de la ſanté de celui qui fait profeſſion.

Il faut que le religieux, dans le tems qu'il fait profeſſion, ne ſoit atteint d'aucune maladie incurable qui puiſſe l'empêcher de remplir ſes devoirs; comme ſeroit, par exemple, une épilepſie. Cela a été jugé par un arrêt de 1653. Cet arrêt eſt rapporté par Mongeot.

Mais il faut que les premieres attaques de la maladie aïent précédé la profeſſion. Ainſi jugé par arrêt du 30 août 1706, contre le frere Coûturier, religieux Dominicain. Il avoit obtenu un bref de cour de Rome qui le relevoit de ſes vœux, ſous prétexte d'épilepſie. Ceux qui avoient intérêt d'empêcher qu'il ne rentrât dans le ſiécle, interjetterent appel comme d'abus de ce bref. On fit voir en plaidant ſur l'appel qu'il n'y a ni canon, ni loi qui mette l'épilepſie au nombre des moïens qui rendent la profeſſion nulle; quoiqu'il y ait des ordres réguliers dont les ſtatuts défendent de recevoir des épileptiques. L'arrêt dit qu'il avoit été mal, nullement, abuſivement impétré & exécuté.

Il y avoit dans l'eſpéce de cet arrêt une circonſtance bien remarquable, c'eſt qu'il étoit prouvé qu'avant l'émiſſion des vœux, le frere Coûturier n'avoit eu aucune attaque de cette maladie.

On peut donc établir comme un principe certain, que cette maladie, & autres ſemblables, qui mettent un obſtacle invincible à l'exécution des obligations contractées par la profeſſion, ne ſont pas un moïen pour la faire déclarer nulle; quand elles ne ſurviennent que dans un tems poſtérieur à celui où elle a été légitimement faite : autrement la vieilleſſe même ſeroit un moïen de réclamation; puiſqu'elle rend celui qui en eſt atteint incapable de la plus grande partie des auſtérités de la vie religieuſe.

Au reſte, quand même la profeſſion auroit été faite dans un ordre dont les ſtatuts portent excluſion de ceux qui ſont attaqués de ces maladies, quoiqu'elle ſoit nulle en ſoi, un ſimple *exeat* des ſupérieurs réguliers ne ſuffiroit pas pour remettre le profês dans le ſiécle, & le rendre capable de ſuccéder & des autres effets civils, ſi ſa réclamation n'avoit été admiſe, & ſes vœux déclarés nuls par ſentence de l'official, en la forme ordinaire, que nous indiquerons au livre IIIe de cette troiſiéme partie.

LIVRE II.

Des effets de la profession en religion.

POUR bien connoître quels sont les effets que produit la profession en religion, légitimement faite, il est nécessaire d'examiner quel est l'état du religieux rélativement à la société : mais comme cet état étoit différent chez les Romains de ce qu'il est parmi nous, nous examinerons d'abord les loix & la jurisprudence Romaine sur cette matiére. Nous passerons ensuite à l'examen des changemens qui sont arrivés chez nous rélativement à cet objet, & des gradations par lesquelles on est parvenu à établir la discipline telle que nous la pratiquons de nos jours.

Nous passerons à la discussion des suites de cette discipline par rapport à l'engagement que contracte un religieux, tant vis-à-vis de la communauté dans laquelle il est admis, que vis-à-vis de la société en général ; & sur ce dernier objet nous suivrons à peu près le même ordre que celui que nous avons suivi en parlant de la mort civile résultante d'une condamnation.

CHAPITRE I.

Quel étoit l'état des religieux chez les Romains.

IL est constant que les religieux chez les Romains n'étoient point morts civilement : mais pour établir cette vérité, & donner l'idée la plus exacte qu'il est possible de l'état de ces religieux, il est bon de rapporter les dispositions des loix qui les concernent, & de tâcher d'en bien pénétrer le sens.

Avant que Constantin eût mis la religion chrétienne sur le trône, la profession monachale ne pouvoit influer en rien sur les effets civils, & sur la capacité de ceux qui l'embrassoient. La société ne pouvoit pas connoître des engagemens qui n'étoient contractés qu'en conséquence d'une religion que l'état ne connoissoit point. Nous ne reconnoîtrions pas des vœux prononcés en France, suivant le rit musulman, par une société de sectateurs de Mahomet. Nous n'avons donc à examiner que les loix faites sur cette matiére, depuis que les lumiéres du christianisme eurent dessillé les yeux des empereurs.

Les religieux ne pouvoient pas prendre l'habit aussi-tôt qu'ils entroient dans le monastere : car, quoique l'usage des vœux solemnels ne fût pas encore introduit, cependant, attendu que ce changement d'état devoit être perpétuel, & qu'il y avoit même des peines contre ceux qui abandonnoient leur monastere ; les empereurs voulurent que les sujets fussent éprouvés avant que d'être admis à l'état monastique.

La novelle 5 de Justinien, chap. 2, défend aux supérieurs de donner l'habit à qui que ce soit, sans avoir éprouvé le sujet qui se présente pendant trois ans : mais les moines trouverent sans doute ce terme trop long. Ils obtinrent de l'empereur qu'il modifiât cette loi. Par la novelle 123, chap. 35, lorsque le sujet qui se présentoit étoit connu, & qu'on étoit sûr qu'il étoit libre, on pouvoit lui donner l'habit sur le champ : mais s'il étoit inconnu, ou que l'on sçût qu'il avoit quelque engagement dans le monde, il falloit différer pendant trois ans ; & si pendant ce tems on venoit à découvrir ou qu'il fût esclave, ou qu'il fût colon, ou qu'il eût quelqu'autre engagement pareil, ou qu'il eût commis quelque faute dont il vouloit éviter la punition, il falloit le renvoïer avec tout ce qu'il avoit apporté. Si pendant les trois ans on ne découvroit rien de semblable, & qu'il convînt d'ailleurs, on pouvoit lui donner l'habit ; & il étoit défendu de l'inquiéter en quelque façon que ce fût pour le passé, *donec tamen deget in monasterio*, ajoûte la loi.

La novelle 5, chap. 2, dont nous venons de parler, enjoint aux abbés & supérieurs de s'informer soigneusement des motifs qui ont porté ceux qui se présentent à embrasser la vie monastique, & de les éprouver avant de les aggréger au nombre des moines. *Non enim*, dit cette loi, *facilis est vitæ mutatio, sed cum animæ fit labore.*

Quelques auteurs ont prétendu que ces termes *vitæ mutatio*, désignent un changement d'état, tel que celui que l'on appelloit *capitis minutio*, & qui, comme nous l'avons vû au commencement de cet ouvrage, portoit atteinte à la vie civile. Mais il ne faut que prêter un peu d'attention, pour entendre que l'empereur n'a eu en vûe par cette expression, que le changement qui doit arriver dans la façon de vivre, laquelle devient nécessairement plus austère que celle que l'on menoit dans le siécle. On renonce au tumulte & aux embarras du monde pour se livrer à la pénitence, à la priére & à la méditation : mais cela n'influoit en rien sur la qualité de citoïen, & sur les facultés qui en résultent.

Il est vrai que la profession en religion opéroit un véritable changement d'état dans les esclaves qui l'embrassoient; puisqu'elle les affranchissoit de la servitude, & que leurs maîtres ne pouvoient plus les réclamer, même pendant le noviciat, lorsque la réclamation n'avoit d'autre motif que la qualité d'esclave. Il falloit, afin qu'ils pussent réussir, qu'ils prouvassent que l'esclave les avoit volés, ou qu'il s'étoit réfugié dans le monastere pour se mettre à l'abri de quelque punition qu'il méritoit. *Novell.* 5, *cap.* 2, §. 1.

Tel étoit le changement d'état que produisoit la profession en religion. Elle procuroit la liberté à ceux qui étoient esclaves auparavant, lorsqu'ils n'avoient d'autre objet dans leur démarche que de se consacrer à Dieu : mais elle n'imposoit aucun lien indissoluble; puisqu'on pouvoit la quitter quand on le jugeoit à propos, comme il paroît par les derniers mots du chapitre 35 de la novelle 123; où il est dit que, si pendant les trois ans d'épreuve que doivent faire ceux qui ne sont pas connus, il ne survient aucune plainte contr'eux, on doit leur donner l'habit; & qu'ils seront à l'abri de toute recherche, tant qu'ils demeureront dans le monastere, *donec tamen deget in monasterio.* Ils en pouvoient donc sortir.

Les religieux participoient à la vie civile, comme le démontrent les autres textes dont nous allons parler : on voit d'abord qu'ils avoient la faculté de tester. La loi 13, *cod. de sacro-sanct. eccl.* donnée en 455, accorde aux vierges & aux veuves consacrées à Dieu, de quelque nom ou dignité qu'elles soient revêtues, la faculté de pouvoir laisser par testament leurs biens ou partie d'iceux aux églises, au clergé, au monastere, ou aux pauvres. *Generali lege sancimus, sive vidua, sive diaconissa, sive virgo Deo dicata, vel sanctimonialis mulier, sive quocumque alio nomine religiosi honoris, vel dignitatis fœmin anuncupata : vel testamento, vel codicillo suo (quod tamen aliâ omni juris ratione munitum sit) ecclesiæ, vel martyrio, vel clero, vel monacho, vel pauperibus aliquid, vel ex integro, vel ex parte, in quâcumque re, vel specie, crediderit relinquendum, id modis omnibus ratum firmumque consistat; sive hoc institutione, sive substitutione, seu legato, aut fideicommisso per universitatem, seu speciali, sive scriptâ, sive non scriptâ voluntate fuit derelictum; omni in posterum in hujuscemodi negotiis ambiguitate submotâ.*

Il est vrai que cette loi paroît avoir été faite, plutôt pour lever les doutes qui pouvoient naître sur l'incapacité de recevoir par teſtament, qu'on auroit pu alléguer contre les corps & communautés eccléſiaſtiques, que pour rendre les religieux capables de teſter : d'ailleurs on peut objecter qu'elle eſt particuliere aux femmes : mais, étant priſe même en ce ſens, elle prouvera toujours que les religieuſes avoient le pouvoir de teſter.

Voici une autre loi plus préciſe : c'eſt la loi 20, *cod. de epiſcop. & cleric.* antérieure de vingt ans à celle qu'on vient de citer. Elle décide que ſi quelque religieux, ou religieuſe meurt *ab inteſtat*, ſans laiſſer ni aſcendans, ni deſcendans, ni agnats, ni cognats, ni femme, les biens appartiendront au monaſtere ; à moins que le religieux ne fût adſcriptice, ou affranchi, ou qu'il ne fût de quelque tribu à laquelle ſa ſucceſſion fût affectée : car alors ſes biens retourneront ou au propriétaire de la terre dont il étoit adſcriptice, ou à ſon patron, ou à ſa tribu ; ſauf au monaſtere à exercer les actions qui pourroient réſulter de l'adminiſtration confiée au religieux. *Si quis preſbyter, aut diaconus, aut diaconiſſa, ſeu ſubdiaconus, vel cujuſlibet alterius loci clericus, aut monachus, aut mulier quæ ſolitariæ vitæ dedita eſt, nullo condito teſtamento deceſſerit, nec ei parentes utriuſque ſexûs, vel liberi, vel qui agnationis, cognationis-vè jure junguntur, vel uxor extiterit ; bona quæ ad eum, vel ad eam pertinuerunt, ſacroſanctæ eccleſiæ vel monaſterio, cui fortè fuerat deſtinatus, aut deſtinata, omnifariàm ſocientur ; exceptis his facultatibus, quas fortè cenſibus adſcripti, vel juri patronatûs ſubjecti, vel curiali conditioni obnoxii clerici, vel monachi, cujuſcumque ſint ſexûs, relinquunt. Neque enim juſtum eſt bona, ſeu peculia quæ aut patrono legibus debentur, aut domino poſſeſſionis, cui quis eorum fuerat adſcriptus, aut ad curias, pro tenore dudùm latæ conſtitutionis, ſub certâ formâ pertinere noſcuntur ; ab eccleſiis, aut monaſteriis detineri ; actionibus videlicet competentibus ſacroſanctis eccleſiis vel monaſteriis reſervatis, ſi quis fortè prædictis conditionibus obnoxius, aut ex geſtis negotiis, aut ex quibuſlibet aliis eccleſiaſticis actionibus obligatus obierit.* Cette loi établit, en termes bien précis, que les religieux avoient la faculté de teſter, & même de tranſmettre leurs biens par ſucceſſion ; d'où il ſuit néceſſairement qu'ils avoient la poſſeſſion de leurs biens ; ce qui eſt abſolument incompatible avec l'état de mort civile.

Tel étoit le premier état de la juriſprudence romaine à l'égard des religieux. L'empereur Juſtinien y apporta quelques changemens. Il ne donne aux religieux la faculté de teſter, qu'avant d'entrer dans le monaſtere, c'eſt-à-dire, avant de faire profeſſion ; parceque cet empereur décide que la profeſſion conſacre à Dieu la perſonne de celui qui la fait, & ſes biens, dont il ceſſe d'être propriétaire, & dont par conséquent il ne peut plus disposer : c'est pourquoi si le religieux ne disposoit pas de ses biens avant d'embrasser la vie monastique, ils étoient acquis au monastere. *Autent. Nunc autem. Cod. de episcop. & cleric.*

Un religieux, quand il avoit des enfans, pouvoit donc leur partager ses biens : il ne pouvoit même leur donner moins de leur légitime. S'il ne le faisoit pas, la loi y suppléoit. S'il vouloit leur partager tout son bien, alors il faisoit nombre avec eux, & sa portion virile appartenoit au monastere. Voici les termes de l'authentique *si qua*, au code *de sacro-sanct.* tirée de la novelle 123, ch. 38. *Sed si persona liberos habens, antequam de rebus suis inter eos disponat, monasterium intret, liceat ei posteà inter eos dividere, legitimâ nulli diminutâ; & quod eis non dederit, monasterio competet. Sed si omnem substantiam inter eos filios dividere voluerit, sua persona filiis connumerata, partem sibi retinet, quæ monasterio competere debet : sed si, post ingressum monasterii, moriatur antequam inter eos dividat, filii legitimam percipient, reliquâ substantiâ monasterio competente.*

Les religieux ne pouvoient donc plus tester, suivant le droit des novelles : mais les loix ne les déclarent pas pour cela morts civilement : elles ne les déclarent pas même incapables de tester. Nous voïons au contraire que toutes les opérations dont nous venons de parler se pouvoient faire par le religieux, après qu'il avoit acquis cette qualité par la prise d'habit, qui étoit alors la seule formalité de la profession. Justinien n'avoit d'autre but dans ces dispositions, que de favoriser les monasteres, en les rendant propriétaires des biens de ceux qui y entroient; & si le religieux ne pouvoit plus en disposer, ce n'étoit point par une suite d'aucune incapacité nouvellement survenue en lui par sa profession; c'est qu'il étoit dépouillé de la propriété qui passoit au monastere : ainsi, quoique dans le fond il conservât la faculté de tester, elle devenoit inutile; puisqu'elle demeuroit sans objet. Enfin cette incapacité étoit si peu réelle, qu'il pouvoit encore disposer des biens qu'il quittoit avec une certaine liberté. Il ne pouvoit pas à la vérité ôter la légitime à ses enfans : mais il pouvoit ou les y réduire, ou leur donner davantage; pourvû qu'il se réservât une portion virile, qui tournoit au profit du monastere.

Il y a plus. Les enfans, quoique religieux, étoient capables de succéder à leur pere, lors même qu'ils avoient embrassé cet état contre leur consentement. *Nullam verò licentiam damus aut parentibus filios, aut filiis parentes secularem vitam sectantes & relinquentes, velut ingratos à suâ excludere hæreditate, monasterium, aut monas-*

ticam vitam ſubſecutos. C'eſt la diſpoſition de la novelle 123, ch. 41, qui ne fait que confirmer ce qui avoit déja été établi par des loix précédentes du même empereur. *L.* 55 & 56, *cod. de epiſcop. & cleric.*

Il faut convenir que la loi 85 dit que, ſi les enfans viennent à abandonner le monaſtere pour rentrer dans le ſiécle, leurs droits appartiendront au couvent qu'ils auront abandonné. *Quòd ſi illi monaſteria, aut eccleſias relinquant, atque mundani fiant, omne ipſorum jus ad monaſterium, aut eccleſiam pertinet.* Mais il eſt facile de ſentir que cette diſpoſition n'établit point d'incapacité dans la perſonne du religieux, & qu'elle n'a pour objet que de punir ſon inconſtance. La même peine eſt prononcée par la même loi contre les clercs qui abandonnoient l'état eccléſiaſtique; quoiqu'on ne pût pas dire que ceux-ci n'euſſent pas la faculté de donner, de recevoir, & tous les autres effets civils.

Cette diſpoſition même, loin de prouver que les moines fuſſent en état de mort civile, établit ſans replique qu'ils conſervoient toujours leur état. En effet, s'ils étoient morts civilement, ce n'étoit certainement qu'en leur qualité de moines : mais, puiſqu'ils pouvoient abdiquer cette qualité, il eſt impoſſible qu'elle imprimât la mort civile.

Nous avons fait voir en pluſieurs endroits, en parlant de la mort civile opérée par la condamnation, que ce n'eſt autre choſe qu'une fiction, qui a été introduite à l'imitation de la mort naturelle, & que toute fiction doit imiter la nature. Or il ne dépend pas d'un homme mort naturellement de ſe rappeller à la vie quand il le juge à propos. On meurt pour ne plus jamais revivre. Il en eſt de même de la mort civile. Encourue une fois, elle eſt irrévocable. Lors donc que l'on peut ſecoüer, quand on le juge à propos, le joug d'un état, il eſt certain que cet état ne produit point la mort civile. Puis donc que les moines pouvoient, chez les Romains, abdiquer cette qualité à leur volonté, il eſt conſtant qu'elle ne pouvoit pas les conſtituer en état de mort civile.

Au ſurplus, cette loi n'eſt pas la ſeule qui prouve que les moines pouvoient ſe reſtituer au ſiécle quand ils le jugeoient à propos. La loi 53, *cod. de Epiſcop.* porte que, ſi un religieux abandonne ſon couvent, il doit être rendu à ſa tribu; & s'il eſt riche, on doit lui donner une des charges publiques les plus onéreuſes, & les plus diſpendieuſes.

De pareilles diſpoſitions auroient-elles pû avoir lieu à l'égard d'un homme mort civilement, qui eſt incapable de poſſéder, d'acquérir, & de remplir aucune fonction dans l'état ? Elles sont encore répétées dans la novelle 123, chap. 42, qui porte que, quand un moine abandonne son monastere, il doit, pour la premiere fois y être réintégré; & s'il en sort encore une seconde fois, il doit être mis dans les charges dont nous venons de parler.

Il est vrai que l'empereur Leon, dans sa huitiéme constitution, témoigne quelque étonnement d'une pareille disposition. Il la rèforme, & ordonne que tout moine qui abandonne son monastere y soit réintégré. *Subit mirari*, dit-il, *quomodò lex vetus iis qui monasticæ vitæ exercitationi se mancipassent, deindè verò stationem suam & ordinem deseruissent, quomodòque sacræ litteræ habent, tanquam canes ad suum ipsorum vomitum, aut sues ad pristinæ vitæ cœnosam cloacam reversi essent, ac profanorum in habitu statuque se ipsi collocassent, improbum hoc scelus tentari, omninòque perfici permiserit. Jubet enim, ut qui semel monasticæ vitæ institutum reliquerint, undè flagitiosè exissent, reverterentur; qui verò iterùm id ausi essent, ex eo tempore pulsi monachatu, inter cohortales provincialis cohortis recenserentur. Atqui si, ut desertor ordinis, profanorum habitu indueretur, id illi statuto pulchrum visum fuit, quid causæ est cur ipsum ab initio ita non vestierit: sed ut qui monachus professionem suam semel deseruerit, is ad illam quamlibet invitus denuò cogeretur, constituerit? Si hoc ita præcipi decorum putavit, quare in eodem decreto non consistit, sed tanquam ipsum placiti sui pœniteat, miserum illum monachum ad militarem vitam protrahit? Nequaquam verò id nobis esse fas videtur, neque qui in divinæ militiæ legiones receptus sit, hunc in mundanis militiis placet collocari. At contrà, quod ecclesiastico ordini observari debere visum est, ut si quis sæpiùs, vitam monasticam aspernatus vagetur, huic profanum habitum recipere non concedatur, id per legem etiam nos jubemus. Si enim qui vitam monasticam exuit, mundanæ voluptatis velut asylo concitus id facit; quæ ratio est, tametsi semel cupiditatis suæ motu prohibitus sit, cùm si rursùm ad hoc faciendum animum appellat, se ad finem insolens suum consilium perducturum, ac in profanorum statum recipiendum esse sciat, ut is non omnibus modis monasticæ vitæ institutum iterùm communi vivendi modo mutet?*

Mais tout cela ne prouve point que les religieux fussent incapables des effets civils : cela prouve seulement que depuis cet empereur ils ne pouvoient plus cesser d'être moines : mais ils ne perdirent pas pour cela la vie civile. L'archevêque de Constantinople voulut sçavoir si les monasteres devoient succéder aux biens que chaque moine avoit acquis depuis sa profession. Il s'adressa à ce prince, qui comprit mieux que n'avoient fait ses prédécesseurs, combien il étoit important de ne pas tant enrichir les monasteres. Il répondit au prélat par sa cinquiéme constitution, laquelle porte qu'il ne convient point que des hommes qui font profession de mépriser les richesses, envahissent des biens à quelque titre que ce soit; & il ajoûte que chaque religieux doit avoir le pouvoir de disposer des biens qu'il a acquis depuis qu'il est entré en religion.

Quoique cette constitution soit d'une certaine étendue, nous croïons devoir la rapporter dans son entier; parceque d'un bout à l'autre elle respire l'état civil des moines. *Quoniam de monachorum bonis, quæ post susceptam vitam monasticam coacervassent, persæpè nobis unà cum Dei amantissimis sub te primariis sacerdotibus dubitare te, (ô divinum, & ut mundo præluceas, in magno ecclesiæ firmamento à principe homine collocatum lumen) dixisti, an constitutione factâ monachos istius modi bonorum dominos designari oporteret, an verò ipsos ab illorum dominio arceri conveniret; nimirùm quòd, tanquam nubes, quæ istinc ambiguitas existit, rationis radios, quominùs perspicuè ea res dijudicari possit, subeat & offuscet; quoniam, inquam, de hoc dubitantes variis nos postulationibus ad hujus rei considerationem unà nobiscum suscipiendam hortati estis; nos, ut in aliis, ita & hîc sacerdotalem tuam dignitatem venerantes, ad satisfactionem petitionis tuæ accingimur. Ac illa quidem primùm à nobis dicantur, quæ à veteribus, de illis qui se jam in monasticam rempublicam adscribi volunt, constituta sunt. Illis nempè de rebus suis priùs testandum esse, ac deindè ad concupitum vitæ institutum procedendum, nec dispositionem rerum suarum vitæ suæ mutatione anticipandam. Nam si hoc ita evenisse constet, non ampliùs ipsis jam tonsis ut de rebus suis quicquam statuant permittendum esse; omnemque substantiam, in quâ ecclesiâ tonsi sunt, illi cessuram. Quod sanè de iis qui vitam monasticam jam subierunt decretum, extrà quam si liberi qui hæreditatem petant supersint, & optimum, & ita, ut nemo possit meliùs, constitutum est, tum nec addi, nec adimi illi quicquam queat. Etenim qui antè mutatam vitæ rationem, cùm bonorum dispositionem in arbitrio suo positam haberet, de iis statuere noluerit, meritò postmodùm id facere prohibetur, uti qui se ipse in has angustias conjecerit. Propterea enim quòd, cùm licitum ipsi esset, prædisponere res suas testamento noluerit, ejus posteà faciendi facultatem, tanquam ab ipso damnatam, sibi adimi, id verò jure longè optimo sustinet. Cæteroquin etiam, quomodò non absurdum fuerit, si quis se ab hujus vitæ curis sejunxerit, illarum adhuc onus sufferat, indèque, promanente molestiâ, prematur? Liberos igitur, qui in monachorum numerum adscriptus est, quemadmodùm dixi, quandò non habet, non profectò hoc decretum decreto alteri cedat. At si liberi supersint (non enim tunc illos, propter parentis silentium, damno affici fas esset) non omninò testamenti ordinationem monachicus habitus impediat : sed monifestum est quod de liberorum portionibus testari poterit, quæ illis æquabili legitimâque divisione attribuentur. Quæ verò pars ad ipsum respicit, in eâ testamenti factio deficiat ; quippè quæ integra ad monasterium pertineat. Cæterùm si mors etiam (ut multi sunt rerum humanarum casus) subitò superveniens rerum distributionem intercipiat, neque tunc quidem quæ liberis succurrat dispositio omninò conticebit : sed, secundùm dictum modum, quæ ad illos pertinent legitimo ipsis jure separabuntur ; residuum autem involabit monasterium. Atque hæc quidem de hisce facultatibus quas antè susceptam vitam monasticam habuerit quisquam. Verùm, de quo paterna vestra beatitudo prodire decretum petiit (de iis nimirùm rebus quæ post monasticæ vitæ susceptionem accesserunt) de eo hoc statuimus, ut indè ab eo tempore ex quo monasticæ vitæ rationem susceperit, consideratione procedente, quæ postmodùm ab ipso comparata sunt discernantur. Non enim quòd qui à profanâ vitâ ad monasticam transit, nisi priùs testetur, testandi postmodùm facultate privatur ; ideò & de iis quæ postmodùm conquisierit quicquam statuere in universum prohibeatur. Illic namque jure testamenti factione privatur, quia, cùm ipsi in profano statu res adhuc tractanti aliquid constituere integrum esset, eo ipso quod id non fecit, seipse in has angustias circumcluserit. Hîc verò nihil simile est, ut quisquam aut à seipso, aut ab alio prohibeatur. Quòd si quis dicat, hoc solo nomine quòd monachus sit, monasterium omnia esse percepturum, haud scio ; si istius modi quæ monachos deceant statuat. Primùm enim an qui homines opum contemptum professi sunt, hos ita illas amplecti, ac quacumque ratione retinere convenit ? Deindè sint alicui cognati pauperes, aliquive noti qui consolatrice manu indigeant : quomodò non ab omni humanitate alienum, nullo illos ex cognati rebus sublevamine dignari, tanquam non modò peregrinos, sed & cognatos amicosque propellere, atque omnia ad se trahere, monachis decorum sit, quemadmodùm helluones voracesque homines nullam omninò partem aliis qui unà accumbunt relinquere velle videmus ? Neque enim servus servitutis vinculis liberatur, neque egenus commiseratione potitur, non alius quisquam necessitatibus pressus consolationis fructum invenit, cùm monachi facultates monasterio dantur. Ac propter hoc sanè statuimus, ut si quis, quo tempore monasticam vitam suscepit, ecclesiæ quidpiam consecrarit, illi circà res postmodùm comparatas liberum ratumque judicium sit, quomodocumque de illis statuere velit : sin nihil omninò ab initio in monasterium allatum sit, tum ut bifariàm substantia dividatur, ita ut una pars in bessem, altera verò in trientem circumscribatur, ac monachus quomodocumque ipsi visum fuerit de besse testamento statuat ; triens autem applicetur monasterio. Atque hæc quidem, de quibus requisitis, nostra decrevit potentia.*

On voit que cette loi ôte à la vérité aux moines la faculté de tester de la totalité des biens qu'ils avoient lorsqu'ils ont embrassé la vie monastique : mais, en bornant cette faculté, elle ne l'ôte pas en entier. *Non omninò testamenti ordinationem monachicus habitus impediat.*

On voit ensuite que non-seulement ils conservent la faculté de tester d'une partie des biens qu'ils avoient avant d'entrer dans le monastere ; mais qu'ils peuvent, étant moines, acquérir des biens, & en disposer par testament, comme ils le jugent à propos, à l'exception de la portion qui est réservée au monastere. *Non enim quòd, qui à profanâ vitâ ad monasticam transit, nisi priùs testetur, testandi postmodùm facultate privatur ; ideòque & de iis, quæ postmodùm conquisierit, quicquam statuere in universum prohibeatur.* Les moines, suivant cette constitution, qui est postérieure à toutes les loix de Justinien, pouvoient donc acquérir, & disposer de leurs acquisitions. Or ces deux facultés sont essentielles au citoïen, & excluent toute idée de mort civile.

Cette constitution nous donne encore lieu d'observer qu'on ne pratiquoit point la novelle 133 de l'empereur Justinien, qui donne de si belles idées de la vie monastique. *Dudùm quidem scripsimus constitutionem, volentem monachos propria neque habere habitacula, neque substantias congregare, neque vitam habere sine testimonio .... sancimus nullam penitùs habere licentiam separatim habitandi, neque appellatam cellulam .... nullum tamen omninò proprium habere ; sed in commune vivere diebus & noctibus.*

On voit aisément que l'intention des législateurs avoit été d'obliger les moines à observer une retraite rigoureuse, & à s'appliquer à remplir exactement les devoirs de leur état. On trouve des loix qui leur défendent de se répandre dans les villes, & d'avoir communication avec les séculiers. *L. 29, cod. de Episcop. Nov. 133, cap. 3.*

Cependant ces mêmes loix supposent un être civil aux religieux & aux religieuses, puisqu'elles supposent qu'ils ont encore un commerce d'affaires avec les autres citoïens. C'est une conséquence qui résulte nécessairement des novelles 79, ch. 1, & 123, chap. 27 & 42, qui nomment des juges pour décider les procès des religieux & religieuses, & veulent que chaque monastere ait deux ou trois personnes choisies, pour avoir soin des affaires du couvent, & de celles de chaque religieux, afin d'éviter les occasions de se distraire & de se dissiper.

Nous observerons encore que la loi 52, *cod. de Episc.* exempte les

les clercs & les religieux de tutelles & curatelles. Mais ce privilége n'eſt fondé ſur aucune incapacité de leur part : il n'a pour motif que de les débarraſſer de toute affaire temporelle, afin qu'ils puiſſent s'attacher avec plus d'éxactitude & de fidélité au miniſtere dont ils ſont chargés. La loi le dit bien formellement : *cùm propter hoc ipſum beneficium eis indulgeamus, ut, aliis omnibus derelictis, Dei omnipotentis miniſteriis inhæreant.* Sans cette raiſon même, la loi auroit été ſuperflue ; car ſi les religieux avoient été regardés comme morts civilement, leur état les auroit eſſentiellement exclus de toute fonction civile.

L'empereur Leon, qui, comme on la vû plus haut, aſſuroit aux moines la faculté d'acquérir & de teſter, nous apprend auſſi que ce n'eſt point par un défaut de capacité, ni par une privation de la vie civile, qu'ils étoient déchargés des tutelles & des curatelles ; puiſque ce même prince leur accorde le pouvoir d'être exécuteurs teſtamentaires. Les religieux, dit-il, qui ſont exempts des charges publiques, aïant été choiſis par pluſieurs citoïens pour exécuter leurs teſtamens, on les a regardés comme des eſpéces de tuteurs, à cauſe des ſoins qu'ils ſont obligés de ſe donner ; de ſorte qu'on a douté s'ils pouvoient être exécuteurs teſtamentaires : & il décide que s'ils ne peuvent être tuteurs ni curateurs, c'eſt parceque cela les diſtrairoit trop du ſervice divin ; mais que, comme les ſoins qu'exige la commiſſion d'exécuter un teſtament ne ſont pas de nature à leur occaſionner des diſtractions préjudiciables au ſervice divin, ils peuvent être choiſis pour exécuteurs teſtamentaires. *Conſtitut.* 68 *Imperat. Leonis.*

On trouve, il eſt vrai, des loix qui prononcent la diſſolution du mariage, lorſque l'un des deux conjoints embraſſoit la vie monaſtique, & qui donnent pouvoir à celui des deux conjoints qui reſtoit dans le monde, d'exercer tous ſes droits, comme ſi la diſſolution du mariage étoit arrivée par le décès de l'autre ; enſorte qu'il pouvoit même ſe marier. La femme ne pouvoit cependant convoler à de ſecondes nôces qu'un an après l'entrée de ſon mari dans le monaſtere, *propter ſeminis incertitudinem. Nov.* 123, *cap.* 40, *& l.* 53, *§.* 3, *de Epiſc.* Mais c'eſt ce qui ne ſuppoſoit point ſuivant leurs principes la mort civile du religieux : car les Romains même devenus chrétiens, ont toujours regardé le mariage comme un contrat qui ne ſubſiſtoit, & ne ſe conſervoit que par le conſentement des parties, leſquelles devenoient tellement libres, lorſque ce conſentement ceſſoit, qu'ils pouvoient ſe quitter mutuellement, & ſe remarier avec d'autres perſonnes, du vivant l'un de l'autre.

Cette jurisprudence a toujours été en usage dans l'empire, non-seulement durant le paganisme, comme on le voit par différentes loix du digeste, *dirimitur matrimonium divortio. L. 1, ff. de divort. & repud.* mais aussi sous les premiers empereurs chrétiens, pendant & après le régne de Justinien même. *Consensu licita matrimonia posse contrahi; contracta, non nisi misso repudio dissolvi præcipimus. L. 8, cod. de repud. Si, constante matrimonio, communi consensu tam viri quàm mulieris, repudium sit missum, quo nulla causa continetur, quæ consultissimæ constitutioni divæ memoriæ Theodosii & Valentiniani inserta est, licebit mulieri non quinquennium expectare; sed, post annum, ad secundas nuptias convolare. L. 9. eod.* Ces dispositions sont maintenues & confirmées par le droit des novelles. *Illud quoque disponendum esse perspeximus, ut si quandò inter maritum & uxorem nuptias solvi contigerit, ex hujusmodi nati filii, nullo modo lædantur ex separatione nuptiarum, sed ad parentum hæreditatem vocentur, patris substantiâ indubitanter alendi. Et si quidem pater occasionem separationis præbeat, & mater ad secundas non venerit nuptias, apud matrem nutriantur, expensas patre præbente, &c.* Ces termes prouvent bien clairement que Justinien non-seulement autorisoit le divorce; mais qu'il permettoit aux conjoints de se remarier à d'autres, après s'être séparés.

On regardoit le pouvoir de se quitter, par le moïen du divorce, comme une chose si juste & si raisonnable, qu'il n'étoit pas permis aux contractans de se priver de cette liberté, par une stipulation pénale: il falloit se contenter des peines que la loi imposoit à celui qui causoit un divorce injuste & sans fondement. *Si stipulatio facta fuerit,* si culpâ tuâ divortium factum fuerit, dari, *nulla stipulatio est; quia contenti esse debemus pœnis legum comprehensis; nisi si & stipulatio tantumdem habeat pœnæ, quanta lege sit comprehensa. L. 19, ff. de verb. obligat.*

Or le divorce se faisoit, ou du consentement mutuel des parties, qu'ils appelloient *bona gratia*, auquel cas il dépendoit absolument de leur convention de se tenir mutuellement quittes des gains nuptiaux, ou de s'avantager comme bon leur sembloit: ou le divorce arrivoit par la seule inconstance de l'un des conjoints, & par son opiniâtreté contre l'autre; auquel cas, comme il n'y avoit point de cause légitime, celui qui le provoquoit étoit sujet aux peines *injusti dissidii*, qui ont été différentes, suivant les différens tems. S'il y avoit cause légitime, il n'y avoit aucune peine contre celui qui le demandoit; mais celui qui en étoit cause étoit puni; & sur-tout quand cette cause étoit accompagnée de quelque crime : & cela se discutoit par le droit ancien, *judicio de moribus*.

Comme les causes qui pouvoient faire regarder le divorce comme forcé étoient anciennement incertaines, & dépendoient de la liberté des juges & des parties ; Théodose, & après lui Justinien, les ont voulu rendre certaines, & les ont expliquées assez au long dans la loi 8, *cod. de divortiis*.

Il est inutile de nous étendre davantage sur cette matiére. Il suffit d'avoir prouvé que le mariage, chez les Romains, pouvoit être dissous, sans qu'il y eût ni mort naturelle, ni mort civile ; que les loix autorisoient cette dissolution, & contenoient même des dispositions expresses, pour en régler la maniére & les suites. Concluons donc que toutes les fois qu'un mariage étoit rompu entre deux conjoints encore vivans, ce n'étoit point une raison pour regarder aucun des deux comme mort civilement.

Il y a plus. La mort civile n'opéroit même pas la dissolution du mariage ; puisque les loix du code & du digeste, & la novelle 22, établissent que le mariage n'étoit point détruit par la déportation, quoiqu'elle opérât la mort civile.

Quelle étoit donc la raison qui avoit déterminé les législateurs à prononcer la dissolution d'un mariage, quand un des deux conjoints entroit dans un monastere ? C'est que la vie monastique étant absolument incompatible avec les devoirs du mariage, on présumoit que celui qui embrassoit cette vie usoit du droit qu'il avoit de rompre un contrat dont les engagemens ne lui convenoient plus : mais on ne croïoit pas devoir ôter à celui des deux conjoints qui restoit dans le monde la faculté de donner des citoïens à l'état. La propagation étoit trop précieuse aux yeux des législateurs. C'est la raison pour laquelle on lui donnoit le pouvoir de contracter un autre mariage.

Nous croïons en avoir dit assez, pour faire voir que les moines jouïssoient à Rome de la vie civile comme les autres hommes. Nous allons examiner quelle étoit la jurisprudence de nos ancêtres sur cette matiere ; & quelle est celle que nous observons aujourd'hui.

CHAPITRE II.

Quel est l'état des religieux parmi nous ?

ON ne ſçauroit révoquer en doute que, pendant les premiers ſiécles de la monarchie, la profeſſion en religion ne faiſoit point perdre la vie civile. Il eſt conſtant que les moines la conſervoient du tems de Charlemagne ; d'où l'on peut conclure en toute aſſurance que c'étoit la même choſe dans les tems qui ont précédé ſon régne ; ce changement de diſcipline ne s'étant introduit que peu à peu. Or les capitulaires contiennent à cet égard des diſpoſitions préciſes ; & qui démontrent que les religieux pouvoient rentrer dans le ſiécle en ſe ſoumettant à certaines peines qu'ils encouroient pour raiſon de leur inconſtance.

Si monachus monaſterium ſuum dimiſerit, omnia bona ipſius, & quæ in monaſterium introduxit, & quæ non introduxit, Domino monaſterii ſint, & ipſe officio præſidis ſervire cogatur. Lib. 5, cap. 226.

Si autem monachus laïcus factus fuerit, honore & cingulo ſpolietur, & res ejus monaſterio adjiciatur. Quòd ſi monaſticam vitam reliquerit, præſes provinciæ eum teneat, & curiæ ſuæ connumeret. Cap. 228. eod.

On voit que les moines qui quittoient étoient à la vérité punis : mais on ne les forçoit point à rentrer dans leur monaſtere ; d'où il ſuit néceſſairement qu'on ne les regardoit pas comme indiſſolublement liés, ni même comme morts civilement ; puiſqu'on leur impoſoit des charges du ſiécle.

Quelques auteurs prétendent prouver le contraire, & ſe fondent ſur un ancien uſage établi en France, de faire raſer & enfermer dans des monaſteres ceux qu'on vouloit priver de la ſucceſſion de leurs parens : mais ce fait, qu'on trouve rapporté dans nos hiſtoires relativement à quelques princes qu'on vouloit exclure du trône, ne prouve rien relativement à la matiere préſente ; car, ſi ces princes ont été dans le fait privés de leur couronne, ce n'a été que parcequ'on les a retenus par force dans les couvents. Il y en a même qu'on en a fait ſortir pour remonter ſur le trône.

Ce qu'il y a de certain, c'eſt que dans les païs de droit écrit on a ſuivi pendant long-tems les maximes du droit Romain.

A l'égard du païs coutumier, si elles y ont été en vigueur autrefois, il y a long-tems qu'on les y a abandonnées. Nous trouvons dans Choppin, *de Morib. Parif.* un arrêt de 1207 rendu en l'échiquier de Normandie, qui a jugé *quòd filia Rogerii Vernei haberet saisinam de hoc, undè pater suus fuit saisitus, quando ivit ad religionem.*

Brodeau sur Louet, lettre *C*, somm. 8, n. 22, rapporte un autre arrêt rendu au parlement de Paris, sous Louis VIII. pere de saint Louis, en 1225, conçû en ces termes: *Quia per sententiam ab episcopo Malesionensi, ut dicitur, prolatam, & à Domino papâ confirmatam, decretum fuit Yolandam, sororem Domini Montis-Belleti, esse monialem, & eam religionem exire non debere; præceptum fuit baillivo Malesionensi, ut terram, quam dicta Yolanda de mandato curiæ Domini regis deliberaverat, ressumat in manu Domini regis, & eam deliberet Domino Montis-Belleti, & aliis coheredibus suis.* M. Lizet, qui étoit avocat général, a écrit sur le registre, en marge de cet arrêt, cette apostille: *Religiosa non succedit in regno Franciæ, sed jura sua transmittit ad hæredes, per ingressum religionis.* Cet auteur rapporte ensuite plusieurs arrêts rendus dans des tems postérieurs, qui font voir que la jurisprudence n'a point varié sur cette matiere dans les païs coutumiers.

Elle s'est formée & maintenue sur deux considérations.

La premiere est que le vœu de pauvreté, que prononcent les religieux en faisant profession, est un contrat non-seulement vis-à-vis de Dieu, mais vis-à-vis du public. Ce contrat contient de leur part une abdication solemnelle de leur être civil; & un engagement vis-à-vis du monde, avec qui ils rompent dèslors tout commerce, de renoncer à ses avantages temporels.

La seconde considération a été l'intérêt public; & c'est celle qui a achevé de ruiner l'état civil des religieux. On a même privé les monasteres des avantages que leur portoient les particuliers, en faisant profession, suivant le droit Romain. On a senti enfin combien il étoit dangereux de faire passer aux monasteres la propriété de tous les biens qui appartenoient, & qui échéoient aux religieux. Il seroit arrivé par succession de tems que tous les biens du roïaume auroient été engloutis par les monasteres, qui les auroient reçûs en détail de ceux qui se font religieux.

Pour prévenir cet abus, on a sagement réduit les moines à un état de mort civile, qui commence à l'instant de leur profession, qui transmet sur le champ à leurs héritiers leurs biens présens, & prive les religieux de l'espérance des biens à venir.

Ces maximes, qui n'étoient fondées dans les païs où elles étoient adoptées que sur l'usage & sur la jurisprudence, n'avoient point lieu dans les païs de droit écrit. Ces peuples, forcés de suivre la disposition des loix Romaines, qui les gouvernent sur les matiéres où elles ne sont pas expressément abrogées par les ordonnances de nos Rois, gémissoient sous l'autorité d'un droit qui ruinoit leur commerce, & les dépouilloit insensiblement de leurs biens. C'est ce qui détermina François I. à faire sur ce sujet une loi générale pour tout le roïaume, en ordonnant, par l'édit de Châteaubriant donné en 1532, que les religieux & religieuses, de quelque religion qu'ils fussent, mendians ou non, depuis qu'ils auroient fait profession expressément ou tacitement, ne pourroient parvenir à quelque succession qui leur pût venir, soit de ligne directe, soit de ligne collatérale ; mais seroient tenus inhabiles & incapables à ce sujet.

C'est par une conséquence du même principe que l'ordonnance de Blois, donnée en 1579, ne permet dans l'article 28, de disposer au profit de leurs parens, qu'à ceux qui auront fait profession avant l'âge de seize ans ; & ce seulement pendant trois mois, après qu'ils auront atteint ledit âge de seize ans ; après quoi la mort civile étant parfaitement encourue, lorsqu'ils n'ont point réclamé contre cette profession prématurée, leurs biens doivent passer à leurs plus prochains héritiers *ab inteſtat*.

Il est évident que cette disposition de l'ordonnance doit s'appliquer à ceux qui ont fait profession à l'âge de seize ans, pour prouver que leurs biens passent dèslors à leurs héritiers *ab inteſtat*.

En effet, il paroît clairement que le but de l'ordonnance a été de rendre ceux qui ont fait profession avant seize ans entiérement semblables à ceux qui l'ont faite après cet âge, lorsque les trois mois de grace pour réclamer sont écoulés. Elle met donc les uns & les autres dans le cas de transmettre leur succession à leurs héritiers au moment de leur profession.

Cette disposition de l'ordonnance de Blois a changé en quelque chose la disposition de l'article 14 de l'ordonnance d'Orleans rendue en 1560. Suivant cet article, ceux qui avoient fait profession avant l'âge de vingt ans pour les filles, & de vingt-cinq pour les garçons, étoient expressément déclarés capables de succéder & de tester, nonobstant leur profession. Disposition qui annonçoit encore suffisamment l'incapacité dans laquelle étoient ceux dont la profession avoit été faite à l'âge compétent.

L'état actuel du roïaume depuis les conquêtes de nos Rois, qui y ont joint quelques provinces régies par le droit écrit, donne lieu à la question de sçavoir si, les édits dont on vient de parler n'y aïant pas été enregistrés, les religieux y doivent être réputés dans le même état qu'ils étoient chez les Romains.

Cette question se présenta en 1721, au sujet des religieuses Carmélites d'Arbois en Franche-Comté, qui prétendoient s'emparer d'une succession que la loi civile déféroit à une de leurs professes.

Elles alléguoient pour moïens, que la Franche-Comté ne faisoit point partie de la France lorsque les édits de Châteaubriant, d'Orleans & de Blois avoient été publiés; que par les capitulations de 1668 & de 1674, la province avoit été maintenue dans tous ses droits & usages, & qu'alors elle suivoit le droit Romain, comme elle le suit encore aujourd'hui. Enfin qu'aucun édit, aucune déclaration n'avoit ordonné dans cette province l'exécution des trois ordonnances dont nous venons de parler; qu'en conséquence les religieux ne devoient point y être réputés morts civilement. Par arrêt du 28 Février 1721, la prétention de ces religieuses fut adoptée. Nous parlerons plus amplement de ce privilege des religieuses & religieux de Franche-Comté, en traitant de l'incapacité dans laquelle sont les religieux de succéder.

Hors ce seul cas, qui peut former une exception, il est de régle par toute la France, que les religieux sont morts civilement. C'est un principe fondé sur l'autorité des loix que nous venons de citer, sur le témoignage de tous les auteurs, & sur la jurisprudence constante & uniforme de tous les parlemens & de tous les tribunaux du roïaume.

Nous ne nous arrêterons point ici à citer les auteurs, ni à rapporter la jurisprudence des arrêts. Il suffit d'ouvrir les livres où l'on a eu occasion de parler de cette matiere, pour se convaincre de la vérité de la maxime que nous posons ici.

Au surplus, nous observerons qu'afin que cette mort civile soit certaine & irrévocable, il faut que les formalités dont nous avons traité dans le livre précédent, & que nous avons fait voir être essentielles, aïent été observées; sans quoi la profession est nulle, & par conséquent la mort civile, qui n'en est qu'une suite, n'est point encourue; pourvû que la réclamation se fasse dans le tems & de la maniere que nous le dirons dans le livre suivant.

Plusieurs ordres réguliers, à l'abri de certaines dispositions qui se trouvent dans leurs statuts, ont voulu former en leur faveur une exception à cette régle générale, & ont élevé sur ce fondement des contestations fort importantes à la tranquillité publique,

Nous devons donc ici examiner les moïens de chacun de ces ordres, & rapporter, autant qu'il sera possible, les arrêts qui ont jugé ces contestations, afin de fixer leur état, & qu'il ne reste point d'équivoque sur la question de sçavoir si le principe qui veut que les religieux en général soient morts civilement, est vrai à l'égard de tous les ordres réguliers, ou s'il souffre quelque exception. Nous allons donc examiner l'état des religieux & des prêtres réguliers qui sont membres de quelqu'ordre, ou de quelque congrégation, sur lesquels on peut élever des doutes; & chacun de ces ordres nous fournira la matiere d'une section.

SECTION I.

Des Chevaliers de Malte.

Pour fixer l'état des chevaliers de Malte, il faut examiner quelle est la nature de leur engagement.

Cet ordre prit naissance dans le douziéme siécle.

Ce n'étoit d'abord, comme on sçait, qu'un couvent de religieux hospitaliers établis à Jérusalem pour le soulagement des malades, pendant que cette ville étoit un roïaume chrétien fondé par les Croisés.

La Chrétienté doit cet utile établissement au bienheureux Gerard, natif de la ville de Martigues en Provence.

Les incursions des Sarrasins, qui avoient entrepris de détruire ce roïaume, forcerent les religieux à changer la destination de leur pieux fondateur. Prier Dieu & soulager les malades étoient toutes leurs fonctions. Ils prirent les armes pour la défense des saints lieux; & d'hospitaliers qu'ils étoient, ils devinrent militaires.

Aussi changerent-ils le nom d'hospitaliers en celui de chevaliers.

Toute leur bravoure ne put sauver le roïaume de Jérusalem. Il fallut céder à la force, & abandonner la Palestine en 1290.

Il leur falloit un établissement qui les mît en état de faire une guerre continuelle aux ennemis du nom Chrétien. Ils jetterent les

les yeux sur l'isle de Rhodes, & la conquirent sur les Turcs en 1310. Soliman les en chassa en 1522, le 25 Décembre; & Charles-Quint les accommoda de l'isle de Malte par un traité passé le 25 Avril 1530.

Cet ordre est divisé en sept langues, dont chacune contient plusieurs provinces. Chaque langue est gouvernée par un grand-prieur, lequel est subordonné au grand-maître.

Ces langues sont celles de Provence, d'Auvergne, de France, d'Italie, d'Arragon, d'Allemagne, qui étoit autrefois celle d'Angleterre; & enfin celle de Castille. Nous les avons rangées suivant l'ordre qu'elles observent entre elles.

Le grand-maître, qui porte le titre d'éminence, a jurisdiction sur tous ceux de l'ordre, tant pour le spirituel que pour le temporel. Il nomme à l'évêché de Malte; & sa nomination est confirmée par le roi d'Espagne.

Les Commanderies que possédent les chevaliers ne sont point réputées bénéfices, d'où il résulte plusieurs conséquences. 1°. Elles ne sont point sujettes à la collation du pape. 2°. Elles ne sont point sujettes aux indults. 3°. Elles ne tombent point en régale. *Commendariæ non sunt beneficia, nec possunt conferri per papam, vel legatum, nec cadunt in mandatis, & aliis regaliis beneficiorum.* Dumoulin, *in stylo parlamenti, part. 5, quæst.* 249. Cet auteur dit la même chose en son commentaire sur la régle *de infirmis resignantibus, n.* 221. 4°. Les pensions qu'on crée sur ces commanderies ne sont point cléricales, ni de la nature de celles que le pape crée sur les bénéfices. Ainsi on ne les doit considérer que comme des appointemens militaires, *stipendia militaria.* C'est pourquoi l'autorité du pape n'est pas nécessaire pour les créer. 5°. Quand un chevalier de Malte se défait de sa commanderie en faveur d'un autre, moïennant certaine somme, il ne commet point de simonie, non plus que celui avec qui il traite.

Cependant un tel traité seroit nul. Il auroit pour objet une chose qui n'est pas dans le commerce. La disposition de ces sortes de biens appartient uniquement au grand-maître de Malte, ou au grand-prieur dans l'étendue de la langue duquel ils se trouvent, & ils n'en peuvent disposer que pour la subsistance des chevaliers de l'ordre.

D'ailleurs celui qui posséde la commanderie ne pourroit pas s'approprier la somme qu'il recevroit. Un chevalier de Malte est un véritable religieux qui fait les trois vœux comme ceux des autres ordres. C'eſt la diſpoſition de l'article premier de leurs ſtatuts dreſſés par Raymond Dupuy grand-maître. Et en conſéquence du vœu de pauvreté, ces chevaliers ne peuvent poſſéder en propre aucune ſorte de bien. D'où il ſuit qu'un chevalier de Malte profès eſt incapable de teſter & de rien donner. Il peut tout au plus ordonner que les gages dûs à ſes domeſtiques ſeront païés. Au ſurplus, il peut dans certains cas léguer une ſomme modique, & ce, de l'agrément du grand-maître, qui ne doit l'accorder qu'après un examen ſérieux de l'état du pécule du teſtateur.

L'article 9 du titre 12 des ſtatuts de l'ordre porte que tous baillis, prieurs, commandeurs & freres, feront tous les ans leur dépropriement, où ſera contenu l'état de leurs biens & de leurs dettes : & l'article 6 du titre 5 ordonne que le dépropriement ſe fera auſſi dans les maladies, & avant de commencer un voïage de long cours.

Enfin tous les autres articles établiſſent de même leur état de religieux, & concourent à les priver des avantages que donne la loi civile.

C'eſt pourquoi tous nos auteurs s'accordent à leur donner la qualité de religieux, qui décide de leur état. Brodeau ſur Louet, lettre *C*, ſomm. 8, en cite un grand nombre; & l'on peut voir encore dans le même ſentiment l'auteur des loix civiles, traité du droit public, titre 10, ſection 1; le Brun, en ſon traité des ſucceſſions, livre 1, chapitre 2, ſection 2; Auzanet, ſur l'article 414 de la coutume de Paris; les loix eccléſiaſtiques, partie 3, chapitre 13, max. 31; de Ferriere, ſur l'article 337 de la coutume de Paris, & les auteurs qu'il cite, entre autres M. le Camus; Loyſeau, traité des ordres, chapitre 3; les mémoires du Clergé, tome 4, titre 4, chapitre 3. Enfin la juriſprudence des arrêts, dont il ſeroit inutile de faire le détail, eſt parfaitement d'accord avec le principe que nous venons de poſer.

Cependant on a voulu ſoutenir en faveur des chevaliers de Malte, que leur engagement ne les privoit point de la vie civile : & cette prétention étoit appuïée ſur deux moïens.

Le premier étoit tiré du grand coutumier, livre 2, titre 43, des ſucceſſions, article 30, qui s'explique en ces termes : » *item*, religieux quelconque ne ſuccéde point, ſoit par diſpenſe » du pape, ou autrement; excepté les hoſpitaliers, qui aucune- » ment en furent diſpenſés du Roi & du Pape; & parmi ce

» peuvent aussi-bien succéder comme ceux qui sont au siécle ;
» & après leur décès, tout s'en va à leurs amis. »

Il y a plusieurs réponses à ce prétendu moïen. 1°. Cet article donne visiblement aux chevaliers de Malte la qualité de religieux ; puisqu'il dit que les *religieux* ne succédent point, *excepté* les hospitaliers. Or les hospitaliers ne peuvent faire une exception à la régle générale qui ne concerne que les religieux, s'ils ne sont religieux eux-mêmes.

2°. Cet article ne dit point que les chevaliers de Malte ont, par leur institution, la capacité de succéder accordée aux citoïens par la loi civile : au contraire, il suppose nécessairement qu'ils en sont privés par la nature de leurs vœux, ainsi que de tous les autres effets civils ; puisqu'il dit qu'ils ont été dispensés à cet effet par le Pape & par le Roi

3°. Enfin cet article dit qu'ils peuvent succéder comme ceux *qui sont au siécle*. Ils ne sont donc pas *au siécle*. Or il n'y a pas de doute qu'ils seroient parfaitement au siécle, s'ils joignoient la vie civile à la vie naturelle.

D'ailleurs Brodeau sur Louet, lettre *C*, somm. 8, n. 18, dit qu'il faut lire dans cet article, *anciennement*, au lieu d'*aucunement*. Il atteste même que son manuscrit porte d'*ancienneté*. Il paroît que cet auteur a voulu faire penser par cette observation, que cette prétendue capacité de succéder étoit un ancien usage abrogé.

C'est le sistême de Loyseau, traité des ordres, chapitre 3, nombre 64, qui dit que le droit françois a souvent varié à l'égard des chevaliers de Malte. Il cite l'article du grand coutumier, & ajoûte, d'après Papon, que dans la suite on les a admis à succéder seulement en usufruit, & qu'enfin ils ont été privés de toutes successions par une jurisprudence constante.

Nous avons en effet des arrêts célébres qui l'ont ainsi jugé, & entre autres un du mois de Mars 1573, en forme de réglement, lequel est rapporté par Ferriere sur l'article 337 de la coutume de Paris, & par un grand nombre d'arrêtistes.

Brodeau, à l'endroit cité, ajoûte encore qu'il est fait mention de ce privilege, qui donnoit droit aux chevaliers de Malte de succéder, au procès-verbal de l'ancienne coutume de Paris, rédigée en 1510, article 152 : mais qu'il n'a jamais été vérifié en aucune cour souveraine ; & que c'est avec raison qu'on l'a rejetté comme préjudiciable à l'état, à la loi, à la police générale du roïaume, à l'ordre & au repos des familles illustres. Voici cependant ce que contient cet endroit du procès-verbal de la coutume de Paris, sur le cinquante-deuxiéme article, qui est conçû en ces termes : *Religieux & religieuses profès ne succédent point à leurs parens, ni le monastere pour eux.* » A cet article s'est » opposé le receveur du Temple à Paris (qui étoit fondé de la » procuration de l'ordre de Malte) disant que lesdits du » Temple ont privilege au contraire, protestant que là où » ladite coutume auroit lieu, que ce ne peut nuire ni préju- » dicier à leurdit privilege. Les gens d'église, nobles, avocats, » praticiens & gens du tiers état, maintenant ladite coutume » être telle & toute notoire, en ladite prévôté & vicomté. » Sur quoi avons ordonné, par l'avis & opinion de ceux des- » dits états, que ledit article, attendu l'ancien usage d'icelui, » demeureroit pour coutume; & que lesdits religieux du Tem- » ple, qui s'opposoient audit article, écriroient & produiroient » ce que bon leur sembleroit, qui seroit montré & communi- » qué au procureur du Roi pour y répondre, afin d'en faire » notre rapport en la cour. »

Il ne paroît pas que ce procès ait été instruit. On voit au reste qu'il s'en faut de beaucoup que ce privilege prétendu leur ait été confirmé ni accordé. Aussi n'en fut-il nullement question lors de la réformation de cette coutume.

Notre auteur ajoûte que ce privilege des chevaliers de Malte n'a jamais été vérifié en aucune cour souveraine : mais on ne voit pas sur quel fondement il a pû avouer ce fait. Ainsi, soit que ce privilege ait existé réellement, soit qu'il ait toujours été imaginaire, il faut s'en tenir à la jurisprudence des arrêts, qui est constante & uniforme; & dire que ce seul effet civil, dont les chevaliers de Malte ont pû jouïr depuis qu'il a été enlevé aux autres religieux, n'existe plus; & qu'ils sont par conséquent morts civilement comme tous les autres religieux.

Le second moïen des chevaliers de Malte, qui est celui sur lequel ils ont le plus souvent insisté, pour soutenir qu'ils ne perdoient pas tous les effets civils, est que leurs statuts ne leur défendent pas de rien posséder absolument; mais seulement de posséder en propriété : d'où ils concluoient qu'ils renonçoient à la vérité à rien posséder en propriété ; mais non pas à succéder en usufruit. Et, pour rendre ce moïen plus frappant, ils rapportoient deux arrêts qui les ont admis à succéder en usufruit, quoiqu'ils fussent même pourvûs de commanderies. Le premier a été rendu au parlement de Dijon le 21 Février 1582 ; & le second au parlement de Provence le 2 Décembre 1609. Ces deux arrêts leur permettent même de disposer des biens à eux échus à titre successif au profit de telles personnes que bon leur semblera, excepté à des personnes de leur ordre ; les biens dont ils n'auront pas disposé revenant, après leur décès, à leurs plus proches habiles à succéder.

Brodeau, qui rapporte ces deux arrêts, répond qu'aïant été prononcés dans des païs de droit écrit, ils ne doivent point tirer à conséquence au parlement de Paris. Mais cette réponse n'est pas satisfaisante ; puisqu'en païs de droit écrit, comme en païs coutumier, les religieux sont réputés morts civilement & incapables de succéder, depuis l'édit de Châteaubriant, qui est antérieur à ces deux arrêts.

Pour répondre solidement à ces arrêts, il faut donc trancher net, & dire qu'ils sont contraires aux vrais principes. Pour le prouver, il suffit d'observer qu'ils donnent aux chevaliers de Malte la capacité de disposer des biens à eux échus à titre successif, quoique cette faculté leur ait été enlevée par le droit Romain même. *Nov. 5, cap. 5, Auth. ingressi cod. de sacrosanct. Eccles.*

Telle a toujours été la jurisprudence du parlement de Paris. Il y en a un arrêt du 16 Mars 1571, le Roi y séant, assisté de plusieurs princes du sang, cardinaux & seigneurs ; par lequel un rescrit apostolique, portant permission à un chevalier de Malte de tester, a été déclaré abusif. Cet arrêt est rapporté par Charondas en ses réponses, livre 7, réponse 196.

On pourroit dire qu'on n'a eu alors d'autre objet que de maintenir l'autorité du Roi contre les entreprises de la cour de Rome, qui avoit voulu s'attribuer un droit législatif dans le roïaume, en disposant, ou donnant à quelqu'un la faculté de disposer de biens qui sont sous la manutention du magistrat politique seul. Cependant cet arrêt ne laisse pas de décider la question. En effet si le chevalier de Malte contre lequel il a été rendu avoit eu la faculté de tester, on auroit déclaré le rescrit du pape abusif : mais on auroit en même tems confirmé le testament, non pas comme étant valable en vertu de l'autorité du pape ; mais en vertu de la capacité civile du testateur. Au reste il y a une foule d'arrêts, dont nous aurons occasion de parler ailleurs, qui ont décidé la question *in terminis*.

Enfin on peut soutenir que, si les chevaliers de Malte sont, comme ils en conviennent, incapables, ſuivant leurs ſtatuts, de poſſéder en propre, ils ne peuvent ſuccéder en uſufruit ; parceque *uſusfructus pars dominii eſt in multis caſibus.* Ce ſont les termes de la loi 4, *ff. de uſufructu.* C'eſt le moïen ſur lequel M. Bignon avocat général fonda ſes concluſions dans la cauſe du chevalier d'Anglure, jugée par arrêt du 11 Janvier 1629. Il ſoutint que les chevaliers de Malte étoient exclus par leurs ſtatuts de ſuccéder même en uſufruit. En conſéquence, ſans avoir égard au teſtament de la mere du chevalier d'Anglure, ni à la propriété qu'il avoit eue des biens de ſon pere, il fut réduit à mille livres de penſion viagere pour tous droits de ſucceſſion paternelle & maternelle. Cet arrêt eſt rapporté par Bardet, tome 1, livre 3, chapitre 20.

Nous avons été obligés de nous arrêter ici à cette diſſertation, quoiqu'elle appartienne naturellement à l'endroit où nous parlerons de l'incapacité dans laquelle ſont les religieux en général de ſuccéder ; parceque cette prétendue faculté de ſuccéder en uſufruit étoit une objection contre le principe que nous voulons établir, que les chevaliers de Malte ſont entiérement privés des effets civils, & qu'il étoit par conſéquent néceſſaire de détruire.

Ce principe, déja rendu certain par ce que nous venons de dire, ſera encore confirmé par le détail des incapacités des chevaliers de Malte, dont nous parlerons dans la ſuite à meſure que l'occaſion s'en préſentera.

Nous croïons devoir ajoûter ici que la profeſſion des chevaliers de Malte doit, comme les autres, avoir deux qualités eſſentielles qui lui ſont communes avec celle des autres religieux.

La premiere eſt qu'elle doit être faite à l'âge de ſeize ans. Brodeau ſur Louet, lettre *C*, ſomm. 8, dit que les anciens ſtatuts de l'ordre avoient fixé cet âge à dix-huit ans, & que, par l'article 15 des nouveaux ſtatuts, il a été réduit à ſeize ans ſuivant le concile de Trente.

La ſeconde qualité eſt d'être expreſſe & ſolemnelle. C'eſt ce qu'on peut conclure de l'ordonnance de 1667, tit. 20, art. 17, qui, comme nous l'avons vû, ordonne que les grands-prieurs de l'ordre tiendront regiſtre des profeſſions des chevaliers François.

Nous devons encore ajoûter qu'elle doit auſſi être précédée d'un noviciat ; lequel ne ſe fait pas néanmoins comme celui des autres ordres religieux.

L'inſtitut des chevaliers de Malte a principalement pour objet d'être perpétuellement en guerre avec les infidelles, & de faire sans cesse des efforts pour leur enlever les lieux saints dont ils sont en possession. C'est pourquoi le noviciat de ceux qui se destinent à y être admis consiste à faire des courses en mer, pour attaquer les vaisseaux des ennemis du nom Chrétien : c'est ce qu'on appelle faire des caravanes. Il paroît que cette formalité doit essentiellement précéder l'émission des vœux.

SECTION II.

Des Jésuites.

Les Jésuites furent institués en 1534 par saint Ignace de Loïola, sous le nom de la compagnie de Jesus. Paul III en 1539 confirma de bouche ce nouvel établissement, & l'année suivante il l'autorisa par une bulle qui commence par ces mots : *Regimini militantis Ecclesiæ*, qui fut donnée le 27 Septembre 1540. Dans cette bulle, il avoit fixé le nombre des profès à soixante. C'étoit mettre des bornes bien étroites à la propagation de cette société. Il changea d'avis dans la suite, il revint sur ses pas & leva l'obstacle le 14 Mars 1543 par une autre bulle, qui commence : *Injunctum nobis.* Cet ordre a obtenu successivement de grands privileges de différens papes. Le général est perpétuel, & réside à Rome dans la maison professe. Il est accompagné de quatre assistans généraux, chacun desquels est tiré d'un des quatre païs suivans : Italie, France, Espagne & Allemagne. Dans les délibérations où il les appelle, ils ont voix consultative seulement, & non voix délibérative. Il décide seul & à son gré.

Outre les novices, il y a dans leur ordre trois dégrés différens. Le premier est celui de profès, le second celui de coadjuteurs formés, & le troisiéme d'écoliers approuvés.

Parmi les profès, il y en a de deux sortes : les uns font de quatre vœux, & les autres de trois vœux seulement.

Les vœux des profès en général sont solemnels, & sont ceux de chasteté, pauvreté & obéissance, auquels ceux des quatre vœux en ajoûtent un, qui est celui d'obéissance au pape en ce qui concerne les missions. Les uns & les autres, sous le vœu d'obéissance, s'obligent d'avoir un soin particulier de l'éducation de la jeunesse.

Les coadjuteurs sont aussi de deux sortes. Les uns sont spirituels, les autres sont temporels. Les uns & les autres font les mêmes promesses que les profès des trois vœux : mais ils ne se servent point du terme de profession, & les coadjuteurs temporels retranchent dans la formule de leur engagement ce qui concerne l'éducation de la jeunesse.

Les vœux, tant des profès, que des coadjuteurs, sont reçûs par le général, ou par des personnes députées de sa part.

A l'égard des écoliers approuvés, leurs vœux sont simples, & ne se font qu'en présence des domestiques, sans que ni le général, ni personne de sa part s'y trouve pour les entendre, ni pour les recevoir. Ils s'engagent à la compagnie, promettant d'y vivre & mourir dans l'observation des vœux de pauvreté, chasteté & obéissance ; & s'obligent par vœu exprès à accepter le dégré qu'on croira dans la suite leur être le plus convenable.

Il n'y auroit aucune difficulté sur l'état des Jésuites, si, comme tous les autres religieux, ils faisoient une profession solemnelle en sortant du noviciat : mais elle ne se fait que long-tems après ; & avant de la faire, ils prononcent à deux différentes fois des espéces de vœux simples. Leur but, en imaginant des vœux simples, étoit de lier tous leurs sujets à la société de Jesus sans les priver des effets civils. Il s'agit de sçavoir s'ils ont pû & s'ils ont dû réussir dans un projet, qui les mettoit en état d'engloutir insensiblement tous les biens du roïaume.

Pour décider cette question, il est nécessaire d'examiner la nature & la forme de l'engagement que contracte celui qui prononce ces vœux ; & les déclarations de nos Rois rendues successivement pour fixer l'état des Jésuites avant qu'ils aïent fait la profession solemnelle.

Nous avons dit que les premiers vœux se font après deux ans de noviciat, & donnent à ceux qui les font la qualité d'écoliers approuvés. Ils ne sont reçûs ni par le général, ni par personne qui le représente ; ils sont seulement faits entre les mains de Dieu. D'où l'on conclut que la compagnie n'est point engagée envers ceux qui les prononcent, & qu'elle peut les congédier. Ainsi ceux qui ont fait ces premiers vœux, ne peuvent quitter la compagnie : mais ils en peuvent être congédiés. Enfin il faut observer que ces vœux sont simples.

Nous avons encore dit que, de la qualité d'écoliers approuvés, on passe, chez les Jésuites, à celle de coadjuteurs formés, par de nouveaux vœux qu'on fait prononcer ordinairement à ceux qu'on admet à se faire conférer l'ordre de prêtrise.

Ces vœux ont cela de commun avec ceux que font les écoliers

écoliers approuvés, qu'ils font fimples auffi : mais ils font publics & reçûs par le général, ou par quelqu'un député de fa part. Ils n'opérent point encore d'engagement réciproque entre la compagnie & celui qui les prononce. Elle reçoit l'engagement du particulier : mais elle ne s'engage à rien vis-à-vis de lui.

Enfin les troifiémes vœux font ceux qui rendent le Jéfuite profès. Ceux-ci font non-feulement publics, comme ceux des coadjuteurs formés; mais ils font folemnels. Celui qui les prononce déclare en propres termes qu'il fait profeffion; & l'engagement eft réciproque : le profès ne peut quitter la compagnie; & la compagnie ne peut le renvoïer.

Il n'y a point de doute qu'après ces troifiémes vœux le Jéfuite ne foit parfait religieux, entiérement femblable à tous les religieux du royaume, & par conféquent privé des effets civils. La queftion ne peut donc tomber que fur les deux premiers vœux, fur lefquels il faut s'expliquer, en commençant par ceux qui donnent la qualité d'écoliers approuvés.

Dans tous les états catholiques de l'Europe, où il y a des Jéfuites, & il y en a dans tous, ils ne perdent l'être civil que par les vœux qui les rendent profès; en forte que jufqu'au tems où ils les prononcent, ce qui arrive ordinairement fort tard, ils jouïffent de tous leurs biens, dont ils ne manquent pas de faire tourner le revenu, & même la propriété, au profit de la compagnie. On a fenti en France combien cette pratique feroit préjudiciable à la fociété civile, qui fe trouve par-là privée infenfiblement des biens qui étoient dans le commerce, & qui devroient toujours y refter. C'eft pourquoi l'on a cru devoir apporter des mefures, & prendre des précautions pour prévenir cet abus.

Pour faire voir que nous fuivons à cet égard les véritables principes, nous allons examiner d'abord la nature du premier engagement, & nous pafferons enfuite à l'examen de fa forme.

On ne peut mieux juger de la nature de ce contrat, que par les termes mêmes dans lefquels il eft conçu. Les voici : *Omnipotens fempiterne Deus, ego N. licet undecumque divino tuo confpectu indigniffimus, fretus tamen pietate ac mifericordiâ tuâ infinitâ, & impulfus tibi ferviendi defiderio, voveo coram facratiffimâ Virgine Mariâ, & curiâ tuâ cœlefti univerfâ, divinæ Majeftati tuæ paupertatem, caftitatem & obedientiam perpetuam in Societate Jefu; & promitto eamdem Societatem me ingreffurum, ut vitam in eâ perpetuò degam; omnia intelligendo juxtà ipfius Societatis conftitutiones.*

Ces vœux renferment un double contrat de la part de celui qui les prononce. Il s'engage tout à la fois vis-à-vis la compagnie de Jesus, & vis-à-vis ses concitoïens. Il renonce volontairement & expressément à tous les effets civils : c'est ce qui résulte nécessairement de ces termes : *voveo paupertatem perpetuam*. Ce sont ces expressions qui privent tous les religieux de la vie civile ; parceque cette vie ne consiste que dans la faculté de posséder & d'acquérir des biens, & d'en disposer suivant la loi civile ; ce que ne peut plus faire un homme qui s'engage pour toujours à vivre dans la pauvreté, qui exclut toute idée de propriété. D'où il suit que, par ce vœu de pauvreté perpétuelle, celui qui le prononce doit voir, à l'instant même, passer à ses héritiers légitimes ou testamentaires les biens qu'il possédoit, & qu'il tombe en même tems dans l'incapacité d'en acquérir d'autres.

Les termes qui suivent ceux qui contiennent ce vœu ne fournissent aucun argument contre nous. On trouve d'abord ceux-ci : *& promitto eamdem societatem me ingressurum*. On n'en doit pas conclure que celui qui fait les vœux ne les fait que pour le tems qu'il sera dans la société. 1°. Cela ne seroit pas raisonnable, puisqu'il suffit de faire ses vœux dans le tems où l'on est résolu de les exécuter. 2°. Ces termes ont pour fondement la qualité que les vœux donnent à celui qui les prononce. Ils ne le rendent point religieux vis-à-vis de la société ; car elle ne prend point d'engagement avec lui, & ne le regarde que comme un sujet qu'elle met à portée de mériter une place parmi ses membres. Il n'entre point dans la société, il n'en devient point membre : mais il est un des postulans de la société, il est écolier approuvé ; & pour lui conférer cette qualité, la société, qui veut bien dès-lors se charger de lui, exige qu'il se dévoue à elle, & qu'il renonce entiérement au monde, vis-à-vis duquel il abdique toutes ses facultés, comme n'en aïant plus besoin, au moïen des ressources qu'il attend de la société qui le prend sous sa protection.

Les Jésuites mêmes ont adopté le sens que nous donnons aux termes dont il est ici question, dans une réponse réfléchie qu'ils firent à l'université de Paris en 1564, lorsqu'il étoit question de les admettre en France. L'université les pressoit de déclarer s'ils étoient religieux, ou séculiers. Ils firent réponse qu'ils avoient deux sortes de maisons, des maisons de profès, & des maisons de colléges ; que ceux des maisons professes étoient religieux sans difficulté, que ceux des colléges n'étoient pas des religieux de la société, en les comparant aux profès : mais qu'ils étoient religieux en les comparant aux séculiers. Voilà précisément notre distinction. Ils sont religieux : mais non pas religieux de la société. Ils sont seulement religieux postulans pour entrer dans la société.

Les termes suivans : *Omnia intelligendo juxtà ipsius societatis constitutiones*, n'ont pas un effet différent. Celui qui fait les vœux de pauvreté, chasteté & obéissance, & qui promet d'entrer dans la compagnie, déclare qu'il entend, conformément aux statuts de la compagnie, que ce sera en cas qu'il lui soit agréable, reconnoissant qu'elle ne contracte aucun engagement avec lui, & qu'elle peut le congédier. Telle est la seule explication qu'on puisse donner à ces mots. Elle est conforme aux statuts de la compagnie, & il paroît qu'il ne seroit pas raisonnable de dire que le religieux, en se dévouant à la pauvreté, songe à empêcher l'exécution de son vœu par une restriction que les termes ne présentent point, & qui ne seroit par conséquent qu'une restriction mentale. Ces restrictions ne sont point admises en bonne morale.

L'engagement de l'écolier approuvé ne consiste, quant à la forme, que dans un vœu simple. C'est une qualité qui lui est essentielle. Il n'est même reçû de personne qui représente la compagnie. Or le principe que nous avons établi plus haut, qui est que les vœux ne privent point de la vie civile, s'ils ne sont solemnels ; sembleroit décider que ces premiers vœux des Jésuites, dans quelque termes qu'ils soient conçûs, ne peuvent point opérer la perte de la vie civile ; & c'est en effet la conséquence que la société en a voulu tirer. Mais nous allons établir que cette qualité de vœux simples n'empêche pas qu'ils n'enlévent la vie civile. C'est une singularité qui est particuliere aux Jésuites, & qui a pris sa source dans leurs propres statuts & dans leurs usages.

Nous avons fait voir, il y a un moment, combien il seroit préjudiciable à l'état de laisser la jouïssance de la vie civile aux Jésuites, jusqu'au moment de leur profession solemnelle, qui se fait toujours chez eux fort tard. Il ne seroit pas moins nuisible à la tranquillité des familles, de laisser en suspens l'état des Jésuites jusqu'au moment de cette profession. L'incertitude dans laquelle on seroit de l'événement de la constance, ou de la retraite de celui qui ne seroit qu'écolier, ou coadjuteur ; empêcheroit de pouvoir prendre aucuns arrangemens ; parcequ'on seroit toujours dans la crainte de les voir troubler par l'intervenvention ſubite de celui ſur lequel on croïoit, avec quelque vraiſemblance, ne devoir plus compter.

Il faut convenir qu'anciennement, en France même, on les a jugés pendant quelque tems capables de ſucceſſion, de legs & de donation, juſqu'à ce qu'ils euſſent fait leurs derniers vœux. On en trouve des arrêts dans M. le Preſtre, cent. 1, chap. 28; & dans Chenu, dans ſes notables queſtions de droit, chapitre 17.

La variation de la juriſprudence nous conduit naturellement au détail des déclarations de nos Roix touchant les Jéſuites.

La ſociété aïant été obligée de ſortir de preſque toutes les provinces du roïaume en 1594, y fut rétablie par un édit de 1603, enregiſtré au parlement au commencement de 1604. Et c'eſt à cet édit qu'on peut rapporter le premier changement de la juriſprudence.

Il décide préciſément que l'émiſſion des premiers vœux des Jéſuites leur fait encourir la mort civile; puiſque l'article 6 porte qu'ils ne pourront prendre ni recevoir aucune ſucceſſion, ſoit directe, ou collatérale, non plus que les autres religieux. Le même édit porte que les Jéſuites ne pourront recevoir aucuns biens immmeubles de ceux qui entreront dans la ſociété : mais qu'ils ſeront réſervés à leurs héritiers, ou à ceux en faveur deſquels ils en auront diſpoſé avant d'y entrer. La conſéquence que les Jéſuites vouloient tirer de ce que leurs premiers vœux ſont ſimples, ſe trouve expreſſément proſcrite par ces diſpoſitions.

Le même édit contient encore une diſpoſition qui ſuppoſe néceſſairement que les écoliers approuvés ſont morts civilement. Il ordonne article 5, que ceux qui, après avoir prononcé ces vœux, ſeront congédiés de la compagnie, pourront rentrer dans leurs droits comme auparavant. Ils les avoient donc perdus ces droits par leurs vœux; puiſqu'il faut qu'ils ſoient congédiés pour les recouvrer.

Larrey, dans ſon hiſtoire de France, ſous le régne de Louis XIV. rapporte que, ſuivant l'inſtitut des Jéſuites, il leur eſt permis de garder leurs biens, & même d'hériter de leurs parens, tant qu'ils n'ont point encore fait leurs derniers vœux, qu'ils font d'ordinaire à l'âge de trente-trois ou trente-quatre an. Si, avant que de les avoir faits, il leur arrive de ſortir de la ſociété, ils conſervent ces biens, & la propriété de tout ce qui leur revient de l'héritage de leur famille. Comme les différens princes, continue cet auteur, ſous la domination deſquels ils ont des établissemens, les laissoient jouïr de ce privilege, ils tâcherent de l'obtenir de Henri IV. & de l'insérer dans l'édit que ce monarque leur accorda pour les rétablir en France. Les remontrances du parlement de Paris engagerent ce prince à restreindre cette permission. Il ordonna qu'ils ne pourroient jouïr de leurs biens, ni hériter de leurs parens jusqu'à leurs derniers vœux, non plus qu'après : mais il voulut que ceux qui sortiroient de la compagnie, avant que de les avoir faits, pussent encore rentrer en possession de ce qui leur eût appartenu s'ils n'eussent pas pris l'habit.

Il arrivoit cependant, continue le même auteur, que le délai de ces vœux causoit de grands dérangemens dans les familles. Pour prévenir les désordres qui en pouvoient naître, & remédier à quelques-uns dont on s'étoit plaint à la cour; le Roi, par une déclaration de 1702, ordonna que, pour le passé & pour l'avenir, il suffiroit d'avoir porté deux ans l'habit de Jésuite pour ne pouvoir plus hériter des biens de sa famille; sans qu'il soit question de sçavoir si l'on a fait des vœux, ou non, & l'édit de Henri IV. fut abrogé quant à cet article. Ce sont presque les termes de l'historien que nous avons cité, tome 8, édition de 1722, page 199.

Il ne paroît pas que cette déclaration ait eu d'exécution dans une cause jugée en la grand'chambre le samedi 25 Mai 1748, où il s'agissoit d'obtenir main-levée de l'opposition formée par le sieur le Brun, ancien prevôt de l'isle de France, au mariage de sa fille avec M. Pourcheresse d'Estrabonne président en la chambre des comptes de Dole. On opposoit de la part du sieur le Brun, que M. Pourcheresse avoit porté l'habit de Jésuite pendant deux ans; ce qui, aux termes de la déclaration de 1702, le réduisoit à l'état de mort civile, & l'empêchoit par conséquent de pouvoir contracter aucun mariage. M. l'avocat général Joly de Fleury de la Mousse, qui portoit la parole, dit qu'il ne connoissoit point cette déclaration de 1702; mais qu'il falloit distinguer deux sortes de vœux qui sont en usage dans cette société : les vœux simples, qui ne lient point la société envers celui qui les a prononcés; & les vœux solemnels, qui lient respectivement la société & celui qui les prononce. Il ajoûta que la société étant en droit de congédier, quand elle le jugeoit à propos, ceux qui n'avoient prononcé que les vœux simples, il en étoit arrivé de grands inconvéniens. Comme les derniers vœux se prononcent fort tard, on voïoit des Jésuites renvoïés fort long-tems après les premiers vœux, qui alloient jetter le trouble dans les familles, en demandant à rentrer dans des successions partagées depuis long-tems entre les autres héritiers qui avoient regardé le Jésuite comme engagé. Pour remédier à cet abus, le Roi, sur les remontrancee de la cour, donna une déclaration le 16 Juillet 1715, registrée en la cour le 2 Août suivant, qui ordonne que, du jour de son enregistrement, les Jésuites qui seront congédiés de leur compagnie après l'émission des vœux simples, & avant l'âge de trente-trois ans accomplis, rentreront dans tous leurs droits échûs ou à écheoir avant ou après lesdits vœux simples, pour exercer lesdits droits suivant l'article 5 de l'édit de 1603, sans néanmoins aucune restitution de fruits jusqu'au jour qu'ils en feront la demande, après qu'ils seront sortis de la compagnie; & que ceux qui seront congédiés après ledit âge de trente-trois ans accomplis ne pourront avoir ni prétendre aucune part dans les successions directes ou collatérales, échûes ou à écheoir.

Comme cette déclaration fixe le dernier état de la jurisprudence sur cette matiere, & qu'elle nous fournira l'occasion d'en tirer quelques conséquences fort importantes, nous allons la copier ici.

» LOUIS, &c. Le roi Henri le Grand, notre très-honoré seigneur & aïeul, aïant ordonné par l'article 5 de son édit donné à Rouen au mois de Septembre 1603, que ceux d'entre les Jésuites qui, après avoir fait des vœux simples, seroient licenciés & congédiés par la compagnie, pourroient rentrer dans leurs droits comme auparavant; notre parlement de Paris, en procédant à l'enregistrement dudit édit, auroit arrêté que le Roi seroit supplié de pourvoir par une déclaration, à ce que ceux qui auroient été quelque tems dans la société ne pussent être reçûs au partage, pour le trouble qu'ils apporteroient aux familles, &c. *A ces causes*, nous avons, par ces présentes dit, déclaré & ordonné, disons, déclarons & ordonnons, voulons & nous plaît :

» I. Que du jour de l'enregistrement de notre présente déclaration, tous ceux qui, après être entrés dans la compagnie par l'émission des vœux simples, en seront licenciés & congédiés avant l'âge de trente-trois ans accomplis, rentreront dans tous leurs droits échûs & à écheoir, avant ou depuis lesdits vœux simples, pour exercer lesdits droits suivant l'article 5 de l'édit de 1603, sans néanmoins aucune restitution de fruits, jus-

» qu'au jour qu'ils en feront la demande, après qu'ils seront sortis » de ladite compagnie.

» II. Et pour d'autant mieux assurer l'état & le repos des » familles, voulons que ceux qui seront licenciés & congédiés » par la compagnie après ledit âge de trente-trois ans accomplis, » ne puissent avoir ni prétendre aucune part dans les successions » directes ou collatérales, échûes ou à écheoir.

» III. A l'égard de ceux qui, avant ces présentes, aïant été li- » cenciés par la compagnie, après y avoir fait leurs vœux sim- » ples, n'auront intenté leurs actions, aux termes & en consé- » quence de l'édit de 1603, voulons qu'ils ne puissent exercer » aucun droit à cet égard en vertu de la présente déclaration.

» IV. Voulons aussi que les Jésuites congédiés avant ces pré- » sentes ne puissent se pourvoir contre les dispositions faites » par contrat de mariage, donations, testamens, partages passés » par devant notaires, renonciations & autres actes & trans- » actions par eux consenties, ni même contre les jugemens & » arrêts contre lesquels ils ne seront plus en état de se pourvoir.

» V. Pourront néanmoins lesdits Jésuites congédiés avant » ces présentes, qui n'auront jusqu'ici intenté leurs actions, se » pourvoir pour demander une pension alimentaire, qui sera » arbitrée par les juges à qui la connoissance en appartiendra.

» VI. N'entendons les exclure des successions qui échoiront » ci-après, nonobstant tous jugemens & arrêts qui les auroient » déclarés inhabiles à succéder.

» VII. Voulons en outre que les registres qui se tiennent dans » ladite compagnie, tant pour l'entrée au noviciat, que pour les » premiers & derniers vœux, soient en bonne forme, reliés, & » les feuillets paraphés par premier & dernier par le supérieur, » & par lui approuvés par un acte au commencement du regis- » tre; & pareillement que tous les actes, tant de l'entrée au » noviciat que des premiers & derniers vœux, soient écrits de » suite sans aucun blanc, & signés par deux témoins; sans néan- » moins que la présence & signature des témoins à l'émission des- » dits premiers vœux puisse les rendre solemnels ou publics, ni » donner atteinte à l'institut des Jésuites, &c. Si donnons en » mandement, &c. Donné à Versailles le seize Juillet 1715. » *Signé*, LOUIS. *Registré au parlement de Paris le 2 Août suivant.*

Cette déclaration donne encore un nouveau jour au sistême que nous entreprenons d'établir ici, qui est que les écoliers approuvés sont morts civilement tant qu'ils portent l'habit de la ſociété. En effet l'article premier porte que ceux qui ſeront licenciés avant l'âge de trente-trois ans *rentreront* dans tous leurs droits échûs ou à écheoir avant leſdits vœux ſimples, *ſans néanmoins aucune reſtitution de fruits*, juſqu'au jour qu'ils en feront la demande, après qu'ils ſeront ſortis de la compagnie.

S'ils *rentrent* dans leurs droits, ils les avoient donc perdus. Or ils ne pouvoient les avoir perdus qu'en conſéquence de la mort civile encourue par l'émiſſion de ces vœux. Ils les avoient ſi bien perdus, que la jouïſſance en étoit paſſée à ceux qui avoient droit de les repréſenter à titre d'héritiers, & qui ne ſont pas même tenus de reſtituer les fruits par eux perçus pendant que ces vœux ſimples ont eu leur exécution; ce qui prouve que la propriété réſidoit ſur leur tête, & qu'elle avoit été enlevée à l'écolier approuvé.

Indépendamment de ces autorités, examinons ſi le défaut de ſolemnité qui ſe rencontre dans ces vœux doit produire les mêmes effets qu'il produit à l'égard des vœux de tous les ordres religieux.

Nous voïons d'abord que ces vœux reçoivent, par rapport à celui qui les prononce, toutes les ſolemnités qui accompagnent les profeſſions dans tous les ordres. Ils ſont faits après un noviciat de deux ans, plus long par conſéquent que les probations ordinaires. Il faut que celui qui les fait ait atteint l'âge de dix-ſept ans. Ils ſont prononcés dans l'égliſe, & enſuite inſcrits dans un regiſtre où l'on doit inſérer les noms, l'année & le jour. Enfin celui qui les a prononcés les doit ſigner. Ces dernieres formalités ſont preſcrites en ces termes : *Reg. mag. novit. n. 57. Curandum erit ut in libro, in quo notantur nomina eorum qui hujuſmodi vota ſimplicia emittunt, poſtquam illa quis emiſerit, ſubſcribat ſe tali die & anno emiſiſſe vota.* L'article 7 de la déclaration de 1715 contient la même diſpoſition, & requiert même la préſence & la ſignature de deux témoins, comme pour les profeſſions faites dans les autres ordres.

Si on peut dire en conſéquence des ſtatuts des Jéſuites que de pareils vœux ſont des vœux ſimples, peut-on conclure qu'ils doivent être entiérement aſſimilés à ce que les canoniſtes appellent proprement vœux ſimples, & dire qu'ils ne produiſent pas plus d'effet ? Non ſans doute. Les canoniſtes, ſuivant l'auteur des loix eccléſiaſtiques, partie 3, chapitre 12, définiſſent le vœu ſimple celui qui ſe fait en particulier & ſans aucune ſolemnité; & le vœu ſolemnel eſt celui qu'on fait en recevant les ordres

dres sacrés, ou en faisant profession de religion dans un ordre approuvé par l'Eglise. *Præsentis declarandum duximus oraculo sanctionis illud solum votum debere dici solemne, quantum ad post contractum matrimonium dirimendum; quod solemnisatum fuerit per susceptionem sacri ordinis, aut per professionem expressam . . . factam alicui de religionibus per sedem apostolicam approbatis.* Ce sont les termes de Boniface VIII. qui nous ont été conservés, *cap. Quod votum. De voto & voti redemptione in 6°.*

Les canonistes disent que le vœu simple n'est pas obligatoire, au moins d'une obligation civile; parceque les législateurs aïant senti combien il est nécessaire de donner de la solemnité à un acte qui a d'aussi grands effets, soit par rapport à celui qui fait profession, soit par rapport à toute la société civile; ils ont prescrit des solemnités pour cet engagement, en le considérant moins comme un engagement spirituel, que comme un contrat civil, & n'ont point regardé les promesses faites à Dieu *en particulier* & sans aucune autenticité comme obligatoires, à l'extérieur. Mais par rapport au vœu dont il s'agit ici, la dénomination de simple, ne peut avoir la même signification : n'est-il pas public & autentique? N'est-il pas précédé d'une probation encore plus scrupuleuse & plus longue que celle des autres religieux? Enfin n'y requiert-on pas le même âge que pour toutes les professions religieuses?

D'ailleurs, ce vœu, qu'on prétend ne devoir produire aucuns effets à cause de sa qualité de vœu simple, n'est-il pas, suivant les Jésuites mêmes, obligatoire par rapport à celui qui l'a prononcé? Dès ce moment, il n'est pas le maître de quitter la société sans congé; il faut qu'il observe ses trois vœux, du nombre desquels est le vœu de pauvreté, qui est incompatible avec la vie civile. Les Jésuites ont même obtenu le 15 Janvier 1565 une bulle du pape Pie V. portant qu'après l'émission des vœux, aucun religieux de la société, soit *écolier*, soit coadjuteur, soit profès, ne pourroit en sortir, même sous prétexte de passer dans un ordre plus austere, excepté celui des Chartreux, sans congé exprès de son supérieur.

Ce vœu produit donc les plus grands effets par rapport à celui qui l'a fait; & ne peut, par toutes ces raisons, être comparé au vœu simple, que les canonistes regardent comme non obligatoire.

Cependant il faut convenir que ce vœu est un vœu simple. Cette qualité lui est donnée par des loix que nous devons suivre.

La déclaration de 1715 le dit expressément article 7 : mais en quoi consiste cette qualité ? On ne peut trop l'éclaircir. On ne peut pas dire que c'est en ce que ce premier vœu n'est pas reçû par le supérieur ; car les vœux de coadjuteur formé, qui sont reçûs par le supérieur, sont encore des vœux simples. Elle ne peut donc consister qu'en ce que l'engagement n'est pas réciproque, & que la société ne s'oblige à rien envers celui qui fait le vœu, pouvant le congédier quand elle le juge à propos. Mais il n'en résultera pas que le Jésuite, tant qu'il est dans la société, ne soit parfaitement religieux, comme si son engagement étoit réciproque & avoit reçû, par les solemnités qui le précédent & qui l'accompagnent, la qualité de vœu solemnel.

Cette vérité est clairement développée dans les bulles des papes. Celle *Ascendente Domino*, entre autres, donnée par le pape Grégoire XIII. le 25 Mai 1584. établit à ce sujet les vrais principes, en disant que ce vœu est un vœu substantiel, qui engage celui qui l'a prononcé autant que le sont les profès mêmes, soit des Jésuites, soit des autres ordres religieux. Elle va même jusqu'à prononcer l'excommunication contre ceux qui enseigneront ou qui soutiendront le contraire. Nous allons rapporter ses termes. Ils sont décisifs : *Et quamvis*, y est-il dit §. 17, *si omnes qui post biennium noviriatûs dicta tria vota simplicia emiserint, ac in corpus societatis coaptati, illiusque meritorum & privilegiorum, non secùs atque ipsi professi, participes effecti, quique, quantùm in eis est, & professionem emittere parati, si ipse præpositus generalis id prædictæ societatis instituto congruere judicaverit, & in perpetuum Dei servitio votis simplicibus consecrati, ut suâ sorte, prout laudabile societatis institutum exigit, contenti, merè & propriè religiosi existant, & si à societate deficiant, excommunicationis, & aliis Apostolorum pœnis sint subjecti.*

§. 18. . . . *Quia tamen non defuit quorumdam audacia qui, post declarationem, decretum, præceptum & interdictum nostrum hujusmodi, non solùm multa ex prædictis, & fortassè alia, id societatis institutum ac vivendi formam spectantia, labefactare, sed & ipsa apostolica decreta ac præcepta publicè, & ex cathedrâ, ausu temerario impugnare, mentemque nostram perversè interpretari non erubescunt, disputantes, & prædicta in dubium revocantes, omniaque, ex aliorum regularium ordinum communibus rationibus, formis ac statutis metientes, societatis institutum, peculiares constitutiones, ac vim votorum simplicium illius, à Sede Apostolicâ in eâdem societatis religione probata admissorum, penitùs ignorantes, ac nonnulla jure antiquo, quæ post illud, successu temporum, hujus sedis auctoritate, approbatione & confirmatione, ac pecu-*

liaribus privilegiis sancita & roborata esse dignoscuntur, perperàm interpretantes, convellere nituntur; quin etiam nos suprà dicta, motu simili, & ex certa scientia, de apostolicæ potestatis plenitudine decernentes, & præcipientes, privato sensu locutos fuisse, ac tanquàm privatos doctores errare potuisse; immò verè, & de facto, ob falsam supradictorum informationem, errasse, ideòque præceptum nostrum nullam ad obligandum vim habere. Neminem prætereà eorum qui solemnem professionem in dictâ societate non emiserunt, de illius corpore religiosos esse posse, sed eos merè sæculares, ac ordinariorum jurisdictioni subditos existere, nec societatem ipsam, aut illius superiores; immò nec-non jus in eos ullum, ex vi votorum hujusmodi habere, vel acquirere, aut superioribus ipsis conferre posse; non considerantes voti solemnitatem solâ Ecclesiæ constitutione inventam esse, triaque hujusmodi societatis vota, tametsi simplicia, ut substantialia religionis vota, ab hâc sede fuisse admissa, illaque emittentes in statu religionis verè constitui, quippè qui per ea ipsa se societati dedicant, atque actu tradunt, seque divino servitio in eâ mancipant. In quibus votis nullus, præter Romanum Pontificem, potest manum apponere; aliisque, atque aliis modis societatem ipsam impetunt universali Ecclesiæ perutilem..... Quibus etiam adjungunt licere iisdem non professis, etiam invitis dictæ societatis superioribus, ad quosvis alios regulares ordines se transferre. Transgressores horum votorum ac inobedientes, aut etiam uxorem ducentes, nullam ipsi societati injuriam facere; immò posse episcopos cum eis dispensare, ut, invitis etiam superioribus eisdem, uxorem ducant....

§. 20. *Ad hæc dictam societatem firmo sedis hujus præsidio communire volentes, hâc nostrâ perpetuâ constitutione.... Statuimus, atque decernimus tria vota hujusmodi, etsi simplicia, ex hujus sedis institutione, ac nostrâ etiam declaratione & confirmatione, esse vera substantialia religionis vota, ac in dictâ societate, tanquam in religione approbata, per sedem eamdem admissa fuisse, & esse, ac per nos admitti, nec illis à quoquam, præter nos & sedem hujusmodi dispensari, nec ea ullo alio modo, quàm per legitimam dimissionem à societate cessare posse.*

§. 21. *Et non modò eos, qui in coadjutorum formatorum, sive spiritualium, sive temporalium gradus & ministeria, ut præfertur, admittuntur, sed & scholares ipsos, ac suprà dictos alios omnes, & quoscumque, qui in ipsam societatem admissi, biennio probationis à quolibet eorum peracto, tria vota substantialia prædicta, tametsi simplicia emiserint, aut emittent in futurum, merè ac propriè religiosos fuisse & esse, ac fore, & ubique semper, & ab omnibus censeri & nominari debere, non secùs atque ipsos, tùm societatis, tùm quorumvis aliorum regularium ordinum professos, suisque præpositis, in omnibus, & per omnia obedire, &c.* Il lance les foudres de l'excommunication contre ceux qui ne ſoumettront pas leur croïance à ces déciſions.

Outre les raiſons que nous avons alléguées, outre l'autorité des loix du roïaume, & la déciſion des papes, nous avons encore en notre faveur le ſentiment des auteurs. Le Brun, en ſon traité des ſucceſſions, livre 1, chapitre 2, ſection 2, dit que ce que les Jéſuites appellent leurs vœux ſimples, ſont des vœux ſuffiſans pour leur famille, & pour le public, pour la ſûreté deſquels on juge à préſent que depuis ces premiers vœux, qu'ils font après les deux années de noviciat, ils ſont réputés morts civilement; en ſorte qu'ils ne ſuccédent plus; & que leur ſucceſſion eſt ouverte.

Brodeau ſur Louet, lettre *C*, ſomm. 8, eſt de même avis.

Après avoir prouvé que les premiers vœux rendent le Jéſuite parfait religieux relativement à lui & à la ſociété, & le privent par conſéquent de la vie civile, il eſt inutile d'examiner quel eſt l'effet des ſeconds vœux. Ils doivent, à plus forte raiſon, produire la même incapacité.

Nous traiterons au livre 3. des effets du congé que donne le ſupérieur au Jéſuite qui n'a pas encore fait les troiſiémes vœux.

SECTION III.

Des Peres de la Doctrine Chrétienne.

Nous devons la congrégation de ces peres à l'heureuſe découverte que fit le bienheureux Ceſar de Bus d'une méthode nouvelle de donner des leçons ſur le catéchiſme du concile de Trente. Il étoit né à Cavaillon, dans le comtat Venaiſſin. Pluſieurs eccléſiaſtiques ſe joignirent à lui pour participer à un travail ſi utile; & la Chrétienté s'eſt vûe ornée d'une nouvelle communauté réguliere. Le pape Clement VIII. l'approuva en 1597. Pour l'affermir, il falloit des vœux. Le fondateur en établit un d'obéiſſance.

La premiere colonie de cet ordre en France parut à Toulouſe; une autre à Brive dans le Limouſin.

Ils obtinrent en 1610 des lettres patentes, qui confirmerent les établiſſemens qu'ils avoient déja dans le roïaume, & les autoriſerent à en faire de nouveaux.

Ils ſe réunirent avec les Somaſques; & cette réunion donna matiere à beaucoup de conteſtations, dont le détail n'eſt ni utile, ni curieux. Elles furent terminées par un bref du pape Alexandre VII. de l'an 1659, qui permet aux membres de cette congrégation de faire quatre vœux ſimples de pauvreté, de chaſteté, d'obéiſſance & de ſtabilité perpétuelle, diſpenſables ſeulement par le pape, ou par le chapitre, ou par le définitoire général de la congrégation. Mais tout cela ne décidoit rien par rapport à leur état, relativement à la vie civile ſur laquelle les puiſſances ſéculieres ſeules peuvent prononcer.

Enfin il fut fixé par des lettres patentes en forme d'édit, données à Fontainebleau au mois de Septembre 1726.

Ces lettres patentes ſemblent d'abord préſenter une difficulté, en décidant que les vœux des peres de la Doctrine Chrétienne ne peuvent pas être ſolemnels : mais nous trouvons dans le ſurplus de ces lettres des diſpoſitions qui ſuffiſent pour nous déterminer à regarder ces religieux comme morts civilement ; & ce que nous avons dit au ſujet des Jéſuites, en établiſſant que des vœux ſimples peuvent enlever la vie civile, nous confirme encore davantage dans cette opinion.

Ces lettres excluent d'abord ceux qui ont fait les vœux & le ſerment mentionnés dans les conſtitutions de la congrégation, de toutes *ſucceſſions directes & collatérales* ; ce qui ſuppoſe néceſſairement la privation de la vie civile.

Elles contiennent enſuite une autre diſpoſition, dont la conſéquence eſt encore plus claire, puiſqu'il en réſulte que celui qui fait ſes vœux dans cette congrégation eſt privé à l'inſtant de ſes biens. » Voulons néanmoins que ceux qui aïant fait leſ» dits vœux ſeront congédiés de la congrégation avant l'âge de » vingt-cinq ans accomplis, puiſſent rentrer dans tous leurs » droits échûs, ou à écheoir avant, ou depuis l'émiſſion deſdits » vœux : mais ſans aucune reſtitution de fruits, juſqu'au jour » qu'ils en feront la demande, après qu'ils auront été congédiés. »

Ils étoient donc privés de leurs droits échûs *avant l'émiſſion des vœux* ; c'eſt-à-dire, qu'on leur avoit ſuccédé comme à tous ceux qui ſont morts civilement.

Mais il faut remarquer que, quoique chaque membre de cette congrégation ſoit religieux, cependant la congrégation eſt ſéculiere, & que ſes membres jouiſſent en conſéquence de l'avantage de poſſéder des bénéfices ſéculiers.

Les lettres patentes dont nous venons de parler contiennent une diſpoſition expreſſe à cet égard, en ces termes : » Nonobſtant » les quatre vœux, leſdits de la Doctrine Chrétienne pourront

» posséder des bénéfices séculiers, même pendant le tems qu'ils » seront dans ladite congrégation. Voulons cependant, pour y » maintenir le bon ordre, & afin qu'ils puissent mieux vaquer » aux emplois dont elle est chargée, & remplir leurs engage- » mens, qu'aucun d'entre eux ne puisse obtenir aucun bénéfice » exigeant résidence, sans le consentement du définitoire, ou, » dans les cas pressans, sans la permission du conseil extraordinaire » de la province, qu'il sera nécessaire de faire ratifier par le dé- » finitoire au plus tard dans deux mois. Faute de quoi la provi- » sion sera nulle de plein droit, & le bénéfice impétrable. »

Au reste, les Doctrinaires, comme tous les autres ordres où il y a des vœux qui affectent l'état de celui qui les prononce, sont obligés d'avoir des registres : voici comment s'expriment à ce sujet les mêmes lettres patentes : » Ordonnons que les registres » qui se tiennent dans ladite congrégation, tant pour l'entrée en » noviciat, que pour l'émission des vœux, seront écrits de suite » sans aucun blanc ni interligne, & signés par deux témoins, » sans que la signature desdits témoins, ni leur présence à l'é- » mission desdits vœux puissent les rendre solemnels, ni donner » atteinte à l'institut de ladite congrégation. »

Nous aurons encore lieu de parler de cette congrégation en parlant des congés des supérieurs.

SECTION IV.

Des Lazaristes.

Cette congrégation doit son établissement au célèbre Vincent de Paul confesseur de Louis XIII. Le pape a décoré sa mémoire d'une bulle de canonisation, quoiqu'il n'ait fait aucun miracle en France : mais il en a, dit-on, fait un grand nombre en Pologne. C'est le terme le plus reculé de ses voïages. Suivant l'histoire imprimée, que nous avons de sa vie.

Les Lazaristes tirent leur nom du prieuré de saint Lazare, qui leur a été cédé par les chanoines réguliers de saint Victor, auxquels il appartenoit. C'est le chef-lieu de la congrégation, qui se nommoit originairement congrégation de la Mission.

Avant d'y être admis, il faut essuïer deux années de noviciat, après lesquelles on fait trois vœux simples de chasteté, d'obéissance & de stabilité, dont on ne peut être dispensé que par le pape, ou par le général.

Comme il n'y a point de vœu de pauvreté, il n'y a point de mort civile. Chaque membre jouit de ſon revenu, & en diſpoſe comme le reſte des citoïens. Il peut même aliéner, ſoit à titre onéreux, ſoit à titre gratuit. Il n'a les mains liées que vis-à-vis de la congrégation, en faveur de laquelle il ne peut diſpoſer de rien.

Au reſte cette congrégation eſt du corps du clergé ſéculier; en ſorte que ceux qui en ſont membres peuvent poſſéder des bénéfices ſéculiers.

SECTION V.

Du Tiers-ordre de ſaint François.

Les prédications de ſaint François firent tant d'impreſſion ſur les eſprits, que les maris vouloient quitter leurs femmes, & les femmes leurs maris, pour s'engager dans ſon ordre. Il eut peur que ces profeſſions multipliées ne fiſſent ouvrir les yeux aux puiſſances temporelles, qui n'auroient pas manqué de couper pié à une dévotion ſi préjudiciable au bien de la ſociété civile. Il preſcrivit à tous ces diſciples zélés une régle qui, ſans les retirer du monde où ils avoient contracté des engagemens, les mettoit à portée de vivre dans la piété. Mais ils ne vivoient qu'en communauté de prieres & de bonnes œuvres, continuant d'habiter chacun dans leurs maiſons & avec leurs familles, ſans que la régle à laquelle ils ſe ſoumettoient apportât aucun changement à leur état, relativement à la ſociété civile.

Saint François avoit diſtingué ceux qui s'étoient attachés à lui en deux ordres. Le premier étoit compoſé des Freres Mineurs, ou Cordeliers, auxquels ſe ſont joints ceux qui ont embraſſé les nouvelles réformes, comme les Capucins & les Recollets. Le ſecond ordre étoit compoſé des Cordelieres, ou religieuſes de ſainte Claire. Ceux qui embraſſerent la régle dont nous venons de parler, furent appellés du Tiers-ordre : mais ce n'étoit originairement qu'une congrégation ſéculiere de perſonnes de l'un & de l'autre ſexe, comme on en voit encore aujourd'hui. Ce n'eſt pas de ceux-là dont il eſt ici queſtion. Il eſt conſtant qu'ils ne peuvent être regardés comme morts civilement. Ils ne contractent aucun lien qui puiſſe leur enlever la qualité de citoïens.

Quelques-uns de ces freres & ſœurs du Tiers-ordre, pour ſe mettre en état d'obſerver plus exactement & avec plus de facilité la régle qui leur étoit prescrite, formerent des établissemens & des communautés, & prirent le nom de freres & de sœurs grises du Tiers-ordre.

Il s'établit une jurisprudence différente à l'égard des religieux, & à l'égard des religieuses.

Quant aux religieuses, les auteurs les plus accrédités pensent qu'elles ne sont point mortes civilement. parcequ'elles ne font point vœu de pauvreté perpétuelle. Le Prestre, centurie 1, chapitre 28, dit que cela a été ainsi jugé par trois arrêts, l'un du parlement de Toulouse du 20 Mars 1567, l'autre du parlement de Bordeaux du 23 Mai 1570, & le troisiéme du parlement de Paris, prononcé en robes rouges en 1578. Ces arrêts ont jugé, dit cet auteur, que le vœu des filles du Tiers-ordre de saint François n'est pas proprement un vœu perpétuel de religion ; mais plutôt une forme de dévotion, qui ne dure qu'autant qu'elles veulent rester dans la maison, & qui ne les empêche pas de se marier, ni de venir à partage. Il cite à se sujet Bartole, & la glose sur plusieurs Clémentines.

Sur ce passage de le Prêtre, il y a une note marginale, dans laquelle on rapporte deux arrêts conformes à ces principes : le premier du 30 Mars 1554, contre les Cordelieres de Mirebeau ; & le second du 9 Juillet.

Le Brun, en son traité des successions, livre 1, chapitre 2, section 2, est aussi de cet avis. Ferriere, sur la coutume de Paris, article 337, sommaire unique, n. 26, & l'auteur de la Bibliothéque canonique, tome 1, page 364, s'en expliquent de même.

Il est vrai que Brodeau sur Louet, lettre *C*, sommaire 8, pense autrement : mais il ne s'appuïe d'aucun arrêt. D'ailleurs il est seul de son parti : ainsi il y a lieu de croire qu'il ne doit pas être suivi.

Il faut cependant observer que cela ne peut avoir lieu que pour les sœurs grises du Tiers-ordre seulement, & non pour quelques autres communautés de filles religieuses du même ordre, qui font des vœux solemnels, & qui par conséquent sont mortes civilement. Telles sont les Recollectines, ou Recolletes.

A l'égard des religieux du Tiers-ordre de saint François, ceux-mêmes des anciennes communautés dont nous venons de parler, il paroît qu'on les a toujours regardés comme morts civilement. On trouve une note sur la centurie I. de le Prestre, chapitre 28, où où il eſt parlé d'un arrêt du 24 Mai 1672, qui a jugé qu'un religieux du Tiers-ordre de ſaint François ne pouvoit, avant ſa profeſſion, ſe réſerver aucune partie de ſes biens, pour en jouïr à titre d'uſufruit & par forme d'alimens. D'où il ſuit néceſſairement qu'on les regarde comme morts civilement.

Ce Tiers-ordre a produit de nouveaux établiſſemens. Comme il s'étoit beaucoup relâché, un des religieux nommé Vincent Maſſart, Pariſien, entreprit d'y mettre la réforme vers l'an 1595. Le premier couvent de cette réforme fut bâti au village de Franconville, entre Paris & Pontoiſe; & le ſecond au lieu appellé Piquepuz, entre Paris & Vincennes; d'où le vulgaire a nommé ces religieux Piquepuſſes. Ils ſont fondés en bulles & en lettres-patentes : leurs vœux ſont ſolemnels, & emportent par conſéquent mort civile.

SECTION VI.

Des Hermites.

Par Hermite on entend en général un homme qui, rompant tous les liens de la nature & de la ſociété, ſe retire ſeul dans le fond d'un déſert, pour ne s'occuper que de l'autre monde.

On en diſtingue de deux ſortes. Les uns vivent abſolument ſeuls, ſans être en ſociété ni en communauté avec perſonne, & ſans faire aucune eſpéce de vœux, ni par conſéquent ſans contracter aucun engagement. Lorſqu'ils ne ſont point dans les ordres ſacrés, on les met au rang des laïques & ſéculiers, ils ſont ſoumis en tout à la juriſdiction ſéculiere. Quand ils ſont engagés dans l'état eccléſiaſtique, ils n'ont d'autre ſupérieur que l'évêque diocéſain : mais ils ſont exactement dans le rang des autres citoïens, & capables de tous les effets de la vie civile, ſans en excepter un ſeul. C'eſt le ſentiment unanime des auteurs qui ont eu occaſion de parler de cette matiere. Il eſt inutile de les citer. Il ſuffit d'avertir le lecteur qu'il n'y en a aucun qui s'écarte de l'opinion générale.

On trouve cependant des arrêts qui ont jugé le contraire. L'auteur du journal des audiences, Brodeau ſur Louet, lettre *C*, ſomm. 8, & Bardet, tome 2, livre 2, chapitre 10, en rapportent deux rendus contre un nommé la Noue le 17 Février 1633. Dans l'eſpéce de cet arrêt, Jérome de la Noue avoit porté l'habit d'Hermite pendant vingt-cinq ans, & le portoit encore lors du jugement. Il avoit demeuré pendant tout ce tems enfermé &

reclus dans un hermitage qu'il avoit bâti sur le mont Valérien près de Paris, & y avoit admis d'autres Hermites avec lui. Il avoit changé son nom de Baptême qui étoit Jérôme, pour prendre celui de frere Séraphin : en un mot, il avoit fait toutes les fonctions de la vie hérémitique ; quoiqu'il n'eût fait aucun vœu, ni aucune profession, qu'il ne se fût soumis à aucune communauté réguliere, & qu'il se fût même fait promouvoir à l'ordre de prêtrise par l'évêque diocésain, sous le titre séculier de cent cinquante livres de rente, que son pere lui avoit donnée en attendant sa succession.

Après la mort de ses pere & mere, il demanda à être admis à partage avec ses freres & sœurs : par arrêt il fut mis hors de cour sur sa demande ; & néanmoins ses freres & sœurs condamnés à lui païer quatre cens livres par an, sa vie durant.

On trouve dans les annotations sur le Prestre, centurie 3, chapitre 28, un extrait du plaidoïer de M. Talon, qui porta la parole lors de cet arrêt. Il établit deux maximes certaines en France : la premiere, que tout religieux est incapable d'aucuns des effets civils, & sur-tout de succéder. La seconde, que ce n'est ni le nom, ni l'habit, ni le tems qui font le religieux : on n'acquiert cette qualité que par des vœux solemnels, & par une profession autentique & rédigée par écrit. Il ajoûta que, généralement parlant, un Hermite ne faisant ni vœux ni profession, devoit être regardé comme capable de succéder : mais que, dans l'espéce présente, il étoit étrange de voir un homme vivre en religieux pendant vingt-huit ans sans être religieux ; qu'on ne sçavoit en quelle catégorie le mettre ; qu'il étoit à craindre qu'il n'emploïât le bien qu'il demandoit à bâtir & fonder des hermitages, comme il en avoit déja bâti plusieurs.

De ces raisons, ce magistrat conclut qu'il y avoit lieu de déclarer la Noue capable de succéder ; mais de lui interdire l'administration de son bien, ou de lui adjuger seulement une pension sa vie durant ; afin qu'en la cause d'un solitaire on prononçât un arrêt solitaire, & qui ne pût tirer à conséquence.

Il se pourvût au conseil, contre cet arrêt, par proposition d'erreur : & sur l'avis de messieurs les maîtres des requêtes du 28 Juin 1634. il fut jugé qu'il n'y avoit point erreur.

Quelque tems après, il quitta l'habit d'Hermite, & demanda à être admis à partager la succession d'un de ses freres. M. Talon, qui porta encore la parole, dit qu'il étoit question de sçavoir si l'incapacité prononcée par l'arrêt de 1633, étoit inhérente à l'habit ou à la perſonne de la Noue. Si elle étoit inhérente à l'habit, il devoit être admis au partage qu'il demandoit ; puiſqu'il ne portoit plus cet habit : mais ſi ſon incapacité étoit inhérente à ſa perſonne, comme il n'y avoit pas lieu d'en douter, vû les circonſtances qui avoient déterminé la cour ; il devoit être débouté de ſa demande, & reſtreint à la penſion qui lui avoit été adjugée. Par arrêt du 30 Juillet 1697. Il fut encore mis hors de cour ſur ſa demande. Bardet, tome 2, livre 6, chapitre 24.

Ces arrêts, comme on le voit par les circonſtances dans leſquelles ils ont été rendus, ne ſont point contraires au principe que nous avons établi : en ſorte qu'il eſt toujours vrai de dire que ces ſortes d'Hermites ſont capables des effets civils. Mais on leur interdit quelquefois l'uſage de cette capacité, ſuivant l'occurrence des cas, ſans la leur ôter.

Il y a une autre eſpéce d'Hermites, qui vivent en communauté, qui ſuivent une régle, & qui font des vœux ſolemnels entre les mains de l'évêque diocéſain, ou d'une perſonne commiſe par lui. Il eſt certain que ceux-là ſont morts civilement.

SECTION VII.

Des Oblats & des Freres laïcs, ou Freres convers.

Il paroît qu'il y a des auteurs qui confondent les Oblats avec les Freres convers. Il y a cependant une grande différence.

Le titre d'Oblat eſt très-ancien dans les maiſons religieuſes. On donna ce nom à des perſonnes ſéculieres qui donnoient tout leur bien à des monaſteres au ſervice deſquels ils ſe conſacroient pour le reſte de leurs jours, ſans cependant faire aucun vœu, ni aucune profeſſion, & même ſans quitter l'habit ſéculier ; à la charge que les monaſteres leur fourniroient pendant leur vie les choſes néceſſaires à la nourriture & à l'entretien.

Les Rois ſe mirent dans l'uſage de donner, à leur avénement à la couronne, une place d'Oblat dans chaque monaſtere qui étoit de fondation roïale, ou qui étoit ſous leur protection. On nommoit ces Oblats religieux lais. Ceux qui étoient ainſi nommés par le Roi ne donnoient rien au couvent, quoiqu'ils dûſſent y être nourris & entretenus, comme ceux qui avoient fait des donations. On trouve dans la conférence des ordonnances de Guénois, livre 1, partie 2, titre 3, §. 14, pluſieurs ordonnances & pluſieurs arrêts ſur cette matiere.

Les Rois ne se contenterent pas de donner ces places à leur avénement à la couronne : ils en donnerent aussi pendant le cours de leur régne ; de façon néanmoins qu'il n'y en avoit jamais qu'un à la fois dans chaque monastere.

L'usage s'introduisit de n'accorder ces places qu'aux pauvres officiers ou soldats qui avoient vieilli dans le service, ou qui étoient par leurs blessures hors d'état de servir ; & les ordonnances sur cette matiere font défenses aux abbés & aux prieurs d'admettre, pour remplir la place d'Oblat nommé par le Roi, ceux qui ne rapporteroient point de certificats des officiers supérieurs, pour justifier qu'ils avoient passé la plus grande partie de leur vie au service du Roi & de l'état, ou qu'ils avoient été griévement blessés

Lorsque, par le concordat, nos Rois eurent acquis le droit de nomination aux abbaïes & aux prieurés électifs confirmatifs, ils restreignirent à ces bénéfices le droit de nommer des Oblats ; lequel droit ils exerçoient auparavant sur toutes les communautés dont eux, ou leurs prédécesseurs, ou les seigneurs dont les terres ont été réunies à la couronne, avoient été les bienfaiteurs ou les fondateurs. On trouve dans Guénois, à l'endroit cité, les ordonnances qui contiennent ces dispositions ; en vertu desquelles on a jugé depuis que les monasteres, dont les chefs ne sont point à la nomination du Roi, comme les Chartreux & les Célestins, & tous les prieurés collatifs, ne sont point assujettis à l'entretien d'un Oblat.

Ces Oblats ne faisant aucun vœu, ni aucune profession, n'étoient & ne pouvoient être regardés comme morts civilement. Ils étoient cependant obligés de conformer leur vie à la régle monastique du couvent dans lequel ils étoient. Mais plusieurs soldats ne pouvant se réduire à cette vie, les abbés & les prieurs convinrent de leur donner une certaine somme par an pour fournir à leur entretien, & qu'ils dépenseroient comme & où ils jugeroient à propos. Cette pension fut d'abord de cinquante livres. Louis XIII. la fixa à cent livres ; & Louis XIV. par un édit de 1670, à cent cinquante livres, pour les monasteres dont le revenu étoit au-dessus de douze cents livres.

Lorsque le Roi eût établi à Paris l'hôtel des Invalides, pour servir de retraite aux soldats qui avoient été blessés à son service, toutes les pensions des Oblats furent réunies à cette maison, par lettres patentes du 7 Juillet 1676, enregistrées au grand-conseil, avec attribution de jurisdiction. Suivant ces lettres patentes, tous les abbés & les prieurs dont les bénéfices sont à la nomination du Roi, doivent païer leur taxe tous les ans au receveur des décimes du diocèse où le bénéfice est situé. Cette taxe est de cent cinquante livres pour ceux dont le revenu est de mille livres, ou plus, & de soixante-quinze livres pour les bénéfices de moindre valeur; ce qui a lieu quand même ces bénéfices auroient été réunis à d'autres bénéfices, à des communautés, à des séminaires, ou à des évêchés; quand même ils auroient été sécularisés, éteints, ou supprimés par l'union. On n'a excepté de cette régle générale que les abbaïes qui ont été érigées en évêchés.

Tels étoient autrefois les Oblats, qui, comme on voit, n'avoient rien de commun, quant à l'état civil, avec les religieux; si ce n'est qu'ils vivoient avec eux, & comme eux; sans cependant y être obligés par aucun vœu; puisqu'ils pouvoient renoncer à cette vie quand ils le jugeoient à propos; soit en vivant ailleurs que dans le monastere, & se faisant païer la pension annuelle qui leur étoit dûe, soit en quittant la place entiérement.

Les Freres convers, au contraire, sont des laïques qui se vouent au service d'un monastere ou d'une congrégation, qui font des vœux solemnels comme les autres religieux, & qui se soumettent à la régle autant que les occupations auxquelles on les destine pour le service des religieux le leur permettront. Ce sont donc de véritables religieux, qui ne different des autres que parcequ'ils ne sont pas clercs, qu'ils ne le deviennent presque jamais, & que leurs principales fonctions consistent dans des ouvrages manuels: mais leurs vœux les constituent en état de mort civile. C'est un fait sur lequel il n'y a point & il ne peut y avoir de difficulté. Il en est de même des sœurs converses qui sont dans les monasteres de filles.

Section VIII.

Des Chanoinesses.

Les chanoinesses sont des filles assemblées en communauté, pour célébrer l'office divin dans le chœur, comme les chanoines.

Il y en a de deux sortes: les unes sont régulieres, les autres ont séculieres.

Les chanoinesses régulieres sont de véritables religieuses, qui font profeſſion des trois vœux de religion. Telles ſont celles de l'ordre de ſaint Auguſtin, dont il y a pluſieurs couvens en France. Ainſi il eſt inconteſtable que celles-là ſont mortes civilement.

Les chanoineſſes que nous appellons ſéculieres ne font ni vœux, ni profeſſion de religion. Elles ne ſont point cloîtrées, & peuvent ſe marier ſi elles le veulent. Il y en a quelques chapitres en Lorraine, & dans la partie de la Flandre ſoumiſe à la domination du Roi. Ainſi nous croïons devoir traiter ici de ces établiſſemens, & fixer l'état de ces chanoineſſes par rapport à la vie civile.

Preſque tous les auteurs qui en ont parlé, aſſurent que toutes les chanoineſſes en général faiſoient autrefois vœu de chaſteté. C'eſt un fait dont celles d'aujourd'hui ne conviennent pas, il eſt vrai : mais ſi l'on veut faire attention à l'hiſtoire des ſiécles antérieurs, on aura bien de la peine à ne pas croire que les chanoineſſes étoient toutes de véritables religieuſes de l'ordre de ſaint Benoît, & ſoumiſes à la conduite des moines. C'eſt pourquoi il y avoit toujours deux couvens contigus ; l'un pour les religieuſes, & l'autre pour les religieux.

Comme les chanoines, en bien des endroits, ont pris la place des religieux, de même les chanoineſſes prirent la place des religieuſes ; & comme celles-ci étoient ſous la direction des moines, les chanoineſſes furent gouvernées par des chanoines.

Lorſque les chanoines ſe furent accoutumés à ſe regarder comme délivrés de l'obligation perpétuelle de vivre dans le célibat, & qu'ils ſe furent perſuadés que la ſimple tonſure ſuffiſoit pour poſſéder un canonicat, & qu'en le quittant ils pouvoient paſſer à l'état du mariage ; les chanoineſſes ſe débarraſſerent auſſi du vœu de chaſteté, & crurent qu'il leur étoit libre d'abdiquer la qualité de chanoineſſes, pour ſe marier.

Les chanoines quitterent auſſi la vie commune, pour vivre en leur particulier, & prirent la qualité de chanoines ſéculiers, pour ſe diſtinguer des chanoines réguliers qui vivent ſous une certaine regle. Les chanoineſſes les imiterent en tout.

Avant le neuviéme ſiécle le nom & l'inſtitut des chanoineſſes étoit inconnu en France. La premiere fois qu'il en a été fait mention dans les actes publics, c'eſt dans le concile de Châlons ſur Saône tenu en 813. Ce concile établit des régles de conduite pour les religieuſes qui commençoient à prendre la qualité de chanoineſſes. *Libuit namque*, dit ce concile, *cap. 53, huic ſacro conventui, quasdam admonitiunculas breviter iis* sanctimonialibus *scribere, quæ se* canonicas vocant. *Quoniam hæ quæ sub monasticæ regulæ normâ degunt, totius vitæ suæ ordinem in eâdem quam profitentur regulâ scriptam habent.*

Le nom de chanoinesse étoit donc nouveau alors, leur institution étoit donc nouvelle; puisque ce concile leur prescrit une régle; attendu qu'elles n'en avoient pas. Et cette régle fut expliquée dans le concile d'Aix-la-Chapelle tenu en 817, quatre ans après celui de Châlons.

Quoi qu'il en soit de leur origine, il est toujours vrai de dire que celles qui vivoient lors de ces conciles, suivoient une régle entiérement différente de celle qu'elles suivent aujourd'hui.

Premierement les conciles dont on vient de parler les obligent à garder perpétuellement la chasteté : ils prescrivent aux abbesses de n'admettre que difficilement celles qui se présenteront. La raison qu'ils en donnent est que, *Postquàm se Domino in hâc militiâ devinxerint, nequâquam sibi licitum erit propriis uti consiliis, nec sæcularibus penitùs implicare posse negotiis : nec frequentiam virorum aut collocutionem familiarem, absque causâ inevitabili, habere debent. Proindéque scrutentur arcana cordis sui, simulque super adnotatas sanctorum patrum sententias assiduâ meditatione perlegant, ne inconsultè, & minùs cautè* vinculum continentiæ & virginitatis *arripientes, redeant post satan, & fiant sicut canis reversus ad vomitum.*

Elles étoient tenues de garder la clôture; elles étoient vêtues de noir, vivoient en commun, couchant toutes dans le même dortoir, quoique chacune dans un lit séparé. Elles mangeoient en réfectoire, excepté dans les cas d'infirmité. Elles observoient le silence pendant les repas, & on leur faisoit une lecture édifiante. On y admettoit indifféremment les filles qui n'étoient pas nobles, comme celles qui l'étoient. *Nobiles genere*, dit le concile d'Aix-la-Chapelle, *nequâquam ignobilioribus se præferant; scientes quia personarum acceptor non est Deus.*

Suivant le même concile, on devoit avoir un soin particulier d'interdire l'entrée de leurs maisons aux hommes, & d'empêcher les chanoinesses d'avoir aucune conversation avec eux. Il falloit que l'église, dans laquelle on célébroit la Messe, fût séparée du chœur où elles chantoient leur office. Elles ne pouvoient se confesser que dans l'église & en présence de plusieurs autres, qui étoient obligées de veiller sur les actions du confesseur & de la pénitente.

Toutes ces régles font assez voir que les chanoinesses, telles qu'elles étoient du tems du concile d'Aix-la-Chapelle, étoient fort différentes de ce qu'elles sont aujourd'hui ; & qu'elles ressembloient plus à des religieuses, qu'elles ne ressembloient aux chanoinesses de nos jours. Aussi les qualifie-t-on par-tout de religieuses, *sanctimoniales*, & leurs maisons sont toujours appellées monasteres.

Il y avoit cependant quelques différences entr'elles & les autres religieuses. Elles ne faisoient point vœu de pauvreté : mais elles étoient obligées avant de s'engager, quand elles ne vouloient pas donner leur patrimoine à l'église, de disposer leurs affaires de façon qu'elles ne pussent en être nullement embarrassées ; afin que n'étant point occupées des choses temporelles, rien ne les détournât de l'affaire de leur salut.

On ne sçait pas précisément pendant combien de tems cette discipline s'est conservée chez les chanoinesses : mais il paroît certain que le chapitre de Nivelle dans le Brabant, qui est le plus ancien chapitre de filles, a vécu en commun jusqu'en 1059. Ce fut en cette année que les biens du chapitre furent partagés en trois lots, l'un pour l'entretien du couvent, l'autre pour l'abbesse, & le troisiéme pour composer les prébendes de soixante-douze personnes, tant hommes que femmes. L'empereur Lothaire approuva & confirma ce partage en 1136. Ainsi il paroît que le revenu des chanoinesses ne commença à être partagé en prébendes que dans le onziéme siécle ; & ce fut aussi dans ce tems-là que la discipline commença à se relâcher parmi elles de plus en plus.

Il est fait mention de ces chanoinesses séculieres au chap. 43, *§. penult. de Elect. in 6°.* Boniface VIII. qui occupoit le saint siége vers la fin du treiziéme siécle, est auteur de ce chapitre. Il y est ordonné d'observer dans l'élection des abbesses de ces communautés les mêmes formalités que celles qui s'observent dans l'élection des abbesses, prieures & autres supérieures des monasteres. Voici comment il désigne ces communautés, ou chapitres de chanoinesses séculieres : *Ubi sunt, juxtà quarumdam provinciarum consuetudinem, mulieres quæ nec propriis renuntiant, nec professionem faciunt regularem, sed vivunt ut in sæcularibus Ecclesiis canonici.* Ce pape déclare en même tems qu'il n'entend point par sa constitution approuver ces sortes d'établissemens.

Voici ce qu'en dit un historien du même tems. C'est le cardinal de Vitry dans son histoire d'Occident, chapitre 13.

Il

Il y a, dit-il, dans le Hainault, & dans quelques provinces de l'Allemagne, des filles qu'on appelle chanoinesses séculieres, ou *demoiselles* : car, comme les chanoines séculiers ne sont pas moines, elles ne veulent pas non plus qu'on les regarde comme des religieuses. Elles ne veulent recevoir parmi elles que des filles nobles, & préferent ainsi la noblesse à la piété & aux bonnes mœurs. Elles sont vêtues de pourpre, de fin lin, de peaux de couleur grise, & d'autres vêtemens mondains suivant qu'il leur plaît. Leurs cheveux sont entrelassés, & leur tête ornée de coëffures précieuses. L'aumusse dont elles se servent est de la peau la plus fine & la plus précieuse. Elles demeurent dans des maisons particulieres, où elles sont environnées d'un nombreux cortege de domestiques, composé de clercs, de jeunes filles & de jeunes hommes. Leurs tables sont servies avec appareil & avec délicatesse, & elles y admettent leurs parens.

Il y a, continue le même auteur, dans la même église, des chanoines séculiers, qui, les jours de fête, sont dans le chœur des chanoinesses, & du côté opposé à celui qu'elles occupent, où ils chantent l'office avec elles.

Elles marchent en procession avec tous leurs ornemens : elles sont toutes sur la même ligne, & les chanoines sur une autre.

Quelques-unes d'entr'elles, après avoir vécu du patrimoine de Jesus-Christ pendant long-tems, quittent leur prébende & leur église, pour se marier.

Nous voïons qu'elles vivent encore aujourd'hui à peu près comme elles vivoient du tems dont parle cet auteur. Il y a beaucoup de ces chapitres où l'on n'admet que des filles de princes & de grands seigneurs. Il faut au moins qu'elles prouvent quatre quartiers, tant du côté du pere que du côté de la mere. Il y en a quelques-uns où l'on n'est pas aussi rigide à cet égard : mais il n'y en a point où l'on puisse être admis sans être noble.

Elles peuvent aussi se marier quand elles le jugent à propos : mais elles perdent alors leur prébende. Cependant l'abbesse & celles qui ont des offices ou des dignités dans le chapitre sont obligées de conserver leur chasteté toute leur vie, à l'exemple sans doute des doïens & des autres dignitaires des chapitres d'hommes, qui, étant obligés de se faire prêtres dans l'an de leur prise de possession, s'interdisent le mariage.

Quant aux habillemens des chanoinesses : le matin, pendant leur office, elles sont vêtues de blanc, & portent des aumusses précieuses ; & l'après-dîné, elles n'ont dans leur extérieur aucune marque de distinction. Elles sont vêtues comme les filles de qualité qui vivent dans le monde, & qui ne tiennent en rien à l'état ecclésiastique.

Elles avoient anciennement des prêtres pour leur administrer les Sacremens, & pour faire dans leur église les cérémonies ecclésiastiques qui sont interdites au sexe. Ces prêtres vivoient aussi en commun, & étoient soumis à une régle : mais, quand les chanoinesses abandonnerent la vie réguliere, ces ecclésiastiques s'érigerent aussi peu-à-peu en chanoines. C'est pourquoi dans toutes ces églises il y a toujours deux chapitres, l'un d'hommes & l'autre de femmes.

Les hommes célébrent la Messe dans l'église des femmes ; & ils ont en outre leur église particuliere, dans laquelle ils font l'office divin : mais dans les jours solemnels ils célébrent cet office dans l'église des chanoinesses, & en commun avec elles.

Quoique ces chanoines soient égaux en dignité aux chanoinesses, celles-ci néanmoins ne les regardent pas autrement que comme leurs chapelains, & les traitent en conséquence avec beaucoup de hauteur. Ce qui vient, selon toutes les apparences, de ce que ces chanoines sont soumis à la jurisdiction de l'abbesse.

Au sujet de la jurisdiction de l'abbesse sur les chanoines & sur les chanoinesses, nous avons une décrétale du pape Honoré III. au chapitre *Dilecta. ex. de majorit. & obed.* qui prouve que les abbesses peuvent interdire de leurs fonctions les clercs & les chanoinesses qui sont soumis à leur jurisdiction. Ce pape écrivant à l'abbé du Mont-saint-Michel, au diocèse d'Avranches, lui dit : *Quatenùs dictas canonicas & clericos, ut abbatissæ præfatæ obedientiam & reverentiam debitam impendentes, ejusque salubria monita observent ; monitione præmissâ, per censuras ecclesiasticas, appellatione remotâ compellat.*

Cette discipline est encore en vigueur dans presque tous les chapitres de filles. L'abbesse de Nivelle, par exemple, a presque tous les honneurs de la prélature dans son église. Elle est dame spirituelle & temporelle de la ville & du territoire, qui ne laisse pas d'avoir une certaine étendue.

Quoique ces chanoinesses ne soient plus regardées en aucune façon comme des religieuses, chaque chapitre est néanmoins réputé corps ecclésiastique. C'est pourquoi leurs abbesses assistent aux conciles provinciaux. Celui de Cambrai tenu en 1565 est souscrit par l'abbesse de Maubeuge, & par celle de Nivelle.

La plupart de ces chapitres sont censés être de fondation

roïale. C'eſt pourquoi ils ſont ſous la protection immédiate des ſouverains du païs dans lequel ils ſont établis. Ainſi les évêques n'y ont point droit de viſite; ce qui eſt conforme à la diſpoſition du concile de Trente. qui, dans la ſeſſion 22, *cap. 8, de Reformat.* après avoir déclaré que les évêques ont droit de viſite dans les hôpitaux, dans les communautés, même celles de laïques, ajoûte cette reſtriction : *Non tamen quæ ſub Regum immediatâ protectione ſunt, ſine eorum licentiâ.*

On voit aſſez par tous ces détails qu'il n'y a rien dans la condition des chanoineſſes qui approche en aucune façon de la mort civile.

SECTION IX.

De pluſieurs Communautés tant d'hommes que de filles.

Il y a pluſieurs autres communautés, tant d'hommes que de femmes, dont les membres ne contractent aucun engagement. Tels ſont les Peres de l'Oratoire, les Miramionnes, &c. Il y en a même pluſieurs qui ne ſont fondées ni en bulles, ni en lettres patentes, comme la prétendue congrégation des Eudiſtes, qui ont pluſieurs maiſons en Normandie, leſquelles ne ſubſiſtent qu'a l'abri des ſéminaires que les évêques ont bien voulu leur confier. Ils ont encore une petite maiſon à Paris au fauxbourg ſaint Marceau, où celui qu'ils nomment leur général fait ſa réſidence. Mais, comme ils n'y ont point de ſéminaire, & que d'ailleurs ils n'ont point de lettres patentes, ils ne peuvent poſſéder cette maiſon en commun. La propriété réſide ſur la tête de leur prétendu général, auquel on a grand ſoin de faire faire quelque acte qui aſſure cette propriété après lui à quelque autre membre de la congrégation ; en ſorte que cet établiſſement ne ſubſiſte à Paris que par une attention continuelle à frauder la loi.

Il en eſt de même des filles que l'on nomme filles de la Providence. Ces deux établiſſemens & pluſieurs autres ont paru ſi peu utiles à l'état & à la religion, qu'ils n'ont jamais pû parvenir à ſe faire reconnoître par le gouvernement politique. Ils ont cependant des poſſeſſions qu'ils conſervent par des détours continuels, ſur leſquels ceux qui ont la manutention des loix ferment les yeux ; on ne ſçait trop pourquoi. Comme on ne contracte en entrant dans ces prétendues communautés aucune eſpéce d'engagement, on n'encourt point la mort civile.

En un mot, dans quelque communauté qu'un particulier s'engage, il ne perd la qualité de citoïen & les prérogatives qui y sont attachées, qu'en prononçant des vœux qui l'engagent au corps dans lequel il est admis, lorsque ce corps est d'ailleurs légitimement établi dans le roïaume.

CHAPITRE III.

De l'engagement contracté réciproquement entre le Profès & la Communauté dans laquelle il a fait profession.

CE chapitre nous présente trois questions à examiner. La premiere consiste à sçavoir si un religieux peut quitter son couvent pour se ranger au nombre des séculiers. La seconde, s'il peut passer d'un ordre dans un autre. Et la troisiéme, si les supérieurs & les religieux de l'ordre peuvent le renvoïer pour cause de mécontentement. Chacun de ces trois objets fera la matiere d'une section.

SECTION I.

Si un Religieux peut abandonner son état pour rentrer dans le monde.

Nous avons vû dans l'exposition des loix Romaines, que les moines pouvoient à Rome abandonner leurs monasteres & reprendre leurs fonctions civiles. On se contentoit de leur infliger une punition, en les chargeant de quelques fonctions pénibles dans la société. La raison est que l'on ne connoissoit point alors la solemnité des vœux, qui s'est introduite parmi nous avec le lien qui en est une suite.

Nous n'avons point adopté la jurisprudence Romaine à cet égard.

Les régles des ordres, les loix canoniques & les loix civiles, assez mal exécutées à cet égard, sont de concert pour empêcher les religieux de sortir hors du monastere sans nécessité urgente, & sans permission par écrit des supérieurs; avec injonction aux évêques de poursuivre, comme déserteurs de leur ordre, ceux qui seront trouvés sans être munis de ces permissions, de les faire emprisonner, & de les mulcter de peines ou amendes arbitraires : & ces jugemens doivent être exécutés nonobstant privileges, exemptions, appellations quelconques, & sans préjudice d'icelles.

Ceux qui sont envoïés dans les universités pour y faire leurs études ne peuvent loger ailleurs que dans des monasteres de la ville où est l'université, à peine d'être poursuivis extraordinairement par l'ordinaire.

A l'égard de ceux qui sont obligés de sortir du monastere où ils doivent faire leur résidence, pour aller solliciter quelque procès, ou pour quelque affaire importante qui dure plus d'un mois ; ils sont tenus d'avoir une permission par écrit du supérieur majeur, & de se retirer dans une maison de leur ordre, s'il y en a une dans la ville où ils ont affaire, ou dans une autre communauté religieuse. Ils doivent, pendant leur séjour en cette ville, porter un habit qui marque d'une maniere visible & apparente l'ordre dans lequel ils sont engagés. Voïez la régle de saint Benoît, chapitres 66 & 67, le concile de Calcédoine, canon 4 ; le concile *in Trullo*, canon 46 ; celui de Trente, *sess.* 25, *de Regular. cap.* 4 ; l'édit de 1616, art. 7, & deux arrêts rapportés dans les loix ecclésiastiques, partie 3, chap. 12, article 1, aux notes sur la maxime 40.

A l'égard des religieuses, de quelque ordre & de quelque congrégation qu'elles soient, elles doivent garder une clôture stricte & exacte, & ne peuvent sortir de l'enclos du monastere sans une permission par écrit de l'évêque diocésain & du supérieur régulier, si elles sont en congrégation, à peine de censures ecclésiastiques, même d'excommunication. Voïez le chap. *Periculoso, de statu regular. in* 6°. & le §. *Quoniam, ibid* ; le concile de Trente, sess. 25, *de regular. cap.* 25, l'édit de 1695, article 19, & l'ordonnance de Blois, article 31.

La raison pour laquelle on oblige les religieuses à observer une clôture aussi stricte est la fragilité & la foiblesse de leur sexe, qui exposeroit leur pudeur & leur chasteté à des assauts & à des périls continuels, si elles avoient la liberté de sortir à leur gré.

S'il n'est pas permis, suivant les saints canons & suivant les loix du roïaume, aux religieux & aux religieuses de s'absenter de leurs couvens sans une permission expresse des supérieurs ; ils ne peuvent pas, à plus forte raison, quitter la vie & l'habit religieux, & apostasier. Dans les tems même où la mort civile n'étoit pas encore regardée comme une suite de la profession en religion, cette apostasie étoit punie. On nous a conservé les canons d'un concile tenu à Verneuil en 844, qui s'exprime ainsi canon 4 : *Monachos, qui cupiditatis causâ vagantur, & sanctæ religionis propositum impudenter infamant ; ad sua loca jubemus reverti, & regulariter abbatum solertiâ recipi. Eis autem qui, post evidentem professionem, monachicum etiam habitum reliquerunt, vel qui suâ culpâ projiciuntur ; nisi redire, & quod Deo spoponderunt implere consentiant, hoc credimus posse remedio subveniri, si in ergastulis inclusi tamdiù à conventu hominum abstineantur, & pietatis intuitu convenientibus macerentur operibus, donec sanitatem correctionis admittant. Namque illi qui, quondam monachi, posteà relictâ singularitatis professione, ad militiam, vel ad nuptias devolvuntur, papæ Leonis decreto, publicæ pœnitentiæ satisfactione purgandi sunt.*

Suivant la jurisprudence des capitulaires, les moines apostats ne pouvoient être admis ni à la communion, ni aux ordres ecclésiastiques. *Quicumque, post sanctæ religionis professionem, apostatant, & ad sæculum redeunt, & postmodùm pœnitentiæ remedia non requirunt ; communionem penitùs non accipiunt, quos etiam jubemus ad clericatûs officium non admitti.*

Le concile de Rouen tenu en 1581, *tit. de monast.* §. 32, 33 & 34, ordonne aux supérieurs des monasteres de faire la perquisition des moines apostats, & d'implorer le secours du bras séculier pour les faire rentrer dans les monasteres. Il défend aux curés & à tous autres ecclésiastiques, de les admettre à la communion, quand ils les connoîtront pour tels, il faut leur interdire même l'entrée de l'église, & de leur refuser la sépulture après leur mort.

Le concile de Reims tenu en 1583, *tit. de regular. & eorum monast.* §. 16, veut que les ordinaires & les supérieurs réguliers implorent le bras séculier pour faire rentrer dans leurs séminaires les religieux & les religieuses qui ont apostasié, pour y être punis ; *ut tamen*, ajoûte ce canon, *misericordia superexultet judicium.*

Le concile de Bourges tenu en 1584, *tit. de monast. & domib. religiosis, cap.* 17, ordonne aux évêques, ou aux supérieurs de procéder contre les moines apostats par la voïe de l'excommunication, & même par la voïe extraordinaire, s'il est nécessaire. Celui d'Aix tenu en 1585, *tit. de monast.* prescrit la même chose.

Le pape Boniface VIII. *cap. ut periculosa. ne clerici aut monachi fecularib. negot. se immiſceant*, *in 6°.* déclare qu'un religieux qui quitte l'habit de l'ordre dans lequel il s'eſt engagé par des vœux ſolemnels, encourt, par le ſeul fait, une excommunication majeure : & ce decret eſt obſervé parmi nous.

Si un moine apoſtat eſt excommunié *ipſo facto*, à plus forte raiſon devient-il irrégulier ; & lorſqu'il a reçu les ordres ſacrés après ſon apoſtaſie, quoiqu'il ſe ſoit depuis réconcilié avec ſon abbé, il ne peut faire aucune fonction des ordres qui lui ont été conférés, s'il n'a obtenu une diſpenſe du pape. *Cap. Conſultat. ex. de Apoſtat.*

A l'égard des loix civiles ſur cette matiere, nous ne trouvons qu'un arrêt du parlement de Paris, rapporté dans les mémoires du Clergé, tome 4, titre 6, chapitre 3. Cet arrêt eſt du 4 Juillet 1542. Le provincial des Cordeliers de la province de Bourgogne préſenta requête à la cour, pour implorer le ſecours de ſon autorité contre pluſieurs religieux de ſa province qui avoient quitté leur ordre, & même leur habit de religieux. Sur cette requête, & ſur les concluſions de M. le procureur général, il fut ordonné que » ledit provincial auroit commiſſion de la cour à tous juges » & officiers roïaux, & à l'un d'eux adreſſante, pour informer » contre tous les religieux non tenans couvent, étant vagabonds » par le païs ſans expreſſe obédience, fréquentans & cornifians » avec ſéculiers ſans forme de religion ; & les coupables & » malverſans conſtitués priſonniers ; pour, ce fait, les renvoïer » incontinent en leurs couvens où ils ont été profès, par devant » leurs gardiens & ſupérieurs, pour en faire la correction & punition, afin de les contraindre à vivre en obſervance réguliere, » & procéder contre eux ainſi que de raiſon ; & afin que leſdits » freres & religieux dudit ordre, n'aïant ſupport de perſonne, » plus facilement ſoient enclins eux retirer en leurs couvents, » ordonne ladite cour défenſes être faites à toutes perſonnes, ſur » telles peines qu'il appartiendra, de favoriſer & héberger leſdits religieux qui ainſi ſeront trouvés vagabonds, malverſans » & ſcandaleux, qui n'auront congé, permiſſion, obédience, » ou licence de leurſdits ſupérieurs. »

Quoique cet arrêt n'ait pas été prononcé en forme de réglement, il y a tout lieu de croire qu'il en doit ſervir en pareille occaſion, & pour tous les fugitifs & apoſtats, de quelque ordre & de quelque communauté qu'ils ſoient.

Lorſque les ſupérieurs négligent de réclamer & de pourſuivre ces religieux, le miniſtere public doit s'en ſaiſir, pour les renvoïer dans leurs couvens. Quelquefois le Roi interpose son autorité lui-même, & les fait arrêter en vertu de lettres de cachet. Il y en a des exemples.

Il arrive de tems en tems que des religieux prennent la fuite pour se mettre à l'abri d'une persécution injuste de la part de leurs supérieurs. Les magistrats doivent alors les prendre sous leur protection, les faire remettre dans leurs monasteres, & veiller à ce qu'ils ne soient ni persécutés, ni maltraités injustement. On en a vû aussi des exemples.

SECTION II.

Si un Religieux peut passer, ou être transféré d'un ordre dans un autre.

Dans les premiers tems de l'établissement du monachat, tous les moines ne formoient en quelque sorte qu'une seule congrégation, & vivoient sous le même institut; en sorte que l'on passoit plus facilement & plus fréquemment d'un couvent dans un autre, que cela n'arrive aujourd'hui. Aussi voïons-nous que la régle de saint Benoît contient un chapitre tout entier sur la façon dont on doit recevoir les moines étrangers. C'est le chap. 61, qui a pour titre: *De monachis peregrinis, qualiter suscipiantur.*

C'est lui cependant qui a introduit l'usage du vœu de stabilité, par lequel ceux qui font profession s'engagent à ne point quitter leur ordre pour passer dans un autre: & l'on regarde aujourd'hui ce vœu comme implicitement compris dans toutes les professions de religieux; même pour les ordres dans lesquels on ne le prononce pas expressément.

Il faut faire attention que ce vœu de stabilité n'attache & ne lie pas ceux qui le prononcent à une seule maison. Il les attache à une congrégation toute entiere; de façon qu'ils sont comme ambulans, puisque les supérieurs peuvent les faire changer de maison quand ils le jugent à propos, pourvû qu'ils les envoïent dans un monastere de la congrégation dans laquelle ils ont fait profession.

Il y a cependant certains ordres où l'on promet la stabilité dans une maison en laquelle on a fait profession, comme dans l'ordre de Cîteaux, dans celui des Chartreux & dans quelques autres: mais comme les profès font en même tems vœu d'obéissance, le supérieur, quoiqu'ils aïent en quelque sorte épousé cette

cette maison, peut les envoïer dans un autre monastere, soit de leur consentement, soit pour les punir de quelques fautes. L'auteur des dernieres notes sur Fevret rapporte à ce sujet, livre 2, chapitre 3, n. 9, lettre (*p*) un usage particulier aux Freres Mineurs conventuels de Provence. Ils épousent tellement les maisons dans lesquelles ils font profession, que les supérieurs ne peuvent pas les en tirer sans leur consentement, ou sans leur faire leur procès. Il assure que plusieurs arrêts du parlement de Provence ont déclaré abusives plusieurs obédiences données à des religieux, & contraires à cet usage.

Malgré l'introduction du vœu de stabilité qui attachoit les moines à une certaine régle, ils ne laisserent pas de continuer d'en user comme par le passé, & non-seulement de changer de monastere, mais de se transférer d'un ordre dans un autre. Cela devint néanmoins plus rare, & ne se pratiquoit que dans des cas urgens. Les peres regardoient ce passage d'un ordre dans un autre comme une preuve certaine de légéreté, qu'ils condamnoient. Voïez saint Bernard dans son livre *de præcepto & dispens. cap.* 16, & saint Anselme dans ses épîtres, *lib.* 1, *ep.* 29.

Ainsi, on a toujours regardé de mauvais œil le passage d'un ordre dans un autre, & on n'a jamais approuvé qu'un moine qui avoit promis la stabilité, & qui s'étoit engagé solemnellement à suivre une certaine régle, renonçât à ses engagemens, pour se faire incorporer dans une autre communauté.

Dans l'usage on distingue en général deux sortes de translations, l'une simple & d'un ordre dans un autre, appellée *in perpetuum, seu in fratrem;* & l'autre appellée *ad effectum beneficii.* Nous allons les traiter séparément.

DISTINCTION I.

De la translation simple, appellée ad perpetuum, *ou* in fratrem.

Ces translations ont pour objet, ou de passer dans un ordre plus austere que celui qu'on quitte, ou dans un autre également austére, ou enfin dans un plus relâché. Chacun de ces trois objets nous fournira la matiere d'un paragraphe. Nous y en ajoûterons un quatriéme, dans lequel nous examinerons qui a le pouvoir d'expédier les brefs de translation.

§. I.

De la translation dans un ordre plus austére.

Comme le vœu de stabilité, par lequel les religieux s'obligent à ne point quitter la congrégation dans laquelle ils s'engagent, n'a été introduit que dans la vûe de prévenir la légéreté & l'inconstance naturelle, & non d'empêcher de tendre à une plus grande perfection; il fut toujours permis aux religieux de quitter le monastere dans lequel ils s'étoient engagés, pour passer dans un autre où la régle fût mieux observée, ou dont les statuts particuliers exigeassent une plus grande régularité; & quand il étoit constant que l'ordre dans lequel on passoit étoit en effet plus austére que celui qu'on quittoit: il a toujours suffi de demander le consentement de l'abbé duquel on se séparoit, sans être obligé d'attendre sa permission. C'est la disposition textuelle de plusieurs canons, & le sentiment de presque tous les canonistes. *Petita licentia à primo superiore sufficit, etsi non obtenta. Cap. licet* 18, *ex. de regular. & transeunt. ad rel. glos. in cap. Cum singula* 32. *de præbend. in* 6°. Rebuffe, *de translat. monach.* & Fagnan, *part.* 2, *lib.* 3, *decretal. tit. de religios.*

Quoique la permission du supérieur ne soit pas essentielle; ce dernier auteur prétend néanmoins que c'est une nullité dans une translation, lors même qu'elle se fait dans un ordre plus austére; si l'on a négligé de demander cette permission; & le supérieur seroit même en ce cas dans le droit de réclamer son religieux. La raison est que ce supérieur doit examiner si ce n'est pas par esprit de légéreté & d'inconstance que le religieux fait cette démarche, & en ce cas, lui faire les remontrances nécessaires; & même s'opposer formellement à son dessein, s'il y a des preuves que ce n'est pas en effet l'esprit de pénitence qui le fait agir.

Quelques auteurs soutiennent au contraire qu'il ne suffit pas à un religieux de demander la permission à son supérieur pour passer dans un ordre plus austére, & qu'il est nécessaire de l'obtenir. Ils se fondent sur deux arrêts du conseil d'état des 8 Janvier & 11 Septembre 1676, rapportés dans les mémoires du Clergé, tome 4, col. 1006 & suiv. qui font défenses aux religieux de passer dans les païs étrangers, ni dans d'autres couvents du roïaume, sans le consentement de leur provincial, quoiqu'ils aïent celui de leur général ; & pareilles défenses d'exécuter les obédiences de leurs généraux sans le consentement par écrit de leurs provinciaux. Ces arrêts portent en outre que les sentences, décrets, ordonnances & autres rescrits des généraux ne pourront être exécutés dans le roïaume qu'ils ne soient revêtus de lettres patentes du roi.

Il ne paroît pas que ces arrêts puissent influer sur la question présente. En effet, nous ne reconnoissons pour supérieurs dans le roïaume que ceux qui sont par leur naissance, par leur domicile, ou par leur naturalisation, sujets du roi, & nullement ceux qui sont soumis à une puissance étrangere. Or presque tous les ordres religieux ont leur général établi à Rome : c'est pourquoi ils doivent tous avoir un vicaire général établi en France, par le canal duquel les ordres du général s'exécutent ; sans quoi tout ce qui émaneroit de lui seroit abusif. Et lors même que la puissance séculiere se prête à faire exécuter ces ordres, c'est qu'on les regarde comme émanés du vicaire général établi & reconnu en France, & non du général étranger. Tel est l'esprit & l'intention de ces deux arrêts, qui paroissent ne toucher en rien à la discipline concernant les translations.

C'est donc une maxime générale, & qui est en usage, que tout religieux peut passer d'un ordre moins austére dans un autre plus austére, sans attendre la permission de son supérieur, lorsqu'il l'a demandée ; à moins que le refus ne soit fondé sur de justes motifs.

Mais cette austérité, suivant Fagnan, *loco citato*, ne doit pas être envisagée suivant l'état originaire de la régle. Il faut la considérer du côté de l'observance actuelle de cette régle. Ainsi quand, par exemple, un religieux a fait profession dans un ordre dont la régle étoit très-austére lors de son établissement, mais où elle est tombée dans un relâchement considérable, ou même dans une inobservance totale, ce religieux peut quitter cet ordre, pour passer dans un autre où la régle étoit moins austére dans son principe, mais où elle a été conservée dans toute sa vigueur : & c'est le sentiment de tous les canonistes.

En effet, comme l'observe l'auteur des loix ecclésiastiques, partie 3, chapitre 12, article 2, maxime 3, aux notes, la translation n'est autorisée que quand celui qui est transféré s'est déterminé à ce changement par la vûe d'embrasser une vie plus austére. Ce qui doit avoir lieu pour les mendians qui sont transférés par des brefs de cour de Rome, & qui expliquent souvent dans leurs suppliques des motifs différens de ceux qui les font agir. Ceux qui passent, continue cet auteur, des ordres mendians, où la discipline monastique est observée; dans l'ancienne observance de Cluni où l'on a adouci, par un grand nombre de mitigations, la sévérité de la régle de saint Benoît, ne sçauroient trop faire de réflexions sur l'esprit des canons qui autorisent les translations d'ordre.

Au surplus, comme tout religieux doit être stable dans l'ordre qu'il a embrassé, s'il n'en est empêché par quelque cause essentielle, il ne doit pas passer dans un autre ordre pour raison du relâchement de discipline dans le sien, si ce relâchement n'est répandu dans tout l'ordre sans aucune espérance de réforme. Si, par exemple, un Bénédictin se trouve dans un couvent relâché, il ne doit point quitter son ordre sous prétexte de ce relâchement; parcequ'il y a grand nombre de couvents de Bénédictins où la discipline est dans toute sa vigueur; ainsi il doit passer dans un de ces couvents.

Les canonistes & les théologiens sont partagés sur la question de sçavoir quelle est la marque à laquelle on peut connoître quelle religion est la plus austére. Les uns soutiennent que c'est celle où il y a plus de prieres & de méditations; & où l'on travaille le plus au salut des ames; & les autres soutiennent que c'est celle où la vie est plus dure & plus retirée.

Suivant le droit, les différentes régles des chanoines réguliers sont les moins rigides : ainsi ils sont regardés comme menant une vie moins austére que les Bénédictins & les Bernardins. Ces derniers ne peuvent donc pas devenir chanoines réguliers, sous prétexte de vouloir se soumettre à une régle plus austére.

Les Bénédictins & les Bernardins sont réputés être sur le même pié : ainsi la translation de l'un à l'autre ordre est d'égal à égal.

Tous les Bénédictins, de quelque congrégation qu'ils soient, sont réputés du même ordre; & les Bernardins en sont un autre.

Les Chartreux passent pour les plus austéres de tous.

Le principe général que nous avons établi, qui est que tout religieux peut passer dans un ordre plus austére que le sien, sans attendre la permission de son supérieur, souffre quelques exceptions.

L'expérience aïant fait voir que plusieurs religieux mendians, sous prétexte de vouloir embrasser une régle plus austére que celle dans laquelle ils étoient engagés, mais, dans le fond, pour parvenir à des dignités, & pour obtenir des bénéfices, se retiroient tous les jours chez les Bénédictins, ou dans d'autres ordres de moines; le pape Martin IV. fit défenses à tout religieux mendiant de passer dans un autre ordre que le sien, excepté chez les Chartreux, sans une permission expresse du saint siége, sous peine d'excommunication & de nullité de la translation. Cette constitution se trouve au chapitre *Viam extravag. comm. de regul. & transeunt. ad relig. Nullus*, dit-il, *ex professoribus alicujus ex ordinibus mendicantium.... in aliquem monasticum ordinem, Carthusiensium duntaxat excepto, possit aut debeat per quemcunque recipi, vel admitti virtute alicujus licentiæ, vel indulti, absque sedis (apostolicæ) licentiâ speciali, sub dictis pœnis (excommunicationis incurrendæ ipso facto) & nihilominùs secùs facta non teneant ipso jure.*

La raison pour laquelle on a excepté les Chartreux de cette défense générale, c'est qu'il est certain que leur régle est beaucoup plus austére que celle d'aucun ordre mendiant. D'ailleurs on ne peut pas soupçonner ceux qui s'y transférent d'avoir en vûe d'obtenir des bénéfices; puisqu'il n'y en a point chez les Chartreux, & qu'ils sont incapables d'en posséder aucun.

C'est encore pour prévenir ces abus que, quoiqu'un religieux mendiant ait été légitimement transféré dans un autre ordre, il ne peut posséder de bénéfices, ni même avoir aucune charge, ni aucune administration dans l'ordre où il a été transféré, sans une dispense expresse du pape; & même cette dispense n'est pas suffisante, si elle n'est revêtue de lettres patentes du roi.

Frere Louis Pelletier, après avoir été quinze ans Cordelier, avoit obtenu dispense du pape pour être transféré dans l'ordre de saint Augustin, où il avoit été pourvû du prieuré-cure de saint Martin de Noïers, sans autre dispense. Maître Jacques Rousseau, religieux de saint Augustin, se fit pourvoir du bénéfice par dévolut. Il se fondoit sur l'incapacité de Louis Pelletier qui, aïant fait profession chez les Cordeliers, étoit incapable de posséder des bénéfices, n'aïant point été relevé de cette incapacité par le bref qu'il avoit obtenu du pape, lequel ne lui accordoit que la faculté d'être transféré dans l'ordre de saint Augustin.

On soutenoit de la part de Louis Pelletier, que la translation légitimement faite l'avoit entiérement fait cesser d'être Cordelier, pour le rendre Augustin; sans quoi il se trouveroit en même tems soumis à deux régles tout à la fois; ce qui est impossible, & implique même contradiction. Ainsi, étant devenu Augustin, il étoit capable de posséder des bénéfices.

Nonobſtant ces raiſons, par arrêt du parlement de Paris du 30 Juin 1642, rapporté au journal des audiences, la cour, ſur les concluſions de M. Talon avocat général, maintint le dévolutaire en poſſeſſion du bénéfice en queſtion.

Il y a un arrêt de réglement du même parlement du 4 Mai 1696, qui interdit aux religieux mendians, transférés dans d'autres ordres, la faculté de poſſéder des bénéfices.

C'eſt ſur cet arrêt qu'a été rédigée la déclaration du 25 Janvier 1717, regiſtrée au parlement le 2 Mars ſuivant, qui interdit à tout religieux mendiant, transféré dans l'ordre de ſaint Benoît ou autre, la faculté de poſſéder deux bénéfices, ni un bénéfice avec une penſion ſur un autre bénéfice, ni deux penſions. Elle ordonne qu'à cet effet les lettres patentes que le roi jugera à propos d'accorder ſur les brefs obtenus en cour de Rome par leſdits mendians transférés, pour pouvoir poſſéder des bénéfices ou penſions ; ne pourront être expédiées qu'à la charge de ſe conformer à la préſente déclaration.

On voit que l'eſprit de cette loi eſt que, pour qu'un mendiant transféré dans un autre ordre puiſſe être capable de poſſéder des bénéfices, il lui faut un bref de cour de Rome qui lui donne cette capacité, & que ce bref ſoit revêtu de lettres patentes, qui ne peuvent être expédiées qu'à la charge que la faculté accordée par le bref ſera reſtrainte à un ſeul bénéfice, ou à une ſeule penſion ſur bénéfice.

Outre cette exception, qui concerne les mendians, il y a des ordres qui ont obtenu des privileges particuliers à cet égard. On trouve au chapitre *Non ex vobis 7. ex. de regularibus & tranſeuntibus, &c.* un decret du pape Alexandre III. qui défend à tout religieux de l'ordre de Cîteaux de paſſer en un autre monaſtere ſans la permiſſion de l'abbé, & qui veut, en cas de contravention, que le transfuge ſoit obligé d'y rentrer.

La congrégation de ſaint Maur a obtenu deux brefs, dont le premier eſt de Clément X. du 19 Septembre 1672, qui fait défenſes à tous religieux de cette congrégation d'en ſortir ſans la permiſſion expreſſe du général, pour entrer dans quelqu'autre ordre que ce ſoit, même celui des Chartreux ; dans le monaſtere de la Trappe, ou autres, ſous prétexte d'y mener une vie plus réguliere ; à peine d'excommunication majeure, tant contre le religieux qui paſſera ainſi dans un autre ordre, que contre ceux qui le recevront.

Le ſecond bref eſt d'Innocent XI. du 17 Août 1683. En confirmant le premier, il en étend la diſpoſition aux Camaldules, & fait injonction au frere Alexis Gendrier, qui étoit ſorti de chez les Bénédictins pour entrer aux Camaldules, ſans une permiſſion par écrit des ſupérieurs de la congrégation de ſaint Maur; d'y rentrer ſur peine d'excommunication.

Ce dernier bref a été revêtu de lettres patentes données à Fontainebleau le 20 Septembre 1683, regiſtrées au grand-conſeil le 9 Novembre ſuivant.

Les Chanoines réguliers de la congrégation de France ont obtenu un pareil bref en 1680, avec des lettres patentes du 7 Mars 1684, auſſi regiſtrées au grand-conſeil le 7 Juin ſuivant.

Les Jéſuites ſe ſont auſſi fait expédier des bulles par les papes Paul X. Pie IV. & Pie V. qui font défenſes aux profès de leur ſociété de paſſer dans aucun autre ordre, quelqu'auſtére qu'il ſoit, excepté dans celui des Chartreux, ſans la permiſſion du pape, ou du général.

A l'égard des religieuſes, elles peuvent auſſi paſſer d'un ordre moins auſtére dans un autre plus auſtére. Fagnan, *in 2 part. decretal. de ſtatu monach. Cap. recolentes, n.* 48, ſoutient que cette tranſlation ne ſe peut faire ſans la permiſſion expreſſe du pape, ou de la premiere ſupérieure : mais il eſt conſtant que cette opinion eſt contraire à l'uſage, ſuivant lequel la permiſſion par écrit de l'évêque diocéſain ſuffit. Et quand l'évêque a donné ſon conſentement, il peut paſſer outre à la tranſlation, quoique la maiſon que la religieuſe veut quitter s'y oppoſe, quand cette religieuſe en a demandé la permiſſion à la ſupérieure : mais on ne peut pas forcer la maiſon dans laquelle elle veut ſe retirer à la recevoir.

Mais il ſe préſente une queſtion, qui conſiſte à ſçavoir ſi un religieux qui paſſe dans un ordre plus auſtére, eſt tenu d'y faire un nouveau noviciat & une nouvelle profeſſion?

Si l'on en croit Rebuffe dans ſa pratique bénéficiale, *Tit. de tranſlatione monach. n.* 1 *&* 2. Cette formalité n'eſt pas néceſſaire. Voici ſes termes : *Notandum eſt quòd quando quis tranſlatus eſt ad aliud monaſterium : non eſt neceſſe facere novam profeſſionem in ſecundo monaſterio, nam ſemel facta profeſſio ſufficit.* Et la raiſon qu'il en donne ne laiſſe pas d'être ſéduiſante; c'eſt qu'en faiſant profeſſion dans un ordre, il ſemble qu'on fait profeſſion dans tous, puiſqu'ils ont tous le même objet, & qu'ils lient tous pas les mêmes vœux. Et pour donner plus de poids à ſon autorité, il cite le chapitre *Nullus* & le chapitre *Indemnitatibus, de elect. in* 6°

qui sont l'un & l'autre du pape Boniface VIII. Mais il est certain que ces deux chapitres n'ont point de rapport à la question dont il s'agit ici. Le pape, dans ces deux constitutions, fait défenses d'élire un abbé qui ne soit pas profès dans la régle où on le voudroit élire. Ils n'ont donc point trait à la question que nous examinons ici. Et tous les canonistes sont d'un sentiment contraire à celui de Rebuffe.

Fevret, livre 2, chapitre 3, n. 12, dit formellement que, dans le cas de translation d'un ordre à un autre plus rigoureux, le religieux est obligé de faire un nouveau noviciat, avant que de prononcer ses vœux; & il se fonde sur l'autorité de saint Bernard, qui avoit reçû dans l'ordre de Cîteaux des Chanoines réguliers de l'ordre de saint Augustin. Comme le corps des Chanoines réguliers lui en avoit fait des plaintes, il leur répondit en ces termes : *Ep. 3, Talibus taliter susceptis, absit ut sinceritatem vestram, aut in suscipiendo læsam, aut in retinendo lædendam esse credamus; tum tamen illos, si fortè intrà annum probationis, qui regulariter constitutus est, cæpta deserere, & ad vos redire velle contigerit, invitos non detineamus.*

Tamburinus, *de jure abbat. disp.* 7, dit que *Religiosus ad religionem strictiorem transiens stare debet in probatione per annum continuum; & posteà debet emittere professionem;* & Fagnan, *in cap. licet, ex. de translat. n.* 51, soutient que la translation n'est pas parfaite, s'il n'y a une profession expresse, précédée d'une année de noviciat.

Perard Castel, dans ses définitions canoniques, au mot translations, n. 25, nous apprend que l'usage de France est de faire un noviciat, & de prononcer des vœux dans le couvent où l'on a été transféré, & il assure avoir connu plusieurs personnes qui avoient été dans différens ordres, comme des Augustins, des Cordeliers, des Carmes, des religieux de Grammont, qui avoient fait un noviciat & une nouvelle profession dans l'ordre de saint Benoît, où ils avoient été transférés.

Le même auteur observe qu'ils peuvent être facilement dispensés de faire un noviciat d'un an & un jour tout entier, comme le doivent faire ceux qui n'ont jamais eu d'engagement dans aucun ordre régulier; & qu'il leur suffit d'en faire un de six mois, ou environ. Il leur faut cependant pour cet effet une dispense du pape, qui leur est facilement accordée.

Il ajoûte que, pendant ce noviciat, ils ont la liberté de sortir & de vacquer aux affaires qu'ils peuvent avoir, sans craindre de l'interrompre, comme feroit en pareil cas un novice

vice ordinaire, qui, par cette interruption, annulleroit son vœu.

Il paroît que cela est assez suivi dans la pratique ; & les canonistes en donnent pour raison que *rigor continui & integri anni, qui regulariter dispensari non solet, procedit ubi agitur de imprimendo statum regularem in genere, cum formali ac omnimodâ mutatione statûs irretractabilis de seculari in regularem, ac de libero in servum, seu de vivo in mortuum. Secùs autem, ubi isto statu jam impresso, agitur tantùm de accidentali mutatione vitæ, potiùs sub unâ, quàm sub alterâ regulâ.*

Cependant l'abbé de Rancé, réformateur de la Trape, avertit que, dans le cas de ces translations, le noviciat doit être plus rigoureux que quand il s'agit d'admettre un homme qui quitte le siécle. Ceux qui connoissent par expérience, dit-il sur le chapitre 16 de la régle de saint Benoît, qu'il est plus difficile de réformer, ou plutôt de changer totalement un religieux qui sort d'un autre monastere, qu'un séculier qui a toujours vécu dans le monde, conviendront de la nécessité d'un noviciat, non-seulement pour l'avantage de celui qui se présente, mais aussi pour la sûreté & la tranquillité du monastere dans lequel il veut entrer. Ceux qui sortent du monde, continue ce saint réformateur, sont comme une planche neuve sur laquelle on grave tout ce qu'on juge à propos ; & il est sans exemple qu'ils ne reçoivent pas avec soumission & avec docilité les avertissemens & les préceptes qu'on leur donne sur un genre de vie où tout est nouveau pour eux.

On n'en peut pas dire autant de ceux qui sont déja engagés dans l'état religieux. Ils sont pleins de préjugés, de préventions & de mauvaises habitudes qu'ils ont contractées dans leur ordre ; & il est très-difficile non-seulement de les déraciner ; mais même de contredire les fausses idées qu'ils se sont formées sur l'état monastique. Enfin il y a tant de changemens à faire en eux, que loin d'abréger le tems du noviciat, il faudroit le prolonger. Ces translations produisent si peu de bons effets, que les anciens instituts qui n'ont eu pour objet que le bon ordre, la régularité & la paix, les ont défendues, ou du moins ne les ont admises qu'après une épreuve bien exacte.

La liberté que l'on avoit autrefois, continue-t-il, de renvoïer ceux qui mettoient le trouble dans un monastere, a pû introduire la coutume d'admettre tant de monde, sans beaucoup d'examen : mais aujourd'hui que l'on n'a plus cette liberté, & qu'on est forcé de garder, malgré qu'on en ait, les religieux dont les mœurs sont le plus dépravées; on ne sçauroit trop prendre de précautions dans le choix des sujets: & l'on peut dire que, si saint Benoît vivoit de nos jours & voïoit combien peu les translations conduisent au but que l'on s'y propose; non-seulement il n'auroit pas diminué d'un seul jour le noviciat des religieux étrangers, mais il l'auroit fixé à deux ans.

Quelque justes & quelque solides que soient ces raisonnemens, ils ne sont guéres en usage que dans l'abbaïe de la Trape. Presque par-tout ailleurs on se contente, dans le cas de la translation, de faire précéder les vœux d'un noviciat qui dure moins d'un an. Voici comment la chose se pratique très-souvent. Les religieux qui se trouvent trop gênés dans l'ordre où ils se sont engagés cherchent de ces médecins commodes & pénétrans qui découvrent des maladies qui n'existent point. Lorsqu'ils en ont gagné deux de cette sorte, ils en tirent des attestations, dans lesquelles ils ne manquent jamais de certifier que le religieux est accablé d'infirmités qui le mettent dans l'impossibilité de suivre la régle de son ordre. Armé de cette piéce, il se précautionne d'un abbé d'une abbaïe de l'ancien ordre de saint Benoît, qui le nomme à une place monachale dans son abbaïe, ce qui s'appelle un bénévole; & c'est le nom dont se sert le pape dans son bref de translation, *modò inveniat benevolos receptores*. Avec ces deux actes on obtient facilement un bref adressé à l'official de l'ordinaire dans le diocèse duquel est le monastere où la translation se doit faire, pour le faire fulminer, en cas que les deux supérieurs, celui *à quo*, & celui *ad quem* consentent; & à condition que le transféré, après avoir pris l'habit de l'ordre dans lequel il entre, sera tenu de faire une année de noviciat, avant que de faire profession, & qu'il ne pourra posséder de bénéfice. L'official, avant que de prononcer, permet d'assigner les deux supérieurs devant lui. Ils consentent, ou ont déja consenti: le bref est fulminé, & le religieux prend l'habit de l'ordre où il a été transféré: mais trois mois après, il obtient un second bref sur le faux exposé qu'il a commencé son noviciat avec tant de ferveur, qu'il supplie le pape de le réduire à six mois au lieu d'un an. Le pape, qui dans l'éloignement où il est, se trouve dans l'impossibilité d'approfondir les faits, & qui d'ailleurs, pour maintenir son autorité, ne se refuse jamais aux graces de cette espéce, ne manque jamais de l'accorder; en sorte que le religieux fait profession au bout de six mois. Il obtient ensuite, avec la même facilité, un nouveau bref qui le reléve de la clause du premier, & lui permet de posséder un bénéfice dans l'ordre. Si c'est un mendiant qui a été transféré, il a besoin de lettres patentes : mais il les obtient facilement sur la foi du bref du pape. Rarement on forme opposition à leur enregistrement; en sorte qu'en moins de neuf à dix mois un religieux mendiant se voit transféré dans le grand ordre de saint Benoît, y avoir fait profession, & y posséder des bénéfices. Que d'abus !

Il nous reste ici deux questions à examiner sur cette matiere. La premiere consiste à sçavoir ce que devient le pécule du religieux ainsi transféré; & la seconde, à qui appartient la dot de la religieuse transférée ?

Nous aurons occasion d'examiner ailleurs ce que c'est que le pécule d'un religieux. Il suffit d'observer ici que la propriété en appartient au monastere, ou à l'abbé, suivant les circonstances.

Les canonistes, pour résoudre cette question, distinguent *inter monasterium professionis, & monasterium translationis*. Ils prétendent que si la translation se fait d'un monastere dans un autre du même ordre, ou d'un ordre différent, mais avec la clause : *Te de tali monasterio, cujus monachus existis, ad tale monasterium transferentes, ac volentes & decernentes, ex nunc monachus illius monasterii efficiaris, & in eo recipiaris in monachum*; alors le pécule du religieux appartient au premier monastere, quant aux biens qu'il avoit acquis avant sa translation : mais que ceux qui lui sont advenus depuis appartiennent au second monastere; avec cette restriction néanmoins, que le premier ne conserve que la propriété de ce qui lui est acquis; l'usufruit accompagnant le religieux dans le monastere où il a été transféré, & auquel il en communique la jouïssance. Il devient comme serf du monastere dans lequel il est transféré.

Il y en a d'autres qui prétendent que le pécule tout entier doit appartenir en propriété au monastere dans lequel se fait la translation; & ils se fondent sur ce que le titre des décrétales où il est parlé des translations est conçû ainsi : *De translatione & renunciatione*. D'où ils concluent que celui qui est transféré renonce au premier monastere, & devient moine du second, dont il est, en quelque façon, comme l'enfant adoptif.

Mais, comme le remarque Fevret, livre 2, chapitre 3, n. 13, l'autre opinion est plus raisonnable, & se trouve fondée tant sur le droit civil que sur le droit canonique. La novelle 8, *cap.* 5, dit que *Si monachus, relinquens monasterium, ad aliud transeat, ejus ſubſtantia priori vindicatur.* Et la novelle 123, cap. 42, s'exprime preſque dans les mêmes termes : *Quaſcumque res, tempore quo monaſterium dereliquerit habere videbitur, eidem monaſterio, in quod ab initio ingreſſus eſt, reſerventur.* Ce qui doit avoir lieu, ſuivant les canoniſtes que cite cet auteur, tant à l'égard du religieux qui eſt transféré par l'autorité du ſupérieur, qu'à l'égard de celui qui ſe procure lui-même ſa tranſlation. Ce qui doit toujours s'entendre ſous la limitation dont nous avons parlé plus haut, qui eſt de laiſſer au monaſtere dans lequel paſſe le religieux transféré le droit de joüir du pécule.

A l'égard de la dot des religieuſes, dans les couvents où il eſt permis d'en recevoir, doit-on ſe décider par les mêmes principes qui réglent le pécule des religieux ?

La congrégation des cardinaux établie pour l'interprétation du concile de Trente a décidé que, *Quando monialis, licentiâ papæ, transfertur de loco ad locum, dotes remanent proprio monaſterio.* Et c'eſt l'opinion des canoniſtes

En effet, comme le remarque Fevret, ſi ces reſtitutions avoient lieu, & ſi la propriété de la dot d'une religieuſe la ſuivoit dans tous les monaſteres où elle peut être transférée ; il en réſulteroit des recherches & des procès qui mettroient les monaſteres dans le cas de ſe ruiner mutuellement en frais ; parceque, comme ces dots ſe donnent ordinairement en argent, on les emploïe ſur le champ en acquiſitions, en réparations, ou en conſtitutions de rentes. Cependant, quoique la propriété reſte au premier couvent, l'uſufruit ne laiſſe pas de ſuivre la religieuſe dans les différentes tranſlations qu'elle peut eſſuïer. C'eſt ce qui a été jugé par deux arrêts du parlement de Dijon rapportés par Fevret, *loco citato.*

§. II.

De la tranſlation dans un ordre également auſtére.

Quoique les cloîtres doivent être un ſéjour de paix & d'union, la diſcorde, la jalouſie & la perſécution ne laiſſent pas d'y cauſer du trouble & du ravage, comme dans le monde. Il n'eſt pas rare de voir un religieux perſécuté par ſes ſupérieurs, calomnié par ſes confreres, & ſans autre raiſon que, parcequ'il vit avec plus d'auſtérité & plus de régularité que les autres. Lorſque ces perſécutions & ces injuſtices ſont prouvées, c'eſt un moïen de tranſlation : mais il faut en ce cas avoir recours au pape, &

obtenir un bref de translation. Nous parlerons dans le paragraphe suivant de ces sortes de brefs. Ils doivent être fulminés par l'official diocésain, après une information juridique de la vérité des faits exposés dans la supplique sur laquelle le bref a été obtenu.

Lorsque la persécution ne vient que de la part des supérieurs du couvent dans lequel le religieux fait sa résidence, & que l'ordre dont il est membre est en congrégation, il n'est pas besoin en ce cas de recourir à l'autorité du pape. Il suffit d'une obédience du provincial pour passer dans un autre couvent du même ordre.

Mais si la persécution vient de la part des supérirurs généraux, comme leur autorité s'étend sur tous les couvents de l'ordre, & que le religieux persécuté se trouveroit également exposé à leur vengeance dans quelque monastere de l'ordre qu'il se retirât; c'est alors qu'il doit implorer l'autorité du pape, qui le met à couvert de l'injustice de ses supérieurs en le faisant passer dans un autre ordre, dont l'austérité soit à peu près égale à celle qui est observée dans celui qu'il quitte.

Il y a plusieurs exemples de ces sortes de translations. Le grand-conseil, par arrêt du 9 Mai 1702, a autorisé celle du frere Germain Thevenin, de l'ordre des Cordeliers, dans celui de saint Augustin. Cet arrêt est rapporté dans le dictionnaire des arrêts, au mot Translation.

Au reste, comme le remarque Fagnan, *in cap. dilecti 15 ex. de renuntiat.* ces motifs de translation sont de nouvelle invention, & ne sont pas suffisans pour opérer une translation *ad laxiorem ordinem.*

§. III.

De la translation d'un ordre plus austére dans un autre moins austére.

Le concile de Trente, *sess. 25. cap. 19, de regular.* défend en général à tout religieux de passer dans un ordre moins austére que celui dans lequel il a fait profession; sans même qu'il puisse s'aider pour cet effet de quelque privilege que ce puisse être. *Nemo regularis, cujuscumque facultatis vigore, transferatur ad laxiorem religionem.* Mais la congrégation des cardinaux préposés pour l'interprétation de ce concile a décidé, que ces translations peuvent avoir lieu en cas d'infirmité assez grande pour empêcher de supporter l'austérité de la régle.

Les canonistes disent que, pour être sûr de la légitimité de cette translation, il faut examiner s'il ne seroit pas plus convenable, pour éviter le scandale, de relâcher quelque chose de la rigueur de la régle en faveur de celui que la foiblesse de son tempérament empêche de la supporter; & s'il ne résulte aucun inconvénient de cette complaisance, qu'on doit plutôt s'y prêter, que de souffrir la translation.

Comme la défense de passer dans un ordre plus doux est émanée d'un concile, & que d'ailleurs il s'agit de l'exécution d'un vœu solemnel, par lequel on s'est obligé envers Dieu à vivre dans un certain dégré d'austérité; l'usage a voulu que l'autorité des supérieurs ordinaires ne suffît pas pour opérer ces translations: il faut avoir recours à celle du pape, qui accorde un bref à cet effet : c'est ordinairement à la requête du général, ou du procureur de l'ordre, & du consentement des deux communautés ou congrégations, de celle que le religieux veut quitter, & de celle dans laquelle il veut entrer. Fagnan, *in cap. dilecti* 15, *ex. de renunt. n.* 18, atteste qu'il l'a vû pratiquer ainsi en plusieurs rencontres. D'où il suit, dit-il, que les supérieurs reconnoissent eux-mêmes qu'ils n'ont pas le pouvoir d'accorder ces sortes de permissions, puisqu'ils ont recours au saint siége.

Ce bref est adressé à l'official diocésain pour le fulminer, & la fulmination doit être précédée du rapport des médecins. L'official doit aussi au préalable entendre les supérieurs des deux ordres.

Pour accorder ces brefs de translation, on demande en cour de Rome que l'infirmité soit telle qu'il y ait danger de mort pour le suppliant; & ce n'est point une chose qui soit purement de stile, comme quelques-uns le prétendent. Quand il est question de cesser d'observer un vœu solemnellement fait à Dieu au pié de ses autels, les motifs qui y engagent ne sçauroient être trop sérieux & trop forts. Comme il dépend de la volonté du pape de refuser ou d'accorder ces sortes de rescrits, qui sont par conséquent purement de grace; toutes les clauses qu'il y insére sont de droit étroit, & lient absolument ceux qu'elles concernent; parceque sa sainteté aïant bien voulu accorder la grace, & ne l'aïant fait que sous telle condition, l'inexécution de la condition annulle la grace qui n'étoit fondée que sur tel ou tel motif. *In litteris gratiæ*, dit Louet sur la régle *de infirmis resignant. n.* 195, *tale decretum ligat ignorantes... Totum enim negotium, tota gratia pendet omninò ex purâ & merâ liberalitate concedentis, ex ejus voluntate*

& intentione. Il ne suffit donc pas de prouver dans ces cas, que le pape a le pouvoir de faire une chose ; on ne lui conteste pas ce pouvoir : il est question de sçavoir s'il l'a réellement faite. *Dato quòd papa possit, nisi id nominatim exprimat, non debet censeri id voluisse*, dit Dumoulin sur la même régle, *de infirm. resign. n.* 138.

Lors donc que, dans la supplique, on n'expose pas toutes les circonstances essentielles, & capables de déterminer le pape, ou quand on en ajoûte qui ne sont pas vraïes, le bref accordé sur une telle supplique est obreptice, & par conséquent nul ; parceque, comme le pape étoit le maître d'accorder ou de refuser ; s'il a éte trompé dans l'exposition des faits, l'erreur dans laquelle on l'a induit ne lui a pas laissé la liberté du consentement : ainsi il est présumé n'avoir point consenti. Si cependant on obmettoit un fait qui pût se suppléer aisément par ce qui a été exprimé, & qui d'ailleurs ne fût pas essentiel, il n'y auroit pas subreption.

On rapporte dans le recueil de jurisprudence canonique, donné depuis peu au public, sur les mémoires de feu M. Fuet, un arrêt du parlement de Paris du 16 Décembre 1734, qui prouve que les clauses insérées dans les brefs de translation doivent être exécutées à la lettre. En voici l'espéce. Le frere Gentil après avoir fait profession chez les Cordeliers en 1711, s'être fait prêtre, & être devenu prédicateur, s'évada & alla à Rome en 1726 pour se faire transférer. Pendant son absence, ses supérieurs firent faire perquisition de sa personne, & le déclarerent apostat par une sentence. Il revint en France, & se retira dans le couvent des Recollets de Melun. Il obtint une place de bénévole du prieur de l'abbaïe de la Pelisse, ancien ordre de saint Benoît. Il se fit délivrer une attestation d'un médecin de Melun & de deux médecins de Paris qui ne l'avoient jamais vû, portant qu'il étoit sujet à des hémorragies qui le mettoient hors d'état d'observer la régle de saint François. Sur ces attestations, il obtint un bref de translation dans l'ancien ordre de saint Benoît, adressé à l'official du Mans, avec la clause *de consensu superiorum utriusque monasterii.* Le provincial des Cordeliers, qui avoit donné son consentement par écrit, dans lequel il avoit déclaré que le religieux étoit fugitif depuis trois ans, fut assigné pour voir entériner ce bref. Il y forma opposition, & resta ensuite dans le silence & dans l'inaction. L'abbé de Pontac, abbé de la Pelisse, intervint dans la contestation, & soutint que le prieur claustral n'avoit pas le droit de donner des bénévoles. L'official du Mans, après avoir interrogé le frere Gentil, le débouta de l'entérinement de son bref, & ordonna que l'abbé de Pontac & le prieur claustral se pourvoiroient devant les juges qui pouvoient connoître de leur contestation. Cette sentence fut infirmée par l'official métropolitain de Tours, qui entérina le bref de translation, & sur le surplus, ordonna que la sentence de l'official du Mans sortiroit effet.

L'abbé de Pontac interjetta appel comme d'abus, & proposa pour moïens d'abus. 1°. Que le frere Gentil étoit déclaré fugitif & apostat. 2°. Qu'il n'avoit pas le consentement des supérieurs des deux ordres, aux termes de son bref de translation, puisque le supérieur des Cordeliers, qui avoit donné le sien d'abord avec une note contre le frere Gentil, l'avoit rétracté, & que l'abbé de Pontac, supérieur du monastere dans lequel se devoit faire la translation, refusoit le sien. 3°. Que l'observance réguliere n'étoit pas en vigueur dans l'abbaïe de la Pelisse, n'y aïant que trois religieux, dont aucun ne résidoit.

L'arrêt dit qu'il y avoit abus dans la fulmination de bref par l'official métropolitain de Tours; & il fut enjoint au religieux de se retirer dans un mois chez les Cordeliers.

L'auteur qui rapporte cet arrêt observe qu'il n'a pas eu pour motif le défaut d'observance dans l'abbaïe de la Pelisse, parceque *tres faciunt capitulum*; & que, comme l'établit M. le Nain avocat général lors d'un arrêt du 7 Juillet 1707, rapporté au journal des audiences, la présomption est que la discipline réguliere est en vigueur dans un couvent, s'il n'y a preuves au contraire.

Ce n'est pas non plus la prétendue apostasie de frere Gentil qui sert de prétexte à cet arrêt; parceque, comme l'établit encore M. le Nain, dans le plaidoïer dont nous venons de parler, les procédures faites par les supérieurs réguliers pour la correction dans l'intérieur, n'étant point assujetties aux formalités de l'ordonnance, ne font aucune foi en justice.

Le motif ne pouvoit donc être que le défaut de consentement des supérieurs, dont la clause étoit expresse dans le bref.

On pourroit encore dire qu'il y avoit défaut de cause légitime, puisqu'on alléguoit que les deux médecins de Paris n'avoient jamais vû le frere Gentil: mais, outre que ce fait n'étoit point prouvé, on va voir par l'arrêt que nous allons rapporter d'après le même auteur, que la connoissance de la suffisance d'infirmité, pour donner lieu à la translation *in mitiorem*, appartient au seul juge

juge d'Eglise: par conséquent il ne pouvoit pas y avoir abus à cet égard dans la sentence.

Dom Carpentier, religieux de l'abbaïe de saint Germain des Prez à Paris, avoit obtenu en cour de Rome un bref de translation dans l'ancienne observance, pour cause d'infirmité. Le supérieur général de la congrégation de saint Maur & les religieux & prieur de l'abbaïe de saint Germain avoient interjetté appel comme d'abus, tant de l'exécution de ce bref, que de la sentence de l'official de Paris qui avoit ordonné qu'il seroit passé outre à sa fulmination.

M. Joly de Fleury, lors avocat général au grand-conseil, où cet appel comme d'abus avoit été porté, & depuis avocat général au parlement de Paris, observa que dans les translations pour infirmités, le sujet doit appeller les supérieurs réguliers pour la fulmination du bref: mais que leur consentement n'est pas nécessaire, & que nous ne suivons point à cet égard le concile de Trente, *cap.* 19, *de regular.* ni le chapitre 7, *ex. de regular. & transeunt. ad relig.*

Bien des canonistes trouveront la décision de ce magistrat trop générale; & nous ne croïons pas qu'elle dût s'appliquer au cas où le bref en contiendroit une clause expresse. Nous en avons expliqué les raisons plus haut.

Il remarqua que l'arrêt du conseil d'état du 11 Septembre 1676, dont nous avons déja parlé, n'a point été revêtu de lettres patentes registrées; & que d'ailleurs il n'a eu pour objet que de réformer l'abus dans lequel étoient les mendians de se faire transférer dans des ordres où l'on pût posséder des bénéfices, sur la simple approbation de leurs généraux, qui résident hors du roïaume.

Il dit que le bref de Clement X. du 19 Septembre 1672, & celui d'Innocent XI. du 17 Août 1683, & les lettres patentes du 21 Septembre de la même année, registrées au grand-conseil, portant défenses aux religieux de saint Maur de passer dans des ordres plus austéres sans le consentement des supérieurs, n'ont point d'application aux translations pour infirmités, leur point de vûe n'étant que d'empêcher les translations trop fréquentes dans l'abbaïe de la Trappe.

Il ajoûta que les infirmités sont une cause canonique de translations; que la question de fait, si l'infirmité est suffisante pour opérer la translation, est purement de la compétence du juge d'Eglise; qu'il faut distinguer le fond d'avec la cause de l'abus;

que les tribunaux civils, juges de l'abus, ne peuvent connoître que des contraventions aux canons, aux loix du roïaume, & des défauts de formalité : mais que par rapport au fond, c'est un objet qui n'est pas du ressort du juge séculier, & qui ne peut faire la matiere d'un appel comme d'abus, mais seulement d'un appel simple.

Par arrêt du 14 Février 1741, il fut dit n'y avoir abus, sans approbation des clauses insolites & inusitées contenues dans le bref.

Dans la thése générale, tout religieux qui passe d'un ordre dans un autre, demeure toujours engagé à l'observance des trois vœux qui sont communs à tous les ordres; sçavoir ceux de pauvreté, d'obéissance & de chasteté. Il n'est donc question que du plus ou du moins d'austérité, du plus ou du moins d'exactitude dans l'observance des pratiques particulieres de la régle. Mais il y a des ordres dans lesquels on fait des vœux particuliers, & qui ne sont point en usage dans les autres ordres : or on demande si un religieux qui a fait profession dans un tel ordre peut être transféré dans une communauté où il ne peut mettre ce vœu en pratique? Par exemple, les religieux de l'ordre de saint Jean de Dieu ou de la Charité, font à leur profession un vœu solemnel de servir les pauvres malades. Ce vœu est particulier à ces religieux, & approuvé par le pape Paul V, lorsqu'il érigea en congrégation cette communauté, qui n'étoit d'abord qu'une assemblée de séculiers.

Cette question se présenta au parlement de Paris en 1707, au sujet d'un bref de translation dans l'ordre de saint Benoît, obtenu par le frere Baritel, de la Charité. Ce bref étoit revêtu de lettres patentes, qui dérogeoient aux statuts de l'ordre homologués au parlement. Le vicaire général des Freres de la Charité forma opposition à l'enregistrement de ces lettres patentes, & interjetta appel comme d'abus de l'exécution du bref de translation, sous prétexte du vœu d'hospitalité qui leur est propre, & qui ne peut s'exécuter dans aucune autre communauté religieuse, que dans celles de leur ordre. Par arrêt du 7 Juillet de la même année, la grand'chambre jugea qu'il n'y avoit point d'abus; parceque le Roi & le Pape avoient dérogé d'un commun accord aux statuts de l'ordre, à cause des infirmités du frere Baritel. Or, comme ces statuts tirent toute leur force de l'autorité de ces deux puissances, quand elles se réunissent pour y déroger, il ne peut y avoir abus. Cet arrêt est rapporté par

Augeard, dans ſon recueil d'arrêts notables, & dans le journal des audiences. Nous aurons bientôt occaſion d'en faire encore mention.

§. IV.

Par qui les Brefs de tranſlation doivent être expédiés pour avoir leur exécution en France ?

Lorſque les exemptions ſe furent multipliées au point qu'il ne ſe trouvoit preſque plus de couvent qui ne fût exempt de la juriſdiction de l'ordinaire, & que les moines ſe furent mis dans l'uſage d'adminiſtrer les Sacremens; on vit s'élever quantité de conteſtations, ſoit entre les religieux d'un même couvent, ſoit entre ceux de différens ordres, ſoit entre les religieux, les évêques, ou les curés, ou les chapitres, ou d'autres clercs ſéculiers. Le pape, qui s'étoit attribué la connoiſſance de toutes les conteſtations où les couvents étoient intéreſſés, ſe trouva ſurchargé; ce qui détermina Sixte V. à ériger une congrégation de cardinaux pour vuider ces différends. Il nomma cette congrégation, *Congregatio ſuper negotiis regularium.* On l'appelle ordinairement la congrégation des réguliers; & il la réunit à une autre qui exiſtoit déja ſous le nom de congrégation pour les affaires des évêques, *ſuper negotiis epiſcoporum.*

Dans toute l'Italie, il ne ſe peut faire aucune tranſlation de religieux, même dans un ordre plus auſtére, ſans le conſentement de cette congrégation, qui, avant que de le donner, entend le ſupérieur de l'ordre qu'on veut quitter, & indique enſuite, par un bref, les ordres dans leſquels elle veut qu'on paſſe.

Les reſcrits de cette congrégation ne ſont point reconnus en France, & n'y ont aucune autorité. Ainſi jugé par arrêt du parlement de Paris, rendu ſur les concluſions de M. l'avocat général Talon le 3 Juillet 1642, rapporté au journal des audiences. Nous aurons occaſion de parler de cet arrêt au livre 3 de cette partie.

La raiſon qui empêche d'admettre ces ſortes de reſcrits en France eſt qu'il n'y a que le pape lui-même qui puiſſe, en conſéquence de ſa qualité de ſouverain pontife, accorder les diſpenſes réſervées au ſaint ſiége. Le droit de diſpenſer appartient, après lui, aux archevêques & évêques, qui ſont les ordinaires des lieux. C'eſt une partie de leur juriſdiction, dans laquelle ſaint Louis voulut qu'ils fuſſent conſervés pas la pragmatique intitulée de ſon nom, conformément à la diſpoſition des anciens canons.

Il y a encore à Rome un autre tribunal que l'on nomme la pénitencerie, qui délivre auſſi des brefs de tranſlation. Nous allons en donner une idée en peu de mots, & faire voir quelle eſt l'autorité de ce tribunal en France.

Comme chaque évêque a dans ſon diocèſe un grand pénitencier auquel on a recours, comme à l'évêque lui-même, pour l'abſolution des cas réſervés, & que les confeſſeurs ordinaires doivent conſulter dans les cas douteux & embarraſſans; le pape, évêque de Rome, a toujours le ſien pour ſon diocèſe.

Lorſque les papes ſe furent attribué privativement le pouvoir d'abſoudre de certains crimes, de relever de certaines cenſures, & de diſpenſer des vœux, des irrégularités & des empêchemens canoniques; ces réſerves mirent les fidéles dans le cas de recourir ſouvent au ſaint ſiége; ce qui ſurchargea tellement le pape, qu'il fut contraint de ſe débarraſſer de ce ſoin & de le confier à ſon pénitencier. Enfin les affaires ſe multiplierent au point qu'il fallut lui donner, pour le ſoulager, d'autres officiers qui ne ſont qu'un ſeul & même corps avec lui, & qui compoſent une eſpéce de tribunal qui ſe nomme la pénitencerie.

Originairement ce tribunal remettoit tant au for extérieur qu'au for intérieur, en ſorte que la plupart des affaires qui s'expédient à la daterie & au ſécrétariat s'expédioient à la pénitencerie. Pie IV. & Pie V. ont apporté beaucoup de changemens dans ce tribunal, & lui ont ôté beaucoup de fonctions.

Les lettres qui en émanent ſont toujours au nom du grand pénitencier, ou de la pénitencerie; & elles déléguent ordinairement, *in partibus*, quelqu'un auquel elles donnent pouvoir d'accorder la diſpenſe qu'on demande.

La pénitencerie s'eſt conſervée dans l'uſage d'accorder des brefs de tranſlation dans un ordre plus relâché, pour raiſon d'infirmités. Ils ſont reçûs en Italie, en Eſpagne & en Flandres: mais on n'y a aucun égard dans tous les païs ſoumis à la domination du roi de France, tant par rapport à la forme dans laquelle ils ſont expédiés, que par rapport à l'autorité intrinſéque de ce tribunal, dont le pouvoir ne paſſe point le for intérieur, aux termes même des bulles de Pie IV. & de Pie V. Quant à la forme, nous ne connoiſſons, pour le ſpirituel, d'autre ſupérieur au-deſſus des évêques, que le pape: & le grand-pénitencier de Rome parle, dans ces brefs, comme s'il l'étoit lui-même. En un mot, on n'admet en France que les brefs qui viennent de la daterie dont il faut sçavoir l'origine & les opérations.

L'office de dataire, tel qu'il est établi aujourd'hui à Rome, n'est pas ancien. Les papes ne se regardoient autrefois que comme les premiers évêques du monde chrétien, & n'empiétoient point sur le gouvernement des diocèses des autres évêques leurs confreres; en sorte que l'on ne connoissoit point les affaires qui occupent aujourd'hui cet officier: telles sont les collations des bénéfices réservés, les pensions sur ces bénéfices. Quant aux dispenses pour le mariage, & aux autres dispenses sur la naissance, sur les irrégularités, sur la bigamie, sur l'âge & autres semblables; on avoit recours à l'évêque diocésain, qui jouïssoit des pouvoirs attachés à sa dignité dans toute leur étendue. On ne demandoit point à Rome des consentemens pour l'aliénation des biens ecclésiastiques, & autres choses semblables, qui sont toutes modernes & opposées à l'ancienne discipline de l'Eglise. Toutes ces choses ne furent introduites que vers le quatorziéme siécle; & les provisions que l'on se mit à expédier à ce sujet, ne s'expédioient point en plein consistoire, mais en particulier, sur des requêtes, ou sur des suppliques que le pape signoit de sa main.

La grande multiplicité des affaires ne permettant pas au pape de se souvenir de toutes les graces qu'il avoit accordées, il arrivoit souvent qu'il donnoit le même bénéfice à plusieurs personnes à la fois; ce qui occasionnoit une infinité de querelles & de procès au sujet de l'antériorité du tems de la grace accordée, dont il est essentiel que la date soit constatée; parceque celui qui l'a obtenue le premier doit être préféré à ceux qui ne viennent qu'après lui.

Pour prévenir les inconvéniens qui naissoient d'un pareil désordre, le pape prit une espéce de secrétaire, auquel il confia le soin de ces suppliques, & qui y mettoit la date après que le pape avoit signé, en sorte qu'on pût sçavoir positivement quelles étoient les dates antérieures, quelles étoient les postérieures; & en même tems pour assurer une chose qui n'est pas moins essentielle: c'est de sçavoir si la grace pouvoit être accordée dans le tems où elle avoit été demandée, parcequ'on étoit dans l'usage de requerir des bénéfices qui n'étoient pas encore vacans, mais qu'on prévoïoit devoir l'être bientôt.

Cet officier, continuellement occupé des matieres bénéficiales, devoit y être très-versé; c'est pourquoi on le chargea aussi du soin d'examiner si la vacance arrivoit dans un tems de réserve; quelle est la forme dans laquelle les provisions doivent être expédiées; & si ceux qui présentent des suppliques ont les qualités requises pour posséder des bénéfices.

Ainsi ce n'est point cet officier qui accorde les graces; c'est le pape seul qui les accorde, & qui les signe sur son rapport. Le dataire ne fait d'autre fonction extérieure que celle d'y apposer la date. C'est pourquoi l'on ne fait en France nulle difficulté de recevoir les brefs qui sont expédiés à la daterie; parcequ'ils émanent du pape lui-même.

On a joint à ce dataire plusieurs autres officiers qui ont différentes fonctions, mais qu'il seroit hors de place de détailler ici.

Au reste nous avons plusieurs arrêts qui ont déclaré abusifs des brefs de translation, parcequ'ils n'avoient pas été expédiés dans la daterie. Pelletier, dans son instruction, chapitre 31, en rapporte deux, l'un du grand-conseil du 3 Juin 1680, & un autre du parlement de Paris du 2 Août de la même année. Il y en a un autre du même parlement du 7 Août 1693, rendu sur les conclusions de M. Daguesseau, lors avocat général, ensuite procureur général, & qui est mort chancelier de France,

Enfin, on en trouve un dans le journal des audïences du 7 Juillet 1707, rendu sur les conclusions de M. le Nain. C'est le même que celui dont nous avons parlé plus haut d'après Augeard, qui fut rendu en faveur d'un frere de la Chârité. Dans l'espéce de cet arrêt, ce religieux s'étoit fait d'abord délivrer un bref de translation à la pénitencerie, & avoit en conséquence fait son noviciat dans l'ordre de saint Benoît. Ce bref & le noviciat dont il avoit été suivi furent déclarés abusifs: mais il y avoit une circonstance particuliere; c'est que le frere Baritel avoit depuis obtenu un bref de la daterie qui confirmoit celui de la pénitencerie: & l'on jugea que ce dernier n'étoit point abusif & devoit avoir son effet.

M. l'avocat général observa à ce sujet que ce dernier bref ne donnant rien que ce qui avoit été donné par le premier, il sembloit qu'ils devoient être l'un & l'autre également abusifs, suivant la maxime: *Qui confirmat nihil dat*: mais il ajoûta qu'il falloit faire cette distinction, que quand l'acte confirmatif ne porte qu'une simple ratification du premier acte sans aucune autre chose, il est absolument relatif au premier, & par conséquent, il ne donne que ce que le prêmier a donné. Si donc le premier a un vice qui lui ôte tout son effet, le second ne peut se garantir du même vice. Mais lorsque le second acte confirme non-seulement le premier, mais tout ce qui y étoit contenu, c'est un nouvel acte, c'est une nouvelle grace accordée. Il n'est pas juste, parcequ'on s'étoit adressé d'abord à celui qui n'avoit pas d'autorité, que cette fausse démarche puisse vicier l'acte émané dans la suite de celui dont nous reconnoissons le pouvoir en France. C'est la doctrine de Dumoulin sur l'article 5 de l'ancienne coutume de Paris, qui est l'article 8 de la nouvelle, n. 87 & suivant.

DISTINCTION II.

De la translation ad effectum beneficii.

Nous examinerons dans le chapitre suivant, comment les religieux peuvent posséder des bénéfices, & quels bénéfices ils peuvent posséder. Il nous suffira d'observer ici qu'il y a des bénéfices dépendans d'un ordre entier, & qui ne peuvent être possédés par d'autres que par des religieux de cet ordre, à moins qu'ils ne soient en commende. Il y en a d'autres qui sont affectés aux religieux qui ont fait profession dans un tel monastere.

Quoiqu'un bénéfice soit affecté à un ordre tout entier, il ne laisse pas de dépendre toujours d'un seul monastere de cet ordre. Or la question consiste à sçavoir si dans le cas où il est conféré à un religieux d'un autre couvent que celui duquel dépend le bénéfice, il est besoin d'une translation expresse.

Si l'on consulte le texte du droit canon, il est constant qu'il faut une translation émanée du pape même. Boniface VIII. *Cap. cum singula* 32, §. *prohibemus*, *de præbend. in 6e*. le prescrit en termes formels, & veut, en cas de contravention à son decret de la part du collateur, qu'il soit privé, pour cette fois, de son droit, qui est dévolu à l'évêque diocésain, si le monastere n'est point exempt, & au pape s'il est exempt.

Louet, sur la régle *de infirmis resignant.* n. 432, soutient que cette constitution est & doit être observée en France; parceque la collation des bénéfices faisant partie des fruits de l'abbaïe, ils sont dûs aux moines du monastere. C'est leur légitime, & il seroit injuste que le pere de famille donnât à des étrangers au préjudice de ses propres enfans. Rébuffe, dans sa pratique des bénéfices, tit. *de dispensat. cum regular. factâ*, *n.* 2 *&* 3, est aussi du même avis.

Brodeau sur Louet, lettre *P*, n. 43, *in fine*, dit que les translations ne sont point *ad effectum*, ni du stile de chancellerie romaine, étant certain qu'un religieux, qui est comme adopté par le monastere où il a fait profession, y doit, en conséquence de son vœu, l'obédience & la résidence continuelle; en sorte qu'il n'est point capable de tenir un bénéfice dépendant d'un autre monastere, quoique de même ordre, qui l'obligeroit à le desservir & y résider, qui le soumettroit à une autre obédience; à moins qu'il ne soit transféré. Cet auteur ajoûte même que le supérieur le peut contraindre, & à cette fin le poursuivre, non pardevant le juge laïc, mais pardevant le juge d'église; & que le bénéfice doit être déclaré vacant & impétrable. Il fonde son sentiment sur l'autorité de deux arrêts, l'un du 7 Juin 1622, & l'autre du 30 Juin 1642.

Dumoulin, *de infir. resign.* n. 435, tient au contraire que la défense contenue au §. *Prohibemus*, dont nous venons de parler, n'est point absolue; parcequ'elle renferme une exception conçûe en ces termes: *Nisi canonicè transferantur*. Laquelle exception doit conserver la collation ordinaire & le droit commun, suivant lequel, avant la publication du sexte, il étoit permis de conférer un bénéfice à un religieux d'un autre monastere, sans qu'il fût besoin d'autre translation: autrement cette exception n'auroit aucun effet; ce qui ne peut pas être; parceque le §. *Prohibemus* tend non-seulement à introduire un droit nouveau, mais à corriger l'ancien droit commun.

Vaillant sur Louet, *de infir*. n. 432, décide que la translation se fait aujourd'hui en vertu de la clause des provisions, & qu'il suffit, pour qu'un religieux puisse posséder un bénéfice, qu'il soit du même ordre, & qu'il soit soumis à la même régle que celle qui est en vigueur dans le monastere dont dépend le bénéfice. Ainsi la translation dans les formes n'est requise que quand le religieux n'est pas du même ordre.

Il paroît que la jurisprudence d'aujourd'hui est conforme à l'avis de Vaillant, & que l'on ne suit point la disposition du §. *Prohibemus*. En sorte qu'un religieux à qui on confére un bénéfice dépendant d'un autre couvent que de celui dans lequel il a fait profession, est transféré par les seules provisions qu'il obtient. Il y en a un arrêt du grand-conseil du 25 Février 1697.

A l'égard des arrêts sur lesquels Brodeau appuïe son sentiment, ils ne sont point dans l'espéce dont il est ici question. Nous avons rapporté plus haut celui du 30 Juin 1642. C'est celui

celui qui fut rendu contre frere Louis Pelletier, Cordelier, qui s'étoit fait transférer dans l'ordre de saint Augustin; il y avoit translation d'un ordre à un autre; & d'ailleurs le frere Pelletier avoit fait profession chez les mendians. Quant à celui du 7 Juin 1622, il s'agissoit d'une religieuse, qui ne peut en aucun cas être transférée sans l'autorité de l'évêque diocésain.

Fevret, livre 2, chapitre 3, n. 10, est aussi d'avis que, dans le cas que nous examinons ici, la collation seule suffit; parce que *concesso aliquo, veniunt & ea sine quibus.*

Mais cela ne peut avoir lieu que quand le religieux est du même ordre que le monastere duquel dépend le bénéfice. S'il étoit d'un ordre différent, une translation canonique & conforme aux loix du roïaume seroit nécessaire.

Il faut observer que tous les bénéfices de l'ordre de saint Augustin, en quelques mains que se trouvent les abbaïes dont ils sont dépendans, sont affectés aux chanoines réguliers, de quelque congrégation qu'ils soient. L'auteur des dernieres notes sur Fevret, livre 2, chapitre 3, n. 11, lettre (*t*), en rapporte deux arrêts, l'un de 1706 en faveur de frere Cesar le Blanc chanoine régulier de sainte Croix de la Bretonnerie, depuis évêque d'Avranches; l'autre de 1718, pour frere François d'Appongny de la même congrégation, tous deux pourvûs de bénéfices dépendans d'abbaïes possédées par la congrégation de sainte Genevieve. Cet auteur ajoûte que les pourvûs se présentent au supérieur du monastere dont dépend le bénéfice, qui ne manque presque jamais de refuser : mais on prend toujours possession du bénéfice sur un acte de refus. Quand on n'est pas refusé, la réception qu'ils font n'est que *ad effectum obtinendi beneficii;* & ceux qui sont ainsi transférés n'acquierent aucun droit ni dans le monastere, ni dans la congrégation où ils entrent. Ils ne perdent même pas ordinairement leurs droits sur la maison de leur profession.

Si le bénéfice est, par le titre de fondation, nommément affecté aux religieux profès de la maison dont il dépend, aucune translation ne peut rendre capable de le posséder ceux qui n'y sont pas profès, quand même ils seroient du même ordre. Les volontés du fondateur doivent être suivies; puisqu'il n'a donné son bien que sous cette condition.

SECTION III.

Si les Supérieurs & les Religieux peuvent congédier un Profès pour cause de mécontentement ?

On voit par les régles des moines, qu'on pouvoit autrefois chaſſer ceux qui étoient incorrigibles. Saint Benoît, au chap. 28 de ſa régle, dit que, quand un religieux a ſouvent été repris pour quelque faute, ſi l'excommunication même ne l'a pas corrigé, il faut avoir recours à un remêde plus violent, & le frapper de verges. Si cela ne ſuffit pas, & qu'on voïe au contraire que ce religieux veuille ſe défendre; après avoir épuiſé tous les moïens poſſibles, les exhortations, les excommunications, les coups & les prieres à Dieu, il faut le retrancher de la communauté; afin qu'une ſeule brebis ne corrompe pas tout le troupeau.

Saint Iſidore preſcrit la même choſe, & ordonne qu'après que l'on a emploïé inutilement tous les moïens, on dépouille le rebelle des habits de religieux, on lui rende ceux qu'il avoit apportés en entrant dans le monaſtere, & qu'on le chaſſe enſuite avec infamie.

Ainſi, ſuivant l'uſage des premiers ſiécles, non-ſeulement on chaſſoit les moines rebelles; mais on leur rendoit leurs habits ſéculiers; en ſorte qu'ils ceſſoient d'être ſoumis aux ſupérieurs, & rentroient dans l'ordre des laïcs: & cela ſe pratiquoit encore dans le treiziéme ſiécle, comme on le voit par ces paroles de ſaint Thomas: *Quodlibet.* 12 *in fine. Quandoquidem Apoſtolus velit ut auferatur malum de communitatibus noſtris, ne modicum fermentum totam maſſam corrumpat, juſtum eſt ut abſcindamus ac ejiciamus monachum incorrigibilem & inſolentem.*

Il n'eſt point contraire à l'eſſence de la profeſſion en religion que celui qui l'a faite puiſſe être chaſſé du monaſtere, lorſqu'il y a lieu de craindre qu'il ne corrompe les autres par ſon mauvais exemple.

Mais quand l'expérience eut fait voir que les ſupérieurs renvoïoient leurs religieux trop légerement; ce qui les mettoit quelquefois dans la néceſſité d'être errans & vagabonds, & ce qui cauſoit beaucoup de ſcandale; la diſcipline commença à changer à ce ſujet.

Le pape Gregoire IX. *cap. fin. ex. de regular.* ordonne aux ſupérieurs de faire tous les ans une perquiſition exacte de leurs religieux, tant fugitifs, que de ceux qui ont été chaſſés. Il veut en même tems que, s'ils peuvent être reçûs dans leurs monaſteres ſans bleſſer la diſcipline, les abbés ou prieurs ſoient contraints par cenſures eccléſiaſtiques de les admettre. S'il y a quelque raiſon valable qui s'y oppoſe, il veut qu'on ait recours à ſon autorité, pour placer ces religieux dans des lieux convenables, voiſins du monaſtere, ſi cela ſe peut faire ſans ſcandale : ſinon, il ordonne qu'ils ſoient envoïés dans d'autres maiſons du même ordre, pour y faire pénitence, & qu'on leur fourniſſe toutes les choſes néceſſaires à la vie.

Fagnan, ſur ce chapitre, n. 37 & 38, obſerve, avec pluſieurs canoniſtes, que cette décrétale, en ordonnant de faire tous les ans la perquiſition des religieux qui ont été expulſés, ſuppoſe qu'on ne peut en expulſer aucun de façon qu'il lui ſoit libre d'aller où il lui plaira ; mais qu'on peut ſeulement le ſéqueſtrer de la compagnie des autres religieux. Autrement, il ſeroit inutile de vouloir forcer les ſupérieurs de reprendre les moines qu'ils auroient chaſſés, s'il étoit en leur pouvoir de les chaſſer de nouveau ſur le champ. Cela eſt prouvé par le chapitre *Cum in Eccleſiis. ex. de majorit. & obedient.* en ces termes : *Alioquin, de fratrum conſortio penitùs excludatur.* Il n'eſt pas dit que c'eſt du monaſtere qu'il faut exclure les rebelles ; mais de la compagnie des religieux ; *de fratrum conſortio.*

Les canoniſtes les plus fameux conviennent que cette décrétale a ôté aux ſupérieurs la faculté d'expulſer les religieux ; & le pape Pie IV. fit un decret, par lequel il défend expreſſément de renvoïer aucun moine profès, quelque coupable qu'il puiſſe être. Il permet de les punir par la priſon, ou par quelqu'autre peine plus rigoureuſe, ſuivant l'énormité de la faute.

Il eſt vrai, comme Fagnan en convient, que ce decret & la décrétale dont nous venons de parler ſont contraires à la régle de ſaint Benoît, à celles de ſaint Auguſtin & des autres inſtituteurs d'ordre. Le même auteur remarque auſſi que du tems du pape Urbain VIII. on agita fortement la queſtion de ſçavoir ſi cette décrétale & ce decret avoient été admis dans l'uſage, & s'il étoit à propos de les y admettre. Il rapporte les raiſons que les religieux alléguoient pour faire rejetter cet uſage ; & il faut avouer qu'elles ne laiſſoient pas d'avoir beaucoup d'apparence : mais celles qu'on leur oppoſoit n'avoient pas moins de force.

Enfin, tout conſidéré, le pape Urbain VIII. entr'autres régleglemens ſur les réguliers, ſur les moines apoſtats, & ſur ceux qui avoient été expulſés, fit celui qui ſuit : *Ut in poſterum nullus legitimè profeſſus ejici poſſit*, niſi ſit verè incorrigibilis. *Verè autem incorrigibilis minimè cenſeatur, niſi non ſolùm concurrant ea omnia, quæ ad hoc ex juris diſpoſitione requiruntur ; ſublatis in hâc parte, ſtatutis & conſtitutionibus cujuſque religionis & ordinis, etiam à ſede apoſtolicâ approbatis & confirmatis ; verùm etiam unius anni ſpatio in jejunio & pœnitentiâ probetur in carceribus : proindèque religio privatos habeat carceres in quâlibet ſaltem provinciâ. Elapſo autem anno, ſi nihilominùs non reſipuerit, ſed animo indurato in ſuâ pervicaciâ perduraverit, ne contagione peſtiferâ plurimos perdat, tanquàm pecus morbidum, ac membrum putre tandem ejici poſſit ; ſed ab ipſomet generali tantùm, ex conſilio & aſſenſu ſex patrum ex gravioribus religionis, eligendis in ſingulis capitulis, vel congregationibus generalibus ; tumque, non niſi inſtructo, ſecundum eorum ſtylum & conſtitutiones, proceſſu, & planè probatis cauſis expulſionis, ad ſanctorum canonum præſcriptum.*

Suivant ce decret, le pouvoir des ſupérieurs concernant l'expulſion de leurs religieux eſt fort borné. Cependant il n'eſt point admis dans nos mœurs, qui ne ſouffrent point qu'on puiſſe renvoïer un religieux profès, ſous quelque prétexte que ce puiſſe être, & quelques formalités qui euſſent été obſervées, pour parvenir à l'expulſion. Chopin, *monaſtic. lib.* 1, *tit.* 3, Les conciles d'Orleans & de Meaux, & celui de Bourges tenu en 1584, ordonnent aux ſupérieurs réguliers de punir ſéverement dans le monaſtere les religieux rebelles, & qui menent une vie ſcandaleuſe : mais ils leur défendent de les chaſſer. Boniface, en ſon recueil, livre 11, titre 31, chapitre 14, tome 1, rapporte un arrêt du 17 Novembre 1644, rendu au parlement d'Aix, qui déclare abuſive une ſentence du provincial des Cordeliers, qui avoit chaſſé de ſon ordre le frere Iſoard. Il fut enjoint au provincial de rendre l'habit à ſon religieux dans huit jours ; & il fut ordonné qu'il ſeroit informé contre le frere Iſoard, à la requête du procureur général. Fevret, livre 5, chapitre 3, n. 28, rapporte un arrêt du parlement de Paris dans cette eſpéce : Un abbé, pendant qu'il étoit en litige avec un autre religieux au ſujet de ſon abbaïe, reçoit à la profeſſion un religieux qui fait dans le monaſtere toutes les fonctions de ſon état, & qui eſt même élu ſous-prieur. Il arrive que cet abbé, par l'événement du procès, eſt débouté de ſon abbaïe. Celui auquel elle avoit été adjugée, auſſitôt après qu'il ſe fut mis en poſſeſſion, deſtitue ce religieux & lui ôte l'habit, ſous prétexte que celui qui l'avoit admis n'avoit aucun droit à ce ſujet. Appel comme d'abus de la part de ce religieux, qui ſe plaint de l'injure qui lui a été faite, & qui ſoutient qu'aïant une fois reçu l'habit, on ne peut plus le lui ôter : que ſa profeſſion l'avoit rendu enfant de la maiſon, dont on l'avoit rejetté injurieuſement; que par l'émiſſion de ſes vœux il s'étoit donné à Dieu, & non à celui qui tenoit pour lors la place & le rang d'abbé; que, comme il s'étoit engagé à la religion, la religion s'étoit engagée envers lui; que le lien étant réciproque ne pouvoit être rompu. Par arrêt du 5 Juillet 1599, il fut déclaré y avoir abus, & ordonné que l'habit ſeroit rendu au religieux.

CHAPITRE IV.

De l'incapacité des Religieux par rapport aux contrats à titre onéreux.

POUR être en état de prendre un parti ſur la queſtion de ſçavoir ſi un religieux eſt capable de contracter à titre onéreux, il faut d'abord examiner ſi les contrats à titre onéreux ſont du droit des gens, & ſi le religieux eſt capable des contrats qui réſultent du droit des gens.

Les loix Romaines décident la premiere queſtion; car, pour exprimer que les déportés ne ſont capables que des obligations qui réſultent de ce droit, elles emploïent ces mots : *Jure tamen gentium utitur. Emit enim, vendit, locat, conducit, permutat, fœnus exercet, & cætera ſimilia; & poſteà quæſita pignori dare poteſt. L. 15, ff. de interdict.* Tous les contrats déſignés dans cette loi ſont ceux que nous appellons contrats onéreux. Ils ſont donc du droit des gens.

Mais le religieux eſt-il capable de ces contrats, conſidérés comme contrats du droit des gens? Et n'eſt-il pas frapé d'une incapacité plus abſolue que celle du condamné? Il y a lieu de le croire; parcequ'il s'eſt volontairement voué à une pauvreté abſolue, qui paroît incompatible avec toutes ſortes d'acquiſitions & d'obligations : & il eſt d'autant moins en droit de ſe plaindre, qu'il ne s'eſt mis dans cet état que parcequ'il l'a bien voulu; au lieu que le condamné eſt réduit à l'état de mort civile malgré lui, & par la force de la loi. D'ailleurs le religieux eſt toujours aſſuré de trouver une ſubſiſtance ordinairement honnête dans l'ordre auquel il s'eſt attaché. Il eſt donc inutile qu'il faſſe aucun contrat, aucun commerce, pour ſe procurer cette ſubſiſtance. Le condamné, au contraire, non-ſeulement perd tout ce qu'il poſſédoit, mais il demeure dénué & privé de tout ſecours.

Cependant, il ne faut pas décider ſans diſtinction, que les contrats à titre onéreux faits par les religieux ſoient abſolument ſans effet. Il eſt bien vrai qu'ils n'obligent point le religieux, parcequ'il eſt impoſſible que quelqu'un qui n'a rien, qui ne peut rien avoir, & qui ne peut même pas diſpoſer de ſa perſonne, puiſſe contracter aucune obligation. C'eſt une déciſion ſur laquelle tous les auteurs ſont d'accord, & notamment Maynard, livre 10, arrêt 8; & Coquille, queſtion 250.

Il faut encore convenir que le religieux n'a aucune action contre celui avec lequel il a contracté : mais d'un côté, il eſt certain que celui qui a fait un contrat avec un religieux, dont il connoiſſoit l'état, ne peut pas lui oppoſer la nullité du contrat réſultant de l'incapacité de ce religieux; parcequ'une telle exception ſeroit fondée ſur la mauvaiſe foi, que la loi & la juſtice ne protegent jamais.

D'un autre côté, ce n'eſt pas le religieux qui agit contre celui qui s'eſt obligé envers lui. C'eſt le couvent auquel appartiennent toutes les acquiſitions faites par un de ſes moines. Or un couvent a un être civil dans l'état, quoique les particuliers qui le compoſent n'en aïent point.

On peut objecter que tout l'avantage, dans le ſiſtême que nous établiſſons ici, eſt du côté du religieux. Cela eſt vrai : mais ceux qui contractent avec lui doivent ſe l'imputer, puiſqu'ils connoiſſoient ſon état. D'ailleurs, ſeroit-il plus juſte, lorſqu'un religieux a contracté un engagement dont il a conſommé tout le profit par ſa mauvaiſe conduite, & dont il ne reſte plus que les charges à remplir, qu'elles fuſſent impoſées au couvent dont les biens ne peuvent être aliénés; attendu que les religieux qui compoſent ce couvent n'en ſont en quelque ſorte que les uſufruitiers. Le religieux eſt donc dans l'impoſſibilité d'acquitter ſes engagemens; & le couvent ne doit pas, ne peut pas même ſuppléer à cette impoſſibilité. Ces inconvéniens, qui ſont inévitables, autoriſent-ils les citoïens qui ont contracté avec un incapable, à refuſer d'exécuter un engagement conſenti avec connoiſſance de cauſe ?

Il y auroit peut-être plus de difficulté si le religieux avoit trompé celui avec qui il auroit contracté, en lui cachant son état; car alors, si les choses étoient entieres, si celui qui auroit contracté avec le religieux n'avoit aucunement profité de l'engagement, on pourroit peut-être, *ex æquo*, le dispenser d'exécuter son obligation, en anéantissant le contrat. Mais si le citoïen se trouvoit lézé parcequ'il auroit accompli son obligation de sa part, sans que le religieux eût acquitté la sienne, ce seroit un malheur auquel il n'y auroit aucun reméde. Le perdant ne pourroit se venger sur les biens du religieux qui n'en a point. Il ne pourroit pas non plus avoir son recours contre le couvent, qui ne peut pas être chargé des dettes particulieres de chaque religieux.

Nous disons donc que lorsqu'un religieux a fait quelques acquisitions en son privé nom, nonobstant son incapacité, elles appartiennent à son couvent, qui a droit de s'en emparer; & l'on peut regarder cette maxime comme un principe général. Nous avons vû plus haut que les loix romaines contiennent des dispositions expresses pour dépouiller les religieux de tous leurs biens, & les faire passer au monastere. Le droit canon contient des dispositions encore plus frapantes, & prononce des peines très-graves contre les religieux qui auront amassé un pécule distinct & séparé de la masse commune du couvent. Le chapitre *Monach. ex. de statu Monach.* porte que tout moine qui possede quelque bien en particulier, sans le consentement de son supérieur, doit être excommunié; & s'il se trouve après sa mort avoir été saisi d'un pécule particulier, à l'insçû du supérieur & du couvent, il doit être privé de la sépulture religieuse.

Nous avons encore vû qu'il y a à cet égard des dispositions précises dans les instituts des chevaliers de Malte. L'article 9, du titre 12, porte que tous baillis, prieurs, commandeurs & freres feront tous les ans leur dépropriement, où sera contenu l'état de leurs biens & de leurs dettes. L'article 6, du titre 5, ordonne que le dépropriement se fera aussi dans les maladies, & avant que de commencer un voïage de long cours.

Mais il y a une exception à cette régle génerale. C'est le cas où le religieux possede un bénéfice. Son supérieur, en le lui conférant, le sécularise en quelque maniere à cet effet; & nous croïons que dans ce cas il faut admettre une distinction.

Nous ne doutons point que le religieux ne soit capable de recevoir les prix des baux à ferme concernant les biens de son bénéfice, & de faire tous les actes onéreux concernant l'administration de ce bénéfice. Nous ne doutons point encore qu'il ne soit capable d'acquérir des meubles de toute espéce. Mais s'il acquéroit un immeuble, on ne peut pas douter que la propriété n'en appartînt sur le champ au couvent, qui auroit droit de s'en emparer.

Mais on peut élever la question de sçavoir si le religieux bénéficier pourroit au moins se constituer une rente viagere. La question se présenta en 1600, & fut jugée au parlement de Paris, au rapport de M. Louet, qui nous a transmis l'arrêt, lettre *R*. En voici l'espéce. Frere Antoine Dupré religieux de l'abbaïe de saint Jean des Vignes, ordre de saint Augustin, officier en ladite abbaïe, prieur d'un prieuré qui en dépendoit, & en même tems fermier de l'abbaïe, avoit vendu à deux particuliers deux cens muids de bled & cinquante muids d'avoine, moïennant le prix de dix mille livres, païables, sçavoir, deux mille cinq cens livres comptant, & quatre mille huit cens en une promesse du même jour de passer contrat de constitution de quatre cens livres de rente viagere au profit dudit Antoine Dupré. Onze ans après, il fit assigner les héritiers de ses débiteurs pour reconnoître le billet du défunt, lui passer contrat de constitution, & lui païer les arrérages échûs. Les héritiers soutinrent que le contrat n'étant point passé, ils ne lui devoient aucuns arrérages, & offrirent de le passer. Pendant cette contestation, Dupré vint à décéder. L'abbé prétendit que la somme de quatre mille huit cens livres lui appartenoit, & qu'on devoit lui en passer contrat de constitution de rente perpétuelle, ou lui païer la somme. Il se fondoit sur ce qu'il est défendu aux religieux profès d'avoir un pécule ; que la stipulation portée dans le billet étoit suspecte de fraude de la part du religieux, qui, en mettant cette somme en rente viagere, avoit eu intention de frustrer son abbé ; qu'au surplus ce n'étoit qu'une promesse de constitution de rente, qui n'avoit point été effectuée.

Les héritiers soutenoient au contraire que la stipulation de la rente viagere faisoit partie du prix, & qu'il falloit maintenir le contrat de vente dans son entier, ou l'annuller tout-à-fait ; qu'au surplus, comme il n'étoit question que de la vente des fruits du bénéfice, le contrat fait par le religieux étoit valable, pouvant, en sa qualité d'administrateur, disposer des fruits & revenus. Par arrêt du 21 Juillet 1600, les héritiers furent condamnés à païer à l'abbé la somme de quatre mille huit cens livres ;

livres ; ſur ce déduction faite des deniers par eux païés ſur les arrérages, qui furent imputés ſur le principal.

M. Louet dit qu'il faut obſerver qu'il n'y avoit eu aucun contrat de conſtitution, qu'au contraire on avoit refuſé de le paſſer ; tellement que cette ſeconde promeſſe n'avoit point réuſſi, & la premiere étoit demeurée en ſon entier, *in cauſam mutui*. C'eſt pourquoi, dit-il, par l'arrêt on impute ſur la premiere obligation ce qui avoit été païé, & quand bien, continue-t-il, *debito tempore*, le contrat de conſtitution eût été paſſé, les débiteurs euſſent païé les années d'arrérages qui eſt plus que le ſort principal ; arrérages qui fuſſent raiſonnablement demeurés *in bonis & peculio defuncti*.

Nous avons rapporté les propres termes de Louet, pour mettre les motifs de déciſion dans tout leur jour. Peut-on dire que cet arrêt a jugé que le religieux n'avoit pas pû ſe conſtituer une rente viagére, mais ſeulement acquérir une ſomme de deniers, comme pluſieurs juriſconſultes l'ont prétendu ? L'obſervation de Louet ſemble indiquer le contraire, & donner pour motif de déciſion que le contrat de rente viagére n'avoit point été paſſé ; au moïen de quoi le débiteur n'étoit tenu que de païer le reſtant du prix de la vente des grains.

Mais il y a encore quelque choſe de plus précis, qui décide que les religieux ne peuvent ſe créer des rentes viagéres ; c'eſt la néceſſité où ils ſont de conſerver leur pécule à leurs ſupérieurs. Cette néceſſité leur eſt impoſée par le ſuffrage unanime de tous les auteurs. Louet, *loco citato*, nous rapporte les termes de Panorme : *Regulariter religioſi poſſunt, ex licentiâ abbatis, habere peculium, ſeu peculii adminiſtrationem ; quod intellige, pro utilitate monaſterii, vel alendo ſeipſum. Secùs autem, ſi vellet habere ut diſponeret ad libitum ; quia tunc abbas non poſſet ſibi hoc concedere, quinimò nec papa.*

Brodeau, au même endroit, rapporte pluſieurs arrêts qui ont jugé que le pécule appartient tellement à l'abbé, ou au couvent, que le religieux n'en peut pas diſpoſer.

Enfin Pocquet de Livonniere, en ſes régles du droit françois, dit que le pécule des ſimples religieux appartient aux abbés, ou au monaſtere. A l'égard des religieux-curés, il penſe différemment de Brodeau ; car il dit que leur pécule appartient à la fabrique & aux pauvres de la paroiſſe. Ce n'eſt pas ici le lieu d'examiner la queſtion. Nous la traiterons dans le chapitre ſuivant, où nous aurons occaſion de parler plus particulierement du pécule.

Quoi qu'il en soit de ces deux opinions, il en résulte toujours que les religieux auxquels il est permis d'avoir un pécule, n'ont pas le droit d'en disposer à leur gré. Ils peuvent sans doute emploïer leurs revenus & leurs épargnes pour leurs besoins ; parceque cette faculté n'excéde pas les bornes de l'administration : mais ils ne peuvent pas faire un contrat de la nature dont il s'agit, à l'effet de priver leurs supérieurs du droit qu'ils ont sur ce pécule après leur mort.

Au reste nous observerons d'après Coquille, quest. 250, que quand un religieux est dans une université pour y faire ses études, & qu'il n'y a point dans le lieu où cette université est située de couvent de son ordre, il peut s'engager pour raison des choses nécessaires à la vie & à l'entretien ; & le couvent est obligé d'acquitter ces sortes de dettes : mais cette obligation est étroitement restreinte aux dettes contractées pour choses nécessaires, & non pour d'autres.

CHAPITRE V.

De l'incapacité des Religieux par rapport aux acquisitions à titre gratuit.

NOUS allons parcourir les différens moïens d'acquérir gratuitement, & de transmettre de même aux autres ; ce qui nous fournira la matiere de plusieurs sections.

SECTION I.

De la capacité de posséder des Bénéfices.

Les fonctions attachées à la desserte d'un bénéfice, la perception & le pouvoir de disposer des revenus de ce bénéfice, tout cela s'accorde-t-il avec la vie monacale ; tout est-il compatible avec les vœux en religion ? C'est ce que nous n'examinerons point. Le fait est que les religieux sont venus à bout de se faire regarder comme capables de posséder des bénéfices, & qu'ils usent du droit qu'on leur a laissé prendre : mais cette capacité ne s'étend pas sur toutes sortes de bénéfices. De-là vient cette fameuse distinction, introduite par les canonistes, entre les bénéfices séculiers & les bénéfices réguliers.

Les bénéfices séculiers sont ceux qui sont affectés aux clercs séculiers, c'est-à-dire, qui n'ont contracté d'autres engagemens que ceux qui sont attachés à la cléricature. Il y a cependant de ces bénéfices qui peuvent être possédés par des réguliers, comme on le verra par la suite.

Les bénéfices réguliers sont ceux qui sont affectés à quelque ordre religieux approuvé par l'église; comme les abbaïes, les prieurés conventuels, les prieurés simples & les offices claustraux, qui sont ceux de sacristain, de chambrier, de célérier, d'aumônier, d'infirmier, &c. dans les monasteres où ces offices sont encore en forme de titre.

Un bénéfice est régulier en trois manieres; ou par sa nature, ou par sa fondation, ou par prescription. Nous allons examiner ces trois causes.

DISTINCTION I.

Des Bénéfices réguliers par leur nature, & des Commendes.

Les premiers solitaires ne possédoient rien ni en commun, ni en particulier. Ils n'avoient d'autre ressource pour vivre, que le travail de leurs mains; & quelqu'occupés qu'ils fussent à la priere & à la méditation, ce travail leur produisoit assez pour les mettre en état de faire des aumônes considérables. Lorsque l'exercice de la Religion Chrétienne fut devenu libre, ces solitaires s'approcherent des villes; & la régularité de leur vie, leur désintéressement & leur ferveur, leur attirerent l'admiration de tout le monde, celle des païens même, qui ne pouvoient leur refuser du respect. Cette admiration procura des donations considérables en faveur des monasteres. Les grands du monde, les princes même se retiroient dans ces saintes retraites, & y portoient avec eux tout ce qu'ils possédoient. Ceux qui n'avoient pas la force de se vouer à une vie si austére vouloient au moins participer aux prieres & aux bonnes œuvres de ces saints pénitens, & ils achetoient ce droit par des libéralités immenses. Au milieu de toutes ces richesses, les religieux étoient pauvres. Aucun d'eux ne possédoit rien en particulier. Ils ne prenoient sur leurs revenus que ce qui leur étoit nécessaire pour subsister; & l'austérité de leur vie bornoit ce nécessaire à bien peu de chose. Le surplus étoit distribué aux pauvres, & à ceux qui avoient recours à eux dans leurs besoins. Ils ne s'en regardoient que comme les dépositaires, & se croïoient seulement chargés du soin d'en faire une dispensation juste & équitable. Ces revenus étoient confiés à l'administration de l'abbé, comme chef. C'étoit lui qui faisoit les distributions; & jamais il n'abusoit de la confiance que l'on avoit en lui à cet égard.

Tout change, & les établissemens les plus saints deviennent souvent une source d'abus & de désordres. Nous n'en avons que trop d'exemples sous les yeux. Les abbés cesserent de se regarder comme les administrateurs de ces biens. L'habitude dans laquelle ils étoient d'en disposer, les accoutuma insensiblement à s'en regarder comme les propriétaires; en sorte qu'ils ne les emploïoient plus qu'à leur usage. Le désordre alla même si loin de leur part, qu'ils laissoient manquer leurs religieux du nécessaire, tandis qu'ils vivoient eux-mêmes dans le luxe. Les moines furent réduits à demander que les biens fussent partagés entre l'abbé & le monastere; ce qui fut exécuté dans la plupart des couvents, où l'on voit que l'abbé a sa manse, & les religieux la leur. De-là est venu l'usage de regarder les abbaïes comme des bénéfices : mais, comme l'abbé est le supérieur naturel du couvent, une abbaïe ne devroit, dans la régle, être possédée que par un religieux du même ordre. On doit donc mettre cette sorte de bénéfices au nombre de ceux qui sont réguliers, & qui ne peuvent être possédés que par des réguliers. Cela souffre cependant une exception dont nous parlerons bientôt.

Lorsque les religieux virent que l'abbé s'étoit approprié la plus grande partie des biens du monastere; ceux d'entr'eux qui avoient quelque administration dans le couvent en firent autant. Le sacristain, par exemple, étoit dépositaire de la partie des revenus du couvent qui étoit destinée à la fourniture & à l'entretien des ornemens nécessaires à la sacristie. Il s'appropria cette portion, qu'il fit tourner à son usage particulier, du moins ce qui restoit, les dépenses de la sacristie prélevées. Il en fut de même du célérier, du chambrier, & de tous les autres, à qui leurs fonctions donnoient quelque maniement; en sorte que la portion que l'abbé avoit laissée au monastere étant ainsi divisée entre tous ces officiers, il ne restoit aux simples religieux que des pensions modiques pour leur subsistance.

Tous ces bénéfices ont des fonctions attachées à leurs titres, & demandent par conséquent que celui qui les posséde réside dans le monastere. C'est pourquoi on les appelle bénéfices claustraux. Il y en a d'autres qui sont hors du cloître, & qui ne sont pas moins contraires à l'esprit de l'état monastique que ceux dont nous venons de parler.

Les moines & les chanoines réguliers possédoient de grandes fermes qu'ils n'étoient point dans l'usage d'affermer : mais qu'ils faisoient valoir par un ou plusieurs religieux qu'ils envoïoient demeurer sur la ferme : & on nommoit ces fermes des obédiences. Comme elles étoient ordinairement fort éloignées de l'abbaïe, & que les religieux qui y faisoient leur résidence se trouvoient par cette raison dans l'impossibilité d'aller à l'église pour y assister au service divin, on leur faisoit bâtir dans la ferme une chapelle, dans laquelle ils faisoient eux-mêmes le service. Le chef de ces religieux se nommoit prieur, ou prevôt ; & de-là on appelle ces fermes des prieurés, ou des prévôtés.. L'abbé pouvoit, quand il le jugeoit à propos, rappeller dans le cloître le prieur & les religieux qui étoient avec lui ; & ils étoient obligés tous ensemble de rendre compte chaque année au couvent de l'administration de la ferme qu'on leur avoit confiée.

Les abbés, pour favoriser leurs créatures, se mirent dans l'usage de donner des ordres à quelques-uns de leurs religieux, pour demeurer pendant leur vie dans une obédience, & pour en administrer les revenus, comme fermiers perpétuels. Cet abus fut condamné par le pape Innocent III. comme contraire au vœu de pauvreté, dont les religieux ne peuvent être dispensés, même par le saint siége. *Nec alicui committatur aliqua obedientia perpetuò possidenda, tanquàm in suâ sibi vitâ locetur ; sed cum oportuerit amoveri, sine contradictione quâlibet avocetur. Cap. cum ad monasterium. ex. de stat. monach.*

Cette loi, quelque sage & quelque raisonnable qu'elle fût, n'arrêta point les progrès du mal. Ils devinrent au contraire si rapides, que l'on s'en apperçut à peine. Les prieurs, aïant vû l'abbé & les officiers du monastere s'attribuer chacun une partie des revenus de l'abbaïe, s'approprierent aussi les revenus dont ils n'étoient originairement que les fermiers ; en sorte que, vers la fin du treizéme siécle, les prieurés étoient mis au nombre des bénéfices ; & le concile de Vienne, tenu sous Clement V. contient des réglemens à ce sujet, par lesquels on voit que les peres de ce concile regardoient ces places comme de véritables bénéfices ; en sorte que la plupart des couvents que nous voïons établis aujourd'hui sous le titre de prieurés, n'étoient, dans leur origine, autre chose que des fermes appartenantes à l'abbaïe dont ils relevent ; & le prieur, qui est maintenant un bénéficier en titre, n'étoit autrefois qu'un fermier, ou, si l'on veut, un régisseur comptable envers l'abbaïe. Il y a cependant encore de ces couvents où l'on découvre des traces de l'ancienne discipline, & dont les prieurs sont amovibles à la volonté du supérieur, & lui doivent rendre compte de leur administration.

Il y a encore d'autres espéces de bénéfices réguliers, qui n'étoient autrefois que de simples administrations, & qui sont devenus des bénéfices en titre, avec la qualité de cures. Ils se sont formés de différentes manieres. En voici l'origine.

Les évêques donnoient quelquefois à des abbaïes, tant de moines que de chanoines réguliers, les dixmes de plusieurs paroisses, & les revenus qui leur appartenoient dans ces paroisses; ce qu'ils appelloient *Altaria*. Comme l'abbé percevoit tous les revenus qui appartenoient à la cure, il étoit obligé de la faire desservir par un de ses religieux, lorsque c'étoit un couvent de chanoines réguliers, ou par un prêtre séculier auquel il donnoit une certaine somme par an, lorsque c'étoit un couvent de Bénédictins

Le religieux qui étoit chargé de desservir la cure, étoit pour l'ordinaire l'administrateur des revenus qui y étoient attachés, & il en rendoit compte à l'abbé, qui passoit en compte les dépenses nécessaires pour l'administration, & pour l'entretien & la subsistance du religieux. Insensiblement ces desservans se mirent dans l'usage de ne point rendre compte, & de s'approprier tous les revenus de la cure; ce qui rendit ces places des bénéfices en titre, comme nous voïons qu'ils le sont aujourd'hui.

Il y a d'autres prieurés-Cures de la même nature, qui se sont formés d'une façon différente, sur ce qu'il y avoit chapelle particuliere dans la ferme, dans laquelle les religieux qui administroient cette ferme célébroient l'office, auquel les domestiques assistoient les Fêtes & Dimanches. Comme l'église paroissiale étoit fort éloignée, on permit au prieur d'administrer les sacremens à ceux qui demeuroient dans la ferme. Il étendit cette permission sur ceux qui vinrent dans la suite bâtir & habiter aux environs : & insensiblement on s'accoutuma à regarder comme un droit, ce qui dans son principe, n'étoit qu'une permission & une tolérance; en sorte que ces fermes devinrent des paroisses, les oratoires des églises paroissiales, & les places de prieur des cures en titre.

Comme tous ces bénéfices ne sont autre chose que des démembremens des revenus des abbaïes, ils sont nécessairement affectés aux réguliers, & ne peuvent être possédés que par des réguliers. De-là cette fameuse régle de la pragmatique & du concordat : *Sæcularia sæcularibus, regularia regularibus.* Elle faisoit le droit commun des premiers siécles, comme elle le fait encore parmi nous : mais l'usage des *commendes* y a apporté une exception.

Commende tire son étymologie du verbe latin *commendare*, qui signifie confier, mettre une chose sous la garde, sous la protection d'une personne ; en sorte que donner une église en commende, c'est proprement en confier la garde & le soin à une personne.

L'usage des commendes prises en ce sens, est fort ancien. Comme il arrivoit quelquefois que la guerre, la peste, ou quelqu'autre accident semblable ne permettoit pas de faire une prompte élection, le supérieur recommandoit l'église vacante à quelque personne de mérite & de vertu, qui, outre le soin qu'il prenoit de son église particuliere, gouvernoit celle qui étoit vacante, jusqu'à ce qu'elle fût remplie. Le commendataire, en acceptant cette charge, n'avoit que le bien de l'église en vûe, & il procuroit l'élection d'un pasteur en titre aussitôt qu'il le pouvoit. Il ne se regardoit que comme le dépositaire des revenus de cette église, & les réservoit pour les restituer à celui qui seroit élû. Ses soins à l'égard du temporel se bornoient à veiller à ce que le bénéfice ne souffrît aucune perte. On voit plusieurs exemples de ces commendes dans les épîtres de saint Grégoire.

Cela n'eut lieu d'abord que pour les évêchés & pour les cures : mais les raisons qui avoient introduit les commendes pour ces deux sortes de bénéfices, les introduisirent aussi pour les monasteres, dont le commendataire, quand on étoit obligé d'en choisir un, n'avoit d'autre soin que de maintenir la discipline, d'administrer les revenus, & de les réserver pour celui qui devoit être en titre.

Dans la suite, les commendataires, sous divers prétextes de bienséance & de nécessité, se servirent des fruits, & pour en jouïr plus long-tems, ils retardoient, autant qu'il étoit en eux, l'élection & la nomination d'un titulaire. Pour remédier à ces abus, on fixa le terme des commendes à six mois : mais les papes, sous prétexte de leur puissance absolue, se mirent à en donner à leurs créatures à perpétuité. Les princes les imiterent à l'égard des bénéfices qui étoient à leur nomination. Ils ne s'embarrassoient même pas que ceux à qui ils donnoient ces commendes fussent clercs, ou laïcs ; en sorte que l'on vit les évêchés, les cures & les abbaïes possédées par des laïcs, qui ne s'inquiétoient nullement de l'administration spirituelle, & ne s'occupoient que du soin de ramasser & de dépenser le temporel ; & quoique laïcs, ils se qualifioient du nom affecté au bénéfice qu'ils tenoient en commende. Les histoires du huitiéme & du neuviéme siécle sont pleines de ces exemples. Comme ces abbés ne se mêloient en aucune façon de la discipline monastique, ils chargeoient du soin de la faire observer un ancien religieux : c'est ce qu'on appelle aujourd'hui le prieur ; & c'est-là la raison pour laquelle il y en a dans les abbaïes.

Enfin le déréglement & le désordre furent portés à un point sur cette matiere, que les grands bénéfices devenoient héréditaires dans les familles. Les decrets des conciles, les exhortations des évêques, rien ne fut capable d'arrêter le cours de ces désordres. Nous voïons que Robert comte de Paris, dans le dixiéme siécle, s'empara de l'abbaïe de saint Germain des Prés, & se fit appeller abbé. Hugues son fils prit la même qualité, qui passa, comme à titre héréditaire, jusqu'à Hugues-Capet, qui s'en défit. Et l'on ne voit pas que depuis que ce prince est monté sur le trône de France, aucun laïc ait possédé ce bénéfice.

Mais les évêques, soit qu'ils abusassent de leur propre autorité, soit qu'ils s'appuïassent de celle qu'ils avoient laissé prendre au saint siége, continuerent de posséder des abbaïes en commende : & cet usage devint fort fréquent dans le douziéme & dans le treiziéme siécle. Comme les infidéles s'emparerent alors de la terre sainte, plusieurs évêques furent chassés de leurs siéges, en sorte qu'il ne leur restoit que le titre : c'est pourquoi on les nomma évêques *in partibus*. Et pour les mettre en état de vivre suivant leur rang, les papes leur donnoient d'autres évêchés, ou des abbaïes en commende.

Dans la suite, comme la discipline monastique étoit tombée dans un relâchement total, tant chez les moines que chez les chanoines réguliers, qui ne vivoient presque plus en commun, les biens des monasteres se trouvoient dissipés, les abbés réguliers ne vivoient plus comme des moines, ou comme des chanoines qui avoient fait vœu de pauvreté ; mais comme des seigneurs, ils emploïoient tous les revenus des monasteres à enrichir leurs parens & leurs amis. Les cardinaux, & les autres prélats qui étoient en crédit auprès des papes & des rois, prirent occasion de-là pour demander qu'on leur donnât les abbaïes en en commende, sous prétexte de mettre la réforme dans les monasteres. Ainsi les commendes passerent des mains des laïcs dans celles des cardinaux, des prélats & des clercs. Le prétexte étoit spécieux : mais, dans le fond, il n'en résultoit pas plus de bien. On s'apperçut bientôt que la réforme n'étoit qu'une supposition dont ils s'étoient servis pour colorer leur usurpation. Ils ne prirent aucun soin de la discipline ; ils laisserent tomber les bâtimens en ruine ; en sorte qu'il devint évident que leur unique objet avoit été de grossir leurs revenus.

Le pape Clement V. publia en 1305 une constitution, par laquelle il défend de donner dans la suite aucun bénéfice en commende, & révoque les collations qu'il en avoit faites lui-même. Cette constitution se trouve dans l'extravagante 2, *de præbend. in communibus*.

Mais ce réglement ne produisit aucun effet, au contraire l'abus des commendes ne fit qu'augmenter, & jetter des racines plus profondes, pendant le schisme qui déchira l'eglise depuis Urbain VI. jusqu'à Martin V. Quoique, depuis le pontificat de Calixte, jusqu'à celui de Paul II, qui siégea vers le quinziéme siécle, il ne se fût écoulé qu'environ dix ans, on comptoit plus de cinq cens abbaïes mises en commende. Le pape Clement VII, qui fut élû en 1524, n'eut pas honte, pendant que la chrétienté étoit troublée par l'hérésie de Luther, que tout le monde demandoit l'assemblée d'un concile, pour réformer les abus qui désoloient l'église, qui scandalisoient les fidelles, & qui donnoient tant de prise aux ennemis de la foi ; il n'eut pas honte, disons-nous, de donner en commende au cardinal Hippolyte de Médicis, son cousin, tous les bénéfices vacans par toute la chrétienté, séculiers & réguliers, simples & à charge d'ames, pour le terme de six mois, à compter du jour qu'il en auroit pris possession, avec pouvoir de disposer de tous les fruits.

Il paroît que Leon X. & François I. dans le concordat qu'ils firent ensemble en 1515, eurent intention d'abolir l'usage des commendes. En effet, il y est dit au titre 3, *de Regiâ ad prælat. nomin. fac. §. monasteriis*, que, quand une des abbaies qui sont à la nomination du roi viendra à vacquer, sa majesté sera tenue de nommer un religieux du même ordre âgé au moins de vingt-trois ans ; & que si le roi nommoit un prêtre séculier, ou un religieux d'un autre ordre, le pape pourroit en nommer un autre. Cette disposition exclut ouvertement les commendes. Car si le pape pouvoit conférer l'abbaïe, ou le prieuré à un prêtre séculier, pourquoi ſeroit-il en droit de refuſer la nomination du roi, ſous prétexte qu'elle ſeroit en faveur d'un autre que d'un religieux du même ordre, ou d'un clerc ſéculier ? Mais il y a plus. Il eſt dit en termes exprès que, dans le cas où le pape deviendroit collateur libre, il ne pourroit conférer qu'à des gens qui auroient les qualités ci-deſſus exprimées. *Prioratus verò perſonis, ut refertur, qualifitatis duntaxat conferri liberè poſſint.* Et pour donner plus de force à ce decret, le pape ajoûte. *Electiones autem, necnon proviſiones per nos & ſucceſſores noſtros, contrà præmiſſa pro tempore factas, nullas, irritas & inanes eſſe decernimus.*

Mais, comme ce concordat n'eſt qu'une eſpéce de contrat fait entre le roi & le ſaint ſiége, rien ne les empêche d'y contrevenir d'un commun accord. C'eſt pourquoi l'uſage des commendes s'eſt toujours maintenu en France depuis le concordat; & le Roi préſente à la plupart des abbaïes & des prieurés des clercs ſéculiers, pour les poſſéder en commende perpétuelle; & le pape, en acceptant ces nominations, paroît déroger tacitement au concordat, qui a été aboli à cet égard par un long uſage.

Suivant ce que l'on vient de voir, les commendes, telles qu'elles ſont en uſage aujourd'hui, ſont bien différentes de celles que l'on connoiſſoit autrefois, & qui étoient approuvées par les ſaints canons. Anciennement, quand on mettoit une égliſe en commende, on n'avoit pour objet que le bien & l'avantage de l'Egliſe même. On vouloit, pendant qu'elle étoit privée de paſteur, qu'elle eût au moins quelqu'un qui la gouvernât. Mais les commendes d'aujourd'hui n'ont pour objet que l'utilité de ceux à qui on les accorde, en leur donnant le pouvoir de jouïr & de diſpoſer des revenus. C'eſt pourquoi les proviſions que l'on en donnoit autrefois étoient ainſi motivées : *Ut Eccleſia intereà rectè atque ordine adminiſtretur, eam vobis commendamus.* Mais aujourd'hui on motive ainſi : *Ut* commodiùs *ſuſtentari valeas, de alicujus ſubventionis auxilio providere cupientes, tale monaſterium autoritate apoſtolicâ concedimus & commendamus.*

Les anciennes commendes ne duroient qu'autant de tems que l'Egliſe étoit vacante, comme nous voïons encore que ceux qui ſont chargés de la deſſerte des cures n'occupent leur place qu'autant de tems qu'il n'y a point de curé : mais elles ſont aujourd'hui perpétuelles; c'eſt-à-dire, qu'elles durent pendant la vie de ceux à qui on les donne; ce qu'on ne manque jamais d'exprimer dans les proviſions : *Per te, quamdiù vixeris, tenendum & poſſidendum.*

Il en étoit des anciens commendataires comme de ceux qui desservent aujourd'hui les cures vacantes. Ils ne pouvoient pas disposer des fruits ; & ils n'en retenoient que ce qui étoit nécessaire pour leur subsistance. Aujourd'hui ils en disposent comme s'ils étoient de véritables titulaires, & leurs provisions leur en donnent toujours le pouvoir : *Ita quod, durante commendâ hujusmodi, de fructibus, reditibus & proventibus monasterii disponere & ordinare valeas, sicuti veri abbates aut priores ipsius monasterii, qui fuerunt pro tempore, ordinare potuerunt, & etiam debuerunt ; alienatione tamen bonorum immobilium & pretiosorum mobilium ipsius monasterii tibi penitùs interdictâ.*

C'est pourquoi les commendataires présentent aujourd'hui aux bénéfices dont la nomination appartient à l'abbaïe, ou au prieuré qu'ils possédent ; ils confirment les élections faites par les religieux ; ils conférent ceux qui sont à la collation de l'abbé ; parceque l'on regarde tous ces droits comme faisant partie des fruits. En un mot ils sont, en tout ce qui concerne le temporel, comme de véritables titulaires ; & ils sont même réputés tels. Quant au spirituel, leurs droits n'ont pas la même étendue que ceux des titulaires : mais ce n'est pas ici le lieu de traiter cette matiere.

Comme donc les clercs séculiers ne peuvent, suivant la régle *Regularia regularibus*, posséder des bénéfices réguliers en titre, & que cependant une commende perpétuelle est regardée comme un véritable titre, il n'y a que le pape qui puisse en accorder, & ces sortes de provisions sont regardées, suivant les canonistes, comme dispensatoires extraordinaires. Et si le pape accorde ces bénéfices à des séculiers en commende plutôt qu'en titre, ce n'est que pour sauver quelques apparences du droit.

Il est encore une observation importante à faire sur cette matiere ; c'est que, suivant les canonistes, le titre d'un bénéfice une fois conféré ne peut changer tant qu'il est dans les mains de celui qui le possede, sans une nouvelle collation ; en sorte que si un commendataire fait profession dans le monastere qu'il tient en commende, cette profession ne le rend point titulaire *ipso facto* : il lui faut de nouvelles provisions du pape ; sans quoi le bénéfice vaque de plein droit. C'est pourquoi, dit Fevret, livre 2, chapitre 6, n. 25, le parlement de Paris, par arrêt donné en la cinquiéme des enquêtes le 2 Mars 1602, déclara nulle la résignation faite entre les mains de l'ordinaire, par un religieux profès, d'un bénéfice par lui tenu en commende avant sa profession ; la cour aïant jugé que le religieux, par la profeſſion, avoit perdu tout le droit qu'il avoit au bénéfice tenu en commende, *Sive quoad titulum, ſive quoad poſſeſſionem. Factâ enim monachali profeſſione*, dit Dumoulin ſur la régle *de public. aliud non expectatur, quia ſtatim conſummata eſt dimiſſio omnis juris.* Ainſi ce religieux n'aïant plus de droit au bénéfice qu'il tenoit en commende, dès l'inſtant de ſa profeſſion, il ne l'avoit pû réſigner.

Il eſt donc toujours vrai de dire que les ſéculiers ne peuvent poſſéder en titre de bénéfices réguliers. L'uſage des commendes ne porte aucune atteinte à cette régle. C'eſt une voïe détournée que l'on a imaginée, pour y former une exception.

DISTINCTION II.

Des Bénéfices réguliers par leur fondation.

Ce ſont ceux que le fondateur a établis à condition qu'ils ne ſeroient poſſédés que par des réguliers, & qui ont été admis & érigés par l'ordinaire à cette condition.

DISTINCTION III.

Des Bénéfices réguliers par preſcription.

C'eſt une régle établie & reconnue par tous les canoniſtes, que tout bénéfice eſt réputé ſéculier, s'il n'y a preuves au contraire. C'eſt pourquoi, quand il y a conteſtation à ce ſujet, c'eſt à celui qui le ſoutient régulier à prouver. Rebuffe, dans ſa pratique bénéficiale, *part. 1, tit. Quotuplex ſit beneficium*, après avoir établi cette régle, y apporte une exception. Ce ſont les chapelles fondées dans un monaſtere. Elles ſont préſumées régulieres, dit-il, à moins qu'elles ne ſoient ordinairement poſſédées par des ſéculiers.

Ce que cet auteur dit de ces ſortes de chapelles doit s'appliquer à plus forte raiſon aux abbaïes, aux prieurés & autres bénéfices ſemblables, qui non-ſeulement ſont fondés dans les monaſteres, mais auxquels le maintien de la diſcipline monaſtique eſt attaché. Ainſi ils ne peuvent pas convenir aux clercs ſéculiers, qui n'aïant point fait profeſſion de la vie réguliere, & n'étant point inſtruits de ſes règles, ne ſont pas propres à la faire obſerver par les autres; & c'eſt ici le cas d'appliquer la maxime qui se trouve au chapitre 49. *Ex. de Electione. In magistratum assumi non debet qui formam discipuli non assumpsit, nec est præficiendus qui subesse non novit.*

La régle générale dont nous venons de parler doit donc s'entendre des bénéfices fondés hors des monasteres, & dans des églises séculieres; ou de ceux qui regardent la conduite & la direction du peuple ou du clergé; qui conviennent moins aux moines & aux réguliers, qui ont fait profession de mener une vie contemplative, solitaire & éloignée du tumulte & des embarras du siécle.

Il y a cependant des bénéfices qui, quoiqu'ils semblent par leur nature devoir être possédés par des séculiers, sont à la possession des réguliers, *& vice versâ;* ce qui arrive par la prescription, quand le titre de fondation ne fournit aucun éclaircissement à ce sujet.

Or cette prescription, suivant tous les docteurs & tous les canonistes, s'acquiert par quarante ans; en sorte que, si un bénéfice a été possédé pendant tout ce tems paisiblement, sans interruption, & comme bénéfice régulier, par un, ou plusieurs réguliers, auxquels il avoit été conféré comme tel; la prescription est acquise. Mais si la collation déclaroit le bénéfice séculier, & qu'elle eût été accordée à un religieux, avec dispense; quelque longue qu'eût été la possession, elle ne changeroit point la nature du bénéfice, qui demeureroit toujours séculier. Il est donc bien essentiel, dans ces cas, de faire une singuliere attention à la forme des provisions.

Il en est de même des bénéfices réguliers, qui deviennent séculiers par la même voie; à moins que la possession des séculiers ne fût à titre de commende; parceque la commende n'est autre chose qu'un dépôt, qui, loin de changer la nature du bénéfice, la conserve au contraire. *Commenda nihil aliud est quàm custodia, vel depositum, statum antiquum non interrumpens; sed conservans.*

Tels sont les bénéfices qui peuvent être possédés par des religieux.

Nous allons maintenant examiner quelles qualités doit avoir un religieux, pour pouvoir posséder un bénéfice régulier; car il n'en peut pas posséder de séculiers.

DISTINCTION IV.

Des qualités requises pour posséder un Bénéfice régulier.

La premiere est d'être religieux profès, & de pouvoir justifier de son noviciat & de sa profession par titres conformes aux formalités prescrites par nos ordonnances. La prise de possession ne suffiroit pas, quand même le possesseur prouveroit qu'il a été reconnu religieux par les supérieurs pendant un grand nombre d'années. Papon, livre 2, titre 4, n. 6, rapporte un arrêt du 21 Février 1534. On seroit encore bien plus rigide aujourd'hui, depuis l'ordonnance de Moulins, & celles de Louis XV.

Il faut, en outre, que la profession ait été faite dans l'ordre, ou dans le couvent d'où dépend le bénéfice; à moins qu'il n'y ait une translation en régle. Nous en avons parlé plus haut.

Nous allons, à cette occasion, rendre compte d'un abus énorme qui s'étoit introduit dans la congrégation de saint Maur, qui s'y est perpétué pendant un très-grand nombre d'années; & qui n'a été arrêté que par l'attention & l'autorité du Roi.

Le pape Urbain VIII. dans la bulle qu'il accorda à cette congrégation le 21 Janvier 1627, pour en confirmer & approuver l'érection, permit aux religieux de cette congrégation de recevoir les résignations qui leur seroient faites des bénéfices de l'ordre de saint Benoît, sous la réserve de pensions qui égaleroient la totalité du revenu de chaque bénéfice ainsi résigné. Cette bulle fut revêtue de lettres patentes enregistrées au grand-conseil.

Par ce moïen, cette congrégation s'appropria non-seulement tous les bénéfices des maisons dans lesquelles elle avoit introduit la réforme, mais aussi la plus grande partie de ceux de l'ordre de saint Benoît en général. Voici comment on y réussissoit. Cette résignation se faisoit entre les mains des supérieurs, qui faisoient tomber le titre sur la tête de quelque religieux, qui ignoroit pendant toute sa vie, qu'il fût titulaire du bénéfice; ou, s'il venoit à le découvrir, on ne manquoit pas de le dépaïser, pour s'assurer du secret, & de l'envoïer dans un monastere très-éloigné du lieu du bénéfice. La congrégation jouïssoit du revenu du bénéfice en païant la pension. En sorte que le collateur ignoroit qui étoit le titulaire, lequel décédoit sans qu'on pût être instruit de la vacance. Les supérieurs, qui ne pouvoient pas manquer d'en être instruits sur le champ, ne manquoient jamais d'impétrer en cour de Rome ce même bénéfice, sous le nom de quelqu'autre religieux qu'ils tenoient pareillement dans l'ignorance ; & ainsi toutes les fois que la vacance arrivoit ; en sorte que le collateur, étant toujours prévenu en cour de Rome, ne pouvoit jamais user de son droit. La pension s'éteignoit par la mort du résignant ; & le bénéfice avec tous ses fruits & tous ses revenus demeuroit comme affecté à la congrégation.

Les titulaires se déterminoient d'autant plus volontiers à faire ces résignations, qu'ils y trouvoient un double avantage. Le premier étoit que, comme la pension qu'ils se réservoient étoit toujours égale au revenu du bénéfice, ils en jouïssoient sans être sujets à aucune charge, sans être tenus d'aucunes réparations, & sans courir les risques de l'insolvabilité des fermiers. Le second étoit que, comme les bâtimens des bénéfices se trouvoient ordinairement en très-mauvais état lors de ces résignations, les héritiers du résignant s'en trouvoient débarrassés au moïen de cet arrangement. La simonie fut-elle jamais poussée plus loin ?

Dans la suite plusieurs des religieux sur la tête desquels on avoit mis les titres de ces bénéfices, sous différens prétextes, se faisant transférer dans le couvent d'où ils dépendoient, s'ils étoient claustraux, ou obtenant leur translation dans l'ancien ordre de saint Benoît, trouverent le moïen de se faire remettre leurs provisions & leurs titres, & par-là enleverent à la congrégation de saint Maur les revenus dont elle avoit joui jusques-là.

C'est pour empêcher l'effet de ces translations, qui dépouilloient la congrégation d'une partie considérable des revenus dont elle s'étoit injustement emparée, qu'elle obtint les brefs des 19 Septembre 1672 & 17 Août 1683, dont nous avons parlé plus haut dans le chapitre 3 de ce livre, sect. 2, dist. 1, §. 1.

Les chanoines réguliers de la congrégation de France, qui avoient imité la congrégation de saint Maur dans un abus aussi criant, obtinrent par la même raison le bref de 1680, & les lettres patentes du 7 Mars 1684, dont nous avons parlé au même endroit. Par ce moïen, ces deux congrégations continuerent de s'emparer de tous les bénéfices tant de l'ordre de saint Benoît, que de l'ordre de saint Augustin, sous la même réserve de pensions exemptes d'aucunes charges, même des réparations, tant pendant la vie des résignans, qu'après leur mort. Ainsi les titres des bénéfices restoient toujours flotans & incertains ; les collateurs privés de leurs droits, par l'ignorance où ils étoient des titulaires & de leur mort. Les droits des gradués & des indultaires se trouvoient pareillement anéantis, ne pouvant pas user de leurs expectatives.

Pour arrêter le cours d'un abus aussi contraire aux canons & à la discipline, le Roi, par un édit du mois de Novembre 1719, enregistré au parlement le 20 Décembre suivant, prit les précautions les plus sages. Voici comment il se plaint, dans le préambule de cet édit, des désordres qui naissoient d'un pareil usage. » La piété du roi Lous XIII. l'aïant porté à désirer l'établissement de la réforme & discipline réguliere, soit dans l'ordre de saint Benoît, soit dans d'autres ordres, abbaïes & monasteres de notre roïaume, plusieurs brefs & bulles auroient été expédiés à cet effet en cour de Rome, depuis l'année 1621, nommément sous les pontificats des papes Gregoire XV. & Urbain VIII. qui auroient été autorisés par lettres patentes du même Roi, registrés dans les cours supérieures & exécutés. » Pour faciliter cette réformation, Urbain VIII. par sa bulle du 21 Janvier 1627, auroit, entr'autres privileges, accordé à la congrégation de saint Maur, celui de pouvoir obtenir, par les particuliers religieux qui la composeroient, quelques prieurés & autres bénéfices dépendans non-seulement des monasteres où leur réforme seroit introduite, mais aussi des autres monasteres de l'ordre de saint Benoît, même de la congrégation de Cluny, & de les posséder en titre, sans pouvoir néanmoins être obligés d'y résider, quelque résidence & service que ces bénéfices pussent exiger par leur établissement, ou même par lenr fondation; sans pouvoir cependant en percevoir par eux-mêmes les revenus, qui appartiendroient à la congrégation, & seroient administrés par le procureur du monastere le plus proche desdits bénéfices; avec défenses de les résigner ou s'en démettre, sans la permission des supérieurs majeurs de la congrégation, en faveur d'autres personnes que des religieux d'icelle, avec faculté de recevoir les résignations qui leur seroient faites par les pourvûs de l'ordre de saint Benoît & de la congrégation de Cluny, sous la réserve de pensions égales à la totalité de leurs revenus. A la faveur de ces privileges inusités, également contraires aux loix ecclésiastiques & à celles du roïaume, & entr'autres à l'article 50 des libertés de l'église gallicane; les religieux de la congrégation de saint Maur sont devenus titulaires non-seulement de quelques prieurés, selon la faculté portée par la bulle d'Urbain VIII. mais d'un nombre très-considérable de prieurés, tant conventuels que simples, &

» de

» de plusieurs autres bénéfices, les particuliers qui en sont pourvûs, soit en commende, soit en régle, trouvant un très-grand avantage à les résigner à des religieux d'une congrégation réformée, sous des réserves de pensions qui excédent souvent le total de leur revenu effectif, qui souffre chaque année une diminution nécessaire pour les non valeurs, les insolvabilités des fermiers & les réparations; au lieu que la pension réservée leur est païée en entier, les supérieurs de la congrégation s'en rendant cautions par des actes particuliers, par lesquels ils déchargent même les résignans de toutes les réparations ou dégradations dont ils pourroient être tenus. D'où il arrive que les religieux de ladite congrégation, devenus ainsi titulaires desdits bénéfices, les y perpétuent avec d'autant plus de facilité, que leurs supérieurs sont fort attentifs à envoïer les religieux titulaires dans des monasteres éloignés des bénéfices dont ils sont pourvûs, pendant que les revenus en sont administrés & perçus par les procureurs des monasteres voisins; en sorte que les titulaires n'étant connus ni dans les lieux où les bénéfices sont situés, ni dans les maisons de leur résidence, les collateurs, qui ne peuvent avoir d'ailleurs aucune connoissance des vacances par mort desdits bénéfices, se trouvent prévenus en cour de Rome, & par conséquent privés de leur droit de collation, lequel, aussi-bien que ceux des indultaires & des gradués, se trouveroient absolument anéantis, s'il n'y étoit promptement & efficacement pourvû. Et d'autant que le Roi Louis XIII. n'a autorisé des privileges si contraires à nos droits, à ceux des collateurs, indultaires ou gradués, & au bien général de notre roïaume, que pour faciliter l'établissement de la réforme de saint Maur, qui à présent se trouve suffisamment établie, & avec édification, dans la plupart des abbaïes & monasteres les plus considérables de notre roïaume, dans lesquels il y avoit auparavant du relâchement; le feu Roi, notre très-honoré seigneur & bisaïeul, aïant reconnu que les changemens que ladite réforme apportoit dans les monasteres pouvoient avoir des inconvéniens, & donner occasion à de grands procès dans les différens tribunaux du roïaume, auroit crû nécessaire d'en arrêter le cours, en interprétant par son édit du mois de Juin 1671 les lettres patentes & concessions accordées à la congrégation de saint Maur; à l'effet de quoi il auroit ordonné que les religieux de ladite congrégation ne pourroient plus être établis dans les monasteres non réformés,

» ni aucune union y être faite, sans avoir préalablement obtenu » des lettres de permission. Mais quoique cet édit, en déclarant » nulles les unions qui pourroient être faites à ladite congréga- » tion sans avoir préalablement obtenu des lettres patentes, » semble avoir remédié aux abus desdites unions, les religieux » de saint Maur & des autres congrégations réformées n'ont » pas laissé d'y perpétuer les bénéfices dont ils sont devenus » titulaires, sous prétexte des privileges portés par la bulle » d'Urbain VIII. Ce qui leur procure le même avantage que si » lesdits bénéfices leur étoient canoniquement & légitimement » unis, & n'est pas moins contraire à l'esprit de la bulle d'Ur- » bain VIII. & des lettres patentes du Roi Louis XIII. qu'à la » véritable disposition de l'édit du mois de Juin 1671; puisque » lesdites congrégations sont suffisamment dotées dans les mo- » nasteres qu'elles occupent; & qu'elles y jouïssent de beaucoup » plus de revenu qu'il n'en faut pour se soutenir dans les prâti- » ques de leurs observances, n'aïant presque plus de pensions » à païer aux religieux non réformés; en sorte que le motif de » la bulle d'Urbain VIII. qui n'a permis aux religieux particu- » liers de posséder quelques prieurés, outre les offices claustraux » & la mense conventuelle des monasteres où ils seroient intro- » duits, que pour faciliter leur établissement, & pour les mettre » en état de païer les pensions qui seroient réservées en faveur » des anciens religieux non réformés, ne subsiste plus. D'ailleurs » les religieux particuliers desdites congrégations, pourvûs des » bénéfices, n'en tirant aucun avantage personnel, il arrive » qu'ils ne sont, en leurs personnes, que de vains titres, dont » les revenus, ainsi accumulés au profit desdites congrégations, » pourroient devenir excessifs. Pour prévenir cet abus, assurer » aux bénéfices de véritables titulaires, conserver le droit des » collateurs & patrons, ainsi que ceux des indultaires, gradués » & autres nos sujets, nous avons crû devoir nous servir de » notre autorité en renfermant l'exécution de la bulle d'Urbain » VIII. & des lettres patentes du Roi Louis XIII. dans les justes » bornes que ces deux puissances ont eu intention de leur pres- » crire. »

Pour parvenir à ce but, voici les sages précautions que le Roi prend dans cet édit. Il ordonne » que les religieux de la » congrégation de saint Maur & des autres congrégations puis- » sent, suivant le droit commun, & sans le consentement de » leurs supérieurs, résigner & disposer de leurs bénéfices en

» faveur de personnes capables : entendons néanmoins que ceux » desdits religieux qui sont pourvûs de bénéfices, à quelque titre » & depuis quelque tems que ce puisse être, soient tenus, dans » trois mois pour toutes préfixions & délais, des jour & date » du présent édit, d'en faire en personne leurs déclarations, tant » aux greffes des officialités du roïaume, qu'en ceux des bail- » liages & sénéchaussées où ils sont situés ; lesquelles déclara- » tions contiendront leur demeure actuelle & leurs titres de » possession dont ils fourniront copie, le revenu du bénéfice, » l'indication du fermier qui les exploite, les différentes paroisses » où s'étendent les biens, héritages & droits qui en dépendent. » Voulons pareillement que lesdits religieux titulaires soient te- » nus de faire de semblables déclarations toutes les fois qu'ils » changeront de résidence, & qu'à la requête & diligence des » substituts de nos procureurs généraux dans les parlemens, il » soit fait des procès-verbaux de l'état des églises, chapelles & » bâtimens de chacun desdits bénéfices & de leurs dépendances, » pour être ensuite pourvû aux réparations nécessaires, comme » il est prescrit par nos ordonnances ; comme aussi que lesdits » substituts s'informent avec soin si les fondations sont ponc- » tuellement acquittées, afin qu'en cas d'inexécution il y soit » pourvû de l'autorité des juges des lieux, ainsi qu'il appar- » tiendra. Et d'autant que la possession desdits bénéfices se trans- » mettant successivement à d'autres religieux de la même con- » grégation, par des résignations & permutations presque tou- » jours secrettes, ou par d'autres voïes inconnues, emporte » une espéce d'union de fait, qui ne peut avoir lieu qu'autant » qu'il nous plaît de l'autoriser, avons ordonné & ordonnons » que toutes collations, provisions & tous autres titres qui » pourront être obtenus à l'avenir par lesdits religieux, pour » quelques bénéfices dépendans de leur ordre, ou d'un autre, » seront revêtus de nos lettres patentes scellées de notre grand » sceau, & enregistrées dans nos cours en la maniere accoutu- » mée. Leur défendons de se mettre jusqu'à ce en possession ni » jouïssance desdits bénéfices ; & à tous juges d'avoir égard » auxdites collations, provisions & autres titres, pour quelque » cause & sous quelque prétexte que ce soit ; déclarant nuls » tous baux & actes possessoires qui pourroient avoir été faits » au préjudice desdites défenses : & faute, par ceux desdits reli- » gieux qui sont pourvûs des bénéfices, d'avoir fourni leurs » déclarations dans le délai & en la forme ci-dessus marqués ;

» comme auſſi faute, par ceux qui ſeront pourvûs de bénéfices à
» l'avenir, d'avoir obtenu nos lettres à ce néceſſaires, dans trois
» mois, à compter des jours & date de leurs proviſions & col-
» lations; avons leſdits bénéfices déclaré vacans & impétrables,
» & en conſéquence permis aux collateurs, & à leur défaut aux
» archevêques, évêques & prélats, à qui la dévolution appar-
» tient de droit, de pourvoir auxdits bénéfices. »

Mais le Roi étant informé des difficultés qui ſe rencontroient dans l'exécution de cet édit, en ce qu'il ordonne aux religieux titulaires des bénéfices de faire leurs déclarations en perſonne, y pourvût par une déclaration du premier Février 1720, regiſtrée au parlement le 19 du même mois. En effet, comme il eſt obſervé dans le préambule de cette déclaration, les religieux qui ſe trouvent pourvûs de bénéfices ſont pour la plupart réſidens dans des monaſteres fort éloignés des bénéfices dont ils ſont titulaires; & même les uns ſont infirmes, ou dans un âge qui ne leur permet pas d'entreprendre de longs voïages pour venir faire leur déclaration en perſonne; les autres occupent des places, ou ſont emploïés à des obédiences qui rendent leur préſence abſolument néceſſaire dans le lieu de leur réſidence; outre que leſdits voïages peuvent être auxdits religieux une occaſion de diſſipation, & cauſer à leur congrégation de très-grands frais.

Ces conſidérations porterent ſa majeſté à modifier ſon édit en ce point, & à l'interpréter d'une maniere qui en pût aſſurer l'exécution, ſans que les religieux fuſſent détournés de leurs fonctions, ni de leurs exercices ordinaires. Pour y parvenir, cette déclaration ordonne qu'au lieu de faire par les religieux pourvûs de bénéfices leurs déclarations en perſonne, tant aux greffes des officialités des diocèſes, qu'en ceux des bailliages & ſénéchauſſées où ſont ſitués leurs bénéfices, ils ſoient ſeulement tenus de comparoître par devant le juge roïal, dans le reſſort duquel eſt ſitué le monaſtere où ils ſont leur réſidence actuelle, pour, en préſence dudit juge, & aſſiſtés du prieur dudit monaſtere qui atteſtera leur ſignature & la vérité deſdits titres, paſſer leur procuration ſpéciale en double minute, laquelle ſera paſſée par devant notaires, ſignée du déclarant & de ſon prieur, & enſuite légaliſée par le juge: en conſéquence deſquelles procurations, le prieur du monaſtere dont les religieux perçoivent les revenus du bénéfice déclaré, comparoîtra en perſonne, tant aux greffes des officialités des diocèſes, que par devant le premier officier des bailliages & ſénéchauſſées où ſont ſitués leſdits bénéfices, & ce dans trois mois, à compter du jour & de la date des présentes, pour faire sa déclaration expresse & précise de la consistance de chacun desdits bénéfices dans la forme prescrite par l'édit du mois de Novembre 1719 : à laquelle déclaration sera jointe, en minute, la procuration du titulaire, dont ledit prieur attestera pareillement la vérité par sa signature : & le tout sera remis au greffe de la jurisdiction roïale de qui dépendent lesdits bénéfices, lesquels, pendant ledit délai de trois mois, ne pourront être impétrés, faute par les pourvûs d'avoir fait leurs déclarations dans le tems porté par l'édit du mois de Novembre, auquel il est dérogé pour ce regard seulement, avec ordre de l'exécuter au surplus, suivant sa forme & teneur.

Dans le préambule d'une déclaration du 22 Août 1736, le Roi nous apprend que les Bénédictins Anglois établis à Paris étoient troublés dans la possession des bénéfices dont quelques-uns étoient pourvûs ; parcequ'on vouloit leur appliquer les dispositions de l'édit du mois de Novembre 1719, & de la déclaration du mois de Février suivant. Que ces religieux soutenoient qu'à la vérité il leur seroit facile de montrer que, si la lettre de ces deux loix ne leur est pas contraire, puisqu'ils n'y sont pas nommés, on peut encore moins leur en appliquer l'esprit, à cause des différences essentielles qui distinguent leur état de celui des congrégations réformées que le législateur a eu en vûe. Mais pour lever tous les doutes, & pour prévenir les entreprises de ceux qui tenteroient peut-être dans la suite de faire des efforts pour assujettir ces religieux à l'observation de ces deux loix, quoiqu' elles ne les regardent point, ils ont supplié sa majesté de vouloir bien s'expliquer sur ce sujet. L'importance de ces représentations porta le Roi à les faire examiner dans son conseil, & il reconnut d'un côté que les Bénédictins Anglois ne sont pas nommément compris dans l'édit du mois de Novembre 1719, ni dans la déclaration du premier Février suivant ; qu'une partie même des motifs qui y sont exprimés ne peut s'appliquer à ces religieux ; & qu'enfin leur zèle pour le bien de la religion & les missions dont ils sont chargés hors du roïaume ne leur permettent pas toujours de satisfaire littéralement aux formalités établies à l'égard des autres Bénédictins qui sont pourvûs de bénéfices. Mais d'un autre côté sa majesté a considéré que, si la congrégation de saint Maur a été le principal objet de l'édit du mois de Novembre 1719, les termes généraux de la déclaration qui a suivi cet édit peuvent s'étendre à la congrégation des Bénédictins Anglois ; que d'ailleurs les deux principaux motifs de ces loix, c'est-à-dire, l'inconvénient de la perpétuité dans la possession des bénéfices, qui est toujours à craindre, lorsqu'ils sont entre les mains des membres d'une congrégation réguliere, & l'intérêt des collateurs, des gradués, des indultaires, ou autres expectans, souvent frustrés de leurs droits, faute de connoître les titulaires, ou d'être informés de la vacance des bénéfices, peuvent être appliqués aux Bénédictins Anglois, comme à ceux des congrégations réformées, malgré les différences qui distinguent les uns & les autres. Mais si le bien public ne permet pas que l'on dispense entiérement ces religieux des précautions que sa majesté a jugé nécessaires par rapport aux congrégations réformées, il est juste aussi de prendre à leur égard des tempéramens qui leur rendent l'observation de la loi plus facile, en sorte qu'ils puissent y satisfaire, sans être obligés de manquer à un devoir plus essentiel. C'est dans cette vûe que le Roi a jugé à propos d'expliquer tellement ses intentions sur cette matiere, que l'exécution de l'édit de 1719, & de la déclaration de 1720, prévienne, dans la congrégation des Bénédictins Anglois, les inconvéniens qu'il a voulu faire cesser dans les autres, sans mettre cependant aucun obstacle à la continuation de leurs travaux pour le progrès & l'avantage de la religion.

Pour remplir cet objet, le Roi, après avoir, dans les trois premiers articles de cet édit, naturalisé les Bénédictins Anglois, à l'effet de pouvoir posséder toutes sortes de bénéfices, comme les autres religieux naturels François, à l'exception des archevêchés, évêchés, ou abbaïes de chef-d'ordre, déclare dans l'article IV. que » lesdits religieux qui sont pourvûs de bénéfices, à » quelque titre & depuis quelque tems que ce puisse être, & qui » se trouveront actuellement dans le roïaume, seront tenus » dans trois mois pour toute préfixion & délai, à compter du » jour & date de la présente déclaration, de satisfaire exacte» ment à toutes les formalités prescrites par l'édit du mois de » Novembre 1719, ainsi qu'elles ont été expliquées & fixées » par la déclaration du premier Février suivant. Voulons que » les autres dispositions qui sont contenues dans l'un & dans » l'autre soient pareillement exécutées, sous les peines qui y » sont portées, à l'égard des bénéfices possédés par aucun desdits » religieux, aïnsi & de la même maniere que si ils avoient été » nommément compris dans ledit édit & dans ladite déclaration,

» à l'exception néanmoins de ce qui sera dit dans l'article suivant.

L'article V. porte que » lorsque lesdits religieux seront absens » hors du roïaume, dans le tems qu'ils seront pourvûs de bénéfices, le prieur du monastere où ils faisoient leur résidence » actuelle, avant leur départ, sera tenu de passer, au lieu d'eux, » la procuration spéciale qu'ils seroient obligés de donner s'ils » étoient présens, & ce, dans la forme portée par la déclaration du premier Février 1720. En conséquence de laquelle » procuration le prieur du monastere dont les religieux doivent » percevoir les revenus desdits bénéfices sera tenu d'en déclarer la consistance dans le tems & dans la forme prescrite par » ledit édit & par ladite déclaration; à la charge que lesdits » religieux absens seront tenus dans trois mois au plus tard, à » compter du jour de leur retour en France, de réitérer en personne la déclaration qui aura été faite en leur absence; ce qui » aura lieu sous les peines portées par ledit édit.

L'article VI. porte que » la disposition de l'article précédent » aura pareillement lieu à l'égard de ceux desdits religieux qui » sont actuellement pourvûs de bénéfices, & qui se trouveront » hors du roïaume, dans le tems de l'enregistrement des présentes. Voulons que la déclaration mentionnée dans ledit article soit faite, pour lesdits religieux absens, par le prieur du » monastere où ils ont fait leur derniere résidence, & réitérée » par eux après leur retour en France; le tout ainsi qu'il est » porté par l'article précédent.

Cette déclaration a été enregistrée au parlement le 10 Mai 1737.

Nous avons établi plus haut que la principale qualité, pour pouvoir posséder un bénéfice régulier, est d'être profès dans l'ordre duquel dépend ce bénéfice : mais on a trouvé un moïen pour éluder cette régle si juste dans le fond : ce sont les provisions connues sous le nom *pro cupiente profiteri*.

Avant le concile de Trente, comme l'on n'envisageoit dans la possession des bénéfices que les revenus qui y sont attachés, ceux qui vouloient favoriser leurs créatures, leur donnoient tous les bénéfices dont ils pouvoient disposer, sans considérer ni la qualité du bénéfice, ni celle de la personne à qui ils le conféroient; en sorte que l'on voïoit communément les bénéfices réguliers possédés par des séculiers. Ce concile, quoiqu'assemblé non-seulement pour décider des articles de foi qui étoient alors en controverſe ; mais encore pour mettre la réforme dans l'état & dans la diſcipline eccléſiaſtique, trouva que les mœurs étoient ſi corrompues, & les abus tellement enracinés, qu'il étoit impoſſible d'en arrêter le cours tout d'un coup : c'eſt pourquoi il fut contraint de ſe prêter à des tempéramens qui, ſans ôter le mal tout-à-fait, le pallioient au moins. C'eſt ce qu'il exécuta ſur l'objet dont il eſt ici queſtion, en ordonnant que les bénéfices réguliers ne ſeroient conférés qu'à des réguliers, ou à des ſéculiers qui ſe deſtinoient à s'engager, par vœux, dans un ordre régulier. *Regularia beneficia in titulum regularibus profeſſis provideri conſueta, cùm per obitum, aut reſignationem, vel aliàs illa in titulum obtinentis vacare contigerit, religioſis tantùm illius ordinis, vel iis qui habitum omninò ſuſcipere & profeſſionem emittere teneantur, & non aliis. ſeſſ.* 14, *de reform. cap.* 10. Or les proviſions qui s'accordent à ceux qui ne ſont pas religieux, mais qui ſe deſtinent à le devenir, ſe nomment *pro cupiente profiteri.* Elles vont nous fournir matiere à quelques réflexions.

La premiere eſt que ces ſortes de proviſions ne peuvent être accordées que par le pape ſeul. Les collateurs ordinaires ſont tenus de conférer les bénéfices ſéculiers à ceux qui ſont ſéculiers, & les réguliers à ceux qui ſont actuellement religieux. Or, quand le pape confere *pro cupiente profiteri*, c'eſt une grace qu'il accorde volontairement, & ſans pouvoir y être contraint : ainſi il n'y a pas moïen de ſe pourvoir contre ſon refus. Brillon, dans ſon dictionnaire, rapporte à ce ſujet, un arrêt remarquable, rendu au grand-conſeil le 14 Janvier 1721 En voici l'eſpece : un ſieur de Bilheux, prêtre ſéculier, avoit été préſenté par le grand-vicaire de l'abbé de Beaulieu au prieuré-cure de Courberie, ordre de ſaint Auguſtin, diocèſe du Mans, à la charge de prendre l'habit & de faire profeſſion dans ledit ordre. Sur cette préſentation, il obtint des proviſions de l'évêque du Mans, ſous la même clauſe. On lui accorda l'habit à l'abbaïe de Beaulieu, & on l'envoïa faire ſon noviciat dans ſon prieuré-cure, dont il prit poſſeſſion. Quelques jours après un ſieur Foulon, auſſi ſéculier, obtint en cour de Rome des proviſions *pro cupiente profiteri*, en vertu deſquelles il prit poſſeſſion. Sur la complainte portée au grand-conſeil, le ſieur Foulon fut maintenu avec reſtitution de fruits.

La ſeconde réflexion eſt que le pape, dans les proviſions qu'il accorde *pro cupiente profiteri*, inſere ordinairement la clauſe que l'impétrant ſera religieux dans ſix mois. Or cette clauſe eſt de rigueur,

rigueur, & si elle n'est pas observée à la lettre, le bénéfice devient vacant & impétrable, dès l'instant que les six mois sont expirés, à compter du jour de la date des provisions. Ainsi jugé par arrêt du 11 Mars 1647, rapporté par Souefve, cent. 2.

Fagnan & plusieurs canonistes soutiennent qu'il faut faire, au sujet de ces provisions, une distinction entre les bénéfices claustraux, auxquels il y a des fonctions attachées qui regardent la discipline monastique, ou quelqu'administration dans l'intérieur du couvent ; & ceux qui ne sont réguliers que parcequ'ils ont coutume d'être conférés à des réguliers, mais qui n'engagent à aucune fonction, ou à aucune administration monastique. Or, disent ces auteurs, les bénéfices de la premiere espéce ne sont point compris dans le decret du concile de Trente, & ne peuvent être conférés qu'à des religieux actuellement profès. Il semble en effet que c'est l'intention du concile de Trente. Voici comment il s'exprime sur cette matiere : *Sess. 25, cap. 21, de regular. Cum pleraque monasteria, etiam abbatiæ, prioratus & præposituræ, ex malâ eorum quibus commissa fuerunt administratione, non levia passa fuerint, tam in spiritualibus, quàm in temporalibus detrimenta ; cupit sancta synodus ea ad congruam monasticæ vitæ disciplinam omninò revocare. Verùm adeò dura difficilisque est præsentium temporum conditio, ut nec statim omnibus, nec commune ubique, quod optaret, remedium possit adhiberi. Ut tamen nihil prætermittat, undè prædictis salubriter aliquando provideri possit : primùm quidem confidit, sanctissimum romanum pontificem, pro suâ pietate & prudentiâ curaturum, quantum hæc tempora ferre posse viderit, ut iis quæ nunc commendata reperiuntur, & quæ suos conventus habent, regulares personæ ejusdem ordinis expressè professæ, & quæ gregi præire & præesse possint, præficiantur. Quæ verò in posterùm vacabunt, non nisi regularibus spectatæ virtutis & sanctitatis conferantur.*

Rebuffe, *in praxi benefic. tit. de dispensatione cum regularibus, n.* 24, décide aussi que ces bénéfices ne peuvent être conférés en France qu'à des religieux actuellement profès ; à moins qu'il n'y ait une dispense du pape accordée en connoissance de cause.

Mais il ne paroît pas que le sentiment de ces auteurs soit suivi dans l'usage. Nous en avons un arrêt du grand-conseil dans cette espéce. Antoine Pujol aïant appris la vacance de l'office claustral de camérier du prieuré de Tours, ordre de Cluny, avoit pris l'habit & avoit été admis au noviciat dans le prieuré même, le 13 Janvier 1682. & le lendemain 14, le prieur lui avoit donné des provisions de cet office. Le 19 Février suivant, Louis

Prudhomme Saulier se fit pourvoir en cour de Rome du même Office claustral, avec la clause *pro cupiente profiteri*. Il obtint son visa le 14 Mai, & prit possession le 16 du même mois. Sur la complainte portée au grand-conseil, intervint arrêt sur productions respectives le 7 Août 1683, qui maintient Prudhomme, avec défenses à Pujol & à tous autres de le troubler.

De cet arrêt résultent deux conséquences; la premiere est que, comme nous l'avons déja prouvé, le pape seul peut accorder des provisions *pro cupiente profiteri*. La seconde est qu'elles s'accordent & sont admises, même pour les bénéfices claustraux, & qui imposent des fonctions dans le monastere.

Il nous reste, sur les bénéfices possédés par les réguliers, deux observations importantes.

Tout le monde sçait que la cupidité a introduit plusieurs distinctions entre les bénéfices, à l'abri desquelles on en peut posséder plusieurs à la fois. Les uns sont simples, les autres sont à charge d'ame: les uns sont compatibles, les autres sont incompatibles. Or ces distinctions n'ont point lieu pour les religieux; à l'égard desquels tous les bénéfices sont réputés incompatibles. Boniface VIII. dans le chapitre *Cum singula, de præbend. & dignit. in 6°.* nous en donne la raison. *Cum singula officia*, dit ce pape, *sint singulis committenda personis, & dissolutionis ac evagationis materia sit religiosis præ cæteris auferenda; præsenti prohibemus edicto, ne aliqui monachi vel religiosi alii pluribus prioratibus, vel Ecclesiis curam habentibus animarum, etiam si eadem cura non per ipsos, sed per presbyteros, eorum ad præsentationem per episcopos institutos; habeat exerceri, absque sedis apostolicæ autoritate praeesse præsumant: nisi fortè unus ex eis ab alio dependeat, vel ad invicem sint annexi.*

C'est donc une maxime constante parmi nous qu'un religieux ne peut tenir, sans dispense du pape, plusieurs bénéfices, quoique simples & n'obligeans à aucune résidence: mais voici ce qui se pratique en France à cet égard. Quand la cour de Rome accorde des provisions d'un bénéfice à un régulier, qui est déja pourvû d'un autre, sans lui donner de dispense pour les posséder tous deux en même tems, on insére dans la signature qu'il se démettra du premier avant que de prendre possession du second: mais on n'observe pas cette clause à la rigueur; & l'on ne l'oblige à se démettre du premier, que quand il est paisible possesseur du second; parcequ'on suppose que le pape, qui a voulu gratifier un religieux, n'a pas eu dessein de l'exposer à n'avoir aucun bénéfice; ce qui arriveroit cependant, s'il se démettoit de celui qu'il posséde déja, & qu'il fut évincé du second, après sa prise de possession. C'est ce qui a été jugé au grand-conseil par un arrêt du 22 Septembre 1706, rapporté par Augeard.

De tous les religieux qui sont établis en France, il n'y a guéres que les chanoines réguliers, tels que ceux de saint Augustin, les Prémontrés, ceux de sainte Croix de la Bretonnerie, ceux de la Trinité, ceux de Chancellade, de saint Ruf & autres qui possédent des bénéfices-cures, qui doivent être conférés à des religieux du même ordre. Or, comme les religieux sont obligés de quitter le cloître pour aller desservir les cures auxquelles on les nomme, & qu'ils se trouvent par-là hors de la portée des yeux de leurs supérieurs, & exempts de suivre la régle de l'ordre; on a crû devoir leur imposer certaines conditions auxquelles les curés séculiers ne sont point sujets.

La premiere est que tous les membres de ces différentes congrégations ne peuvent accepter les provisions d'aucun bénéfice-cure, sans avoir fait apparoir à l'archevêque ou évêque diocésain de ses vie & mœurs, & du consentement par écrit du supérieur général.

La seconde est que, les religieux pourvûs de quelque bénéfice de la nature de ceux dont on vient de parler, peuvent, sans aucune monition précédente, sans forme ni figure de procès, être révoqués & retirés de leurs bénéfices par leurs supérieurs, du consentement toutesfois de l'archevêque ou évêque diocésain.

Presque toutes les différentes congrégations qui ont de ces sortes de bénéfices dans leur dépendance, ont obtenu & ont fait enregistrer dans les cours souveraines où leurs causes sont attribuées des lettres patentes, qui contiennent ces réglemens. Comme toutes ces lettres patentes sont à peu près semblables, & ont été accordées sur les mêmes motifs, nous allons rapporter celles des chanoines réguliers, sur lesquelles les autres, qui sont toutes postérieures, paroissent avoir été copiées :
» LOUIS &c. Le gouvernement des cures régulieres faisant une
» partie considérable de la discipline ecclésiastique, nous avons
» jugé digne de nos soins de travailler à rétablir, dans les parois-
» ses affectées aux chanoines de saint Augustin, l'ancien ordre
» qui étoit observé pour l'institution & révocation de ceux qui
» en étoient & seroient ci-après pourvûs, afin qu'étant réglées
» suivant les statuts des congrégations dont elles dépendent,
» elles ne pussent à l'avenir être desservies que par des religieux

» qui y édifiassent le public par leur doctrine, par leur bonne » vie & par leurs bonnes mœurs. C'est ce qui nous a obligé » d'ordonner par arrêt de notre conseil d'état du quinziéme » d'Avril dernier, que conformément à l'article cinquiéme des » statuts généraux des religieux de la congrégation de France, » les chanoines réguliers de ladite congrégation, pourvûs de cures » ou autres bénéfices aïant charge d'ames, pourroient être ré- » voqués & retirés de leurs bénéfices, & envoïés en des monas- » teres de la congrégation par le chapitre, ou supérieur général » d'icelle, pour fautes par eux commises, & scandale, & même » pour le bien & avantage de l'ordre, s'il y échoit; du consen- » tement toutefois des évêques dans les diocèses desquels les » prieurés-cures seroient situés, & non autrement. Ce que nous » aurions estimé d'autant plus nécessaire, que c'est un moïen » d'empêcher que les religieux ennuïés de la discipline réguliere » ne se fassent ci-après pourvoir, par faveur ou autrement, de » bénéfices-cures, pour secouer le joug de l'obéissance qu'ils » doivent à leurs supérieurs. Mais comme notre intention n'au- » roit peut-être pas eu tout son effet dans la suite, si, outre la » faculté de révoquer établie par ledit arrêt, il n'eût été pourvû » à ce que lesdites cures ne pussent être données qu'à des reli- » gieux d'une vie exemplaire, nous aurions ordonné par autre » arrêt de notre conseil d'état, du premier jour du mois d'Août » dernier, que ledit arrêt du quinziéme Avril seroit executé selon » sa forme & teneur; & icelui interprétant, en tant que besoin » étoit, aurions déclaré qu'aucun chanoine régulier de ladite » congrégation ne pourroit être pourvû d'aucun bénéfice à char- » ge d'ames, qu'il n'eût fait apparoir de l'attestation de vie & » mœurs, & du consentement par écrit de son supérieur géné- » ral; à faute de quoi il demeureroit déchu de tout droit pos- » sessoire, & nos juges ne pourroient avoir égard aux provi- » sions par lui obtenues; & qu'à cet effet toutes lettres patentes » seroient expédiées, pour être registrées par tout où besoin » seroit. Et voulant pourvoir à ce qu'un réglement si utile pour » l'Eglise soit exécuté, sçavoir faisons que nous, pour ces cau- » ses & autres à ce nous mouvant, de l'avis de notre conseil » qui a vû lesdits arrêts des quinziéme Avril & premier Août » derniers, ensemble les statuts de ladite congrégation, le » tout ci-attaché sous le contrescel de notre chancellerie; & » de notre certaine science, pleine puissance & autorité roïale, » avons dit, statué & ordonné, & par ces présentes signées de

» notre main disons, statuons & ordonnons, voulons & nous
» plaît que, conformément à l'article cinquiéme des statuts
» généraux des religieux de la congrégation de France, les
» chanoines réguliers de ladite congrégation pourvûs de cures,
» Vicairies perpétuelles, ou prieurés-cures de leur ordre, puissent sans aucune monition précédente, & sans forme ni figure
» de procès, être révoqués & retirés de leurs bénéfices, & envoïés en des monasteres de ladite congrégation par le chapitre ou supérieur général d'icelle, pour fautes par eux commises, & scandale connu à l'évêque & à leur supérieur, &
» même pour le bien & avantage de l'ordre, s'il y échoit; du
» consentement toutefois des archevêques ou évêques dans les
» diocèses desquels les bénéfices sont situés, & non autrement.
» Voulons en outre & nous plaît qu'aucun chanoine régulier de
» ladite congrégation ne puisse accepter les provisions d'une
» cure, vicairie perpétuelle, ou prieuré-cure, qu'il n'ait fait
» apparoir à l'évêque de l'attestation de vie & de mœurs, & du
» consentement par écrit du supérieur général; à faute de quoi
» il demeurera déchû de tout droit possessoire : faisons défenses à
» nos juges d'avoir égard à ses provisions, & permettons aux
» patrons & collateurs desdits bénéfices d'y pourvoir. Si donnons,
» &c. Registrées au grand-conseil le 6 Décembre 1679.

Tels sont les bénéfices qui peuvent être possédés par les religieux, & les conditions sous lesquelles ils peuvent les posséder.

SECTION IV.

De l'incapacité des Religieux de succéder.

Nous avons vû au chapitre 1 de ce livre que, dans le droit Romain, les religieux étoient capables de succéder, suivant la loi *Deo nobis. Cod. de Episc. & Cleric.* & la novelle 123, ch. 41; & que, comme par la novelle 5, chap. 5, ils étoient déclarés incapables de posséder en propre; les biens qui leur arrivoient par succession appartenoient au monastere.

Nous avons encore fait voir que ces principes du droit Romain avoient été suivis en France pendant quelque tems : mais qu'il y avoit lieu de croire qu'ils ne l'étoient plus sur la fin de la seconde race de nos Rois, & qu'il est prouvé par un arrêt de 1226 qu'ils étoient abrogés dès ce tems-là, au moins en plusieurs endroits.

Nous avons dit que la jurisprudence conforme à cet arrêt étoit établie par les dispositions des coutumes ; & cette vérité est attestée notamment par l'article 337 de celle de Paris, qui porte que les religieux & religieuses profès ne succédent point, ni le monastere pour eux.

Enfin nous avons vû que l'édit de François I. de 1532, avoit rendu cette maxime universelle, en y assujettissant même les païs régis par le droit Romain.

Les motifs de cette jurisprudence sont tirés de l'état du religieux, & des termes même de son engagement. En effet, il se dévoue à une pauvreté perpétuelle, qui est incompatible avec le droit de recueillir des biens ; il perd la qualité de citoïen, qui seule donne le droit de succéder. Il est donc nécessairement vrai, suivant nos principes, que d'un côté le religieux ne peut recueillir de successions, & de l'autre que le couvent ne peut exercer ce droit pour lui ; puisque ce ne seroit que comme étant aux droits du religieux, qui n'aïant point de droits, n'en peut pas transmettre. Tous nos auteurs attestent cette jurisprudence ; & Ricard, partie 1, chapitre 3, section 3, n. 305, 306 & 307, dit que nous avons suivi en cela la politique des Romains à l'égard de leurs vestales ; lesquelles, n'aïant été déclarées d'abord incapables que de successions *ab intestat*, furent aussi exclues par les dernieres constitutions du bénéfice des dispositions testamentaires. Il prouve ce fait par plusieurs autorités.

Tous les auteurs qui ont eu occasion de parler de cette matiere attestent la même chose sur l'incapacité du religieux & du monastere ; en sorte que ce n'est plus, & ce ne peut être la matiere d'un problême.

Mais il se présente ici une question, qui consiste à sçavoir si le pape peut dispenser un religieux profès, à l'effet de pouvoir recueillir une succession.

Nous avons une maxime en France, qui est que la puissance du pape, quelqu'étendue qu'on la veuille supposer d'ailleurs, ne peut jamais toucher au temporel du roïaume, lequel est soumis à la seule autorité du Roi. C'est une des maximes fondamentales de notre jurisprudence, & un des plus fermes appuis de la couronne. Or il est constant que le droit de succéder est un droit purement temporel. Le pape ne peut donc ni l'ôter, ni l'accorder en France. Nous avons une foule d'arrêts qui l'ont ainsi jugé. Tous nos auteurs en sont pleins, entr'autres Brodeau sur Louet, lettre *C*, somm. 8.

Mais sur cette incapacité des religieux il faut faire une observation bien importante, qui est, que l'édit de 1532, qui est la véritable loi qui ait dérogé au droit Romain à cet égard, & les édits postérieurs qui contiennent la même disposition, n'ont pû être ni enregistrés ni exécutés dans les païs qui ne faisoient pas alors partie du roïaume de France ; comme la Franche-Comté, qui n'a été conquise & réunie à la couronne que vers la fin du dix-septiéme siécle. C'est pourquoi dans cette province, on suit encore le droit Romain, & on donne aux monasteres les successions qui échoient aux religieux.

Mais les inconvéniens qui pourroient résulter de ces successions perpétuelles, permises à des communautés qui ne laissent rien sortir de leurs mains, ont été prévenus par une ordonnance faite en 1581, par Philippe II. roi d'Espagne, alors souverain de la Franche-Comté, & qui paroît y être encore observée. Cette ordonnance porte que » les religieux & religieuses n'acquéreront pour eux ci-après, ou leurs monasteres, en fonds ou » propriété, les biens immeubles qu'à eux ou elles seront échus » par droit ou coutume, en ligne directe ou collatérale, soit par » donation, succession, droit de légitime ou supplément d'icelle : mais bien en jouïront les monasteres & couvents par » forme d'usufruit, les vies naturelles durant seulement des » religieux ou religieuses auxquels tel droit sera échû, ou dévolu, » sans pouvoir aliéner ou hipotéquer lesdits biens. »

La maxime est donc en Franche-Comté que les couvents succédent en usufruit aux immeubles échus par succession à leurs religieux. A l'égard des meubles, ils y succédent en propriété ; la disposition de la loi ne s'étendant pas à cette sorte de biens. Ces deux propositions ont été adoptées par un arrêt du parlement de Paris du 28 Février 1721, en faveur des religieuses Carmelites d'Arbois en Franche-Comté.

Cette incapacité, qui est une suite naturelle & nécessaire de la profession en religion, paroît devoir être générale pour tous les ordres religieux. Cependant, comme nous l'avons vû plus haut, plusieurs de ces ordres ont revendiqué la capacité de succéder. Il faut donc examiner ici les motifs de leur prétention.

Le premier de ces ordres est celui des chevaliers de Malte.

Nous avons vû qu'ils fondoient leur prétendue capacité sur un article du grand coutumier qui les admet sans distinction aux successions, & sur plusieurs arrêts qui leur ont accordé la faculté de succéder, au moins en usufruit.

Nous avons répondu à ces deux moïens, & nous les avons détruits tant par raisonnement, que par l'autorité des arrêts, d'un entr'autres rendu en 1573, en forme de réglement, sur la lecture des statuts de l'ordre des Joannites. Brodeau sur Louet, lettre *C*, somm. 8, en rapporte encore deux semblables des 31 Mai 1566, & 2 Juillet 1612. Il est inutile de reprendre ici le détail de cette dissertation. Il nous suffira de remarquer que les chevaliers de Malte, voïant qu'on les regardoit comme absolument incapables de succéder, implorerent l'autorité du pape, pour arrêter le cours de cette jurisprudence. Quelques-uns de leurs membres obtinrent à cet effet des dispenses, qui furent déclarées abusives, comme attentatoires à l'autorité roïale. Louet, lett. *C*, somm. 18, en rapporte un arrêt en date du 18 Août 1588.

Il y a cependant deux cas où les chevaliers de Malte sont en droit de demander une espéce de légitime à leur famille. Le premier est lorsqu'après avoir fait profession ils reviennent en France sans avoir obtenu une commanderie. Ils se trouvent alors dépourvûs de tout secours; parceque d'un côté l'émission de leurs vœux a fait passer tout leur bien à leur famille; & que de l'autre ils ne reçoivent rien de l'ordre, qui n'est obligé, aux termes de ses statuts, de les nourrir & entretenir, que lorsqu'ils sont résidens à Malte. C'est pourquoi ils ont droit alors de demander à leurs parens une pension modique, qui doit cesser dès qu'ils ont obtenu une commanderie. Brodeau sur Louet, lettre *C*, somm. 8, rapporte deux arrêts des 7 Février 1543, & 12 Mars 1621, qui leur ont adjugé de semblables pensions. Il y en a encore un pareil du 11 Janvier 1629, dans le journal des audiences.

Le Brun, en son traité des successions, livre 1, chapitre 2, sect. 2, n. 16, rapporte un arrêt du 18 Août 1588, qui a jugé que quand une fois un chevalier de Malte a obtenu une commanderie, il ne peut plus demander de pensions. Mais cet auteur remarque que les chevaliers de Malte ont voulu établir une distinction entre les commanderies de grace, qui ne s'accordent qu'à la charge d'équiper une galère & sous des conditions fort onéreuses, & les commanderies de tour, qui leur sont données sans charge. Ils ont voulu conserver leur pension dans le cas des commanderies de grace : mais le Brun dit que les arrêts n'ont point encore admis cette distinction, & qu'ils ont toujours adjugé des pensions jusqu'à l'obtention d'une commanderie sans spécifier si elle doit être de grace ou autrement.

Le

Le second cas est lorsqu'ils sont pris & faits captifs par les infidéles. Comme l'ordre ne les rachette jamais, on leur accorde dans ce cas la faculté d'obliger leurs parens à les racheter, aux dépens des biens provenans de la succession de leurs pere & mere ; quoique la profession ait été faite avant leur décès : & ce droit est restreint au montant de leur légitime. Brodeau sur Louet, lettre *C*, somm. 8 & 18, rapporte des arrêts qui ont adjugé la légitime dans ce cas. Le Brun, à l'endroit cité, est aussi du même avis. Enfin l'auteur des loix ecclésiastiques, part. 3, chapitre 12, maxime 31, parle de ce droit de légitime dans ces deux cas, comme d'un droit incontestable.

Il seroit inutile de rien ajoûter ici, pour prouver que les Jésuites sont incapables de succéder. Nous avons prouvé qu'ils sont morts civilement après leurs premiers vœux, qui les rendent écoliers approuvés. Or l'incapacité de succéder est une suite nécessaire de la mort civile ; & lorsque cette société a prétendu que ses membres pouvoient recueillir des successions, ce n'a été que sur le fondement qu'ils n'étoient pas morts civilement. Nous verrons dans la suite, quels sont les effets du congé qu'ils sont autorisés à donner à ceux qui n'ont pas encore fait leurs vœux solemnels.

Nous avons vû, à l'égard des peres de la Doctrine Chrétienne, une loi précise, par laquelle ils sont exclus de toute succession directe ou collatérale, après l'émission des vœux & du serment. Ce sont les lettres patentes en forme d'édit du mois de Septembre 1726, & nous avons prouvé d'ailleurs qu'ils sont morts civilement, comme les autres religieux.

L'ordre de Cîteaux prétendoit autrefois avoir un privilege particulier, par lequel les religieux qui le composent avoient droit de succéder, tant en directe, qu'en collatérale, ou le couvent pour eux : mais on n'a eu aucun égard à ce prétendu privilege. Fevret, livre 4, chapitre 7, n. 11, rapporte à ce sujet, que la coutume de Bourgogne aïant été rédigée & publiée en 1459, de l'autorité du duc Philippe le Bon, on mit à l'article dernier des successions, qu'à l'égard des religieux de Cîteaux, qui disent être en droit & en usage de succéder, il en seroit informé, pour en être ordonné par le duc ce qu'il appartiendroit. Sur quoi cet auteur remarque que, si les ducs de Bourgogne prédécesseurs de Philippe n'avoient pas été les fondateurs de l'abbaïe de Cîteaux, ce qui les avoit affectionnés eux & leurs successeurs au bien de cet ordre, cet article contraire à la loi générale du roïaume n'auroit pas été reçû ; etant contre les régles d'admettre des religieux à faire preuve contre une loi générale par toute la France. En effet la chose en est restée là, & l'on ne voit pas que ces religieux aïent agité la question depuis ; non pas même lorsque cette coutume fut réformée en 1570. C'est pourquoi Chassanée, sur cette coutume, titre des successions, article 13, dit que *Cistercienses religiosi comprehenduntur esse sub consuetudine generali Franciæ ; quia si succederent, annihilatio temporalitatis in republicâ sequeretur, cùm semper religiosi traherent ad se temporalia ; eò quòd succederent laïcis, & laïci eis non succederent, sed eorum Ecclesiæ & monasteria.*

SECTION III.

De l'incapacité des religieux de transmettre leur succession à leurs parens, & du Pécule.

Il semble d'abord que cette question n'en devroit pas faire une. En effet les religieux sont morts civilement à l'instant même de l'émission des vœux : ainsi leurs héritiers exercent dans ce moment tous leurs droits. Ils ne peuvent donc pas les exercer une seconde fois, lorsque le religieux vient à mourir de mort naturelle. D'ailleurs le vœu de pauvreté, quand il est solemnel, ôte toute jouïssance & propriété au religieux. Il n'a donc point de succession à recueillir : ainsi il paroît que toutes les difficultés qu'on peut faire naître sur cette matiere sont inutiles, & portent même à faux.

Cependant, comme le luxe & la délicatesse se sont introduits dans les cloîtres, il y a des ordres où l'on souffre que les religieux reçoivent annuellement de leurs parens une certaine somme qui leur tient lieu de pension viagere. Ils ne peuvent pas l'exiger : mais il semble qu'on se feroit une sorte de crime de leur refuser une douceur qu'on leur a promise, & qui souvent est le seul appas dont on s'est servi pour les engager dans l'état monastique. Or ils emploïent ce revenu à se procurer des meubles, des livres & d'autres commodités que la communauté ne leur fournit point. Ces effets restent après leur mort, & l'on demande à qui ils appartiennent.

D'ailleurs nous avons vû que les religieux sont capables de posséder des bénéfices réguliers ; même des cures. Le gouvernement de leur paroisse les oblige à vivre hors du couvent, & dans la maison presbitérale. Ils jouïssent du revenu de la cure sans en rendre compte au couvent, & l'emploïent à se procurer les meubles qui leur font néceſſaires, & les autres commodités de la vie. Ceux qui font économes amaſſent des ſommes d'argent : il n'eſt que trop commun de les voir théſauriſer, contre le vœu qu'ils ont fait, & pendant que pluſieurs pauvres ſouffrent dans leurs paroiſſes. Il en eſt de même de tout religieux profès titulaire d'un bénéfice, dont les revenus ſont diſtincts de la manſe conventuelle. Or on demande à qui ces effets doivent appartenir après leur mort ; & ce ſont ces effets, tant du religieux particulier, que du religieux bénéficier, que l'on nomme *pécule*.

Le pécule des religieux, dont il eſt ſouvent fait mention dans les différentes régles monachales, & dans les canons des conciles, a beaucoup de reſſemblance avec le pécule des eſclaves, dont il eſt parlé dans le droit Romain.

En effet, dans le droit Romain, le pécule des eſclaves étoit une petite portion de bien dont l'eſclave, du conſentement de ſon maître, avoit la jouïſſance, & qui ne faiſoit point partie du bien du maître. *Peculium autem Tubero quidem ſic definit (ut Celſus libro ſexto digeſtorum refert) quod ſervus, Domini permiſſu, ſeparatum à rationibus dominicis habet. L. 5, §. 4, ff. de peculio.* La même loi, en nous expliquant l'étimologie du mot pécule, nous dit §. 3, que *peculium dictum eſt, quaſi puſilla pecunia, ſive patrimonium puſillum.*

Or il eſt fort aiſé d'appliquer ces diſpoſitions au pécule des religieux. Ce n'eſt autre choſe que quelque ſomme d'argent, quelque petit revenu, ou autre choſe ſemblable qu'un religieux s'eſt acquis, ſoit par ſon induſtrie & ſon travail, ſoit par la libéralité de ſes parens ou amis, & dont le ſupérieur lui permet de jouïr ſéparément. Il s'en ſert pour ſon uſage particulier, ſans en faire aucune part à ſes confreres. Comme donc le pécule de l'eſclave eſt diſtinct & ſéparé des biens du maître, qui permet cette diſtinction ; de même celui du moine eſt ſéparé des biens du monaſtere, qui ſont deſtinés & emploïés à l'uſage de toute la communauté en général ; tandis qu'il applique ſon pécule à ſon utilité ſeule & particuliere.

Nous voïons que la loi appelle le pécule de l'eſclave ſon patrimoine, *patrimonium ;* parceque, quoique le maître en eût la propriété civile, qui ne pouvoit réſider ſur la tête de l'eſclave, cependant celui-ci en avoit entiérement l'uſage, & en retiroit tout le profit. Il en eſt de même du religieux. Il n'a pas la nue propriété ; ſon état l'en rend incapable. Mais il a la jouïſſance & l'utilité. Comme tout le bien qu'on peut retirer des choſes temporelles consiste principalement dans la jouïssance que l'on en a, pourquoi ne dira-t-on pas qu'une chose est propre à celui qui en jouït ? Dans le fond la nue propriété, où la possession ne rend ni coupable, ni innocent ; il n'y a que la jouïssance. C'est ce qui fait dire à Denis le Chartreux, en parlant des moines, qu'il leur est bien plus dangereux d'avoir la jouïssance de leur pécule, que d'en avoir la propriété civile. *Magis nocet religioso*, dit-il, *habere usum peculii, sine proprietate civili, quàm habere proprietatem sine usu. Proprietas namque in se non est peccatum, nec ad peccandum inducit, nisi per usum rei. Imò quantùm ad progressum de malo in malum, parùm aut nihil refert, an habetur usus sine proprietate, an cum proprietate. Tract. de Reformat. Claust. art.* 16.

Il est certain que rien n'est plus contraire à la vie monastique & religieuse, aux canons & aux conciles, que les pécules des religieux. C'est ce que nous allons faire voir, avant que de traiter ce qui concerne la jurisprudence sur cette matiere. Cela nous fournira deux divisions.

DIVISION I.

De l'abus de l'usage des Pécules.

Les religieux ont, & doivent avoir pour objet de suivre non-seulement les préceptes de l'Evangile, mais de se faire un devoir d'observer les conseils de JESUS-CHRIST. Ils s'y engagent par leurs vœux. Il n'est point de précepte de renoncer à tous les biens temporels ; c'est un conseil. Il n'est point de précepte de vivre dans le célibat & de s'interdire le mariage ; c'est encore un conseil. Enfin il n'est point de précepte de se choisir des supérieurs pour leur vouer une obéissance & une soumission aveugle : mais ce qui n'étoit que conseil pour un religieux, avant qu'il eût fait sa profession, devient d'une observation indispensable dès qu'il a prononcé ses vœux. Il est donc tenu de les suivre à la lettre.

Or, si l'on examine les termes dont le Sauveur s'est servi en conseillant la pauvreté volontaire, il est certain qu'ils imposent à ceux qui veulent s'y soumettre la nécessité d'abdiquer tous les biens temporels. Si vous voulez être parfait, dit-il, allez vendre tout ce que vous possédez, & donnez-en le produit aux pauvres. *Si vis perfectus esse, vade & vende omnia quæ habes, & da pauperibus. Matth.* 19, *verset* 21. Il est évident qu'on ne peut se conformer à ce conseil qu'en se dépouillant de tout ce que l'on posséde, non-seulement quant à la nue propriété, mais quant à l'usage, & sans se réserver aucun droit sur les choses temporelles. Il faut les vendre, & en donner le prix sur le champ. *Vende omnia quæ habes, & da pauperibus.* On ne peut pas expliquer plus clairement une abdication totale & sans réserve.

C'est ainsi que les paroles de JESUS-CHRIST ont été entendues par les premiers fidelles, qui étoient éclairés des lumieres du Saint Esprit, & que Dieu avoit suscités pour servir de modéle & d'exemple de la vie monastique. *Quotquot possessores agrorum, aut domorum erant, vendentes offerebant pretia eorum quæ vendebant, & ponebant antè pedes Apostolorum. Act.* 4, *vers.* 34 & 35. Ils ne se contentoient pas de vendre leur bien, d'en mettre le prix a la disposition des Apôtres, & de nous enseigner par-là comment on doit entendre le conseil de JESUS-CHRIST. Ils nous ont aussi tracé le modéle de la vie religieuse, en mettant tous les biens en commun. *Erant ipsis omnia communia.* Et afin qu'on sçache que cette communauté de biens ne consistoit pas seulement dans la nue propriété, mais dans l'usage & dans la jouïssance, l'écriture ajoûte : *Dividebatur singulis, prout cuique opus erat.*

Les régles que les saints Peres ont prescrites aux religieux qui doivent vivre en commun prouvent sans replique, que la pauvreté évangélique, telle que JESUS-CHRIST l'a conseillée, & la communauté de tous les biens dont les Actes des Apôtres font l'éloge en tant d'endroits, sont indispensables à un religieux.

Saint Augustin, dans le chapitre premier de sa régle, dit que les religieux ne sont assemblés que pour vivre dans l'union la plus étroite, pour n'avoir qu'une ame & une volonté en Dieu, & n'avoir rien en propre ; mais pour posséder tout en commun. *Primum ad quod in unum congregati estis, ut unanimes habitetis in domo, & sit in vobis anima una, & cor unum in Deo, & non dicatis aliquid* proprium, *sed vobis* omnia communia : *& distribuantur unicuique vestrûm à præposito vestro victus & tegumentum, non æqualiter omnibus, quia non æqualiter valetis omnes, sed potiùs unicuique sicut opus fuerit. Sic enim legitur in Actis Apostolorum :* Quia erant ipsis omnia communia.

Ce saint pere veut donc que chaque particulier abdique toute propriété, & qu'à l'exemple des premiers fidelles tout soit en commun. Et pour ne laisser aucun doute sur la nécessité de cette communauté, il ordonne, au chapitre 8. de sa régle, que si un religieux reçoit de ses parens, ou de quelqu'autre personne, un habit, ou autre chose nécessaire à la vie, il ne doit point le recevoir en cachette : mais il doit le porter au supérieur, afin qu'il le mettte au nombre des choses communes, & qu'il le donne à ceux qui sont dans un besoin actuel. *Cum quis suis filiis, aut aliquâ necessitate ad se pertinentibus in monasterio constitutis, aliquam contulerit vestem, sive quodlibet aliud inter necessaria deputandum, non occultè accipiatur, sed sit in potestate præpositi, ut, in rem communem redactum, cui necesse fuerit præbeatur.* Ces termes font bien voir que saint Augustin vouloit que non-seulement on se dépouillât de la nue propriété, mais sur-tout de la jouïssance.

Saint Benoît est d'accord à ce sujet avec saint Augustin. Il exige, suivant le conseil de JESUS-CHRIST, une abdication absolue & totale de toute propriété, & même qu'à l'exemple des premiers fidelles tout soit en commun. Il n'excepte même pas les choses les plus simples & les moins cheres. *Ne quis præsumat*, dit-il, au chapitre 33. de sa régle, *aliquid habere proprium, nullam omninò rem, neque codices, neque tabulas, neque graphium; sed nihil omninò: quippè quibus nec corpora sua, nec voluntates licet habere in propriâ potestate. Omnia verò necessaria à patre sperare monasterii, omniaque omnibus sint communia; ut, sicut scriptum est, nec quisquam suum aliquid dicat, aut præsumat.*

Il veut en outre, qu'on ne puisse rien recevoir de ses parens, sans la permission de l'abbé; & si l'abbé permet de le recevoir, on doit ensuite le donner à un autre, s'il l'ordonne. *Ut si à parentibus religioso quidquam directum fuerit, non præsumat suscipere illud, nisi priùs indicatum fuerit abbati; quod si jusserit suscipi, in abbatis sit potestate cui illud jubeat dari. Et non contristetur frater cui fortè directum fuerit, ut non detur occasio diabolo.*

Si nous en croïons Denis le Chartreux, dans son traité *de Reformatione claustrali, art.* 14, saint Benoît vouloit que quand un religieux recevoit quelque chose de ses parens, on le distribuât à un autre qu'à celui à qui il avoit été destiné.

Comme les régles de saint Augustin & de saint Benoît renferment presque tous les ordres réguliers, si l'on en excepte les mendians & un très-petit nombre d'autres, il suit que tout religieux qui a un pécule agit précisément contre sa régle.

Le concile de Trente, qui trouvoit que l'église tire beaucoup de lustre & d'utilité des monasteres bien gouvernés, & dans lesquels la discipline réguliere est maintenue, a témoigné combien il souhaitoit qu'elle fût rétablie dans les lieux où elle étoit tombée dans le relâchement; il a ordonné en conséquence, *sess.* 25, *cap.* 1, *de Regular.* que tous les réguliers, tant hommes que femmes, fussent tenus de se conformer à la régle primordiale de leur ordre, & sur-tout d'observer fidélement les trois vœux d'obéissance, de pauvreté & de chasteté; & d'avoir tout en commun. *Quoniam non ignorat sancta synodus quantùm ex monasteriis piè institutis & rectè administratis in Ecclesiâ Dei splendoris atque utilitatis oriatur, necessarium esse censuit, quò faciliùs ac maturiùs, ubi collapsa est, vetus & regularis disciplina instauretur, & constantiùs, ubi conservata est, perseveret, præcipere, prout hoc decreto præcipit, ut omnes regulares, tam viri, quàm mulieres, ad regulæ, quam professi sunt, præscriptum, vitam instituant & componant; atque in primis quæ ad suæ professionis perfectionem, ut obedientiæ, paupertatis & castitatis, ac si quæ alia sunt, alicujus regulæ & ordinis peculiaria vota & præcepta, ad eorum respectivè essentiam, nec non ad communem vitam, victum & vestitum conservanda, pertinentia fideliter observent.*

Le concile, pour faire observer ce decret à la lettre, y en a joint un autre, qui le suit immédiatement, & dans lequel il prescrit la pauvreté, telle que les premiers fidelles la pratiquoient. *Nemini igitur regularium, tam virorum, quàm mulierum liceat, bona immobilia, vel mobilia, cujuscumque qualitatis fuerint, etiam quovis modo ab eis acquisita, tanquam propria, aut etiam nomine conventûs possidere, vel tenere: sed statim ea superiori tradantur, conventuique incorporentur. Nec deinceps liceat superioribus bona stabilia alicui regulari concedere, etiam ad usumfructum, vel usum, administrationem, aut commendam,*

On ne peut avoir d'interprétes plus sûrs pour découvrir le véritable sens de ce decret & l'intention de ceux qui en sont les auteurs, que les conciles provinciaux qui ont été tenus peu de tems après celui de Trente; puisqu'il y a toute apparence que ceux qui y ont assisté avoient pareillement assisté à celui de Trente. Or, deux ans après la clôture de celui-ci, il s'en tint un à Cambrai, pour parvenir aux moïens de faire exécuter ce qui avoit été décidé à Trente; & voici comment on s'y explique sur la même matiere, *tit.* 8, *cap.* 10, *Ut omnis illa pecunia, vel res, quam monachus, vel monialis acquirere labore, sive industriâ, sive amicorum liberalitate, seu denique quâlibet aliâ occasione possit, superiori tradatur: ità ut ad nutum ejus tanquam res communis expendatur.*

Il seroit trop long de rapporter ici les dispositions des autres conciles sur cette matiere. Il suffit d'assurer le lecteur qu'ils se réunissent tous pour défendre aux religieux de rien posséder en particulier.

Il suit de toutes ces autorités que, quand on a fait vœu de pauvreté & qu'on a embrassé la vie religieuse, on doit renoncer à toute possession, quelque petite & quelque bornée qu'elle puisse être, & remettre tout ce que l'on a à la disposition d'un autre, qui en soit tellement le maître qu'il le puisse donner à qui il juge à propos.

Lors donc qu'un religieux refuse de faire une abdication générale, & de mettre tout ce qu'il posséde en commun, sans en excepter la moindre chose, loin d'imiter la pauvreté des premiers fidelles si vantée dans les actes des Apôtres, il se rend coupable du même crime qu'Ananie & Saphire sa femme, dont il est parlé au chapitre 5. des Actes des Apôtres, & qui moururent aux pieds de saint Pierre, pour lui avoir dit qu'ils lui apportoient tout le prix de leur bien qu'ils avoient vendu; quoiqu'ils en réservassent une partie. Un religieux, au moment qu'il fait profession, promet à Dieu d'abdiquer toute possession particuliere, & de mettre en commun tout ce qui pourra lui écheoir par la suite. S'il se réserve quelque chose, il viole la parole qu'il a donnée à Dieu.

L'obligation dans laquelle est un religieux, de ne rien posséder en particulier, est si stricte, que le consentement même du supérieur ne peut pas l'en dispenser. Le supérieur est fait pour maintenir la discipline, & non pas pour en autoriser le relâchement. D'ailleurs il n'est pas question d'un simple point de discipline, ni d'une chose particuliere à une régle plutôt qu'à une autre: il y a des cas où le supérieur peut relâcher, à cet égard, un peu de sa sévérité: mais il s'agit d'une obligation contractée envers Dieu, à la face des autels, & dont le supérieur ne peut remettre en aucune maniere; parceque les vœux légitimement faits sont d'obligation divine. Le supérieur ne peut donc pas plus permettre à un religieux de violer le vœu de pauvreté, en possédant quelque chose en son particulier, qu'il ne pourroit lui permettre de violer le vœu de chasteté, en vivant dans un commerce criminel avec une personne du sexe.

Il est vrai qu'il y a des cas où un religieux ne peut pas vivre en communauté; lors, par exemple, que son devoir l'appelle ailleurs, comme quand il est chargé de l'administration d'une cure, ou qu'il est envoïé par ses supérieurs pour diriger quelque couvent de religieuses dont la direction appartient à l'ordre. Il est certain que dans ces cas les choses qui lui sont nécessaires ne peuvent pas être en commun avec les freres dont il est éloigné: mais

mais il doit prendre ſur les revenus qui lui ſont aſſignés, ſimplement ce qui lui eſt néceſſaire pour mener la même vie, que s'il étoit dans le monaſtere auquel le ſurplus appartient. Les canoniſtes ſoutiennent même que les ſupérieurs ſont obligés dans ces cas, de prendre toutes les meſures poſſibles, pour que l'adminiſtration de ces revenus ne ſoit point entre les mains du religieux particulier, qui eſt chargé des fonctions auxquelles ils ſont attachés. S'il eſt poſſible, ces revenus doivent être adminiſtrés comme les autres biens du monaſtere, d'où l'on doit envoïer à ces religieux tout ce qui leur eſt néceſſaire, parcequ'il eſt eſſentiel pour l'accompliſſement du vœu de pauvreté, que toutes les néceſſités corporelles de celui qui l'a prononcé, dépendent de la volonté d'autrui.

Quelque contraires que les pécules ſoient à la profeſſion & à la vie monaſtique, l'uſage ſemble les autoriſer; ſi l'on peut dire qu'un abus auſſi contraire à l'Evangile & aux canons puiſſe jamais être autoriſé. Nous allons donc examiner quelle eſt la juriſprudence ſur cette matiere.

DIVISION II.

De la juriſprudence du Roïaume touchant le pécule des religieux.

C'eſt une régle conſtante parmi nous, que les parens du religieux ne ſuccédent point à ſon pécule. Nous en avons dit la raiſon plus haut. Tout ce qu'il a acquis, à quelque titre que ce ſoit, depuis ſa profeſſion, retourne à l'abbé, ou au monaſtere. C'eſt la diſpoſition du canon *Statutum* 18, *quæſt.* 1. C'eſt auſſi le ſentiment de Panorme ſur ce canon. Il y décide que le moine ne peut acquérir qu'au profit du monaſtere; parcequ'il ne tient plus à perſonne, & ne vit que pour le monaſtere.

Il eſt néceſſaire d'obſerver que par pécule nous n'entendons parler que des effets laiſſés par un religieux bénéficier après ſa mort. A l'égard des meubles, livres, ou autres effets que ſe ſont procurés ceux qui ont toujours vécu en communauté, ſoit par leur travail, ſoit par le canal de leurs parens ou amis, ils ne ſont point regardés comme pécule; mais comme faiſant partie des effets appartenans à la communauté.

Par cette raiſon les religieux Bénédictins de la congrégation de S. Maur, de S. Vanne & de Cluni réformé n'en poſſédent aucun; parceque tous les offices clauſtraux ont été ſupprimés en leur faveur, & réunis aux manses conventuelles, afin de favoriser la réforme.

Le pécule subsiste encore dans le grand ordre de saint Benoît, & dans la congrégation de Cluni parmi les non réformés, & même dans l'ancien ordre de saint Augustin; parceque les titulaires des offices claustraux perçoivent les revenus de leurs offices, & en jouïssent.

Le pécule du religieux abbé appartient sans contredit à la communauté dont il est abbé, par droit d'accroissement, à cause de la propriété, qui est solidaire entre l'abbé & les religieux. Du Perray, dans son traité du partage des fruits, rapporte un arrêt du 11 Février 1706, qui l'a ainsi jugé.

A l'égard du pécule des religieux qui ne sont point abbés, il n'y a jamais eu de doute qu'il n'appartînt à l'abbé, quand il est régulier. Il ne jouït des revenus de l'abbaïe qu'en qualité d'administrateur; & son administration s'étend sur tous les biens, tant meubles qu'immeubles, qui appartiennent & qui échéent au couvent, à quelque titre que ce soit.

Mais il y a eu souvent de grands procès entre les religieux & les abbés commendataires, pour sçavoir à qui doit appartenir le pécule. Suivant les anciens arrêts, tant du parlement, que du grand-conseil, les abbés commendataires ont toujours été déboutés de leur demande. On en trouve un au journal des audiences du 4 Août 1654, rendu au parlement de Paris. On en trouve deux dans la Bibliothéque canonique, tome 1, page 12, rendus au grand-conseil, les 1 Février 1582 & 3 Octobre 1583. Chopin, *de Polit. sacr. lib.* 2, *tit.* 8, *n.* 13, *& lib.* 3, *tit.* 1, *n.* 15, en rapporte deux du parlement, des 23 Mars 1526 & 27 Avril 1553. Mais on jugeoit autrement quand l'abbé étoit cardinal. On lui adjugeoit alors le pécule. Chopin, *Ibid.* en rapporte un arrêt du grand-conseil, du 2 Décembre 1546.

Brodeau sur Louet atteste que cette question a été diversement jugée. Ce qui fait la difficulté, suivant cet auteur, c'est qu'en France, les commendes sont perpétuelles & vrais titres, & les commendataires, pour ce qui concerne le revenu temporel, ne différent en rien des vrais titulaires: mais, d'un autre côté, le monastere ne succéde point aux abbés commendataires: ce sont leurs parens. Ainsi il ne paroît pas raisonnable qu'ils succédent au pécule des religieux, lequel doit plutôt demeurer au monastere d'où il tire sa source, & des revenus duquel il a été formé. Cet auteur atteste ensuite que les derniers arrêts ont adjugé le pécule aux abbés commendataires, soit cardinaux, soit autres indistinctement. L'auteur des loix ecclésiastiques, partie 3, chapitre 12, article 1, maxime 35 aux remarques, atteste aussi que la derniere jurisprudence est en faveur des abbés commendataires; parceque l'administration de tout le temporel des abbaïes leur appartient, comme aux abbés réguliers. La portion qu'ils abandonnent aux religieux n'est regardée que comme un revenu qui leur tient lieu de pension alimentaire. Dans les observations de M. du Perrai, sur les loix ecclésiastiques, imprimées à la tête de la derniere édition de cet ouvrage, l'observateur dit qu'il faut voir les partages faits entre les abbés, prieurs & leurs communautés; pour voir si le droit de succéder au pécule est dans le partage de l'abbé, ou de la communauté; ou s'il est en commun.

M. de Héricourt répond à cette observation, que quand il y a des traités entre l'abbé & la communauté au sujet du pécule des religieux, il faut suivre ces traités: mais que, quand il n'y a point de convention particuliere, on adjuge le pécule à l'abbé.

Il y a des communautés de chanoines réguliers qui ont des prébendes dans certains chapitres, qu'ils sont obligés de faire desservir par un de leurs religieux. Le pécule de ce religieux appartient au monastere d'où il a été tiré; parceque la prébende fait partie de la dot & de la subsistance du monastere, auquel tout ce qu'elle produit doit appartenir. Du Perray, traité du partage des fruits, en rapporte un arrêt du 30 Août 1714.

Il y a plus de difficulté à l'égard de la cotte-morte (ce qui est la même chose que le pécule) des religieux-curés. La jurisprudence est même différente dans les différens tribunaux. La contestation roule principalement entre les fabriques des paroisses & les monasteres.

Nous avons vû dans la section I. de ce chapitre, comment les cures réguliéres se sont formées. Il est certain que dans les commencemens ceux qui les desservoient rapportoient au couvent le produit de leur desserte, un certain nombre de fois par an, déduction faite de leur nourriture & vêtement. On voit dans les statuts de la congrégation de sainte Genevieve & des autres ordres, que les curés ne pouvoient disposer de rien, même à titre d'aumône.

On ne connoît pas précisément l'époque du changement de cette discipline: mais il est certain que depuis ce tems, les revenus des cures ont été distingués de celui du couvent, & que les curés ont joui de leur pécule à part avec assez de liberté.

Chopin, après avoir rapporté différens arrêts, qui ont décidé la question, tous en faveur du couvent, dit que la seule difficulté qui pourroit se rencontrer seroit entre le couvent où le bénéficier auroit fait profession, & celui duquel dépendroit le bénéfice.

Mais, sans nous arrêter à l'autorité de cet auteur, nous allons passer à un arrêt célébre du 4 Décembre 1710 rendu sur les conclusions de M. Joly de Fleury, lors avocat général, aujourd'hui ex-procureur général, entre les habitans & marguilliers de la paroisse saint Leger, diocèse d'Amiens, & l'abbaïe de S. Pierre de Selincourt, ordre des Prémontrés. Augeard rapporte cet arrêt & le plaidoïer de M. l'avocat général. Nous allons faire le précis de ce plaidoïer.

Dans l'espéce, frere Firmin Caron, religieux de l'ordre de Prémontré, & pourvû de la cure de saint Leger dépendante de l'abbaïe de Selincourt, laissa en mourant des effets montans à la somme de cinq mille livres. Il y eut une contestation au sujet de la cotte-morte entre la fabrique & les religieux. L'affaire fut portée en premiere instance aux requêtes du palais. La sentence qui intervint adjugea la succession aux religieux, à la charge de païer mille livres par forme d'aumône aux pauvres de la paroisse. Il y eut appel respectif de cette sentence.

M. l'avocat général se proposa de prouver que le pécule du religieux-curé devoit appartenir à son église, & non à son couvent. Il remonta d'abord aux siécles les plus reculés, où, dit-il, on trouve des preuves que les églises succédoient aux biens des ecclésiastiques provenans du revenu de ces bénéfices; & qu'ils ne pouvoient disposer de ces biens par testament. On trouve là-dessus des constitutions canoniques dans le concile de Rome tenu en 324, dans celui d'Agde tenu en 506, & une infinité d'autres décisions précises, qui tendent à réunir à l'église ou au diocèse les dépouilles des ecclésiastiques. Il dit que les loix civiles & les loix ecclésiastiques concoururent à établir une distinction dans les successions des ecclésiastiques, sur le principe que chaque bien doit retourner à la source d'où il est provenu.

Cette distinction est établie par un concile de Paris tenu dans le neuviéme siécle, qui adjugea les biens patrimoniaux aux héritiers, & ordonna que ceux dont l'église devoit hériter seroient partagés entre l'évêque, le clergé, les pauvres & la fabrique. Cette même distinction avoit été faite par la novelle de Justinien, dont on a tiré l'autentique *Licentiam*, *cod. de Episc. & Cleric.* Enfin elle se trouve dans les capitulaires de Charlemagne.

Ces dispositions devinrent inutiles par la suite. Le zéle indiscret des ecclésiastiques les porta à dépouiller leurs familles de leurs biens, pour les donner aux églises, qui, par-là, devinrent prodigieusement riches. Pour arrêter cet abus, on ordonna que les parens succéderoient à tous les ecclésiastiques : mais ces changemens n'eurent lieu que pour les séculiers. A l'égard des réguliers, l'incapacité de posséder & de disposer, dans laquelle ils se trouvent, fit accorder leur pécule au monastere, suivant le principe : *Quidquid monachus acquirit, acquirit monasterio.*

Voilà quelle fut la régle pour les bénéfices en général : mais il y avoit plusieurs exceptions ; & entr'autres celle d'un pécule provenu du produit d'une cure réguliere. La distinction du patrimoine & du pécule provenu de la cure n'avoit aucune application à ce cas. On ne pouvoit pas présumer que le religieux-curé eût pû se procurer d'autre revenu, ni d'autres fonds, que ceux de sa cure. Ainsi les parens ne pouvoient rien prétendre. D'un autre côté, étant sorti de sa maison de profession, il ne pouvoit plus acquérir pour elle. Ainsi, à moins qu'on ne justifiât qu'il avoit acquis un pécule avant que d'entrer dans sa cure, il est certain que la maison de profession n'y pouvoit rien prétendre, & qu'il étoit toujours adjugé à la paroisse.

Pour faire voir que de tout tems on a pensé que les fabriques avoient droit au pécule du religieux-curé, M. l'avocat général remonta encore aux plus anciens usages. Dans le tems, dit-il, que les curés des paroisses affectées aux monasteres rendoient compte à leurs supérieurs du temporel de leur église, il en étoit de la dépouille de ceux qui desservoient ces cures, comme de la succession des autres curés ; c'est-à-dire qu'elle se partageoit. Le monastere profitoit de la moitié attribuée au clergé & à l'évêque, & l'autre moitié étoit réservée aux pauvres & à la fabrique. Depuis ce tems, les curés ont été dispensés de rendre compte aux évêques : cependant les monasteres ont continué de prendre la moitié de la dépouille du curé régulier ; mais il falloit toujours, suivant l'ancien usage, fondé sur les canons, en donner un quart aux pauvres, & un autre quart à la fabrique. Cela étoit encore, dit-il, observé dans le siécle dernier : mais les monasteres aïant été obligés de mettre des curés en titre, qui ne sont plus soumis à rendre compte, & la manse de la cure étant devenue différente de celle du monastere, toutes ces distinctions sont devenues inutiles. La réunion du pécule du religieux-curé ne se fait plus au monastere, mais à l'église paroissiale seule.

Après quelques autres raisonnemens, particuliers à l'espéce dont il étoit question, M. Joly de Fleury rapporte cinq arrêts.

Le premier, du 25 Janvier 1635, rapporté par Bardet. M. Bignon, qui portoit la parole, fit consister la difficulté dans la validité de la translation, & l'aïant trouvée valable, il crut qu'on devoit suivre l'ancien principe, & adjuger le pécule au monastere dont la cure dépendoit, au préjudice du monastere de profession : mais la cour adjugea les immeubles à la cure, & les meubles aux pauvres. Il est vrai que Bardet, qui rapporte cet arrêt, dit qu'aux opinions M. le premier président demanda si le religieux avoit obtenu dispense de sa maison de profession ; & qu'on répondit que non : mais il ne faut pas croire que ce fût le motif qui détermina la cour.

Le second arrêt est de 1638, rapporté par le Grand, sur la coutume de Troyes, article 105, n. 27. Il adjugea le pécule d'un Carme curé à son église paroissiale, & ordonna que les meubles qu'il avoit apportés de Paris seroient rendus au couvent des Billettes.

Le troisiéme, qui est du 3 Février 1643, a aussi débouté les deux monasteres. M. l'avocat général ajoûta que Soefve, qui le rapporte, centurie 1, chapitre 57, dit que M. Talon, qui conclut en faveur de la fabrique, pour les réparations de l'église, se fonda sur plusieurs arrêts déja rendus, & sur l'intervention du nouveau curé. M. l'avocat général observa encore que Dumaret, qui plaida dans la cause, rapporte la même chose ; & que M. Talon fit une distinction dans le cas où le religieux a obtenu permission des deux abbés. Ou, dit-il, les biens qu'il laisse sont venus de quelque commerce étranger ; en ce cas on doit les adjuger aux abbés : ou ils sont venus de quelqu'office du monastere, comme de la sacristie ; en ce cas, il faut les donner au monastere. Quand ils ne sont acquis ni de l'un ni de l'autre, mais d'une cure, quoiqu'elle dépende d'un monastere, ils doivent appartenir à l'église paroissiale, comme il a été plusieurs fois jugé.

Le quatriéme arrêt, rendu encore sur les conclusions de M. Talon le 13 Février 1651, & rapporté par Soefve, cent. 3, chapitre 62, exclut les deux monasteres, & adjugea tout le pécule aux pauvres. Il est vrai qu'on soutenoit la translation non valable.

Le cinquiéme, rendu le 4 Août 1654, sur les conclusions de M. Bignon, est rapporté dans le journal des audiences. Il ne s'agiſſoit pas dans l'eſpéce de cet arrêt du pécule d'un ſimple curé, mais de celui d'un prieur-curé. L'abbé commendataire le réclamoit, & les religieux auſſi.. On débouta l'abbé ; parceque, quoique le prieuré dépendît de ſon abbaïe, la manſe en étoit ſéparée. On adjugea au monaſtere les meubles ſervans au ſervice divin & la bibliothéque du défunt qui en avoit été tirée. On donna les meubles meublans au ſucceſſeur ; & le ſurplus fut vendu, & le prix donné moitié aux pauvres du lieu, moitié à l'Hôtel-Dieu de Paris.

Enfin M. Joly de Fleury répondit aux arrêts oppoſés à ſon ſiſtême.

Le premier, dit-il, rapporté par Baſnage ſur l'article 414 de la coutume de Normandie, a été rendu au parlement de Rouen le 20 Avril 1617, dans un tems où la juriſprudence n'étoit pas encore fixée ſur cette matiere. D'ailleurs cet arrêt n'eſt de nulle conſéquence, aïant donné le pécule au monaſtere de profeſſion, quoique le religieux poſſédât en commende, en vertu de diſpenſe. Déciſion contraire à tous les principes.

Baſnage, au même endroit, en rapporte un autre du 12 Janvier 1629, qui a adjugé à la fabrique de la paroiſſe le pécule d'un chanoine régulier, contre la prétention de ſon monaſtere.

Le ſecond arrêt a été rendu au parlement de Paris le 15 Février 1653, mais il s'agiſſoit uniquement de ſçavoir à qui de l'abbé ou des religieux appartiendroit le pécule en général.

L'arrêt, rendu ſur ces motifs, & ſur les concluſions de M. Joly de Fleury, adjugea aux habitans & marguilliers de la paroiſſe le pécule du curé au préjudice du couvent ; & cet arrêt eſt regardé aujourd'hui comme une eſpéce de réglement en cette matiere. Pluſieurs auteurs modernes, entr'autres celui des loix eccléſiaſtiques, l'annoncent poſitivement comme tel. C'eſt auſſi l'avis de Pocquet de Livonniere, en ſes régles du droit françois, livre 1, titre 1, ſection 3, régle 27, où il décide en propres termes, que le pécule des religieux-curés appartient à la fabrique & aux pauvres de la paroiſſe.

On peut donc regarder cette juriſprudence comme certaine au parlement de Paris. Cependant le principe qu'elle ſuppoſe eſt encore vivement controverſé par les juriſconſultes, & n'eſt point admis au grand-conſeil.

Ceux qui ſoutiennent que le pécule du religieux-curé doit appartenir au monaſtere, diſent que le religieux bénéficier ne ceſſe pas d'appartenir à ſon couvent ; qu'il eſt ſujet à la révocation accompagnée de certaines formalités ; & que, s'il étoit révoqué, en retournant dans son couvent, il y porteroit certainement son pécule, qui y resteroit. D'ailleurs la manse des curés, quoique séparée de celle des couvents, en est toujours une émanation. Le couvent est le curé primitif, & doit succéder au curé, comme un pere succéde à son fils. On s'appuïe encore sur l'exemple des curés séculiers, auxquels leur famille succéde en entier ; quoiqu'à coup sûr l'intérêt de leur église, si elle méritoit une si grande considération, pût bien exiger qu'on fît une distinction entre le patrimoine du curé, & ce qui est provenu des fruits de sa cure. Enfin, on dit que l'obligation de faire l'aumône n'est pas moindre par rapport aux curés réguliers que par rapport aux curés séculiers ; & qu'il semble que, si le curé régulier, n'a pas consommé tous les revenus de son bénéfice, ce qui en reste doit au jour de son décès appartenir à sa famille, qui est son couvent.

Par rapport aux cinq arrêts cités par M. Joly de Fleury, on répond au premier, que l'avis contraire est d'un grand poids, & qu'au surplus, on ne voit pas sur quoi on fonde que la cour ne s'est pas déterminée par la réponse à la question que fit M. le premier président, pendant qu'il étoit à recueillir les opinions ; & qu'au contraire Bardet, qui rapporte cet arrêt, semble indiquer qu'on ne se décida que sur ce que les juges trouverent les deux couvents également incapables de succéder ; sçavoir, le couvent de profession, parceque le pécule venoit d'une source qui lui étoit étrangere ; & le couvent de translation ; parcequ'il n'y avoit point eu de véritable translation, ce qui est néanmoins nécessaire.

On répond au second arrêt, qu'il est intervenu contre des mendians, qui revendiquoient la succession de leur confrere, & que leur qualité seule pouvoit avoir déterminé l'arrêt.

On répond au troisiéme, qu'il paroît être intervenu, comme le premier, sur le fondement du défaut de capacité des deux couvents, & qu'en effet la contestation étoit entr'eux.

Quant au quatriéme, on dit que, de l'aveu même de M. Joly de Fleury, on y soutenoit la translation non valable.

On répond au cinquiéme, qu'il est dit dans le journal des audiences, où il est rapporté, que le bénéficier aïant laissé une succession très-considérable, la contestation s'éleva entre l'abbé commendataire d'une part, les moines de l'abbaïe d'autre, & le nouveau prieur ; que, conformément aux conclusions de M. Bignon, la cour aïant débouté l'abbé commendataire, adjugea aux religieux

&

& couvent les meubles servans à l'église, & la bibliothéque du religieux; au prieur successeur les meubles meublans, & le surplus vendu au profit des pauvres du lieu, & de l'Hôtel-Dieu de Paris. L'auteur ajoûte que, si l'abbé commendataire eût été cardinal, il auroit succédé au pécule du religieux. Enfin on soutient que cet arrêt n'a jugé autre chose, sinon que le religieux avoit abusé de son bénéfice, en amassant une grosse somme, au lieu d'en faire part aux pauvres; & que tel a été le seul motif de la disposition faite au profit des pauvres de la paroisse, & de l'Hôtel-Dieu, lequel n'a pû y avoir aucune part qu'à ce titre.

La jurisprudence du grand-conseil paroît certaine à cet égard; & l'on a toujours jugé en faveur du couvent. Cela résulte particulierement de deux arrêts des 17 Novembre 1718 & 27 Mai 1724, rendus au profit de l'abbaïe de sainte Genevieve, dans lesquels on relate plusieurs autres arrêts, même postérieurs à celui du parlement de l'année 1710.

Du Perray, dans ses observations sur les loix ecclésiastiques, dont nous avons parlé plus haut, dit que cette jurisprudence différente pourroit se concilier, en donnant quelque chose du pécule du religieux décédé, pour des meubles à l'usage du successeur, à condition que le prix & la valeur en seroit pris par privilege sur les meubles qu'il laisseroit. Il faudroit aussi lui donner de quoi vivre jusqu'à la récolte. Ce seroit un tempérament d'équité; les religieux n'aïant rien.

L'auteur des loix ecclésiastiques répond à cette observation qu'il y a lieu de présumer que le grand-conseil adoptera la jurisprudence établie au parlement de Paris, par l'arrêt de 1710. C'est celle, dit-il, qui paroît la plus conforme aux véritables principes; & il atteste avoir vû des religieux abandonner une instance qu'ils avoient au grand-conseil pour le pécule d'un curé leur confrere; parcequ'ils ont crû voir MM. du grand-conseil disposés à adjuger le pécule aux pauvres de la paroisse.

Nous ne parlerons point ici du pécule d'un religieux fait évêque; parcequ'il faut sçavoir auparavant quel changement l'épiscopat apporte dans l'état d'un religieux. C'est ce que nous examinerons au livre 3.

SECTION IV.

De l'incapacité de tester.

Nous avons vû plus haut, que, suivant l'ancien droit Romain, les religieux étoient capables de tester. Cette faculté leur étoit expressément accordée par la loi 13, *Cod. de Sacro-sanct. Eccles.* & la loi 20, *Cod. de Episc. & Cleric.* Mais cette capacité leur fut enlevée par la novelle 5 de Justinien, chapitre 5, de laquelle on a tiré l'autentique *Ingressi. Cod. de Sacro-sanct. Eccles.*

Dans nos mœurs, comme la seule émission des vœux opére la mort civile, elle enléve aussi le pouvoir de tester. Cette régle est générale & ne souffre aucune exception, pas même en faveur de ceux qui ont des offices, ou des bénéfices claustraux. C'est le sentiment unanime de tous les auteurs. Voïez Ricard, tome 1, partie 1, chapitre 3, section 5, n. 340 & suiv. Chopin, *de sacrâ polit. lib.* 1, *cap.* 1.

Cependant Basnage, sur l'article 414 de la coutume de Normandie, soutient qu'on doit mettre de la différence entre les chanoines réguliers & les autres religieux. Il rapporte un arrêt du parlement de Rouen, qui confirma un testament fait par un chanoine de saint Augustin, curé, lequel avoit légué cent vingt livres de rente à son église. Cet arrêt est du 12 Janvier 1729. L'auteur dit que cet arrêt est fondé sur la différence entre les chanoines réguliers & les autres moines; les premiers étant institués pour remplir des bénéfices de leur ordre, & n'aïant point besoin de dispense pour les desservir.

Mais il est certain, quoi qu'en dise Basnage, que cet arrêt est contraire à tous les vrais principes. Il peut se faire qu'il soit fondé sur la faveur des paroisses, & sur la défaveur des communautés religieuses, auxquelles on ne laisse passer des immeubles que très-difficilement. D'ailleurs, il n'est point vrai que les chanoines réguliers ne soient institués que pour desservir des bénéfices de leur ordre. Ils existoient long-tems avant que d'avoir des bénéfices, lesquels, comme nous l'avons vû ailleurs, ne se sont formés que peu à peu, & comme par hazard.

Le supérieur, ni le pape même ne peuvent pas donner de dispenses à cet effet. Ce seroit étendre leur autorité sur le temporel, sur lequel ils n'ont aucun droit; & toutes les fois qu'on a présenté de pareilles dispenses dans nos tribunaux, elles ont été proſcrites & déclarées abuſives. Il y en a un arrêt célébre, rendu le 16 Mars 1571, le Roi ſéant au parlement accompagné de pluſieurs princes du ſang, cardinaux & autres ſeigneurs, par lequel un reſcrit apoſtolique portant permiſſion à un chevalier de Malte de teſter a été déclaré abuſif. Cet arrêt eſt rapporté par Carondas, en ſes réponſes, liv. 7, réponſe 196; & par Chenu, en ſes queſtions notables, chapitre 116.

On s'eſt néanmoins un peu relâché de la ſévérité de la régle en faveur des chevaliers de Malte. Leurs ſtatuts, approuvés par l'autorité roïale, leur ont permis de diſpoſer par teſtament d'une portion ſeulement de leur pécule, avec la permiſſion du grand-maître & du chapitre général de l'ordre. Brodeau ſur Louet, lettre *C*, ſomm. 8, dit que cette portion du pécule eſt ordinairement eſtimée par la cour à une certaine ſomme de deniers proportionnée aux facultés du défunt. M. le Preſtre, cent. 1, chapitre 28, dit que cette portion modérée a été interprétée par les ordonnances, *Sexta pars pecuniæ numeratæ, aut bonorum mobilium, deductis ex ejuſmodi bonis omnibus debitis & ære alieno, tam communis ærarii ordinis, quàm aliorum, ac creditis, quæ integrè reſervantur ipſi ærario.*

Peleus, livre 2, article 74, rapporte un arrêt du 28 Janvier 1604, qui a confirmé le teſtament fait par un chevalier de Malte, avec la permiſſion du grand-maître. Il avoit diſpoſé de la ſomme de douze mille livres au profit de ſes parens. Cette diſpoſition fut réduite à la cinquiéme partie du pécule, dont on ordonna que la liquidation ſeroit faite par commiſſaires; & cependant on adjugea par proviſion ſix mille livres aux légataires.

SECTION V.

De l'incapacité d'être inſtitué Héritier.

Ce que nous avons dit, touchant l'incapacité des religieux par rapport aux ſucceſſions légitimes, ne doit laiſſer aucun doute quant aux ſucceſſions teſtamentaires, qui ſont encore moins favorables parmi nous. On peut donc poſer pour un principe certain & qui n'eſt ſuſceptible d'aucune exception, que les religieux profès, de quelqu'ordre qu'ils ſoient, ne peuvent être inſtitués héritiers.

SECTION VI.

De l'incapacité de recevoir des Legs.

Il est constant, suivant la thése générale, que tout religieux profès est incapable de recevoir aucun legs. Cette vérité résulte nécessairement des principes de la matiere.

Cependant on leur accorde, dans l'usage, la faculté de recevoir par testament des pensions viagéres, pourvû qu'elles soient modiques, pour leur servir d'alimens, ou pour être emploïées à leurs études. Les auteurs rapportent plusieurs arrêts qui ont confirmé de pareilles pensions. Ricard, en son traité des donations, en rapporte un du 14 Août 1584, par lequel le legs fait par une mere à deux enfans, l'un Jacobin, & l'autre Bénédictin, fut déclaré bon & valable ; & ce faisant l'héritier condamné à faire délivrance par chacun an, & mettre entre les mains du prieur des Jacobins, & de l'abbé ou prieur de l'abbaïe en laquelle l'autre avoit fait profession, deux septiers de blé mentionnés au testament, pour être emploïés à la nourriture, entretenement & études desdits religieux, leur vie durant seulement ; à la charge des services portés par le testament.

Il y a deux observations à faire sur ces sortes de legs.

La premiere est qu'à l'égard des religieux de ces ordres austéres, où ils ne peuvent rien posséder en particulier, pas même leurs vêtemens ; & sur-tout à l'égard de ceux qui ne vivent que d'aumônes, comme les Capucins, & qui ne peuvent manier ni or ni argent ; les legs qui leur sont faits doivent être à titre de pension viagére, & être laissés aux monasteres, pour être reçûs par le procureur de la maison, & distribués aux religieux par le supérieur. Non pas que le legs demeure sans effet, lorsque le testateur n'a pas suivi exactement cet ordre : mais on l'y réduit.

La seconde est qu'à l'égard des autres ordres, où chaque religieux peut posséder un bénéfice hors le cloître, & même quelqu'office claustral, & avoir par conséquent un pécule ; on peut leur faire des legs en particulier, pourvû qu'ils soient modiques : mais on ne peut pas leur léguer un fond en usufruit. C'est la régle générale ; & nous n'avons trouvé qu'une exception à cette derniere proposition. C'est un arrêt du 17 Février 1615, rapporté par Ricard à l'endroit cité plus haut. Dans l'espéce de cet arrêt, un pere avoit légué à son fils, religieux Carme, l'usufruit d'une maiſon de cent vingt livres de loïer, à la charge de faire célébrer un ſervice tous les ans. On conteſta le legs à ce religieux : mais, après qu'il eut déclaré qu'il ne prétendoit rien à la propriété, la cour ordonna que le teſtament ſeroit exécuté à cet égard ; à la charge toutes fois que les loïers ſeroient reçues par le procureur du couvent, & emploïés de l'ordonnance du ſupérieur. Cet arrêt ſe trouve auſſi dans le recueil d'arrêts de Laurent Bouchel, livre 1, chapitre 2.

Nous avons fait voir que les Jéſuites ſont frappés de la mort civile dès l'inſtant qu'ils prononcent leurs vœux, ceux même qui ne leur donnent que la qualité d'écoliers approuvés : ainſi quoique les premiers ni les ſeconds vœux n'engagent pas la ſociété envers eux, & qu'ils puiſſent être renvoïés en tout tems, juſqu'à ce qu'ils aïent prononcé les vœux qui leur donnent le titre de profès ; néanmoins leur mort civile eſt irrévocable, relativement à la ſociété civile, quand ils ont atteint l'âge de trente-trois ans avant que d'être congédiés. Sur quoi l'auteur des loix eccléſiaſtiques, partie 3, chapitre 12, article 1, n. 34, obſerve qu'un eſprit de commiſération doit engager à tolérer qu'on donne des penſions viagéres aux Jéſuites qui ſont congédiés après cet âge, quand ils n'ont point en bénéfices, ou en autres biens, de quoi ſubſiſter. Le même auteur ajoûte qu'on a quelquefois obligé la ſociété à leur faire une penſion.

SECTION VII.

De l'incapacité des Religieux de donner entre-vifs.

Il faut ſe rappeller ici que les ſimples religieux n'ont, à proprement parler, aucun pécule, & que les meubles ou autres effets qu'ils ont pû ſe procurer, ſont réputés faire partie de ceux de la communauté. Ainſi, n'aïant rien, ils ne peuvent rien donner.

A l'égard de ceux qui poſſédent des bénéfices, & qui ont par conſéquent un pécule, il paroît qu'ils avoient autrefois les mains abſolument liées à cet égard. Les ſtatuts de tous les ordres y ſont formels.

Ceux de l'abbaïe de ſaint Jean des Vignes de Soiſſons, article 19, portent que le religieux bénéficier ne peut pas même avoir ſes parens avec lui dans ſon bénéfice. *Præceptum eſt, contrà vitium proprietatis, quòd nullus teneat parentes ſuos in domo ſibi com-*

missâ. Il n'est pas permis de les enrichir des biens de l'église, parceque *bona communitatis sunt*. A plus forte raison, il n'est pas permis aux religieux bénéficiers, dépendans de cette maison, de faire des donations.

Les statuts des chanoines réguliers de la congrégation de France défendent, article 5 & 7, aux bénéficiers, non-seulement de disposer de leur pécule au profit de leurs parens & amis, mais même d'en faire des aumônes, sans la permission de leurs supérieurs.

Mais ces réglemens depuis long-tems sont tombés en désuétude ; & l'usage autorise aujourd'hui les dispositions entre-vifs, faites par les religieux bénéficiers. Tous les auteurs leur accordent la faculté de le faire, même par actes autentiques. Voïez Papon, livre 1, titre 7, n. 1 ; Ricard, en son traité des donations, partie 1, chapitre 3, section 4, n. 343 ; les mémoires du Clergé, tome 4, page 1395 ; la bibliothéque canonique, tome 2, page 442 & 635. Ces auteurs exigent seulement que la donation ne soit pas frauduleuse. Or Ricard dit qu'une telle donation seroit regardée comme frauduleuse, & comme faite en vûe de priver ceux qui doivent succéder au pécule, si elle étoit à titre universel.

L'opinion de ces auteurs est appuïée par la jurisprudence des arrêts. Chopin, *de sacr. polit. lib.* 3, *tit.* 1, *chap.* 21, rapporte un arrêt du 14 Juin 1587, qui confirma la donation faite par frere Jean Poncet, religieux profès de l'abbaïe de saint Pierre de Melun, & depuis curé de saint Pierre des Arcis à Paris, au profit de maître Jean Hervé curé de saint Jean en Grêve, auquel il en avoit fait la délivrance, de son vivant.

Coquille, question 250, dit que ce relâchement provient de ce que les cures & autres bénéfices réguliers, au lieu de simples obédiences qu'ils étoient autrefois, sont devenus des bénéfices perpétuels, & dont la manse est distincte de celle du couvent duquel ils dépendent. Or, comme les bénéficiers peuvent disposer du revenu de leurs bénéfices, à tel titre qu'ils jugent à propos, il est naturel qu'ils puissent pareillement en faire des donations entre-vifs. Cet auteur ajoûte que, si le bénéfice étoit resté une simple obédience sujette à révocation, le religieux n'auroit aucun droit de disposer de ses revenus.

Il sembleroit d'abord, par cette restriction, qu'en prenant l'avis de cet auteur à la lettre, tous les bénéficiers réguliers inférieurs n'auroient pas droit de disposer de leur pécule ; puisque, comme nous l'avons fait voir plus haut, ils sont, dans presque tous les ordres, sujets à révocation de la part de leur abbé, ou du chapitre général, du consentement de l'évêque diocésain. Cependant, comme cette révocation n'est pas absolument *ad nutum* de ceux qui ont droit de la faire, & qu'il faut toujours qu'elle soit accompagnée de quelque formalité, on peut croire que Coquille n'a pas entendu parler en cet endroit des cures & autres bénéfices semblables; mais seulement de quelques dessertes, & autres bénéfices ou offices momentanés.

Les statuts des chevaliers de Malte nous déterminent à croire qu'ils sont traités plus rigoureusement que les autres religieux, & qu'ils sont incapables de donner entre-vifs, même lorsqu'ils sont pourvûs de commanderies. L'article 9, du titre 12, porte que tous baillifs, commandeurs & freres feront tous les ans leur dépropriement, où sera contenu l'état de leurs biens & dettes. Brodeau sur Louet, lettre *C*, somm. 8, nous dit que quelques chevaliers de Malte aïant obtenu des dispenses du pape pour donner entre-vifs, ces dispenses ont été déclarées abusives toutes les fois qu'elles ont été attaquées; parceque, dit-il, de droit le pape ne peut pas dispenser, *ut monachus habeat proprium*.

Il est encore une autre raison. C'est que c'est la loi civile qui interdit aux religieux la faculté de posséder & de disposer. Or le pape, ni aucune autre puissance ecclésiastique ne peut toucher au civil en France. Le Roi seul a ce pouvoir.

Cette capacité de donner entre-vifs, accordée aux bénéficiers, doit être étendue à ceux qui possédent des offices claustraux dont les revenus sont distincts de la manse du monastere. Elle doit encore être étendue aux religieux de certaines abbaïes, où l'on est dans l'usage de donner à chaque religieux son pécule à prendre sur la masse commune.

SECTION VIII.

De l'incapacité de recevoir par donation entre-vifs.

On peut appliquer ici tout ce que nous avons dit touchant la capacité des religieux de recevoir des legs.

CHAPITRE VI.

De l'incapacité des Religieux de ſe marier.

LE vœu de chaſteté, comme nous l'avons dit plus haut, ne ſe prononce pas expreſſément dans tous les ordres religieux : il ſuffit qu'on ſoit engagé par une profeſſion ſolemnelle dans un ordre approuvé, pour être cenſé l'avoir prononcé. Ainſi tout religieux contracte à cet égard deux obligations. La premiere eſt de vivre chaſtement hors le mariage.

La ſeconde eſt de s'abſtenir du mariage, & de tout acte conjugal ; parceque la chaſteté qu'il a promiſe eſt ſans reſtriction, & lui interdit même ce que le ſacrement de mariage rend licite aux autres hommes.

Il paroît cependant que la diſcipline de l'égliſe n'a pas toujours été la même ſur cette matiere. L'empereur Jovinien défendit en 377 ſous peine de mort, de rechercher en mariage les vierges conſacrées à Dieu. *Si quis non dicam rapere, ſed attentare tantùm, jungendi cauſâ matrimonii, ſacratiſſimas virgines auſus fuerit, capitali pœnâ feriatur. L. 5, Cod. de Epiſcop. & Cleric.* Cette loi défend ces mariages ; elle punit même ceux qui oſent les contracter : mais elle ne les annulle pas quand ils le ſont. Le concile de Calcédoine tenu en 451, chap. 16, prononce l'excommunication contre les moines & les religieuſes qui ſe marient : mais on ne voit point qu'il déclare ces mariages nuls. *Si qua virgo ſe dedicaverit Deo, ſimiliter monachus, non licet eis nuptiis jungi. Si verò inventi fuerint hoc facientes, maneant excommunicati. Statuimus verò eis poſſe fieri humanitatem, ſi ita probaverit epiſcopus loci.* On ne voit encore ici qu'une défenſe de contracter ces ſortes de mariages : mais la nullité n'eſt point prononcée. Saint Auguſtin, *lib. de bono viduit. cap.* 8, décide formellement que ces ſortes de mariages ſont valides, & qu'il n'eſt pas permis à ceux qui ſont ainſi mariés de ſe ſéparer, ſous prétexte de leur vœu, ſans commettre un très-grand mal. Ce paſſage eſt rapporté par Gratien, *Cauſ. 27, q. 1, can. 41.*

La diſcipline de l'égliſe a changé à cet égard depuis ſaint Auguſtin. Le ſecond concile de Latran, en 1139, can. 8, & pluſieurs décrétales des papes, comme celles d'Alexandre III. *in*

cap.

cap. Meminimus 3, *ex. qui Clerici vel voventes matrim. contrah. poss.* & de Boniface VIII. *Cap. unic. de voto, in* 6°. enfin le concile de Trente, sess. 24, can. 9, ont décidé formellement que les vœux en religion sont un empêchement dirimant au mariage ; en sorte que quand un religieux, ou une religieuse contractent mariage après avoir fait profession solemnelle & dans les formes, dans un ordre approuvé par l'église & admis dans l'état ; un tel mariage est absolument nul.

Mais il faut remarquer qu'il n'y a que les vœux solemnels qui puissent produire cet effet ; en sorte que ceux qui sont prononcés dans ces communautés où l'on ne fait que des vœux simples, ne forment point un empêchement dirimant. Cette observation donne ici lieu à une question.

Nous avons vû qu'il y a chez les Jésuites trois états différens ; celui d'écolier, celui de coadjuteur & celui de profès. Les vœux prononcés par les écoliers sont simples, & n'engagent en aucune façon la communauté, quoiqu'ils mettent dans les liens de la mort civile celui qui les a prononcés, & l'y retiennent tant qu'il demeure dans la société. Les vœux des coadjuteurs, quoique faits avec un peu plus de solemnité, sont aussi simples ; en sorte qu'il n'y a que les vœux des profès qui forment un engagement indissoluble.

Or on demande si quand un écolier, ou un coadjuteur ont été congédiés, ils peuvent valablement contracter mariage. Il est hors de doute que rien ne peut les en empêcher. Ils étoient liés à la vérité par un vœu : mais ce vœu étoit simple, & le général avoit droit de les en relever ; c'est ce qu'il a fait en les congédiant. Ce congé leur rend donc toute la liberté dont ils jouïssoient avant l'émission de leurs vœux. Il les remet dans la société, & en fait de véritables citoïens, qui ne différent des autres qu'en certaines occasions, & dans certains points, dont nous avons parlé plus haut.

Malgré les loix de l'église & de l'état qui interdisent le mariage aux religieux profès, on ne laisse par d'en voir fort souvent qui quittent leurs monasteres, prennent l'habit séculier, se retirent dans des lieux où ils sont inconnus, & y contractent des mariages à la face des autels, comme s'ils jouïssoient d'une pleine & entiere liberté. Ces conjonctions illicites & sacrileges nous donnent ici l'occasion d'examiner quel est l'état de la femme qui épouse un religieux apostat, l'état des enfans qui proviennent de ces mariages, & à qui apariennent les biens que de pareils conjoints peuvent acquérir ? Si dans le moment des époufailles ils connoissent respectivement leur état ; c'est-à-dire, si la femme sçait que celui qu'elle prend pour son mari est dans les liens de la profession en religion, il est sans difficulté que, dans ce cas, il n'y a point de mariage. Il n'y a donc de question que quand la femme est dans la bonne foi.

Les principes sur les effets de la bonne foi, dans la matiere que nous traitons, sont certains. Il y a long-tems qu'on ne s'arrête plus à les prouver ; mais seulement à discuter, quand il s'éléve quelque procès à ce sujet, la question de fait, s'il y a bonne ou mauvaise foi. C'est une maxime universellement adoptée maintenant, & consacrée par les arrêts, que la bonne foi constante de la femme assure son état, celui des enfans, & tous les droits que produiroit en leur faveur un mariage légitime.

Il faut cependant convenir qu'à proprement parler, il n'y a point de mariage. En effet la matiere du sacrement de mariage, suivant les maximes de l'église gallicane, n'est autre chose que le consentement respectif des parties, donné suivant les loix de l'église & de l'état. Il est vrai que, dans le cas dont il s'agit ici, l'un des deux conjoints a donné un consentement conforme à ces loix, puisqu'on le suppose entiérement libre : mais cela ne suffit pas pour opérer un mariage. Il faut que le consentement des deux soit également libre ; parceque le mariage est un contrat synallagmatique, & qui ne peut exister qu'autant que les deux contractans sont mutuellement engagés l'un vis-à-vis de l'autre. Ce n'est donc ici, suivant le langage des arrêts & des auteurs, qu'un mariage putatif ; & si l'on donne les effets civils à celui-ci à cause de la bonne foi d'un des conjoints, ils ne sont, par rapport au conjoint trompé, qu'une espéce de dommages & intérêts, qu'il est naturel de mesurer sur les droits qu'acquiert ordinairement un mariage valide ; parceque celui qui a été trompé, a compté acquérir tous ces droits par son mariage. Ces dommages & intérêts ne sont même pas encore proportionnés au dommage que souffre la femme ; car ils ne regardent que le civil, & les effets extérieurs du mariage : mais il reste toujours au conjoint trompé un chagrin cuisant & des peines quelquefois secrétes, mais toujours réelles, qui ne sont point vengées.

C'est par la même raison que les effets civils que l'on acorde à ces sortes de mariages s'étendent jusqu'aux enfans qui en proviennent. Ils sont nés à l'ombre de la bonne foi de leur mere. Elle a eu intention, en se mariant, de donner le jour à des enfans légitimes : ce seroit la déshonorer que de regarder ses enfans comme le fruit d'un concubinage : or il ne seroit pas juste de punir sa bonne foi en lui imprimant une tache aussi infamante que celle qui résulteroit de la qualité de mere d'enfans bâtards. D'ailleurs il y auroit contradiction à regarder le mariage comme légitime relativement à la mere, & comme illégitime relativement aux enfans.

On trouve sur cette matiere au journal des audiences, un arrêt dont voici l'espéce. Le nommé Pierre Fauber aïant fait profession dant le couvent des Recolets de Bordeaux en *1676*, en étoit sorti, & s'étoit retiré à leur insçû en cette ville de Paris, où il fit un gros commerce de couleurs. Il amassa du bien, & épousa Louise du Hamel, qui ignoroit l'engagement de Fauber. Pendant son mariage, il donna dix mille livres à l'hôpital des Incurables, il fit plusieurs autres aumônes, & mourut enfin vers l'an 1681. Il ne laissa point d'enfans de son mariage ; sa femme & lui s'étoient fait un don mutuel, suivant qu'il est permis par la coutume de Paris. La veuve, en conséquence de ce don mutuel, se mit en possession de tous les biens de son mari, qui consistant tous en mobilier & en conquêts, étoient enveloppés dans le don mutuel. Elle fut troublée dans sa jouïssance par un donataire du Roi, qui prétendoit que son mari étoit bâtard : mais il succomba. Elle se maria ensuite au nommé .... à qui elle fit par contrat de mariage plusieurs donations. Un autre donataire du Roi la traversa encore, sous prétexte que son premier mari étoit un apostat, dont les biens devoient appartenir au Roi. Instance en la chambre du trésor, pendant laquelle elle mourut. Son second mari soutint ses droits contre le donataire. Les parens de Fauber intervinrent, & demandérent la succession. Les fermiers du domaine, les receveurs de Monsieur frere du Roi, & les seigneurs hauts-justiciers intervinrent aussi pour les biens situés en leurs hautes justices. Les parties furent appointées. Appel de cet appointement & requête en évocation du principal.

M. de Harlai, avocat général, dit qu'il s'agissoit de sçavoir à qui devoient appartenir les biens d'un apostat. Que les religieux en France pouvoient être comparés aux esclaves des Romains ; qu'à la vérité l'esclavage des premiers étoit volontaire, & celui des autres forcé : mais cependant, qu'un esclave fugitif, quand il n'étoit point revendiqué, pouvoit acquérir par le droit des gens ; au lieu qu'un religieux fugitif ne pouvoit jamais acquérir valablement, ni par conséquent disposer. Qu'il étoit bien constant que le couvent ne pouvoit rien prétendre à ses biens, & qu'il n'étoit pas moins certain que ses parens ne pouvoient lui succéder ; parcequ'en France on ne succéde point aux religieux, ni les religieux à leur famille, non pas même ceux qui sortent des Jésuites avant d'avoir fait leur vœu de stabilité ; attendu que, par l'entrée en religion & la profession, les religieux sont morts civilement. Que si Fauber avoit laissé des enfans nés dans la bonne foi d'un mariage contracté par leur mere, dans l'ignorance de l'engagement qui lioit son mari, il croïoit que si la cour ne leur laissoit pas la succession, au moins elle leur en accorderoit par équité une bonne partie : qu'il n'y en avoit point dans l'espéce dont il s'agissoit : mais que Fauber avoit laissé une veuve qui paroissoit avoir ignoré, avec tout le public, l'apostasie de son mari. Que quelques docteurs faisoient difficulté d'accorder à la veuve, en cas même de bonne foi, l'effet de ses conventions matrimoniales : mais que la plus commune opinion étoit qu'elle devoit jouïr de sa moitié en la communauté, en faire même distraction, & au par dessus mettre son don mutuel à exécution. Qu'à l'égard de l'autre partie des biens, Dumoulin croïoit qu'on en devoit faire quelques libéralités aux parens de l'apostat qui se trouveroient dans l'indigence : qu'au surplus ils étoient réputés vacans, pour appartenir aux seigneurs hauts-justiciers dans l'étendue de la haute-justice où ils se trouvoient situés. Qu'il y en avoit une bonne partie dans la haute-justice du Roi, dont par conséquent l'adjudication devoit être faite au donataire & au fermier du domaine, & le reste aux seigneurs qui les réclamoient.

Par arrêt du 22 Janvier 1693, rendu suivant les conclusions de M. l'avocat général, la cour a mis l'appellation & le jugement dont étoit appel au néant, émendant, évoquant le principal & y faisant droit, a maintenu le second mari de Louise du Hamel dans la possession des biens de la communauté, avec l'adjudication des fruits de toute la succession, pour raison du don mutuel, jusqu'au décès de ladite du Hamel ; & à l'égard de l'autre partie desdits biens, a pareillement maintenu le fermier du domaine & le donataire du Roi, pour leurs parts dans ce qui se trouveroit situé dans la haute-justice de sa majesté, & les receveurs des droits casuels de Monsieur, pour ce qui se trouveroit situé dans sa haute-justice.

Il peut arriver que la femme, par quelqu'événement, découvre, du vivant de son mari, les liens dans lesquels il étoit engagé avant son mariage. Il est constant que cette découverte, faisant cesser la bonne foi, fait aussi cesser la légitimité du mariage relativement à elle : mais elle ne perd pas les avantages que cette bonne foi lui avoit acquis. L'instant de la connoissance qu'elle acquiert opére la même chose, que si son mari étoit mort. Elle est en droit de se faire adjuger tous les avantages qui résultent, en sa faveur, de son contrat de mariage & de la loi du païs. Le surplus des biens appartient aux hauts-justiciers : l'apostat doit être réintégré dans son couvent, & la femme devient tellement libre, qu'elle peut contracter un nouveau mariage.

S'il y a des enfans procréés d'un tel mariage, pendant que la femme étoit encore dans la bonne foi, ces enfans ont & la qualité & les avantages d'enfans légitimes ; & lorsque leur mere vient à découvrir l'état de leur pere, sa succession est ouverte pour eux, au moment qu'elle acquiert cette connoissance ; en sorte que, leur mere aïant prélevé ses droits, le reste du bien de leur pere leur appartient en toute propriété & en toute jouïssance, quoique ce pere continue de vivre, & même quoiqu'il ne soit pas réintégré dans son cloître. Et si leur mere se remarie, & qu'elle ait des enfans de son second mariage, comme les premiers sont nés à l'abri de la bonne foi de leur mere, ils concourent avec ceux du second lit, pour le partage de sa succession.

L'espéce que nous venons de proposer n'est point une supposition purement imaginaire. Nous en avons un exemple sous les yeux. Un Capucin avoit quitté son couvent, & après avoir séjourné pendant environ douze ans dans cette capitale en habit de laïc, avoit épousé une fille. Il vécut tranquillement avec elle pendant quelques années, & en eut plusieurs enfans. Il fit confidence de son état à un ecclésiastique, qui crut s'attirer les faveurs de la cour en le dénonçant. Il fut enlevé & enfermé dans une maison de force, en vertu d'une lettre de cachet. Cet enlevement & ce qui l'avoit causé apprit à la femme l'état de celui qu'elle avoit épousé. Quelque tems après, elle obtint un arrêt du parlement qui déclara son mariage nul & abusif. Elle a contracté un nouveau mariage, & celui qu'elle a épousé avoit beaucoup fréquenté dans la maison du premier mari, & étoit parfaitement instruit de la catastrophe qui étoit arrivée, & que le premier mari de celle qu'il épousoit vivoit encore. Il existe un enfant de ce premier mariage, dont elle continue toujours de prendre soin. Or, comme il n'y avoit point de contrat de mariage entre elle & son premier mari, & que tout leur bien consistoit en un mobilier assez modique, il est constant que la moitié de ce mobilier appartient à la femme, en vertu de la coutume de Paris, à titre de commune en biens; & l'autre moitié appartient à l'enfant, qui doit être regardé comme légitime, attendu la bonne foi dans laquelle sa mere a toujours été, jusqu'au moment de l'enlévement dont nous avons parlé. Et cette légitimité donne droit à cet enfant de concourir avec les enfans du second lit à la succession de sa mere, lorsqu'elle sera ouverte. Et en supposant que le pere se soit échappé, ou ait été relâché du lieu où il étoit enfermé, & qu'il ait acquis quelques biens, de quelque nature qu'ils puissent être, cet enfant ni la femme n'y peuvent plus rien prétendre. Dès l'instant que la bonne foi a cessé, le mariage a cessé d'exister. Il ne peut par conséquent produire aucuns effets. Ainsi ces biens nouvellement acquis, s'il y en a, appartiennent au domaine à titre de déshérence.

Il peut encore arriver qu'un religieux apostat épouse une religieuse qui ait aussi apostasié, sans qu'ils se connoissent mutuellement. Un tel mariage ne peut produire aucuns effets, ni par rapport aux conjoints, ni par rapport aux enfans. On ne peut supposer ni l'un ni l'autre dans la bonne foi; puisqu'ils étoient tous les deux dans les liens d'une profession solemnelle, & qu'ils ne pouvoient pas ignorer leur propre état.

Au surplus, tout ce que nous venons de dire touchant la bonne foi d'une femme qui, étant libre, épouseroit un religieux, dont elle ignoreroit l'état, doit s'appliquer à un homme qui épouseroit une religieuse sans la connoître pour telle. La bonne foi doit produire les mêmes effets de part & d'autre.

CHAPITRE VII.

De l'incapacité des Religieux d'ester en jugement.

LES auteurs établissent ordinairement comme une maxime générale, qu'un religieux ne peut pas ester en jugement: mais cette régle souffre un grand nombre d'exceptions.

Il est constant, qu'un simple religieux, qui ne posséde aucun bénéfice, aucune pension, ne peut pas ester en jugement, quant au civil. Il n'a aucun bien, ni meuble ni immeuble. Ainsi il n'y a aucune circonstance qui le mette dans le cas d'essuïer aucun procès, soit en demandant, soit en défendant. S'il jouït de quelque pension viagére, il ne peut pas se pourvoir en justice pour en exiger le païement; parcequ'il est censé que ce n'est pas au religieux personnellement que cette pension est donnée; mais au couvent, pour lui aider à fournir aux nécessités & aux besoins du religieux, à l'occasion duquel elle a été faite. C'est donc au supérieur, ou plutôt au couvent, représenté par le supérieur, à agir en cette occasion.

Mais il y a des cas où un religieux peut ester en jugement en son nom, & sans avoir besoin d'autorisation de personne. Nous allons exposer ici les principaux.

Tout religieux poursuivi criminellement est en droit de se défendre, sans que le supérieur puisse l'en empêcher : mais il ne peut poursuivre personne, même au criminel. Il peut être défendeur : mais il ne peut être demandeur.

La raison de la différence est qu'on ne peut jamais être attaqué en crime, que pour raison de quelque action contraire soit à la probité, soit au bon ordre. Or il est important, pour l'édification des fidéles, & pour prévenir le scandale qui résulteroit d'un crime dont un religieux seroit convaincu judiciairement, qu'il puisse justifier son innocence. Or la conviction seroit complette, ou seroit présumée l'être, si celui qui le poursuivroit étoit obligé de continuer la procédure par contumace. Et si le jugement emportoit quelque peine infamante, elle seroit exécutée comme si elle eût été prononcée contradictoirement. On ne peut pas dire que c'est au supérieur en ce cas à défendre son religieux. Il s'agit d'un fait dont le religieux est accusé personnellement. Lui seul est en état de connoître la vérité ou la fausseté de l'accusation, & les circonstances qui peuvent rendre le cas plus ou moins grave, ou le laver entiérement. D'ailleurs, s'il y a des peines à essuïer, c'est contre l'accusé qu'elles seront prononcées, & non pas contre le supérieur. L'accusé est donc seul intéressé à sa défense.

Si au contraire le religieux étoit demandeur en crime, ce ne pourroit être que pour raison de quelqu'insulte ou de quelqu'outrage qu'il auroit reçû : or l'humilité évangélique, dont les religieux font profession, ne leur permet pas de poursuivre la vengeance d'aucune insulte. Ils doivent, au contraire, l'exemple du pardon. Cependant, comme les religieux sont sous la protection des loix, comme les citoïens, & qu'il est nécessaire de punir ceux qui troublent le bon ordre, & de réprimer les entreprises que l'impunité sembleroit autoriser; le ministere public prend la défense des religieux insultés; & les supérieurs de l'ordre sont en droit de poursuivre la réparation des insultes faites à leurs moines, non par esprit de vengeance, mais pour se mettre à l'abri des outrages auxquels ils seroient continuellement exposés, s'il ne leur étoit pas permis de se plaindre.

Un simple religieux peut encore ester en jugement, dans les cas où il est en droit d'interjetter appel comme d'abus de quelqu'ordonnance, ou de quelqu'autre acte émané de ses supérieurs. Il répugneroit de vouloir exiger de lui qu'il rapportât le consentement de celui contre lequel il implore l'autorité des tribunaux séculiers.

Lorsqu'un religieux veut se pourvoir contre ses vœux, par la voïe de la réclamation, ou de l'appel comme d'abus, il est encore reçu à ester en jugement en son propre nom, & sans être obligé de se faire autoriser. Mais nous examinerons cette matiere ailleurs.

Les religieux qui possédent des bénéfices peuvent intenter & défendre toutes sortes de procès, pour raison des droits de leurs bénéfices, & pour raison de leur pécule. Ils peuvent contracter des dettes, & être contraints à les acquitter. Ils peuvent pareillement obliger au païement ceux qui en contractent vis-à-vis d'eux. Ces droits sont inséparables de l'administration & de la jouïssance des revenus de leurs bénéfices.

Un religieux qui par ses grades, ou par quelqu'autre privilége, est en droit de requerir un bénéfice, peut à cette occasion poursuivre, tant en demandant qu'en défendant, tous les procès qu'il est obligé d'essuïer. C'est un usage constant, & dont on a journellement des exemples sous les yeux. Ainsi il est inutile d'entrer dans la discussion de cet abus, auquel les raisons que nous pourrions alléguer n'apporteroient aucun reméde.

CHAPITRE VIII.

De l'incapacité des Religieux de pouvoir être exécuteurs testamentaires.

BASNAGE, sur l'article 430 de la coutume de Normandie, dit que non-seulement un ecclésiastique séculier, mais même un religieux profès peut être exécuteur testamentaire, pourvû qu'il soit autorisé par son supérieur. Il fonde sa décision sur le chapitre *Religiosus* 2, *de Testam. in* 6°. Il ajoûte que Guy Pape, en en sa décision 563, est d'opinion contraire : mais que la plûpart des docteurs sont d'un autre avis.

Il est vrai que le pape Boniface VIII, dans le chapitre cité par Basnage, décide qu'un religieux peut être chargé de l'exécution d'un testament, & accepter cette charge du consentement de son supérieur. Et Clément V, parlant de cette décision, ajoûte, *Cap. unic. de Test. in Clement.* que le religieux exempt est sujet à la jurisdiction de l'ordinaire, en ce qui concerne l'exécution des testamens.

Mais il n'est point vrai, comme l'avance Basnage, que ce soit l'opinion commune des docteurs. Il paroît au contraire que ces dispositions du droit canon sont réprouvées parmi nous. Ricard, dans son traité des donations, partie 2, chapitre 2, gl. 1, n. 68, dit que ces décisions ne peuvent être suivies en France, où les religieux sont regardés, pour les effets civils, comme des personnes mortes. D'ailleurs l'autorisation du supérieur seroit une caution, & le monastere, même en corps, ne peut pas s'obliger sans nécessité ; c'est une loi commune à tous les gens de main-morte. Or il ne paroît pas de nécessité dans l'acceptation d'une exécution testamentaire. Cet avis, qui est fondé sur les véritables principes, a été adopté par le Maître, sur la coutume de Paris, titre 14, partie 3 ; & par l'auteur des loix ecclésiastiques, dans son analise des décrétales, livre 3, titre 26.

CHAPITRE IX.

De la faculté des Religieux d'être témoins.

IL est constant qu'un religieux peut être admis en témoignage dans une enquête ; il suffit, pour cela, d'être digne de foi. A l'égard des informations, l'article 3, du titre 6, de l'ordonnance de 1670, non-seulement les admet à porter témoignage ; elle enjoint même à leurs supérieurs de les y contraindre, à peine de saisie de leur temporel, & de suspension des priviléges à eux accordés par les Rois.

Mais on éleve ici deux questions. La premiere consiste à sçavoir si les religieux peuvent être témoins dans les actes qui se font pardevant notaires. La seconde s'ils peuvent être témoins dans un testament.

Quant à la premiere, on trouve dans Henrys un arrêt en forme de réglement, du premier Avril 1656, qui fait défenses aux notaires de passer aucun contrat où les religieux soient témoins.

La raiſon eſt qu'on ne peut être témoin dans les actes qui concernent le commerce de la vie civile, que quand on eſt citoïen, & qu'on peut les faire ſoi-même. Nous allons parler de cet arrêt dans un moment.

Par rapport à la ſeconde queſtion, elle eſt décidée par la juriſprudence des arrêts, & par l'ordonnance du mois d'Août 1735. Nous avons trois arrêts, qui ont déclaré nuls des teſtamens ſignés par des religieux comme témoins. Le premier, qui ſe trouve dans le journal des audiences, fut rendu le 22 Mai 1645. Un curé avoit reçû un teſtament en préſence de deux témoins, qui étoient l'un & l'autre chanoines réguliers. Ce teſtament, ſur les concluſions de M. Bignon avocat général, fut déclaré nul, à cauſe de la qualité des témoins. On avoit cependant fortement appuïé ſur deux circonſtances. La premiere étoit qu'on ne devoit point regarder des chanoines réguliers comme d'autres religieux; car il ſemble que la qualité de chanoines doit leur donner, dans le monde, certaines libertés qu'on n'accorde point aux autres religieux: la ſeconde circonſtance étoit que l'un étoit vicaire du curé, & l'autre emploïé à la ſacriſtie; ces fonctions ſembloient, en quelque ſorte, les ſéculariſer. La cour n'eut point égard à ces obſervations; parcequ'on eſt libre, quand il eſt queſtion d'un teſtament, de choiſir tels témoins que l'on juge à propos. Ainſi on doit faire tomber ſon choix ſur des ſéculiers, & non ſur des réguliers.

Le ſecond arrêt ſe trouve dans Henrys, tome 2, livre 5, queſtion 55. C'eſt celui dont nous venons de parler un peu plus haut. Il déclare nul un teſtament fait en tems de peſte, parceque deux Carmes l'avoient ſigné comme témoins. C'étoit à Lyon, & l'on prétendoit que les religieux pouvoient faire cette fonction en païs de droit écrit. On prit requête civile contre cet arrêt, qui eſt, comme nous l'avons dit, du premier Avril 1656; & par un autre du 24 Mars 1659, on mit hors de cour ſur la requête civile, & il fut fait défenſes aux notaires de Lyon de paſſer aucun contrat ni teſtament où les religieux fuſſent témoins, & ordonné que l'arrêt ſeroit publié en la ſénéchauſſée de Lyon.

Le troiſiéme arrêt a été rendu au parlement de Toulouſe le 26 Juin 1640. Il déclare nul un teſtament où ſept Capucins avoient ſervi de témoins. Catelan, qui rapporte cet arrêt, liv. 2, ch. 11, panche beaucoup pour admettre les religieux pour témoins dans les teſtamens. Cependant il demande, pour que cela puiſſe valablement ſe faire, deux conditions; l'une que l'on ne puiſſe facilement trouver d'autres témoins ; l'autre que les religieux *inserviant regulæ laxiori* ; parceque, dit-il, ils sont plus participans à la société civile, & moins morts au monde. Mais on peut dire que cette raison est absurde. Il n'y a point de degrés dans la mort civile, non plus que dans la mort naturelle, & le plus ou moins d'austérité dans la régle ne fait rien à la société, qui met dans la même classe tous ceux qui ont prononcé des vœux solemnels.

L'ordonnance du mois d'Août 1735, art. 41, a scellé cette jurisprudence de son autorité. Elle porte, article 41, que » les » réguliers, novices ou profès, de quelqu'ordre que ce soit, ne » pourront être témoins dans aucuns actes de derniere volonté ; » sans préjudice néanmoins de l'exécution des articles 25, 27 » & 33, en ce qui concerne le pouvoir de recevoir des testa- » mens accordé aux réguliers, en conséquence des qualités » mentionnées auxdits articles. »

Avant que de parler de la disposition des articles rappellés dans celui que nous venons de rapporter, nous observerons que cette loi est conforme à la disposition du droit romain. Il est constant, comme nous l'avons fait voir ailleurs, que les religieux sont incapables de tester. Or, chez les Romains, on ne pouvoit être témoin dans un testament, que lorsqu'on pouvoit tester soi-même. *Testes autem adhiberi possunt ii cum quibus testamenti factio est. Instit. de Testam. ordin.* §. 6.

L'article 25 de l'ordonnance de 1735, porte que » les curés » séculiers, ou *réguliers* pourront recevoir des testamens, ou autres » dispositions à cause de mort, dans l'étendue de leurs paroisses ; » & ce seulement dans les lieux où les coutumes ou statuts les » y autorisent expressément, & en y appellant avec eux deux » témoins. »

L'article 27 porte que » les testamens, codicilles & autres » dispositions à cause de mort de ceux qui servent dans les » armées, en quelque païs que ce soit, pourront être faits en » présence d'un des aumôniers des troupes ou des hôpitaux, » avec deux témoins ; & ce, encore que lesdits aumôniers fus- » sent *réguliers*. »

Par l'article 33, en tems de peste » les testamens, codicilles, » ou autres dispositions à cause de mort pourront être faits, » en quelque païs que ce soit, en présence du curé, ou desser- » vant, ou vicaire, ou autre prêtre chargé d'administrer les » sacremens aux malades, quand même il seroit *régulier* ; & de » deux témoins. »

CHAPITRE X.

De l'ouverture de la succession de celui qui s'est fait Religieux.

NOUS avons fait voir plus haut, en expliquant quel étoit l'état des religieux chez les Romains, que suivant les loix du code, ils ne perdoient point la propriété des biens qu'ils avoient avant leur profession, & qu'ils en pouvoient disposer librement. Nous avons vû aussi que l'empereur Justinien fit un changement à ces loix, en ordonnant que les moines perdroient, par leur profession, la propriété de leurs biens, qui passeroit à leur couvent.

Nous avons établi dans le chapitre suivant, en examinant quel est l'état des religieux parmi nous, que ces principes ont eu lieu en France pendant quelque tems. Après avoir cherché l'époque du changement survenu à cet égard, nous avons observé que l'ordonnance de Blois, article 28, porte que les biens des religieux profès passeront à leurs héritiers *ab intestat.* Il est vrai que cet article ne parle que de ceux qui ont fait profession avant l'âge de seize ans ; mais aussi, il ordonne que leur succession ne passera à leurs héritiers que trois mois après qu'ils auront atteint cet âge de seize ans : & nous avons conclu que par-là elle assimile ces religieux à ceux qui ont fait leur profession à seize ans accomplis, & que, par conséquent, la disposition qu'elle contient à cet égard doit être étendue à ces derniers. C'est pourquoi le Brun, en son traité des successions, liv. 1, chap. 1, sect. 3, cite cet article de l'ordonnance de Blois comme aïant décidé la question dans la thése générale. Son avis est conforme à la disposition de l'ordonnance, & il cite Maynard & Dumoulin, qui attestent que ce principe est aussi suivi en païs de droit écrit, où l'on déroge à cet égard aux dispositions des loix romaines.

C'est donc un principe constant parmi nous, & qui n'est contredit par aucune loi, par aucun arrêt, ni par aucun auteur, que dans l'instant qu'un religieux prononce solemnellement & légitimement ses vœux, il perd toute propriété & toute possession, comme s'il mouroit de mort naturelle ; en sorte que ses biens passent, au même moment, à ceux qui se trouvent pour lors être ses héritiers.

Mais il faut obſerver, qu'en Franche-Comté on ſuit encore à cet égard la diſpoſition du droit Romain; parceque les ordonnances qui l'ont abrogé en ce point n'y ont pas été publiées; attendu que cette province n'étoit pas alors réunie à la couronne. Ainſi la ſucceſſion d'un profès n'y eſt point ouverte au profit de ſes héritiers : elle eſt réunie au couvent. C'eſt un des points jugés par l'arrêt du 28 Février 1721, en faveur des religieuſes Carmélites d'Arbois, duquel nous avons déja parlé en plus d'un endroit.

CHAPITRE XI.

De l'ouverture de la ſubſtitution dont celui qui ſe fait Religieux étoit grévé.

CETTE queſtion n'a pas moins été controverſée dans le cas dont il s'agit ici, que dans le cas de la mort civile encourue par une condamnation. Beaucoup d'auteurs, en ſoutenant que cette derniere eſpéce ne donnoit point ouverture au fidéicommis, prétendoient que la profeſſion en religion opéroit le contraire. Ils diſoient que la différence établie par les loix Romaines entre la condamnation aux mines & la déportation ne pouvoit avoir d'application dans notre uſage; parceque la peine des galéres n'eſt pas plus irrévocable que celle du banniſſement; que l'une par conſéquent, ne pouvoit pas plus opérer l'ouverture de la ſubſtitution, que l'autre.

De ce raiſonnement ils tiroient une ſeconde conſéquence, qui eſt que la mort civile opérée par la profeſſion en religion étant irrévocable, elle doit donner ouverture à la ſubſtitution. Ils ajoûtoient qu'il eſt contraire à la raiſon & aux bonnes mœurs d'attribuer les mêmes effets à deux cauſes, dont l'une eſt infâme, & l'autre eſt glorieuſe. Enfin, diſoient-ils, le religieux, en renonçant volontairement à ſes biens, reſtitue le fidéicommis. Telle étoit, ſuivant M. d'Olive en ſes queſtions notables, liv. 5, chap. 8, la juriſprudence du parlement de Toulouſe, où l'on jugeoit néanmoins que la ſubſtitution n'étoit point ouverte par la mort civile provenante d'une condamnation. Cambolas, liv. 4, chap. 36, n. 5; Boërius, queſt. 354; Ferrerius, ſur la queſtion 595 de Gui-Pape; Benedicti ſur le chapitre *Raynutius*, au mot *duas habens filias*, n. 143, & au mot *mortuo itaque testatore*; n. 302; Boniface, tome 2, livre 2, chapitre 10, où il rapporte un arrêt du parlement de Provence; Bornier sur l'article 29, du titre 17 de l'ordonnance de 1670, sont tous du même avis. L'annotateur de Ricard rapporte un arrêt du 25 Mai 1660, trouvé dans un recueil d'arrêts de son auteur, & inséré dans le journal des audiences.

Ricard soutient ici la même opinion que celle qu'il a soutenue par rapport aux condamnés. Il dit que, dans notre espéce, la mort civile ne peut jamais équipoller à la mort naturelle, & qu'elle le peut bien moins encore dans le cas des vœux en religion; parceque l'incapacité résultante d'une condamnation est une suite nécessaire du supplice; au lieu que, si les religieux sont morts civilement, c'est en vertu d'un réglement de pure politique, & nullement par une suite résultante de la qualité de l'acte.

Il ajoûte une raison d'équité, qui consiste à dire que le plus souvent les héritiers *ab intestat* succédent aux religieux au moment de l'émission des vœux; d'où il suit, selon lui, qu'ils doivent recueillir la jouïssance des biens qui composent le fidéicommis, tant que le religieux est vivant; & la propriété, si le fidéicommissaire meurt avant le religieux; au lieu que la condamnation à une peine emportant mort civile fait passer les biens du condamné au fisc, qui mérite beaucoup moins de faveur.

A l'autorité de Ricard se joignent celles de Dumoulin & de Mornac. Voici les termes de Dumoulin, en son commentaire sur l'article 152 de la coutume de Paris: *Fideicommissum nec expirat, nec transit in monasterium; sed remanet interim venienti ab intestato, etiamsi fuerit frater minor, usque ad mortem naturalem, vel aliam civilem, ut prorsùs perdat civitatem, vel transfuga fiat. Potest enim alteri vel tacitè, vel expressè cedere.*

Mornac, qui a vécu dans un tems plus voisin du nôtre, atteste la même chose sur la loi pénultiéme au code, *de usufructu & habitat.* en ces termes: *Si de successione agatur, tunc quæcumque sit triremium servitus, & quæcumque monastica professio undè inferatur mors civilis, expectanda tamen semper est mors naturalis, ut fiat locus ei qui proximè substitutum damnatum sequitur.*

Ricard appuie encore ces autorités de deux arrêts du parlement de Paris, l'un du 7 Mars, & l'autre du 7 Septembre 1620. Il convient que le premier, qui ne se trouve que dans Montholon, est rapporté d'une maniere si compliquée, qu'il est difficile d'entendre quelle en étoit l'espéce. Quant à l'autre, il atteste l'avoir vû en original sur les registres de la cour. Cet arrêt a jugé que Louis Maheu, chargé de restituer une donation, s'étant fait religieux en l'abbaïe de Livry, la substitution ne devoit être ouverte qu'au jour de sa mort naturelle.

Ces autorités ne nous empêchent point de prendre encore parti contre Ricard, en soutenant que la profession en religion donne ouverture à la substitution. Les raisons qui ont déterminé notre avis dans le cas de la mort civile encourue par condamnation s'appliquent ici sans difficulté. Quoique la mort civile provienne de deux causes différentes, elle est toujours la même quant aux effets. Qu'importe, quant à notre objet, que l'une soit infâme, & que l'autre éleve à un état plus saint & plus respectable ? Elles s'accordent ensemble, en ce qu'elles rendent celui qui est mort civilement incapable de profiter de la libéralité du testateur. Il nous paroît même que, s'il y avoit quelque différence, elle ne serviroit qu'à faire décider plus facilement l'ouverture du fidéicommis, dans le cas de la profession religieuse. Celui qui prononce des vœux se détache volontairement & irrévocablement des biens temporels. Nous ne pourrions donc nous écarter de cette opinion, sans être en contradiction avec nous-mêmes; & elle nous paroît d'autant mieux fondée qu'elle est conforme au dernier état de la jurisprudence, comme il paroît par l'arrêt de 1660, rapporté au journal des audiences, & par l'annotateur de Ricard. Il fut rendu sur les conclusions de M. Talon.

Aux auteurs que nous avons cités plus haut en notre faveur, on peut joindre Maynard, liv. 7, chapitre 18; Le Brun, traité des successions, livre 1, chapitre 1, section 3, n. 1; & Brodeau sur Louet, lettre *C*, somme 26.

Enfin notre sentiment est aujourd'hui consacré par une loi autentique; c'est l'ordonnance de 1747, titre 1, article 24, que nous avons rapporté ailleurs, qui porte que dans tous les cas où la condamnation pour crime emporte mort civile, elle donnera lieu à l'ouverture du fidéicommis, comme la mort naturelle; *ce qui sera pareillement observé à l'égard de ceux qui auront fait profession solemnelle de la vie religieuse.*

CHAPITRE XII.

De la jouïssance de l'usufruit, des pensions viagéres, du douaire & du droit de retour.

NOUS avons vû plus haut que les religieux peuvent se conserver des pensions viagéres, & en recevoir. Nous avons aussi expliqué la maniere dont ils en peuveut jouïr. Il est donc question ici de sçavoir si, lorsqu'avant leur profession ils possédoient quelqu'un des objets énoncés dans le titre de ce chapitre, l'émission des vœux les leur fait perdre? Nous allons examiner chacun de ces points dans une section.

SECTION I.

De l'usufruit.

Fevret, traité de l'abus, livre 4, chapitre 7, n. 16, distingue entre les ordres auxquels il est défendu de posséder en propre, *sive in communi, sive in particulari*, & ceux qui peuvent posséder *proprium in communi.*

Il décide que, quand un usufruitier s'engage dans un ordre qui ne peut rien posséder, *sive in communi, sive in particulari*, il perd son usufruit, dont la jouïssance passe à ses héritiers, lesquels en jouïssent pendant sa vie; & lorsqu'il meurt, cet usufruit est consolidé à la propriété. Il fonde son sentiment sur un arrêt du parlement de Dijon, dont voici l'espéce. Le doïen de l'église de saint Pierre de Flavigny fit en 1550 un bail emphitéotique à Georges Godin & Magdeleine Sourdot sa femme, leurs enfans & les enfans de leurs enfans; ce qui faisoit trois générations. La derniere se trouva, au tems de sa jouïssance, partagée en deux branches, de chacune desquelles il y avoit des enfans. L'une de ces deux branches étoit composée de deux freres, dont l'un se fit Dominicain, & l'autre mourut laissant des enfans. Les cousins germains de ces deux freres, qui composoient l'autre branche, prétendirent que le droit entier du bail emphitéotique leur étoit acquis. A l'égard de leur cousin mort, ils soutinrent que sa portion ne pouvoit pas passer à ses enfans; attendu

attendu qu'ils formoient la quatriéme génération, laquelle, aux termes du bail, étoit excluse. Quant au religieux, ils soutenoient que, quoiqu'en pareil dégré qu'eux, il étoit exclus par ses vœux. Ainsi, dans leur sistême, ils restoient seuls en droit de jouïr du bail. Cependant, par arrêt du 5 Août 1647, la part & portion du religieux fut adjugée à ses neveux, pour en jouïr tant qu'il vivroit.

Lorsque le monastere est capable de posséder *proprium in communi*, comme sont aujourd'hui la plûpart des couvents, en ce cas, suivant notre auteur, il jouït de l'usufruit durant la vie du religieux usufruitier; à l'exclusion des héritiers de ce religieux, & des propriétaires du fonds chargé d'usufruit, lesquels ne peuvent pas prétendre que l'usufruit soit consolidé; puisqu'il ne peut l'être que par la mort naturelle de l'usufruitier. Les héritiers ne peuvent pas dire que cet usufruit leur soit transféré; puisque la profession ne l'éteint pas, & que le religieux est capable de le conserver au monastere. C'est un revenu destiné à ses alimens.

La distinction que Fevret propose ici paroît du premier coup d'œil assez fondée : & la réputation que cet auteur s'est acquise, à juste titre, y ajoûte un nouveau poids. Cependant nous osons dire qu'elle n'est conforme ni aux principes, ni à l'usage.

Quant aux principes, ceux que nous avons établis sur la même matiere, par rapport à la mort civile encourue par la condamnation, doivent militer ici. Le religieux étant mort civilement ne peut plus rien posséder : ainsi, quand l'usufruit continueroit d'exister après sa profession, il n'en jouïroit pas. Cet usufruit résideroit sur sa tête, & tourneroit au profit d'un autre. C'est ce qui est contraire à la nature d'un usufruit, lequel est purement personnel, & ne peut profiter qu'à la personne à qui il appartient.

Mais on peut objecter que le religieux doit, en cette partie, être représenté par le couvent, dont il est membre : ainsi ce couvent pourroit jouïr, pendant la vie du religieux usufruitier.

Nous répondons que cet usage seroit contraire à nos loix, qui refusent aux couvents la succession de ceux qui se font religieux, sans aucune réserve. Si l'usufruit passoit au couvent, quant à la jouïssance, ce seroit une espéce de succession. C'est ce qui ne peut arriver. D'ailleurs les loix Romaines, comme nous l'avons vû, décident formellement que le grand & le moïen changement d'état font finir l'usufruit. Nous avons rapporté les termes des institutes *de usufructu*, §. 3. Or il est certain qu'un religieux eſt dans le cas de ce qu'on appelloit à Rome *mediam capitis diminutionem ;* puiſque ſa profeſſion lui enleve la vie civile.

A l'égard de l'arrêt rapporté par Fevret, ſi tel étoit l'uſage lors de cet arrêt, il eſt conſtant que cet uſage doit avoir changé, & que l'on en eſt revenu aux véritables principes. Ce qui a pû occaſionner la juriſprudence contraire, c'eſt qu'on doutoit alors, comme nous l'avons fait voir ailleurs, ſi la mort civile donnoit ouverture à la ſubſtitution ; & les raiſons qui portoient à croire qu'un fidéicommis pouvoit toujours réſider ſur une tête qui n'exiſtoit plus dans la ſociété, déterminoient à croire qu'on pouvoit pareillement y aſſeoir un uſufruit. Mais depuis que la fauſſeté des motifs qui appuïoient cette erreur a été univerſellement reconnue, & que la nouvelle ordonnance, touchant les ſubſtitutions, a fixé la juriſprudence à cet égard, il n'y a plus de variation touchant l'uſufruit, qui, par la profeſſion en religion, ſe trouve conſolidé à la propriété.

SECTION II.

Des Penſions viagéres.

Les religieux peuvent, comme nous l'avons dit ailleurs, ſe réſerver, avant leur profeſſion, une penſion viagére, à prendre ſur les biens qu'ils quittent : ou ils en peuvent recevoir une, ſoit de leurs parens, ſoit de toute autre perſonne, à titre de libéralité. Mais la queſtion que nous avons à examiner ici conſiſte à ſçavoir ſi, quand ils ſont poſſeſſeurs d'une pareille rente, avant que d'entrer en religion, leur profeſſion la leur fait perdre *ipſo facto ;* en ſorte qu'elle ſoit totalement éteinte.

Si l'on ſe décidoit par la comparaiſon des effets de la mort civile des religieux avec ceux de la mort civile des condamnés, il eſt conſtant que les premiers conſerveroient les penſions viagéres créées à leur profit, avant leurs vœux, quand même elles n'auroient pas été faites en vûe de ces vœux. Mais il n'y a pas parité de raiſon.

En effet un homme condamné à une peine qui, en le faiſant mourir civilement, lui laiſſe cependant la vie naturelle, perd preſque toute reſſource pour conſerver cette vie qu'on n'a pas crû devoir lui ôter. L'humanité exige donc qu'on lui laiſſe des alimens, lorſqu'il en a d'acquis ; d'autant plus qu'une penſion viagére étant perſonnelle ne profiteroit pas aux confiſcataires, ni aux héritiers du mort civilement : mais dans le cas des vœux en religion, la loi n'est point chargée du soin de veiller à la nourriture de ceux qui les ont prononcés. Les monasteres dans lesquels ils entrent sont chargés de cette nourriture.

De-là il suit qu'un religieux, en prononçant ses vœux, perd les pensions viagéres créées à son profit, avant son engagement; à moins qu'elles ne soient faites expressément en considération de la profession; ou que ceux qui les doivent ne s'obligent à les continuer.

On peut même, comme nous l'avons établi plus haut, en parlant de l'incapacité des religieux par rapport aux legs qui pourroient leur être faits, leur léguer des pensions viagéres, même après l'émission de leurs vœux. La profession en religion ne rompt point les liens dont la nature a uni les peres avec les enfans. Leurs obligations naturelles subsistent toujours respectivement. Les peres & les meres doivent des alimens, & même certaines commodités à leurs enfans, quoique religieux. Le fils, quoique profès, est tenu, suivant Boërius, décision 121, par les liens du sang, de venger la mort de son pere. Dans ce cas, on ne considére point la capacité de la personne; mais l'obligation de fournir des vivres. Mornac, sur l'autentique *Ingressi, de sacrosanct. Eccles.* fait mention d'un arrêt donné au profit des Carmes, par lequel il fut ordonné que les loïers d'une maison léguée à un religieux Carme profès seroient païés au receveur du couvent, pour être emploïés aux nécessités dudit religieux, selon que le supérieur l'ordonneroit.

On va même quelquefois plus avant. Il arrive qu'un couvent de filles sera ruiné par une incursion d'ennemis, ou par quelqu'autre force majeure; en sorte qu'elles demeurent dénuées de tout secours. En ce cas, on condamne les parens à subvenir à leur indigence, par quelque pension alimentaire proportionnée à la succession qu'elles auroient recueillie. Bellordeau en rapporte un arrêt en ses controverses, chapitre 55, partie 2. Nous aurons encore occasion de parler de cette matiere dans le chapitre suivant.

SECTION III.

De la cessation du douaire.

Nous voïons dans le commentaire de Ferriere sur la coutume de Paris, article 263, somm. uniq. n. 25 & 26, que les commentateurs de cette coutume, après avoir comparé l'état du religieux à celui des personnes qui, chez les Romains, avoient souffert *mediam capitis diminutionem*, concluent de ce parallele, que la profession, privant la religieuse de tous ses biens, doit aussi opérer l'extinction du douaire ; parceque ce douaire se compte au nombre des biens que possédoit la religieuse. Ils ne se dissimulent cependant pas que le parlement, par plusieurs arrêts, a adjugé à des religieuses la jouïssance des choses soumises à leur douaire, à titre de pension alimentaire : mais ils observent en même tems que ces dispositions sont fondées sur la modicité de ces douaires.

M. de Lamoignon, dans l'article 46 de ses arrêtés, veut, que la profession en religion fasse cesser la jouïssance du douaire ; sauf à prendre une pension sur le revenu des héritages sujets au douaire, s'il n'y a pas d'autres biens.

Brillon, auteur du dictionnaire des arrêts, qui tient personnellement pour l'extinction du douaire, quand il excéde les alimens, dit, *verbo douaire, religieuse*, avoir vû, dans plusieurs manuscrits, la date d'un arrêt rendu aux enquêtes le 18 Février 1646, par lequel le douaire a été jugé éteint.

Malgré ces autorités, qui tendent à l'extinction du douaire, on entrevoit que cette extinction ne doit avoir lieu que lorsqu'il excéde les justes bornes d'une pension alimentaire. C'est en effet l'avis formel de plusieurs auteurs. Auzanet, sur l'article 263 de la coutume de Paris, pense que, quand le douaire n'excéde pas ces bornes, la veuve peut continuer d'en jouïr, même après sa profession, sur le fondement que la mort civile, par condamnation, n'éteignant point une pension alimentaire, la profession, qui est une mort civile volontaire & honorable, ne doit pas à plus forte raison l'anéantir. Et il rapporte un arrêt de 1635, qui l'a jugé.

Nous ne pouvons nous résoudre à croire que le motif sur lequel cet auteur se fonde, soit celui qui a déterminé la cour à juger de la sorte. En effet la différence des causes des deux espéces de mort civile ne doit rien produire ici. L'une est honorable, l'autre est infamante, il est vrai : l'une est volontaire, l'autre est forcée ; cela est encore vrai : mais enfin, qu'on soit dans les liens de l'une, ou de l'autre, on est également mort civilement ; la privation des biens est aussi absolue dans un cas que dans l'autre. En un mot, comme nous l'avons déja dit en plus d'un endroit, la mort civile est une fiction qui doit imiter la nature. Or il n'y a point de différence dans la mort naturelle : de quelque façon qu'on en soit frappé, quelle qu'en soit la cause, honorable ou infamante, on est totalement mort; il n'y a point de différens degrés : mais comme, dans le cas dont il est ici question, la mort civile ne porte aucune atteinte à la vie naturelle, les tribunaux peuvent laisser subsister un douaire qui ne fournit que des alimens modiques, & qui ne vont point au-delà du pur nécessaire.

Bardet, tome 1, livre 3, chapitre 21, & tome 2, livre 5, chap. 20; & Bouguier, lettre *M*, n. 4, sont de l'avis d'Auzanet. On trouve aussi dans Hevin, tome 2, observations sur l'art. 558 de la coutume de Bretagne, des arrêts du parlement de cette province, qui semblent autoriser à croire que tel est l'usage de ce parlement.

La même jurisprudence paroît avoir lieu au parlement de Dijon, par deux arrêts des 12 Fevrier 1622, & 12 Mai 1625, rapportés par Fevret, tome 2, chapitre 5, n. 38 : & cet auteur est du même avis que ceux qui viennent d'être cités, & se fonde sur l'autorité de Cujas, *ad Novellam 5, de Monachis.*

Le Brun, en son traité des successions, du douaire, livre 2, chapitre 5, section 1, distinction 2, est d'abord d'un avis contraire : mais il ajoûte que, quoique son opinion soit la plus réguliere, néanmoins elle est susceptible de tempérament, lorsque la veuve n'a pas d'ailleurs de quoi subsister, & que sa mort civile ne déshonore pas sa famille. Il dit qu'il seroit injuste en ce cas, de la priver d'une légere pension.

Le Maistre, sur la coutume de Paris, page 308 de l'édition de 1741, décide en propres termes, que lorsque la veuve se fait religieuse, elle ne perd pas son douaire.

Pocquet de Livonniere, dans ses régles du droit François, livre 2, titre 7, chapitre 2, régle 34, dit que le douaire n'est pas éteint par la profession religieuse de la veuve, jusqu'à concurrence des sommes prescrites : mais que le couvent en jouït, pour la pension de la veuve, jusqu'à concurrence des sommes prescrites par les ordonnances; ou les héritiers, en païant cette pension.

Renusson, traité du douaire, chapitre 12, n. 24 & suivans, décide la même chose, & cite plusieurs arrêts qui l'ont ainsi jugé : mais il dit que, si le douaire excédoit ce qui est accordé, par les loix du roïaume, pour les pensions des religieuses, on en retrancheroit l'excédent. Il ajoûte même que la veuve peut céder son douaire, avant sa profession, à toutes personnes capables; & qu'elles en jouïront, après sa profession, tant qu'elle vivra.

Basnage, sur l'article 367 de la coutume de Normandie, dit que, comme le douaire est un usufruit qui finit par la mort naturelle, il peut aussi cesser & s'éteindre par la mort civile. Cet auteur cite, à ce sujet, un arrêt rapporté au journal des audiences, & dont nous allons parler, par lequel il fut permis à une veuve qui s'étoit rendue religieuse, de jouïr de son douaire par forme de pension viagére; ce qui ne fut jugé, comme le remarque Dufresne, en rapportant cet arrêt, que parceque ce douaire étoit de peu de valeur, ne montant qu'à trente écus. Enfin Basnage dit que cette question fut décidée par arrêt du parlement de Rouen rapporté par Berault, sur l'article 273 de la coutume de Normandie, par lequel les héritiers du mari d'une veuve qui s'étoit rendue Carmélite furent déchargés de son douaire.

De toutes les autorités qui viennent d'être rapportées à ce sujet, il suit que le douaire est éteint & consolidé à la propriété, & que, par conséquent, la veuve qui se fait religieuse n'en peut exiger la continuation : mais lorsqu'elle le demande, les juges peuvent, suivant les circonstances, ordonner qu'elle jouïra de ce douaire, s'il est modique, ou d'une partie, s'il est considérable, non à titre de douaire, mais à titre de pension alimentaire. C'est ce qui paroît avoir été jugé par l'arrêt dont parle Basnage, & qui est rapporté au journal des audiences. Il est du 23 Janvier 1629. Il fut ordonné que la religieuse jouïroit des choses sujettes à son douaire, par forme de pension viagére.

Il suit encore que, comme celle qui se fait religieuse perd, par cette démarche, un douaire que rien n'auroit pû lui enlever pendant sa vie, & qu'elle est la maîtresse de se conserver; puisqu'il ne tient qu'à elle de ne point entrer en religion; elle est maîtresse d'en disposer avant l'émission de ses vœux, & d'en donner la jouïssance à qui elle jugera à propos, suivant le sentiment de Pocquet de Livonniere rapporté plus haut.

SECTION IV.

Du droit de retour au profit des donateurs, lorſque le donataire ſe fait religieux.

Nous ne répéterons point ici ce que nous avons dit ailleurs ſur la nature du retour, & ſur les cauſes qui l'ont introduit. Nous obſerverons ſimplement que le religieux, par l'émiſſion de ſes vœux, fait un abandon auſſi général & auſſi abſolu de tous ſes biens, que s'il mouroit naturellement : ainſi ſa ſucceſſion eſt ouverte & paſſe à ſes héritiers, qui exercent les mêmes droits que ſi celui dont ils partagent la dépouille étoit décédé. Le droit de retour a donc lieu dans ce cas, comme & de la même maniere qu'il l'auroit dans le cas d'un décès véritable. Ainſi jugé par pluſieurs arrêts rapportés par d'Olive, en ſes queſtions, livre 5, chapitre 8.

CHAPITRE XIII.

De l'exécution du Teſtament fait avant la profeſſion.

ON ſçait que les différentes coutumes du roïaume ont fixé l'âge auquel on peut teſter, les unes plus tôt, les autres plus tard ; mais il n'y en a point, ou s'il y en a, elles ſont en fort petit nombre, qui aïent accordé cette faculté à ceux qui n'ont que ſeize ans. Or c'eſt une grande queſtion, & qui a donné lieu à bien des conteſtations entre les auteurs, que celle de ſçavoir ſi un teſtament fait en vûe de la profeſſion en religion, avant l'âge preſcrit par la coutume du lieu, eſt valable ?

Ceux qui prétendent qu'on peut teſter valablement avant que de faire profeſſion, quoiqu'on n'ait pas atteint l'âge preſcrit par la coutume, ſe fondent ſur l'article 28 de l'ordonnance de Blois, lequel a dérogé à l'article 19 de l'ordonnance d'Orléans, qui, comme nous l'avons dit ailleurs, ne permettoit pas de profeſſion en religion qu'à l'âge de vingt-cinq ans pour les hommes, & vingt ans pour les filles. Ils diſent que les nouvelles ordonnances aïant avancé le tems auquel on peut faire profeſſion juſqu'à l'âge de ſeize ans, ont eu intention d'accorder en même tems à ceux qui s'engagent à cet âge, la faculté de tester; attendu qu'il y auroit contradiction de permettre de disposer, dans un âge si tendre, de sa liberté, de sa personne même, & de refuser en même tems le pouvoir de disposer des biens que l'on va quitter, & qui vont passer en des mains étrangeres.

Sozomêne, livre 1, chapitre 9, fait mention d'une loi de Constantin, qui permettoit aux impubéres, qui se faisoient religieux, de tester; la disposition de cette loi peut avoir servi de modéle à l'art. 28 de l'ordonnance de Blois, qui porte que ceux qui auront fait profession avant l'âge de seize ans pourront disposer de leurs biens & successions échûes, ou à écheoir, en ligne directe ou collatérale, au profit de celui de leurs parens, ou autre que bon leur semblera, & ce, trois mois après qu'ils auront atteint l'âge de seize ans. Ces termes semblent décider la question d'une maniere bien précise; & Bouvot, en ses questions, tome 2, *verbo* Mariage, quest. 23, rapporte un arrêt du parlement de Dijon du 12 Décembre 1587, conforme à cette opinion.

Ceux qui embrassent le sentiment contraire disent que la profession en religion ne donne aucun privilége particulier, & ne peut valider des actes qui sont nuls en eux-mêmes; que si l'on peut faire profession à seize ans, c'est que les ordonnances, pour des raisons particulieres, ont réduit l'âge de vingt-cinq à celui de seize: mais, pour que ces loix eussent pû s'étendre jusque sur les testamens, il auroit fallu qu'elles continssent une dérogation expresse aux coutumes, sur cette matiere. C'est ce qui n'est point.

La loi de Constantin, rapportée par Sozomêne, a été abrogée par la constitution de l'empereur Leon, qui a permis, il est vrai, aux impubéres, qui se feroient religieux, de tester: mais toutefois après avoir attendu l'âge requis par les loix pour tester.

L'ordonnance de Blois doit s'entendre pour avoir lieu, en tant qu'elle s'accorde avec les coutumes, puisqu'elle n'y déroge pas. Il est inutile de dire que la disposition de cette ordonnance est superflue, si elle n'ajoûte rien aux coutumes. On répond qu'il falloit une loi pour autoriser l'exécution du testament d'un homme vivant; & c'est l'unique objet de l'article que nous examinons ici. Si elle a fixé un âge, c'est pour la profession uniquement; & si elle a permis à ceux qui étoient prêts de s'engager par des vœux, de tester à cet âge, c'est en supposant que la coutume ne s'y opposoit point.

Il

Il y a plus : on a des preuves ſans réplique que c'eſt dans ce ſens que l'on a toujours entendu l'ordonnance de Blois. La coutume de Paris fut réformée en 1580, un an après l'ordonnance de Blois, qui eſt de 1579. L'ancienne coutume ne fixoit aucun âge pour la faculté de teſter, & il paroît que l'on ſe conformoit alors au droit Romain, qui donne cette faculté à ceux qui ont atteint l'âge de puberté ; c'eſt-à-dire, quatorze ans pour les garçons, & douze ans pour les filles. Ainſi les teſtamens faits par ceux qui faiſoient profeſſion à l'âge de ſeize étoient valables. Mais on fit réflexion que l'âge de douze & de quatorze ans eſt trop tendre, pour que ceux qui y ſont parvenus puiſſent faire des diſpoſitions ſages, & réſiſter aux ſollicitations : c'eſt pourquoi on ſe détermina à reculer l'âge auquel on peut teſter ; & pour cet effet on ajoûta les articles 293 & 294, dont le premier porte que pour teſter des meubles, acquêts & conquêts immeubles, faut avoir accompli l'âge de vingt ans ; & pour teſter du quint des propres, faut avoir accompli l'âge de vingt-cinq ans. L'autre dit que ſi le teſtateur n'a meubles, acquêts ni conquêts immeubles ; il peut audit cas, teſter du quint de ſes propres, après vingt ans accomplis. Lorſqu'on fit lecture de ces deux nouveaux articles, les eccléſiaſtiques remontrerent qu'étant permis de diſpoſer de ſa perſonne à l'âge de ſeize ans, & de faire vœu de religion, il devoit auſſi être permis de diſpoſer de ſes biens à cet âge, lors même que le mineur entre en religion & y fait profeſſion. Il fut répondu de la part de la nobleſſe, que la coutume ſe doit faire pour la conſervation des maiſons & des familles, qui ſeroient grandement intéreſſées, ſi un mineur audit âge pouvoit diſpoſer de ſes biens, & les donner aux monaſteres, ou à d'autres perſonnes. Le tiers état adhéra au ſentiment de la nobleſſe ; & en conſéquence il fut ordonné que les deux articles en queſtion demeureroient ainſi qu'ils avoient été rédigés, & que néanmoins les eccléſiaſtiques auroient acte de leurs remontrances, & qu'il en ſeroit fait mention au procès-verbal.

Ricard obſerve que cette opinion a prévalu, & rapporte deux arrêts du parlement de Paris, qui l'ont jugé ; l'un du 20 Février 1603, qui déclare nul un teſtament fait par un Capucin quatre jours avant ſa profeſſion, à l'âge de dix-neuf ans & trois mois, & l'autre du 3 Août 1627, qui a auſſi déclaré nul un teſtament fait par un jeune homme âgé de ſeize à dix-ſept ans, qui alloit faire profeſſion chez les Carmes de Bourges, où la coutume ne permet de teſter qu'à l'âge de dix-huit ans. Cette juriſprudence paroît plus conforme aux véritables principes. En effet, sur quoi seroit fondé le privilége d'un jeune homme qui va faire des vœux ? Ce dessein prouve-t-il en lui plus de jugement & plus de prudence que dans un autre ? Il sembleroit au contraire qu'il devroit être plus détaché des choses d'ici bas, & y prendre moins de part. Si les ordonnances lui ont permis de disposer de sa liberté & de sa personne même à cet âge, c'est pour des raisons dans lesquelles nous n'entrerons point ici, & qui n'auroient peut-être pas dû produire une loi dont les suites sont fort souvent très-pernicieuses : mais ces raisons n'influent point sur les testamens, qui doivent rester soumis aux régles ordinaires.

De tout ce que nous venons de dire, il résulte nécessairement qu'une personne qui se dispose à se mettre dans les liens de la mort civile, par la profession en religion, peut, quand elle a atteint l'âge requis, tester valablement, suivant & conformément à l'usage & aux loix des lieux ; & le testament peut être ouvert & avoir son effet, aussitôt après la profession du testateur, comme s'il étoit mort naturellement.

Il y a cependant des formalités particulieres auxquelles un pareil testateur est soumis, & qui ne sont point imposées à ceux qui testent dans la vûe de la mort naturelle. Ces formalités ont été prescrites par la jurisprudence des arrêts, & par les ordonnances du roïaume, pour prévenir les abus & les fraudes qui auroient pû s'introduire. Nous allons rapporter un arrêt qui fut précédé d'une plaidoirie, dans laquelle tous les principes de la matiere sont expliqués.

Magdelaine Janson, novice au couvent de la Présentation de Notre-Dame de Senlis, fit un testament olographe daté du 15 Juillet 1666 : par ce testament, Etienne Bataille, son beau-frere, étoit institué son légataire universel. On prétendoit qu'elle avoit remis cet acte cacheté au nommé Sablé, qui le porta à Mounier & Thomas notaires au Châtelet de Paris, qui mirent leur reconnoissance en date du 21 Août 1666 au dos de ce testament, & sur la même feuille de papier, sur laquelle il étoit écrit.

Le cinq Septembre suivant, Magdelaine Janson fait profession. Cinq ans & quelques mois après cette profession, Sablé demande l'ouverture de ce testament ; & par le procès-verbal d'ouverture, il est dit que ce testament étoit cacheté avec du pain à chanter, de trois cachets représentans la Présentation de la Vierge ; & il est ajoûté qu'il a été ouvert, lû & ensuite déposé entre les mains de Philippe Galois notaire, pour le garder dans ses minutes.

Bataille légataire universel, aïant eu connoissance de ce testament, demande délivrance de son legs pardevant le prevôt de Paris le 25 Mai 1672.

L'avocat du Roi au châtelet conclut contre la validité de ce testament, & fonda ses conclusions sur trois moïens.

Il disoit en premier lieu, que, quoique dans la coutume de Paris, & par-tout ailleurs, les testamens olographes soient reçûs, ils ne doivent cependant être admis ni autorisés indistinctement à l'égard des religieux, à cause de l'abus qui en pourroit résulter.

Dans la jurisprudence Romaine, suivant laquelle le monastere succédoit au religieux, il falloit que celui qui vouloit autrement disposer de ses biens, le fît avant son entrée en religion ; car aussitôt qu'il avoit pris l'habit, il ne lui étoit plus libre de disposer de rien, & le monastere étoit dès ce moment son héritier. C'est la disposition de l'autentique *Ingressi*, *Cod. de Sacro-sanct. Eccles. Ingressi Monasteria, ipso ingressu se suaque dedicant Deo. Nec ergò de his testantur, utpotè nec domini rerum.*

Cette jurisprudence n'a point lieu parmi nous ; car on laisse au novice la faculté de faire un testament pendant tout le cours de son noviciat : mais ce que cette autentique décide de la simple entrée en religion, il le faut appliquer à la profession ; c'est-à-dire que, dès que les vœux sont prononcés, le religieux & la religieuse ne sont plus maîtres de rien, & par conséquent ne peuvent tester. Tels sont les vrais principes.

Or, si l'on autorisoit un testament qui n'auroit paru qu'après la profession du testateur, ce seroit, dans le fond, donner à tous les religieux la faculté de tester ; parcequ'étant maîtres de ces testamens secrets & mistiques, ils pourroient les antidater à leur fantaisie, &, par cet artifice, disposer, après leur profession, de biens qui ne leur appartiennent plus.

Telles sont les conséquences, tels sont les abus qui sont à craindre, & qui ne manqueroient pas d'arriver, si ces testamens, qui sont susceptibles de tant de fraudes, étoient autorisés.

On soutenoit en second lieu, que le testament de Magdelaine Janson étoit antidaté, & qu'il avoit été fait après la profession, quoique daté du tems du noviciat. Pour le prouver, on supposoit que, quoiqu'elle eût été déterminée du tems de son noviciat à faire un testament, cependant il étoit vraisemblable que, dans ce tems-là, n'aïant point encore fait choix de la personne au profit de laquelle elle vouloit disposer, elle s'étoit ménagée une voïe pour pouvoir tester après sa profession, afin de se donner le tems de choisir à son aise un héritier qui lui convînt. Dans cette pensée, elle pouvoit avoir envoïé chez les notaires une feuille de papier blanc pliée & cachetée, & leur avoir fait mettre au dos la déclaration qui s'y trouvoit. On prétendoit même que Bataille, ou l'homme d'affaires du couvent avoient pû avoir ce dessein; & ce qui fortifioit cette conjecture, est que, si le testament en question avoit été véritablement fait du tems du noviciat, on n'auroit pas manqué de le faire paroître avant la profession: & quand même le dépositaire auroit été assez négligent, ou d'assez mauvaise foi, pour y manquer, il étoit à croire que la testatrice en auroit fait sa déclaration.

En troisiéme lieu, le testament, depuis le jour qu'il avoit été fait, jusqu'au jour qu'il avoit paru, étoit demeuré entre les mains de la testatrice, ou du dépositaire, par son ordre. En l'un & en l'autre cas le testament est nul.

Pour le prouver, il faut supposer un principe constant, sçavoir qu'un testament n'est point réputé testament du jour qu'il est écrit, daté & signé; mais seulement du jour qu'il a cessé d'être entre les mains du testateur qui s'est irrévocablement déterminé à vouloir qu'il eût son effet. C'est de ce jour-là seulement qu'il peut être appellé testament, & regardé comme tel. Auparavant ce n'est qu'un projet flotant & douteux, qui peut être supprimé à la volonté de celui qui en est l'auteur. Or la testatrice n'aïant fait paroître son testament qu'en 1672, c'est dans ce tems-là seulement qu'elle a voulu qu'il eût son effet: mais elle avoit alors fait profession. Elle ne pouvoit donc plus tester, ni rendre la forme à un testament qu'elle avoit comme révoqué par son silence.

Mais quand on prétendroit qu'un testament pourroit être réputé parfait du jour qu'il est écrit & signé, il auroit toujours été nécessaire, pour la validité de celui dont il s'agissoit, que la testatrice s'en fût dessaisie avant sa profession; parcequ'autrement elle auroit été capable, après sa profession, d'un effet civil. Elle auroit pû se choisir un héritier testamentaire, ou *ab intestat.* Elle auroit eu la liberté de se faire un légataire universel, en faisant paroître son testament, ou de laisser tous ses biens aux héritiers du sang, en le supprimant. Or cette faculté & ce choix sont un effet civil, dont la religieuse professe n'est pas capable.

Sur ces moïens, par sentence du châtelet du vingt-cinq Mai 1672, sans avoir égard au testament olographe de Magdelaine Janson, il fut ordonné que sa succession seroit partagée *ab intestat*,

Bataille, légataire universel, interjetta appel de cette sentence. Cet appel fut porté à l'audience de la grand'chambre. On dit pour l'appellant qu'il étoit facile de lever toutes ces difficultés.

A l'égard de la premiere, qui concerne la liberté des testamens olographes, qu'on prétendoit devoir être interdits aux religieux & religieuses, pour les abus qui en pourroient naître, on répondoit que l'article 292 de la coutume de Paris, qui concerne la faculté de tester, s'exprime en termes généraux, soit pour la maniere de tester, soit pour la qualité des personnes. D'où l'on concluoit qu'il comprend, dans sa disposition, les novices, aussi-bien que toute autre sorte de personne, & les testamens olographes, de même que les testamens solemnels. Ainsi un novice est en droit de tester dans la forme reçûe par la coutume, en quelque maniere que ce soit, & même par testament olographe.

Quant à la seconde difficulté, concernant la prétendue antidate du testament, on la soutenoit destituée de toute apparence, & dans le fait & dans le droit.

Dans le fait, on justifioit que la testatrice avoit pû se déterminer plus de quatre ans auparavant à instituer l'appellant son légataire universel. C'est ce qui résultoit des termes du testament, qui portoit qu'*elle a fait Bataille son légataire universel, pour de bonnes considérations, dont sa mere & ses freres & sœurs connoissent bien la justice.* Ces considérations sont que Bataille avoit épousé la seconde fille de la mere de la testatrice. On lui avoit donné pour partie de la dot de sa femme, un billet de six mille livres, sur un nommé Tempié, qui avoit épousé l'aînée. Les affaires de Tempié étoient tombées dans le désordre, il avoit fait perdre à l'appellant, par sa faillite, non-seulement ce billet de six mille livres, mais encore cinquante-deux mille livres qu'il lui avoit prêtées. Ainsi, la testatrice touchée de la disgrace de son beau-frere, l'avoit institué son légataire universel, pour le soulager, en quelque sorte, de la perte qu'il avoit soufferte; & en cela son testament ne pouvoit point être soupçonné d'antidate; puisque le malheur qui avoit donné lieu à cette disposition précédoit le testament de plus de quatre années.

D'ailleurs, il étoit impossible que ce testament eût été antidaté. Il avoit été reconnu pardevant notaires, avant la profession de la testatrice; & ce qui est décisif, l'acte de reconnoissance n'étoit pas sur une enveloppe qui eût pû se lever, ou s'ajoûter; mais sur une demi-feuille faisant partie du testament; c'est-à-dire, sur le testament même. Voilà ce qui concernoit le fait.

Dans le droit, cette présomption d'antidate combatroit les régles les plus certaines. Il est constant qu'on présume toujours pour la vérité & pour la validité de l'acte. D'ailleurs il est inouï qu'un testament soit présumé faux, ou antidaté, & qu'on en reçoive la présomption sans l'attaquer de faux.

C'étoit cependant ce qu'on vouloit faire en cette espéce. On vouloit que le testament d'une religieuse fût réputé faux & antidaté, parcequ'il n'avoit paru qu'après sa profession : mais il est de l'essence du testament de ne paroître qu'après la mort du testateur. Il n'a même de véritable date que de ce jour-là. *Ubi enim testamentum est*, dit saint Paul, dans son épître aux Hébreux, *cap* 19, *mors necesse est intercedat testatoris. Testamentum enim in mortuis confirmatum est; alioquin nondum valet, dum vivit qui testatus est.* C'est aussi pour ce sujet que l'interdit *de tabulis exhibendis* n'avoit lieu qu'après la mort du testateur, & jamais de son vivant; & telle est la disposition du paragraphe 10 de la loi 1, *ff. de Tabul. exhib. Hoc interdictum ad vivi tabulas non pertinet; quia verba prætoris* reliquerit *fecerunt mentionem.*

Si donc un testament ne doit point paroître avant la mort, & si la profession d'une religieuse est une mort civile, dans quel tems veut-on que les novices fassent paroître leur testament? Sera-ce le jour de leur profession? sera-ce le lendemain? Il semble que, dans l'ordre, on doit retrancher le jour de la profession : car il n'y a guére d'apparence qu'en ce jour-là même où une religieuse se consacre à Dieu, où elle abdique le monde & y renonce de la maniere la plus solemnelle & la plus absolue, elle soit occupée de soins temporels, & convoque sa famille & ses parens pour leur faire lecture de son testament.

Si, au contraire, on dit qu'il faut qu'elle fasse paroître son testament le lendemain de sa profession, c'est comme si l'on disoit dans les deux & troisiéme années suivantes. Car, étant morte civilement dès le moment qu'elle est devenue professe, la présomption de l'antidate seroit aussi forte pour le lendemain de sa profession, que pour trois mois & un an après. Cependant il y auroit de la dureté, & même une espéce d'injustice de rejetter un testament sous ce prétexte, & les conséquences en seroient même très-dangereuses.

Le nombre des filles qui font des vœux en religion, parcequ'elles y sont forcées, est beaucoup plus grand, sans contredit, que n'est le nombre de celles qui y entrent par une vocation sincére, & qui s'y dévouent volontairement. Or il est certain que ces victimes de l'injustice & de la cupidité d'un beau-pere, ou d'une marâtre, ou même d'un pere ou d'une mere, ont cinq ans pour réclamer contre les vœux qui leur ont été extorqués. Enviera-t-on à ces infortunées la faculté & la consolation de faire un testament ? Si cependant elles sont obligées de faire paroître leur testament dans les premiers jours de leur esclavage, & que dans la suite, elles recouvrent leur liberté, par la voïe de la réclamation; lorsqu'elles voudront rentrer dans leurs droits, on ne manquera pas de leur opposer, comme une fin de non-recevoir, ce testament qu'elles ont ratifié volontairement & sans contrainte, & auquel, par cet acte volontaire, elles ont donné une force & une vertu irrévocable.

Si au contraire elles attendent que les cinq ans accordés pour réclamer contre les vœux soient prêts à expirer, ou même qu'ils soient entiérement écoulés, doit-on les priver de la satisfaction de voir leur testament avoir son effet? Une pareille prétention ne seroit pas soutenable. Il n'en est pas des professions forcées comme des actes entre-vifs. Ceux-ci sont libres dans leur commencement, & jusqu'à ce que la derniere main y ait été mise : mais aussitôt que l'acte est consommé, il engage & oblige irrévocablement ceux qui ont contracté. Les vœux en religion au contraire, quand ils sont forcés, sont involontaires dans leur principe : mais les cinq ans qui sont accordés pour réclamer sont un tems suffisant pour accoutumer ceux qui les ont prononcés à en porter le joug; & alors ils sont réputés libres & volontaires, au moins quant à leur exécution, s'il n'y a point de réclamation; & de ce moment ils deviennent irrévocables. Or, tant qu'une fille flotte dans l'incertitude sur le parti qu'elle a à prendre; tant qu'elle délibére si elle aura recours à la voïe de la réclamation, ou si, au contraire, elle ratifiera ses vœux par son silence, elle n'a garde de faire paroître un testament qui la priveroit de tous ses droits, en cas qu'elle prît le parti de rentrer dans le siécle. Mais lorsque l'habitude lui a adouci le joug qu'on lui a imposé, & qu'elle s'est déterminée à rester dans le cloître, aucun intérêt personnel ne l'arrête; elle fait paroître son testament, par lequel elle dispose des biens auxquels elle renonce à rien prétendre. Pourroit-on casser ce testament sous prétexte que celle dont il émane, ne l'a pas fait paroître aussitôt après une profession qui étoit nulle en soi, qui ne produisoit par conséquent aucun effet; & dans le tems que celle qui l'a fait, n'avoit en aucune façon, l'esprit de religieuse, & pouvoit songer au contraire à rentrer dans le monde ?

D'ailleurs il n'eſt pas poſſible de préſumer qu'une religieuſe ſoit capable de faire un teſtament après ſa profeſſion, & de lui donner une date antérieure. Elle ſe rendroit tout à la fois coupable de fauſſeté & d'infraction à ſes vœux. Elle ſe rendroit coupable de fauſſeté par l'antidate. Elle iroit contre ſes vœux, en prenant une voïe détournée pour diſpoſer de biens qui ne lui appartiennent plus. Par ſes vœux elle a non-ſeulement renoncé à toute poſſeſſion, mais à tout acte de citoïen; elle a même renoncé à ſa liberté, dont elle a fait un ſacrifice à Dieu: mais par cette ſupercherie, elle feroit un acte de citoïenne, & qui ne peut être qu'un effet de la vie civile qu'elle a abdiquée.

Quoiqu'il en ſoit, il eſt aiſé, diſoit-on, d'établir qu'on n'a jamais admis la préſomption d'antidate contre un teſtament olographe. On argumentoit à cet effet de deux articles, tirés l'un de la coutume de Normandie, & l'autre de celle de Bretagne, qui ſont formels pour la déciſion de la queſtion dont il s'agit ici.

La coutume de Normandie, article 412, preſcrit la forme du teſtament ſolemnel; & en l'article ſuivant, elle admet le teſtament olographe en ces termes: » Teſtament écrit & ſigné de la » main du teſtateur eſt bon & valable, ores que les ſolemnités » preſcrites au précédent article n'aïent été obſervées & gardées. » Et en l'article 422, elle s'explique ainſi: » Homme n'aïant en» fans peut diſpoſer par teſtament, ou donation à cauſe de mort, » du tiers de ſes acquêts & conquêts immeubles à qui bon lui » ſemble, autres toutesfois qu'à ſa femme & parens d'icelle; » pourvû que le teſtament ou donation ſoit fait trois mois avant » le décès. »

Or, ſi les raiſons alléguées par l'avocat du Roi, dans ſon plaidoïé, étoient admiſes, il n'y auroit jamais, dans cette coutume, de teſtament olographe; puiſqu'on ſeroit toujours reçû à ſoutenir qu'il auroit été fait pendant la maladie, & même aux approches de la mort, & antidaté de trois mois. Nous ne voïons cependant point d'exemple d'aucun teſtament olographe attaqué & caſſé en Normandie ſous prétexte d'antidate. La raiſon eſt que, la coutume aïant donné ſa confiance à ces ſortes de teſtamens, tout le monde a droit d'uſer de la liberté qu'elle a accordée; & perſonne ne doit porter la prévoïance plus loin que la loi ne l'a portée elle-même. Nous devons ſuppoſer que les réformateurs ont été aſſez ſages pour prévoir tous les inconvéniens, & que, quand ils ont arrêté cet article, ils ont eu de bonnes raiſons, que nous ne ſommes point obligés de pénétrer.

Non

Non omnium quæ à majoribus constituta sunt, ratio reddi potest. L. 20, ff. de leg.

Ces raisons doivent avoir lieu pour la coutume de Paris, relativement aux testamens olographes des novices. Ils sont autorisés, comme les autres personnes, à faire de ces sortes de testamens. Or si on étoit reçû à attaquer ces actes, sous prétexte d'antidate, ce seroit leur ravir une faculté qu'ils tiennent de la loi.

A l'égard de la coutume de Bretagne, l'article 750 porte : » Si » le testament est fait durant la santé du testateur, & auparavant » la maladie dont il décéde, il suffira & fera foi s'il est écrit & » signé de lui ; & s'il est fait durant sa maladie, ou par personne » qui ne sçache signer, fera requis qu'il soit signé du recteur de » la paroisse & d'un notaire, ou du recteur, présens deux té» moins, ou de deux notaires. » Si le raisonnement que l'on oppose au testament dont il est question avoit lieu, il est certain qu'on ne laisseroit jamais subsister aucun testament olographe en Bretagne, & la disposition de cet article seroit absolument inutile. Il suffiroit, pour détruire un testament fait en santé, de supposer qu'il a été fait pendant la maladie, & qu'il a été antidaté ; & cette supposition seroit d'autant plus aisée à faire, qu'on est toujours le maître de donner telle date que l'on juge à propos à tout acte fait sous signature privée. Cependant M. d'Argentré, en son commentaire sur cet article, dit, sur le mot *suffira : Cùm lex dicit*, sufficit, *nihil prætereà ab homine requiri debet ex alieno jure, sive canonico, sive civili, aut ullo externo & peregrino ; nam consuetudo id totum dixit quod voluit, ne quis sit curiosior lege.* Il faut donc s'en tenir à la loi, il faut s'attacher étroitement aux termes de la coutume ; en un mot, nous devons respecter la sagesse de nos peres, & suivre religieusement leurs préceptes.

Il ne faut point se faire un moïen des inconvéniens ; car il y en a de part & d'autre. D'ailleurs, disoit-on, la cour sçaura toujours faire la différence des faux testamens, d'avec ceux qui sont vrais ; soit par les circonstances qui les accompagneront, soit par la qualité des personnes qui auront testé, de celles au profit desquelles le testament contiendra des dispositions avantageuses, & de ceux qui auront prêté leur ministére pour la confection du testament. Ici tout parle en faveur du testament qu'on attaque. Il est de la main d'une fille qui s'est retirée du monde par principe de piété ; elle a testé au profit d'un beaufrere qui ne peut être soupçonné d'aucun artifice ; on trouve au contraire, dans les malheurs & dans les grandes pertes qu'il a essuïées, un motif puissant & juste de la libéralité de sa belle-sœur. Elle avoit la liberté de tester, & la cause qui a donné lieu à sa libéralité existoit plusieurs années avant sa profession. C'est sa supérieure elle-même qui a cachetté le testament; cette supérieure étoit tante de l'évêque de Senlis actuel, & sœur du précédent. Il a été porté chez les notaires par un homme de probité & d'honneur, reconnu pour tel, & dont la foi doit être d'autant moins suspecte en cette occasion, qu'il n'a aucune part au testament. Enfin les notaires qui ont mis leur reconnoissance sur ce testament sont sans reproche, & d'une réputation entiere : ainsi nul soupçon, nulle présomption d'antidate. La disposition est valable, elle est conforme à la loi, à la coutume & à l'usage; en un mot, elle est conforme à toutes celles qui se sont faites, & qui ont été autorisées jusqu'à présent.

Ainsi, quand il y auroit quelque inconvénient à craindre, en général, cette crainte n'auroit aucune application ici, où tout porte le caractère de la vérité & de la bonne foi. Elle ne peut donc être détruite à l'occasion d'un réglement que l'on voudroit faire, pour prévenir, dans la suite des tems, l'abus qui pourroit naître de semblables testamens olographes; car la peine n'a jamais précédé la loi; c'est au contraire la loi qui précéde toujours la peine. Les réglemens sont pour l'avenir, & jamais pour le passé; & ce seroit faire violence à leur nature & à leur essence, ce seroit même tendre des piéges à la bonne foi des hommes, que de leur donner un effet rétroactif, jusqu'à un tems où on ne leur devoit aucune obéissance, puisqu'ils n'existoient pas encore.

La troisiéme difficulté consiste à dire qu'un testament n'est véritablement testament, que du jour que le testateur veut qu'il ait son effet, & non du jour qu'il est écrit, daté & signé. Sur ce principe, le testament de Magdelaine Janson ne peut subsister; parceque, quoiqu'il paroisse écrit & signé long-tems avant sa profession, elle est néanmoins présumée n'avoir voulu lui donner d'effet que du jour qu'elle l'a fait paroître. Or elle n'étoit plus en état de tester, puisqu'elle avoit fait profession. Et pour fortifier ce moïen, on ajoûte que pour rendre valable un testament fait par un novice, il faut qu'il s'en dessaisisse au moment de sa profession : autrement il se réserveroit la liberté de faire des héritiers *ab intestat*, ou de se donner un légataire universel, selon le caprice qui lui peut prendre de supprimer, ou de faire paroître son testament; ce qui emporte un effet civil, dont il est absolument incapable après l'émission de ses vœux.

On répond que ni l'une ni l'autre de ces propositions n'est véritable. En effet, dès qu'une personne a testé, elle est censée avoir voulu faire un testament, puisqu'elle l'a fait. Elle est pareillement réputée vouloir qu'il ait son exécution, tant qu'elle le garde; car, si elle étoit déterminée à vouloir qu'il n'eût point d'effet, elle ne le garderoit pas; elle le supprimeroit au contraire, attendu qu'en le laissant exister, on le trouveroit après sa mort; & ceux qui seroient intéressés à en faire usage ne manqueroient pas de s'en prévaloir. Tout ce qu'il faut donc examiner, c'est de sçavoir si ce choix ou cette faculté emportent un effet civil, dont une religieuse soit incapable. Or l'appellant soutenoit que non.

Fernand agite cette question dans son traité des successions conventionnelles, non pas dans l'espéce d'un religieux, mais dans celle d'un homme condamné à la déportation. Voici l'espéce qu'il propose. Une femme fait son testament, elle institue héritier son mari, avec faculté de rendre l'hérédité à celui des leurs qu'il voudra choisir; ou bien elle institue par son testament celui de leurs enfans qu'il plaira à son mari de nommer. Après le décès de la femme, le mari est déporté, sans avoir encore choisi ni nommé aucun de ses enfans. On demande si, par la déportation, ce pere a perdu le droit d'élire? Il semble qu'on doive le juger ainsi; parceque, par la déportation, il est incapable de tester; il est même incapable des effets civils. Cependant Fernand décide qu'il conserve le droit d'élire : *non amittit deportatione jus eligendi*; & il fonde sa décision sur deux loix qui sont tout-à-fait formelles. La premiere de Papinien, est la loi *Cùm pater*, §. 4, *ff. de legat.* 2. conçue en ces termes : *Hæreditatem filius, cùm moreretur, filiis suis, vel cui ex his voluisset, restituere fuerat rogatus, quo intereà in insulam deportato eligendi facultatem non esse pœnâ peremptam placuit.* La seconde est la loi *Ex facto*, §. 6, *ad senatus-consult. Trebellianum. Si quis*, dit cette loi, *rogatus fuerit filiis suis, vel cui ex his voluerit restituere hæreditatem, Papinianus libro octavo responsorum etiam deportato tribuit ei eligendi facultatem; sed si servus pœnæ fuerit constitutus, jam parere conditioni non poterit.*

Le serf de la peine, comme étoit celui qu'on avoit condamné aux mines, & parmi nous aux galères perpétuelles, n'étoit point capable de cette élection : mais il suffit qu'elle ne fût pas refusée au simple déporté; car il n'y auroit pas d'apparence de comparer les religieux aux serfs de la peine; mais bien plutôt aux simples déportés. La déportation n'étoit qu'un exil, une rélégation, un bannissement : or les religieux tombent, par leur professi on dans un banniſſement véritable. Ils ſont ſéparés du ſiécle, *ut peregrini & hoſpites ſuper terram*, comme parle l'Apôtre : *ad peregrinitatem rediguntur*, diſent les canoniſtes ; & par conſéquent de la même maniere que les déportés, quoiqu'incapables des effets civils, ne laiſſoient pas d'être capables de ce choix & de cette option ; ainſi, les religieux & religieuſes peuvent bien être capables d'un effet civil, puiſqu'on le veut appeller ainſi, qui, ſans doute, eſt quelque choſe de moins que cette faculté d'élire & de nommer un héritier.

On joignoit à ces deux loix les exemples de l'interdit, & de celui qui étoit priſonnier chez les ennemis, & l'on diſoit qu'à l'égard de l'interdit, il ne pouvoit pas faire de teſtament depuis ſon interdiction, non plus que celui qui étoit en captivité. Néanmoins s'ils avoient fait un teſtament avant leur diſgrace, dira-t-on qu'il eſt nul, faute de l'avoir fait paroître & de s'en être deſſaiſis auparavant ? C'eſt ce qu'on ſoutenoit n'avoir jamais été dit, ni même propoſé.

Au fait particulier de la cauſe, on prétendoit qu'il n'y avoit aucun inconvénient qu'une religieuſe ſupprimât ſon teſtament ; parcequ'elle n'auroit fait que réduire les choſes au droit commun, & aux termes d'une ſucceſſion *ab inteſtat*. En un mot, elle auroit laiſſé la loi maîtreſſe & diſpenſatrice de ſes biens ; & en cela il n'y a aucun danger à craindre.

Quelque ſpécieuſes que fuſſent ces raiſons : par arrêt conforme aux concluſions de M. Talon avocat général, la ſentence fut confirmée le 6 Février 1673. Cet arrêt eſt rapporté au journal du palais. C'eſt pour prévenir les abus qui pourroient ſe commettre ſur cette matiere, que l'ordonnance de 1735 ſur les teſtamens a preſcrit, article 21, que » Ceux ou celles qui auront » fait des teſtamens, codicilles, ou autres diſpoſitions olographes, » & voudront faire des vœux ſolemnels de religion, ſeront te- » nus de reconnoître leſdits actes pardevant notaires, avant que » de faire leſdits vœux : ſinon leſdits teſtamens, codicilles, ou » autres diſpoſitions demeureront nuls & de nul effet. »

Telles ſont les précautions que doit prendre un novice, lorſqu'il veut que ſon teſtament olographe ſoit exécuté après l'émiſſion de ſes vœux : mais quand ce teſtament eſt ſolemnel, & que les formalités ordonnées par la loi du païs y ont été obſervées, cette précaution eſt inutile ; parcequ'alors la date eſt certaine : ainſi il n'y a plus de fraude à craindre.

Voilà ce qui concerne la forme des teſtamens faits en vûe de la profeſſion en religion. Nous allons maintenant examiner qui ſont ceux qui peuvent y être inſtitués légataires.

La juriſprudence autoriſe le teſtateur à ſe léguer à lui-même une penſion légère, qui s'arbitre ſuivant les circonſtances. Quand elle paſſe les bornes qu'elle doit avoir, on ne l'annulle pas : mais on la réduit.

L'ordonnance de Blois, art. 28, défend expreſſément à toute perſonne qui veut entrer en religion, de faire aucun legs, ni aucune donation, ſoit directement, ſoit indirectement, à aucun couvent. Cependant il y a quelques coutumes, comme celle d'Auvergne, chap. 12, art. 12 ; de Bourbonnois, art. 318, & de la Marche, art. 329, qui ſemblent autoriſer le contraire, en portant que les biens de celui qui ſe fait religieux n'appartiennent point au couvent, s'il n'y a dédicace expreſſe. Celle de Sens & celle de Berry contiennent encore des diſpoſitions plus préciſes à ce ſujet. La premiere, art. 86, porte que » Les biens d'une per» ſonne qui entre en religion, après la profeſſion, n'appartien» nent au monaſtére, ou religion, en laquelle eſt faite ladite pro» feſſion : mais viennent à ſes plus prochains parens, ſi ledit » religieux, avant ſadite profeſſion, où en icelle faiſant, n'en » a autrement diſpoſé ; qu'il ſoit en âge ſuffiſant de le pouvoir » faire, qui eſt de vingt ans pour le regard du mâle ; & dix-huit » pour le regard de la femelle ; leſquels pourront, entrant en » religion, diſpoſer de leurs biens au profit d'icelle, ou autre » perſonne capable & non prohibée de droit & par ordonnance, » tant & ſi avant qu'ils peuvent faire par teſtament, & non » plus. »

Celle de Berry, tit. 19, art. 38, porte que » Pourra celui qui » entre en religion, dedans l'an de probation, diſpoſer de ſes » biens au profit de ſes parens, ou autres, ſelon que de droit eſt » permis : mais ne pourra faire dédication ou donation expreſſe » de ſes biens au profit du monaſtére, ſi ce n'eſt de la tierce » partie de ſes biens. »

Malgré ces diſpoſitions particuliéres, c'eſt une régle générale par tout le roïaume, & qui s'étend même dans les païs régis par ces coutumes, qu'aucun novice, ſoit qu'il ſoit majeur, ſoit qu'il ſoit mineur, ne peut valablement faire aucun legs, quelque léger qu'il puiſſe être, en faveur du couvent dans lequel il ſe diſpoſe à faire profeſſion, ni à aucun autre du même ordre. Cette queſtion s'eſt ſouvent préſentée, & a toujours été jugée au profit des héritiers. Brodeau, ſur Loüet, lett. 6, ſomm. 8, en cite une foule d'arrêts. Nous nous contenterons d'en rapporter un, qui se trouve dans Bardet, to. 1, liv. 2, chap. 91.

Catherine Anser, native d'Orléans, étant encore mineure, & sous la garde de son tuteur, se retira à Bourges, chez une tante, où elle demeura quelque tems, & prit ensuite la résolution de se faire religieuse dans le couvent de sainte Claire de Bourges. Elle donna en entrant, & avant de prendre l'habit, une somme de cinq cens livres, s'engagea à païer pareille somme, lorsqu'elle feroit sa profession, & on lui promit une rente viagére de cent livres par an. La veille de sa profession elle fit un testament, par lequel elle légua au couvent dans lequel elle devoit rester enfermée le reste de ses jours, la somme de trois mille livres, & en outre celle de seize cens livres, qui étoient le principal de sa pension viagére.

Après sa profession, les religieuses formérent leur demande en délivrance de ces legs. Cette action fut intentée pardevant le bailli d'Orléans, dans la jurisdiction duquel les freres & sœurs de la testatrice, ses héritiers, avoient leur domicile, & où tous ses biens étoient situés. Ce juge mit les parties hors de cour & de procès. Appel de la part des religieuses.

On disoit, pour leur défense, que Catherine Anser, par le domicile qu'elle avoit fait à Bourges, avoit dû faire son testament suivant la coutume qui régit cette ville. Or celui dont il s'agissoit étoit régulier, suivant cette coutume; 1°. en ce qu'elle permet de tester à dix-huit ans accomplis, âge que la testatrice avoit atteint, lors de son testament. 2°. La même coutume permet à ceux qui se destinent à entrer en religion, de disposer au profit du couvent : ainsi le testament étoit valable, soit que l'on considérât la capacité de la testatrice, soit que l'on considérât celle des légataires.

On objectoit l'ordonnance de Blois, qui semble prohiber ces sortes de legs : mais la coutume autorise expressément ces dispositions, & l'ordonnance n'y a point dérogé. D'ailleurs elle n'a eu pour objet, dans sa défense, qu'une disposition générale & universelle de tous biens, ou du moins d'une grande partie; & non pas d'un simple legs mobilier & modique, comme celui dont il étoit question, dont l'unique but étoit de soulager le couvent dans sa pauvreté, d'aider à réédifier le dortoir, & de fonder quelque service divin. Le principal de la pension, c'est-à-dire, les seize cens livres, ne pouvoit, disoit-on, être pris que pour un meuble; parceque les rentes constituées sur particuliers sont cenſées meubles ou immeubles, ſelon la loi, ou la coutume du domicile de celui auquel elles ſont dûes, du teſtateur, ou autre qui en diſpoſe, & non ſuivant la loi du domicile de celui qui en eſt débiteur, ou des fonds qui ſont ſpécialement affectés au païement. Or il eſt certain que le domicile des créanciéres de la rente en queſtion eſt dans l'étendue de la coutume de Berry. Il eſt encore certain que la teſtatrice avoit ſon domicile dans la même coutume. C'eſt donc cette coutume qui doit fixer la qualité de la ſomme dont il s'agit. Or elle porte, tit. 8, art. 25, que toute rente conſtituée à prix d'argent, après le rachat, eſt cenſée & réputée vrai meuble.

On diſoit, pour les héritiers, qu'il y a deux ſortes de domiciles, l'un de naiſſance, & l'autre d'élection. Le domicile de naiſſance eſt celui des mineurs, qui ſont obligés de ſuivre celui de leurs peres & meres, & qui ne change point à leur égard, en quelque lieu qu'on les faſſe demeurer. *Filius civitatem, ex quâ pater ejus originem ducit, non domicilium ſequitur. L. 6, §. 1, ff. ad municipalem.* Et en effet, ſi l'on pouvoit faire changer à ſon gré de domicile aux mineurs, on pourroit tous les jours leur faire faire des actes frauduleux, & contraires à la loi de leur véritable domicile. Dans l'eſpéce préſente, par exemple, la fraude étoit manifeſte; parceque dans la coutume d'Orléans on ne peut teſter qu'à vingt ans accomplis; & pour éluder la rigueur de cette diſpoſition, on avoit fait faire le teſtament à Bourges, où l'on peut teſter à dix-huit ans; & ce qui met encore l'eſprit de fraude dans tout ſon jour, c'eſt que, pour pouvoir extorquer ce legs, & ſuggérer ce teſtament, on avoit fait durer le noviciat pendant trois ans, la teſtatrice y étant entrée à l'âge de quinze ans, & n'aïant prononcé ſes vœux qu'à dix-huit. La ſuggeſtion ſe confirme encore à la lecture du teſtament, qui, quoique olographe, eſt conçû dans un ſtile qui ſent le juriſconſulte. Celle qui l'avoit écrit ne pouvoit donc pas en être l'auteur.

Mais cette ſuggeſtion, toute évidente qu'elle étoit, & le défaut d'âge fixé par la loi du domicile, qui étoit la coutume d'Orléans, & non celle de Berry, n'étoient pas les principales nullités de ce teſtament. L'incapacité des religieuſes légataires étoit le vice radical qui infectoit & corrompoit entiérement le teſtament. Elles ne pouvoient prétendre aucune choſe en vertu de cet acte, étant perſonnes prohibées à cet égard, par les ordonnances d'Orléans & de Blois, ſuivies de pluſieurs arrêts, qui ont annullé de pareilles diſpoſitions.

On ne peut pas dire que ces ordonnances, conçûes en termes généraux, n'ont point abrogé la coutume de Berry, qui permet en termes exprès une pareille disposition ; parceque ces loix étant générales, & faites pour le bien public, en grande connoissance de cause, puisquelles ont été arrêtées dans les états du roïaume assemblés ; elles ont abrogé *ipso facto*, & sans qu'il soit besoin pour cet effet, d'une déclaration expresse, toutes les coutumes qui y sont contraires.

M. l'avocat général Bignon dit que toutes les fois que la même cause s'étoit présentée, on avoit emploïé les mêmes moïens pour défendre ces sortes de testamens : mais que la cour, par ses arrêts, n'avoit cessé de les proscrire, non-seulement quand ils étoient faits en faveur du couvent où l'on se disposoit à faire profession ; mais encore en faveur de quelque couvent que ce fût du même ordre ; & ce par une juste raison. Les religieux en général n'aïant rien tant à cœur que le bien de leur couvent, il n'y en a pas un qui ne crût faire un acte très-méritoire & un grand sacrifice, en laissant tout son bien à l'ordre dans lequel il s'engageroit ; & en ne le faisant pas, il s'exposeroit à l'indignation de ses supérieurs & de ses confreres. L'autentique *Ingressi*, qui a été abrogée parmi nous, comme contraire aux maximes fondamentales du roïaume, & contraire aux intérêts des particuliers & de l'état en général, reprendroit toute sa vigueur, si l'on autorisoit, ou même si l'on toléroit des testamens pareils à celui dont il étoit question.

Entre une infinité d'arrêts rendus sur cette matiere, il y en a trois célébres, un contre les Chartreux, & deux contre les Capucins, qui les ont déclarés incapables de legs faits dans de pareilles circonstances, quoique ces legs ne fussent que d'une simple somme de deniers.

Dire, continuoit ce magistrat, que la coutume de Berry autorise expressément ces sortes de libéralités, & qu'elle n'a point été abrogée en ce point par l'ordonnance, c'est s'abuser ; parceque l'ordonnance est une loi générale faite pour la conservation du roïaume & du bien de l'état ; & il ne faut pas douter qu'elle n'ait abrogé toutes les autres loix & coutumes particulieres. Il n'en faut pas d'autre preuve que l'arrêt contre les Chartreux de Lyon, où les dispositions du droit écrit s'observent notoirement, & y ont force de loi. Or ce droit autorise bien plus expressément ces sortes de libéralités, & leur donne des bornes bien plus étendues. Cependant par cet arrêt, qui est du 7 Septembre 1712, la cour confirma la sentence du sénéchal de Lyon, & déclara nul, & de nul effet

effet & valeur le testament fait par Antoine Scarron fils de famille, religieux en la grande Chartreuse, par lequel il donnoit aux Chartreux de Lyon tous ses meubles & acquêts. Les Chartreux disoient cependant, entr'autres moïens, que le testament avoit été fait en une maison libre, par un majeur âgé de trente ans & plus, qui avoit exercé un office de conseiller en la sénéchaussée de Lyon; que la disposition contre laquelle on réclamoit ne tournoit point au profit du couvent où le testateur avoit fait profession, qui étoit la grande Chartreuse; que même le testament avoit été approuvé & ratifié par celles mêmes qui le contestoient alors, & ce de leur propre mouvement, & par un zèle de piété & de dévotion. Ces circonstances paroissoient beaucoup plus favorables que celles de l'espéce présente. Cependant elles n'avoient rien opéré en faveur des Chartreux. En conséquence, sur les conclusions de ce magistrat, intervint arrêt le 27 Juillet 1626, qui ordonna que la sentence dont étoit appel sortiroit son plein & entier effet.

C'est une maxime constante que les ordonnances lient & obligent tous les sujets du Roi, & sont supérieures à toutes les coutumes, quoiqu'elles ne les abrogent pas expressément; sur-tout quand ces ordonnances sont générales, favorables & faites pour le bien de l'état. C'est pourquoi les ordonnances d'Orleans & de Blois doivent être exécutées dans les coutumes d'Auvergne, Sens, Bourbonnois, la Marche, & Berry, quoiqu'elles contiennent des dispositions contraires; d'autant plus même que les ordonnances sont postérieures à la rédaction de ces coutumes.

Telles sont les restrictions dont on a cru devoir gêner la liberté de ceux qui se destinent à entrer dans des corps dont les biens étant hors du commerce & inaliénables sont engloutis & perdus pour la société. Ils ont, quant au reste, la même liberté que les autres citoïens, pour disposer de leurs biens par testament.

CHAPITRE XIV.

De la Puissance paternelle.

IL ne peut y avoir qu'un citoïen qui soit revêtu de cette puissance. Elle s'éteint nécessairement en même tems que le droit de cité s'éteint. D'où il suit que la profession en religion fait cesser la puissance paternelle: d'où il suit encore que, quand un pere possède, en vertu de cette puissance, l'usufruit des biens de ses enfans, cet usufruit est consolidé à la propriété; parceque, la cause cessant, il est nécessaire que l'effet cesse aussi.

CHAPITRE XV.

Des effets de la profession en Religion, par rapport aux conjoints par mariage précédent.

Il est de principe qu'un mariage, quoique contracté conformément à toutes les régles, est beaucoup plus aisé à dissoudre, lorsqu'il n'a pas été consommé, que lorsqu'il l'a été. *Matrimonium ratum*, dit Van-Espen, *jur. Eccl. univers. part.* 2, *tit.* 15. *Cap.* 1, *n.* 7, *non consummatum, quamvis sit perfectum in ratione matrimonii antè consummationem, faciliùs solvi nihilominùs, quoad vinculum, quàm matrimonium ratum & consummatum, nemo Catholicorum dubitat.*

Gratien, *caus.* 27, *quest.* 2, *can.* 26, prouve, par différens passages, que le vœu en religion fait par l'un des deux conjoints, du consentement de l'autre, dissout le mariage. Il rapporte le fragment d'une lettre du pape Nicolas I. à Charles II. roi de France, conçue en ces termes: *Scripsit nobis Thietberga regina se regiâ dignitate, vel maritali copulâ velle exui, & solâ vitâ privatâ esse contentam desiderare. Cui nos scripsimus non aliter hoc fieri posse, nisi eamdem vitam conjux ejus Lotharius elegerit.* Le même pape, dans une autre épître au roi Lothaire, lui dit: *Nam licet sit scriptum*, quod Deus conjunxit, homo non separet, *Deus tamen, & non homo separat, quando divini amoris intuitu ex consensu utriusque conjugis matrimonia dissolvuntur. Aliter autem fieri mutuam separationem vestram prohibemus.*

Cette matiere est traitée avec beaucoup d'étendue dans les décrétales au titre *de conversione conjugatorum.* Comme il s'y trouve des décisions fort curieuses sur cette matiere, nous croïons devoir en faire ici une analise.

Dans le premier chapitre, le pape Alexandre III. décide que, quoiqu'un homme marié fût entré dans un couvent & y eût fait profession du consentement de sa femme; si cependant elle demeure dans le monde, & refuse de faire vœu de chasteté, on doit obliger son mari de retourner avec elle. La glose, sur le mot *revocari*, pour concilier ce chapitre avec d'autres, dont la disposition paroît contraire, fait une distinction. Elle dit que, si la femme est jeune & d'âge à ne pouvoir rester dans le monde *sine suspicione fornicationis*, il ne suffit pas alors qu'elle consente que son mari fasse profession; il faut qu'elle s'engage aussi de son côté dans quelque monastere. *Non sufficit sola licentia uxoris, nisi & ipsa similiter convertatur.* Mais si elle est d'âge à ne pouvoir être soupçonnée d'incontinence, elle n'est point alors obligée de faire profession.

Le même pape décide, dans le chapitre second, que l'un des deux époux peut, avant que le mariage ait été consommé, s'engager malgré l'autre dans un monastere; auquel cas le lien du mariage est tellement rompu, que celui qui reste dans le monde peut en contracter un autre. Et dans le chapitre 7, ce pape ajoûte que, si l'épouse qui n'a pas été connue de son mari veut entrer en religion, on peut l'obliger de faire profession dans un certain tems, sinon d'habiter avec son mari; *quia, cum non fuissent una caro simul effecti, satis potest unus ad Deum transire, & alter in sæculo remanere.* C'est encore ce qui est décidé par le pape Celestin III. dans le chapitre 14 du même titre.

Si un homme marié s'est engagé dans l'état monastique sans le consentement de sa femme; ou s'il a emploïé la force & la violence pour arracher ce consentement, elle est toujours en droit d'exiger qu'il rentre dans le monde, pour revenir vivre maritalement avec elle; parceque, comme dit l'Apôtre, *Vir non habet potestatem sui corporis, sed mulier.* Et lorsque la femme vient à mourir, on ne peut pas forcer ce mari à rentrer dans la vie monastique, d'où elle l'avoit tiré: mais il ne peut pas contracter un autre mariage. Telle est la décision d'Alexandre III. dans le troisiéme chapitre; & Urbain III. au chapitre 9, ajoûte que, si la profession s'est faite du consentement de la femme, & qu'elle vienne à décéder sans que son mari religieux ait demeuré dans le monastere, il ne peut pas se remarier, & on peut le forcer à entrer dans un couvent. Les chapitres 10, 11 & 12, disent que le vœu de chasteté prononcé par un des conjoints, même du consentement de l'autre, n'ôte point à celui-ci le droit d'exiger les devoirs du mariage; & ils ajoûtent que, si l'un des mariés fait profession, *altero sciente & dissimulante*, il ne peut pas, après son veuvage, retourner au siécle.

Dans le chapitre 4, le même pape Alexandre III. décide qu'un mari ne peut pas entrer dans un monastere & y faire profession, à moins que la femme ne faſſe auſſi profeſſion de ſon côté : ou du moins il faut que ſon âge, ou que quelques autres raiſons auſſi fortes la mettent à l'abri de tout ſoupçon d'incontinence, & qu'elle promette de vivre dans la chaſteté. Les chapitres 8 & 13 décident la même choſe.

Dans le chapitre 5, ce pape veut encore qu'un mari ne puiſſe être promû aux ordres ſacrés, *niſi ab uxore continentiam profitente fuerit abſolutus.* Et dans le chapitre 6, il dit qu'un mari ne peut être promû à l'épiſcopat, *niſi uxor priùs, profeſſa continentiam, ſacrum ſibi velamen imponat, & religioſam veſtem aſſumat.* On a cependant vû un évêque de ſaint Malo, dont la femme étoit vivante, qui demeura toujours dans le ſiécle, ſans avoir fait profeſſion dans aucun monaſtere.

Dans le chapitre 15, le pape Innocent III. dit qu'une femme adultére ne peut pas redemander ſon mari qui a fait profeſſion ; & dans le chapitre 19, le pape Gregoire IX. décide que les femmes adultéres ſont obligées de demeurer dans les couvents, ſi les maris ne les veulent pas reprendre. *Mulieres verò quæ, relicto maritali thoro, lapſu carnis ceciderunt, ſi mariti earum, à te diligenter commoniti, eas ad frugem melioris vitæ converſas noluerint recipere propter Deum ; in clauſtris cum religioſis mulieribus ſtudeas collocare, ut perpetuam pœnitentiam ibi agant.* Et dans le chapitre dernier, il eſt dit que ſi le mari avoit paſſé chez les infidéles, ſa femme pourroit librement faire profeſſion.

Si l'on veut paſſer à l'examen des loix civiles ſur cette matiere, la premiere qui nous tombe ſous la main eſt la novelle 22, *cap.* 5, dont voici les termes : *Secundùm occaſionem itaque inculpabilem, quando converſationem altera eligit pars, ad meliorem migrans vitam, & ſub caſtitate converſationem concupiſcens. Tunc enim lex alia noſtra dicit licentiam eſſe viro & mulieri ad meliora migranti, tranſigere matrimonium, & abſcedere, quodam brevi dimiſſo, ei qui relinquitur, ſolatio.*

Juſtinien, de qui eſt cette loi, s'explique encore en ces termes ſur la même matiere, dans ſa novelle 117, *cap.* 12. *Prædictis cauſis proſpeximus etiam has nominatim adjicere, ex quibus matrimonia ſine pœnâ licet tranſigere .... de his viris ac fæminis qui, conſiſtente matrimonio, ſanctimonialem converſationem & monaſterii habitationem elegerint.*

S. Grégoire, *Lib.* 9, *epiſt.* 39, ſoutient que ces loix ne doivent point être obſervées. Voici comment il s'explique. *Si enim dicunt religionis causâ conjugia debere diſſolvi, ſciendum eſt quia etſi hoc lex humana concessit, lex divina tamen prohibuit. Per se enim veritas dicit:* quod Deus conjunxit, homo non separet. *Quæ etiam ait* non licet dimittere uxorem, exceptâ fornicationis causâ. *Quis ergò huic cælesti legislatori contradicat? Scimus quia scriptum est;* erunt duo in carne unâ. *Si ergò vir & uxor una caro sint, & religionis causâ vir dimittit uxorem, vel mulier virum in hoc mundo remanentem, vel etiam fortasse ad illicita vota migrantem, quæ est ista migratio, vel conversio, in quâ una eademque caro & ex parte transit ad continentiam, & ex parte remanet in pollutione.*

Il dit encore *ibid. Epist.* 44, *Quia etsi mundana lex præcipit, conversionis gratiâ, utrolibet invito posse solvi conjugium, divina hoc tamen lex fieri non permittit.* Ces deux passages se trouvent dans le decret de Gratien, *caus.* 27, *q.* 2, *can.* 19 & 21.

Les théologiens & les canonistes, pour décider la question de sçavoir si le mariage se peut dissoudre, pour passer dans un état plus parfait, comme est celui de continence, ou de religion, font plusieurs distinctions.

1°. Ils distinguent entre les épousailles que l'on nomme *de futuro*, & celles que l'on nomme *de præsenti.*

A l'égard des premieres, les docteurs sont partagés. Les uns prétendent qu'elles sont annullées par le vœu de chasteté; parceque, quand deux liens incompatibles concourent, le plus fort doit prévaloir. Or le vœu de chasteté est le plus fort, par rapport à son objet, & par rapport à sa fin. Il doit donc l'emporter.

D'autres soutiennent qu'un mariage *de futuro* n'est point dissous par un vœu de chasteté postérieur; parceque Dieu n'agrée point le don d'une chose qui a été donnée à un autre. Comme les mariages *de futuro* sont prohibés parmi nous, nous ne nous arrêterons point à discuter ces deux opinions.

2°. A l'égard du mariage de présent, l'on distingue entre celui qui a été contracté seulement, sans avoir été consommé; c'est ce que les canonistes appellent *ratum non consummatum;* & celui qui a été contracté & consommé, *ratum consummatum.*

Un mariage valablement contracté & célébré est dissous de plein droit, quand une des parties entre dans un monastere approuvé, & y prononce des vœux solemnels; & il est tellement annullé, que celle des deux parties qui reste dans le monde peut se remarier, après la profession de celle qui l'a abandonné. *Sanè quod Dominus in Evangelio dicit non licere viro, nisi ob causam fornicationis, uxorem suam dimittere, intelligendum est, secundùm interpretationem ſacri eloquii, de iis quorum matrimonium carnali copulâ eſt conſummatum, ſine quo confirmari non poteſt. Cap. ex publico ex. de converſ. conjugat.*

Poſt conſenſum legitimum de præſenti, licitum eſt alteri, altero etiam repugnante, eligere monaſterium, ſicut ſancti quidam de nuptiis vocati fuerunt, dummodò carnalis commixtio non intervenerit inter eos: & alteri remanenti, ſi commonitus continentiam ſervare noluerit, licitum eſt ad ſecunda vota tranſire. Cap. verùm. Ibid.

Le concile de Trente a décidé la même choſe en termes formels, *ſeſſ.* 24, *de ſacram. matrim. can.* 6, en ces termes: *Si quis dixerit matrimonium ratum, non conſummatum, per ſolemnem religionis profeſſionem alterius conjugum non dirimi, anathema ſit.*

Il faut bien obſerver que ce n'eſt pas ſimplement au vœu ſolemnel que le concile attribue le pouvoir de diſſoudre un mariage de cette eſpéce: c'eſt à la profeſſion en religion faite ſolemnellement, & ſuivant les régles preſcrites par les loix de l'égliſe & de l'état; en ſorte que tout vœu ſolemnel ne produit pas cet effet. Tel eſt celui qui accompagne toujours l'ordination. Le pape Jean XXII. l'avoit ainſi décidé long-tems avant le concile de Trente. *Antiquæ concertationi finem cupientes imponere, ac animarum periculis indè provenientibus ſalubriter providere, de fratrum noſtrorum conſilio præſenti declaramus edicto, quòd licet votum ſolemniſatum per ſacri ſuſceptionem ordinis, quantùm ad impediendum matrimonium contrahendum, ac ad dirimendum, ſi poſt contractum fuerit, ſecundùm ſtatuta canonum, ſit efficax reputandum; ad diſſolvendum tamen priùs contractum, etiamſi per carnis copulam non fuerit conſummatum, cùm nec jure divino, nec per ſacros reperiamus canones hoc ſtatutum, invalidum eſt cenſendum. Extravag. cap. unic. de voto.*

Tel eſt encore le vœu d'écolier que prononcent les Jéſuites après les deux ans de probation. Gonzalès, dans ſon commentaire ſur le chapitre 2, *ex. de converſ. conjug.* eſt d'avis, d'après pluſieurs auteurs qu'il cite, que ce vœu eſt un empêchement prohibitif ſeulement: mais non pas un empêchement dirimant.

Il eſt inutile, après ces obſervations, de dire qu'un vœu ſimple de chaſteté ne porte aucune atteinte au mariage, ſoit qu'il ait été conſommé, ſoit qu'il ne l'ait pas été; en ſorte que celui des conjoints qui ne s'eſt point lié par ce vœu conſerve toujours le droit d'exiger le devoir conjugal.

Il faut dire la même choſe de la priſe d'habit dans un monaſtere: tant qu'il n'y a point de profeſſion ſolemnelle, le mariage exiſte dans toute ſon intégrité. *Porrò licèt prædicta mulier videatur in veli susceptione religionis habitum assumpsisse, si tamen velit in domo propriâ remanere, quasi propositum castitatis in sæculo servatura, nihilominùs consummandum est matrimonium jam contractum, nisi se voto adstrinxit ad observantiam regularem. In quæ compelli potest ut, relicto sæculo, propositum exequatur. Cap. ex parte. ex. de convers. conjugat.*

On forme ici la question de sçavoir si le mariage non consommé est tellement anéanti par la profession en religion de l'un des deux conjoints, que celui qui reste dans le monde puisse se remarier du vivant même de l'autre qui s'est retiré du monde; & que celui-ci puisse aussi se marier ailleurs, en cas qu'il parvienne à se faire relever de ses vœux.

Sanchez, *de matrim. lib.* 2, *disput.* 18, 19 *&* 20, traite cette question fort au long. Voici comment il la propose: *utrùm matrimonium ratum sit etiam direptum per professionem, quoad vinculum; ita ut, si posteà religiosus dispensaretur à pontifice voto religionis, posset aliud matrimonium contrahere?* Il conclut pour l'affirmative; & comme il trouve beaucoup de difficultés à soutenir qu'un mariage légitimement contracté puisse être dissous, malgré l'un des conjoints, par la profession de l'autre; il dit, après un long raisonnement, *quòd hoc debet reduci ad privilegium à Christo Domino concessum initio nascentis ecclesiæ, & per traditionem ad nos transmissum.*

La solution de cette difficulté dépend d'un principe constant parmi nous, & que nous aurons occasion de prouver dans la suite. Lorsque des vœux en religion ont été prononcés suivant les loix de l'église & de l'état, le pape n'y peut donner aucune atteinte; & toutes les bulles qui nous sont envoïées de Rome, touchant cette matiére, ne peuvent avoir d'effet que par rapport aux vœux qui sont nuls en eux-mêmes. Il est donc nécessaire qu'elles soient vérifiées par les juges, qui les admettent, ou les rejettent, suivant les circonstances. La dispense & le jugement qui l'omologuent ne sont donc autre chose que de déclarer qu'il n'y a point eu de profession en religion. Or *quod ipso jure nullum est, nullos juris effectus potest parere.* D'où il résulte que de tels vœux n'ont point anéanti le mariage qui les a précédés. Ces vœux étoient nuls dans leur principe; ou, pour en parler mieux, ils n'existoient point; ce n'étoit rien. Ils n'ont donc pû faire d'impression sur aucun des actes qui leur étoient antérieurs. Le mariage, s'il étoit légitime d'ailleurs, doit donc produire tous ses effets, comme si l'émission des vœux, dont on veut faire un prétexte pour l'attaquer, n'étoit point survenue.

Ainsi, dans le cas où celui des conjoints qui est resté dans le monde auroit contracté un second mariage, ce mariage seroit nul; parceque le premier, subsistant toujours, est un obstacle invincible à un second. Par la même raison, celui qui parvient à faire déclarer ses vœux nuls, reste toujours dans les liens du mariage qu'il avoit contracté; & doit se remettre à vivre, comme auparavant, avec son conjoint.

Mais, si celui qui est resté dans le monde a contracté un autre mariage, il est hors de doute qu'il doit abandonner son second époux, pour reprendre le premier, qui est le seul légitime. Mais s'il y a des enfans procréés de ce second mariage, quel sera leur état? Ils sont nés d'un mariage contracté à l'ombre d'une profession solemnelle, qui constituoit dans la bonne foi : ils doivent donc être regardés comme légitimes, & habiles à succéder à leurs pere & mere concurremment avec ceux qui pourront provenir du mariage réhabilité de droit au moïen de la nullité des vœux; & avec ceux qui pourront provenir de celui qui sera contracté par la partie qui est obligée de quitter son prétendu conjoint.

Si des vœux nuls étoient capables de rompre le mariage, toutes ces grandes maximes, qui sont la base de son essence & de son indissolubilité, deviendroient illusoires. En effet, il est certain parmi nous, que la matiére du sacrement de mariage consiste dans le consentement des deux parties, donné suivant les loix de l'église & de l'état; & quand ce consentement est ainsi donné, il en résulte un lien qui ne peut être rompu que par la mort de l'un des deux conjoints. Or, si l'on admettoit le sentiment contraire à celui qui vient d'être établi, le lien ne seroit pas formé par ce consentement seul; ou du moins son effet resteroit en suspens jusqu'au moment de la consommation, qui seule y pourroit mettre le sceau, puisque ce même lien seroit brisé par une profession en religion, réelle ou feinte. C'est bien assez que l'on ait admis la rupture du mariage opérée par des vœux réels & sincères, sans lui donner encore pour cause des vœux nuls & illusoires.

D'ailleurs, quels inconvéniens n'en résulteroit-il pas? On verroit tous les jours profaner ce qu'il y a de plus saint & de plus sacré dans notre religion. Un homme, après avoir sincérement contracté mariage, s'en repentiroit tout d'un coup, soit par caprice, ou autrement, pour se délivrer d'un lien qu'il se seroit imposé volontairement, & à la face des autels : on le verroit courir au pié de ces mêmes autels, en contracter un second; mais qui ne le lieroit qu'en apparence, attendu les nullités qu'il glisseroit exprès dans sa profession; sûr, par cette ruse sacrilége, de

se

ſe délivrer tout-à-la-fois des deux engagemens les plus ſacrés que nous connoiſſions.

D'ailleurs la juriſprudence des arrêts a toujours regardé le lien du mariage comme un lien ſacré & indiſſoluble, elle a toujours réprouvé ceux qui ont été faits poſtérieurement à un premier qui ſubſiſtoit encore; quelque bonne foi que l'on pût préſumer dans les poſtérieurs. Tout le monde ſçait qu'autrefois, lorſqu'un mari avoit été abſent pendant un certain tems, ſa femme pouvoit ſe remarier, ſans être tenue d'apporter d'autres preuves de la mort de ſon mari, que la longue abſence, qui faiſoit préſumer cette mort. Cependant, lorſque le premier mari revenoit, il étoit en droit d'arracher ſa femme des bras de celui qu'elle avoit épouſé pendant qu'il étoit abſent; pour vivre avec elle, & reprendre tous les droits auxquels ſon premier mariage l'avoit ſoumiſe. Il eſt vrai que cette juriſprudence a changé, & que l'on n'admet plus une femme à ſe marier, que quand elle rapporte l'extrait mortuaire de ſon premier mari. Quelque longue que ſoit ſon abſence, on ne le préſume jamais mort : mais ce changement de juriſprudence, loin de prouver contre le ſiſtême qui vient d'être établi, ſemble, au contraire, venir à ſon appui, en faiſant voir combien on a de reſpect pour un premier mariage, que l'on craint de profaner, tant qu'il exiſte, par un ſecond.

Ces raiſons ſont très-fortes, il eſt vrai : mais nous ne les croïons pas ſuffiſantes, pour nous déterminer dans le parti que nous avons à embraſſer.

Il faut convenir que, généralement parlant, un mariage légitimement contracté ne peut être anéanti que par la mort. Quelque longue que ſoit l'abſence de l'un des conjoints, elle n'y porte aucune atteinte; & l'autre ne recouvre la liberté de diſpoſer de ſa main, qu'en rapportant la preuve juridique du décès de celui qui s'eſt abſenté. Que le mariage ait été conſommé, qu'il ne l'ait point été, cela eſt égal : lorſqu'il ne s'agit que de l'abſence, il n'en ſubſiſte pas moins.

Mais cette régle générale, qui veut que nous regardions le mariage comme indiſſoluble, ſouffre une exception; c'eſt lorſque n'aïant point été conſommé, il eſt ſuivi de la profeſſion en religion de l'un des conjoints; parceque, comme dit le pape Alexandre III, dans le chap. 2. *Ex. de converſ. conjugat. Cùm non fuiſſent una caro ſimul effecti, ſatis poteſt unus ad Deum tranſire, & alter in ſæculo remanere.*

Ne perdons jamais de vûe que cet effet eſt réſervé aux vœux

ſolemnels ſeulement : les autres ne peuvent jamais produire aucun effet civil. Le concile de Trente, dans le canon que nous avons rapporté plus haut, y eſt précis : *per ſolemnem religionis profeſſionem.* Cette ſolemnité ſuffit donc pour diſſoudre le lien ; ou du moins, pour le faire regarder comme rompu par le conjoint qui reſte dans le monde, & par conſéquent pour le conſtituer dans la bonne foi. Il n'eſt point obligé d'examiner s'il y a des nullités dans cette profeſſion. Souvent même l'examen le plus ſcrupuleux ne les lui découvriroit pas. Elles peuvent être conſignées dans des piéces autentiques à la vérité, mais dont celui qui a fait profeſſion a ſeul connoiſſance, & qu'il a grand ſoin de tenir cachées. En un mot, quelles que ſoient ces nullités, elles ne conſtituent point en mauvaiſe foi le conjoint qui reſte dans le monde. Il ſçait que ſon mariage n'a point été conſommé. Il ſçait qu'un mariage en cet état eſt anéanti par des vœux en religion. Il aſſiſte à l'émiſſion ſolemnelle de ces vœux ; il en voit conſigner la preuve dans des regiſtres publics deſtinés à cet uſage, & auxquels ſeuls la loi donne toute ſa confiance. Que lui faut-il de plus pour le conſtituer en bonne foi, & lui perſuader qu'il eſt libre ? Or cette bonne foi ſuffit pour lui rendre effectivement la liberté. Il y a plus : la ſociété toute entiére eſt auſſi dans la bonne foi. Elle regarde celui qui a prononcé ſes vœux comme engagé ſans retour dans l'état religieux, & comme mort civilement. Les loix, en conſéquence de cette mort civile, diſpoſent de ſes biens ; & ſi on les lui rend, quand il eſt parvenu à faire déclarer ſa profeſſion nulle, on ne l'autoriſe jamais à répéter les fruits perçûs, pendant qu'il a été religieux ; parceque, quand les héritiers en ont joui, ils étoient autoriſés à le faire par la bonne foi dans laquelle la profeſſion les avoit conſtitués. Ils agiſſoient à l'ombre d'une mort civile qu'ils étoient en droit de croire encourue par des vœux ſolemnellement prononcés.

Lorſqu'une femme a le malheur d'épouſer un homme engagé par des vœux de religion, ſa bonne foi, comme nous l'avons fait voir, lui profite à elle & à ſes enfans. On regarde un pareil mariage comme légitime relativement à elle. Cependant on peut dire qu'il ne lui étoit pas impoſſible de vaincre l'ignorance qui faiſoit la baze de ſa bonne foi.

La profeſſion par laquelle ſon mari s'étoit lié avoit été faite publiquement, & la preuve en exiſtoit dans des regiſtres publics ouverts à tout le monde. Lorſqu'il s'eſt préſenté pour l'épouſer, il eſt certain qu'elle ne le connoiſſoit pas, puiſqu'elle ignoroit ſon état. Il étoit donc de ſa prudence, avant que de l'épouſer, de prendre toutes les meſures poſſibles pour le connoître. Ecrire dans le païs de ſa naiſſance à ſes parens, ſuivre ſes démarches, depuis qu'il étoit ſorti de la maiſon paternelle; & à force de perquiſitions, elle auroit pû parvenir à découvrir la vérité. Son ignorance n'étoit donc pas invincible. Cependant elle en tire avantage, & l'on regarde ſon mariage comme légitime.

Dans la circonſtance dont il eſt ici queſtion, la femme n'a contracté un ſecond mariage que ſur la foi d'une profeſſion ſolemnelle faite en ſa préſence. La bonne foi peut-elle s'acquérir à plus juſte titre? Il y a même ici une obſervation très-importante à faire; c'eſt que, dans l'eſpéce dont nous venons de parler, il n'y a qu'un des conjoints qui ſoit dans la bonne foi : encore ne lui étoit-il pas impoſſible de s'inſtruire de la vérité. Dans celle, au contraire, dont il eſt ici queſtion, non-ſeulement il n'y a aucun moïen de découvrir le vrai; mais les deux conjoints ſont dans la bonne foi. Ils ſont en droit l'un & l'autre de ſe regarder comme affranchis de tout lien. Le ſeul qui pouvoit faire obſtacle à leur liberté eſt rompu par une profeſſion ſolemnelle, à la face des autels, faite par l'un d'eux, en préſence de l'autre, &, de la ſociété toute entiere, qui agit en conſéquence, & va juſqu'à diſpoſer des biens du profès, qu'elle regarde, dès cet inſtant, comme mort civilement.

Il eſt vrai que, dans l'eſpéce d'une femme mariée à un religieux, on diſſout le mariage, dès qu'on vient à découvrir le véritable état de celui qui étoit en mauvaiſe foi. Le motif eſt tout ſimple. Cette découverte conſtitue néceſſairement les deux conjoints en mauvaiſe foi. L'un y a toujours été, puiſqu'il a toujours connu ſon état. L'autre y tombe dès qu'il vient à connoître l'obſtacle qui s'oppoſoit à ſon mariage. Or la raiſon ne ſouffre pas qu'on les laiſſe continuer de jouïr d'un état qui n'avoit d'autre fondement qu'une bonne foi qui n'exiſte plus. La cauſe ceſſant, l'effet ceſſe auſſi.

Ici, au contraire, la bonne foi étoit de part & d'autre, & elle étoit fondée ſur une ignorance preſqu'invincible. Cette bonne foi doit donc opérer, en faveur des deux époux, les mêmes effets que ceux qu'elle opére dans le cas où elle n'eſt que d'un côté; & elle doit de plus rendre le mariage indiſſoluble; parcequ'elle ne ceſſe point d'exiſter, attendu qu'elle n'eſt détruite par le fait ni de l'un ni de l'autre.

On peut objecter que le jugement qui intervient la fait ceſſer;

puisqu'il annulle les vœux qui servoient de baze à ce mariage.

Les vœux sont déclarés nuls, il est vrai : mais ce ne peut être que pour le défaut de quelque formalité extrinséque. Ils n'en ont pas été moins prononcés ; & la prononciation n'en a pas été moins solemnelle. Cela suffit, aux termes du concile de Trente, pour dissoudre le mariage, *per solemnem religionis professionem*. Le concile n'exige point qu'elle soit dans toutes les régles ; il lui suffit qu'elle soit solemnelle ; parceque cette solemnité constitue toute la société en bonne foi. Elle regarde comme légitime le mariage qui en est la suite. Regardera-t-on comme un pur concubinage un lien qu'elle a resserré du sceau de son approbation, & qui n'a été formé que sur la foi d'une décision prononcée par toute l'église assemblée, en un mot, dans un concile écuménique ?

D'ailleurs quel trouble & quelle confusion ne verroit-on pas dans la société, si l'on autorisoit des mariages ainsi géminés par des personnes encore vivantes ? Quel désordre & quel embarras dans les successions ? Ces inconvéniens sont bien plus considérables que ceux que l'on fait envisager pour soutenir l'autre parti. On peut même dire que ceux-ci sont chimériques. On ne verra jamais une personne de bon sens s'aller jetter dans un couvent pour se débarrasser d'un lien qu'il pouvoit ne pas s'imposer, & qui, d'ailleurs, est bien moins insupportable que celui qu'il prend pour se délivrer. Mais il peut glisser à dessein des nullités dans sa profession. Quelle certitude a-t-il qu'on aura égard, en jugement, à ces nullités ?

Il est vrai que la matiere du sacrement de mariage, suivant nos maximes, n'est autre chose que le consentement des parties donné suivant les loix de l'église & de l'état, & que ce consentement ainsi donné impose un joug, dont, généralement parlant, on ne peut être délivré que par la mort de l'un des deux conjoints : mais l'église a jugé à propos de mettre une exception à cette régle générale ; c'est celle de la profession solemnelle en religion faite avant la consommation du mariage. Le sacrement, en ce cas, disparoît en quelque sorte, & cesse d'exister. Et pour le dire en passant, on n'a pas toujours regardé le mariage comme un lien absolument indissoluble.

Quelques docteurs, même catholiques, ont autrefois douté si l'adultére n'étoit pas une cause suffisante pour rompre le lien du mariage, de façon que celui des deux conjoints qui étoit innocent pût, après s'être séparé d'avec le coupable, épouser une autre personne du vivant même de celle qu'il avoit abandonnée. Saint Ambroise, *ad epist.* 1, *ad Corinth. cap.* 7, décide formellement qu'un homme, dans ce cas, peut épouser une autre femme. Le sentiment de ce saint docteur étoit fondé sur l'interprétation de ces paroles de JESUS-CHRIST, *Quicumque dimiserit uxorem suam*, nisi ob fornicationem, *& aliam duxerit, mœchatur; & qui dimissam duxerit, mœchatur. Matth. c.* 19, *verset* 9.

C'est sur le même fondement que l'église grecque tient encore cette doctrine. Les ambassadeurs de Venise au concile de Trente représentérent, que leur république possédant les isles de Chypre, de Candie, de Corfou, de Zante & de Céfalonie, toutes pleines de Grecs, qui depuis plusieurs siécles étoient dans l'usage de répudier les femmes adultéres, & de se marier à d'autres, sans que jamais ni l'église, ni pas un des conciles les en eussent repris; il n'étoit pas juste de les condamner sur cette doctrine, au moins sans les entendre.

Les peres du concile, pour se prêter à cette remontrance, autant que l'intérêt de la religion le pouvoit permettre, consentirent à ne pas anathématiser ceux qui disoient que le mariage peut être rompu pour cause d'adultére, comme l'ont dit saint Ambroise & quelques peres grecs, & comme il se pratique chez les Orientaux: mais ils prononcérent anathême contre ceux qui diroient que l'église erre, lorsqu'elle enseigne que le lien du mariage n'est point rompu par l'adultére, & qu'il n'est pas permis d'en contracter un autre.

Le concile, par cette tournure, contenta les Vénitiens, & en même tems décida la question sans laisser aucun doute; puisqu'au fond ces deux façons de s'exprimer signifient exactement la même chose. Voici le texte de ce canon. *Si quis dixerit Ecclesiam errasse, cum docuit & docet, juxtà Evangelicicam & Apostolicam doctrinam, propter adulterium alterius conjugum matrimonii vinculum non posse dissolvi, & utrumque, vel etiam innocentem, qui causam adulterio non dedit, non posse, altero conjuge vivente, aliud matrimonium contrahere, mæcharique eum qui, dimissâ adulterâ, aliam duxerit & eam quæ, dimisso adultero, alii nupserit; anathema sit. Can.* 7, *sess.* 24, *de matrimon.*

Ce n'est que depuis cette décision du concile qu'il n'y a plus de nuages sur l'indissolubilité d'un mariage souillé par l'adultére. La dissolution de ce lien n'est donc pas si révoltante que l'on pourroit se l'imaginer.

Enfin y a-t-il tant d'inconvéniens à dire que l'effet de la bénédiction nuptiale reste en suspens jusqu'au moment de la consommation ? Cette incertitude ne provient que des vœux que l'un des conjoints peut prononcer solemnellement avant cette consommation. L'église l'a ainsi jugé. Elle a eu sans doute de bonnes raisons, & l'on doit s'y soumettre d'autant plus facilement, qu'il n'y a rien en cela qui soit contraire à la raison naturelle.

On peut même dire que les canons ne regardent pas comme véritablement mariée une femme qui n'a pas encore consommé le mariage. *Cum societas nuptiarum ita à principio sit instituta ut, præter commixtionem sexuum, non habeant in se nuptiæ conjunctionis Christi & Ecclesiæ sacramentum ; non dubium est illam mulierem non pertinere ad matrimonium, cum quâ docetur non fuisse nuptiale ministerium. Caus.* 27, *q.* 2. *c.* 17.

Quant à l'ancienne jurisprudence qui autorisoit une femme à se remarier, lorsque son mari avoit été absent pendant un certain tems, & qui autorisoit en même tems ce mari à reprendre sa femme, & à lui faire abandonner son second mari ; elle n'a point ici d'application. Ce second mariage n'étoit fondé que sur une simple présomption tirée de la longue absence qui faisoit soupçonner la mort de l'absent. Or on ne peut pas regarder une présomption, qui peut fort souvent se trouver fausse, comme une chose capable de dissoudre un mariage. C'est pourquoi, sitôt que cette présomption cessoit, tout rentroit dans son premier état. Et c'est la raison qui a fait changer cette jurisprudence.

Dans notre espéce, au contraire, il n'y a point de présomption ; il y a certitude entiere.

On peut encore former une autre question à ce sujet. Elle consiste à sçavoir si, dans le cas où celui des deux conjoints qui est resté dans le monde n'auroit point contracté d'autre mariage, l'autre seroit en droit de le reprendre sans autre formalité, après avoir fait déclarer ses vœux nuls.

Nous avons fait voir que la profession en religion opére la dissolution du mariage. Ses liens sont brisés par la seule émission des vœux, quand il n'a point été consommé. Ce n'est donc pas le second mariage qui produit cet effet. D'où il suit que les deux personnes en question n'étant plus mariées, elles ne peuvent cohabiter ensemble, s'il n'y a au moins une réhabilitation.

A l'égard des effets civils, un tel mariage n'en produit aucuns. Etant annullé aussitôt que contracté, il ne peut produire aucun effet. Il ne peut être regardé à cet égard, que comme de simples fiançailles, qui n'auroient point été suivies du mariage. Ainsi la femme ne peut point porter le nom de celui qui l'a quittée. Elle ne peut prétendre ni douaire, ni communauté, ni aucune des autres conventions matrimoniales. Elle reprend purement & simplement ce qu'elle avoit apporté en dot. En un mot, elle conserve son état de fille, ou de veuve, telle qu'elle étoit avant ce mariage.

Lorsque le mariage a été consommé, il est certain qu'un des deux conjoints ne peut pas entrer en religion sans le consentement de l'autre. C'est ce qui fait dire à saint Augustin dans son épître 227, suivant la derniere édition, *Una sola causa esse posset, quâ te id quod vovisti, non solùm non hortaremur, verùm etiam prohiberemus implere, si fortè tua conjux hoc tecum suscipere, animi seu carnis infirmitate, recusaret. Nam & vovenda talia non sunt à conjugatis, nisi ex consensu & voluntate communi; & si praproperè factum fuerit, magis est corrigenda temeritas, quàm persolvenda promissio.* Ce passage se trouve aussi dans Gratien, *Caus. 33, quæst. 5, cap. 6.*

Il est donc constant que l'un des deux époux peut, du consentement de l'autre, faire profession solemnelle dans un monastere, quoique le mariage ait été consommé: mais, comme il seroit dangereux de laisser dans le monde la femme d'un homme qui se seroit fait religieux, le pape Alexandre IV. veut que, dans ce cas, elle s'engage aussi dans un monastere. *Cum sis præditus scientia litterarum*, dit ce souverain pontife, dans une épître adressée à l'évêque d'Excester, *ignorare non debes, sanctorum patrum constitutioni esse contrarium, ut vir uxore suâ, aut uxor, viro ejus non assumente religionis habitum, debeat ad religionem transire. Quia, cum vir & uxor una caro sint, sicut docet Apostolus, non potest unus ad Deum converti, & alter in sæculo remanere. Indè est quòd auctoritate apostolicâ prohibemus, ne in episcopatu tuo virum, vel uxorem, nisi uterque ad religionem migraverit, transire permittas. Cap. 4, ex. de convers. conjug.*

On exceptoit autrefois de cette régle les femmes qui étoient avancées en âge, & dont la conduite étoit irréprochable. C'est ce qu'explique assez clairement le pape Alexandre III. dans son épître adressée aux prieur & religieux de saint Jean: *Uxoratus, sine licentiâ uxoris, inter vos nullatenùs recipiatur; quæ integræ opinionis existat, ita quod nulla marito suspicio habeatur eam ad secunda vota velle migrare, vel quòd minùs continenter debeat vivere. Quæ si talis extiterit, marito ejus in consortio vestro recepto, ipsa publicè in conspectu Ecclesiæ continentiam professa, in domo propriâ cum filiis suis & familiâ poterit permanere. Si autem talis fuerit quæ suspicione non careat, voto continentiæ celebrato, à sæcularium hominum se conversa-*

tione removeat, & in loco religioso, ubi Deo serviat, perpetuò commoretur. Cap. 8, ex. de convers. conjugat.

On exceptoit encore les femmes qui, par leur âge, étoient regardées comme hors d'atteinte de toute tentation d'incontinence. *Verùm si ita uxor senex est & sterilis, quòd sine suspicione possit esse in sæculo, dissimulare poteris, ut ea in sæculo remanente, & castitatem promittente, ad religionem transeat vir ejusdem. Cap. 4, ex. de convers. conjugat.*

Si l'on en croit Gratien, cette séparation ne peut se faire sans un jugement de l'évêque, qui doit assigner le lieu de la retraite des deux époux. *Si vir & uxor divertere pro solâ religiosâ inter se consenserint vitâ; nullatenùs sine episcopi conscientiâ fiat, ut ab eo singulariter proviso constituantur loco. Caus. 27, q. 2, c. 23.*

Il ne paroît pas que cette formalité soit nécessaire parmi nous. On auroit aussi de la peine à autoriser l'exception dont nous venons de parler.

Le consentement que donne l'un des deux conjoints à la profession de l'autre produit donc deux effets. Il rend valides les vœux prononcés en conséquence, & oblige celui qui l'a donné à se vouer à une chasteté perpétuelle : mais il faut que ce consentement soit absolument libre. S'il a été forcé il n'a produit aucun effet, & le conjoint qui l'a donné peut toujours exiger que celui qui s'est mis dans un couvent, le quitte, pour rentrer en société avec lui, & s'acquitter de tous les devoirs du mariage. C'est la décision formelle du chapitre *Accedens, ex. de convers. conjug. Accedens ad præsentiam nostram L. mulier posuit, quòd cùm V. vir ejus eam sibi matrimonio copulasset, volens tandem idem vir habitum assumere monachalem, postulabat humiliter ab eâdem ut tam pio proposito faveret ipsius; quæ propter verbera, & alia gravamina quæ dictus vir inferebat eidem, se ipsam asserens dimissurum, annuit votis ejus; cùmque idem vir in domo de Vader, Cisterciensis ordinis, religionis habitum assumpsisset ... eadem mulier se instanter ab ipso petiit reassumi. Quocircà discretioni vestræ mandamus, quatenùs si res ita se habet, dictum virum, ut eam recipiat, eique affectum exhibeat conjugalem, appellatione remotâ, cogatis.*

La violence, dont il est fait mention dans ce passage, n'est pas la seule voie qui donne droit aux conjoints de se réunir, malgré les engagemens qu'ils peuvent avoir contractés chacun de leur côté. Si l'un des deux étoit en démence, lors de leur séparation; cette démence ôtant l'usage du raisonnement & de la réflexion, & par conséquent la liberté du consentement, produit le même effet.

effet. Fevret, en son traité de l'abus, livre 5, chapitre 3, n. 27, rapporte, à ce sujet, une espéce qui mérite de tenir ici sa place.

M. de Suffren, conseiller au parlement d'Aix, avoit épousé en 1629 Christine d'Arbaud. Quatre ans ou environ après ce mariage, ils firent ensemble un contrat, par lequel ils consentirent de demeurer séparés, & que leur mariage demeurât nul, en telle sorte qu'ils ne pussent se demander l'un à l'autre aucun devoir conjugal. Le 21 Avril 1635, l'archevêque d'Aix donna une sentence, par laquelle, en déclarant le mariage dissous & résolu, il ordonna que le mari sera par lui promû à l'ordre de soudiaconat au jour désigné dans le jugement, & que le même jour la femme feroit profession dans le couvent des Carmelites de la ville d'Aix; ce qui fut exécuté de part & d'autre.

En 1637, le sieur de Suffren se pourvût à l'archevêque d'Aix, & lui représenta qu'il étoit notoire que ses parens, abusant d'une foiblesse d'esprit qui lui avoit été causée par une profonde mélancolie, l'avoient dépouillé de tous ses biens par différens contrats frauduleux; que poussé ensuite par des sollicitations, auxquelles son imbécillité l'avoit mis hors d'état de résister, il s'étoit engagé dans l'ordre de soudiacre: mais qu'aïant recouvré son bon sens, il avoit été rétabli en la possession de ses biens par arrêt du parlement de Provence. En conséquence il demanda qu'on annullât sa promotion à l'ordre de soudiacre, & que, sans avoir égard à la prétendue profession de sa femme, il fût ordonné qu'elle reviendroit habiter avec lui.

L'archevêque ordonna que le sieur de Suffren se pourvoiroit au pape, qui nomma pour juge délégué *in partibus* le vicaire général de l'évêque de Marseille, lequel, par jugement du 14 Juillet 1643, déclara la promotion au soudiaconat nulle, & remit le sieur de Suffren en tel & semblable état qu'il étoit auparavant.

En exécution de cette sentence, le sieur de Suffren fit différentes sommations aux Carmelites d'Aix, d'Arles & de Narbonne, où l'on avoit transféré sa femme, pour qu'elles eussent à la lui remettre, aïant droit de l'exiger en vertu de sa puissance maritale. Sur leur refus, il eut recours au pape Urbain VIII. dont il obtint des bulles adressées à l'archevêque de Narbonne, par lesquelles, sur l'exposé de la démence accidentelle de l'impétrant, du recouvrement de sa santé, & de la détention de sa femme au monastere des Carmélites de Narbonne, il étoit ordonné à cet archevêque, comme commissaire délégué, de statuer sur les demandes dudit sieur de Suffren, *& vocatis ad id qui fuerint* *evocandi, auctoritate apostolicâ facere, prout de jure fuerit faciendum.*

On appuïa beaucoup, dans l'instruction qui se fit pardevant le délégué, sur le contrat ridicule par lequel les deux époux avoient consenti à la dissolution de leur mariage. Il étoit nul en toutes manieres. Le mari, lorsque ce contrat avoit été signé, étoit en démence, & la femme étoit mineure. Ils étoient donc incapables tous les deux de contracter : mais quand ils auroient pû le faire, la matiere sur laquelle ils contractoient n'étoit susceptible d'aucune convention. Il n'est point au pouvoir des hommes d'annuller, par des conventions particulieres, un sacrement, un mariage légitimement contracté. *Quod Deus conjunxit, homo non separet.* Ce seroit rétablir les répudiations & les divorces qui étoient en usage chez les païens, & que la religion chrétienne a totalement proscrits.

C'étoit néanmoins sur le fondement de ce prétendu contrat que l'archevêque d'Aix avoit prononcé la dissolution du mariage, & ordonné que le mari seroit promû aux ordres sacrés, & la femme faite religieuse.

La nullité de ce jugement étoit si apparente, que l'on n'avoit pas fait difficulté d'annuller la promotion du mari au soudiaconat. Puisque les vœux en religion de la femme n'avoient pas d'autre fondement, ils devoient avoir le même sort.

Il ne falloit point avoir égard au tems qui s'étoit écoulé depuis cette profession; *Quia, cum esset conjugata, erat inhabilis ad transferendam sui dominium in monasterium. Cap. quidam ex. de convers. conjugat.* Il ne falloit pas non plus avoir égard au prétendu consentement donné par son mari; puisqu'il n'avoit pas alors l'usage de sa raison.

La mort du sieur de Suffren étant survenue, pendant cette contestation, la question ne fut pas jugée, & les choses resterent dans le même état.

Mais il est constant que, si un homme (il en faut dire autant d'une femme) a fait profession sans le consentement de sa femme, & qu'après avoir été obligé de retourner avec elle, elle vient à décéder, on ne peut pas obliger cet homme à rentrer dans le monastere; parceque le vœu qu'il avoit fait, considéré comme un vœu solemnel, étoit nul; puisqu'il n'avoit pas la liberté de le faire : mais d'un autre côté, il ne peut pas se remarier licitement; attendu qu'il a promis de ne jamais exiger le devoir conjugal; ce qui dépendoit de lui. Si cependant il se remarioit, au préjudice de sa promesse, qui doit passer en ce cas, pour un vœu simple, le mariage ne feroit pas nul. *Quidam intravit monasterium, invitâ uxore, quâ ipsum repetente, coactus est ad eamdem redire. Eâ mortuâ, quæris an ipse cogatur reverti ad monasterium, an aliam possit ducere in uxorem? Consultationi tuæ taliter respondemus, quòd votum non tenuit; undè ratione voti non tenetur ad monasterium redire. Ulterius verò non poterit uxorem accipere: promisit enim se non exigere debitum, quod in ejus potestate erat; & adeò, quoad hoc, votum tenuit.* C'est la décision du pape Alexandre III. *Cap. Quidam, ex. de convers. conjugat.*

A l'égard des intérêts civils; lorsque les deux conjoints se retirent chacun dans un couvent, du consentement respectif de l'un & de l'autre; les deux successions, à l'instant de la mort civile encourue par les deux professions, appartiennent à leurs héritiers respectifs, avec les mêmes droits que si les deux conjoints étoient morts naturellement. Ainsi, s'il y a des enfans nés de ce mariage, il n'y a aucune difficulté. Ils héritent de leurs pere & mere, & partagent leurs successions suivant la loi du païs où elles sont ouvertes, quant au mobilier; & quant aux immeubles, suivant celle de l'assiéte des biens. S'il n'y a que des héritiers collatéraux de part & d'autre, ou des enfans d'un premier lit, d'un côté, & des collatéraux de l'autre; la communauté, s'il y en avoit une, se partage, & les autres biens appartiennent à ceux à qui leur naissance les a donnés. A l'égard des gains de survie, du douaire, ou du préciput, il ne peut y en avoir, puisqu'il n'y a que le survivant qui puisse les recueillir personnellement; & que, dans le cas dont il est ici question, aucun des deux ne peut être regardé comme survivant. Il en est de même du don mobil, & du droit de viduité en Normandie.

Mais il peut arriver que la femme fasse profession en religion, & que le mari se contente de s'engager dans les ordres sacrés. Comme le mari, dans ce cas, ne meurt pas civilement, il reste propriétaire de son bien, & exerce sur celui de sa femme les mêmes droits que s'il y avoit une séparation judiciaire de biens.

Lorsque le consentement de l'un des conjoints n'a pas été libre, & qu'ils retournent ensemble, tous leurs droits reprennent leur vigueur, comme s'ils n'avoient essuïé aucun changement dans leur état.

CHAPITRE XVI.

De la cessation de la noblesse du Religieux.

S'Il y a quelqu'état dans le monde incompatible avec l'idée de vanité attachée à la noblesse ; c'est certainement celui d'un religieux, qui par ses vœux a renoncé à toutes les pompes du monde, pour vivre dans l'humilité la plus exacte & la plus profonde. D'ailleurs quel avantage tireroit-il de cette noblesse, quand même il la conserveroit ? Dépouillé de tout, & ne faisant plus partie de la société civile, il n'auroit aucune occasion pour faire valoir les avantages de sa naissance.

Il est cependant une occasion où elle lui profite. C'est dans le cas où il se procure des grades dans une université.

Quoique les mandats, les réserves & les expectatives aïent toujours été odieuses en France, cependant ceux que l'on accorde aux personnes qui étudient dans les universités ont toujours été regardés favorablement. Le concile de Basle même, si opposé à ces sortes de manœuvres, loin de désaprouver les expectatives qui s'accordoient aux étudians, leur réserva le tiers des prébendes ; en sorte qu'après que le collateur ordinaire avoit conféré librement deux prébendes, il étoit obligé de conférer la troisiéme à un gradué dûment qualifié. A ce decret, qui ne regardoit que les prébendes des églises cathédrales, la pragmatique-sanction faite à Bourges, sous Charles VII. ajoûta les bénéfices-cures & les chapelles. Ainsi le tiers de presque tous les bénéfices fut affecté aux gradués.

Le concordat a apporté quelques changemens à ces dispositions : mais ces changemens ne tendent qu'à assurer davantage le droit des gradués, & à le mettre à l'abri de toute contestation.

Au lieu de compter le nombre des bénéfices conférés par un collateur, il leur accorde tous ceux qui vaquent pendant quatre mois de l'année, qui sont Janvier, Avril, Juillet & Octobre. De ces quatre mois, deux sont appellés mois de rigueur ; parceque les bénéfices qui vaquent pendant ces deux mois doivent toujours être conférés au plus ancien gradué nommé. Ces deux mois sont ceux de Janvier & de Juillet. Les deux autres sont appellés mois de faveur ; parceque les collateurs sont libres de conférer, pendant ces deux mois, les bénéfices à tels gradués qu'ils jugent à propos, sans avoir égard à l'ancienneté, ni à la qualité de gradué nommé. Il suffit que la collation soit en faveur d'un gradué, quel qu'il soit.

On distingue deux sortes de gradués : les uns sont gradués simples ; les autres sont gradués nommés.

Les gradués simples sont ceux qui n'ont en leur faveur que le tems d'étude prescrit par le concordat, & leurs lettres de degrés. Ces gradués ne peuvent aspirer, en cette qualité, qu'aux bénéfices qui vaquent pendant les mois de faveur.

Les gradués nommés sont ceux qui, outre le tems d'étude & les lettres de degrés, ont des lettres de nomination d'une université fameuse, qui les a présentés à un Collateur, ou à un patron Ecclésiastique, pour être pourvûs des bénéfices vacans pendant les deux mois de rigueur.

La différence qu'il y a entre ces deux sortes de gradués est que les derniers peuvent être, comme les autres, choisis par les collateurs pour remplir les bénéfices qui vaquent pendant les mois de faveur : mais en outre ils ont droit de se faire conférer, par les collateurs auxquels ils ont été présentés, ceux qui vaquent pendant les mois de rigueur ; & ce, suivant l'ordre d'ancienneté: c'est-à-dire que, quand plusieurs gradués ont été présentés au même collateur, le plus ancien d'iceux, qui n'est pas encore pourvû & rempli, a droit de requérir préférablement aux autres.

Pour joüir de cette expectative, il faut avoit étudié dans une université fameuse, pendant le tems prescrit par le concordat. Ce tems est de dix ans d'étude, pour les docteurs ou licentiés en théologie; de sept ans, pour les docteurs ou licentiés en droit canonique, en droit civil, ou en médecine ; de cinq ans, pour les maîtres ès arts, à commencer par la logique, ou par des études dans une faculté supérieure; de six ans, pour les bacheliers en théologie ; de cinq ans, pour les bacheliers en droit canonique, ou en droit civil.

Mais on a crû devoir, dans cette circonstance, honorer la noblesse d'une grace particuliere. Ceux qui sont nobles du côté paternel & du côté maternel ont l'avantage de pouvoir obtenir des bénéfices, comme bacheliers en droit civil & en droit canonique, après avoir étudié trois ans seulement dans cette faculté. Et pour user de ce privilége, il suffit qu'ils rapportent un certificat délivré par le juge ordinaire du lieu de leur naissance, fait sur la déposition de quatre témoins en jugement, qui attestent la noblesse de l'un & de l'autre côté.

Quelques ordres religieux sont dans l'usage d'envoïer de leurs ſujets faire leurs études dans les univerſités, pour y prendre des degrés. Tels ſont les Bénédictins de Cluny, les chanoines réguliers de Prémontré non réformés, & les quatre ordres mendians. Or ceux de ces religieux qui ſont ſortis d'un pere & d'une mere nobles jouïſſent, quand ils le veulent, du droit accordé à leur naiſſance par le concordat.

LIVRE III.

Des cauſes qui peuvent faire ceſſer la mort civile encourue par la profeſſion en religion.

IL y a pluſieurs cas dans leſquels un religieux peut recouvrer la vie civile. Nous allons les expliquer, en autant de chapitres.

CHAPITRE I.

De la réclamation contre les vœux.

LA réclamation contre les vœux eſt une voie de droit, qu'on emploie pour faire déclarer nuls des vœux qui le ſont en effet; & en conſéquence, pour ſe faire reſtituer dans tous les droits de cité.

Comme perſonne ne peut être juge dans ſa propre cauſe, il eſt néceſſaire que cette nullité ſoit prononcée juridiquement. Nous allons donc examiner quel eſt le juge compétent en cette matiere. Nous indiquerons enſuite quelles ſont les formalités néceſſaires pour parvenir à faire prononcer la nullité des vœux. Nous parcourerons, en peu de mots, les moïens de réclamation; & nous finirons par l'examen des effets que produit un tel jugement.

Il eſt certain que le vœu ſolemnel en religion a du rapport, en même tems, à l'égliſe & à l'état. Celui qui l'a prononcé s'engage envers Dieu. C'eſt à lui qu'il fait la promeſſe contenue dans ſes vœux. Ils ſont donc, à cet égard, de la compétence de l'égliſe. Mais, d'un autre côté, l'engagement qui réſulte de la profeſſion retranche le profès de la ſociété, en le rendant incapable des effets civils; & c'est en ce sens que le vœu en religion a rélation à l'état, qui est par conséquent intéressé à connoître de la validité ou de la nullité de ces vœux.

Quoique, sous cet aspect, la compétence des juges séculiers soit fondée; néanmoins toutes les fois que ces questions se sont présentées, on en a renvoïé la connoissance aux juges ecclésiastiques, & l'on s'est conformé à leurs jugemens. La raison est que ce qui concerne l'état civil, en cette partie, n'est qu'une suite & un accessoire du vœu. Un religieux ne cesse d'être citoïen, que parcequ'il a prononcé des vœux. Or il est constant que l'accessoire ne peut pas l'emporter sur le principal. D'où il suit que le juge d'église seul est compétent en cette matiére.

M. Talon, avocat général, lors d'un arrêt du 3 Septembre 1681, dit que, si le parlement prend connoissance de ces matieres, ce n'est que par la fin de non-recevoir; quand, par exemple, un religieux réclame après les cinq ans, ou quand il n'y a point de profession par écrit, ou qu'elle a été faite avant l'âge porté par les canons; parceque les canons de l'église ont été violés, & qu'il appartient au Roi & à ses officiers, qui en sont les protecteurs, d'en maintenir l'exécution. Mais, continuoit ce magistrat, lorsqu'il s'agit du fond du vœu, & de sa validité, les juges ecclésiastiques sont en possession d'en connoître, soit parcequ'ils ont en eux le fond de la jurisdiction sprirituelle, soit parcequ'ils y ont joint celle que les princes séculiers leur ont accordée, en augmentant celle qu'ils avoient déja, en leur permettant de l'exercer avec l'appareil d'un tribunal extérieur, & en obligeant les juges temporels à tenir la main, sans examen de cause, à l'exécution publique des jugemens de l'église. Et c'est dans ces matieres, qui sont *mixti fori*, que paroît davantage cette concorde, cette union & cette déférence mutuelle entre les deux puissances qui doivent faire le bonheur & la tranquillité des peuples.

Ces maximes sont conformes à ce qui a été depuis réglé par l'article 34 de l'édit de 1695, qui s'exprime ainsi : » La connoissance des causes concernant les sacremens, *les vœux de* » *religion*, la discipline ecclésiastique, & autres purement spirituelles, appartiendra aux juges d'église. Enjoignons à nos officiers, & même à nos cours de parlement, de leur en laisser, » & même de leur en renvoïer la connoissance, sans prétendre » aucune jurisdiction ni connoissance des affaires de cette nature; » si ce n'est qu'il y eût appel comme d'abus, interjetté en nos dites

» cours, de quelques jugemens, ordonnances faites sur ce sujet
» par les juges d'église, ou qu'il s'agît d'une succession, ou autres
» effets civils, à l'occasion desquels on traiteroit de l'état des
» personnes décédées, où de celui de leurs enfans.

L'article 35 porte que, » Nos cours ne pourront connoître ni
» recevoir d'autres appellations des ordonnances & jugemens
» des juges d'église, que celles qui seront qualifiées comme
» d'abus. »

C'est sur un pareil motif que le conseil du Roi, par arrêt du 3 Juillet 1685, intervenu à la poursuite & diligence des agens généraux du clergé, avoit cassé un arrêt du parlement de Paris du 7 Juillet 1682. Dans l'espéce de cet arrêt, François Jariel étoit appellant comme d'abus de deux prétendus actes de profession par lui faits dans l'abbaïe de la Coûture du Mans, ordre de saint Benoît, les 3 Mai 1657, & 17 Novembre 1665, ensemble de la sentence rendue par le vice-gérent de l'official du Mans, le 18 Avril 1680, par laquelle il avoit été déclaré non-recevable en l'entérinement du bref par lui obtenu en cour de Rome, le 20 Septembre 1677. En conséquence, il lui étoit enjoint de retourner en ladite abbaïe, d'y porter l'habit monachal, & d'y vivre suivant la constitution de la régle, sous les peines portées par le concile.

Sur l'appel de ces différens actes, le parlement prononça ainsi:
» La cour dit, qu'il a été mal, nullement & abusivement per-
» mis, procédé & ordonné. Déclare nulles les deux professions
» de l'appellant, faites contre les ordonnances; & en consé-
» quence l'a rendu capable des effets civils : & faisant droit sur
» les conclusions du procureur général du Roi, fait défenses
» à tous supérieurs réguliers de recevoir aucunes personnes à
» profession, & aux peres, meres & tuteurs d'en présenter,
» qu'elles n'aïent seize ans accomplis, suivant l'ordonnance, à
» peine d'être procédé extraordinairement contre les contreve-
» nans. »

Cet arrêt fut cassé, parceque quand les cours qui connoissent par appel comme d'abus des rescrits de cour de Rome, des professions & des jugemens ecclésiastiques, sur les réclamations des vœux solemnels, jugent qu'il y a abus, elles doivent simplement dire qu'il y a abus, sans prononcer la nullité des vœux, ni rendre la capacité des effets civils, nonobstant lesdits vœux; parceque la connoissance de la validité, ou de la nullité de ces sortes d'actes, est de la compétence des seuls juges d'église.

C'est

C'eſt ce qui eſt énoncé dans l'arrêt de caſſation, qui ajoûte: » Sauf audit le Jariel à ſe pourvoir pardevant les juges ſupé- » rieurs eccléſiaſtiques, ſur la prétendue nullité de ſes vœux, » ainſi qu'il aviſera bon être. Enjoint, auſdits juges eccléſiaſti- » ques, de juger conformément à l'article 28 de l'ordonnance » de Blois; &, au ſurplus, l'arrêt du parlement exécuté ſuivant » ſa forme & teneur. » Ces deux arrêts ſont rapportés au journal des audiences.

Par la même raiſon, lorſque les cours jugent qu'il y a abus dans les reſcrits de cour de Rome, ou dans les ſentences des juges d'égliſe qui relévent des vœux, elles doivent ſe contenter de prononcer qu'il y a abus, ſans ordonner que le religieux ſera réintégré dans ſon monaſtére.

François le Loïal avoit obtenu un bref qui le relevoit des vœux par lui prononcés dans le monaſtére des Auguſtins de Châlons en Champagne, & une ſentence de l'official qui entérinoit ce bref. Les parens interjetterent appel comme d'abus de l'un & de l'autre. M. Portail, alors avocat général, & depuis premier préſident, conclut à ce qu'il fût dit qu'il y avoit abus, tant dans l'obtention du bref de cour de Rome, que dans la ſentence d'entérinement; en conſéquence, que l'intimé ſeroit réintégré dans ſon monaſtére : mais l'arrêt, qui eſt du 11 Janvier 1706, dit ſimplement qu'il y avoit abus; & Augeard, qui rapporte cet arrêt, obſerve que M. de Harlay, premier préſident, dit que l'édit de 1695, concernant la juriſdiction eccléſiaſtique, ne donnoit pouvoir aux juges laïques que de juger de l'abus, & qu'il falloit ſe pourvoir pardevant le juge eccléſiaſtique, pour obliger le Religieux à rentrer dans ſon couvent.

Les auteurs qui, comme Fevret, ont écrit avant l'édit de 1695, étoient attachés à des maximes bien différentes, ſur cette matiere. Ils diſoient que, quand ces ſortes de conteſtations ſont portées dans les cours ſouveraines, par la voie de l'appel comme d'abus, l'égliſe ne peut pas ſe plaindre que l'on entreprenne ſur ſes droits, puiſque l'abus ne peut être jugé que par le Roi en ſon conſeil, ou par les cours ſouveraines, dépoſitaires de ſon autorité. D'ailleurs les jugemens eccléſiaſtiques, prononcés ſur la validité des vœux en religion, rendent indirectement le religieux ou la religieuſe capables des effets civils, lorſque la nullité eſt prononcée. Or, ſi le juge a commis quelqu'abus, ſoit dans la forme, ſoit au fond, ce qui arrive toutes les fois qu'il y a infraction aux ſaints canons, ordonnances, édits & déclarations, arrêts & libertés de l'église gallicane ; c'est aux cours souveraines seules à réformer ces abus.

D'ailleurs, quand les parlemens prononcent sur l'abus, ils ne touchent point à la puissance des clefs ; parcequ'ils ne reçoivent aucun appel, même qualifié comme d'abus, des rescrits émanés du saint siége, touchant l'annullation des vœux : ces sortes d'appellations ne sont reçûes, en ce cas, que quant à la fulmination & l'exécution des rescrits ; en sorte qu'à proprement parler l'abus ne concerne pas le fond, ni le vœu en soi, mais seulement la conduite que l'on tient dans l'exécution du rescrit, qui, si elle est abusive, peut être déclarée telle par les juges souverains, qui sont juges naturels de l'abus.

Enfin, comme un jugement prononcé en cour d'église, qui annulle des vœux en religion, tend à rendre séculier & laïque, celui qu'on croïoit religieux, qu'il l'autorise, par conséquent, à rentrer dans les biens qu'on croïoit qu'il avoit laissés, & à partager les successions ; les parens ont intérêt de sçavoir si l'official a bien ou mal prononcé, en rendant un religieux au monde ; &, pour s'en assurer, ils interjettent appel comme d'abus, non pour connoître de la validité ou invalidité du vœu, un tel moïen d'appel seroit rejetté : mais ils se fondent sur les contraventions aux saints conciles, sur la dérogation aux ordonnances roïaux, ou entreprise sur le temporel, qui dépend uniquement de l'autorité souveraine du Roi ; ou sur la contravention formelle aux arrêts donnés en semblables matieres : qui sont tous moïens légitimes d'abus, & auxquels les ecclésiastiques même ont recours. On voit, en effet, tous les jours des appels comme d'abus interjettés de mariages ; & quand le parlement prononce qu'il a été mal, nullement & abusivement procédé à la célébration du mariage, il est regardé comme nul & non avenu ; & les parties sont libres d'en contracter un nouveau, soit entr'elles, s'il y a lieu, soit avec d'autres personnes. De même, lorsque la cour a déclaré abusive une sentence qui déclaroit des vœux nuls, cette sentence n'existe plus, & ne peut, en conséquence, produire aucun effet. Celui qui l'avoit obtenue est donc dans le même état qu'il étoit auparavant. Il étoit dans les liens de ses vœux ; il y est encore, puisque le jugement qui l'en avoit délivré est nul. Si ce religieux est hors de son couvent, lors de cet arrêt, il doit y être réintégré. Cette réintégration est une affaire de discipline extérieure, dont la manutention appartient à la puissance séculiere. Il y a plus. S'il y a résistance de la part du religieux, la justice ecclésiastique ne peut pas le contraindre. Il faut qu'elle implore le bras séculier.

Quoiqu'il en soit, la loi existe, les parlemens s'y sont soumis, par l'enregistrement qu'ils en ont fait; & ils la maintiennent, en l'exécutant.

Au surplus, lorsque la personne des vœux de laquelle il s'agit est morte, & que quelqu'un a intérêt de discuter la validité de ses vœux; si, par exemple, il s'est marié postérieurement, & qu'il ait laissé une femme & des enfans; comme il n'est question alors que de leur état, & nullement de l'exécution d'un vœu, les cours souveraines sont seules compétentes, par la voïe de l'appel comme d'abus.

La premiere formalité, en matiere de réclamation, est qu'elle soit faite dans les cinq ans, du jour de la profession. *Quicumque regularis prætendat se per vim & metum ingressum esse religionem, aut etiam dicat antè ætatem debitam professum fuisse, aut quid simile, velitque habitum dimittere quâcumque de causâ, aut etiam cum habitu discedere sine licentiâ superiorum; non audiatur, nisi intrà quinquennium tantùm à die professionis, & tunc non aliter, nisi causas quas prætenderit, deduxerit coràm superiore suo, & ordinario. Concil. Trident. sess. 25, de regular. cap. 19.*

La raison pour laquelle on ne doit point écouter celui ou celle qui n'a point observé cette formalité, est qu'on présume que ceux qui ont laissé passer plus de cinq ans sans se plaindre, ou sans prendre un acte par écrit de leur plainte, ont ratifié tacitement leur profession.

Il n'est pas nécessaire que la réclamation se fasse juridiquement dans les cinq ans : il suffit que les causes sur lesquelles on prétend la fonder soient consignées dans un acte autentique, passé pardevant notaire, & signifié au supérieur, ou à l'ordinaire, dans les cinq ans. Ainsi le juge d'église qui ordonneroit la preuve par témoins, que celui qui réclame a fait ses protestations dans les cinq ans, commettroit un abus. La raison, suivant Fevret, liv. 5, chap. 3, n. 26, est que, comme il faut que la profession monachale soit justifiée par écrit, & non point par témoins, il faut aussi que la réclamation, faite contre cet acte, soit par écrit. En effet, la preuve testimoniale seroit trop dangereuse dans une matiere aussi délicate. Le même auteur rapporte un arrêt du parlement de Dijon, du 22 Mai 1645, qui déclara y avoir abus dans l'ordonnance préparatoire des commissaires délégués par le pape, qui portoit, qu'une religieuse de l'ordre de saint Dominique prouvéroit par témoins, qu'elle avoit réclamé dans les cinq ans prefcrits par le concile.

De fimples proteftations, faites pardevant notaires, & qui n'auroient été fuivies d'aucune démarche pendant dix ans, ne fuffiroient pas pour interrompre la prefcription de cinq années portées par le concile. C'eft ce qui fut jugé par l'arrêt de 1706, dont nous avons parlé plus haut. M. Portail, avocat général, obferva que François le Loïal s'étoit lui-même départi de l'effet de fa proteftation, fondée fur le défaut de noviciat, & qu'il y avoit renoncé par une conduite toute oppofée, aïant ratifié fes vœux par la profeffion libre & publique de fon état pendant dix ans, & en prenant, dans cet intervalle, tous les ordres, fous le titre de pauvreté. Or cette ratification eft fondée fur plufieurs canons de nos conciles, qui veulent que le religieux qui fe préfente à l'ordination apporte une preuve par écrit de fa profeffion, & affirme par ferment, en préfence de l'évêque, qu'il a fait cette profeffion, & qu'il l'a ratifiée de fon propre mouvement.

Il en feroit de même, quand l'acte de proteftation auroit été fait pardevant notaires, & dénoncé au fupérieur & à l'ordinaire dans les cinq ans s'il s'étoit écoulé, depuis, un tems affez confidérable, pour faire préfumer un ratification tacite.

La cour de Rome accorde quelquefois une difpenfe contre le laps de cinq ans, depuis la profeffion, quoiqu'il n'y ait eu aucune déclaration faite ni au fupérieur, ni à l'ordinaire : mais, pour qu'il n'y ait point d'abus dans une pareille difpenfe, il faut que celui qui l'a obtenue n'ait point eu la liberté de propofer, dans les cinq ans, fes moïens de réclamation ; comme dans le cas où les religieux fe feroient accordés avec les parens du profès, pour l'empêcher de fe pourvoir par les voïes de droit. Car la prefcription ne court pas contre ceux qui ne peuvent agir.

Févret, livre 5, chapitre 3, n° 25, rapporte, fur cette matiere, plufieurs arrêts qui l'ont ainfi jugé, dans les deux efpéces.

On demande fi c'eft une formalité requife, en matiere de réclamation, d'avoir recours au pape, pour obtenir un bref qui reléve des vœux. Plufieurs tribunaux font dans cet ufage : mais toutes les officialités du reffort du parlement de Paris admettent les réclamations, fans exiger aucun bref, quand même les cinq ans feroient écoulés, fans qu'il y eût eu de réclamation ; & on trouve, dans tous nos livres, une foule d'arrêts, qui ont autorisé cette pratique. Voyez, entr'autres, le cinquiéme tome du journal des audiences.

Cet usage est fondé en droit & en raison. En effet, suivant la disposition de la pragmatique-sanction, & du concordat, *tit. de causis*, §. *statuimus*, l'official doit connoître, en qualité d'ordinaire, de toutes les causes, à la réserve de celles qui sont majeures & contenues dans le droit. Le concile même, tout favorable qu'il est à la cour de Rome, n'exige point l'intervention de son autorité. Il se contente d'ordonner, que celui qui demande d'être restitué contre ses vœux ait déduit ses raisons devant son supérieur, & devant l'ordinaire. D'ailleurs il n'est pas question, dans ce cas, d'obtenir dispense d'un vœu; mais de déclarer simplement, qu'il n'y a point eu de vœu qui lie valablement celui qui réclame : & la jurisdiction ordinaire est compétente pour cet effet, puisqu'il ne s'agit que de la discussion d'un point de fait. Enfin la profession d'un religieux ne renferme aucun droit particulier, qui ne se rencontre dans le sacrement de mariage. Quand une des parties réclame contre la parole qu'elle a donnée à la face des autels, & demande d'être remise dans son premier état, on ne l'oblige point de recourir à Rome, pour en obtenir une bulle, ou un bref; & l'official connoît, en premiere instance, de ces sortes d'affaires.

Il est vrai que le parlement de Toulouse & celui de Bordeaux ont une jurisprudence contraire, & qu'ils prétendent que la jurisdiction de l'évêque doit être *excitée* par un bref du pape, pour pouvoir prononcer sur la nullité de la profession d'un religieux qui réclame. Cette jurisprudence n'a, sans doute, d'autre objet que de rendre ces sortes de réclamations plus difficiles.

Il est cependant vrai que ces rescrits ne sont rejettés dans aucun parlement de France. On se contente, dans la plupart, de n'en point exiger : mais on ne laisse point de les fulminer, s'il y a lieu, lorsqu'ils ont été obtenus.

On observe seulement de les déclarer abusifs, quand, au lieu d'émaner du pape même, ils émanent de la congrégation des cardinaux établis pour les affaires des réguliers. Nous en avons dit les raisons plus haut, en parlant de cette congrégation.

On demande encore si le décret du concile de Trente doit être observé avec une telle rigueur, qu'il ne soit pas possible d'être écouté dans une réclamation, lorsque les cinq ans sont écoulés?

Pour répondre à cette question, il faut distinguer, en matiere de vœux, deux sortes d'empêchemens. Les uns sont perpétuels,

& ne cessent jamais de former obstacle à la profession; & ceux-là sont encore de deux sortes : ou ils empêchent de prononcer des vœux dans quelqu'ordre que ce soit; telle est une infirmité incurable, ou une santé délicate, qui ne permet la pratique d'aucune régle. Dans ce cas, le tems de la réclamation ne peut avoir aucunes bornes. Il est toujours tems de demander à être autorisé à secouer le joug d'une pratique impossible. Ou ils ne sont un obstacle que pour un certain ordre en particulier. Un homme, par exemple, dont l'estomac ne sçauroit supporter l'abstinence, ne pourroit pas entrer chez les Chartreux; parcequ'une des pratiques essentielles à leur régle est de faire toujours maigre, sans qu'il soit permis de l'interrompre, sous quelque prétexte que ce puisse être. Le défaut de noblesse seroit encore un empêchement perpétuel pour entrer dans ces ordres ridicules, que les papes ont eu la complaisance, pour ne rien dire de plus, d'autoriser à n'admettre à la profession que des gens nobles. Pourroit-on croire, si on ne le voïoit, qu'un titre, qui n'est fondé que sur la vanité humaine, fût une qualité nécessaire pour être admis à faire vœu solemnel d'humilité; & qu'une pareille constitution fût autorisée par le chef d'une religion dont la morale a pour baze principale l'abdication de tout ce qui a le plus petit trait à la vanité?

Quoiqu'il en soit, un religieux qui n'auroit d'autre empêchement que quelqu'un de ceux qui sont ainsi contraires aux régles d'un ordre en particulier, si sa profession étoit d'ailleurs légitime en tout point, ne seroit point admis, suivant notre jurisprudence, à rentrer dans le siécle; sauf à lui à se faire transférer dans un ordre compatible avec sa santé, ou avec sa naissance.

L'autre espéce d'empêchemens comprend ceux qui ne sont que passagers, & qui cessent au bout d'un certain tems : tels sont le défaut d'âge, la force & la contrainte. Il arrive assez souvent que ces empêchemens ne cessent qu'après les cinq ans écoulés depuis la profession. Des parens, par exemple, ont forcé un jeune homme à s'engager dans un ordre religieux; & les supérieurs du couvent, de connivence avec ces parens injustes, l'empêchent de faire, en tems & lieu, les protestations nécessaires.

Cela posé, il est constant que le décret du concile ne regarde pas ceux qui ont des empêchemens perpétuels pour entrer dans quelqu'ordre que ce soit, ou des empêchemens passagers, mais qui subsistent encore après les cinq ans écoulés; & que, quoique ce tems soit écoulé, ils peuvent réclamer par la voïe ordinaire.

La raison est 1°, que, si ces termes du concile, *aut quid simile*, comprenoient également ceux qui sont en état de faire profession, & ceux qui n'y sont pas, il en faudroit tirer cette conséquence ridicule, qu'une personne qui auroit fait profession dans un monastere d'un autre sexe ne pourroit ni en sortir, ni en être expulsée, après les cinq ans expirés.

2°. Ce décret du concile de Trente n'a pour objet que d'entretenir le bon ordre & la paix dans les monasteres, & de prévenir l'inconstance de ceux qui, au mépris d'un engagement contracté avec Dieu même, à la face de ses autels, en présence de la société toute entiere, & après une ratification tacite, saisiroient les plus légers prétextes pour rentrer dans le siécle. Or, si ce décret comprenoit également ceux qui sont habiles à faire profession, & ceux qui ne le sont pas; il seroit injuste & défavorable. Il seroit contraire aux intérêts des ordres religieux, qui seroient obligés de garder éternellement des sujets, qui, suivant leurs constitutions, n'auroient même pas dû y être reçûs; ce qui est formellement opposé à la régle de droit, qui veut que ce qui a été établi pour l'avantage de quelqu'un ne puisse jamais tourner à son desavantage. *Quod favore quorumdam constitutum est, quibusdam casibus, ad læsionem eorum nolumus, inventum videri. Leg. 6, cod. de legib. & constit.*

3°. Ce decret n'est fondé que sur la présomption que le religieux n'a laissé écouler les cinq années, que parcequ'il a voulu ratifier sa profession, qui étoit vicieuse. Or quand il y a un empêchement perpétuel ou passager, mais qui dure encore après les cinq années, du jour de la profession, & qui la rend nulle, il n'y a plus lieu d'appliquer cette présomption; parcequ'il n'est pas possible de ratifier une chose qui a toujours continué d'être nulle.

De ces principes, il suit en premier lieu, qu'un homme marié & qui est entré en religion contre le gré de sa femme, & après avoir consommé le mariage, peut, en quelque tems que ce soit, réclamer contre sa profession, du vivant de sa femme; parceque, n'aïant pas pû disposer de sa personne, il ne peut rester engagé par des vœux qu'il ne pouvoit pas faire: mais si, lors de sa réclamation, cinq ans s'étoient écoulés depuis la mort de sa femme, il est constant qu'il ne seroit pas recevable. La raison est que, quand il s'est lié par son vœu, son incapacité n'étoit relative qu'à ſa femme, qui ne perdoit point par ce nouveau lien les droits qu'elle avoit à exercer ſur lui : mais il renonçoit, & il étoit libre de le faire, à exercer ceux qu'il avoit ſur elle, & à en acquérir déſormais ſur aucune autre femme. Le vœu qu'il avoit prononcé, étoit nul à la vérité ; parcequ'il n'étoit pas prononcé avec la liberté qui en fait une partie eſſentielle : mais l'obſtacle qui s'oppoſoit à cette liberté ne ſubſiſte plus. Il y a cinq ans qu'il eſt détruit. Ce laps de tems ſuffit pour opérer une ratification tacite & légitime.

Il ſuit en ſecond lieu qu'un religieux qui, après les cinq ans, n'a pas encore acquis l'âge preſcrit par les canons & par les ordonnances, ou par les conſtitutions particulieres de ſon ordre, a la liberté de réclamer contre ſes vœux, par la voïe ordinaire ; puiſqu'il n'eſt pas en état de contracter de pareils engagemens. Son ſilence même, dans ce cas, ne peut pas être regardé comme une ratification ; puiſque la ratification eſt un véritable engagement, qui ne peut par conſéquent ſe contracter que dans le même cas & avec la même liberté que le premier : mais s'il ne formoit ſa réclamation que cinq ans après qu'il auroit atteint l'âge preſcrit, il eſt conſtant qu'il ſeroit non-recevable ; parceque la ratification, provenant du ſilence, auroit été faite dans un âge compétent.

Il ſuit enfin qu'un enfant que ſes parens continuent à tenir contre ſon gré dans un monaſtere, même après l'eſpace de cinq années, doit être reçû à réclamer contre ſa profeſſion ; parcequ'il eſt certain qu'il ne lui a pas été poſſible de ſe faire reſtituer contre ſes vœux dans le tems preſcrit par le concile de Trente : & l'on ne pourroit lui oppoſer la fin de non-recevoir, que dans le cas où il y auroit cinq ans expirés depuis que la contrainte auroit ceſſé.

Quelques auteurs élevent la queſtion de ſçavoir ſi, pour être admis à réclamer après les cinq ans, il eſt néceſſaire que les empêchemens qui ſervent de fondement à la réclamation ſubſiſtent encore lorſqu'on la forme.

Ils donnent pour raiſon de douter, que le concile de Trente porte expreſſément qu'un religieux qui prétend que la violence ſeule lui a extorqué les vœux qu'il a prononcés, eſt non-recevable, s'il ne ſe pourvoit contre, dans l'eſpace des cinq premieres années, à compter du jour de ſa profeſſion, ſoit qu'il eût, quand il l'a faite, l'âge requis, ſoit qu'il ne l'eût pas.

Ils répondent à ce raiſonnement que, ſuivant l'ancienne

diſcipline

discipline de France, un religieux, qui étoit une fois lié par des vœux solemnels, n'avoit pas, à la vérité, la liberté de réclamer contre sa profession, comme on le voit par le seiziéme canon du cinquiéme concile d'Orléans. Mais les inconvéniens qui pouvoient résulter de cette discipline en ont occasionné le changement. Le concile de Trente est le premier qui en ait adouci la rigueur; & ceux qui ont été tenus depuis à Rouen, à Tours & à Aix ont adopté ce changement, en interdisant néanmoins tout espoir d'être restitué, lorsqu'on a laissé passer les cinq ans sans réclamer.

Ces dispositions, toutes précises qu'elles sont, n'ont pas empêché que l'on n'admît des réclamations après les cinq ans, lorsqu'elles étoient fondées sur une violence & une contrainte, ou autre empêchement qui avoit duré au-delà de ce terme, sans que celui qui en étoit la victime eût eu la liberté d'en porter ses plaintes.

Cet usage, continuent ces auteurs, est fondé 1°. sur le chapitre *Coram de restitut.* dans lequel le pape Honoré III. écrivant à l'archevêque & au chapitre de Brague, leur dit que, quoique leur église ne doive point être écoutée, faute d'avoir fait comparoître ses procureurs dans les termes péremptoires qui lui avoient été donnés, il ne laisse pas de lui accorder un nouveau délai, par le moïen de la restitution en entier. Ainsi, quoique le concile de Trente défende formellement d'*écouter aucun religieux dans sa réclamation, s'il ne propose ses moïens dans les cinq premieres années*, il ne s'ensuit pas que toute voïe lui soit absolument interdite, & qu'il ne puisse être restitué contre le laps de tems. La raison est que la restitution en entier est une grace spéciale, qui tire sa source du droit commun, & qui ne peut, par conséquent, être proscrite par ces termes généraux : *non audiatur.*

2°. Quand il seroit vrai que le concile eût eu intention de ne laisser aucune ressource à ceux qui n'ont pas réclamé dans les cinq ans; comme ce n'est qu'un point de pure discipline, le pape peut, par un rescrit, dispenser de cette rigueur. Ces auteurs soutiennent en même tems que ces lettres sont maintenant exécutées dans le roïaume, & autorisées par divers arrêts des parlemens, rapportés par les arrêtistes. Il y en a même un du conseil du 4 Septembre 1691, qui régle le tarif des droits dûs aux banquiers pour l'obtention des bulles & des brefs de cour de Rome, portans restitution contre le laps de tems de cinq ou dix ans.

Et pour faire voir que cette pratique a été introduite pour de bons motifs, il faut confidérer, difent-ils, qu'on a voulu par-là diminuer le nombre des profeffions forcées, & faire en forte que les parens, voïant que leurs enfans font reçûs à juftifier la nullité des vœux dans quelque tems que ce foit, ne fe déterminent pas fi facilement à les contraindre à en faire.

On a encore confidéré, difent-ils, qu'un engagement forcé a des fuites très-dangereufes, & pour le tems & pour l'éternité.

On s'eft enfin perfuadé que, fi un religieux n'a pas réclamé auffitôt qu'il l'a pû, c'eft fouvent dans la feule crainte de paffer pour inconftant. Il a voulu s'éprouver lui-même, & connoître s'il pourroit s'accoutumer à porter le joug de la religion; mais aïant reconnu par une longue expérience, que ce joug lui étoit infupportable, fa confcience l'a porté à chercher les moïens de fortir d'un engagement auffi malheureux.

Ces raifons ne nous paroiffent point détruire le principe que nous avons établi, fçavoir, que la réclamation doit être faite dans les cinq ans du jour de la profeffion, ou du jour que l'empêchement qui fert de baze à cette réclamation a ceffé. Il eft vrai qu'on peut fe faire relever de ce laps de tems, en obtenant des difpenfes: mais il n'eft pas néceffaire qu'elles viennent du pape; l'ordinaire les peut donner, quand il y a lieu de le faire. Telle eft la jurifprudence conftante du parlement de Paris, & de quelques autres: & quand il n'y a point lieu, nulle puiffance n'eft capable d'apporter remède à ce défaut. Tous les parlemens font d'accord fur ce point.

Si le Roi, par arrêt du confeil, a fixé le tarif des droits dûs aux banquiers pour les bulles & brefs portant reftitution du laps de tems; c'eft qu'on fçait, & nous l'avons obfervé, qu'il y a des parlemens qui exigent cette formalité. Il y en a même qui, dans les parlemens où elle n'eft point exigée, y ont cependant recours. Ainfi cet arrêt du confeil ne prefcrit pas la néceffité de ces fortes de refcrits; il fixe feulement ce qu'il en doit couter à ceux qui croïent devoir en obtenir. Et s'il fe trouve des arrêts même du parlement de Paris qui ont admis ces refcrits, c'eft que ce tribunal les regarde comme une formalité indifférente. Il ne les exige point: mais il ne les rejette pas, quand on les lui préfente.

Au furplus, on ne trouve, & on ne peut trouver aucun arrêt qui les admette, lorfqu'ils relevent du laps de cinq ans, fi l'empêchement qui en fait le motif a ceffé de fubfifter avant ces cinq ans.

A l'égard des raisons sur lesquelles ce sistême est fondé, il est vrai qu'en matiere civile on accorde des lettres de restitution contre les actes qui sont infectés de quelque nullité, soit par le défaut d'âge, soit par le défaut de liberté dans les contractans : mais on n'a que dix ans du jour du contrat qu'on veut faire annuller, ou du moins du jour qu'on est en liberté de le faire, pour être reçû à ce bénéfice. Un mineur, par exemple, qui a fait un acte par lequel il est lézé, & qui a laissé passer dix ans depuis sa majorité, sans se plaindre, n'est point admis à la restitution en entier. La raison est, qu'il est nécessaire, pour la tranquillité publique & la sûreté des familles, que les possessions deviennent certaines ; sans quoi il y auroit peu de citoïens qui ne fussent tous les jours à la veille de se voir troublés dans la jouïssance, & même dans la propriété de leur bien, quelque tems qu'il y eût qu'ils en fussent possesseurs. Si l'on a accordé le terme de dix ans à ceux qui peuvent avoir souffert quelque lézion ; c'est qu'on a crû que ce tems suffisoit pour qu'ils pussent se mettre au fait de leurs véritables intérêts, & en état de se faire rendre justice.

Il en est de même d'un religieux qui prétend que ses vœux sont nuls. Il a le tems pendant les cinq ans qui lui sont accordés de s'essaïer sur sa vocation ; & si l'obstacle qui s'opposoit à ses vœux a continué de subsister depuis sa profession, & qu'il ait négligé de se pourvoir pendant les cinq premieres années de sa liberté, il est encore moins favorable que celui dont les cinq ans ont commencé à courir du jour de la profession ; parcequ'il a eu plus de tems.

D'ailleurs, si l'on admettoit la réclamation dans quelque tems que ce fût, quel trouble une pareille tolérance ne porteroit-elle pas dans les familles ! On verroit tous les jours des religieux réclamer au bout de plusieurs années, & redemander des biens qui auroient passé en diverses mains, par divers arrangemens ; ce qui seroit une source intarissable de procès, de troubles & de divisions.

Il n'est pas nécessaire d'avertir, que tout ce qui vient d'être dit ne peut s'appliquer que dans le cas, où l'empêchement qui sert de baze à la réclamation n'est que passager. S'il est perpétuel, la voïe de la réclamation est toujours ouverte.

Soit que le religieux qui veut réclamer ait obtenu un bref de cour de Rome, soit qu'il n'en ait pas obtenu, il faut qu'il se présente revêtu de l'habit de son ordre. C'est ce que prescrit expressément le concile de Trente, à la suite du passage que nous avons rapporté plus haut. *Quòd si anteà habitum sponte dimiserit, nullatenùs ad allegandum quamcumque causam admittatur : sed ad monasterium redire cogatur, & tanquam apostata puniatur.*

La raison est que personne, comme nous l'avons déja dit, ne peut être juge dans sa propre cause. Or, quand un religieux quitte son habit, sous prétexte de réclamation, c'est comme s'il se jugeoit déja rendu au siécle ; ce qui n'arrive cependant que quand il a obtenu une sentence juridique qui l'a prononcé.

Les tribunaux sont même si rigides contre ceux qui, sous prétexte d'une réclamation, se croïent restitués au siécle, quoiqu'elle ne soit point jugée, qu'il y a peine de mort contre ceux qui se marieroient dans ce cas. Françoise de Doré, aïant fait profession aux religieuses Ursulines de Chinon, avoit obtenu un bref de cour de Rome le 30 Septembre 1654 ; & sans attendre que ce bref fût entériné, elle avoit épousé un sieur de Montfort. Ses parens avoient interjetté appel comme d'abus de l'exécution de ce bref, & de tout ce qui s'en étoit ensuivi. Le parlement de Paris, par arrêt du 9 Juillet 1668, intervenu sur les conclusions de M. Talon avocat général, dit qu'il avoit été mal, nullement & abusivement procédé, & en conséquence déclara sœur Françoise de Doré non-recevable en sa demande afin d'entérinement de son rescrit, fit défenses au nommé de Montfort de la hanter, à peine de la vie, & à elle enjoint de se retirer incessamment dans son monastere, & la condamne aux dépens. *Fait la cour très-expresses inhibitions à toutes personnes de contracter mariage à l'avenir avec des personnes qui auront fait des vœux & obtenu des rescrits pour les déclarer nuls, qu'auparavant lesdits rescrits n'aïent été entérinés, à peine de la vie contre l'un & l'autre des contrevenans.*

Il faut pourtant remarquer qu'il y a des auteurs qui soutiennent que, si ce religieux n'a quitté l'habit & n'est sorti du monastere que parcequ'étant intimement persuadé de la nullité de ses vœux, la contrainte dans laquelle on le retenoit le mettoit dans l'impossibilité de réclamer, il n'est pas sujet aux peines prononcées par le concile de Trente ; attendu que ce concile ne punit que ceux qui ont quitté l'habit de leur propre mouvement, & sans un sujet légitime ; *sponte*. Or, dans le cas dont il s'agit, le religieux toujours enfermé, & toujours gardé à vûe par ses supérieurs, n'a pû faire les démarches nécessaires pour parvenir à réclamer. S'il a quitté l'habit, ce n'a été que pour secouer le joug d'une oppression injuste, & se procurer la liberté de réclamer ses droits. Il a donc un sujet légitime de le faire, & de sortir du monastere : mais il faut qu'il rapporte des preuves certaines & juridiques de cette contrainte & de cette néceſſité.

Lorſque celui qui réclame a crû devoir obtenir un bref du pape, & que ce bref eſt dûment certifié par deux banquiers en cour de Rome, il préſente ſa requête à l'official, tendante à ce que, pour les raiſons qui y ſont déduites, il lui plaiſe procéder à l'entérinement dudit bref; ce faiſant déclarer ſa profeſſion nulle & de nulle valeur, & le remettre dans ſon premier état.

L'official répond cette requête par une ordonnance portant que les perſonnes intéreſſées ſeront aſſignées devant lui, pour conſentir à l'entérinement du reſcrit, ou déduire leurs moïens d'oppoſition, ſi elles en ont quelques-uns. Ces perſonnes intéreſſées ſont les ſupérieurs du couvent, les peres, meres, freres, ſœurs, & à leur défaut, les parens les plus proches, & qui ont droit de recueillir ſa ſucceſſion, & le promoteur du diocèſe pour l'intérêt public.

En vertu de cette ordonnance, l'impétrant fait aſſigner tous les intéreſſés pardevant l'official, par un exploit libellé, & fournit à chacun d'eux copie tant de la requête, que de l'ordonnance & du reſcrit.

Si les aſſignés ſe préſentent & déclarent qu'ils s'oppoſent à l'intérinement du reſcrit, le promoteur doit requérir qu'avant faire droit, l'impétrant ſoit ouï ſur les faits contenus tant dans le reſcrit, que dans la requête, & ſur les moïens d'oppoſition que les intéreſſés auront propoſés; pour, le tout à lui communiqué, être pris telles concluſions qu'il appartiendra; ce que l'official ne manque jamais d'ordonner.

Si les intéreſſés ne ſe préſentent pas à l'aſſignation, l'official donne défaut, & pour le profit ordonne qu'il ſera procédé à l'interrogatoire de l'impétrant.

L'interrogatoire étant fait, les réponſes de l'impétrant & le reſcrit aïant été communiqués au promoteur, il requiert qu'avant faire droit l'impétrant vérifiera dans huitaine les faits par lui avancés, ſauf audit promoteur à vérifier le contraire, ſi bon lui ſemble, dans un pareil délai.

Sur quoi l'official ordonne qu'avant faire droit, l'impétrant fera preuve dans huitaine des faits par lui mis en avant, tant dans le reſcrit, que dans la requête, & dans ſon interrogatoire; & les oppoſans, s'il y en a, enſemble le promoteur feront la preuve contraire huitaine après, ſi bon leur ſemble.

En exécution de cette ordonnance, l'impétrant fait aſſigner

les témoins dont il prétend se servir, dans un délai compétant, & suivant la distance des lieux, pour rendre témoignage de la vérité, par maniere d'enquête.

S'il veut prouver qu'il n'avoit pas l'âge requis pour faire profession, son extrait baptistaire joint à l'acte de profession suffit, sans qu'il soit besoin d'avoir recours à d'autres témoins : mais si, par quelque événement, auquel il n'a aucune part, comme par incendie, par négligence du curé de la paroisse, ou autrement, cet extrait baptistaire ne se trouve point, & qu'il soit obligé de justifier le jour de sa naissance par témoins, les parens & les alliés, comme plus à portée de déposer sur un pareil fait, peuvent être reçûs à rendre témoignage.

Il en est de même, lorsqu'il allégue qu'il a fait profession par force & par crainte. C'est un point qui peut être vérifié par la déposition des parens & des domestiques; parcequ'ils sont témoins nécessaires, & qu'ils peuvent mieux sçavoir que personne les mauvais traitemens que l'impétrant a reçûs de ses pere & mere.

Les parties doivent faire respectivement leurs enquêtes conformément à l'ordonnance de 1667 : & le tout aïant été communiqué au promoteur, avec le procès-verbal contenant tout ce qui a été fait, dit & contredit de part & d'autre, il donne ses conclusions définitives, après lesquelles l'official prononce sa sentence, par laquelle, si l'impétrant n'a pas justifié les faits par lui avancés, il le déclare non-recevable dans sa demande, déclare le rescrit nul & nullement impétré, le déboute de l'effet d'icelui, lui enjoint de vivre en religieux suivant la régle & les constitutions de l'ordre où il a fait profession.

Il peut arriver même qu'il soit ainsi débouté dès le commencement de l'instruction, si les faits qu'il articule ne sont pas suffisans pour opérer la nullité des vœux. Comme il est inutile de les vérifier, puisque la preuve qui en seroit faite ne produiroit aucun effet; dans ce cas on déboute l'impétrant de sa demande afin de faire preuve, & on lui enjoint de vivre en religieux. Il en est de même, si les faits articulés paroissent manifestement faux & hors de vraisemblance : on n'en admet point la preuve; parcequ'il est certain alors que, quand même l'impétrant viendroit à bout d'en faire la preuve testimoniale, elle seroit fausse : & il est juste & conforme aux bonnes mœurs de ne pas mettre des témoins dans le cas de commettre un parjure.

Mais si les faits proposés sont admissibles de leur nature, &

juridiquement prouvés, l'official prononce que procédant à la fulmination & entérinement du bref, il déclare les vœux faits par l'impétrant nuls & de nul effet, & le remet au même état qu'il étoit auparavant.

En conséquence, il cesse d'être religieux, rentre dans tous les droits de citoïen; & s'il a quelque contestation à essuïer pour ses droits temporels, il doit s'adresser au juge séculier.

A l'égard des clauses que l'on insére ordinairement dans ces sortes de brefs, la premiere est que le pape entend que l'impétrant n'en puisse faire aucun usage, s'il a ratifié sa profession expressément, ou tacitement. Or elle se ratifie en recèvant les ordres sacrés en qualité de religieux, & sous le titre de pauvreté, ou par d'autres moïens, dont nous avons parlé ailleurs.

Mais on demande si cette ratification peut s'opérer tant que le religieux a ignoré la nullité de sa profession. Fagnan, sur le chapitre *Significat. de Regular.* prétend, contre le sentiment d'un grand nombre d'auteurs, qu'on peut avoir tacitement ratifié sa profession, quoiqu'on ait ignoré qu'elle fût nulle. Il emploïe, pour prouver cette proposition, plusieurs raisonnemens qui paroissent plus subtils qu'ils ne sont solides. Car 1°. il est plus que probable qu'une personne qui déclame contre sa profession dès qu'elle en a connu la nullité, & qu'elle a eu les moïens d'agir, l'auroit fait plutôt, si elle eût eu les mêmes connoissances & les mêmes facultés. 2°. Cette prétendue ratification, que l'on suppose avoir suivi une profession qui étoit nulle, mais dont on ignoroit la nullité, n'a eu d'autre objet, de la part du religieux, que de faire une nouvelle profession, ou de valider celle qui étoit déja faite. Or on ne peut pas présumer qu'il ait eu intention de ratifier un acte qu'il croïoit valide. Son but a seulement été de remplir des devoirs auxquels il se croïoit engagé. Il n'a pas eu non plus intention de faire une nouvelle profession; puisque, dès qu'il apprend la nullité de celle qu'il avoit déja faite, il en veut seçouer le joug. D'ailleurs la premiere étant nulle, c'est comme s'il n'y en avoit point. Il faudroit donc que cette seconde se fît avec autant de solemnité que s'il n'y en avoit point eu du tout. Enfin ce qui est nul ne peut pas être ratifié.

L'autre clause est que si l'impétrant est engagé dans les ordres sacrés, il en demeure suspens jusqu'à ce qu'il ait obtenu un bénéfice, ou un titre clérical; & on ne manque jamais de le prononcer.

Lorsque celui qui réclame n'a point eu recours à la voïe du

bref du pape, on observe la même procédure; excepté qu'on ne fait nulle mention de bref, & que l'official prononce purement & simplement sur la validité ou invalidité des vœux.

A l'égard des sujets légitimes sur lesquels une réclamation doit être fondée pour pouvoir être admise, ce sont les défauts des conditions que nous avons indiquées ailleurs comme essentielles pour la validité de la profession en religion. Tel est le défaut de liberté & de consentement, le défaut d'âge prescrit par les ordonnances, le défaut de noviciat, &c. Il faut cependant observer que le défaut d'inscription sur les registres n'est pas un moïen suffisant de réclamation, lorsqu'il y a d'ailleurs des preuves suffisantes pour constater la profession. La raison est que cette inscription est une formalité purement déclarative, & nullement constitutive. Il est vrai que si l'on ne trouvoit pas d'autres preuves suffisantes pour ne laisser aucun doute, comme la présomption est toujours en faveur de la liberté, qui ne peut pas se perdre sur une simple allégation, le prétendu religieux seroit déclaré libre.

Quoique nous mettions la réclamation contre les vœux au nombre des moïens qui font cesser la mort civile, il est cependant certain qu'elle ne produit pas cet effet; mais qu'elle fait juger au contraire qu'il n'y a jamais eu de mort civile. La raison & les autorités appuïent cette réflexion.

Il est hors de doute que les vœux sont de droit divin, & que nul homme n'a le pouvoir d'y toucher. C'est un acte solemnel & autentique, par lequel l'homme donne à Dieu tout ce qu'il peut lui donner; il se donne lui-même. Or quand un homme a fait une donation à un autre homme, & que cette donation est réguliere & conforme aux loix, personne, les juges souverains, le Roi même, ne peut anéantir un pareil acte, sans le consentement formel de celui au profit de qui il a été fait; & pour qu'il puisse être anéanti sans ce consentement, il est nécessaire qu'il soit infecté de quelque nullité.

Si les hommes ont le pouvoir de tenir dans les liens de l'obligation ceux qui l'ont contractée vis-à-vis d'eux, sans qu'aucune puissance puisse, malgré eux, dissoudre ces liens; il doit en être, à plus forte raison, de même à l'égard de Dieu. Par des vœux légitimement faits, en contracte envers lui une obligation que personne ne peut dissoudre sans son consentement. D'où il suit nécessairement que les jugemens qui interviennent sur les réclamations, ne peuvent pas annuller des vœux qui auroient été réguliérement faits ; mais seulement déclarer que des vœux sont nuls, parcequ'ils n'ont pas été faits dans la forme prescrite ; & par conséquent qu'il n'y en a jamais eu.

Le concile de Trente, session 25, can. 15, *de Regular.* prononce la nullité de droit des professions faites avant l'âge de seize ans. Il prononce la même nullité à l'égard de celles qui sont faites avant l'année complette du noviciat. *In quâcumque religione, tam virorum, quàm mulierum, professio non fiat antè decimum-sextum annum expletum : nec qui minore tempore quàm per annum, post susceptum habitum, in probatione steterit, ad professionem admittatur. Professio autem anteà facta sit nulla, nullamque inducat obligationem ad alicujus regulæ, vel religionis, vel ordinis observationem, aut ad alios quoscumque effectus.*

Les ordonnances, quand elles ont prescrit quelque formalité pour la profession en religion, n'ont point emploïé le terme de nullité ; parcequ'il semble qu'elle ne doit être prononcée que par les ministres de l'église : mais elles considerent ceux qui ont prononcé des vœux, sans observer ces formalités, comme n'étant point religieux, au moins vis-à-vis de la société. L'ordonnance d'Orléans, article 19, & celle de Blois, article 28, portent que ceux qui auront fait profession avant l'âge qu'elles prescrivent pourront disposer, dans un certain délai, de leurs biens, & des successions à eux échûes & à écheoir, même postérieurement à la profession.

La derniere de ces ordonnances déclare, dans l'article cité, les contrats, obligations & dispositions de biens, faites à cause de la profession qui a précédé la fin du noviciat, nulles & de nul effet.

M. Duret, dans ses notes, rapportées par Néron, sur l'article 28 de l'ordonnance de Blois, dit que la profession faite par impressions & subornations est nulle ; que celui qui a été jetté malgré lui dans un couvent a toujours été capable de succéder, & peut recouvrer les droits échus durant qu'il étoit reclus, de même que s'il eût été dans le monde.

En effet, il est constant que tout engagement contracté contre la disposition des ordonnances est nul de plein droit. C'est une suite nécessaire de la prohibition. C'est pourquoi les tribunaux qui prononcent, dans ce cas, se servent toujours du mot de nullité.

Cela posé, il suit nécessairement que, puisqu'il n'y a point eu de profession, il n'y a point eu de mort civile ; d'où il résulte, par une seconde conséquence nécessaire, que le religieux, des vœux duquel on prononce la nullité, ne rentre pas dans ses biens, du jour du jugement seulement, mais qu'il est censé n'avoir jamais cessé de les posséder. Aussi tous nos livres sont pleins d'arrêts qui ont ordonné en pareil cas la restitution des biens échûs, soit avant, soit depuis l'émission des vœux ; & on l'a toujours prononcé ainsi, toutes les fois que la demande en a été formée. On peut voir, entr'autres, le sixiéme plaidoïer de le Maistre, & Boniface, tome 3, liv. 7, tit. 14, chapitre 1.

CHAPITRE II.

De la sécularisation des Monasteres.

IL arrive rarement que, dans la sécularisation des monasteres, on se propose d'autre objet que d'en former des chapitres séculiers. Souvent même ils en tiennent lieu, quoique monasteres.

Dans la primitive église, la jurisdiction épiscopale ne résidoit pas sur la tête de l'évêque seul. Elle étoit administrée par tous les prêtres du diocèse, assemblés & présidés par l'évêque. Ce conseil s'appelloit *presbyterium*. Ils étoient assis chacun dans une chaire, aux côtés de l'évêque qui recueilloit les suffrages. C'est pourquoi nous voïons que les anciens peres de l'église les appelloient *assessores episcoporum* ; & le lieu où ils s'assembloient se nommoit *ecclesia cathedralis*, c'est-à-dire, assemblée de personnes assises dans des chaires. Car dans les commencemens de l'église, & avant qu'il fût permis de bâtir des temples en l'honneur du vrai Dieu, c'est-à-dire, avant Constantin, lorsqu'on parloit d'une église particuliere, on n'entendoit autre chose qu'une assemblée. Mais lorsque, par la conversion de cet empereur, la religion chrétienne fut montée sur le trône, que l'exercice en fut devenu libre, & que les fidelles purent élever des temples, on appella église le lieu où ils s'assembloient, pour offrir le sacrifice, & pour prier ; & celle où l'évêque se rendoit ordinairement fut nommée église cathédrale ; parcequ'après l'office divin il y tenoit son conseil, dans la forme dont nous venons de parler.

A mesure que le nombre des fidelles se multiplia, on multiplia aussi le nombre des ecclésiastiques ; & l'on en distribua dans les lieux éloignés des villes, pour, sous l'autorité de l'évêque, conduire & administrer ceux qui, par leur éloignement, ne pouvoient pas avoir une relation assez prompte avec l'évêque.

Nonobstant cette dispersion des prêtres & autres ecclésiastiques du diocèse, il en retint toujours un certain nombre autour de lui, avec lesquels il vivoit en commun, & célébroit l'office dans l'église cathédrale. Ils jouissoient aussi en commun des biens affectés à cette église.

Lorsque le partage des biens de l'église fut introduit, & que chaque ecclésiastique se fut approprié la portion qu'il recevoit auparavant de la main de l'évêque, qui la prenoit dans la masse commune; on partagea aussi les biens affectés aux églises cathédrales en trois parts. L'évêque s'en attribua une, les prêtres qui formoient son conseil s'emparérent de la seconde, & la troisiéme fut destinée pour l'entretien & les réparations de l'église. Ce fut à peu près dans ce tems-là que l'on commença à appeller cette principale partie du clergé de chaque diocèse, chanoines, du mot grec κάνων qui signifioit la matricule de l'église, c'est-à-dire, la liste des ecclésiastiques qui y étoient attachés, & qui y avoient des bénéfices.

Telle est l'origine des chapitres des cathédrales, que l'on regarde encore aujourd'hui comme le sénat de l'évêque, qui ne peut faire rien d'important, en ce qui concerne les affaires générales de son diocèse, sans avoir consulté son chapitre. Il doit même faire mention de son consentement, dans les mandemens qu'il fait publier.

C'est encore, selon quelques-uns, en qualité de sénat de l'évêque, que le chapitre de chaque diocèse a droit de gouverner, pendant la vacance du siége.

Lorsque l'usage se fut introduit dans les monastéres d'y admettre des clercs, & même de faire promouvoir les religieux aux ordres; en un mot, quand on commença à regarder les moines comme faisant partie du clergé, la discipline monastique se relâcha au point que les moines n'observoient plus aucune régle. Ils portoient l'habit régulier; mais ils vivoient en séculiers. Pour arrêter le scandale qui naissoit d'un pareil déréglement, on força la plupart des monasteres d'opter entre la vie monastique, ou celle de chanoines séculiers. Le P. Thomassin, dans son ancienne & nouvelle discipline de l'église, tome 1, liv. 3, chap. 9, rapporte plusieurs passages de différens conciles, qui prouvent que quelques-uns des monasteres, où les abbés & les moines s'étoient depuis long-tems si fort relâchés, que leur vie approchoit plus de celle des chanoines que de celle des moines, passérent enfin pour des monasteres de chanoines, & furent insensiblement sécularisés. De-là sont venus les chapitres connus sous le nom de collégiales.

Ce n'est pas que toutes les collégiales que nous voïons aujourd'hui doivent leur établissement à cette espéce de métamorphose. Il y en a plusieurs qui ont été fondées immédiatement sous cette forme. Entre un grand nombre d'autres, on peut remarquer la Sainte-Chapelle de Paris, fondée, telle que nous la voïons aujourd'hui, par le Roi saint Louis.

Plusieurs grands seigneurs établissoient aussi des oratoires dans leurs châteaux, où ils faisoient célébrer l'office divin par des ecclésiastiques, auxquels ils assignoient certains revenus, pour leur subsistance. Ces ecclésiastiques ont insensiblement usurpé le nom de chanoines, ou s'en sont fait donner la qualité par les supérieurs. Telle est encore la forme de plusieurs collégiales qui existent aujourd'hui.

Le relâchement de la discipline ecclésiastique devint si grand, sur-tout parmi les chanoines, & le scandale qu'il causa produisit tant d'inconvéniens, que l'on crut enfin y devoir mettre ordre; & le remede le plus efficace, dont on s'avisa, fut d'introduire des moines vivans régulierement, en la place des chanoines, ou de soumettre les chanoines à une vie réguliere, & peu différente de celle des moines. Crodegang, évêque de Metz sous le roi Pepin, composa une régle pour les chanoines, qui, dans le fond, n'étoit autre chose que celle de saint Benoît, accommodée à l'état des clercs auxquels il vouloit l'imposer, & que Charlemagne voulut être observée par tous les chanoines de ses états.

Nous ne finirions point, si nous voulions rapporter ici tous les monumens de l'antiquité qui prouvent que, pendant quelque tems, les chapitres, tant des cathédrales que des collégiales, ont été composés de véritables moines. Il suffira d'observer que Robert du Mont, *Epist.* 127, observe que, de son tems, vers le milieu du douziéme siécle, de dix-sept cathédrales que l'on comptoit en Angleterre, il y en avoit huit possédées par des moines, & une par des chanoines réguliers.

On trouve encore aujourd'hui par-tout des traces de cette vie commune & réguliere. Tous les chapitres de Paris ont leurs cloîtres. On voit encore des dortoirs & des refectoires dans plusieurs chapitres, sur-tout en Flandres.

Il y en a encore quelques-uns, comme celui de Notre-Dame

de Paris, qui ont conservé l'habitude de se lever à minuit, comme les réguliers, pour célébrer l'office.

La ferveur des chanoines diminua dans la suite, & la vie réguliere cessa insensiblement parmi eux : mais ce changement ne se fit pas par-tout en même tems. Quelques chapitres commencerent à abandonner la vie réguliere & commune ; & leur exemple fut bientôt suivi. Il paroît que le chapitre de Reims est celui qui s'est maintenu le plus long-tems dans la vie commune.

Quoique la discipline réguliere ne fût plus observée dans les chapitres ; les chanoines, par l'engagement qu'ils avoient contracté, n'étoient pas moins obligés de s'y conformer. Pour arrêter le scandale que causoit un pareil déréglement, on crut devoir séculariser les chanoines ; afin qu'en les déchargeant, par ce moïen, de l'obligation de la vie réguliére, on ne fût plus étonné de les voir vivre en séculiers.

La sécularisation n'est donc autre chose que le changement d'un corps régulier en un corps séculier.

Cette matiere présente plusieurs objets à examiner, dont chacun fournira la matiere d'une section.

SECTION I.

Si la sécularisation d'un monastere est favorable ?

Si nous examinions l'ancienne discipline de l'église, il est constant que la sécularisation des monasteres étoit non seulement très-défavorable, mais qu'elle étoit même défendue ; puisque l'on regardoit comme sujets aux peines canoniques ceux qui l'autorisoient. Voici comment s'explique le concile de Calcédoine, tenu en 551, can. 24. *Quæ semel voluntate episcopi consecrata sunt monasteria, & res quæ ad ea pertinent servari, eaque non ampliùs fieri sæcularia habitacula. Eas autem qui hoc fieri permittunt, canonum pœnis subjici.*

Il paroît que l'on a bien changé de façon de penser sur cette matiere, dans les derniers siécles, principalement par rapport aux églises cathédrales. Du grand nombre de ces sortes de chapitres, qui étoient autrefois réguliers, il n'en reste presque plus. Ainsi il est difficile de présumer que ce changement eût été aussi général, si on l'eût regardé d'un œil défavorable.

SECTION II.

Quelles sont les causes légitimes de la sécularisation ?

On peut apporter plusieurs raisons de cette discipline.

Les chapitres des cathédrales sont obligés, par leur institut, à prendre beaucoup de part au gouvernement du diocèse, surtout pendant la vacance du siége. Cet emploi engage nécessairement les chanoines dans un commerce fréquent avec des personnes de toutes conditions & de tout sexe, & leur occasionne beaucoup de dissipation. Or, de telles occupations sont bien plus du ressort des prêtres séculiers que des religieux, dont la principale, & même la seule fonction doit être la priere & la retraite.

En second lieu, dans les derniers siécles, les religieux dont les chapitres des cathédrales étoient composés possédoient en titre leurs dignités, leurs canonicats & leurs prébendes; ils en percevoient les revenus & les fruits, & s'étoient mis en possession d'en disposer, sans en être comptables; ce qui avoit introduit chez eux une espéce de propriété, contraire à l'obligation de leurs vœux. On a donc crû que le bon ordre demandoit qu'on les déchargeât du vœu de pauvreté, qu'ils ne cessoient de violer.

3°. On a vû, en plusieurs endroits de la France, que le clergé séculier avoit beaucoup de peine à se soumettre aux réguliers, dont les chapitres des cathédrales étoient composés, & qui, en qualité de membres de ces chapitres, avoient le pas sur les autres ecclésiastiques, & leur étoient même supérieurs pendant la vacance du siége. Cette répugnance occasionnoit des contestations sans nombre & scandaleuses. Pour les faire cesser, on n'a point trouvé de reméde plus efficace que la sécularisation de ces chanoines.

4°. L'on s'est apperçû que ceux des réformés qui étoient rentrés dans le sein de l'église conservoient toujours une antipatie marquée pour tout ce qui avoit l'apparence de religieux; qu'ils refusoient même, avec opiniâtreté, d'assister aux offices qu'ils célébroient, & à leurs instructions. Comme ce préjugé leur fermoit l'entrée des églises cathédrales, occupées par des réguliers, on a remédié à cet inconvénient, en les sécularisant.

5°. Les évêques prétendoient, & avec raison, être les supérieurs immédiats des religieux chanoines de leurs églises cathédrales, même en ce qui concernoit la discipline intérieure du cloître, & l'observance de la régle. Ceux-ci, au contraire, soutenoient qu'ils étoient exempts de leur jurisdiction, sur-tout en ce qui concernoit ce dernier objet, & qu'ils ne dépendoient, à cet égard, que du prieur claustral, ou du premier dignitaire régulier du chapitre. Ces contestations ont cessé par la sécularisation, qui, en ôtant la régularité, a ôté, en même tems, la source des divisions occasionnées par le droit de manutention à l'observance de la régle.

Tels sont, à peu près, les motifs qui ont donné lieu à la sécularisation des chanoines des cathédrales.

Quant aux autres monasteres sécularisés, & dont on a fait des églises collégiales, on ne commença à introduire ces changemens, qu'après qu'on en eut fait plusieurs dans les églises cathédrales; & l'on s'y détermina par plusieurs circonstances, selon que l'on trouva que l'utilité de l'église le demandoit, ou que l'observation de la régularité étoit plus ou moins difficile.

Pour obtenir la sécularisation de l'abbaïe de Moissac, on a exposé qu'il y avoit, dans la même église, une paroisse desservie par des prêtres séculiers, dont les offices étoient différens de ceux de l'abbaïe; ce qui occasionnoit des troubles scandaleux, & des contestations fréquentes: que l'abbaïe étoit dans un lieu serré, & sans jardins, où les religieux pussent prendre leur récréation: que, pour arriver à un lieu propre pour se promener, ils étoient obligés de traverser la ville, où ils étoient exposés aux railleries & aux brocards continuels des habitans, qui les insultoient sans cesse, sous prétexte des divisions continuelles qui étoient entr'eux & les prêtres séculiers de la paroisse: que le marché public se tenant vis-à-vis les portes du monastere, le tumulte, qui est inséparable de ces sortes d'assemblées, troubloit le repos des religieux, & les empêchoit de se livrer, avec le recueillement nécessaire, à la méditation & aux autres exercices de piété. D'ailleurs les fréquentes visites que leur occasionnoit la proximité de ce marché les jettoient dans une grande dissipation, contraire à leur état, quoiqu'inévitable.

Plusieurs autres abbaïes ont été sécularisées sur des motifs semblables, ou à peu près semblables.

SECTION III.

Quels sont ceux dont l'autorité & le consentement sont nécessaires, pour parvenir à la sécularisation d'un monastere.

Il faut, pour rendre ces sortes de changemens légitimes, que l'autorité des deux puissances concoure, & que tous ceux qui peuvent y avoir quelqu'intérêt y consentent.

Ainsi l'autorité du pape & celle du Roi doivent intervenir, avec le consentement de l'évêque diocèsain, dès qu'on veut séculariser; des patrons de l'église, s'il y en a d'autres que le Roi; du peuple: & le tout doit être homologué au parlement, ou au grand conseil, quand le couvent que l'on sécularise y a ses causes commises.

Plusieurs textes répandus dans le droit canon, & dans les décrétales même, nous sont garants que le droit de séculariser les couvens appartenoit autrefois à l'évêque, sans qu'il fût nécessaire de recourir au pape : mais, en cette matiere, comme en bien d'autres, l'usage a prévalu en faveur du saint siége.

Quant à l'autorité du Roi, son intervention a toujours été regardée comme indispensable. Le pape Honoré III, en parlant de la sécularisation de l'église de Pétaw, en Hongrie, la déclare nulle, comme faite par le diocèsain, sans l'autorité du saint siége, sans l'aveu & la permission du Roi de Hongrie, & sans l'avis du chapitre. Il fallut donc procéder de nouveau à cette sécularisation. Après avoir rempli toutes les formalités requises, on s'adressa au même pape, pour obtenir sa confirmation. Voici comme il s'exprime dans son rescrit adressé aux prevôt, chanoines & chapitre : *Nos regis ipsius, & eorumdem episcopi & capituli precibus inclinati, ratam habentes ordinationem de secularibus canonicis ex monachis factam, autoritate apostolicâ confirmamus, &c.*

L'autorité du Roi s'étend même jusques sur les bulles envoïées de Rome à cet effet. Il est en droit d'examiner si elles ne contiennent rien qui soit contraire aux droits de sa couronne, à nos usages, & à nos libertés. L'église de saint Etienne de Dijon fut fondée en 343, & dotée par les premiers Rois de Bourgogne, qui y mirent des chanoines séculiers. Les choses demeurerent en cet état pendant environ huit cens ans. En 1116, ou 1124, ces chanoines, à l'exemple de ceux de la plupart des autres églises, voulurent devenir réguliers, & embrasserent la régle de saint

ſaint Auguſtin, ſous laquelle ils ont vécu juſqu'en 1611, que les prieur, religieux & abbé commendataire firent un concordat, du conſentement de l'évêque de Langres, diocèſain; Dijon n'aïant été érigé en évêché qu'en 1725. Sur ce concordat, Paul V accorda des bulles de ſécularisation, *ad inſtantiam Regis chriſtianiſſimi, qui poſtulaverat eccleſiam ac monaſterium hujuſmodi in ſecularem ſtatum reduci.* Cette bulle fut adreſſée à Hubert Ubaldin, nonce du pape en France, qui la fulmina à Paris.

Le parlement de Dijon, par ſon arrêt d'enregiſtrement, du 2 Décembre 1613, ordonna que le concordat ſeroit exécuté, ſans approbation de ce qui pouvoit avoir été fait contre les droits & libertés de l'égliſe gallicane, édits & ordonnances du Roi.

Cette réſerve inquiéta les parties, qui firent examiner la conduite qui avoit été tenue dans la fulmination des bulles de ſécularisation; & l'on trouva que le nonce, qui étoit étranger en France, n'avoit pas pû être délégué par le pape, pour cette fonction. On craignit que ce défaut de formalité ne donnât lieu, un jour, à un appel comme d'abus.

Pour prévenir cet inconvénient, on obtint des lettres patentes du Roi, datées du 10 Mai 1632. Elles portoient en ſubſtance, que ſa majeſté aïant fait examiner, dans ſon conſeil, les bulles de ſécularisation de ladite abbaïe, données ſur ſon conſentement, & le procès-verbal de fulmination, fait par Ubaldin, nonce de ſa ſainteté, un tel procédé auroit été trouvé contraire à ce qui s'obſerve dans le roïaume, où les adreſſes des bulles & reſcrits de ſa ſainteté ne peuvent être faites qu'aux prélats, archevêques, évêques, & à leurs vice-gérens, officiaux, ou autres eccléſiaſtiques ſujets du Roi. A ces cauſes, & pour ôter tout prétexte de pouvoir, à l'avenir, attaquer leſdites bulles, & la fulmination & exécution qui en a été faite, par défaut de pouvoir dans la perſonne du miniſtre; ſa majeſté vouloit qu'il fût procédé de nouveau à ladite fulmination, par l'évêque de Mâcon, qu'elle nommoit à cet effet; voulant & entendant que ce qui ſeroit fait par lui, en exécution deſdites lettres patentes & bulles, fût auſſi valable, & de pareille force & vertu, que ſi l'adreſſe eût été faite à quelque prélat du roïaume, & qu'elles euſſent été par lui fulminées; ce qui fut exécuté.

Entre une infinité d'autres monumens, qui prouvent que le conſentement du Roi eſt néceſſaire pour les ſécularisations, les regiſtres du préſidial de Carcaſſonne nous en fourniſſent un autentique: c'eſt une lettre de François I, adreſſée au ſénéchal de cette ville. Elle eſt conçûe en ces termes : » Notre amé & » féal, pour ce que nous voulons ſçavoir en quelle forme ont » été expédiées les bulles de mutations de régularité en ſécula» rité, afin de voir s'il n'y a choſe dérogeante à nos droits; » enquerez-vous ſi, en votre pouvoir & juriſdiction, y a au» cunes égliſes, ou monaſteres qui aïent fait leſdites mutations, » & leur ordonnez, de par nous, de nous envoyer leſdites bulles » dedans deux mois, après l'injonction que vous leur en aurez » faire; & n'y faites faute. Donné à Fontainebleau, le vingt-neu» viéme jour de Janvier 1538, *ſigné*, FRANÇOIS. » Il paroît, par les procès-verbaux, qu'elle a été exécutée.

Suivant la pratique la plus ordinaire, le chapitre qui demande à être ſéculariſé s'adreſſe au Roi, pour obtenir un brévet, par lequel ſa majeſté lui permet de faire inſtance auprès du pape, pour changer l'égliſe, de réguliere, en ſéculiere. Lorſque les bulles ont été obtenues & fulminées, du conſentement de l'évêque, le chapitre obtient du Roi d'autres lettres patentes, par leſquelles ſa majeſté confirme ce qui a été fait; & ces lettres patentes doivent être homologuées au parlement dans le reſſort duquel eſt ſituée l'égliſe ſéculariſée. C'eſt ainſi que l'on s'eſt comporté, lors de la ſéculariſation de l'égliſe de Luçon, en 1469. Les mêmes formalités furent gardées, lors de la ſéculariſation de la cathédrale de Niſmes, en 1539, & en pluſieurs autres occaſions.

Il paroît inutile de s'arrêter ici à prouver la néceſſité du conſentement de l'évêque diocèſain. Il eſt évident qu'étant le chef & le ſupérieur naturel & immédiat de tout le clergé de ſon diocèſe, on ne peut pas y faire un changement auſſi conſidérable, & auſſi eſſentiel, s'il n'y conſent; & nous croïons que ce conſentement eſt tellement libre en lui, qu'on ne peut pas le contraindre à le donner, s'il croit devoir le refuſer.

Il n'eſt pas moins évident, que le conſentement des patrons eſt auſſi néceſſaire. Ils ont ou fondé, ou doté l'égliſe, & leur libéralité a eu pour objet de faire vivre des religieux, & non des prêtres ſéculiers. On ne peut donc pas changer cet objet, ſans leur aveu. Perſonne n'a le droit de diſpoſer du bien d'autrui, ni d'en faire aucun emploi qui ſoit contraire à ſon intention.

A l'égard du conſentement des religieux que l'on veut ſéculariſer, il n'eſt pas poſſible de révoquer en doute qu'il ne ſoit néceſſaire. Des religieux, qui ont fait des vœux ſolemnels de vivre ſous une régle, ne peuvent pas être forcés d'abandonner cette régle, pour n'en plus ſuivre aucune. Il ne ſuffit pas que les ſupérieurs les dégagent de leurs engagemens : il faut qu'ils acceptent cette faveur. *Invito beneficium non datur. L. 69, ff. de regul. jur.*

Le conſentement du peuple n'eſt pas moins néceſſaire, que ceux dont nous venons de parler. Nous avons fait voir, en parlant des formalités & des conditions requiſes pour l'établiſſement d'un monaſtere, qu'il ne pouvoit ſe faire ſans l'agrément du peuple, qui eſt cenſé ne l'avoir donné que parcequ'il y a trouvé ſon avantage. Or, s'il lui eſt avantageux d'avoir un monaſtere dans ſon territoire, il eſt clair qu'on ne peut le lui ôter ſans lui porter préjudice; puiſqu'on le prive d'une choſe qui lui étoit utile, ou, du moins, qu'il avoit regardée comme telle. Il ne peut donc la perdre ſans y conſentir.

SECTION IV.

Quelles ſont les ſuites de la ſécülariſation.

Cet objet peut être conſidéré ſous deux faces; relativement au couvent, en général, en tant qu'il a été converti en chapitre, & relativement à chaque religieux, en particulier : ainſi nous partagerons cette ſection en deux diſtinctions.

DISTINCTION I.

Des ſuites de la ſécülariſation par rapport à la communauté, en général.

La bulle de ſécülariſation, quand elle eſt revêtue de lettres patentes regiſtrées dans les parlemens du conſentement de tous les intéreſſés, quand elle a été fulminée & exécutée, eſt regardée comme la régle du nouvel état de ces égliſes. Les conditions ſous leſquelles on a réglé leur nouvelle forme, aïant été établies avec les ſolemnités requiſes, & par une autorité légitime, ſont gardées inviolablement, quand elles n'ont rien de contraire aux maximes & uſages du roïaume; & on ne peut y déroger ſans abus. L'égliſe de Niſmes avoit été ſécülariſée en 1539, ſous cette clauſe expreſſe, énoncée dans la bulle, que perſonne ne pourroit être pourvû d'aucune des dignités du chapitre, s'il n'étoit actuellement chanoine prébendé dans la même église, & en même tems constitué aux ordres sacrés. Cette bulle avoit été homologuée au grand-conseil, sans aucune modification. En 1647, un particulier, nommé Thouvant, qui tenoit l'indult d'un de messieurs les conseillers au parlement de Paris, se fit pourvoir en cour de Rome, en vertu de cet indult, de la dignité de second archidiacre en l'église de Nismes : mais, comme il n'avoit point de prébende dans cette église, il fit insérer, dans les provisions de cour de Rome, la clause *cum creatione canonicatûs ad effectum obtinendæ dignitatis.* L'évêque de Nismes conféra cet archidiaconat au sieur Fabrique, chanoine capitulant de la même église; lequel appella comme d'abus de l'exécution de la signature, en ce qu'elle contenoit création d'un canonicat *ad effectum*, & des provisions obtenues par Thouvant de la dignité en question. Il tiroit ses moïens de l'infraction à la bulle de sécularisation, qui exclut des dignités de l'église de Nismes tous ceux qui ne sont pas chanoines *è gremio*, & qui ne sont pas actuellement dans les ordres sacrés.

Il est vrai qu'aux termes du concordat, *de reservat. sublat.* §. 2, le pape, dans les églises dont les statuts portent que l'on n'y pourra posséder de dignités sans être chanoine, peut créer des canonicats à l'effet seulement de posséder ces dignités. *In cathedralibus tamen, metropolitanis & collegiatis ecclesiis, in quarum statutis cavetur expressè, quòd nullus ibidem dignitatem, personatum, administrationem vel officium obtinere possit, nisi in illis actu canonicus existat, canonicos ad effectum duntaxat inibi obtinendi dignitatem, personatum, administrationem vel officium hujusmodi, & non consequendi primam præbendam vacaturam creare posse intendimus.*

Mais on voit, par les termes même de ce passage, que le pape n'a ce droit que quand la prohibition n'est contenue que dans les statuts des chapitres. Il n'en est pas de même, quand elle est dans le titre même de fondation, auquel on ne peut déroger ; parceque c'est violer le droit public. Or les sécularisations tiennent lieu de fondation. L'église, en vertu des bulles, prend une nouvelle forme, & passe d'un état à l'autre, par la permission du Roi, & sous l'autorité des cours souveraines. Les conditions sous lesquelles ce changement s'est fait ne peuvent donc être ni innovées, ni altérées.

Par arrêt du grand conseil du 30 Avril 1648, il fut dit qu'il avoit été mal & abusivement fulminé & exécuté ; le pourvû par l'évêque, fut maintenu définitivement, sans préjudice du droit d'indult de Thouvant; & il fut ordonné que la bulle de sécularisation seroit observée en tous ses points.

On peut former ici deux questions. La premiere consiste à sçavoir si une église sécularisée, mais qui, avant que d'être réguliere, avoit été séculiere, reprend les droits & privileges dont elle jouïssoit avant que d'avoir embrassé la régularité.

La seconde consiste à sçavoir si, quand l'église a toujours été en état de régularité, elle acquiert de nouveaux privileges par la sécularisation.

La premiere question fut agitée en 1622 au parlement de Dijon, au sujet de l'église de saint Etienne de la même ville. Il s'agissoit de sçavoir si les doïen & chanoines de cette église retenoient les mêmes droits & privileges dont ils jouïssoient originairement, lorsque, suivant l'institution primitive, ils étoient séculiers; & si, en conséquence, ils auroient rang aux états de la province, avant les doïens & chanoines des collégiales, ou s'ils siégeroient les derniers, comme étant nouvellement sécularisés. La contestation fut d'abord portée à la chambre ecclésiastique, où il fut jugé qu'ils n'auroient rang qu'après tous les doïens & chanoines des églises, tant cathédrales que collégiales.

Ils interjetterent appel de ce jugement, se fondant sur ce qu'aïant été d'abord institués en état de sécularité, la régle de S. Augustin, qu'ils avoient embrassée depuis, n'avoit causé aucune altération dans leurs privileges, qui étoient demeurés comme en suspens pendant leur régularité; mais qui reprenoient toute leur force & vigueur, par le moïen de leur sécularisation. Fevret, qui rapporte cette espéce, livre 2, chapitre 2, n. 10, dit que la cause fut appointée au conseil, & qu'elle étoit encore indécise lorsqu'il écrivoit.

Nous croïons que les vrais principes étoient contraires à la prétention de l'église de saint Etienne. En effet, en embrassant la régularité, elle avoit renoncé à tous les privileges mondains qui sont attachés aux corps séculiers. En se soumettant à une régle, elle avoit eu intention d'y rester continuellement soumise; & si elle l'a quittée, ce n'a été que pour de certaines circonstances survenues, & qu'on ne prévoïoit pas lors du changement de sécularité en régularité. Ainsi, lorsque cette église est rentrée dans l'ordre des séculiers, elle a dû être regardée comme un nouveau corps qui s'introduisoit dans la hiérarchie, & qui ne pouvoit dater son existence que du jour où il étoit devenu séculier.

Il eſt vrai que les circonſtances ont donné une autre face à la queſtion. On a érigé un évêché dans la ville de Dijon en 1732, & l'égliſe de ſaint Etienne eſt devenue la cathédrale de ce nouveau ſiége. Or il eſt certain que les collégiales de la province ne peuvent pas diſputer la prééminence à une égliſe cathédrale, & que ce chapitre doit tenir, parmi les autres cathédrales de la province, le même rang que tient l'évêque de Dijon entre les évêques de la Bourgogne.

Ainſi, abſtraction faite de toutes circonſtances particulieres, nous croïons que ces ſortes d'égliſes ne peuvent rechercher leurs privileges dans les anciens titres de fondation. Ceux de ces privileges qui ſont incompatibles avec la régularité ont été anéantis par le changement d'état ſurvenu à l'égliſe, & ne peuvent revivre par la ſécularisation. C'eſt un nouveau corps que l'on établit, & qui n'a d'autres titres à préſenter que les bulles qui l'ont ſécularisé, avec les lettres patentes & l'arrêt d'enregiſtrement.

A l'égard de la ſeconde queſtion, il ne paroît pas qu'elle doive faire aucune difficulté.

Bien loin qu'un chapitre acquiere de nouveaux droits par la ſécularisation, il perd ceux qui ne lui avoient été accordés qu'en faveur de la régularité ; à moins qu'ils ne ſoient ſpécialement conſervés par la bulle qui le ſécularise.

On voit auſſi que les chapitres de ces égliſes, qui prétendoient être exemts de la juriſdiction épiſcopale lorſqu'ils étoient réguliers, ont grande attention à faire inſérer dans leurs bulles de ſécularisation un ample détail des privileges dont ils étoient en poſſeſſion dans leur état régulier, & à les faire confirmer par des clauſes préciſes : & lorſque l'exemption n'eſt pas ſpécialement énoncée, ils rentrent dans le droit commun qui les ſoumet aux évêques des lieux. On préſume que ces privileges leur avoient été accordés en faveur de la régularité. *In omnibus cauſis, id obſervatur ut, ubi perſonæ conditio locum facit beneficio, ibi, deficiente eâ, beneficium quoque deficiat.* Gratien, *cauſ.* 25, *q.* 2, poſe auſſi, comme une maxime conſtante : *Sicut neceſſitatem patientes, ceſſante neceſſitate, beneficiis renunciare coguntur quæ eis miſerationis indulſit intuitus; ſic religioſè viventes, cum à religione ceſſaverint, privilegiis exuantur quæ religioſa converſatio meruit.* Cette maxime eſt confirmée dans la gloſe par pluſieurs raiſons & autorités.

Cette obſervation, pour le dire en paſſant, eſt une preuve évidente de la néceſſité d'appeller les évêques des lieux, lors d'une ſécularisation, de les entendre, & de leur communiquer les bulles avant que de les fulminer & de les regiſtrer dans les cours ſéculieres. Tous les intéreſſés à ce changement d'état doivent être appellés : mais il n'y en a point dont les intérêts ſoient plus ſenſibles que ceux des évêques.

On agite, ſur la même matiere, une autre queſtion. C'eſt une diſcipline établie en France & confirmée par les ordonnances des Rois, d'obliger les collégiales où il y a plus de dix prébendes, d'avoir, outre la premiere dignité, une prébende théologale. L'article 33 de l'ordonnance de Blois y eſt formel. Or on demande ſi cette charge s'étend aux monaſteres ſécularisés, quand ils n'y ont point été aſſujettis par la bulle de ſécularisation.

La raiſon de douter eſt que, avant la ſécularisation, les monaſteres n'avoient point de théologal, quoiqu'il y eût plus de dix places monachales, outre l'abbé. Mais l'uſage du roïaume eſt de les aſſujettir à cette obligation, quand elles ſont dans une ville où il n'y a point de cathédrale. On a conſidéré que l'établiſſement d'une prébende théologale n'eſt pas moins pour l'utilité du clergé que pour celle des peuples ; le théologal étant obligé de faire des leçons pour l'un & pour l'autre. L'égliſe veut que, dans les monaſteres conſidérables, il y ait un religieux, ou autre, qui ſoit chargé de faire des leçons de théologie ; ce qui tient lieu de théologal dans les égliſes ſécularisées.

On excepte les égliſes ſituées dans les villes où il y a une cathédrale. C'eſt un uſage ordinaire dans les égliſes de France, de ne point établir de théologaux dans les collégiales qui ſont dans les villes épiſcopales. Il y en a cependant quelques-unes ; mais cela eſt rare : & quoique la bulle de ſécularisation régle qu'il y aura une théologale dans une égliſe de cette eſpéce, cette clauſe n'a point d'exécution. Nous en avons la preuve dans la bulle de ſécularisation de l'abbaïe d'Ainay à Lyon, qui ordonne en termes précis, qu'il y aura une théologale & une pénitencerie : mais cette clauſe n'eſt point exécutée, & il n'y a ni l'une, ni l'autre. Toute bulle qui contient quelque choſe de contraire à nos mœurs n'eſt point exécutée à cet égard.

Enfin on demande ſi la ſécularisation d'une abbaïe, *tam in capite, quàm in membris*, comprend les prieurés conventuels qui en dépendent, lorſque la bulle eſt enregiſtrée purement & ſimplement, & ſans aucune modification.

La raiſon de douter eſt, que ces ſortes de prieurés ne ſont, à proprement parler, que des démembremens de l'abbaïe. Ils en font partie. Ainſi il paroît que la bulle, par ces mots, *tam in capite quàm in membris*, étend ſa grace non-ſeulement ſur le chef-lieu, mais ſur tous les membres qui en dépendent.

Cependant, quoique le prieuré conventuel ait été jugé ſéculier par arrêt, le ſupérieur de l'abbaïe ſécularisée ne laiſſe pas d'être en droit de s'en plaindre, d'interjetter appel comme d'abus de la bulle, en forme d'oppoſition à l'arrêt d'enregiſtrement, & de relever tous les vices de la ſécularisation, pour faire juger le bénéfice dépendant régulier & conventuel. Ainſi jugé par arrêt du mois de Juin 1709, au ſujet du prieuré de ſaint Romain, dépendant de l'abbaïe d'Ainay. Cet arrêt eſt rapporté au cinquiéme tome du journal des audiences.

DISTINCTION II.

Des ſuites de la ſécularisation par rapport à chaque religieux en particulier.

Nous avons fait voir que les vœux ſolemnels en religion, quand leur émiſſion eſt légitime & accompagnée de toutes les formalités preſcrites par les canons & par les loix civiles, emportent une mort civile irrévocable. Il ſuit naturellement de ce principe, que la ſécularisation d'un couvent ne peut pas rendre les droits civils aux religieux qui, lors de cette ſécularisation, ſe trouvent engagés dans les liens d'une profeſſion ſolemnelle & légitime.

Les effets de la bulle qui les ſécularise ſe bornent à leur donner le droit de ceſſer de vivre en communauté & d'obſerver la diſcipline extérieure de la régle à laquelle ils étoient ſoumis. Elle les autoriſe, ſi l'on veut, à quitter l'habit monachal, pour prendre celui des prêtres & des chanoines ſéculiers : mais ils ne rentrent dans aucun des droits civils auxquels ils ont renoncé par leurs vœux. En un mot, ils continuent toujours d'être morts civilement, comme ils l'étoient auparavant.

Cette déciſion eſt fondée ſur les principes, ſur l'intérêt du bon ordre & de la tranquillité publique, & ſur l'autorité des auteurs & de la juriſprudence.

Si l'on conſidere les motifs légitimes qui déterminent ordinairement les ſupérieurs à ſéculariſer un monaſtere, & dont nous avons donné le détail plus haut, on verra qu'aucun de ces motifs n'influe ſur la vie civile des membres du monaſtere. En effet, il peut

peut être utile pour le bon ordre & pour la décence du gouvernement ecclésiastique, que les chanoines d'une cathédrale soient regardés comme séculiers. La dissipation dans laquelle les engagent les affaires du diocèse, sur-tout lorsque le siége est vacant, peut être incompatible avec la vie réguliere. Il peut être vrai que l'usage, usurpé par les religieux qui composent le chapitre d'une cathédrale, de jouïr chacun en particulier de leurs prébendes, ne s'accorde pas avec la pauvreté, dont tout régulier doit faire profession. Il peut encore arriver que le voisinage d'un marché trouble le repos dont les religieux doivent jouïr. Mais ces motifs & les autres, dont on prétexte ordinairement les sécularisations, ne mettent point les religieux qui l'obtiennent, à portée de reprendre les droits de cité, qu'ils ont irrévocablement abdiqués par leurs vœux. Il n'y a nul inconvénient qu'un homme vive en prêtre séculier, & qu'il soit en même tems privé des effets civils. Il y en auroit beaucoup au contraire à les rendre à un homme qui en est privé depuis long-tems, & que l'on est accoutumé de regarder comme n'existant plus dans la société. Un tel changement seroit contraire au droit divin & à la tranquillité publique.

Les vœux en religion sont un engagement contracté avec Dieu même à la face de ses autels. Cet engagement est irrévocable dans le fait, & dans l'intention de celui qui l'a contracté. Il n'a point compté sur une sécularisation qu'il ne pouvoit prévoir. Si les religieux sécularisés rentroient dans leurs droits, ce ne pourroit être que parcequ'ils seroient relevés de leurs vœux; d'où il s'ensuivroit que ceux d'entr'eux qui ne seroient pas engagés dans les ordres sacrés, lors de l'homologation de la bulle, pourroient contracter mariage, en abandonnant leur prébende, puisque le vœu de chasteté, qui les lioit, seroit anéanti. Or nous n'imaginons pas que personne puisse se livrer à une telle prétention, ni soutenir la légitimité d'un tel mariage. Si le vœu de chasteté n'est pas rompu, sur quel fondement voudroit-on prétendre que celui de pauvreté pût l'être?

S'il en étoit autrement, de quels troubles & de quels désordres les familles de ces religieux ne seroient-elles pas affligées? On s'est accoutumé à les regarder comme morts civilement, & l'on étoit en droit de le faire. En conséquence, on a fait des partages, dans lesquels on ne les a point compris. Souvent même on a aliéné des héritages, qui ont passé par plusieurs mains. Les successions mobiliaires dans lesquelles ils auroient eu part, s'ils n'eussent point contracté d'engagement, ont été dispersées, ou dissipées. Or s'ils recouvroient la vie civile, ils seroient en droit d'exiger qu'on leur tînt compte de toutes ces choses. Les possessions ne seroient donc jamais certaines & tranquilles.

C'est sur ces motifs que Ricard, en son traité des successions, partie 1, chapitre 3, section 4, n. 318 & 319, décide que, lorsque d'un monastere on fait une église cathédrale, les religieux qui étoient alors dans le couvent sont incapables, comme auparavant, quoiqu'ils deviennent chanoines : mais cette incapacité cesse en la personne de ceux qui leur succédent. C'est aussi la décision de le Maître, sur la coutume de Paris, tit. 14, chap. 1, partie 2.

Brodeau sur Louet, lettre *C*, somm. 8, rapporte un arrêt du grand conseil du 21 Mars 1622, confirmatif des bulles de sécularisation de l'abbaïe de saint Pierre de Vienne, qui porte que les chanoines de cette église, qui étoient religieux profès avant la sécularisation, ou au tems qu'elle a été faite, ne pourront rien prétendre dans les successions de leurs parens, soit directes, soit collatérales, ni dans les substitutions, fidéicommis, donations ou autrement, échûs ou à écheoir, ni faire aucunes acquisitions, sinon pour donner & aumôner à ladite abbaïe.

La derniere disposition de cet arrêt prouve clairement que la sécularisation ne rend pas la vie civile. En effet, par quelle raison les religieux sécularisés ne peuvent-ils acquérir que pour l'abbaïe ? C'est qu'ils n'ont pas acquis la capacité de posséder en propre. On ne peut pas opposer que, s'ils sont en état de faire des acquisitions, ce ne peut être que des épargnes qu'ils ont faites des revenus de l'abbaïe, qu'ils ont perçûs, & à laquelle ils doivent par conséquent les rendre, étant comptables envers elle de tout ce qu'ils en ont retiré. En effet, s'ils recouvroient la vie civile, ils seroient capables de recevoir les donations. Or ils ne seroient en aucune maniere redevables de ces sortes d'acquisitions à l'abbaïe. Elles leur sont néanmoins aussi précisément interdites, que celles qu'ils pourroient faire à titre onéreux. Ils pourroient même encore acquérir de plusieurs autres manieres qui leur seroient personnelles, & auxquelles l'abbaïe ne participeroit en rien, ni directement, ni indirectement.

Cette objection tombe donc d'elle-même, & l'incapacité de recevoir par donation est une nouvelle preuve que les religieux ainsi sécularisés ne recouvrent point la vie civile ; mais qu'ils sont seulement dispensés de la régle monachale.

Brodeau, à l'endroit cité, ajoûte que la même chose a été jugée par autre arrêt du grand conseil, du 2 Avril 1626, confirmatif de la bulle de sécularisation de l'abbaïe de saint Pierre de Moissac, au diocèse de Cahors, & qu'il avoit écrit au procès.

CHAPITRE III.

De la Sécularisation ad tempus *d'un Religieux en particulier.*

IL arrive quelquefois que les supérieurs, pour des raisons particulieres, accordent à un religieux la permission de sortir de son couvent, & de porter l'habit séculier pendant un tems. Or on demande quels sont les effets d'une pareille sécularisation ?

Il est constant que de pareils actes ne peuvent jamais émaner des supérieurs réguliers, dont toute l'autorité se borne à la manutention de la discipline intérieure. Ils peuvent bien obliger leurs religieux à la stricte observance de la régle : mais il n'est pas en leur pouvoir d'en dispenser, sous quelque prétexte que ce soit ; & encore moins de permettre de rentrer dans le siécle, ne fût-ce que pour un tems. Comme ces actes touchent à la discipline extérieure, ils ne peuvent émaner que des supérieurs séculiers, chargés de la maintenir ; & ils ne les peuvent accorder sans de bonnes & justes raisons : autrement il y auroit abus.

Tout supérieur séculier n'a même pas ce pouvoir : il est réservé au pape. Presque tous les ordres monastiques ont plusieurs couvents situés en différens diocèses du roïaume ; en sorte qu'un religieux attaché à un ordre n'est attaché à aucun diocèse, & qu'aucun ordre ne dépend, & ne peut dépendre d'un seul évêque. En un mot, soit raison, soit usage, la cour de Rome est seule en possession d'accorder ces sortes de dispenses momentanées : mais elles ne peuvent produire d'effet dans le roïaume, si elles ne sont fulminées par l'official du diocèse où réside actuellement le religieux qui les a obtenues ; & cette fulmination ne se fait qu'après une enquête de la validité & de la réalité des motifs allégués dans la supplique, & sur lesquels le bref a été accordé.

Au surplus, cette sécularisation momentanée ne produit aucun effet sur la vie civile de l'impétrant, dont les vœux subsistent toujours avec toutes leurs conséquences.

Si, avant le terme de cette sécularisation expiré, le religieux vouloit se faire transférer dans un autre ordre, il seroit tenu, à peine de nullité du bref de translation, de faire mention, dans sa supplique, de son état actuel. Celui qui demande une grace doit faire connoître à la personne de qui elle dépend toutes les circonstances qui doivent déterminer à accorder, ou à refuser ; sans quoi la grace est nulle. *Mendax precator debet carere impetratis.*

François Adorne, religieux profès chez les hermites de S. Augustin, obtint en 1676, de la congrégation des cardinaux, un decret de sécularisation *ad tempus*, sous prétexte de soulager ses pere & mere, qui étoient fort pauvres & fort âgés, & pour veiller, en leur place, sur la conduite d'une jeune sœur nubile. Ce decret fut adressé à l'official d'Amiens, comme diocésain, qui l'entérina, & mit l'impétrant en état de prêtre séculier, avec permission de vicarier. Après la mort de ses pere & mere, & même de sa sœur, arrivée en 1681, au lieu de retourner dans son cloître, il garda l'habit séculier jusqu'en 1686, qu'il obtint un bref de la pénitencerie, qui le transféroit dans l'ordre de saint Benoît. Il en obtint ensuite un autre de la daterie, confirmatif du premier. Ils furent l'un & l'autre adressés au nonce en France, qui les fulmina, quoiqu'il n'y fût fait aucune mention de la sécularisation. Il fit en conséquence profession dans l'ordre de saint Benoît le 31 Octobre 1686, & fut ensuite reçû vicaire & chantre dans l'église collégiale de saint Honoré à Paris. Il obtint dans l'université des dégrés, & des lettres de nomination sur le prieuré de saint Martin des Champs. Le 14 Avril 1693, le sieur abbé de Lyonne lui conféra, en qualité de prieur de S. Martin des Champs, le prieuré de sainte Gemme. Le 20 du même mois, il permuta ce prieuré pour celui de saint Marcqs-la-Pille. L'abbé de Lyonne admit la permutation, & par erreur il donna au sieur Duchesne, copermutant d'Adorne, des provisions de commende en commende, au lieu de les donner de régle en commende. Il rectifia dans la suite ce défaut, par de nouvelles provisions : mais, dans les unes & dans les autres, il obmit d'emploïer le decret de retourner en régle, en cas de mort, ou de résignation du commendataire, & la clause *de readificandis beneficiis.*

Le même jour 20 Avril, dom Blain religieux profès de l'ordre de Cluni, docteur en droit canon de la faculté de Paris, requit le prieuré de sainte Gemme, comme gradué nommé, insinué & dûement qualifié. Sur le refus du collateur, il obtint des provisions de l'évêque diocésain. Il en obtint aussi du pape, dans lesquelles on emploïe la qualité de gradué nommé : mais, comme les reviseurs de cour de Rome ne veulent point reconnoître le privilege des gradués, pour les bénéfices qui vaquent en commende, ils raturerent cette qualité.

Dom Blain prit possession, fit assigner en complainte le sieur Duchesne au grand conseil; appella comme d'abus de la translation d'Adorne d'un ordre dans l'autre, & de tout ce qui avoit suivi. Il s'opposa à l'enregistrement du bref de la daterie confirmatif de celui de la pénitencerie, & des lettres patentes obtenues sur ce dernier bref.

Cette contestation donna lieu à sept questions.

1°. Si la congrégation des cardinaux peut séculariser un religieux, ou si ce droit appartient au pape seulement. Nous avons déja parlé ailleurs de l'incompétence de ce prétendu tribunal. Nous observerons seulement ici que les décrets émanés de cette congrégation ne mettent point ceux qui les obtiennent à couvert des irrégularités, même dans le for intérieur. La constitution qui a établi cette congrégation, le 22 Janvier 1580, ne lui donne d'autre pouvoir que celui de réprimer les religieux vagabonds & apostats : *Apostatarum quoque, ejectorum, & præterea extrà monasteria degentium aut vagantium causas audiant, eosque coercendi potestatem habeant.* Et, quand cette bulle leur permet de transférer un religieux, ce n'est point dans un ordre ou plus doux, ou égal; mais dans celui qui est plus sévère. *Non ad laxiorem, nec ad parem religionem, sed ad arctiorem.* On ne connoît point de bulle qui ait étendu leur pouvoir plus loin. Ainsi, quand même on reconnoîtroit en France l'autorité de ce tribunal, l'acte qui en étoit émané, dans l'espèce présente, auroit toujours été nul.

2°. On agitoit la question de sçavoir si ce religieux sécularisé *ad tempus*, pour soulager ses pere & mere pauvres, avoit purgé, par sa profession dans l'ordre où il avoit été transféré, l'irrégularité encourue, pour n'être pas retourné dans son monastere, après leur mort.

Il est constant que ce religieux étoit devenu irrégulier, en ne rentrant point dans son couvent. La cause de la sécularisation aïant cessé, l'effet cessoit aussi : il étoit donc obligé de reprendre son habit, & de rentrer dans la régle. Or cette irrégularité n'a pû être lavée par une profession faite en conséquence d'une translation nulle. Il est bien vrai que l'entrée en religion léve quelques irrégularités, *quoad promotionem ad ordines, non quoad honores*; c'est la distinction des canonistes : mais encore faut-il que cette profession soit valable : or elle ne peut l'être, quand elle est la suite d'une translation nulle. La nullité de la translation laisse ſubſiſter le premier engagement, qui eſt incompatible avec un ſecond.

3°. Dans le cas où étoit ce religieux, pouvoit-il ſe faire transférer dans un autre ordre, ſans marquer dans ſa ſupplique qu'il avoit été ſécularisé *ad tempus* ?

Pour obtenir valablement une grace, l'impétrant ne doit rien diſſimuler, ni de ce qui peut contribuer à la faire obtenir, ni de ce qui peut la faire refuſer. *Mendax precator debet carere impetratis.* La conceſſion de la grace doit être libre, & elle ne l'eſt qu'autant que celui qui la donne eſt à portée de connoître tous les motifs qui peuvent déterminer ſa volonté. Dans l'eſpéce préſente, il eſt conſtant que le pape n'avoit point été inſtruit de la ſéculariſation d'Adorne, puiſque le bref lui enjoignoit de porter l'habit de ſon premier ordre, juſqu'au jour de ſa tranſlation : *neque habitu regulari dimiſſo.* Or, s'il eût connu cette ſéculariſation, & l'uſage que l'impétrant en avoit fait, il auroit ſçû que le motif qui portoit à demander la ſéculariſation n'étoit autre que l'ennui d'un joug que l'on trouvoit trop peſant ; ce qui ne peut jamais déterminer un ſupérieur exact à prêter les mains à l'abdication qu'on en veut faire.

4°. Un bref de la pénitencerie, confirmé par un autre de la daterie, devient-il valable ?

Un acte qui en confirme un autre qui eſt nul ne produit aucun effet. *Qui confirmat nihil dat.* Nous ne reconnoiſſons point en France la congrégation des cardinaux. Nous admettons, il eſt vrai, ce qui émane de la daterie : mais ce tribunal n'a pas le pouvoir de valider ce qui eſt nul en ſoi, & de nous ſoumettre à une autorité que nous ne voulons point reconnoître. Or le pape, en ne faiſant que confirmer le premier bref, ſans entrer dans aucun détail de ce qu'il contient, nous ordonne de le reconnoître ; & c'eſt ce que nous ne pouvons, ni ne devons faire.

Comme les autres queſtions, qui furent agitées alors, n'ont point trait à l'objet de cet ouvrage, nous n'en ferons point ici mention. Par arrêt du grand-conſeil du 20 Septembre 1694, dom Blain fut maintenu & gardé en la poſſeſſion du bénéfice en queſtion ; & il fut ordonné à Adorne de rentrer dans l'ordre des Auguſtins, dans trois mois, du jour de la ſignification de l'arrêt.

CHAPITRE IV.

De la promotion du religieux à l'épiſcopat.

L'Uſage d'élever les religieux à la dignité épiſcopale eſt très-ancien dans l'égliſe : il y en a des exemples même dans les premiers ſiécles.

Il ſemble néanmoins que les vœux en religion, celui d'humilité ſur-tout, ſont incompatibles avec l'éclat d'une dignité auſſi relevée que celle d'un évêque : mais cette incompatibilité diſparoît, quant à la primitive égliſe, lorſqu'on ſe rappelle que les prélats, loin de vivre dans le faſte qui les accompagne aujourd'hui, ſe croïoient obligés de donner l'exemple de la modeſtie, & de l'humilité. Ce n'étoit pas par la forme & par la couleur des habits qu'on les diſtinguoit autrefois des autres prêtres, ni même des laïques : c'étoit par la ſimplicité, & par l'auſtérité qui ne les abandonnoient dans aucunes de leurs démarches. Euſebe, dans la vie de Conſtantin, liv. 1, chap. 22, dit que l'habit vil & abject des évêques n'empêchoit point cet empereur de les inviter à ſa table : *menſæ ipſius adhibebantur homines, veſtitu quidem & externo habitu deſpicabiles; ſed quos ille minimè deſpicabiles judicabat; quippè qui non externam hominum ſpeciem, ſed Deum ipſum introſpiceret.*

Les religieux élevés à l'épiſcopat ne quittoient ni l'habit, ni l'obſervance de la régle monaſtique; en ſorte que leur promotion n'étoit autre choſe qu'un ſurcroît de ſoins & de fatigues, qu'ils ajoûtoient à l'auſtérité dont ils avoient fait vœu. L'égliſe en avoit même fait une loi, répétée dans pluſieurs canons, & preſcrite par pluſieurs peres. Le quatriéme concile de Latran, tenu en 1215, porte, *can.* 16, que *pontifices in publico & in eccleſiâ ſuperindumentis lineis omnes utantur, niſi monachi fuerint, quos oportet deferre habitum monachalem.* Cette loi fut renouvellée par un concile tenu à Londres en 1268. *Specialiter indicimus iis qui de monaſteriis, vel de aliis regularibus locis in epiſcopos ſunt aſſumpti, vel de cœtero aſſumentur, ſuum deferant habitum regularem : ne religionem præcedentem dignitas excludere videatur, quam ſibi debent vinculo individui fœderis copulare. Quibus etiam diſtinctiùs inhibemus, ne utantur pannis, aut pellibus, aut aliis ornatibus, ab ordine ſive regulâ ſuâ priori diſcrepantibus in colore. Can.* 5. Ce concile, comme on voit, ne ſe contente pas que les évêques réguliers portent l'habit de la couleur de leur ordre ; il veut qu'ils portent l'habit même. Celui de Saltzbourg, tenu en 1420, va plus loin : il déclare excommuniés ceux qui ne le portent pas. *In animæ suæ periculum, & plurimorum scandalum, sicque excommunicationis sententiâ innodantur.*

Cet usage s'est insensiblement perdu. Les religieux, devenus évêques, ont peu-à-peu quitté la forme de leur habit, en ne conservant que la couleur ; & enfin, ils ont quitté la couleur même, pour prendre celle qui est commune à tous les autres évêques. L'assemblée du clergé de France, tenue en 1665, fit même un réglement, qui porte, que *tous les prélats, sans distinction, ni exception, iroient en habit violet saluer leurs majestés, même ceux qui ont été tirés des ordres réguliers, afin de garder en tout l'uniformité.* Ce qui n'a été ordonné que pour une occasion est devenu un usage habituel.

Mais ce changement extérieur en opere-t-il un dans l'état du religieux élevé à l'épiscopat ? C'est ce qui nous reste à examiner.

Le relâchement de la discipline a mis plusieurs canonistes dans le cas de soutenir, que la promotion à l'épiscopat affranchit entierement du joug de la vie monastique ; parceque, disent-ils, la dignité pontificale, étant la qualité la plus noble qu'il y ait dans l'église, efface celle de religieux, qui lui est inférieure ; elle ôte tout ce qui est une suite & une dépendance des statuts de la régle, & de la dureté des vœux.

Il n'est pas fort aisé de comprendre pourquoi celui à qui l'église confie le soin de faire observer les régles qu'elle a établies, se trouve dispensé de les observer lui-même. Si ceux auxquels la société a remis la manutention des loix, qui sont sa sûreté, étoient dispensés de les suivre, & autorisés à ne reconnoître de régle que leur caprice, que deviendroit le bon ordre ? Si l'obligation est la même pour tous les citoïens, dans l'ordre politique, à plus forte raison dans une société où la voïe coactive est absolument interdite, & où les supérieurs n'ont d'autres ressources, pour maintenir le bon ordre, que l'exemple qu'ils peuvent donner, & les exhortations raisonnées qu'ils peuvent faire.

Sur quel fondement, en effet, l'épiscopat affranchiroit-il des obligations contractées par des vœux solemnels ? Seroit-ce en conséquence de la discipline ? Mais la discipline peut-elle varier en ce qui est de droit divin ? C'est ce qu'il n'est pas possible de soutenir. Dieu a-t-il annoncé, quelque part, qu'il dispensoit des engagemens contractés avec lui ceux que les hommes, par des considérations

considérations souvent toutes humaines feroient évêques ? Où cette révélation est-elle déposée ? Disons donc que le religieux qui devient évêque ne cesse point d'être religieux : il prend seulement un nouveau fardeau. Le soin de son salut étoit son unique affaire : il se charge, en outre, de celui de tous ceux qui habitent son diocèse.

Le canon *statutum* 18, *quæst.* 1, semble, à la vérité, contraire à l'opinion que nous soutenons ici. *Statutum est*, dit-il, *& rationabiliter secundùm sanctos patres, à synodo confirmatum ; ut monachus, quem canonica electio à jugo monasticæ professionis absolvit, & sacra ordinatio de monacho episcopum facit, velut legitimus hæres, paternam sibi hæreditatem posteà jure vindicandi potestatem habeat. Sed quidquid adquisierat, vel habere visus fuerat, monasterio relinquat, & abbatis sui, qui fuerat secundùm regulam sancti Benedicti, arbitrio. Postquàm enim episcopus ordinatur, ad altare, ad quod sanctificatur & titulatur, secundùm sacros canones, quod adquirere poterit restituat.*

Il est vrai que, si l'on considere la vie extérieure à laquelle un religieux évêque est obligé de se conformer, il est dispensé de bien des pratiques monastiques. Il n'est plus soumis aux supérieurs réguliers ; parceque cette soumission seroit incompatible avec l'ordre hiérarchique, qui donne aux évêques la supériorité dans l'église ; & cette espéce d'affranchissement n'est point, quoi qu'en disent quelques théologiens, de la nature de celui d'un simple religieux qui devient général d'ordre. Lorsque cette promotion se fait dans un ordre où les dignités sont amovibles au bout d'un certain tems, celui qui cesse d'être général, après le terme prescrit par la régle, rentre dans l'etat de simple religieux, & devient soumis à ses supérieurs, comme il l'étoit auparavant. D'ailleurs le général n'est que le premier entre ses égaux ; il ne passe point d'un ordre inférieur à un ordre supérieur. Mais le religieux fait évêque reçoit, par son ordination, un caractere de dignité indélébile ; & quoiqu'il cesse d'avoir un diocèse, soit par démission, soit autrement, il n'est point obligé, pour cela, de retourner dans son cloître, ni d'obéir à ses anciens supérieurs.

L'étroite observance du vœu de pauvreté paroît aussi, en quelque sorte, incompatible avec la dignité épiscopale. L'évêque est administrateur né des biens destinés à sa subsistance, & à l'éclat que le relâchement de discipline & le luxe ont attaché à son rang ; lui seul est chargé de la distribution du surplus en faveur des pauvres. Il n'est donc pas propriétaire, ni même, à proprement parler, usufruitier de ces biens ; il n'en est que le dispensateur ;

qualité qui n'eſt nullement incompatible avec le vœu de pauvreté.

Diſons donc qu'un religieux fait évêque eſt ſeulement diſpenſé des auſtérités de la régle, qui ne peuvent ſe concilier avec les fonctions de l'épiſcopat : mais qu'il n'en eſt pas abſous. *Religioſi, qui in epiſcopos promoventur, ad omnia ſuæ religionis tenentur ſervanda, quæ ſuo epiſcopali ſtatui non repugnant*, dit ſaint Thomas, 2, 2 *quæſt.* 186, *art.* 8. Il diſtingue enſuite, dans les obſervances de la régle, celles qui peuvent compatir avec l'épiſcopat, d'avec celles qui ſont incompatibles : *Sic ergò dicendum eſt, quòd ſi quæ ſunt in regularibus obſervantiis, quæ non impediant pontificale officium, ſed magis valeant ad perfectionis cuſtodiam, ſicut eſt continentia, paupertas, & alia hujuſmodi; ad hæc remanet religioſus, etiam factus epiſcopus, obligatus, &, per conſequens, ad portandum habitum ſuæ religionis, qui eſt hujus obligationis ſignum. Si quæ verò ſunt in obſervantiis regularibus, quæ officio pontificali repugnant, ſicut eſt ſolitudo, ſilentium, & aliquæ abſtinentiæ, vel vigiliæ graves, ex quibus impotens corpore redderetur ad exequendum pontificale officium, ad hujuſmodi obſervanda non tenetur.* Après quoi ce docteur conclud : *Ergò dicendum quòd ille qui fit de monacho epiſcopus, abſolvitur à jugo monaſticæ profeſſionis, non quantùm ad omnia, ſed quantùm ad illa quæ officio pontificali repugnant, ut dictum eſt.*

Il eſt vrai que le canon *ſtatutum*, rapporté plus haut, ſemble être contraire au ſiſtême que nous établiſſons ici; puiſqu'il dit poſitivement, que la promotion à l'épiſcopat délivre le religieux du joug de ſa régle, & lui donne la faculté de ſuccéder, & de tranſmettre ſa ſucceſſion au couvent : mais il y a pluſieurs obſervations à faire ſur ce canon.

1°. On ſçait que le corps du droit canon ne fait point loi en France, par lui-même, ſi ce n'eſt dans les déciſions qui ont été adoptées par les ordonnances, les arrêts, nos uſages & nos libertés : or ce canon n'eſt point dans le cas.

2°. Preſque tous les docteurs, ſur ce canon, diſent que ces termes, *à jugo regulæ monaſticæ profeſſionis abſolvit*, s'entendent ſeulement des auſtérités de la régle, qui ſe trouvent incompatibles avec les fonctions de l'épiſcopat, & non pas de l'abſolution des vœux.

3°. Ce canon eſt tiré d'un concile provincial, tenu en Suiſſe, où les religieux ſuccédoient à leurs parens; & ce concile n'a jamais été reçû parmi nous.

4°. Enfin, la déciſion qu'il contient, toute favorable qu'elle paroît à ceux qui ſoutiennent la maxime oppoſée à celle que nous établiſſons ici, les condamne au fond ; puiſqu'en adjugeant à l'égliſe pour laquelle il a été conſacré la ſucceſſion du religieux fait évêque, c'eſt reconnoître qu'il n'a pas la faculté de diſpoſer de ſes biens, & par conſéquent que le vœu de pauvreté a toujours ſubſiſté.

De ces principes il ſuit, que la promotion d'un religieux à l'épiſcopat ne lui rend point la capacité de ſuccéder à ſes parens. Cette faculté lui a toujours été refuſée par la juriſprudence de nos arrêts. On en trouve un, entr'autres, dans Bardet, tom. 2, liv. 7, chap. 22, rendu ſur les concluſions de M. Bignon avocat général, le 11 Mai 1638, par lequel M. d'Atichi, qui de Minime étoit devenu évêque de Riez, fut débouté de ſa demande en partage dans la ſucceſſion d'un de ſes freres. Par la même raiſon, ils ſont incapables de recevoir par legs, donation, ou autres diſpoſitions, ſoit entre vifs, ſoit à cauſe de mort. Ricard, des donat. n°. 320.

Il ſemble que le religieux évêque étant incapable de ſuccéder à ſes parens, ceux-ci devroient pareillement être exclus de ſa ſucceſſion, ſuivant la maxime de droit, *ſi vis mihi ſuccedere, fac ut tibi ſuccedere poſſim.* Mais la réciprocité dans les ſucceſſions n'eſt pas tellement néceſſaire, qu'il n'y ait des cas où elle n'a pas lieu. Par exemple, le fils adoptif ſuccéde à ſon pere : mais le pere ne ſuccede pas à ſon fils. Notre uſage a encore admis une exception dans le cas que nous examinons ici. Le religieux devenu évêque ne ſuccéde pas à ſes parens, il eſt vrai : mais ſes parens lui ſuccédent. La raiſon eſt que ſa ſucceſſion ou ſeroit vacante & reviendroit au fiſc, ou qu'elle appartiendroit au couvent, ou à l'égliſe dont il étoit évêque, ou à ſon ſucceſſeur. Nous avons fait voir, en parlant de la confiſcation, combien le fiſc eſt défavorable, & que la plus légére apparence de droit, ſur la tête d'une autre perſonne, ſuffit pour l'exclure. A quel titre le couvent ſeroit-il admis à recueillir cette ſucceſſion ? Elle ne provient nullement des biens qui lui appartiennent. L'égliſe ſeroit beaucoup mieux fondée à la demander, parcequ'elle ne provient que des épargnes faites des revenus attachés à l'évêché, leſquels ont été autrefois démembrés de la maſſe commune qui appartenoit à l'égliſe cathédrale, & même à tout le clergé, & aux pauvres du diocèſe : mais, pour juger en faveur de l'égliſe, il faudroit établir un nouveau genre de ſucceſſion abſolument inconnu parmi nous. Le ſucceſſeur au ſiége épiſcopal ne peut fonder ſa demande ſur aucun prétexte apparent. Il n'a point de droit ſur des revenus échûs avant qu'il fût pourvû du titre qui lui en donne la jouïssance, & sa promotion n'a, & ne peut avoir d'effet rétroactif. Restent donc les parens, auxquels on a mieux aimé adjuger ces biens, que de les laisser vacans. Il y en a plusieurs arrêts. Louet, entr'autres, lett. E, n°. 4, en rapporte un du 16 Avril 1585, rendu en la deuxiéme chambre des enquêtes, au rapport de M. Thudert, deux de messieurs de chacune des autres chambres appellés, & prononcé ensuite en robes rouges. Il y étoit question de la succession de monsieur Jacques Fourré, qui avoit été religieux profès au couvent des Jacobins de Chartres, & étoit devenu ensuite évêque de Châlons-sur-Saone. La contestation étoit entre les Jacobins, le chapitre de l'église de Châlons, l'évêque successeur de messire Fourré, & ses freres & neveux. Elle fut adjugée aux derniers. Brodeau, sur cet endroit, fait mention d'un autre arrêt, du 11 Avril 1581, rendu en la grand'chambre, lequel confirma une donation faite par M. Tristan de Bizet, évêque de Saintes, & auparavant religieux profès & abbé de Signi, au profit de l'archidiacre de Saintes. Cette donation contenoit certains effets provenant de quelques dettes actives résultant du revenu de son abbaïe. L'abbé régulier du couvent où l'évêque de Saintes avoit été religieux se prétendoit en droit de revendiquer ces effets. Il fut débouté.

Il résulte de-là que le religieux devenu évêque, non-seulement transmet sa succession à ses héritiers; mais qu'il peut disposer par donation, testament, ou autres actes à titre gratuit; &, à plus forte raison, aliéner à titre onéreux. En effet, les parens seuls seroient en droit de se plaindre de ces aliénations : mais ils ne seroient fondés dans leur plainte, qu'en vertu de l'intérêt qu'ils ont à ce que les biens leur soient conservés. On ne les leur conserve qu'en supposant qu'ils sont dans le commerce. S'ils sont dans le commerce, ils sont disponibles; ils peuvent être aliénés, à quelque titre que ce soit. D'ailleurs, ils ne pourroient se fonder, dans leur demande, que sur la qualité de religieux, dont leur parent étoit revêtu : or, si l'on considére cette qualité, ils sont eux-mêmes dans le cas de l'exclusion; puisqu'un religieux ne peut pas laisser de succession.

Feu Me de Hericourt, loix ecclésiastiques, part 3, chap. 12, n°. 35, aux observations, convient que la jurisprudence est constante sur ces sortes de successions : mais il ne la trouve pas conforme à l'équité. Il faudroit, dit-il, adjuger aux pauvres du diocèse la succession d'un religieux élevé à l'épiscopat, puisqu'il n'a point confondu le patrimoine de sa famille avec les revenus de l'église. Il espere que ce que l'on pratique pour les religieux curés fera changer la jurisprudence par rapport aux évêques. Il ne paroît pas juste, en effet, que des parens profitent, au préjudice des pauvres, d'un bien destiné à ceux-ci.

Suivant le chap. *Cum singula, de præb. in 6°.* les religieux ne peuvent être pourvûs de deux bénéfices, sans une dispense particuliere du pape. On a même regardé la pluralité des bénéfices comme tellement opposée à l'étroite pauvreté dont ils font profession, qu'une simple pension leur tient lieu de titre ; ensorte qu'ils ont besoin d'une dispense, pour en jouïr avec un bénéfice. Or on demande si la promotion à l'épiscopat exempte de la nécessité de cette dispense ?

Nous ne voïons point de motifs qui puissent déterminer pour la négative. Dans la stricte régle, un religieux ne devroit être capable d'aucun bénéfice ; le vœu de pauvreté lui interdisant toute jouïssance. L'usage a autorisé les membres de certains ordres à devenir bénéficiers : mais la pluralité des bénéfices ne leur a jamais été accordée, que depuis que les papes se sont mis dans l'usage de les dispenser de cette régle. Au moins faut-il qu'ils obtiennent cette dispense. Or, puisque l'épiscopat ne décharge le religieux que des pratiques incompatibles avec les fonctions du pontificat, on ne voit pas pourquoi il seroit dispensé de recourir à la grace du pape. On trouve cependant, dans Augeard, tom. 1 de la derniere édition, arrêt 146, un arrêt rendu au grand conseil, le 5 Février 1698, qui semble juger le contraire, en faveur de M. l'évêque de Belley, qui avoit été religieux de Cluny. Ce prélat est maintenu dans la possession de son prieuré de saint Germain de Mouceaux, quoiqu'il n'eût point obtenu de dispense du pape. Mais, dans le fait, il en avoit demandé, en demandant ses provisions sur la résignation qui lui avoit été faite de ce bénéfice : mais, comme le pape n'accordoit alors aucunes provisions pour la France, en conséquence de la brouillerie occasionnée par la déclaration du clergé de 1682, on n'eut point égard au refus de la cour de Rome, & on autorisa M. l'évêque de Belley à prendre possession civile, dans laquelle il fut maintenu contre ceux qui la lui disputerent dans la suite.

CHAPITRE V.

Du congé perpétuel accordé par le supérieur.

SI le pape, malgré toute l'autorité qu'il s'est arrogée dans l'église, ne peut pas dispenser un religieux de ses vœux, s'il n'y a cause forcée, comme maladie; il est constant qu'un simple supérieur régulier ne le peut faire; & toutes les fois que ces sortes de congés perpétuels ont été déférés à la justice, on les a déclarés abusifs. Voïez Boniface, to. 1, liv. 2, tit. 31, ch. 9, n. 1. D'ailleurs, quand la discipline les autoriseroit, ils n'auroient d'autre effet que de dispenser le religieux de l'observance de la régle; sans en produire aucun relatif à la vie civile.

CHAPITRE VI.

Du congé par rescrit du pape.

NOus avons dit plusieurs fois que le pape n'a aucun pouvoir sur le temporel du roïaume. Ainsi, quand nos loix ont exclu un particulier de la possession des biens du roïaume, nul acte émané de la cour de Rome, de quelque nature qu'il soit, & pour quelque cause que ce puisse être, ne peut rendre cette faculté. Lorsqu'elle se trouve énoncée dans les rescrits qui nous viennent de cette cour, elle est toujours déclarée abusive. Il y a même des arrêts qui ont refusé des pensions alimentaires aux religieux sortis de leur couvent en vertu de rescrit du pape; à moins que cette grace ne fût fondée sur des infirmités absolument incompatibles avec la vie réguliere; comme il fut jugé par arrêt du parlement d'Aix, du 8 Novembre 1644, au profit d'un Carme déchaussé, sorti de son couvent pour cause de maladie incurable. Le même parlement refusa cette faveur à un autre religieux, dont le congé n'étoit point fondé sur son infirmité, par arrêt du 12 Janv. 1665. Voïez Boniface, to. 1, l. 2, ch. 11, n. 1, & 2, où ces arrêts sont rapportés.

FIN.

TABLE DES MATIERES.

E

par

Q

R

Fin de la Table des Matières.

APPROBATION.

J'AI lû par ordre de Monseigneur le Chancelier un Manuscrit qui a pour titre : *Traité de la Mort Civile*, & je crois que le Public, qui avoit à désirer un Traité sur cette matiere, la trouvera discutée avec toutes les recherches & le soin que pouvoient mériter son importance & sa difficulté. A Paris, ce neuf Septembre 1752.

ROUSSELET.

PRIVILEGE DU ROI.

LOUIS, par la grace de Dieu, Roi de France & de Navarre : A nos amés & féaux Conseillers les Gens tenans nos Cours de Parlement, Maîtres des Requêtes ordinaires de notre Hôtel, Grand-Conseil, Prevôt de Paris, Baillifs, Sénéchaux, leurs Lieutenans Civils, & autres nos Justiciers qu'il appartiendra ; SALUT. Notre amé LOUIS-ETIENNE GANEAU, Libraire à Paris, ancien Adjoint de sa Communauté, Nous a fait exposer qu'il désireroit faire imprimer & donner au Public un Ouvrage qui a pour titre : *Traité de la Mort Civile*, s'il Nous plaisoit lui accorder nos Lettres de Privilege pour ce nécessaires. A CES CAUSES, voulant favorablement traiter l'Exposant, Nous lui avons permis & permettons par ces Présentes, de faire imprimer ledit Ouvrage en un ou plusieurs volumes & autant de fois que bon lui semblera, & de le vendre, faire vendre & débiter par tout notre Royaume pendant le tems de six années consécutives, à compter du jour de la date des Présentes. Faisons défenses à tous Imprimeurs, Libraires & autres personnes de quelque qualité & condition qu'elles soient, d'en introduire d'impression étrangére dans aucun lieu de notre obéissance, comme aussi d'imprimer ou faire imprimer, vendre, faire vendre, débiter ni contrefaire ledit Ouvrage, ni d'en faire aucun extrait sous quelque prétexte que ce soit d'augmentation, correction, changement ou autres, sans la permission expresse & par écrit dudit Exposant, ou de ceux qui auront droit de lui, à peine de confiscation des exemplaires contrefaits, de trois mil livres d'amende contre chacun des contrevenans, dont un tiers à Nous, un tiers à l'Hôtel-Dieu de Paris, & l'autre tiers audit Exposant ou à celui qui aura droit de lui, & de tous dépens, dommages & interêts; A la charge que ces Présentes seront enregitrées tout au long sur le Registre de la Communauté des Imprimeurs & Libraires de Paris, dans trois mois de la datte d'icelles; que l'impression dudit Ouvrage sera faite dans notre Royaume, & non ailleurs, en bon papier & beaux caractéres, conformément à la feuille imprimée, attachée pour modéle sous le contre-scel des Présentes; que l'Impétrant se conformera en tout aux Réglemens de la Librairie, & notamment à celui du 10 Avril mil sept cens vingt-cinq; qu'avant de l'exposer en vente, le Manuscrit qui aura servi de copie à l'impression dudit Ouvrage, sera remis dans le même état où l'Approbation y aura été donnée, ès mains de notre très-cher & féal Chevalier, Chancelier de France, le Sieur de la Moignon, & qu'il en sera ensuite remis deux Exemplaires dans notre Bibliothéque publique; un dans celle de notre Château du Louvre; un dans celle de notre très-cher & féal Chevalier, Chancelier de France, le Sieur de la Moignon; & un dans celle de notre très-cher & féal Chevalier, Garde des Sceaux de France, le Sieur de Machault, Commandeur de nos Ordres; le tout à peine de nullité des Présentes. Du contenu desquelles vous mandons & enjoignons de faire jouir ledit Exposant, & ses ayant causes, pleinement & paisiblement, sans souffrir qu'il leur soit fait aucun trouble ou empêchement. Voulons que la copie des Présentes, qui sera imprimée tout au long, au commencement ou à la fin dudit Ouvrage, soit tenue pour duement signifiée : & qu'aux copies collationnées par l'un de nos amés & féaux Conseillers-Secrétaires, foi soit ajoûtée comme à l'original. Commandons au premier notre Huissier ou Sergent sur ce requis, de faire pour l'éxécution d'icelles, tous actes requis & nécessaires, sans demander autre permission, & nonobstant clameur de Haro, Charte Normande, & Lettres à ce contraires. Car tel est notre plaisir. DONNÉ à Versailles, le vingt-troisiéme jour du mois de Septembre, l'an de grace mil sept cens cinquante-deux; & de notre Régne le trente-huitiéme. Par le Roi en son Conseil. *Signé* SAINSON.

Je reconnois que Messieurs DESAINT & SAILLANT sont intéressés dans le présent Privilege pour un quart. M. DE NULLY pour un quart; M. THIBOUST pour un quart, ne me réservant qu'un quart dans ledit Ouvrage. A Paris, ce 3 Octobre 1752.

GANEAU.

Registré ensemble la Cession ci-dessus sur le Registre treize de la Chambre Royale des Libraires & Imprimeurs de Paris, N. 49°. fol. 31. conformément aux anciens Réglemens confirmés par celui du 28 Février 1723, A Paris, le 6 Octobre 1752. Signé HERISSANT, Adjoint.

De l'Imprimerie de THIBOUST, Imprimeur du ROI. 1755.

www.ingramcontent.com/pod-product-compliance
Lightning Source LLC
LaVergne TN
LVHW020954300926
849160LV00007B/145